Die gesammten Materialien

zu den

das Bürgerliche Gesetzbuch und seine Nebengesetze betreffenden bayerischen Gesetzen und Verordnungen

nebst den

einschlägigen Ministerialerlassen

herausgegeben

von

Heinrich Becher.

VII. Abtheilung.

Gesetz, Uebergangsvorschriften zum Bürgerlichen Gesetzbuche betreffend,

vom 9. Juni 1899.

München, 1900.
J. Schweitzer Verlag.
(Arthur Sellier.)

Die gesammten Materialien

zum

Gesetz,

Uebergangsvorschriften

zum Bürgerlichen Gesetzbuche betreffend,

vom 9. Juni 1899.

Herausgegeben

von

Heinrich Becher.

München, 1900.

J. Schweitzer Verlag.

(Arthur Sellier.)

Inhaltsverzeichniß.

K. B. Hof- & Universitäts-Buchdruckerei Fr. Junge (Junge & Sohn) Erlangen.

VII. Abtheilung.

Gesetz, die durch die Einführung des Bürgerlichen Gesetzbuchs veranlaßten Uebergangsvorschriften betreffend.

1.

Vorbemerkung.

(Vergl. die Vorbemerkung zur IV. Abtheilung Seite 1 bis 6.)

2.

Entwurf eines Gesetzes, die durch die Einführung des Bürgerlichen Gesetzbuchs veranlaßten Uebergangsvorschriften betreffend.

(Beilage J z. d. Verhandl. des Justizgesetzgebungsausschusses d. K. d. Abg. 1899 Beil.=Bd. XX Abth. I S. 255 bis 262.)

Im Namen Seiner Majestät des Königs.

Seine Königliche Hoheit Prinz Luitpold, des Königreichs Bayern S. 255.
Verweser, haben nach Vernehmung des Staatsraths mit Beirath und Zustimmung der Kammer der Reichsräthe und der Kammer der Abgeordneten beschlossen und verordnen, was folgt:

I. Vorschriften für das ganze Königreich.

Vereine.

Artikel 1.

Die Vereine, welche zur Zeit des Inkrafttretens des Bürgerlichen Gesetzbuchs auf Grund des Gesetzes vom 29. April 1869, die privatrechtliche Stellung von Vereinen betreffend, bestehen, gelten von diesem Zeitpunkt an als eingetragene Vereine. Das Staatsministerium der Justiz kann über die Eintragung in das Vereinsregister Anordnungen treffen.

Artikel 2.

Auf die zur Zeit des Inkrafttretens des Bürgerlichen Gesetzbuchs bestehenden nicht rechtsfähigen Vereine finden von diesem Zeitpunkt an die Vorschriften des Bürgerlichen Gesetzbuchs über die Gesellschaft Anwendung.

S. 255. Aus einem Rechtsgeschäfte, das nach dem Inkrafttreten des Bürgerlichen Gesetzbuchs im Namen des Vereins einem Dritten gegenüber vorgenommen wird, haftet der Handelnde persönlich; handeln Mehrere, so haften sie als Gesammtschuldner.

Erlangt der Verein die Rechtsfähigkeit, so können von der Verkündung dieses Gesetzes an bis zu dem Zeitpunkt, in welchem das Grundbuch als angelegt anzusehen ist, Grundstücke und Rechte an Grundstücken, die zu dem bisherigen Vereinsvermögen gehören, durch notariell beurkundeten Beschluß der Mitgliederversammlung auf den rechtsfähigen Verein übertragen werden.

Gesetzliche Zinsen.

Artikel 3.

Sind in einem zur Zeit des Inkrafttretens des Bürgerlichen Gesetzbuchs bestehenden Rechtsverhältnisse für eine spätere Zeit Verzugszinsen oder andere gesetzliche Zinsen zu entrichten, so können, soweit sich der Zinssatz nach den Vorschriften der Landesgesetze bestimmt, nicht mehr als vier vom Hundert für das Jahr verlangt werden.

Miethe und Pacht.

Artikel 4.

Ist ein Grundstück von einem Nießbraucher, für dessen Recht die bisherigen Gesetze maßgebend sind, vermiethet oder verpachtet, so finden, wenn der Nießbrauch nach dem Inkrafttreten des Bürgerlichen Gesetzbuchs endigt, die Vorschriften des § 1056 des Bürgerlichen Gesetzbuchs Anwendung. Ist der Mieth- oder Pachtvertrag vor dem Inkrafttreten des Bürgerlichen Gesetzbuchs eingegangen worden, so bleiben weitergehende Rechte des Miethers oder Pächters, die sich aus den bisherigen Gesetzen ergeben, unberührt, unbeschadet der Vorschrift des Artikel 171 des Einführungsgesetzes zum Bürgerlichen Gesetzbuche.

Diese Vorschriften finden entsprechende Anwendung, wenn ein der Nutznießung des Ehemanns unterliegendes Grundstück von dem Ehemann, ein dem Beisitzrechte des überlebenden Ehegatten unterliegendes Grundstück von dem überlebenden Ehegatten, ein Nachlaßgrundstück von dem Vorerben, dem Fiduziarerben oder dem Vorvermächtnißnehmer vermiethet oder verpachtet worden ist und für das Recht des Vermiethers oder Verpächters die bisherigen Gesetze maßgebend sind. Ist ein der elterlichen Nutznießung unterliegendes Grundstück von dem Inhaber des elterlichen Nutznießungsrechts vermiethet oder verpachtet worden, so gilt das Gleiche, wenn die elterliche Nutznießung mit dem Inkrafttreten des Bürgerlichen Gesetzbuchs endigt.

Artikel 5.

Ist ein nach den Vorschriften des Bürgerlichen Gesetzbuchs vermiethetes oder verpachtetes Grundstück dem Miether oder Pächter übergeben, so finden im Falle der Zwangsversteigerung oder der Zwangsverwaltung des Grundstücks, auch bevor das Grundbuch als angelegt anzusehen ist, die Vorschriften Anwendung, welche für die Zeit nach der Anlegung des Grundbuchs über den Einfluß des Verfahrens auf das Mieth- oder Pachtverhältniß gelten.

Urkundenaufgebot. S. 255.

Artikel 6.

Auf das Aufgebotsverfahren zum Zwecke der Kraftloserklärung einer vor dem Inkrafttreten des Bürgerlichen Gesetzbuchs errichteten Urkunde, für deren Kraftloserklärung die bisherigen Gesetze maßgebend sind, finden die Vorschriften der §§ 1010 bis 1014 der Civilprozeßordnung keine Anwendung.

Schuldverschreibungen auf den Inhaber.

Artikel 7.

Auf die vor dem Inkrafttreten des Bürgerlichen Gesetzbuchs ausgestellten Schuldverschreibungen auf den Inhaber ‖ finden von diesem Zeitpunkt an die S. 256. Vorschriften des § 803 und in Ansehung der nach diesem Zeitpunkte fällig werdenden Ansprüche die Vorschriften des § 801 des Bürgerlichen Gesetzbuchs Anwendung.

Die Vorschriften des § 801 gelten auch für die vor dem Inkrafttreten des Bürgerlichen Gesetzbuchs fällig gewordenen Ansprüche aus Schuldverschreibungen auf den Inhaber sowie aus solchen Schuldverschreibungen des Staates oder einer dem bayerischen Staate angehörenden Körperschaft, Stiftung oder Anstalt des öffentlichen Rechtes, die auf den Namen des Gläubigers umgeschrieben sind; die Vorschriften des Artikel 169 des Einführungsgesetzes zum Bürgerlichen Gesetzbuche finden entsprechende Anwendung.

Eine von dem Aussteller in der Urkunde oder in dem Zins-, Renten- oder Gewinnantheilschein über die Verjährungs-, Einlösungs- oder Vorlegungsfrist getroffene Bestimmung gilt als anderweitige Festsetzung der Vorlegungsfrist im Sinne des § 801 Abs. 3.

Eigenthumsbeschränkungen zu Gunsten bestehender Waldungen.

Artikel 8.

Der Eigenthümer eines Waldgrundstücks ist verpflichtet, die Wurzeln eines Baumes oder Strauches, die von einem Nachbargrundstück eingedrungen sind, das zur Zeit des Inkrafttretens des Bürgerlichen Gesetzbuchs mit Wald bestanden ist, sowie die von einem solchen Grundstücke herüberragenden Zweige zu dulden, bis auf dem Nachbargrundstücke die nächste Verjüngung des Waldes stattfindet.

Dem Eigenthümer eines anderen Grundstücks obliegt die gleiche Duldungspflicht gegenüber den herüberragenden Zweigen, soweit diese mindestens 5 m vom Boden entfernt sind; die Entfernung wird bis zu den unteren Spitzen der Zweige gemessen. Für die Beseitigung herüberragender Zweige, die weniger als 5 m vom Boden entfernt sind, ist dem Eigenthümer des mit Wald bestandenen Grundstücks eine dem Umfange der Arbeit für das ganze Grundstück entsprechende Frist von höchstens zwei Jahren zu gewähren. Auf der westlichen, nordwestlichen, südwestlichen und südlichen Seite des mit Wald bestandenen Grundstücks müssen auch solche herüberragende Zweige geduldet werden, wenn im Falle der Beseitigung der Fortbestand eines zum Schutze des Waldes erforderlichen Baumes oder Strauches gefährdet oder die Ertragsfähigkeit des Waldbodens infolge des Eindringens von Wind und Sonne beeinträchtigt werden würde.

S. 256. **Eintragung von Grunddienstbarkeiten.**

Artikel 9.

Durch Königliche Verordnung kann bestimmt werden, daß Grunddienstbarkeiten, die zu der Zeit bestehen, zu welcher das Grundbuch als angelegt anzusehen ist, zur Erhaltung der Wirksamkeit gegenüber dem öffentlichen Glauben des Grundbuchs in das Grundbuch eingetragen werden müssen. Die Bestimmung kann für einzelne Grundbuchbezirke getroffen werden.

Die Frist zur Anmeldung der Grunddienstbarkeiten muß mindestens sechs Monate betragen.

Der Anordnung der Eintragung sind Grunddienstbarkeiten nicht unterworfen, die nur das Recht gewähren, zum Zwecke wirthschaftlicher Verrichtungen das belastete Grundstück zu betreten oder zum Fahren, zum Viehtreiben oder in ähnlicher Weise zu benutzen, ohne daß die Herstellung einer diese Benutzung beeinträchtigenden Anlage auf dem belasteten Grundstück untersagt werden kann. Das Gleiche gilt für Grunddienstbarkeiten, mit welchen das Halten einer dauernden Anlage verbunden ist, solange die Anlage besteht.

Die Eintragung und die Entgegennahme der Erklärungen, die zum Zwecke der Eintragung vor dem Grundbuchamt abgegeben werden, sind gebührenfrei.

Erlöschen nicht eingetragener Grunddienstbarkeiten.

Artikel 10.

Von der Zeit an, zu welcher das Grundbuch als angelegt anzusehen ist, gelten für das Erlöschen von Grunddienstbarkeiten, die nach den bisherigen Vorschriften entstanden und nicht in das Grundbuch eingetragen sind, die Vorschriften der Artikel 11 bis 16.

Artikel 11.

Zur Aufhebung der Grunddienstbarkeit ist die Erklärung des Berechtigten gegenüber dem Eigenthümer erforderlich, daß er die Dienstbarkeit aufgebe; die Erklärung muß in öffentlich beglaubigter Form abgegeben werden.

Die Vorschriften des § 876 des Bürgerlichen Gesetzbuchs finden entsprechende Anwendung.

Artikel 12.

Die Grunddienstbarkeit erlischt mit dem Ablaufe von zehn Jahren nach der letzten Ausübung. Hat eine Ausübung nicht stattgefunden, so beginnt die zehnjährige Frist mit dem Zeitpunkte, von dem an die Ausübung zulässig war. Die für die Verjährung geltenden Vorschriften der §§ 202 bis 207, 209 bis 212, 216, 217, 219, 220 des Bürgerlichen Gesetzbuchs und des Artikel 169 des Einführungsgesetzes zum Bürgerlichen Gesetzbuche finden entsprechende Anwendung.

Der Lauf der Erlöschungsfrist wird nicht dadurch gehemmt, daß die Dienstbarkeit nur zeitweilig ausgeübt werden kann; die Frist endigt jedoch in diesem Falle nicht, bevor die Zeit, zu welcher die Ausübung zulässig war, zum zweiten Male eingetreten und seit dem zweiten Eintritt ein Jahr verstrichen ist.

Artikel 13.

Die Grunddienstbarkeit erlischt, wenn sie sich mit dem Eigenthum an dem belasteten Grundstücke vereinigt.

Artikel 14. S. 256.

Ist die Grunddienstbarkeit dem Eigenthümer unbekannt, so kann der Berechtigte mit seinem Rechte im Wege des Aufgebotsverfahrens ausgeschlossen werden.

Das Aufgebot erstreckt sich nicht auf Grunddienstbarkeiten, mit denen das Halten einer dauernden Anlage verbunden ist, solange die Anlage besteht.

Artikel 15.

Für das Aufgebotsverfahren gelten die nachfolgenden besonderen Bestimmungen.

Zuständig ist das Gericht, in dessen Bezirke das belastete Grundstück liegt.

Antragsberechtigt ist der Eigenthümer des belasteten Grundstücks.

Der Antragsteller hat die ihm bekannten Grunddienstbarkeiten anzugeben und einen beglaubigten Plan seines || Grundstücks vorzulegen, aus dem die S. 257.
angrenzenden Grundstücke ersichtlich sind.

Die öffentliche Bekanntmachung des Aufgebots erfolgt durch Anheftung an die Gerichtstafel und in der Gemeinde, in deren Bezirke das belastete Grundstück liegt, an die für amtliche Bekanntmachungen bestimmte Stelle sowie durch einmalige Einrückung in das für die Bekanntmachungen des Gerichts bestimmte Blatt. Das Aufgebot soll denjenigen, welche im Grundbuch als Eigenthümer der angrenzenden Grundstücke eingetragen sind, und den Erben eines eingetragenen Eigenthümers, sofern sie dem Gerichte bekannt sind, von Amtswegen zugestellt werden. Die Zustellung kann durch Aufgabe zur Post erfolgen.

Die Aufgebotsfrist muß mindestens drei Monate betragen; sie beginnt mit der Einrückung in das im Abs. 5 bezeichnete Blatt.

In dem Aufgebot ist den Berechtigten, welche sich nicht melden, als Rechtsnachtheil anzudrohen, daß ihre Grunddienstbarkeiten erlöschen, sofern nicht die Rechte dem Antragsteller bekannt sind.

Eine öffentliche Bekanntmachung des wesentlichen Inhalts des Ausschlußurtheils findet nicht statt.

Artikel 16.

Wird in Ansehung eines Grundstücks, für das ein Ausschlußurtheil ergangen ist, von einem anderen Antragsberechtigten neuerdings das Aufgebot beantragt, so gelten die in dem früheren Verfahren von dem Antragsteller angegebenen oder von dem Berechtigten angemeldeten Grunddienstbarkeiten als dem Antragsteller bekannt.

Artikel 17.

Die Vorschriften der Artikel 14 bis 16 gelten von dem Inkrafttreten des Bürgerlichen Gesetzbuchs an auch für die Zeit, bevor das Grundbuch als angelegt anzusehen ist.

Das Aufgebot erstreckt sich nicht auf Grunddienstbarkeiten, die in den Landestheilen rechts des Rheins in das Hypothekenbuch eingetragen oder zur Eintragung angemeldet, in der Pfalz in dem Verfahren zur Anlegung des Grundbuchs angemeldet sind.

Als eingetragene Eigenthümer im Sinne des Artikel 15 Abs. 5 gelten in den Landestheilen rechts des Rheins diejenigen, welche im Hypothekenbuch als Besitzer eingetragen sind, bei Grundstücken, die ein Blatt im Hypothekenbuche nicht haben, sowie in der Pfalz die im Grundsteuerkataster als Besitzer Bezeichneten.

S. 257. **Anlegung von Mündelgeld.**

Artikel 18.

Zur Anlegung von Mündelgeld sind auch nach dem Inkrafttreten des Bürgerlichen Gesetzbuchs die Schuldverschreibungen bayerischer Gemeinden und diejenigen von Kreditanstalten ausgegebenen Werthpapiere, insbesondere Pfandbriefe, geeignet, in welchen bisher nach den vom Staatsministerium der Justiz getroffenen Bestimmungen Mündelgeld angelegt werden durfte.

Die Zulassung zur Anlegung von Mündelgeld kann vom Staatsministerium der Justiz jederzeit widerrufen werden.

Beschwerden in Angelegenheiten der freiwilligen Gerichtsbarkeit.

Artikel 19.

Für die zur Zeit des Inkrafttretens des Bürgerlichen Gesetzbuchs anhängigen Beschwerden in Angelegenheiten der freiwilligen Gerichtsbarkeit verbleibt es bei den bisherigen Vorschriften. Dies gilt insbesondere auch von der Anfechtung der Entscheidung des Beschwerdegerichts durch weitere Beschwerde.

In den Angelegenheiten, für welche bisher die Landgerichte in erster Instanz zuständig waren, verbleibt es für die Beschwerde gegen eine Entscheidung des Landgerichts bei den bisherigen Vorschriften, auch wenn die Beschwerde zur Zeit des Inkrafttretens des Bürgerlichen Gesetzbuchs noch nicht eingelegt ist.

Personenstand.

Artikel 20.

Auf ein zur Zeit des Inkrafttretens des Bürgerlichen Gesetzbuchs anhängiges Verfahren, welches die Anweisung eines Standesbeamten zur Vornahme einer Amtshandlung oder die Berichtigung einer Eintragung in dem Standesregister zum Gegenstande hat, finden von dieser Zeit an die Vorschriften der §§ 69, 70 des Gesetzes über die Angelegenheiten der freiwilligen Gerichtsbarkeit Anwendung.

Auseinandersetzung in Ansehung eines Nachlasses oder eines Gemeinschaftsvermögens.

Artikel 21.

Die Vermittelung der Auseinandersetzung zwischen den Betheiligten in Ansehung eines Nachlasses oder des Gemeinschaftsvermögens einer ehelichen oder einer fortgesetzten Gütergemeinschaft nach den Vorschriften der §§ 86 bis 99 des Gesetzes über die Angelegenheiten der freiwilligen Gerichtsbarkeit kann nach dem Inkrafttreten des Bürgerlichen Gesetzbuchs auch beantragt werden, wenn der Tod des Erblassers vor diesem Zeitpunkt eingetreten ist oder für die Auseinandersetzung in Ansehung der Gütergemeinschaft die bisherigen Vorschriften maßgebend sind. In dem Falle des § 99 Abs. 2 Satz 3 tritt an die Stelle der Zuständigkeit des Reichskanzlers die Zuständigkeit des Staatsministeriums der Justiz.

Handelssachen.

Artikel 22.

Auf ein zur Zeit des Inkrafttretens des Bürgerlichen Gesetzbuchs anhängiges Verfahren nach den Artikeln 10 bis 18, 22 bis 24, 28 des Gesetzes

vom 10. November 1861, die Einführung des allgemeinen deutschen Handels- S. 257.
gesetzbuchs betreffend, finden von diesem Zeitpunkt an die neuen Vorschriften Anwendung.

Artikel 23.

Für die nach Artikel 310 Abs. 2, Artikel 323 Abs. 3, den Artikeln 375, 387, Artikel 407 Abs. 4 und Artikel 409 Abs. 2 des bisherigen Handelsgesetzbuchs von den Gerichten zu erledigenden Angelegenheiten sind von dem Inkrafttreten des Bürgerlichen Gesetzbuchs an die Amtsgerichte zuständig.

II. Vorschriften für die Landestheile rechts des Rheins. S. 258.

Eigenthumsvorbehalt.

Artikel 24.

Hat sich der frühere Eigenthümer eines Grundstücks für den Fall des Eintritts eines bestimmten Umstandes den Rückfall des Eigenthums vorbehalten, so verwandelt sich das Rückfallsrecht zu der Zeit, zu welcher das Grundbuch als angelegt anzusehen ist, in den Anspruch auf Rückübertragung des Eigenthums; zugleich treten die mit der Eintragung einer Vormerkung zur Sicherung des Anspruchs verbundenen Wirkungen ein, jedoch unbeschadet der Vorschriften über den öffentlichen Glauben des Grundbuchs. Soweit die Rechte, mit welchen das Grundstück vor der bezeichneten Zeit belastet worden ist, nach den bisherigen Vorschriften mit dem Rückfalle des Eigenthums erlöschen würden, gilt die Rückübertragung des Eigenthums als auflösende Bedingung.

Ist das Rückfallsrecht zur Sicherung einer Forderung des Berechtigten vorbehalten, so finden, wenn der Berechtigte die Rückübertragung des Eigenthums verlangt, die Vorschriften des § 268 des Bürgerlichen Gesetzbuchs entsprechende Anwendung.

Hat sich der Veräußerer eines Grundstücks bis zu dem Eintritt eines bestimmten Umstandes das Eigenthum vorbehalten, aber die sofortige Eintragung des Besitztitels des Erwerbers in das Hypothekenbuch bewilligt, so ist der Eigenthumsvorbehalt als Vorbehalt des Rückfalls des Eigenthums für den Fall anzusehen, daß der bestimmte Umstand nicht eintritt.

Miteigenthum.

Artikel 25.

An die Stelle der im § 1010 des Bürgerlichen Gesetzbuchs vorgeschriebenen Eintragungen in das Grundbuch treten bis zur Anlegung des Grundbuchs die entsprechenden Eintragungen in das Hypothekenbuch.

Artikel 26.

Soll die Zwangsversteigerung eines gemeinschaftlichen Grundstücks zum Zwecke der Aufhebung der Gemeinschaft erfolgen, so finden von dem Inkrafttreten des Bürgerlichen Gesetzbuchs an, bis das Grundbuch als angelegt anzusehen ist, die bisherigen Vorschriften über die Zwangsversteigerung mit den Aenderungen entsprechende Anwendung, welche sich aus dem § 181 Abs. 1, Abs. 2 Satz 2, dem § 182 Abs. 1, 2 und den §§ 183, 184 des Gesetzes über die Zwangsversteigerung und die Zwangsverwaltung ergeben.

Die Vorschriften des Artikel 21 des Gesetzes vom 23. Februar 1879 finden auf den Nachweis des Eigenthums des Antragstellers oder desjenigen,

S. 258. dessen Recht auf Aufhebung der Gemeinschaft der Antragsteller ausübt, entsprechende Anwendung.

Ist das Grundstück nach den Vorschriften des Preußischen Landrechts vermiethet oder verpachtet, so finden die Vorschriften des Theil I Titel 21 §§ 350 bis 354 keine Anwendung.

Stockwerkseigenthum.

Artikel 27.

Das zur Zeit des Inkrafttretens des Bürgerlichen Gesetzbuchs bestehende Stockwerkseigenthum (Herbergsrecht) gilt von diesem Zeitpunkt an als Miteigenthum an dem Grundstücke mit der Maßgabe, daß jedem Miteigenthümer die ausschließliche und dauernde Benutzung derjenigen Theile des Gebäudes zusteht, welche ihm zur Zeit des Inkrafttretens des Bürgerlichen Gesetzbuchs gehören, und daß der Aufwand für deren Unterhaltung ihm zur Last fällt. Der Anspruch auf Aufhebung der Gemeinschaft ist ausgeschlossen.

Auf die Benutzungsrechte der Miteigenthümer findet die Vorschrift des § 1010 Abs. 1 des Bürgerlichen Gesetzbuchs entsprechende Anwendung.

Ausschluß des Rechtes auf Aufhebung der Gemeinschaft.

Artikel 28.

Ist nach den bisherigen Vorschriften die Theilung eines Grundstücks, das im Miteigenthume der Eigenthümer anderer Grundstücke steht und diesen dauernd zu bestimmten wirthschaftlichen Zwecken dient, wegen dieser Zweckbestimmung ausgeschlossen, so gilt das Grundstück von dem Inkrafttreten des Bürgerlichen Gesetzbuchs an als zu Gunsten des jeweiligen Eigenthümers eines jeden der anderen Grundstücke mit einer Grunddienstbarkeit des Inhalts belastet, daß er es zu den bestimmten Zwecken benutzen darf.

Grunddienstbarkeiten.

Artikel 29.

Von der Verkündung dieses Gesetzes an kann die Eintragung von Grunddienstbarkeiten in das Hypothekenbuch von dem Berechtigten und von dem Eigenthümer des belasteten Grundstücks verlangt werden; die Kosten sind von demjenigen zu tragen und vorzuschießen, welcher die Eintragung verlangt. Die Löschung einer vorher erfolgten Eintragung kann nicht aus dem Grunde verlangt werden, weil die Grunddienstbarkeit nicht zu den einzutragenden Rechten gehörte.

Die Eintragung einer Grunddienstbarkeit gilt von der Zeit an, zu welcher das Grundbuch als angelegt anzusehen ist, als Eintragung im Grundbuche. Die Eintragung eines Widerspruchs gegen die Richtigkeit der Eintragung ist schon vorher zulässig.

Artikel 30.

Die im Artikel 191 Abs. 2 des Einführungsgesetzes zum Bürgerlichen Gesetzbuche zum Schutze der Ausübung von Grunddienstbarkeiten gegebenen Vorschriften gelten von dem Inkrafttreten des Bürgerlichen Gesetzbuchs an auch für die Zeit, bevor das Grundbuch als angelegt anzusehen ist.

Reallasten. S. 258

Artikel 31.

Für eine zur Zeit des Inkrafttretens des Bürgerlichen Gesetzbuchs bestehende Reallast gelten von diesem Zeitpunkt an die Vorschriften der §§ 1107 bis 1111 des Bürgerlichen Gesetzbuchs. Solange das Grundbuch noch nicht als angelegt anzusehen ist, tritt in dem Falle des § 1109 Abs. 2 an die Stelle des Grundbuchs das Hypothekenbuch und an die Stelle des Grundbuchamts das Hypothekenamt; die Vorschriften der §§ 876, 878 des Bürgerlichen Gesetzbuchs finden keine Anwendung.

Von der Zeit an, zu welcher das Grundbuch als angelegt anzusehen ist, finden auf das Erlöschen einer nicht im Grundbuch eingetragenen Reallast die für die Grund || dienstbarkeiten geltenden Vorschriften der Artikel 11 bis 13 ent- S. 259.
sprechende Anwendung.

Die Vorschriften der Gesetze über die Grundentlastung bleiben unberührt.

Ewiggeld.

Artikel 32.

Ein Ewiggeld, das zu der Zeit besteht, zu welcher das Grundbuch als angelegt anzusehen ist, verwandelt sich in eine Rentenschuld.

Leibgedingsrechte.

Artikel 33.

Besteht zu der Zeit, zu welcher das Grundbuch als angelegt anzusehen ist, eine Hypothek für wiederkehrende Leistungen, die zu einem Leibgeding, einer Leibzucht, einem Altentheil oder einem Auszuge gehören, so verwandelt sie sich in eine Reallast. Haftet der Eigenthümer des belasteten Grundstücks zu der bezeichneten Zeit nur als Drittbesitzer, so gilt die persönliche Haftung des jeweiligen Eigenthümers für die während der Dauer seines Eigenthums fällig werdenden Leistungen als ausgeschlossen.

Besteht zu der im Abs. 1 bezeichneten Zeit eine Hypothek für ein Wohnungsrecht oder für ein zu einem Leibgeding, einer Leibzucht, einem Altentheil oder einem Auszuge gehörendes sonstiges Recht zur Benutzung eines Grundstücks, so gilt das Recht als persönliche Dienstbarkeit.

Ist in den Fällen der Abs. 1, 2 in der Eintragung der Höchstbetrag angegeben, für den das Grundstück haftet, so gilt dieser als der Höchstbetrag des bei der Zwangsversteigerung im Falle des Erlöschens des Rechtes durch den Zuschlag aus dem Erlöse zu leistenden Ersatzes.

Inhaberhypotheken.

Artikel 34.

Eine vor der Zeit, zu welcher das Grundbuch als angelegt anzusehen ist, eingetragene Hypothek für die Forderung aus einer Schuldverschreibung auf den Inhaber, aus einem Wechsel oder aus einem anderen Papiere, das durch Indossament übertragen werden kann, gilt von diesem Zeitpunkt an als eine Sicherungshypothek.

S. 259.

Gesetzliche Hypothekentitel.

Artikel 35.

Bis zu der Zeit, zu welcher das Grundbuch als angelegt anzusehen ist, gilt der einem Gläubiger kraft Gesetzes zustehende Anspruch auf Einräumung einer Sicherungshypothek sowie das dem Staate, der Brandversicherungsanstalt, den Gemeinden und anderen Kommunalverbänden, den Stiftungen des öffentlichen Rechtes und den unter der Verwaltung einer öffentlichen Behörde stehenden Stiftungen zustehende Recht, zur Sicherung gewisser Forderungen die Eintragung einer Sicherungshypothek an Grundstücken des Schuldners zu verlangen, als gesetzlicher Hypothekentitel.

Für die Erstreckung der Hypothek auf mehrere Grundstücke sind die neuen Vorschriften maßgebend.

Artikel 36.

Soweit für den Güterstand einer zur Zeit des Inkrafttretens des Bürgerlichen Gesetzbuchs bestehenden Ehe die bisherigen Vorschriften maßgebend bleiben, steht der Ehefrau der im § 12 Nr. 6 des Hypothekengesetzes bestimmte gesetzliche Hypothekentitel für die dort bezeichneten Ansprüche auch insoweit zu, als die Ansprüche erst nach diesem Zeitpunkt entstehen.

Artikel 37.

Ist der Erblasser vor dem Inkrafttreten des Bürgerlichen Gesetzbuchs gestorben, so steht der im § 12 Nr. 8 des Hypothekengesetzes bestimmte gesetzliche Hypothekentitel den dort bezeichneten Berechtigten zu, auch wenn deren Ansprüche erst nach diesem Zeitpunkt entstehen.

Artikel 38.

Bis zu der Zeit, zu welcher das Grundbuch als angelegt anzusehen ist, steht den Hypothekengläubigern der im § 12 Nr. 11 des Hypothekengesetzes bestimmte gesetzliche Hypothekentitel zu.

Artikel 39.

Außer den Fällen der Artikel 35 bis 38 können gesetzliche Hypothekentitel nach dem Inkrafttreten des Bürgerlichen Gesetzbuchs nicht mehr entstehen.

Artikel 40.

Ein gesetzlicher Hypothekentitel, der zu der Zeit besteht, zu welcher das Grundbuch als angelegt anzusehen ist, verwandelt sich in einen Anspruch auf Bestellung einer Sicherungshypothek.

Soweit nach den Artikeln 36, 37 nach dem Inkrafttreten des Bürgerlichen Gesetzbuchs noch neue Hypothekentitel entstehen können, tritt von der im Abs. 1 bezeichneten Zeit an an deren Stelle der dort bezeichnete Anspruch.

Für die Ansprüche des Staates, der Brandversicherungsanstalt, einer Gemeinde oder eines anderen Kommunalverbandes, einer Stiftung des öffentlichen Rechtes oder einer unter der Verwaltung einer öffentlichen Behörde stehenden Stiftung, mit denen ein gesetzlicher Hypothekentitel verbunden ist, kann von der im Abs. 1 bezeichneten Zeit an die Eintragung einer Sicherungshypothek an den Grundstücken des Schuldners verlangt werden. Die Eintragung erfolgt auf das Ersuchen der nach den neuen Vorschriften zuständigen Behörde.

Artikel 41.

Die Vorschriften des § 54 des Gesetzes über die Angelegenheiten der freiwilligen Gerichtsbarkeit finden bis zu der Zeit, zu welcher das Grundbuch als angelegt anzusehen ist, auf die Eintragung einer Hypothek in das Hypothekenbuch mit der Maßgabe entsprechende Anwendung, daß der in dem Ersuchen angegebene Betrag, für welchen die Sicherheit geleistet werden soll, in der Eintragung als der Höchstbetrag zu bezeichnen ist, für den die Grundstücke haften. S. 259.

Hypothekenvormerkungen.

Artikel 42.

Ist zu der Zeit, zu welcher das Grundbuch als angelegt anzusehen ist, eine Hypothek nach den bisherigen Vorschriften vorgemerkt, so finden auf die Vormerkung die Vorschriften der §§ 886, 887 des Bürgerlichen Gesetzbuchs entsprechende Anwendung.

Rangvorbehalte. S. 260.

Artikel 43.

Das nach § 84 des Hypothekengesetzes dem Schuldner zustehende Recht, an der Stelle einer erloschenen, aber noch nicht gelöschten Hypothek eine neue Hypothek mit dem Range der erloschenen zu begründen, ist gegenüber einem nach der Anlegung des Grundbuchs entstandenen Rechte unwirksam.

Das Gleiche gilt von der nach § 150 des Hypothekengesetzes eingetragenen Vormerkung einer Hypothek, deren Bestellung sich der Schuldner vorbehalten hat.

Artikel 44.

Hat der Eigenthümer eines Grundstücks einem Hypothekengläubiger gegenüber in Ansehung einer dem Rechte des Gläubigers im Range vorgehenden oder gleichstehenden Hypothek auf das im § 84 des Hypothekengesetzes bestimmte Recht verzichtet, so kann der Gläubiger von der Zeit an, zu welcher das Grundbuch als angelegt anzusehen ist, unbeschadet der Vorschriften über den öffentlichen Glauben des Grundbuchs, die Löschung der Hypothek, falls diese sich mit dem Eigenthum in derselben Person vereinigt, in gleicher Weise verlangen, wie wenn zur Sicherung des Rechtes auf Löschung eine Vormerkung im Grundbuch eingetragen wäre.

Verpfändung und Pfändung des Anspruchs auf Herausgabe eines Grundstücks.

Artikel 45.

Bis zu der Zeit, zu welcher das Grundbuch als angelegt anzusehen ist, erwirbt in dem Falle des § 1287 Satz 2 des Bürgerlichen Gesetzbuchs der Pfandgläubiger und in dem Falle des § 848 Abs. 2 Satz 2 der Civilprozeßordnung der Gläubiger eine Hypothek an dem herausgegebenen Grundstücke.

In dem ersteren Falle ist der Verpfänder verpflichtet, die Eintragung der Hypothek in das Hypothekenbuch zu bewilligen. In dem letzteren Falle hat der Sequester die Eintragung einer Vormerkung in das Hypothekenbuch zu beantragen. Die Umwandlung der Vormerkung in Eintragung erfolgt nach den für die Eintragung einer Vollstreckungshypothek geltenden Vorschriften. Ist die Umwandlung zu der Zeit, zu welcher das Grundbuch als angelegt anzusehen ist, noch nicht erfolgt, so findet die Vorschrift des Artikel 55 des Ausführungsgesetzes zu der Grundbuchordnung und zu dem Gesetz über die Zwangsversteigerung und die Zwangsverwaltung Anwendung.

S. 260. **Hypotheken an Rechten.**

Artikel 46.

Ist zur Zeit des Inkrafttretens des Bürgerlichen Gesetzbuchs ein Recht mit einer Hypothek belastet, das nicht zu den Rechten gehört, für welche die sich auf Grundstücke beziehenden Vorschriften gelten, so verwandelt sich die Hypothek in ein Pfandrecht.

Legitimation durch nachfolgende Ehe.

Artikel 47.

Hat sich der Vater eines unehelichen Kindes, das nach den bisherigen Vorschriften durch nachfolgende Ehe der Eltern nicht legitimirt werden konnte, vor dem Inkrafttreten des Bürgerlichen Gesetzbuchs mit der Mutter verheirathet, so erlangt das Kind mit dem Inkrafttreten des Bürgerlichen Gesetzbuchs die rechtliche Stellung eines ehelichen Kindes. Ist die Ehe nichtig oder ungültig, so erlangt das Kind die rechtliche Stellung eines Kindes aus der nichtigen oder ungültigen Ehe. Die Legitimation gilt als mit der Eheschließung erfolgt.

Für die Abkömmlinge des Kindes treten die Wirkungen der Legitimation auch dann ein, wenn das Kind vor dem Inkrafttreten des Bürgerlichen Gesetzbuchs gestorben ist, sofern der Vater oder die Mutter des Kindes noch lebt oder seit dem Tode des Vaters oder der Mutter oder des Kindes dreißig Jahre nicht verstrichen sind. Für die Abkömmlinge von Geschwistern läuft die Frist nicht ab, bevor seit dem Tode des zuletzt verstorbenen von den Geschwistern dreißig Jahre verstrichen sind.

Erworbene Rechte Dritter bleiben unberührt.

Fürstlich Thurn und Taxis'sche Gerichte.

Artikel 48.

Die zur Zeit des Inkrafttretens der Bürgerlichen Gesetzbuchs bei den Fürstlich Thurn und Taxis'schen Civilgerichten in Regensburg anhängigen Angelegenheiten der freiwilligen Gerichtsbarkeit gehen in diesem Zeitpunkt auf die staatlichen Gerichte über.

Die entbehrlich werdenden Fürstlichen Gerichtsbeamten werden mit den Gehalts- und Pensionsansprüchen, die ihnen nach den am 1. Januar 1899 in Geltung gewesenen Vorschriften zustehen, vom Staate übernommen.

III. Vorschriften für die Pfalz.

Abwesenheit.

Artikel 49.

In Abwesenheitssachen, für welche die bisherigen Vorschriften maßgebend sind, gehen die Verrichtungen des Landgerichts mit dem Inkrafttreten des Bürgerlichen Gesetzbuchs auf das Vormundschaftsgericht über. Eine Mitwirkung des Staatsanwalts findet nicht statt.

Für ein zur Zeit des Inkrafttretens des Bürgerlichen Gesetzbuchs anhängiges Verfahren der im Artikel 161 Abs. 1 des Einführungsgesetzes zum Bürgerlichen Gesetzbuche bezeichneten Art verbleibt es bei den bisherigen Vorschriften.

Artikel 50.

Auf die Sicherheitsleistung, die dem vorläufig in den Besitz des Vermögens des Abwesenden Eingewiesenen obliegt, finden von dem Inkrafttreten des Bürgerlichen Gesetzbuchs an die für die Sicherheitsleistung des Vormundes geltenden Vorschriften entsprechende Anwendung. S. 260.

Artikel 51.

Zu der im Artikel 126 des pfälzischen Civilgesetzbuchs vorgeschriebenen Inventarerrichtung bedarf es von dem Inkrafttreten des Bürgerlichen Gesetzbuchs an der Zuziehung des Staatsanwalts oder des Amtsrichters nicht. Das Inventar ist dem Vormundschaftsgericht einzureichen.

Ist das eingereichte Inventar unvollständig, so kann das Vormundschaftsgericht die Ergänzung anordnen.

Artikel 52. S. 261.

Soweit nach den bisherigen Vorschriften der vorläufig in den Besitz des Vermögens eines Abwesenden Eingewiesene zur Verfügung über Vermögensstücke des Abwesenden der gerichtlichen Zustimmung bedarf, tritt von dem Inkrafttreten des Bürgerlichen Gesetzbuchs an an deren Stelle die Genehmigung des Vormundschaftsgerichts.

Die besonderen Vorschriften über das Verfahren bei Veräußerungen treten außer Kraft.

Artikel 53.

Ist nach den bisherigen Vorschriften die vorläufige Einweisung in den Besitz des Vermögens eines Abwesenden erfolgt, so kann die endgiltige Einweisung nach dem Inkrafttreten des Bürgerlichen Gesetzbuchs beantragt werden, wenn seit der vorläufigen Einweisung zehn Jahre verstrichen sind.

Die endgiltige Einweisung darf nicht vor dem Schlusse des Jahres erfolgen, in welchem der Abwesende das einunddreißigste Lebensjahr vollendet haben würde. Sind seit der Geburt des Abwesenden siebzig Jahre verstrichen, so genügt der Ablauf von fünf Jahren; sind hundert Jahre verstrichen, so kann die endgiltige Einweisung sofort beantragt werden.

Artikel 54.

Die endgiltige Einweisung in den Besitz des Vermögens eines Abwesenden gilt für die Eintragungen in das Grundbuch und in sonstige öffentliche Bücher als Nachweis des Ueberganges des Vermögens auf den Eingewiesenen.

Aufhebung einer Gemeinschaft.

Artikel 55.

Soll die Zwangsversteigerung eines gemeinschaftlichen Grundstücks zum Zwecke der Aufhebung der Gemeinschaft erfolgen, so finden von dem Inkrafttreten des Bürgerlichen Gesetzbuchs an, bis das Grundbuch als angelegt anzusehen ist, die bisherigen Vorschriften über die Zwangsversteigerung mit nachstehenden Aenderungen entsprechende Anwendung.

Ein vollstreckbarer Titel ist nicht erforderlich.

Der Nachweis des Eigenthums des Antragstellers oder desjenigen, dessen Recht auf Aufhebung der Gemeinschaft der Antragsteller ausübt, muß sich aus den im Artikel 27 Ziff. 3 des Gesetzes vom 23. Februar 1879 bezeichneten Schriftstücken ergeben.

Von dem Vormund eines Miteigenthümers kann der Antrag nur mit Genehmigung des Vormundschaftsgerichts gestellt werden. Soweit in einem Rechtsverhältnisse, das sich nach den bisherigen Gesetzen bestimmt, zu der Aufhebung der Gemeinschaft die Genehmigung des Vormundschaftsgerichts oder

S. 261. des Nachlaßgerichts erholt werden muß, gilt das Gleiche für die Stellung des Antrags.

Jeder Miteigenthümer kann verlangen, daß für das ganze Meistgebot Zahlungsfristen bis zu fünf Jahren gewährt werden.

Ein Miteigenthümer braucht für sein Gebot keine Sicherheit zu leisten, wenn ihm eine durch ein Vorzugsrecht oder eine Hypothek gesicherte Forderung zusteht, die durch das Gebot voraussichtlich ganz oder theilweise gedeckt wird.

Artikel 56.

Eine Gemeinschaft, für welche die bisherigen Vorschriften maßgebend bleiben, wird nach dem Inkrafttreten des Bürgerlichen Gesetzbuchs, sofern nicht Theilung in Natur zu erfolgen hat, durch Verkauf des gemeinschaftlichen Gegenstandes nach den Vorschriften über den Pfandverkauf, bei Grundstücken durch Zwangsversteigerung, und durch Theilung des Erlöses aufgehoben. Die Vorschriften des § 753 Abs. 2 und des § 754 des Bürgerlichen Gesetzbuchs finden Anwendung. Zu dem Antrag auf Anordnung der Zwangsversteigerung ist ein vollstreckbarer Titel erforderlich, wenn nicht der Antrag von allen Theilhabern gestellt wird.

Die Theilhaber können auch außer dem Falle des Artikel 21 über die Aufhebung der Gemeinschaft eine Vereinbarung treffen.

Artikel 57.

Nach dem Inkrafttreten des Bürgerlichen Gesetzbuchs findet in Ansehung der im Artikel 56 bezeichneten Gemeinschaften ein gerichtliches Theilungsverfahren nach den bisherigen Vorschriften nicht mehr statt.

Ein bei einem Notar anhängiges Theilungsverfahren gilt als ein Verfahren nach Artikel 21.

Ein anhängiges Gesuch um die Ermächtigung zur Vornahme einer Theilung gilt als Antrag an den in dem Gesuche bezeichneten Notar auf Vermittelung der Auseinandersetzung nach Artikel 21.

Leibgedingsreichnisse und vorbehaltene Renten.

Artikel 58.

Bis zu der Zeit, zu welcher das Grundbuch als angelegt anzusehen ist, gilt der auf Grund eines Leibgedingsvertrags dem Berechtigten zustehende Anspruch auf Bestellung einer Reallast für wiederkehrende Leistungen als Anspruch auf Bestellung einer Hypothek an dem überlassenen Grundstücke.

Artikel 59.

Besteht zu der Zeit, zu welcher das Grundbuch als angelegt anzusehen ist, zur Sicherung des Anspruchs auf eine vorbehaltene Rente, die in Geld oder in Bodenerzeugnissen bestimmt ist, oder zur Sicherung des Anspruchs auf wiederkehrende Leistungen aus einem Leibgedingsvertrag ein Vorzugsrecht oder eine Hypothek an dem überlassenen Grundstücke, so gilt das Vorzugsrecht oder die Hypothek als Reallast, wenn die Einschreibung in das Hypothekenbuch erfolgt ist; andernfalls verwandelt sich das Vorzugsrecht oder die Hypothek in den Anspruch auf Bestellung einer Reallast.

Haftet der Eigenthümer des belasteten Grundstücks zu der im Abs. 1 bezeichneten Zeit nur als Drittbesitzer, so gilt die persönliche Haftung des jeweiligen Eigenthümers für die während der Dauer seines Eigenthums fällig werdenden Leistungen als ausgeschlossen.

Der in der Einschreibung angegebene Werthanschlag gilt als der Höchst- S. 261.
betrag des bei der Zwangsversteigerung im Falle des Erlöschens des Rechtes durch den Zuschlag aus dem Erlöse zu leistenden Ersatzes.

Artikel 60.

Die Reallast ist mit demselben Betrag ablösbar wie die Rente.

Ist bei einer nach dem Inkrafttreten des Bürgerlichen Gesetzbuchs begründeten Verbindlichkeit zur Entrichtung einer || Rente, die nicht zu einem S. 262.
Leibgedinge gehört, eine Ablösungssumme nicht bestimmt, so tritt die Umwandlung des Vorzugsrechts oder der Hypothek in eine Reallast nicht ein.

Rechte auf Erlangung einer Hypothek.

Artikel 61.

Bis zu der Zeit, zu welcher das Grundbuch als angelegt anzusehen ist, gilt der einem Gläubiger kraft Gesetzes zustehende Anspruch auf Einräumung einer Sicherungshypothek an Grundstücken des Schuldners als Anspruch auf Einräumung einer Hypothek.

Artikel 62.

Das dem Staate, der Brandversicherungsanstalt, den Gemeinden und anderen Kommunalverbänden, den Stiftungen des öffentlichen Rechtes und den unter der Verwaltung einer öffentlichen Behörde stehenden Stiftungen kraft Gesetzes zustehende Recht, zur Sicherung gewisser Forderungen die Eintragung einer Sicherungshypothek an Grundstücken des Schuldners zu verlangen, gilt bis zu der Zeit, zu welcher das Grundbuch als angelegt anzusehen ist, als das Recht, eine Hypothek zu bestellen. Die Hypothek entsteht durch den Beschluß der zuständigen Behörde und wird auf deren Ersuchen in das Hypothekenbuch eingeschrieben. Der Beschluß muß bestimmen, für welchen Geldbetrag und an welchen Grundstücken die Hypothek bestellt wird.

Hat der Schuldner mehrere Grundstücke, so kann er verlangen, daß die Belastung nicht über das für die Eintragung einer Sicherungshypothek bestimmte Maß hinaus erstreckt wird.

Gesetzliche Hypotheken.

Artikel 63.

Nach dem Inkrafttreten des Bürgerlichen Gesetzbuchs können gesetzliche Hypotheken für den Staat, eine Gemeinde oder eine öffentliche Anstalt nicht mehr entstehen.

Artikel 64.

Eine vor dem Inkrafttreten des Bürgerlichen Gesetzbuchs entstandene gesetzliche Hypothek des Staates, einer Gemeinde oder einer öffentlichen Anstalt für Forderungen, die aus der Verwaltung öffentlichen Vermögens gegen den Verwalter entstehen, bleibt nur zur Sicherung solcher Forderungen, für welche nach diesem Zeitpunkt auf Grund des Artikel 62 eine Hypothek bestellt werden kann, sowie zur Sicherung der vor diesem Zeitpunkt entstandenen Ersatzforderungen bestehen.

Ist eine gesetzliche Hypothek des Staates, einer Gemeinde oder einer öffentlichen Anstalt bei dem Inkrafttreten des Bürgerlichen Gesetzbuchs nicht eingeschrieben, so erlischt sie.

S. 262. **Verpfändung und Pfändung des Anspruchs auf Herausgabe eines Grundstücks.**

Artikel 65.

Bis zu der Zeit, zu welcher das Grundbuch als angelegt anzusehen ist, erwirbt in dem Falle des § 1287 Satz 2 des Bürgerlichen Gesetzbuchs der Pfandgläubiger und in dem Falle des § 848 Abs. 2 Satz 2 der Civilprozeßordnung der Gläubiger kraft Gesetzes eine Hypothek an dem herausgegebenen Grundstücke. In dem letzteren Falle hat der Sequester die Einschreibung der Hypothek zu beantragen.

Die im Abs. 1 bezeichneten Hypotheken verwandeln sich zu der Zeit, zu welcher das Grundbuch als angelegt anzusehen ist, in Sicherungshypotheken, auch wenn sie nicht in das Hypothekenbuch eingeschrieben sind.

Legitimation durch nachfolgende Ehe.

Artikel 66.

Hat sich die Mutter eines unehelichen Kindes vor dem Inkrafttreten des Bürgerlichen Gesetzbuchs verheirathet, ohne daß das Kind durch die Eheschließung legitimirt worden ist, so finden, wenn der Ehemann der Mutter nach dem Inkrafttreten des Bürgerlichen Gesetzbuchs seine Vaterschaft in einer öffentlichen Urkunde anerkennt, die Vorschriften der §§ 1719 bis 1722 des Bürgerlichen Gesetzbuchs Anwendung. Die Legitimation gilt als mit der Eheschließung erfolgt. Erworbene Rechte Dritter bleiben unberührt.

Erbrecht.

Artikel 67.

Für die erbrechtlichen Verhältnisse und das Verfahren in Nachlaßsachen bleiben, wenn der Erblasser vor dem Inkrafttreten des Bürgerlichen Gesetzbuchs gestorben ist, von dem Inkrafttreten des Bürgerlichen Gesetzbuchs an die bisherigen Vorschriften nur mit den in den Artikeln 68 bis 71 bestimmten Aenderungen maßgebend.

Artikel 68.

Die Verrichtungen, für die nach den bisherigen Vorschriften das Amtsgericht, das Landgericht oder der Landgerichtspräsident zuständig ist, gehen auf das Nachlaßgericht über. Eine Mitwirkung des Staatsanwalts findet nicht statt.

Die Erklärung des Erben über den Verzicht auf den Nachlaß oder über die Annahme der Erbschaft mit der Rechtswohlthat des Inventars erfolgt nach den bisherigen Vorschriften.

Artikel 69.

Wird in den Fällen des Artikel 911 Nr. 1, 2 der pfälzischen Civilprozeßordnung die Anlegung von Siegeln erforderlich, so erfolgt sie von Amtswegen durch das Nachlaßgericht.

Das Gleiche gilt, wenn nach Artikel 812 des pfälzischen Civilgesetzbuchs für den Nachlaß ein Pfleger zu bestellen ist.

Bei den Pflegschaften für Vakantmassen oder Benefiziarmassen tritt an die Stelle des Vormundschaftsgerichts das Nachlaßgericht.

Artikel 70.

Die nach den bisherigen Vorschriften zu einer Verfügung über Nachlaßgegenstände erforderliche gerichtliche Zustimmung wird durch die Genehmigung des Nachlaßgerichts ersetzt.

Die besonderen Vorschriften über das Verfahren bei Veräußerungen treten außer Kraft. S. 262.

Der Benefiziarerbe hat in den Fällen, in denen er nach den bisherigen Vorschriften zur Wahrung des Inventarrechts bei der Veräußerung von Nachlaßgegenständen bestimmte Formvorschriften zu beobachten hat, zur Veräußerung die Ermächtigung des Nachlaßgerichts zu erholen. Veräußert er einen Nachlaßgegenstand ohne die erforderliche gerichtliche Ermächtigung, so verliert er das Inventarrecht. Die auf Grund der gerichtlichen Ermächtigung vollzogene Veräußerung wird erst mit der Genehmigung des Nachlaßgerichts wirksam. S. 263.

Die Vorschriften des Abs. 3 finden auf die Fälle des Artikel 796 des pfälzischen Civilgesetzbuchs und des Artikel 986 der pfälzischen Civilprozeßordnung entsprechende Anwendung.

Artikel 71.

Hat der Benefiziarerbe nach Artikel 807 des pfälzischen Civilgesetzbuchs Sicherheit zu leisten, so hat er innerhalb der im Artikel 993 der pfälzischen Civilprozeßordnung bezeichneten Frist dem Nachlaßgerichte den Nachweis einzureichen, daß die Sicherheit geleistet ist.

Personenstand.

Artikel 72.

Die Vorschriften der §§ 69 bis 71 des Gesetzes über die Angelegenheiten der freiwilligen Gerichtsbarkeit finden von dem Inkrafttreten des Bürgerlichen Gesetzbuchs an auf die vor dem 1. Januar 1876 errichteten Standesregister entsprechende Anwendung. Das Staatsministerium der Justiz kann über die Aufbewahrung der in gerichtlicher Verwahrung befindlichen Register Anordnungen treffen.

Gegeben . . . .

Für den Entwurf:
gez. Dr. Freiherr **von Leonrod**.

3.

Begründung.

(Beilage J z. d. Verhandl. des Justizgebungsausschusses d. K. d. Abg. 1899 Beil.-Bd. I, Abth. 1, Seite 263 bis 294.)

Das Einführungsgesetz zum Bürgerlichen Gesetzbuche geht zwar von dem Grundsatz aus, daß die unter der Herrschaft der bisherigen Gesetze eingetretenen Rechtswirkungen fortbestehen und für die bei dem Inkrafttreten des Bürgerlichen Gesetzbuchs bestehenden Rechtsverhältnisse das bisherige Recht in Kraft bleibt, hat aber einen großen Theil dieser Rechtswirkungen und Rechtsverhältnisse den Vorschriften des neuen Rechtes vollständig oder doch nach gewissen Richtungen unterworfen. Die Wirkungen der Volljährigkeitserklärung und der Emanzipation (Art. 153, 154), der Entmündigung (Art. 155, 156), zum Theile auch die der Todeserklärung (Art. 159, 160), bestimmen sich nach dem neuen Rechte, Verjährung und Ersitzung werden mit gewissen Vorbehalten nach den neuen Vorschriften festgesetzt (Art. 169, 185), für die bestehenden juristischen Personen (Art. 163), für Mieth-, Pacht- und Dienstverhältnisse (Art. 171, 172),

S. 263. für Gemeinschaften nach Bruchtheilen (Art. 173), für Schuldverschreibungen auf den Inhaber und Legitimationspapiere (Art. 174, 176, 177), für Besitzverhältnisse (Art. 180, Art. 191 Abs. 2), für das Eigenthum und das Aneignungsrecht des Fiskus (Art. 181, 190), für Erbbaurecht und Grunddienstbarkeiten (Art. 184 Satz 2), Hypotheken und Grundschulden (Art. 192, 193), für die persönlichen Rechtsbeziehungen der Ehegatten zu einander (Art. 199) und die Zulässigkeit von Eheverträgen (Art. 200 Abs. 2), für die Nichtigkeit und Anfechtbarkeit der Ehe (Art. 189 Abs. 2) und die Ehescheidung (Art. 201), für das Rechtsverhältniß zwischen den Eltern und den ehelichen Kindern (Art. 203 bis 206) und die rechtliche Stellung der unehelichen Kinder (Art. 208) sowie für Vormundschaft und Pflegschaft (Art. 210, 211) gelten entweder schlechthin oder mit gewissen Einschränkungen die Vorschriften des Bürgerlichen Gesetzbuchs. Bei der Zersplitterung des Rechtes in Deutschland war es nicht thunlich, für alle in Betracht kommenden Rechtsverhältnisse durch Reichsgesetz zu entscheiden, ob und inwieweit die bisherigen Vorschriften für die Thatbestände, welche sich unter ihrer Herrschaft verwirklicht haben, durch die neuen Vorschriften ersetzt werden sollen, und hat insbesondere darauf verzichtet werden müssen, die Güterstände der bestehenden Ehen den entsprechenden Güterständen des Bürgerlichen Gesetzbuchs anzugleichen. Der Artikel 218 des Einführungsgesetzes hat es deshalb der Landesgesetzgebung überlassen, die Ueberleitung aus dem alten in das neue Recht weiter zu fördern, und sie zu diesem Zwecke ermächtigt, die bisherigen Vorschriften, soweit diese nach dem vierten Abschnitte des Einführungsgesetzes maßgebend bleiben, auch nach dem Inkrafttreten des Bürgerlichen Gesetzbuchs zu ändern. Bei den Hypotheken und Grundschulden ist der Landesgesetzgebung die Befugniß vorbehalten, die Umgestaltung im Einzelnen abweichend von den Vorschriften des Einführungsgesetzes zu bestimmen, insbesondere von den entsprechenden Rechtsformen des neuen Rechtes eine andere als die im Einführungsgesetze bestimmte zu wählen (Art. 193, 194, Art. 195 Abs. 2).

Auf dem Gebiete des Liegenschaftsrechts, für das die Vorschriften des Bürgerlichen Gesetzbuchs zum großen Theile erst mit dem Zeitpunkt in Kraft treten, in welchem das Grundbuch als angelegt anzusehen ist (Art. 189 des EG. zum B. GB.), ergiebt sich für die Zwischenzeit zwischen dem Inkrafttreten des Bürgerlichen Gesetzbuchs und der Anlegung des Grundbuchs das Bedürfniß besonderer Uebergangsvorschriften. Für eine Reihe von Rechtsverhältnissen, für welche die Vorschriften des neuen Rechtes maßgebend sind, müssen theils
S. 264. solche Rechtssätze, welche das neue Liegenschaftsrecht ‖ voraussetzen, dem bisherigen Liegenschaftsrecht angepaßt, theils die Vorschriften des bisherigen Liegenschaftsrechts ergänzt werden.

Für die Angelegenheiten der freiwilligen Gerichtsbarkeit hat das Reichsgesetz vom 17. Mai 1898 im § 200 Abs. 1 die Erlassung der erforderlichen Uebergangsvorschriften ganz der Landesgesetzgebung vorbehalten.

Die aus Anlaß der Einführung des Bürgerlichen Gesetzbuchs ausgearbeiteten Gesetzentwürfe haben die mit ihren Vorschriften zusammenhängenden Uebergangsvorschriften getroffen, der Entwurf eines Ausführungsgesetzes zum Bürgerlichen Gesetzbuche (Beilage A) im Artikel 24 für das Gesinderecht, in den Artikeln 48, 50 für die Umschreibung von Schuldverschreibungen des Staates und der übrigen juristischen Personen des öffentlichen Rechtes, in den Artikeln 58, 59, 61, 62, 67 für das Nachbarrecht, im Artikel 109 für die Sparurkunden, im Artikel 113b (Beilage D) für das Erlöschen der Ansprüche aus Rechtsverhältnissen des öffentlichen Rechtes, der Entwurf eines Gesetzes, die Aenderungen der seit 1818 erlassenen Gesetze betreffend (Beilage B), im

Artikel 11 (Art. 43a der Beilage G) für die bestehenden Jagdpachtverträge in S. 264.
der Pfalz, im Artikel 21 Abs. 2 (Beilage G) für die Heimat der vereinkindschafteten Kinder, im Artikel 31 Abs. 2 für einige Aenderungen des Brandversicherungsgesetzes, im Artikel 33 Abs. 1 Ziff. XV, Abs. 2 bis 6 für die dort bezeichneten Vorschriften des Ausführungsgesetzes zur Civilprozeßordnung und Konkursordnung, im Artikel 36 Abs. 2 für die Erbschaftssteuer, im Artikel 37 Abs. 2 für den Artikel 12 und den Artikel 18 Abs. 2 neuer Fassung des Gesetzes vom 21. April 1884, die Landeskultur-Rentenanstalt betreffend, und im Artikel 38 Abs. 2 für die dort bezeichneten Vorschriften des Flurbereinigungsgesetzes vom 29. Mai 1886, der Entwurf eines Ausführungsgesetzes zu der Grundbuchordnung und zu dem Gesetz über die Zwangsversteigerung und die Zwangsverwaltung (Beilage C) im Artikel 23 für die Hypothekenvormerkungen des bisherigen Rechtes, im Artikel 29 für Mieth- und Pachtverhältnisse, im Artikel 53 Abs. 2 für die Vollstreckbarkeit von Hypothekenurkunden und in den Artikeln 54, 55 für die Vollstreckungs- und Arresthypothek des rechtsrheinischen sowie die gerichtliche Hypothek und die Beschlagnahme zur Sicherung der Zwangsvollstreckung des pfälzischen Rechtes.

Für das Liegenschaftsrecht in der Pfalz enthält das Gesetz vom 1. Juli 1898 in den Artikeln 1 bis 22 eine Reihe von Uebergangsvorschriften.

Die erforderlichen weiteren Uebergangsvorschriften sind, wie in der Einleitung der Begründung zu dem Entwurf eines Ausführungsgesetzes zum Bürgerlichen Gesetzbuche bemerkt worden ist, dem gegenwärtigen Entwurfe vorbehalten. Die auf die Ueberleitung des ehelichen Güterrechts bezüglichen Vorschriften haben jedoch noch nicht fertiggestellt werden können; sie werden in einem Nachtrage zu dem gegenwärtigen Entwurfe vorgelegt werden.

Der Entwurf zerfällt in drei Abschnitte, von denen der erste (Art. 1 bis 23) die Vorschriften für das ganze Königreich, der zweite (Art. 24 bis 48) die Vorschriften für die Landestheile rechts des Rheins, der dritte (Art. 49 bis 72) die Vorschriften für die Pfalz enthält.

Im ersten Abschnitte verwandelt der Artikel 1 die anerkannten Vereine des bisherigen Rechtes in eingetragene Vereine des neuen Rechtes. Der Artikel 2 unterwirft die nicht rechtsfähigen Vereine den Vorschriften des neuen Rechtes und erleichtert für den Fall, daß sie die Rechtsfähigkeit erlangen, die Uebertragung des bisherigen Vereinsvermögens auf den rechtsfähigen Verein. Der Artikel 3 ermäßigt den Zinssatz der gesetzlichen Zinsen auf die im Bürgerlichen Gesetzbuche bestimmte Höhe. Der Artikel 4 regelt den Einfluß der Beendigung eines Nießbrauchs oder eines anderen zeitlich begrenzten Rechtes auf ein von dem Berechtigten eingegangenes Mieth- oder Pachtverhältniß. Im Artikel 5 ist für die Zeit vor der Anlegung des Grundbuchs der Einfluß der Zwangsversteigerung und der Zwangsverwaltung eines vermietheten oder verpachteten Grundstücks auf das Mieth- oder Pachtverhältniß bestimmt. Der Artikel 6 übernimmt eine Vorschrift des geltenden Rechtes über das Aufgebotsverfahren zum Zwecke der Kraftloserklärung gewisser Urkunden. Der Artikel 7 bringt die Vorschriften über die Verjährung von Ansprüchen aus Schuldverschreibungen auf den Inhaber und auf den Namen umgeschriebenen Schuldverschreibungen und über das Verhältniß der auf den Inhaber lautenden Zinsscheine zu der Haupturkunde mit den entsprechenden Vorschriften des Bürgerlichen Gesetzbuchs in Einklang. Im Artikel 8 werden gewisse Eigenthumsbeschränkungen zu Gunsten bestehender Waldungen aufrechterhalten. Der Artikel 9 betrifft den Zwang zur Eintragung der bestehenden Grunddienstbarkeiten in das Grundbuch. Die Artikel 10 bis 17 stellen für die Zeit nach der An-

S. 264. legung des Grundbuchs für das Erlöschen von Grunddienstbarkeiten, die nach den bisherigen Vorschriften entstanden und nicht in das Grundbuch eingetragen sind, einheitliche Bestimmungen auf. Der Artikel 18 wahrt den Werthpapieren, welche nach dem geltenden Rechte als mündelsicher gelten, diese Eigenschaft. Durch den Artikel 19 wird die Behandlung der Beschwerden in solchen Angelegenheiten der freiwilligen Gerichtsbarkeit geregelt, für welche die bisherigen Gesetze maßgebend sind. Nach Artikel 20 sollen die anbängigen Personenstandssachen nach den Vorschriften des Gesetzes über die Angelegenheiten der freiwilligen Gerichtsbarkeit erledigt werden. Im Artikel 21 werden die Vorschriften des neuen Rechtes über die Auseinandersetzung in Ansehung eines Nachlasses oder eines Gesammtguts auf die Fälle erstreckt, in denen für die erbrechtlichen oder die güterrechtlichen Verhältnisse die bisherigen Gesetze maßgebend sind. Der Artikel 22 wendet das neue Recht auf die anhängigen Ordnungsstrafverfahren in Handelssachen an. Der Artikel 23 überträgt die gerichtlichen Anordnungen in gewissen Rechtsverhältnissen, für welche die Vorschriften des bisherigen Handelsgesetzbuchs maßgebend bleiben, den Amtsgerichten.

Die Vorschriften für die Landestheile rechts des Rheins betreffen vorzugsweise das Liegenschaftsrecht.

Der Artikel 24 giebt dem Vorbehalte des Rückfalls des Eigenthums eine dem neuen Rechte entsprechende Gestaltung. Die Artikel 25, 26 passen für die Zeit zwischen dem Inkrafttreten des Bürgerlichen Gesetzbuchs und der Anlegung des Grundbuchs gewisse Vorschriften des Bürgerlichen Gesetzbuchs über das Miteigenthum und die Gemeinschaft dem bis dahin in Geltung bleibenden bisherigen Liegenschaftsrecht an. Der Artikel 27 bringt das Stockwerkseigenthum mit dem Artikel 131 des Einführungsgesetzes in Einklang. Ebenso werden im Artikel 28 gewisse unlösbare Gemeinschaftsverhältnisse im Sinne des neuen Rechtes umgestaltet. Die Artikel 29, 30 betreffen die Eintragung der bestehenden Grunddienstbarkeiten in das Hypothekenbuch und den Schutz der Ausübung von Grunddienstbarkeiten. In den Artikeln 31, 32 werden die bestehenden Reallasten den Vorschriften des Bürgerlichen Gesetzbuchs unterworfen und das Münchener Ewiggeld in eine Rentenschuld verwandelt. Der Artikel 33 setzt an die Stelle der für Leibgedingsrechte bestehenden Hypotheken die nach dem neuen Rechte dem
S. 265. gleichen Zwecke || dienenden persönlichen Dienstbarkeiten und Reallasten. Der Artikel 34 verwandelt die Inhaberhypotheken sowie die für die Forderung aus einem Wechsel oder einem anderen Orderpapiere bestellten Hypotheken in Sicherungshypotheken des neuen Rechtes. Die Artikel 35 bis 41 regeln die gesetzlichen Hypothekentitel für die Zeit vor der Anlegung des Grundbuchs und bilden sie für die spätere Zeit den Vorschriften des neuen Rechtes entsprechend um. Der Artikel 42 unterwirft die Hypothekenvormerkungen des bisherigen Rechtes gewissen Vorschriften des Bürgerlichen Gesetzbuchs. Die Artikel 43, 44 bestimmen die künftige Bedeutung der Rangvorbehalte des bisherigen Rechtes und des Verzichts auf einen gesetzlichen Rangvorbehalt. Der Artikel 45 ergänzt die Vorschriften des Bürgerlichen Gesetzbuchs über die Verpfändung und Pfändung des Anspruchs auf Herausgabe eines Grundstücks für die Zeit vor der Anlegung des Grundbuchs. Der Artikel 46 verwandelt die Hypotheken an Rechten, für welche die sich auf Grundstücke beziehenden Vorschriften nicht gelten, in Pfandrechte. Im Artikel 47 schließen sich Vorschriften an, welche die Legitimation durch nachfolgende Ehe auf Fälle erstrecken, in denen sie nach den bisherigen Vorschriften ausgeschlossen ist. Der Artikel 48 trifft die durch die Aufhebung der Fürstlich Thurn und Taxis'schen Gerichtsbarkeit veranlaßten Vorschriften.

Für die Pfalz giebt der Entwurf zunächst in den Artikeln 49 bis 54 S. 265. Vorschriften über die Abwesenheit. Im Anschluß an das Gesetz über die Angelegenheiten der freiwilligen Gerichtsbarkeit überträgt der Artikel 49 die Zuständigkeit in Abwesenheitssachen dem Vormundschaftsgerichte. Die Artikel 50, 51 gestalten bei der vorläufigen Einweisung in den Besitz des Vermögens des Abwesenden die Vorschriften über die Sicherheitsleistung des Eingewiesenen und die Inventarerrichtung im Sinne des künftigen Vormundschaftsrechts um; der Artikel 52 setzt an die Stelle der für gewisse Verfügungen des Eingewiesenen über Vermögensstücke des Abwesenden geltenden Vorschriften das Erforderniß der Genehmigung des Vormundschaftsgerichts. Im Artikel 53 wird die endgiltige Einweisung durch Abkürzung der Frist auf die für die Verschollenheitsfrist des Bürgerlichen Gesetzbuchs bestimmte Dauer erleichtert. Der Artikel 54 stellt die Bedeutung der endgiltigen Einweisung für die Eintragung des Eingewiesenen in das Grundbuch und die sonstigen öffentlichen Bücher klar. Von den auf die Aufhebung einer Gemeinschaft bezüglichen Artikeln 55 bis 57 entspricht der Artikel 55 dem für die Landestheile rechts des Rheins vorgeschlagenen Artikel 26, die Artikel 56, 57 übertragen die Vorschriften des neuen Rechtes mit gewissen Einschränkungen auf die Gemeinschaften, für welche die bisherigen Vorschriften maßgebend bleiben. Die Artikel 58 bis 65 beziehen sich auf das Liegenschaftsrecht und ergänzen das Gesetz über das Liegenschaftsrecht in der Pfalz vom 1. Juli 1898 durch Vorschriften, welche wegen ihres Zusammenhanges mit den später ausgearbeiteten Gesetzentwürfen in dieses Gesetz nicht aufgenommen werden konnten. Der Artikel 58 paßt den Artikel 34 des Entwurfes eines Ausführungsgesetzes zum Bürgerlichen Gesetzbuche für die Zeit vor der Anlegung des Grundbuchs dem bisherigen Liegenschaftsrecht an. Die Artikel 59, 60 wandeln die für Leibgedingsreichnisse und für vorbehaltene Renten bestehenden Hypotheken in Reallasten um, die Artikel 61, 62 enthalten Vorschriften, welche den im Artikel 35 für die Landestheile rechts des Rheins getroffenen Vorschriften entsprechen, die Artikel 63, 64 bringen die Vorschriften über die gesetzliche Hypothek des Staates, der Gemeinden und der öffentlichen Anstalten mit dem neuen Rechte in Einklang und der Artikel 65 erstreckt die im Artikel 45 enthaltenen Vorschriften mit den erforderlichen Aenderungen auf die Pfalz. Der Artikel 66 ermöglicht für den Fall, daß die Eheschließung zwischen den Eltern eines unehelichen Kindes nach den bisherigen Vorschriften die Legitimation nicht bewirkt hat, diese Wirkung nachträglich herbeizuführen. Die Artikel 67 bis 71 beziehen sich auf das Erbrecht. Sie übertragen im Anschluß an die für die Abwesenheitssachen vorgeschlagenen Bestimmungen die Zuständigkeit in Nachlaßsachen auf das Nachlaßgericht (Art. 68), setzen an die Stelle der für bestimmte Verfügungen geltenden Vorschriften des bisherigen Rechtes das Erforderniß der Genehmigung des Nachlaßgerichts (Art. 70 Abs. 1, 2) und passen verschiedene Einzelheiten dem künftigen Rechte an. Der Artikel 72 überträgt die für Personenstandssachen geltenden Vorschriften des Gesetzes über die Angelegenheiten der freiwilligen Gerichtsbarkeit auf die vor dem 1. Januar 1876 errichteten Standesurkunden.

I. Vorschriften für das ganze Königreich.

Vereine.

Artikel 1, 2.

1. Auf die zur Zeit des Inkrafttretens des Bürgerlichen Gesetzbuchs bestehenden juristischen Personen finden nach Artikel 163 des Einführungsgesetzes

S. 265. zum Bürgerlichen Gesetzbuche von dieser Zeit an die Vorschriften der §§ 25 bis 53, 85 bis 89 des Bürgerlichen Gesetzbuchs Anwendung, soweit sich nicht aus den Artikeln 164, 165 oder daraus ein Anderes ergiebt, daß für gewisse Vereine die landesrechtlichen Vorschriften durch die im dritten Abschnitte des Einführungsgesetzes enthaltenen Vorbehalte gewahrt werden. In letzterer Hinsicht kommen insbesondere in Betracht der Artikel 82, wonach die Vorschriften der Landesgesetze über die Verfassung der Vereine, deren Rechtsfähigkeit auf staatlicher Verleihung beruht, unberührt bleiben, sowie die Artikel 67, 75, welche die Vorschriften über die Knappschaftsvereine und die Versicherungsvereine aufrecht erhalten. Für die bestehenden juristischen Personen des öffentlichen Rechtes gelten nach dem im Artikel 163 für anwendbar erklärten § 89 des Bürgerlichen Gesetzbuchs nur die Vorschrift des § 31 und, soweit der Konkurs zulässig ist (vergl. Art. 33 Ziff. I des Entw. eines Gesetzes, die Aenderungen der seit 1818 erlassenen Gesetze betr.), die Vorschrift des § 42 Abs. 2. Zu den juristischen Personen des öffentlichen Rechtes gehören auch der Allgemeine Unterstützungsverein für die Hinterlassenen der K. Bayerischen Staatsdiener und die mit ihm verbundene Töchterkasse, der Unterstützungsverein und der Verein der Töchterkasse für das K. Bayerische Forstpersonal, der Unterstützungsverein für die Hinterbliebenen von Offizieren, Sanitätsoffizieren und oberen Beamten des K. Bayerischen Heeres sowie ähnliche Vereine mit gleichartiger Verfassung; sie sind nach ihrem Zwecke und ihrer Stellung im Staate in die öffentlichen Einrichtungen eingegliederte Wittwen- und Waisenkassen und als solche Anstalten des öffentlichen Rechtes.

Nach Artikel 165 des Einführungsgesetzes zum Bürgerlichen Gesetzbuche bleiben die Vorschriften des Gesetzes vom 29. April 1869, die privatrechtliche Stellung von Vereinen betreffend, für diejenigen Vereine in Kraft, welche auf Grund dieses Gesetzes zur Zeit des Inkrafttretens des Bürgerlichen Gesetzbuchs
S. 266. bestehen. Der Artikel 34 Abs. 2, welcher das bei || der Festsetzung von Ordnungsstrafen zu beobachtende Verfahren betrifft, wird jedoch durch den § 185 Abs. 2 des Gesetzes über die Angelegenheiten der freiwilligen Gerichtsbarkeit dahin geändert, daß an die Stelle der dort für anwendbar erklärten Vorschriften der Artikel 9 bis 23 des Einführungsgesetzes zum Handelsgesetzbuche vom 10. November 1861 die §§ 132 bis 139 des Gesetzes über die Angelegenheiten der freiwilligen Gerichtsbarkeit treten.

Es empfiehlt sich aber, das Gesetz vom 29. April 1869 überhaupt aufzuheben. Die Vorschriften des Bürgerlichen Gesetzbuchs über die eingetragenen Vereine (§§ 21, 24—53, 55 ff.) stimmen mit diesem Gesetz in allen wesentlichen Punkten überein. Die geringen Abweichungen betreffen fast ausschließlich Fragen, in denen sich die Bestimmungen des bayerischen Gesetzes als nicht ganz zweckmäßig erwiesen haben, und enthalten durchgehends Verbesserungen, die theils im Interesse der Vereine selbst theils im allgemeinen Verkehrsinteresse liegen. Dies gilt beispielsweise von der Ersetzung des Artikel 18, wonach der Vorstand dem Gericht alljährlich ein Verzeichniß der Mitglieder einzureichen hat, durch den § 72, wonach das Verzeichniß nur auf Verlangen des Gerichts vorzulegen ist, und von der Weglassung des Artikel 30 Abs. 3, der bei der Liquidation für die Veräußerung von Gegenständen des unbeweglichen Vermögens öffentliche Versteigerung vorschreibt. Es besteht kein Grund, die zur Zeit des Inkrafttretens des Bürgerlichen Gesetzbuchs bestehenden Vereine an diesen Verbesserungen nicht theilnehmen zu lassen. Dazu kommt, daß es im Interesse der Rechtseinheit, der Sicherheit des Rechtsverkehrs und der Erleichterung der Rechtsanwendung liegt, wenn die ohnehin nur äußerliche

Verschiedenheit zwischen den anerkannten und den eingetragenen Vereinen beseitigt wird. Ohne Ueberleitungsvorschrift würde das Gesetz vom 29. April 1869, da viele Vereine von sehr langer Dauer sind, ohne Nutzen für die Vereine oder die Allgemeinheit noch Jahrzehnte nach dem Inkrafttreten des Bürgerlichen Gesetzbuchs fortgelten. Deshalb hebt der Artikel 42 Ziff. 23 des Entwurfes eines Gesetzes, die Aenderungen der seit 1818 erlassenen Gesetze betreffend, das Gesetz vom 29. April 1869 auf und bestimmt der Artikel 1 Satz 1 des gegenwärtigen Entwurfes, daß die zur Zeit des Inkrafttretens des Bürgerlichen Gesetzbuchs bestehenden anerkannten Vereine von diesem Zeitpunkt an als eingetragene Vereine gelten. Die anerkannten Vereine erlangen die rechtliche Stellung von eingetragenen Vereinen ohne ihr Zuthun und ohne Eintragung in das Vereinsregister. Daß Bestimmungen der Satzung eines anerkannten Vereins mit zwingenden Vorschriften des Bürgerlichen Gesetzbuchs über den Inhalt der Vereinssatzung (§ 40) im Widerspruche stehen, wird kaum vorkommen; gegebenen Falles würden sie unwirksam werden. Im Interesse der Ordnung muß die Eintragung der bisherigen anerkannten Vereine in das Vereinsregister erfolgen. Die für die Eintragung nothwendigen Bestimmungen, insbesondere über die Zeit, innerhalb deren die Eintragung zu geschehen hat, über die Abgabe der Akten an das nach § 55 des Bürgerlichen Gesetzbuchs zuständige Amtsgericht, über die Hinausgabe der nach den Vorschriften des Bürgerlichen Gesetzbuchs nicht aufzubewahrenden Aktenstücke, werden vom Staatsministerium der Justiz zu treffen sein (Art. 1 Satz 2). Die Eintragung in das Vereinsregister kann selbstverständlich schon vor dem 1. Januar 1900 angeordnet werden, damit in diesem Zeitpunkte die vorbereitenden Maßregeln schon ausgeführt sind. S. 266.

2. Die nicht rechtsfähigen Vereine sind nach der im rechtsrheinischen Bayern herrschenden Rechtsauffassung zwar Gesellschaften, es werden jedoch auf sie in weitem Umfange die für juristische Personen geltenden Vorschriften angewendet, insbesondere wird es für zulässig erachtet, daß sie unter ihrem Namen klagend auftreten und belangt werden (Entsch. des O.G.H. IV S. 195, V S. 203, VII S. 483, Bl. f. Rechtsanwendung XL S. 317, Entsch. d. O.L.G. XII S. 150). Im Geltungsbereiche des Code civil ist die Frage, welche Rechtsstellung diesen Vereinen zukommt, bestritten (vergl. Zeitschr. f. franz. Civilr. XIII S. 32). Das Vereinsvermögen wird nicht schlechthin nach den für das Gesellschaftsvermögen geltenden Vorschriften behandelt.

Nach § 54 des Bürgerlichen Gesetzbuchs finden auf Vereine, die nicht rechtsfähig sind, die Vorschriften über die Gesellschaft Anwendung. Aus einem Rechtsgeschäfte, das im Namen eines solchen Vereins einem Dritten gegenüber vorgenommen wird, haftet der Handelnde persönlich; handeln Mehrere, so haften sie als Gesammtschuldner. Ein Verein, der nicht rechtsfähig ist, kann nach § 50 (49a) Abs. 2 der Civilprozeßordnung verklagt werden; in dem Rechtsstreite hat der Verein die Stellung eines rechtsfähigen Vereins. Der § 735 (670a) der Civilprozeßordnung erklärt zur Zwangsvollstreckung in das Vermögen eines nicht rechtsfähigen Vereins ein gegen den Verein erlassenes Urtheil für genügend.

Ueber die Rechtsstellung der zur Zeit des Inkrafttretens des Bürgerlichen Gesetzbuchs bestehenden nicht rechtsfähigen Vereine enthält das Einführungsgesetz zum Bürgerlichen Gesetzbuche keine Vorschrift (vergl. Motive zum Entw. I des Einf.-Ges. zum B.GB. S. 249). Die Anwendbarkeit der §§ 50, 735 der Civilprozeßordnung unterliegt keinem Zweifel. Der Entwurf erachtet es im Interesse der Rechtssicherheit für geboten, durch eine dem § 54 des Bürgerlichen Gesetzbuchs entsprechende Vorschrift die vor dem 1. Januar 1900 ent-

S. 266. standenen nicht rechtsfähigen Vereine auch auf dem Gebiete des bürgerlichen Rechtes den Vereinen derselben Art, die unter der Herrschaft des Bürgerlichen Gesetzbuchs entstehen, gleichzustellen (Art. 2 Abs. 1, 2).

Zu dem Vermögen eines nicht rechtsfähigen Vereins gehören mitunter auch Grundstücke und Rechte an Grundstücken. Bei diesen Vermögensbestandtheilen ergeben sich, namentlich wenn seit dem Erwerb ein längerer Zeitraum verstrichen ist, nicht selten Schwierigkeiten für den Nachweis der Verfügungsbefugniß. Für den Fall, daß der Verein vor der Zeit, zu welcher das Grundbuch als angelegt anzusehen ist, die Rechtsfähigkeit erlangt, will der Entwurf (Art. 2 Abs. 3) die Uebertragung der Rechte der Mitglieder auf den rechtsfähigen Verein dadurch erleichtern, daß zu der Uebertragung ein notariell beurkundeter Beschluß der Mitgliederversammlung genügen soll. Die Erleichterung kommt mittelbar auch der Anlegung des Grundbuchs zu statten. Mit Rücksicht hierauf will der Entwurf den Artikel 2 Abs. 3 schon mit der Verkündung des Gesetzes in Kraft treten lassen.

Gesetzliche Zinsen.

Artikel 3.

Infolge des Grundsatzes des Artikels 170 des Einführungsgesetzes zum Bürgerlichen Gesetzbuche, daß für ein Schuldverhältniß, welches vor dem Inkrafttreten des Bürgerlichen Gesetzbuchs entstanden ist, die bisherigen Gesetze maßgebend bleiben, würde sich auch die Höhe der gesetzlichen Zinsen, insbe-
S. 267. sondere der Verzugszinsen, nach den bisherigen ‖ Gesetzen bestimmen. Es könnten demnach, soweit nicht die Vorschrift des Artikel 287 des (bisherigen) Handelsgesetzbuchs Anwendung findet, fünf vom Hundert für das Jahr (Art. 3 des Gesetzes vom 5. Dezember 1867, die Abänderung der gesetzlichen Bestimmungen über die Zinsen betr.) verlangt werden. Die Gründe, aus welchen der § 246 und der § 288 Abs. 1 Satz 1 des Bürgerlichen Gesetzbuchs den gesetzlichen Zinsfuß auf vier vom Hundert für das Jahr festsetzen (Komm.-Ber. zum Entw. des B. GB. S. 1962, 1963), treffen jedoch auch für ein vor dem Inkrafttreten des Bürgerlichen Gesetzbuchs entstandenes Rechtsverhältniß zu. Der Entwurf (Art. 3) schreibt deshalb vor, daß, auch soweit in einem solchen Rechtsverhältnisse nach dem Inkrafttreten des Bürgerlichen Gesetzbuchs Verzugszinsen oder andere gesetzliche Zinsen zu entrichten sind, nur vier vom Hundert für das Jahr verlangt werden können. Selbstverständlich wird durch diese Bestimmung das Recht des Gläubigers nicht berührt, höhere Zinsen zu verlangen, wenn er hierzu aus einem anderen Rechtsgrunde berechtigt ist (vergl. Art. 3 Abs. 3 des Gesetzes vom 5. Dezember 1867, § 288 Abs. 1 Satz 2 des B. GB.).

Für den Fall, daß eine Schuld nach Rechtsgeschäft zu verzinsen, über die Höhe der Zinsen aber nichts bestimmt ist, muß es dem vermuthlichen Willen der Parteien entsprechend bei den bisherigen Vorschriften (Art. 3 Abs. 2 des Gesetzes vom 5. Dezember 1867) verbleiben.

Miethe und Pacht.

Artikel 4.

Wird ein Grundstück, das zur Zeit des Inkrafttretens des Bürgerlichen Gesetzbuchs vermiethet oder verpachtet ist, nach dieser Zeit veräußert oder mit einem Rechte belastet, so hat der Miether oder Pächter dem Erwerber des Grundstücks oder des Rechtes gegenüber nach Artikel 172 des Einführungsgesetzes zum Bürgerlichen Gesetzbuche die im Bürgerlichen Gesetzbuche (§§ 571 bis 579) bestimmten Rechte. Weitergehende Rechte des Miethers oder Pächters, die sich aus den bisherigen Gesetzen ergeben, bleiben unberührt, sofern nicht für das Mieth- oder Pachtverhältniß nach Artikel 171 die Vorschriften des Bürgerlichen Gesetzbuchs deswegen maßgebend geworden sind, weil die Kündigung nach dem Inkrafttreten des Bürgerlichen Gesetzbuchs nicht zu dem ersten Termin erfolgt ist, für den sie nach den bisherigen Gesetzen zulässig war. S. 267.

Nach dem § 1056 des Bürgerlichen Gesetzbuchs finden, wenn der Nießbraucher ein Grundstück über die Dauer des Nießbrauchs hinaus vermiethet oder verpachtet hat, nach der Beendigung des Nießbrauchs die für den Fall der Veräußerung geltenden Vorschriften der §§ 571, 572, des § 573 Satz 1 und der §§ 574 bis 576, 579 entsprechende Anwendung. Der Eigenthümer ist berechtigt, das Mieth- oder Pachtverhältniß unter Einhaltung der gesetzlichen Kündigungsfrist zu kündigen. Verzichtet der Nießbraucher auf den Nießbrauch, so ist die Kündigung erst von der Zeit an zulässig, zu welcher der Nießbrauch ohne den Verzicht erlöschen würde. Die Vorschriften des § 1056 finden bei Beendigung der Güterstände der Verwaltung und Nutznießung, der Errungenschaftsgemeinschaft und der Fahrnißgemeinschaft auf ein zu dem eingebrachten Gute der Frau (§ 1423, § 1546 Abs. 3, § 1550 Abs. 2), bei Beendigung der elterlichen Nutznießung auf ein dem Kinde (§§ 1663, 1686), bei dem Eintritte der Nacherbfolge auf ein zum Nachlasse gehörendes Grundstück (§ 2135) entsprechende Anwendung.

Für die Bestimmung des Einflusses, den in Fällen dieser Art nach dem Inkrafttreten des Bürgerlichen Gesetzbuchs die Beendigung des Rechtes des Vermiethers oder Verpächters auf das Mieth- oder Pachtverhältniß hat, wenn für den Inhalt des Rechtes die bisherigen Gesetze maßgebend sind, beläßt es das Einführungsgesetz bei den bisherigen Gesetzen.

Nach dem gemeinen Rechte geht das Mieth- oder Pachtverhältniß, wenn der Nießbrauch oder das sonstige zeitlich begrenzte Recht des Vermiethers oder Verpächters endigt, nicht auf den Eigenthümer über, der Eigenthümer kann die Räumung des Grundstücks von dem Miether oder Pächter ebenso wie von dem bisher Berechtigten selbst verlangen. Das Bayerische Landrecht II 9 § 4 Nr. 7 ist dem gemeinen Rechte gefolgt. Das Preußische Landrecht I 21 §§ 388, 389 stimmt insofern mit dem Bürgerlichen Gesetzbuch überein, als es dem Eigenthümer die Räumung des Grundstücks nur unter Einhaltung der gesetzlichen Kündigungsfrist zu verlangen gestattet. Nach dem Code civil Art. 595, 1429 kann der Nießbraucher das seinem Rechte unterliegende Grundstück bis auf die Dauer von neun Jahren mit der Wirkung vermiethen oder verpachten, daß im Falle der Beendigung des Nießbrauchs der Eigenthümer an den Vertrag gebunden ist. Das Gleiche gilt für den Ehemann in Ansehung der zu dem eingebrachten Gute der Frau gehörenden Grundstücke und für die Eltern als Inhaber der elterlichen Nutznießung.

Diese Vorschriften würden, da sie auf dem Inhalte des zeitlich begrenzten Rechtes des Vermiethers oder Verpächters beruhen, in Ermangelung einer anderweitigen Bestimmung der Landesgesetzgebung auch für die Mieth- und Pachtverträge gelten, die von einem Berechtigten, für dessen Recht die bisherigen Gesetze maßgebend sind, nach dem Inkrafttreten des Bürgerlichen Gesetzbuchs eingegangen werden.

Der Entwurf (Artikel 4) will aber für diese Fälle einheitliches Recht schaffen, das sich an die Vorschriften des § 1056 des Bürgerlichen Gesetzbuchs anschließt, und zwar für die Mieth- und Pachtverträge, die unter der Herrschaft

S. 267. des Bürgerlichen Gesetzbuchs eingegangen werden, schlechthin, für die zur Zeit des Inkrafttretens des Bürgerlichen Gesetzbuchs bestehenden Mieth- und Pachtverhältnisse mit der dem Artikel 172 Satz 2 des Einführungsgesetzes entsprechenden Maßgabe, daß weitergehende Rechte des Miethers oder Pächters, die sich aus dem bisherigen Recht ergeben, unbeschadet der Vorschrift des Artikel 171 des Einführungsgesetzes, unberührt bleiben. Als in Betracht kommende Rechte führt der Entwurf neben dem Nießbrauche, der vor dem Inkrafttreten des Bürgerlichen Gesetzbuchs oder in der Zwischenzeit zwischen diesem Zeitpunkt und der Anlegung des Grundbuchs entstanden ist, das Nutznießungsrecht des Ehemanns, sofern die Ehe zur Zeit des Inkrafttretens des Bürgerlichen Gesetzbuchs schon besteht und der Güterstand nicht übergeleitet wird, das nach vielen Statutarrechten dem überlebenden Ehegatten zustehende Beisitzrecht und das Recht eines Vorerben, eines Fiduziars oder eines Vorvermächtnißnehmers an, sofern der Erbfall vor dem Inkrafttreten des Bürgerlichen Gesetzbuchs eingetreten ist.

Für die elterliche Nutznießung gelten nach Artikel 203 des Einführungsgesetzes von dem Inkrafttreten des Bürgerlichen Gesetzbuchs an die Vorschriften des neuen Rechtes. Soweit ein vor dem Inkrafttreten des Bürgerlichen Gesetzbuchs von dem Inhaber der elterlichen Nutznießung eingegangener Mieth- oder Pachtvertrag nach den bisherigen Gesetzen auch das Kind verpflichtet, bleibt diese Verpflichtung nach Artikel 170 des Einführungsgesetzes bestehen. Eine
S. 268. besondere Vorschrift ist aber für die in den Landestheilen || rechts des Rheins sehr zahlreichen Fälle erforderlich, in denen die elterliche Nutznießung deswegen mit dem Inkrafttreten des Bürgerlichen Gesetzbuchs endigt, weil das Kind zu dieser Zeit schon volljährig ist. Die infolge des Inkrafttretens des Bürgerlichen Gesetzbuchs mit dem Beginne der Herrschaft des neuen Rechtes eintretende Beendigung der elterlichen Nutznießung muß einer unter der Herrschaft des neuen Rechtes eintretenden Beendigung gleichgestellt werden.

Die Vorschrift des § 48 Satz 2 der VII. Beilage zu der Verfassungsurkunde, nach welcher der Fideikommißbesitzer Pachtverträge auf die Dauer von neun Jahren mit der Wirkung schließen kann, daß sie auf den Nachfolger übergehen, bleibt selbstverständlich unberührt.

Artikel 5.

Von der Zeit an, zu welcher das Grundbuch als angelegt anzusehen ist, gelten bezüglich des Einflusses der Zwangsversteigerung oder der Zwangsverwaltung eines vermietheten oder verpachteten Grundstücks auf das Mieth- oder Pachtverhältniß der § 57 und der § 152 Abs. 2 des Gesetzes über die Zwangsversteigerung und die Zwangsverwaltung mit dem Artikel 37 des Entwurfes eines Ausführungsgesetzes zu der Grundbuchordnung und zu dem Gesetz über die Zwangsversteigerung und die Zwangsverwaltung.

Für die Zeit zwischen dem Inkrafttreten des Bürgerlichen Gesetzbuchs und der Anlegung des Grundbuchs ist die Bestimmung des Einflusses der Zwangsversteigerung oder der Zwangsverwaltung auf das Mieth- oder Pachtverhältniß der Landesgesetzgebung überlassen, auch wenn der Mieth- oder Pachtvertrag unter der Herrschaft des Bürgerlichen Gesetzbuchs eingegangen ist oder dessen Vorschriften nach Artikel 171 des Einführungsgesetzes zum Bürgerlichen Gesetzbuche deswegen maßgebend sind, weil die Kündigung nach dem Inkrafttreten des Bürgerlichen Gesetzbuchs nicht für den ersten Termin erfolgt ist, für den sie nach den bisherigen Gesetzen zulässig war. In dem geltenden bayerischen Rechte bestehen einheitliche Vorschriften über die Frage nicht. Die in den

einzelnen Landestheilen geltenden Vorschriften hängen mit den Vorschriften der S. 268.
einzelnen bürgerlichen Rechte über Miethe und Pacht zusammen und eignen sich nicht zur Uebertragung auf ein Mieth- oder Pachtverhältniß, das sich nach den Vorschriften des Bürgerlichen Gesetzbuchs bestimmt. Der Entwurf (Art. 5) will deshalb für ein solches Mieth- oder Pachtverhältniß die Vorschriften, die nach der Anlegung des Grundbuchs gelten werden, schon in der Zwischenzeit für anwendbar erklären.

Für die Mieth- und Pachtverhältnisse, für welche die bisherigen Vorschriften maßgebend bleiben, verbleibt es bis zur Anlegung des Grundbuchs auch in Ansehung des Einflusses der Zwangsversteigerung und der Zwangsverwaltung bei dem bisherigen Rechte, für die spätere Zeit ist im Artikel 29 des Entwurfes eines Ausführungsgesetzes zu der Grundbuchordnung und zu dem Gesetz über die Zwangsversteigerung und die Zwangsverwaltung eine Uebergangsbestimmung getroffen.

Urkundenaufgebot.

Artikel 6.

Der Artikel 6 ersetzt den Absatz 1 der bisherigen Fassung des Artikel 69 des Ausführungsgesetzes zur Civilprozeßordnung und Konkursordnung, soweit dieser für die aus der Zeit vor dem Inkrafttreten des Bürgerlichen Gesetzbuchs stammenden Urkunden noch in Betracht kommt (vergl. die Begründung zu Art. 47 Abs. 2 und Art. 48, 50 des Entw. eines Ausf.-Ges. zum B. GB. sowie die Begründung zu Art. 33 des Entw. eines Gesetzes, die Aenderungen der seit 1818 erlassenen Gesetze betr., unter Ziff. 7).

Schuldverschreibungen auf den Inhaber.

Artikel 7.

Der Artikel 7 erweitert gegenüber dem Artikel 174 des Einführungsgesetzes zum Bürgerlichen Gesetzbuche die Anwendbarkeit der für Inhaberpapiere geltenden Vorschriften des neuen Rechtes.

1. Die Verjährung der Ansprüche aus den vor dem Inkrafttreten des Bürgerlichen Gesetzbuchs ausgestellten Schuldverschreibungen auf den Inhaber bestimmt sich nach dem Abs. 2 des Artikel 174, unbeschadet der Vorschriften des § 802 des Bürgerlichen Gesetzbuchs, nach den bisherigen Gesetzen. Für Zins-, Renten- und Gewinnantheilscheine, die für ein vor dem Inkrafttreten des Bürgerlichen Gesetzbuchs ausgestelltes Inhaberpapier ausgegeben werden, bleiben die bisherigen Gesetze nach Artikel 175 des Einführungsgesetzes auch dann maßgebend, wenn die Ausgabe erst nach dem Inkrafttreten des Bürgerlichen Gesetzbuchs erfolgt.

Die Verjährung der Ansprüche aus Inhaberpapieren ist im bayerischen Rechte nur in Ansehung der Staatsschuldverschreibungen einheitlich geregelt (Gesetz vom 29. September 1861). Für die übrigen Schuldverschreibungen auf den Inhaber sind die in den einzelnen Landestheilen geltenden Rechte maßgebend; die Verjährung der Zinsforderungen bestimmt sich in den Landestheilen rechts des Rheins nach Artikel 1 Abs. 2 des Gesetzes vom 26. März 1859, in der Pfalz nach Artikel 2277 des Code civil.

Für die Staatsschuldverschreibungen auf den Inhaber würde es bei den Vorschriften der Artikel 1, 2, 6, 7 des Gesetzes vom 29. September 1861 verbleiben können. Der Artikel 11 des Gesetzes vom 18. März 1896, einige Bestimmungen über die Inhaberpapiere betreffend, wird nach Artikel 174 Abs. 2

S. 268. des Einführungsgesetzes durch den § 802 des Bürgerlichen Gesetzbuchs ersetzt. Die in Kraft bleibenden Vorschriften des Gesetzes vom 29. September 1861 unterscheiden sich von den Vorschriften des Bürgerlichen Gesetzbuchs nur in wenigen Einzelheiten. Der Artikel 1 entspricht dem § 801 Abs. 1 des Bürgerlichen Gesetzbuchs, der an die Stelle der Verjährungsfrist des Artikel 1 eine Vorlegungsfrist von gleicher Dauer setzt, der Artikel 2 weicht von dem § 801 Abs. 2 des Bürgerlichen Gesetzbuchs darin ab, daß dieser für die Zinsscheine eine vierjährige Vorlegungsfrist bestimmt, während nach dem Artikel 2 die Zinsforderungen in fünf Jahren verjähren. Die Artikel 6, 7 schließen die Wiedereinsetzung in den vorigen Stand aus und bestimmen die Wirkung einer Mahnung und einer Anerkennung auf die Verjährung. Das Bürgerliche Gesetzbuch kennt eine Wiedereinsetzung in den vorigen Stand nicht und die in den §§ 203, 206, 207 bestimmte Hemmung der Verjährung, die als ein Ersatz der Wiedereinsetzung angesehen werden kann, findet auf die Vorlegungsfristen des § 801, abgesehen von dem besonderen Falle des § 802 Satz 2, keine Anwendung. Durch Mahnung werden die Vorlegungsfristen des Bürgerlichen Gesetzbuchs ebensowenig wie die Verjährungsfristen des Gesetzes vom 29. September 1861 unterbrochen. Die Unterbrechung durch Anerkennung nach § 208 des
S. 269. Bürgerlichen Gesetzbuchs kann nur bei der || im Falle rechtzeitiger Vorlegung der Urkunde mit dem Ablaufe der Vorlegungsfrist beginnenden kurzen Verjährung (§ 801 Abs. 1 Satz 2) in Frage kommen.

Mit Rücksicht auf diese geringen Unterschiede empfiehlt es sich, die Vorschriften der Art. 1, 2, 6, 7 des Gesetzes vom 29. September 1861 für die nach dem Inkrafttreten des Bürgerlichen Gesetzbuchs fällig werdenden Kapitalsbeträge und Zinsen durch die Vorschriften des § 801 des Bürgerlichen Gesetzbuchs zu ersetzen. Die im § 801 Abs. 2 für Zinsscheine bestimmte vierjährige Erlöschungsfrist steht mit der allgemeinen Verjährungsfrist für Zinsen (§ 197) im Einklange, die nach Artikel 169 des Einführungsgesetzes auch für die nach dem Inkrafttreten des Bürgerlichen Gesetzbuchs fällig werdenden Zinsen vorher entstandener Forderungen gilt. Das Nebeneinanderbestehen des Gesetzes vom 29. September 1861 und des Bürgerlichen Gesetzbuchs würde die mißliche Folge haben, daß auf Jahrzehnte hinaus untersucht werden müßte, ob ein Zinsschein zu einer vor oder zu einer nach dem Inkrafttreten des Bürgerlichen Gesetzbuchs ausgestellten Schuldverschreibung gehört. Die Unterscheidung könnte unter Umständen bei derselben Schuldgattung für die verschiedenen Serien nothwendig werden und würde dadurch erschwert, daß die Zinsscheine selbst über die Zeit der Ausstellung der Haupturkunde keinen Aufschluß geben.

Die Sachlage ist bei den von Kreis-, Distrikts- oder Ortsgemeinden, von Stiftungen und Anstalten des öffentlichen Rechtes sowie von anderen Personen ausgestellten Schuldverschreibungen auf den Inhaber, insbesondere den Pfandbriefen der großen bayerischen Kreditinstitute, im Wesentlichen die gleiche. Die Kreditinstitute haben übrigens für die Verjährung der Pfandbriefe zum Theile die Geltung der jeweils für die Staatsschuldverschreibungen maßgebenden Vorschriften rechtsgeschäftlich bestimmt.

Der Artikel 7 Abs. 1 des Entwurfes erklärt deshalb die Vorschriften des § 801 des Bürgerlichen Gesetzbuchs auf die nach dem Inkrafttreten des Bürgerlichen Gesetzbuchs fällig werdenden Ansprüche aus vorher ausgestellten Schuldverschreibungen auf den Inhaber allgemein für anwendbar.

Der hierfür maßgebende Grund trifft auch bei den vor dem Inkrafttreten des Bürgerlichen Gesetzbuchs fällig gewordenen Ansprüchen zu, nur muß in Uebereinstimmung mit dem Artikel 169 Abs. 1 Satz 2 des Einführungs-

gesetzes sich der Beginn sowie die Hemmung und Unterbrechung der Frist für S. 269.
die Zeit vor dem Inkrafttreten des Bürgerlichen Gesetzbuchs nach den bisherigen Gesetzen bestimmen und bei den Zins-, Renten- und Gewinnantheilscheinen die kürzere Frist des § 801 Abs. 2 nach dem Abs. 2 des Artikels 169 berechnet werden (Art. 7 Abs. 2).

Nach dem Artikel 47 Abs. 1 und den Artikeln 48, 50 des Entwurfes eines Ausführungsgesetzes zum Bürgerlichen Gesetzbuche gelten die Vorschriften des § 801 auch für die auf den Namen des Gläubigers umgeschriebenen Schuldverschreibungen des Staates oder einer dem bayerischen Staate angehörenden Körperschaft, Stiftung oder Anstalt des öffentlichen Rechtes, die Umschreibung mag vor oder nach dem Inkrafttreten des Bürgerlichen Gesetzbuchs erfolgt sein. Für die nach dem Inkrafttreten des Bürgerlichen Gesetzbuchs fällig werdenden Ansprüche aus den umgeschriebenen Schuldverschreibungen ist hienach das Gleiche bestimmt wie im Artikel 7 Abs. 1 für die zu dieser Zeit fällig werdenden Ansprüche aus den nicht umgeschriebenen Schuldverschreibungen. Der Entwurf stellt auch die vor dem Inkrafttreten des Bürgerlichen Gesetzbuchs fällig gewordenen Ansprüche aus umgeschriebenen Schuldverschreibungen den Ansprüchen aus nicht umgeschriebenen Schuldverschreibungen gleich.

In den Haupturkunden oder den Zinsscheinen sind mitunter besondere Bestimmungen über die Verjährung getroffen. Beispielsweise enthalten die zu den Schuldverschreibungen des bayerischen Prämienanlehens ausgegebenen Zinsscheine die Bemerkung, daß die Verjährungsfrist fünf Jahre beträgt. Eine solche Bestimmung muß im Interesse der Sicherheit des Verkehrs auch nach dem Inkrafttreten des Bürgerlichen Gesetzbuchs berücksichtigt werden. Der Entwurf (Art. 7 Abs. 3) behandelt sie als anderweitige Festsetzung der Vorlegungsfrist im Sinne des § 801 Abs. 3.

2. Nach § 803 des Bürgerlichen Gesetzbuchs bleiben die für eine Schuldverschreibung auf den Inhaber ausgegebenen Zinsscheine, sofern sie nicht eine gegentheilige Bestimmung enthalten, in Kraft, auch wenn die Hauptforderung erlischt oder die Verpflichtung zur Verzinsung aufgehoben oder geändert wird. Werden solche Zinsscheine bei der Einlösung der Hauptschuldverschreibung nicht zurückgegeben, so ist der Aussteller berechtigt, den Betrag der fehlenden Scheine zurückzubehalten. Nach dem Ablaufe der Vorlegungsfrist kann der bisherige Inhaber, wenn er den Verlust der Scheine vor dem Ablaufe der Frist dem Aussteller angezeigt hat und die Scheine nicht vor dem Ablaufe der Frist zur Einlösung vorgelegt worden sind, nach § 804 des Bürgerlichen Gesetzbuchs die Zahlung des zurückbehaltenen Betrags fordern. Diese Bedeutung der Zinsscheine wird auch im bayerischen Rechte anerkannt. Für Staatsschuldverschreibungen ist sie im Artikel 4 Satz 1 des Gesetzes vom 29. September 1861 ausdrücklich ausgesprochen. Nach § 281 der Dienstesinstruktion für die Staatsschuldentilgungskassen vom Jahre 1845 besteht jedoch die Verwaltungseinrichtung, daß die Staatskasse von dem Zurückbehaltungsrechte keinen Gebrauch macht, wenn für den Betrag der fehlenden Scheine Sicherheit geleistet wird. Im Satz 2 des Artikel 4 ist für den Anspruch auf Rückgabe der geleisteten Sicherheit eine kürzere Verjährungsfrist eingeführt. Gleichartige Einrichtungen sind auch bei anderen Ausstellern von Inhaberpapieren — Gemeinden wie Privaten — in Uebung gekommen. Dem § 804 des Bürgerlichen Gesetzbuchs entspricht der Artikel 12 des Gesetzes vom 18. März 1896.

Der Artikel 4 Satz 1 bleibt nach den Artikeln 174, 175 des Einführungsgesetzes zum Bürgerlichen Gesetzbuche für die vor dem Inkrafttreten des Bürgerlichen Gesetzbuchs ausgestellten Schuldverschreibungen auf den Inhaber in

S. 269. Geltung. Der Satz 2 dagegen fällt nach Maßgabe des Artikel 169 des Einführungsgesetzes weg. Eine kürzere Verjährungsfrist kann in Zukunft nur im Wege der Vereinbarung (§ 225 des B. GB.) bestimmt werden.

Der Entwurf (Art. 7 Abs. 1) erklärt den mit dem bisherigen Rechte übereinstimmenden § 803 des Bürgerlichen Gesetzbuchs für anwendbar. Damit fällt auch der Satz 1 des Artikel 4 weg. Der Artikel 12 des Gesetzes vom 18. März 1896 wird nach Artikel 174 Abs. 1 des Einführungsgesetzes durch den § 804 ersetzt. Für die auf den Namen umgeschriebenen Schuldverschreibungen gilt der § 803 nach Artikel 47 Abs. 1, Artikel 48, 50 des Entwurfes eines Ausführungsgesetzes zum Bürgerlichen Gesetzbuche gleichfalls, auch wenn die Umschreibung vor dem Inkrafttreten des Bürgerlichen Gesetzbuchs erfolgt ist.

Die Verwaltungseinrichtungen bleiben selbstverständlich unberührt (vergl. die Begründung zu Art. 47 Abs. 1 des Entw. eines Ausf.-Ges. zum B. GB.).

S. 270. **Eigenthumsbeschränkungen zu Gunsten bestehender Waldungen.**

Artikel 8.

Nach § 910 des Bürgerlichen Gesetzbuchs kann der Eigenthümer eines Grundstücks Wurzeln eines Baumes oder eines Strauches, die von einem Nachbargrundstück eingedrungen sind, abschneiden und behalten. Das Gleiche gilt von herüberragenden Zweigen, wenn der Eigenthümer dem Besitzer des Nachbargrundstücks eine angemessene Frist zur Beseitigung bestimmt hat und die Beseitigung nicht innerhalb der Frist erfolgt. Dem Eigenthümer steht dieses Recht nicht zu, wenn die Wurzeln oder die Zweige die Benützung des Grundstücks nicht beeinträchtigen.

Nach Artikel 181 des Einführungsgesetzes zum Bürgerlichen Gesetzbuche finden auf das zur Zeit des Inkrafttretens des Bürgerlichen Gesetzbuchs bestehende Eigenthum die Vorschriften des Bürgerlichen Gesetzbuchs Anwendung. Der Artikel 183 erhält jedoch zu Gunsten eines Grundstücks, das zur Zeit des Inkrafttretens des Bürgerlichen Gesetzbuchs mit Wald bestanden ist, die landesgesetzlichen Vorschriften, welche die Rechte des Eigenthümers eines Nachbargrundstücks in Ansehung der auf dem Grundstücke stehenden Bäume und Sträucher abweichend von den Vorschriften des § 910 bestimmen, bis zur nächsten Verjüngung des Waldes in Kraft.

Eine abweichende Vorschrift dieser Art besteht insbesondere im gemeinen Rechte. Die in den Luftraum des Nachbargrundstücks überhangenden Zweige müssen bei einem mit Wald bestandenen Grundstücke schlechthin, bei einem Ackergrundstück insoweit geduldet werden, als sie mindestens 15 Fuß vom Boden entfernt sind.

In dem Verhältnisse von Waldgrundstücken zu einander entspricht die Duldung der überhangenden Zweige und übergreifenden Wurzeln auch in den Rechtsgebieten, in denen eine dem gemeinen Rechte entsprechende Vorschrift nicht gilt, der bestehenden Uebung. Die Duldung ist eine gegenseitige; durch die Beseitigung des bestehenden Zustandes würden die Eigenthümer sich gegenseitig schädigen. Die Fortdauer dieser Uebung ist insbesondere für die vielen kleineren zumeist im Privatbesitze befindlichen Waldungen in Gemengelage nothwendig. Der Entwurf (Art. 8 Abs. 1) verpflichtet deshalb den Eigenthümer eines Waldgrundstücks, die Wurzeln eines Baumes oder Strauches, die von einem Nachbargrundstück eingedrungen sind, das zur Zeit des Inkrafttretens des Bürgerlichen Gesetzbuchs mit Wald bestanden ist, sowie die von einem solchen Grundstücke

herüberragenden Zweige zu dulden, bis auf dem Nachbargrundstücke die nächste S. 270.
Verjüngung des Waldes stattfindet.

Für den Fall, daß das zur Zeit des Inkrafttretens des Bürgerlichen Gesetzbuchs mit Wald bestandene Grundstück an ein nicht mit Wald bestandenes Grundstück angrenzt, beläßt es der Entwurf (Art. 8 Abs. 2) in Ansehung der übergreifenden Wurzeln bei den Vorschriften des § 910. Für die überragenden Zweige aber verallgemeinert er in Anlehnung an den Artikel 21 des württembergischen Gesetzes vom 15. Juni 1893 über das landwirthschaftliche Nachbarrecht die Vorschrift des gemeinen Rechtes, indem er den Eigenthümer verpflichtet, die Zweige zu dulden, soweit sie mindestens 5 m vom Boden entfernt sind. Die Höhe von 5 m trägt den Interessen beider Nachbarn gleichmäßig Rechnung, weil die Aufastung einerseits nicht so weit greift, daß größere Nachtheile für das Wachsthum des Baumes zu befürchten sind, andererseits aber doch hinreicht, um die nachtheiligen Einwirkungen des Ueberhanges auf ein der Landwirthschaft dienendes Grundstück wesentlich zu verringern.

Für die Beseitigung herüberragender Zweige, die weniger als 5 m vom Boden entfernt sind, muß dem Eigenthümer eine angemessene Frist gewährt werden. Die Festsetzung einer Frist ist auch im § 910 vorgesehen. Bei der Bemessung der Frist ist einerseits der Umfang der für das ganze Grundstück erforderlichen Arbeit und die Zahl der verfügbaren Arbeitskräfte, andererseits der Umstand zu berücksichtigen, daß wesentliche Störungen des Wachsthums der Bäume nur vermieden werden können, wenn die Beseitigung in der Zeit der Vegetationsruhe erfolgt.

Ein weitergehender Schutz ist für die den Angriffen des Windes am meisten ausgesetzten Südwest-, West- und Nordwestränder der Waldungen erforderlich. Aufastungen an diesen Waldrändern gestatten dem Winde das Eindringen in die Bestände und können dadurch umfängliche Beschädigungen herbeiführen. Zu den nachtheiligen Einwirkungen des Windes gesellen sich, namentlich wenn der Wald gegen Süden geöffnet wird, die der Insolation. Zur Abwendung dieser Gefahren erstreckt der Entwurf die Duldungspflicht auf alle Zweige, bei deren Beseitigung der Fortbestand eines zum Schutze des Waldes erforderlichen Baumes oder Strauches gefährdet oder die Ertragsfähigkeit des Waldbodens in Folge des Eindringens von Wind und Sonne beeinträchtigt werden würde.

Der Artikel 183 des Einführungsgesetzes gibt die Möglichkeit, zu Gunsten eines mit Wald bestandenen Grundstücks die bisherigen Vorschriften bis zur nächsten Verjüngung des Waldes auch insoweit in Kraft zu erhalten, als sie die Rechte des Eigenthümers eines Nachbargrundstücks in Ansehung der auf der Grenze stehenden Bäume und Sträucher abweichend von den Vorschriften des § 923 Abs. 2, 3 des Bürgerlichen Gesetzbuchs bestimmen. Der Entwurf erachtet es nicht für erforderlich, von diesem Vorbehalte Gebrauch zu machen.

Eintragung der bestehenden Grunddienstbarkeiten.

Artikel 9.

Grunddienstbarkeiten, die zur Zeit des Inkrafttretens des Bürgerlichen Gesetzbuchs bestehen, bedürfen nach Artikel 187 Abs. 1 Satz 1 des Einführungsgesetzes zum Bürgerlichen Gesetzbuche zur Erhaltung der Wirksamkeit gegenüber dem öffentlichen Glauben des Grundbuchs nicht der Eintragung. Der Landesgesetzgebung ist aber im Artikel 187 Abs. 2 die Ermächtigung vorbehalten, zu bestimmen, daß alle Grunddienstbarkeiten oder einzelne Arten bei der Anlegung

S. 270. des Grundbuchs oder später in das Grundbuch eingetragen werden müssen. Die Bestimmung kann auf einzelne Grundbuchbezirke beschränkt werden.

Dem geltenden bayerischen Rechte ist die Eintragung der Grunddienstbarkeiten in das Hypothekenbuch fremd (Hyp.-Ges. § 22 Nr. 5). Das Grundbuch vermag seinen Zweck, die an den Grundstücken bestehenden Rechte ersichtlich zu machen, allerdings nur dann vollständig zu erreichen, wenn auch die bestehenden Grunddienstbarkeiten eingetragen werden müssen. Solange sie von der Eintragung befreit sind, kann die Eintragung der nach der Anlegung des Grundbuchs entstehenden Grunddienstbarkeiten (§ 873 Abs. 1 des B. GB.) den zahlreichen nachbarlichen Streitigkeiten, die den Bestand eines solchen
S. 271. Rechtes zum Gegenstande haben, || nicht vorbeugen. Das Generalcomité des Landwirthschaftlichen Vereins und die Flurbereinigungskommission haben sich deshalb für die Erstreckung des Eintragungszwanges auf die bestehenden Grunddienstbarkeiten ausgesprochen.

Die Durchführung der Maßregel ist aber mit großen Schwierigkeiten verbunden. Sie erfordert bei der ungeheueren Zahl dieser Rechte ein Maß von Arbeit, das mit den verfügbaren Kräften und Mitteln nur in einem langen Zeitraume geleistet werden kann. Die Aufforderung zur Anmeldung aller Grunddienstbarkeiten würde eine große Beunruhigung unter den Grundeigenthümern hervorrufen und viele Prozesse veranlassen, die unterbleiben, solange eine Feststellung des angeblichen Rechtes nicht verlangt wird. Manches Recht würde in Folge einer Versäumung der Anmeldefrist der Gefahr des Unterganges ausgesetzt. Andererseits wird die Befreiung von der Eintragung für diejenigen Berechtigten, die sich auf Ersitzung berufen müssen, nach und nach werthlos werden. Denn sie müssen, da das Bürgerliche Gesetzbuch die Ersitzung nicht eingetragener Dienstbarkeiten beseitigt, im Falle des Streites beweisen, daß die Ersitzung schon zur Zeit der Anlegung des Grundbuchs vollendet war. Dieser Beweis wird um so schwieriger, je größer der in Mitte liegende Zeitraum ist, und kann, wenn der Zeitraum eine gewisse Dauer überschreitet, überhaupt nicht mehr erbracht werden.

Aus den dargelegten Gründen kann mit der Einführung des Eintragungszwanges für die bestehenden Grunddienstbarkeiten vorerst nur schrittweise vorgegangen werden. Soviel ersichtlich, wird in keinem der übrigen Bundesstaaten beabsichtigt, die Eintragung der bestehenden Grunddienstbarkeiten allgemein anzuordnen. Der Entwurf (Art. 9) nimmt in Aussicht, daß nach der Anlegung des Grundbuchs mit dem Eintragungszwang insoweit ein Anfang gemacht werden soll, als ein dringendes Verkehrsbedürfniß die Erstreckung des öffentlichen Glaubens des Grundbuchs auf die Grunddienstbarkeiten erfordert. Ein solches Bedürfniß tritt in den Gemeindebezirken hervor, in denen die Errichtung von Neubauten in größerem Umfange zu erwarten ist.

In größeren Städten und deren Umgebung hat das Bestehen von Grunddienstbarkeiten, welche die Bauthätigkeit hindern oder beschränken, auf den Werth von Grund und Boden maßgebenden Einfluß. Das Grundbuch würde daher seinen Zweck verfehlen, wenn es über das Vorhandensein solcher Grunddienstbarkeiten nicht Aufschluß gäbe. Anders verhält es sich mit der zahlreichen Klasse der Grunddienstbarkeiten, die nur das Recht zu einem engbegrenzten Mitgebrauche des belasteten Grundstücks zu wirthschaftlichen Verrichtungen geben, ohne daß der Berechtigte eine die Ausübung der Dienstbarkeit beeinträchtigende Veränderung des belasteten Grundstücks (z. B. eine die Ausübung des Wegerechts hindernde Ueberbauung) verbieten kann. Bei der geringen Bedeutung, die sie für den Werth des belasteten Grundstücks haben, muß

vorerst davon abgesehen werden, sie dem Eintragungszwange zu unterwerfen. S. 271.
Der Entwurf beläßt auch die Grunddienstbarkeiten frei, mit welchen das Halten einer dauernden Anlage verbunden ist. Die Anlage wird in den meisten Fällen die Grunddienstbarkeit hinlänglich erkennbar und damit die Eintragung entbehrlich machen. Soweit dies nicht der Fall ist, z. B. bei einem in die Mauer des Nachbars eingefügten Balken, liegt insbesondere in älteren Ortschaften die Gefahr nahe, daß das Bestehen der Anlage dem Berechtigten selbst nicht bekannt ist und deshalb die Anmeldefrist versäumt werden würde. In solchen Fällen soll der Berechtigte nicht seines Rechtes verlustig gehen und vielleicht zu einer kostspieligen baulichen Aenderung genöthigt werden.

Da es unthunlich ist, die Bezirke, in denen das Verkehrsbedürfniß die Einführung des Eintragungszwanges erheischt, durch Gesetz zu bestimmen, und die Eintragung nicht in allen diesen Bezirken gleichzeitig in Angriff genommen werden kann, so überläßt der Entwurf die Einführung des Eintragungszwanges Königlicher Verordnung. Die Erfahrungen, welche in den durch Verordnung bestimmten Bezirken gemacht werden, werden für die weitere Durchführung des Eintragungszwanges von großem Werthe sein; sie werden einen sicheren Boden für die weiteren Schritte schaffen.

Die Eintragung der Grunddienstbarkeiten, auf welche der öffentliche Glaube des Grundbuchs erstreckt wird, bildet eine durch diese Erstreckung nothwendig werdende Ergänzung des Grundbuchs. Der Entwurf (Abs. 4) will deshalb für die Eintragung und die Entgegennahme der Erklärungen, welche zum Zwecke der Eintragung vor dem Grundbuchamt abgegeben werden, ebenso Gebührenfreiheit gewähren, wie es für das Anlegungsverfahren mit Einschluß der Beurkundung der vor der Anlegungsbehörde abzugebenden Erklärungen im Artikel 12 des Gesetzes vom 18. Juni 1898, die Vorbereitung der Anlegung des Grundbuchs in den Landestheilen rechts des Rheins betreffend, und im Artikel 32 des Gesetzes vom 1. Juli 1898 über das Liegenschaftsrecht in der Pfalz geschehen ist.

Bei den Grundstücken, welche in das Grundbuch nicht eingetragen sind und nach den Vorschriften der Grundbuchordnung nicht eingetragen zu werden brauchen (§ 90 der GBO.), ergiebt sich die Nothwendigkeit der Eintragung für die ihrer Art nach unter den Artikel 9 fallenden Grunddienstbarkeiten erst, wenn das Grundstück selbst eingetragen wird. Solange dies nicht geschehen ist, giebt das Grundbuch über die an dem Grundstücke bestehenden Rechte überhaupt keinen Aufschluß; es ist nicht dazu bestimmt, diese Rechte ersichtlich zu machen.

Erlöschen nicht eingetragener Grunddienstbarkeiten.

Artikel 10 bis 17.

Nach Artikel 189 Abs. 3 des Einführungsgesetzes zum Bürgerlichen Gesetzbuch erfolgt die Aufhebung eines Rechtes, mit dem ein Grundstück zu der Zeit belastet ist, zu welcher das Grundbuch als angelegt anzusehen ist, auch nach dieser Zeit nach den bisherigen Gesetzen, bis das Recht in das Grundbuch eingetragen ist. Für das Erlöschen der vor der Anlegung des Grundbuchs entstandenen Grunddienstbarkeiten, welche in das Grundbuch nicht eingetragen worden sind, bleiben daher die bisherigen Vorschriften in Kraft. Die in Bayern geltenden Rechte weichen insbesondere in Ansehung des Erlöschens der Dienstbarkeiten durch Verjährung wesentlich von einander ab. Nach der für das gemeine Recht herrschenden Ansicht, welcher sich das Bayerische Landrecht II 7

S. 271. § 8 angeschlossen hat, erlöschen diejenigen Grunddienstbarkeiten, welche nur zu einzelnen sich wiederholenden Handlungen berechtigen, durch bloßen Nichtgebrauch, während bei Grunddienstbarkeiten, deren Ausübung in einem dauernden Zustande besteht, Ersitzung der Freiheit von Seite des Eigenthümers des belasteten Grundstücks hinzutreten muß. Nach dem Preußischen Landrecht I 22 §§ 50, 51 erlöschen die Grunddienstbarkeiten durch Nichtgebrauch, sofern aber
S. 272. mit ihnen das Halten einer ‖ Anlage verbunden ist, beginnt die Verjährung erst mit deren Wegnahme. Nach dem Code civil Artikel 707 erlöschen die nichtständigen Dienstbarkeiten infolge der bloßen Nichtausübung; bei ständigen Dienstbarkeiten führt die Unterlassung der Ausübung nur dann zum Erlöschen, wenn ein der Dienstbarkeit zuwiderlaufender Zustand hergestellt worden ist. Zur Verjährung durch Nichtgebrauch ist nach gemeinem Rechte nur erforderlich, daß die ganze Verjährungszeit hindurch die Ausübung unterblieben ist; die Verjährung wird durch jede Ausübung der Dienstbarkeit unterbrochen. Das Preußische Landrecht verlangt bei nichtständigen Dienstbarkeiten, daß während der Verjährungszeit in drei Fällen, in welchen die Ausübung hätte stattfinden können, die Ausübung unterblieben ist; bei den ständigen genügt Nichtausübung während der Verjährungszeit (LR. I 9 §§ 543, 544). Der Code civil läßt die Verjährung bei nichtständigen Dienstbarkeiten erst in dem Zeitpunkte beginnen, in dem der Berechtigte nach der letzten Ausübung zum ersten Male in der Lage war, die Dienstbarkeit auszuüben. Was zur Ersitzung der Freiheit erforderlich ist, ist im gemeinen Rechte bestritten. Die Verjährungsfrist beträgt gemeinrechtlich unter Anwesenden, d. h. wenn die beiden Grundstücke in demselben Oberlandesgerichtsbezirke liegen, zehn, unter Abwesenden zwanzig Jahre; bei nichtständigen Dienstbarkeiten, die nur monatweise oder in längeren Zwischenräumen ausgeübt werden, werden zwanzig Jahre erfordert, das Bayerische Landrecht und die Regensburger Wachtgerichtsordnung verlangen für diese Dienstbarkeiten unter Anwesenden zwanzig und unter Abwesenden vierzig Jahre. Nach dem Preußischen Landrecht und dem Code civil beträgt die Verjährungszeit dreißig Jahre.

Im Gebiete des Preußischen Landrechts ist ein Aufgebot unbekannter Dienstbarkeiten zur Ausschließung des Berechtigten mit seinem Rechte zulässig (Allg. GO. I 51 § 99 Nr. I), den anderen Rechtsgebieten ist diese Einrichtung fremd.

Da die Grunddienstbarkeiten dauernde Rechte sind und, wie in der Begründung zu Artikel 9 bemerkt worden ist, ein langer Zeitraum verstreichen wird, bis sie sämmtlich in das Grundbuch eingetragen sein werden, so erachtet der Entwurf (Art. 10) es für geboten, ihr Erlöschen für die Zeit nach der Anlegung des Grundbuchs einheitlich zu regeln.

Die in den Artikeln 11 bis 13 behandelten Erlöschungsgründe, die rechtsgeschäftliche Aufhebung durch den Berechtigten, das Erlöschen durch Zeitablauf und die Konsolidation, sind in sämmtlichen bayerischen Rechten und auch vom Bayerischen Entwurf (1864) Artikel 312 anerkannt.

Die für die rechtsgeschäftliche Aufhebung (Art. 11) und für das Erlöschen durch Zeitablauf (Art. 12) vorgeschlagenen Vorschriften schließen sich in den Einzelheiten an die Vorschriften an, welche im Artikel 76 Abs. 2, 3 des Entwurfes eines Ausführungsgesetzes zum Bürgerlichen Gesetzbuche für das Erlöschen von Grunddienstbarkeiten an buchungsfreien Grundstücken vorgesehen sind. Bei der Aufhebungserklärung begnügt sich der Artikel 11 in Anlehnung an den § 29 der Grundbuchordnung mit öffentlicher Beglaubigung. Durch die im Artikel 12 Abs. 1 Satz 2 enthaltene Verweisung auf den Artikel 169 des Einführungsgesetzes zum Bürgerlichen Gesetzbuche wird der Fall berücksichtigt, daß die Verjährung zur Zeit der Anlegung des Grundbuchs bereits begonnen hat; entsprechende Vorschriften sind im Artikel 185 und im Artikel 189 Abs. 2 des Einführungsgesetzes zum Bürgerlichen Gesetzbuche für die Ersitzung des Eigenthums oder Nießbrauchs an einer beweglichen Sache und für die Ersitzung von Rechten an einem Grundstücke getroffen. S. 272.

Die Untheilbarkeit der Grunddienstbarkeit schließt ein theilweises Erlöschen aus. Die Dienstbarkeit erlischt daher insbesondere auch nicht durch Konsolidation (Art. 13), wenn mit dem Eigenthum an dem einen Grundstücke nur das Miteigenthum an dem anderen zusammentrifft (vergl. Bayer. Entw. Art. 318).

Der Artikel 14 übernimmt das im Gebiete des Preußischen Landrechts zugelassene Aufgebot unbekannter Grunddienstbarkeiten. Solange die Grunddienstbarkeiten nicht in das Grundbuch eingetragen sind, bedarf der Eigenthümer eines Grundstücks eines Mittels, sich verlässige Kenntniß davon zu verschaffen, mit welchen Grunddienstbarkeiten sein Grundstück belastet ist. Ohne ein solches Mittel würde er insbesondere im Falle eines Verkaufs oder einer sonstigen entgeltlichen Veräußerung der Gefahr einer nicht übersehbaren Haftung ausgesetzt sein, weil er nach § 434 des Bürgerlichen Gesetzbuchs dem Erwerber das Grundstück frei von Grunddienstbarkeiten zu verschaffen verpflichtet ist.

Dem Aufgebote werden nach dem Vorbilde des § 765 des Handelsgesetzbuchs und des § 110 (bisher § 111) des Binnenschiffahrtsgesetzes nur die Grunddienstbarkeiten unterworfen, die dem Eigenthümer nicht bekannt sind. In Uebereinstimmung mit dem § 103a der Allgemeinen Gerichtsordnung soll sich das Aufgebot auf Grunddienstbarkeiten, mit denen das Halten einer dauernden Anlage verbunden ist, nicht erstrecken, solange die Anlage besteht. Dieselben Gründe, wegen deren diese Grunddienstbarkeiten im Artikel 9 Abs. 3 von dem Eintragungszwang ausgenommen werden, treffen auch hier zu.

In der Regelung des Aufgebotsverfahrens (Art. 15), für welches im Gebiete des Preußischen Landrechts die Vorschriften der Allgemeinen Gerichtsordnung I 51 §§ 100 bis 109 mit den in den Artikeln 159, 160 des Ausführungsgesetzes zur Civilprozeßordnung und Konkursordnung enhaltenen Aenderungen gelten, hat die Landesgesetzgebung nach § 11 des Einführungsgesetzes zur Civilprozeßordnung freie Hand.

Der Entwurf beläßt es in der Hauptsache bei den Vorschriften der Civilprozeßordnung (§§ 947 bis 957, bisher §§ 824 bis 834) über das Aufgebotsverfahren. Seine besonderen Bestimmungen schließen sich an die Vorschriften an, welche die Civilprozeßordnung in den §§ 988, 1002 (836dd 836ss) und das Ausführungsgesetz zur Civilprozeßordnung und Konkursordnung im Artikel 69b (Entw. eines Gesetzes, die Aenderungen der seit 1818 erlassenen Gesetze betr., Art. 33 Ziff. XIII) für verwandte Fälle treffen.

Demgemäß ist zur Erlassung des Aufgebots das Amtsgericht für zuständig erklärt, in dessen Bezirke das belastete Grundstück liegt (CPO. § 988 mit § 983).

Das Antragsrecht ist dem Eigenthümer des belasteten Grundstücks eingeräumt (CPO. § 988 mit § 984 Abs. 1).

Dem Antragsteller ist auferlegt, die ihm bekannten Grunddienstbarkeiten anzugeben (GO. I 51 § 101, vergl. CPO. § 1002 Abs. 4) und wegen der an die Nachbarn zu machenden Zustellungen einen beglaubigten Plan seines Grundstücks vorzulegen, aus dem die angrenzenden Grundstücke ersichtlich sind.

Die Art der öffentlichen Bekanntmachung des Aufgebots ist in der gleichen Weise geregelt wie im Artikel 69b des Ausführungsgesetzes zur Civilprozeßordnung und Konkursordnung. Daneben ist im Anschluß an den Artikel 159 Abs. 4 des Ausführungsgesetzes die Anheftung in der Gemeinde, in welcher S. 273.

S. 273. das Grundstück liegt, vorgeschrieben. Zu der öffentlichen Bekanntmachung soll, um thunlichste Sicherheit dafür zu bieten, daß die Berechtigten von dem Aufgebote Kenntniß erlangen, die Zustellung an die Nachbarn hinzukommen, soweit sie als Eigenthümer im Grundbuch eingetragen oder dem Gerichte bekannte Erben eines eingetragenen Berechtigten sind. Die Zustellung kann wie in dem Falle des § 994 (836 kk) Abs. 2 der Civilprozeßordnung durch Aufgabe zur Post erfolgen.

Der Artikel 69b beläßt es für die im § 988 der Civilprozeßordnung bezeichneten Aufgebotsfälle bei der im § 950 (bisher § 827) der Civilprozeßordnung bestimmten Aufgebotsfrist von sechs Wochen. Für die Anmeldung von Grunddienstbarkeiten ist diese Frist zu kurz bemessen. Der Entwurf setzt in Uebereinstimmung mit dem § 1002 Abs. 5 der Civilprozeßordnung die Frist auf mindestens drei Monate fest. Da die nach dem § 950 für den Beginn der Aufgebotsfrist maßgebende Einrückung in den Reichsanzeiger hier nicht stattfindet, so setzt der Entwurf ebenso wie der Artikel 69b an deren Stelle die Einrückung in das für die Bekanntmachungen des Gerichts bestimmte Blatt.

Der im Abs. 7 bezeichnete Rechtsnachtheil schließt sich an den § 102 der Allgemeinen Gerichtsordnung I 51 und den § 1002 Abs. 6 der Civilprozeßordnung an.

Nach § 956 (bisher § 833) der Civilprozeßordnung wird das Ausschlußurtheil nur auf besondere Anordnung des Gerichts öffentlich bekannt gemacht. Die Bekanntmachung erfolgt durch einmalige Einrückung des wesentlichen Inhalts in den Reichsanzeiger. Eine solche Bekanntmachung ist hier entbehrlich und soll deshalb nach Abs. 8 nicht stattfinden.

Das Ausschlußurtheil geht dahin, daß die dem Antragsteller nicht bekannten Grunddienstbarkeiten erlöschen. Es ist möglich, daß ein Rechtsnachfolger des Antragstellers, um auch die Grunddienstbarkeiten zum Erlöschen zu bringen, die dem früheren Eigenthümer bekannt waren, ihm aber unbekannt sind, die Erlassung eines neuerlichen Aufgebots beantragt. Um eine unnöthige Gefährdung der Berechtigten zu verhüten, gestattet der Artikel 16 dem Antragsteller nicht, sich auf Unkenntniß der in dem früheren Verfahren von dem Antragsteller angegebenen oder von den Berechtigten angemeldeten Grunddienstbarkeiten zu berufen.

Der Artikel 17 läßt die Vorschriften der Artikel 14 bis 16 auch schon für die Zwischenzeit zwischen dem Inkrafttreten des Bürgerlichen Gesetzbuchs und der Anlegung des Grundbuchs gelten, weil das Bedürfniß, dem diese Vorschriften abzuhelfen bestimmt sind, schon vor der Anlegung des Grundbuchs besteht, insbesondere die Gewährleistungspflicht des Verkäufers sich schon von dem Inkrafttreten des Bürgerlichen Gesetzbuchs an nach dessen Vorschriften bestimmt.

Wie nach der Anlegung des Grundbuchs die in diesem eingetragenen Grunddienstbarkeiten, so müssen in der Zwischenzeit in den Landestheilen rechts des Rheins die im Hypothekenbuch eingetragenen Grunddienstbarkeiten (vergl. Art. 27) von dem Aufgebot unberührt bleiben. Die Anmeldung zur Eintragung in das Hypothekenbuch und in der Pfalz die Anmeldung in dem Verfahren zur Anlegung des Grundbuchs (Nr. 117 der Bekanntmachung des Staatsministeriums der Justiz vom 14. September 1898, die Grundbuchsanlegungsordnung in der Pfalz betr., J.-M.-Bl. S. 317) muß von der Anmeldung im Aufgebotsverfahren befreien, weil sie ebenso wie diese dem Eigenthümer die Möglichkeit bietet, von der Grunddienstbarkeit Kenntniß zu erlangen.

Die im Artikel 15 Abs. 5 vorgeschriebene Zustellung des Aufgebots an die im Grundbuch eingetragenen Eigenthümer der Nachbargrundstücke oder deren bekannte Erben muß in den Landestheilen rechts des Rheins an diejenigen,

die im Hypothekenbuch als Besitzer eingetragen sind, und deren bekannte Erben S. 273.
erfolgen. Bei Grundstücken, die ein Blatt im Hypothekenbuche nicht haben, und in der Pfalz muß einem eingetragenen Eigenthümer derjenige gleichstehen, der im Grundsteuerkataster als Besitzer bezeichnet ist.

Für die in den geltenden Rechten angeführten weiteren Erlöschungsgründe, nämlich den Eintritt der auflösenden Bedingung, unter der die Rechte bestellt worden sind, oder des in der Bestellung bestimmten Endtermins (vergl. z. B. Bayer. LR. II 7 § 7 Nr. 1, Bayer. Entw. Art. 312 Z ff. 3) und den Untergang des einen oder des anderen der betheiligten Grundstücke (vergl. z. B. Bayer. LR. II 7 § 7 Nr. 4, Code civil Art. 703, 704, Bayer. Entw. Art. 312 Ziff. 1), sind besondere Vorschriften nicht erforderlich. Eine bloße Umgestaltung des belasteten Grundstücks hat das Erlöschen der Grunddienstbarkeit nicht zur Folge. Die Dienstbarkeit kann wieder ausgeübt werden, wenn der die Ausübung ermöglichende Zustand wieder hergestellt, z. B. das niedergerissene Haus wieder aufgebaut wird (vergl. z. B. Bayer. LR. II 7 § 7 Nr. 4, Code civil Art. 704, 665, Bayer. Entw. Art. 314, 315).

Anlegung von Mündelgeld.

Artikel 18.

In welchen Werthpapieren die Anlegung von Mündelgeld erfolgen darf, ist im § 1807 des Bürgerlichen Gesetzbuchs bestimmt. Mündelsicher sind hiernach

1. die vom Reiche oder einem Bundesstaat ausgegebenen Schuldverschreibungen,
2. die Schuldverschreibungen, deren Verzinsung vom Reiche oder einem Bundesstaate gewährleistet ist,
3. diejenigen Werthpapiere, insbesondere Pfandbriefe, sowie Schuldverschreibungen von inländischen kommunalen Körperschaften oder Kreditanstalten einer solchen Körperschaft, die vom Bundesrathe zur Anlegung von Mündelgeld für geeignet erklärt sind.

Nach Artikel 212 des Einführungsgesetzes zum Bürgerlichen Gesetzbuche bleiben jedoch die landesgesetzlichen Vorschriften in Kraft, nach welchen gewisse Werthpapiere zur Anlegung von Mündelgeld für geeignet erklärt sind. Infolge dessen sind die Schuldverschreibungen derjenigen Gemeinden und die Pfandbriefe derjenigen Kreditinstitute, deren Schuldverschreibungen und Pfandbriefe im Zeitpunkte des Inkrafttretens des Bürgerlichen Gesetzbuchs landesgesetzlich für mündelsicher erklärt sind, nach dem Inkrafttreten des Bürgerlichen Gesetzbuchs zur Anlegung von Mündelgeld geeignet, auch ohne daß sie vom Bundesrathe für geeignet erklärt werden.

In den Landestheilen rechts des Rheins ist die Auswahl der Werthpapiere für die Anlegung von Mündelgeld dem pflichtmäßigen Ermessen des Vormundschaftsgerichts überlassen, das von den Aufsichtsbehörden überwacht wird. Das Staatsministerium der Justiz hat gewisse Werthpapiere ‖ bezeichnet, deren S. 274.
Auswahl von Aufsichtswegen nicht beanstandet werden soll. Für die Pfalz bestimmt der Artikel 26 Abs. 2 des Gesetzes vom 26. April 1888, die Abänderung einiger Bestimmungen des in der Pfalz geltenden Hypotheken- und Vormundschaftsrechts betreffend, darüber, welche Werthpapiere zur Anlegung von Mündelgeld gewählt werden sollen. Pfandbriefe und andere von Kreditanstalten ausgegebene Werthpapiere bedürfen der Zulassung durch das Staatsministerium der Justiz. Die Papiere, welche für die Landestheile rechts des Rheins zufolge der Bestimmung des Staatsministeriums der Justiz und in der

S. 274. Pfalz auf Grund des Artikel 26 als mündelsicher gelten, sind für das ganze Königreich die gleichen, nämlich die Schuldverschreibungen des Reichs oder eines Bundesstaats, die Schuldverschreibungen, deren Verzinsung vom Reiche oder von einem Bundesstaate gewährleistet ist, die Schuldverschreibungen der bayerischen Gemeinden, mit Einschluß der Kreis- und Distriktsgemeinden, sowie die Pfandbriefe gewisser bayerischer Kreditanstalten, die Schuldbriefe der Bayerischen Landwirthschaftsbank für Gemeinde-Darlehen und die Kommunalobligationen der Pfälzischen Hypothekenbank (vergl. für die Landestheile rechts des Rheins die autographirten Entschl. des Staatsministeriums der Justiz vom 13. November 1888 Nr. 17247 und vom 11. Mai 1897 Nr. 6951, für die Pfalz die Entschl. des genannten Staatsministeriums vom 15. Dezember 1888 und vom 11. Mai 1897, J.-M.-Bl. 1888 S. 261, 1897 S. 79).

Der Entwurf (Art. 18) will den Werthpapieren, welche zur Zeit des Inkrafttretens des Bürgerlichen Gesetzbuchs als mündelsicher gelten, diese Eigenschaft, soweit sie ihnen nicht schon kraft reichsgesetzlicher Vorschrift zukommt, erhalten und bestimmt deshalb, daß zur Anlegung von Mündelgeld die Schuldverschreibungen bayerischer Gemeinden und diejenigen von Kreditanstalten ausgegebenen Werthpapiere, insbesondere Pfandbriefe, geeignet sind, in welchen bisher nach den vom Staatsministerium der Justiz getroffenen Bestimmungen Mündelgeld angelegt werden durfte. Die Zulassung muß wie bisher jederzeit widerrufen werden können.

Der Vorbehalt des Artikel 212 hat insofern eine über die Anlegung von Mündelgeld hinausreichende Tragweite, als die Papiere, deren Zulassung zur Anlegung von Mündelgeld durch den Artikel 212 gewahrt bleibt, auch zur Anlegung anderer Gelder benutzt werden dürfen, welche wie Mündelgeld angelegt werden müssen (vergl. z. B. §§ 234, 1079, 1288, 1377, 2119 des B. GB., § 40 des Krankenversicherungsgesetzes vom 15. Juni 1883, § 76 des Unfallversicherungsgesetzes vom 6. Juli 1884, § 129 des Invaliditäts- und Altersversicherungsgesetzes vom 22. Juli 1889).

Beschwerden in Angelegenheiten der freiwilligen Gerichtsbarkeit.

Artikel 19.

Die im Artikel 115 des Entwurfes eines Ausführungsgesetzes zum Bürgerlichen Gesetzbuche (Beilage A) ausgesprochene Uebertragung der allgemeinen Vorschriften des Gesetzes über die Angelegenheiten der freiwilligen Gerichtsbarkeit auf diejenigen Angelegenheiten der freiwilligen Gerichtsbarkeit, für welche die landesgesetzlichen Vorschriften maßgebend sind, erstreckt sich vorbehaltlich der erforderlichen Uebergangsvorschriften auch auf die zur Zeit des Inkrafttretens des neuen Rechtes anhängigen Sachen. Uebergangsvorschriften sind nur für die Beschwerde erforderlich; in der Begründung zu dem Artikel 33 des Entwurfes eines Gesetzes, die Aenderungen der seit 1818 erlassenen Gesetze betreffend (Beilage B), ist unter Ziff. 11 bemerkt, daß sie dem gegenwärtigen Entwurfe vorbehalten sind. Der Artikel 19 schließt sich insofern an den Artikel 68 des Ausführungsgesetzes zur Civilprozeßordnung und Konkursordnung an, als er es für die zur Zeit des Inkrafttretens des Bürgerlichen Gesetzbuchs anhängigen Beschwerden gleichfalls bei den bisherigen Vorschriften beläßt, hält diese aber auch für die Anfechtung der Entscheidung des Beschwerdegerichts durch weitere Beschwerde aufrecht, läßt also insbesondere die Entscheidung des Beschwerdegerichts rechtskräftig werden, wenn nicht die weitere Beschwerde innerhalb der im Artikel 64 des Ausführungsgesetzes bestimmten Nothfrist von einem Monat eingelegt wird. In dieser wichtigen Frage einen Unterschied zu machen, je nachdem die Beschwerde vor oder nach dem 1. Januar 1900 eingelegt wird, kann nicht für zweckmäßig erachtet werden. S. 274.

In den Angelegenheiten der freiwilligen Gerichtsbarkeit, für welche bisher nach Artikel 28 des Ausführungsgesetzes zum Gerichtsverfassungsgesetze die Landgerichte zuständig waren, in Zukunft aber die Amtsgerichte zuständig sind (vergl. die Begründung zu Artikel 34 des Entw. eines Gesetzes, die Aenderungen der seit 1818 erlassenen Gesetze betr., Ziff. 19), muß es wegen der Zuständigkeit der Oberlandesgerichte als Beschwerdegerichte für das Rechtsmittelverfahren bei den bisherigen Vorschriften verbleiben, auch wenn die Beschwerde gegen eine Entscheidung des Landgerichts erst nach diesem Zeitpunkt eingelegt wird.

Personenstand.

Artikel 20.

Das Gesetz vom 6. Februar 1875 über die Beurkundung des Personenstandes und die Eheschließung (§§ 11, 66) hat die Entscheidung über den Antrag eines Betheiligten, den Standesbeamten zur Vornahme einer von diesem abgelehnten Amtshandlung anzuweisen, sowie die Entscheidung darüber, ob die Berichtigung einer Eintragung in dem Standesregister erfolgen soll, dem Gericht erster Instanz übertragen und dabei bestimmt, daß für das Verfahren, soweit nicht die Landesgesetze ein Anderes vorschreiben, die für Sachen der nichtstreitigen Gerichtsbarkeit geltenden Vorschriften maßgebend sind. Durch den § 14 Abs. 2 ist dem Gericht erster Instanz auch die Aufbewahrung der Nebenregister übertragen. Die Bestimmung darüber, welche Gerichte als Gerichte erster Instanz zuständig sein sollen, ist im § 84 der Landescentralbehörde überlassen. Auf Grund dieser Vorschrift sind die genannten Verrichtungen durch die Verordnung vom 14. Oktober 1875 (G.- u. V.-Bl. S. 623) § 6 für die Landestheile rechts des Rheins den Amtsgerichten übertragen; in der Pfalz sind nach Artikel 172 des Ausführungsgesetzes zur Civilprozeßordnung und Konkursordnung die Landgerichte zuständig.

Der § 69 des Gesetzes über die Angelegenheiten der freiwilligen Gerichtsbarkeit erklärt für die nach dem Gesetze vom 6. Februar 1875 dem Gericht erster Instanz obliegenden Verrichtungen die Amtsgerichte für zuständig. Nach § 197 kann aber durch die Landesjustizverwaltung angeordnet werden, daß die Aufbewahrung des Nebenregisters bei den Landgerichten erfolgen soll. Gegen eine Verfügung, durch die angeordnet wird, daß eine Eintragung in dem Standesregister zu berichtigen ist, findet nach § 70 die so‖fortige Beschwerde statt; die Verfügung tritt erst mit der Rechtskraft in Wirksamkeit. S. 275.

Ob die §§ 69, 70 auf ein zur Zeit des Inkrafttretens des Bürgerlichen Gesetzbuchs anhängiges Verfahren, welches die Anweisung des Standesbeamten zur Vornahme einer Amtshandlung oder die Berichtigung einer Eintragung im Standesregister zum Gegenstande hat, Anwendung finden, ist nach § 200 Abs. 1 der Landesgesetzgebung zu bestimmen überlassen. Der Entwurf (Art. 20) entscheidet sich aus Zweckmäßigkeitsgründen für die Anwendbarkeit. Für die Landestheile rechts des Rheins liegt hierin eine Neuerung nur insofern, als die Beschwerde gegen die die Berichtigung anordnende Verfügung abweichend von der Bestimmung des Artikel 57 Abs. 2 des Ausführungsgesetzes zur Civilprozeßordnung und Konkursordnung an eine Frist geknüpft ist und die Verfügung erst mit der Rechtskraft in Wirksamkeit tritt. Ist die anzufechtende Verfügung dem Beschwerdeführer schon vor dem Inkrafttreten des Bürgerlichen

S. 275. Gesetzbuchs bekannt gemacht worden, so beginnt die Beschwerdefrist mit dem Inkrafttreten des Bürgerlichen Gesetzbuchs. In der Pfalz kommt hinzu, daß ein anhängiges Verfahren am 1. Januar 1900 auf das Amtsgericht übergeht. Ist vor diesem Zeitpunkt eine Entscheidung des Landgerichts ergangen, so verbleibt es für das Rechtsmittelverfahren nach Artikel 19 Abs. 2 des Entwurfes bei den bisherigen Vorschriften.

Auseinandersetzung in Ansehung eines Nachlasses oder eines Gemeinschaftsvermögens.

Artikel 21.

Ist der Erblasser vor dem Inkrafttreten des Bürgerlichen Gesetzbuchs gestorben, so bleiben nach Artikel 213 des Einführungsgesetzes zum Bürgerlichen Gesetzbuche für die erbrechtlichen Verhältnisse die bisherigen Gesetze maßgebend. Die amtliche Nachlaßbehandlung erfolgt mithin nach den bisherigen Gesetzen. Die Vorschriften der §§ 96 bis 98 des Gesetzes über die Angelegenheiten der freiwilligen Gerichtsbarkeit, welche die Vermittelung der Auseinandersetzung in Ansehung des Nachlasses unter den Betheiligten durch das Nachlaßgericht regeln, finden keine Anwendung. Es empfiehlt sich jedoch, diese Vorschriften für anwendbar zu erklären. Sie passen für alle in Bayern geltenden Erbrechte und werden in vielen Fällen rascher und billiger zum Ziele führen als die Vorschriften des bisherigen Rechtes. Insbesondere die Bestimmungen über die Folgen der Versäumung des Vorbereitungs- oder des Auseinandersetzungstermins (§§ 91, 93) sowie über die Wirkungen des Bestätigungsbeschlusses (§§ 97, 98) bringen einen wesentlichen Fortschritt. Da nach Artikel 94 des Entwurfes eines Ausführungsgesetzes zum Bürgerlichen Gesetzbuche auch die Notare zur Vermittelung der Auseinandersetzung zuständig sind, so macht der Fall, daß die Nachlaßbehandlung auf Grund der Artikel 29, 35 oder 51 des Notariatsgesetzes vom 10. November 1861 einem Notar übertragen ist, keine Schwierigkeiten.

Aus der Fassung des Artikel 21 folgt, daß die bisherigen Vorschriften neben den Vorschriften der §§ 86 bis 98 in Kraft bleiben. Es wird also z. B. im Gebiete des Bayerischen und des Bamberger Landrechts sowie des vorderösterreichischen Rechtes, nach welchen eine weitgehende amtliche Nachlaßbehandlung stattfindet, zunächst nach den bisherigen Vorschriften verfahren, und es bleibt den Betheiligten überlassen, ob sie die Vermittelung des Nachlaßgerichts nach Maßgabe der §§ 86 bis 98 anrufen wollen. Daß die nach den bisherigen Vorschriften eingeleitete Nachlaßbehandlung durch die Anrufung der Vermittelung der Auseinandersetzung nach den §§ 86 bis 98 insoweit unterbrochen wird, als sie dasselbe Ziel verfolgt wie diese, bedarf keines Ausdrucks im Gesetze.

Nach § 99 des Gesetzes über die Angelegenheiten der freiwilligen Gerichtsbarkeit finden nach der Beendigung einer ehelichen allgemeinen Gütergemeinschaft, Errungenschaftsgemeinschaft oder Fahrnißgemeinschaft oder einer fortgesetzten allgemeinen Gütergemeinschaft oder Fahrnißgemeinschaft auf die Auseinandersetzung in Ansehung des Gesammtguts die Vorschriften der §§ 86 bis 98 entsprechende Anwendung. Soweit der Güterstand einer zur Zeit des Inkrafttretens des Bürgerlichen Gesetzbuchs bestehenden Ehe in den entsprechenden Güterstand des neuen Rechtes übergeleitet wird, versteht es sich von selbst, daß für die Auseinandersetzung in Ansehung des Gesammtguts der § 99 auch bei dieser Ehe gilt. Soweit jedoch die Ueberleitung unterbleibt, was insbesondere der Fall sein wird, wenn die Gütergemeinschaft vor dem

Inkrafttreten des Bürgerlichen Gesetzbuchs aufgehoben worden ist oder wenn die Aufhebung durch Urtheil in einem vor diesem Zeitpunkt anhängig gewordenen Rechtsstreit erfolgt, bleiben nach Artikel 200 des Einführungsgesetzes zum Bürgerlichen Gesetzbuche die bisherigen Vorschriften maßgebend. Es erscheint indessen wünschenswerth, daß auch in diesen Fällen den Betheiligten die Auseinandersetzung durch die Möglichkeit der Anrufung der vermittelnden Thätigkeit des Gerichts erleichtert wird. Der Entwurf erstreckt deshalb den § 99 auf diese Fälle mit der Maßgabe, daß an die Stelle der im § 99 Abs. 2 Satz 3 bestimmten Zuständigkeit des Reichskanzlers die Zuständigkeit des Staatsministeriums der Justiz tritt. S. 275.

Handelssachen.

Artikel 22.

An die Stelle der Bestimmungen, welche das Einführungsgesetz zum Handelsgesetzbuche vom 10. November 1861 in der Fassung der Artikel 76, 77 des Ausführungsgesetzes zur Civilprozeßordnung und Konkursordnung in den Artikeln 10, 24, 28 über die Erzwingung der Verpflichtung zur Vornahme einer Anmeldung, einer Zeichnung der Unterschrift oder einer Einreichung von Schriftstücken zum Handelsregister sowie über die Einschreitung gegen den unberechtigten Gebrauch einer Firma enthält, treten die Vorschriften der §§ 132 bis 140 des Gesetzes über die Angelegenheiten der freiwilligen Gerichtsbarkeit.

Nach § 200 Abs. 1 dieses Gesetzes ist es Aufgabe der Landesgesetzgebung, zu bestimmen, ob die neuen Vorschriften über das Ordnungsstrafrecht in Handelssachen auf die zur Zeit des Inkrafttretens des Bürgerlichen Gesetzbuchs und des Handelsgesetzbuchs (Art. 1 des Einf.-Ges. zum HGB. vom 10. Mai 1897) anhängigen Sachen Anwendung finden.

Der Entwurf (Art. 22) erachtet es für geboten, mit der Führung des Handelsregisters und der übrigen Register, deren Führung den für die Führung des Handelsregisters zuständigen Gerichten obliegt, auch die anhängigen Ordnungsstrafsachen auf die in Zukunft zuständigen Amtsgerichte übergehen zu lassen. Die Vorschriften über das Verfahren weichen so wenig von den bisherigen Vorschriften ab, daß sie unbedenklich auch für die anhängigen Sachen an deren || Stelle treten können. Ist vor dem 1. Januar 1900 eine Entscheidung erster Instanz ergangen, gegen welche die Beschwerde stattfindet, so verbleibt es für das Rechtsmittelverfahren nach Artikel 19 bei den bisherigen Vorschriften. Die Artikel 19 bis 21 des Einführungsgesetzes zum Handelsgesetzbuche bleiben daher insoweit in Geltung. S. 276.

Artikel 23.

Das bisherige Handelsgesetzbuch verlangt zur Befriedigung des Gläubigers aus einem kaufmännischen Faustpfande sowie zur Befriedigung des Kommissionärs, Spediteurs oder Frachtführers aus dem Kommissions-, Speditions- oder Frachtgute gerichtliche Bewilligung (Art. 310 Abs. 2, Art. 375, 387, Art. 409 Abs. 2). Im Falle der Ablehnung eines Auftrags kann das Gericht auf Antrag des Ablehnenden die Niederlegung des mit dem Auftrag überschickten Gutes in einem öffentlichen Lagerhaus oder bei einem Dritten anordnen (Art. 323 Abs. 3). Ebenso kann, wenn der Empfänger des Frachtguts nicht zu ermitteln ist oder die Annahme verweigert oder wenn Streit über die Annahme oder den Zustand des Gutes entsteht, von dem Gericht auf Antrag des Betheiligten die Nieder-

S. 276. legung des Frachtguts in einem öffentlichen Lagerhaus oder bei einem Dritten oder der Verkauf des Frachtguts angeordnet werden (Art. 407 Abs. 4). Für die nach diesen Vorschriften den Gerichten obliegenden Angelegenheiten sind nach Artikel 28 Abs. 2 des Ausführungsgesetzes zum Gerichtsverfassungsgesetze die Landgerichte zuständig; die Niederlegung oder der Verkauf eines Frachtguts kann nach dem Abs. 3 des Artikel 28 auch von dem Amtsgericht angeordnet werden, das zur Feststellung des Zustandes des Gutes (Art. 407 Abs. 1 bis 3) die Sachverständigen zu ernennen hat (§ 13 Abs. 4 des EG. zur CPO.).

Das neue Handelsgesetzbuch hat die angeführten Vorschriften des bisherigen Handelsgesetzbuchs nicht übernommen. Soweit sie für Rechtsverhältnisse, die unter der Herrschaft des bisherigen Handelsgesetzbuchs entstanden sind, maßgebend bleiben, überträgt der Entwurf (Art. 23) die Obliegenheiten der Gerichte den Amtsgerichten. Dies gilt auch für die zur Zeit des Inkrafttretens des neuen Rechtes anhängigen Sachen. Der Artikel 28 Abs. 2, 3 des Ausführungsgesetzes zum Gerichtsverfassungsgesetze wird im Artikel 34 Ziff. XXIV des Entwurfes eines Gesetzes, die Aenderungen der seit 1818 erlassenen Gesetze betreffend (Beilage B), für aufgehoben erklärt.

II. Vorschriften für die Landestheile rechts des Rheins.

Eigenthumsvorbehalt.

Artikel 24.

Sämmtliche in Bayern geltende Rechte gestatten, daß das Eigenthum an einem Grundstück unter einer Bedingung in der Weise übertragen wird, daß es im Falle des Eintritts der Bedingung an den Veräußerer zurückfällt. Dagegen läßt das Bürgerliche Gesetzbuch (§ 925 Abs. 2) bei Grundstücken eine bedingte Uebertragung des Eigenthums nicht zu. Die Zwecke, welchen die bedingte Eigenthumsübertragung im geltenden Rechte dient, lassen sich durch Begründung eines Anspruchs auf Uebertragung oder Rückübertragung des Eigenthums und Eintragung einer Vormerkung (§ 883) zur Sicherung des Anspruchs erreichen. Die Vormerkung bewirkt eine ähnliche dingliche Bindung wie die Bedingung (§ 161).

Der Entwurf (Art. 24) will in den Landestheilen rechts des Rheins das häufig vorkommende Rückfallsrecht mit der Anlegung des Grundbuchs in derselben Weise umgestalten, wie es für das pfälzische Recht durch den Artikel 17 des Gesetzes vom 1. Juli 1898 über das Liegenschaftsrecht in der Pfalz geschehen ist. Die bestehenden Rückfallsrechte sollen im Interesse des Verkehrs den Inhalt annehmen, den die unter der Herrschaft des Bürgerlichen Gesetzbuchs dem gleichen Zwecke dienenden Rechte haben. Demgemäß verwandelt der Entwurf (Abs. 1) das Rückfallsrecht in den Anspruch auf Rückübertragung des Eigenthums und läßt er zugleich die Wirkungen eintreten, die mit der Eintragung einer Vormerkung zur Sicherung des Anspruchs nach dem Bürgerlichen Gesetzbuche verbunden sind. Die Wirkungen der Vormerkung treten kraft Gesetzes ein, ohne daß es der Eintragung der Vormerkung in das Grundbuch bedarf. Der Berechtigte kann die Eintragung der Vormerkung zum Zwecke der Berichtigung des Grundbuchs verlangen (§ 894 des B. GB., § 22 Abs. 1, § 29 der GBO.) und erforderlichen Falles die Eintragung eines Widerspruchs erwirken (§ 899 des B. GB.). Solange weder die Vormerkung noch ein Widerspruch eingetragen ist, treten im Falle einer Verfügung über das Grundstück die Wirkungen des öffentlichen Glaubens des Grundbuchs ein. Eine vor der

Anlegung des Grundbuchs erfolgte Eintragung des Eigenthumsvorbehalts in S. 276.
das Hypothekenbuch ist als Widerspruch im Sinne des § 899 anzusehen.

Wird das dem Rückfallsrecht unterworfene Grundstück von dem Erwerber zu Gunsten eines Dritten belastet, so erlischt nach dem geltenden Rechte das Recht des Dritten, soweit es nicht unter dem Schutze des öffentlichen Glaubens des Hypothekenbuchs steht, mit dem Rückfalle des Eigenthums; es ist ebenso auflösend bedingt wie das Recht des Eigenthümers, der es bestellt hat. Der Entwurf legt der an die Stelle des Rückfalls tretenden Rückübertragung des Eigenthums die gleiche Wirkung bei. Rechte, mit welchen das Grundstück nach der Anlegung des Grundbuchs belastet wird, sind nach § 883 Abs. 2 insoweit unwirksam, als sie den Anspruch auf Rückübertragung vereiteln oder beeinträchtigen würden.

Der weitaus wichtigste und häufigste Fall des Rückfallsrecht ist der, daß das Recht zur Sicherung einer Forderung, insbesondere bei dem Verkaufe des Grundstücks zur Sicherung der Kaufpreisforderung, vorbehalten wird. Die Sicherung durch Rückfallsrecht kommt bei der Kaufpreisforderung nicht selten auch in Verbindung mit einer Hypothek vor. Der Zweck des Rechtes, die Befriedigung des Gläubigers sicherzustellen, rechtfertigt es, in einem solchen Falle denjenigen, welche im Falle der Rückübertragung des Eigenthums auf den Berechtigten ein Recht an dem Grundstücke verlieren oder zur Herausgabe des Grundstücks verpflichtet sein würden, dasselbe Recht zur Befriedigung des Gläubigers zu geben, das nach § 268 des Bürgerlichen Gesetzbuchs, wenn der Gläubiger die Zwangsvollstreckung in einen dem Schuldner gehörenden Gegenstand betreibt, jedem zusteht, der Gefahr läuft, durch die Zwangsvollstreckung ein Recht an dem Gegenstande zu verlieren, und nach § 1150 auch eintritt, wenn der Hypothekengläubiger Befriedigung aus dem Grundstücke verlangt. Der Abs. 2 erklärt deshalb, wenn der Berechtigte die Rückübertragung des Eigenthums verlangt, den § 268 || für entsprechend anwendbar. S. 277.
Durch die Befriedigung des Berechtigten erwirbt der Dritte nach § 268 Abs. 3 dessen Forderung.

Behält sich der Veräußerer eines Grundstücks bis zum Eintritt eines bestimmten Umstandes das Eigenthum vor, so ist es in manchen Fällen zweifelhaft, ob eine aufschiebende oder eine auflösende Bedingung gemeint ist. Im Artikel 15 Abs. 1 Satz 2 des Gesetzes vom 29. Mai 1886, Aenderungen der Bestimmungen über die Zwangsvollstreckung in das unbewegliche Vermögen betreffend, ist für den am häufigsten vorkommenden Fall, daß die sofortige Eintragung des Besitztitels des Erwerbers in das Hypothekenbuch bewilligt ist, die Auslegungsregel aufgestellt, daß der Eigenthumsvorbehalt als Vorbehalt des Rückfalls des Eigenthums anzusehen ist. Diese Vorschrift übernimmt der Entwurf im Abs. 3.

Ist der Eigenthumsvorbehalt im Sinne einer aufschiebenden Bedingung vereinbart worden, so ist eine besondere Vorschrift entbehrlich. Das Rechtsgeschäft behält die ihm nach den bisherigen Vorschriften zukommende Wirkung.

Miteigenthum.

Artikel 25.

Haben die Miteigenthümer eines Grundstücks die Verwaltung und Benutzung geregelt oder das Recht, die Aufhebung der Gemeinschaft zu verlangen, für immer oder auf Zeit ausgeschlossen oder eine Kündigungsfrist bestimmt, so wirkt die getroffene Bestimmung gegen den Sondernachfolger eines Mit-

S. 277. eigenthümers nach § 1010 Abs. 1 des Bürgerlichen Gesetzbuchs nur, wenn sie als Belastung des Antheils im Grundbuch eingetragen ist. Die in den §§ 755, 756 bestimmten Ansprüche können nach § 1010 Abs. 2 gegen den Sondernachfolger eines Miteigenthümers nur geltend gemacht werden, wenn sie im Grundbuch eingetragen sind.

Auf ein zur Zeit des Inkrafttretens des Bürgerlichen Gesetzbuchs bestehendes Miteigenthumsverhältniß nach Bruchtheilen finden von dieser Zeit an die Vorschriften des Bürgerlichen Gesetzbuchs Anwendung (Art. 173, Art. 181 Abs. 1 des EG. zum B. GB.). Die Vorschriften des § 1010 erlangen jedoch, da sie die Anlegung des Grundbuchs voraussetzen, erst in dem Zeitpunkte Geltung, in welchem das Grundbuch als angelegt anzusehen ist. Für die Landestheile rechts des Rheins, deren Hypothekenbuch bestimmt ist, das Grundbuch zu werden (vergl. § 24 der Verordnung vom 23. Juli 1898, die Anlegung des Grundbuchs in den Landestheilen rechts des Rheins betr., G.- u. V.-Bl. S. 493), empfiehlt es sich, für die Zwischenzeit zwischen dem Inkrafttreten des Bürgerlichen Gesetzbuchs und der Anlegung des Grundbuchs die entsprechenden Eintragungen in das Hypothekenbuch vorzuschreiben, die, soweit es sich um die Abwendung der Folgen des öffentlichen Glaubens des Hypothekenbuchs handelt, schon nach dem bisherigen Rechte erforderlich sind.

Artikel 26.

Nach § 753 des Bürgerlichen Gesetzbuchs erfolgt die Aufhebung der Gemeinschaft in Ansehung eines Grundstücks durch Zwangsversteigerung und durch Theilung des Erlöses. Diese Vorschrift findet nach Artikel 173 des Einführungsgesetzes zum Bürgerlichen Gesetzbuch auf die zur Zeit des Inkrafttretens des Bürgerlichen Gesetzbuchs bestehenden Gemeinschaften nach Bruchtheilen Anwendung; sie gilt auch, soweit der Güterstand der bestehenden Ehen in die allgemeine Gütergemeinschaft, in die Errungenschaftsgemeinschaft oder in die Fahrnißgemeinschaft des Bürgerlichen Gesetzbuchs übergeleitet wird, für die Auseinandersetzung in Ansehung des Gesammtguts (§ 1477 Abs. 1, § 1498 Satz 1, § 1546 Abs. 2, § 1549).

Von der Zeit an, zu welcher das Grundbuch als angelegt anzusehen ist, bestimmt sich die Zwangsversteigerung zum Zwecke der Aufhebung einer Gemeinschaft nach den §§ 180 bis 184 des Gesetzes über die Zwangsversteigerung und die Zwangsverwaltung. Für die Zeit vorher sind die bisherigen Vorschriften über die Zwangsversteigerung maßgebend. Aufgabe der Landesgesetzgebung ist es, die etwa erforderlichen ergänzenden Vorschriften zu treffen.

Das Reichsgesetz läßt für die Zwangsversteigerung zum Zwecke der Aufhebung einer Gemeinschaft die Vorschriften über die eigentliche Zwangsversteigerung mit den wenigen Abweichungen gelten, die in den §§ 181 bis 184 bestimmt sind. Für die Landestheile rechts des Rheins, in welchen die Zwangsversteigerung nach denselben Grundsätzen gestaltet ist, auf denen das Reichsgesetz beruht, ist die Sachlage im Wesentlichen die gleiche. Der Entwurf (Art. 26) kann sich deshalb mit der Uebernahme des § 181 Abs. 1, Abs. 2 Satz 2, des § 182 Abs. 1, 2 und der §§ 183, 184 sowie mit einigen ergänzenden Vorschriften begnügen.

Nach dem § 181 Abs. 1 ist ein vollstreckbarer Titel nicht erforderlich. Der Antragsteller hat, weil ihm die Vorschrift des § 749 Abs. 1 des Bürgerlichen Gesetzbuchs zur Seite steht, nicht erst durch Urtheil feststellen zu lassen, daß die übrigen Theilhaber sich die Theilung gefallen lassen müssen, sondern diesen ist es überlassen, wenn sie die Unzulässigkeit der Theilung behaupten, ihrerseits gegen den Antragsteller auf Grund des § 771 (bisher § 690) der Civilprozeßordnung Klage zu erheben. Ergiebt sich die Thatsache, daß die Theilung ausgeschlossen ist, aus dem Hypothekenbuche (vgl. § 1010 Abs. 1 des B. GB. und Art. 25 des Entw.), so hat das Vollstreckungsgericht nach Artikel 32 der Subhastationsordnung zu verfahren. S. 277

Der § 181 Abs. 2 Satz 1, Abs. 4 verlangt für das Eigenthum des Antragstellers oder desjenigen, dessen Recht auf Aufhebung der Gemeinschaft der Antragsteller ausübt, denselben Nachweis, der im § 17 Abs. 1, 3 für das Eigenthum des Schuldners vorgeschrieben ist. Dementsprechend erstreckt der Entwurf die Vorschriften des Artikel 21 der Subhastationsordnung auf den Nachweis des Eigenthums des Antragstellers oder desjenigen, dessen Recht auf Aufhebung der Gemeinschaft der Antragsteller ausübt.

Von dem Vormund eines Miteigenthümers kann der Antrag nach § 181 Abs. 2 Satz 2 nur mit Genehmigung des Vormundschaftsgerichts gestellt werden. Die Anwendbarkeit dieser Vorschrift entspricht dem Artikel 210 des Einführungsgesetzes zum Bürgerlichen Gesetzbuche.

Bei der Feststellung des geringsten Gebots sind nach § 182 Abs. 1, 2 die den Antheil des Antragstellers belastenden oder mitbelastenden Rechte an dem Grundstücke sowie alle Rechte zu berücksichtigen, die einem dieser Rechte vorgehen oder gleichstehen. Ist hiernach bei einem Antheil ein größerer Betrag zu berücksichtigen als bei einem anderen Antheile, so erhöht sich das geringste Gebot um den zur Ausgleichung unter den Miteigenthümern erforderlichen Betrag.

Nach § 183 finden im Falle der Vermiethung oder Verpachtung des Grundstücks die Vorschriften des § 57 Satz 2, 3 keine Anwendung. Die Uebertragung des § 183 ist insoweit erforderlich, als nach Artikel 5 des Entwurfes der § 57 schon vor der Zeit gilt, zu welcher das Grundbuch als angelegt anzusehen ist. Ebenso wie die Vorschriften des § 57 Satz 2, 3 müssen für ein Mieth- oder Pachtverhältniß, das sich nach den Vorschriften des Preußischen Landrechts bestimmt, die entsprechenden Vorschriften des Preußischen Landrechts I 21 §§ 350 bis 354 außer Anwendung bleiben. S. 278.

Der § 184 befreit einen Miteigenthümer von der Sicherheitsleistung für sein Gebot, wenn ihm eine durch das Gebot ganz oder theilweise gedeckte Hypothek zusteht. Diese Vorschrift geht weiter als die des Artikel 55 Abs. 1 Ziff. 4 der Subhastationsordnung, sofern sie schon mit theilweiser Deckung der Hypothek volle Befreiung von der Sicherheitsleistung eintreten läßt. Der Artikel 73 der Subhastationsordnung schließt die Miteigenthümer nicht vom Bieten aus, weil es sich nicht um die Beitreibung einer Schuld handelt, für die sie persönlich haften, ihre rechtliche Stellung in dem Verfahren vielmehr der eines Drittbesitzers ähnlich ist.

Stockwerkseigenthum.

Artikel 27.

Das sogenannte Stockwerkseigenthum, auch Herbergsrecht genannt, kommt fast im ganzen rechtsrheinischen Bayern vor (vergl. Jacubezky Bemerkungen S. 188, 189). Ausdrücklich anerkannt ist es nur in wenigen Statuten (Nürnberger Reformation, Salzburgische Einstandsordnung, Stadt Kempten, Würzburger Bauordnung, Regensburger Wachtgedingsordnung); die Rechtsübung hält es jedoch überall für zulässig, wo seine Begründung nicht, wie in dem Gebiete des Würzburger und des Regensburger Rechtes, durch besondere Vor-

S. 278. schrift ausgeschlossen ist (Bl. f. Rechtsanwendung IV S. 192, Seufferts Archiv XLVI S. 131, Entsch. des O. LG. VI S. 553, VIII S. 217, XIII S. 105).

Das Wesen des Rechtsverhältnisses wird verschieden aufgefaßt. Nach der einen Ansicht gelten die dem Sonderrechte der einzelnen Theilhaber unterworfenen Theile des Gebäudes als selbständige unbewegliche Sachen und steht das Miteigenthum an der Grundfläche und den gemeinschaftlichen Theilen des Gebäudes den Theilhabern als ein mit dem Eigenthum an den ersteren verbundenes Recht zu, nach der anderen Ansicht besteht lediglich ein Miteigenthumsverhältniß mit Ausschluß der Theilung und dauernder Zuweisung der Benutzung einzelner Theile des Gebäudes an die einzelnen Theilhaber.

Nach den Vorschriften des Bürgerlichen Gesetzbuchs ist ein Sondereigenthum an den Bestandtheilen eines Gebäudes ausgeschlossen (§§ 93, 94) und die Bestellung eines Erbbaurechts an einem Theile eines Gebäudes nicht möglich (§ 1014). Die Benutzung eines gemeinschaftlichen Gebäudes kann zwar nach den §§ 745, 746, 1010 dauernd in der Weise geregelt werden, daß jedem Theilhaber die ausschließliche Benutzung eines Theiles des Gebäudes zusteht; aber die Gemeinschaft unterliegt der Aufhebung nach den Vorschriften der §§ 749 bis 751 des Bürgerlichen Gesetzbuchs und des § 16 (bisher § 14) Abs. 2 der Konkursordnung. Das Bürgerliche Gesetzbuch läßt demgemäß die Neubegründung eines Stockwerkseigenthums nicht zu. Dagegen kann nach Artikel 131 des Einführungsgesetzes die Landesgesetzgebung die Neubegründung derartiger Rechtsverhältnisse im Sinne der zweiten Ansicht zulassen und hält der Artikel 182 des Einführungsgesetzes das bei dem Inkrafttreten des Bürgerlichen Gesetzbuchs bestehende Stockwerkseigenthum auch dann aufrecht, wenn das Sonderrecht der einzelnen Theilhaber im Sinne der ersten Ansicht als Eigenthum an einem Theile des Gebäudes als einer selbständigen Sache gestaltet ist.

Wie in der Begründung zum Artikel 1 des Entwurfes eines Ausführungsgesetzes zum Bürgerlichen Gesetzbuche dargelegt ist, soll von dem Vorbehalte des Artikel 131 kein Gebrauch gemacht werden. Dagegen erscheint es wegen der großen Zahl und der langen Dauer dieser Rechtsverhältnisse wünschenswerth, das bestehende Stockwerkseigenthum den Vorschriften des Artikel 131 anzupassen, wie es für die Pfalz durch den Artikel 20 des Gesetzes vom 1. Juli 1898 über das Liegenschaftsrecht in der Pfalz geschehen ist. Damit wird diesen Rechtsverhältnissen nicht nur eine mit dem Liegenschaftsrechte des Bürgerlichen Gesetzbuchs im Einklange stehende Rechtsform gegeben, sondern auch an die Stelle der ihren Inhalt bestimmenden Vorschriften, die in Einzelheiten verschieden sind und großentheils auf Gewohnheitsrecht beruhen, eine einheitliche Regelung gesetzt.

Der Entwurf übernimmt deshalb im Artikel 27 die Vorschriften des Artikel 20 des Gesetzes über das Liegenschaftsrecht in der Pfalz.

Wegen der Behandlung des Stockwerkseigenthums bei der Anlegung des Grundbuchs ist auf § 17 der Verordnung vom 23. Juli 1898, die Anlegung des Grundbuchs in den Landestheilen rechts des Rheins betreffend (G.- u. V.-Bl. S. 493), und auf § 73 der Bekanntmachung des Staatsministeriums der Justiz vom 1. Oktober 1898 (J.-M.-Bl. S. 507) zu verweisen.

Ausschluß des Rechtes auf Aufhebung der Gemeinschaft.

Artikel 28.

Es kommt nicht selten vor, daß ein Weg, ein Hofraum, ein Brunnen oder eine andere Anlage den Eigenthümern anderer Grundstücke gemeinschaftlich ist. Die Zweckbestimmung des gemeinschaftlichen Grundstücks dient einem dauernden Bedürfnisse, das sich aus der Bewirthschaftung der anderen Grundstücke ergiebt, die Aufhebung des Rechtes zur Mitbenutzung des gemeinschaftlichen Grundstücks würde die Benutzung jedes der anderen Grundstücke wesentlich beeinträchtigen. Sowohl das gemeine Recht als das Preußische Landrecht schließen deshalb in solchen Fällen das Recht der Theilhaber, die Aufhebung der Gemeinschaft zu verlangen, dauernd aus. S. 278.

Das Bürgerliche Gesetzbuch kennt, wie schon in der Begründung zum Artikel 27 bemerkt worden ist, eine dauernde Ausschließung des Rechtes auf Aufhebung der Gemeinschaft nicht. Unter seiner Herrschaft läßt sich der Zweck, die Mitbenutzung des gemeinschaftlichen Grundstücks jedem der Eigenthümer der anderen Grundstücke dauernd zu sichern, nur durch Bestellung von Grunddienstbarkeiten erreichen, die nach § 1009 auch zu Gunsten eines Grundstücks, das einem Miteigenthümer des zu belastenden Grundstücks gehört, begründet werden können.

Ob für die bestehenden Gemeinschaftsverhältnisse dieser Art die Ausschließung des Rechtes auf Aufhebung der Gemeinschaft durch den Artikel 168 des Einführungsgesetzes aufrechterhalten wird, ist deswegen nicht unzweifelhaft, weil sie nach dem geltenden Rechte zu dem Inhalte des Gemeinschaftsverhältnisses gehört und dieser sich von dem Inkrafttreten des Bürgerlichen Gesetzbuchs an nach dessen Vorschriften bestimmt (Art. 173 des EG.). S. 279.

Der Entwurf (Art. 28) erachtet es deshalb für geboten, diese Gemeinschaftsverhältnisse nach dem Vorbilde des Artikel 21 des Gesetzes vom 1. Juli 1898 über das Liegenschaftsrecht in der Pfalz in der Weise umzugestalten, daß an die Stelle der Ausschließung des Rechtes auf Aufhebung der Gemeinschaft eine die bisherige Mitbenutzung des gemeinschaftlichen Grundstücks gewährende Grunddienstbarkeit tritt.

Für Grenzanlagen, die der gemeinschaftlichen Benutzung der Eigenthümer der Nachbargrundstücke unterliegen, gelten nach Artikel 181 Abs. 1 des Einführungsgesetzes von dem Inkrafttreten des Bürgerlichen Gesetzbuchs an die Vorschriften des § 922.

Grunddienstbarkeiten.

Artikel 28.

Nach Artikel 187 Abs. 1 des Einführungsgesetzes zum Bürgerlichen Gesetzbuche bedarf eine Grunddienstbarkeit, die zu der Zeit besteht, zu welcher das Grundbuch als angelegt anzusehen ist, zur Erhaltung der Wirksamkeit gegenüber dem öffentlichen Glauben des Grundbuchs nicht der Eintragung. Die Eintragung hat jedoch zu erfolgen, wenn sie von dem Berechtigten oder von dem Eigenthümer des belasteten Grundstücks verlangt wird; die Kosten sind von demjenigen zu tragen und vorzuschießen, welcher die Eintragung verlangt.

Diese Vorschrift bezieht sich nur auf die Zeit nach der Anlegung des Grundbuchs. Der bis dahin geltende § 22 Nr. 5 des Hypothekengesetzes, der die Grunddienstbarkeiten dem öffentlichen Glauben des Hypothekenbuchs gegenüber gleichfalls von der Eintragung befreit, enthält eine dem Artikel 187 Abs. 1 Satz 2 entsprechende Vorschrift nicht. Die Eintragung einer Grunddienstbarkeit in das Hypothenbuch ist rechtlich bedeutungslos und soll deshalb nicht stattfinden. Infolge der Bestimmung des Hypothekenbuchs, das Grundbuch zu werden (vergl. § 24 der Verordnung vom 23. Juli 1898, die Anlegung des Grundbuchs in den Landestheilen rechts des Rheins betr., G.- u. V.-Bl. S. 493),

S. 279. tritt hierin insofern eine Aenderung ein, als die Eintragung in dem Zeitpunkte rechtliche Bedeutung zu erlangen vermag, in welchem das Grundbuch als angelegt anzusehen ist.

Um die Betheiligten in den Stand zu setzen, die Eintragung schon vor diesem Zeitpunkte zu erwirken, damit die Grunddienstbarkeit im Grundbuch eingetragen ist, sobald dieses als angelegt anzusehen ist, will der Entwurf (Art. 29 Abs. 1 Satz 1) ihnen das Recht auf Eintragung, das sie nach dem Artikel 187 nach der Anlegung des Grundbuchs haben, schon von der Zeit an gewähren, zu welcher er als Gesetz verkündet wird. Von demselben Gedanken gehen die für die Pfalz geltenden Vorschriften (Artikel 26 des Gesetzes vom 1. Juli 1898 über das Liegenschaftsrecht in der Pfalz, § 5 Abs. 1 der Verordnung vom 28. August 1898, die Anlegung des Grundbuchs in der Pfalz betr., G.- u. V.-Bl. S. 561, Nr. 117, 125 der Bekanntmachung des Staatsministeriums der Justiz vom 14. September 1898, die Grundbuchanlegungsordnung in der Pfalz betr., J.-M.-Bl. S. 317) aus, indem sie die Eintragung der Grunddienstbarkeiten im Anlegungsverfahren gestatten und den Eigenthümer des belasteten Grundstücks verpflichten, auf Verlangen des Berechtigten die Eintragung zu bewilligen.

Eine Folge dieser Vorschrift ist es, daß die Löschung einer vor der Verkündung des Entwurfes als Gesetz in das Hypothekenbuch eingetragenen Grunddienstbarkeit nicht mit Berufung darauf verlangt werden kann, daß die Grunddienstbarkeit nicht zu den einzutragenden Rechten gehört habe (Abs. 1 Satz 2).

Die Eintragung einer anderen Belastung als einer Hypothek hat gegenüber der Bestimmung des Hypothenbuchs nur die Bedeutung eines Widerspruchs im Sinne des § 899 des Bürgerlichen Gesetzbuchs, einer Protestation (§§ 27 bis 29 des Hyp.-G.). Der Zweck der Vorschrift des Entwurfes bringt es aber mit sich, daß die Eintragung der Grunddienstbarkeit von der Zeit an, zu welcher das Grundbuch als angelegt anzusehen ist, die Bedeutung der Eintragung im Grundbuche haben, mit dem öffentlichen Glauben des Grundbuchs ausgestattet sein muß. Zur Abwendung der Gefahr, die hieraus für den Eigenthümer des angeblich belasteten Grundstücks entstehen kann, muß auch die Eintragung eines Widerspruchs (einer Protestation) gegen die Richtigkeit der Eintragung der Grunddienstbarkeit schon vor dieser Zeit zugelassen werden. Diese Vorschriften trifft der Entwurf im Abs. 2.

Artikel 30.

Nach Artikel 191 des Einführungsgesetzes zum Bürgerlichen Gesetzbuche verbleibt es für den Schutz im Besitz einer Grunddienstbarkeit oder einer beschränkten persönlichen Dienstbarkeit auch nach dem Inkrafttreten des Bürgerlichen Gesetzbuchs bei den bisherigen Gesetzen, bis das Grundbuch für das belastete Grundstück als angelegt anzusehen ist. Von der Herstellung des Grundbuchs an finden zum Schutze der Ausübung einer von der Eintragung befreiten Grunddienstbarkeit die für den Besitzschutz geltenden Vorschriften des Bürgerlichen Gesetzbuchs mit der Maßgabe entsprechende Anwendung, daß bei Grunddienstbarkeitn, mit welchen das Halten einer dauernden Anlage nicht verbunden ist, der Besitzschutz nur gewährt wird, wenn die Dienstbarkeit in jedem der drei letzten Jahre vor der Störung mindestens einmal ausgeübt worden ist. Für den Schutz des Sachbesitzes dagegen gelten nach Artikel 180 des Einführungsgesetzes von dem Inkrafttreten des Bürgerlichen Gesetzbuchs an, ohne Rücksicht auf die Anlegung des Grundbuchs, die neuen Vorschriften.

Die im Artikel 191 für den Schutz der Ausübung von Grunddienstbarkeiten gegebenen Vorschriften eignen sich dazu, schon vor der Anlegung des Grundbuchs an die Stelle der in den Landestheilen rechts des Rheins geltenden Bestimmungen zu treten, wie sie in der Pfalz nach Artikel 22 des Gesetzes vom 1. Juli 1898 über das Liegenschaftsrecht in der Pfalz von dem Inkrafttreten des Bürgerlichen Gesetzbuchs an die Vorschriften des bisherigen pfälzischen Rechtes ersetzen. Der Entwurf (Art. 30) verleiht ihnen daher schon mit diesem Zeitpunkte Geltung und erhält dadurch auch für die Zwischenzeit den Schutz der Ausübung von Grunddienstbarkeiten mit dem Schutze des Sachbesitzes in Uebereinstimmung. S. 279.

Reallasten. S. 280

Artikel 31.

Während nach Artikel 184 Satz 2 des Einführungsgesetzes zum Bürgerlichen Gesetzbuche für die bestehenden Grunddienstbarkeiten von dem Inkrafttreten des Bürgerlichen Gesetzbuchs an die Vorschriften der §§ 1020 bis 1028 des Bürgerlichen Gesetzbuchs gelten, verbleibt es für den Inhalt der bestehenden Reallasten nach dem Satz 1 des Artikel 184 bei den bisherigen Gesetzen.

Der bestehende Rechtszustand ist bei den Reallasten insofern besonders wenig befriedigend, als die gesetzlichen Vorschriften lückenhaft und die Sätze des Gewohnheitsrechts großentheils unsicher und bestritten sind. Der Entwurf (Art. 31) will an deren Stelle die §§ 1107 bis 1111 des Bürgerlichen Gesetzbuchs setzen, um für diese dauernden Rechte klares und einheitliches Recht zu schaffen und die bestehenden Reallasten den unter der Herrschaft des Bürgerlichen Gesetzbuchs entstehenden ebenso gleichzustellen, wie es durch den Artikel 184 Satz 2 bei den Grunddienstbarkeiten geschehen ist.

Nach § 1107 finden auf die einzelnen Leistungen aus einer Reallast die für die Zinsen einer Hypothekenforderung geltenden Vorschriften entsprechende Anwendung. Durch die Uebertragung dieser Vorschriften wird die im geltenden bayerischen Rechte bestrittene Frage, ob die einzelnen Leistungen aus der Reallast nur persönliche Verbindlichkeiten des Eigenthümers sind, dem das Grundstück zur Zeit des Eintritts der Fälligkeit gehört, oder ob für sie das Grundstück haftet, in Uebereinstimmung mit dem Bayerischen Entwurf (1864) Artikel 344 (Mot. S. 102, 103) in dem letzteren Sinne entschieden. Für die Zeit, bis das Grundbuch als angelegt anzusehen ist, hat die Anwendbarkeit des § 1107 die Bedeutung einer Verweisung auf das geltende Hypothekenrecht.

Nach § 1108 Abs. 1 haftet der Eigenthümer für die während der Dauer seines Eigenthums fällig werdenden Leistungen auch persönlich, soweit nicht ein Anderes bestimmt ist. Wird das belastete Grundstück getheilt, so haften die Eigenthümer der einzelnen Theile als Gesammtschuldner (§ 1108 Abs. 2). Wird das Grundstück des Berechtigten getheilt, so besteht die Reallast nach den näheren Bestimmungen des § 1109 Abs. 1 für die einzelnen Theile fort. Der Berechtigte kann jedoch das Recht mit einem der Theile allein verbinden. Hiezu ist nach dem Abs. 2 des § 1109 Erklärung gegenüber dem Grundbuchamt und Eintragung in das Grundbuch erforderlich. Für diese Verfügung des Berechtigten gelten die Vorschriften der §§ 876, 878. Gereicht die Reallast nur einem der Theile zum Vortheile, so bleibt sie kraft Gesetzes mit diesem Theile allein verbunden. Diese Vorschriften stimmen mit dem geltenden bayerischen Rechte, abgesehen von den für gewisse Arten von Reallasten bestehenden Sondervorschriften, insbesondere den Vorschriften der Grundentlastungsgesetze, sowie

S. 280. mit dem Bayerischen Entwurf Artikel 343, 345 im Wesentlichen überein. Für die Zeit bis zu der Anlegung des Grundbuchs muß im Falle des § 1009 Abs. 2 an die Stelle der Erklärung gegenüber dem Grundbuchamte die Erklärung gegenüber dem Hypothekenamt und an die Stelle der Eintragung in das Grundbuch die Eintragung in das Hypothenbuch treten. Die Vorschriften der §§ 876, 878 sind bis dahin nicht anwendbar, statt ihrer sind die entsprechenden Vorschriften des geltenden Rechtes maßgebend.

Die §§ 1110, 1111 betreffen die Uebertragung des Rechtes aus der Reallast. Ihre Vorschriften entsprechen dem geltenden Rechte und dem Bayerischen Entwurf Artikel 346 Abs. 2, 3.

Die Reallasten bedürfen mit Ausnahme der Grundgefälle des Staates und der Ablösungskasse sowie der an deren Stelle getretenen Lasten (Art. 114 Abs. 1 des Entw. eines Ausf.-Ges. zum B. GB.) zur Erhaltung ihrer Wirksamkeit gegenüber dem öffentlichen Glauben des Grundbuchs der Eintragung. Für die im Grundbuch eingetragenen Reallasten gilt nach Artikel 189 des Einführungsgesetzes zum Bürgerlichen Gesetzbuche die Vorschrift des § 1112, nach welcher bei Reallasten, die nicht zu Gunsten des jeweiligen Eigenthümers eines Grundstücks bestehen, der Berechtigte, wenn er unbekannt ist, nach § 1170 Abs. 1 im Wege des Aufgebotsverfahrens mit der Wirkung ausgeschlossen werden kann, daß sein Recht erlischt. Solange die Eintragung nicht erfolgt ist, bleiben für die Aufhebung der bestehenden Reallasten die bisherigen Gesetze maßgebend. Der Entwurf will, um auch in dieser Beziehung einheitliches Recht zu schaffen, von der Anlegung des Grundbuchs an die für die nicht eingetragenen Grunddienstbarkeiten in Aussicht genommenen Vorschriften der Artikel 11 bis 13 auf die nicht eingetragenen Reallasten erstrecken. Für die Zulassung eines Aufgebots nach den Artikeln 14 bis 17 besteht bei den Reallasten kein Bedürfniß.

Die besonderen Vorschriften der Gesetze über die Grundentlastung sollen durch die Vorschriften des Artikel 31 nicht berührt werden, insbesondere muß es bei den von dem § 1108 des Bürgerlichen Gesetzbuchs abweichenden Bestimmungen des Artikel 15 und des Artikel 17 Abs. 3 des Gesetzes vom 28. April 1872 verbleiben. Bei den Grundgefällen des Staates und der Ablösungskasse und den an deren Stelle getretenen Lasten kann das Aufgebot nach § 1112 des Bürgerlichen Gesetzbuchs nicht in Frage kommen.

Ewiggeld.

Artikel 32.

Die Vorschriften des Artikel 31 eignen sich nicht für das Ewiggeld des Münchener Stadtrechts.

Das Ewiggeld, ein Rest des alten Rentenkaufs, ist der Rentenschuld des Bürgerlichen Gesetzbuchs, die für denselben wirthschaftlichen Zweck geschaffen worden ist (Prot. II. Les. des Entw. eines B. GB. S. 4846), wesensgleich. Beide sind Belastungen mit einer dauernden, von Seite des Eigenthümers des belasteten Grundstücks ablösbaren Geldrente, für die nur das Grundstück haftet. Die einzige wichtigere Verschiedenheit besteht darin, daß die Kündigungsfrist bei der Rentenschuld sechs, bei dem Ewiggelde zwei Monate beträgt. Den Bedürfnissen des heutigen Realkredits entspricht die sechsmonatige Kündigungsfrist besser als die kurze Frist des bisherigen Rechtes.

Der Entwurf (Art. 32) verwandelt deshalb mit der Anlegung des Grundbuchs das Ewiggeld in eine Rentenschuld.

Leibgedingsrechte. S. 280.

Artikel 33.

Die in den Landestheilen rechts des Rheins herrschende Rechtsübung betrachtet die mit einer Gutsübergabe in Verbindung stehende Vereinbarung, durch welche sich der Ueber‖nehmer zu Leibgedingsleistungen verpflichtet, nicht als die S. 281. Begründung einer Reallast an dem übergebenen Grundstücke, sondern nimmt, soweit es sich nicht um die Gewährung einer Wohnung oder der Benutzung eines Grundstücks handelt, lediglich eine persönliche Verbindlichkeit des Uebernehmers an und gestattet mit Rücksicht auf die §§ 99, 137 des Hypothekengesetzes und den § 28 Nr. I, 5 der Instruktion vom 13. März 1823 die Eintragung einer Hypothek für diese Verbindlichkeit ohne die im § 11 Abs. 2, im § 19 und im § 22 Nr. 8 des Hypothekengesetzes vorgeschriebene Angabe des Geldbetrags, für den das Grundstück haften soll (vergl. die in den Bl. für Rechtsanwendung IX S. 191, XII S. 14, XVIII S. 198, XXV S. 397, XXIX S. 335 mitgetheilten oberstrichterlichen Urtheile). Auch für den Anspruch auf Gewährung einer Wohnung oder der Benutzung eines Grundstücks wird nicht selten eine Hypothek eingetragen.

Das Bürgerliche Gesetzbuch kennt Hypotheken mit anderem Inhalt als dem Rechte des Gläubigers, die Zahlung einer bestimmten Geldsumme aus dem Grundstücke zu verlangen (§ 1113), nicht. Sollen aus einem Grundstücke wiederkehrende Leistungen entrichtet werden, so ist eine Reallast, soll die Benutzung eines Gebäudes als Wohnung oder eine andere Benutzung eines Grundstücks den Inhalt eines dinglichen Rechtes bilden, so ist eine beschränkte persönliche Dienstbarkeit zu bestellen. Nach Artikel 34 des Entwurfes eines Ausführungsgesetzes zum Bürgerlichen Gesetzbuche kann deshalb der Leibgedingnehmer, falls ihm ein auf dem übergebenen Grundstücke befindliches Gebäude oder ein Theil eines solchen Gebäudes als Wohnung zum ausschließlichen Gebrauche zu gewähren ist, die Bestellung eines Wohnungsrechts falls ihm ein Theil des Grundstücks zu sonstiger Benutzung zu gewähren ist, die Bestellung einer entsprechenden persönlichen Dienstbarkeit und, soweit andere wiederkehrende Leistungen zu entrichten sind, die Bestellung einer entsprechenden Reallast an dem Grundstücke verlangen.

Die für Leibgedingsleistungen bestehenden Hypotheken würden sich nach Artikel 192 Abs. 1 Satz 2 des Einführungsgesetzes zum Bürgerlichen Gesetzbuch in Sicherungshypotheken verwandeln. Der Entwurf (Art. 33) zieht es jedoch vor, auf Grund des Artikel 218 des Einführungsgesetzes den zur Sicherung von Leibgedingsrechten bestehenden Belastungen dieselbe rechtliche Gestaltung zu geben, welche das neue Recht für diesen Zweck bestimmt. Er verwandelt demgemäß in dem Zeitpunkt, in welchem das Grundbuch als angelegt anzusehen ist, eine Hypothek, die für die zu einem Leibgedinge gehörenden wiederkehrenden Leistungen besteht, in eine Reallast und eine Hypothek, die für ein Wohnungsrecht oder für ein zu einem Leibgedinge gehörendes sonstiges Recht zur Benutzung eines Grundstücks besteht, in eine persönliche Dienstbarkeit. Daß die Hypotheken in der dritten Abtheilung des Grundbuchblatts eingetragen sind, steht der Umwandlung nicht entgegen. Eine Aenderung des Inhalts wird durch die Umwandlung der Hypothek für wiederkehrende Leistungen in eine Reallast nicht bewirkt, weil auf die einzelnen aus einer Reallast zu entrichtenden Leistungen nach § 1107 des Bürgerlichen Gesetzbuchs die für die Zinsen einer Hypothekenforderung geltenden Vorschriften entsprechende Anwendung finden. Haftet zur Zeit des Eintritts der Umwandlung der Eigen-

S. 281. thümer des belasteteten Grundstücks nur als Drittbesitzer, so muß die persönliche Haftung des jeweiligen Eigenthümers für die während der Dauer seines Eigenthums fällig werdenden Leistungen als nach § 1108 Abs. 1 ausgeschlossen gelten. Die Umwandlung gewährt den Berechtigten den Vortheil, daß ihre Rechte bei der Zwangsversteigerung des Grundstücks nach Maßgabe des § 9 des Einführungsgesetzes zu dem Gesetz über die Zwangsversteigerung und die Zwangsverwaltung und des Artikel 28 Abs. 1 des Entwurfes eines Ausführungsgesetzes zu der Grundbuchordnung und zu dem Gesetz über die Zwangsversteigerung und die Zwangsverwaltung (Beilage C) unberührt bleiben, auch wenn sie bei der Feststellung des geringsten Gebots nicht berücksichtigt sind.

Wenn auch bei der Eintragung einer Hypothek für Leibgedingsleistungen die Angabe des Geldbetrags, bis zu dem das Grundstück haften soll, nicht für nothwendig erachtet wird, enthalten doch viele Eintragungen eine solche Angabe, die von der Instruktion vom 13. März 1823 ausdrücklich empfohlen wird. Mit der Umwandlung der Hypothek in eine Reallast oder eine persönliche Dienstbarkeit erlangt die Angabe die Bedeutung einer Bestimmung des Höchstbetrags des Ersatzes, der im Falle des Erlöschens des Rechtes durch den Zuschlag in der Zwangsversteigerung aus dem Erlöse zu gewähren ist (§ 92 des ZVG.), im Sinne des § 882 des Bürgerlichen Gesetzbuchs. Der Entwurf spricht dies im Abs. 3 aus.

Umwandlung der bestehenden Hypotheken.

Abweichend von dem Grundsatze des Artikel 184 Satz 1 unterwirft der Artikel 192 Abs. 1 des Einführungsgesetzes zum Bürgerlichen Gesetzbuche die bestehenden Hypotheken den Vorschriften des neuen Rechtes. Eine Hypothek, die zu der Zeit besteht, zu welcher das Grundbuch als angelegt anzusehen ist, gilt von dieser Zeit an als eine Hypothek, für welche die Ertheilung des Hypothekenbriefs ausgeschlossen ist. Ist der Betrag der Forderung, für welche die Hypothek besteht, nicht bestimmt, so gilt die Hypothek als Sicherungshypothek. Der Artikel 193 läßt jedoch die landesgesetzliche Bestimmung zu, daß eine Hypothek, die nach Artikel 192 nicht als Sicherungshypothek gilt, als Sicherungshypothek oder als eine Hypothek gelten soll, für welche die Ertheilung des Hypothekenbriefs nicht ausgeschlossen ist, und nach Artikel 194 kann durch Landesgesetz bestimmt werden, daß der Hypothekengläubiger die Löschung einer im Range vorgehenden oder gleichstehenden Hypothek, falls diese sich mit dem Eigenthum in einer Person vereinigt, in gleicher Weise zu verlangen berechtigt ist, wie wenn zur Sicherung des Rechtes auf Löschung eine Vormerkung im Grundbuch eingetragen wäre.

Für die Pfalz hat das Gesetz vom 1. Juli 1898 über das Liegenschaftsrecht in der Pfalz von dem Artikel 193 dahin Gebrauch gemacht, daß die bestehenden Hypotheken sich in Sicherungshypotheken verwandeln, dagegen eine dem Artikel 194 entsprechende Bestimmung nicht getroffen (vergl. die Begründung zu Art. 1 des Entw. des angef. Ges., Verhandl. der Kamm. der Abg. 1897/98, Beilage Nr. 1054).

Für die Landestheile rechts des Rheins will es der Entwurf bei der reichsgesetzlichen Ueberleitung der bestehenden Hypotheken in Buchhypotheken belassen und weder den Vorbehalt des Artikel 193 noch den des Artikel 194 benützen (vergl. die Begründung zu dem Entw. eines Ausf.-Ges. zur GBO. und zum ZVG., Beilage C, Seite 148).

Die Umwandlung der bestehenden Hypotheken in Hypotheken, für die ein Brief zu ertheilen ist, kann nicht in Frage kommen, weil der Hypotheken-

brief des bayerischen Rechtes || von dem des Bürgerlichen Gesetzbuchs wesentlich S. 282.
verschieden, nicht wie dieser Träger des Rechtes in dem Sinne ist, daß der Gläubiger die Hypothek erst mit der Aushändigung des Briefes erwirbt (§ 1117), daß zu der Abtretung oder Verpfändung der Hypothekenforderung die Uebergabe des Briefes erforderlich ist (§ 1154), daß der Geltendmachung des Gläubigerrechts, der Kündigung und der Mahnung widersprochen werden kann, wenn nicht der Brief vorgelegt wird (§§ 1160, 1161), und daß Eintragungen, von denen das Recht des Gläubigers betroffen wird, regelmäßig nur erfolgen dürfen, wenn der Brief vorgelegt wird (§ 42 der GBO.). Die Hypothek des im rechtsrheinischen Bayern geltenden Rechtes stimmt vielmehr im Wesentlichen mit der Hypothek überein, für welche die Ertheilung des Hypothekenbriefs nach § 1116 Abs. 2 ausgeschlossen ist. Insbesondere begründet bei beiden die Eintragung, auch soweit das Recht des Gläubigers von der Forderung abhängt, die Vermuthung, daß die Hypothek für den Gläubiger besteht, und erstreckt sich der öffentliche Glaube bei beiden für die Hypothek auf den Bestand der Forderung und die dem Eigenthümer zustehenden Einreden (§ 26 Nr. 4, 5 des Hyp.-Ges., § 1138, 1157 des B. GB.). Hierin unterscheiden sich beide von der Sicherungshypothek, bei der sich das Recht des Gläubigers aus der Hypothek nur nach der Forderung bestimmt, der Gläubiger sich zum Beweise der Forderung nicht auf die Eintragung berufen kann und der öffentliche Glaube sich auch für die Hypothek nicht auf den Bestand der Forderung und die die Forderung betreffenden Einreden erstreckt (§§ 1184, 1185). Der Sicherungshypothek des Bürgerlichen Gesetzbuchs entsprechen nur diejenigen Hypotheken des rechtsrheinischen Rechtes, bei welchen der Betrag der Forderung nicht bestimmt ist.

Nach dem geltenden Rechte (§ 71 Nr. 4, 5, 7 des Hyp.-Ges.) erlischt die Hypothek in den Fällen, in welchen sie sich nach dem Bürgerlichen Gesetzbuch (§§ 1163, 1168 bis 1171) mit dem Eigenthum in einer Person vereinigt. Das Erlöschen einer Hypothek, welche anderen Hypotheken im Range vorgeht, kommt nach dem geltenden Rechte grundsätzlich den nachstehenden Hypotheken zu statten. Der Eigenthümer kann aber, solange die erloschene Hypothek nicht gelöscht ist, an deren Rangstelle eine neue Hypothek begründen (§ 84 des Hyp.-Ges.); das Vorrücken der nachstehenden Hypotheken ist ausgeschlossen, solange die Eintragung der erloschenen Hypothek besteht. Die nachstehenden Gläubiger können die Löschung nur verlangen, wenn sie einen vollstreckbaren Titel für eine fällige Forderung haben (Art. 11 Abs. 2 des Zwangsvollstreckungsgesetzes vom 29. Mai 1886). Wer eine nachstehende Hypothek erwirbt, kann deshalb von vorneherein nicht darauf rechnen, im Falle des Erlöschens einer vorgehenden Hypothek im Range vorzurücken, sofern er sich nicht, was häufig vorkommt, den Verzicht des Eigenthümers auf das Recht, eine neue Hypothek an Stelle der erloschenen zu begründen, ausbedungen hat. Dieser Rechtslage entspricht es, daß der Entwurf von dem Vorbehalte des Artikel 194 des Einführungsgesetzes keinen Gebrauch macht. Für den Fall des Verzichts ist im Artikel 43 Vorsorge getroffen.

Inhaberhypotheken.

Artikel 34.

Die Vorschriften, welche das Gesetz vom 18. März 1896, einige Bestimmungen über die Inhaberpapiere betreffend, in den Artikeln 19 bis 25 über die Inhaberhypotheken trifft, sind den Vorschriften des Bürgerlichen Gesetz-

S. 282. buchs (§ 1187 bis 1189) über die Hypothek für die Forderung aus einer Schuldverschreibung auf den Inhaber und den diese Vorschriften ergänzenden Bestimmungen des § 44 der Grundbuchordnung und der §§ 986, 987 (836 bb, 836 cc) der Civilprozeßordnung nachgebildet (vergl. die Begründung zu dem Gesetze vom 18. März 1896, Verh. der Kamm. der Abg. 1896, Beil.-Bd. VII S. 682). Sie unterscheiden sich von ihnen nur darin, daß die für die Forderung aus einer Schuldverschreibung auf den Inhaber bestellte Hypothek nach dem § 1187 des Bürgerlichen Gesetzbuchs nothwendiger Weise eine Sicherungshypothek ist, auch wenn sie im Grundbuche nicht als solche bezeichnet ist, während das Gesetz vom 18. März 1896 eine solche Vorschrift nicht enthält.

Daß für eine solche Forderung nur eine Sicherungshypothek bestehen kann, hat seinen Grund in dem Wesen der Schuldverschreibung auf den Inhaber. An Stelle der Vorschrift des § 1138 des Bürgerlichen Gesetzbuchs, welche die sich aus der Eintragung ergebende Vermuthung des Bestandes des eingetragenen Rechtes und den öffentlichen Glauben der Eintragung auf die Forderung erstreckt, sind für das Recht des Inhabers die Vorschriften der §§ 793, 794, 796 maßgebend, die Uebertragung erfolgt nach den für die Uebertragung des Eigenthums an beweglichen Sachen geltenden Vorschriften.

Aehnlich liegt die Sache bei der Hypothek für die Forderung aus einem Wechsel oder aus einem anderen Papiere, das durch Indossament übertragen werden kann. Auch sie ist nach § 1187 des Bürgerlichen Gesetzbuchs nothwendiger Weise eine Sicherungshypothek, weil das Wesen des Orderpapiers die Verbindung einer anderen Hypothek mit der Forderung nicht gestattet.

Der Entwurf (Art. 34) verwandelt deshalb diese Hypotheken in Sicherungshypotheken.

Gesetzliche Hypothekentitel.

Artikel 35.

Die Artikel 80, 111 und der Artikel 114 Abs. 2 des Entwurfes eines Ausführungsgesetzes zum Bürgerlichen Gesetzbuche geben der Staatskasse für ihre Ansprüche wegen fälliger öffentlicher Abgaben und Kosten eines Verfahrens sowie für die wiederkehrenden Leistungen aus den Grundgefällen des Staates und der Ablösungskasse und den an deren Stelle getretenen Lasten, den Gemeinden und den anderen Kommunalverbänden, den öffentlichen Stiftungen und den unter der Verwaltung einer öffentlichen Behörde stehenden Stiftungen für die Forderungen, die aus der Verwaltung ihres Vermögens gegen den Verwalter entstehen, das Recht, die Eintragung einer Sicherungshypothek an den Grundstücken des Schuldners zu verlangen. Durch diese Vorschriften werden die Bestimmungen des § 12 Nr. 1, 2, 4 des Hypothekengesetzes ersetzt.

Die gesetzlichen Hypothekentitel, welche der § 12 Nr. 9 des Hypothekengesetzes den Bauunternehmern, Bauhandwerkern und Lieferanten von Baumaterialien wegen der für Errichtung, Wiederherstellung oder Ausbesserung von Gebäuden, Kanälen oder anderen Werken oder für die Lieferung von Materialien zu diesen Arbeiten entstandenen Forderungen auf die bebauten Grundstücke und der § 12 Nr. 10 den Inhabern und Pächtern von Bierbrauereien

S. 283. wegen ihrer Forderungen an Schankwirthe für die Lieferung || von Bier und Branntwein auf die Grundstücke der Wirthe einräumt, bestehen auch vor der Anlegung des Grundbuchs nur mehr für solche Schuldverhältnisse, die vor dem Inkrafttreten des Bürgerlichen Gesetzbuchs entstanden sind (Art. 170 des Einf.-Ges. zum B. GB.). Für die nach diesem Zeitpunkt eingegangenen Vertragsverhältnisse sind der § 648 des Bürgerlichen Gesetzbuchs und der

Artikel 8 des Entwurfes eines Ausführungsgesetzes zum Bürgerlichen Gesetzbuche maßgebend. Nach § 648 kann der Unternehmer eines Bauwerkes oder eines einzelnen Theiles eines Bauwerkes für seine Forderungen aus dem Vertrage die Einräumung einer Sicherungshypothek an dem Baugrundstücke des Bestellers verlangen. Der Artikel 8 giebt dem Brauer, wenn der Wirth Eigenthümer des Grundstücks ist, auf welchem er sein Geschäft betreibt, das Recht, zu verlangen, daß ihm für den Kaufpreis des gelieferten Bieres eine Sicherungshypothek an dem Grundstücke bestellt wird. S. 283.

Die angeführten Vorschriften des Bürgerlichen Gesetzbuchs und des Entwurfes eines Ausführungsgesetzes haben die Anlegung des Grundbuchs zur Voraussetzung und können deshalb erst nach der Anlegung des Grundbuchs zur Anwendung kommen. Für die Zwischenzeit zwischen dem Inkrafttreten des Bürgerlichen Gesetzbuchs und der Anlegung des Grundbuchs bedürfen sie der Anpassung an das bisherige Hypothekenrecht.

Ebenso verhält es sich mit dem Anspruch auf Einräumung einer Sicherungshypothek, welchen der Artikel 27 Abs. 1 des Gesetzes vom 22. Februar 1855 über die landwirthschaftlichen Erbgüter in der Fassung des Artikel 19 Ziff. I des Entwurfes eines Gesetzes, die Aenderungen der seit 1818 erlassenen Gesetze betreffend, dem Vorgänger für den Betrag, den er sich bei der Uebergabe des Erbguts als Vorbehalt ausbedungen hat, und den Anerben für ihre Abfindungen gewährt, sowie mit dem Rechte, die Eintragung einer Sicherungshypothek zu verlangen, das nach Artikel 46 Abs. 2 des Brandversicherungsgesetzes vom 3. April 1875 in der Fassung des Artikel 31 Ziff. VIII desselben Entwurfes der Brandversicherungsanstalt gegenüber den Grundstücken eines der Brandstiftung beschuldigten Versicherten für die vorgeschossene Versicherungssumme zusteht.

Der Artikel 35 Abs. 1 des Entwurfes bestimmt deshalb, daß bis zu der Zeit, zu welcher das Grundbuch als angelegt anzusehen ist, der einen Gläubiger (Bauunternehmer, Bierbrauer, Gutsübergeber oder Anerben) kraft Gesetzes zustehende Anspruch auf Einräumung einer Sicherungshypothek sowie das dem Staate, der Brandversicherungsanstalt, den Gemeinden und anderen Kommunalverbänden, den Stiftungen des öffentlichen Rechtes und den unter der Verwaltung einer öffentlichen Behörde stehenden Stiftungen zustehende Recht, zur Sicherung gewisser Forderungen die Eintragung einer Sicherungshypothek an Grundstücken des Schuldners zu verlangen, als gesetzlicher Hypothekentitel gilt.

Soweit für den Fall, daß das Recht auf Erlangung einer Hypothek sich auf mehrere Grundstücke des Schuldners erstreckt, eine Beschränkung des Maßes der dem Gläubiger gebührenden Sicherheit bestimmt ist, sind die neuen Vorschriften ohne Weiteres anwendbar. Die Vorschriften des Artikel 8 Abs. 2, des Artikel 80 Abs. 3, des Artikel 111 Abs. 1 Satz 2 des Entwurfes eines Ausführungsgesetzes zum Bürgerlichen Gesetzbuch und des Artikel 46 Abs. 2 des Brandversicherungsgesetzes in der neuen Fassung gelten daher auch für den im Artikel 35 Abs. 1 bestimmten gesetzlichen Hypothekentitel. Dies wird im Abs. 2 des Artikel 35 klargestellt.

Im Uebrigen wird an den Vorschriften des Hypothekengesetzes über die Eintragung einer auf einem gesetzlichen Hypothekentitel beruhenden Hypothek nichts geändert.

Artikel 36 bis 38.

Nach § 12 Nr. 6 des Hypothekengesetzes hat die Ehefrau einen gesetzlichen Hypothekentitel auf die Grundstücke des Ehemanns wegen ihres ein-

S. 283. gebrachten Vermögens, wegen der Ersatzansprüche, die für sie daraus, daß sie mit dem Manne Verbindlichkeiten übernommen hat, oder aus der Verwendung des Erlöses für veräußerte Gegenstände ihres Vermögens entstanden sind, sowie wegen ihrer Ansprüche aus einem Ehevertrage. Soweit der Güterstand der zur Zeit des Inkrafttretens des Bürgerlichen Gesetzbuchs bestehenden Ehen in einen der Güterstände des neuen Rechtes übergeleitet wird, bleibt der gesetzliche Hypothekentitel für die vor dem Zeitpunkte der Ueberleitung entstandenen Ansprüche der Frau bestehen; für die Sicherung der später entstehenden Ansprüche sind die Vorschriften des neuen Rechtes maßgebend (vergl. die Begründung zu Art. 7 des Entw. eines Ges. über das Liegenschaftsrecht in der Pfalz, Verh. der Kamm. der Abg. 1897/98 Beilage Nr. 1054). Dagegen verbleibt es insoweit, als eine Ueberleitung des Güterstandes nicht eintritt, nach Artikel 200 des Einführungsgesetzes zum Bürgerlichen Gesetzbuch auch für die erst nach dem Inkrafttreten des Bürgerlichen Gesetzbuchs entstehenden Ansprüche bei dem im § 12 Nr. 6 des Hypothekengesetzes bestimmten gesetzlichen Hypothekentitel. Der Entwurf spricht dies im Artikel 36 aus, weil er die Hypothekentitel, die nach dem Inkrafttreten des Bügerlichen Gesetzbuchs noch entstehen können, erschöpfend aufzählen will (Art. 39).

Auf demselben Grunde beruhen die Vorschriften der Artikel 37, 38.

Der § 12 Nr. 8 des Hypothekengesetzes giebt den Nachlaßgläubigern und den Vermächtnißnehmern sowie wegen der sich aus der Erbtheilung ergebenden Ansprüche den Miterben einen gesetzlichen Hypothekentitel auf die zum Nachlasse gehörenden Grundstücke. Dem Bürgerlichen Gesetzbuch ist eine Vorschrift dieser Art fremd. Dagegen verbleibt es, wenn der Erblasser vor dem Inkrafttreten des Bürgerlichen Gesetzbuchs gestorben ist, nach Artikel 213 des Einführungsgesetzes zum Bürgerlichen Gesetzbuche für die erbrechtlichen Verhältnisse bei den bisherigen Vorschriften; der § 12 Nr. 8 des Hypothekengesetzes gilt also in einem solchen Falle auch für Ansprüche, die erst nach diesem Zeitpunkt entstehen.

Nach § 12 Nr. 11 des Hypothekengesetzes steht den Hypothekengläubigern wegen der über zwei Jahre rückständigen Zinsen der Hypothekenschuld sowie wegen der Kosten der die Beitreibung der Hypothekenschuld bezweckenden Rechtsverfolgung ein gesetzlicher Hypothekentikel auf das belastete Grundstück zu. Dieses zu dem Inhalte der Hypothek gehörende Recht muß ihnen für die Zinsen- und Kostenansprüche verbleiben, die entstehen, bevor sich die Hypothek mit der Anlegung des Grundbuchs in eine Hypothek des neuen Rechtes verwandelt.

Für die Eintragung der in den Artikeln 36, 37 bestimmten Hypotheken an mehreren Grundstücken des Verpflichteten bleiben die Vorschriften des § 11 Abs. 1 des Hypothekengesetzes maßgebend.

Artikel 39.

Der Entwurf will, wie in der Begründung zu den Artikeln 36 bis 38
S. 284. bemerkt ist, eine erschöpfende Aufzählung || der gesetzlichen Hypothekentitel geben, welche in der Zwischenzeit zwischen dem Inkrafttreten des Bürgerlichen Gesetzbuchs und der Anlegung des Grundbuchs noch entstehen können. Die Entstehung anderer als der in den Artikeln 35 bis 38 bezeichneten gesetzlichen Hypothekentitel wird deshalb im Artikel 39 ausdrücklich ausgeschlossen.

Der im § 12 Nr. 4 des Hypothekengesetzes bestimmte gesetzliche Hypothekentitel des Reallastenberechtigten fällt, soweit er nicht im Artikel 35 aufrechterhalten wird, mit der im Artikel 31 vorgeschlagenen Ueberleitung der bestehenden Reallasten in Reallasten des neuen Rechtes weg.

Der gesetzliche Hypothekentitel der Bevormundeten (§ 12 Nr. 5) wird nach Artikel 210 des Einführungsgesetzes auch für die bestehenden Vormundschaften durch die Vorschriften des § 1844 des Bürgerlichen Gesetzbuchs ersetzt, die durch den § 54 des Gesetzes über die Angelegenheiten der freiwilligen Gerichtsbarkeit und den Artikel 41 des Entwurfes ergänzt werden. S. 284.

Der gesetzliche Hypothekentitel der unter elterlicher Gewalt stehenden Kinder (§ 12 Nr. 7) kann nach dem Inkrafttreten des Bürgerlichen Gesetzbuchs nicht mehr entstehen, weil sich das Rechtsverhältniß zwischen den Eltern und den ehelichen Kindern nach Artikel 203 des Einführungsgesetzes von dem Inkrafttreten des Bürgerlichen Gesetzbuchs an nach dessen Vorschriften bestimmt und das Gleiche nach Artikel 213 des Einführungsgesetzes für die vor diesem Zeitpunkte legitimirten oder an Kindesstatt angenommenen Kinder gilt, soweit sie nach den bisherigen Vorschriften die rechtliche Stellung eines ehelichen Kindes haben. Eine Vereinkindschaftung findet nach dem Inkrafttreten des Bürgerlichen Gesetzbuchs nicht mehr statt, der im § 12 Nr. 7 für den Voraus gewährte gesetzliche Hypothekentitel wird damit gegenstandslos.

Artikel 40.

Da das Bürgerliche Gesetzbuch gesetzliche Hypothekentitel nicht kennt, so müssen die gesetzlichen Hypothekentitel, welche zu der Zeit bestehen, zu welcher das Grundbuch als angelegt anzusehen ist, sie mögen mit einem aus der Zeit vor dem Inkrafttreten des Bürgerlichen Gesetzbuchs stammenden Anspruche verbunden oder nach den Artikeln 35 bis 38 in der Zwischenzeit entstanden sein, eine dem neuen Rechte entsprechende Gestaltung erhalten. Der Entwurf (Art. 39) will sie deshalb im Anschluß an den § 648 des Bürgerlichen Gesetzbuchs, den Artikel 8 des Entwurfes eines Ausführungsgesetzes zum Bürgerlichen Gesetzbuch und den Artikel 27 Abs. 1 des Gesetzes vom 22. Februar 1855 über die landwirthschaftlichen Erbgüter (Art. 19 Ziff. V des Entw. eines Gesetzes, die Aenderungen der seit 1818 erlassenen Gesetze betr.) in Ansprüche auf Bestellung einer Sicherungshypothek verwandeln, wie es der Artikel 1 Abs. 2 des Gesetzes vom 1. Juli 1898 über das Liegenschaftsrecht in der Pfalz mit den nicht eingeschriebenen und deshalb Dritten gegenüber nicht wirksamen Vorzugsrechten und Hypotheken des pfälzischen Rechtes gethan hat. Soweit nach den Artikeln 36, 37 noch neue gesetzliche Hypothekentitel entstehen können, muß nach der Anlegung des Grundbuchs an deren Stelle gleichfalls der Anspruch auf Bestellung einer Sicherungshypothek treten.

Zur Sicherung des Anspruchs kann nach den §§ 883, 885 des Bürgerlichen Gesetzbuchs im Wege der einstweiligen Verfügung die Eintragung einer Vormerkung angeordnet werden, ohne daß es erforderlich ist, eine Gefährdung des Anspruchs glaubhaft zu machen. Zur Erlassung der einstweiligen Verfügung ist nach § 942 (bisher § 820) Abs. 3 der Civilprozeßordnung das Amtsgericht zuständig, in dessen Bezirke das zu belastende Grundstück liegt; die einstweilige Verfügung kann ohne mündliche Verhandlung erlassen werden (Abs. 4 das.).

An die Stelle des gesetzlichen Hypothekentitels, der mit gewissen Forderungen des Staates, der Brandversicherungsanstalt, der Gemeinden und anderen Kommunalverbände, der Stiftungen des öffentlichen Rechtes und der unter der Verwaltung einer öffentlichen Behörde stehenden Stiftungen verbunden ist, muß das auf Grund des Artikel 91 des Einführungsgesetzes dem Staate und den genannten juristischen Personen des öffentlichen Rechtes in den Artikeln 80, 111 und im Artikel 114 Abs. 2 des Entwurfes eines Ausführungsgesetzes zum

S. 284. Bürgerlichen Gesetzbuch und im Artikel 46 Abs. 2, 3 des Brandversicherungsgesetzes (Art. 31 Ziff. VIII des Entw. eines Gesetzes, die Aenderungen der seit 1818 erlassenen Gesetze betr.) gewährte Recht treten, die Eintragung einer Sicherungshypothek an den Grundstücken des Schuldners zu verlangen.

Artikel 41.

Nach den §§ 1844, 1897 des Bürgerlichen Gesetzbuchs kann das Vormundschaftsgericht aus besonderen Gründen den Vormund anhalten, für das seiner Verwaltung unterliegende Vermögen Sicherheit zu leisten. Die Art und den Umfang der Sicherheitsleistung bestimmt das Vormundschaftsgericht nach seinem Ermessen. Diese Vorschriften gelten nach den §§ 1694, 1915 auch für den der Mutter eines unter elterlicher Gewalt stehenden Kindes bestellten Beistand und für den Pfleger.

Der § 54 des Gesetzes über die Angelegenheiten der freiwilligen Gerichtsbarkeit giebt dem Vormundschaftsgerichte, wenn es die Voraussetzungen für vorliegend erachtet, unter denen der Vormund, der Pfleger oder der Beistand zur Sicherheitsleistung angehalten werden kann, das Recht, das Grundbuchamt um die Eintragang einer Sicherungshypothek zu ersuchen. Diese Vorschrift setzt das Bestehen des Grundbuchs voraus und kann deshalb erst zur Anwendung kommen, wenn das Grundbuch als angelegt anzusehen ist. Für die Zwischenzeit zwischen dem Inkrafttreten des Bürgerlichen Gesetzbuchs und der Anlegung des Grundbuchs ist es Sache der Landesgesetzgebung, durch eine dem § 54 entsprechende Uebergangsvorschrift dafür zu sorgen, daß das Vormundschaftsgericht seine Anordnung, soweit es sich um Begründung einer Hypothek handelt, in ähnlicher Weise zur Ausführung bringen kann. Dieser Aufgabe hat sich das Gesetz über das Liegenschaftsrecht in der Pfalz im Artikel 6 unterzogen. Zu dem gleichen Zwecke bestimmt der Entwurf im Artikel 41, daß das Vormundschaftsgericht befugt ist, das Hypothekenamt um die Eintragung einer Hypothek zu ersuchen. Das Ersuchen muß den Geldbetrag bestimmen, für welchen die Hypothek eingetragen werden soll. Der Betrag ist im Hypothekenbuch als der Höchstbetrag zu bezeichnen, für welchen das Grundstück haftet. Aus dem Artikel 192 Abs. 1 Satz 2 des Einführungsgesetzes ergiebt sich, daß die so eingetragene Hypothek von der Anlegung des Grundbuchs an als Sicherungshypothek gilt, auch wenn sie im Grundbuche nicht als solche bezeichnet ist.

S. 285. **Hypothekenvormerkungen.**

Artikel 42.

Die Hypothekenvormerkung dient nach dem bayerischen Rechte dazu, wenn die Erfordernisse der Eintragung in der Hauptsache vorhanden sind, Nebensächliches aber noch fehlt und die baldige Beibringung des Fehlenden wahrscheinlich ist, eine bedingte Eintragung zu ermöglichen (Entsch. des O. GH. (LG.) III 8, VI 41, VIII 38, 195, IX 72, 246, XIV 187, XVI 69, 101).

Der Artikel 55 des Entwurfes eines Ausführungsgesetzes zu der Grundbuchordnung und zu dem Gesetz über die Zwangsversteigerung und die Zwangsverwaltung (Beilage C) verwandelt die im Wege der Zwangsvollstreckung oder der Arrestvollziehung eingetragenen Hypothekenvormerkungen in Sicherungshypotheken. Die übrigen Hypothekenvormerkungen sollen als bedingte Hypothekenrechte nach Artikel 184 des Einführungsgesetzes zum Bürgerlichen Gesetzbuche mit dem sich aus den bisherigen Gesetzen ergebenden Inhalt und

Range bestehen bleiben. Für die Umwandlung der Vormerkungen in Eintragungen hält der Artikel 23 des angeführten Entwurfes gleichfalls die bisherigen Vorschriften aufrecht. S. 285

Die Vormerkung hat auch nach dem geltenden Rechte nicht den öffentlichen Glauben der Eintragung. Der Eigenthümer des von der Vormerkung betroffenen Grundstücks kann die Einreden, die ihm dem Gläubiger gegenüber zustehen, im Falle der Veräußerung der Forderung auch dem Erwerber gegenüber unbeschränkt geltend machen (§ 48 des Hyp.-Ges.). Die Vorschrift des § 886 des Bürgerlichen Gesetzbuchs, nach welcher der Eigenthümer, wenn ihm eine Einrede zusteht, durch die Geltendmachung des durch die Vormerkung gesicherten Anspruchs dauernd ausgeschlossen wird, von dem Gläubiger die Beseitigung der Vormerkung verlangen kann, paßt deshalb auch für die Hypothekenvormerkungen des bisherigen Rechtes.

Ebenso verhält es sich mit der Vorschrift des § 887, welche gestattet, daß der Gläubiger, zu dessen Gunsten die Vormerkung eingetragen ist, falls er unbekannt ist, nach den Bestimmungen, welche für die Ausschließung eines Hypothekengläubigers gelten, im Wege des Aufgebotsverfahrens mit der Wirkung ausgeschlossen wird, daß die Wirkung der Vormerkung erlischt. Das Aufgebot nach § 887 wird für die Zeit nach der Anlegung des Grundbuchs zweckmäßig an die Stelle des auch für Hypothekenvormerkungen geltenden Aufgebots nach § 82 des Hypothekengesetzes (in der Fassung des Art. 123 des Ausf.-Ges. zur CPO. und KO.) gesetzt. Es besteht kein Grund, für die Vormerkung an der dreißigjährigen Frist des § 82 festzuhalten, wenn das Aufgebot bei Hypotheken schon nach dem Ablaufe der zehnjährigen Frist des § 1170 Abs. 1 des Bürgerlichen Gesetzbuchs zulässig ist.

Der Entwurf (Art. 42) überträgt deshalb die §§ 886, 887 auf die bestehenden Hypothekenvormerkungen.

Für eine selbstverständliche Folge der Anwendbarkeit des § 887 erachtet es der Entwurf, daß das Aufgebotsverfahren sich nach denselben Vorschriften richtet, welche für das Aufgebotsverfahren zum Zwecke der im § 887 bestimmten Ausschließung des Berechtigten gelten (§ 988 [836 dd] der CPO., Art. 69b des Ausf.-Ges. zur CPO. u. KO. in der Fassung des Art. 33 Ziff. XIII des Entw. eines Gesetzes, die Aenderungen der seit 1818 erlassenen Gesetze betr.).

Rangvorbehalte.

Artikel 43, 44.

Der § 84 Abs. 1 des Hypothekengesetzes giebt dem Eigenthümer das Recht, an der Stelle einer erloschenen, aber noch nicht gelöschten Hypothek eine neue Hypothek mit dem Range der erloschenen zu begründen. Dieses Recht ist nicht wie die Eigenthümerhypothek eine selbständige Belastung des Grundstücks, sondern lediglich eine Erweiterung der sich aus dem Eigenthum ergebenden Verfügungsbefugniß und geht deshalb im Falle der Veräußerung des Grundstücks mit dem Eigenthum auf den Erwerber über. Bei der Bestellung einer Hypothek kann sich der Eigenthümer nach § 150 des Hypothekengesetzes das Recht vorbehalten, einer anderen Hypothek den Rang vor der bestellten Hypothek einzuräumen. Der Vorbehalt bedarf der Eintragung in das Hypothekenbuch. Auch der Vorbehalt bewirkt nur eine Erweiterung der Verfügungsbefugniß des Eigenthümers. Der Eigenthümer kann in beiden Fällen von seinem Rechte nur zu Gunsten eines Dritten Gebrauch machen,

S. 285. er kann nicht im Falle der Zwangsversteigerung den Betrag, welcher auf eine an der freien Stelle eingetragene Hypothek treffen würde, für sich verlangen, sein Recht ist vielmehr der Beschlagnahme des Grundstücks gegenüber unwirksam. Es kann, da es nicht ein selbständiges Recht ist, nicht gepfändet und dem Gläubiger zur Ausübung überwiesen werden (Entsch. des O. LG. XIV S. 370); ein nachstehender Hypothekengläubiger kann aber, wenn er für seine Forderung einen vollstreckbaren Titel hat und die Forderung fällig ist, die Löschung der Eintragung beantragen, auf der das Recht des Eigenthümers beruht (Art. 11 Abs. 2 des Zwangsvollstreckungsgesetzes vom 29. Mai 1886).

Die Rechte aus den §§ 84, 150 behalten bei der Umwandlung des Hypothekenbuchs in das Grundbuch gegenüber den zu dieser Zeit bestehenden Hypotheken die Bedeutung eines Rangvorbehalts; denn nach Artikel 184 Satz 1 des Einführungsgesetzes wird durch die im Artikel 192 bestimmte Umwandlung der bestehenden Hypotheken in Hypotheken des neuen Rechtes an dem Range nichts geändert. Die Verfügungsbefugniß des Eigenthümers erlangt insofern sogar eine größere Tragweite, als er den Rangvorbehalt für eine Grundschuld benutzen kann, die er nach § 1196 des Bürgerlichen Gesetzbuchs für sich selbst bestellt.

Für den Rang eines Rechtes, mit dem das Grundstück nach der Anlegung des Grundbuchs belastet wird, sind die Vorschriften des Bürgerlichen Gesetzbuchs maßgebend. Ein Rangvorbehalt kann ihm gegenüber nur nach § 881 bedungen werden, der Rangvorbehalt des bisherigen Rechtes ist ihm gegenüber unwirksam. Wird nach der Anlegung des Grundbuchs ein Recht an dem Grundstück ohne einen entsprechenden Vorbehalt begründet, so wird der Vorbehalt des bisherigen Rechtes gegenüber den Hypotheken, die ihm unterworfen sind, nach § 881 Abs. 4 insoweit unwirksam, als sie infolge der neuen Belastung eine über den Vorbehalt hinausgehende Beeinträchtigung erfahren würden.

Die Rangvorbehalte des bisherigen Rechtes durch eine Uebergangsvorschrift in Eigenthümergrundschulden umzuwandeln, würde nicht nur in die Rechte der Gläubiger eingreifen, deren Hypotheken dem Rangvorbehalt unterworfen sind, sondern in vielen Fällen auch nicht der Absicht der Eigenthümer entsprechen.

Um Zweifel über die künftige Bedeutung der Rangvorbehalte des bisherigen Rechtes abzuschneiden, nimmt der Entwurf im Artikel 43 eine ausdrückliche Vorschrift auf.

S. 286. Auf dem Rangvorbehalt des § 84 wird bei der Bestellung einer nachstehenden Hypothek häufig im Voraus verzichtet. Der Verzicht hat die Wirkung, daß im Falle des Erlöschens der vorgehenden Hypothek die nachstehende ohne Weiteres im Range vorrückt.

Nach der Anlegung des Grundbuchs geht die Hypothek, wie oben bemerkt worden ist, in den Fällen, in welchen sie nach dem bisherigen Rechte erlischt und der Eigenthümer das im § 84 bestimmte Recht erlangt, auf den Eigenthümer über. Der Verzicht auf den Rangvorbehalt muß deshalb von dieser Zeit an dahin ausgelegt werden, daß die Eigenthümerhypothek dem Vorrücken der nachstehenden Hypothek nicht entgegenstehen soll. Demgemäß giebt ihm der Entwurf (Art. 44) in Uebereinstimmung mit der im Artikel 24 vorgeschlagenen Umgestaltung des Eigenthumsvorbehalts die Wirkung einer durch Vormerkung gesicherten Verpflichtung, die vorgehende Hypothek im Falle der Vereinigung mit dem Eigenthume löschen zu lassen (§ 1179 des B. GB.).

Verpfändung und Pfändung des Anspruchs auf Herausgabe eines Grundstücks. S. 286.

Artikel 45.

Besteht ein Pfandrecht an einer Forderung, die auf Uebertragung des Eigenthums an einem Grundstücke gerichtet ist, so gilt der Pfandgläubiger nach den §§ 1282, 1287 des Bürgerlichen Gesetzbuchs nach dem Eintritte der Fälligkeit der Forderung als ermächtigt, das Eigenthum an dem Grundstücke für den Pfandschuldner zu erwerben und an dessen Stelle die für den Erwerb erforderlichen Erklärungen vor dem Grundbuchamt abzugeben; mit dem Uebergange des Eigenthums auf den Schuldner erwirbt der Pfandgläubiger eine Sicherungshypothek an dem Grundstücke. Die Sicherungshypothek entsteht ohne Eintragung in das Grundbuch, der Pfandschuldner hat aber die Eintragung der Hypothek für den Gläubiger nach § 894 zu bewilligen. In ähnlicher Weise regelt der § 848 (bisher § 747) Abs. 2 der Civilprozeßordnung den Fall, daß der Anspruch auf Uebertragung des Eigenthums an einem Grundstücke gepfändet ist. Die Auflassung hat an den nach Abs. 1 des § 848 zu bestellenden Sequester als Vertreter des Schuldners zu erfolgen und der Gläubiger erlangt mit dem Uebergange des Eigenthums auf den Schuldner kraft Gesetzes eine Sicherungshypothek; behufs der Berichtigung des Grundbuchs hat der Sequester die Eintragung der Sicherungshypothek in das Grundbuch zu bewilligen.

Im geltenden bayerischen Rechte fehlen Bestimmungen über den Fall, daß der Anspruch auf Herausgabe eines Grundstücks verpfändet oder gepfändet wird. Diese Lücke will der Entwurf (Art. 45) dadurch ausfüllen, daß er für die Zeit bis zu der Anlegung des Grundbuchs den Vorschriften des neuen Rechtes entsprechende Bestimmungen trifft. Demgemäß bestimmt der Abs. 1, daß im Falle des § 1287 Satz 2 des Bürgerlichen Gesetzbuchs der Pfandgläubiger und im Falle des § 848 Abs. 2 Satz 2 der Civilprozeßordnung der Gläubiger eine Hypothek an dem herausgegebenen Grundstück erwirbt. Die Hypothek entsteht in dem Zeitpunkte der Herausgabe, mit welcher der Pfandschuldner, im Falle des § 848 der Schuldner, das Eigenthum erwirbt, ohne daß es einer Eintragung in das Hypothekenbuch bedarf. Der Abs. 2 verpflichtet aber im Falle der Verpfändung den Verpfänder, die Eintragung der Hypothek in das Hypothekenbuch zu bewilligen, im Falle der Pfändung den Sequester, die Eintragung einer Vormerkung in das Hypothekenbuch zu beantragen und dadurch die kraft Gesetzes eingetretene Rechtsänderung im Hypothekenbuch ersichtlich zu machen. Daß im letzteren Falle zunächst nur eine Vormerkung eingetragen werden soll, beruht auf dem gleichen Grunde, wegen dessen im Wege der Zwangsvollstreckung zunächst nur eine Vormerkung erwirkt werden kann; der Schuldner darf nicht der Gefahr ausgesetzt werden, durch den öffentlichen Glauben des Hypothekenbuchs der Einwendungen verlustig zu werden, die ihm etwa gegen die Forderung oder gegen das Vollstreckungsrecht des Gläubigers zustehen. Wegen der Aehnlichkeit des Falles erklärt der Abs. 2 die für die Eintragung einer Vollstreckungshypothek geltenden Vorschriften (Art. 40, 41 des Zwangsvollstreckungsgesetzes vom 29. Mai 1886) auf die Umwandlung der Vormerkung in Eintragung für anwendbar. Ist die Umwandlung zu der Zeit, zu welcher das Grundbuch als angelegt anzusehen ist, noch nicht zulässig oder noch nicht beantragt, so soll sich die Vormerkung ebenso wie eine im Wege der Zwangsvollstreckung eingetragene Vormerkung (Art. 55 des Entw. eines AG. zu der GB.O. und zu dem ZVG.) in eine Sicherungshypothek verwandeln.

S. 286.

Hypotheken an Rechten.

Artikel 46.

Nach den Vorschriften des neuen Rechtes können nur diejenigen Rechte mit Hypotheken belastet werden, für welche die sich auf Grundstücke beziehenden Vorschriften gelten (Erbbaurechte, Bergwerkseigenthum, Kuxe des älteren Rechtes, Fischereirechte, Realgewerbeberechtigungen, Nutzungsrechte der Mitglieder eines der im Art. 164 des EG. zum B. GB. bezeichneten Verbände, Rechte an einzelnen Räumen eines Gebäudes nach Art. 19 des Gesetzes über das Liegenschaftsrecht in der Pfalz). Das bayerische Hypothekengesetz § 3 geht insofern etwas weiter, als es auch die vererblichen und selbständig veräußerlichen Reallasten, insbesondere die Bodenzinsrechte, aber auch Forstberechtigungen dieser Art (Entsch. des O. LG. VIII S. 652) als Gegenstand einer Hypothek anerkennt, während nach dem Bürgerlichen Gesetzbuch an solchen Rechten nur ein Pfandrecht möglich ist, auf welches die für das Pfandrecht an beweglichen Sachen geltenden Vorschriften Anwendung finden.

Da es nicht angeht, dasselbe Recht als Gegenstand von Hypotheken und von Pfandrechten im Sinne des § 1273 des Bürgerlichen Gesetzbuchs zu behandeln, so verwandelt der Entwurf (Art. 46) die bestehenden Hypotheken an solchen Rechten mit dem Inkrafttreten des Bürgerlichen Gesetzbuchs in Pfandrechte. Dieselbe Umwandlung hat der Artikel 13 des Gesetzes vom 1. Juli 1898 über das Liegenschaftsrecht in der Pfalz mit den an einem Nießbrauche bestehenden Vorzugsrechten und Hypotheken vorgenommen.

Legitimation durch nachfolgende Ehe.

Artikel 47.

Das Bürgerliche Gesetzbuch macht in Ansehung der Fähigkeit, durch nachfolgende Ehe legitimirt zu werden, zwischen den unehelichen Kindern keinen Unterschied. Dies ist auch der Standpunkt fast sämmtlicher im rechtsrheinischen
S. 287. Bayern geltenden Rechte. Für das gemeine Recht wird mitunter die Auffassung vertreten, daß die Legitimation ausgeschlossen ist, wenn die Ehe zwischen den Eltern zur Zeit der Zeugung des Kindes unzulässig war. Diese Auffassung, welche insbesondere die im Ehebruch oder in Blutschande erzeugten Kinder ausschließt, hat im vorderösterreichischen Patente vom 22. Februar 1791 Nr. 10 Anerkennung gefunden. Noch enger wird die Grenze von dem Bayerischen Landrechte I 5 § 8 Nr. 3 gezogen, das im Anschluß an das Justinianische Recht die Legitimation nur zu Gunsten der aus einer außerehelichen Gemeinschaft hervorgegangenen Kinder (liberi naturales) eintreten läßt.

Das Einführungsgesetz zum Bürgerlichen Gesetzbuche beläßt es für die Frage, inwieweit durch die vor dem Inkrafttreten des Bürgerlichen Gesetzbuchs erfolgte Verheirathung der Mutter eines unehelichen Kindes mit dem Vater das Kind legitimirt worden ist, bei den bisherigen Gesetzen.

Die in einzelnen der geltenden Rechte bestimmten Beschränkungen der Legitimation sind dem Volksbewußtsein fremd geblieben. Die Betheiligten erfahren meistens erst bei einem besonderen Anlasse, insbesondere bei der Aushebung zum Heere oder bei der Erwirkung des distriktspolizeilichen Verehelichungszeugnisses, daß die Legitimation nicht erfolgt ist. Unter der Herrschaft des Bürgerlichen Gesetzbuchs, das diese Beschränkungen nicht kennt, wird die Versagung der Legitimation ganz unverständlich sein. Der Entwurf (Artikel 47) will sie deshalb mit rückwirkender Kraft beseitigen, so daß die Legitimation als mit der Eheschließung erfolgt gilt. Ist die Ehe nichtig oder ungiltig, so unerlangt das Kind rechtliche Stellung eines Kindes aus der nichtigen oder ungiltigen Ehe (§ 1721 des B. GB.), es ist insoweit als eheliches Kind anzusehen und die Eltern haben insoweit die Pflichten und Rechte ehelicher Eltern, als diese Wirkungen nach den bisherigen Gesetzen eingetreten sein würden, wenn das Kind durch eine giltige Ehe hätte legitimirt werden können (Art. 207 des EG. zum B. GB.). S. 287.

Die Legitimation darf nicht dadurch ausgeschlossen werden, daß der Vater oder die Mutter zur Zeit des Inkrafttretens des Bürgerlichen Gesetzbuchs nicht mehr am Leben ist, und ihre Wirkungen müssen für die Abkömmlinge des Kindes, wie es im § 1722 des Bürgerlichen Gesetzbuchs bestimmt ist, auch dann eintreten, wenn das Kind vor dem Inkrafttreten des Bürgerlichen Gesetzbuchs gestorben ist. Auf die Abkömmlinge eines vor dem Inkrafttreten des Bürgerlichen Gesetzbuchs verstorbenen Kindes darf sich aber die rückwirkende Kraft der Vorschrift nicht ohne jede zeitliche Schranke erstrecken; es geht nicht an, die Wirkungen der Legitimation für die entfernten Abkömmlinge von Ehegatten eintreten zu lassen, die vor einem Jahrhundert gestorben sind. Der Entwurf folgt dem Gedanken, welcher den Vorschriften des § 2109 Abs. 1 des Bürgerlichen Gesetzbuchs zu Grunde liegt, indem er verlangt, daß der Vater oder die Mutter des Kindes noch lebt oder daß seit dem Tode des zuletzt verstorbenen Theiles, des Vaters, der Mutter oder des Kindes, dreißig Jahre nicht verstrichen sind. Für die Abkömmlinge von Geschwistern darf die Frist nur gleichzeitig ablaufen, es müssen also auch seit dem Tode des zuletzt verstorbenen von den Geschwistern dreißig Jahre verstrichen sein.

Erworbene Rechte Dritter müssen unberührt bleiben. Es kann also insbesondere, wenn der Vater oder die Mutter vor dem Inkrafttreten des Bürgerlichen Gesetzbuchs gestorben ist, die Erbfolge nicht durch die rückwirkende Kraft der Legitimation nachträglich geändert werden. Erbaussichten sind aber nicht erworbene Rechte. Die in der Ehe geborenen Geschwister des unehelichen Kindes müssen sich gefallen lassen, daß infolge der kraft des Gesetzes eintretenden Legitimation ihre künftigen Erbtheile an dem Nachlasse des Vaters gemindert werden.

Fürstlich Thurn und Taxis'sche Gerichte.

Artikel 48.

In dem Gesetz über die Angelegenheiten der freiwilligen Gerichtsbarkeit werden die Verrichtungen des Vormundschaftsgerichts und des Nachlaßgerichts den Amtsgerichten zugewiesen (§§ 35, 72) und das Gleiche gilt von der zu der Annahme an Kindesstatt sowie zu der Aufhebung der Annahme erforderlichen gerichtlichen Bestätigung (§ 65). Für die Beschwerde gegen die Verfügungen der Amtsgerichte sind die Landgerichte zuständig (§ 19 Abs. 2), die weitere Beschwerde geht an das Oberlandesgericht (§ 28 Abs. 1), in Bayern auf Grund des § 199 nach Artikel 42 des Ausführungsgesetzes zum Gerichtsverfassungsgesetz in der Fassung des Artikel 34 Ziff. XII des Entwurfes eines Gesetzes, die Aenderungen der seit 1818 erlassenen Gesetze betreffend, an das Oberste Landesgericht. Unter den Amtsgerichten und den Landgerichten sind die nach den Vorschriften des Gerichtsverfassungsgesetzes errichteten Amtsgerichte und Landgerichte verstanden, die nach § 15 des Gerichtsverfassungsgesetzes staatliche Gerichte sind. Durch diese Vorschriften wird die in Lit. B. Nr. I der Allerhöchsten Deklaration vom 27. März 1812 (R.-Bl. S. 841) dem Herrn

S. 287. Fürsten von Thurn und Taxis bestätigte Gerichtsbarkeit „über dessen sämmtliche Dienerschaft zu Regensburg, sowie über derselben Hausgenossen", die seit dem Gesetze vom 29. April 1869, die Fürstlich Thurn- und Taxis'schen Civilgerichte in Regensburg betreffend, auf die Angelegenheiten der freiwilligen Gerichtsbarkeit beschränkt ist, beseitigt. Der Artikel 147 Abs. 1 des Einführungsgesetzes zum Bürgerlichen Gesetzbuche gestattet zwar, die dem Vormundschaftsgericht und dem Nachlaßgericht obliegenden Verrichtungen anderen als gerichtlichen Behörden zu übertragen, läßt aber die auf einer Privatgerichtsbarkeit beruhenden Gerichte nicht zu.

Für die zur Zeit des Inkrafttretens des Bürgerlichen Gesetzbuchs bei den Fürstlichen Gerichten anhängigen Vormundschafts- und Pflegschaftssachen vollzieht sich der Uebergang auf die staatlichen Gerichte von selbst (Art. 210 des EG. zum B. GB.). Dagegen würden die Fürstlichen Gerichte für die vor dieser Zeit eingetretenen Erbfälle als Nachlaßgerichte zuständig bleiben (Art. 213 des EG. zum B. GB.). Mit Rücksicht auf den geringen Wirkungskreis, welcher hienach den Fürstlichen Gerichten verbleiben würde, besteht die Absicht, die Fürstlichen Gerichte mit dem Inkrafttreten des Bürgerlichen Gesetzbuchs aufzulösen. Infolgedessen ist eine Bestimmung über den Uebergang der in diesem Zeitpunkt anhängigen Sachen auf die staatlichen Gerichte nothwendig, die der Entwurf im Artikel 48 Abs. 1 trifft.

Die Billigkeit verlangt, daß die infolge der Aufhebung der Fürstlichen Gerichtsbarkeit entbehrlich werdenden Fürstlichen Gerichtsbeamten mit ihren Gehalts- und Pensionsansprüchen vom Staate übernommen werden (Art. 48 Abs. 2), wie es bei der Aufhebung der standes- und gutsherrlichen Gerichtsbarkeit nach Artikel 1 des Gesetzes vom 4. Juni 1848 mit den standes- und gutsherrlichen Gerichts- und Polizeibeamten geschehen ist.

S. 288.

III. Vorschriften für die Pfalz.

Abwesenheit.

Artikel 49.

Für die Abwesenheitssachen, für welche in dem im Artikel 161 des Einführungsgesetzes zum Bürgerlichen Gesetzbuche bestimmten Umfange die Vorschriften des bisherigen bürgerlichen Rechtes maßgebend bleiben, überträgt der Artikel 49 nach dem Vorbilde des Gesetzes über die Angelegenheiten der freiwilligen Gerichtsbarkeit die Verrichtungen, die nach dem bisherigen Rechte dem Landgerichte zustehen, auf das Vormundschaftsgericht, d. h. auf das nach § 35 des Gesetzes über die Angelegenheiten der freiwilligen Gerichtsbarkeit für die Verrichtungen des Vormundschaftsgerichts zuständige Amtsgericht. Damit wird die Mitwirkung des Staatsanwalts ausgeschlossen. Die Thätigkeit, die nach den bisherigen Gesetzen dem Staatsanwalt obliegt, fällt künftig theils ganz hinweg (z. B. Art. 123, 126 Abs. 3 des Code civil, Art. 165 Abs. 2 bis 4 des AG. zur CPO. u. KO.), theils geht sie auf das Vormundschaftsgericht über (z. B. Art. 126 Abs. 1 des Code civil). In den Artikeln 50, 51 werden in dieser Richtung besondere Bestimmungen getroffen.

Für die örtliche Zuständigkeit bleiben die bisherigen Vorschriften maßgebend.

Die Vorschriften des Artikel 49 sollen im Allgemeinen auch für die bei dem Inkrafttreten des Bürgerlichen Gesetzbuchs anhängigen Verfahren gelten. Eine Ausnahme muß indessen für ein anhängiges Verfahren auf Verschollenheitserklärung und vorläufige Einweisung in den Besitz des Vermögens des

Abwesenden gemacht werden, weil die in diesem Verfahren dem Staatsanwalt S. 288.
obliegenden Verrichtungen sich nicht leicht in das amtsgerichtliche Verfahren einfügen lassen. Da ein neues Verfahren dieser Art nicht mehr anhängig werden kann, so empfiehlt es sich, um die Amtsgerichte nicht mit einer vorübergehenden Zuständigkeit zu belasten, die bisherige Zuständigkeit der Landgerichte aufrechtzuerhalten. Verbleibt aber ein anhängiges Verfahren auf vorläufige Besitzeinweisung bei den Landgerichten, so geht es nicht wohl an, für ein anhängiges Verfahren auf endgiltige Besitzeinweisung ein Anderes zu bestimmen. Der Entwurf beläßt es daher im Abs. 2 für diese Fälle bei der Vorschrift des Artikel 161 Abs. 1 des Einführungsgesetzes zum Bürgerlichen Gesetzbuche, von welcher der Abs. 1 eine Ausnahme macht. In den bei den Landgerichten verbleibenden Sachen findet auch die Mitwirkung des Staatsanwalts in der bisherigen Weise statt (Art. 116, 118 des Code civil, Art. 174 des AG. zur CPO. u. KO.).

Artikel 50, 51.

Für gewisse Verrichtungen, die nach den bisherigen Vorschriften dem Staatsanwalt obliegen, wenn die vorläufige Einweisung in den Besitz des Vermögens des Abwesenden erfolgt ist, für seine Mitwirkung bei der dem Eingewiesenen obliegenden Sicherheitsleistung (Art. 120, 123 des Code civil) und Inventarerrichtung (Art. 126 des Code civil), bedarf es eines Ersatzes durch anderweitige Anordnungen. Zu diesem Behuf erklärt der Artikel 50 auf die Sicherheitsleistung diejenigen Vorschriften für entsprechend anwendbar, welche künftig für die Sicherheitsleistung des Vormundes (§ 1844 des B. GB.) gelten. Da die Stellung des vorläufig in den Besitz des Vermögens eines Abwesenden Eingewiesenen mit der Stellung eines Vormundes eine gewisse Aehnlichkeit hat, so empfiehlt es sich, ihn in dieser Beziehung wie einen Vormund zu behandeln. Im Artikel 51 wird vorgeschrieben, daß das Inventar dem Vormundschaftsgericht einzureichen ist. Das Inventar wird von dem Eingewiesenen einseitig errichtet; an die Stelle der Mitwirkung des Staatsanwalts tritt die Einreichung bei dem Gericht und die Befugniß des Gerichts, das Inventar auf seine Richtigkeit und Vollständigkeit zu prüfen und die etwa erforderliche Ergänzung anzuordnen. Mit dem Wegfalle der Mitwirkung des Staatsanwalts entfällt auch die Zuziehung eines Amtsrichters, weil dieser nur als Beauftragter des Staatsanwalts an dessen Stelle mitzuwirken berufen ist.

Artikel 52.

Der vorläufig in den Besitz des Vermögens eines Abwesenden Eingewiesene bedarf zu bestimmten Verfügungen über Vermögensstücke des Abwesenden, z. B. zu der Veräußerung von Grundstücken, zu der Belastung von Grundstücken mit Hypotheken (Art. 128, 2126 des Code civil), der gerichtlichen Ermächtigung. Bei einer Veräußerung, zu der die gerichtliche Ermächtigung zu erholen ist, sind dieselben Formen einzuhalten, welche das pfälzische Recht für die Veräußerung von Vermögensstücken Bevormundeter vorschreibt (freiwillige gerichtliche Versteigerung Art. 945 ff., Art. 952 ff. des Code de procédure, Art. 5 ff., Art. 12 ff. des Gesetzes vom 11. September 1825).

Da das Bürgerliche Gesetzbuch für die Veräußerung von Gegenständen, die einem Bevormundeten gehören, derartige Formvorschriften nicht kennt und sich damit begnügt, die Wirksamkeit der Veräußerung von der Genehmigung des Vormundschaftsgerichts abhängig zu machen, so besteht kein innerer Grund, die bisherigen Formvorschriften für die Veräußerung von Vermögensstücken

S. 288. eines Abwesenden aufrecht zu erhalten. Für den Abwesenheitspfleger gelten nach Artikel 210 des Einführungsgesetzes von dem Inkrafttreten des Bürgerlichen Gesetzbuchs an die gleichen Vorschriften wie für den Vormund.

Der Entwurf (Art. 52) verlangt daher an Stelle der gerichtlichen Ermächtigung die Genehmigung der Verfügung durch das Vormundschaftsgericht und beseitigt zugleich die für die Veräußerung bestehenden Formvorschriften. Dabei versteht der Entwurf unter Genehmigung das Nämliche wie das Bürgerliche Gesetzbuch. Hieraus ergiebt sich, daß die Vorschriften der §§ 1828 bis 1831 des Bürgerlichen Gesetzbuchs überall, wo die Genehmigung des Vormundschaftsgerichts erforderlich ist, entsprechende Anwendung finden.

Auch diese Aenderungen sollen auf ein bei dem Inkrafttreten des Bürgerlichen Gesetzbuchs anhängiges Verfahren Anwendung finden.

Für die Aufhebung einer Gemeinschaft gelten die Vorschriften der Artikel 55 bis 57 des Entwurfes.

Artikel 53.

Die dreißigjährige Frist, die nach Artikel 129 des Code civil zwischen der vorläufigen und der endgiltigen Einweisung in den Besitz des Vermögens eines Abwesenden verstreichen muß, entspricht den gegenwärtigen Verhältnissen
S. 289. nicht mehr, || sondern hat sich durch die Erfahrung als zu lang erwiesen. Die heutige Entwicklung des Verkehrs gestattet eine wesentliche Verkürzung der Frist. Im Anschluß an die Vorschriften des Bürgerlichen Gesetzbuchs, das die Todeserklärung schon nach zehnjähriger Dauer der nachrichtenlosen Abwesenheit zuläßt (§ 14), will der Entwurf (Art. 53 Abs. 1) die Frist, nach deren Ablauf die endgiltige Einweisung beantragt werden kann, auf zehn Jahre ermäßigen. Dabei macht er keinen Unterschied, ob die Besitzeinweisung vor dem Inkrafttreten des Bürgerlichen Gesetzbuchs erfolgt ist oder in einem bei dem Inkrafttreten des Bürgerlichen Gesetzbuchs anhängigen Verfahren nach diesem Zeitpunkt erfolgt.

Die Ausnahmen von der Vorschrift des Abs. 1, welche der Abs. 2 enthält, schließen sich theils an das bestehende Recht (Art. 129 des Code civil, vergl. § 966 [836g] Abs. 1 Satz 2, Abs. 2 der CPO.), theils an den Vorschriften des Bürgerlichen Gesetzbuchs (§ 14 Abs. 1 Satz 2, Abs. 2) an.

Artikel 54.

Nach Artikel 54 kann der endgiltig in den Besitz des Vermögens eines Abwesenden Eingewiesene auf Grund der Einweisung verlangen, daß er als Inhaber der Vermögensrechte des Abwesenden in die öffentlichen Bücher eingetragen wird; die mit der Führung der Bücher betrauten Behörden dürfen die Eintragung nicht von weiteren Nachweisen abhängig machen. Insbesondere ist der Eingewiesene als Eigenthümer der Grundstücke des Abwesenden oder als Inhaber der dem Abwesenden an fremden Grundstücken zustehenden Rechte in das Grundbuch einzutragen, wenn er den Nachweis der Einweisung in der durch den § 29 der Grundbuchordnung vorgeschriebenen Form erbringt.

An der rechtlichen Stellung des Eingewiesenen gegenüber dem Abwesenden wird durch den Artikel 54 nichts geändert.

Aufhebung einer Gemeinschaft.

Artikel 55.

Wie der Artikel 26 für die Landestheile rechts des Rheins so trifft der Artikel 55 für die Pfalz die für die Zeit, bevor das Grundbuch als angelegt anzusehen ist, zur Ausführung des § 753 des Bürgerlichen Gesetzbuchs erforderlichen Vorschriften, indem er bestimmt, daß auf die Zwangsversteigerung zum Zwecke der Aufhebung der Gemeinschaft die bisherigen Vorschriften über die Zwangsversteigerung mit gewissen Aenderungen entsprechende Anwendung finden sollen. Zwar schließen sich die in der Pfalz geltenden Vorschriften über die Zwangsversteigerung nicht so eng an die Vorschriften des Gesetzes über die Zwangsversteigerung und die Zwangsverwaltung an wie die Vorschriften für die Landestheile rechts des Rheins, allein auch das pfälzische Verfahren ist so gestaltet, daß es mit wenigen Aenderungen dem besonderen Zwecke angepaßt werden kann. S. 289.

Die der Zwangsversteigerung zukommende Wirkung der Hypothekenreinigung ist gegenüber dem bisherigen Rechte, nach welchem die zum Zwecke der Theilung stattfindende öffentliche Versteigerung die Vorzugsrechte und Hypotheken unberührt läßt, insofern nicht eine grundsätzliche Aenderung, als der Ansteigerer, der das zum Zwecke der Theilung zur Versteigerung gebrachte Grundstück erwirbt, berechtigt ist, es im Wege des Hypothekenreinigungsverfahrens von den Vorzugsrechten und Hypotheken frei zu machen.

Von den Sondervorschriften des Entwurfes entsprechen der Abs. 2, nach welchem zur Stellung des Antrags ein vollstreckbarer Titel nicht erforderlich ist, dem § 187 Abs. 1, der Abs. 4 Satz 1, der bestimmt, daß der Vormund eines Miteigenthümers zur Stellung des Antrags der Genehmigung des Vormundschaftsgerichts bedarf, dem § 181 Abs. 2 Satz 2 des Gesetzes über die Zwangsversteigerung und die Zwangsverwaltung und der Abs. 5, der für das Eigenthum des Antragstellers oder desjenigen, dessen Recht der Antragsteller ausübt, den Nachweis durch die im Artikel 27 Ziff. 3 der Subhastationsordnung bezeichneten Urkunden verlangt, dem Artikel 26 Abs. 2 des Entwurfes. Diejenigen Personen, welche auf Grund eines Rechtsverhältnisses, das sich auch nach dem Inkrafttreten des Bürgerlichen Gesetzbuchs nach den bisherigen Gesetzen bestimmt, zur Aufhebung der Gemeinschaft die Genehmigung des Vormundschaftsgerichts oder des Nachlaßgerichts zu erholen haben, z. B. der in den vorläufigen Besitz des Vermögens eines Abwesenden Eingewiesene (Art. 161 des EG. zum B. GB.) bei der Aufhebung einer Gemeinschaft, die zwischen dem Abwesenden und einem Dritten besteht, werden durch den Abs. 3 Satz 2 verpflichtet, die Genehmigung auch zu dem Antrag auf die Zwangsversteigerung zu erholen.

Die Vorschrift des Abs. 5 will eine in der Pfalz weitverbreitete Uebung für die Uebergangszeit aufrecht erhalten, indem sie den Artikel 59 der Subhastationsordnung dahin erweitert, daß jeder Miteigenthümer die Gewährung von Zahlungsfristen bis zu fünf Jahren für das ganze Meistgebot verlangen kann.

Da die Miteigenthümer in dem Verfahren nicht die Stellung des persönlichen Schuldners, sondern eine der des Drittbesitzers ähnliche Stellung haben, so findet auf sie die Ausschließung von der Betheiligung als Bieter (Art. 73 der Subh.-O.) keine Anwendung. Steht einem Miteigenthümer an dem zu versteigernden Grundstück oder einem Antheil eine Hypothek zu, nach deren Range anzunehmen ist, daß sie durch das Gebot ganz oder theilweise gedeckt wird, so soll er in Uebereinstimmung mit der Vorschrift des § 184 des Reichsgesetzes zu einer Sicherheitsleistung für sein Gebot überhaupt nicht angehalten werden können.

Eine dem § 183 des Reichsgesetzes entsprechende Vorschrift ist für die Pfalz entbehrlich, weil nach den Vorschriften des pfälzischen Rechtes die Mieth-

S. 289. oder Pachtverhältnisse, welche das versteigerte Grundstück zum Gegenstande haben, durch den Zuschlag nicht berührt werden.

Artikel 56, 57.

Für die Erbengemeinschaft bleiben, wenn der Erblasser vor dem Inkrafttreten des Bürgerlichen Gesetzbuchs gestorben ist, nach Artikel 213 des Einführungsgesetzes zum Bürgerlichen Gesetzbuche die bisherigen Gesetze maßgebend. Das Gleiche soll für die nach der Aufhebung einer Gütergemeinschaft bestehende Gemeinschaft gelten, wenn die Aufhebung vor dem Inkrafttreten des Bürgerlichen Gesetzbuchs erfolgt ist. Demzufolge bestimmt sich bei den Gemeinschaften dieser Art auch nach dem Inkrafttreten des Bürgerlichen Gesetzbuchs das Rechtsverhältniß unter den Theilhabern nach dem bisherigen Rechte; insbesondere bleibt das Recht, die Theilung gemeinschaftlicher Gegenstände in Natur zu verlangen, in dem in den Artikeln 826, 827 des Code civil gewährten Umfang unberührt.

Dagegen will der Entwurf die Vorschriften des bisherigen Rechtes über
S. 290. das Theilungsverfahren beseitigen || (Art. 57 Abs. 1). Ein Bedürfniß, für die Auseinandersetzung in Ansehung dieser Gemeinschaften die bisherigen Vorschriften über das Theilungsverfahren aufrecht zu erhalten, ist nicht anzuerkennen, bei der langen Dauer vieler dieser Gemeinschaften, von denen insbesondere die Erbengemeinschaften oft Jahrzehnte lang bestehen bleiben, verdient es vielmehr den Vorzug, die Auseinandersetzung soweit thunlich mit den für die sonstigen Gemeinschaften geltenden Vorschriften in Einklang zu bringen, wozu neben dem Artikel 21 des Entwurfes wenige Vorschriften genügen. Mit der Beseitigung der bisherigen Verfahrensvorschriften fallen auch diejenigen Vorschriften weg, nach welchen in gewissen Fällen eine Gemeinschaft nur im Wege der gerichtlichen Theilung auseinandergesetzt werden oder die Verwerthung eines Gegenstandes zum Zwecke der Theilung nur im Wege der freiwilligen gerichtlichen Versteigerung erfolgen kann. Der Entwurf bringt dies dadurch zum Ausdrucke, daß er den Theilhabern allgemein, auch außerhalb des Verfahrens nach Artikel 21, das Recht giebt, über die Art der Theilung eine Vereinbarung zu treffen (Art. 56 Abs. 2). In den Fällen, in denen nach den bisherigen Vorschriften zur Vornahme der Theilung gerichtliche Ermächtigung oder zur Wirksamkeit der Theilung gerichtliche Bestätigung erforderlich ist, soll zur Wirksamkeit der Theilung künftig die Genehmigung des Vormundschaftsgerichts oder des Nachlaßgerichts erforderlich und genügend sein (Art. 52 Abs. 1, Art. 70 Abs. 1). Soweit Bevormundete betheiligt sind, finden die Vorschriften des § 1821 und des § 1822 Nr. 2 des Bürgerlichen Gesetzbuchs Anwendung.

Für den Fall, daß eine Vereinbarung über die Theilung nicht zu Stande kommt, unterscheidet der Entwurf, ob die Theilung in Natur zu erfolgen hat oder nicht. Für die Theilung in Natur erachtet er das Verfahren nach Artikel 21 für ausreichend, das auch zur Ausführung eines auf Vornahme der Theilung lautenden Urtheils beantragt werden kann. Das bisherige Theilungsverfahren kann in dem auf eine Theilungsklage ergehenden Urtheile selbstverständlich nicht mehr angeordnet werden. Für eine Theilung, die nicht in Natur zu erfolgen hat, gewährt der Entwurf (Art. 26 Abs. 1) im Anschluß an den § 753 des Bürgerlichen Gesetzbuchs jedem Theilhaber das Recht, zum Zwecke der Aufhebung der Gemeinschaft den Verkauf der gemeinschaftlichen Gegenstände zu verlangen. Der Verkauf erfolgt nach den Vorschriften über den Pfandverkauf, bei Grundstücken durch Zwangsversteigerung. Für diese

gelten bis zur Anlegung des Grundbuchs die Bestimmungen des Artikel 55; S 290
dabei muß jedoch insofern eine Aenderung eintreten, als für den Antrag auf Anordnung der Zwangsversteigerung ein vollstreckbarer Titel zu verlangen ist. Angesichts des Rechtes der Theilhaber, die Theilung unter den Voraussetzungen der Artikel 826, 827 des Code civil in Natur zu fordern, darf die Zwangsversteigerung eines Grundstücks erst angeordnet werden, wenn das Recht, das Grundstück theilungshalber zur Zwangsversteigerung zu bringen, in einem vollstreckbaren Titel festgestellt ist. Den vollstreckbaren Titel kann sich der Antragsteller gegebenen Falles nach Artikel 21 beschaffen. Nur für den Fall, daß der Antrag von allen Theilhabern gestellt wird, ist ein vollstreckbarer Titel entbehrlich, weil in dem Antrag auf Zwangsversteigerung der Verzicht auf das Recht, die Theilung in Natur zu verlangen, zu erblicken ist.

Die rückwirkende Kraft der Theilung (Art. 883 des Code civil) steht der Zwangsversteigerung nicht im Wege. Die von einem Theilhaber einseitig begründeten Rechte werden als bedingte Rechte behandelt. Nach der Anlegung des Grundbuchs finden auf sie, soweit sie nach § 182 des Gesetzes über die Zwangsversteigerung und die Zwangsverwaltung bei der Feststellung des geringsten Gebots berücksichtigt werden, die Bestimmungen des § 48, des § 50 Abs. 2 Nr. 1 und des § 51 des angeführten Gesetzes Anwendung.

Die Vorschriften über den Verkauf der gemeinschaftlichen Gegenstände werden durch die Verweisung auf den § 753 Abs. 2 und den § 754 des Bürgerlichen Gesetzbuchs ergänzt. Die Anwendbarkeit des § 754 läßt die Bestimmung des Artikel 1220 Satz 2 des Code civil und deren Verhältniß zu der Vorschrift des Artikel 883 unberührt.

Im Artikel 57 Abs. 2, 3 gestaltet der Entwurf auch die anhängigen Theilungsverfahren im Sinne des neuen Rechtes um.

Ein Theilungsverfahren, das schon bei einem Notar anhängig ist, soll als ein Verfahren zur Vermittelung der Auseinandersetzung nach Artikel 21 gelten. Ist ein Betheiligter dem Verfahren bisher fern geblieben, so sind die Vorschriften des § 91 Abs. 3, des § 92 und des § 93 Abs. 2 des Gesetzes über die Angelegenheiten der freiwilligen Gerichtsbarkeit maßgebend.

Ein bei dem Landgericht eingereichtes Gesuch um Ermächtigung zur Vornahme der Theilung soll als ein an den im Gesuche bezeichneten Notar gerichteter Antrag auf Einleitung des Vermittelungsverfahrens gelten. Das Landgericht hat daher das Gesuch an den Notar abzugeben. Ist in dem Gesuch ein Notar nicht bezeichnet, so ist das Gesuch den Gesuchstellern zurückzugeben.

Ist zur Zeit des Inkrafttretens des Bürgerlichen Gesetzbuchs der Rechtsstreit über die Theilungsklage anhängig, so wird die sich aus den Vorschriften der Artikel 56, 57 ergebende Aenderung des Rechtes auf Theilung den Kläger zu einer Aenderung seines Antrags nöthigen. Die Aenderung wird nach § 268 (bisher § 240) Nr. 3 der Civilprozeßordnung nicht als Klageänderung anzusehen sein.

Leibgedingsreichnisse und vorbehaltene Renten.

Artikel 58.

Nach Artikel 34 des Entwurfes eines Ausführungsgesetzes zum Bürgerlichen Gesetzbuche kann der Leibgedingsberechtigte zur Sicherung seiner Ansprüche aus dem Leibgedingsvertrage je nach deren Gegenstande die Bestellung eines Wohnungsrechts, einer sonstigen persönlichen Dienstbarkeit oder einer Reallast verlangen. Die Bestellung eines Wohnungsrechts, eines Nießbrauchs

S. 290. und eines Gebrauchsrechts ist auch in der Zeit vor der Anlegung des Grundbuchs möglich. Dagegen kennt das geltende pfälzische Recht Reallasten nicht. Soweit die vereinbarten Leistungen nicht den Inhalt einer persönlichen Dienstbarkeit bilden können, ist bis zu der Anlegung des Grundbuchs die Hypothek die alleinige Rechtsform für die dingliche Sicherstellung des Anspruchs. Der Entwurf (Art. 58) giebt deshalb bis zu der Anlegung des Grundbuchs dem Leibgedingsberechtigten in den Fällen, in denen er nach Artikel 34 des Entwurfes eines Ausführungsgesetzes zum Bürgerlichen Gesetzbuche die Bestellung einer Reallast verlangen kann, das Recht, die Abschließung eines Hypothekenbestellungsvertrags zu verlangen. In der Einschreibung muß nach Artikel 2148 des Code civil der Geldbetrag angegeben werden, bis zu dem das Grundstück
S. 291. haften soll. Die nach Artikel 58 bestellten Hypotheken verwandeln sich mit der Anlegung des Grundbuchs nach Maßgabe des Artikel 59 in Reallasten oder in Ansprüche auf Bestellung einer Reallast.

Artikel 59, 60.

Das bisherige Recht läßt die dingliche Sicherstellung des Anspruchs auf eine Rente oder auf sonstige wiederkehrende Leistungen nur in der Gestalt des Vorzugsrechts oder der Hypothek zu. Dagegen bietet das Bürgerliche Gesetzbuch in der Reallast eine für diesen Zweck ausgestaltete besondere Rechtsform. Im Anschluß an die für die Landestheile rechts des Rheins im Artikel 33 des Entwurfes vorgeschlagene Ersetzung der für Leibgedingsreichnisse bestehenden Hypotheken durch Reallasten verwandelt der Entwurf mit der Anlegung des Grundbuchs die Vorzugsrechte und Hypotheken, welche in diesem Zeitpunkte zur Sicherung von Ansprüchen auf eine in Geld oder in Bodenerzeugnissen bestimmte Rente oder auf wiederkehrende Leistungen aus einem Leibgedingsvertrage bestehen, in Reallasten, sofern sie in das Hypothekenbuch eingeschrieben sind; die nicht eingeschriebenen Vorzugsrechte und Hypotheken sollen nach dem Vorbilde des Artikel 1 Abs. 2 des Gesetzes vom 1. Juli 1898 zu Ansprüchen auf Bestellung einer Reallast werden (Art. 59 Abs. 1).

Der Entwurf hat nur die vorbehaltenen Geldrenten d. h. diejenigen zum Gegenstande, welche als Gegenleistung für die Ueberlassung eines Grundstücks oder im Falle einer unentgeltlichen Ueberlassung als Auflage zu entrichten sind. Ist eine bestellte Rente durch Hypothek gesichert, so soll es bei den allgemeinen Vorschriften über die Umwandlung der bestehenden Hypotheken sein Bewenden haben. Die Umwandlung beschränkt sich auf den Fall, daß eine in Geld oder in Bodenerzeugnissen bestimmte Rente zu leisten ist oder wiederkehrende Leistungen aus einem Leibgedingsvertrage zu entrichten sind, weil nach Artikel 77 Abs. 1 des Entwurfes eines Ausführungsgesetzes zum Bürgerlichen Gesetzbuche (Beilage D) nur Reallasten dieses Inhalts zulässig sind.

Da der Eigenthümer des mit der Hypothek belasteten Grundstücks als solcher nach den bisherigen Vorschriften für die Entrichtung der Rente und der sonstigen wiederkehrenden Leistungen nicht persönlich haftet, so schließt der Entwurf (Art. 59 Abs. 2), ebenso wie für die Landestheile rechts des Rheins im Artikel 33 Abs. 1 Satz 2, die im § 1108 Abs. 1 des Bürgerlichen Gesetzbuchs bestimmte persönliche Haftung des jeweiligen Eigenthümers für die während der Dauer seines Eigenthums fällig werdenden Leistungen aus, wenn in dem Zeitpunkt, in welchem das Grundbuch als angelegt anzusehen ist, eine persönliche Haftung des Eigenthümers nicht besteht.

Für den in der Einschreibung des Vorzugsrechts oder der Hypothek angegebenen Werthanschlag wird im Abs. 3 eine dem Artikel 33 Abs. 3 entsprechende Bestimmung getroffen. S. 291.

Das im Artikel 77 Abs. 2 des Entwurfes eines Ausführungsgesetzes zum Bürgerlichen Gesetzbuch ausgesprochene Verbot unlösbarer Reallasten, die andere als zu einer Leibrente, insbesondere zu einem Leibgedinge gehörende Leistungen zum Gegenstande haben, muß auch für die Umwandlung von Vorzugsrechten oder Hypotheken in Reallasten gelten. Das geltende Recht steht mit dieser Vorschrift insofern im Einklang, als es andere als ablösbare Renten nicht zuläßt (Art. 530, 1911 des Code civil). Bei der Umwandlung gilt der Betrag, mit welchem die Rente ablösbar ist, auch als Ablösungssumme für die Reallast (Art. 60 Abs. 1). Für die noch bestehenden Grundrenten ist die Ablösungssumme auf das Achtzehnfache (Art. 23, 40 des Ablösungsgesetzes vom 4. Juni 1848), bei den Grundrenten des Staates auf das Fünfzehnfache des jährlichen Betrags bestimmt (Gesetz vom 21. nivôse VIII über die Ablösung und Veräußerung von Staatsrenten); die nach Artikel 20 Abs. 1 der Gemeindeordnung für die Pfalz an die Gemeinde zu entrichtenden Grundzinsen sind mit dem fünfundzwanzigfachen Jahresbetrag ablösbar.

Die Artikel 530, 1911 des Code civil verlieren mit dem Inkrafttreten des Bürgerlichen Gesetzbuchs ihre Geltung, es wird also möglich, eine Verbindlichkeit zur Entrichtung einer dauernden Rente zu begründen. Eine für eine solche Verbindlichkeit bestellte Hypothek muß mit Rücksicht auf die Vorschrift des Artikel 77 Abs. 2 von der Umwandlung in eine Reallast ausgenommen werden (Art. 60 Abs. 2).

Rechte auf Erlangung einer Hypothek.

Artikel 61.

Die Vorschrift des § 648 des Bürgerlichen Gesetzbuchs, nach welcher der Unternehmer eines Bauwerkes oder eines einzelnen Theiles eines Bauwerkes die Einräumung einer Sicherungshypothek an dem Baugrundstücke des Bestellers verlangen kann, und die Vorschrift des Artikel 8 des Entwurfes eines Ausführungsgesetzes zum Bürgerlichen Gesetzbuche, die dem Brauer für den Kaufpreis des gelieferten Bieres den Anspruch auf Einräumung einer Sicherungshypothek an den Grundstücken des Wirthes giebt, setzen die Anlegung des Grundbuchs voraus. Für die Zeit zwischen dem Inkrafttreten des Bürgerlichen Gesetzbuchs und der Anlegung des Grundbuchs setzt der Artikel 61 im Anschluß an die im Artikel 35 für die Landestheile rechts des Rheins getroffenen Bestimmungen an die Stelle der Sicherungshypothek des Bürgerlichen Gesetzbuchs eine Hypothek des bisherigen Rechtes, die sich nach Artikel 1 des Gesetzes vom 1 Juli 1898 mit der Anlegung des Grundbuchs in eine Sicherungshypothek verwandelt.

Der Gläubiger kann die Bestellung einer Hypothek nur in dem Umfange verlangen, in welchem nach der Anlegung des Grundbuchs der Schuldner zur Einräumung der Sicherungshypothek verpflichtet ist; es sind also im Falle des Artikel 8 für die Erstreckung der Hypothek auf mehrere Grundstücke die Vorschriften des neuen Rechtes maßgebend.

Artikel 62.

Der Artikel 80 des Entwurfes eines Ausführungsgesetzes zum Bürgerlichen Gesetzbuche giebt den Gemeinden und den anderen Kommunalverbänden, den öffentlichen Stiftungen und den unter der Verwaltung einer öffentlichen

S. 291. Behörde stehenden Stiftungen für die Forderungen, die aus der Verwaltung ihres Vermögens gegen den Verwalter entstehen, das Recht, die Eintragung einer Sicherungshypothek an den Grundstücken des Schuldners zu verlangen. Dasselbe Recht steht nach dem Artikel 111 des angeführten Entwurfes (der Artikel 114 ist für die Pfalz gegenstandslos) der Staatskasse für ihre Ansprüche wegen fälliger öffentlicher Abgaben und Kosten eines Verfahrens und nach dem Artikel 46 Abs. 2 des durch das Gesetz vom 5. Mai 1890 auf die Pfalz ausgedehnten Brandversicherungsgesetzes vom 3. April 1875 in der Fassung
S. 292. des Artikel 31 Ziff. VIII des Entwurfes eines ‖ Gesetzes, die Aenderungen der seit 1818 erlassenen Gesetze betreffend, der Brandversicherungsanstalt für die Versicherungssumme zu, die sie auf Rechnung eines der Brandstiftung beschuldigten Versicherten vorzuschießen verpflichtet ist.

Diese Vorschriften bedürfen ebenso wie die in der Begründung zu Artikel 61 erwähnten für die Zeit zwischen dem Inkrafttreten des Bürgerlichen Gesetzbuchs und der Anlegung des Grundbuchs der Anpassung an das bisherige Liegenschaftsrecht. Dabei nimmt der Entwurf (Art. 62) die Bestimmungen zum Vorbilde, die der Artikel 6 des Gesetzes vom 1. Juli 1898 über die Bestellung einer Hypothek an Grundstücken des Vormundes, des Pflegers oder des Beistandes durch das Vormundschaftsgericht getroffen hat. Wie nach der Anlegung des Grundbuchs die Eintragsbewilligung des Schuldners durch das Ersuchen der zuständigen Behörde ersetzt wird (§ 39 der GBO.), so soll in der Zwischenzeit die zuständige Behörde durch Beschluß die Hypothek bestellen können. Hat der Schuldner mehrere Grundstücke, so muß die Behörde in der Erstreckung der Belastung auf sie das in den angeführten Vorschriften bestimmte Maß einhalten. Eine weitergehende Belastung ist auf Verlangen des Schuldners aufzuheben.

Gesetzliche Hypotheken.

Artikel 63, 64.

Das pfälzische Recht verbindet — abgesehen von den gesetzlichen Hypotheken des Mündels und der Ehefrau, für welche das Gesetz vom 1. Juli 1898 in den Artikeln 3 bis 5, 7 bis 11 die erforderlichen Uebergangsvorschriften getroffen hat —, eine gesetzliche Hypothek

1. mit den Forderungen des Staates, der Gemeinden und der öffentlichen Anstalten gegen die Einnehmer und rechnungspflichtigen Verwalter,

2. mit den Forderungen des Staates für die Kosten eines strafgerichtlichen Verfahrens,

3. mit den Forderungen des Staates oder eines konzessionirten Unternehmers für die Kosten gewisser öffentlicher Unternehmungen.

Die zuletzt genannte Hypothek kann außer Betracht bleiben, weil sie thatsächlich ohne Bedeutung ist.

Die Vorschriften über die Hypotheken, welche mit den in den Nummern 1, 2 bezeichneten Forderungen verbunden sind, könnten an sich bis zur Anlegung des Grundbuchs in Geltung belassen werden. Neben der Vorschrift des Artikel 62 ist aber für sie schon von dem Inkrafttreten des Bürgerlichen Gesetzbuchs an kein Raum mehr vorhanden. Der Artikel 62 giebt zu Gunsten der Forderungen des Staates, der Gemeinden und anderer Kommunalverbände sowie der Stiftungen des öffentlichen Rechtes und der unter der Verwaltung einer öffentlichen Behörde stehenden Stiftungen, welche mit dem Rechte auf dingliche Sicherung ausgestattet sein sollen, für die Zeit bis zu der Anlegung

des Grundbuchs der zuständigen Behörde die Befugniß, eine Hypothek durch S. 292.
Beschluß zu bestellen; er bestimmt den Kreis der zu sichernden Ansprüche anders als die bisherigen Vorschriften und wählt zur Beschaffung der Sicherung eine andere Rechtsform. Deshalb schreibt der Artikel 63 vor, daß von dem Inkrafttreten des Bürgerlichen Gesetzbuchs an gesetzliche Hypotheken der bezeichneten Art nicht mehr entstehen können.

Die bei dem Inkrafttreten des Bürgerlichen Gesetzbuchs bestehenden gesetzlichen Hypotheken des Staates, der Gemeinden und der öffentlichen Anstalten läßt der Entwurf (Art. 64) nur mit gewissen Einschränkungen bestehen. Er macht die Aufrechterhaltung davon abhängig, daß die Hypothek zur Zeit des Inkrafttretens des Bürgerlichen Gesetzbuchs in das Hypothekenbuch eingeschrieben ist; die nicht eingeschriebenen und deshalb Dritten gegenüber noch nicht wirksamen Hypotheken sollen erlöschen. Das Recht, die Hypothek nachträglich einschreiben zu lassen, hat für diejenigen Ansprüche, für welche der Artikel 62 gilt, neben diesem keine Bedeutung; bei den Ansprüchen, die das Gesetz für die Zukunft nicht mehr mit dem Rechte auf dingliche Sicherung ausstattet, läßt es sich nicht wohl rechtfertigen, die Hypothek noch durch Einschreibung wirksam werden zu lassen, und müßte es jedenfalls als ein innerer Widerspruch angesehen werden, wenn die Einschreibung noch auf Grundstücke erstreckt werden könnte, die der Schuldner erst nach dem Inkrafttreten des Bürgerlichen Gesetzbuchs erwirbt. Wird die Einschreibung auf den gegenwärtigen Grundbesitz des Schuldners unterlassen, so darf auch angenommen werden, daß die Hypothek für den Gläubiger kein Interesse hat. Bei den Hypotheken, welche die Ansprüche gegen die Einnehmer oder die rechnungspflichtigen Verwalter zu sichern bestimmt sind, führen die Erwägungen, aus welchen die neuen Vorschriften das Recht auf dingliche Sicherung enger begrenzen, dazu, die Hypothek, abgesehen von den bereits bestehenden Ersatzansprüchen, die ihre dingliche Sicherung selbstverständlich behalten müssen, nur für die Ansprüche aufrechtzuerhalten, denen nach Artikel 62 die zuständige Behörde durch ihren Beschluß dingliche Sicherung verschaffen könnte.

Verpfändung und Pfändung eines Anspruchs auf Herausgabe eines Grundstücks.

Artikel 65.

Der Artikel 65 beruht auf den gleichen Erwägungen wie die Vorschrift des Artikel 45 für die Landestheile rechts des Rheins.

Die gesetzliche Hypothek soll sich nach dem Abs. 2 des Artikel 65 zu der Zeit, zu welcher das Grundbuch als angelegt anzusehen ist, in eine Sicherungshypothek umwandeln, auch wenn sie zu dieser Zeit nicht in das Hypothekenbuch eingeschrieben ist. Diese Abweichung von der Vorschrift des Artikel 1 Abs. 2 des Gesetzes vom 1. Juli 1898 entspricht insofern dem künftigen Rechte, als die nach § 1287 des Bürgerlichen Gesetzbuchs und § 848 Abs. 2 der Civilprozeßordnung kraft Gesetzes entstehenden Hypotheken der Eintragung nur zur Erhaltung ihrer Wirksamkeit gegenüber dem öffentlichen Glauben des Grundbuchs bedürfen.

Legitimation durch nachfolgende Ehe.

Artikel 66.

Verheirathet sich die Mutter eines unehelichen Kindes, so hat die Eheschließung nach dem bisherigen Rechte nur dann die Legitimation des Kindes zur Folge, wenn die Mutter und ihr Ehemann bei der Eheschließung das

S. 292. Kind anerkennen oder es vor der Eheschließung anerkannt haben; eine Anerkennung, die nach dem Abschlusse der Ehe erfolgt, verschafft dem Kinde nicht die rechtliche Stellung eines ehelichen Kindes. Ein im Ehebruch oder in Blutschande erzeugtes Kind kann nach den bisherigen Vorschriften weder anerkannt (Art. 335 des Code civil) noch durch nachfolgende Ehe legitimirt werden (Art. 331).

S. 293. Wird die Ehe zwischen der Mutter eines vor dem Inkrafttreten des Bürgerlichen Gesetzbuchs geborenen unehelichen Kindes und dem Vater unter der Herrschaft des Bürgerlichen Gesetzbuchs geschlossen, so hat eine Anerkennung der Vaterschaft, die nach der Eheschließung in einer öffentlichen Urkunde erfolgt, auch für die Legitimation des Kindes Bedeutung; indem sie das nach Art. 208 Abs. 1 des Einführungsgesetzes fortbestehende Verbot der Erforschung der Vaterschaft beseitigt, ermöglicht sie den Nachweis, daß das Kind durch die Eheschließung legitimirt worden ist. Die Erzeugung im Ehebruch oder in der Blutschande schließt die Legitimation und die Anerkennung nicht aus; die Nichtigkeit der Ehe steht der Legitimation nicht entgegen, wenn wenigstens einer der Ehegatten sie bei der Eheschließung nicht gekannt hat.

Der Entwurf (Art. 66) will eine Anerkennung der Vaterschaft nach § 1720 Abs. 2 des Bürgerlichen Gesetzbuchs mit der Bedeutung, die ihr einer unter der Herrschaft des Bürgerlichen Gesetzbuchs geschlossenen Ehe gegenüber zukommt, auch dann zulassen, wenn die Ehe vor dem Inkrafttreten des Bürgerlichen Gesetzbuchs geschlossen worden ist und in Uebereinstimmung mit dem für die Landestheile rechts des Rheins vorgeschlagenen Artikel 47 auch für den Fall keine Ausnahme machen, daß daß Kind im Ehebruch oder in Blutschande erzeugt ist. Er erklärt deshalb für den Fall, daß der Ehemann der Mutter nach dem Inkrafttreten des Bürgerlichen Gesetzbuchs seine Vaterschaft in einer öffentlichen Urkunde anerkennt, die Vorschriften der §§ 1719 bis 1722 des Bürgerlichen Gesetzbuchs für anwendbar. Die Legitimation soll ebenso, wie es im Artikel 47 bestimmt ist, als mit der Eheschließung erfolgt gelten, jedoch nur unbeschadet erworbener Rechte Dritter.

Einer vor dem Inkrafttreten des Bürgerlichen Gesetzbuchs, aber nach der Eheschließung erfolgten Anerkennung dieselbe Wirkung beizulegen, wie einer Anerkennung nach § 1720 des Bürgerlichen Gesetzbuchs, erachtet der Entwurf für bedenklich.

Erbrecht.

Artikel 67.

Auf dem Gebiete des Erbrechts hält der Entwurf an der Vorschrift des Artikel 213 des Einführungsgesetzes zum Bürgerlichen Gesetzbuche fest, daß für die erbrechtlichen Verhältnisse die bisherigen Gesetze maßgebend bleiben, wenn der Erblasser vor dem Inkrafttreten des Bürgerlichen Gesetzbuchs gestorben ist. Mit dem bisherigen bürgerlichen Rechte bleiben auch die bisherigen Vorschriften über das Verfahren in Nachlaßsachen in Kraft. Im Anschluß an die in den Artikeln 49, 52 für die Abwesenheit gegebenen Vorschriften will jedoch der Entwurf die gerichtliche Zuständigkeit in Nachlaßsachen auf die Nachlaßgerichte übertragen (Art. 68) und die Formvorschriften, welche nach dem bisherigen Rechte bei gewissen Verfügungen über Nachlaßgegenstände einzuhalten sind, durch die Genehmigung des Nachlaßgerichts ersetzen (Art. 70). Außerdem ist infolge der veränderten Gestaltung der Gesetzgebung eine anderweitige Regelung gewisser Einzelheiten geboten (Art. 69, Art. 70 Abs. 3, 4, Art. 71).

Artikel 68.

S. 293.

Der Artikel 68 ändert die sachliche Zuständigkeit für Nachlaßsachen; für die örtliche Zuständigkeit bleiben die bisherigen Vorschriften maßgebend.

Der Abs. 1 schließt sich in der Fassung an den Artikel 49 Abs. 1 an. Unter dem Nachlaßgerichte versteht der Entwurf das nach § 72 des Gesetzes über die Angelegenheiten der freiwilligen Gerichtsbarkeit für die Verrichtungen des Nachlaßgerichts zuständige Amtsgericht.

Neben dem Landgerichte sind auch das Amtsgericht und der Landgerichtspräsident erwähnt, das Amtsgericht wegen der ihm nach den bisherigen Vorschriften bei der Siegelanlegung zustehenden Befugnisse, der Landgerichtspräsident, weil die bestehenden Gesetze auch ihm in Nachlaßsachen verschiedene Verrichtungen übertragen. Die meisten von diesen Verrichtungen hängen mit dem Refere-Verfahren zusammen und fallen mit diesem weg; andere haben für das Verfahren in Nachlaßsachen selbständige Bedeutung, wie die Vorschriften über das Verfahren bei Auffindung und Einlieferung eines Testaments (Art. 1007 des Code civil, Art. 918 des Code de procédure). Aus der Uebertragung der dem Präsidenten obliegenden Verrichtungen auf das Nachlaßgericht ergiebt sich, daß die Vorlegung des Testaments künftig bei dem Nachlaßgerichte zu erfolgen hat und daß sie wegfällt, wenn der Nachlaßrichter selbst das Testament auffindet. Daß in diesem Falle nicht auch die anderen nach den angeführten Vorschriften dem Richter obliegenden Verrichtungen wegfallen, darf als selbstverständlich angesehen werden.

Die im Abs. 2 bezeichneten Erklärungen des Erben sollen aus Zweckmäßigkeitsgründen auch künftig auf der Gerichtsschreiberei des Landgerichts abgegeben werden. Die über diese Erklärungen bei den Landgerichten geführten Bücher sind weder nach den Amtsgerichtsbezirken noch nach Gemeindebezirken ausgeschieden, sie können also nicht an die einzelnen Amtsgerichte abgegeben werden. Die Neuanlegung von Büchern bei den Amtsgerichten empfiehlt sich nicht, weil die Bücher nur in verhältnißmäßig wenigen Fällen und nur für eine kurze Uebergangszeit in Benutzung stehen würden.

Artikel 69.

In den Fällen des Artikel 911 Nr. 1, 2 des Code de procédure ist für das amtliche Eingreifen des Staatsanwalts kein Raum mehr; die Mitwirkung der Gemeindebehörden bei der Sicherung des Nachlasses bestimmt sich nach Artikel 94a des Entwurfes eines Ausführungsgesetzes zum Bürgerlichen Gesetzbuche (Beilage D). Dagegen kann es hinsichtlich der Verrichtungen des Gerichts, für die nach der Vorschrift des Artikel 68 Abs. 1 Satz 1 das Nachlaßgericht zuständig ist, um so mehr bei dem bestehenden Rechte verbleiben, als auch nach § 1960 des Bürgerlichen Gesetzbuchs dem Nachlaßgericht unter bestimmten Voraussetzungen ein amtliches Eingreifen obliegt.

Da nach dem Artikel 68 Abs. 1 Satz 2 die Mitwirkung des Staatsanwalts in Nachlaßsachen wegfällt, so bedarf es für die Ernennung des Kurators einer Vakantmasse, die nach Artikel 812 des Code civil, falls sie nicht von einem Betheiligten beantragt wird, von dem Staatsanwalte zu beantragen ist, anderweitiger Vorsorge. Im Anschluß an den § 1960 des Bürgerlichen Gesetzbuchs überträgt der Abs. 2 dem Nachlaßgerichte die Obliegenheit, den Kurator von Amtswegen zu bestellen. Der bisher erforderliche Antrag wird dadurch entbehrlich.

Der Abs. 3 giebt für die Pflegschaften für Vakantmassen und Benefiziarmassen eine dem § 1962 des Bürgerlichen Gesetzbuchs entsprechende Vorschrift.

S. 294.

Artikel 70.

Die Vorschriften der Abs. 1, 2 schließen sich an die des Artikel 61 an und beruhen auf denselben Gründen wie diese.

Da nach Abs. 2 die besonderen Vorschriften über das Verfahren bei Veräußerungen wegfallen, so ist bei der Veräußerung von Grundstücken, die zu einer Benefiziar- oder Vakantmasse gehören, die Schätzung durch Sachverständige nicht mehr erforderlich, das Nachlaßgericht kann aber nach seinem Ermessen die Schätzung verlangen, indem es die Genehmigung von der Beibringung einer Schätzung abhängig macht. Auch die gerichtliche Bestätigung des Sachverständigengutachtens ist nicht mehr erforderlich. Für die Aufhebung einer Gemeinschaft sind die Vorschriften der Artikel 55 bis 57 maßgebend.

Für die Verfügungen des Benefiziarerben reicht die Vorschrift des Abs. 1 nicht aus. Da nach dem bisherigen Rechte der Benefiziarerbe das Inventarrecht verliert, wenn er Nachlaßgegenstände ohne Beobachtung der vorgeschriebenen Formen veräußert, und das Inventarrecht nicht davon abhängen darf, ob das Ergebniß der Veräußerung ein so vortheilhaftes ist, daß die Genehmigung ertheilt wird, so ist es erforderlich, die Wahrung des Inventarrechts auch künftig an einen formellen Akt zu binden. Der Entwurf bestimmt deshalb im Abs. 3, daß der Benefiziarerbe zur Veräußerung nur schreiten darf, wenn er vorher vom Nachlaßgerichte hiezu ermächtigt worden ist. Die Außerachtlassung dieser Vorschrift zieht den Verlust des Inventarrechts nach sich. Daß neben dieser Ermächtigung zur Wirksamkeit des Geschäfts die Genehmigung des Nachlaßgerichts erforderlich ist, ergiebt sich aus dem Abs. 1. Die nachträgliche Genehmigung für die vollzogene Veräußerung muß aber neben der Ermächtigung verlangt werden, weil das Veräußerungsgeschäft nicht mehr an die schützenden Formen des geltenden Rechtes gebunden ist und die Interessen der Nachlaßgläubiger nur dadurch ausreichend gewahrt werden, daß das Geschäft der Nachprüfung des Gerichts unterliegt. Der Umstand, daß bei einer solchen Regelung das Nachlaßgericht wiederholt mit der nämlichen Sache befaßt wird, hat vom Standpunkte des pfälzischen Rechtes aus nichts Befremdendes.

Auf die Verfügungen des Kurators einer Vakantmasse finden die Bestimmungen des Abs. 3 nicht Anwendung; wohl aber empfiehlt es sich, sie auf diejenigen Verfügungen für entsprechend anwendbar zu erklären, welche der Erbe vornimmt, bevor er sich über die Annahme oder die Ausschlagung der Erbschaft schlüssig gemacht hat (Abs. 4).

Artikel 71.

Die Sicherheitsleistung, die von dem Benefiziarerben nach Artikel 807 des Code civil verlangt werden kann, wird künftig nach den Vorschriften des Bürgerlichen Gesetzbuchs bewirkt. Die Bestimmung des Artikel 993 des Code de procédure, nach welcher der Benefiziarerbe auf der Gerichtsschreiberei des Landgerichts, in dessen Bezirke die Erbschaft eröffnet ist, einen Bürgen zu stellen hat, bedarf in dieser Richtung einer Aenderung. Der Entwurf (Art. 71) verpflichtet den Benefiziarerben, dem Nachlaßgerichte den Nachweis, daß die Sicherheit bestellt ist, einzureichen.

Personenstand.

Artikel 72.

Die Vorschriften der §§ 69 bis 71 des Gesetzes über die Angelegenheiten der freiwilligen Gerichtsbarkeit beziehen sich nur auf die Personenstandssachen, für welche das Gesetz über die Beurkundung des Personenstandes und die Eheschließung vom 6. Februar 1875 maßgebend ist; für die Standes- urkunden, welche vor dem 1. Januar 1876 errichtet worden sind, verbleibt es bei den landesgesetzlichen Vorschriften (vergl. § 73 des Gesetzes vom 6. Februar 1875). Der Entwurf (Art. 72) will, um gleichheitliche Behandlung zu erzielen, auf Grund des § 200 des Gesetzes über die Angelegenheiten der freiwilligen Gerichtsbarkeit die Vorschriften der §§ 69 bis 71 dieses Gesetzes auf die älteren Standesurkunden ausdehnen. Daß diese Vorschriften auch auf ein anhängiges Verfahren anzuwenden sind, das ältere Standesurkunden zum Gegenstande hat, ergiebt sich aus der Fassung des Artikel 20 des Entwurfes. S. 294.

Vor dem 1. Januar 1876 wurden in der Pfalz nicht Nebenregister zu den Standesregistern, sondern es wurden die Standesregister doppelt geführt. Nach dem Ablauf jedes Jahres wurde eines der Register in das Archiv der Gemeinde, das andere durch Vermittelung des Land(Amts)gerichts an das Bezirks(Land)gericht zur Aufbewahrung abgegeben (Art. 40, 43 des Code civil, Art. 1 der Verordnung, die Verifikation der Register des Civilstandes im Rheinkreise betreffend, vom 5. August 1807, A.-Bl. S. 361). Die nach dem Gesetze vom 6. Februar 1875 zu führenden Nebenregister werden in der Pfalz gleichfalls bei den Landgerichten aufbewahrt. Nach § 197 des Gesetzes über die Angelegenheiten der freiwilligen Gerichtsbarkeit kann das Staatsministerium der Justiz bestimmen, ob in der Pfalz die Nebenregister künftig bei den Amtsgerichten zu verwahren sind, denen der § 69 des angeführten Gesetzes die Aufbewahrung überträgt, oder ob die bisherige Einrichtung beibehalten werden soll. Der Entwurf will dem Staatsministerium der Justiz die gleiche Befugniß in Ansehung der in gerichtlicher Verwahrung befindlichen älteren Standesurkunden einräumen.

3.

Verhandlungen des Justizgesetzgebungsausschusses der Kammer der Abgeordneten.

29. S. 485.

Protokoll

über die Sitzung des besonderen (XVIII.) Ausschusses der Kammer der Abgeordneten zur Berathung der durch die Einführung des Bürgerlichen Gesetzbuchs veranlaßten Gesetzentwürfe.

(Verh. d. Justiz-Gesetzg.-Aussch. d. K. d. Abg. 1899 Beil.-Bd. XX, Abth. II, Seite 485 bis 501.)

München, den 13. März 1899, Nachmittags $4^1/_2$ Uhr.

Gegenwärtig:

Die Vertreter der k. Staatsregierung: der k. Staatsminister der Justiz Dr. Freiherr von Leonrod, Excellenz, der k. Senatspräsident am obersten Landesgerichte Dr. Ritter von Jacubezky, der k. Ministerialrath im Staatsministerium der Finanzen, Kronanwalt Ritter von Schubart;

ferner die Ausschußmitglieder: von Stobäus, Vorsitzender, Dr. Casselmann, Schriftführer, Michel, Stellvertreter des Schriftführers, Beckh, Conrad, Fuchs, Joseph Geiger, Joseph Huber, Landmann, Lerno, Seeberger, von Walter (Dr. Ratzinger, Segitz und Wagner entschuldigt).

Tagesordnung:

Entwurf eines Gesetzes, die durch die Einführung des Bürgerlichen Gesetzbuchs veranlaßten Uebergangsvorschriften betreffend.

Artikel 1 mit 9.

Erste Lesung.

Der Vorsitzende **von Stobäus** eröffnet um 4 Uhr 30 Minuten die Sitzung mit folgender Ansprache: . . . . . .*)

Der **Vorsitzende** theilt vor Eintritt in die Tagesordnung noch mit, daß an Stelle des aus dem Ausschusse ausgetretenen Herrn Abg. Lutz der Herr Abg. Beckh einberufen wurde.

Hierauf wird in die Tagesordnung eingetreten und erhält das Wort zur Einleitung der Generaldiskussion der Referent, Abg. Dr. Casselmann.

Abg. Dr. **Casselmann** (Referent). Ich halte eine Generaldiskussion nicht für nothwendig, da die Beurtheilung || der Frage, ob die eine oder die andere Ueberleitungsvorschrift S. 486. nothwendig ist, sich am zweckmäßigsten von Fall zu Fall wird beantworten lassen.

Ich möchte nur unter Hinweis auf die Begründung, welche dem Gesetzentwurfe vorausgeschickt ist, hervorheben, daß der Gesetzentwurf nicht sämmtliche Ueberleitungsvorschriften enthält, daß vielmehr noch die auf das eheliche Güterrecht bezüglichen Vorschriften in einem besonderen Nachtrage kommen werden. Ich möchte hier nur die Bitte aussprechen, daß, sobald es möglich ist, dieser Nachtrag uns zukommt, damit in der kurzen Zeit, die uns zur Verfügung steht — man spricht ja davon, daß der Landtag mit Pfingsten schon zu Ende gehen soll —, es noch möglich ist, diese schwierige Materie mit einiger Gründlichkeit zu prüfen.

Dann erlaube ich mir allgemein noch zu bemerken, daß sich der Entwurf in drei Theile scheidet. In Artikel 1 bis 23 sind die für das ganze Königreich geltenden Vorschriften enthalten, in Artikel 24 bis 48 die für das rechtsrheinische Bayern und in den übrigen Artikeln die Bestimmungen für die Pfalz.

Abg. **von Walter** (Korreferent): Ich halte auch eine Generaldiskussion nicht für nothwendig, weil bei jedem einzelnen Abschnitt ohnehin Gelegenheit geboten ist, sich über die Einzelheiten zu verbreiten.

*) betrifft eine Auszeichnung des K. Senatspräsidenten Dr. Ritter von Jacubezky.

S. 486. **Vorsitzender:** Dann treten wir sofort ein in die Berathung des I. Abschnittes.

I. Vorschriften für das ganze Königreich.

Artikel 1.

Abg. Dr. **Casselmann** (Referent): Die Artikel 1 und 2 behandeln die Vereine (Referent verliest Artikel 1). Ich beziehe mich hier zunächst auf die Motive und bemerke nur, daß nach Artikel 163 des Einführungsgesetzes zum Bürgerl. Gesetzbuche für die zur Zeit des Inkrafttretens des Bürgerl. Gesetzbuchs bestehenden juristischen Personen die entsprechenden Bestimmungen des Bürgerl. Gesetzbuchs §§ 25 bis 53, 85 bis 89 gelten. Der § 89 handelt von juristischen Personen des öffentlichen Rechtes. Nach diesem Paragraphen erstrecken sich die Vorschriften der Bürgerl. Gesetzbuchs nicht auf das Recht der juristischen Personen des öffentlichen Rechtes. Nur bezüglich der Haftung der juristischen Personen kommt der einschlägige § 31 zur Anwendung.

Nun ist in den Motiven ausgeführt, daß zu den juristischen Personen des öffentlichen Rechtes unter anderen auch der allgemeine Unterstützungsverein für Hinterlassene der k. b. Staatsdiener und die mit ihm verbundene Töchterkasse, der Unterstützungsverein und der Verein der Töchterkasse des k. Forstpersonals, der Unterstützungsverein für Hinterbliebene von Offizieren, Sanitätsoffizieren und oberen Beamten des k. b. Heeres, sowie ähnliche Vereine mit gleichartiger Verfassung gehören. Es ist in den Motiven kurz dargelegt, daß diese Vereine nach ihren Zwecken und nach ihrer Stellung im Staate als Wittwenkassen zu erachten seien, welche in die öffentlichen Einrichtungen eingefügt sind und deßhalb als Anstalten des öffentlichen Rechtes gelten. Würden diese Vereine nicht zu den öffentlichen Personen des öffentlichen Rechtes gehören, so würden nach § 39 des Bürgerl. Gesetzbuchs die Mitglieder zum Austritt aus dem Vereine berechtigt sein. Gehören sie aber zu den juristischen Personen des öffentlichen Rechtes, so bleiben sie von den Vorschriften des Bürgerl. Gesetzbuchs mit Ausnahme des § 89 vollständig unberührt.

Es ist das natürlich sehr wichtig für die Vereine, und ich möchte an die k. Staatsregierung die Bitte richten, über die kurze Begründung der Motive hinaus uns darzulegen, aus welchen Gründen man diese Vereine als Anstalten des öffentlichen Rechtes erklärt.

Was den Artikel 1 selbst anlangt, so ist darauf hinzuweisen, daß nach Artikel 165 des Einführungsgesetzes zum Bürgerl. Gesetzbuche das Gesetz vom 24. April 1868 in Kraft bleibt. Der Entwurf will aber dieses Gesetz aufheben, das heißt, das Gesetz ist eigentlich schon in dem Gesetzentwurfe, betreffend die Aenderungen der seit 1818 erlassenen Gesetze, in Artikel 42 Nr. 23 als aufgehoben erklärt worden. Hier werden nun die anerkannten Vereine als eingetragene Vereine im Sinne des Bürgerl. Gesetzbuchs erklärt. Es ist in den Motiven dargelegt, daß durch diese Erklärung zu eingetragenen Vereinen materiell wenig Aenderungen sich ergeben, und daß da, wo sich Aenderungen ergeben, Verbesserungen gegen früher eintreten. Da in der That auch die Motivirung zu Artikel 1 vollständig zutrifft, daß es im Interesse der Rechtseinheit und Sicherheit des Rechtsverkehrs liegt, wenn man diese Vereine, die denselben Zweck verfolgen, nicht unter verschiedene Gesetze stellt, je nachdem sie vor oder nach dem 1. Januar 1900 in's Leben getreten sind, so glaube ich, daß der Gesetzesvorschlag in Artikel 1 zu acceptiren ist.

Bezüglich des Abs. 2 bemerke ich, daß der Eintrag in das Vereinsregister nicht nothwendig ist, damit der anerkannte Verein die rechtliche Stellung von

einem eingetragenen Vereine erhält, daß aber, wie die Motive mit Recht S. 486.
hervorheben, diese Eintragung im Interesse der Ordnung geboten erscheint und daß das k. Staatsministerium der Justiz zu der betreffenden Anordnung für zuständig erklärt wird.

Ich beantrage Zustimmung zu Artikel 1.

Abg. **von Walter** (Korreferent): Ich kann mich dem Antrage des Herrn Referenten, dem Artikel 1 die Zustimmung zu ertheilen, nur anschließen.

Was insbesondere die Frage betrifft, die der Herr Referent in Bezug auf die Vereine des öffentlichen Rechtes gestellt hat, so ist es auch nach meinem Dafürhalten nicht zweifelhaft, daß die Vereine, die in den Motiven als solche aufgeführt sind, in der That Vereine des öffentlichen Rechtes sind. Sie sind meist geschaffen für Beamte und Bedienstete und treten zur Ergänzung des Pensionsregulativs hinzu, um die Fürsorge für die Beamten und ihre Hinterbliebenen gedeihlicher zu gestalten. Außerdem kommt aber auch in Betracht, daß für mehrere dieser Vereine der Staat höhere Zuschüsse leistet und daß dadurch das öffentliche Interesse dokumentirt wird, das diese Vereine haben.

Das Gesetz vom Jahre 1869 haben wir durch Ausschußbeschluß bereits außer Kraft gesetzt. Wir haben das Gesetz in der Beilage B bereits aufgehoben und müßten es erst wieder restauriren, wenn sich jetzt Bedenken zeigten, sofort das Reichsrecht auf die sogenannten anerkannten Vereine auszudehnen. Allein solche Bedenken bestehen nach meinem Dafürhalten nicht. In den Motiven ist eingehend ausgeführt, daß alle wesentlichen Bestimmungen des Gesetzes vom Jahre 1869 sich auch in den Vorschriften des Bürgerl. Gesetzbuchs finden und daß nur einige unwesentliche Abweichungen in Punkten bestehen, in welchen sich die Vorschriften des bisherigen Gesetzes als nicht zweckmäßig erwiesen haben.

Ich habe nur noch nach zwei Richtungen hin Bedenken, die sich aber S. 487.
wahrscheinlich durch die Erklärung der k. Staatsregierung und eine einfache Konstatirung erledigen lassen. Es sind nämlich in Artikel 20 und 21 des Gesetzes vom Jahre 1869 Bestimmungen enthalten über die Aufstellung eines Aufsichtsrathes, der dem Vorstande zur Seite gestellt ist, und weiter ist in Artikel 3 Ziff. 3 des Gesetzes eine Bestimmung getroffen, wonach den Vereinen in gewissen Fällen auch die Ausschließung von Mitgliedern vorbehalten ist. Die Bestimmungen des Bürgerl. Gesetzbuchs kennen einen Aufsichtsrath nicht und in den Bestimmungen, welche die Satzungen enthalten müssen, wird von demselben keine Erwähnung gethan und ebenso kommt im Bürgerl. Gesetzbuche kein Wort vor, daß Mitglieder auch ausgeschlossen werden können. Die Statuten haben nach dem künftigen Rechte blos zu enthalten, in welchen Fällen und unter welchen Voraussetzungen Mitgliedern der Austritt möglich ist. Nun glaube ich aber, daß wir in der Beziehung gleichwohl für die fraglichen Vereine besondere gesetzliche Bestimmungen in beiden Richtungen kaum nothwendig haben werden. Nach meinem Dafürhalten versteht es sich von selbst, daß die Vereine auch über das, was nach dem Bürgerl. Gesetzbuch in den Statuten enthalten sein muß, noch weitere Bestimmungen aufnehmen und insbesondere auch Bestimmungen dafür treffen, in welchen Fällen die Ausschließung eines Mitgliedes dem Vereine zusteht. Ebenso wird kein Bedenken dagegen obwalten, daß eine Zweitheilung des Vorstandes in der Weise vorgenommen wird, daß neben den Vorstand noch ein Aufsichtsrath gestellt wird. Ich halte in letzterer Beziehung Klarheit hauptsächlich deßwegen für wichtig, weil meines Wissens sehr viele Vereine ihre Statuten umarbeiten müßten,

S. 487. wenn der Aufsichtsrath in dem neuen Rechte keinen Platz mehr haben würde. Allein ich meine, daß in der Beziehung den Vereinen auch künftig die Freiheit gewahrt wird, die sie in dem bayerischen Gesetze bisher gehabt haben.

Vorbehaltlich des Aufschlusses, um den ich gebeten habe, beantrage ich ebenfalls die Zustimmung zu Artikel 1.

Senatspräsident Dr. **von Jacubezky**: Die in der Begründung genannten Unterstützungsvereine und Töchterkassen sind sowohl ihrem Zwecke als auch ihrer Einrichtung nach Anstalten des öffentlichen Rechtes. Bezüglich ihrer Zwecke hat der Herr Korreferent bereits das Wesentliche hervorgehoben. Sie sollen eine Ergänzung der staatlichen Fürsorge für die Hinterbliebenen der Beamten bilden, und da dieser Zweck für den Staat von wesentlichem Interesse ist, so hat der Staat ihnen nicht nur den Grundstock ihres Vermögens zugewendet, dem Staatsdiener-Unterstützungsverein und dessen Töchterkasse auch die Wittwen- und Waisenfondsbeiträge und die Unterstützungsfondsabgaben überwiesen, sondern die Vereine, wie sich aus den mit Allerhöchster Genehmigung erlassenen Satzungen ergibt, in solche Verbindung mit seinen Einrichtungen gebracht, daß sie Bestandtheile der für den Staatsdienst bestimmten öffentlichen Einrichtungen geworden sind. Die Satzungen der Vereine stimmen im Wesentlichen überein, es genügt deßhalb, die Satzungen des allgemeinen Staatsdiener-Unterstützungsvereins und der mit ihm verbundenen Töchterkasse in Betracht zu ziehen.

Alle diejenigen, die im Civilstaatsdienst oder im Dienste einer Kreisgemeinde oder einer unter staatlicher Verwaltung stehenden Stiftung oder Anstalt mit pragmatischen Rechten angestellt werden, sind von Rechtswegen mit der Ernennung Mitglieder der Vereine. Die Vereine sind unter die besondere Aufsicht der Staatsregierung gestellt. Der Vorsitzende und der stellvertretende Vorsitzende des Vorstandes, der „Verwaltungsrath" genannt wird, werden vom König ernannt. Der Vorstand führt ein amtliches Siegel. Das Vermögen der Vereine ist bei der Centralstaatskasse hinterlegt und dieser ist durch eine vom Verwaltungsrathe auf Grund der Satzungen getroffene Anordnung auch die Verwaltung des Vermögens übertragen. Die Beiträge werden, soweit möglich, durch Abzug von dem Gehalte oder der Pension der Mitglieder erhoben. Die satzungsmäßigen Unterstützungen werden von denselben Stellen, welchen die Festsetzung und Anweisung der pragmatischen Pensionen obliegt, angewiesen und von denselben Aemtern wie diese ausbezahlt. Die Rechnungen werden theils von den Kreis- und Hauptkassen, theils von der Centralstaatskasse geführt und unterliegen der gleichen Revision und Superrevision wie die Staatsfinanzrechnungen. Die Generalrechnung wird von dem Obersten Rechnungshofe hergestellt. Die Vereine sind ihrem Zwecke und der Stellung zum Staate nach nahe verwandt mit der durch die Königliche Verordnung vom 27. Juni 1808 gestifteten Pensionsanstalt für die Wittwen und Waisen der Advokaten und Rechtsanwälte, die im Artikel III ihrer Satzung für eine „Wohlthätigkeitsanstalt" erklärt ist. Sie sind wie diese selbständige öffentliche Anstalten, juristische Personen des öffentlichen Rechtes und als solche nicht den Vorschriften des Bürgerl. Gesetzbuchs über die Vereine unterworfen.

Was sodann die Frage des Herrn Korreferenten wegen der anerkannten Vereine anlangt, so hat der Herr Korreferent selbst das Wesentliche schon gesagt. Das Bürgerl. Gesetzbuch schließt keineswegs aus, daß ein eingetragener Verein neben dem Vorstande auch einen Aufsichtsrath hat, und das bayerische Gesetz sagt nicht, daß die anerkannten Vereine einen Aufsichtsrath haben

müssen, sondern nur, daß sie einen solchen haben können. Die Möglichkeit S. 487.
des Vorhandenseins eines Aufsichtsraths ist im § 26 Abs. 2 und im § 32 Abs. 1 des Bürgerl. Gesetzbuchs angedeutet. Nach § 26 Abs. 2 vertritt der Vorstand den Verein gerichtlich und außergerichtlich; der Umfang seiner Vertretungsmacht kann jedoch durch die Satzung mit Wirkung gegen Dritte beschränkt werden. Die Satzung kann also bestimmen, daß der Vorstand zu wichtigeren Geschäften einer besonderen Ermächtigung eines anderen Organes des Vereins — der Mitgliederversammlung oder des Aufsichtsraths — bedarf. Der § 32 bestimmt, daß die Angelegenheiten des Vereins, soweit sie nicht von dem Vorstand oder einem anderen Vereinsorgane zu besorgen sind, durch Beschlußfassung in einer Versammlung der Mitglieder geordnet werden. Das andere Organ, das zur Besorgung gewisser Angelegenheiten des Vereins berufen ist, kann ein Aufsichtsrath sein. Die Vereine, die nach ihren Satzungen einen Aufsichtsrath haben, behalten ihn; in dieser Beziehung tritt eine Aenderung nicht ein.

Vorschriften über die Ausschließung von Mitgliedern enthält das Bürgerl. Gesetzbuch nicht. Es ist den Satzungen vorbehalten, derartige Bestimmungen zu treffen. Das Bedürfniß, Mitglieder ausschließen zu können, besteht nicht bei allen Vereinen. Das bayerische Gesetz enthält allerdings eine Vorschrift über die Ausschließung, die im Artikel 80 des Ausführungsgesetzes zur Civilprozeßordnung eine neue Fassung erhalten hat. Die Mitglieder können nämlich, abgesehen von den in der Satzung bestimmten Gründen, wegen Verlustes der bürgerlichen Ehrenrechte ausgeschlossen werden. Das Bürgerl. Gesetzbuch hat eine Vorschrift dieses Inhalts nicht aufgenommen, weil es viele Vereine gibt,
bei welchen die Mitglieder nicht in persönliche Beziehungen zu einander || treten S. 488.
und sich thatsächlich auf die Leistung von Beiträgen beschränken. Dieß trifft insbesondere bei vielen Wohlthätigkeitsvereinen zu. Solche Vereine werden kein Interesse daran haben, sich eines Mitglieds zu entledigen, dem die bürgerlichen Ehrenrechte aberkannt sind.

Abg. **Michel:** Ich möchte mir eine Bitte an die k. Staatsregierung erlauben. Die Führung der Vereinsregister bei den Landgerichten hat die Erlassung einer Anzahl von Generalien nothwendig gemacht und dürfte es höchst zweckmäßig sein, wenn diese Generalien in Abschrift künftig an die Amtsgerichte, welche die Register zu führen haben, abgegeben würden. Ich möchte bitten, daß in dieser Richtung das Nöthige angeordnet wird, damit bei den Amtsgerichten die Führung der Register erleichtert werde. Auch wäre ich dankbar, wenn Aufschluß darüber gegeben werden könnte, wie etwa die Vereinsregister bei den Amtsgerichten eingerichtet und eingeführt werden sollen.

Senatspräsident Dr. **von Jacubczky:** Diese Vorschriften fallen mit der Aufhebung des Gesetzes vom 29. April 1869 weg. Ueber die Einrichtung und Führung des Vereinsregisters hat der Bundesrath Bestimmungen beschlossen, welche den einheitlichen Inhalt der von den Regierungen der einzelnen Bundesstaaten zu erlassenden Anordnungen bilden sollen. Die etwa erforderlichen weiteren Ausführungsbestimmungen sowie die Anordnungen über die Eintragung der bestehenden anerkannten Vereine werden vom Staatsministerium der Justiz getroffen werden. Die Amtsgerichte werden es mit diesen neuen Vorschriften, nicht mit denjenigen zu thun haben, die zum Vollzuge des Gesetzes vom 29. April 1869 erlassen worden sind.

Abg. **Michel:** Ich bin der Ansicht, daß Fälle sich ergeben werden, in welchen die bisherigen Bestimmungen noch zur Anwendung zu bringen sind,

S. 488. und daß deßhalb die Generalien, welche sich hierauf beziehen, bei den Amtsgerichten nothwendig erscheinen.

Senatspräsident Dr. **von Jacubezky**: Die anerkannten Vereine sind nicht in einem Register eingetragen, sondern es sind nur Akten über sie vorhanden. In Zukunft sollen sie in das Vereinsregister eingetragen werden, weil sie ja vom 1. Januar 1900 an als eingetragene Vereine gelten Die Vorschriften, welche an die Landgerichte ergangen sind, betreffen die Führung der Akten über die anerkannten Vereine. Diese Vorschriften haben für die Amtsgerichte kein Interesse, denn sie gelten von dem Zeitpunkte an nicht mehr, von welchem an die Amtsgerichte mit den Vereinssachen befaßt sind.

Abg. **Michel**: Es ist mir von anderer Seite die Sache nahe gelegt worden und wollte ich es nicht unterlassen, diesen Punkt hier zur Sprache zu bringen.

Vorsitzender: Da weder der Herr Referent noch der Herr Korreferent das Schlußwort verlangen, darf ich den Artikel 1 für angenommen erklären.

Artikel 2.

Abg. Dr. **Casselmann** (Referent) (verliest Artikel 2): Dieser Artikel handelt von den nicht rechtsfähigen Vereinen. Was die bisherige Rechtsauffassung über diese nicht rechtsfähigen Vereine im diesseitigen Bayern betrifft, so ist in den Motiven darauf hingewiesen, daß sie zwar als Gesellschaften gelten, daß jedoch in weitem Umfang die Vorschriften für juristische Personen auf sie angewendet werden, daß sie aktive und passive Prozeßlegitimation haben. Der Artikel 2 Abs. 1 nimmt nun die Vorschrift des § 54 des Bürgerl. Gesetzbuchs auf, welcher sagt, daß auf Vereine, die nicht rechtsfähig sind, die Vorschriften über die Gesellschaft Anwendung finden, daß aus einem Rechtsgeschäft, das im Namen eines solchen Vereins einem Dritten gegenüber vorgenommen wird, der Handelnde persönlich haftet und daß, wenn mehrere handeln, sie als Gesammtschuldner haften. Die Gesellschaft unterscheidet sich von dem rechtsfähigen Verein dadurch, daß bei letzterem nicht die einzelnen Mitglieder als Rechtssubjekte in Betracht kommen, daß an ihre Stelle vielmehr die juristische Person tritt, während bei der Gesellschaft die Rechte und Pflichten des Vereins als Rechte und Pflichten der Mitglieder behandelt werden, daß insbesondere Grundstücke nicht auf den Namen des Vereins, sondern nur auf den Namen der Mitglieder eingetragen werden können. Die §§ 50 und 735 der Civilprozeßordnung und § 213 der Konkursordnung bestimmen, daß sie zwar nicht klagen, wohl aber verklagt werden können und daß auf Grund eines gegen den Verein ergangenen Urtheils die Zwangsvollstreckung in das Vereinsvermögen erfolgen und auch über das Vermögen des Vereins der Konkurs verhängt werden kann.

Zur Herstellung der Rechtseinheit auch auf diesem Gebiete beantrage ich Zustimmung zu Abs. 1 und 2 und ebenso zu Abs. 3, der für den Fall eine Erleichterung schaffen will, daß zu einem solchen Verein, der die Rechtsfähigkeit erlangen will, Grundstücke gehören und Rechte an solchen, bei welchen seit dem Erwerbe ein längerer Zeitraum verstrichen ist und bei denen der Nachweis des Eigenthums oft schwer zu erbringen ist.

Abg. **von Walter** (Korreferent): Ich habe nichts zu erinnern.

Vorsitzender: Da von keiner Seite das Wort begehrt wird, auch der Herr Korreferent das Wort nicht weiter ergreift, erkläre ich den Artikel 2 für angenommen.

Wir kommen nun zu S. 488.

Artikel 3.

Abg. Dr. **Casselmann** (Referent) (verliest Artikel 3): Der Artikel 170 des Einführungsgesetzes zum Bürgerl. Gesetzbuche bestimmt, daß für ein Schuldverhältniß, daß vor dem Inkrafttreten des Bürgerl. Gesetzbuchs entstanden ist, die bisherigen Gesetze maßgebend bleiben. Hienach würde Artikel 3 des Gesetzes vom 5. Dezember 1867, die Abänderung der gesetzlichen Bestimmungen über die Zinsen betreffend, aufrecht erhalten bleiben, welcher bestimmt, daß die Höhe der gesetzlichen Zinsen, insbesondere Verzugszinsen für das ganze Königreich Bayern bei Verbindlichkeiten aus Handelsgeschäften auf 6 Prozent, bei allen übrigen Verbindlichkeiten auf 5 Prozent festgesetzt wird. Der Entwurf schlägt nun vor, daß entsprechend dem § 246 und dem § 288 Abs. 1 Satz 1 des Bürgerl. Gesetzbuchs für solche Verzugszinsen und gesetzliche Zinsen nur 4 Prozent verlangt werden können. Selbstverständlich bezieht sich das nur auf die Fälle, wo sich der Zinssatz nach der Vorschrift der Landesgesetze bestimmt, insbesondere nicht auf den Zinssatz für Handelsgeschäfte.

Nun heißt es in den Motiven im letzten Absatz zu diesem Artikel: „Für S. 489. den Fall, daß eine Schuld nach Rechtsgeschäft zu verzinsen, über die Höhe der Zinsen aber nichts bestimmt ist, muß es dem vermuthlichen Willen der Parteien entsprechend bei den bisherigen Vorschriften (Art. 3 Abs. 2 des Gesetzes vom 5. Dezember 1867) verbleiben.“ Es wird hier die Frage entstehen, ob es sich nicht empfiehlt, auch hier die Vorschrift des Artikel 3 des Entwurfes gelten zu lassen, d. h. also für solche Fälle, wo durch Rechtsgeschäfte bei einem Schuldverhältnisse vor dem Inkrafttreten des Bürgerl. Gesetzbuchs nicht ein bestimmter Zins, sondern nur der landesübliche Zins zu bezahlen ist, oder wo zwar die Verzinslichkeit einer Schuld stipulirt, aber über die Höhe des Zinsfußes nichts festgesetzt worden ist, auch für diese Verhältnisse den 4prozentigen Zinssatz zu bestimmen.

Wenn in den Motiven gesagt wird, daß der vermuthliche Wille der Parteien in solchen Fällen ausschlaggebend sein solle für die Beibehaltung der bisherigen Vorschrift, so glaube ich, trifft das nicht ganz zu, da heute Niemand mehr unter dem landesüblichen Zins einen 5prozentigen Zinssatz verstehen wird.

Ich möchte daher die Anregung geben, ob nicht dem Artikel 3 ein Abs. 2 des Inhalts beigefügt werden könnte:

> „Die gleiche Vorschrift greift Platz, wenn ein Schuldner den landesüblichen Zins zu zahlen hat, oder wenn nur die Verzinslichkeit der Schuld ohne Bestimmung der Höhe des Zinsfußes festgesetzt wurde.“

Abg. **von Walter** (Korrefent): Artikel 3 des Entwurfes beschränkt sich darauf, die Bestimmungen in §§ 246 und 288 des Bürgerl. Gesetzbuchs auf die gesetzlichen Zinsen und auf die Verzugszinsen anzuwenden, soweit Rechtsverhältnisse in Frage stehen, die vor dem 1. Januar 1900 entstanden sind.

Der letzte Absatz der Motive bezieht sich auf die vertragsmäßigen Zinsen, soweit ich es auffasse, und in der Beziehung, meine ich, würde man doch etwas zu weit gehen, wenn man auf Rechtsgeschäfte, die bereits vor dem 1. Januar 1900 entstanden sind, die Bestimmungen des Bürgerl. Gesetzbuchs ohne Weiteres anwenden würde. Ich habe mir die Sache so vorgestellt, daß der muthmaßliche Wille der Parteien wahrscheinlich seinen Ausdruck dadurch gefunden haben muß, daß bis zum 1. Januar 1900 ein höherer als 4pro-

S. 489. zentiger Zins bezahlt wurde. Und wenn in der Weise sich der muthmaßliche Wille der Parteien bereits ausgedrückt hat, dann, glaube ich, hat die Gesetzgebung doch kaum Anlaß, und ich möchte sogar sagen, kaum ein Recht, sich in den Willen der Parteien hineinzumischen und so zu sagen: Trotz dieses muthmaßlichen Willens, trotz dieses stillschweigend zum Ausdruck gekommenen Parteiwillens sind auch in dem Falle 4 Prozent Zinsen zu entrichten. Ich weiß auch nicht, ob wir dem Schuldner eine große Gefälligkeit mit einer derartigen Bestimmung erweisen würden, weil ja unter Umständen der Schuldner nicht die Sicherheit bietet, die er bieten sollte, und weil gerade deßhalb bisher ein höherer Zins entrichtet wurde, um den Gläubiger einigermaßen für den Mangel einer ausreichenden Sicherheit zu entschädigen, und der Gläubiger, wenn er die 4prozentige Verzinsung dem Schuldner nicht gestatten will, wohl das Kapital kündigen wird und der Schuldner dadurch in mißliche Verhältnisse geräth.

Ich glaube daher, daß wir uns auf die vertragsmäßigen Zinsen nicht weiter einlassen, sondern sagen, daß hier nur die gesetzlichen und Verzugs-Zinsen im Sinne des Bürgerl. Gesetzbuchs behandelt werden sollen.

Senatspräsident Dr. **von Jacubezky:** Ich erachte es mit dem Herrn Korreferenten für bedenklich, die Vorschrift des Entwurfes auf die vereinbarten oder etwa durch Testament bestimmten Zinsen auszudehnen. Die Sachlage ist bei diesen Zinsen eine andere. Die gesetzliche Zinspflicht entsteht in jedem Augenblicke neu, solange die Thatsachen bestehen, die nach dem Gesetze die Zinspflicht begründen, und es ist deßhalb sachgemäß, daß der Zinsfuß maßgebend ist, den das jeweils geltende Recht bestimmt. Die auf Rechtsgeschäft beruhende Zinspflicht ist eine einheitliche, die Zinspflicht ist in dem Zeitpunkt entstanden, in dem das Rechtsgeschäft wirksam geworden ist, und behält, solange sie besteht, den durch das Rechtsgeschäft bestimmten Inhalt. Dabei macht es keinen wesentlichen Unterschied, ob in dem Rechtsgeschäfte der Zinssatz genannt worden ist, oder ob er deßhalb nicht genannt worden ist, weil das Gesetz die erforderliche ergänzende Bestimmung enthält. Es ist gleichgiltig, ob die Parteien Zinsen von bestimmter Höhe oder die Zinsen vereinbart haben, die nach dem Gesetze zu entrichten sind, wenn nichts Besonderes vereinbart ist. Soweit die Vereinbarung durch das Gesetz ergänzt wird, ist sie als mit dem Inhalte getroffen anzusehen, den das zur Zeit der Vertragschließung geltende Gesetz bestimmt. Wir würden in erworbene Rechte eingreifen, wenn wir auch die durch Rechtsgeschäft bestimmten Zinsen auf 4 Prozent herabsetzten, sofern die Bestimmung des Zinssatzes nicht durch das Rechtsgeschäft selbst erfolgt, sondern der ergänzenden Vorschrift des Gesetzes überlassen worden ist. Der Herr Korreferent hat auch mit Recht gesagt, daß wir damit dem Schuldner vielleicht keinen Gefallen erweisen, weil die Herabsetzung der Zinsen den Gläubiger zu einer Maßregel veranlassen könnte, die dem Schuldner nicht erwünscht ist. Ich meine, wir sollten Alles vermeiden, was geeignet ist, Beunruhigung zu verursachen, zumal in Fragen, denen eine besondere Bedeutung nicht zukommt. Die Zahl der Fälle, um die es sich bei dem Vorschlage des Herrn Referenten handelt, wird keine große sein, sie ist gewiß nicht eine so große, daß die Gesetzgebung veranlaßt ist, einzugreifen. Es ist nicht üblich, Zinsvereinbarungen ohne ausdrückliche Bestimmung des Zinssatzes zu treffen; man sagt nicht: ich will Zinsen zahlen, ohne daß man sagt, wie viel. Ebensowenig pflegt man landesübliche Zinsen zu versprechen. Wir werden dem Bedürfnisse Genüge leisten, wenn wir eine Vorschrift für

die gesetzlichen Zinsen geben; für die rechtsgeschäftlichen Zinsen wird es den S. 489.
Vorzug verdienen, die erworbenen Rechte unberührt zu lassen.

Abg. **Fuchs:** Ich erlaube mir die Anfrage, ob die Höhe der in rechtskräftigen Urtheilen festgesetzten Zinsen, die in der Regel 5 Prozent beträgt, mit dem Inkrafttreten des Bürgerl. Gesetzbuchs verbleibt oder auf den künftigen gesetzlichen Zinsfuß von 4 Prozent ermäßigt wird.

Senatspräsident Dr. **von Jacubezky:** Die Prozeß- und Urtheilszinsen sind gesetzliche Zinsen, sie werden daher durch den Artikel 3 auf 4 vom Hundert herabgesetzt. Das Urtheil hat nicht die Bedeutung, das es die Berücksichtigung einer Aenderung des Gesetzes ausschließt. Das Urtheil, durch welches der Schuldner zur Zahlung von Zinsen verurtheilt wird, ist eines von denen, die eine künftige Schuld zum Gegenstand haben; der Schuldner
wird verurtheilt, bevor die Schuld entstanden ist. Eine Verurtheilung || zu S. 490.
künftig fällig werdenden Leistungen kommt auch bei anderen wiederkehrenden Leistungen vor, insbesondere bei den Unterhaltsbeiträgen. Diese Urtheile setzen voraus, daß eine wesentliche Aenderung der Umstände, von denen die Leistungspflicht für die Zukunft abhängt, nicht eintritt, sie verurtheilen den Schuldner zu dem, was er schuldig sein wird, wenn die Umstände die gleichen bleiben, in der Voraussetzung, daß die Umstände die gleichen bleiben werden. Tritt eine wesentliche Aenderung der Umstände ein, so verliert das Urtheil für die Zukunft seine Grundlage und kann deßhalb die Aenderung beantragt werden. Im § 323 der Civilprozeßordnung ist für diesen Fall eine Klage auf entsprechende Abänderung des Urtheils zugelassen. Als eine wesentliche Aenderung der maßgebenden Verhältnisse muß auch eine wesentliche Aenderung der Gesetzgebung angesehen werden.

Ich darf bei diesem Anlasse wohl darauf aufmerksam machen, daß es sich ebenso wie mit den Urtheilszinsen mit der Unterhaltspflicht der väterlichen Großeltern eines unehelichen Kindes verhält, die fast nur in Bayern noch besteht und von dem Bürgerl. Gesetzbuche nicht anerkannt wird. Nach Artikel 208 des Einführungsgesetzes zum Bürgerl. Gesetzbuch erlischt sie am 1. Januar 1900. Die väterlichen Großeltern, die nach den bisherigen Vorschriften verurtheilt worden sind, ihren unehelichen Enkeln Unterhalt zu gewähren, werden nach § 323 der Civilprozeßordnung auf Aufhebung der Verurtheilung klagen können. Das Urtheil hat selbstverständlich die Unterhaltspflicht nicht auch für den Fall feststellen wollen, daß später eine Aenderung der Gesetzgebung eintritt, welche die Unterhaltspflicht für die Zukunft aufhebt, es hat vielmehr die Fortdauer der gesetzlichen Unterhaltsflicht vorausgesetzt und auf Grund dieser Voraussetzung die Großeltern verurtheilt.

Abg. **Conrad:** Der Herr Senatspräsident hat, wenn ich ihn recht verstanden habe, bemerkt, daß auch diejenigen Zinsen, die auf Grund eines Vertrages entstehen des Inhalts, daß eben die gesetzlichen Zinsen gelten sollen, jeweils als vertragsmäßige Zinsen zu behandeln und zu betrachten seien. Nun bin ich mir nicht klar, ob in einem solchen Falle — angenommen einen Zeitpunkt, in welchem 5% der gesetzliche Zinsfuß war — wenn nun dieser Zinsfuß sich ändert und auf 4% herabsinkt, von diesem Moment an als ursprünglich vereinbarter Zins der 4%ige gemeint sei. Ich weiß überhaupt nicht, ob die Frage, so gestellt, bestimmt beantwortet werden kann, weil ich mir denken kann, daß es auf die besonderen Umstände ankommt, nach welchen der konkrete Vertragswille zu ermitteln sein wird. Aber diese Fälle sind nicht

S. 490. so selten und es dürfte eine Erörterung hierüber doch zur näheren Kennzeichnung der Bestimmung, die wir treffen wollen, angezeigt sein.

Senatspräsident Dr. **von Jacubezky:** Wenn der Vertrag wirklich in dem Sinne geschlossen ist, daß für die Höhe der zu entrichtenden Zinsen der jeweils geltende gesetzliche Zinssatz maßgebend sein soll, so ist selbstverständlich vom 1. Januar 1900 an der Zinsfuß von vier vom Hundert maßgebend. Aber ich zweifle, ob solche Verträge im Leben vorkommen. Wenn die Parteien eine Vereinbarung treffen, die der Ergänzung durch eine gesetzliche Vorschrift bedarf, so kann nur das jetzige, das zur Zeit der Vertragschließung geltende Recht zur Ergänzung herangezogen werden. Die Parteien wollen ein Geschäft schließen, das sofort fertig ist, aus dem sich ein für allemal bestimmte Rechte und Verbindlichkeiten ergeben, sie denken nicht daran, daß eine künftige Aenderung der Gesetzgebung auch den Inhalt ihrer Vereinbarung ändern solle. Die neuen Gesetze haben gerade deßwegen grundsätzlich nicht rückwirkende Kraft, weil die Betheiligten darauf gerechnet haben, daß ihre Rechtsverhältnisse sich nach den Gesetzen bestimmen, unter deren Herrschaft sie entstanden sind.

Abg. Dr. **Casselmann** (Referent): Ich muß ja zugeben, wie von Seite des Herrn Senatspräsidenten betont wurde, daß meine Anregung in der Praxis keine allzu große Bedeutung haben wird, weil die Fälle, die ich im Auge habe, selten vorkommen. Wenn aber sowohl vom Herrn Korreferenten als vom Herrn Senatspräsidenten gegen meine Anregung in's Feld geführt wurde, daß man hier über den vermuthlichen Parteiwillen hinausgehe, ja, daß man in wohlerworbene Rechte eingreife, so muß ich darauf Einiges erwidern. Was den Eingriff in den Parteiwillen anlangt, so liegt dieser mir durchaus fern. Es fällt mir gar nicht ein, wenn vertragsmäßig ein gewisser Zinssatz festgesetzt worden ist, denselben nun herabzusetzen. Nur glaube ich, daß in den Fällen, von denen Artikel 3 Abs. 2 des Gesetzes vom 5. Dezember 1867 spricht, der Parteiwille auf 5% in unseren Tagen nicht mehr gegangen ist. Ich behaupte, daß, wenn heute Jemand landesübliche Zinsen vereinbart, oder Jemand mit einem Anderen einen Vertrag dahin abschließt, daß er ihm Zinsen zahlen wolle, ohne daß ein bestimmter Zinsfuß ausgemacht ist, daß er dabei kaum an 5% denkt. Ich lege übrigens, nachdem ich von anderer Seite nicht unterstützt worden bin, der Sache nicht die Bedeutung bei, daß ich einen förmlichen Antrag stelle.

Abg. **von Walter** (Korreferent): Die Aeußerung des Herrn Referenten, daß der landesübliche Zinsfuß ein anderer sei als der im Gesetze vom Jahre 1867 bestimmte, ist doch kaum zutreffend. Es gibt ja dafür keinen Anhaltspunkt, landesüblich sind verschiedene Zinsfuße. Wir haben ja auch 6%, wir haben noch höhere und auch niedrigere Zinsen. Also muß doch für den Begriff des landesüblichen Zinses irgend eine Feststellung, ein Anhaltspunkt bestehen und der liegt nach meinem Dafürhalten, wie der Herr Senatspräsident ausgeführt hat, in dem bisherigen Gesetz.

Allein abgesehen davon veranlassen mich die übrigen Ausführungen noch zu einigen Aeußerungen. Ich glaube, den Herrn Abg. Fuchs etwas anders verstanden zu haben als der Herr Senatspräsident in Bezug auf die richterlichen Urtheile. Ich glaube nicht, daß der Herr Abg. Fuchs an die Fälle gedacht hat, in welchen künftig Zinsen festgestellt werden, sondern an die Urtheile, in welchen die Verpflichtung des Schuldners ausgesprochen wird, das Kapital und die 5%igen Verzugszinsen zu zahlen, und da glaube ich, daß allerdings vom 1. Januar 1900 an der Richter keine höheren als 4%ige

Verzugszinsen in seinem Urtheil aussprechen kann, daß aber ein Urtheil, das S. 490.
bereits vor dem 1. Januar 1900 erlassen worden ist und in welchem die Verpflichtung zur Leistung 5%iger Verzugszinsen ausgesprochen worden ist, auch nach dem 1. Januar 1900 vollstreckbar ist. Die Zinsen müssen ja jetzt nach dem dermaligen landesüblichen Zinsfuße zuerkannt werden und sind deßhalb 5%.

Was nun die weitere Frage betrifft, welche der Herr Senatspräsident auch noch gestreift hat, nämlich die Anerkennung der Verpflichtung des väterlichen Großvaters zur Alimentirung eines außerehelichen Kindes, so war ich bisher allerdings der Meinung, daß für außereheliche Kinder, die vor dem Jahre 1900 geboren sind, auch der väterliche Großvater für die Alimente
über das Jahr 1900 hinaus zu haften || habe. Es ist das eine sehr kitzliche S. 491.
Frage, aber in dem Augenblick, in dem das Kind geboren wird, gilt noch das jetzige Recht und ist auch der Großvater zur Alimentenleistung verpflichtet. Unter allen Umständen aber, selbst wenn diese Ansicht nicht richtig ist, werden noch nach dem Jahre 1900 von dem väterlichen Großvater des Kindes die Alimente verlangt werden können, die bis 1900 fällig sind.

Die anderen Fragen will ich im Augenblick nicht weiter urgiren; aber der Herr Senatspräsident überschaut ja die Bestimmungen des bürgerlichen Rechtes vollständiger, als mir bei meinem Studium bisher möglich war, sie zu übersehen. Ich will aber auf die Frage nicht näher eingehen. In der Beziehung wird ja eine weitere Erklärung des Herrn Senatspräsidenten vielleicht dazu führen, mich weiter aufzuklären.

Unter allen Umständen meine ich, daß erstens die Alimente eines außerehelichen Kindes vom väterlichen Großvater, soweit sie bereits vor dem Jahre 1900 fällig sind, nach dem 1. Januar 1900 fortgeleistet werden müssen, und zweitens, daß, wenn in einem am 30. Dezember 1899 zu erlassenden Urtheile der Schuldner zur Zahlung von 5% Zinsen verurtheilt wird, dieses Urtheil auch nach dem 1. Januar 1900 in seinem vollen Inhalt vollstreckbar ist.

Abg. Joseph **Geiger:** Ich schließe mich der Anschauung des Herrn Vorredners an. Ich würde es für sehr bedenklich halten — wir werden später, glaube ich, noch darauf zurückkommen —, zu sagen, daß das Kind, welches vor dem 1. Januar 1900 geboren ist und das in Bezug auf seinen Unterhalt nicht so fast auf seinen natürlichen Vater, sondern auf seinen Großvater angewiesen ist, seinen vielleicht rechtskräftig zuerkannten Anspruch verliere, sonach die beste Garantie seines Fortkommens mit dem Eintritt der Geltung des Bürgerl. Gesetzbuchs preisgeben müsse.

Weßhalb ich um das Wort gebeten habe, ist, zu konstatiren, daß die Erklärung des Herrn Senatspräsidenten bezüglich der in den rechtskräftigen Urtheilen ausgesprochenen Zinsleistungen von sehr weittragender Bedeutung ist. Wenn in einem Falle, wie ihn der Herr Senatspräsident auch angeführt hat, vor dem Jahre 1900 in einem Urtheile zwar nicht die Fälligkeit der Schuld ausgesprochen, wohl aber die Verzinslichkeit der Schuld bis zum Tage der Fälligkeit erklärt ist, und zwar wenn es dort heißt: „mit 5% zu verzinsen", so wird es, glaube ich, doch sehr eingreifend sein, wenn mit dem 1. Januar 1900 diese 5% sich in 4% verwandeln. Ich weiß auch nicht, wie es mit der Vollstreckung dieses Urtheils dann gehalten werden soll. Ist dann der Betreffende verpflichtet, ein neues Urtheil, eine Abänderung des bestehenden Urtheils mit Rücksicht auf die Aenderung der Gesetzgebung zu erwirken, und ist der Beamte kraft des Gesetzes verpflichtet, dieses Urtheil

S. 491. nunmehr auf das geringere Maß, beispielsweise statt auf 5% auf 4% Zinsen zu reduziren?

Ich betone, daß ich glaube, daß die abgegebene Erklärung von sehr großer Bedeutung für das Rechtsleben sein wird. Ich habe wirklich einigermaßen Bedenken, ob diese Auffassung, wie sie der Herr Regierungskommissär vertritt, festgehalten werden kann.

Senatspräsident Dr. **von Jacubezky:** Es handelt sich lediglich um die Auslegung des § 323 der Civilprozeßordnung. Was diese Urtheile von den übrigen unterscheidet, ist, wie ich vorhin bemerkt habe, daß das Urtheil ergeht, b vor die Schuld entstanden ist. Es liegt zwar ein Verhältniß vor, aus dem die Verbindlichkeit entstehen kann, aber sie ist noch nicht entstanden. Wenn das Urtheil bestimmt, daß 5% Verzugszinsen zu entrichten sind, so ist es ein wesentliches Element dieser Bestimmung, daß das Gesetz die Höhe der Verzugszinsen auf 5% festsetzt. Werden nun durch ein neues Gesetz für die Zeit vom 1. Januar 1900 an die Verzugszinsen auf 4% ermäßigt, so kann das früher erlassene Urtheil nicht dahin ausgelegt werden, daß der Schuldner nicht berechtigt sei, sich auf das neue Gesetz zu berufen, es hat nicht die festgestellte Zinspflicht, soweit sie an sich unter das neue Gesetz fällt, der Einwirkung des neuen Gesetzes entzogen. Die Verpflichtung, 5% zu entrichten, ist nur auf Grund des bisherigen Rechtes festgestellt worden, und die Feststellung muß auf Antrag für die Zeit, für welche nur 4% zu entrichten sind, geändert werden.

Ebenso verhält es sich mit der Unterhaltspflicht der väterlichen Großeltern. Der Artikel 208 des Einführungsgesetzes bestimmt die rechtliche Stellung eines vor dem Inkrafttreten des Bürgerl. Gesetzbuchs geborenen unehelichen Kindes vom Inkrafttreten des Bürgerl. Gesetzbuchs an nach dessen Vorschriften, mit einer Ausnahme, die für die väterlichen Großeltern nicht in Betracht kommt. Die väterlichen Großeltern stehen nach den Vorschriften des Bürgerl. Gesetzbuchs zu dem unehelichen Kinde in keinem Rechtsverhältnisse, aus dem sich eine Verpflichtung zur Gewährung von Unterhalt ergibt, sie sind also vom 1. Januar 1900 an nicht mehr unterhaltspflichtig. Dieß ist in den Motiven zu dem Artikel 126 des Entwurfs I des Einführungsgesetzes ausdrücklich anerkannt. Die väterlichen Großeltern, die noch nicht verurtheilt sind, können zu Leistungen für die Zukunft nicht mehr verurtheilt werden, und diejenigen, die auf Grund der bisherigen Vorschriften verurtheilt sind, können sich im Wege der Klage darauf berufen, daß die festgestellte Unterhaltspflicht sich für die Zukunft aus dem Verhältniß, als dessen Wirkung sie festgestellt worden ist, nicht mehr ergibt. Das Urtheil hat nur die Wirkungen festgestellt, die sich aus dem Verhältnisse zwischen den väterlichen Großeltern und dem unehelichen Kinde nach dem bisherigen Rechte ergeben, aber nicht diesem Verhältnisse die von dem bisherigen Rechte bestimmten Wirkungen auch für die Zeit beigelegt, zu welcher dieses Verhältniß in Folge einer Aenderung des Gesetzes solche Wirkungen nicht mehr hat. Für die Vergangenheit, für die Zeit vor dem 1. Januar 1900, bleiben die entstandenen Verbindlichkeiten so bestehen, wie sie entstanden sind, auf die frühere Zeit wirkt das neue Recht nicht zurück.

Indessen sind das Fragen, die von der Rechtsprechung zu entscheiden sind, und was wir hier erörtern, sind nur unsere Ansichten; wir müssen es dahin gestellt sein lassen, inwieweit diese Ansichten von den Gerichten gebilligt werden.

Abg. **Lerno:** Wenn ich den Verlauf der jetzigen Diskussion über diese S. 491. beiden für die Praxis und künftige Rechtsprechung außerordentlich wichtigen Punkte richtig aufgefaßt habe, so wird zunächst für die erste Frage bezüglich der Haftbarkeit des Großvaters hinsichtlich der Alimentation für uneheliche Kinder der Artikel 208 des Einführungsgesetzes zum Bürgerl. Gesetzbuch in Betracht kommen, wonach bis zum 1. Januar 1900 die Bestimmungen des bayerischen Landrechts gelten und nach diesem Zeitpunkt die neuen Vorschriften des Bürgerl. Gesetzbuchs in Kraft treten. Ist nun der Fall eingetreten, daß ein solcher Großvater durch ein vor dem 1. Januar 1900 ergangenes Urtheil über diesen Termin hinaus zur Alimentation bis zum 14. Lebens || jahre des Kindes verurtheilt worden ist, so wird dieses Urtheil S. 492 allerdings auch über den 1. Januar 1900 fortwirken, so lange, bis er nicht selbst die Handhabe, welche ihm § 323 der Civilprozeßordnung darbietet, ergreift und sich von dieser judikatmäßigen Verpflichtung, soweit sie ihn auch noch nach dem 1. Januar 1900 bindet, wieder durch Richterspruch befreien läßt.

In dem anderen Falle, den der Herr Kollege Fuchs angeregt hat, bezüglich der in einem vor dem 1. Januar 1900 ergangenen Urtheil ausgesprochenen judikatmäßigen Zinsen müssen wir zwei Gattungen von Fällen unterscheiden.

Die erste Gattung, welche unendlich häufiger sein wird, ist die, wo es sich um vertragsmäßige Zinsen handelt, wo also der Richter die Verzinsung der judikatmäßigen Schuld auf Grund eines vorliegenden Vertrages oder sonstigen zweiseitigen Rechtsgeschäftes ausgesprochen hat. In diesem Falle wird es nach dem 1. Januar 1900 bei dieser judikatmäßigen Verzinsung bleiben. Lautete der Vertrag ohne Anführung eines ziffermäßigen Zinsfußes lediglich auf die Verpflichtung zur Zahlung landesüblicher Zinsen, so wird es gemäß Abs. 2 der Motive zu Artikel 3 der gegenwärtigen Vorlage gleichfalls bei den auf Grund des Gesetzes vom 5. Dezember 1867 im Urtheil ausgesprochenen Zinsen sein Verbleiben haben müssen.

In den anderen, viel seltener vorkommenden Fällen, wo ein solches Vertrags- oder Rechtsverhältniß nicht besteht und bezüglich der Zinsen eine bestimmte Abmachung nicht vorlag — das wird praktisch am meisten vorkommen in den Fällen, wo es sich um Entschädigung aus unerlaubten Handlungen gedreht hat — in diesen Fällen wird der Verurtheilte, wenn in dem vor dem 1. Januar 1900 ergangenen Urtheile die übliche fünf- oder eine mehrprozentige Verzinsung der Schuldsumme ausgesprochen ist, diese judikatmäßigen Zinsen so lange fortbezahlen müssen, bis er — wiederum in Anwendung des § 323 der Civilprozeßordnung — die Ermäßigung auf den gesetzlichen Zinsfuß auf Grund des inzwischen in Kraft getretenen Bürgerl. Gesetzbuchs im Wege der Klagestellung anstrebt.

So glaube ich, diese Fragen richtig beurtheilt zu haben.

Vorsitzender: Ich glaube, darüber herrscht Einstimmigkeit; da weder der Herr Referent noch der Herr Korreferent weiter etwas zu bemerken haben, kann ich die Zustimmung zu Artikel 3 konstatiren.

Artikel 4.

Abg. Dr. **Casselmann** (Referent) (verliest Artikel 4): Der Artikel 171 des Einführungsgesetzes zum Bürgerl. Gesetzbuche bestimmt, daß in den Fällen, in denen eine Sache, die zur Zeit des Inkrafttretens des Bürgerl. Gesetzbuchs vermiethet oder verpachtet war, nach dieser Zeit veräußert oder mit einem Recht belastet wird, der Miether oder Pächter dem neuen Erwerber gegenüber

S. 492. die in den §§ 571 bis 579 des Bürgerl. Gesetzbuchs bestimmten Rechte hat. Es gilt in diesem Falle also vor Allem der Grundsatz des § 561: Kauf bricht nicht Miethe. Weitere Rechte bleiben unberührt, unbeschadet der Vorschriften des Artikels 171.

Nun gibt das Bürgerl. Gesetzbuch auch Vorschriften für den Fall, daß der Nießbraucher ein Grundstück über die Dauer des Nießbrauchs hinaus vermiethet oder verpachtet, und diese Vorschriften enthält der § 1056. Derselbe bestimmt, daß im Allgemeinen jene Vorschriften Anwendung finden, die im Falle einer freiwilligen Veräußerung des vermietheten oder verpachteten Grundstücks an einen neuen Erwerber gelten, mit der Besonderheit, daß dem neuen Eigenthümer innerhalb der Kündigungsfrist ein ausschließliches Kündigungsrecht zusteht, welches nur dann erlischt, wenn sich der Eigenthümer auf Aufforderung innerhalb der im Gesetze angegebenen Frist nicht erklärt hat, ob er von diesem Rechte Gebrauch machen will. Ich bemerke, daß dem Miether ein besonderes Kündigungsrecht nicht zusteht. Dieser § 1056 findet entsprechende Anwendung auf die Mieth- und Pachtverhältnisse der §§ 1423, 1546 Abs. 3, 1550 Abs. 2, 1636, 1686 und 2135. Das Einführungsgesetz läßt es für den Fall, daß ein Nießbraucher oder Nutznießer, dessen Recht sich nach dem bisherigen Gesetze bemißt, ein Grundstück über die Dauer seines Rechtes hinaus vermiethet oder verpachtet hat, sei es vor oder nach Inkrafttreten des Bürgerl. Gesetzbuchs, und die Dauer dieses Rechtes nach dem Inkrafttreten des Bürgerl. Gesetzbuchs ihre Endigung findet, bei den bisherigen Gesetzen. Der Entwurf schlägt vor, die Bestimmungen des Bürgerl. Gesetzbuchs auch in diesen Fällen für anwendbar zu erklären.

Ich beantrage unter Bezugnahme auf die Ausführungen der Motive Zustimmung zu dem Artikel.

Abg. **von Walter** (Korreferent): Ich habe nichts zu erinnern.

Vorsitzender: Ich kann konstatiren, daß Artikel 4 angenommen ist.

Artikel 5.

Abg. Dr. **Casselmann** (Referent) (verliest Artikel 5): Bezüglich des Einflusses der Zwangsversteigerung oder der Zwangsverwaltung eines vermietheten oder verpachteten Grundstücks auf das Mieth- oder Pachtverhältniß sind verschiedene Fälle denkbar: einmal für die Zeit nach Anlegung des Grundbuchs und dann für die Zeit zwischen dem Inkrafttreten des Bürgerl. Gesetzbuchs und der Anlegung des Grundbuchs. Was den ersten Fall anlangt, so gelten für die Mieth- und Pachtverhältnisse, für welche das Bürgerl. Gesetzbuch maßgebend ist, die §§ 57 und 152 Abs. 2 des Gesetzes über die Zwangsversteigerung und die Zwangsverwaltung und Artikel 37 des Entwurfes eines Ausführungsgesetzes zur Grundbuchordnung, während für diejenigen Fälle, für welche die bisherigen Vorschriften maßgebend bleiben, der Artikel 29 des Ausführungsgesetzes zur Grundbuchordnung in Betracht kommt.

Soweit der Zeitraum zwischen dem Inkrafttreten des Bürgerl. Gesetzbuchs und der Anlegung des Grundbuchs in Frage kommt, so sind da einmal zu unterscheiden die Fälle, bei denen für die Mieth- oder Pachtverhältnisse das bisherige Recht maßgebend bleibt. Für diese soll es bis zur Anlegung des Grundbuchs auch in Ansehung des Einflusses der Zwangsversteigerung und Zwangsverwaltung bei dem bisherigen Rechte verbleiben. Wenn sich aber das Mieth- und Pachtverhältniß nach dem Bürgerl. Gesetzbuch richtet, sei es daß der Vertrag unter der Herrschaft des Bürgerl. Gesetzbuchs ein-

gegangen wurde, sei es daß das Bürgerl. Gesetzbuch nach Artikel 171 des S. 492.
Einführungsgesetzes zum Bürgerl. Gesetzbuche gilt, so könnte für diese Fälle das Landesrecht bestehen bleiben. Es ist nun in den Motiven schon darauf hingewiesen, daß dieses Landesrecht verschieden ist, je nachdem das preußische Landrecht oder das französische Recht oder der Landtagsabschied vom 18. Februar 1821 gilt. Es wird der Vorschlag gemacht, für diese Fälle für die || Zeit S. 493.
zwischen dem Inkrafttreten des Bürgerl. Gesetzbuchs und der Anlegung des Grundbuchs die §§ 57 und 152 Abs. 2 des Gesetzes über die Zwangsversteigerung und die Zwangsverwaltung gelten zu lassen. Der § 57 bestimmt nämlich, daß, wenn das Grundstück einem Miether oder Pächter überlassen ist, die Vorschriften des Bürgerl. Gesetzbuchs Anwendung finden, welche von den Folgen einer freiwilligen Veräußerung sprechen, nur daß in diesem Falle dem Ersteher ein Kündigungsrecht unter Einhaltung der gesetzlichen Frist zugestanden ist. Ich beantrage Zustimmung zu diesem Artikel.

Abg. **von Walter** (Korreferent): Ich schließe mich dem Antrage des Herrn Referenten, der vollständig begründet ist, an.

Vorsitzender: Das Wort wird nicht begehrt; Artikel 5 ist angenommen.

Artikel 6.

Abg. Dr. **Casselmann** (Referent) (verliest Artikel 6): Dieser Artikel ersetzt den Artikel 69 Abs. 1 des Ausführungsgesetzes zur Civilprozeßordnung und Konkursordnung, soweit derselbe noch in Frage kommt.

Aus den Motiven, die sehr kurz gehalten sind, findet man sich nicht sehr leicht zurecht, und ich möchte bitten, mir zu sagen, ob ich die Sache richtig auffasse, wenn ich im Folgenden darlege, auf welche Urkunden sich Artikel 6 bezieht.

Es kommen nicht in Betracht

1. die vor dem Inkrafttreten des Bürgerl. Gesetzbuchs ausgestellten Urkunden auf den Inhaber, auf welche Artikel 6 überhaupt nicht Anwendung findet;

2. die in § 808 des Bürgerl. Gesetzbuchs bezeichneten Urkunden, die sogenannten qualifizirten Legitimationsurkunden;

3. die aus der Zeit vor dem Inkrafttreten des Bürgerl. Gesetzbuchs stammenden Aktien;

4. die nicht auf Namen lautenden Schuldverschreibungen des Staates, für welche in den Artikeln 43, 48, 60 des Entwurfes eines Ausführungsgesetzes zum Bürgerl. Gesetzbuche Bestimmungen getroffen sind.

Es bleiben also übrig für den Artikel 6 nur die auf den Namen des Berechtigten ausgestellten Urkunden anderer Art, insbesondere die auf den Namen lautenden Staatsschuldverschreibungen.

Wenn diese meine Auffassung richtig ist, beantrage ich die Zustimmung zu Artikel 6.

Abg. **von Walter** (Korreferent): Ich habe gegen Artikel 6 nichts einzuwenden. Aus den Motiven zu Artikel 47, 48, 50 des Entwurfes eines Ausführungsgesetzes zum Bürgerl. Gesetzbuche sowie zu Artikel 33 des Gesetzentwurfes, die Aenderungen der seit 1818 erlassenen Gesetze betreffend, habe ich auch nichts Anderes herauszulesen vermocht als der Herr Referent.

Senatspräsident Dr. **von Jacubezky:** Die Bemerkung des Herrn Referenten ist richtig. Es handelt sich in der That nur um die von ihm genannten Urkunden.

S. 493. **Vorsitzender:** Es wird von keiner Seite mehr das Wort begehrt; Artikel 6 ist angenommen.

Artikel 7.

Abg. Dr. **Casselmann** (Referent) (verliest Artikel 7): Artikel 7 will die Bestimmungen des Bürgerl. Gesetzbuchs über die Vorlegungsfristen und Verjährung bei Schuldverschreibungen auf den Inhaber auch auf jene Schuldverschreibungen auf den Inhaber ausdehnen, welche vor dem Inkrafttreten des Bürgerl. Gesetzbuchs ausgestellt wurden und für welche nach Artikel 174 und 175 des Einführungsgesetzes zum Bürgerl. Gesetzbuche die Landesgesetze maßgebend bleiben.

Was nun die bestehenden Vorschriften anlangt, so ist in den Motiven schon darauf hingewiesen, daß eine einheitliche Regelung dieser Materie nur für die Verjährung in Ansehung der Staatsschuldverschreibungen und zwar durch das Gesetz vom 29. September 1861 erfolgt ist, daß aber für die übrigen Schuldverschreibungen die einzelnen Landesgesetze maßgebend bleiben und daß bezüglich der Verjährung von Zinsforderungen neben dem Gesetze vom 29. September 1861 in den Landestheilen rechts des Rheins das Gesetz vom 26. März 1859 über die Verjährung und in der Pfalz der Artikel 2277 des Code civil maßgebend sind.

Der Artikel 1 des Gesetzes vom 29. September 1862 läßt nur solche Kapitalsforderungen an das Staatsärar, die sich auf Schuldurkunden der Staatsschuldentilgungsanstalt gründen, in 30 Jahren von dem Tage an gerechnet, an welchem die Zahlung fällig wurde, verfallen. Die Artikel 6 und 7 schließen die Wiedereinsetzung in den vorigen Stand aus und erstrecken die Wirkung einer Mahnung oder Anerkennung auf die Verjährung.

Der Artikel 7 will nun den § 801 des Bürgerl. Gesetzbuchs an die Stelle dieses Artikels setzen. In diesem Paragraphen ist bei Ansprüchen aus einer Schuldverschreibung auf den Inhaber eine Verlegungsfrist von 30 Jahren bestimmt, an welchen sich noch eine zweijährige Anspruchsverjährung schließt.

Es ist daraus zu ersehen, daß sich dieser § 801 Abs. 1 materiell nicht wesentlich unterscheidet von Artikel 1 des Gesetzes vom 29. September 1861, nur daß zur Vorlegungsfrist noch eine zweijährige Anspruchsverjährung kommt.

Der § 801 Abs. 2 bestimmt, daß die Vorlegungsfrist bei Zins-, Renten- und Gewinnantheilscheinen vier Jahre beträgt und die Frist mit Schluß des Jahres, in welchem die Leistung eintritt erlischt. Nun empfiehlt es sich, diese Frist von fünf Jahren nach dem Gesetze vom 29. September 1861 durch die Frist von vier Jahren nach dem § 801 des Bürgerl. Gesetzbuchs zu ersetzen. Es will der Entwurf aber nicht nur das Gesetz vom 29. September 1861 aufheben, sondern er will bezüglich aller Schuldverschreibungen auf den Inhaber dem § 801 des Bürgerl. Gesetzbuchs Geltung verschaffen. Es wird dieses keinem Bedenken unterliegen, da die Forderungen der meisten Kreditinstitute in 30 Jahren verjähren, z. B. die Forderungen aus den Pfandbriefen der Bayerischen Hypotheken- und Wechselbank, der Süddeutschen Bodenkreditbank, der Süddeutschen Vereinsbank u. s. w. Auch die Schuldverschreibungen der meisten Städte verjähren in 30 Jahren; in Aschaffenburg und Lohr verjähren sie in 10 Jahren, aber das sind verschwindende Ausnahmen. Und was die vierjährige Verjährungsfrist für die Zinsen betrifft, so gilt für Anlehen der meisten bayerischen Städte dieselbe Bestimmung wie nach dem Gesetze vom 29. September 1861. Aschaffenburg hat eine vierjährige, Haßfurt eine
S. 494. zehnjährige Ver‖jährungsfrist für die Zinsscheine; die Zinsscheine der Bayerischen Hypotheken- und Wechselbank verjähren in fünf Jahren.

Ich kann mich also mit dem Vorschlage der Ausdehnung der Bestimmung des § 801 Abs. 1 und 2 auf alle diese Schuldverschreibungen, die vor Einführung des Bürgerl. Gesetzbuchs ausgestellt sind, einverstanden erklären. S. 494.

In § 801 Abs. 3 ist die Bestimmung getroffen, daß die Dauer und der Beginn der Vorlegungsfrist vom Aussteller in der Urkunde anders bestimmt werden kann. Der Entwurf will nun für diese Fälle, wo auf der Urkunde oder in dem Zins-, Renten- oder Gewinnantheilscheine über die Einlösungs- oder Vorlegungsfrist eine besondere Bestimmung getroffen ist, die abweicht von § 801 Abs. 2, daß die Bestimmung als eine „anderweitige Festsetzung der Vorlegungsfrist" im Sinne des § 801 Abs. 3 zu gelten hat. Auch hiegegen ist nichts zu erinnern.

Es will der Entwurf aber auch die Bestimmung des § 803, welcher von den Zinsscheinen handelt, übernehmen. Der Gedanke, welche Bedeutung die zu den Schuldurkunden gehörigen noch nicht fälligen Zinsabschnitte haben, ist nach dem bayerischen Rechte bezüglich dieser Staatsschuldverschreibungen derselbe wie der in § 803 des Bürgerl. Gesetzbuchs zum Ausdruck gebrachte. Es soll also dieser § 803 für die hier in Frage kommenden Schuldverschreibungen zur Anwendung gelangen.

In Artikel 48 des Entwurfes eines Ausführungsgesetzes zum Bürgerl. Gesetzbuch ist darauf hingewiesen, daß die Vorschriften der Artikel 42 bis 47 auch für Staatsschuldverschreibungen, deren Umschreibung auf den Namen des Gläubigers vor dem Inkrafttreten des Bürgerl. Gesetzbuchs erfolgt ist, Anwendung finden. Wenn ich den Artikel 48, den ich soeben angezogen habe, richtig verstehe, so bezieht sich derselbe nur auf solche Ansprüche, die nach dem Inkrafttreten des Bürgerl. Gesetzbuchs entstehen.

Ich beantrage die Zustimmung zu diesem Artikel.

Abg. **von Walter** (Korreferent): Ich habe auch keinen anderen Antrag zu stellen, weil es sehr zu begrüßen ist, daß die so schwer zu übersehende Materie jetzt eine einheitliche Regelung findet, die die Anwendung des Gesetzes einigermaßen erleichtert. Der Herr Referent hat schon hervorgehoben, daß zwar im Allgemeinen das Gesetz vom Jahre 1861 ähnliche Bestimmungen hat, allein eine einheitliche Regelung ist um so mehr nothwendig, als das Nebeneinanderbestehen des Gesetzes vom Jahre 1861 und des neuen Rechtes Schwierigkeiten bieten würde, und darum ist die einheitliche Regelung der ganzen Materie geboten. Auch durch die Aufrechthaltung der Verwaltungseinrichtungen der Staatsschuldentilgungskassa wird manches Bedenken gegen die einheitliche Regelung erspart.

Ministerialrath, Kronanwalt **von Schubart:** Ich möchte mir nur die Bemerkung erlauben, daß die Ausführungen des Herrn Referenten durchaus die Intentionen wiedergegeben haben, welche die k. Staatsregierung bei Abfassung dieser Bestimmungen geleitet haben.

Bezüglich des Abs. 3 des Artikel 7 habe ich zu erwähnen, daß dabei hauptsächlich die Zinsscheine des Prämienanlehens vom Jahre 1866 in's Auge gefaßt sind, in welchen die fünfjährige Verjährungsfrist ausdrücklich in den Zinsscheinen vorgesehen ist. Künftighin kann ja in den Zinsscheinen die Vorlegungsfrist anders normirt werden, als in § 808 Abs. 2 des Bürgerl. Gesetzbuchs bestimmt ist. Aber in den Zinsscheinen schon bisher ausgegebener Schuldverschreibungen handelt es sich nicht um Bestimmung einer „Vorlegungsfrist", sondern einer „Verjährungsfrist", und darum ist es nothwendig, ausdrücklich zu sagen, daß die Bestimmungen über die Verjährungsfrist in den Zinsscheinen jener Schuldverschreibungen aufzufassen ist als

S. 494. anderweitige Festsetzung der Vorlegungsfrist im Sinne des § 801 Abs. 3 des Bürgerl. Gesetzbuchs.

Vorsitzender: Das Wort ist von keiner Seite begehrt worden; ich darf also annehmen, daß der Artikel 7 genehmigt ist.

Artikel 8.

Abg. Dr. **Casselmann** (Referent) (verliest Artikel 8): Der Artikel 8 enthält zu Gunsten bestehender Waldungen eine Ausnahme von der Vorschrift des § 910 des Bürgerl. Gesetzbuchs, nach welcher der Eigenthümer eines Grundstücks Wurzeln eines Baumes oder eines Strauches, die von einem Nachbargrundstück eingedrungen sind, im Wege der Selbsthilfe abschneiden und behalten darf, und nach welcher das Gleiche von überragenden Zweigen gilt, wenn der Eigenthümer dem Besitzer des Nachbargrundstücks eine angemessene Frist zur Beseitigung eingeräumt hat und der Nachbar diese Frist hat unbenützt vorübergehen lassen.

Der Artikel 8 beruht auf dem Vorbehalte, der in Artikel 183 des Einführungsgesetzes zum Bürgerl. Gesetzbuche gemacht ist, wo es heißt, daß zu Gunsten eines Grundstücks, das zur Zeit des Inkrafttretens des Bürgerl. Gesetzbuchs mit Wald bestanden ist, die landesgesetzlichen Vorschriften, die in Ansehung der auf der Grenze oder auf dem Waldgrundstücke stehenden Bäume oder Sträucher abweichend von den Vorschriften des § 910 und des § 923 Abs. 2, 3 des Bürgerl. Gesetzbuchs bestehen, bis zur nächsten Verjüngung des Waldes in Kraft bleiben.

Der Artikel ist in dieser Fassung erst in Folge der Berathungen in der Reichstagskommission aufgenommen worden. Die Bestimmungen in den drei Entwürfen zum Bürgerl. Gesetzbuch waren allgemeiner gestellt als ein auch für die Zukunft geltender Vorbehalt, während die Reichstagskommission für die neuanzulegenden Wälder ein Bedürfniß zur Aufrechthaltung des Landesgesetzes nicht für angezeigt hielt, wohl aber, um in bestehende Verhältnisse nicht zu tief einzugreifen, für die bestehenden Wälder eine Uebergangsvorschrift bestimmte.

Nun ist ein Unterschied gemacht in dem Artikel, je nachdem das Waldgrundstück begrenzt ist wieder von einem Waldgrundstück oder von einem anderen Grundstück.

Was den Abs. 1 des Artikels betrifft, wo ein Waldgrundstück von einem anderen Waldgrundstück begrenzt ist, so sollen die Nachbarn gegenseitig dulden, daß sowohl die Wurzeln des Baumes oder Strauches in das Nachbargrundstück eindringen, als auch daß die Zweige überhängen, während nach Abs. 2, wenn ein anderes Grundstück an das Waldgrundstück anstößt, der Eigenthümer dieses anderen Grundstücks nicht verpflichtet ist, die Wurzeln überragen zu lassen, wohl aber unter den angegebenen Voraussetzungen die überragenden Zweige dulden muß.

Nun möchte ich mir zunächst die Frage erlauben, wie es in dem Falle ist, wo aus dem Grundstücke, das zur Zeit des Inkrafttretens des Gesetzes Waldgrundstück war, demnächst ein landwirthschaftliches Grundstück wird, ob
S. 495. dann der Eigenthümer dem anderen Waldgrundstücke gegenüber ‖ lediglich, wie ich annehme, die Duldungspflicht nach Abs. 2 des Artikel 8 oder die nach Abs. 1 hat?

Eine zweite Anregung möchte ich geben in Bezug auf den aus dem Einführungsgesetze zum Bürgerl. Gesetzbuch herübergenommenen Ausdruck „bis zur nächsten Verjüngung des Waldes“. Was versteht man darunter, wie ist

das Gesetz anzuwenden, wenn jeweils nur einzelne Bäume herausgenommen S. 495.
und durch Nachwuchs ersetzt werden, wann ist da eine Verjüngung eingetreten? Etwa, wenn alle Bäume neu sind? Wie kann man das aber dann feststellen? Ich meine, besonders im Falle des Abs. 2 könnte das unter Umständen zu Konsequenzen führen, die man nicht rechtfertigen kann. Es könnte da Jemand, der nicht rationeller Weise eine Verjüngung des Waldes vornimmt, der z. B. Plänterhieb treibt, die Anwendung dieser gesetzlichen Vorschrift verhindern.

Dann möchte ich noch eine Frage stellen, die ich mir allerdings schon beantworten kann, von der ich aber gerne die Antwort Seitens der k. Staatsregierung haben möchte. Ist, wenn z. B. nach preußischem Landrecht seit mehr als 30 Jahren kraft Servitutrechtes Aeste und Wurzeln in das Nachbargrundstück unbeanstandet eingedrungen sind, der Artikel 8 anwendbar oder sind nicht, solange die speziellen Bäume stehen, letztere gegen das Abhauen der Aeste und Wurzeln geschützt? Ich nehme an, daß das der Fall ist, wenn es sich um eine Servitut handelt, daß es nicht der Fall ist, wenn eine bloße Eigenthumsbeschränkung vorliegt.

Dann möchte ich noch das Eine hervorheben. Ich bin zu wenig Sachverständiger, um beurtheilen zu können, ob einmal die Frist von zwei Jahren im Falle des Abs. 2 für Beseitigung überagender Zweige, die weniger als 5 m vom Boden entfernt sind, ausreicht, und ebensowenig vermag ich zu beurtheilen, ob sich der letzte Satz des Artikel 8 Abs. 2 rechtfertigt.

Ich bitte die sachverständigen Mitglieder des Ausschusses, sich hierüber zu äußern. Im Uebrigen habe ich gegen den Artikel nichts zu erinnern.

Abg. **von Walter** (Korreferent): Bezüglich der Fragen, die der Herr Referent gestellt hat, will ich auch die Antwort der k. Staatsregierung abwarten. Ich glaube aber, jetzt schon bemerken zu müssen, daß der Plänterhieb und die Verjüngung des Waldes zwei verschiedene Dinge sind, daß der Plänterhieb eine Aenderung der Rechts- und Sachlage nicht herbeiführen wird.

Was den Begriff der Verjüngung anlangt, so ist nicht nothwendig, daß der ganze Wald auf einmal verjüngt wird, sondern es genügt auch, wenn er nur partienweise verjüngt wird. Wenn also einmal eine Partie abgetrieben und neu angepflanzt wird, dann tritt bezüglich dieser Partie eine Verjüngung des Waldes ein, und soweit die zu verjüngende Fläche an das Nachbargrundstück anstößt, kommen die Bestimmungen des Gesetzes zur Anwendung. Die bezügliche Regelung ist nach meinem Dafürhalten eine ganz entsprechende nach jeder Richtung.

An dem Artikel selbst habe ich nichts zu beanstanden; nur sind mir zwei Ausdrücke unverständlich geblieben, die in den Motiven vorkommen, nämlich der Ausdruck „Gemengelage" und der Ausdruck „Insolation". Für Gemengelage habe ich mir allerdings selbst eine Erklärung gesucht; ich denke, sie wird vorhanden sein, wenn Wald und andere Grundstücke durcheinander liegen. Was aber die Insolation betrifft, so wird das wahrscheinlich die Austrocknung des Bodens sein. Wenn ich diesen Ausdruck richtig begriffen habe, so bedarf ich einer weiteren Aufklärung nicht mehr.

Ich beantrage, vorbehaltlich der Aufschlüsse, die der Herr Referent erbeten hat, gleichfalls Zustimmung zu Artikel 8.

Senatspräsident Dr. **von Jacubezky:** Wenn das an das Waldgrundstück anstoßende Grundstück zur Zeit des Inkrafttretens des Bürgerl. Gesetzbuchs gleichfalls mit Wald bestanden ist, aber später Ackergrundstück wird, so gilt von der Zeit dieser Aenderung seiner Beschaffenheit an nicht mehr der

S. 495. Abs. 1, sondern der Abs. 2. Die weitergehende Duldungspflicht des Abs. 1 beruht auf der Erwägung, daß der Nachbar in Folge der gegenseitigen Duldungspflicht ebensoviel erhält, als er dem Nachbargrundstücke gewährt. Diese Erwägung trifft nicht mehr zu, wenn das Grundstück des Nachbars ein Ackergrundstück geworden ist. Die Duldungspflicht würde nunmehr eine einseitige sein und den Nachbar in seinem Betrieb, in der Nutzung seines Grundstücks wesentlich beeinträchtigen. Die gegenseitige Duldungspflicht entspricht der Billigkeit; die einseitige kann dem Nachbar billigerweise nicht zugemuthet werden.

Was die Waldverjüngung anlangt, so habe ich neulich Anlaß gehabt, in dem hohen Ausschusse der Kammer der Reichsräthe im Wesentlichen dasselbe zu sagen, was der Herr Korreferent heute dargelegt hat. Wenn nicht eine ganze Waldfläche mit Nachwuchs besetzt wird, sondern nur einzelne Bäume, bald hier einer, bald dort einer, geschlagen werden, so tritt eine Verjüngung des Waldes nicht ein. Der Wald behält im Wesentlichen immer den gleichen Bestand an Bäumen der verschiedenen Altersklassen, im Laufe der Umtriebszeit erneuert sich der Bestand des Waldes, aber der Wald bleibt immer gleich alt.

Wenn eine Dienstbarkeit des Inhalts besteht, daß der Nachbar das Uebergreifen von Zweigen und Wurzeln dulden muß, so bleibt sie nach Artikel 184 des Einführungsgesetzes zum Bürgerl. Gesetzbuche bestehen. Unser Artikel 8 spricht nicht von Dienstbarkeiten, sondern von gesetzlichen Eigenthumsbeschränkungen. Diese werden, soweit sie unter den Vorbehalt des Artikels 183 des Einführungsgesetzes fallen, für das ganze Königreich einheitlich geregelt; auf die Grunddienstbarkeiten finden nach Artikel 184 des Einführungsgesetzes die §§ 1020 bis 1028 des Bürgerl. Gesetzbuchs Anwendung, im Uebrigen bleiben sie als erworbene Rechte so bestehen, wie sie sind.

Ministerialrath, Kronanwalt **von Schubart:** Nach diesen Ausführungen, denen ich vollkommen beipflichte, erübrigt nur mehr die Erklärung des Ausdrucks „Insolation“ und da muß ich offen gestehen, daß mir die zur Lösung dieser Aufgabe erforderlichen forstfachmännischen Kenntnisse fehlen. Ich glaube, gleich dem Herrn Korreferenten, daß es sich da um die Austrocknung des Bodens durch den Einfluß der Sonnenstrahlen und die Einwirkung der Luft und des Windes handelt.

Senatspräsident Dr. **von Jacubezky:** Ich möchte nur die Bemerkung nachtragen, daß der Artikel 8 im Benehmen mit der Ministerialforstabtheilung des Staatsministeriums der Finanzen aufgestellt worden ist und daß alle Einzelheiten auf den Vorschlägen der Ministerialforstabtheilung beruhen.

Abg. **Beckh:** Ich verstehe unter Insolation die schädliche Bestrahlung, welche die Sonne nicht auf den Boden, sondern auf die Rinde der Wald-
S. 496. bäume ausübt. Wo Wald‖bäume frei wachsen, da setzen sie nach allen Seiten Aeste an und diese Aeste beschatten den Stamm und schützen den aufsteigenden Saft vor den Einwirkungen der Sonnenstrahlen. Wenn aber der Baum im Walde aufwächst, ist er durch die Nachbarbäume geschützt vor den Einwirkungen der Sonne. Wenn man nun an den Waldrändern die Aeste herunternimmt, absägt und abschneidet, oder wenn man am Rande des Waldes Bäume fällt, so daß die nebenstehenden Bäume der Sonne ausgesetzt sind, so springt die Rinde von den Bäumen ab und der Stamm vertrocknet nach und nach. Es ist also nicht die eigentliche Einwirkung auf den Boden,

sondern die direkte Einwirkung auf den Stamm und auf den aufsteigenden S. 496.
Saft durch die Sonne, welche den Schaden verursacht.

Ich begreife also, daß eine gesetzliche Bestimmung getroffen wird, welche den Waldbesitzer nicht zwingt, diese Aeste wegzunehmen, weil sonst durch diese Wegnahme der Aeste auch der Stamm Schaden leiden würde, und daß eine gesetzliche Bestimmung auch aufgenommen wird, die das Recht gibt, die Bäume noch weiter zu erhalten, die es ermöglicht, die Bäume am Waldrande stehen zu lassen. Wenn man die am Rande stehenden Bäume und Büsche wegnehmen müßte, würden die dahinter stehenden Stämme Schaden leiden; denn wenn man einen solchen Baum fällt, so fängt der nächste Baum an zu kränkeln und so nach und nach der ganze Wald und muß abgetrieben werden. Ich kann also diese Bestimmungen im Interesse des Waldbesitzers nur billigen.

Wie steht es nun mit dem anstoßenden Feldbesitzer? Der müßte mit seinem Rechte, die ihn schädigenden Aeste wegzunehmen, warten, bis die Verjüngung eingetreten ist; diese würde aber erst eintreten, wenn der Wald abgetrieben und neu aufgeforstet wird. Wo aber der Plänterbetrieb herrscht, da wird der Fall gar nie eintreten; denn der Plänterbetrieb besteht eben darin, daß man die betreffenden Stämme, die ihr natürliches Wachsthum erreicht haben, die so groß sind, daß der Eigenthümer sie verwenden kann, herausnimmt und die anderen jüngeren Bäume stehen läßt, die theils als Unterwuchs vorhanden sind, theils nachgepflanzt werden. In diesem Falle wird die Verjüngung nie eintreten und der Nachbar wird immer zu leiden haben, da die überragenden Aeste nicht weggenommen zu werden brauchen. Es dürfte sich vielleicht doch empfehlen, für den Fall des sogenannten Plänterbetriebs eine bestimmte Anzahl von Jahren festzusetzen mit der nämlichen Wirkung, als sie für die Verjüngung festgesetzt ist, z. B. 30 Jahre. Mittlerweile kann der Waldbesitzer Sorge tragen, daß die schützenden Stämme eine entsprechende Entfernung haben, so daß die Aeste, welche nicht weggenommen werden dürfen im Interesse des Waldes, eine entsprechende Entfernung von der Grenze haben und dem benachbarten Ackergrundstücke nicht mehr schaden. Bei uns treten Fälle ein, daß mitten in der Flur die Leute aufgeforstet haben, — die schlechte Lage der Landwirthschaft zwingt dazu, die schlechten Felder nicht mehr zu bebauen. Da nun bei uns ein sehr großes Streubedürfniß ist, so ist das eine ganz richtige wirthschaftliche Maßregel, um dieses Bedürfniß zu befriedigen. Der anstoßende Feldbesitzer aber leidet darunter. Am Saume des Waldes, nicht nur gegen Norden, sondern auch gegen Süden, geht auf eine Entfernung von mehreren Metern der Ertrag des Feldes erheblich zurück. Die Frucht findet nicht mehr die Vorbedingung ihres Gedeihens, sie wird nicht nur von der Sonne direkt, sondern auch von dem Widerschein der Sonne getroffen und verdorrt oder verkümmert. Die Bauern klagen sehr, daß oft mitten in der Flur solche Waldungen entstehen. Das Bürgerl. Gesetzbuch gibt nun bestimmte Vorschriften, wie weit von den Grenzen weg die Bäume gepflanzt werden dürfen. Aber die bereits angelegten Wälder, die 10 bis 15 Jahre alt sind, die immer in die Höhe wachsen, sind davon ausgenommen, man muß die auf der Grenze stehenden Bäume nach wie vor trotz ihrer schädlichen Wirkung auf die Felder stehen lassen, bis die Verjüngung eintritt. Bei dem Plänterbetrieb gibt es aber eine solche Verjüngung nicht, so daß der Nachbar für alle Zeiten den Schaden hat, wenn nicht besondere Bestimmungen für diese Art des Waldbetriebs getroffen werden. Ich möchte daher diesen Gedanken anregen.

S. 496. Abg. **Seeberger:** Artikel 8 hat wohl die glücklichste Lösung gefunden für den Waldbesitzer wie für das angrenzende Grundstück. Er wird beiden Theilen gerecht und gibt das, was man nur als billig verlangen kann. Durch die Bestimmung, daß die Zweige bis zu 5 Meter Höhe entfernt werden müssen, ist für den Angrenzer eine große Wohltat geschaffen. Auf der anderen Seite ist dadurch, daß auf den verschiedenen hier genannten Seiten die Bäume nicht der Wegnahme unterworfen werden, damit sie nicht der Einwirkung der Sonnenstrahlen zu sehr ausgesetzt sind und das Wachsthum des Waldes so gefährdet würde, wieder eine gute Wirkung geschaffen.

Bezüglich der Verjüngung stimme ich mit dem Herrn Kollegen Beckh überein und man könnte vielleicht eine größere Reihe von Jahren annehmen, wo dann durch Verjährung eine Lösung gefunden werden könnte.

Sonst bin ich mit dem Artikel einverstanden.

Vorsitzender: Wir könnten wohl diesen Artikel bis zur zweiten Lesung zurückstellen.

Abg. **Beckh:** Ich möchte vorher Gelegenheit nehmen, mit einem Mitglied der Ministerialforstabtheilung zu sprechen.

Abg. Dr. **Casselmann** (Referent): Ich würde vorschlagen, ein Mitglied der Ministerialforstabtheilung zur Aeußerung über die Tragweite dieses Artikels in den Ausschuß zu laden.

Abg. **Lerno:** Das können wir wohl dem Privatbenehmen des Herrn Kollegen Beckh mit der Ministerialforstabtheilung überlassen; dann könnte bei der zweiten Lesung das Weitere beantragt werden.

Ministerialrath, Kronanwalt **von Schubart:** Es ist jederzeit einer der Herren der Ministerialforstabtheilung bereit zu erscheinen.

Abg. Dr. **Casselmann** (Referent): Es handelt sich doch darum, daß dem Ausschusse von technischer Seite Aufschluß gegeben werde, welche Tragweite derartige Bestimmungen haben, wenn sie aufgenommen werden sollen, damit wir auf Grund dieser Aufklärung zu dem Resultate kommen, ob wir der Anregung folgen oder nicht.

Abg. **von Walter** (Korreferent): Ich halte es für ganz gleichgiltig, ob man die Sache in der ersten oder zweiten Lesung macht. Ich erachte die Anregung des Herrn Kollegen Beckh für ebenso interessant als beherzigenswerth.

Was er von dem Plänterbetrieb gesagt hat, bezieht sich wohl nur auf das Nachbargrundstück, das nicht als Wald benutzt wird; denn auf Waldgrundstücke hat der Plänterbetrieb keinen Einfluß.

S. 497. **Vorsitzender:** Wir werden also abwarten, bis Herr Kollege Beckh sich mit einem Mitglied der Forstverwaltung besprochen hat, und wenn dann ein Antrag gestellt wird, wird dieser gedruckt vertheilt werden.

Artikel 8 ist damit einstweilen zurückgestellt.

Artikel 9.

Abg. Dr. **Casselmann** (Referent) (verliest Artikel 9): Nach den Bestimmungen des Bürgerl. Gesetzbuchs sollen Grunddienstbarkeiten nur mehr entstehen, wenn sie in das Grundbuch eingetragen sind. Artikel 187 Abs. 1 Satz 1 des Einführungsgesetzes zum Bürgerl. Gesetzbuche sagt, daß bestehende Grunddienstbarkeiten gegenüber dem öffentlichen Glauben des Grundbuchs nicht der Eintragung bedürfen. Dann heißt es im Abs. 2 weiter, daß die Landesgesetzgebung befugt sei, zu bestimmen, daß die bestehenden Grunddienstbarkeiten oder einzelne Arten bei der Anlegung des Grundbuchs oder später in das Grundbuch eingetragen werden müssen. Dem bestehenden Rechte ist bekanntlich die Eintragung der Grunddienstbarkeiten in das Hypothekenbuch fremd. Der Entwurf macht nun in Artikel 9 von der Befugniß, im Wege des Gesetzes zu bestimmen, daß die bestehenden Grunddienstbarkeiten eingetragen werden müssen, keinen Gebrauch, sondern bestimmt nur, daß im Wege Königlicher Verordnung diese Eintragung zwar verlangt werden kann, daß aber

dieser Anordnung gewisse Grunddienstbarkeiten nicht unterliegen, solche, die S. 497.
keinen großen wirthschaftlichen Werth haben, und solche, die mit einer dauernden Anlage versehen sind.

Es entsteht nun die Frage, ob nicht die Landesgesetzgebung von dem Vorbehalte Gebrauch machen soll, einen allgemeinen Eintragungszwang für die sämmtlichen Grunddienstbarkeiten zu statuiren. Aus den Motiven entnehme ich, daß auf diesem Standpunkt auch das Generalcomité des Landwirthschaftlichen Vereins und die Flurbereinigungskommission gestanden haben. Ich verkenne nicht, daß die Durchführung einer solchen Maßregel mit großen Schwierigkeiten verknüpft ist, aber anderseits wird bei dem Vorschlag des Entwurfes der Eintragungszwang für viele bestehende Grunddienstbarkeiten nicht statuirt werden. Die Gefahr entsteht, daß sie an Werth verlieren, nachdem nach dem Bürgerl. Gesetzbuch eine Ersitzung von Grunddienstbarkeiten nicht mehr möglich ist, die meisten Grunddienstbarkeiten aber auf Ersitzung beruhen. Es muß also in Zukunft im Streitfalle der angeblich Berechtigte nachweisen, daß er bereits bei Anlegung des Grundbuchs die Grunddienstbarkeit ersessen hat. Je länger nun der Eintragungszwang hinausgeschoben wird, desto schwieriger wird für den Berechtigten der Beweis der Ersitzung, und wird der Eintragungszwang auf sehr lange Zeit hinausgeschoben, so wird unter Umständen dieser Beweis überhaupt nicht mehr möglich sein.

Das wäre nun ein beklagenswerther Zustand und es würde das Vertrauen in die Rechtspflege und die Gesetzgebung nicht gefördert, wenn ein alt ersessenes Recht mangels Beweise aberkannt werden müßte. Dazu kommt, daß gerade bei den Arbeiten der Anlegungskommissäre es am ersten noch möglich wäre, durch Rücksprache und Verhandlung mit den Betheiligten die Grunddienstbarkeiten festzustellen. Allerdings kann man den Anlegungskommissären, die mit anderweitigen Arbeiten überbürdet sind, das nicht auch noch aufladen: aber es müßten eben zu diesem Zwecke weitere Kommissäre ernannt werden. Es ist ja auch in den Motiven darauf verwiesen, daß man allmählich anstreben soll, daß die Berechtigten ihr Recht eintragen lassen. Warum soll diese Sache nun nicht gleich bei Anlegung des Grundbuchs erledigt werden? Wenn die Eintragung nicht zum Zwang gemacht wird, so werden die meisten Personen sich von dem Eintrag zurückhalten lassen und so unbewußt allmählich ihr Recht gefährden. Viele Grunddienstbarkeiten mindern den Werth der Grundstücke und gefährden ihn, wenn sie nicht eingetragen sind. Auch die Sicherung der Hypothekgläubiger kann darunter leiden. Ich brauche nur an die Forstrechte zu denken, wenn sie als Grunddienstbarkeiten bestehen Solche Rechte hindern ja oft den höheren Zuschlag bei der Zwangsversteigerung und drücken auch auf den zur Befriedigung des im guten Glauben befindlichen Hypothekgläubigers bestimmten Erlös. Umgekehrt kommt auch vor, daß der eingetragene Hypothekgläubiger gefährdet wird, wenn das Grundstück mangels Nachweises z. B. eine Zufuhr verliert und das Grundstück dadurch entwerthet wird.

Ich möchte also bitten, mich aufzuklären, warum die k. Staatsregierung den allgemeinen Eintragungszwang nicht durchführen will und warum es nicht angeht, daß gerade jetzt die Anlegungskommissäre dieses Geschäft übernehmen.

Sollte diese prinzipielle Frage verneint werden, dann kann allerdings gegen die Fassung des Artikel 9 nichts eingewendet werden und dann müßte durch Königliche Verordnung die nothwendige Bestimmung getroffen werden, indem man dann auf Grund der Erfahrungen, die sich in Folge dieser Verordnung in der Praxis ergeben, weiter arbeitet und so die allmähliche Eintragung der Dienstbarkeiten herbeiführen kann.

S. 497. Abg. **von Walter** (Korreferent): Der Anregung des Herrn Referenten, jetzt schon bei der Anlegung des Grundbuchs die bestehenden Dienstbarkeiten eintragen zu lassen, kann ich nicht folgen, weil sich dadurch die Anlegung der Grundbücher in's Ungemessene verzögern würde.

Seine weiteren Anregungen entsprechen verschiedenen Ausführungen, die ich auch schon bei anderen Anlässen gemacht habe, so bei Berathung des Gesetzes über die Vorbereitung zur Anlegung des Grundbuchs und bei Berathung des Ausführungsgesetzes zum Bürgerl. Gesetzbuche. Mir ist der Standpunkt der k. Staatsregierung in Bezug auf die einzutragenden Dienstbarkeiten zu eng. In den Motiven ist allerdings ausgeführt, daß die Grunddienstbarkeiten, die nicht eingetragen werden sollen, von geringer Bedeutung sind. Das ist nicht richtig. Die Fahrtrechte, Triebrechte u. s. w. bedingen die Möglichkeit einer ordentlichen Bewirthschaftung der verschiedenen Grundstücke, und wenn solche Fahrtrechte z. B. aufhören, wüßte ich nicht, was der Besitzer mit den mit dem Rechte ausgestatteten Grundstücken anfangen könnte. Die Flurbereinigungen schaffen allerdings vielfach Abhilfe und vielleicht könnte auch durch Artikel 29 des Entwurfes einigermaßen für die Zukunft gesorgt werden: aber das wäre nur ein Nothbehelf. Wenn der Oekonom kein Fahrtrecht hat, z. B. zur Erntezeit, um sein Futter oder sein Getreide nach Hause zu schaffen, besonders zu Zeiten, wo Gewitter drohen, dann muß er überhaupt darauf verzichten, seine Früchte einzuheimsen. Von geringem Werth sind also diese Rechte nicht, sie sind zur Erhaltung der Benützbarkeit der Grundstücke absolut nothwendig.

Ich gebe zu, daß, wenn man den Eintragungszwang auch auf diese Dienstbarkeiten ausdehnt, man einerseits zu Prozessen Anlaß geben kann und anderseits die Arbeit erst allmählich zu bewältigen sein wird. In letzterer Beziehung schlägt ja die k. Staatsregierung selbst einen Weg vor, um eine
S. 498. momentane Ueberlastung durch Grundbuchämter abzuwenden dadurch, daß man bezirksweise die Eintragung der Grunddienstbarkeiten anordnet und die Erfahrungen, die man zunächst hier macht, dann für andere Bezirke wieder benützt. Was aber die Furcht vor Prozessen betrifft, so scheint mir diese Gefahr kleiner als die Gefahr, daß nach 30 bis 40 Jahren für den Grundbesitzer eine solche Dienstbarkeit geradezu verschwindet. Jetzt ließe sich in vielen Fällen eine Einigung erzielen, und wo das nicht möglich ist, bleibt dem Besitzer des berechtigten Grundstücks nichts Anderes übrig, als den Prozeß jetzt mit guten Aussichten zu beginnen, während im Laufe der Zeit diese Aussicht immer mehr schwindet.

In dieser Beziehung bin ich mit dem Referenten einverstanden, daß man den Eintragungszwang, wenn auch nicht allgemein einführt, so doch weiter ausdehnt, als die k. Staatsregierung in ihrem Entwurfe beabsichtigt.

Senatspräsident Dr. **von Jacubezky:** Der Herr Korreferent hat mit Recht hervorgehoben, daß es schlechterdings nicht thunlich ist, bei der Anlegung des Grundbuchs, die seit ungefähr fünf Monaten im Gang ist, auch die Grunddienstbarkeiten einzutragen. Die Grunddienstbarkeiten werden nach den für die Anlegung des Grundbuchs in den Landestheilen rechts des Rheins geltenden Vorschriften, dem Gesetze vom 18. Juni 1898, der Allerhöchsten Verordnung vom 23. Juli 1898 und der Bekanntmachung vom 1. Oktober 1898, bei den Anlegungsarbeiten nicht berücksichtigt, und sie können nicht bei der Anlegung des Grundbuchs eingetragen werden, wenn nicht die Anlegung des Grundbuchs auf viele Jahre hinaus verzögert werden soll. In Artikel 9

Abs. 1 ist deßhalb in Aussicht genommen, daß mit der Eintragung von S. 498.
Grunddienstbarkeiten erst begonnen werden soll, wenn das Grundbuch angelegt ist. Wir wollen zuerst das Grundbuch herstellen und dann diese gewiß sehr wünschenswerthe, aber nicht unbedingt nothwendige Ergänzung in Angriff nehmen. Die Arbeit ist — darüber dürfen wir uns keiner Täuschung hingeben — eine gewaltige; wenn alle Grunddienstbarkeiten eingetragen werden sollen, so handelt es sich um eine Aufgabe, deren Größe wir auch nicht annähernd bestimmen können, von der wir aber wissen, daß sie ein Maß von Arbeit erfordert, das mit den zur Verfügung stehenden Kräften nur in einer längeren Reihe von Jahren bewältigt werden kann. Die k. Staatsregierung ist nun der Meinung, daß es sich nicht empfiehlt, sogleich nach der Anlegung des Grundbuchs eine allgemeine Eintragung der bestehenden Grunddienstbarkeiten in Angriff zu nehmen, daß vielmehr zunächst nur die Eintragung der Grunddienstbarkeiten vorgeschrieben werden soll, für deren Eintragung ein dringendes Verkehrsbedürfniß besteht, und daß die Erfahrungen, die dabei gemacht werden, die nähere Kenntniß der Verhältnisse, die man dabei erlangen wird, den Boden für weiteres Vorgehen bereiten werden. Man wird, wenn man nach der Ausführung der im Artikel 9 in Aussicht genommenen Eintragungen daran geht, einen besonderen Gesetzentwurf über die weitere Eintragung der bestehenden Grunddienstbarkeiten aufzustellen, die Aufgabe einigermaßen übersehen, während wir jetzt mit der Vorschrift, daß alle bestehenden Grunddienstbarkeiten eingetragen werden müssen, einen Sprung in's Dunkle machen würden.

Es wurde erwähnt, daß das vormalige Generalcomité des Landwirthschaftlichen Vereins und die k. Flurbereinigungskommission sich für die Erlassung einer gesetzlichen Vorschrift ausgesprochen haben, durch welche die Eintragung aller bestehenden Grunddienstbarkeiten angeordnet werden soll. Dieß ist insofern ungenau, als es sich gegenüber dem Artikel 109 des Entwurfes I des Einführungsgesetzes zum Bürgerl. Gesetzbuch, auf den sich die Gutachten bezogen, nicht um die Einführung des Eintragungszwanges durch Landesgesetz, sondern lediglich um zeitweilige Ausschließung des Eintragungszwanges durch landesherrliche Verordnung handelte. Die Gutachten waren mit dem Artikel 109 einverstanden, das Generalcomité erachtete aber eine Erweiterung der im Artikel 109 bestimmten Frist von zehn Jahren für wünschenswerth. Die Gutachten verlangen nicht mehr, als daß der Eintragungszwang mit der Zeit auf alle bestehenden Grunddienstbarkeiten erstreckt wird. Ob dieß durch Gesetz oder auf Grund gesetzlicher Ermächtigung durch Königliche Verordnung geschieht, ob ein Gesetz oder mehrere Gesetze, eine Verordnung oder mehrere Verordnungen erlassen werden, ist für die Gutachten gleichgiltig.

Es liegt nun allerdings nahe, zu sagen, wenn in einem Bezirk die Eintragung der Grunddienstbarkeiten in Angriff genommen wird, so soll gleich ganze Arbeit gemacht werden. Aber wenn man so vorgeht, so wird die Erreichung des Zieles, in Ansehung derjenigen Grunddienstbarkeiten, bei denen ein dringendes Bedürfniß besteht, die Eintragung herbeizuführen, geraume Zeit hinausgeschoben. Ich glaube, daß in manchen Bezirken die Zahl der Dienstbarkeiten, die nach dem Vorschlage der k. Staatsregierung vorerst ausgenommen werden sollen, das Fünf- bis Sechsfache, ja vielleicht das Zehnfache der Zahl derjenigen beträgt, die zunächst eingetragen werden sollen. Wir können das Nothwendige, wenn wir uns darauf beschränken, in viel kürzerer Zeit erreichen und dann zu der wünschenswerthen Ergänzung übergehen. Wollen wir dagegen das Nothwendige und das Wünschenswerthe auf

S. 498. einmal machen, so heißt das doch nur mit dem Nothwendigen zuwarten, bis auch das Wünschenswerthe erreicht werden kann.

Von den anderen deutschen Staaten ist keiner auch nur so weit gegangen, wie die k. Staatsregierung zu gehen vorschlägt. Sie unterlassen es einstweilen ganz, mit der Eintragung vorzugehen, sie warten, bis das neue Recht sich einigermaßen eingelebt hat, bevor sie diese außerordentlich schwierige und in ihrer Tragweite nicht übersehbare Arbeit in Angriff nehmen. Wir haben den Versuch gemacht, einen Weg zu finden, auf dem begonnen werden kann, auf dem man Erfahrungen sammeln kann, die einen Anhalt für weiteres zielbewußtes Vorgehen bieten werden; aber wir scheuen uns, den allgemeinen Eintragungszwang schon jetzt, ohne genügende Kenntniß der Verhältnisse, festzusetzen.

Die beiden Herren Referenten betonen den in der Begründung angeführten Umstand, daß der Beweis der Ersitzung, wenn einmal das Grundbuch angelegt ist und eine neue Ersitzung nicht mehr stattfinden kann, wesentlich erschwert sein wird. Es läßt sich nicht leugnen, daß eine Erschwerung eintritt. Indessen fehlt es uns in dieser Beziehung nicht an thatsächlichen Erfahrungen. Es ist insbesondere für die Forstrechte im Forstgesetze vom 28. März 1852 bestimmt, daß neue Forstberechtigungen nicht mehr erworben werden können. Wer heute behauptet, er habe ein Forstrecht im Wege der Ersitzung erworben, muß beweisen, daß die Ersitzung im Jahre 1852 schon vollendet war. Das wird im Jahre 1899, nach 47 Jahren, in vielen Fällen nicht leicht sein. Indessen vermag die freie Beweiswürdigung die Schwierigkeit wohl zu überwinden, sie wird einen Anhalt in dem Nachweise finden, daß das Recht während einer längeren Reihe von Jahren, von jetzt an zurückgerechnet,
S. 499. unbeanstandet ausgeübt worden ist. Außerdem dauert es ja doch noch sehr lange, bis von der Anlegung des Grundbuchs an so viel Zeit verstrichen ist wie jetzt seit dem Inkrafttreten des Forstgesetzes. Ich glaube nicht, daß wir für die Eintragung der Dienstbarkeiten ein halbes Jahrhundert in Aussicht nehmen müssen.

Ich darf wohl auch anführen, daß das zu erwartende Gebührengesetz es den Betheiligten erleichtern wird, von dem Rechte, das das Einführungsgesetz im Artikel 187 gibt, die der Eintragung nicht unterworfenen Grunddienstbarkeiten eintragen zu lassen, Gebrauch zu machen. Die Eintragung soll, auch wenn sie nicht auf Grund des Artikel 9, sondern aus freier Entschließung eines der Betheiligten beantragt wird, innerhalb einer gewissen Zeit gebührenfrei erfolgen. Diese Vorschrift wird einen Antrieb für die Betheiligten bilden, die Eintragung innerhalb der Frist zu beantragen. Müssen sie Gebühren bezahlen, so werden sie sich scheuen, den Antrag zu stellen, und lieber die Kosten ersparen. Geschieht die Eintragung aber kostenfrei und bedarf es nur eines Ganges zum Amtsgerichte, so wird in den Fällen, in welchen über den Bestand und den Inhalt der Dienstbarkeit kein Streit besteht, von dem Rechte auf Eintragung ein starker Gebrauch gemacht werden. Soll aber der Eintragungszwang schon jetzt festgestellt werden, so muß doch wohl der Verordnung vorbehalten werden, die Arten der Dienstbarkeiten zu bestimmen, die zunächst eingetragen werden sollen, und ich glaube, es wird in die Verordnung dasjenige aufgenommen werden, was jetzt im Abs. 3 des Artikel 9 steht.

Unter allen Umständen sollte meines Erachtens der zweite Satz des Abs. 3 angenommen werden, nach dem Grunddienstbarkeiten, mit welchen das Halten einer dauernden Anlage verbunden ist, dem Eintragungszwange nicht unterworfen sind, solange die Anlage besteht. Für solche Dienstbarkeiten den

Eintragungszwang zu bestimmen, ist deßwegen besonders mißlich, weil das S. 499.
Recht sehr oft den Betheiligten selbst nicht bekannt ist. Dieß trifft insbesondere bei alten Häusern in Städten mit winkliger Bauart zu, bei denen es nicht nur Vorsprünge aller Art, offene und verdeckte, gibt, die auf das Nachbargrundstück hinüberragen, sondern oft auch die Mauer des einen die Balken des anderen trägt und dergl. Das Bestehen der Anlage ist oft von außen nicht zu erkennen, die Anlage kommt erst zum Vorschein, wenn eine größere Ausbesserung vorgenommen wird oder ein Umbau stattfindet. In diese Verhältnisse mit dem Eintragungszwange einzugreifen, könnte großen Schaden verursachen; die schützende Vorschrift des Abs. 3 Satz 2 ist deßhalb nicht zu entbehren.

Ich will den Anregungen des Herrn Referenten nicht die Berechtigung absprechen, aber wir müssen uns die Frage vorlegen, ob hier nicht das Bessere der Feind des Guten ist. Nehmen wir das Gute! Das Bessere wird dadurch nicht ausgeschlossen. Das Bessere kommt auch nicht später, während wir, wenn wir das Gute nicht haben wollen, solange das Bessere nicht dazukommt, auch das Gute erst später bekommen.

Abg. **von Walter** (Korreferent): Der Herr Senatspräsident hat eine werthvolle Vertröstung ausgesprochen, indem er zusicherte, daß das Wünschenswerthe später von selbst kommen werde. Allein unsere Anregungen gehen dahin, daß jetzt schon gesetzlich festgelegt wird, daß die Eintragung der Grunddienstbarkeiten in dem Umfange erfolgen müsse, in dem unsere Anregungen sich geltend machen. Ein Gesetz ist nicht gleich gemacht. Der Herr Senatspräsident hat mit Recht hervorgehoben, daß für solche Dienstbarkeiten mit dauernden Anlagen nicht immer sofort zu ergründen ist, ob eine solche Anlage besteht oder nicht, und daß der Eintragungszwang für solche sehr schädlich wirken kann.

Soweit ich die Sache übersehe, bezieht sich der Eintragungszwang zur Zeit immer nur auf Dienstbarkeiten, wie sie in Städten bestehen, während derartige ländliche Grunddienstbarkeiten unberücksichtigt bleiben sollen. Die Fahrtrechte, Triebrechte u. s. w. würden hier nach dem Vorschlage der k. Staatsregierung ausfallen. Die Frage ist, ob der Eintragungszwang nicht auch jetzt schon auf die ländlichen Grunddienstbarkeiten erstreckt werden soll oder ob eine Gefahr zu befürchten ist, wenn die Eintragung jetzt nicht erfolgt. Von meinen vorhergehenden Aeußerungen kann ich nichts zurücknehmen und muß daran festhalten, daß die Gefahr des Unterganges dieser Dienstbarkeiten sehr groß und die Schädigung, die dadurch den Eigenthümern der Grundstücke erwächst, bedeutend ist.

Ich kann auch den Vergleich des Herrn Senatspräsidenten mit dem Forstgesetze vom Jahre 1852 nicht gelten lassen, daß man nämlich Forstrechte nur mehr geltend machen kann, wenn man sie bis zum Jahre 1852 schon ersessen hatte. Es ist das etwas Anderes als bei den ländlichen Dienstbarkeiten; die Forstrechte sind in der Regel von größerem Umfange und größerer Allgemeinheit. Die Grunddienstbarkeiten dagegen, wie ich sie im Auge habe, bestehen zwischen zwei Grundeigenthümern und vollzieht sich ihre Ausübung, wie man zu sagen pflegt, lediglich unter vier Augen und es ist ungleich schwerer, einen Beweis zu erbringen, daß man diese Grunddienstbarkeiten schon bis zum Jahre 1900 ersessen hat, als das beim Forstrechte der Fall ist. Aber auch die Bestimmung des Forstgesetzes war keine ungefährliche. Die vielen verlorenen Forstrechtsprozesse seit dem Jahre 1852

S. 499. liefern den Beweis, daß man nicht gut gethan hat, die Verjährungsfrist mit der Geltung des Gesetzes abzuschneiden. Ungleich schwerwiegender wäre das bezüglich der Grunddienstbarkeiten, bei denen der Beweis jetzt schon schwierig ist, soweit es sich um unfürdenkliche Verjährung handelt, und bei denen der Beweis von Jahr zu Jahr schwieriger wird, je mehr die alten Leute, die noch darüber Aufschluß geben können, wegsterben.

Wenn man sagt, daß schon bestehende Grunddienstbarkeiten auch noch nach dem 1. Januar 1930 geltend gemacht werden können, ohne daß sie eingetragen sind, dabei aber fordert, daß der Berechtigte oder derjenige, der die Berechtigung ausübt, bereits am 1. Januar 1900 das Recht ersessen haben muß, so muthet man ihm etwas Unmögliches zu.

Ich glaube, daß mit dem allgemeinen Eintragungszwang in den einzelnen Grundbuchbezirken begonnen werden und daß man dann der Reihenfolge nach denselben durchführen kann. Wir wollen es ja der k. Staatsregierung durch den Vorbehalt einer Allerhöchsten Verordnung überlassen, zu bestimmen, in welcher Reihenfolge die einzelnen Grunddienstbarkeiten zum Eintrag kommen sollen. Mit unserer Anregung schaffen wir im Interesse der ländlichen Bevölkerung etwas Gutes, die sonst weit mehr gefährdet ist als die städtische.

Abg. **Seeberger:** Ich meine auch, daß die sofortige Erwerbung dieser Grunddienstbarkeiten für die ländliche Bevölkerung eine Wohlthat wäre; ob sie aber sofort mit der Anlegung des Grundbuchs erfolgen kann, darüber muthe ich mir kein Urtheil zu. Man kann übrigens solche Grunddienstbarkeiten
S. 500. dadurch selbst sichern, daß man sie fleißig aus‖übt, denn sie gehen in der Regel nur dadurch verloren, daß sich Niemand mehr dazu herbeiläßt, das Recht auszuüben, weil er vielleicht vom Nachbarn grobe Reden u. s. w. fürchtet.

Senatspräsident Dr. **von Jacubezky:** Der Eintragungszwang hat zur Folge, daß, wenn die Frist für die Eintragung abgelaufen ist, der öffentliche Glaube des Grundbuchs gegen die nicht eingetragenen Grunddienstbarkeiten wirkt, das Recht also verloren ist, wenn das Grundstück auf einen Erwerber übergeht, der die Grunddienstbarkeit nicht kennt. In den anderen deutschen Staaten erachtet man die Gefahr, daß die Berechtigten auf die Aufforderung zur Anmeldung der Grunddienstbarkeiten unthätig bleiben und in Folge dessen ihre Rechte verlieren, für größer als die Gefahr, daß sie in späterer Zeit Schwierigkeit haben, den Beweis des Erwerbes der Dienstbarkeit durch Ersitzung zu führen. Man kann über die Abwägung der beiden Gefahren gegen einander verschiedener Meinung sein, aber daß nur die Erschwerung des Beweises gefährlich, die Bestimmung einer Ausschlußfrist für die Anmeldung nicht gefährlich sei, kann man nicht sagen. Wird der allgemeine Eintragungszwang beschlossen, so hat das eigentlich nur die Bedeutung eines Programmes; als Rechtssatz kann der allgemeine Eintragungszwang vor dem Ablauf eines langen Zeitraums schlechterdings nicht in's Leben treten. Der Beschluß kann nur dahin gehen, daß der Eintragungszwang nach und nach durch Verordnungen auf alle bestehenden Grunddienstbarkeiten erstreckt werden soll. In dem Beschlusse würde sich ein gewisses Mißtrauen gegen die künftige Gesetzgebung äußern, der Eintragungszwang würde jetzt gesetzlich festgestellt werden, weil man nicht sicher zu sein glaubt, daß künftig Geneigtheit bestehen wird, die große Aufgabe durchzuführen. Ich glaube nicht, daß dieses Mißtrauen begründet ist. Andererseits liegt darin, daß die Durchführung des Eintragungszwanges ganz der Verordnung überlassen wird, ein Vertrauensvotum, das die k. Staatsregierung wohl annehmen kann. Aber wir werden uns nicht darüber

täuschen dürfen, daß die Verwirklichung des Eintragungszwanges auf diesem S. 500.
Wege nicht schneller erfolgen wird als auf dem vom Entwurfe vorgeschlagenen.

Abg. Dr. **Casselmann** (Referent): Ich möchte mir noch die Frage erlauben, welche Rechte in Abs. 3 gemeint sind, wenn es dort heißt:

> Der Anordnung der Eintragung sind Grunddienstbarkeiten nicht unterworfen, die nur das Recht gewähren, zum Zwecke wirthschaftlicher Verrichtungen das belastete Grundstück zu betreten oder zum Fahren, zum Viehtreiben oder in ähnlicher Weise zu benutzen, ohne daß die Herstellung einer diese Benutzung beeinträchtigenden Anlage auf dem belasteten Grundstück untersagt werden kann.

In der Regel stehen doch die Wegerechte, Triebrechte und Fahrtrechte jeder hinderlichen Ueberbauung im Wege. Welche Rechte würden demnach für Artikel 9 Abs. 3 noch übrig bleiben?

Senatspräsident Dr. **von Jacubezky**: Es gibt sehr viele Rechte, die mit dem alten Flurzwange zusammenhängen und nur dahin gehen, daß der Berechtigte bei den Bestellungs- und Erntearbeiten das fremde Grundstück betreten und über das fremde Grundstück fahren darf, ohne daß der Eigenthümer gehindert wäre, ein Haus auf dem Grundstücke zu errichten oder eine sonstige Veränderung vorzunehmen, die die Benutzung des Grundstücks durch den Berechtigten hindert. Die eigentlichen Wegerechte geben dem Berechtigten freilich die Befugniß, zu verbieten, daß die Fläche, die ihm als Weg dient, in einer Weise verändert wird, daß sie nicht mehr als Weg benutzt werden kann. Aber die Rechte, welche blos den Inhalt haben, daß bei den Bestellungs- und Erntearbeiten das fremde Grundstück benutzt werden darf, in der Zwischenzeit aber nicht, geben in der Regel nicht die Befugniß, zu verbieten, daß der Eigenthümer auf einem Theile seines Feldes ein Haus erbaut: der Berechtigte muß eben dann um das Haus herumfahren. Der Entwurf geht von der Ansicht aus, zunächst sollen in den Bezirken, in welchen eine größere Bauthätigkeit herrscht, diejenigen Grunddienstbarkeiten zur Eintragung kommen, die für die Verwerthung der Grundstücke zu Bauzwecken von wesentlicher Bedeutung sind. Wenn Jemand in der Umgebung einer großen Stadt ein Grundstück kauft, um ein Landhaus, ein Vorstadthaus zu erbauen, so ist es für ihn von der höchsten Bedeutung, ob das Grundstück von Rechten frei ist, die der Bebauung entgegenstehen, oder ob er das Grundstück für seinen Zweck nur verwenden kann, wenn es ihm gelingt, das Recht eines Anderen abzulösen. Anders verhält es sich mit solchen Rechten, die nur eine zeitweilige Benutzung des Grundstücks gestatten, solange die Benutzung nach der Beschaffenheit des Grundstücks möglich ist. Diese Rechte haben für den Verkehrswerth der Grundstücke nur geringe Bedeutung, ein dringendes Bedürfniß, sie durch die Eintragung für Jedermann erkennbar zu machen, besteht nicht. Auf sie wird deßhalb der Eintragungszwang, auch wenn die Durchführung ganz der Verordnung überlassen wird, zunächst nicht erstreckt werden.

Abg. **von Walter** (Korreferent): Der Herr Senatspräsident sprach von einem Vertrauensvotum, das wir der k. Staatsregierung entgegenbringen wollen. Dem ist nicht ganz so. Wir wollen nicht blos ein Vertrauen aussprechen, sondern wir möchten eine Fassung des Artikel 9 herbeiführen, durch welche wir die k. Staatsregierung verpflichten, nach und nach alle Grunddienstbarkeiten zum Eintrag zu bringen, und um eine Ueberbürdung der Grundbuchämter zu verhindern, wollen wir der k. Staatsregierung einräumen, im Wege der Verordnung die Reihenfolge der Eintragungen zu bestimmen.

S. 500. Allerdings müssen die Grunddienstbarkeiten, von denen der Herr Senatspräsident zuletzt sprach, zuerst eingetragen werden; aber das macht nichts. Wir wollen doch deßwegen bezüglich der übrigen die Verpflichtung festlegen. In einer gewissen Zahl von Jahren wird dann die Aufgabe im ganzen Königreich durchgeführt sein. Wenn wir uns aber auf die Annahme des Artikel 9 beschränken, so werden nur ein paar Grunddienstbarkeiten herausgegriffen, die auf den Bauwerth der Grundstücke in einer großen Stadt oder deren nächster Umgebung Einfluß haben. Wenn diese eingetragen sind, wäre dann die Sache abgeschlossen und die ländliche Bevölkerung würde darin sicher eine Benachtheiligung finden.

Man hat von der künftigen Gesetzgebung gesprochen, aber dazu gehören drei Faktoren, und wenn der eine nicht will, kommt das Gesetz überhaupt nicht zu Stande; es hat ja oft schon die Volksvertretung Jahre lang die k. Staatsregierung zur Vorlage von Gesetzentwürfen drängen müssen. Aber
S. 501. es geht damit auch viel Zeit verloren, und wenn wir ‖ heute eine endgiltige Regelung im Gesetzeswege herbeiführen können, so haben wir viel gewonnen.

Wir werden in der ersten Lesung mit dieser Frage kaum mehr zum Schluß kommen. Es wird sich also empfehlen, wenn wir die weitere Beschlußfassung bis zur zweiten Lesung verschieben.

Vorsitzender: Vielleicht kann die k. Staatsregierung bis morgen einen geeigneten Vorschlag machen.

Hierauf wird die Sitzung vertagt und die nächste auf den 14. März Vormittags 9½ Uhr festgesetzt.

(Schluß der Sitzung um 7 Uhr 45 Minuten.)

von Stobäus,
Vorsitzender.

Michel,
Schriftführer.

S. 503

30.

Protokoll

über die Sitzung des besonderen (XVIII.) Ausschusses der Kammer der Abgeordneten zur Berathung der durch die Einführung des Bürgerlichen Gesetzbuchs veranlaßten Gesetzentwürfe.

(Verh. d. Justiz-Gesetzg.-Aussch. d. K. d. Abg. 1899 Beil.-Bd. XX, Abth. II, Seite 503 bis 517.)

München, den 14. März 1899, Vormittags 9½ Uhr.

Gegenwärtig:

Die Vertreter der k. Staatsregierung: der k. Staatsminister der Justiz Dr. Freiherr von Leonrod, Excellenz, der k. Senatspräsident am obersten Landesgerichte Dr. Ritter von Jacubezky;

ferner die Ausschußmitglieder: von Stobäus, Vorsitzender, Dr. Casselmann, Schriftführer, Michel, Stellvertreter des Schriftführers, Beckh, Conrad, Fuchs, Joseph Geiger, Joseph Huber, Landmann, Lerno, Seeberger, von Walter (Dr. Ratzinger, Segitz und Wagner entschuldigt).

Tagesordnung:

Entwurf eines Gesetzes, die durch die Einführung des Bürgerlichen Gesetzbuchs veranlaßten Uebergangsvorschriften betreffend.

Artikel 9 (Fortsetzung), Artikel 10 mit 33.

Erste Lesung.

Vorsitzender **von Stobäus** eröffnet um 9 Uhr 35 Minuten die Sitzung und gibt den Wortlaut der von der k. Staatsregierung vorgeschlagenen neuen Fassung des **Artikel 9** bekannt. Derselbe lautet nunmehr:

Grunddienstbarkeiten, die zu der Zeit bestehen, zu welcher das Grundbuch als angelegt anzusehen ist, müssen zur Erhaltung der Wirksamkeit gegenüber dem öffentlichen Glauben des Grundbuchs in das Grundbuch eingetragen werden. Der Eintragung sind Grunddienstbarkeiten, mit denen das Halten einer dauernden Anlage verbunden ist, so lange nicht unterworfern, als die Anlage besteht. S. 503.

Der Beginn und die Dauer der Frist für die Anmeldung der einzutragenden Grunddienstbarkeiten werden durch Königliche Verordnung bestimmt: die Frist muß jedoch mindestens sechs Monate betragen.

Die Bestimmung der Frist kann für einzelne Grundbuchbezirke und für einzelne Arten von Grunddienstbarkeiten gesondert erfolgen.

Abs. 4 unverändert.

Abg. Dr. **Casselmann** (Referent): Meine weitergehenden Wünsche können, wie ich zugeben muß, aus praktischen Erwägungen nicht berücksichtigt werden. Es ist in dem Artikel wenigstens zum Ausdruck gebracht, daß Grunddienstbarkeiten eingetragen werden müssen, und alles Uebrige, die nähere Bestimmung der einzutragenden Grunddienstbarkeiten, die Fristen u. s. w., ist der näheren Anordnung durch Königliche Verordnung überlassen. Ich halte das für zweckmäßig. Man kann auf Grund der gemachten Erfahrungen dann weiter bauen, und ich stelle den Antrag, dem Artikel 9 in der jetzigen Fassung die Zustimmung zu geben.

Abg. **von Walter** (Korreferent): Ich habe auch meinerseits einen Antrag formulirt, wonach Artikel 9 des Gesetzentwurfes zu lauten hätte:

Der Ausschuß wolle beschließen:

Der Artikel 9 des Gesetzentwurfes, die durch die Einführung des Bürgerlichen Gesetzbuchs veranlaßten Uebergangsvorschriften betreffend, sei, wie folgt, zu fassen:

Die Grunddienstbarkeiten, die zu der Zeit bestehen, zu welcher das Grundbuch als angelegt anzusehen ist, müssen zur Erhaltung der Wirksamkeit gegenüber dem öffentlichen Glauben des Grundbuchs in dieses eingetragen werden.

Durch Königliche Verordnung ist zu bestimmen, in welcher Reihenfolge die einzelnen Arten der Grunddienstbarkeiten eingetragen werden sollen. Die Bestimmung kann für einzelne Grundbuchbezirke getroffen werden.

Die Frist zur Anmeldung der Grunddienstbarkeiten muß mindestens sechs Monate betragen.

Der Anordnung der Eintragung sind Grunddienstbarkeiten nicht unterworfen, mit welchen das Halten einer dauernden Anlage verbunden ist, solange die Anlage besteht.

Die Eintragung und die Entgegennahme der Erklärungen, die zum Zwecke der Eintragung vor dem Grundbuchamt abgegeben werden, sind gebührenfrei.

Mein Antrag deckt sich vollständig mit dem Antrage der k. Staatsregierung und deßhalb ziehe ich denselben zu Gunsten des von der k. Staatsregierung gestellten zurück.

Vorsitzender: Das Wort wird sonst nicht begehrt; ich darf annehmen, daß der neue Vorschlag der k. Staatsregierung angenommen ist. Wir gehen über zu

S. 503. **Artikel 10.**

Abg. Dr. **Casselmann** (Referent) (verliest Artikel 10): Nach Artikel 189 Abs. 3 des Einführungsgesetzes zum Bürgerl. Gesetzbuche gelten für das Erlöschen der vor der Anlegung des Grundbuches entstandenen Grunddienstbarkeiten, welche in das Grundbuch nicht eingetragen worden sind, die bisherigen Vorschriften. Was diese bisherigen Vorschriften anlangt, so sind dieselben in den Motiven Seite 271 und 272 ausführlich aufgeführt und ich darf wohl der Kürze halber hierauf verweisen. Im Artikel 10 ist zum Ausdruck gebracht, daß an Stelle dieser bisherigen Vorschriften die in den folgenden Artikeln 11 bis 16 aufgeführten Bestimmungen nunmehr gelten sollen. Ich kann hier den Antrag auf Zustimmung noch nicht stellen, solange wir nicht festgestellt haben, ob wir den einzelnen Artikeln zustimmen. Ich glaube deßhalb, mir meinen Antrag bezüglich dieses Artikels bis zur Erledigung der
S. 504. Frage, ob ‖ wir den übrigen Artikeln 11 bis 16 zustimmen werden, vorbehalten zu sollen.

Abg. **von Walter** (Korreferent): Ich begrüße den Vorschlag der k. Staatsregierung, daß das Erlöschen der Grunddienstbarkeiten für die Folge einheitlich geregelt wird. Bezüglich der einzelnen Artikeln behalte ich mir das Nähere vor.

Vorsitzender: Ich rufe nunmehr auf

Artikel 11.

Abg. Dr. **Casselmann** (Referent) (verliest Artikel 11 des Gesetzentwurfes und § 876 des Bürgerl. Gesetzbuchs): Der Artikel 11 handelt von der rechtsgeschäftlichen Aufhebung. Wenn die Herren den Artikel 76 Abs. 2 des Entwurfes eines Ausführungsgesetzes zum Bürgerl. Gesetzbuche vergleichen, so finden Sie, daß der Abs. 2 fast wörtlich übereinstimmt mit dem vorgeschlagenen Artikel 11, der handelt von der Aufhebung von Grunddienstbarkeiten an buchungsfreien Grundstücken.

Ich möchte mir hier eine Anfrage erlauben, wie es ist, wenn z. B. in einer letztwilligen Verfügung ausdrücklich auf eine solche Grunddienstbarkeit verzichtet wird. Das war bisher zulässig. Ferner, wie verhält es sich mit dem stillschweigenden Verzicht im Sinne des bayerischen Landrechts und im Sinne des preußischen Landrechts? Nach der Fassung des Artikel 11 würden derartige Aufhebungsgründe nicht mehr Platz greifen.

Vorbehaltlich dieser Aufklärung stimme ich dem Artikel 11 zu.

Abg. **von Walter** (Korreferent): Ich habe gegen diesen Artikel selbst keine Erinnerung.

Was die Frage betrifft, die der Herr Referent gestellt hat, so, glaube ich, beantwortet sich dieselbe von selbst damit, daß ein stillschweigender Verzicht an und für sich allerdings keinen Erlöschungsgrund bildet, daß aber, wenn ein solcher stillschweigender Verzicht vorliegt, die Ausübung der Grunddienstbarkeit unterbleibt und dann die Verjährung herbeigeführt wird.

Ich habe nur ein Bedenken wegen des Artikel 76 des Ausführungsgesetzes zum Bürgerl. Gesetzbuche. Hier in Artikel 11 wird vorgeschlagen, daß die Erklärung in öffentlich beglaub'gter Form abzugeben ist; in Artikel 76 dagegen ist meines Wissens öffentliche Beurkundung vorgeschrieben. Es wird sich deßhalb fragen, ob wir nicht die beiden Artikel doch in Uebereinstimmung bringen müssen. Ich würde glauben, daß die öffentlich beglaubigte Form vollständig ausreicht und daß wir daher, wozu wir ja noch Gelegenheit im Plenum haben, den Artikel 76 des Ausführungsgesetzes zum Bürgerl. Gesetzbuch entsprechend ändern sollen. S. 504.

Senatspräsident Dr. **von Jacubezky:** Die vom Herrn Korreferenten angeregte Aenderung des Artikel 76 Abs. 2 ist bereits auf Antrag der k. Staatsregierung von dem hohen Ausschusse der Kammer der Reichsräthe beschlossen worden; ich verweise auf das VIII. Protokoll des hohen Ausschusses Seite 8, 9.

Von den Fragen des Herrn Referenten ist die eine schon vom Herrn Korreferenten beantwortet worden. Ich kann mich nur dem anschließen, was der Herr Korreferent gesagt hat. Die andere wegen der letztwilligen Verfügung ist dahin zu beantworten, daß das Bürgerl. Gesetzbuch (§ 2174) Vermächtnisse oder Auflagen mit dinglicher Wirkung nicht kennt. Der Erblasser kann durch seine Anordnung nur eine Verbindlichkeit des Beschwerten begründen. Das dingliche Verzichtsgeschäft hat der Beschwerte zur Erfüllung seiner Verbindlichkeit vorzunehmen. Hat der Erblasser den Verzicht auf eine nicht eingetragene Grunddienstbarkeit angeordnet, so muß der Erbe die im Artikel 11 vorgeschriebene beglaubigte Verzichterklärung abgeben.

Vorsitzender: Das Wort wird von keiner Seite begehrt; auch die Herren Referenten haben nichts mehr zu erinnern: Artikel 11 ist angenommen.

Artikel 12.

Abg. Dr. **Casselmann** (Referent) (verliest Artikel 12): Dieser Artikel betrifft das Erlöschen durch Zeitablauf und entspricht dem Artikel 76 Abs. 3 des Entwurfes eines Ausführungsgesetzes zum Bürgerl. Gesetzbuche. Nur ist in diesem Artikel 12 auch noch allegirt der Artikel 169 des Einführungsgesetzes zum Bürgerl. Gesetzbuch. Aus der Allegirung dieses Artikels im Abs. 1 des vorliegenden Artikels und der Thatsache, daß dieser Artikel in Artikel 76 Abs. 3 des Ausführungsgesetzes fehlt, ergibt sich, daß der Artikel 12 auch für Grunddienstbarkeiten an buchungsfreien Grundstücken gilt. Das Verhältniß des Artikel 76 des Ausführungsgesetzes zu diesem Artikel 12 ist also, daß der Artikel 76 Dienstbarkeiten im Auge hat, welche erst nach der Grundbuchanlegung entstanden sind.

Ich möchte bitten, zu erklären, ob diese Auffassung richtig ist. Wenn das der Fall ist, so beantrage ich Zustimmung zu Artikel 12.

Abg. **von Walter** (Korreferent): Ich glaube, daß der Zweifel, den der Herr Referent angeregt hat, zutreffend sein wird. Ich habe gegen Artikel 12 nichts zu erinnern.

Senatspräsident Dr. **von Jacubezky:** Das Verhältniß zwischen dem Artikel 76 des Entwurfes Beilage A und unserem Artikel 12 ist allerdings das von dem Herrn Referenten angegebene. Der Artikel 76 gibt die Regel für die Zukunft, für die Zeit, zu welcher das Grundbuch als angelegt anzusehen ist und deßhalb das Liegenschaftsrecht des Bürgerl. Gesetzbuchs zur Anwendung kommt. Hier haben wir es mit Uebergangsvorschriften für die zu dieser Zeit bestehenden Grunddienstbarkeiten zu thun. Für diese Grunddienstbarkeiten gelten bezüglich des Erlöschens durch Zeitablauf die Vorschriften des Artikel 12, auch wenn die Grunddienstbarkeiten, falls sie erst nach der Anlegung des Grundbuchs begründet würden, unter den Artikel 76 fallen würden. Bei den nach den bisherigen Vorschriften entstandenen und nicht in das Grundbuch eingetragenen Grunddienstbarkeiten macht es keinen Unterschied, ob das belastete Grundstück eingetragen oder von der Buchung befreit ist.

S. 504. **Vorsitzender:** Das Wort wird weiter nicht begehrt: der Artikel 12 ist angenommen.

S. 505. ## Artikel 13.

Abg. Dr. **Casselmann** (Referent) (verliest Artikel 13): Dieser Artikel betrifft das Erlöschen durch Konsolidation. Ich verweise auf die Motive, in denen insbesondere auf Seite 272 bemerkt ist, daß ein theilweises Erlöschen nicht möglich ist.

Ich erlaube mir, eine Frage dahin zu stellen, wie es ist, wenn die Grunddienstbarkeit bei späterer Trennung wieder auflebt? Es ist ja das eine Frage, die im gemeinen Recht verneint worden ist, im preußischen Landrecht für den Fall bejaht ist, daß die vorhandenen Anlagen nicht beseitigt worden sind. Es wird das Wiederaufleben nicht möglich sein, weil bezüglich der entstehenden Grunddienstbarkeiten § 873 des Bürgerl. Gesetzbuchs zur Anwendung kommt. Ich bitte um Aufklärung und beantrage Zustimmung.

Abg. **von Walter** (Korreferent): Ich beantrage ebenfalls Zustimmung und glaube, daß in dem Falle, den der Herr Referent angeführt hat, nichts Anderes übrig bleibt, als die Grunddienstbarkeit wieder auf's Neue zu bestellen, weil ein Wiederaufleben nicht denkbar ist.

Senatspräsident Dr. **von Jacubezky:** Ich bin mit den Ausführungen des Herrn Korreferenten einverstanden.

Vorsitzender: Dann kann ich den Artikel 13 für angenommen erklären. Wenn die Herren Referenten einverstanden sind, werde ich die folgenden **Artikel 14 mit 17** gemeinsam aufrufen.

Abg. Dr. **Casselmann** (Referent) (verliest die Artikel 14 mit 17): Ich gestatte mir, zunächst auch hier auf die Motive zu verweisen, und bemerke, daß dieses Aufgebotsverfahren nachgebildet ist dem Aufgebotsverfahren, das im Gebiete des preußischen Landrechts besteht, in der Gerichtsordnung I 51 §§ 100 bis 109 mit den Aenderungen, die in den Artikeln 159 und 160 des Ausführungsgesetzes zur Civilprozeßordnung und Konkursordnung getroffen worden sind.

Die Motive führen aus, daß dieses Aufgebot unbekannter Grunddienstbarkeiten veranlaßt sei durch die Bestimmung des § 434 des Bürgerl. Gesetzbuchs, wo bestimmt ist, daß der Verkäufer verpflichtet ist, dem Käufer den verkauften Gegenstand frei von Rechten zu verschaffen, die von Dritten gegenüber dem Käufer geltend gemacht werden können. Es ist dort ausgeführt, daß mit Rücksicht auf diesen Paragraph die Einführung des Aufgebotsverfahrens veranlaßt sei, da ohne dieses Aufgebotsverfahren im Falle eines Verkaufs oder einer sonstigen entgeltlichen Veräußerung die Gefahr einer nicht übersehbaren Haftung eintreten würde.

Nun möchte ich mir aus meiner Praxis im Gebiete des preußischen Landrechts Folgendes zu bemerken erlauben: Das preußische Landrecht hat bereits diesen Grundsatz des § 434 des Bürgerl. Gesetzbuchs. Nach dem preußischen Landrecht haftet der Verkäufer eines Grundstücks dem Käufer auch dafür, daß das Grundstück frei von Grunddienstbarkeiten ist, und nun muß ich sagen, daß, trotzdem das preußische Landrecht diese Bestimmung hat, von dem Aufgebotsverfahren in der Praxis kein Gebrauch gemacht wird. Meine Erfahrung in der Praxis geht ja noch nicht auf eine lange Reihe von Jahren zurück; ich habe aber Anlaß genommen, mich bei älteren preußischen Juristen, die anerkannte Autoritäten im Gebiete des preußischen Landrechts sind, zu S. 505. erkundigen, und habe dort erfahren, daß ihnen dieses Aufgebotsverfahren vollständig unbekannt ist; es kommt in der Praxis nicht vor. Das legt mir nun die Frage nahe, ob diese Bestimmung, die hier aufgenommen ist, nothwendig ist.

Ich habe aber auch in einer Beziehung Bedenken gegen eine Bestimmung und zwar gegen die Bestimmung des Artikel 15. Es ist im Artikel 15 das Aufgebotsverfahren geregelt und es ist insbesondere im Abs. 5 ausgeführt, wie die öffentliche Bekanntmachung des Aufgebots zu erfolgen hat. Die Bekanntmachung muß an die Gerichtstafel angeheftet werden und in der Gemeinde, in deren Bezirk das belastete Grundstück liegt, an die für amtliche Bekanntmachungen bestimmte Stelle sowie durch einmalige Einrückung in das für Bekanntmachungen des Gerichts bestimmte Blatt erfolgen. Das Aufgebot soll von Amtswegen zugestellt werden. Nun möchte ich die Frage aufwerfen, wie es ist, wenn der Eigenthümer des betreffenden Grundstücks abwesend ist und das Grundstück verpachtet hat und das herrschende Grundstück nicht angrenzendes Grundstück ist, wie das in der Praxis sehr häufig vorkommt, z. B. es führt ein Fahrrecht über ein zweites oder drittes nicht unmittelbar angrenzendes Grundstück. In diesem Falle wird der Eigenthümer des herrschenden Grundstücks von dem Aufgebotsverfahren gar nichts erfahren und er wird in einem solchen Falle um sein Recht kommen.

Ich möchte bitten, sich über diese Bedenken äußern zu wollen.

Abg. **von Walter** (Korreferent): Ich habe ursprünglich gegen das uns hier vorgeschlagene Aufgebotsverfahren prinzipielle Bedenken gehabt und bin der Meinung gewesen, daß durch das Aufgebotsverfahren den Berechtigten der erforderliche Schutz überhaupt nicht ausreichend gewährt ist. Ich habe mich auf der anderen Seite um Gründe umgesehen, welche dieses Aufgebotsverfahren nothwendig machen sollen, und da habe ich gefunden, daß § 434 des Bürgerl. Gesetzbuchs auch für das Gebiet des bayerischen Landrechts eigentlich keine Neuerung bringt; denn, wie im preußischen Landrecht, so ist auch im bayerischen Landrecht der Verkäufer eines Grundstücks verpflichtet, dasselbe lastenfrei zu übergeben, und soweit er nicht ausdrücklich die darauf lastenden rechtlichen Dienstbarkeiten dem Käufer bekannt gibt, ist er dem Letzteren gegenüber haftbar. Das bayerische Recht hat bisher zu einer Beanstandung keinen Anlaß gegeben, weil ja die Haftung des Verkäufers geltend gemacht werden kann. Allerdings ist es richtig, daß sehr viele Prozesse zwischen Käufer und Verkäufer stattgefunden haben, allein in all' den Fällen, die mir bekannt geworden sind, ist nicht die Unbekanntheit der Dienstbarkeiten, sondern das Verschweigen derselben durch den Verkäufer Anlaß zum Prozesse gewesen, und ich kann deßhalb nach meinen Erfahrungen bezüglich des bayerischen Landrechts bestätigen, daß wir ein derartiges Aufgebotsverfahren nicht nothwendig haben. Das Gleiche kann ich aus eigener Erfahrung auch in Bezug auf das preußische Landrecht bestätigen, und zwar deßhalb, weil ich selbst schon, allerdings kurze Zeit, in Hof war und während meines dortigen fünfjährigen Aufenthalts auch nicht einen einzigen Fall erfahren habe, wo dieses Aufgebotsverfahren Platz gegriffen hätte. Deßhalb war mir in den Motiven auch der Grund, daß Rechtseinheit geschaffen werden soll, nicht recht verständlich, und ich habe gemeint, daß die Rechtseinheit auch wohl dadurch herbeigeführt werden könnte, daß ‖ man einfach die Bestimmung des preußischen Landrechts nicht mehr in S. 506. das neuere Recht hineinnimmt. Die Ueberzeugung, daß von diesem Aufgebotsverfahren nur außerordentlich selten wird Gebrauch gemacht werden,

S. 506. habe ich heute noch; die Bedenken aber, die mir ursprünglich gegen den Vorschlag des Entwurfes aufgestiegen sind, daß nämlich für die Berechtigten ein zu geringer Schutz geboten sei, habe ich Angesichts des Abs. 5 des Entwurfes etwas überwunden, Angesichts der Bestimmung nämlich, die der Herr Referent bereits angeführt hat, daß den Nachbarn eine spezielle Mittheilung gemacht werden muß. Hierdurch ist der Berechtigte schon geschützt. Das gebe ich aber dem Herrn Referenten zu, für den Fall der Abwesenheit des Eigenthümers des berechtigten Grundstücks wird der Schutz etwas geringer sein; aber ganz fällt er auch da nicht weg. Wenn der Eigenthümer abwesend ist und das berechtigte Grundstück vermiethet oder verpachtet hat, denke ich mir doch, daß in diesen Fällen dem Pächter oder Miether Mittheilung gemacht werden muß oder sonst einem Bevollmächtigten, den der abwesende Eigenthümer aufgestellt hat. Ob es nicht gut wäre, eine bezügliche Bestimmung in's Gesetz selbst aufzunehmen, an wen in Abwesenheit des Eigenthümers die Zustellung zu machen ist, das ist freilich eine andere Frage.

Was nun die einzelnen Bestimmungen selbst betrifft, so habe ich gegen die Gestaltung des Aufgebotsverfahrens und die sonstigen Bestimmungen meinerseits nichts zu erinnern. Wenn sich der Ausschuß schlüssig macht, nachdem ich jetzt eine wesentliche Einwendung nicht machen kann, das Aufgebotsverfahren aus dem preußischen Landrecht herüberzunehmen, so sind nach meiner Anschauung die Bestimmungen vollständig entsprechend und ist insbesondere das Aufgebotsverfahren dem Artikel 69b des Ausführungsgesetzes zur Civilprozeß- und Konkursordnung nachgebildet.

Wenn daher die Herren das Aufgebotsverfahren hereinnehmen wollen, so beantrage ich Zustimmung zu sämmtlichen Artikeln.

Senatspräsident Dr. **von Jacubezky:** Das Aufgebotsverfahren ist aufgenommen worden, obwohl auch bei der Aufstellung des Entwurfes nicht verkannt wurde, daß von dem Aufgebot ein großer Gebrauch nicht wird gemacht werden. Aber es ist immerhin mißlich, wenn man auch zu der Zeit, zu der das Grundbuch angelegt ist, kein Mittel hat, sich über die alten Grunddienstbarkeiten zu vergewissern, zu erfahren, ob und welche Rechte dieser Art bestehen, und wenn man dadurch in seinen Verfügungen mehr oder weniger gehemmt ist. Es kommt nicht blos der § 434 des Bürgerl. Gesetzbuchs, der in der Begründung angeführt ist, in Betracht, auch thatsächliche Verfügungen des Eigenthümers können davon abhängig sein, ob eine Grunddienstbarkeit besteht oder nicht. Für denjenigen, der auf seinem Grundstück bauen will, ist es gewiß von der größten Wichtigkeit, zu wissen, ob etwa eine Dienstbarkeit besteht, vermöge welcher er an der Bauführung gehindert und gezwungen werden kann, das, was er zu bauen anfängt, wieder niederzureißen. Denken Sie an die lebhafte Bauthätigkeit, die an der Peripherie einer in rascher Entwicklung begriffenen großen Stadt herrscht. Da werden Straßen und Plätze angelegt, Bauplätze abgetheilt, Häuser erbaut. In welche schlimme Lage kommen die Unternehmer, wenn unbekannt gewesene Dienstbarkeiten auftauchen, die der Durchführung eines großen Bebauungsplans entgegenstehen, für den schon bedeutende Aufwendungen gemacht sind. Um über seine Rechtslage in's Klare zu kommen, soll der Eigenthümer das Recht haben, die Betheiligten in ähnlicher Weise zu einer Anmeldung ihrer Grunddienstbarkeiten auffordern zu lassen, wie es nach dem soeben gefaßten Beschlusse sich jeder Grunddienstbarkeitsberechtigte einmal muß gefallen lassen. Die Grunddienstbarkeit muß ja einmal zur Eintragung angemeldet werden. Da es aber jedenfalls eine lange Reihe von Jahren erfordern wird, bis alle bestehenden

Grunddienstbarkeiten dem Eintragungszwang unterworfen werden können, so S. 506.
soll in der Zwischenzeit derjenige, der ein besonderes Bedürfniß hat, die auf seinem Grundstück lastenden Dienstbarkeiten kennen zu lernen, in den Stand gesetzt werden, diese Kenntniß zu erlangen. Es geht nicht an, ihn auf die Zeit zu vertrösten, zu der die Eintragung erfolgt sein wird; er kann nicht 10 oder 15 Jahre warten, deßhalb soll ihm gestattet werden, die Berechtigten durch ein Aufgebotsverfahren zur Anmeldung ihrer Grunddienstbarkeiten aufzufordern. Das Aufgebot wird selbstverständlich nicht beantragt werden, ohne daß ein besonderer Grund vorliegt, schon deßwegen nicht, weil es ja Kosten macht, die der Antragsteller zu bezahlen hat. Das Aufgebot ist, auch wenn ein Berechtigter abwesend ist, nicht gefährlicher als die Aufforderung zur Anmeldung, die durch Königliche Verordnung ergeht. Die Königliche Verordnung wird den einzelnen Berechtigten nicht zugestellt, sondern man muß sie in der Zeitung lesen, und wenn ein Abwesender sie nicht liest und nicht von seinen Anhörigen oder zurückgelassenen Bediensteten in Kenntniß gesetzt wird, so kommt er in Gefahr, sein Recht zu verlieren. Ich halte die Gefahr aber nicht für eine große. Der Entwurf schreibt überdieß eine Zustellung an die Nachbarn vor, die nach den Vorschriften der Civilprozeßordnung über die Zustellung durch Aufgabe zur Post erfolgt. Die Postsendung ist freilich unbestellbar, wenn der Abwesende keine Veranstaltung getroffen hat, daß Postsendungen für ihn in Empfang genommen werden können: aber Zustellungen durch Aufgabe zur Post kommen im gerichtlichen Verfahren häufig vor, ohne daß sich daraus so schwere Gefahren ergeben. Die Berechtigten werden bei diesem Aufgebot jedenfalls nicht mehr gefährdet als bei den anderen Aufgeboten, die bei dem Grundbuchrecht unvermeidlich sind: wir können den Aufgeboten des Bürgerl. Gesetzbuchs unbedenklich das des Entwurfes anreihen.

Abg. **Michel:** Vom Standpunkte des pfälzischen Rechts aus möchte ich diese Bestimmung begrüßen. Es hat sich bisher in der Pfalz die Praxis herausgebildet, daß bei Veräußerungen jede Haftung für das Vorhandensein von Dienstbarkeiten abgelehnt wurde, und bestand insofern eine Lücke in dem bisherigen Recht, als keine Vorsorge für den Fall getroffen war, daß später derartige Dienstbarkeiten, die ursprünglich dem Eigenthümer unbekannt waren, zur Erscheinung gelangten. Es wird dadurch eine Rechtssicherheit für die pfälzischen Verhältnisse geschaffen, für die ich sehr dankbar bin. Ich bitte deßhalb, von diesem Gesichtspunkt aus auch dieser Bestimmung die Zustimmung zu ertheilen.

Abg. **von Walter** (Korreferent): Ich habe gegen die sämmtlichen Artikel keine Erinnerung, um so weniger als der Herr Vorredner bestätigt hat, daß wenigstens für die Pfalz ein Bedürfniß besteht, und die betreffende Bestimmung gemeinschaftlich werden soll. Ein prinzipielles Bedenken habe ich von vornherein nicht mehr gehabt.

Abg. Dr. **Casselmann** (Referent): Ich muß gestehen, daß meine Bedenken S. 507.
nicht gänzlich gehoben sind. Insbesondere sehe ich die Gefahr nicht darin, daß der Eigenthümer des herrschenden Grundstücks abwesend ist, sondern darin, daß er Eigenthümer eines nicht angrenzenden Grundstücks ist, wie das in der Praxis sehr häufig vorkommt, und er deßwegen, weil er abwesend und Eigenthümer eines nicht angrenzenden Grundstücks ist, in Wirklichkeit von dem Aufgebotsverfahren nichts in Erfahrung bringt. Die Bedenken werden aber von anderer Seite nicht getheilt; ich habe also keinen Anlaß, einen anderen Antrag zu stellen, als den Artikeln zuzustimmen.

S. 507. Abg. **von Walter** (Korreferent): Ich meine, die Gefahr, die der Herr Referent konstruirt, ist deßhalb schon keine große, weil, wenn das herrschende Grundstück etwas weiter von dem belasteten Grundstück entfernt ist, zwischen beiden Grundstücken weitere berechtigte Grundstücke liegen müssen, und weil in diesem Falle wenigstens durch die Eigenthümer der dazwischen liegenden Grundstücke die Grunddienstbarkeit auch gewährt werden kann.

Vorsitzender: Ich kann konstatiren, daß die Artikel 14 bis 17 angenommen sind und damit auch der Artikel 10. Wir kommen nun zu

Artikel 18.

Abg. Dr. **Casselmann** (Referent) (verliest Artikel 18): Im § 1807 des Bürgerl. Gesetzbuchs sind Bestimmungen über mündelsichere Anlagen getroffen. Es heißt dort, daß die im § 1806 vorgeschriebene Anlegung von Mündelgeld nur erfolgen soll: (siehe § 1807). Nun ist zu dieser Bestimmung des § 1807 des Bürgerl. Gesetzbuchs im Artikel 212 des Einführungsgesetzes zum Bürgerl. Gesetzbuche die Vorschrift getroffen worden, wonach die landesgesetzlichen Vorschriften in Kraft bleiben, nach welchen gewisse Werthpapiere zur Anlegung von Mündelgeld für geeignet erklärt sind. Die Folge davon ist, daß diejenigen Schuldverschreibungen, diejenigen Pfandbriefe 2c., welche landesgesetzlich für mündelsicher erklärt sind, nach dem Inkrafttreten des Bürgerl. Gesetzbuchs zur Anlegung von Mündelgeld geeignet sind, auch ohne daß sie vom Bundesrathe für mündelsicher erklärt worden sind. Es ist damit eigentlich durch den Artikel 212 des Einführungsgesetzes so ziemlich wieder aufgehoben, was im § 1807 des Bürgerl. Gesetzbuchs bestimmt ist. Ich höre, daß vom Bundesrath eine Erklärung über mündelsichere Papiere nicht zu erwarten ist.

Wenn wir nun im Artikel 18 uns auf den Standpunkt stellen, daß wir sagen, es können zur Anlegung von Mündelgeld nur diejenigen Werthpapiere und Schuldverschreibungen von bayerischen Gemeinden 2c., insbesondere Pfandbriefe genommen werden, in denen nach den bisher vom Staatsministerium der Justiz getroffenen Bestimmungen Mündelgeld angelegt werden konnte, so muß ich sagen, daß darin — es macht wenigstens den Eindruck — ein Stück Partikularismus liegt, wenn zum Beispiel selbst die besten nichtbayerischen Werthpapiere nicht als mündelsicher gelten sollen. Ob dieser Partikularismus nicht berechtigt ist, ob er nicht insbesondere vielleicht eine Art Retorsion anderen Bundesstaaten gegenüber darstellt, das entzieht sich meiner Beurtheilung. Ich bitte in dieser Beziehung um Aufklärung und bitte weiter um nähere Angabe der mündelsicheren Pfandbriefe.

Wie mir aus den Zeitungen bekannt ist, hat das Staatsministerium der Justiz an die bayerischen Handels- und Gewerbekammern die Aufforderung gerichtet, sich gutachtlich darüber zu äußern, ob es eventuell angezeigt wäre, auch anderen Kreditinstituten, als welchen bisher die Mündelsicherheit zugesprochen worden ist, ob insbesondere Pfandbriefen der Bayerischen Vereinsbank, der Handelsbank, der Vereinsbank in Nürnberg und der Süddeutschen Bodenkreditanstalt in Würzburg die Mündelsicherheit verliehen werden soll. Ich entnehme gleichfalls aus den Zeitungen, daß zum Beispiel die pfälzische Handels- und Gewerbekammer sich dagegen ausgesprochen hat, die Mündelsicherheit auszudehnen auf die Papiere der in Frage kommenden Institute, während meines Wissens die oberbayerische Handels- und Gewerbekammer sich auf einen anderen Standpunkt stellt. Erst in den letzten Tagen habe ich gelesen, daß die Handels- und Gewerbekammer von Mittelfranken ein Gut-

achten dahin abgegeben habe, daß sich die Handelskammer im Prinzip gegen S. 507.
die Ausdehnung des in Frage stehenden Rechts auf diejenigen bayerischen Hypothekenbanken, deren Pfandbriefe bisher für die Anlegung von Mündelgeld nicht zugelassen waren, ausspreche rc. Ich möchte die Anfrage an die k. Staatsregierung stellen, ob sie in der Lage ist, heute schon erklären zu können, daß die Gutachten der Handels- und Gewerbekammern sämmtliche erfolgt sind und Seitens der k. Staatsregierung Stellung zu diesen Gutachten genommen worden ist. Ich nehme an, daß künftighin eine Erweiterung der Zulassung mündelsicherer Papiere im Wege ministerieller Vorschrift erfolgen kann.

Abg. **von Walter** (Korreferent): Ich habe gegen Artikel 18 gar keine Bedenken. Es ist allerdings richtig, daß zwischen dem § 1807 des Bürgerl. Gesetzbuchs und dem Artikel 212 des Einführungsgesetzes hiezu ein scheinbarer Widerspruch besteht. Allein ich glaube doch, der Widerspruch ist nicht unlösbar. Die Papiere, die im § 1807 des Bürgerl. Gesetzbuchs aufgeführt sind, gelten nach meinem Dafürhalten als mündelsicher und kann deßhalb die Anlage von Mündelgeld durch Erwerbung von solchen Papieren unbedingt erfolgen. Dazu kommen noch diejenigen Papiere, welche nach den bisherigen Landesgesetzen speziell für Bayern ebenfalls als mündelsicher erklärt sind. Daß wir uns auf die nichtbayerischen Papiere nicht zu sehr einlassen, finde ich sehr begreiflich. Wir können zwar den Kursstand der Papiere übersehen, aber der ist kein zuverlässiger Anhaltspunkt für die Sicherheit, und deßhalb wird es nach meinem Dafürhalten als eine sehr geeignete Fürsorge angesehen werden müssen, wenn wir uns in der Beziehung mit der Bestimmung des § 1807 beschränken. Was aber die bayerischen Papiere anlangt, so ist die k. Staatsregierung jeden Augenblick in der Lage, deren Scherheit zu beurtheilen und deßhalb dieselben als mündelsicher zu erklären und die Anlage von Mündelgeld durch Erwerb von solchen Papieren zu gestatten. Ich habe in der Beziehung gar keine Bedenken.

Wie weit die Ausdehnung auf die bayerischen Staatspapiere gestattet werden soll, das ist eine Frage, die sich vielleicht alle Tage anders beantwortet. Wenn eben die Sicherheit nicht mehr groß genug ist, so wird die bayerische Regierung von der Befugniß des Abs. 2 des Artikel 18 Gebrauch machen und wird die Anlegung von Mündelgeld in solchen nicht mehr gestatten. Solange die Sicherheit ‖ besteht, sehe ich in der That nicht ein, S. 508.
warum wir nicht möglichst weit greifen sollen hinsichtlich der Korporationen und Anstalten, welche Werthpapiere ausgeben. Es schadet ja nicht; im Gegentheil würde eine einseitige Beschränkung viel mehr zu Rekriminationen berechtigten Anlaß geben als eine zu weite Ausdehnung, vorausgesetzt natürlich, daß diese Ausdehnung die Sicherheit der Mündelgelder nicht gefährdet.

Ich bin also vollständig mit Artikel 18 einverstanden.

Abg. Dr. **Casselmann** (Referent): Ich habe den Artikel 18 auch so aufgefaßt wie der Herr Korreferent. Es folgt das schon aus dem Wörtchen „auch" des ersten Satzes, daß neben der Anlage von Mündelgeld nach § 1807 des Bürgerl. Gesetzbuchs gewisse Papiere als mündelsicher gelten. Allein, soviel mir bekannt ist, hat der Bundesrath zum Vollzuge des § 1807 Vorschriften nicht erlassen und wird solche nicht erlassen, so daß thatsächlich nur diejenigen Papiere auch in Zukunft als mündelsicher gelten werden, die von den einzelnen Bundesstaaten diese Qualifikation erhalten haben.

Der k. Staatsminister Dr. Freiherr **von Leonrod**: Für die Zukunft ist im § 1807 des Bürgerl. Gesetzbuchs bestimmt, in welchen Werthpapieren

S. 508. die Anlage von Mündelgeld erfolgen darf. Wir können hienach in Zukunft keine Papiere mehr zulassen. Nach Artikel 212 des Einführungsgesetzes bleiben aber die landesgesetzlichen Vorschriften in Kraft, nach welchen gewisse Werthpapiere zur Anlegung von Mündelgeld für geeignet erklärt sind, und von diesem Vorbehalte wird hier Gebrauch gemacht.

Wegen des geltenden Rechtes erlaube ich mir zunächst Bezug zu nehmen auf Artikel 26 Abs. 2 des Gesetzes vom 26. April 1888 und auf die Ministerialentschließung zu dessen Vollzug vom 15. Dezember 1888 — § 7 — (Justizministerialblatt S. 262 Ziff. IV, § 7): für mündelsicher erklärt sind dort die Pfandbriefe der Bayer. Hypotheken- und Wechselbank, der Süddeutschen Bodenkreditbank und der Pfälz. Hypothekenbank in Ludwigshafen, die Communalobligationen der letzteren Bank. Unter den im Artikel 26 Abs. 2 Nr. 3 bezeichneten Schuldverschreibungen der Gemeinden sind auch die der Kreis- und der Distriktsgemeinden inbegriffen. Durch die Bekanntmachung vom 11. Mai 1897 (Justizministerialblatt S. 79 und 80) sind ferner die auf den Inhaber lautenden verloosbaren Pfandbriefe und Schuldbriefe für Gemeindedarlehen, die die Bayerische Landwirthschaftsbank ausgibt, zugelassen. Für die Landestheile rechts des Rheins ist im Aufsichtswege die Anlegung in denselben Papieren gestattet worden.

Es fragt sich nun, ob wir nicht noch weitere Papiere als mündelsicher erklären sollen. Die bayerische Staatsregierung hat die Befugniß hiezu bis zum Inkrafttreten des Bürgerl. Gesetzbuchs, also bis zum 1. Januar 1900. Die Staatsregierung ist dieser Frage auch schon näher getreten.

Was die Anfrage des Herrn Referenten betrifft, wie die Verhältnisse im Augenblicke stehen, so muß ich darauf erwidern, daß die Verhandlungen noch nicht abgeschlossen sind. Die Aeußerungen der Handels- und Gewerbekammern liegen noch nicht vor.

Abg. **Beckh:** Es läßt sich nicht leugnen, daß man Gründe haben kann, die Mündelsicherheit von Werthpapieren nicht zu weit auszudehnen. Auch ist gewiß, daß der Kurs der bayerischen Staatspapiere beeinflußt ist dadurch, daß auch noch andere Papiere als mündelsicher zugelassen sind. Allein auf der anderen Seite macht sich im Publikum, ich will sagen, eine gewisse Unzufriedenheit geltend darüber, daß zur Zeit die Pfandbriefe einzelner Banken als mündelsicher gelten und von den Behörden als solche angenommen werden. Freilich muß Jeder zugeben, daß die norddeutschen Banken anders behandelt werden müssen als die süddeutschen, weil in Norddeutschland zwar die landschaftlichen Institute in der Regel zur ersten Stelle, die Hypothekenbanken aber erst an zweiter Stelle beleihen. In Bayern aber sind die Pfandbriefe aller unserer soliden Banken daran gebunden, daß sie Hypotheken an erster Stelle erwerben; es macht deßhalb keinen Unterschied, ob es Pfandbriefe der Bayerischen Hypotheken- und Wechselbank oder solche der Bayerischen Handelsbank sind. Gleichwohl sind, wie ich gehört habe, die Pfandbriefe der Bayerischen Handelsbank nicht als mündelsicher erklärt. Ich meine, daß es doch richtig wäre, wenn hier das betreffende solide Bankinstitut gleich behandelt würde. Ich weiß auch, daß es heißt, die Handelsbank würde leichter die Mündelsicherheit ihrer Pfandbriefe erreichen, wenn sie nicht auch noch andere Geschäfte betreiben würde; allein die Bayerische Hypotheken- und Wechselbank betreibt dieselben auch; der Pfandbriefe gelten als mündelsicher, die der anderen Bank nicht. Vielleicht dürfte es der Staatsregierung möglich sein, bei Neuregelung der Frage, welche Pfandbriefe als mündelsicher gelten, die Pfandbriefe der soliden bayerischen Banken als mündelsicher gelten zu lassen.

Der k. Staatsminister der Justiz: Ich habe schon vorhin erklärt, daß die Sache noch nicht erledigt ist, und kann mich deßhalb heute nicht weiter äußern. S. 508.

Vorsitzender: Es wird von keiner Seite mehr das Wort begehrt; Artikel 18 ist angenommen. Wir kommen zu

Artikel 19.

Abg. Dr. **Casselmann** (Referent) (verliest Artikel 19): Im Artikel 115 des Entwurfes eines Ausführungsgesetzes zum Bürgerl. Gesetzbuch ist bestimmt, daß die Vorschriften der §§ 2 bis 27, 29 bis 34 und des § 199 Abs. 2 des Gesetzes über die Angelegenheiten der freiwilligen Gerichtsbarkeit auch für jene Angelegenheiten der freiwilligen Gerichtsbarkeit gelten, für welche die landesgesetzlichen Vorschriften maßgebend sind. Dieser Artikel 115 bezieht sich auch auf die zur Zeit des Inkrafttretens des neuen Rechtes bereits anhängigen Sachen. Eine Ueberleitungsvorschrift ist aber nothwendig für bereits anhängige Beschwerden; denn es geht nicht an, den Fortgang des Verfahrens einer nach unserem jetzigen Rechte eingelegten Beschwerde nach dem neuen Recht zu bemessen. Der Artikel 68 des Ausführungsgesetzes zur Civilprozeßordnung und Konkursordnung hat seinerzeit auch eine Bestimmung enthalten dahin, daß das eingelegte Rechtsmittel nach den bisherigen Vorschriften zu erledigen sei, wenn die Beschwerde vor dem Inkrafttreten des neuen Rechtes eingelegt wurde, und anschließend an diese Vorschrift hält nun Artikel 19, der uns hier vorliegt, für die zur Zeit des Inkrafttretens des Bürgerl. Gesetzbuchs anhängigen Beschwerden die bisherigen Vorschriften aufrecht. Es muß also, wenn weitere Beschwerde in einer solchen anhängigen Sache eingelegt ist, die im Artikel 64 des Ausführungsgesetzes zur Civilprozeßordnung und Konkursordnung vorgesehene Nothfrist von einem Monat eingehalten S. 509. werden, obwohl § 27 des Gesetzes über die Angelegenheiten der freiwilligen Gerichtsbarkeit die Beschwerde an eine Frist nicht bindet.

Selbstverständlich ist deßhalb auch der Vorschlag in Abs. 2, daß bei einer Beschwerde gegen einen Beschluß des Landgerichts in den Fällen, in welchen nach dem neuen Recht das Amtsgericht erstinstanziell entscheidet, es bei den bisherigen Vorschriften bleibt. Die Beschwerde geht also in solchen Fällen an's Oberlandesgericht auch dann, wenn die Beschwerde erst nach dem Inkrafttreten des Bürgerl. Gesetzbuchs eingelegt wird. Ich beantrage die Zustimmung.

Abg. **von Walter** (Korreferent): Ich beantrage ebenfalls Zustimmung zu Artikel 19.

Vorsitzender: Es wird von keiner Seite das Wort begehrt; Artikel 19 ist angenommen.

Artikel 20.

Abg. Dr. **Casselmann** (Referent) (verliest Artikel 20): Der § 69 des Gesetzes über die Angelegenheiten der freiwilligen Gerichtsbarkeit bestimmt, daß für die nach dem Gesetze vom 6. Februar 1875 für die Beurkundung des Personenstandes und die Eheschließung dem Gericht erster Instanz obliegenden Verrichtungen die Amtsgerichte zuständig sind, und § 70 bestimmt, daß gegen eine Verfügung, durch die angeordnet wird, daß eine Eintragung in dem Standesregister zu berichtigen ist, sofortige Beschwerde stattfindet, und daß diese Verfügung erst mit der Rechtskraft in Wirksamkeit tritt. Das Gesetz vom 6. Februar 1875 bestimmt die den Gerichten zugewiesene Aufgabe, bezüglich

S. 509. welcher nun im Gesetze über die Angelegenheiten der freiwilligen Gerichtsbarkeit besondere Bestimmung getroffen wird. Nach dem Gesetze vom 6. Februar 1875 sind als zuständig die Gerichte erster Instanz erklärt worden; es ist aber im Gesetze selber nicht bestimmt worden, welche Gerichte das sind, sondern es ist im § 84 der Centralbehörde eines jeden Bundesstaates überlassen, das Gericht erster Instanz zu bestimmen. Nun sind im rechtsrheinischen Bayern die Amtsgerichte zuständig, in der Rheinpfalz sind die Landgerichte als Gerichte erster Instanz erklärt worden. Durch das Gesetz über die Angelegenheiten der freiwilligen Gerichtsbarkeit wird nun diese Verschiedenheit dadurch beseitigt, daß als Gerichte erster Instanz allgemein die Amtsgerichte bestimmt werden. Im § 200 Abs. 1 des Gesetzes über die Angelegenheiten der freiwilligen Gerichtsbarkeit ist es der Landesgesetzgebung überlassen, zu bestimmen, ob diese §§ 69 und 70 auch auf ein zur Zeit des Inkrafttretens des Bürgerl. Gesetzbuchs anhängiges Rechtsverfahren Anwendung finden sollen. Der Artikel 20 entscheidet sich hiefür.

In den Motiven ist dargelegt, daß für die Landestheile rechts des Rheins hierin eine Neuerung nur insofern liegt, als die Beschwerde gegen die die Berichtigung anordnende Verfügung nicht mehr wie nach Artikel 57 Abs. 2 des Ausführungsgesetzes zur Civilprozeßordnung und Konkursordnung an eine zweiwöchentliche Frist geknüpft ist, und daß die Verfügung erst mit der Rechtskraft in Wirksamkeit tritt. Ich beantrage Zustimmung zu Artikel 20.

Abg. **von Walter** (Korreferent): Ich schließe mich dem Antrage auf Zustimmung an.

Vorsitzender: Das Wort wird von keiner Seite begehrt: Artikel 20 ist angenommen.

Artikel 21.

Abg. Dr. **Casselmann** (Referent) (verliest Artikel 21): Die §§ 86 bis 98 des Gesetzes über die Angelegenheiten der freiwilligen Gerichtsbarkeit betreffen die Auseinandersetzung eines Nachlasses durch Vermittlung des Nachlaßgerichts. Dieselben bringen für Bayern durch Zulassung der Versäumnißfolgen gegen die in einem solchen Termine nicht Erschienenen eine einschneidende Neuerung. Ich habe wohl nicht nöthig, die einzelnen Paragraphen dieses Gesetzes vorzulesen. Ich möchte aus denselben nur Einiges hervorheben, so den § 90, welcher die vorbereitenden Maßregeln betrifft mit den Versäumnißfolgen (wird verlesen). Dann erlaube ich mir noch hinzuweisen auf § 98, welcher die Zwangsvollstreckung aus dem Bestätigungsbeschlusse betrifft, ferner noch auf § 99, der die Auseinandersetzung der Gütergemeinschaft im Auge hat.

In den Motiven ist mit Recht darauf hingewiesen worden, daß es sich empfiehlt, diese Paragraphen, welche in den Fällen nicht zur Anwendung kommen, wenn der Erblasser vor dem Inkrafttreten des Bürgerl. Gesetzbuchs gestorben ist, auch auf diese Fälle auszudehnen.

Ich erlaube mir, aufmerksam zu machen, daß mit Rücksicht auf Artikel 94 des Ausführungsgesetzes, wonach auch die Notare für die Auseinandersetzung eines Nachlasses zuständig sind, in dem Verhältnisse nichts geändert wird, daß also auch die Notare eine solche Auseinandersetzung mit Beobachtung der hier angeführten Vorschriften des Gesetzes über die Angelegenheiten der freiwilligen Gerichtsbarkeit vornehmen können.

Ich mache schließlich darauf aufmerksam, daß ein Zwang zur Anwendung dieses Verfahrens nicht besteht. Es heißt ausdrücklich in Artikel 21, daß die

Vermittelung beantragt werden kann. Ich halte die Vorschrift für sehr zweck- S. 509.
mäßig und beantrage Zustimmung.

Abg. **von Walter** (Korreferent): Ich schließe mich diesem Antrage an, weil ein Zwang nicht eingeführt wird und die Betheiligten es leicht in der Hand haben, ob sie die Verlassenschaft nach den bisherigen Vorschriften oder nach den neuen Vorschriften durchführen wollen. Wichtig ist nach meinem Dafürhalten insbesondere, daß in dieser Beziehung eine in den bisherigen Vorschriften bestehende Lücke ausgefüllt wird, indem man bisher gegen widerhaarige Betheiligte einfach nicht vorgehen und sie nicht zwingen konnte, ihre Erklärung rechtzeitig abzugeben.

Uebrigens wird in den Motiven zu Artikel 21 Abs. 1 Zeile 6 ein Druckfehler zu berichtigen sein; hier heißt es „§ 96 bis 98"; jedenfalls wird es aber heißen müssen „§§ 86 bis 98".

Senatspräsident Dr. **von Jacubezky:** Das ist ein Druckfehler.

Abg. **Michel:** Vom Standpunkte der pfälzischen Gesetzgebung hätte ich allerdings gewünscht, daß man es bei den Bestimmungen des Artikel 213 des Einführungsgesetzes zum Bürgerl. Gesetzbuch belassen hätte. Ich darf darauf
hinweisen, daß ich seiner Zeit zu Art. 94 des Ausführungsgesetzes zum Bürgerl. S. 510.
Gesetzbuche mit meinem Kollegen Conrad zwei Anträge gestellt habe, welche sich auf die Beseitigung der Zuständigkeit der Amtsgerichte bei Theilungen bezogen. Beide Anträge wurden jedoch gegen unsere Stimmen abgelehnt und ich muß bei dieser Sachlage meinen bisherigen Widerstand in dieser Richtung allerdings aufgeben, habe aber von Neuem auch bei diesem Anlasse darauf hinzuweisen, daß dieser Artikel 21 geeignet ist, eine so starke Belastung der pfälzischen Amtsgerichte zu Tage treten zu lassen, obwohl die Auseinandersetzung durch Notar oder Amtsgericht nur fakultativ zugelassen wird, daß sich daran schwere finanzielle Folgen für den Staat durch Vermehrung der Amtsrichterstellen knüpfen werden. Ich will aber, wie gesagt, meinen Widerstand gegen diese Bestimmung nicht weiter verfolgen.

Vorsitzender: Das Wort wird von keiner Seite begehrt; Artikel 21 ist angenommen.

Abg. Dr. **Casselmann** (Referent): Ich möchte an dieser Stelle mir eine Ergänzung des Entwurfes zu beantragen erlauben und bitte, als **Artikel 21a** folgende Bestimmung aufzunehmen.

> „Ist der Erblasser vor dem Inkrafttreten des Bürgerlichen Gesetzbuchs gestorben, so finden die Vorschriften der §§ 2353 bis 2369 des Bürgerlichen Gesetzbuchs Anwendung."

Dieser Antrag bezweckt, daß auch für diejenigen Fälle, in denen der Erblasser *vor* Inkrafttreten des Bürgerl. Gesetzbuchs gestorben ist, für welche also nach Artikel 213 des Einführungsgesetzes zum Bürgerl. Gesetzbuche die bisherigen Vorschriften maßgebend sind, dieselben Vorschriften über den Erbschein Anwendung finden sollen, die für die Fälle gelten, wenn der Erblasser nach dem angegebenen Zeitpunkte stirbt. Die Einführung des Erbscheins bedeutet ja für Bayern eine Neuerung, die aber, wie wohl allseits zugegeben wird, sehr zu begrüßen ist. Das Erbschaftszeugniß des bayerischen Rechtes ist etwas ganz Anderes als der Erbschein des Bürgerl. Gesetzbuchs. Der Erbschein, der vom Nachlaßgericht ertheilt wird, begründet eine gewisse Vermuthung, die darin liegt, daß dem im Erbschein Bezeichneten das dort angegebene Erbrecht zusteht. Wer also von einem solchen im Erbschein als

S. 510 berechtigt Bezeichneten in gutem Glauben gegen Entgelt etwas erwirbt, ist durch diesen Erbschein gedeckt. Der Erbschein bezweckt, daß im Interesse des Erben und derjenigen, die mit demselben zu thun haben, eine amtliche Beurkundung des Rechtes des Erben und zwar nach dem Inhalt des Erbrechts als auch nach seinem Umfang gegeben wird. Wenn man erwägt, daß es für den Laien häufig sehr schwer ist, zu untersuchen, ob z. B. eine Verfügung von Todeswegen formell giltig ist, wie ihr Inhalt auszulegen ist u. s. w., wenn man erwägt, daß dazu oft eine Rechtskenntniß gehört, die dem Laien abgeht und die man ihm nicht zumuthen kann, so wird man mit Recht zugeben, daß diese Institution für das rechtsuchende Publikum von großem Vortheil ist.

Ich mache auch auf den § 36 der Grundbuchordnung aufmerksam, wo darauf hingewiesen ist, daß der Nachweis der Erbfolge nur durch einen Erbschein geführt werden kann.

Ich glaube, daß sich gegen die Ausdehnung des Erbscheins für die Fälle, wo das bisherige Recht bestehen bleiben würde, also für die Fälle, wo der Erblasser vor dem 1. Januar 1900 gestorben ist, nichts einwenden läßt, und ich möchte die k. Staatsregierung bitten, dem Antrage zuzustimmen, und den Ausschuß, denselben anzunehmen.

Abg. **von Walter** (Korreferent): Im Allgemeinen erscheint mir der Antrag des Herrn Referenten angemessen. Ich kann auch kaum glauben, daß Gründe gegen die Annahme desselben bestehen, und würde mich, vorbehaltlich weiterer Aufklärungen Seitens der k. Staatsregierung, dem Antrage anschließen.

Senatspräsident Dr. **von Jacubezky:** Ich zweifle, ob für diesen Zusatz ein Bedürfniß besteht. Der Verkehr hat sich bisher mit Zeugnissen des Nachlaßgerichts, die nicht wie der Erbschein öffentlichen Glauben haben, beholfen. Daß diese Zeugnisse nach dem Inkrafttreten des Bürgerl. Gesetzbuchs nicht mehr genügen sollten, ist nicht anzunehmen. Derjenige, der das Recht erhalten soll, einen Erbschein zu verlangen, wird kaum ein Interesse haben, die Ertheilung des Erbscheins zu beantragen. Ein Interesse daran, daß das Erbrecht des Erben nicht durch ein Erbschaftszeugniß des bisherigen Rechtes, sondern durch einen Erbschein nachgewiesen wird, mag mitunter auf der Seite derjenigen bestehen, die mit dem Erben in rechtlichen Beziehungen stehen, insbesondere auf der Seite der Nachlaßschuldner; aber sie können den Erben nicht zwingen, sich nachträglich einen Erbschein ertheilen zu lassen. Der § 36 der Grundbuchordnung schließt nicht aus, daß eine Erbfolge, die nach den bisherigen Vorschriften eingetreten ist, auch nach den bisherigen Vorschriften nachgewiesen wird. Das geht aus dem Vorbehalt des § 83 der Grundbuchordnung hervor. Die Eintragungen in das Grundbuch werden in solchen Fällen ebenso auf Grund eines nach den bisherigen Vorschriften ertheilten Zeugnisses des Nachlaßgerichts erfolgen, wie bisher die Eintragungen in das Hypothekenbuch auf Grund eines solchen Zeugnisses vorgenommen wurden. Die Zahl dieser Eintragungen wird übrigens voraussichtlch keine sehr große sein, weil die amtliche Nachlaßbehandlung in den vor dem Inkrafttreten des Bürgerl. Gesetzbuchs eingetretenen Erbfällen in der Regel schneller erledigt sein wird als die Anlegung des Grundbuchs.

Der Vorschlag des Herrn Referenten würde, wenn die Ertheilung des Erbscheins für alle vor dem Inkrafttreten des Bürgerl. Gesetzbuchs eingetretenen Erbfälle zugelassen werden soll, nicht ausreichen; es müßten die Vorschriften des Bürgerl. Gesetzbuchs über den Erbschein an die bestehenden erbrechtlichen Bestimmungen angepaßt werden, die bezüglich der Vorerbschaft und des Rechtes

eines Testamentsvollstreckers mit dem neuen Rechte nicht übereinstimmen. Auch S. 510.
das dinglich wirkende Vermächtniß müßte in dem Erbschein berücksichtigt werden. Die Anpassung den Gerichten zu überlassen, dürfte nicht wohl angehen; eine Ergänzung des Vorschlags muß mindestens als sehr wünschenswerth angesehen werden. Neben den Vorschriften des Bürgerl. Gesetzbuchs über den Erbschein kommen übrigens auch die §§ 37, 38 der Grundbuchordnung und die §§ 84, 85 des Gesetzes über die Angelegenheiten der freiwilligen Gerichtsbarkeit in Betracht.

Wenn der Vorschlag des Herrn Referenten Anklang findet, so kann man die erforderlichen Ergänzungen in der Zwischenzeit bis zu der zweiten Lesung prüfen. Ich kann mich aber nicht davon überzeugen, daß ein Bedürfniß besteht, den Erbschein nachträglich in das bisherige Erbrecht einzufügen.

Abg. **Michel:** Ich will nur konstatiren, daß der Erbschein in irgend S. 511.
einer Form dem französischen Rechte vollständig fremd ist und daß für die Pfalz keine Veranlassung besteht, bezüglich der Uebergangsvorschriften besondere Wünsche zu äußern.

Abg. Dr. **Casselmann** (Referent): Was der Herr Abgeordnete Michel sagt, trifft auch für das rechtsrheinische Bayern zu; der Erbschein ist hier auch ein vollständig unbekanntes Institut. Er gilt aber vom 1. Januar 1900 ab, er gilt nur nach Artikel 213 nicht, wenn der Erblasser vor diesem Zeitpunkt gestorben ist. Daß dieses Institut ein sehr berechtigtes ist, darüber kann ein Zweifel wohl kaum bestehen und es sind solche auch nicht geäußert worden. Man würde hier den Fall haben, wo zwei Arten von Zeugnissen Seitens des Amtes gegeben werden mit vollständig verschiedenem Inhalt. Der Erbschein hat für sich die Vermuthung, daß dem in demselben als berechtigt Stehenden thatsächlich das Erbrecht zusteht, während das Erbschaftszeugniß eine solche rechtliche Vermuthung nicht zum Ausdruck gebracht hat. Der Zweck der Ueberleitungsvorschriften ist doch der, daß man möglichst einheitliches Recht schaffen soll; materielle Einwendungen gegen die Zulässigkeit eines solchen Erbscheins für die Fälle, wo der Erblasser vor dem 1. Januar 1900 gestorben ist, habe ich aus den Worten des Herrn Senatspräsidenten eigentlich nicht entnommen. Die Befürchtung, es sei nicht zu übersehen, ob, wenn wir dieses Institut einführen, nicht andere Materien des Erbrechts mit hereingezogen werden müßten, theile ich nicht.

Ich möchte schon bitten, mit Rücksicht darauf, daß man auch in anderen Fällen sagt, es wird kein allzu großer praktischer Gebrauch gemacht werden, wie vorhin bei der Frage des Aufgebotsverfahrens, und im Interesse der Einheitlichkeit und insbesondere auch im Interesse der Rechtssicherheit dafür zu stimmen, daß wir vom Inkrafttreten des Bürgerl. Gesetzbuchs ab diesen Erbschein einführen.

Die Kostenfrage spielt meines Erachtens gar keine Rolle. Wenn die Interessenten vom Erbschein keinen Gebrauch machen wollen, dann ist es ihre Sache. Aber die Möglichkeit, sich einen Erbschein ausstellen zu lassen, sollte man ihnen nicht nehmen.

Abg. **Michel:** Meine Erklärung ist nicht so zu verstehen, daß ich mich überhaupt dem Antrage widersetze. Ich wollte blos konstatiren, daß die Verhältnisse im pfälzischen Rechte so gelagert sind, daß ein besonderes Bedürfniß in der Richtung nicht besteht. Wir verhalten uns jedoch zustimmend.

Senatspräsident Dr. **von Jacubezky:** Ich habe nicht gesagt, daß, wenn der Antrag angenommen wird, noch andere Vorschriften des bisherigen

S. 511. Rechtes geändert werden müssen, sondern ich habe nur gesagt, daß die Vorschriften des Bürgerl. Gesetzbuchs, die in dem Antrag für anwendbar erklärt sind, soweit sie sich auf die Vorerbschaft und Testamentsvollstrecker beziehen, noch näher zu betrachten sein werden, da wir ja die Vorerbschaft des Bürgerl. Gesetzbuchs im Gebiete des gemeinen und pfälzischen Rechtes nicht haben, dafür aber verwandte Einrichtungen, und die Stellung des Testamentsvollstreckers nach dem bisherigen Rechte nicht dieselbe ist wie nach dem Bürgerl. Gesetzbuche. Ich bin nicht in der Lage, sofort eine Fassung vorzuschlagen, welche die Verschiedenheiten zwischen dem bisherigen und dem neuen Rechte berücksichtigt: aber ich habe schon vorhin gesagt, daß man sich vorbehalten kann, auf die erforderlichen Ergänzungen zurückzukommen.

Die Ausführungen des Herrn Referenten scheinen mir insofern nicht ganz klar zu sein, als der Herr Referent im Eingang besonderes Gewicht darauf gelegt hat, daß in Zukunft für die älteren und die neuen Erbfälle einheitliches Recht gelten soll, und dann gesagt hat, es könne den Betheiligten überlassen werden, ob sie sich das Erbschaftszeugniß des bisherigen Rechtes oder den Erbschein des neuen Rechtes ertheilen lassen wollen. Darin liegt ein Widerspruch. Wir können aber auf keinen Fall so weit gehen, daß wir den ferneren Gebrauch der schon ertheilten Erbschaftszeugnisse ausschließen, daß wir die Betheiligten, falls sie nach dem Inkrafttreten des Bürgerl. Gesetzbuchs eines Erbschaftszeugnisses bedürfen, nöthigen, die Ertheilung eines Erbscheins zu beantragen und dafür neue Kosten aufzuwenden. Wir können also nicht hindern, daß das Erbschaftszeugniß des bisherigen Rechtes und der Erbschein des neuen Rechtes nebeneinander vorkommen. Nun fragt sich, wie soll es bei den Erbschaften des alten Rechtes gehalten werden, wenn erst nach dem 1. Januar 1900 die Ausstellung eines Zeugnisses über die Erbfolge beantragt wird? Soll in diesem Falle der Antragsteller die Wahl haben, ob ihm ein Erbschaftszeugniß des alten Rechtes oder ein Erbschein des neuen Rechtes ertheilt werden soll, oder soll in diesem Falle nur noch die Ertheilung des Erbscheins beantragt werden können? Ich weiß nicht, wie der Herr Referent sich die Beantwortung der Frage denkt.

Ich möchte die Ertheilung des Zeugnisses nach den bisherigen Vorschriften nicht ausschließen. Es kommen nicht blos die Erbfälle in Betracht, in welchen die amtliche Nachlaßbehandlung erst nach dem Inkrafttreten des Bürgerl. Gesetzbuchs erledigt wird, sondern auch diejenigen, in denen sie längst erledigt ist, bisher aber das Erbschaftszeugniß nicht erholt worden ist, weil es noch nicht erforderlich gewesen ist. Läßt man aber dem Erben die Wahl, ob er sich das Erbschaftszeugniß oder den Erbschein ertheilen lassen will, so wird es thatsächlich nur darauf ankommen, welches der beiden Zeugnisse geringere Kosten verursacht. Ich kann mir nicht vorstellen, daß die Erben ein solches Bedürfniß hätten, den Erbschein zu erlangen, daß sie ihn wählen sollten, wenn er mehr kostet als das Erbschaftszeugniß des bisherigen Rechtes.

Abg. Dr. **Casselmann** (Referent): Ich habe meinen vorigen Ausführungen nichts mehr beizusetzen. Der von mir gestellte Antrag ist so klar und verständlich, daß er kaum mißverstanden werden kann.

Ich halte das Institut für derart nützlich, daß ich im Interesse der Rechtseinheit dem Erben, der ein Gewicht darauf legt, einen solchen Erbschein mit solcher rechtlichen Qualifikation zu erhalten, die Möglichkeit nicht benehmen will, einen solchen Erbschein vom Gerichte zu verlangen.

Senatspräsident Dr. **von Jacubezky**: Zur Klarstellung des Sinnes S. 511.
des Antrags dürfte es sich empfehlen, ihm die Fassung zu geben:

„Die Ertheilung eines Erbscheins nach den Vorschriften des Bürgerlichen Gesetzbuchs kann auch beantragt werden, wenn der Erblasser vor dem Inkrafttreten des Bürgerl. Gesetzbuchs gestorben ist.“

Abg. Dr. **Casselmann** (Referent): So ist es auch gemeint.

Der k. Staatsminister der Justiz: Ob der Erbschein höher zu stehen kommen wird als das Zeugniß über den Erwerb der Erbschaft oder eines Vermächtnisses (Art. 83 Abs. 2 des Gebührengesetzes), darüber läßt sich, da
der Ent‖wurf eines Gebührengesetzes noch nicht feststeht, eine bestimmte S. 512.
Auskunft jetzt nicht geben.

Was den Antrag des Herrn Referenten betrifft, so scheint mir der Wortlaut völlig im Unklaren zu lassen, ob künftig nur ein Erbschein oder auch ein Verlassenschaftszeugniß im Sinne des bisherigen Rechtes ertheilt werden kann. Im Uebrigen glaube ich, daß es vielleicht am zweckmäßigsten wäre, die weitere Erörterung und die Beschlußfassung über den Antrag bis zur zweiten Lesung zurückzustellen.

Abg. **von Walter** (Korreferent): Ich möchte vor Allem eine so weite Ausdehnung nicht gutheißen, wie sie nach dem Antrage des Herrn Referenten sich gestaltet. Es würde in der That auch eine Verlassenschaftssache, die schon seit mehreren Jahren erledigt ist, in der die Ausstellung eines Zeugnisses aber nicht erfolgt ist, unter den Antrag fallen. Da meine ich doch, ist es etwas Bedenkliches, auch in solchen Fällen den Erbschein einzuführen.

Die Bedenken, die von Seite der k. Staatsregierung geäußert wurden, machen auf mich einen Eindruck und ich würde es in der That für das Beste halten, den Antrag bis zur zweiten Lesung zurückzustellen. Bis dorthin können wir klar sehen und dann kann ein vollständig fertiger und abgerundeter Antrag eingebracht werden. So müssen wir doch wieder Aenderungen vorbehalten und wissen nicht, ob wir überhaupt auf den Antrag eingehen können. Ich meine deßhalb, es wäre die Zurückstellung das Beste.

Abg. Dr. **Casselmann** (Referent): Ich theile diese Bedenken des Herrn Korreferenten nicht. Soweit ich die Sache überblicke, ist die Möglichkeit der Ausstellung eines Erbscheins für die Vergangenheit ebenso gegeben, wie die Möglichkeit der Ausstellung eines Erbscheins für die nach dem 1. Januar 1900 anfallenden Verlassenschaften. Ich wäre damit einverstanden, wenn man dem Artikel die Fassung gibt, wie sie vom Herrn Senatspräsidenten vorgeschlagen worden ist, obwohl ich der Meinung bin, daß damit eigentlich nicht viel Anderes gesagt ist als in dem Vorschlage, den ich gemacht habe. Auch nach diesem soll der Erbschein nur auf Antrag des Betheiligten ausgestellt werden. Das kommt dadurch zum Ausdruck, daß ich auf den § 2359 des Bürgerl. Gesetzbuchs verwiesen habe.

Uebrigens bin ich nicht so sehr darauf erpicht, daß mein Antrag heute zur Annahme gelangt. Es genügt mir vollständig, wenn wir bei der zweiten Lesung auf die Sache zurückkommen. Ich möchte nur die k. Staatsregierung bitten, den Antrag in wohlwollende Erwägung zu ziehen; ich lege Gewicht auf denselben.

Vorsitzender: Hienach wird auf den Artikel 21a bei der zweiten Lesung zurückzukommen sein. Wir kommen nun zu

S. 512.

Artikel 22.

Abg. Dr. **Casselmann** (Referent) (verliest Artikel 22): Es ist in den Motiven darauf hingewiesen, daß an die Stelle der Bestimmungen, welche das Einführungsgesetz zum Handelsgesetzbuche vom 10. November 1861 in der Fassung der Artikel 76 und 77 des Ausführungsgesetzes zur Civilprozeßordnung und Konkursordnung über die Erzwingung der Verpflichtung zur Vornahme einer Anmeldung, einer Zeichnung der Unterschrift oder einer Einreichung von Schriftstücken zum Handelsregister sowie über die Einschreitung gegen den unberechtigten Gebrauch einer Firma enthält, die Vorschriften der §§ 132 bis 140 des Gesetzes über die Angelegenheiten der freiwilligen Gerichtsbarkeit treten.

Es ist Sache der Landesgesetzgebung, nach § 200 Abs. 1 des Gesetzes über die Angelegenheiten der freiwilligen Gerichtsbarkeit diese neuen Vorschriften über das Ordnungsstrafrecht in Handelssachen auf die zur Zeit des Inkrafttretens des Bürgerl. Gesetzbuchs und des Handelsgesetzbuchs anhängigen Sachen anzuwenden.

Aus den in den Motiven angegebenen Gründen bin ich mit der Fassung des Artikel 22 einverstanden und erlaube mir noch darauf hinzuweisen, daß auch hier, wenn vor dem 1. Januar 1900 eine Entscheidung erster Instanz ergangen ist, gegen welche eine Beschwerde eingelegt wird, nach Artikel 19 die bisherigen Vorschriften für das weitere Verfahren aufrecht erhalten werden. Ich beantrage Zustimmung zu Artikel 22.

Abg. **von Walter** (Korreferent): Ich beantrage ebenfalls Zustimmung.

Vorsitzender: Artikel 22 ist angenommen.

Artikel 23.

Abg. Dr. **Casselmann** (Referent) (verliest Artikel 23): Ich verweise auf die Motive, in denen ausgeführt ist, daß nach den bisherigen Bestimmungen des Handelsgesetzbuchs in gewissen Fällen, z. B. wenn es sich um Befriedigung des Gläubigers aus einem kaufmännischen Faustpfande oder um andere Angelegenheiten handelt, das Gericht auf Antrag thätig wird und daß für die den Gerichten obliegenden Angelegenheiten nach Artikel 28 Abs. 2 des Ausführungsgesetzes zum Gerichtsverfassungsgesetze die Landgerichte zuständig werden, daß in einem Falle auch Verfügung vom Amtsgerichte getroffen werden kann. Das neue Handelsgesetzbuch hat diese Bestimmungen nicht übernommen. Der Entwurf will nun diese Obliegenheiten, soweit Rechtsverhältnisse unter der Herrschaft des bisherigen Handelsgesetzbuchs entstanden sind, den Amtsgerichten überweisen. Dieß gilt auch für die zur Zeit des Inkrafttretens des Bürgerl. Gesetzbuchs anhängigen Sachen.

Ich beantrage Zustimmung.

Abg. **von Walter** (Korreferent): Ich bin einverstanden.

Vorsitzender: Von keiner Seite wird das Wort begehrt; Artikel 23 ist angenommen. Wir kommen nun zu:

II. Vorschriften für die Landestheile rechts des Rheins.

Artikel 24.

Abg. Dr. **Casselmann** (Referent) (verliest Artikel 24): Dieser Artikel 24 handelt nur von dem Rückfallsrecht; er begreift nicht die Fälle, in denen der Eigenthumsvorbehalt im Sinne einer aufschiebenden Bedingung aufzufassen ist. Nach dem bestehenden Rechte ist die rechtliche Bedeutung des Eigenthumsvorbehaltes im Zweifelsfalle verschieden. Das preußische Landrecht erblickt im Eigenthumsvorbehalt im Zweifel eine Resolutivbedingung, das bayerische Landrecht eine Suspensivbedingung, während es nach gemeinem Rechte strittig ist, was im Zweifel anzunehmen ist. Für das bayerische Hypothekenrecht kann nur der Eigenthumsvorbehalt als Resolutivbedingung in Betracht kommen. Es ist in der Novelle zur Subhastationsordnung vom 29. Mai 1886 Artikel 15 Abs. 1 Folgendes bestimmt (wird verlesen). Nach den Bestimmungen des Bürgerl. Gesetzbuchs in § 925 Abs. 2 ist eine Auflassung, die unter einer Bedingung oder einer Zeitbestimmung erfolgt ist, unwirksam: nach dem || Bürgerl. Gesetzbuche ist zum Schutz eines bedingten Erwerbsanspruches bezw. Rückfallanspruches eine dementsprechende Vormerkung im Sinne des § 883 des Bürgerl. Gesetzbuchs möglich. Wenn sich nach dem Bürgerl. Gesetzbuche Jemand das Eigenthum unter einer aufschiebenden Bedingung oder mit einem späteren Anfangstermin vorbehält, dann kann er überhaupt nicht auflassen. Es kann aber der andere Theil, also der erwerbende Theil, seinen Anspruch auf die Uebertragung des Eigenthums durch Vormerkung sichern lassen. Wenn das Eigenthum unter einer auflösenden Bedingung oder unter einem Endtermine übertragen wird, also wenn z. B. der Eigenthumsrückfall vereinbart wird für den Fall, daß der Kaufpreis nicht bezahlt wird, dann muß der Erwerber des Grundstücks definitiv in's Grundbuch als Eigenthümer eingetragen werden: aber auch hier kann der Veräußerer seinen Anspruch auf demnächstige Rückübertragung des Eigenthums sich durch eine Vormerkung sichern. Die Wirkung einer solchen Vormerkung besteht dann darin, daß der Anspruch, wie er durch die Vormerkung gesichert ist, durch nachfolgende rechtsgeschäftliche Verfügung nicht veräußert oder beschränkt werden kann. Der Grundbuchbeamte muß, wenn eine solche Vormerkung eingetragen ist, allerdings auch die Weiterveräußerung des Grundstücks eintragen, da ja noch nicht feststeht, ob der Berechtigte schließlich seinen persönlichen Anspruch geltend macht. Aber wennspäter von dem Rechte der Vormerkung Gebrauch gemacht wird, wenn die Bedingung oder der Endtermin eintritt, dann würden solche weitere Eintragungen, weitere Verfügungen keine Geltung haben. S. 512. S. 513.

Nun will der Entwurf für das diesseitige Bayern, daß die Rückfallsrechte, die zur Zeit bestehen, wo das Grundbuch als angelegt anzusehen ist, im Interesse des Verkehrs denselben Inhalt annehmen sollen, welchen die unter der Herrschaft des Bürgerl. Gesetzbuchs entstehenden Rechte haben werden, so daß hier aus dem Rückfallsrecht ein Anspruch auf Rückübertragung des Eigenthums entsteht und damit die Wirkungen, die mit der Eintragung der Vormerkung zur Sicherung des Anspruches nach § 883 des Bürgerl. Gesetzbuchs verbunden sind, kraft des Gesetzes eintreten sollen. Es bedarf also keiner Eintragung der Vormerkung. Selbstverständlich wird der Berechtigte diesen Anspruch eintragen lassen, er hat ein Recht hierauf. Solange weder die Vormerkung noch auch im gegebenen Falle ein Widerspruch eingetragen war, tritt im Falle einer Verfügung über das Grundstück die Wirkung des öffentlichen Glaubens des Grundbuchs nach § 892 des Bürgerl. Gesetzbuchs ein. Es wird also in einem solchen Falle demjenigen Erwerber der Rechtsschutz zu gute kommen, welcher sich auf den öffentlichen Glauben des Grundbuchs verlassen hat; es müßte denn sein, daß er die Unrichtigkeit des Buchs gekannt hat. Wird die Vormerkung nicht eingetragen, dann geht der Anspruch des Veräußerers auf Rückübertragung des Eigenthums gegen den Erwerber nicht verloren, und gegen den Dritten geht der Anspruch nicht verloren, wenn der Dritte diesen Anspruch gekannt hat.

S. 513. Es ist in den Motiven darauf hingewiesen, daß eine vor Anlegung des Grundbuchs erfolgte Eintragung des Eigenthumsvorbehaltes in das Hypothekenbuch als Widerspruch im Sinne des § 899 des Bürgerl. Gesetzbuchs gilt. Soweit es sich um Rechte handelt, mit welchen das Grundstück vor dem Zeitpunkte, zu welchem das Grundbuch als angelegt anzusehen ist, belastet worden ist, so bestimmen die jetzt geltenden Rechte, daß dieselben erlöschen, soweit sie nicht unter dem Schutze des öffentlichen Glaubens des Hypothekenbuchs stehen, und zwar mit dem Rückfall des Eigenthums.

Im Abs. 2 des Artikels wird die Vorschrift des § 268 des Bürgerl. Gesetzbuchs für anwendbar erklärt. § 268 handelt von dem sogenannten Ablösungsrechte (wird verlesen).

Was im Abs. 3 des Artikel 24 enthalten ist, entspricht dem Artikel 15 der Novelle zur Subhastationsordnung, von der ich vorhin schon sprach.

Nun ist nicht zu verkennen, daß die Regelung des Eigenthumsrückfalles, wie er hier in Artikel 24 vorgeschlagen wird, strenge genommen über das Vertragsrecht hinausgeht. Wenn nach dem jetzigen Rechte das Eigenthum rückfällig wird, so fällt es, nachdem die Tradition nur resolutiv bedingt erfolgt ist, nicht mehr an den Berechtigten zurück und der Vorbesitzer hat die rei vindicatio gegen Jeden. Wenn nun aus diesem Recht ein Anspruch der Rückübertragung gemacht wird, so wird damit den Betreffenden nur eine obligatorische Klage gegen die Besitzer gegeben. Allerdings können bei Anwendung des § 883 des Bürgerl. Gesetzbuchs Rechte Dritter nicht begründet werden; aber meiner Auffassung nach ist der Vorbesitzer bei der Rückforderung doch schlechter gestellt wie bei der rei vindicatio. Wenn man sich z. B. den Fall denkt, daß der im Grundbuch eingetragene Eigenthümer durchgeht und vorher das Anwesen einem Dritten zum Besitz überlassen hat, und nun die Bedingung eintritt, da würde nach dem bestehenden Rechte der Berechtigte die rei vindicatio gegen den Dritten haben. Jetzt müßte der Eigenthumsrückforderungsberechtigte erst gegen den eingetragenen Eigenthümer klagen auf Rückübertragung des Eigenthums und erst dann kann er mit der Eigenthumsklage gegen den Dritten vorgehen.

Es wird sich daher vielleicht rechtfertigen, die Frage anzuregen, ob es nicht möglich wäre, daß man hier dem Rückforderungsberechtigten eine Forderungsklage gegen jeden Dritten gibt, ähnlich wie das im § 556 des Bürgerl. Gesetzbuchs der Fall ist, wo von der Rückgabepflicht bei der Miethe die Rede ist und wo es im Abs. 3 heißt:

> „Hat der Miether den Gebrauch der Sache einem Dritten überlassen, so kann der Vermiether die Sache nach der Beendigung des Miethverhältnisses auch von dem Dritten zurückfordern",

oder wie in § 604 Abs. 4 bezüglich der Rückgabepflicht bei der Leihe, wo es heißt:

> „Ueberläßt der Entleiher den Gebrauch der Sache einem Dritten, so kann der Verleiher sie nach der Beendigung der Leihe auch von dem Dritten zurückfordern."

Ich erlaube mir, hier auch noch auf die Motive hinzuweisen, in welchen im letzten Satze ausgeführt wird:

> „Ist der Eigenthumsvorbehalt im Sinne einer aufschiebenden Bedingung vereinbart worden, so ist eine besondere Vorschrift entbehrlich. Das Rechtsgeschäft behält die ihm nach den bisherigen Vorschriften zukommende Wirkung."

Ich fasse das dahin auf, daß die Suspensivbedingung durch die Anlegung des Grundbuchs nicht berührt wird. Tritt also die Bedingung nach der Anlegung des Grundbuchs ein, so geht von selbst das Eigenthum auf S. 513. den bedingt Berechtigten über; eine Auflassung ist entbehrlich. Wenn z. B. der bayerische Staat, vorbehaltlich der Genehmigung im Finanzgesetze, Grundstücke erwirbt und es tritt dann der Fall ein, daß das Finanzgesetz den Kauf genehmigt, dann bedarf es keiner besonderen Auflassung und tritt der Eigenthumsübergang ein. Auch nach dieser Seite bitte ich um Aufklärung, ob meine Annahme zutreffend ist.

Abg. **von Walter** (Korreferent): Der Herr Referent hat über den Zweck und die Bedeutung des Artikels hin || länglich Aufschluß gegeben und ich habe S. 514. dagegen eine Einwendung nicht, weil eben der Eigenthumsvorbehalt des bisherigen Rechtes mit der Einführung des Bürgerl. Gesetzbuchs aufhört und weil für den Fall des Aufhörens des Eigenthumsvorbehalts irgend etwas an die Stelle treten muß, was nach den Intentionen des Bürgerl. Gesetzbuchs den Käufer schützt. Ich halte die Möglichkeit, einen anderen Weg zu betreten, für ausgeschlossen.

Was insbesondere die Bezugnahme des Herrn Referenten auf die Bestimmungen über den Mieth- und Leihvertrag betrifft, so, glaube ich, sind diese beiden Fälle von den uns jetzt vorliegenden deßhalb verschieden, weil der Verleiher und Vermiether das Eigenthum behält und nur den Besitz einem Anderen überträgt. Sie brauchen also nicht erst einen Eigenthumsanspruch geltend zu machen, sondern können gegen Jeden ihr Eigenthum geltend machen und das, was ihnen gehört, zurückfordern. Das ist aber hier anders. Hier hat der Verkäufer das Eigenthum übertragen und er muß erst das Eigenthum sich wieder übertragen lassen, bevor er gegen den Drittbesitzer vorgehen kann. Also die Analogie dieser Verhältnisse mit dem gegenwärtigen Falle besteht nach meinem Dafürhalten nicht.

Wenn der Verkäufer sich bezüglich der Rückübertragung des Eigenthums nicht sicher genug fühlt, so bieten das Bürgerl Gesetzbuch und die Grundbuchordnung hinreichend Möglichkeit, sich so zu sichern, daß ihm dabei nichts verloren gehen kann. Allein eine Abänderung des gegenwärtigen Artikels ist nach meinem Dafürhalten nicht nöthig und deßhalb beantrage ich für meine Person Zustimmung.

Senatspräsident Dr. **von Jacubezky:** Der Artikel 24 will die Rückfallsrechte, welche für den Verkehr eine sehr große Bedeutung haben, in diejenige Rechtsform bringen, welche gewählt werden müßte, wenn sie nach dem neuen Rechte begründet werden sollten. Das Gleiche ist für die Pfalz schon durch den Artikel 17 des Gesetzes vom 1. Juli 1898 geschehen, der Artikel 24 schließt sich vollständig an das an, was für die Pfalz bestimmt ist. Der Zweck der Vorschrift, Uebereinstimmung mit dem neuen Rechte herzustellen, macht es aber unthunlich, der Anregung des Herrn Referenten zu folgen. Wenn eine Vormerkung zur Sicherung eines Anspruches eingetragen ist, so hat der Gläubiger nicht einen Anspruch gegen jeden Besitzer des Grundstücks, gegen den Pächter oder Miether, sondern er hat nur einen Anspruch gegen den Schuldner, und die Vormerkung schützt den Anspruch gegen Vereitelung durch Verfügungen, die nach der Eintragung über das Grundstück getroffen werden. Das Grundstück ist durch die Vormerkung rechtlich so gebunden, daß über das Grundstück nicht mehr zum Nachtheil des Gläubigers verfügt werden kann. Darüber können wir nach dem Zwecke des Entwurfes nicht hinausgehen; es besteht auch kein Bedürfniß, weiter zu gehen. In dem angeführten Falle würde die Auflassung sehr leicht zu erlangen sein, wenn ein Abwesen-

S. 514 heitspfleger aufgestellt wird. Andernfalls muß ein Versäumnißurtheil gegen den Abwesenden erwirkt werden.

Ich glaube, daß wir unbedenklich für die Landestheile rechts des Rheins dieselbe Bestimmung treffen können, die für die Pfalz schon erlassen ist, wo die Rückfallsrechte eine noch größere Bedeutung für den Verkehr haben, weil das Rückfallsrecht bei Veräußerungen gegen Entgelt kraft Gesetzes als vorbehalten gilt.

Abg. Dr. **Casselmann** (Referent): Ich beantrage nunmehr Zustimmung zu Artikel 24.

Vorsitzender: Da Niemand mehr das Wort ergreift, so erkläre ich den Artikel 24 für angenommen. Wir kommen zu

Artikel 25.

Abg. Dr. **Casselmann** (Referent) (verliest Artikel 25): Der § 1010 des Bürgerl. Gesetzbuchs bestimmt Folgendes (verliest). Die Folge der Vorschrift ist, daß auch jener Erwerber, welcher die Vereinbarung gekannt hat, dieselbe nicht anzuerkennen braucht, wenn sie nicht im Grundbuch eingetragen ist. Ebenso ist mit Rücksicht auf den Schutz des Erwerbers eines Miteigenthumantheils vor Lasten, welche nicht aus dem Grundbuch ersichtlich sind, die Wirksamkeit der in den §§ 755 und 756 bestimmten Ausgleichungsansprüche der Miteigenthümer eines Grundstücks gegen den Sondernachfolger in einem Antheil von der Eintragung in's Grundbuch abhängig gemacht. Ich halte diese Bestimmung für sehr zweckmäßig und beantrage Zustimmung.

Abg. **von Walter** (Korreferent): Ich beantrage ebenfalls Zustimmung.

Senatspräsident Dr. **von Jacubezky:** Ich möchte nur bemerken, daß eine dem Artikel 25 entsprechende Vorschrift für die Pfalz nicht aufgenommen ist. Die Folge davon ist die, daß bis zu der Anlegung des Grundbuchs die Rechte, deren Eintragung der § 1010 des Bürgerl. Gesetzbuchs vorschreibt, in der Pfalz ohne Eintragung gegen den Sondernachfolger eines Miteigenthümers wirksam sind.

Vorsitzender: Da Niemand mehr das Wort verlangt, erkläre ich Artikel 25 für angenommen.

Artikel 26.

Abg. Dr. **Casselmann** (Referent) (verliest Artikel 26): Dieser Artikel handelt von dem Vollzug des § 753 des Bürgerl. Gesetzbuchs, welcher die Aufhebung der Gemeinschaft in Ansehung eines Grundstücks bestimmt. Nach Artikel 173 des Einführungsgesetzes zum Bürgerl. Gesetzbuche gilt diese Vorschrift von dem Inkrafttreten des Bürgerl. Gesetzbuchs an. Ebenso gilt dieselbe für die Auseinandersetzung in Ansehung des Gesammtguts, soweit eine Ueberleitung des Güterstandes in den Güterstand des Bürgerl. Gesetzbuchs stattfindet.

Für das bei solchen Zwangsversteigerungen einzuschlagende Verfahren sind von der Anlage des Grundbuchs an die Vorschriften der §§ 180 bis 184 des Gesetzes über die Zwangsversteigerung und die Zwangsverwaltung maßgebend.

Der Entwurf schlägt nun vor, die bisherigen Vorschriften mit den Aenderungen gelten zu lassen, die sich aus den im Artikel 26 Abs. 1 aufgeführten Paragraphen des Gesetzes über die Zwangsversteigerung und die Zwangsverwaltung ergeben.

Unter Hinweis auf die Motive habe ich gegen die Fassung des Artikel 26 keine Erinnerung zu erheben und beantrage die Annahme desselben. S. 514.

Abg. **von Walter** (Korreferent): Ich beantrage ebenfalls Zustimmung.

Abg. **Michel:** Ich will nur darauf aufmerksam machen, daß im Artikel 55 des Entwurfes eine ähnliche Bestimmung für die Pfalz vorgeschlagen wird.

Vorsitzender: Ich kann Artikel 26 für angenommen erklären. S. 515.

Wir gehen über zu

Artikel 27.

Abg. Dr. **Casselmann** (Referent): Der Artikel 27 behandelt das Stockwerkseigenthum, also das Eigenthum an einzelnen Gebäudetheilen nach horizontaler Theilung. Das bestehende Recht unterscheidet bezüglich des Stockwerkseigenthums zwei Konstruktionen: nach der einen wird das Miteigenthum an der Grundfläche und den gemeinschaftlichen Theilen des Gebäudes als Sondereigenthum für die einzelnen Theilhaber an den einzelnen Theilen angenommen, und nach der zweiten wird das Miteigenthum an dem ganzen Gebäude mit der dinglichen Regelung der Benutzung der einzelnen Theile unter Zulassung der Ausschließung des Rechtes, die Aufhebung dieses Rechtsverhältnisses durch Theilung zu verlangen, angenommen. Das Bürgerl. Gesetzbuch kennt ein Stockwerkseigenthum in der Rechtsform eines Sondereigenthums nicht; es kennt aber auch ein Stockwerkseigenthum im Sinne der zweiten Konstruktion um deswillen nicht, weil auch in den Fällen der zweiten Konstruktion nach den §§ 749 bis 751 des Bürgerl. Gesetzbuchs die Gemeinschaft der Aufhebung unterliegt.

Nach Artikel 131 des Einführungsgesetzes zum Bürgerl. Gesetzbuch ist die Landesgesetzgebung befugt, die Neubegründung des Stockwerkseigenthums in der Konstruktion als Miteigenthum mit der dinglichen Regelung der Benutzung unter Ausschließung des Theilungsrechtes zuzulassen. Von diesem Rechte macht Bayern keinen Gebrauch, wie wir bei der Berathung des Ausführungsgesetzes zum Bürgerl. Gesetzbuche beschlossen haben. Was das bestehende Stockwerkseigenthum anlangt, so bleibt es hier bei dem bisherigen Rechte.

Der Entwurf kommt nun einem Wunsche nach, der in unserem Ausschusse bei Berathung des Ausführungsgesetzes vom Referenten geäußert wurde, indem er für das Stockwerkseigenthum eine einheitliche Regelung vorschlägt, die sich den Grundsätzen des bürgerlichen Rechtes anschließt.

Aus den in den Motiven dargelegten Gründen beantrage ich die Zustimmung zu Artikel 27.

Abg. **von Walter** (Korreferent): Ich habe nichts weiter zu bemerken. Der Artikel 27 entspricht einer Zusage, welche uns bei der Berathung des Ausführungsgesetzes gemacht worden ist, er entspricht auch einer Bestimmung, die bereits im Pfälzer Rechte aufgenommen worden ist, und er hat nach meinem Dafürhalten auch die Frage über das Stockwerkseigenthum vollständig richtig und zutreffend gelöst.

Abg. **Michel:** Die Frage des Stockwerkseigenthums für die Pfalz ist im Anschluß an Artikel 664 des Code civil durch Artikel 20 des pfälzischen Liegenschaftsrechtsgesetzes in ähnlicher Weise gelöst.

Vorsitzender: Ich erkläre Artikel 27 für genehmigt. Wir kommen zu

Artikel 28.

Abg. Dr. **Casselmann** (Referent): Der Artikel 28 behandelt die Fälle, in welchen ein Grundstück, welches für sich selbständiger Natur ist, im Mit-

S. 515. eigenthum von Eigenthümern anderer Grundstücke steht mit der Zweckbestimmung, einem dauernden Bedürfnisse dieses anderen Grundstücks zu dienen. Nach dem bisherigen Rechte ist das Recht der Theilhaber, die Aufhebung dieser Gemeinschaft zu verlangen, ausgeschlossen. Eine solche Bestimmung ist dem Bürgerl. Gesetzbuch unbekannt, wie aus den §§ 749 bis 751 hervorgeht. Es rechtfertigt sich deßhalb, für solche Fälle die Bestellung einer Grunddienstbarkeit im Sinne des § 1009 des Bürgerl. Gesetzbuchs anzunehmen, so daß also für den einzelnen Miteigenthümer ein begrenztes dingliches Recht der gemeinschaftlichen Sache gegenüber begründet wird und derselbe einerseits Miteigenthümer der belasteten Sache wird, anderseits aber Berechtigter ist.

Ich möchte mir hier nur die Frage erlauben, ob diese Grunddienstbarkeit nach § 1009 des Bürgerl. Gesetzbuchs im Grundbuch eingetragen werden muß. Ich glaube nicht; sie wird nur dann eingetragen werden müssen, wenn die Eintragung der Grunddienstbarkeit überhaupt vorgeschrieben ist. Ich bitte um Aufklärung, ob diese Annahme richtig ist.

Ich möchte noch darauf hinweisen, daß in den Motiven bemerkt ist, daß von den Fällen, die der Artikel 28 im Auge hat, die Fälle verschieden sind, wo es sich um sogenannte Grenzanlagen handelt. Diese Grenzanlagen sind nicht als selbständige Grundstücke, sondern als Bestandtheile zweier angrenzenden Grundstücke gedacht. Hier besteht eine Vermuthung für das Miteigenthum der Angrenzer zu ungetheilten Antheilen an der gemeinschaftlichen Grundfläche und den darauf befindlichen Anlagen. Nach dem Artikel 181 Abs. 1 des Einführungsgesetzes zum Bürgerl. Gesetzbuche gelten von dem Inkrafttreten des Bürgerl. Gesetzbuchs an die Vorschriften des letzteren. Das Bürgerl. Gesetzbuch behandelt in den §§ 921 und 922 dieses Verhältniß nicht als Miteigenthum, sondern als eine gemeinschaftliche Berechtigung zur Benützung der Grenzanlagen.

Abg. **von Walter** (Korreferent): Ich habe nichts zu erinnern.

Senatspräsident Dr. **von Jacubezky:** Auf die Frage des Herrn Referenten habe ich zu antworten, daß die Grunddienstbarkeiten, die nach Artikel 28 an die Stelle der bisherigen Untheilbarkeit des gemeinschaftlichen Grundstücks treten, zu der Zeit, zu welcher das Grundbuch als angelegt anzusehen ist, bestehen und deßhalb nach Artikel 187 des Einführungsgesetzes der Eintragung nicht unterworfen sind.

Abg. **Michel:** Die Frage, welche der Artikel 28 regelt, ist durch das pfälzische Liegenschaftsrechtsgesetz in Artikel 21 gleichfalls geordnet. Dieser Artikel betrifft die sogenannte nothwendige Gemeinschaft des bisherigen Rechtes, die indivision forcée.

Vorsitzender: Da Niemand mehr zum Worte gemeldet ist, erkläre ich den Artikel 28 für angenommen. Wir kommen zu

Artikel 29.

Abg. Dr. **Casselmann** (Referent) (verliest Artikel 29): Dieser Artikel erstreckt die Vorschrift des Artikel 187 Abs. 1 des Einführungsgesetzes zum Bürgerl. Gesetzbuche, welche für die Zeit nach der Anlegung des Grundbuchs die Eintragung einer Grunddienstbarkeit auf Verlangen des Berechtigten oder Eigenthümers zum Inhalte hat, auf die Zeit vor der Anlegung des Grundbuchs.

Ich wollte mir auch hier eine Frage erlauben, die sich auf die Gebührenfreiheit solcher Eintragungen bezieht. Nach der gestrigen Erklärung der Staatsregierung, wonach solche Eintragungen kostenfrei erfolgen sollen,

wenn sie innerhalb einer gewissen Frist beantragt werden, und wonach eine S. 515.
entsprechende Bestimmung in das Gebührengesetz aufgenommen werden soll, S. 516.
ist diese Frage gegenstandslos geworden.

Ich beantrage Zustimmung zu dem Artikel.

Abg. **von Walter** (Korreferent): Ich habe ebenfalls eine Einwendung nicht zu machen.

Vorsitzender: Ich erkläre den Artikel 29 für angenommen.

Artikel 30.

Abg. Dr. **Casselmann** (Referent) (verliest Artikel 30): § 1029 des Bürgerl. Gesetzbuchs gilt für die eingetragenen Grunddienstbarkeiten; derselbe läßt einen Schutz bei Grunddienstbarkeiten zu, welcher theils besteht in dem Selbstvertheidigungsrechte, wie es im § 859 des Bürgerl. Gesetzbuchs aufgestellt ist, theils in einem gerichtlichen Schutze, welcher in §§ 861 und 862 des Bürgerl. Gesetzbuchs näher bestimmt ist. Artikel 191 Abs. 2 des Einführungsgesetzes bestimmt, daß diese Vorschrift auch unter den angegebenen Voraussetzungen für die Zeit nach Anlegung des Grundbuchs für die nicht eingetragenen und der Eintragung nicht bedürfenden Grundstücke gelte. Der Entwurf will die Anwendung dieser Bestimmung auch einführen für den Zwischenraum zwischen dem Inkrafttreten des Bürgerl. Gesetzbuchs und der Anlegung des Grundbuchs.

Ich beantrage um so mehr Zustimmung, als der Besitzschutz des Bürgerl. Gesetzbuchs für bewegliche Sachen schon durchweg vom Inkrafttreten des Bürgerl. Gesetzbuchs an beginnt.

Abg. **von Walter** (Korreferent): Ich habe auch nichts zu erinnern.

Abg. **Michel:** Ich bemerke, daß dieser Artikel wörtlich übereinstimmt mit dem Artikel 22 des Liegenschaftsrechtsgesetzes für die Pfalz und daß somit in dieser Beziehung Rechtseinheit besteht.

Vorsitzender: Ich erkläre Artikel 30 für angenommen. Wir gehen über zu

Artikel 31.

Abg. Dr. **Casselmann** (Referent): Nach Artikel 184 Satz 1 des Einführungsgesetzes zum Bürgerl. Gesetzbuche bleiben für den Inhalt der Realrechte, die zur Zeit des Inkrafttretens des Bürgerl. Gesetzbuchs bestehen, die bisherigen Vorschriften maßgebend. Es ist in den Motiven mit Recht dargelegt, daß die zur Zeit geltenden Vorschriften über die Reallasten in Bayern sehr lückenhaft sind, daß das Gewohnheitsrecht, das sich gebildet hat, unsicher und bestritten ist, und es ist daher an sich der Vorschlag des Entwurfes zu billigen, die Vorschriften, die die §§ 1107 bis 1111 über Reallasten aufstellen, auf die alten Reallasten zu übertragen.

Das Bürgerl. Gesetzbuch bestimmt nun in dem § 1107, daß das Rechtsverhältniß, welches durch die dringliche Haftung des Eigenthümers mit dem Grundstücke aus § 1105 Abs. 1 zwischen diesem und dem Berechtigten entsteht, nicht persönlicher, sondern sachenrechtlicher Natur ist, und daß der Berechtigte dadurch hinsichtlich der einzelnen Leistungen einen Anspruch auf Befriedigung im Wege der Zwangsvollstreckung hat, daß für Rückstände des Vorbesitzers der Besitznachfolger nicht persönlich, sondern nur dinglich haftet.

§ 1108 bestimmt, daß der Eigenthümer für die während der Dauer seines Eigenthums fällig werdenden Leistungen auch persönlich haftet, soweit nicht ein Anderes bestimmt ist. § 1109 betrifft die Theilung des berechtigten

S. 516. Grundstücks; § 1110 erklärt die Verbindung der subjektiv-dinglichen Reallast mit dem herrschenden Grundstück als nicht lösbar; § 1111 läßt die Umwandlung einer ursprünglich zu Gunsten einer bestimmten Person bestehenden Reallast in eine subjektiv-dingliche Reallast nicht zu und verbietet die Veräußerung oder Belastung des Rechtes, wenn der Anspruch auf die einzelne Leistung nicht übertragbar ist.

Der Vorschlag des Entwurfes geht dahin, daß diese Bestimmungen des Bürgerl. Gesetzbuchs über die Reallasten Anwendung finden sollen auf die zur Zeit des Infrafttretens des Bürgerl. Gesetzbuchs bestehenden Reallasten. Ich habe, da ich diese Bestimmung in Abs. 1 für zweckmäßig erachte, gegen die Fassung desselben nichts einzuwenden.

Was den Abs. 2 des Artikels anlangt, so erlöschen die Reallasten nach geltendem Recht einmal durch Untergang der belasteten Objekte und durch Konsolidation, dann durch vertragsmäßige Umgestaltung oder Aufhebung und ferner durch Verjährung; doch ist die Frage, ob Reallasten durch Verjährung erlöschen, bestritten: ferner durch Ablauf der Zeit, für welche sie bestellt sind, namentlich mit dem Tod des Berechtigten bei Bestellung für dessen Lebzeiten. Hier ist bestimmt, daß die bereits von uns angenommenen Artikel 11 bis 13 des Entwurfes, welche für Grunddienstbarkeiten gelten, von der Zeit der Anlegung des Grundbuchs an auch für das Erlöschen der im Grundbuch nicht eingetragenen Reallasten gelten sollen.

Gegen den Abs. 3 habe ich gleichfalls nichts zu erinnern, welcher die Vorschriften der Gesetze über die Grundentlastung unberührt läßt.

Ich beantrage demnach Zustimmung zu Artikel 31.

Abg. **von Walter** (Korreferent): Ich beantrage ebenfalls Zustimmung.

Vorsitzender: Ich erkläre Artikel 31 für angenommen. Wir kommen zu

Artikel 32.

Abg. Dr. **Casselmann** (Referent) (verliest Artikel 32): Es sollen die Vorschriften der §§ 1199 bis 1203 des Bürgerl. Gesetzbuchs über die Rentenschuld auf das Ewiggeld Anwendung finden. Eine besondere materielle Aenderung tritt hiedurch nicht ein. In der Hauptsache wird die Kündigungsfrist eine andere; dieselbe beträgt jetzt zwei Monate vom Verfalltage an, wozu noch eine vierzehntägige Frist kommt, während nach dem Bürgerl. Gesetzbuche die Kündigungsfrist sechs Monate beträgt.

Ich möchte mir nur eine Frage erlauben. Nach Artikel 139 Abs. 1 des Ausführungsgesetzes zur Civilprozeßordnung findet aus den Ewiggeldbriefen wegen rückständiger Gilten Zwangsversteigerung und Zwangsverwaltung der belasteten Sache statt. Ewiggeldbriefe bedürfen der Vollstreckungsklausel nicht. Nun ist in Artikel 33 des von uns bereits berathenen Gesetzentwurfes, betreffend die durch die Einführung des Bürgerl. Gesetzbuchs veranlaßten Aenderungen der seit dem Jahre 1818 erlassenen Gesetze, der Artikel 139 nicht aufgehoben worden. In Ziff. 12 der Motive zu diesem Artikel ist ausgeführt, daß dieser die Vollstreckbarkeit von Ewiggeldbriefen regelnde Artikel auf Grund des § 801 der Civilprozeßordnung für die nach den bisherigen Vorschriften begründeten Ewiggelder in Kraft bleibt. Ich nehme an, daß durch die Umwandlung des Ewiggeldes in eine Rentenschuld hieran nichts geändert wird, und bitte um eine Erklärung, ob diese Annahme zutrifft.

Gegen den Artikel habe ich nichts zu erinnern.

Abg. **von Walter** (Korreferent): Ich habe gegen den Artikel selbst nichts einzuwenden. Daß die Vollstreckbarkeit der Ewiggeldbriefe auch dann gesichert bleibt, wenn sie in eine Rentenschuld umgewandelt werden, versteht sich von selbst. S. 517.

Senatspräsident Dr. **von Jacubezky**: Der Herr Korreferent hat schon das Richtige bemerkt. Der Artikel 139 des Ausführungsgesetzes zur Civilprozeßordnung, nach welchem für die rückständigen Gilten der bestehenden Ewiggelder der Ewiggeldbrief den vollstreckbaren Titel bildet, bleibt nach § 801 der Civilprozeßordnung in Geltung und wird dadurch nicht berührt, daß die Ewiggelder eine unwesentliche Aenderung ihres Inhalts erleiden.

Vorsitzender: Da Niemand das Wort ergreift, erkläre ich den Artikel 32 für angenommen.

Artikel 33.

Abg. Dr. **Casselmann** (Referent) (verliest Artikel 33): Ich verweise bezüglich dieses Artikels auf die Darlegungen in den Motiven und stimme der vorgeschlagenen Fassung des Artikels zu.

Ich habe nur eine Frage. In den Notariatsurkunden wird nicht selten der Höchstbetrag nur in dem Sinne angegeben, daß er der Gebührenbewerthung zu Grunde gelegt werde. Derartige Angaben werden von manchen Hypothekenbeamten mit Unrecht in das Hypothekenbuch übernommen. Ich möchte fragen, ob der Abs. 3 auch für solche Fälle gilt? Ich möchte geneigt sein, diese Frage zu bejahen, da ja der Dritte nicht wissen kann, in welchem Sinne diese Angabe gemeint ist.

Abg. **von Walter** (Korreferent): Gegen die beiden ersten Absätze des Artikel 33 habe ich keine Einwendung.

Zu Abs. 3 möchte ich die Frage des Herrn Referenten nicht bejahen, sondern verneinen. Wenn in der Urkunde, auf Grund welcher ein Leibgeding bestimmt ist, blos wegen der Gebührenberechnung ein Schätzungsbetrag angegeben wird, so ist das nicht der Höchstbetrag im Sinne des Gesetzes. Allerdings sind bisher die Bestimmungen des Hypothekengesetzes mißbräuchlich so angewendet worden, daß man in dem Schätzungswerth schon oft den Höchstbetrag eingetragen hat. Das war aber unrichtig und würde jedenfalls für die Zukunft eine Aenderung erfahren müssen. In den meisten Fällen wird der Höchstbetrag überhaupt nicht bestimmt und kann keiner eingetragen werden. Unter allen Umständen ist das Grundbuchamt ebensowenig wie das Hypothekenamt berechtigt, den Werth, der blos der Gebührenberechnung halber in die Urkunde aufgenommen wurde, als Höchstbetrag zu behandeln und einzutragen.

Senatspräsident Dr. **von Jacubezky**: Wenn in der Urkunde ein Werthanschlag nur zu dem Zwecke angegeben ist, damit er der Festsetzung der Gebühr zu Grunde gelegt werden soll, so ist das nicht der Höchstbetrag, für den das Grundstück haften soll.

Der Entwurf setzt voraus, daß die Betheiligten durch Vertrag bestimmt haben, daß die Haftung des Grundstücks sich nur bis zu einem bestimmten Betrag erstrecken soll, er spricht nicht von dem Fall, daß die Betheiligten blos zum Zwecke der Gebührenfestsetzung eine Angabe über den Werth des Leibgedings machen, die möglichst nieder gegriffen wird, damit eine möglichst geringe Gebühr erhoben wird.

Wenn ein solcher Anschlag in das Hypothekenbuch eingetragen ist, so ist er zu Unrecht eingetragen. Die Eintragung hat die Bedeutung, die jede unrichtige Eintragung hat. An sich wird durch sie an dem eingetragenen Rechtsverhältnisse nichts geändert. Aber derjenige, der nicht weiß, daß die

S. 517. Eintragung unrichtig ist, und im Vertrauen auf ihre Richtigkeit ein Recht erwirbt, ist durch den öffentlichen Glauben des Buches geschützt. Insoweit hat auch der Herr Referent Recht.

Vorsitzender: Artikel 33 ist angenommen.

Hierauf wird die Sitzung vertagt und die nächste auf den 15. März Vormittags 9½ Uhr anberaumt.

(Schluß der Sitzung um 12 Uhr 35 Minuten.)

von Stobäus,
Vorsitzender.

Michel,
Schriftführer.

S. 519.

31.

Protokoll

über die Sitzung des besonderen (XVIII.) Ausschusses der Kammer der Abgeordneten zur Berathung der durch die Einführung des Bürgerlichen Gesetzbuchs veranlaßten Gesetzentwürfe.

(Verh. d. Justiz-Gesetzg.-Aussch. d. K. d. Abg. 1899 Beil.-Bd. XX, Abth. II, Seite 519 bis 534.)

München, den 15. März 1899, Vormittags 9½ Uhr.

Gegenwärtig:

Die Vertreter der k. Staatsregierung: der k. Staatsminister der Justiz Dr. Freiherr von Leonrod, Excellenz, der k. Senatspräsident am obersten Landesgerichte Dr. Ritter von Jacubezky, der k. Ministerialrath im Staatsministerium der Finanzen, Kronanwalt Ritter von Schubart, der k. Oberregierungsrath im Staatsministerium der Justiz Schneider;

ferner die Ausschußmitglieder: von Stobäus, Vorsitzender, Dr Casselmann, Schriftführer, Michel, Stellvertreter des Schriftführers, Beckh, Conrad, Fuchs, Joseph Geiger, Joseph Huber, Landmann, Lerno, Seeberger, von Walter (Dr. Ratzinger, Segitz und Wagner entschuldigt).

Tagesordnung:

Entwurf eines Gesetzes, die durch die Einführung des Bürgerlichen Gesetzbuchs veranlaßten Uebergangsvorschriften betreffend.

Artikel 34 mit 72.

Erste Lesung.

Der Vorsitzende **von Stobäus** eröffnet um 9 Uhr 35 Minuten die Sitzung.

Die Berathung wird bei Artikel 34 fortgesetzt zunächst unter Bezugnahme auf die Begründung zur Umwandlung der bestehenden Hypotheken.

Abg. Dr. **Casselmann** (Referent): Es ist in den Motiven dargelegt, daß der Artikel 192 des Einführungsgesetzes zum Bürgerl. Gesetzbuche die bestehende Hypothek den Vorschriften des neuen Rechtes unterwirft. Mit dem Zeitpunkte, zu welchem das Grundbuch als angelegt zu betrachten ist, verwandelt sich die Hypothek des alten Rechtes in eine Buchhypothek des neuen Rechtes. Hiedurch werden verschiedene nicht unerhebliche Aenderungen in den Rechten der Hypothekgläubiger eintreten. Der Artikel 193 des Einführungsgesetzes läßt die landesgesetzliche Bestimmung zu, daß eine Hypothek, die nach Artikel 192 nicht als Sicherungshypothek gilt, als solche oder als eine Hypothek gelten soll, für welche die Ertheilung des Hypothekenbriefs nicht ausgeschlossen ist, und nach Artikel 194 ist der Landesgesetzgebung das Recht eingeräumt, zu bestimmen, daß ein Gläubiger, dessen Pfandrecht zu der im Artikel 192 bezeichneten Zeit

besteht, die Löschung eines im Range vorgehenden oder gleichstehenden Pfand- S. 519.
rechts, falls dieses sich mit dem Eigenthum in einer Person vereinigt, in gleicher Weise zu verlangen berechtigt ist, wie wenn zur Sicherung des Rechtes auf Löschung eine Vormerkung im Grundbuch eingetragen wäre.

Nun will die bayerische Landesgesetzgebung von diesen Vorbehalten keine Gebrauch machen, und ich kann dem nur beipflichten, weil in der That die bayerische Hypothek der Buchhypothek des neuen Rechtes am nächsten kommt. Der Hypothekenbrief des bayerischen Rechtes ist etwas ganz Anderes als die Briefhypothek des neuen Rechtes. In den Motiven ist dieser Unterschied ausführlich dargelegt und insbesondere darauf hingewiesen, daß unser Hypothekenbrief nichts weiter als ein Beweismittel ist. Aus den in den Motiven dargelegten Gründen rechtfertigt es sich insbesondere auch, von dem Vorbehalte des Artikel 194 des Einführungsgesetzes keinen Gebrauch zu machen.

Vorsitzender: Nach diesen allgemeinen Bemerkungen kommen wir nun zu dem **Artikel 34** selbst.

Abg. Dr. **Casselmann** (Referent) (verliest Artikel 34): Ich beantrage Annahme dieser Bestimmung, welche eigentlich schon im Einführungsgesetze Aufnahme hätte finden sollen.

Abg. **von Walter** (Korreferent): Ich bin ebenfalls damit einverstanden.

Vorsitzender: Ich konstatire die Annahme des Artikel 34. Wir kommen zu

Artikel 35.

Abg. Dr. **Casselmann** (Referent) (verliest Artikel 35): Ich habe gegen den Inhalt nichts zu erinnern; nur möchte ich glauben, daß es vielleicht besser wäre, wenn man statt des zweiten Absatzes, in dem nur ein Hinweis auf die neuen Vorschriften enthalten ist, die neue Vorschrift selbst aufnehmen würde. Soviel ich weiß, sollen ja die Ueberleitungsvorschriften abgesondert von den übrigen Ausführungsgesetzen erscheinen; dann wird es in der Praxis die Anwendung der Gesetze gewiß erleichtern, wenn der Richter nicht erst gezwungen ist, nachzusehen, sondern die Bestimmung gleich vor sich hat.

Abg. **von Walter** (Korreferent): Ich will den Darlegungen des Herrn Referenten nicht entgegentreten, halte aber eine Herübernahme der Bestimmungen des Ausführungsgesetzes nicht für nothwendig. Das ist ja im Ausführungsgesetze bereits bestimmt und man kann doch voraussetzen, daß der Richter, der auf Grund der Ueberleitungsbestimmungen eine Hypothek einzutragen hat, sich an diese Ausführungsgesetze erinnert. Schließlich ist auch nichts dagegen einzuwenden.

Senatspräsident Dr. **von Jacubezky:** Ich bitte, von dieser Ergänzung abzusehen, weil auch der erste Absatz seinem Wesen nach nichts Anderes als eine Verweisung enthält und die neuen Vorschriften, von denen der Abs. 2 spricht, eben da stehen, wohin durch den Abs. 1 verwiesen ist. In den beiden Entwürfen Beilage A und B werden Vorschriften gegeben, welche dem Gläubiger das Recht auf Einräumung einer Sicherungshypothek oder das Recht, die Eintragung einer Sicherungshypothek zu verlangen, gewähren. Eine Vorschrift dieser Art findet sich auch im § 648 des Bürgerl. Gesetzbuchs. Unter der Sicherungshypothek ist diejenige Hypothek verstanden, die das Bürgerl. Gesetzbuch als Sicherungshypothek bezeichnet. Die angeführten Vorschriften setzen die Geltung des Liegenschaftsrechts des Bürgerl. Ge‖setzbuchs voraus und müssen S. 520.
für die Zeit vor der Anlegung des Grundbuchs mit dem geltenden Hypotheken-

S. 520. recht in Einklang gebracht werden. Dieß thut der Artikel 35 Abs. 1 durch Gewährung eines gesetzlichen Hypothekentitels. Der gesetzliche Hypothekentitel wird nur für dieselben Ansprüche und in demselben Umfange gegeben, wie in den angeführten Vorschriften das Recht auf Sicherungshypothek; der Artikel 35 verweist deßhalb sowohl bezüglich der Ansprüche als bezüglich der Erstreckung des Hypothekentitels auf mehrere Grundstücke auf diese Vorschriften.

Die Herübernahme der das Maß der Sicherheit betreffenden Vorschriften läßt sich auch nicht so einfach bewerkstelligen, wie der Herr Referent anzunehmen scheint. Denn die Erstreckung der Belastung auf mehrere Grundstücke ist in den maßgebenden Vorschriften nicht einheitlich bestimmt. Der Artikel 80 Abs. 3, der Artikel 111 Abs. 1 Satz 2 des Entwurfes Beilage A und der Artikel 46 Abs. 3 des Brandversicherungsgesetzes (Art. 31 Ziff. VIII des Entwurfes Beilage B) stimmen überein. Für den Anspruch aus dem Bierlieferungsvertrag enthält der Artikel 8 Abs. 2 des Entwurfes A zwar dieselbe Beschränkung des Maßes der zu gewährenden Sicherheit, der Belastung bis zu dieser Grenze sind aber nicht alle Grundstücke des Schuldners, sondern nur dasjenige unterworfen, auf welchem der Schuldner sein Geschäft betreibt, und diejenigen, die mit diesem Grundstücke gemeinschaftlich bewirthschaftet werden. Das im Artikel 27 des Gesetzes über die landwirthschaftlichen Erbgüter (Art. 19 Ziff. V des Entwurfes B) gewährte Recht auf Sicherungshypothek erstreckt sich auf alle zu dem Erbgute gehörenden Grundstücke ohne Rücksicht auf das Maß der durch sie gewährten Sicherheit. Diese Einzelheiten müßten hier wiederholt werden. Wenn das geschieht, so ist schwer einzusehen, warum nicht auch im Abs. 1 die Einzelheiten der maßgebenden Vorschriften wiederholt werden. Die folgerichtige Durchführung des Gedankens des Herrn Referenten würde die vollständige Herübernahme aller dieser Vorschriften erfordern. Dieselbe Aenderung müßte in den für die Pfalz vorgeschlagenen Artikeln 61, 62 vorgenommen werden. Ebenso müßte in den Artikel 58, der bestimmt, wie in der Pfalz, wo es Reallasten nicht gibt, der im Artikel 34 des Entwurfes A gewährte Anspruch auf Bestellung einer Reallast für Leibgedingsleistungen in der Zeit zwischen dem Inkrafttreten des Bürgerl. Gesetzbuchs und der Anlegung des Grundbuchs behandelt werden soll, der Inhalt des Artikel 34 des Entwurfes A übernommen werden. Ich glaube aber, es dürfte den Vorzug verdienen, sich sowohl im ersten wie im zweiten Absatze mit der Verweisung zu begnügen.

Vorsitzender: Ich konstatire die Annahme des Artikel 35.

Artikel 36.

Abg. Dr. **Casselmann** (Referent) (verliest Artikel 36): Ich habe nichts zu erinnern und beantrage Zustimmung.

Abg. **von Walter** (Korreferent): Ich beantrage gleichfalls Zustimmung. Die Motive begründen den Artikel ausreichend.

Vorsitzender: Artikel 36 ist angenommen.

Artikel 37.

Abg. Dr. **Casselmann** (Referent) (verliest Artikel 37): Aus den in den Motiven dargelegten Gründen beantrage ich Zustimmung.

Abg. **von Walter** (Korreferent): Ich ebenfalls.

Vorsitzender: Artikel 37 ist angenommen.

Artikel 38. S. 520.

Abg. Dr. **Casselmann** (Referent) (verliest Artikel 38): Ohne Erinnerung. Ich beantrage Zustimmung.

Abg. **von Walter** (Korreferent): Ich ebenfalls.

Vorsitzender: Artikel 38 ist angenommen.

Artikel 39.

Abg. Dr. **Casselmann** (Referent) (verliest Artikel 39): Ohne Erinnerung.

Abg. **von Walter** (Korreferent): Auch ohne Erinnerung.

Vorsitzender: Artikel 39 ist angenommen.

Artikel 40.

Abg. Dr. **Casselmann** (Referent) verliest Artikel 40): Ohne Erinnerung.

Abg. **von Walter** (Korreferent): Ich habe keine Erinnerung. Nur, glaube ich, ist in den Motiven ein Druckfehler enthalten; es ist nämlich hier der § 942 Abs. 3 der Civilprozeßordnung allegirt; ich glaube, es muß heißen: „Abs. 2".

Senatspräsident Dr. **von Jacubezky:** Das ist richtig, es muß heißen: „Abs. 2".

Vorsitzender: Artikel 40 ist angenommen.

Artikel 41.

Abg. Dr. **Casselmann** (Referent) (verliest Artikel 41): Ich beantrage Zustimmung.

Abg. **von Walter** (Korreferent): Es genügt die Begründung in den Motiven. Auch ich beantrage Zustimmung.

Vorsitzender: Artikel 41 ist angenommen.

Artikel 42.

Abg. Dr. **Casselmann** (Referent) (verliest Artikel 42): Ich beantrage Zustimmung.

Abg. **von Walter** (Korreferent): Ich ebenfalls.

Vorsitzender: Artikel 42 ist angenommen.

Artikel 43.

Abg. Dr. **Casselmann** (Referent) (verliest Artikel 43): Dieser Artikel wird uns wohl etwas länger beschäftigen.

Wenn eine Hypothek nach der Anlegung des Grundbuchs erlischt, so entsteht nach der Bestimmung des Bürgerl. Gesetzbuchs im Gegensatze zum bayerischen Recht eine Eigen‖thümerhypothek; von dem § 84 des Hypotheken- S. 521. gesetzes kann keine Rede sein. Im Artikel 43 Abs. 1 ist nun der Fall behandelt, daß bei einer vor Anlegung des Grundbuchs erloschenen, aber zur Zeit der Anlegung des Grundbuchs noch nicht gelöschten Hypothek der Schuldner das ihm bisher zustehende Recht aus § 84 des Hypothekengesetzes beibehält. Der Artikel bringt zum Ausdruck, daß dieses Recht gegenüber den nach der Anlegung des Grundbuchs entstandenen Rechten nicht mehr begründet werden kann.

Soweit ich den Artikel 43 verstehe, wäre derselbe nicht absolut nothwendig, sondern er soll nur deklarative Bedeutung haben; es soll zum Aus-

S. 521. druck gebracht werden, daß nach Anlegung des Grundbuchs bezüglich dieses Rangvorbehalts den bestehenden Hypotheken gegenüber es beim Alten bleibt, während nach den Bestimmungen des Bürgerl. Gesetzbuchs dieser Rangvorbehalt den neuen Hypotheken gegenüber nicht gilt. Es wird sich empfehlen, sich die Tragweite dieser Bestimmung an einem Beispiele klar zu machen. Ich nehme an, daß in einem Amtsgerichtsbezirke der 1. Februar 1900 derjenige Tag ist, an welchem das Grundbuch als angelegt anzusehen ist. In dem Grundbuche dieses Amtsgerichts ist ein Grundstück vorgetragen, auf welchem zwei Hypotheken des alten Rechtes ruhen, eine Hypothek zu 10,000 M. für A seit dem Jahre 1896 und eine solche zu 1000 M. für B seit dem Jahre 1898. Am 31. Januar 1900, also noch vor dem Tage, an welchem das Grundbuch in diesem Bezirk als angelegt zu betrachten ist, wurden dem A die 10,000 M. heimgezahlt. Am 5. Februar 1900 wird zu Gunsten des C eine Zwangshypothek von 500 M. eingetragen. Hierauf bestellt der Eigenthümer auf Grund des ihm nach § 84 des Hypothekengesetzes zustehenden Rechtes an Stelle der erloschenen Hypothek des A dem D eine Hypothek von 10,000 M. Nächstdem kommt das Grundstück zur Subhastation. Nehmen wir an, es beträgt der Erlös 11,000 M.; nun fragt es sich: Wie vertheilt sich der Erlös auf die Hypotheken des D, B und C?

Wenn ich die Sache richtig verstanden habe, dann wird der C bei einem Erlöse von 11,000 M. seine 500 M. voll bekommen; denn ihm geht nur der B vor, der D nicht. Der D würde aus dem Erlöse nicht ganz 10,000 M., sondern nur 9,500 M. bekommen. Es gilt hier das Prinzip des § 881 Abs. 4 des Bürgerl. Gesetzbuchs. Der B darf durch den C nicht beeinträchtigt werden; der D muß sich die 500 M. anrechnen lassen. Es tritt hier ein ähnliches Verhältniß des relativen Vorrechts ein wie heute schon in dem Falle, wo nach dem geltenden Publicitätsprinzip für den gutgläubigen Erwerber einer nachfolgenden Hypothek die mit Unrecht gelöschte Hypothek als erloschen, für alle anderen Personen aber als fortbestehend gilt. Nehmen wir an, es ruhen auf einem Grundstücke zwei Hypotheken, zu Gunsten des A 9,000 M., für den B 8,000 M.; die Hypothek des A ist zu Unrecht gelöscht worden. Ehe der Schaden reparirt werden kann, erwirbt C ohne Kenntniß davon, daß die Hypothek des A zu Unrecht gelöscht worden ist, eine Hypothek zu 5,000 M. Wenn nun das Grundstück um 15,000 M. im Zwangswege versteigert wird, dann ist die Folge, daß die 9,000 M. des A den C nichts angehen, wohl aber die 8,000 M. des B. Dem B gehen die 9,000 M. des A vor, so daß ganz ähnlich wie in unserem Falle nach Artikel 43 der C 5,000, der B 6,000 und der A 4,000 M. erhält.

Nun wird man vielleicht sagen, daß auf diese Weise der Eigenthümer anders behandelt wird wie bisher. Man wird vielleicht die Umwandlung in eine Eigenthümergrundschuld vorziehen. Ich glaube aber, so sehr ich auch Anfangs gezweifelt habe, was das Richtige ist, dem Vorschlage des Entwurfes den Vorzug geben zu sollen. Der Vorzug des Entwurfes scheint mir darin zu liegen, daß er gegenüber dem geltenden Rechte dem Eigenthümer weder ein Recht nimmt, noch ein Recht gibt. Er schmälert das Recht des Eigenthümers nicht, weil es dem Eigenthümer auch nach der Anlegung des Grundbuchs freisteht, die offene Stelle zu vergeben, ja sogar für sich selbst eine Grundschuld eintragen zu lassen. Der Artikel erweitert aber auch das Recht nicht, weil die nachstehenden Gläubiger in der Lage bleiben, mit einem vollstreckbaren Titel die Löschung herbeizuführen, und weil in der Subhastation der noch nicht ausgefüllte Rang gegenstandslos bleibt. Der Vorschlag der

Verwandlung in eine Eigenthümerhypothek gibt dem Eigenthümer mehr Rechte. S. 521.
Denn kein nachstehender Gläubiger kann auf Grund eines Vollstreckungstitels die Löschung bewirken, und bei der Zwangsversteigerung ist die Eigenthümerhypothek voll wirksam. Auch mit dem geltenden Rechte würde dieser Vorschlag, wie sich aus folgendem Beispiele ergibt, im Widerspruche stehen. Wenn jetzt 10,000 ℳ. für A, 1000 ℳ. für B eingetragen sind und A heimbezahlt wird, ohne daß die Löschung erfolgte, so braucht sich der C, der in der Zwischenzeit auf Grund eines gesetzlichen Hypothekentitels oder im Wege der Zwangs- oder Arresthypothek eine Hypothek erlangt, die Ausfüllung der Hypothek des A nicht gefallen zu lassen.

Es ist mir zwar nicht unbekannt, daß vom Standpunkte des geltenden Rechtes hier eine Streitfrage vorliegt, allein die Frage kann mit Rücksicht auf die Rechtsprechung des obersten Landesgerichts, nach welcher eine Vollstreckung in das Recht aus § 84 des Hypothekengesetzes nicht möglich ist, kaum anders entschieden werden.

Indem ich noch bemerke, daß der Abs. 2 des Artikel 43, der den § 150 des Hypothekengesetzes betrifft, zu einer besonderen Bemerkung keinen Anlaß b etet, da er ebenso gelagert ist wie der Abs. 1, beantrage ich Zustimmung zu Artikel 43.

Abg. **von Walter** (Korreferent): So leicht kann ich mich der Anschauung des Herrn Referenten bezüglich des Artikel 43 nicht anschließen. Der Herr Referent hat in seinem Beispiele den Fall vorausgesetzt, daß bald eine Subhastation nachfolgt. Allein diesen Fall braucht man nicht vorauszusetzen, sondern man muß sich im Allgemeinen denken, daß der Eigenthümer sich durch die Bestellung von Hypotheken retten und einrichten kann, und dafür hat er nach meinem Dafürhalten nach den §§ 84 und 150 des Hypothekengesetzes ausreichende Möglichkeit.

Nach § 84 hat der Eigenthümer das Recht, den Rang einer erloschenen, aber noch nicht gelöschten Hypothek einem Anderen einzuräumen, und nach § 150 steht dem Eigenthümer das Recht zu, einer Hypothek, die er neu bestellt, einen späteren Rang einzuräumen und sich die Befugniß vorzubehalten, den offenen vorausgehenden Rang einer später zu bestellenden Hypothek einzuräumen. Diese beiden Bestimmungen sollen nun fallen.

Nach meinem Dafürhalten würde nun allerdings die Beibehaltung in der bisherigen Fassung nicht gut möglich sein; aber ich denke, wir müssen doch für einen Ersatz sorgen. Diesen Ersatz gibt das Bürgerl. Gesetzbuch. Dieses gibt in § 881 dem Eigenthümer ebenfalls das Recht, sich einen Rang vorzubehalten, wenn eine neue Hypothek bestellt wird, und der § 1196 des Bürgerl. Gesetzbuchs gewährt ‖ ihm das Recht, statt der erloschenen Hypothek S. 522.
eine Eigenthümergrundschuld zu bestellen.

Ich kann aus den Motiven nicht herausfinden, daß in der Uebergangsperiode dem Eigenthümer dieses Recht vorbehalten werden soll. Im Gegentheil sagen die Motive ausdrücklich, daß eine Uebergangsvorschrift, durch die die Umwandlung der Rangvorbehalte des bisherigen Rechtes in Eigenthümergrundschulden herbeigeführt würde, nicht nur in die Rechte der Gläubiger, deren Hypotheken dem Rangvorbehalt unterworfen sind, eingreifen, sondern in vielen Fällen auch nicht der Absicht der Eigenthümer entsprechen würde. Ebenso ist der § 881 des Bürgerl. Gesetzbuchs in keiner Weise herübergenommen. Setzen Sie nun den Fall, daß ein Eigenthümer sein Anwesen durch einen Uebergabsvertrag erworben hat und eine Hypothek für die Ansprüche seiner Geschwister bestellen muß. Das Anwesen ist zur Zeit noch

S. 522. schuldenfrei; der Uebernehmer weiß aber, daß er außer an seine Geschwister noch weitere Zahlungen zu leisten hat, und behält sich den ersten Hypothekenrang behufs Aufnahme eines Hypothekkapitals vor. Er kommt aber zur Bestellung der Hypothek nicht vor dem Zeitpunkt, in welchem das Grundbuch als angelegt anzusehen ist, und hinterher ist sein Rangvorbehalt in Wegfall gekommen und er hat keinen Ersatz dafür. Das Gleiche wird der Fall sein, wenn der Eigenthümer die erste oder zweite Hypothek heimbezahlt, die Sache aber nicht gleich zur Löschung bringen kann und hinterher genöthigt ist, ein neues Kapital aufzunehmen. Dafür kann er auch nach dem Artikel 43 den vorbehaltenen Rang nicht mehr verwenden.

Mit dieser Bestimmung scheint mir ein Eingriff in die Rechte des Eigenthümers gemacht zu werden. Ob es der Absicht des Eigenthümers entspricht, daß eine Eigenthümergrundschuld bestellt wird, ist eine andere Frage. Wenn der Eigenthümer von dem Rechte keinen Gebrauch macht, dann gibt er zu erkennen, daß er es nicht nothwendig hat. Vorläufig kann ich also nicht darüber hinwegkommen, daß Artikel 43 einen Eingriff in die Rechte des Schuldners enthält, und ich kann denselben nicht für gerechtfertigt erachten, zumal der neue Hypothekgläubiger ja weiß, welchen Rang er bekommt.

Ich bitte daher um näheren Aufschluß; denn das vom Herrn Referenten gegebene Beispiel dafür, daß nach dem bisherigen Recht ein ähnlicher Erfolg eintritt, wenn irrthümlich eine vorausgehende Hypothek gelöscht und vor ihrem Wiedereintrag eine andere Hypothek bestellt wird, scheint mir nicht recht zu passen. Wenn auch der Erfolg derselbe ist, so sind doch die Voraussetzungen so grundverschieden, daß man aus dem Beispiele des Herrn Referenten eine Folge für Annahme des Artikels gewiß nicht ziehen kann.

Senatspräsident Dr. **von Jacubezky:** Die Befürchtung des Herrn Korreferenten, daß der Entwurf in die Rechte des Eigenthümers eingreife, die Rechtslage des Eigenthümers verschlechtere, scheint mir auf einem Mißverständnisse zu beruhen. Nach Artikel 184 des Einführungsgesetzes zum Bürgerl. Gesetzbuche bleiben diejenigen Rechte, mit denen ein Grundstück belastet ist, mit dem sich aus den bisherigen Gesetzen ergebenden Inhalt und Rang bestehen. Daraus folgt, daß eine Hypothek, die jetzt den zweiten Rang hat, weil eine ihr vorgehende Hypothek, die schon erloschen ist, noch im Hypothekenbuche steht, diesen zweiten Rang behält und nicht vorrückt. In die offene Rangstelle kann auch nach der Anlegung des Grundbuchs eine neue Hypothek eingestellt werden. In der Begründung ist bemerkt, daß der Eigenthümer die offene erste Rangstelle auch mit einer Grundschuld besetzen kann, die er nach § 1196 des Bürgerl. Gesetzbuchs für sich selbst bestellt. Ebenso ist es im Falle des § 150 des Hypothekengesetzes. In den beiden Fällen handelt es sich um einen Rangvorbehalt; der Unterschied ist lediglich der, daß nach § 84 der Rangvorbehalt kraft des Gesetzes eintritt, während er im Falle des § 150 durch Vertrag vorbehalten ist. Es wird deßhalb genügen, den Fall des § 84 in Betracht zu ziehen.

Der Herr Korreferent findet, wenn ich seine Aeußerung richtig verstanden habe, eine Gefährdung des Eigenthümers darin, daß der Eigenthümer von dem Rangvorbehalte nicht mehr Gebrauch machen könne, wenn er nicht eine neue Hypothek in die vorbehaltene Rangstelle einsetzt, solange dieß nach dem Hypothekengesetze zulässig ist. Das ist aber keine Aenderung der Rechtslage des Eigenthümers. Ist die Beschlagnahme des Grundstücks zum Zwecke der Zwangsversteigerung oder der Zwangsverwaltung erwirkt, so kann der

Eigenthümer weder nach dem bisherigen noch nach dem neuen Rechte den S. 522.
Rangvorbehalt zur Bestellung einer dem betreibenden Gläubiger vorgehenden Hypothek benutzen. Den Fall der Beschlagnahme hat der Korreferent wohl auch nicht im Auge. Er denkt wohl zunächst an die Vollstreckungshypothek, die sowohl von dem Gesetze vom 29. Mai 1886 als von der Civilprozeßordnung zugelassen ist. Die Vollstreckungshypothek kann nicht in die vorbehaltene Rangstelle eingestellt werden, denn der Rangvorbehalt ist nicht für eine Vollstreckungshypothek bestimmt. Der Rangvorbehalt ist aber auch nach dem geltenden Rechte dem Gläubiger gegenüber nicht wirksam, der Gläubiger ist auf Grund seines vollstreckbaren Titels berechtigt, eine Hypothek an nächster Stelle, d. h. hinter den wirklich bestehenden Hypotheken, eintragen zu lassen, er braucht sich nicht gefallen zu lassen, daß der Eigenthümer noch eine neue Hypothek mit dem Vorrange vor der Vollstreckungshypothek begründet. In dem vom Herrn Referenten angeführten Beispiele, in dem an erster Stelle die Hypothek für 10,000 ℳ. steht, die schon erloschen ist, an zweiter eine Hypothek für 1000 ℳ., kann der Gläubiger seine Vollstreckungshypothek für 500 ℳ. im Range hinter der Hypothek für 1000 ℳ. eintragen lassen, so daß ihm nur 1000 ℳ. vorgehen. Dadurch wird der Eigenthümer nicht gehindert, die offene Stelle noch zu besetzen; nur kann er von dem Rangvorbehalte nicht in der Weise Gebrauch machen, daß die Hypothek des Gläubigers beeinträchtigt wird, und ebensowenig kann er eine Hypothek an erster Stelle mit der Wirkung gegenüber dem zweiten Hypothekgläubiger begründen, daß der Ausfall, der daraus entsteht, daß der Rangvorbehalt gegenüber dem dritten Gläubiger nicht wirkt, den zweiten trifft. Es müssen also die Rechte des zweiten und des dritten unberührt bleiben; soweit neben ihnen noch Raum ist, kann der Eigenthümer von dem Rangvorbehalte Gebrauch machen, in dem angeführten Beispiele bei einem Versteigerungserlöse von 11,000 ℳ. für den Betrag von 9500 ℳ. Ich vermag nicht einzusehen, warum es erforderlich sein soll, den Eigenthümer gegen dieses Ergebniß zu schützen; mir scheint es der Billigkeit vollständig zu entsprechen.

Die Anlegung des Grundbuchs ändert an der Wirksamkeit des Rangvorbehalts gegenüber den zu dieser Zeit bestehenden Hypotheken nichts. Wird nach der Anlegung des Grundbuchs eine neue Hypothek bestellt, so bestimmt sich ihr Rang nach den Vorschriften des Bürgerl. Gesetzbuchs. Nach dem § 881 genügt es
bei wiederholter Belastung des Grundstücks nicht, ‖ daß der Eigenthümer sich gegen- S. 523.
über der ersten Hypothek den Rang vorbehalten hat; der Rangvorbehalt muß vielmehr, wenn er auch der zweiten Hypothek gegenüber wirksam sein soll, bei deren Bestellung wiederholt werden. Es muß bei jedem Rechte, dem gegenüber der Rangvorbehalt gelten soll, in der Eintragung angegeben sein, daß es gegenüber dem Rechte, für welches der Rang vorbehalten ist, zurücktreten muß. Geschieht das nicht, so gehen dem neuen Rechte nur die schon bestehenden Rechte vor, und der vorbehaltene Vorrang wird nach § 881 Abs. 4 insoweit unwirksam, als die ihm unterworfenen Rechte dadurch beeinträchtigt werden würden, daß das neue Recht dem Rangvorbehalte nicht unterworfen ist. Der Eigenthümer ist nicht gehindert, von dem Rangvorbehalte Gebrauch zu machen, welchen Werth der von ihm eingeräumte Vorrang hat, kann sich aber erst bei der Zwangsvollstreckung herausstellen; der ziffermäßige Betrag der Einschränkung, die der Rangvorbehalt dadurch erlitten hat, daß er bei der Bestellung des neuen Rechtes nicht wiederholt worden ist, hängt von dem Ergebnisse der Zwangsvollstreckung ab. Bis dahin läßt sich nur sagen, der Rangvorbehalt ist nicht voll wirksam, sondern seine Wirksamkeit ist nach § 881 Abs. 4

S. 523. beschränkt. Wenn wir weiter gehen wollten, wenn wir an Stelle des Rangvorbehalts eine Eigenthümergrundschuld gewähren wollten, so würden wir die bestehenden Rechtsverhältnisse wesentlich umgestalten. Die Eigenthümergrundschuld ist ein selbständiges Recht, das im Falle der Veräußerung des Grundstücks dem Veräußerer verbleibt, das veräußert, belastet und gepfändet werden kann, während der Rangvorbehalt, der nur eine Beschränkung der das Grundstück belastenden Rechte ist, im Falle der Veräußerung des Grundstücks auf den Erwerber übergeht und selbst nicht veräußert, belastet oder gepfändet werden kann. Die Eigenthümergrundschuld würde den nachstehenden Gläubigern die Aussicht auf das Vorrücken, die das geltende Recht ihnen gibt, für immer entziehen. Nach Artikel 11 Abs. 2 des Gesetzes vom 29. Mai 1886 können die nachstehenden Hypothekgläubiger, falls sie einen vollstreckbaren Titel für einen fälligen Anspruch haben, die erloschene Hypothek löschen lassen und dadurch den Rangvorbehalt des § 84 des Hypothekengesetzes beseitigen. Die Eigenthümergrundschuld würde ihnen aber auch dann vorgehen, wenn sie die Beschlagnahme des Grundstücks erwirkt haben, und die Pfändung der Eigenthümergrundschuld würde sie nicht zum Ziele führen, wenn diese schon vorher für einen anderen Gläubiger gepfändet ist.

Der Entwurf spricht lediglich das aus, was sich aus dem Wesen der bestehenden Rangvorbehalte ergibt, er greift weder in die Rechte des Eigenthümers noch in die Rechte der vorhandenen Hypothekgläubiger ein. Aus der Bestellung von Hypotheken des neuen Rechtes werden sich besondere Schwierigkeiten nicht ergeben. Ich glaube, im Leben wird der Rangvorbehalt sich bei der ersten vertragsmäßigen Hypothekbestellung erledigen; entweder wird die neue Hypothek in die vorbehaltene Rangstelle eingestellt oder der Rangvorbehalt wird beseitigt. Will ausnahmsweise einmal der Eigenthümer auch nach der Bestellung einer neuen Hypothek noch das Recht behalten, eine weitere Hypothek mit Vorrang zu begründen, so muß er sich dieses Recht dem neuen Gläubiger gegenüber in der Hypothekbestellungsurkunde ausbedingen. Daß der Rangvorbehalt den älteren Hypotheken gegenüber bestehen bleibt, während die neue Hypothek ihm nicht unterworfen wird, und in Folge dessen eine Schmälerung seiner Wirkung erleidet, wird in Zukunft thatsächlich nur in den Fällen eintreten, in denen dieß auch jetzt sich nicht vermeiden läßt, nämlich bei der Eintragung einer Vollstreckungshypothek. Aber wenn es zur Eintragung einer Vollstreckungshypothek kommt, wird regelmäßig eine bessere Rangstelle nicht mehr offen sein; wenn der Eigenthümer sich mittelst des Rangvorbehalts noch Kredit verschaffen kann, so wird er es thun, um die Zwangsvollstreckung abzuwenden. Es werden also nur seltene Fälle sein, in welchen der Rangvorbehalt nach § 881 Abs. 4 geschmälert wird.

Der Gedanke des Entwurfes ist also der, daß die Rangvorbehalte nach den §§ 84, 150 des Hypothekengesetzes inhaltlich dasselbe sind wie der Rangvorbehalt nach § 881 des Bürgerl. Gesetzbuchs und daß die Umwandlung der Rangvorbehalte des bisherigen Rechtes in Eigenthümergrundschulden eine Rechtsänderung sein würde, die die Rechtslage der vorhandenen Hypothekgläubiger verschlechtern würde. Diese Aenderung würde in sehr vielen Fällen auch nicht im Sinne des Eigenthümers liegen. Der Eigenthümer wird in der Regel nicht eine Eigenthümergrundschuld wollen, er wird von der Möglichkeit, den Rangvorbehalt für ein solches Recht zu benutzen, keinen Gebrauch machen, sondern er wird die erste Hypothek, die er unter der Herrschaft des neuen Rechtes bestellt, in die vorbehaltene Rangstelle hineinsetzen.

Abg. **von Walter** (Korreferent): Ich muß zu meinem Bedauern gestehen, S. 523.
daß ich durch die Ausführungen des Herrn Senatspräsidenten noch nicht befriedigt bin.

Der Herr Senatspräsident hat damit geschlossen, daß in einem solchen Falle der Eigenthümer, der eine Hypothek nach der Anlegung des Grundbuchs bestellt, dieser Hypothek wohl ohnehin den noch vorbehaltenen Rang einräumen wird. Das kann er nur, wenn es sich um eine vertragsmäßige Hypothek handelt, außerdem wohl nicht.

Nun hat der Herr Senatspräsident immer von Vollstreckungshypotheken gesprochen. Der Fall liegt hier doch anders. Wenn einmal eine Vollstreckungshypothek eingetragen ist, so ist die Dispositionsbefugniß des Eigenthümers schon beschränkt, und deßhalb begreife ich die Bestimmung, daß man in diesem Falle die Besetzung des freigehaltenen Ranges nicht mehr gestattet.

Ich habe aber ganz andere Fälle im Auge als die Zwangshypothek. Wenn nach dem bisherigen Rechte ein Grundstück mit einer ersten, zweiten und dritten Hypothek belastet ist und eine dieser Hypotheken heimbezahlt, der Rang aber vorbehalten wird, so hat das die Folge, daß, wenn Jemand auf Grund eines gesetzlichen Hypothekentitels die Vormerkung beziehungsweise Eintragung einer Hypothek verlangt, diese neue Hypothek den vierten Rang erhält und behält und daß trotz der neu eingetragenen Hypothek dem Eigenthümer das Recht vorbehalten bleibt, den frei gewordenen Rang durch Aufnahme eines Kapitals und durch Bestellung einer Hypothek auszunützen. Das soll aber in Zukunft aufhören. (Senatspräsident Dr. von Jacubezky: Es gibt ja keine gesetzlichen Hypothekentitel mehr!) Es gibt aber Sicherungshypotheken; ich komme sofort auf den Fall zurück. Wenn wir das neue Recht anwenden und annehmen, daß Jemand eine Sicherungshypothek eintragen lasse, so würde nach § 881 der vorbehaltene Rang immer erst hinter der nach Anlegung des Grundbuchs eingetragenen Sicherungshypothek eine Wirkung haben. Der Eigenthümer kann der Sicherungshypothek gegenüber von dem Vorbehalte nur so weit Gebrauch machen, als sie nicht benachtheiligt wird. So fasse ich die Sache auf. Bisher hatte der Eigen‖thümer das Recht, den S. 524.
Vorbehaltsrang dann noch auszunützen, wenn auf Grund des gesetzlichen Hypothekentitels eine Forderung eingetragen war, z. B. eine Bauforderung, Bierforderung, ärarialische Forderung. Nun kommt die Sicherungshypothek des neuen Rechtes, die kann auch erst nach Anlegung des Grundbuchs eingetragen werden und dieser Eintragung gegenüber könnte der vorbehaltene Rang nicht mehr ausgenützt werden. Darin erblicke ich eine Gefahr für den Eigenthümer und eine Härte demselben gegenüber. Es ist ja nicht an dem, daß der Eigenthümer in allen Fällen kein Interesse hat, den Rangvorbehalt zu verwirklichen, im Gegentheil, er kann darauf angewiesen sein, es thun zu müssen, und wenn er einige Tage zu spät kommt, wenn er eine bezügliche Hypothek eintragen lassen will, nachdem das Grundbuch als angelegt erklärt ist, so hat die erste Hypothek, die er nun bestellt, eine Wirkung gegenüber der neu eingetragenen Sicherungshypothek nicht.

Senatspräsident Dr. **von Jacubezky:** Die Eintragung einer Sicherungshypothek erfolgt nicht in der Weise, wie der Herr Korreferent anzunehmen scheint. Die Vorschriften, welche das Recht auf Einräumung einer Sicherungshypothek gewähren, haben den Inhalt, daß der Schuldner zur Bestellung einer Sicherungshypothek verpflichtet ist. Er muß eine Eintragungsbewilligung ertheilen, die den Vorschriften der Grundbuchordnung entspricht, d. h. öffentlich

S. 524. beurkundet oder öffentlich beglaubigt ist. Wenn der Eigenthümer angegangen wird, eine solche Erklärung abzugeben, oder erwarten muß, daß das Verlangen an ihn gestellt wird, so kann er den Rangvorbehalt dazu benutzen, eine Eigenthümergrundschuld eintragen zu lassen. Eine Vormerkung kann nach § 942 der Civilprozeßordnung allerdings eingetragen werden, ohne daß der Eigenthümer vorher gehört wird. Es kommen aber, abgesehen von den bestehenden gesetzlichen Hypothekentiteln des bisherigen Rechtes (Art. 40 des Entwurfes), nur die Forderungen der Bauunternehmer und Bauhandwerker (§ 648 des Bürgerl. Gesetzbuchs) und die Forderungen aus dem Bierlieferungsvertrag (Art. 8 des Entwurfes A) in Betracht. Bei der Eingehung der Verträge, aus welchen diese Forderungen entstehen, kann der Eigenthümer sich das Recht sichern, an der Stelle der erloschenen Hypothek eine neue zu begründen.

Anders verhält es sich in den Fällen, in welchen eine öffentliche Behörde berechtigt ist, um die Eintragung einer Sicherungshypothek zu ersuchen. Von allgemeiner Bedeutung ist nur der Fall des Artikel 111 und des Artikel 114 Abs. 2 des Entwurfes A, das Recht, die Eintragung einer Sicherungshypothek für die Ansprüche wegen öffentlicher Abgaben und Kosten eines Verfahrens sowie wegen wiederkehrender Leistungen aus Grundgefällen des Staates und der Ablösungskasse oder aus den an deren Stelle getretenen Lasten zu verlangen. Dieses Recht hat eine so nahe Verwandtschaft mit der Vollstreckungshypothek, daß es meines Erachtens gerechtfertigt ist, es geradeso zu behandeln wie das Recht, im Wege der Zwangsvollstreckung die Eintragung einer Sicherungshypothek zu beantragen. Für die Ansprüche, für welche das Recht gewährt ist, haben die zuständigen Behörden das Vollstreckungsrecht, sie könnten also auch die Eintragung einer Vollstreckungshypothek beantragen. Die Eintragung einer Sicherungshypothek auf Ersuchen der zuständigen Behörde ist nur im Interesse der Vereinfachung und der Kostenersparung zugelassen worden, sie macht die Ausfertigung und Zustellung einer vollstreckbaren Urkunde entbehrlich. Nach dem geltenden Rechte kann die Behörde für den Anspruch eine Vormerkung eintragen und dann auf Grund der von ihr ausgefertigten vollstreckbaren Urkunde sofort die erloschene Hypothek löschen lassen, den Rangvorbehalt also beseitigen. Die Besonderheit der Sachlage bei diesen Ansprüchen gestattet nicht, die Lage, in der sich der Eigenthümer in diesem besonderen Falle befindet, als einen Gegengrund gegen den Vorschlag des Entwurfes zu verwerthen. Man kann nicht sagen, deßwegen, weil der Rangvorbehalt dadurch werthlos werden kann, daß für Steuerrückstände eine Sicherungshypothek eingetragen wird, muß der Entwurf an die Stelle des Rangvorbehalts eine Eigenthümergrundschuld setzen. Dieß würde, sofern die Behörden von dem Rangvorbehalte Kenntniß haben, nur dazu führen, daß die Behörden die Eigenthümergrundschuld so bald nach ihrer Entstehung als möglich pfänden lassen müßten.

Ich will aber auch nicht unterlassen, bezüglich des geltenden Rechtes einen Zweifel an der Richtigkeit der Ansicht auszusprechen, die der Herr Korreferent vertritt. Ich weiß wohl, daß die Frage bestritten ist, und wir können sie hier nicht entscheiden. Aber ich glaube, daß die gesetzlichen Hypothekentitel des geltenden Rechtes in dieser Beziehung geradeso zu behandeln sind wie die Vollstreckungshypothek. Auch der gesetzliche Hypothekentitel gibt ein Recht auf Erlangung einer Hypothek an der nächsten Stelle, der Gläubiger muß sich nicht gefallen lassen, daß ihm auf Grund des Rangvorbehalts nach § 84 oder § 150 eine neue Hypothek vorangestellt wird. Für den Fall des § 150 scheint mir das ganz klar zu sein, man kann nicht durch einen Vertrag mit

dem A sich das Recht vorbehalten, die Wirkung des gesetzlichen Hypothekentitels S. 524.
des B zu schmälern.

Abg. **von Walter** (Korreferent): Die Streitfrage besteht ja allerdings, ob der Geltendmachung eines gesetzlichen Hypothekentitels gegenüber der Rangvorbehalt wirkt; allein ich glaube kaum, daß schon viele Fälle vorgekommen sind, in welchen entschieden worden ist, daß für denjenigen, der auf Grund eines gesetzlichen Titels eine Hypothek eintragen ließ, der Rangvorbehalt nicht gilt. Er kann nur verlangen, daß seine Hypothek an nächst offener Stelle eingetragen wird, und dieser Stelle geht auch der vorbehaltene Rang vor. Außerdem bezweifle ich, daß selbst der Inhaber einer Sicherungshypothek, wenn er die wirthschaftliche Existenz des Eigenthümers retten kann, so barbarisch vorgehen wird, daß er den Versuch macht, die Löschung des Rangvorbehalts herbeizuführen. Wenn auch der Kreis derjenigen, die eine Sicherungshypothek verlangen können, ohne daß der Eigenthümer gehört wird, ein enger ist, so kann gleichwohl der Fall vorkommen, und ich meine, es wäre unter allen Umständen angezeigt, daß wir den Rangvorbehalt noch eine Zeit lang nach Anlegung des Grundbuchs fort gelten lassen. Will innerhalb dieser Zeit der Eigenthümer von dem Rangvorbehalte Gebrauch machen, entweder dadurch, daß er für einen Dritten eine Hypothek oder daß er für sich eine Eigenthümergrundschuld eintragen läßt, so ist er gesichert, ohne daß dem Gläubiger dadurch ein Nachtheil zugefügt worden wäre; denn der Gläubiger hat kein Recht, er hat nur eine Anwartschaft, daß einmal ein vorausgehender Rang frei wird, und er hat auch nicht einmal eine starke Hoffnung, daß das geschehen wird; denn in der Regel wird die Löschung einer bereits bestehenden Hypothek und die Bestellung der Rangeinräumung ohnehin pari passu geschehen. Allein es kann Fälle geben, wo das nicht möglich ist, und für diese Fälle soll gesorgt sein.

Ich meine deßhalb, wenn man den Gläubigern ein Recht einräumen
würde, innerhalb eines Jahres entweder den Rang ‖ zu vergeben oder für S. 525.
sich eine Eigenthümergrundschuld eintragen zu lassen, so wäre jeder Gefahr vorgebeugt, und daß Gefahr besteht, hat der Herr Senatspräsident selber zugegeben, unter allen Umständen den öffentlichen Behörden gegenüber, welche eine Sicherungshypothek eintragen zu lassen das Recht haben. Wenn der Eigenthümer innerhalb eines Jahres davon keinen Gebrauch macht, so ist das der Beweis, daß er keinen Gebrauch machen will, und dann ist der Satz der Motive richtig, daß es nicht in seiner Absicht gelegen war, zum Nachtheile des Gläubigers hievon Gebrauch zu machen, und dann kann man schließlich den Rangvorbehalt als erloschen erklären.

Senatspräsident Dr. **von Jacubezky:** Wenn ich den Herrn Korreferenten recht verstanden habe, so handelt es sich darum, daß das Recht der öffentlichen Behörden, die Eintragung einer Sicherungshypothek zu verlangen, für einen Zeitraum von einem Jahre beschränkt werden soll; die Behörden sollen für den Fall, daß ein Rangvorbehalt des bisherigen Rechtes besteht, in dem Ersuchen um Eintragung der Sicherungshypothek die Erstreckung des Vorbehalts auf die einzutragende Hypothek bewilligen müssen. In dieser Weise kann der Gedanke des Herrn Korreferenten allerdings verwirklicht werden; denn wir können das Recht der Behörden, die Eintragung einer Hypothek zu verlangen, nach unserem Ermessen beschränken. Eine solche Vorschrift würde aber doch in hohem Maße auffallend sein. Der Zweck des Rechtes der Behörden, die Eintragung einer Sicherungshypothek zu verlangen, ist offenbar der, daß die auf Grund des öffentlichen Rechtes geschuldeten

S. 525. Leistungen sicher eingehen sollen. Der Staat soll an den Einkünften, deren er zur Erfüllung seiner Aufgaben bedarf, nicht einen Ausfall erleiden, der von den anderen Steuerpflichtigen getragen werden müßte. Jeder soll das, was er zu den öffentlichen Lasten beizutragen hat, zahlen, er soll nicht die Belastung Anderer dadurch erhöhen, daß er mit seinen Beiträgen im Rückstande bleibt. Dieser Zweck wird aber geradezu gefährdet, wenn die Behörde, um einen Rangvorbehalt zu sichern, sich mit einer werthlosen Hypothek begnügen muß. Die Beschränkung des Rechtes der Behörde, die Eintragung einer Sicherungshypothek zu verlangen, würde übrigens den Zweck nicht erreichen, wenn nicht auch das Vollstreckungsrecht der Behörde beschränkt würde; denn sonst wird die Behörde, wenn sie einen Ausfall befürchtet, eine vollstreckbare Urkunde ausfertigen und die Eintragung einer Vollstreckungshypothek beantragen. Wir würden also zu einer zeitweiligen Beschränkung des Vollstreckungsrechts der Behörde kommen, die dem geltenden Recht ebenso fremd ist wie dem neuen. Wenn ich mich nun frage, welche Bedeutung diese Ausnahmevorschrift haben würde, so muß ich mir sagen, daß die Bedeutung eine sehr geringe ist. Wer nicht im Stande ist, seine Steuern zu bezahlen, der wird keine freie Rangstelle mehr haben, der wird seinen Realkredit schon ausgenutzt haben. Die Fälle, in welchen der Gedanke des Herrn Korreferenten wirkliche Bedeutung haben könnte, schwinden so sehr zusammen, sind so seltene Ausnahmen, daß es sich nicht rechtfertigt, sie zum Ausgangspunkte zu nehmen, die Vorschrift so zu geben, daß in diesen Fällen der Eigenthümer nicht etwa einen Nachtheil erleidet.

Vorsitzender: Ich möchte den Herrn Korreferenten fragen, ob er einen Antrag stellen will.

Abg. **von Walter** (Korreferent): Ich stelle heute keinen Antrag, sondern behalte ihn mir für die zweite Lesung bevor.

Vorsitzender: Dann können wir über den Antrag des Herrn Referenten, den Artikel 43 anzunehmen, abstimmen. Derselbe wird bei der Abstimmung mit Mehrheit angenommen. Wir kommen nunmehr zu

Artikel 44.

Abg. Dr. **Casselmann** (Referent): Ohne Erinnerung.

Abg. **von Walter** (Korreferent): Artikel 44 scheint nur eine gewisse Konsequenz des Artikel 43 zu sein, und nachdem der Ausschuß demselben zugestimmt hat, muß auch Artikel 44 angenommen werden.

Vorsitzender: Da von keiner Seite eine Einwendung erfolgt, erkläre ich Artikel 44 für angenommen.

Artikel 45.

Abg. Dr. **Casselmann** (Referent): Ohne Erinnerung.

Abg. **von Walter** (Korreferent): Artikel 45 betrifft eine Lücke, welche im pfälzischen Rechte bereits ausgefüllt ist in der Weise, daß die Bestimmungen des Bürgerl. Gesetzbuchs und der Civilprozeßordnung auch schon in der Zeit bis zur Anlegung des Grundbuchs für anwendbar erklärt werden. Dagegen habe ich nichts zu erinnern.

Vorsitzender: Artikel 45 ist angenommen.

Artikel 46.

Abg. Dr. **Casselmann** (Referent): Ohne Erinnerung.

Abg. **von Walter** (Korreferent): Auch ich habe keine Erinnerung.

Vorsitzender: Artikel 46 ist angenommen. S. 525.

Artikel 47.

Abg. Dr. **Casselmann** (Referent) (verliest Artikel 47): Die Vorschrift ist sehr zu begrüßen. Ich habe keine Erinnerung gegen den Artikel.

Abg. **von Walter** (Korreferent): Ich beantrage ebenfalls die Zustimmung.

Vorsitzender: Artikel 47 ist angenommen.

Artikel 48.

Abg. Dr. **Casselman** (Referent) (verliest Artikel 48): Bezüglich des Abs. 2 möchte ich an die k. Staatsregierung die Bitte richten, sich darüber zu äußern, welche Ausdehnung voraussichtlich die Uebernahme dieser fürstlichen Gerichtsbeamten auf den Staat nehmen wird. Aus den Motiven ist das nicht zu ersehen.

Der k. Staatsminister der Justiz Dr. Freiherr **von Leonrod:** Die pekuniäre Verpflichtung würde im Falle ‖ der Uebernahme dieser Beamten S. 526. verhältnißmäßig unbedeutend sein. Die Beamten des Herrn Fürsten von Thurn und Taxis in Regensburg, welche sich mit der freiwilligen Rechtspflege zu befassen haben und als Räthe oder Assessoren theils in der ersten, theils in der zweiten Instanz beschäftigt sind, sind der Zahl nach neun. Die Mehrzahl dieser Beamten ist auch in der fürstlichen Verwaltung thätig. Von Seiner Durchlaucht dem Herrn Fürsten von Thurn und Taxis ist erklärt worden, daß von diesen Beamten drei entbehrlich werden und vom Staate übernommen werden sollen. Der Herr Fürst wünscht, daß die drei ältesten Räthe übernommen werden. Von diesen ist der eine 61, der zweite 60 und der dritte 58 Jahre alt. An Gehalt beziehen sie — der älteste 6,180 ℳ., der zweite 6,000 ℳ., der dritte 5,640 ℳ. —, zusammen rund 18,000 ℳ. Um diese Summe handelt es sich also. Uebrigens möchte ich bemerken, daß die zwei älteren Beamten keine Kinder haben; der dritte ist Vater von drei großjährigen Kindern und einem 12jährigen Knaben.

Abg. Dr. **Casselmann** (Referent): In den Motiven ist darauf hingewiesen, daß die Billigkeit verlangt, daß die in Folge der Aufhebung der fürstlichen Gerichtsbarkeit entbehrlich werdenden fürstlichen Gerichtsbeamten mit ihren Gehalts- und Pensionsansprüchen vom Staate übernommen werden, wie es bei der Aufhebung der standes- und gutsherrlichen Gerichtsbarkeit nach Artikel 1 des Gesetzes vom 4. Juni 1848 mit den standes- und gutsherrlichen Gerichts- und Polizeibeamten geschehen ist. Nun möchte ich bemerken, daß dieser Vergleich mit dem Jahre 1848 und dessen Folgen nicht ganz zutrifft, weil damals durch Landesgesetz den Guts- und Standesherrn die Gerichtsbarkeit genommen wurde, während im vorliegenden Falle dem Fürsten von Thurn und Taxis die freiwillige Gerichtsbarkeit genommen wird durch ein Reichsgesetz. Allerdings wird für eine gewisse Zeit für den Fürsten von Thurn und Taxis noch diese freiwillige Gerichtsbarkeit bestehen bleiben, nämlich für diejenigen Nachlaßsachen, wo die Erblasser unter der Herrschaft des alten Rechtes, also vor dem 1. Januar 1900 gestorben sind. Ich bin nicht in der Lage, übersehen zu können, wie hoch diese Thätigkeit zu bemessen sein wird; allzu groß wird sie nicht sein; aber anderseits wird es sich auch nach den Aufklärungen der k. Staatsregierung um eine Summe handeln, die nicht allzu groß ist. Mit Rücksicht darauf, daß es sich hier nur um drei Beamte handelt, die wohl für sich und unter Umständen für ihre Wittwen vom Staate Pensionen bekommen werden, und daß auch für ein minderjähriges Kind nur in einem Falle eine

S. 526. Zahlung in Frage kommen würde, möchte ich, wenn nicht von anderer Seite schwerwiegende Bedenken gegen die Fassung des Abs. 2 erhoben werden, die ich zur Zeit zu übersehen nicht in der Lage bin, die Zustimmung zu dem Artikel 48 beantragen.

Abg. **von Walter** (Korreferent): Ich bedauere eigentlich, daß wir zu dem Artikel 48 Abs. 1 greifen müssen und daß keine Möglichkeit besteht, die Hausgerichtsbarkeit des Thurn und Taxis'schen Hauses aufrecht zu erhalten. Allein die Möglichkeit ist nicht gegeben, und deßhalb müssen wir, so sehr auch von Seiner Durchlaucht dem Fürsten von Thurn und Taxis auf den Fortbestand dieser Gerichtsbarkeit Gewicht gelegt wird, gleichwohl den Artikel 48 Abs. 1 annehmen.

Was den Abs. 2 betrifft, so glaube ich, wie das auch die k. Staatsregierung in den Motiven angenommen hat, daß eine rechtliche Verpflichtung für uns nicht besteht, die Thurn und Taxis'schen Gerichtsbeamten zu übernehmen. Die Analogie mit der angezogenen Bestimmung des Gesetzes über die Aufhebung der gutsherrlichen Gerichtsbarkeit paßt deßhalb nicht, weil, wie der Herr Referent angeführt hat, damals das Gesetz, durch welches die Aufhebung der Patrimonialgerichtsbarkeit erfolgt ist, ein bayerisches war, während eine Verpflichtung Bayerns, für die Folgen der Reichsgesetzgebung einzustehen, wohl kaum wird konstruirt werden können.

Es handelt sich im gegenwärtigen Fall um drei Personen. In diesem beschränkten Umfange, glaube ich, kann man, um alle Inkonvenienzen hintanzuhalten, am Ende auch dem Abs. 2 die Zustimmung geben. Allein es wird die Frage sein, in welchem Range die drei Beamten übernommen werden sollen. Wir dürfen doch nicht vergessen, daß der Gehalt, den diese Herren bezogen haben, kein Maßstab für ihre Unterbringung im Staatsdienste sein kann und daß es nicht angeht, sie etwa in dem ihrem jetzigen Gehalte entsprechenden Range einzureihen; denn dann würde nach meinem Dafürhalten mit Recht bei den Staatsbeamten, die unter weniger günstigen Verhältnissen ihre Pflicht thun müssen, eine Unzufriedenheit hervorgerufen werden.

Wenn auch in dieser Beziehung eine befriedigende Erklärung der k. Staatsregierung abgegeben wird, habe ich für meinen Theil kein Bedenken, die Zustimmung auch zu Abs. 2 zu beantragen. Allein ich setze voraus, daß erstens die Zahl der zu Uebernehmenden nicht größer und die Höhe des Opfers in Folge dessen ausgedehnt werde, und daß zweitens die Einreihung der Beamten in die ihrer bisherigen Stellung entsprechende Rangklasse ohne Rücksicht auf ihren Gehaltsbezug erfolgt.

Abg. **Fuchs**: Ich möchte die k. Staatsregierung um Angabe der Höhe der Pension ersuchen, welche diese fürstlich Thurn und Taxis'sche Beamten bezw. ihre Hinterbliebenen beziehen; soviel mir bekannt ist, haben sie höhere Pensionen als die Staatsbeamten.

Abg. **Lerno**: Ich möchte, da aus der Mitte des Ausschusses besondere Bedenken gegen den Abs. 2 bis jetzt nicht geltend gemacht worden sind, gegen denselben schließlich auch nichts erinnern, obschon ich sagen muß, besonders sympathisch wird diese Bestimmung den bayerischen Beamten nicht sein; aber unter der Voraussetzung, daß es nicht mehr als drei sind und daß sie insbesondere nicht als aktive Beamte übernommen werden, kann ich zustimmen. Es handelt sich ja nur um drei Herren, von welchen gesagt wurde, daß sie im 61., 60. und 58. Lebensjahre stehen und mit dem Tage der Uebernahme am 1. Januar 1900 in Pension gehen, wenn ich die Ausführungen des

Herrn Ministers recht verstanden habe. Ich habe es wenigstens so aufgefaßt, daß die Herren nicht als aktive Justizbeamte herübergenommen werden. S. 526.

Der k. Staatsminister der Justiz: Sie werden als aktive Beamte herübergenommen, sofern sie dienstfähig sind.

Abg. **Lerno:** Das ist allerdings etwas bedenklicher; denn der Gehalt, welchen die Herren jetzt haben, übersteigt bei einem den Anfangsgehalt eines Rathes am Obersten Gerichtshofe und ebenso bei den zwei anderen den Anfangsgehalt eines Oberlandesgerichtsrathes.

Dann kommt weiter die Frage der Pensionirung in Betracht hinsichtlich der Wittwen. Wenn ich recht unterrichtet bin, besteht bei den Taxis'schen Beamten für die Wittwen ein rechtlicher Anspruch auf 2/5 des Gehaltes von dem verstorbenen Ehemanne, während bekanntlich die Wittwen von Staatsbeamten nur 1/5 ihres Gehaltes haben. Nun ist die jetzige ‖ Frage wahrscheinlich in dem Sinne zu entscheiden, daß die Wittwen der zu übernehmenden drei Herren seinerzeit den Anspruch auf 2/5 des Gehaltes auch beibehalten. Ich vermuthe, daß wir auch das annehmen müssen. S. 527.

Vorsitzender: Ich finde, daß die Forderung, die der Herr Fürst stellt, eine sehr bescheidene ist. Wenn wir berücksichtigen, daß unter König Max I., zu einer Zeit, da er Gesetzgeber war, diese Gerichtsbarkeit geschaffen wurde, daß sie im Jahre 1869 durch ein modernes Gesetz bestätigt worden ist und daß nun durch eine höhere Macht, durch Reichsgesetz, dem Herrn Fürsten das letzte seiner Hoheitsrechte genommen wird, müssen wir doch zugeben, daß, soweit es in unserer Kraft steht, wir hiefür eine Entschädigung geben müssen, wobei ja der finanzielle Theil an sich eine ganz untergeordnete Rolle spielt. Wer die Verhältnisse kennt, ist überzeugt, daß gewiß nicht viel verlangt wird: aber wenn wir auf andere Weise für diesen Entgang des Rechtes dem Herrn Fürsten eine Entschädigung nicht geben können und solches wenigstens hier nicht zu erörtern vermögen, so ist doch das Mindeste, daß die Forderung, welche hier an uns gestellt wird, glatt angenommen wird. Ich möchte dringend bitten, daß in dieser Beziehung die Herren keine Schwierigkeiten machen.

Der k. Staatsminister der Justiz: Zunächst möchte ich hervorheben, daß die Begründung zum Artikel 48 nicht von einem rechtlichen Anspruche des Herrn Fürsten von Thurn und Taxis spricht, sondern nur von Rücksichten der Billigkeit. Derartige Rücksichten liegen aber nach meinem Erachten vor. Gegenüber der Deklaration vom 27. März 1812 und dem Gesetze vom 29. April 1869, in welchem die Gerichtsbarkeit des Fürsten von Thurn und Taxis für die freiwillige Rechtspflege ausdrücklich anerkannt ist, wird der bayerische Staat eine Entschädigung des Herrn Fürsten von Thurn und Taxis, der mit Rücksicht auf die bisherige bayerische Gesetzgebung eine größere Anzahl von juristischen Beamten gehalten hat, billiger Weise nicht ablehnen können, obgleich dem Herrn Fürsten seine Gerichtsbarkeit vom Reiche genommen wird.

Seine Durchlaucht ist in seinen Wünschen gewiß mäßig — ich spreche ausdrücklich nicht von Ansprüchen, sondern nur von Wünschen.

Ferner möchte ich darauf hinweisen, daß nach Artikel 55 des Gebührengesetzes die Gebühren, welche für die von den fürstlichen Gerichten ausgehenden Akte zu entrichten sind, jetzt nur mit 1/4 in die Staatskasse, zu 3/4 aber in die fürstliche Kasse fließen. Künftig werden alle eingehenden Gebühren in die Staatskasse fließen.

S. 527. Die drei fürstlichen Beamten, welche vom Staate übernommen werden sollen, müssen natürlich mit ihren bisherigen Gehalts- und Pensionsverhältnissen in den bayerischen Staatsdienst übernommen werden. Insoweit sie nicht zur Pension reif sind, werden sie selbstverständlich entsprechende staatliche Dienstleistungen zu verrichten haben. Allein wenn sie auch mit dem bisherigen Gehalte übernommen werden, so werden sie doch nicht in einer diesem Gehalte entsprechenden Stellung als Staatsdiener übernommen. Es ist nicht daran gedacht, sie als Oberstlandesgerichts- oder Oberlandesgerichtsräthe zu übernehmen, sondern als Oberamtsrichter mit einem allerdings höheren Gehalte als die bayerischen Richter.

Was die Wittwen anlangt, so würde, wenn die Pension der Wittwen im Taxis'schen Dienste $^{2}/_{5}$ des Aktivitätsgehaltes beträgt, eben auch dieser Betrag denselben bezahlt werden.

Vorsitzender: Es darf auch nicht unterschätzt werden, daß die fürstlichen Richter eigentlich auch bayerische Richter sind. Lesen Sie ein Ausschreiben dieser Gerichte, so heißt es: „k. bayerisches fürstlich Thurn und Taxis'sches Gericht", und die Taxis'schen Richter sind die einzigen fürstlichen Beamten, welche die weiß-blaue Kokarde tragen. Uebrigens bin ich damit einverstanden, daß wir uns nicht länger damit aufhalten, sondern daß wir die Regierungsvorlage einfach annehmen.

Abg. **von Walter** (Korreferent): Ich habe meine Bereitwilligkeit, den Abs. 2 zur Annahme zu empfehlen, schon ausgesprochen und bin im Allgemeinen auch mit den Auseinandersetzungen Seiner Excellenz des Herrn Justizministers einverstanden.

Es versteht sich von selbst, daß wir den Wittwen die Pensionen gewähren müssen, auf die sie vertragsmäßig Anspruch haben. Ich finde aber eine Schwierigkeit nach einer anderen Richtung. Wenn die drei Herren als Oberamtsrichter übernommen werden und die Stellen der Oberamtsrichter nicht vermehrt werden, so wird die Unzufriedenheit derjenigen Oberamtsrichter sofort zu Tage treten, die durch die Herübernahme geschädigt sind. Und deßhalb möchte ich unter allen Umständen Seiner Excellenz noch nahe legen, die drei Stellen außerhalb des Status zu schaffen und für die Dotirung derselben im Budget besondere Anträge zu stellen. Das Avancement unserer bayerischen Amtsrichter soll nach meinem Dafürhalten nicht dadurch geschädigt werden, daß wir jetzt, der Billigkeit Rechnung tragend, die drei Herren auf den Status übernehmen. Ich glaube, die Sache wird im Finanzausschusse und in der Kammer ebensowenig Beanstandung finden als jetzt bei uns, und es ist dann zu einer Unzufriedenheit und Beschwerde der bayerischen Amtsrichter kein Anlaß gegeben.

Der k. Staatsminister der Justiz: Ich möchte nur noch anfügen, daß in dem Schreiben der fürstlich Thurn und Taxis'schen Verwaltung gesagt ist, es sollen vom 1. Januar 1900 an die Pensionen der drei dienstältesten fürstlichen Richter und deren allenfallsigen Relikten, erstere nach den Grundsätzen der bayerischen Staatsdienerpragmatik, auf die bayerische Staatskasse übernommen werden.

Abg. **Lerno:** Nach der soeben von Seiner Excellenz verlesenen letzten Deklaration scheint auf Seite der fürstlichen Verwaltung die Absicht gar nicht zu bestehen, einige der Herren in den aktiven bayerischen Staatsdienst treten zu lassen, nachdem ausdrücklich nur die Rede davon ist, es mögen die Pensionen vom Staate übernommen werden. Das wäre auch viel leichter zu

acceptiren als das Andere. Denn ich kann nicht umhin, darauf hinzuweisen, S. 527.
daß es in den Kreisen der aktiven Richter schließlich immerhin eine nicht unberechtigte Unzufriedenheit erregen würde, wenn in denselben aktive Beamte mit höheren Gehältern figuriren würden, als ihnen gemäß ihrem Range nach dem bayerischen Gehaltsregulative zustehen würden.

Ich zweifle durchaus nicht an der von Seiner Excellenz mehrfach betonten Coulanz Seiner Durchlaucht und ich kann nur hervorheben, daß ich über diesen Punkt im Privatgespräche mit höheren fürstlichen Beamten in Regensburg stets die übereinstimmende Aeußerung gehört habe, von einer Uebernahme in den aktiven Staatsdienst werde bei diesen Herren keine Rede sein; es sei in der Domänenverwaltung Platz genug für dieselben und die Herren seien theilweise jetzt schon mit solchen Administrativgeschäften befaßt.

Ich glaube, daß die Lösung dieser Frage, die immerhin in den Kreisen der aktiven bayerischen Richter nicht gerne gesehen wird, am besten darin gefunden wird, wenn von der Uebernahme der in Frage stehenden Herren in die Aktivität Umgang genommen wird.

Der k. Staatsminister der Justiz: Es ist mir erwünscht, zu hören, daß S. 528.
auch dagegen eine Erinnerung nicht besteht, wenn die betreffenden Beamten nur zur Pensionirung übernommen werden.

Ministerialrath, Kronanwalt **von Schubart**: Eine definitive Stellungnahme der k. Staatsgierung gegenüber der fürstlichen Direktion hat bisher noch nicht stattgefunden und konnte auch nicht stattfinden, ehe wir darüber Aufschluß hatten, wie im Ausschusse über die Sache gedacht werde. Allein ich glaube, es wird, nachdem wir jetzt diesen Aufschluß gewonnen haben, keinen Anstand haben, daß auf die Wünsche des Ausschusses in Bezug auf die Art und Weise der Erledigung der Frage auch entsprechend Rücksicht im weiteren Verlaufe der Verhandlungen und bei der Stellungnahme zu der Eingabe genommen und die Angelegenheit in dem Sinne des Ausschusses zur Erledigung gebracht wird.

Abg. Dr. **Casselmann** (Referent): Dann wird eine Aenderung des Wortlautes des Artikel 48 Abs. 2 nothwendig werden. Wenn man die Beamten blos im Pensionszustande übernimmt, so haben sie vom Momente der Uebernahme an keinen Gehaltsanspruch, sondern nur einen Pensionsanspruch. Es müßte dann also heißen:

„Die entbehrlich werdenden fürstlichen Gerichtsbeamten werden mit den Pensionsansprüchen rc. rc. übernommen."

Senatspräsident Dr. **von Jacubezky**: Ich möchte bitten, von dieser Aenderung abzusehen. Es genügt, wenn wir die Zusicherung haben, daß die zu übernehmenden Beamten sogleich in Pension treten. Wir brauchen das nicht im Gesetze festzusetzen.

Vorsitzender: Ich konstatire, daß die Herren einverstanden sind, daß Artikel 48, wie er gedruckt vorliegt, angenommen wird. Wir kommen jetzt zu:

III. Vorschriften für die Pfalz.

Artikel 49.

Ich ersuche den Referenten hiefür, Herrn Abg. Michel, Bericht zu erstatten.

Abg. **Michel** (Referent) (verliest Artikel 49): Abs. 1 des Artikels gilt im Allgemeinen für die beim Inkrafttreten des Bürgerl. Gesetzbuchs anhängigen Verfahren, als auch insbesondere für solche, welche nach diesem Zeitpunkt anhängig werden. Wenn z. B. an Stelle eines bisherigen Pflegers nach dem

S. 528. 1. Januar 1900 ein anderer zu bestellen ist, so hat dieß durch das Vormundschaftsgericht zu geschehen. An letzteres Gericht werden auch die sämmtlichen in den Händen der landgerichtlichen Staatsanwälte befindlichen Akten und Generalien, welche Abwesenheitskuratelen betreffen, nach dem 1. Januar 1900 abzugeben sein und ist in dieser Richtung wohl eine Anordnung des Justizministeriums zu erwarten. Bisher waren in allen Abwesenheitssachen sachlich die Landgerichte zuständig. Die örtliche Zuständigkeit wurde durch den letzten Wohnsitz oder in Ermangelung eines solchen durch den letzten Aufenthaltsort des Abwesenden bestimmt.

Abs. 1 erklärt sachlich die Vormundschaftsgerichte für zuständig in Anlehnung an § 35 des Gesetzes über die Angelegenheiten der freiwilligen Gerichtsbarkeit, weil es sich um ein der Vormundschaft ähnliches Verhältniß handelt. Damit fällt auch folgerichtig die Mitwirkung der landgerichtlichen Staatsanwaltschaft weg. Die örtliche Zuständigkeit des Vormundschaftsgerichts für die Pflegschaft eines Abwesenden ist wie bisher gegeben und in § 39 des angeführten Gesetzes normirt. Für die Bestellung eines Pflegers für einen Abwesenden in einem Auseinandersetzungsverfahren ist jedoch nicht das Vormundschaftsgericht kompetent, sondern das Nachlaßgericht — § 88 des vorerwähnten Gesetzes —. Ebenso verhält es sich gemäß § 97 desselben Gesetzes, wenn für einen Abwesenden, welcher im Inlande keinen Vormund, Pfleger oder Beistand hat, die Genehmigung des Vormundschaftsgerichts im Auseinandersetzungsverfahren zu erholen ist. Im Falle des § 88 bemißt sich die Zuständigkeit nach § 73 Abs. 1 desselben Gesetzes. Es ist also der Wohnsitz des Erblassers zur Zeit des Erbfalles entscheidend, eventuell der Aufenthaltsort.

Artikel 49 Abs. 1 handelt also von den Fällen des § 1911 des Bürgerl. Gesetzbuchs, nämlich von abwesenden Volljährigen, für welche Vorsorge zu treffen ist bezüglich ihrer Vermögensangelegenheiten.

Weil nach dem Inkrafttreten des Bürgerl. Gesetzbuchs ein Verfahren auf Verschollenheitserklärung und vorläufige Einweisung in den Besitz nicht mehr anhängig gemacht werden kann, empfiehlt es sich, wie der Entwurf in Abs. 2 vorschlägt, die bisherige Zuständigkeit der Landgerichte unter Mitwirkung des Staatsanwalts für die zur Zeit des Inkrafttretens des Bürgerl. Gesetzbuchs bereits anhängigen Verfahren bestehen zu lassen, um, wie in den Motiven zutreffend bemerkt ist, keine vorübergehende Kompetenz für die Amtsgerichte zu begründen. Dieß geschieht auf Grund des Artikel 161 Abs. 1 des Einführungsgesetzes zum Bürgerl. Gesetzbuch. Ich beantrage Zustimmung.

Vorsitzender: Artikel 49 ist angenommen.

Artikel 50 und 51.

Abg. **Michel** (Referent) (verliest Artikel 50 und 51): Nach dem jetzigen pfälzischen Recht — Artikel 114 des Code civil — ist der Staatsanwalt berechtigt und verpflichtet, über das Interesse der Vermißten zu wachen, und muß in einer jeden Sache, welche einen solchen betrifft, mit seinen Anträgen gehört werden.

Insbesondere bei der Sicherheitsleistung — Artikel 120, 123 des Code civil — und Inventarerrichtung — Artikel 126 des Code civil — muß der Staatsanwalt mitwirken. In solchen Fällen hört vom 1. Januar 1900 an nach Artikel 50, 51 des Entwurfes die Mitwirkung desselben auf und verfährt nach Artikel 50 das Vormundschaftsgericht bei der Sicherheitsleistung so wie in reinen Vormundschaftssachen (§ 1844 des B. GB.).

Es kann insbesondere auch im Hinblick auf § 54 des Gesetzes über die S. 528.
Angelegenheiten der freiwilligen Gerichtsbarkeit das Grundbuchamt um die Eintragung einer Sicherungshypothek an den Grundstücken des vorläufig Eingewiesenen ersuchen.

Von dem Inkrafttreten des Bürgerl. Gesetzbuchs an bis zu der Zeit, zu welcher das Grundbuch als angelegt anzusehen ist, wird das Vormundschaftsgericht auf Grund des Artikel 6 des pfälzischen Liegenschaftsrechtsgesetzes vom 1. Juli 1898 befugt sein, durch Beschluß eine mit der Beschlußfassung entstehende Sicherungshypothek zu begründen.

In Artikel 51 werden die allgemeinen Bestimmungen über Inventarerrichtung für anwendbar erklärt.

Nach jetzigem Recht — Artikel 126 des Code civil — muß der Staatsanwalt oder der von demselben aufgeforderte Amtsrichter bei der Inventur zugegen sein. Dieß soll wegfallen und ist das Inventar dem Vormundschafts || gericht einzureichen, welches auf diesem Wege von dessen Inhalt S. 529.
Kenntniß erhält und verpflichtet ist, dasselbe sorgfältig zu prüfen, eventuell zur Ergänzung oder Richtigstellung zurückzugeben.

Es wird nicht zulässig sein, daß z. B. der Gerichtsschreiber mit der Errichtung eines solchen Inventars beauftragt würde. (Diese Auffassung wird von der k. Staatsregierung bestätigt.) Sehr zu begrüßen ist, daß die Aufstellung eines zweiten Notars zur Assistenz bei der Inventur, Rechnungslegung, Theilung und Liquidation, wie sie Artikel 113 des Code civil auf Parteiantrag zuließ, nicht mehr für nothwendig erachtet wird. Es ergaben sich hiedurch vielfach Kosten, welche in keinem Verhältnisse zu dem notariellen Geschäfte standen. Ich beantrage die Annahme der beiden Artikel.

Vorsitzender: Ich konstatire die Annahme der beiden Artikel und rufe

Artikel 52

auf.

Abg. **Michel** (Referent) (verliest Artikel 52): Wenn der vorläufig in den Besitz des Vermögens eines Abwesenden Eingewiesene über Vermögensstücke desselben verfügen will, kann er es nur thun, wenn er vorher notarielles Inventar hat errichten lassen und zur Veräußerung vom Gericht ermächtigt worden ist, wie ein Vormund.

Das Bürgerl. Gesetzbuch vereinfacht die Formen für die Veräußerung von Mündelgut, indem es blos die Genehmigung des Vormundschaftsgerichts vorschreibt, und dehnt der Entwurf diese Formvorschriften auf die Fälle des Artikel 52 aus. Nach Artikel 210 des Einführungsgesetzes zum Bürgerl. Gesetzbuche gelten vom 1. Januar 1900 an für den Abwesenheitspfleger dieselben Vorschriften wie für den Vormund.

Es kommen deßhalb die Vorschriften der §§ 1828 bis 1831 des Bürgerl. Gesetzbuchs in allen Fällen zur Anwendung, in welchen das Vormundschaftsgericht bezüglich eines Abwesenden eine Genehmigung zu ertheilen hat.

Abs. 2 des Artikel 52 ist eine Konsequenz des Abs. 1.

Der Artikel 52 findet Anwendung auf Verfahren, welche am 1. Januar 1900 anhängig sein werden oder erst später anhängig gemacht werden.

Unter Verfügung sind nicht blos Veräußerungen, sondern auch Schenkung und Tausch zu verstehen, nicht aber Miethe oder Pacht. (Wird von Seite der k. Staatsregierung bestätigt.) Ich beantrage Zustimmung.

Vorsitzender: Artikel 52 ist angenommen.

S. 529.

Artikel 53.

Abg. **Michel** (Referent) (verliest Artikel 53): Die bisherige dreißigjährige Frist zwischen der vorläufigen bis zur endgiltigen Einweisung erweist sich, wie die Motive zutreffend besagen, als zu lang und erscheint es angemessen, eine solche von zehn Jahren, wie sie § 14 des Bürgerl. Gesetzbuchs für die Todeserklärung bestimmt, festzusetzen. Dieß gilt, wenn die Besitzeinweisung vor dem 1. Januar 1900 oder in einem zu diesem Zeitpunkt anhängigen Verfahren erst später erfolgt.

Abs. 2 enthält eine Ausnahme von Abs. 1 und lehnt sich sowohl an das bisherige Recht (Art. 129 des Code civil) als an das Bürgerl. Gesetzbuch (§ 14 Abs. 1 Satz 2, Abs. 2) an. Ich beantrage Zustimmung.

Vorsitzender: Artikel 53 ist angenommen.

Artikel 54.

Abg. **Michel** (Referent) (verliest Artikel 54): Dieser Artikel bestimmt die rechtlichen Folgen der endgiltigen Besitzeinweisung. Wer dem Grundbuchamte den Nachweis vorlegt, daß er endgiltig eingewiesen ist, muß als Inhaber der Vermögensrechte des Abwesenden in das Grundbuch eingetragen werden, insbesondere als Eigenthümer der Grundstücke desselben. Die endgiltige Einweisung wird allerdings ein Ersuchen um Eintragung im Sinne des § 29 der Grundbuchordnung enthalten müssen. Ich beantrage Zustimmung.

Oberregierungsrath **Schneider:** Der Artikel 54 legt dem Gerichte, das die endgiltige Besitzeinweisung ausspricht, nicht die Aufgabe bei, den Einweisungsbeschluß von Amtswegen an das Grundbuchamt zu schicken und zu Gunsten des Eingewiesenen eine Eintragung herbeizuführen; vielmehr will der Artikel 54 nur bewirken, daß der Eingewiesene seine Eintragung in die öffentlichen Bücher als Eigenthümer der dem Abwesenden gehörenden Grundstücke oder als Inhaber der ihm gehörenden Rechte erlangen kann. Insbesondere kann der Eingewiesene auf die Vorlegung des Einweisungsbeschlusses hin seine Eintragung in das Grundbuch als Eigenthümer oder als Inhaber der sonstigen dem Abwesenden zustehenden Rechte erwirken, ohne daß das Grundbuchamt die Eintragung von weiteren Nachweisen abhängig machen darf. Im Uebrigen gelten für die Eintragung in das Grundbuch und für das Anlegungsverfahren die allgemeinen Bestimmungen. Der Eingewiesene muß daher im Anlegungsverfahren das Eigenthum des Abwesenden an Grundstücken glaubhaft machen und, wenn er die Eintragung der dem Abwesenden an fremden Grundstücken zustehenden Rechte erwirken will, diese Rechte anmelden und durch öffentliche Urkunden ihr Bestehen nachweisen.

Vorsitzender: Artikel 54 ist angenommen.

Artikel 55.

Abg. **Michel** (Referent) (verliest Artikel 55): Dieser Artikel enthält im Allgemeinen ähnliche Bestimmungen für die Pfalz wie der Artikel 26 für die Landestheile rechts des Rheins.

Durch die Artikel 55 bis 57 wird das bisherige Theilungsverfahren in der Pfalz für die Uebergangszeit, also bis zur erfolgten Anlegung des Grundbuchs beseitigt und den neuen Normen § 180 ff. des Reichsgesetzes über die Zwangsversteigerung und Zwangsverwaltung, § 753 des Bürgerl. Gesetzbuchs angepaßt. Daß ein vollstreckbarer Titel nicht gefordert wird, entspricht dem § 181 des Gesetzes über die Zwangsversteigerung und die

Zwangsverwaltung. Die bisherigen Theilungsversteigerungen (Lizitationen) S. 529.
ließen zwar die bestehenden Vorzugsrechte und Hypotheken unberührt, während die an deren Stelle tretende Zwangsversteigerung hypothekenreinigend wirkt. Dieß gibt jedoch zu rechtlichen Bedenken keinen Anlaß, weil der Ersteher der mit Vorzugsrechten und Hypotheken belasteten Grundstücke jederzeit berechtigt ist, das Hypothekenreinigungsverfahren zu betreiben.

Abs. 3 enthält bisheriges Recht für die Pfalz bei Subhastationen, welches jetzt auf Theilungen erstreckt wird.

Abs. 4 entspricht dem Abs. 2 Satz 2 des § 181 des Gesetzes über die S. 530.
Zwangsversteigerung und die Zwangsverwaltung, welcher die Genehmigung des Vormundschaftsgerichts verlangt.

Abs. 5 trägt der in der Pfalz bestehenden Uebung Rechnung, indem er die Gewährung von Zahlungsfristen bis zu fünf Jahren zuläßt, sohin den Artikel 59 der Subhastationsordnung erweitert.

Abs. 6 erläßt die Sicherheitsleistung dem mitbietenden Miteigenthümer, weil er nicht als Schuldner anzusehen ist (Art. 73 der Subh.-O.); er darf also mitbieten. Der Abs. 6 übernimmt weiter die Vorschrift des § 184 des Gesetzes über die Zwangsversteigerung und die Zwangsverwaltung.

Nach Artikel 26 des Entwurfes eines Ausführungsgesetzes zu der Grundbuchordnung und zu dem Gesetz über die Zwangsversteigerung und die Zwangsverwaltung ordnet das Vollstreckungsgericht die Zwangsversteigerung an und überträgt die Ausführung einer hier in Frage stehenden Theilungszwangsversteigerung einem Notar. Diese Bestimmung gilt jedoch erst für die Zeit nach Anlegung des Grundbuchs. Eine besondere Bestimmung in vorstehendem Sinne für die Uebergangszeit erscheint nicht nothwendig, weil in Abs. 1 des Artikel 55 die bisherigen Vorschriften der Subhastationsordnung, insoweit sie nicht abgeändert werden, in Geltung verbleiben. Es ist also nach Artikel 29 der Subhastationsordnung zu verfahren. Ich beantrage Zustimmung.

Vorsitzender: Artikel 55 ist angenommen.

Artikel 56 und 57.

Abg. **Michel** (Referent) (verliest Artikel 56 und 57).

Der k. Staatsminister der Justiz: Ich beantrage, zwischen dem ersten und zweiten Absatz des Artikel 56 folgende Vorschrift als weiteren Absatz einzustellen:

„An die Stelle des Vorzugsrechts der Theilhaber tritt nach der Anlegung des Grundbuchs der Anspruch auf Bestellung einer Sicherungshypothek.“

Abg. **Michel** (Referent): Während Artikel 55 von der Theilung einer Gemeinschaft im Sinne des § 741 ff. des Bürgerl. Gesetzbuchs handelt, treffen die Artikel 56 und 57 Bestimmungen für die Fälle einer Erbengemeinschaft. Beide Arten der Gemeinschaft wurden bisher in gleicher Weise behandelt — Art. 815 bis 842, 883 bis 892 des Code civil, 1476, 1872 ebenda — (Zachariae Crome § 630 Note 5 VIII. Aufl. Bd. IV S. 134). Hievon weicht das Bürgerl. Gesetzbuch ab. Dasselbe enthält keine Vorschriften über das Verfahren in gerichtlichen Theilungssachen. Nach Artikel 213 des Einführungsgesetzes zum Bürgerl. Gesetzbuche bleiben die bisherigen Gesetze maßgebend, wenn der Erblasser vor dem Inkrafttreten des Bürgerl. Gesetzbuchs gestorben ist. Wenn in diesen Fällen Theilung in Natur möglich

S. 530. ist, greifen die Bestimmungen der Artikel 826, 827 des Code civil Platz, andernfalls werden die Bestimmungen über Pfandverkauf bei beweglichen Sachen und über die Zwangsversteigerung bei Grundstücken, wobei jedoch ein vollstreckbarer Titel Voraussetzung ist, für anwendbar erklärt.

Im Allgemeinen gelten nun für derartige Auseinandersetzungen von Gemeinschaften und Erbengemeinschaften die Bestimmungen des Artikel 21 des Entwurfes und sind für das Theilungsverfahren nach Artikel 94 des Ausführungsgesetzes zum Bürgerl. Gesetzbuche — zweite Lesung des Justiz-Gesetzgebungsausschusses der Kammer der Abgeordneten — sowohl die Amtsgerichte als die Notare zuständig. Wenn Abwesende oder Bevormundete betheiligt sind, ertheilt die erforderliche Genehmigung bezw. Ermächtigung oder Bestätigung das Vormundschaftsgericht (Art. 52 Abs. 1 und §§ 1821, 1822 des Bürgerl. Gesetzbuchs), in den übrigen Fällen das Nachlaßgericht (Art. 70 Abs. 1 des Entwurfes).

Artikel 57 untersagt die Anwendung der bisherigen Vorschriften über das Theilungsverfahren für die Zeit nach dem Inkrafttreten des Bürgerl. Gesetzbuchs.

Abs. 2 unterwirft ein bei dem Notar bereits anhängiges Verfahren den Vorschriften des Artikel 21 des Entwurfes. Es tritt also an Stelle des Theilungsverfahrens das Verfahren zur Vermittelung der Auseinandersetzung nach Maßgabe der §§ 86 bis 99 des Reichsgesetzes über die Angelegenheiten der freiwilligen Gerichtsbarkeit. Dieß gilt insbesondere für diejenigen, welche bisher dem Theilungsverfahren ferne geblieben sind.

Wenn bei der Civilkammer des Landgerichts ein in nichtöffentlicher Sitzung zu verbescheidendes Gesuch um Ermächtigung zur Theilung am 1. Januar 1900 vorliegt, dann ist zu unterscheiden, ob in dem Gesuch ein Notar vorgeschlagen ist oder nicht. Im ersteren Falle wird das Gesuch an den Notar einfach abgegeben, im letzteren Falle erhält der Gesuchsteller dasselbe als gegenstandslos zurück.

Dieß bestimmt Abs. 3.

Derartige Gesuche sind vorgeschrieben, wenn Minderjährige, Interdizirte oder Abwesende betheiligt sind bei der auseinanderzusetzenden Masse.

Ist förmliche Klage auf Theilung anhängig, so wird das Petitum dahin geändert werden müssen, daß die Renitenten für verpflichtet zu erklären seien, die Vermittelung der Auseinandersetzung nachzusuchen.

Ich beantrage Zustimmung zu den beiden Artikeln mit der von der k. Staatsregierung beantragten Einschaltung in Artikel 26.

Oberregierungsrath **Schneider:** Eine Klage dahin, daß nach Artikel 21 dieses Entwurfes verfahren werde, ist nicht zulässig. Auch eine Theilungsklage im Sinne des bisherigen Rechtes ist nicht mehr möglich, es muß vielmehr der Kläger seinen Klageanspruch nach Maßgabe der Aenderungen, die der Theilungsanspruch durch Artikel 55 erfährt, umgestalten. Der Klageantrag kann nicht mehr wie nach bisherigem Rechte dahin gefaßt werden, daß das Landgericht die Theilung verordne, demgemäß das Amtsgericht um Beeidigung von Sachverständigen ersuche, einen Notar mit der Vornahme der Theilungsverhandlungen beauftrage, und daß je nach dem Ergebnisse des Gutachtens der Sachverständigen die gemeinschaftlichen Grundstücke in Natur getheilt oder versteigert werden. Vielmehr muß der Kläger bestimmt sagen, was er will, also ob er Theilung in Natur oder Theilung durch Versteigerung will. Ersteren Falles kann er in der Klage schon die Theile angeben, in welche das gemeinschaftliche Grundstück zerlegt werden soll, er kann auch diese

Zerlegung dem Gutachten Sachverständiger anheimstellen. Die Klage kann S. 530.
sich auch auf den Antrag auf Feststellung des Theilungsanspruches beschränken; wenn das daraufergehende Urtheil rechtskräftig geworden ist, können die Betheiligten den Vollzug auf dem Wege des Artikel 21 erreichen.

Ich möchte noch hervorheben, daß die Artikel 55, 56 nur subsidiäre Bedeutung haben: nur wenn ein Theilhaber an der Gemeinschaft sich weigert, bei der Auseinandersetzung auf gütlichem Wege mitzuwirken, gegen ihn also im Zwangswege vorgegangen werden muß, finden die Artikel 55, 56 Anwendung. Im Uebrigen besteht volle Vertragsfreiheit. Auch wenn Minderjährige, Entmündigte oder Abwesende bei der Gemeinschaft betheiligt sind, S. 531.
kann die Theilung im Wege der Vereinbarung erfolgen: der Zwang zur Vornahme der gerichtlichen Theilung ist auch für diese Fälle beseitigt.

Der Herr Referent hat den Artikel 56 auf die Erbengemeinschaft beschränkt. Das ist insofern nicht ganz zutreffend, als, wenn die Bestimmungen, die für die Ueberleitung des Güterrechts in Aussicht genommen sind, Annahme finden, auch die vor dem Inkrafttreten des Bürgerl. Gesetzbuchs aufgelösten Gütergemeinschaften hinsichtlich der Auseinandersetzung unter den Artikel 56 fallen.

Abg. **Michel** (Referent): Ich möchte mir zu Abs. 3 des Artikel 56 die Anfrage erlauben, ob diese Vereinbarung auch auf die Art der Theilung angewendet werden kann. (Wird von Seite der k. Staatsregierung bejaht.)

Vorsitzender: Die Artikel 56 und 57 kann ich nunmehr für angenommen erklären.

Artikel 58.

Abg. **Michel** (Referent) (verliest Artikel 58): Reallasten sind dem pfälzischen Rechte fremd. Artikel 34 des Entwurfes eines Ausführungsgesetzes zum Bürgerl. Gesetzbuche gewährt dem Berechtigten bei einem Leibgedingsvertrag, wenn wiederkehrende Leistungen in Frage stehen, unter Anderem auch die Befugniß, die Bestellung einer Reallast zu verlangen. Artikel 58 wandelt nun diese Befugniß in einen Anspruch auf Bestellung einer Hypothek um, welche dann nach erfolgter Anlegung des Grundbuchs in eine wirkliche Reallast sich umändert.

Zu bemerken ist, daß gemäß Artikel 77 des Ausführungsgesetzes zum Bürgerl. Gesetzbuche bei der Bestellung der Hypothek der Geldbetrag bestimmt und eingetragen werden muß, durch dessen Zahlung der Eigenthümer die Reallast ablösen könne. Dieß regelt Artikel 60 unten. Auch muß nach Artikel 2148 des Code civil der Geldbetrag in der Einschreibung angegeben werden, bis zu welchem das Grundstück haftet. Ich beantrage Zustimmung.

Vorsitzender: Artikel 58 ist angenommen.

Artikel 59.

Abg. **Michel** (Referent) (verliest Artikel 59): Wenn die in die Formen eines Vorzugsrechtes oder einer Hypothek eingekleideten wiederkehrenden Leibgedingsreichnisse vor der Anlegung des Grundbuchs in das Hypothekenbuch eingetragen sind, werden sie kraft des Abs. 1 Reallasten mit der erfolgten Anlegung des Grundbuchs. Ist dagegen eine solche Eintragung nicht erfolgt, dann besteht blos ein Anspruch auf Bestellung einer Reallast analog dem Artikel 1 Abs. 2 des Liegenschaftsrechtsgesetzes für die Pfalz vom 1. Juli 1898. Ebenso verhält es sich mit der Rente, welche in Geld oder Bodenerzeugnissen bestimmt ist, weil nur Reallasten mit diesem Inhalte zulässig sind (Art. 77 des oben angeführten Ausführungsgesetzes zum Bürgerl. Gesetzbuche).

S. 531. Abs. 2. Wer zu der Zeit, zu welcher das Grundbuch als angelegt anzusehen ist, Drittbesitzer des mit der Reallast beschwerten Grundstücks ist, haftet, weil es sich ja um eine dingliche Belastung handelt, allein und ganz, jedoch nur aus dem Grundstücke für die fällige Leistung, während die früheren Eigenthümer seit der Eintragung nicht persönlich aufzukommen haben für den Theil der Leistung, welcher während ihres Eigenthums fällig geworden ist. Dadurch ist die persönliche Haftung des Eigenthümers, wie sie in § 1108 Abs. 1 des Bürgerl. Gesetzbuchs normirt ist, ausgeschlossen.

Abs. 3. Wie bei Artikel 58 hervorgehoben wurde, muß der Werthanschlag des Grundstücks eingetragen werden. Mehr, als dieser beträgt, braucht bei einer Zwangsversteigerung für das erloschene Recht (Rente, Leibgeding) nicht vergütet zu werden.

Oberregierungsrath **Schneider:** Es haftet der Eigenthümer nur dann, wenn er die persönliche Haftung übernommen hat.

Abg. **Michel** (Referent): Ich beantrage Zustimmung.

Vorsitzender: Artikel 59 ist angenommen.

Artikel 60.

Abg. **Michel** (Referent) (verliest Artikel 60): Reallasten können erst mit oder nach der Anlegung des Grundbuchs entstehen. Reallasten, welche einen Leibgedingsvertrag zum Gegenstand haben, können nie abgelöst werden, wohl aber solche, welche sich auf vorbehaltene Renten anderer Art beziehen. Wenn eine Reallast der letzteren Art abgelöst werden soll, dann gilt für sie derjenige Betrag, welcher für die Rente bestimmt und eingetragen sein muß.

Sollte für eine Rente die Ablösungssumme nicht bestimmt und eingetragen sein, dann entsteht überhaupt keine Reallast. Ist eine solche eingetragen, dann ist sie wirkungslos.

Die Vorzugsrechte und Hypotheken, welche in der Uebergangszeit zur Vorbereitung für die Reallast eingetragen werden, lassen zwar nicht ersehen, daß sie mit der erfolgten Anlegung des Grundbuchs Reallasten werden, allein es wird wohl eine ministerielle Instruktion dafür sorgen, daß im Anlegungsverfahren dieß ersichtlich gemacht wird.

Fehlt bei einer Rente, für welche ein Vorzugsrecht oder eine Hypothek in der Uebergangszeit eingetragen wurde, die Angabe der Ablösungssumme, dann kann nach erfolgter Anlegung des Grundbuchs keine Reallast entstehen. Ich beantrage Zustimmung.

Oberregierungsrath **Schneider:** Reallasten, die kraft Gesetzes entstehen, entstehen mit der Anlegung des Grundbuchs; andere Reallasten können erst bestellt werden, wenn das Grundbuch angelegt ist. Bei Renten der im Artikel 60 Abs. 2 bezeichneten Art tritt die Umwandlung der Hypothek in eine Reallast nicht ein, weil unablösbare Reallasten nicht zugelassen sind. Für Renten dieser Art darf im Anlegungsverfahren eine Reallast überhaupt nicht eingetragen werden. Ein auf Eintragung gerichteter Antrag ist zurückzuweisen. Die anlegenden Beamten werden durch Ministerialentschließung hierauf aufmerksam gemacht werden und dann wird die Frage überhaupt gegenstandslos sein. Sollten Reallasten für Renten der im Artikel 60 Abs. 2 bezeichneten Art gleichwohl eingetragen werden, so könnte jederzeit die Berichtigung des Grundbuchs verlangt werden; bis zur Berichtigung würde aber freilich der öffentliche Glaube des Grundbuchs wirken.

Abg. **Conrad:** Ich finde in der Regierungsvorlage all' dem Rechnung S. 531.
getragen, was bei den früheren Verhandlungen unseres Ausschusses über die Leibgedingsverhältnisse und deren Gestaltung als Reallasten unsererseits, d. h. von pfälzischer Seite, in Wunschform ausgesprochen war, soweit überhaupt nach der jetzt gegebenen Rechtslage die für die ‖ Pfalz bestehenden Wünsche S. 532.
Berücksichtigung finden konnten. Ich kann mich daher zu diesen Artikeln, welche der Ausschuß jetzt annimmt, auch meinerseits nur zustimmend aussprechen.

Vorsitzender: Artikel 60 ist angenommne.

Artikel 61.

Abg. **Michel** (Referent) (verliest Artikel 61): Erst wenn das Grundbuch als angelegt anzusehen ist, kommen die Bestimmungen über Sicherungshypotheken zur Anwendung, welche § 648 des Bürgerl. Gesetzbuchs dem Baumeister und Artikel 8 des Entwurfes eines Ausführungsgesetzes zum Bürgerl. Gesetzbuche dem Brauer gewähren. Für die Uebergangszeit vom 1. Januar 1900 bis zur erfolgten Anlegung des Grundbuchs sollen nun diese Sicherungshypotheken Hypotheken des bisherigen Rechtes werden, welche sich dann gemäß Artikel 1 des Gesetzes über das Liegenschaftsrecht in der Pfalz vom 1. Juli 1898 in Sicherungshypotheken verwandeln.

Der Artikel 61 gewährt dem Gläubiger einen klagbaren Anspruch auf Einräumung der Hypothek. Verweigert der Besteller die Einräumung der Hypothek, dann kann durch einstweilige Verfügung die Eintragung einer Vormerkung erwirkt werden. Ich beantrage Zustimmung.

Vorsitzender: Artikel 61 ist angenommen.

Artikel 62.

Abg. **Michel** (Referent) (verliest Artikel 62): Während Artikel 61 blos einen Anspruch gewährt, statuirt Artikel 62 ein förmliches Recht. Es kann also sofort die Hypothek beschlossen werden. Dieselbe entsteht in Anlehnung an das bisherige pfälzische Recht und Artikel 6 des Liegenschaftsrechtsgesetzes mit dem Beschluß. Dieser Beschluß muß ersehen lassen, für welchen Geldbetrag und auf welche Grundstücke die Hypothek bestellt wird. Es erscheint wohl selbstverständlich, daß der Schuldner vor der Beschlußfassung gehört wird. Artikel 6 des pfälzischen Liegenschaftsrechtsgesetzes enthält eine bezügliche Bestimmung. Die Bestimmung in Abs. 2 bezeichnet das bei der Erwirkung der Hypothek einzuhaltende Maß, wie es in dem Artikel 80 des Entwurfes eines Ausführungsgesetzes zum Bürgerl. Gesetzbuche für die Sicherungshypotheken bestimmt ist. Es darf also nur das Doppelte des zu sichernden Betrages vom Werthe der Grundstücke belastet werden. Ich beantrage Zustimmung.

Vorsitzender: Artikel 62 ist angenommen.

Artikel 63 und 64.

Abg. **Michel** (Referent) (verliest Artikel 63 und 64): Die beiden Artikel sind durch die Motive so genügend erläutert, daß ich nicht für nothwendig halte, eine Bemerkung hinzuzufügen. Ich beantrage, denselben zuzustimmen.

Vorsitzender: Artikel 63 und 64 sind angenommen.

Artikel 65.

Abg. **Michel** (Referent) (verliest Artikel 65): Dieser Artikel enthält die gleichen Bestimmungen, wie sie durch Artikel 45 des Entwurfes für die Landes-

S. 532 theile rechts des Rheins gegeben sind. Derselbe ist durch die Motive hinreichend begründet und beantrage ich Zustimmung.

Vorsitzender: Artikel 65 ist angenommen.

Artikel 66.

Abg. **Michel** (Referent) (verliest Artikel 66): Die unehelichen Kinder sind nach dem Code civil ziemlich rechtlos gestellt. Artikel 340 desselben verbietet, zu untersuchen, wer der Vater eines Kindes ist. Wenn bei der Verheirathung der Mutter eines unehelichen Kindes versäumt worden ist, entweder vor der Eheschließung dasselbe durch die Mutter und deren späteren Ehemann in einer Notariatsurkunde als ihr gemeinschaftliches Kind anzuerkennen oder bei der Eheschließung vor dem Standesbeamten dieß zu thun, dann kann nach bisherigem pfälzischen Recht ein solches Kind nie ein eheliches werden. Jede nach Abschluß der Ehe erfolgende Erklärung ist wirkungslos. Der Entwurf schlägt vor, die Bestimmungen der §§ 1719 bis 1722 des Bürgerl. Gesetzbuchs dann zur Anwendung kommen zu lassen, wenn der Ehemann der Mutter nach dem Inkrafttreten des Bürgerl. Gesetzbuchs in einer öffentlichen Urkunde sich zum Vater bekannt hat, und macht keine Ausnahme für den Fall, wenn das Kind in Blutschande oder Ehebruch erzeugt ist. Bisher war die Anerkennung und Legitimation von Kindern der letzteren Art verboten (Art. 331, 335 des Code civil). Die rechtliche Stellung des Kindes als eheliches wirkt zurück bis zur Eheschließung seiner Mutter mit deren Ehemann. Es ist dann ein Randvermerk auf dem Geburtsakt auf Antrag eines Betheiligten gemäß § 26 des Reichsgesetzes über die Beurkundung des Personenstandes und die Eheschließung vorzunehmen und dem Vormundschaftsgerichte Seitens des Standesamts ein beglaubigter Auszug aus der erfolgten Vermerkung mitzutheilen. Nach § 71 des Reichsgesetzes über die Angelegenheiten der freiwilligen Gerichtsbarkeit gilt der beurkundende Notar als ermächtigt, die Eintragung des Vermerkes in das Standesregister selbst zu beantragen. Ich beantrage Zustimmung.

Vorsitzender: Artikel 66 ist angenommen.

Artikel 67.

Abg. **Michel** (Referent) (verliest Artikel 67): Es ist durch diesen Artikel eine theilweise Herübernahme der reichsgesetzlichen Bestimmungen erfolgt und ist vom 1. Januar 1900 ab die Möglichkeit gegeben, die Erbrechtsauseinandersetzung bethätigen zu lassen auf Grund der früheren Bestimmungen oder, je nach Belieben der Betheiligten, auf Grund der neuen reichsgesetzlichen Normen, nämlich nach Artikel 68 ff. des Gesetzes über die Angelegenheiten der freiwilligen Gerichtsbarkeit. Es erscheint diese Bestimmung sehr zweckmäßig um deswillen, weil diese neuen reichsgesetzlichen Bestimmungen in vielen Fällen eine Vereinfachung des bisherigen Verfahrens herbeiführen werden. Ich beantrage Zustimmung.

Vorsitzender: Artikel 67 ist angenommen.

Artikel 68.

Abg. **Michel** (Referent) (verliest Artikel 68): Nach dem bisherigen pfälzischen Rechte sind, wie der Artikel schon ersehen läßt, verschiedene Stellen unter Umständen bei den rechtlichen Auseinandersetzungen befaßt. Es ist z. B. das Amtsgericht zuständig zur Anlage und Abnahme von Siegeln, wenn Abwesende in Frage kamen oder nicht bevormundete Kinder am Nachlaß betheiligt waren, oder wenn

auf Theilung einer Masse bis zum Werthe von 300 M. geklagt wird. Das S. 532.
Landgericht ist zuständig bei der Ermächtigung zur Theilung, ‖ wie vorhin S. 533.
schon hervorgehoben wurde, oder wenn auf Theilung geklagt wird bei Massen über 300 M. Werth. Der Landgerichtspräsident hat thätig zu sein, wenn eigenhändige Testamente vorliegen, deren Hinterlegung bei einem Notar er dann anordnet. Wenn ein Amtsrichter bei der Siegelanlage ein solches eigenhändiges Testament vorfindet, so ist er verpflichtet, persönlich, nicht durch Vermittelung der Post, dasselbe dem zuständigen Landgerichtspräsidenten vorzulegen. Der Präsident verfügt die Hinterlegung bei einem Notar und dann erst wird das eigenhändige Testament wirksam. Wenn Private betheiligt sind und das Gericht selbst mit der Sache nichts zu thun hatte, so sind auch diese verpflichtet, diese Testamentspräsentationen in derselben Weise zu bethätigen wie der Amtsrichter, wenn sie überhaupt die Wirksamkeit eines solchen Testaments sichern wollen. Alle diese Verrichtungen sollen künftighin auf das Nachlaßgericht übergehen.

Es könnte da die Frage aufgeworfen werden, ob man nicht eine besondere Bestimmung treffen sollte für den Fall, daß das Nachlaßgericht mit der Auseinandersetzung der Masse befaßt wird, weil ja in einem solchem Falle der Notar selber mit der Masse nichts zu thun hat; allein es scheint mir auch zweckmäßig, wenn die bisherige Uebung beibehalten wird, weil ohnehin der Notar als solcher, wenn man so sagen darf, der Archivar für die Angelegenheiten der einzelnen Familien ist.

Was den Abs. 2 dieses Artikels anlangt, so könnte man ja die Frage aufwerfen, ob es nicht zweckmäßig wäre, diesen Absatz zu streichen; er beläßt es, was den Erbverzicht anlangt, bei den bisherigen Bestimmungen. Nach denselben können solche Erbverzichte nur erklärt werden auf der Kanzlei des Landgerichts. Künftighin werden viele Register, die anzulegen sind, auf Grund von reichs- oder landesgesetzlichen Bestimmungen dem Amtsgerichte überwiesen und es könnte sich fragen, ob es nicht zweckmäßig wäre, gerade diese auf den Erbverzicht auszudehnen. Ich persönlich lege kein großes Gewicht darauf. Es wurde mir nur von anderer Seite nahe gelegt, diese Frage anzuregen, und ich bitte die k. Staatsregierung um Aufklärung, ob sie nicht vielleicht für Streichung des Abs. 2 ist.

Oberregierungsrath **Schneider:** Die Gründe, aus denen der Abs. 2, der eine Ausnahme gegenüber dem Abs. 1 bildet, aufgenommen wurde, sind in den Motiven dargelegt. Man muß im Auge behalten, daß Abs. 2 nur eine vorübergehende Bedeutung haben wird. Die Einrichtung der Bücher bei den Landgerichten ist nun einmal gegeben. Man müßte, wenn man die Zuständigkeit auf das Nachlaßgericht übertragen wollte, an jedem Amtsgerichte ein neues Buch anlegen, und das ist doch nicht der Mühe werth. Das Publikum ist bisher gewohnt gewesen, an das Landgericht zu gehen, und wegen der wenigen Fälle, in denen künftig eine Eintragung nothwendig sein wird, wäre es nicht wohl zweckmäßig, neue Bücher anzulegen, die ja doch nur wenige Einträge aufzunehmen hätten. Es sind also Zweckmäßigkeitsgründe, die die Einstellung des Abs. 2 veranlaßt haben; daher würde die Regierung Werth darauf legen, daß der Abs. 2 beibehalten wird.

Vorsitzender: Artikel 68 ist angenommen.

Artikel 69.

Abg. **Michel** (Referent) (verliest Artikel 69): Nach dem angeführten Artikel 911 Nummer 1 und 2 des Code de procédure civil ist der Staats-

S. 533. anwalt berechtigt, wenn minderjährige Kinder betheiligt sind, beim Amtsgerichte die Anlegung von Siegeln zu beantragen, und nebenbei ist das Amtsgericht auch selbst verpflichtet, von Amtswegen die Anlegung von Siegeln zu bethätigen. Es soll nun das Recht des Staatsanwalts, die Siegelanlage zu beantragen, beseitigt und die Pflicht der Siegelanlage dem Nachlaßgericht übertragen werden; es ist das eine Bestimmung, die nur zu begrüßen ist und sich als höchst zweckmäßig erweist.

Die Fälle in Abs. 2 und 3 sind durch die Motive genügend begründet und beantrage ich Zustimmung zum Artikel.

Vorsitzender: Artikel 69 ist angenommen.

Artikel 70.

Abg. **Michel** (Referent) (verliest Artikel 70): Die Vorschriften der Abs. 1 und 2 schließen sich an die des Artikel 68 an. Es ist nur hervorzuheben, daß vom 1. Januar 1900 ab die bisherige Ermächtigung zur Veräußerung von Mündelgut durch den Familienrath wegfällt und durch das Vormundschaftsgericht ersetzt wird.

Abs. 3 statuirt besondere Formvorschriften für den Benefiziarerben. Derselbe muß immer ein Inventar errichten lassen. Dieß ist jedoch wegen der aus dem Inventar sich ergebenden gesetzlichen Folgen nicht blos seine Pflicht, sondern auch sein Recht. Nimmt er Rechtshandlungen, insbesondere Veräußerungen von Massegegenständen vor, ohne den Bestimmungen der Artikel 986 bis 989 der pfälzischen Civilprozeßordnung genügt zu haben, dann verliert er das Recht, zu inventiren. Das Inventarrecht wird nun in Abs. 3 besonders gewahrt. Zuständig wird nunmehr zur Ertheilung der Ermächtigung das Nachlaßgericht. Ist mit Ermächtigung des Nachlaßgerichts veräußert, dann muß noch die Genehmigung der Veräußerung durch dasselbe Gericht nachträglich hinzukommen. Es ist das eine Neuerung im Vergleiche zum bisherigen Rechte. Nach dem klaren Wortlaute des Abs. 3 findet derselbe keine Anwendung auf die Verfügung über Vermögensbestandtheile der Vakantmasse Seitens des Kurators.

Abs. 4 hat die Fälle im Auge, wenn ein zur Erbfolge berechtigter Erbe Gegenstände der Erbmasse verkaufen will, welche dem Verderben ausgesetzt sind oder deren Erhaltung zu kostbar sein würde. Das sind Bestimmungen, die im Artikel 796 des Code civil getroffen sind. In solchen Fällen muß er die Ermächtigung des Gerichts erholen und kann daraus eine Annahme der Erbschaft nicht gefolgert werden. Artikel 986 der pfälzischen Civilprozeßordnung regelt das Verfahren. Zuständig soll hiefür nunmehr das Nachlaßgericht werden. Ich beantrage Zustimmung.

Vorsitzender: Artikel 70 ist angenommen.

Artikel 71.

Abg. **Michel** (Referent) (verliest Artikel 71): Artikel 807 des Code civil verpflichtet den Benefiziarerben, den Gläubigern und anderen Interessenten auf Verlangen für den Werth der Inventarmasse Bürgschaft zu leisten. Den Bürgen muß er drei Tage nach der Aufforderung auf der Gerichtsschreiberei des Landgerichts namhaft machen nach Artikel 992 und 993 des Code de procédure civil. Die Sicherheitsleistung ist vom 1. Januar 1900 an nach den Bestimmungen des Bürgerl. Gesetzbuchs zu bewirken Der Benefiziarerbe soll nun nach Artikel 71 des Entwurfes den Nachweis der Sicherheitsleistung dem Nachlaßgericht innerhalb der Frist des Artikel 993 erbringen. Bezüglich der dreitägigen Frist ist noch zu bemerken, daß für jede 30 km betragende Entfernung zwischen dem Wohnorte des Erben und dem Nachlaßgerichte noch ein Tag zugesetzt werden muß (Art. 993 Code de procédure civil). S. 533.

Ich beantrage Zustimmung.

Vorsitzender: Artikel 71 ist angenommen. S. 534.

Artikel 72.

Abg. **Michel** (Referent) (verliest Artikel 72): § 69 des Gesetzes über die Angelegenheiten der freiwilligen Gerichtsbarkeit erklärt die Amtsgerichte für sachlich zuständig in den Verrichtungen, welche nach dem Gesetze vom 6. Februar 1875 über die Beurkundung des Personenstandes und die Eheschließung dem Gericht erster Instanz zugewiesen sind. Es sind dieß:

1. Anweisung an den Standesbeamten, eine Amtshandlung vorzunehmen (§ 11 Abs. 3);
2. Aufbewahrung der Nebenregister (§ 14 Abs. 2);
3. Berichtigung der Standesregister (§ 65).

Die örtliche Zuständigkeit wird durch den Amtssitz des Standesbeamten bestimmt (§ 11).

§ 70 gestattet die sofortige Beschwerde, wenn die Berichtigung des Standesregisters angeordnet wurde.

§ 71 ermächtigt den beurkundenden Notar, Namens der Betheiligten Randvermerke in den Standesregistern vornehmen zu lassen, wie bereits bei Artikel 66 bemerkt wurde.

Diese Bestimmungen sollen nun auch gelten für die vor dem 1. Januar 1876 errichteten Civilstandesregister, denen der Code civil zu Grunde lag. Eine wesentliche Verschiedenheit zwischen diesen Civilstandesregistern und den neuen Standesregistern besteht darin, daß für erstere keine Nebenregister geführt wurden, sondern doppelte Originalregister, während nach den neuen Bestimmungen Nebenregister geführt werden müssen in beglaubigter Abschrift der Originalurkunden. Diese werden in der Pfalz bei den Landgerichten aufbewahrt, nachdem sie von dem Amtsrichter verifizirt worden sind. § 197 des Gesetzes über die Angelegenheiten der freiwilligen Gerichtsbarkeit gibt dem Justizministerium die Befugniß, die Anordnung zu treffen, ob die Nebenregister bei den Landgerichten verbleiben oder an die Amtsgerichte abgegeben werden sollen, und dürfte als selbstverständlich angenommen werden, daß, wenn die Standesregister als solche abgegeben werden, auch die sämmtlichen Akten, Sammelakten, welche sich auf die Randvermerke beziehen, an's Amtsgericht abgegeben werden.

Ich beantrage Zustimmung.

Vorsitzender: Artikel 72 ist angenommen.

Ich konstatire zunächst die Beschlußfähigkeit des Ausschusses.

Ueberschrift und Einleitungsworte des Gesetzentwurfes werden zur Erinnerung keinen Anlaß geben.

Die namentliche Abstimmung werden wir bei der zweiten Lesung vornehmen.

Damit ist der Gesetzentwurf Beilage J in erster Lesung angenommen . . . .

(Schluß der Sitzung um 1 Uhr.)

von Stobäus,
Vorsitzender.

Michel,
Schriftführer.

35.

Protokoll

über die Sitzung des besonderen (XVIII.) Ausschusses der Kammer der Abgeordneten zur Berathung der durch die Einführung des Bürgerlichen Gesetzbuchs veranlaßten Gesetzentwürfe.

(Verhandl. des Justiz-Gesetzg.-Aussch. d. K. d. Abg. 1899. Beil.-Bd. XX, Abth. II, S. 595 bis 614.)

München, den 13. April 1899, Vormittags 9½ Uhr.

Gegenwärtig:

Die Vertreter der k. Staatsregierung: der k. Staatsminister der Justiz Dr. Freiherr von Leonrod, Excellenz, der k. Senatspräsident am obersten Landesgerichte Dr. Ritter von Jacubezky, der k. Ministerialrath im Staatsministerium der Finanzen Ritter von Huber, der k. Oberregierungsrath im Staatsministerium der Justiz Schneider; ferner die Ausschußmitglieder: von Stobäus, Vorsitzender, Wagner, Stellvertreter des Vorsitzenden, Dr. Casselmann, Schriftführer, Michel, Stellvertreter des Schriftführers, Beckh, Conrad, Fuchs, Joseph Geiger, Landmann, Lerno, Seeberger, von Walter, (Joseph Huber, Dr. Ratzinger und Segitz entschuldigt).

Tagesordnung:

Entwurf eines Gesetzes, die durch die Einführung des Bürgerlichen Gesetzbuchs veranlaßten Uebergangsvorschriften betreffend.

Zweite Lesung.

Der Vorsitzende **von Stobäus** eröffnet um 9 Uhr 36 Minuten die Sitzung.

Es wird sofort in die zweite Lesung des Entwurfes eines Gesetzes, die durch die Einführung des Bürgerlichen Gesetzbuchs veranlaßten Uebergangsvorschriften betreffend, eingetreten.

Abg. Dr. **Casselmann** (Referent): Da ich allgemeine Bemerkungen nicht zu machen habe, darf ich vielleicht gleich mit **Artikel 1** beginnen.

Der Artikel 1 enthält die Vorschrift, daß die Vereine, welche zur Zeit des Inkrafttretens des Bürgerl. Gesetzbuchs auf Grund des Gesetzes vom 29. April 1869, die privatrechtliche Stellung von Vereinen betreffend, bestehen, von diesem Zeitpunkte an als eingetragene Vereine gelten. Das Staatsministerium der Justiz soll über die Eintragung in das Vereinsregister Anordnung treffen können.

Ich erlaube mir nur die Anfrage, wie es gemeint ist bezüglich der Gebührenentrichtung, ob hier bei der Eintragung in das Vereinsregister auf Grund des Artikel 1 Gebührenfreiheit vorausgesetzt wird. Ich darf wohl annehmen, daß eventuell eine Bestimmung in das Gebührengesetz Aufnahme findet, oder daß vielleicht hier schon die Erklärung abgegeben wird, daß, nachdem es sich um eine Eintragung von Amtswegen handelt, eine Gebühr nicht erhoben wird.

Abg. **von Walter** (Korreferent): Ich habe von Anfang an vorausgesetzt, daß, weil es sich hier um eine Thätigkeit von Amtswegen handelt, man von den Vereinen keine Gebühr verlangen kann.

Der k. Staatsminister der Justiz Dr. Freiherr **von Leonrod**: Ich kann das bestätigen. Die Eintragung der Vereine erfolgt von Amtswegen und ist deßhalb nach Artikel 3 des Gebührengesetzes gebührenfrei.

Vorsitzender: Sind die Herren damit einverstanden, daß ich blos die bezüglichen Artikel aufrufe? (Es erhebt sich kein Widerspruch.)

Also **Artikel 2, 3, 4, 5.**

Senatspräsident Dr. **von Jacubezky:** Ich bitte, bei Artikel 5 Zeile 3 eine kleine Aenderung vorzunehmen; statt „übergeben" soll gesetzt werden „überlassen", um Uebereinstimmung mit der Fassung des Gesetzes über die Zwangsversteigerung und die Zwangsverwaltung herzustellen. S. 595.

Abg. Dr. **Casselmann** (Referent): Ich habe nichts zu erinnern.

Abg. **von Walter** (Korreferent): Ich bin einverstanden.

Vorsitzender: Die Aenderung zu Artikel 5 ist also angenommen.

Artikel 6, 7.

Abg. **Wagner:** Ich möchte mir eine Anfrage erlauben, betreffend den § 416 des Bürgerl. Gesetzbuchs. Ich glaube, daß am besten hier die Frage besprochen werden kann. Wenn bei einer Anwesensveräußerung der Erwerber eine auf dem Anwesen lastende Hypothek übernimmt, kann nach § 416 des Bürgerl. Gesetzbuchs der Gläubiger die Schuldübernahme nur genehmigen, wenn der Veräußerer sie ihm mittheilt. Die Mittheilung kann aber erst erfolgen, wenn der Erwerber als Eigenthümer im Hypothekenbuch eingetragen ist. Wie steht es nun in der Zwischenzeit vom Inkrafttreten des Bürgerl. Gesetzbuchs bis zur Anlegung des Grundbuchs? Ersetzt die Besitztitelberichtigung im Hypothekenbuche die Umschreibung im Grundbuch, oder findet Abs. 2 Satz 1 von § 416 des Bürgerl. Gesetzbuchs bis zur Anlegung des Grundbuchs überhaupt nicht Anwendung, oder ist eine Uebergangsbestimmung nothwendig?

Senatspräsident Dr. **von Jacubezky:** Solange das Grundbuch nicht angelegt ist, wird der erste Satz des Abs. 2 nicht zur Anwendung kommen. Der § 416 setzt im Allgemeinen nicht voraus, daß das Liegenschaftsrecht des Bürgerl. Gesetzbuchs in Kraft getreten, also das Grundbuch angelegt ist; wohl aber beruht der Satz 1 des Abs. 2 auf dem Liegenschaftsrecht des Bürgerl. Gesetzbuchs. Solange das Grundbuch nicht vorhanden ist, genügt die Uebertragung des Eigenthums nach den bisherigen Vorschriften. Die Mittheilung kann erfolgen, sobald die Veräußerung erfolgt, sobald das Eigenthum auf den Erwerber übergegangen ist. Der Satz 1 des Abs. 1 ist zu dem Zwecke aufgenommen worden, um klarzustellen, daß die Abgabe der Auflassungserklärungen nicht genügt, daß vielmehr die Uebertragung des Eigenthums durch die Eintragung in das Grundbuch vollzogen sein muß.

Vorsitzender: Die Herren Referenten haben nichts zu bemerken. S. 596.

Wir kommen jetzt zu **Artikel 8.**

Dazu ist ein Antrag übergeben, der wegen Mangel an Zeit leider nicht mehr gedruckt werden konnte. Er ist gestellt vom Herrn Kollegen Beckh und lautet:

Der Ausschuß wolle beschließen:

Es sei dem Artikel 8 ein Abs. 4 anzufügen folgenden Inhalts:

„Für Waldparzellen, welche in den letzten 20 Jahren auf früher landwirthschaftlich benützten Grundstücken entstanden sind, gelten lediglich die Bestimmungen des § 910 des Bürgerlichen Gesetzbuchs, des Artikel 183 des Einführungsgesetzes und des Artikel 67 des Ausführungsgesetzes."

Die k. Staatsregierung übergibt eben einen Antrag. Darnach soll der Artikel 8 folgenden Abs. 3 erhalten:

„Im Falle des Plenterbetriebs gilt als Zeitpunkt der nächsten Verjüngung der Beginn des Jahres 1950."

Abg. **Beckh** (zur Geschäftsordnung): Ich habe mir erlaubt gehabt, schon bei der ersten Lesung einen Abänderungsantrag zu stellen, der noch nicht

S 596. zurückgezogen ist und der dem Artikel 8 einen Abs. 3 angefügt wissen wollte. Dieser Antrag hat veranlaßt, daß wir schon bei dem Ausführungsgesetze einen Zusatz bezüglich des Plenterbetriebs gemacht haben, und heute haben wir gehört, daß die k. Staatsregierung einen neuen Abs. 3 zu diesem Artikel 8 einzufügen hat. In Folge dessen erkläre ich, daß ich meinen Abänderungsantrag, den ich bei der ersten Lesung gestellt habe, zurückziehe. Ich halte dafür, daß der Antrag der k. Staatsregierung meine Wünsche befriedigt, soweit sie berücksichtigt werden können.

Ich habe also nur einen Antrag zur Einfügung eines Abs. 4 gestellt.

Vorsitzender: Der unter'm 15. März gestellte und Ihnen gedruckt vorliegende Antrag des Herrn Abg. Beckh ist also zurückgezogen.

Abg. Dr. **Casselmann** (Referent): Ich stelle den Antrag, dem Vorschlage der k. Staatsregierung, dem Artikel 8 einen Abs. 3 dahin zu geben, daß im Falle des Plenterbetriebs als der Zeitpunkt der nächsten Verjüngung der Beginn des Jahres 1950 zu gelten habe, zuzustimmen. Es entspricht in der That dieser Vorschlag einem Beschlusse, den wir zum Artikel 67 des Ausführungsgesetzes bereits gefaßt haben. Wir haben damals von Seite des Herrn Ministerialrathes von Huber die Gründe erörtert gehört, welche zur Aufnahme des Jahres 1950 geführt haben, und ich glaube, wenn wir heute dem Abs. 3, wie er vorgeschlagen wird, zustimmen, handeln wir nur in Konsequenz des zu Artikel 67 des Ausführungsgesetzes gefaßten Beschlusses.

Bezüglich des Abs. 4, der heute von Herrn Abg. Beckh zur Annahme empfohlen wird, erkläre ich schon jetzt, daß ich demselben, ganz abgesehen von den technischen Fragen, die ich nicht zu beurtheilen vermag, so wie er gestellt ist, aus redaktionellen Bedenken nicht zustimmen kann. Ich möchte aber bitten, mir den weiteren Vortrag insolange zu erlassen, als ich nicht die Gründe gehört habe, die den Herrn Antragsteller zur Stellung seines Antrags geführt haben.

Abg. **von Walter** (Korreferent): Ich kann mich auch über den Antrag des Herrn Kollegen Beckh nicht äußern.

Die Abänderung, die die k. Staatsregierung vorschlägt, ist nur eine Konsequenz dessen, was wir bereits beschlossen haben.

Senatspräsident Dr. **von Jacubczky:** Zu dem Antrage des Herrn Abg. Beckh stelle ich den Unterantrag, daß der Schluß lauten soll:

„finden die Vorschriften des Abs. 2 keine Anwendung."

Abg. **Beckh:** Ich bedauere sehr, daß es mir nicht möglich gewesen ist, den Herren diese Zeichnung hier vervielfältigt zur Verfügung zu stellen, welche zeigt, wie sowohl die neuen Bestimmungen des § 910 des Bürgerl. Gesetzbuchs, als auch die Bestimmungen des Artikel 183 des Einführungsgesetzes und des Artikel 67 des Ausführungsgesetzes in Ansehung des Waldrandes sich auswachsen, wenn eine Reihe von Jahren in's Land gegangen ist, und zwar bezüglich des Einflusses des Waldrandes auf die benachbarten Felder. Ich hoffe aber, daß uns noch während der Berathungen die Vervielfältigung der Clichées zur Verfügung gestellt wird.

In der Zeichnung ist zunächst auseinandergesetzt, wie bei Neuanlagen von Wäldern in den Gemeindefluren neben den landwirthschaftlich benützten Feldern sich im Laufe der Zeit der Waldwuchs gestalten wird. Nach dem § 910 des Bürgerl. Gesetzbuchs und dem Artikel 64 des Ausführungsgesetzes müssen die Grundbesitzer, welche einen Wald anlegen wollen, auf der Nordseite ihrer Grundstücke von dem benachbarten Grundstück 4 m mit der Baumpflanzung wegbleiben, auf der Südseite 2 m. Außerdem ist es dem Feldbesitzer

gestattet, von seiner Grenze nach aufwärts und abwärts alle Aeste und alle S. 596
Wurzeln wegzunehmen. Für bereits angepflanzte Waldparzellen zwischen Feldern bleibt es nach Artikel 183 des Einführungsgesetzes bei den bisherigen landesgesetzlichen Bestimmungen; es wird also nach dem preußischen Landrechte der Feldbesitzer, der neben einer solchen Waldparzelle sein Grundstück liegen hat, das Recht behalten, in senkrecht aufsteigender Linie vom Markstein ab alle überhängenden Aeste ebenso wie die Wurzeln zu entfernen, so daß sein Grundstück vom Nachbarbesitzer nur den Schaden des Schattens hat, aber nicht auch den Schaden der Aeste, welcher von den Landwirthen hauptsächlich darin gefunden wird, daß die Aeste den Thau und Regen von dem darunter liegenden Boden abhalten.

In Figur 1 der Zeichnung ist die künftige Entwicklung nach 1900, in Figur 2 die künftige Entwicklung nach den bisherigen landesgesetzlichen Vorschriften und in Figur 3 die künftige Entwicklung nach dem Entwurf der Uebergangsvorschriften Artikel 8 Abs. 2 dargestellt. Darnach müßte der benachbarte Feldbesitzer es sich gefallen lassen, daß die Aeste über sein Grundstück hinüberwachsen, so daß er nicht nur dadurch erheblich geschädigt wird, daß Regen und Thau nicht auf den Acker fällt, sondern daß er selbst später nicht mehr in der Lage wäre, sein Grundstück aufzuforsten. Die Aeste, die über die Grenze reichen, verhindern vollständig, daß hier irgend ein Wald aufkommt. Da die Felder oft sehr schmal sind, so würde unter Umständen der ganze Viertheil eines solchen Ackers durch die angrenzenden Waldparzellen vollständig entwerthet werden, wenn für solche Aecker die Ueberleitungsbestimmungen des Artikel 8 eintreten würden. Diese Bestimmungen sind leider nicht im Landwirthschaftsrathe berathen worden; sonst würde ich dort schon meine Bedenken geltend || gemacht haben und es wäre mir sicher gelungen, S. 597.
dort eine entsprechende Bestimmung zum Schutze der Feldbesitzer durchzubringen. Hier ist es natürlich viel schwerer, das zu machen, namentlich wenn keine Zeichnung den einzelnen Herren vorliegt.

Der Herr Ministerialrath hat nun mir gegenüber gemeint, es handle sich bei dieser Neuanlage von Wäldern um Streuhölzchen und diese würden kein so großes Wachsthum haben, daß sie den Nachbarbesitzer so schädigten. Das ist doch nicht mehr ganz richtig. Früher hatte man blos die schlechtesten Felder zu Streuhölzern umgewandelt, da war die Entwicklung nur gering und in Folge dessen hat auch der Nachbarbesitzer nicht den Schaden gehabt; aber jetzt werden auch die besseren Felder aufgeforstet, sowie sie nur weiter entfernt liegen vom Mittelpunkt der Gutswirthschaft, weil wegen der Dienstbotennoth die größeren Bauern ihre Felder nicht mehr entsprechend bewirthschaften können; man kann ja solchen Bauern keinen Vorwurf machen, wenn sie diese Felder, die weiter weg liegen, aufforsten.

Nun gibt es aber in den Dörfern auch Leute, die deßwegen nicht unter dem Dienstbotenmangel leiden, weil sie viele Kinder haben, kleinere Landwirthe, welche es für unwirthschaftlich halten würden, wenn sie solche Felder aufforsten würden, weil sie von dem Walde ihre Familie nicht ernähren können. Es dauert ja oft 20 bis 30 Jahre, bis sie nur Streunutzung aus dem Walde haben. Diese Leute wollen auf ihren Feldern lieber Kartoffel und Roggen bauen.

Ich habe mir vorhin schon erlaubt, zu sagen, daß unter allen Umständen, auch wenn meine Wünsche vom hohen Ausschusse genehmigt würden, die Waldanlagen für den benachbarten Feldbesitzer Schaden bringen, weil Schatten hereinfällt und auf der Südseite der Widerschein der Sonne, den die Aeste zurückwerfen. Das können wir nicht ändern; auch wenn die Bestimmungen des

S 597 Bürgerl. Gesetzbuchs einmal in Kraft sind, werden die Feldbesitzer immer noch Schaden haben, aber nicht den, der entsteht, wenn die Ueberleitungsbestimmungen eintreten würden. Der Herr Ministerialrath hat gemeint, es sei zu viel angenommen, wenn ich sage, die Aeste wachsen auf der Nordseite 5 m herüber. Allein ich bitte, zu bedenken, daß die Bäume am Waldrand in den unteren Aesten immer eine kolossale Entwicklung haben. Der Baum kann nach oben nicht hinaufwachsen, weil andere Bäume ihn herüberdrücken. Er wächst also einseitig; die Wurzeln in der Erde suchen nach dem Felde hinüberzukommen, weil dort der Boden ein besserer ist, und so wächst auch oben der Baum einseitig. Sie werden überall finden, daß, wenn ein Baum unten günstige Bedingungen für seine Wurzeln hat, auch oben auf derselben Seite die Aeste sich entwickeln.

Ich habe Ihnen auch weiter mitzutheilen, daß an diesen Waldrändern namentlich die Föhrenbäume — und die kommen ja hauptsächlich hier in Betracht — oft eine ganz eigenthümliche Form haben. Unsere Wasserräder in Franken nehmen ihren Radkranz von diesen Föhren, die so krumm wachsen.

In der Zeichnung ist angenommen, daß das Feld 35 m breit ist. Es wäre also ein Tagwerk, wenn es ungefähr viermal so lang wäre. Es gibt aber Felder, die noch viel unverhältnißmäßig länger und schmäler sind; das hier ist sogar die gewöhnliche Form. Nehmen Sie 35 m Breite an und auf der einen Seite 5 m hereinragende Aeste, auf der anderen Seite 2 m, dann haben Sie 7 m Aeste, also den fünften Theil der Ackerfläche.

Da nun jetzt die Zeichnungen in den Händen der Herren sind (siehe Anlage zum Protokoll), erlaube ich mir noch einmal darauf zurückzukommen.

Fig. 1 erläutert die Entwicklung des Waldwuchses von den Feldern, die nach dem Jahre 1900 angelegt werden, wie etwa in 30 und 40 Jahren sich die Entwicklung gestalten wird. Hier sehen Sie entsprechend den Bestimmungen des Ausführungsgesetzes auf der linken Seite, der Nordseite, den Wald um 4 m zurückgerückt von der Grenze und auf der Südseite des nächsten Waldes, also rechts, um 2 m zurückgerückt. Der Feldbesitzer darf weiter nach § 910 des Bürgerl. Gesetzbuchs auch die Aeste entfernen.

Die Figur 2 zeigt das Feld zwischen Waldparzellen, die schon vor dem Jahre 1900, also jetzt schon angelegt sind, die vielleicht jetzt 5, 6 oder 7 Jahre alt sind, und wie sich diese Wälder gestaltet haben, wenn sie 30 oder 40 Jahre alt sind. Hier sehen Sie, wie der Feldbesitzer dafür gesorgt hat, daß die überhängenden Aeste rechts und links weggenommen sind. Er hat immer noch Schaden, aber es fällt Thau und Regen auf den Grund herunter, und wenn er selbst aufforsten will, kann er pflanzen.

In Figur 3 sehen Sie die Entwicklung nach 30 Jahren, wie sie sich gestalten würde, wenn die Uebergangsbestimmungen für diese Wälder in Artikel 8 Abs. 2 von uns angenommen würden. Auf der linken Seite, dem nördlichen Waldrande, sehen Sie, wie der Baum unmittelbar an der Grenze steht und die Aeste über die Grenze 4—5 m weit herüber reichen. Dabei kommt dann die Bestimmung in Abs. 2 des Artikel 8 schon zur Geltung, wonach links, also auf der Nordseite, der betreffende Wald bis 5 m ausgeästet sein muß. Auf der Südseite des andern Waldes braucht er aber nicht ausgeästet zu werden, da muß es sich der Feldbesitzer gefallen lassen, daß alle Aeste stehen bleiben, um die Insolation auf die Bäume und den Einbruch des Windes abzuhalten.

Die Vertikalprojektion zeigt nun den Schaden, den der Feldbesitzer hat, wenn diese Ueberleitungsbestimmungen eintreten würden. Sie sehen, wie links

5 m eine Schadenzone punktirt ist und rechts eine solche Zone von $2^1/_2$ m; S. 597.
es ist also mindestens der fünfte Theil von 35 m. Ich erwähne noch einmal, daß damit der ganze Schaden des Waldes noch gar nicht zum Ausdruck gebracht ist. Den Schaden des Waldes durch Beschattung nnd den Widerschein auf der Südseite kann man dem Feldbesitzer nicht ersparen, weil nach dem Bürgerl. Gesetzbuch die Aeste bis an die Grenze geduldet werden müssen.

Damit habe ich die wesentlichsten Motive auseinandergesetzt, welche mich bei meinem Antrage geleitet haben.

Nun möchte ich noch erklären, wie ich dazu kam, gerade 20 Jahre zu sagen. Es kommt daher, daß die Aera, seit welcher bei uns auch schon bessere Felder allmäblich aufgeforstet werden, ungefähr vor 20 Jahren angefangen hat mit dem Eindringen der amerikanischen, russischen und überseeischen Konkurrenz, welche nach dem Jahre 1878 sich geltend gemacht hat. Dann war ein weiteres Motiv, daß, wenn die Wälder noch nicht 20 Jahre alt sind, man am Waldrande noch kleinere Sträucher und andere niedrigere Bäume anpflanzen kann. Wenn die Bäume älter sind als 20 Jahre, halte ich das nicht mehr gut möglich. Die Bäume wachsen in den ersten 5—6 Jahren fast gar nicht, sie kommen erst in's Wachsthum, wenn sie dieses Alter überschritten haben. Ich hänge mich nicht gerade an die 20 Jahre; wenn Sie 15 Jahre nehmen wollen, ist auch das Nöthigste geschehen.

Nun hat der Herr Senatspräsident einen Vorschlag gemacht, der meinen Beifall hat. Ich wollte mit meinem Antrage auch nichts Anderes sagen, als daß auf diese Wälder, die zwischen Feldern liegen, diese Uebergangsvorschriften
keine || Anwendung finden sollen, und habe nur die Paragraphen des Bürgerl. S. 598.
Gesetzbuchs genannt, um die Sache besser zu illustriren.

Man könnte sagen, warum streicht man den ganzen Abs. 2 nicht, und da muß ich Ihnen bekennen, daß ich zugebe, daß bei den älteren Waldungen diese Uebergangsvorschriften in Abs. 2 des Artikel 8 den Schaden nicht machen, wie bei den neuen Waldungen. Wenn Sie ältere Waldungen anschauen, so finden Sie in der Regel, daß um den Wald ein Fahrweg geht, daß die Felder in Folge dessen eo ipso von den Bäumen um 4, 5—6 m zurückstehen. Da schadet es nichts, wenn die Aeste herunterwachsen; außerdem sind die Feldbesitzer an die Nachbarschaft des Waldes gewöhnt und wissen, daß auf dem an den Wald angrenzenden Theil nicht viel wächst. Ganz anders ist es bei diesen Anlagen mitten in Feldern, wo längs der ganzen Ackerfurche jetzt der Wald steht, und unmittelbar an der Grenze, wo kein Weg den Wald von Feldern scheidet und wo der Besitzer im guten Glauben früher gekauft hat, daß er neben sich einen Nachbarn hat, der keinen Wald anlegen wird.

Das waren die Beweggründe die mich veranlaßt haben, diesen Antrag zu stellen.

Der Herr Ministerialkommissär hat mir privatim gesagt, wir werden gerade bei den Bauern, die Streuhölzer haben, große Unzufriedenheit erregen, wenn wir diese Bestimmungen treffen. Ich glaube das nicht. Die Feldbesitzer sind gegenwärtig immer noch die mehreren, denn die kleinen Bauern die forsten nicht so leicht auf. Es sehen aber auch die größeren Bauern ein, daß es eine Unbilligkeit ist, wenn man dem kleinen Manne sein Feld gewissermaßen verschlechtert. Es ist ja eine Bereicherung des Waldbesitzers, wenn er seine Bäume bis an die Grenze setzen und den Bodenreichthum des Nachbarn sich zu nutze machen darf. Ich bin selbst in der Lage, viel Wald neben Feldern zu besitzen, und ich gehe grundsätzlich davon aus, die Bäume an der Grenze zurückzusetzen, weil man sich der Klagen der kleinen Leute nicht erwehren kann. Daß wir

S. 598. Unzufriedenheit erregen würden, wenn wir diese Uebergangsbestimmungen annehmen würden, davon bin ich fest überzeugt. Die Leute wollen schon den bisherigen Zustand nicht mehr dulden. Sie haben mir gesagt, es solle verlangt werden, daß alle Wälder zurückgesetzt werden müssen. Das kann nun nicht geschehen. Wenn die Leute nun sogar verlangen, daß man den Waldbesitz gewissermaßen einschränkt, so würden sie sich gewiß nicht einverstanden erklären, daß man den Waldbesitzern noch mehr Rechte gibt. Ich bedaure sehr, daß Herr Kollege Segitz nicht da ist, der auch in unserer Gegend wohnt und vielleicht auch um die kleinen Leute sich annimmt. Ich bin der festen Ueberzeugung, daß er, wenn er anwesend wäre, mir sekundirt hätte.

Vorsitzender: Der Antrag des Herrn Kollegen Beckh liegt nun gedruckt vor. Wenn ich den Herrn Antragsteller richtig verstanden habe, ist er damit einverstanden, daß nicht dieser Antrag, sondern der Antrag der k. Staatsregierung zur Diskussion steht, welcher lautet:

„Für Waldparzellen, welche in den letzten 20 Jahren auf früher landwirthschaftlich benützten Grundstücken entstanden sind, finden die Vorschriften des Abs. 2 keine Anwendung."

Das Wort hat der Herr Referent."

Abg. Dr. **Casselmann** (Referent): Es wird sich empfehlen, zunächst die Auffassung des Herrn Ministerialrathes, des Vertreters der Forstbehörde, zu hören.

Abg. **von Walter** (Korreferent): Ich habe auch nichts zu bemerken.

Ministerialrath **von Huber:** Soweit ich unterrichtet bin, hat sich in den letzten Jahrzehnten allerdings namentlich in Mittelfranken eine agrarpolitische Bewegung, wenn ich diesen Ausdruck gebrauchen darf, dahin geltend gemacht, daß gegen früher in erhöhtem Maße entweder ertragsschwache Felder oder Außenfelder, welche vom Hauptgut aus schwer zu bewirthschaften sind, in Wald verwandelt wurden; ich glaube allerdings, zunächst in der Absicht, um aus diesen Waldungen den Streubedarf für die Oekonomie zu decken. Es kann aber auch sein, daß die Waldwirthschaft überhaupt aus den Gründen, die ich angegeben habe, vorgezogen wird, namentlich aus dem Grunde, weil mit den vorhandenen landwirthschaftlichen Hilfskräften die Ackerwirthschaft nicht ausreichend besorgt werden kann. Wie mir versichert wurde — ich selbst habe ja nicht unmittelbar Kenntniß davon — wurden seit der Katastermessung im Forstamtsbezirk Schwabach allein 3000 Hektar landwirthschaftliche Grundstücke in Wald umgewandelt. Ich bin darüber etwas erschrocken und habe geglaubt, es könnten ja 3000 Tagwerke auch genügen. Es wurde mir aber gesagt: Nein, es sind 3000 Hektar! Ich habe schon vorgestern die Ehre gehabt, auseinanderzusetzen, daß, wenn meine Anschauung zutrifft, was ich auch nicht gewiß weiß, daß diese sogenannten Streuhölzer vielleicht hie und da wechselweise als Wald oder Feld bewirthschaftet werden, hiemit ein hervorragendes landwirthschaftliches Hilfsmittel gegeben wäre. Ich glaube aber, daß es nicht überall der Fall ist. Daß Waldungen, wenn sie eine Zeit lang bewirthschaftet wurden, wieder in Felder umgewandelt werden, mag ja vorkommen; aber in der Mehrzahl der Fälle werden diese Waldungen Waldungen bleiben — vorderhand wenigstens.

Rationell wäre es allerdings, wenn unter gewissen Verhältnissen im landwirthschaftlichen Betrieb ein Wechsel zwischen Wald und Feld stattfinden würde.

Wir haben gesucht, in unseren Ueberleitungsvorschriften die Dinge auszugleichen zwischen den Landwirthen und Forstwirthen — eigentlich muß man sagen, zwischen den waldbesitzenden und nicht waldbesitzenden Landwirthen, denn ich muß betonen, es kommt hier nicht so fast der Staatswald in Frage als der Privatwaldbesitz —, und unsere Sorge war es, bei Abgabe unseres Gutachtens in hervorragendem Maße der Landwirthschaft nützlich zu sein. Nun würden allerdings, wenn man dem Antrage des Herrn Abg. Beckh stattgeben würde, Streuhölzer, die jetzt 20 Jahre alt sind, etwas eingeengt werden. Es würde namentlich der Waldboden durch Wind und Sonne leiden, und wenn, wie Herr Abg. Beckh sagt, diese Grundstücke sehr schmal sind, würden die Waldbesitzer immerhin Schaden haben. Das wäre zu bedenken. Andererseits kann man nicht von der Hand weisen, daß solche Waldparzellen, welche isolirt zwischen den Feldern liegen — und darauf möchte ich den Nachdruck legen —, in erhöhtem Maße schädigend auf die anliegenden Grundstücke wirken. S. 598.

So, wie der Antrag „Beckh" aber gestellt ist, kann ich von meinem Standpunkte aus denselben nicht annehmen, ich will mir nicht anmaßen, zu sagen: aus juristischen Bedenken || gegen dessen Fassung. Der Herr Senatspräsident hat in dieser Beziehung bereits eine Korrektur eintreten lassen. S. 599.

Ich würde mich aber auch nicht ganz erwärmen können für den Antrag, wie er jetzt vorliegt. Denn, wenn wir sagen: Für Waldparzellen, welche in den letzten 20 Jahren auf früher landwirthschaftlich benützten Grundstücken entstanden sind, finden die Vorschriften des Abs. 2 keine Anwendung, so trifft dieß auch alle diejenigen 20jährigen Waldungen, welche irgend ein Waldbesitzer im Wege der Aufforstung an seinen eigenen älteren Wald angeschlossen hat. Das kann aber nicht sein! So weit dürfen wir nicht gehen! Nehmen wir an, es hat ein Oekonom einen Wald, an diesem Wald liegt sein eigenes Außenfeld, oder er hat ein anstoßendes Außenfeld gekauft; diese Felder hat er mit großer Mühe und großen Kosten aufgeforstet und den jungen Bestand seinem vorher schon bestandenen Wald angeschlossen. Diese neuerlich kultivirte Waldung würde also auch unter die vom Herrn Abg. Beckh in Aussicht genommene Bestimmung fallen. So weit, glaube ich aber, wird Niemand gehen wollen. Diese Kulturen würde man doch unter den Schutz des Artikel 8 Abs. 2 stellen!

Wenn nun die Mitglieder des hohen Ausschusses — ich will da ganz farblos sein — sich der Anschauung hinneigen würden, daß solche Waldungen, die zwischen den Feldern liegen, der Landwirthschaft in erhöhtem Maße gefährlich sind, und hier haben die Herren Oekonomen, die im Ausschusse vertreten sind, nach meiner Meinung die Vorhand, so könnte ich mich nicht ablehnend verhalten; ich würde aber Werth darauf legen, daß der Abs. 4 lauten würde: „Für isolirte Waldparzellen 2c. 2c.". Der Herr Abg. Beckh wird mir nicht Unrecht geben. Wir müssen Wind und Sonne, Licht und Schatten gleichmäßig vertheilen, und wenn wir nun ein Gesetz machen und einheitliche Normen schaffen, so ist es möglich, daß der Wille des Einzelnen nicht ganz genau erfüllt wird; aber der Allgemeinheit zu liebe muß er dieses Opfer bringen, und ich glaube, dieser Erkenntniß wird sich auch der Herr Abg. Beckh gewiß nicht verschließen können.

Ich würde dann auch das Jahr bestimmen, seit welchem diese Waldungen angelegt worden sein müßten, und würde den Herrn Abg. Beckh bitten, sich einverstanden zu erklären, daß sein Antrag nur für solche Waldungen gelten soll, welche seit 15 oder 16 Jahren angelegt wurden, zumal er vorhin bei seiner Begründung Gewicht darauf gelegt hat, daß solch' jüngere Waldungen noch einen Trauf bilden könnten, und weil ich glaube, daß letzteres namentlich bei am Rand völlig aufgeasteten 20jährigen Föhrenwaldungen nicht mehr gut möglich ist, so daß wir sagen würden:

S. 599. „Für isolirte Waldparzellen, die seit dem Jahre 1885 auf früher landwirthschaftlich benützten Grundstücken entstanden sind, finden die Vorschriften des Abs. 2 keine Anwendung."

So weit könnte ich mich herbeilassen, wenn die Herren Landwirthe Werth darauf legen.

Abg. **Beckh:** Es ist kein Zweifel, daß der Herr Ministerialrath meinem Gedanken sehr entgegengekommen ist, und ich kann gleich erklären, daß das Argument, das mich zu den 20 Jahren gebracht hat, nicht zwingend ist, weil den Leuten die Umänderung des Weltmarktes, die seit Ende der siebziger Jahre eingetreten ist, nicht gleich so zum Bewußtsein gekommen ist, daß sie sich sofort entschlossen haben, aufzuforsten. Erst in den 80iger Jahren ist dieser Entschluß gefaßt worden, bei Manchen auch erst vor 2 oder 3 Jahren. Ich kann mich mit dem Termin 1885 einverstanden erklären; ich meine, daß die Zeit maßgebend sein müßte, wann einer gepflanzt hat. Das müßten unter Umständen die Interessenten nachweisen. Das macht weiter keine Schwierigkeit, sie wissen es ganz genau, weil sie einen großen Aerger gehabt haben, als der Nachbar einen Wald angepflanzt hat. Ich meine, wir können es dem Richter überlassen, wie er es feststellt, in welchem Jahre der Wald gepflanzt worden ist. Wenn der Herr Ministerialrath gemeint hat, die Leute sollten ein Opfer bringen, so ist das ja schön und gut. Der kleine Landwirth kann aber kein Opfer bringen, der ist in der Regel so belastet mit Zahlungen und Kindern, daß man ihm weitere Opfer nicht auferlegen kann; der sagt: „Jawohl, Opfer, damit Sie wohlhabend werden." So würde die Antwort lauten. Wir müssen uns auf den Standpunkt stellen, daß wir den kleinen Mann durch die neuen Bestimmungen nicht schädigen dürfen. Dieser will im Gegentheil gegen den Waldbesitzer geschützt sein; er meint, es sollte überhaupt verboten sein, daß mitten in den Fluren solche Wälder entstehen dürfen.

Nun hat der Herr Ministerialrath richtig an meinen Gedanken angeknüpft und will diese Bestimmungen nur für isolirte Waldungen eintreten lassen. Es wird unter Umständen ziemlich schwierig sein, das festzustellen, weil das Beispiel ansteckt. Es kommt vor, daß, wenn einer aufforstet, nebendran auch ein Anderer aufforstet. Ich kann auch nicht zugeben, daß, wenn ein größerer Waldbesitzer Feld kauft, er nicht angehalten sein soll, auf seinen Nachbarn Rücksicht zu nehmen; ich meine auch, dem, der ein Grundstück kauft, um seinen Wald zu vergrößern, macht es nicht viel, wenn er an der Grenze mit seinen Bäumen etwas zurückbleibt. Die Bäume wachsen ja um so mehr, je mehr sie Luftraum haben. Ich würde also schon für alle Wälder, die seit dem Jahre 1885 neu angelegt sind, die Uebergangsbestimmungen als nicht giltig erklären, —

Abg. **von Walter** (Korreferent): soweit sie an das Feld anstoßen.

Abg. **Beckh:** soweit sie an das Feld anstoßen. Wenn man vorsichtig bei solchen Neuanlagen den einen oder anderen Baum am Waldrand herausnimmt, kann der Waldbesitzer sorgen, daß er nach 20 Jahren einen vollständigen Mantel an seiner Grenze hat; wenn er es nicht thut, muß er eben den Schaden des Windbruches in den Kauf nehmen. Die Föhren sind ohnedieß gegen die Insolation widerstandsfähiger, was die Rinde anbelangt, und gegen die Einwirkung des Windes durch die knorrige Art, durch ihr ganz anderes Wachsthum, als das bei den Fichten z. B. der Fall ist.

Um nicht länger aufzuhalten, möchte ich bitten, meinen Antrag anzunehmen mit der verbesserten Bestimmung des Herrn Ministerialkommissärs

bezüglich des Jahres, aber nicht diese Bestimmung zu treffen für isolirte S. 599.
Waldparzellen, sondern für alle neuen Anlagen. Der größere Besitzer kann Opfer bringen, der kleine kann das nicht, und darum sollten wir uns so entschließen, wie ich mir erlaubt habe, vorzutragen.

Vorsitzender: Welchen Antrag stellt nun der Herr Abg. Beckh?

Abg. **Beckh:** Ich würde beantragen, daß es heißen sollte:

„Für Waldparzellen, welche seit dem Jahre 1885 auf früher landwirthschaftlich benützten Grundstücken || entstanden sind, finden die S. 600.
Vorschriften des Abs. 2 keine Anwendung."

Abg. **Seeberger:** Ich möchte mich zu dem Antrage des Herrn Kollegen Beckh mit einigen Worten äußern. Ich habe geglaubt, daß der Antrag, den der Herr Ministerialrath gestellt hat genügend weit gehen würde und daß man billigerweise mehr nicht verlangen kann. Was dem Einen recht ist, ist dem Andern billig. Wir müssen auf die Waldbesitzer auch Rücksicht nehmen. Mir sind die Verhältnisse, die geschildert wurden, in Schwaben vollständig unbekannt. Es würde bei uns nicht als eine bessere Bewirthschaftung des Waldes angesehen, wenn es so gemacht würde wie in Franken, sondern bei uns würde es als Chikane gegenüber dem Nachbar gehalten werden. Ich bin doch als Sachverständiger der Hagelversicherung im größten Theil Schwabens herumgekommen, aber solche Grundstücke mitten in den Feldern, die mit Wald bepflanzt wären, habe ich nie gefunden. Deßwegen ist mir die Sache nicht so geläufig und bekannt.

Abg. Dr. **Casselmann** (Referent): Ich habe die Sache bisher so aufgefaßt, als wenn der Antrag der k. Staatsregierung, der sich mit dem Antrag des Herrn Abg. Beckh deckt, nur mit dem Unterschied, daß statt des letzten Satzes „gelten lediglich die Bestimmungen u. s. w." gesetzt werden soll „finden die Vorschriften des Abs. 2 keine Anwendung", nur eine eventuelle Bedeutung hat. Es liegt also zunächst nicht ein selbstständiger Antrag der k. Staatsregierung vor, sondern es wurde von Seite des Herrn Senatspräsidenten gesagt, wenn man dem Gedanken, der durch den Antrag des Herrn Abg. Beckh verfolgt wird, Rechnung tragen will, muß zum Mindesten die redaktionelle Fassung dieses Artikels so lauten.

Ob nun der Antrag „Beckh" mit der Modifikation, wie sie von der k. Staatsregierung eben vorgeschlagen wird, materiell begründet ist, das zu entscheiden, darüber maße ich mir kein Urtheil an.

Ich möchte mir die Frage erlauben, ob über diesen Punkt der Landwirthschaftsrath gehört worden ist, oder ob lediglich eine gutachtliche Stellungnahme der Forstabtheilung vorliegt.

Ich erlaube mir aber, auf die Vorgeschichte aufmerksam zu machen, welche Artikel 183 des Einführungsgesetzes zum Bürgerl. Gesetzbuch hat. Die Bestimmung in Artikel 183, wonach zu Gunsten eines Grundstücks, das zur Zeit des Inkrafttretens des Bürgerl. Gesetzbuchs mit Wald bestanden ist, die landesgesetzlichen Vorschriften in Geltung bleiben, war in dem ersten, zweiten und dritten Entwurf als allgemeiner Vorbehalt, der auch für die Zukunft gilt, aufgenommen worden, und erst der Reichstag war der Ansicht, daß für einen solchen landesrechtlichen Vorbehalt für neu anzulegende Wälder ein Bedürfniß nicht vorliege, daß aber, um nicht in die bestehenden Verhältnisse zu tief einzugreifen, sich eine Uebergangsbestimmung für die bestehenden Wälder empfehle.

S. 600. Nun ist der Gedanke heute zum ersten Male geltend gemacht worden, daß man einen Unterschied machen soll bei den bestehenden Wäldern, daß man diejenigen Waldparzellen ausnehmen soll, die seit 1885 auf früher landwirthschaftlich benutzten Grundstücken entstanden sind. Ich wiederhole, daß ich weder aus forstwirthschaftlichen, noch aus agrarpolitischen Rücksichten bestimmte Stellung zu dieser Ausnahme nehmen kann. Es geht mir da jedes Sachverständniß ab und es wird den übrigen Herren, soweit sie nicht Forst- und Landwirthe sind, wohl ebenso gehen.

Nur auf Eines möchte ich aufmerksam machen. Wenn wir den Antrag auch so, wie er Seitens des Herrn Ministerialrathes als äußerste Konzession zugestanden wird, annehmen, so wird damit zum Ausdruck gebracht, daß die Bestimmung des Abs. 2 des Artikel 8 nicht zur Anwendung kommen soll, welche dahin geht, daß der Eigenthümer eines benachbarten landwirthschaftlichen Grundstücks die Verpflichtung hat, die herüberragenden Zweige eines Waldgrundstücks insoweit zu dulden, als dieselben mindestens 5 m vom Boden entfernt sind. Wenn aber diese Bestimmung nicht gilt, dann gilt die Vorschrift des § 910 des Bürgerl. Gesetzbuchs. Das würde für ein großes Rechtsgebiet Bayerns eine Aenderung gegen bisher bringen. Nach dem gemeinen Rechte ist der Eigenthümer eines landwirthschaftlichen Grundstücks verpflichtet, die herüberragenden Zweige, sofern sie 15 Fuß vom Boden entfernt sind, zu dulden. Wenn wir also hier für eine gewisse Klasse von Waldparzellen eine Ausnahme machen, würde dieses Recht des Waldeigenthümers im Gebiete des gemeinen Rechts gegenüber dem Besitzer des benachbarten landwirthschaftlichen Grundstücks in Wegfall kommen. Es würde also hier in Bezug auf den Besitzer des Waldgrundstücks gegenüber dem bestehenden Rechte eine Einschränkung seiner bisherigen Rechte dem Nachbar gegenüber eintreten. Ob man das thun soll, ob sich das mit Rücksicht auf die agrarischen Verhältnisse die doch immer nur in einem kleinen Theile Bayerns bestehen — wir hören vom Herrn Kollegen Seeberger, daß in Schwaben die Sache in der Weise gar nicht vorkommt, wie sie Herr Abg. Beckh mit lebhaften Worten für Mittelfranken geschildert hat — empfiehlt, vermag ich aus den angegebenen Gründen nicht zu beurtheilen.

Sollte die k. Staatsregierung mit der Fassung einverstanden sein, so glaube ich, würden wir am Ende keinen Grund haben, uns zu widersetzen, aber das Eine glaube ich denn doch auch als Laie beurtheilen zu können, daß, wenn man dem Gedanken des Herrn Abg. Beckh Rechnung trägt, man unter allen Umständen die Einschränkung mit den isolirten Waldparzellen machen muß. Wenn Verhältnisse vorliegen, wie sie geschildert worden sind, daß die Kultur nur angeschlossen ist an die vielleicht schon seit Jahrhunderten bestehenden Wälder, dann möchte ich dieses Recht dem benachbarten Landwirthe unter gar keinen Umständen zuerkennen. Denn hier würde viel zu sehr in einmal vorhandene Verhältnisse eingegriffen werden.

Ich behalte mir meine Stellungnahme zum Antrage „Beckh", so wie er modifizirt worden ist, vor, bis ich die bestimmte Stellungnahme der k. Staatsregierung gehört habe.

Abg. **von Walter** (Korreferent): Es handelt sich hier zweifellos um eine Spezialität, die nur in einzelnen Regierungsbezirken, vielleicht Forstamtsbezirken besteht, und deßhalb ist ja den Mitgliedern des Ausschusses die Sache unbekannt. Nur Herr Abg. Beckh ist in der Lage, die Verhältnisse, wie sie in Mittelfranken bestehen, zu beurtheilen. Nun glaube ich, wird der Antrag, wie er sich jetzt durch die Modifikation der k. Staatsregierung herausstellt, überall da nicht schaden, wo diese Streuholzwirthschaft wie in Mittelfranken nicht besteht, und wir können uns füglich darauf beschränken, ob und wie weit eine Ausnahmebestimmung für Mittelfranken am Platze ist. Da bin ich nun allerdings der Ansicht, daß es zweckmäßig ist, die in Mittelfranken bestehenden Verhältnisse so zu regeln, daß der Landwirth möglichst geschützt wird und daß aber auch der Besitzer einer solchen Waldparzelle nicht gar zu sehr in Nachtheil gesetzt wird. S. 600.

Der Herr Referent hat seine Zustimmung zum Antrage davon abhängig gemacht, daß er erst versichert sein muß, ob die k. Staatsregierung sich dem Gedankengange des Herrn Antragstellers anschließt oder nicht. Nun meine ich, haben wir bereits aus dem Munde des Herrn Vertreters des k. Staatsministeriums der Finanzen eine Aeußerung dahin erlangt, daß unter Umständen der Antrag des Herrn Kollegen Beckh gerechtfertigt und annehmbar ist. Der Unterschied besteht nur noch darin, daß der Herr Antragsteller diese Beschränkung für alle seit 1885 erfolgten neuen Waldanlagen will, während der Vertreter des k. Staatsministeriums der Finanzen es für nothwendig hält, diese Ausnahme auf die isolirten Waldparzellen einzuschränken. Soweit ich nun die Aeußerung des Herrn Vertreters des k. Staatsministeriums der Finanzen aufgefaßt habe, handelt es sich namentlich bei der Einschränkung auf die isolirten Waldparzellen darum, daß man denjenigen Waldeigenthümer, der ein eigenes oder hinzu erworbenes Grundstück seinem Walde anschließen will, nicht auch der Beschränkung unterwirft. Das finde ich begreiflich; soweit das Grundstück an die Waldung anstößt, darf der Waldeigenthümer, der ein Feld zur Forstkultur benützt, nicht beschränkt werden. Dagegen wird aber doch die Beschränkung immerhin aufrecht erhalten werden müssen, wenn und soweit der an das zur Waldung benützte Grundstück anstoßende Grundeigenthümer in Frage kommt. Ich habe deßhalb gedacht, daß eine Ausgleichung der beiden Anschauungen sehr leicht möglich wäre, nämlich dadurch, daß wir sagen, daß die Einschränkung nur so weit Platz greift, als das neue, mit Wald anzupflanzende Grundstück an das landwirthschaftliche Grundstück anstößt. Bei dieser Einschränkung ist der Waldeigenthümer, der ein landwirthschaftliches Grundstück seinem Walde anschließt, in keiner Weise benachtheiligt, und würde der Besitzer des anstoßenden landwirthschaftlichen Grundstücks doch den Schutz haben, den ihm Herr Abg. Beckh durch seinen Antrag verschaffen will. S. 601.

Ich sehe einer weiteren Aeußerung entgegen, namentlich von Seite des Herrn Vorstandes der Ministerialforstabtheilung, und behalte mir Antrag vor.

Ministerialrath **von Huber:** Zunächst darf ich mich auf die Aeußerungen des Herrn Abg. Seeberger beziehen, denen ich vollständig beipflichte. Es birgt eine Gefahr für die Waldbesitzer des weiten Gebietes, in welchem das gemeine Recht gilt, wenn wir den Antrag „Beckh“, wie er gestellt ist, annehmen. Wir würden viele Klagen aus dem weiten Lande hören und mit Recht würden diese Klagen erhoben werden. Die k. Staatsregierung ist zunächst der Anschauung, daß man solchen exceptionellen Verhältnissen eigentlich gar nicht Rechnung tragen solle, und das ist auch der Standpunkt, den ich in erster Linie zu vertreten habe. Wie können wir bei einer so bedeutenden Materie, die doch ziemlich ausgleichend für das ganze Land geordnet werden soll, daran denken wollen, alle einzelnen Schmerzen, die da und dort bestehen, berücksichtigen zu wollen? Bei der nächsten Gelegenheit kommt ein Anderer, der wieder einen speziellen Wunsch hat, und so würde das ganze Gesetz ein Flickwerk der sonderbarsten Art werden.

S. 601. Die Meinung der k. Staatsregierung war zunächst darauf gerichtet, daß wir den Antrag „Beckh" ablehnen überhaupt, — und nur eventuell habe ich mich vorhin dafür ausgesprochen, daß, wenn man ja diesen mittelfränkischen Besonderheiten, die vielleicht sonst nirgends mehr in Bayern vorkommen, einigermaßen Rechnung tragen will, es nur mit der Einschränkung geschehen könnte, daß isolirte Waldparzellen von den Vorschriften des Abs. 2 befreit werden. Denn es handelt sich, um Herrn von Walter zu erwidern, nach dem Antrag „Beckh" um Waldungen, die schon bestehen. Für Waldungen, die erst begründet werden, auch dadurch, daß ein Oekonom seine Felder an schon bestehende Waldungen anschließt, gelten ja vom Jahre 1900 ab schon die Bestimmungen des § 910 des Bürgerl. Gesetzbuchs. Für diesen Fall gelten aber auch die Bestimmungen des Artikel 67 des Einführungsgesetzes, daß mit der Waldkultur 2 m vom Feldrand zurückgeblieben werden muß. Da ist also Alles in Ordnung.

Wenn ich speziell bezüglich der Staatswaldungen etwas bemerken darf, so möchte ich anführen, daß das k. Staatsministerium der Finanzen schon im Jahre 1896 Auftrag gegeben hat, bei Neubegründung von Waldungen, welche an Feldgrundstücke anstoßen, 2 m von der Grenze zurückzubleiben.

Die Sache ist von großer Bedeutung und ist namentlich von Interesse für die Landwirthschaft und für die Oekonomen, welche Waldungen besitzen, und da dürfen wir nicht so weit hineingreifen, daß wir für große Rechtsgebiete eine Verwirrung bringen und große Klagen hervorrufen. Zunächst würde ich die Ablehnung einer solchen Ausnahme beantragen und nur, wenn die Herren Landwirthe, die in diesem hohen Ausschusse vertreten sind, es für zweckmäßig halten, würde man so weit gehen können, mit der Beschränkung auf die isolirten Waldparzellen den modifizirten Antrag „Beckh" anzunehmen.

Abg. **Beckh:** Der Landwirthschaftsrath ist nicht über die Angelegenheit vernommen. Ich fasse die Sache so auf: Der § 910 des Bürgerl. Gesetzbuchs schützt den Feldbesitzer künftig für Waldungen, die nach dem Jahre 1900 angelegt werden. Der Artikel 183 des Einführungsgesetzes schützt den Waldbesitzer, daß er seine Rechte behält, die er bisher hat. Wenn im Gebiete des gemeinen Rechtes der Waldbesitzer verlangen kann, daß der Nachbar die Aeste blos wegnehmen darf bis zu 15 Fuß Höhe, so bleibt das nach meiner Auffassung des Artikel 183 des Einführungsgesetzes. Man kann dem Waldbesitzer die Rechte bis zur nächsten Verjüngung nicht nehmen; erst von der nächsten Verjüngung an tritt der § 910 des Bürgerl. Gesetzbuchs in Kraft. In meiner Heimath gilt die Bestimmung des preußischen Landrechts. Da hat der Feldbesitzer das Recht, nach Artikel 183 die Aeste wegzunehmen, soweit sie über die Grenze gehen; das soll nun bleiben. Es ist also ein Schutz des Waldbesitzers, damit er nicht durch allzu frühe Anwendung des § 910 des Bürgerl. Gesetzbuchs geschädigt wird. Die Bestimmungen der Ueberleitungsvorschriften sind nach meiner Ueberzeugung nur veranlaßt durch technische Beweggründe. Man sagt sich, es ist dem Walde schädlich, wenn an den Grenzen überall die Aeste weggenommen werden müssen; der Wald verliert dadurch seinen schützenden Mantel.

Nun meint der Herr Abg. Seeberger, ich wollte das generell machen. Das ist nicht der Fall. Der Wald soll seinen schützenden Mantel haben; wenn er ihn schon hat bei älteren Wäldern, soll der Mantel bleiben, auch wenn er den Feldbesitzer schädigt. Bei jungen Wäldern ist aber der Mantel noch gar nicht da in dem Maße, da braucht man den Waldbesitzer nicht zu

schützen und den Feldbesitzer dadurch zu schädigen. Ich sage nicht, daß bei S. 601.
allen Waldungen verlangt werden soll, daß die Aeste wegzunehmen sind, sondern bei den erst 15 Jahre alten Waldungen, bei denen das ganz gut geschehen kann. Ich will die älteren Wälder in keiner Weise schädigen, die sollen den Mantel behalten, auch wenn dadurch der Feldbesitzer Schaden erleidet. Der Herr Ministerialrath hat Herrn Abg. Seeberger erklärt, woher
es kommt, daß er von ‖ dieser Kalamität nichts weiß und ich genaue Kenntniß S. 602.
habe, weil in Franken so viel aufgeforstet wird. Es werden ganze Gemeindefluren aufgeforstet. Die Pfarrer haben mir bitter geklagt, daß sie alle Kasualien aus dem Dorfe verloren haben. Sie müssen diese Verhältnisse im Auge behalten. Warum soll man dem größeren Waldbesitzer gestatten auch für jüngere Wälder, die seit 1885 angepflanzt sind, daß er den Feldbesitzer schädigt? Wenn Sie die vorliegende Zeichnung zur Hand nehmen, so werden Sie zugeben müssen, daß, wenn ein solcher Wald einem Felde angeschlossen wird, der Feldbesitzer jedenfalls Schatten hat auf einer Seite, bei der Nordseite 4—5 m und auf der Südseite über 2 m. Er hat noch größeren Schaden von den größeren Waldbesitzern, weil diese ihre Wälder länger stehen lassen und viel größere Bäume erzielen. Der Wald des kleineren Bauern wird nicht so hoch als der eines größeren Grundbesitzers; dieser läßt seine Bäume 70—100 Jahre stehen und die Aeste auf das benachbarte Grundstück hinüberwachsen. Es ist das ein entschiedener Vortheil des reichen Mannes zum Nachtheil des ärmeren. Es ist möglich, daß ein solcher größerer Grundbesitzer auch arm ist, nämlich viele Schulden hat; allein in den Augen des Volkes ist ein solcher größerer Grundbesitzer immer reich. Es macht einen schlechten Eindruck, wenn wir dem größeren Besitzer einen solchen Vortheil gewähren und dabei den kleineren Bauer schädigen.

Ich bitte, die Bestimmung, die blos für isolirte Waldparzellen gelten soll, zu streichen. Ich muß sagen, wenn meinem Antrage nicht Folge geleistet würde, müßte ich gegen den ganzen Abs. 2 des Artikels stimmen und würde auch im Plenum dagegen reden müssen; ich bin gezwungen dazu. Wenn Abs. 2 des Artikel 8 wegfiele, dann würde einfach das Einführungsgesetz und das Bürgerl. Gesetzbuch sowie das Ausführungsgesetz gelten; das wäre kein Schaden für den Feldbesitzer; für den Waldbesitzer mag es ein Schaden sein.

Senatspräsident Dr. **von Jacubezky**: Der Herr Abg. Beckh hat offenbar das Verhältniß des Entwurfes zu dem Artikel 183 des Einführungsgesetzes irrig aufgefaßt. Der Artikel 183 sagt allerdings, daß die landesgesetzlichen Vorschriften, die von dem § 910 des Bürgerl. Gesetzbuchs abweichen, zu Gunsten der bestehenden Waldungen bis zur nächsten Verjüngung des Waldes in Kraft bleiben. Im Artikel 218 ist aber der Landesgesetzgebung die Befugniß eingeräumt, diese in Kraft bleibenden Vorschriften abzuändern, und von dieser Befugniß macht der Entwurf Gebrauch. Er will nicht auf so lange Dauer noch die verschiedenen partikularrechtlichen Vorschriften aufrecht erhalten, sondern einheitliches Recht schaffen. Gerade in Mittelfranken besteht eine große Zerrissenheit des Rechtes; neben dem preußischen Landrecht, das in dieser Frage im Wesentlichen mit dem § 910 des Bürgerl. Gesetzbuchs übereinstimmt, gilt das gemeine Recht, nach dem Aeste, die mehr als 15 Fuß über der Erde sind, geduldet werden müssen, und ihre Gebiete sind keineswegs durch eine einfache Grenzlinie von einander geschieden, sondern es bestehen eine Menge Enklaven und Exklaven, ein Stück einer Dorfflur steht unter dem gemeinen Recht, das andere unter dem preußischen Landrecht. Diese Zustände

S. 602. sollen beseitigt werden, an die Stelle der bisherigen Vorschriften sollen die des Artikel 8 treten. Würde der Abs. 2 gestrichen, so würde am 1. Januar 1900 der § 910 des Bürgerl. Gesetzbuchs auch den bestehenden Waldungen gegenüber in Geltung treten. Das würde aber eine solche Gefährdung des werthvollen Waldbesitzes Bayerns bedeuten, daß ich hoffe, der Herr Abg. Beckh würde, wenn er in der Kammer der Abgeordneten den Antrag stellen und begründen sollte, keine Aussicht auf Erfolg haben.

Abg. **Seeberger:** Ich habe bei der ersten Lesung gesagt, daß die Regelung der Verhältnisse des Waldbesitzes und des angrenzenden Feldbesitzes nur durch die Bestimmung des Artikel 8 in ganz richtiger und zufriedenstellender Weise geschehen sei, und dieser Ansicht bin ich auch heute noch. Weil diese wohlthätige Bestimmung des Artikel 8 durch den Antrag „Beckh", wie er von Seite der k. Staatsregierung als eventueller Antrag noch geduldet wird und einigermaßen annehmbarer erscheint, nicht beseitigt wird, könnte ich diesem Antrage vielleicht noch zustimmen, aber einzig und allein aus diesem Grund, weil bei uns die Verhältnisse, wie sie Herr Beckh geschildert hat, absolut nicht bestehen, und weil ich für unsere Verhältnisse die Bestimmungen des Artikel 8 für vollständig zutreffend anerkenne; einzig und allein mit Rücksicht darauf, daß man andere Stimmen auch zur Geltung kommen lassen will, könnte ich diesem Antrage zustimmen; in der ursprünglichen Form, wie er gestellt ist, kann ich meine Zustimmung gar nicht geben, sondern nur mit der Einschränkung auf isolirte Waldparzellen.

Abg. **von Walter** (Korreferent): Wir müssen uns klar werden darüber, was die Einschaltung „isolirt" bedeuten soll. Ich stelle mir vor, daß der Herr Ministerialkommissär unter isolirten Waldparzellen diejenigen versteht, die zwischen landwirthschaftlichen Grundstücken eingekeilt, von allen Seiten von landwirthschaftlichen Grundstücken begrenzt werden. Wenn also ein Waldeigenthümer ein Grundstück, das er schon besessen oder erst hinzugekauft hat, das an seinem Wald anliegt, seit dem Jahre 1885 mit Wald hat anpflanzen lassen, so steht doch nichts entgegen, wenn auf der Seite, wo das Grundstück von landwirthschaftlichen Grundstücken umgeben ist, der Antrag „Beckh" auch Anwendung finde, denn die Nachtheile durch die neue Waldkultur sind ja für die Grundstücke vorhanden, und sie waren früher nicht vorhanden, weil erst seit 1885 der Wald angelegt worden ist.

Ich würde deßhalb glauben, daß gleichwohl die Anregung, die ich vorher gegeben, nicht ganz zurückzuweisen wäre.

Ministerialrath **von Huber:** Ich möchte zunächst auf die Aeußerung des Herrn Abg. Beckh erwidern, welcher gemeint hat, daß bei den jüngeren 20jährigen Waldungen ein sogenannter Mantel noch nicht da ist und daß die Prozedur, die im Walde nach seinem Vorschlag vorgenommen werden soll, dem Walde nicht schadet. Ich möchte Herrn Abg. Beckh empfehlen, die kurze Strecke von hier bis Gauting zu fahren und die dortigen Kulturen anzusehen, die vielleicht 20 Jahre alt sind, und den wunderschönen Waldmantel anzusehen, den sie gebildet haben, und ich möchte ihn dann fragen: wenn wir solche Waldmäntel nehmen, was auf der der Sonne, dem Wind und dem Hagelschag ausgesetzten oberbayerischen Hochebene mit derartigen hoffnungsvollen Waldungen geschehen wird.

Der Herr Abg. Beckh hat ferner gemeint, daß zunächst nur die Großgrundbesitzer, welche große Wälder besitzen, sehr hohe Waldungen erziehen, während die Bauern nur sehr kleine und unansehnliche Waldungen haben.

Ich würde dem Herrn Abg. Beckh empfehlen, sich einmal in unseren alt= S. 602.
bayerischen Provinzen und in Schwaben umzusehen, da wird er zu seinem Staunen bemerken, daß auch die Bauern so stolze Waldungen haben wie der Staat und die Großgrundbesitzer. Dieses Argument zieht also nicht!

Dem Herrn Abg. von Walter möchte ich antworten: Es handelt sich S. 603.
nicht, wie ich vorhin schon gesagt habe, um Waldungen, die erst begründet werden sollen, wie ja Herr von Walter ganz genau weiß, sondern um Waldungen, die bereits bestehen. Nach den sehr lichtvollen Ausführungen des Herrn Abg. Dr. Casselmann würden wir in den verschiedenen Rechtsgebieten Bayerns großen Schwierigkeiten begegnen, wenn wir bereits bestehende Waldungen nach dem Rezept des Herrn Abg. Beckh behandeln wollten. Wir haben meines Wissens aber auch verschiedene Gebiete in Bayern, wo wir in der vorliegenden Sache keine festen Normen haben, wo Alles auf Uebung und Duldung beruht! So weit wie Herr Abg. Beckh können wir nicht gehen! Auch Herrn von Walter gegenüber kann ich Bezug nehmen auf die Beschaffenheit der schönen, jungen Hölzer, von denen ich ein Beispiel in dem Jungholz bei Gauting vorgeführt habe, und ich möchte noch bemerken, daß der Waldbesitzer nach Maßgabe des Artikel 8 Abs. 2 verpflichtet ist, den Rand solcher Junghölzer bis 5 m Höhe sofort nach Inkrafttreten des Gesetzes aufzuasten, wenn sie an landwirthschaftliche Grundstücke anstoßen. Damit dürfte sich Herr von Walter beruhigen können, daß der Artikel 8 Abs. 2, wonach der Waldbesitzer die Aeste bis zu einer Höhe von 5 m vom Boden zu beseitigen hat, dann sofort in Kraft tritt.

Vorsitzender: Ich möchte vorschlagen, daß jetzt der Herr Abg. Beckh sich im Schlußworte äußert, dann die Herren Referenten sprechen und wir dann abstimmen.

Abg. **Beckh:** Ich möchte nur dem Herrn Ministerialkommissär noch einmal erklären, daß nach dem Wortlaute des Antrags, wie er vorliegt, der Mantel bei älteren Waldungen in keiner Weise beschädigt wird; wie weit die Bäume in der oberbayerischen Hochebene, die 1885 angepflanzt worden sind, schon sind, kann ich mir im Allgemeinen auch vorstellen; ich gebe zu, daß die Bäume da rascher wachsen als bei uns, aber Bäume, die 1885 geflanzt sind, werden auch in Oberbayern keine gar so große Höhe haben. Es werden die Pflanzen in den ersten Jahren kränkeln und in 10 Jahren ist der Wald nicht so hoch, daß man für keinen Mantel mehr sorgen könnte. Wenn der Nachbar verlangen darf, daß die Aeste weggenommen werden, so werden die Waldbesitzer schon für einen Mantel sorgen. Wenn in Schwaben und Altbayern so wohlhabende Bauern sind, wie der Herr Ministerialkommissär auseinandergesetzt hat, dann muß man sagen, die Leute haben alle etwas übrig, sonst hätten sie keine so großen Waldungen. In Mittelfranken sind die Bauern nicht so reich.

Was die Auffassung des Herrn Senatspräsidenten anlangt, daß, wenn wir Abs. 2 ablehnen, die Sache sehr schlimm wäre, daß dann der Mantel an den älteren Bäumen gefährdet wäre, so kann ich mich dieser Auffassung nicht anschließen. Ich bin nicht Jurist, ich habe das Bürgerl. Gesetzbuch nicht studirt, das wird mir auch Niemand in Uebel nehmen. Ich habe vom Artikel 218 keine Kenntniß gehabt, daß die bayerische Staatsregierung das Recht hat, diese Uebergangsvorschriften abweichend von den Bestimmungen des § 910 des Bürgerl. Gesetzbuchs und des Artikel 183 des Einführungsgesetzes zu machen. Wenn die bayerische Regierung aber keinen Gebrauch von diesem Rechte macht, dann bleibt es eben doch beim Artikel 183 des Einführungsgesetzes, dann tritt nicht

S. 603. gleich § 910 des Bürgerl. Gesetzbuchs in Kraft, sondern es behalten die Waldbesitzer die Rechte, die sie nach den landesgesetzlichen Vorschriften haben. Es ist bedauerlich, daß dann eine ganze Zeit lang noch diese Musterkarte von Gesetzen für Mittelfranken besteht. Warum aber sollen sie nicht noch einige Jahre mehr als Uebergangsstadium bestehen? Das würde ich viel eher zugeben können, als daß man die Feldbesitzer in der Weise schädigt. Ich kann mir keine andere Auffassung zu eigen machen, als daß, wenn die Vorschrift des Artikel 8 Abs. 2 nicht zur Geltung gelangt, nach Artikel 183 alle Waldbesitzer, welche im Gebiete des gemeinen Rechtes sich befinden, bezüglich ihres Ueberhangs geschützt sind, so daß der Feldbesitzer nur bis zu 15 Fuß Entfernung die Ausästung verlangen darf.

Ich bitte daher, meinen Antrag vorher zur Abstimmung zu bringen, ehe über die vorausgehenden Absätze des Artikel 8 abgestimmt wird, weil ich, wenn mein Antrag nicht angenommen würde, gegen Abs. 2 des Artikel 8 zu stimmen hätte.

Abg. **von Walter** (Korreferent): Der Antrag „Beckh" hat auf mich einen Eindruck gemacht deßhalb, weil Herr Beckh als Großgrundbesitzer im Interesse der kleinen Landwirthe denselben gestellt hat, und gerade diese Objektivität, die er damit an den Tag gelegt hat, bestimmt mich auch, seinen Antrag nicht vollständig unberücksichtigt zu lassen. Nur hat sein Antrag die Gefahr, daß wir, wenn wir ihn annehmen, die Vorschrift, welche in demselben enthalten ist, nicht blos auf die Streuhölzer ausdehnen, sondern, wie ich aus den letzten Schlußäußerungen des Herrn Ministerialkommissärs entnommen habe, auch auf alle anderen Verhältnisse erstrecken, und darin erblicke ich allerdings eine durch die Verhältnisse in Mittelfranken nicht gerechtfertigte Gefahr für andere Waldbesitzer in ganz Bayern und deßhalb bin ich leider nicht in der Lage, den Antrag in seiner ursprünglichen Fassung zur Annahme zu empfehlen. Dagegen glaube ich aus den Aeußerungen des Herrn Ministerialkommissärs entnommen zu haben, daß wir, wenn wir die beantragten Bestimmungen auf isolirte Waldparzellen beschränken, damit einen großen Schaden in dem übrigen Theil Bayerns nicht anstiften werden und gleichwohl den Verhältnissen Mittelfrankens so weit Rechnung tragen, als das Interesse auf die gesammte Waldwirthschaft des Königreichs es irgendwie gestattet, und deßhalb bitte ich, daß wir diesen Antrag mit den Abänderungen, die von Seite des k. Staatsministeriums der Justiz und von Seite des Herrn Vertreters der Ministerialforstabtheilung vorgeschlagen worden sind, unsere Zustimmung geben.

Abg. Dr. **Casselmann** (Referent): Die Sache ist nach jeder Richtung so genügend erörtert worden, daß ich mich auf einige ganz wenige Bemerkungen beschränken kann.

Die Auffassung des Herrn Abg. Beckh in rechtlicher Beziehung über die Bedeutung des Artikel 183 in Zusammenhalt mit Artikel 218 ist thatsächlich unrichtig und ich will, um nicht zu wiederholen, nur auf das verweisen, was in dieser Beziehung der Herr Senatspräsident angeführt hat.

Der Herr Korreferent ist der Meinung, daß man dem ursprünglichen Antrage „Beckh" nicht zustimmen könnte, weil die exceptionellen Verhältnisse in Mittelfranken es nicht rechtfertigen würden, den Waldbesitzer im größten Theile Bayerns so zu benachtheiligen, wie es der Fall sein würde, wenn man dem Antrag in der ursprünglichen Fassung zustimmen würde. Ich bin auch nicht geneigt, dem Modifikationsantrag „Beckh" zuzustimmen, und zwar aus folgendem Grunde: Der Herr Korreferent hat betont, es habe auf ihn Eindruck gemacht, daß der Herr Antragsteller als Großgrundbesitzer sich der Interessen

der kleinen Landwirthe angenommen habe. Es || ist das gewiß lobenswerth S. 604.
und wird auch von mir anerkannt; aber gerade wenn ich mich auf den Standpunkt des kleinen Landwirths stelle, so habe ich aus einem sehr einfachen Grund auch Bedenken gegen den Modifikationsantrag. Wer kommt in Betracht als Waldbesitzer, wenn wir den Modifikationsantrag annehmen, der von isolirten Waldparzellen spricht, wer ist Besitzer von isolirten Waldparzellen? In der Regel auch wieder der Bauer, und was wir auf der einen Seite dem Bauern als Besitzer des landwirthschaftlichen Grundstücks geben wollen, werden wir auf der anderen Seite ihm als Besitzer einer isolirten Waldparzelle nehmen. Deßhalb glaube ich nicht, daß Anlaß besteht, auch auf diesen eventuellen Antrag „Beckh" einzugehen, und ich beantrage als Referent die Ablehnung desselben.

Vorsitzender: Es wird sich vielleicht empfehlen, daß wir in der Weise abstimmen, daß für den Fall der Annahme des Antrags „Beckh" der Antrag nur insofern als angenommen gilt, daß das Wort „isolirt" eingeschaltet wird. Sie sind damit einverstanden.

Ich bitte diejenigen Herren, welche den Antrag „Beckh" annehmen, jedoch mit der Einschaltung des Wortes „isolirt" vor dem Worte „Waldparzellen", sich zu erheben. (Geschieht.)

Der Antrag „Beckh" ist mit der Modifikation angenommen; er lautet also:

> „Für isolirte Waldparzellen, welche seit dem Jahre 1885 auf früher landwirthschaftlich benützten Grundstücken entstanden sind, finden die Vorschriften des Abs. 2 keine Anwendung."

Zugleich werde ich konstatiren können, daß der ganze Artikel 8 angenommen ist, Abs. 1, 2, 3 — letzterer nach dem heute gestellten Antrage der k. Staatsregierung — und als Abs. 4 der Antrag „Beckh".

Artikel 9, 10, 11, 12, 13, 14, 15, 16 und 17.

Ohne Erinnerung.

Artikel 18.

Abg. Dr. **Casselmann** (Referent): Sie erinnern sich, daß ich mir schon bei der ersten Lesung des Gesetzentwurfes eine Anfrage an die k. Staatsregierung dahingehend erlaubt habe, ob die Gutachten der verschiedenen Handels- und Gewerbekammern über die Frage, ob man das Privilegium, welches zur Zeit nur gewisse Banken bezüglich der Mündelsicherheit ihrer Pfandbriefe haben, auf andere Kreditinstitute ausdehnen soll, eingelaufen seien und ob die Regierung schon zu diesen Gutachten Stellung genommen habe. Diese Frage möchte ich heute wiederholen. Dieselbe ist von eminenter Wichtigkeit für diejenigen Bankinstitute, die bisher das Privilegium nicht haben, und zwar um deswillen, als nach der neuen Gesetzgebung in zahlreichen Fällen die Anlage von Geldern nur noch in mündelsicheren Papieren gestattet ist. Es ist ganz klar, daß dadurch in den Augen des Publikums den privilegirten Pfandbriefen bezüglich ihrer Sicherheit mit Recht ein besonderer Werth beigelegt wird, und es ist klar, daß die betheiligten Banken, soferne sie dieses Privilegium bis jetzt noch nicht haben, ein dringendes Interesse daran haben, daß es ihnen gewährt wird.

Nun meine ich, daß die alten Banken, die fast durchweg seit 25 bis 30 Jahren bestehen und von anerkannter Solidität sind, nicht anders zu behandeln seien als die bisher privilegirten Banken. Ich mache darauf aufmerksam, daß das Reichshypothekengesetz den Pfandbriefbesitzern ein gesetzliches Vorzugsrecht an den zur Deckung der Pfandbriefe bestimmten Hypotheken, deren Betrag der umlaufenden Pfandbriefsumme mindestens gleichkommen muß, verleiht; dadurch würde eine erhöhte Sicherheit gegeben. Soviel mir aus den Zeitungen

S. 604. bekannt ist, haben von den sämmtlichen Handels- und Gewerbekammern Bayerns sich diejenigen von Oberbayern, Niederbayern, Oberpfalz, Schwaben und Neuburg und Unterfanken dafür ausgesprochen, daß eine Ausdehnung des Privilegiums auf diese soliden Kreditinstitute erfolgen soll. Gegen die Verleihung haben sich nur ausgesprochen die Handels- und Gewerbekammern für die Pfalz und diejenige für Oberfranken, während eine bedingte Verleihung des Privilegiums an diese Institute die Handels- und Gewerbekammer für Mittelfranken empfohlen hat. Ich will auf die Gutachten derjenigen Handels- und Gewerbekammern, die sich auf einen verneinenden Standpunkt gestellt haben nicht näher eingehen.

Nur in aller Kürze möchte ich bemerken, daß der Grund, den insbesondere die pfälzische Kammer angibt, daß kein Bedürfniß für die Ausdehnung auf andere Kreditinstitute bestehe, doch wohl nicht durchschlagend erscheint.

Was das Bedürfniß anlangt, so wird die Frage entstehen, ob nicht durch die einschlägigen Vorschriften des Bürgerl. Gesetzbuchs und verschiedener Reichsgesetze — ich erinnere nur an das Krankenversicherungsgesetz, Unfallversicherungs-, Invaliditäts- und Alterversicherungsgesetz, mit der Zeit sich doch das Bedürfniß nach mündelsicheren Papieren erheblich steigern wird. Uebrigens glaube ich, daß es weniger auf die Frage des Bedürfnisses als auf die Solidität der betreffenden Institute ankommen wird.

Ich möchte auf den Grund, den die oberfränkische Handels- und Gewerbekammer angegeben hat, daß nämlich ein Unterschied zu machen sei, je nachdem es sich handle um reine Hypothekenbanken oder um Banken mit gemischtem System, nicht näher eingehen. Nur darauf möchte ich verweisen, daß Aktienkapital und Reserven bei gemischten Banken viel größer sind als bei sogenannten reinen Hypothekenbanken und daß gemischte Banken nur den zehnfachen Betrag des Aktienkapitals zuzüglich Reservefond ausgeben dürfen, während den reinen Hypothekenbanken die Ausgabe des fünfzehnfachen Betrages gestattet ist. Die Geschäftsgebahrung der bayerischen Banken, die gemischtes System haben, haben noch niemals zu Unzuträglichkeiten geführt, welche gegen die Verleihung der Mündelsicherheit sprechen würden. Unsere älteren bayerischen Banken — das darf man wohl sagen — gehören zu den hervorragendsten Kreditinstituten Deutschlands und es ist insbesondere darauf hinzuweisen, daß dieselben gerade für den Bodenkredit in Bayern eine große Bedeutung haben. Es ist ja vom Herrn Korreferenten bereits derselbe Gedanken bei der ersten Lesung des Gesetzes ausgesprochen worden und, wie ich besonders auch anerkenne, vom Herrn Kollegen Beckh.

Ich möchte deßhalb die k. Staatsregierung bitten, bei Würdigung der Gutachten der Handels- und Gewerbekammern dieser Auffassung Rechnung zu tragen. Man wird ja gewisse Kautelen von Staatswegen noch treffen bezüglich der Ueberwachung der Geschäftsgebahrung der Banken, und wenn diese Kautelen noch dazu kommen, dann meine ich, fällt auch das letzte Bedenken, das man gegen die Ausdehnung des Privilegs haben könnte.

Abg. **von Walter** (Korreferent): Ich kann mich im Allgemeinen den Aus-
S. 605. führungen des Herrn Referenten an || schließen. Ich habe ja bereits auch in der Sitzung vom 14. März bei der ersten Lesung des Entwurfes mich in dem Sinne ausgesprochen, daß ich es sogar für zweckmäßig halte, wenn man von der Befugniß, die der bayerischen Regierung bis zum 1. Januar 1900 in der Beziehung noch zusteht, einen etwas ausgiebigeren Gebrauch macht. Seine Excellenz hat damals erwidert, daß die Frage noch nicht abgeschlossen sei, daß unter Umständen ein ausgedehnterer Gebrauch gemacht werde. Ich habe

die Hoffnung, daß die zur Kenntniß gelangten Gutachten der Handels- und Gewerbekammern in der Beziehung ein günstiges Resultat erzielt haben. Ich kann mich den Ausführungen des Herrn Referenten nur anschließen. S. 605.

Ich gestatte mir die Anfrage, ob der Herr Staatsminister in der Lage ist, uns nähere Mittheilungen darüber zu machen.

Der k. Staatsminister der Justiz: Die Entscheidung der Frage wird in Bälde erfolgen, aber zur Zeit sind die Verhandlungen noch nicht so weit gediehen, daß ich eine bestimmte Aeußerung machen könnte.

Abg. **Conrad:** So beachtenswerth die Ausführungen des Herrn Referenten wohl sind, und der Herr Korreferent hat sich ja im Prinzipe denselben angeschlossen, so kann ich doch nicht so vollständig dem beistimmen. Ueber ein Bedenken speziell könnte ich nicht hinauskommen. Der Herr Referent hat von einem einseitigen Privileg gesprochen. Man könnte sich das so vorstellen, als ob das Privileg der Mündelsicherheit, das bisher den reinen Hypothekenbanken bewilligt ist, eine Art Vorzug bedeute, als ob der Grundsatz der Gerechtigkeit und Billigkeit zum Nachtheile der sogenannten gemischten Banken verletzt sei. Doch möchte ich dabei einen Punkt nicht außer Betracht gelassen haben. Diese sogenannten gemischten Banken betreiben eben hauptsächlich oder wenigstens vorzugsweise das sonstige Kreditgeschäft. Dieses Kreditgeschäft wirft in Zeiten eines entwickelten Verkehrs, wie jetzt, natürlich ganz bedeutende Erträgnisse ab. Dasselbe verlangt aber, wie ich glaube, vorzugsweise auch die Mittel der Banken, deren Grundkapital und Reserven. Es ist aber noch fraglich, ob diese Banken, wenn sie den Anspruch erheben, Mündelsicherheit zu erlangen, ihre Mittel den Hypothekengeschäften auch entsprechend zuwenden. Sie können viel leichter ihre Kassenbestände zu sonstigen Kreditoperationen verwenden. Sie können Geld durch Ankauf, z. B. von Diskonten, sofort wieder nutzbringend anlegen, während dieses Geschäft den eigentlichen Hypothekenbanken verschlossen ist. Diese können sich nicht in dem Maße die Vortheile des allgemeinen Verkehrs zu nutze machen. Eher finde ich es daher für einseitig, wenn man den sogenannten gemischten Banken, die günstiger gestellt sind von Haus aus, auch noch das Privileg der Mündelsicherheit so leichthin gewähren wollte. Der Herr Referent hat bemerkt, daß ausreichende Kautelen zu treffen wären, indem die gemischten Banken derart bewacht würden, daß die Mündelsicherheit für die Pfandbriefe gewährleistet erscheine. Zur Zeit bin ich davon noch nicht recht überzeugt. Man hat davon gesprochen, daß die Buchführung und die ganze Geschäftsgebahrung zu trennen sei, sodaß das Hypothekengeschäft vollständig buchmäßig durch alle Sparten hindurch geführt wird. Da habe ich noch Zweifel, ob die Mittel der Banken und bis zu welchem Maße auch wirklich für das Hypothekengeschäft sicher gestellt sein werden. Die Banken werden in der Lage sein, durch besondere Operationen ihre Mittel dem Kreditgeschäfte zuzuwenden; ob sich das so trennen läßt, ist mir zur Zeit noch recht fraglich.

Nun möchte ich meine Ausführungen nicht in der Weise gedeutet haben, als ob die bisherigen älteren Banken Bayerns in irgend einer Weise nicht solid arbeiten und nicht durchaus solide Grundsätze verfolgen. Aber ich finde, von dem Privileg der Bayerischen Hypotheken- und Wechselbank, das diese als ein erworbenes Recht besitzt, abgesehen, daß man jetzt mit Gewährung von Mündelsicherheit an andere Banken einseitig vorgehen würde, soferne nicht sichere Garantie gegeben ist durch eine Ueberwachung mit buchmäßig und thatsächlich vollständig getrennter Geschäftsführung. Es fällt mir nicht ein, etwa

S. 605. den Hypothekenbanken das Wort zu reden. Es handelt sich hier nur um die Interessen der Mündel und die Sicherung derselben, nicht darum, ob der einen oder anderen Bank ein Vorzug einzuräumen sei. Ich möchte aber wünschen, daß die k. Staatsregierung noch recht ernstlich diese Frage überlegen möchte und nicht durch nur halbwegs sichere Maßnahmen sich bestimmen ließe, den sogenannten gemischten Banken das angestrebte Privileg zuzuwenden.

Abg. **Landmann:** Ich bin der entgegengesetzten Ansicht wie der Herr Vorredner. Ich neige mich der Ansicht der beiden Herren Referenten zu, die hier in Frage stehenden Banken sind ganz solide, alte Institute. Es sind die Vereinsbank und die Handelsbank, die hier zunächst in Frage kommen, es sind so bewährte Institute, daß in der That eine Unbilligkeit darin läge, hier einen Unterschied zu machen. Es würde dadurch für die begünstigten Banken ein Privileg geschaffen werden, welches den nicht begünstigten Kreditinstituten sehr nachtheilig wäre. Ich möchte daher die k. Staatsregierung bitten, dafür zu sorgen, daß hier mit gleichem Maße gemessen werde.

Vorsitzender: Zum Worte ist Niemand mehr gemeldet; Artikel 18 ist angenommen.

Seine Excellenz der Herr Justizminister hat einen Antrag übergeben, welcher die Einfügung eines neuen **Artikel 18a** bezweckt. Derselbe lautet:

Erbschein.

Artikel 18a.

Die Ertheilung eines Erbscheins nach den Vorschriften des Bürgerlichen Gesetzbuchs sowie der im § 2368 des Bürgerlichen Gesetzbuchs und im § 37 der Grundbuchordnung bezeichneten Zeugnisse kann auch beantragt werden, wenn der Erblasser vor dem Inkrafttreten des Bürgerlichen Gesetzbuchs gestorben ist. Der Erbfolger und der Erbvermächtnißnehmer des pfälzischen Rechtes stehen dem Erben gleich.

In dem Erbscheine sind die unmittelbar wirkenden Vermächtnisse anzugeben.

Die Anordnung eines Universalvermächtnisses nach dem in den Landestheilen rechts des Rheins geltenden Rechte sowie die Anordnung einer Substitution des pfälzischen Rechtes steht der Anordnung einer Nacherbfolge gleich.

Einem Vermächtnißnehmer, der mit einem unmittelbar wirkenden Vermächtnisse bedacht ist, hat das Nachlaßgericht auf Antrag ein Zeugniß über das Vermächtniß zu ertheilen. Die Vorschriften über den Erbschein finden auf das Zeugniß entsprechende Anwendung. Hat das Vermächtniß ein Recht an einem Grundstück oder ein Recht
S. 606. an einem solchen Rechte zum Gegenstande, so ist bei der Ein || tragung des Beschwerten in das Grundbuch oder in das Hypothekenbuch der Landestheile rechts des Rheins zugleich das Recht des Vermächtnißnehmers einzutragen.

Steht dem überlebenden Ehegatten kraft Gesetzes oder kraft Ehevertrags ein Recht der Verwaltung und Nutznießung oder des Beisitzes oder ein Voraus zu, so finden die Vorschriften des Artikel x (des Entwurfes der Uebergangsvorschriften für das eheliche Güterrecht) entsprechende Anwendung.

Die Diskussion über Artikel 18a ist eröffnet.

Das Wort nehmen der Herr Senatspräsident.

Senatspräsident Dr. **von Jacubezky:** Ich möchte zur Begründung S. 606.
dieses Vorschlages zunächst auf die Verhandlungen hinweisen, die bei der ersten Lesung dieses Gesetzentwurfes im Ausschusse stattgefunden haben. Es ist von Seite des Herrn Referenten damals der Wunsch ausgesprochen worden, daß die Ertheilung eines Erbscheins auch für die Erbschaften zugelassen werden soll, für welche nach dem Artikel 213 des Einführungsgesetzes die bisherigen Vorschriften maßgebend bleiben, für die Fälle, in welchen der Erblasser vor dem Inkrafttreten des Bürgerl. Gesetzbuchs gestorben ist. Für die Landestheile rechts des Rheins würden solche Vorschriften wohl entbehrlich sein, weil wir hier ein dem Bedürfniß entsprechendes Zeugniß schon haben. Die Zeugnisse, die vom Verlassenschaftsgerichte ausgestellt werden, haben zwar nicht den öffentlichen Glauben des Erbscheins, im Uebrigen aber leisten sie denselben Dienst wie der Erbschein. Dagegen fehlt es in der Pfalz an einer derartigen Einrichtung. Es gibt dort kein amtliches Zeugniß über die Erbfolge; man kann nicht durch ein Zeugniß des Nachlaßgerichts oder eines das Nachlaßgericht vertretenden Beamten darthun, daß man Erbe eines Verstorbenen geworden ist, sondern es muß in jedem einzelnen Falle derjenige, der mit dem Erben in rechtliche Beziehung treten will oder soll, sich, so gut er kann, vergewissern, daß derjenige, der vor ihm steht, mit dem er verhandeln will oder soll, wirklich der Erbe ist.

Daraus können sich gerade bei der Grundbucheinrichtung beträchtliche Schwierigkeiten ergeben. Die Grundbuchämter sind nicht dazu berufen, derartige unter Umständen weitaussehende Ermittelungen vorzunehmen; es ist nothwendig, eine Ergänzung des bestehenden Rechtes dahin zu schaffen, daß der Erbschein auch für die älteren Erbfälle — wenn ich den kurzen Ausdruck gebrauchen darf — eingeführt wird. Ich habe neulich schon bemerkt, daß die Vorschriften nicht so einfach gestaltet werden können, wie der Herr Referent glaubt, weil wir verschiedene Rechtsformen zu berücksichtigen haben, und der vorliegende Antrag enthält in der That eine größere Anzahl von Vorschriften. Indessen ist doch der Grundgedanke ein einfacher, es handelt sich lediglich um Folgerungen aus der Uebertragung der Vorschriften, welche das Bürgerl. Gesetzbuch für den Erbschein gibt, auf die älteren Erbfälle.

Im Abs. 1 ist neben dem Erbschein das im § 2368 des Bürgerl. Gesetzbuchs bezeichnete Zeugniß genannt. Das ist das Zeugniß für den Testamentsvollstrecker, für den es auch Bedürfniß ist, sich darüber ausweisen zu können, daß er dieses Amt hat. Man ertheilt auch in den Landestheilen rechts des Rheins dem Testamentsvollstrecker ein solches Zeugniß.

Daneben kommt auch das im § 37 der Grundbuchordnung bezeichnete Zeugniß in Betracht. Dieses Zeugniß ist ein gegenständlich beschränktes Erbschaftszeugniß mit einer gewissen Ergänzung. Wenn eine zu einem Nachlasse gehörende Hypothek, Grundschuld oder Rentenschuld im Wege der Erbtheilung auf einen der mehreren Erben übertragen werden soll, so genügt zum Nachweise der Erbfolge und der Eintragungsbewilligung der Erben ein Zeugniß des Nachlaßgerichts.

Der zweite Satz des Abs. 1 bezieht sich auf Besonderheiten des pfälzischen Rechtes. Das pfälzische Recht kennt neben dem Erben noch andere Rechtsnachfolger, deren rechtliche Stellung der des Erben ähnlich ist. Das sind der Erbfolger und der Erbvermächtnißnehmer. Der Erbfolger — der überlebende Ehegatte, das uneheliche Kind, der Fiskus — ist auch Erbe; er hat nur nicht die saisine, der Besitzer des Nachlasses geht nicht auf ihn über, sondern er muß sich ihn erst übertragen lassen. Der Erbvermächtnißnehmer ist der in

S. 606. einer letztwilligen Verfügung als Erbe Eingesetzte. Das französische Recht hat den Satz des deutschen Rechtes aufgenommen: „nur Gott kann Erben machen". Der Eingesetzte ist nicht Erbe, sondern nur Vermächtnißnehmer; er erhält aber den Nachlaß, er tritt thatsächlich an die Stelle des Erben. Der Erbfolger und der Erbvermächtnißnehmer müssen deßhalb gleichfalls einen Erbschein bekommen, in dem sie als Erbfolger oder als Erbvermächtnißnehmer bezeichnet werden.

Im Abs. 2 wird bestimmt: „In dem Erbscheine sind die unmittelbar wirkenden Vermächtnisse anzugeben." Das Bürgerl. Gesetzbuch kennt, wie die Herren wissen, nur solche Vermächtnisse, die — wie man sagt — mittelbar wirken, d. h. das Vermächtniß überträgt nicht den vermachten Gegenstand unmittelbar auf den Bedachten, sondern es begründet nur eine Forderung. Der Erblasser kann das Vermächtniß nicht mit der Wirkung anordnen, daß der Vermächtnißnehmer das Vermachte unmittelbar erhält, sondern nur seinen Erben oder einen andern Vermächtnißnehmer verpflichten, daß dieser den vermachten Gegenstand dem Bedachten überträgt. Das geltende Recht läßt aber neben dem mittelbaren Vermächtniß auch das unmittelbare zu. Der Erblasser kann aus seinem Nachlaß dem Vermächtnißnehmer einen Gegenstand unmittelbar zuwenden, so daß mit dem Eintritt der Erbfolge der Gegenstand auf den Vermächtnißnehmer übergeht. Ein vermachtes Haus wird ohne Weiteres Eigenthum des Vermächtnißnehmers, wenn der Erblasser stirbt. Die unmittelbare Wirkung des Vermächtnisses beschränkt den Nachlaß. Was in solcher Weise vermacht ist, das bekommt der Erbe von vornherein nicht. Es muß also dafür Sorge getragen werden, daß aus dem Erbschein ersichtlich ist, daß solche unmittelbare Vermächtnisse — „Vindikationslegate" auf deutsch genannt (Heiterkeit) — angeordnet sind, und welches die in solcher Weise vermachten Gegenstände sind. Die Einfügung der unmittelbar wirkenden Vermächtnisse entspricht den Vorschriften des Bürgerl. Gesetzbuchs darüber, daß die Anordnung einer Nacherbfolge und die Ernennung eines Testamentsvollstreckers in dem Erbschein angeführt werden müssen, weil sie das Recht des Erben objektiv, mit absoluter oder, wie man zu sagen pflegt, dinglicher Wirkung beschränkt.

In einem weiteren Absatze werden das Universalvermächtniß nach dem in den Landestheilen rechts des Rheins geltenden Recht und die Substitution des pfälzischen Rechtes berücksichtigt. Diese Rechtsgestaltungen werden der Nacherbfolge gleichgestellt, mit der sie den Zweck gemein haben. Das Universalvermächtniß hat die Bedeutung, daß derjenige, welcher zunächst Erbe wird, den Nachlaß einem Anderen herausgeben soll. Der Fideikommissar wird Gesammt-
S. 607. nachfolger, er tritt in allen Beziehungen an die Stelle des Erben. Die allerdings nur in engen Grenzen zulässige und nicht sehr häufig vorkommende Substitution des pfälzischen Rechtes hat dieselbe Bedeutung. Diese beiden Rechtsgestaltungen werden der Nacherbfolge gleichgestellt. Wie dem Erben, den ihm gleichstehenden Personen und dem Testamentsvollstrecker muß ein solches Zeugniß auch dem Vermächtnißnehmer ertheilt werden, der mit einem unmittelbar wirkenden, einem Vindikationsvermächtniß bedacht ist. Das Zeugniß beschränkt sich auf den Gegenstand des Vermächtnisses. Es muß dem Vermächtnißnehmer ermöglicht werden, sich über seinen unmittelbaren Erwerb auszuweisen, wenn z. B. ein Grundstück oder ein Nießbrauch an einem Grundstücke vermacht ist. Er erwirbt ja nicht wie derjenige, dem unter der Herrschaft des Bürgerl. Gesetzbuchs ein Vermächtniß zugewendet worden ist, durch einen Vertrag unter Lebenden, den der Erbe mit ihm zu schließen verpflichtet ist; an die Stelle der Erklärung des Erben tritt hier das Zeugniß.

An die Vorschrift über die Ertheilung eines solchen Zeugnisses an den Vermächtnißnehmer reiht sich in dem Antrag eine ergänzende Vorschrift für den Fall an, daß der Gegenstand des unmittelbar wirkenden Vermächtnisses ein Recht an einem Grundstück oder ein Recht an einem solchen Rechte bildet, daß also eine Eintragung in das Grundbuch erforderlich ist. In diesem Falle soll das Recht des Beschwerten, das mit dem vermachten Rechte belastet ist, nicht eingetragen werden, ohne daß zugleich das belastende Recht des Vermächtnißnehmers eingetragen wird. S. 607.

Der am häufigsten vorkommende Fall ist der des Nießbrauchs an einem Grundstücke. Der Erbe, auf den das Eigenthum übergegangen ist, soll nicht als Eigenthümer eingetragen werden, ohne daß gleichzeitig der etwa der Wittwe des Erblassers vermachte Nießbrauch eingetragen wird; denn sonst könnte aus dem öffentlichen Glauben des Grundbuchs eine Gefahr für das Nießbrauchsrecht der Wittwe entstehen; es würde verloren gehen, wenn der Erbe das Grundstück veräußert und der Erwerber nicht weiß, daß es mit dem Nießbrauche belastet ist. Die Vorschrift des Antrags entspricht den Vorschriften, die die Grundbuchordnung in den §§ 52, 53 für den Fall der Anordnung einer Nacherbfolge und für den Fall der Ernennung eines Testamentvollstreckers gibt; das Recht des Vorerben darf nicht eingetragen werden, ohne daß das Recht des Nacherben eingetragen wird, und die Ernennung des Testamentsvollstreckers, dessen Verwaltung der eingetragene Nachlaßgegenstand unterliegt, muß zugleich mit dem Rechte des Erben eingetragen werden.

Endlich müssen die in den Landestheilen rechts des Rheins häufig vorkommenden Fälle in Betracht gezogen werden, daß kraft Gesetzes dem überlebenden Ehegatten ein Recht der Verwaltung und Nutznießung oder ein Beisitzrecht oder ein Voraus gewährt ist. Diese Rechte sollen so behandelt werden wie das unmittelbar wirkende Vermächtniß; es soll also ein Zeugniß über das Recht ertheilt und dieses soll bei der Eintragung des Rechtes des Erben in das Grundbuch mit eingetragen werden. Dem Falle, daß diese Rechte dem überlebenden Ehegatten kraft Gesetzes zustehen, muß der Fall gleichstehen, daß das Recht auf Ehevertrag beruht. In dem in Aussicht gestellten Nachtrage, der die Ueberleitungsvorschriften für die ehelichen Güterrechte enthalten wird, werden entsprechende Vorschriften für den Fall getroffen, daß der Erblasser erst nach dem Inkrafttreten des Bürgerl. Gesetzbuchs stirbt, für das eheliche Güterrecht aber die bisherigen Vorschriften maßgebend sind. Da nun die güterrechtlichen Vorschriften in diesen Entwurf eingestellt werden sollen und den erbrechtlichen Vorschriften unmittelbar vorangehen werden, so dürfte es sich empfehlen, hier eine Verweisung auf die zu erwartenden Vorschriften aufzunehmen. Diese Bedeutung hat der Vorschlag, einstweilen die Vorschriften des Artikel x für anwendbar zu erklären, die sachlich mit den für die unmittelbar wirkenden Vermächtnisse gegebenen Vorschriften übereinstimmen.

Aus diesen Darlegungen dürften die Herren die Ueberzeugung gewonnen haben, daß die Vorschriften des Antrags nicht so verwickelt sind, wie sie auf den ersten Blick aussehen, daß es sich zwar um eine Mehrzahl von Vorschriften handelt, die erforderlich sind, weil viele Einzelnheiten berücksichtigt werden müssen, daß aber die für die einzelnen Fälle vorgeschlagenen Vorschriften ziemlich einfach und deßwegen nicht schwer zu verstehen sind, weil sie, abgesehen von den die Eintragung betreffenden Vorschriften, auf dem nämlichen Grundgedanken beruhen.

Vorsitzender: Das Wort hat der Herr Referent.

S. 607. Abg. Dr. **Casselmann** (Referent): Ich kann mich auf sehr wenige Bemerkungen beschränken. Zunächst bin ich damit einverstanden, daß der von der k. Staatsregierung vorgeschlagene Artikel an dieser Stelle nach Artikel 18 eingestellt wird, während ich die Einstellung desselben als Artikel 21a beantragt hatte.

Was den Vorschlag der k. Staatsregierung selbst betrifft, so entspricht er vollkommen der Anregung, die ich bei der ersten Lesung des Entwurfes dahin gegeben habe, daß man die Vorschriften des Bürgerl. Gesetzbuchs über den Erbschein auch auf die Fälle anwenden solle, wenn der Erblasser vor dem Inkrafttreten des Bürgerl. Gesetzbuchs gestorben ist. Ich bin den sehr klaren und verständlichen Ausführungen des Herrn Senatspräsidenten gefolgt und theile seine Auffassung, daß der Artikel schwieriger aussieht, als er in Wirklichkeit ist. In Wirklichkeit sind in dem Artikel nur die Folgerungen aus dem Vordersatze gezogen, daß die Vorschriften des Bürgerl. Gesetzbuchs über den Erbschein Anwendung finden auf die Verlassenschaften, bei denen die bisherigen gesetzlichen Bestimmungen gelten, mit anderen Worten: es sind die Vorschriften des Erbscheins angepaßt an die bestehenden erbrechtlichen Vorschriften.

Ich beantrage, dem Artikel zuzustimmen.

Abg. **von Walter** (Korreferent): Ich habe zwar den Antrag noch gar nicht in Händen gehabt, ich bin aber auch den Ausführungen des Herrn Senatspräsidenten gefolgt und habe daraus die Anschauung gewonnen, daß wir dem Antrage der k. Staatsregierung unbedenklich zustimmen können. Der Standpunkt, den ich bisher eingenommen habe, ist, daß für das rechtsrheinische Bayern die vorzeitige Einführung des Erbscheins nicht nothwendig wäre; nachdem aber in der Pfalz in der Beziehung eine Lücke auszufüllen ist, so wird auch nichts dagegen zu erinnern sein, wenn der Erbschein gleich jetzt für ganz Bayern eingeführt wird und wenn den Verlassenschaftsrichtern Gelegenheit gegeben wird, sich einstweilen die Art und Weise einzustudiren, wie ein Erbschein ausgestellt werden muß.

Ich habe also gegen den Antrag selbst nichts zu erinnern und empfehle dessen Annahme.

Abg. **Michel:** Von unserem pfälzischen Standpunkte aus besteht keinerlei Erinnerung gegen den vorliegenden Antrag. Die Ausführungen des Herrn
S. 608. Senatspräsidenten || sind vollkommen zutreffend. Ich will nur beifügen, daß bei der Erbfolge außer dem direkten Anspruche des Erbfolgers an den Erben auf Ausantwortung auch nach Besitzeinweisung in den Nachlaß durch das Gericht betrieben werden kann in einzelnen Fällen. Ich bitte, dem Antrage zuzustimmen.

Vorsitzender: Die Herren Referenten werden das Schlußwort nicht mehr nehmen wollen.

Der Antrag der k. Staatsregierung ist angenommen.

Ich rufe nunmehr auf: **Artikel 19, 20, 21, 22, 23, 24, 25, 26, 27, 28, 29, 30, 31, 32, 33, 34, 35, 36, 37, 38, 39, 40, 41, 42.**

Ohne Erinnerung.

Artikel 43.

Das Wort hat der Herr Korreferent.

Abg. **von Walter** (Korreferent): Ich habe bereits bei der ersten Lesung des Gesetzentwurfes meine schweren Bedenken gegen den Artikel 43 geltend gemacht und ich kann auch heute nicht umhin, Sie mit Ausführungen darüber

zu belästigen, warum ich den Artikel 43 bedenklich finde. Artikel 43 beruht S. 608.
auf einem Vorbehalte des Artikel 194 des Einführungsgesetzes zum Bürgerl. Gesetzbuche, welcher lautet:

„Durch Landesgesetz kann bestimmt werden, daß ein Gläubiger, dessen Pfandrecht zu der im Artikel 192 bezeichneten Zeit besteht, die Löschung eines im Range vorgehenden oder gleichstehenden Pfandrechts, falls dieses sich mit dem Eigenthum in einer Person vereinigt, in gleicher Weise zu verlangen berechtigt ist, wie wenn zur Sicherung des Rechtes auf Löschung eine Vormerkung im Grundbuch eingetragen wäre."

Diese Bestimmung in Artikel 194 ermöglicht es der Landesgesetzgebung, bei den künftig als Hypothek ohne Hypothekenbrief oder als Sicherungshypothek im Sinne des Bürgerl. Gesetzbuchs fortbestehenden Hypotheken die Entstehung einer Eigenthümerhypothek auszuschließen.

Mit dem Artikel 43 werden nun, wie sein Wortlaut sagt, die Rechte aufgehoben, welche dem Schuldner oder dem Eigenthümer aus dem § 84 des Hypothekengesetzes zustehen, und zwar ausgeschlossen, insofern durch sie Rechte, die nach der Geltung des Bürgerl. Gesetzbuchs und bezw. nach der Anlegung des Grundbuchs erst erworben werden, dadurch beeinträchtigt würden. Ich halte diese Bestimmung für eine sehr mißliche für den Eigenthümer. Es ist ganz außer Zweifel, wenn wir von dem Vorbehalt des Artikel 194 des Einführungsgesetzes zum Bürgerl. Gesetzbuch keinen Gebrauch machen würden, so würden einfach mit der Anlegung des Grundbuchs alle Bestimmungen des Liegenschaftsrechts und insbesondere auch die Bestimmungen der §§ 1163 und 1196 des Bürgerl. Gesetzbuchs anwendbar sein, wonach der Eigenthümer unter den dort angegebenen Voraussetzungen eine Eigenthümer- oder Grundschuldhypothek erwirbt. Sobald eine Forderung weggezahlt oder sonst erloschen ist, hat nach dem Bürgerl. Gesetzbuch der Eigenthümer das Recht, für sich selbst eine Hypothek eintragen zu lassen, und je nach den Umständen ist diese Hypothek eine Eigenthümer- oder eine Grundschuldhypothek. Es ist wohl ganz zweifellos und allgemein als richtig anerkannt, daß die Folge des Nichtgebrauchmachens von dem Vorbehalt des Artikel 194 die wäre, daß auch gegenüber einer Hypothek des bayerischen Rechtes ganz dieselben Folgen eintreten würden, wie sie gegenüber den Bestimmungen des Bürgerl. Gesetzbuchs einer Hypothek des neuen Rechtes zustehen würden und müßten.

Nun wird in den Motiven gesagt, daß es eine Gefahr für die Gläubiger wäre, wenn wir das Bürgerl. Gesetzbuch auch in Ansehung derjenigen Hypotheken eintreten lassen würden, welche nach bayerischem Rechte begründet worden sind, und deßhalb wird der Eigenthümer nach Artikel 43 auf den Rangvorbehalt beschränkt, den das Bürgerl. Gesetzbuch im § 881 bestehen läßt. Allein der Rangvorbehalt des § 881 des Bürgerl. Gesetzbuchs ist keineswegs identisch mit dem Rangvorbehalt der §§ 84 und 150 des bayerischen Hypothekengesetzes. Der § 84 und der § 150 stellen unbedingt das Recht des Eigenthümers fest, den Rang zu vergeben, und eine Beschränkung dieses Rechtes tritt nur insoweit ein, als es sich um die Eintragung einer Vollstreckungshypothek handelt.

Nun geht aber die Einschränkung des § 881 weiter; die Einschränkung wird da auch ausgedehnt auf die Sicherungshypothek des neuen Rechtes und auf die vertragsmäßige Hypothek des neuen Rechtes. In Bezug auf letztere gebe ich vollständig zu, daß in dieser Beziehung eine besondere Erschwerniß für den Eigenthümer nicht erwachsen wird, weil er, wenn er eine andere

S. 608. Hypothek als diejenige, für welche er den Rang vorbehalten hat, bestellen will, die Möglichkeit hat, für dieselbe einen späteren Rang zu bestimmen, vorausgesetzt, daß er auch das Geld für eine Nachhypothek erlangen kann. Allein in Ansehung der Sicherungshypotheken geschieht ein Eingriff in das Recht des Eigenthümers, der mir nicht gefallen will, um so weniger, als durch die Uebergangsbestimmung in Artikel 43 ein dauernder Unterschied zwischen der Stellung des Eigenthümers gemacht wird, je nachdem die Hypothek, in Ansehung welcher ein Rangvorbehalt geltend gemacht werden kann, nach altem Rechte oder nach neuem Rechte entstanden ist. Die Uebergangsbestimmung ist keine solche, daß sie etwa schon in 2, 3 oder 4 Jahren gegenstandslos wird. Die Hypotheken liegen oft Jahrzehnte und noch länger auf einem Anwesen, und solange es noch eine Hypothek des alten Rechtes gibt, wird die Ubergangsbestimmung angewendet werden müssen. Der Eigenthümer ist also durch die Einschränkung des Artikel 43 und durch die Zurückschraubung auf den § 881 in eine viel nachtheiligere Lage versetzt als der Eigenthümer, der erst nach dem neuen Recht eine Hypothek bestellt und bei der Erlöschung dieser Hypothek, gleichgiltig auf welche Weise sie erfolgt, eine Eigenthümer- oder eine Grundschuldhypothek einzutragen das Recht hat. Dieses Recht, das dem Besteller der neuen Hypothek zusteht, soll gegenüber den älteren ausgeschlossen werden! Das ist ein Unterschied, der nicht gerechtfertigt werden kann.

Ich habe mich vergeblich gefragt, warum dieser Unterschied gemacht werden soll. Ich habe in den Motiven weiter nichts gefunden als den Satz, daß derselbe eine Benachtheiligung der Gläubiger wäre. Aber das Bürgerl. Gesetzbuch schafft ebenfalls diese Benachtheiligung der Gläubiger. Sobald eine nach dem neuen Recht entstandene Hypothek erlischt, hat der Eigenthümer das Recht, eine Hypothek für sich eintragen zu lassen; und wenn eine Hypothek des alten Rechtes erlischt, so soll diese Befugniß des Eigenthümers ausgeschlossen sein.

Nun habe ich allerdings aus einem Privatgespräch mit dem Herrn Senatspräsidenten erfahren, worin eigentlich der Grund liegt, warum man diese Vorschrift für nothwendig hält. Der Grund soll darin bestehen, daß man die Gläubiger dadurch schädigen würde, weil eine solche Eigenthümerhypothek auch von einem Kurrentgläubiger mit Beschlag belegt werden könnte und dadurch
S. 609 der Werth des || verpfändeten Objektes, soweit die Eigenthümerhypothek reicht, den nachstehenden Gläubigern entzogen würde. Das ist richtig; aber ganz dieselbe Folge tritt sicherlich auch ein, wenn eine Hypothek des neuen Rechtes erlischt und wenn dafür eine Eigenthümerhypothek eingetragen wird.

Nun habe ich in der Anmerkung zu Artikel 194 des Einführungsgesetzes auch einen Satz gefunden, der vielleicht einige Auskunft darüber gibt, warum man den Unterschied zwischen alten und neuen Hypotheken statuiren will. Derselbe lautet: „Ein solcher Ausschluß mag in Anbetracht des früheren accessorischen Charakters dieser Rechte, vermöge dessen der Wegfall des Rechtes nach dem bisherigen Rechtszustand vielfach das Aufrücken der nachstehenden Posten zur Folge gehabt haben würde, für die Landesgesetzgebung berechtigt erscheinen." Hier ist es nun schon fraglich, ob diese Voraussetzung überhaupt auf die Hypotheken des bayerischen Rechtes zutrifft. Es ist ganz richtig, die Hypothek des bayerischen Rechtes hat einen noch mehr accessorischen Charakter als die Hypothek des neuen Rechtes; allein wenn ich in dem Kommentar von Gönner mich umsehe, so finde ich doch, daß auch das bayerische Hypothekengesetz den ausschließlich accessorischen Charakter der Hypothek bereits verlassen hat, und daß insbesondere in dem Rangvorbehalt des § 84 etwas Anderes gesucht und gefunden werden muß als in dem des § 881 des Bürgerl. Gesetzbuchs.

von Gönner sagt in seinem Kommentar zum Hypothekengesetz zu § 84 S. 609. Folgendes:

„Alles was auf das Hypothekenwesen Einfluß hat, ist in seinen Wirkungen auf die handelnden Personen unter sich beschränkt, solange es noch nicht in das Hypothekenbuch eingetragen ist, und eben dieser Satz gilt auch über Endigung der Hypotheken; die Gläubiger können also aus der Endigung einer Hypothek für sich kein Recht ableiten, solange nicht dieselbe im Hypothekenbuch gelöscht worden ist.

Jeder Hypothekengläubiger hat ein Recht nur auf den Vorzug, welchen das Hypothekenbuch nach Ordnung der Einträge darstellt. Solange eine Hypothek noch eingetragen, noch nicht wirklich gelöscht ist, hat kein Gläubiger auf eine andere Priorität ein Recht. Wie durch Cessionen ohne Zwischenhandlung des Schuldners der Cessionar in die Priorität der cedirten Forderungen eintritt, ebenso kann dieses mit Zwischenhandlung des Schuldners geschehen, denn diese ist in einem öffentlichen Hypothekensystem aus Mangel des Eintrags hinsichtlich anderer Gläubiger immer eine res inter alios acta.

Offenbar steht also kein Recht eines Gläubigers und kein äußeres rechtliches Hinderniß entgegen, wenn der Schuldner, welcher eine Hypothekschuld, sei es es durch Zahlung, Nachlaß oder Konfusion z. B. als Erbe des Gläubigers, an sich brachte, die für das Hypothekenbuch und mit demselben für alle darin eingetragenen Gläubiger noch bestehende Hypothek einem Dritten einräumt.

Der juristische Anstoß kann nur in der Vorstellung liegen, daß es nicht denkbar sei, wie er gleichsam als sein eigener Gläubiger auftreten und die an sich gebrachte Forderung cediren wolle. Allein dieser verliert sogar den äußern Schein, wenn man die Sache aus dem natürlichen Gesichtspunkt betrachtet. Die Forderung besteht noch äußerlich und öffentlich durch den Eintrag in's Hypothekenbuch; der Schuldner erklärt, welche Person er als Eigenthümer derselben, d. i. als Gläubiger erkenne, und er legitimirt sich über das Recht, diese Erklärung auf giltige Art zu machen, dadurch, daß er seine Befugniß darthut, ohne Einwilligung der als Gläubiger im Hypothekenbuch benannten Person oder vielmehr im Namen und aus dem Recht derselben nunmehr eine andere benannte Person als Gläubiger anzuerkennen. Der innere Werth des Anstoßes beruht ohnehin, wie das Rechtsaxiom: res propria nemini servit, zum Theil auf einem Irrthum und ist nur wahr, solange nicht eine neue Sonderung der Person von der Sache erfolgte."

Der Kommentar führt dann noch weiter aus, daß dieser Rangvorbehalt des § 84 in den Motiven des Hypothekengesetzes namentlich mit Rücksicht darauf geschaffen wurde, weil der Schuldner, der z. B. ein Kapital abbezahlt hat, leichter zu einem guten Rang als einem schlechten Rang Geld erhält und weil insbesondere dadurch ausgeschlossen werden will, daß der Schuldner, der darüber erbost ist, daß ein Kapital von besserem Rang zurückbezahlt wurde, das Seinige aber unbezahlt geblieben ist, den Schuldner in Verlegenheit setzen könnte.

Ich folgere aus diesen Ausführungen von Gönner's, daß der accessorische Charakter der Hypothek, den sie nach dem gemeinen Rechte hat, schon erheblich verlassen ist, und ich schließe weiter aus den Ausführungen und insbesondere aus der Anmerkung, „daß in Preußen das Recht ausdrücklich anerkannt

S. 609. worden ist, daß der Schuldner eine Hypothek auf seinem eigenen Grundstück erwerben kann", daß man sich doch der jetzt vom Bürgerl. Gesetzbuch ausdrücklich anerkannten Grundschuldhypothek in dem bayerischen Hypothekengesetz bereits ziemlich bedeutend genähert hat. Wenn das aber der Fall ist, dann hat bisher der Eigenthümer viel weitgehendere Rechte besessen, als er sie nach dem Artikel 43 in Zukunft besitzen soll. Der Eigenthümer hat dadurch, daß er entweder nach § 150 sich den Rang für eine erst später zu begründende Hypothek vorbehält, oder daß er das Recht erworben hat, für eine erloschene aber nicht gelöschte Hypothek selbst wieder den Rang der Hypothek zu vergeben, das Verfügungsrecht, das er als Eigenthümer über den betreffenden Werth des Grundstücks hatte, wieder zurückerworben und sich vorbehalten. Dieses Recht wird ihm jetzt genommen und damit ist nach meiner Meinung eine Schädigung des Eigenthümers und eine ganz erhebliche Ungleichheit in Bezug auf die Hypotheken des bayerischen Rechtes und die des Bürgerl. Gesetzbuchs geschaffen.

Ich finde für diese Ungleichheit absolut keinen Grund. Die Gründe, die man dafür anführen kann, daß die Gläubiger geschädigt werden können, bestehen auch nach dem Bürgerl. Gesetzbuch in Ansehung der neuen Hypotheken und sie können nach meinem Dafürhalten vollständig in Kauf genommen werden, soweit für Hypotheken des bayerischen Rechtes die Bestimmungen des Bürgerl. Gesetzbuchs Geltung erlangen. Eine derartige Ungleichheit des Eigenthümers, dem doch sonst im Bürgerl. Gesetzbuch weiteste Rechnung getragen wird, kann ich für meine Person nicht acceptiren. Ich sehe keinen genügenden Grund hiefür ein. Das Bürgerl. Gesetzbuch hat angenommen, daß für jede zur Löschung gebrachte Hypothek der Eigenthümer des verpfändeten Objekts als Gläubiger eintreten kann. Das bayerische Hypothekengesetz hat eine ähnliche Einrichtung geschaffen, hat es ausgebaut, und warum nun gerade
S. 610. deßhalb, weil die Hypothek ein paar Jahre vor ‖ Anlegung des Grundbuchs errichtet worden ist, der große Unterschied eintreten soll, daß er den Rang, wenn die Hypothek zur Löschung gebracht wird, nicht soll erwerben, bei einer später eingetragenen Hypothek aber erhalten soll, das kann ich absolut nicht begreifen. Es ist, wenn wir den Artikel 43 nicht annehmen, dem Gläubiger nicht mehr geschadet, als ihm auch nach dem Bürgerl. Gesetzbuch geschadet ist. Es bleibt Alles aufrecht, was nach dem bisherigen Rechte gilt in Bezug auf die Vollstreckungshypothek.

Nun ist durch die Bestimmung, daß die Sicherungshypothek ohne Genehmigung des Eigenthümers eingetragen werden kann, der bisherige Rechtszustand aufgehoben. Daß die Eigenthümerhypothek von Kurrentgläubigern in Beschlag genommen werden kann, ist richtig; das ist aber auch nach dem Bürgerl. Gesetzbuch möglich und es ist gar nicht einzusehen, warum der Hypothekengläubiger des älteren Rechtes eine weitergehende Sicherheit besitzen soll als der des neuen Rechtes.

Ich werde daher gegen den Artikel 43 stimmen und ich bitte Sie, das ebenfalls zu thun im Interesse der Besitzer, die vor der Annahme des Grundbuchs in die Nothwendigkeit versetzt waren, ein Hypothekkapital aufzunehmen, und die, wenn sie ihre Hypothek zur Löschung bringen, nicht nur des Schutzes der §§ 84 und 150 des jetzigen Gesetzes, sondern auch des Schutzes des Bürgerl. Gesetzbuchs, des Rechtes, eine Grundschuldhypothek eintragen zu lassen, beraubt würden. Ich kann diese Rechtsungleichheit nicht begreifen, ich kann sie auch nicht billigen.

Senatspräsident Dr. **von Jacubezky:** Die Rechtsungleichheit, von der der Herr Abg. von Walter gesprochen hat, vermag auch ich nicht als berechtigt

anzuerkennen; ich würde in großer Verlegenheit sein, wenn mir die Aufgabe S. 610.
gestellt wäre, sie Ihnen zu empfehlen. Der Entwurf will aber diese Rechtsungleichheit nicht einführen und er hat — auf Seite 27 der Begründung, Spalte 2 (Seite 37 des einspaltigen Druckes) ist es ausdrücklich gesagt — von dem Artikel 194 des Einführungsgesetzes zum Bürgerl. Gesetzbuch, der es ermöglichen würde, diese Rechtsungleichheit zu schaffen, keinen Gebrauch gemacht. An der Angeführten Stelle ist unter der Ueberschrift: „Umwandlung der bestehenden Hypotheken" zunächst gesagt, daß für die Pfalz in dem Gesetz vom 1. Juni 1898 eine dem Artikel 194 entsprechende Bestimmung nicht getroffen worden ist, und beigefügt: „Für die Landestheile rechts des Rheins will es der Entwurf bei der reichsgesetzlichen Ueberleitung der bestehenden Hypotheken in Buchhypotheken belassen und weder den Vorbehalt des Artikel 193 noch den des Artikel 194 benützen."

Eine Hypothek, die vor der Anlegung des Grundbuchs entstanden ist, verwandelt sich mit der Anlegung des Grundbuchs in eine Hypothek des neuen Rechtes; wenn nach der Anlegung des Grundbuchs der Gläubiger befriedigt wird, auf die Hypothek verzichtet oder mit seinem Rechte im Wege des Aufgebotsverfahrens ausgeschlossen wird, so finden die Vorschriften des Bürgerl. Gesetzbuchs Anwendung, die Hypothek geht auf den Eigenthümer und in gewissen Fällen auf den persönlichen Schuldner über; daran ändert der Entwurf nichts. Er spricht von einem ganz anderen Falle, er behandelt den Rangvorbehalt des bisherigen Rechtes, dessen Hauptfall der des § 84 des Hypothekengesetzes ist. Der Fall des § 84 kann nur in Frage kommen, wenn die Hypothek zu der Zeit, zu welcher das Grundbuch als angelegt anzusehen ist, schon erloschen, aber noch nicht gelöscht ist. Nach der Anlegung des Grundbuchs kann der § 84 nicht mehr wirksam werden, denn dann haben wir keine Hypothek des bayerischen Rechtes mehr, sondern nur noch Hypotheken des Bürgerl. Gesetzbuchs. Die Umwandlung in eine Hypothek des neuen Rechtes setzt aber eine zur Zeit der Anlegung des Grundbuchs bestehende Hypothek voraus. Eine Hypothek, die zu dieser Zeit schon erloschen ist, kann sich nicht in eine Hypothek des neuen Rechtes umwandeln, weil sie ja überhaupt nicht mehr vorhanden ist. Von ihr ist nur der Rangvorbehalt des § 84 übrig geblieben, und dieser ist kein besonderes Recht, sondern nur eine Beschränkung der anderen Hypotheken. Diese rücken in Folge des Rangvorbehalts nicht vor; sie sind dahin beschränkt, daß sie, gegen die Regel des bisherigen Hypothekenrechts, trotz des Wegfalls der vorgehenden Hypothek den bisherigen Rang behalten, wenn der Eigenthümer an Stelle der erloschenen Hypothek eine neue begründet. Sie rücken erst vor, wenn die Löschung erfolgt; solange die erloschene Hypothek nicht gelöscht ist, steht dem Eigenthümer kraft Gesetzes ein Rangvorbehalt zu, den er dazu benützen kann, eine neue Hypothek mit dem Vorrange vor den bestehenden zu begründen. Der Entwurf hat es nur mit einem solchen Rangvorbehalte zu thun, der zu der Zeit besteht, zu welcher das Grundbuch als angelegt anzusehen ist. Er sagt nur: Wenn vor der Anlegung des Grundbuchs die Hypothek erloschen war und nur noch der Rangvorbehalt übrig geblieben ist, so wird der übrig gebliebene Rangvorbehalt als das, was er nach dem bisherigen Rechte ist, als Rangvorbehalt behandelt. Der Entwurf will nicht ohne Weiteres den Rangvorbehalt in eine Eigenthümergrundschuld umwandeln, was nicht ohne eine gewisse Willkür geschehen könnte. Er soll überhaupt nicht umgewandelt werden, sondern bleiben, was er ist. Der Eigenthümer kann — das ist in den Motiven ausdrücklich gesagt — den zur Zeit der Anlegung des Grundbuchs bestehenden Rangvorbehalt für eine

S. 610. Eigenthümergrundschuld benützen, die er für sich eintragen läßt. Aber der Entwurf will sie ihm nicht kraft Gesetzes geben, weil er damit eine Aenderung vornehmen würde, von der wir nicht einmal wissen, ob sie der Absicht des Eigenthümers entspricht, Vielleicht ist es dem Eigenthümnr lieber, wenn die erloschene Hypothek gelöscht wird und der nächste Gläubiger vorrückt. Die meisten Hypotheken werden im Falle des Erlöschens nicht nach § 84 durch neue Hypotheken ersetzt, sondern gelöscht. Daraus ersehen Sie, daß es oft dem Eigenthümer recht ist, wenn die nachstehenden Gläubiger vorrücken; er will an der freigewordenen Stelle keine neue Hypothek begründen.

Für die Fälle, die von Herrn Abg. von Walter angeführt wurden, würde übrigens auch die Umwandlung in eine Eigenthümergrundschuld sehr wenig helfen; denn die nämlichen Gläubiger, von denen dem Eigenthümer die Gefahr droht, daß sie die Eintragung einer Hypothek erwirken, bevor er in die Lage gekommen ist, von seinem Rangvorbehalt Gebrauch zu machen, können seine Eigenthümergrundschuld pfänden lassen, sobald sie entstanden ist, und dann kann er auch die Eigenthümergrundschuld nicht mehr dazu benützen, sich Geld zu verschaffen.

Der Herr Abg. von Walter würde vielleicht den Entwurf gar nicht beanstandet haben, wenn ihm nicht das Mißverständniß begegnet wäre, daß er glaubte, der Entwurf wolle von dem Artikel 194 des Einführungsgesetzes Gebrauch machen, er wolle für die Zeit, zu welcher die Hypothek des bisherigen Rechtes schon eine Hypothek des neuen Rechtes geworden ist, ihr noch eine Schwäche, wenn ich so sagen darf, ankränkeln, die ihr nach dem geltenden Hypothekenrechte anhaftet, er wolle bei den in Hypotheken des neuen Rechtes
S. 611. umgewandelten Hypotheken, die aus früherer Zeit stammen, dem Eigenthümer den Erwerb der Hypothek versagen und ihn auf das weniger vollkommene Recht des § 84 des bayerischen Hypothekengesetzes beschränken.

Nach der Aufklärung des Mißverständnisses darf ich vielleicht hoffen, daß der Artikel 43 auch die Zustimmung des Herrn Abg. von Walter findet.

Abg. **von Walter** (Korreferent): Wenn man den Artikel 43 nach seinem Wortlaute betrachtet, kommt man zu der Anschauung nicht, die der Herr Senatspräsident soeben gegeben hat. Es heißt allgemein: „Das nach § 84 des Hypothekengesetzes dem Schuldner zustehende Recht, an der Stelle einer erloschenen, aber noch nicht gelöschten Hypothek eine neue Hypothek mit dem Range der erloschenen zu begründen, ist gegenüber einem nach der Anlegung des Grundbuchs entstandenen Rechte unwirksam“. Dazu kommt noch, daß in den Motiven noch ausdrücklich die Bemerkung enthalten ist, die Rangvorbehalte des bisherigen Rechtes durch eine Uebergangsvorschrift in Eigenthümergrundschulden umzuwandeln, würde nicht nur in die Rechte der Gläubiger eingreifen, deren Hypotheken dem Rangvorbehalte unterworfen sind, sondern in vielen Fällen auch nicht der Absicht der Eigenthümer entsprechen. Wenn der Artikel 43 einmal nur auf den Fall eingeschränkt ist, daß er anzuwenden ist, wenn eine Hypothek zur Zeit der Anlegung des Grundbuchs bereits erloschen, aber noch nicht gelöscht ist, so hat ja die Sache ein ganz anderes Gesicht und ich bin etwas mehr beruhigt, als ich es nach dem Wortlaut des Artikel 43 sein konnte. Allein ganz vollständig bin ich doch noch nicht beruhigt.

Der Herr Senatspräsident hat uns vorgeführt, daß ja die nachfolgenden Gläubiger doch ihr Recht auf Rangvorrückung dadurch erzwingen können, daß sie die Eigenthümerhypothek pfänden lassen; allein dazu gehört ein Anspruch, für den zu pfänden ist. Solange die nachfolgenden Gläubiger nicht durch die

Saumsal des Schuldners etwa veranlaßt werden, klagend gegen ihn vorzugehen, S. 611.
haben die doch wohl kein Pfändungsrecht; sie können dasselbe nur erlangen entweder durch ein öffentliches Urtheil oder durch eine Vorsichtsverfügung. Aus dem Grund aber, weil sie einen besseren Rang haben möchten, wird weder nach dem alten noch nach dem neuen Rechte eine Vorsichtsverfügung dahin erlassen werden, daß die Eigenthümerhypotheken gepfändet werden. Also soweit der Eigenthümer mit seinen Leistungen an die nachfolgenden Gläubiger nicht im Rückstande ist, gibt es kein Pfändungsrecht, und solange hat er auch das Recht, sich seiner Eigenthümerhypothek unverkürzt zu erfreuen und darüber zu verfügen, soweit es seine wirthschaftlichen Verhältnisse nothwendig machen. Die Gefahr ist also nicht groß, daß die Gläubiger dadurch allenfalls in Nachtheil kommen könnten, daß die eingetrage Eigenthümerhypothek durch einen dritten Gläubiger, der gar keine Hypothek hat, gepfändet werden kann.

Nun hat der Herr Senatspräsident auch ausgeführt, daß es dem Eigenthümer frei steht, wenn die Hypothek bereits vor Anlegung des Grundbuchs erloschen ist, sofort mit der Anlegung des Grundbuchs sich eine Eigenthümergrundschuld eintragen zu lassen. Diese Zusicherung ändert die Sachlage. Wenn dem Eigenthümer dieses Recht zusteht und es nach Artikel 43 nicht verkürzt werden soll, habe ich im Großen und Ganzen gegen denselben nichts einzuwenden. Ich meine nur, daß unter Umständen die Zeit zu kurz bemessen sei. Es wird nämlich das Grundbuch als angelegt erklärt; in der Zwischenzeit hat der Eigenthümer zur Bezahlung einer anderen Schuld oder zu sonst wirthschaftlichen Zwecken die Aufnahme eines neuen Kapitals eingeleitet. Die Verhandlungen sind noch nicht zum Abschluß gekommen, und ehe er eine neue Hypothek bestellen kann, kommt ein Anderer auf Grund irgend eines Titels auf eine Sicherungshypothek ihm zuvor und läßt die Hypothek eintragen. Damit sind die Nachtheile für ihn doch wieder auf einem anderen Weg herbeigeführt, und da meine ich, daß es nicht schaden würde, wenn man die Anwendbarkeit des Artikel 43 erst einige Zeit nach Anlegung des Grundbuchs eintreten lassen würde. Ich habe neulich schon angedeutet, daß es im Interesse des Eigenthümers wäre, wenn man ihm wenigstens noch ein Jahr nach Anlegung des Grundbuchs Zeit geben würde, seine neue Hypothek oder für sich eine Eigenthümergrundschuld eintragen zu lassen, damit er für alle Fälle je nach seinen wirthschaftlichen Verhältnissen freie Hand behalte. Ich meine, das wäre das Wenigste, was man vom alten Recht noch aufrecht erhalten und was man im Interesse der Billigkeit und der Schonung des Eigenthümers bestimmen sollte.

Ich würde daher den Antrag stellen: Der Ausschuß wolle beschließen, es sei dem Abs. 1 des Artikel 43 folgender Zusatz zu geben:

„wenn nicht vor Ablauf eines Jahres nach dem Zeitpunkt, in welchem das Grundbuch als angelegt gilt, die Hypothek eingetragen wird.“

Senatspräsident Dr. **von Jacubezky:** Ich muß diesen Zusatz als unzulässig ansehen; er steht im Widerspruch mit den Vorschriften des Bürgerl. Gesetzbuchs. Wir können nicht landesrechtliche Vorschriften darüber geben, in welcher Weise sich der Rang einer Hypothek bestimmt, die erst begründet wird, nachdem das Grundbuch angelegt worden ist. Dafür ist der § 881 des Bürgerl. Gesetzbuchs maßgebend. Ich habe neulich schon gesagt, in welcher Weise man die Sache machen könnte, daß man diejenigen landesgesetzlichen Vorschriften, vermöge welcher die Eintragung einer Sicherungshypothek verlangt werden kann, entsprechend beschränken müßte. Diese Vorschriften können wir

S. 611. einschränken, wie wir wollen, wir können also eine solche Bestimmung treffen. Wenn wir aber die einzelnen Vorschriften dieser Art näher ansehen, müssen wir sagen, daß das keinen Zweck hat. Denjenigen gegenüber, die einen vollstreckbaren Titel haben oder ihn sich jeden Tag schaffen können, wie der Staat, hilft auch die Eigenthümergrundschuld nichts, denn der Gläubiger läßt, statt eine Vollstreckungshypothek eintragen zu lassen, die Eigenthümergrundschuld pfänden. Das ist für den Eigenthümer gerade so mißlich, er kann dann über den Werth, der seiner Eigenthümergrundschuld entspricht, nicht mehr frei verfügen.

Wir haben uns also die Frage vorzulegen: welches sind, abgesehen von den Fällen, in welchen entweder ein vollstreckbarer Titel schon vorhanden ist oder der Anspruch einer Behörde in Frage steht, die sich vermöge ihres Vollstreckungsrechts jeden Augenblick einen vollstreckbaren Titel schaffen kann, die Fälle, in welchen kraft Landesgesetzes die Eintragung einer Sicherungshypothek verlangt werden kann? Von den Vorschriften der Entwürfe A und B kommt nur der Bierlieferungsvertrag in Betracht. Ich glaube aber nicht, daß der Brauer sofort eine Eintragung erwirkt. Das pflegt erst nach längerer Zeit und wiederholter Mahnung zu geschehen, ein vorsichtiger Brauer hat sich von vornherein eine Kautionshypothek eintragen lassen. Wir können allerdings das Recht des Brauers dahin beschränken, daß es ein Jahr lang nicht zum Nach-
S. 612. theil des Rangvorbehalts ausgeübt ‖ werden darf, aber wir können den Brauer nicht hindern, sich möglichst schnell einen vollstreckbaren Titel zu verschaffen und dann eine Vollstreckungshypothek eintragen zu lassen. Das den Bauhandwerkern nach § 648 des Bürgerl. Gesetzbuchs zustehende Recht können wir nicht durch Landesgesetz beschränken. Uebrigens wird an erster Stelle ein Baukapital stehen, ein Bankkapital oder das Kapital eines Darlehengebers, der Geld zur Bauführung hergegeben hat, und ein solches Kapital bleibt lange Zeit stehen, es wird nicht plötzlich zurückgezahlt, so daß der Eigenthümer nicht Zeit hat, die Ersetzung durch ein anderes Kapital vorzubereiten. Ich halte deßwegen diesen Gedanken nicht für geeignet zur Aufnahme in das Gesetz.

Abg. Dr. **Casselmann** (Referent): Nachdem der Herr Korreferent seine Bedenken selbst sehr abgeschwächt hat, fasse ich mich kurz. Er hat gemeint, wenn er von Anfang an die Sache so aufgefaßt habe, daß Artikel 43 Abs. 1 nur den Fall behandle, daß bei einer vor Anlegung des Grundbuchs erloschenen Hypothek die Löschung nach Anlegung des Grundbuchs eintritt, so würde er von vornherein seine Bedenken nicht gemacht haben. Ich habe die Sache nie anders aufgefaßt. Der erste Satz meines Referats auf Seite 520 der Protokolle lautet:

> „Wenn eine Hypothek nach der Anlegung des Grundbuchs erlischt, so entsteht nach der Bestimmung des Bürgerl. Gesetzbuchs im Gegensatze zum bayerischen Recht eine Eigenthümerhypothek; von dem § 84 des Hypothekengesetzes kann keine Rede sein. Im Artikel 43 Abs. 1 ist nun der Fall behandelt, daß bei einer vor Anlegung des Grundbuchs erloschenen, aber zur Zeit der Anlegung des Grundbuchs noch nicht gelöschten Hypothek der Schuldner das ihm bisher zustehende Recht aus § 84 des Hypothekengesetzes beibehält."

Ebenso ist es mit dem zweiten Einwand des Herrn Korreferenten, wenn er sagt, daß er nicht klar darüber gewesen sei, daß dem Eigenthümer das Recht zustehe, sofort nach Anlegung des Grundbuchs für eine erloschene, aber noch nicht gelöschte Hypothek sich eine Eigenthümergrundschuld einzutragen. Es heißt in den Motiven ausdrücklich: S. 612.

„Die Verfügungsbefugniß des Eigenthümers erlangt insofern sogar eine größere Tragweite, als er den Rangvorbehalt für eine Grundschuld benutzen kann, die er nach § 1196 des Bürgerlichen Gesetzbuchs für sich selbst bestellt."

Ich stehe nach wie vor auf dem Standpunkte, den ich bei der ersten Lesung vertreten habe, daß gegen das bestehende Recht eine Aenderung nicht eintritt und daß mir darin ein Vorzug des Entwurfes zu liegen scheint, daß, was den Eigenthümer anlangt, demselben weder ein Recht genommen, noch ein Recht gegeben wird. Er läßt es bei dem bestehenden Zustande. Der Eigenthümer kann nach wie vor den alten Hypotheken gegenüber die offene Stelle vergeben; aber er schützt auch das Recht der nachfolgenden Gläubiger, indem er ihnen nach wie vor das Recht gibt, die Löschung herbeizuführen, wenn ein vollstreckbarer Titel da ist, und indem er in der Subhastation den Rangvorbehalt, wenn er nicht ausgefüllt ist, gegenstandslos macht.

Gegen den Antrag des Herrn Korreferenten habe ich dieselben Bedenken wie der Herr Senatspräsident. Auch ich bin entschieden der Meinung, daß wir nicht kompetent sind, dem Artikel 43 den beabsichtigten Zusatz zu geben. Wir können nicht bezüglich einer bereits zur Zeit der Anlegung des Grundbuchs erloschenen Hypothek, bei der noch der Rangvorbehalt des Eigenthümers besteht, bestimmen, inwieweit das nun auf die neuen Hypotheken eine Wirkung äußern kann. Deßhalb ist der Antrag nicht annehmbar.

Wenn von Seite des Herrn Senatspräsidenten darauf hingewiesen wurde, daß man höchstens etwas machen könnte in Bezug auf die in Frage kommenden Sicherungshypotheken, soweit sie z. B. in Folge von Bierlieferungsverträgen in Frage kommen, so glaube ich nicht, daß wir nach dieser Richtung hin zu den von uns beschlossenen Ausführungsgesetzen noch etwas Weiteres beschließen sollten. Der Fall wird in der That selten sein, und wenn der Eigenthümer des Grundstücks nach Anlegung des Grundbuchs vom ersten Tage der Anlegung desselben an das Recht hat, für sich eine Grundschuld einzutragen, so wird er nicht gefährdet, er kann hievon sofort Gebrauch machen. Ich bin also dagegen, daß man dem Gläubiger hierin noch eine Respektsfrist von einem Jahre einräumt.

Ich bitte, dem Artikel 43 in der Fassung der Regierungsvorlage zuzustimmen.

Abg. **von Walter** (Korreferent): Ich muß auf meinem Antrag bestehen.

Der Herr Senatspräsident hat zugegeben, daß gegenüber den Sicherungshypotheken, die nach Landesgesetz eingetragen werden, Beschränkungen, wie sie mein Antrag will, zulässig sind. Alle anderen Hypotheken, die auf Grund der Reichsgesetze eingetragen werden, sind ja ohne Zustimmung des Eigenthümers nicht einzutragen. Es handelt sich nur um den Schutz des Eigenthümers für den Fall, daß die Sicherungshypotheken innerhalb der Zeit eingetragen werden können, innerhalb welcher der Eigenthümer noch keine Hypothek für sich selbst oder einen Dritten einzutragen in der Lage war. Gegenüber diesen landesgesetzlichen Hypotheken können wir ja Beschränkungen zulassen um so mehr, als ich keineswegs die Befürchtung habe, daß z. B. die Behörde, die eine Sicherungshypothek will, sofort sich einen vollstreckbaren Titel gegen den Eigenthümer verschaffen kann. Wenn das der Fall wäre, würde ich die Privilegien des Staates und der Kommunalverbände, die in der Kammer der Reichsräthe ohnehin sehr auf Widerstand gestoßen sind, sofort streichen. Es

S. 612. wurden diese Privilegien seinerzeit in der ausgesprochenen und von der Staatsregierung anerkannten Absicht gegeben, daß dadurch die Möglichkeit geboten sei, den Schuldner mehr zu schonen und bei häuslichen Ehren zu erhalten. Wenn der Staat blos deßhalb, weil der Eigenthümer den frei gewordenen Rang für sich verwendet und zur Eintragung einer Eigenthümerhypothek benützt, sofort hergehen und diese wohlthätige Absicht zerstören wollte, so würde ich sofort beantragen, diese Privilegien wieder zu beseitigen. Zu dem Zwecke sind sie nicht geschaffen worden, sondern nur zu Gunsten des Staates, aber auch zu Gunsten des Schuldners, damit ihm die Möglichkeit geboten sei, daß er von der Staatsbehörde eine Zahlungsnachsicht erlange; wenn diese Absicht vereitelt würde, wären die Privilegien des Staates und der Kommunalverbände keinen Schuß Pulver werth. Die Sache kann ja sehr komplizirt dadurch werden, daß eine Mehrheit von solchen Sicherungshypotheken zusammenkommt und es dadurch dem Schuldner unmöglich wird, die Aufnahme eines Hypothekkapitals zu erreichen. Es ist z. B. eine Bauforderung da — es muß ja nicht immer ein Neubau sein —, es können auch große Reparaturen vorgenommen
S. 613. werden und in diesem Falle ist die Bauschuld nicht an erster Stelle eingetragen, sondern der Eigenthümer hat die Reparatur auf seine Kosten und, soweit er sie nicht bestreiten konnte, dadurch gedeckt, daß er den Bauhandwerkern schuldig geblieben ist. Es kann z. B. ein Bierbrauer zugleich auch gebaut haben, und nun ist hier eine Forderung des Brauers da, eine Forderung des Aufschlagamts und eine der Bauhandwerker. Die können alle zugleich eingetragen werden. Der Mann ist aber noch lange nicht so schlecht daran, daß er schon dem Ruine verfallen wäre, im Gegentheil, wenn man ihm Zeit gönnt, wird er durch Aufnahme eines Kapitals an frei gewordener Stelle sich die Mittel verschaffen und alle diese Sicherungshypotheken gegenstandslos machen.

Deßhalb sehe ich keine Gefahr, wenn wir die Einschreibung dieser Sicherungshypotheken auf ein Jahr zurückstellen, und mehr bezweckt mein Antrag nicht. Ist er nicht richtig redigirt, so kann man ja das anders machen; aber ich glaube, er bringt unter Umständen dem Eigenthümer sehr großen Nutzen, dem Gläubiger keinen Schaden.

Senatspräsident Dr. **von Jacubezky:** Die Hypotheken, welche auf Grund eines von der Landesgesetzgebung gewährten Rechtes auf Erlangung einer Sicherungshypothek nach der Anlegung des Grundbuchs eingetragen werden, sind Hypotheken des neuen Rechtes, und über diese haben wir, abgesehen von dem Artikel 194 des Einführungsgesetzes, von dem wir keinen Gebrauch machen wollen, keine Verfügung. Wir können höchstens die von uns gewährten Rechte einschränken, indem wir z. B. sagen, der Brauer darf von seinem Rechte innerhalb des ersten Jahres nach der Anlegung des Grundbuchs nicht zum Nachtheil eines bestehenden Rangvorbehalts Gebrauch machen, ebensowenig der Staat oder eine Gemeinde. Ich habe aber neulich schon dargelegt, daß es seltsam sein würde, auf ein Jahr einen neuen Rechtszustand einzuführen, und überdieß hilft das ja nichts. Wir können nicht hindern, daß der Gläubiger sich einen vollstreckbaren Titel verschafft und daß er damit die Absicht vereitelt, die der Herr Korreferent verwirklichen will.

Auf der anderen Seite ist von einer staatlichen Behörde die vom Herrn Korreferenten geschilderte Gefahr nicht zu befürchten. Man weiß, daß der Staat nicht mit einer solchen Härte vorgeht. Wenn aber zu befürchten ist, daß das Geld, das der Mann sich durch Benützung des Rangvorbehalts verschaffen kann, nicht zur Erhaltung seines Hausstandes verwendet wird, sondern

daß er mit dem Gelde die Flucht ergreifen wird, so wird man freilich nicht S. 613.
schonend zuwarten, man hat das Recht und die Pflicht, zuzugreifen. Den Brauer könnte selbstverständlich eine solche Einschränkung des im Artikel 8 gewährten Rechtes nicht hindern, daß er nach den Vorschriften der Civilprozeßordnung einen Arrest erwirkt und den Arrest in das Grundstück vollstrecken läßt.

Der Gedanke des Herrn Korreferenten ist also nicht ausführbar, es besteht aber auch kein Bedürfniß für eine solche Vorschrift.

Abg. **von Walter** (Korreferent): In Folge der Ausführung des Herrn Senatspräsidenten modifizire ich meinen Antrag dahin, es sei dem Abs. 1 des Artikel 43 folgender Satz anzufügen:

„Sicherungshypotheken gegenüber, welche auf Grund landesgesetzlicher Bestimmungen eingetragen werden, gilt diese Vorschrift erst nach Ablauf eines Jahres nach der Zeit, in welcher das Grundbuch als angelegt gilt.“

Ich setze voraus, daß die Staatsbehörden wie bisher so auch fernerhin ihre Nachsicht walten lassen und daß es ihnen nicht darauf ankommt, wenn sie eine Sicherungshypothek erst ein Jahr später bekommen. Es soll ausgeschlossen werden, daß die Sicherungshypothek einen anderen als den nächst offenen Rang erhält.

Senatspräsident Dr. **von Jacubezky**: Ich habe schon gesagt, daß diejenigen Hypotheken, welche auf Grund eines von der Landesgesetzgebung gewährten Rechtes nach der Anlegung des Grundbuchs eingetragen werden, Hypotheken des neuen Rechtes sind und für deren Rang ausschließlich das Bürgerl. Gesetzbuch maßgebend ist. Wir könnten nur die Vorschriften des gestern erledigten Entwurfes dahin abändern, daß das dort gegebene Recht auf Erlangung einer Sicherungshypothek innerhalb eines Jahres nicht mit der Wirkung ausgeübt werden darf, daß der Rangvorbehalt vereitelt werden würde. Etwas Anderes können wir nicht machen; aber auch das, was wir machen können, scheint mir nicht zweckmäßig zu sein.

Abg. Dr. **Casselmann** (Referent): Ich möchte doch den Herrn Korreferenten bitten, nachdem er seine Hauptbedenken hat fallen lassen, seinen Antrag nicht weiter zu verfolgen. Wir haben die betreffenden Gesetze nach zweimaliger Berathung angenommen und ebenso liegt die Rückäußerung der Kammer der Reichsräthe vor und wir können jetzt nicht wieder eine Aenderung eintreten lassen. Ich kann überhaupt nicht anerkennen, daß eine solche Vorschrift veranlaßt ist. Hätten wir schlimme Erfahrungen gemacht und wäre das Mißtrauen gegen den Staat berechtigt, so würde auch ich sagen, wir können die Sache machen, aber der Herr Korreferent hat selbst hervorgehoben, daß davon keine Rede sein könne; es wird also nur eigentlich die Sicherungshypothek bezüglich des Bierlieferungsvertrags übrig bleiben, und da muß ich doch anheimgeben, ob es mit Rücksicht auf diesen Fall nothwendig wäre, daß wir noch einmal in eine Berathung der von uns endgiltig verabschiedeten Ausführungsgesetze eintreten sollten.

Abg. **von Walter** (Korreferent): Ich mag beantragen, was ich will, es werden immer Einwendungen erhoben. Ich halte es nicht für zutreffend, daß eine bezügliche Bestimmung im Ausführungsgesetze getroffen werden soll, und halte vielmehr dafür, daß hier der Ort ist, wo wir eine allgemeine Bestimmung für alle Sicherungshypotheken aufnehmen sollen, und wenn die Sache noch nicht scharf genug redigirt ist, so kann ja immer noch das gemacht werden.

S. 613. Mein Gedanke ist der, daß die Sicherungshypotheken, welche die bayerischen Langesgesetze gewähren, gegenüber dem Rangvorbehalte nach § 84 ein Jahr lang nach Anlegung des Grundbuchs wie bisher zu nächst offener Stelle eingetragen werden.

Senatspräsident Dr. **von Jacubezky**: Ich wiederhole, daß Hypotheken, welche auf Grund eines von der bayerischen Landesgesetzgebung gewährten Rechtes nach der Anlegung des Grundbuchs eingetragen werden, Hypotheken des neuen Rechtes sind und für deren Rang der § 881 des Bürgerl. Gesetzbuchs maßgebend ist. Wir können nur die Rechte auf Eintragung einer Sicherungshypothek,
S. 614. die die bayerische Landesgesetzgebung gewährt, dahin einschränken, || daß der Berechtigte verpflichtet ist, bei der Eintragung zu erklären, daß er einen etwa vorhandenen Rangvorbehalt gegen sich gelten lassen will. Nach § 881 des Bürgerl. Gesetzbuchs muß ja der Rangvorbehalt, wenn er gegenüber einem neu einzutragenden Rechte wirksam sein soll, auch bei der Eintragung des neuen Rechtes erwähnt werden. Derjenige, der ein Recht auf Eintragung einer Sicherungshypothek hat, braucht sich im Allgemeinen nicht gefallen zu lassen, daß bei der Eintragung seiner Hypothek der Rangvorbehalt als gegen sie wirksam miteingetragen werde. Es müßte also bestimmt werden, daß die in dem Ausführungsgesetze zum Bürgerl. Gesetzbuche gewährten Rechte auf Erlangung einer Sicherungshypothek für die Dauer des ersten Jahres nach der Anlegung des Grundbuchs dahin beschränkt sein sollen, daß der Berechtigte für den Fall, daß einer der im Artikel 43 bezeichneten Rangvorbehalte besteht, verpflichtet ist, bei der Erwirkung der Eintragung, dem Rangvorbehalte auch seiner neuen Hypothek gegenüber Wirksamkeit einzuräumen, die Miteintragung des Rangvorbehalts nach § 881 Abs. 2 des Bürgerl. Gesetzbuchs zu bewilligen.

Abg. **von Walter** (Korreferent): Ich modifizire meinen Antrag im Sinne der letzten Aeußerung des Herrn Senatspräsidenten. Die Redaktionskommission wird nach der Aeußerung des Herrn Senatspräsidenten wohl in der Lage sein, wenn meine Intention angenommen wird, eine entsprechende Fassung zu finden. Meine Absicht ist erreicht, wenn das zum Gesetze wird, was der Herr Senatspräsident soeben ausgesprochen hat.

Abg. Dr. **Casselmann** (Referent): Das können wir nicht thun. Wir können nicht über einen Antrag beschließen, der nicht vorliegt.

Abg. **von Walter** (Korreferent): Das ist schon öfter geschehen. In der Hauptsache sind wir ja jetzt einig, und daß eine Bestimmung erst hinterher modifizirt wurde, ist auch schon öfter dagewesen. Ich erinnere nur an den Beschluß des Ausschusses der Kammer der Reichsräthe zu Artikel 21 des Ausführungsgesetzes. Auch die neue Fassung des Artikel 40 ist in das Heimath- und Verehelichungsgesetz durch die Redaktionskommission aufgenommen worden, obwohl in den Verhandlungen nur Andeutungen gemacht wurden. Die Redaktionskommission ist in der Lage gewesen, den Gedanken in dem neuen Artikel zu fixiren.

Senatspräsident Dr. **von Jacubezky**: Ich bin nicht im Stande, sofort eine Fassung zu geben. Ich habe auch die in Frage kommenden Artikel nicht zur Hand. Der Gedanke ist aber folgender: Die in den Artikeln 7, 80, 111, 114 des Ausführungsgesetzes zum Bürgerl. Gesetzbuch bestimmten Rechte auf Erlangung einer Sicherungshypothek können bis zum Ablauf eines Jahres nach der Anlegung des Grundbuchs, falls ein Rangvorbehalt der in Abs. 1 und 2 des Artikel 43 bezeichneten Art besteht, nur in der Weise geltend gemacht werden, daß die Wirksamkeit des Rangvorbehalts gegenüber der neuen Hypothek bewilligt wird. S. 614.

Vorsitzender: Wir müssen nun vor Allem darüber abstimmen, ob die Herren mit dieser Intention und dem hienach zu modifizirenden Antrage einverstanden sind.

Ich bitte diejenigen Herren, welche in diesem Sinne beschließen wollen, sich von den Sitzen zu erheben. (Geschieht.) Ist abgelehnt. Der Artikel 43 ist demnach nach der Regierungsvorlage angenommen.

Ich rufe weiter auf: **Artikel 44, 45, 46, 47, 48, 49, 50, 51, 52, 53, 54, 55.**

Ohne Erinnerung.

Artikel 56.

Hiezu übergibt der Herr Staatsminister der Justiz einen Antrag; derselbe lautet:

Der Artikel 56 Abs. 2 soll folgende Fassung erhalten:

„An Stelle des Vorzugsrechts erlangen die Theilhaber nach der Anlegung des Grundbuchs den Anspruch auf Bestellung einer Sicherungshypothek."

Senatspräsident Dr. **von Jacubezky:** Das ist nur eine redaktionelle Aenderung.

Vorsitzender: Der Herr Referent und Korreferent haben keine Erinnerung; ich kann sonach den Antrag der k. Staatsregierung zu Artikel 56 für angenommen erklären.

Artikel 57, 58, 59, 60, 61, 62, 63, 64, 65, 66, 67, 68, 69, 70, 71, 72.

Ohne Erinnerung.

Damit sind sämmtliche Artikel und wohl auch Ueberschrift und Einleitungsworte des Gesetzentwurfes angenommen. . . . . .

(Schluß der Sitzung um 11 Uhr 50 Minuten.)

von Stobäus,
Vorsitzender.

Dr. Casselmann,
Schriftführer.

Anlage zum 35. Ausschußprotokoll.

Fig. 1 Feld zwischen Waldparzellen, welche erst nach 1900 angelegt werden. Künftige Entwickelung nach § 910 des Bürgerl. G. B. u. art. 64 des Ausf. G.

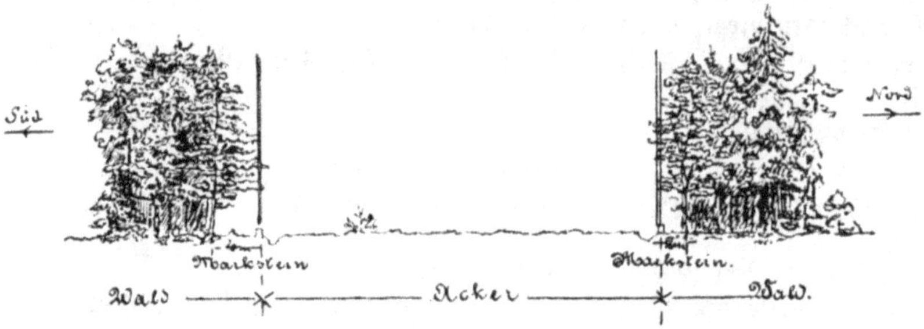

Fig. 3. Feld zwischen Waldparzellen, die schon vor 1900 angelegt sind. Künftige Entwickelung nach dem Entwurf der Übergangs-Vorschriften art. 8 Abs. 2.

a.) Vertikal-Projektion.

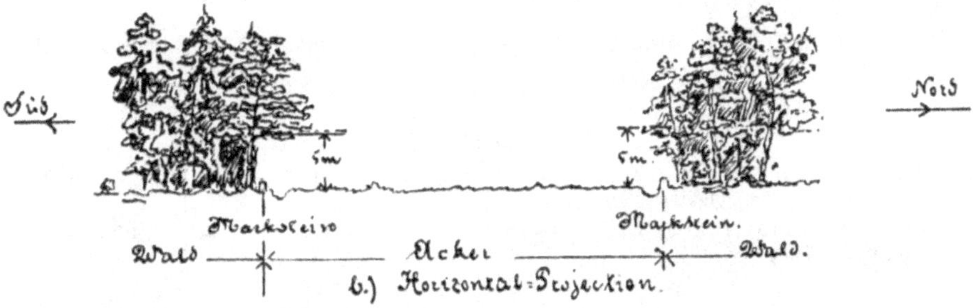

b.) Horizontal-Projektion.

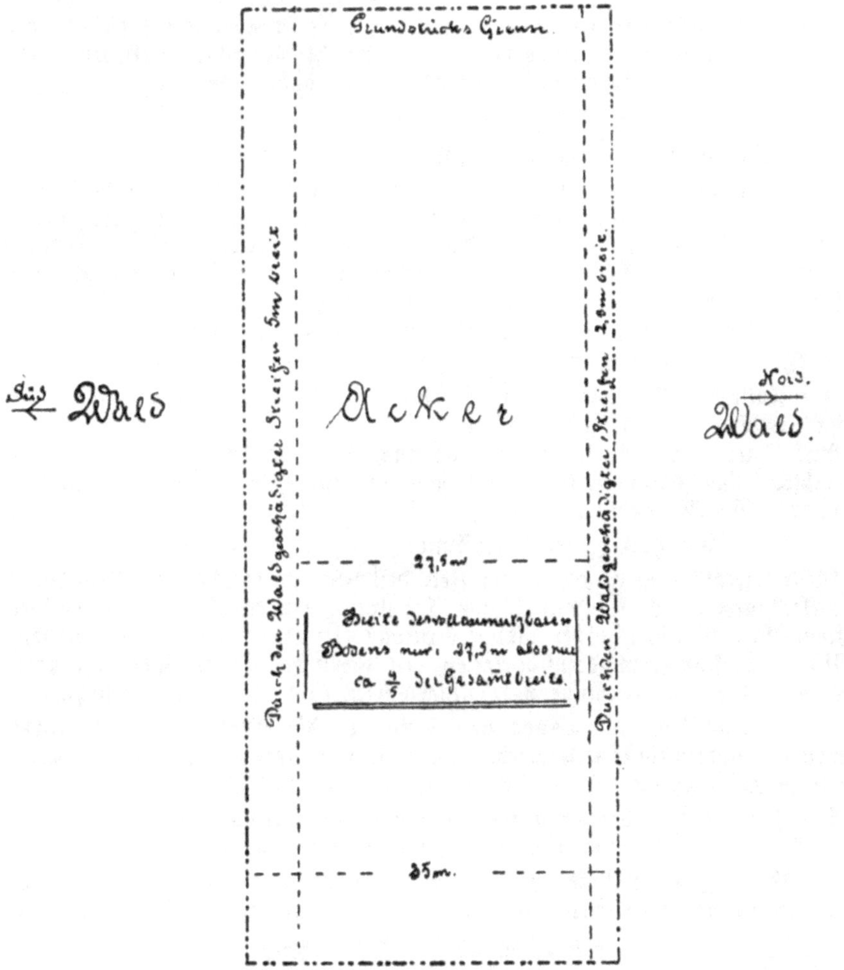

S. 615.

Protokoll

über die Sitzung der Redaktionskommission des besonderen (XVIII). Ausschusses der Kammer der Abgeordneten zur Berathung der durch die Einführung des Bürgerlichen Gesetzbuchs veranlaßten Gesetzentwürfe.

(Verhandl. des Justiz-Gesetzg.-Ausschu. d. K. d. Abg. 1899. Beil.-Bd. XX, Abth. II, Seite 615.)

München, den 13. April 1899, Nachmittags 5 Uhr.

Gegenwärtig:

Der Vertreter der k. Staatsregierung: Senatspräsident am obersten Landesgerichte Dr. Ritter von Jacubezky;

die Ausschußmitglieder: Dr. Casselmann, Vorsitzender, Michel, Schriftführer, von Walter.

Tagesordnung:

Feststellung der Beschlüsse zweiter Lesung zum Entwurf eines Gesetzes, die durch die Einführung des Bürgerlichen Gesetzbuchs veranlaßten Uebergangsvorschriften betreffend. (Beilage J.)

Es wurden folgende Beschlüsse gefaßt:

1. **Artikel** 5 erhält folgende Fassung:

Ist ein nach den Vorschriften des Bürgerlichen Gesetzbuchs vermiethetes oder verpachtetes Grundstück dem Miether oder Pächter **überlassen**, so finden im Falle der Zwangsversteigerung oder der Zwangsverwaltung des Grundstücks, auch bevor das Grundbuch als angelegt anzusehen ist, die Vorschriften Anwendung, welche für die Zeit nach der Anlegung des Grundbuchs über den Einfluß des Verfahrens auf das Mieth- oder Pachtverhältniß gelten.

2. Dem **Artikel** 8 werden folgende Abs. 3, 4 beigefügt:

Im Falle des Plenterbetriebs gilt als der Zeitpunkt der nächsten Verjüngung der Beginn des Jahres 1950.

Auf isolirte Waldparzellen, die bis zum Beginne des Jahres 1885 als landwirthschaftliche Grundstücke benutzt worden sind, finden die Vorschriften des Abs. 2 keine Anwendung.

3. **Artikel** 9 erhält folgende Fassung:

Grunddienstbarkeiten, die zu der Zeit bestehen, zu welcher das Grundbuch als angelegt anzusehen ist, müssen zur Erhaltung der Wirksamkeit gegenüber dem öffentlichen Glauben des Grundbuchs in das Grundbuch eingetragen werden. **Der Eintragung sind Grunddienstbarkeiten, mit denen das Halten einer dauernden Anlage verbunden ist, so lange nicht unterworfen, als die Anlage besteht.**

Der Beginn und die Dauer der Frist für die Anmeldung der einzutragenden Grunddienstbarkeiten werden durch Königliche Verordnung bestimmt; die Frist muß **jedoch** mindestens sechs Monate betragen.

Die Bestimmung der Frist kann für einzelne Grundbuchbezirke und für einzelne Arten von Grunddienstbarkeiten gesondert erfolgen.

Die Eintragung und die Entgegennahme der Erklärungen, die zum Zwecke der Eintragung vor dem Grundbuchamt abgegeben werden, sind gebührenfrei.

4. Als **Artikel 18a** werden unter der Ueberschrift

"Erbschein"

folgende Vorschriften eingestellt:

Artikel 18a. S. 615.

Die Ertheilung eines Erbscheins nach den Vorschriften des Bürgerlichen Gesetzbuchs sowie die im § 2368 des Bürgerlichen Gesetzbuchs und im § 37 der Grundbuchordnung bezeichneten Zeugnisse kann auch beantragt werden, wenn der Erblasser vor dem Inkrafttreten des Bürgerlichen Gesetzbuchs gestorben ist. Der Erbfolger und der Erbvermächtnißnehmer des pfälzischen Rechtes stehen dem Erben gleich.

In dem Erbscheine sind die unmittelbar wirkenden Vermächtnisse anzugeben.

Die Anordnung eines Universalvermächtnisses nach dem in den Landestheilen rechts des Rheins geltenden Rechte, sowie die Anordnung einer Substitution des pfälzischen Rechtes steht der Anordnung einer Nacherbfolge gleich.

Einem Vermächtnißnehmer, der mit einem unmittelbar wirkenden Vermächtnisse bedacht ist, hat das Nachlaßgericht auf Antrag ein Zeugniß über das Vermächtniß zu ertheilen. Die Vorschriften über den Erbschein finden auf das Zeugniß entsprechende Anwendung. Hat das Vermächtniß ein Recht an einem Grundstück oder ein Recht an einem solchen Rechte zum Gegenstande, so ist bei der Eintragung des Beschwerten in das Grundbuch oder in das Hypothekenbuch der Landestheile rechts des Rheins zugleich das Recht des Vermächtnißnehmers einzutragen.

Steht dem überlebenden Ehegatten kraft Gesetzes oder kraft Ehevertrags ein Recht der Verwaltung und Nutznießung oder des Beisitzes oder ein Voraus zu, so finden die Vorschriften des Artikels x (des Entwurfes der Uebergangsvorschriften für das eheliche Güterrecht) **entsprechende Anwendung.**

5. In den **Artikel** 56 wird zwischen Abs. 1 und 2 folgender neue Absatz eingestellt:

An Stelle des Vorzugsrechts erlangen die Theilhaber nach der Anlegung des Grundbuchs den Anspruch auf Bestellung einer Sicherungshypothek.

Dr. **Casselmann**,
Vorsitzender.

Michel,
Schriftführer.

Zusammenstellung S. 391.

des

Entwurfes eines Gesetzes, die durch die Einführung des Bürgerlichen Gesetzbuchs veranlaßten Uebergangsvorschriften betreffend — Beilage J —, mit den von dem besonderen (XVIII.) Ausschusse der Kammer der Abgeordneten zur Berathung der durch die Einführung des Bürgerlichen Gesetzbuchs veranlaßten Gesetzentwürfe hierüber gefaßten Beschlüssen.

(Beilage Q z. d. Verhandl. d. Justiz=Gesetzg.=Aussch. d. K. d. Abg. 1899 Beil.=Bd. XX Abth. I Seite 391 bis 409.)

Regierungsvorlage.	**Beschlüsse des Ausschusses*).**

Ueberschrift und Einleitungsworte unverändert.

I. Vorschriften für das ganze Königreich.

Vereine.

Artikel 1, 2. Unverändert.

*) Der amtliche Text ist halbseitig, durch einen vertikalen Strich getheilt, gedruckt. **Links** befinden sich die Regierungsvorlage, **rechts** die Ausschußbeschlüsse mit dem Vermerk „Unverändert" oder dem abgeänderten Texte unter Hervorhebung der Abänderungen rechts und links mit fetter Schrift. Der Raumersparniß und Uebersichtlichkeit halber ist hier ein anderes Verfahren eingeschlagen. Die gewöhnliche deutsche und die lateinische Schrift sind der Text der Regierungsvorlage, die gewöhnliche und die fette deutsche Schrift der Text der Ausschußbeschlüsse. Die fetten Ueberschriften sind, sofern nicht lateinischer Druck gegenübersteht, zugleich die Ueberschriften der Regierungsvorlage.

S. 392.

Regierungsvorlage.	Beschlüsse des Ausschusses.

Gesetzliche Zinsen.

Artikel 3. Unverändert.

Miethe und Pacht.

Artikel 4. Unverändert.

Artikel 5.

Ist ein nach den Vorschriften des Bürgerlichen Gesetzbuchs vermiethetes oder verpachtetes Grundstück dem Miether oder Pächter ~~übergeben,~~ **überlassen,** so finden im Falle der Zwangs-
S. 393. versteigerung oder der Zwangsverwaltung des Grundstücks, || auch bevor das Grundbuch als angelegt anzusehen ist, die Vorschriften Anwendung, welche für die Zeit nach der Anlegung des Grundbuchs über den Einfluß des Verfahrens auf das Mieth- und Pachtverhältniß gelten.

Urkundenaufgebot.

Artikel 6. Unverändert.

Schuldverschreibungen auf den Inhaber.

Artikel 7. Unverändert.

Eigenthumsbeschränkungen zu Gunsten bestehender Waldungen.

Artikel 8 Abs. 1 und 2 unverändert.

S. 394. **Im Falle des Plenterbetriebs gilt als der Zeitpunkt der nächsten Verjüngung der Beginn des Jahres 1950.**

Auf isolirte Waldparzellen, die bis zum Beginne des Jahres 1885 als landwirthschaftliche Grundstücke benutzt worden sind, finden die Vorschriften des Abs. 2 keine Anwendung.

Eintragung von Grunddienstbarkeiten.

Artikel 9.

Regierungsvorlage	Beschlüsse des Ausschusses
Durch Königliche Verordnung kann bestimmt werden, dass	

Grunddienstbarkeiten, die zu der Zeit bestehen, zu welcher das Grundbuch als angelegt anzusehen ist,

	müssen

zur Erhaltung der Wirksamkeit gegenüber dem öffentlichen Glauben des Grundbuchs in das Grundbuch eingetragen werden

müssen. Die Bestimmung kann für einzelne Grundbuchbezirke getroffen werden.	**. Der Eintragung sind Grunddienstbarkeiten, mit denen das Halten einer dauernden Anlage verbunden ist, so lange nicht unterworfen, als die Anlage besteht.**
Die Frist zur Anmeldung der Grunddienstbarkeiten muss	**Der Beginn und die Dauer der Frist für die Anmeldung der einzutragenden Grunddienstbarkeiten werden durch Königliche Verordnung bestimmt; die Frist muß jedoch**

mindestens sechs Monate betragen.

Der Anordnung der Eintragung sind Grunddienstbarkeiten nicht unterworfen, die nur das Recht gewähren, zum Zwecke wirthschaftlicher Verrichtungen das belastete Grundstück zu betreten oder zum Fahren, zum Viehtreiben oder in ähnlicher Weise zu benutzen, ohne dass die Herstellung einer diese Benutzung beeinträchtigenden Anlage auf dem belasteten Grundstück untersagt werden kann.	**Die Bestimmung der Frist kann für einzelne Grundbuchbezirke und für einzelne Arten von Grunddienstbarkeiten gesondert erfolgen.**

Regierungsvorlage.	Beschlüsse der Ausschusses.
Das Gleiche gilt für Grunddienstbarkeiten, mit welchen das Halten einer dauernden Anlage verbunden ist, so lange die Anlage besteht.	

S. 394

Die Eintragung und die Entgegennahme der Erklärungen, die zum Zwecke der Eintragung vor dem Grundbuchamt abgegeben werden, sind gebührenfrei.

Erlöschen nicht eingetragener Grunddienstbarkeiten.

Artikel 10 bis 17. Unverändert.

Anlegung von Mündelgeld. S. 396.

Artikel 18. Unverändert.

Erbschein.

Artikel 18a.

Die Ertheilung eines Erbscheins nach den Vorschriften des Bürgerlichen Gesetzbuchs sowie der im § 2368 des Bürgerlichen Gesetzbuchs und im § 37 der Grundbuchordnung bezeichneten Zeugnisse kann auch beantragt werden, wenn der Erblasser vor dem Inkrafttreten des Bürgerlichen Gesetzbuchs gestorben ist. Der Erbfolger und der Erbvermächtnißnehmer des pfälzischen Rechtes stehen dem Erben gleich.

In dem Erbscheine sind die unmittelbar wirkenden Vermächtnisse anzugeben.

Die Anordnung eines Universalvermächtnisses nach dem in den Landestheilen rechts des Rheins geltenden Rechte sowie die Anordnung einer Substitution des pfälzischen Rechtes steht der Anordnung einer Nacherbfolge gleich.

Einem Vermächtnißnehmer, der mit einem unmittelbar wirkenden Vermächtnisse bedacht ist, hat das Nachlaßgericht auf Antrag ein Zeugniß über das Vermächtniß zu ertheilen. Die Vorschriften über den Erbschein finden auf das Zeugniß entsprechende Anwendung. Hat das Vermächtniß ein Recht || an einem Grundstück oder ein Recht an einem solchen Rechte zum Gegenstande, so ist bei der Eintragung des Beschwerten in das Grundbuch oder in das Hypothekenbuch der Landestheile rechts des Rheins zugleich das Recht des Vermächtnißnehmers einzutragen. S. 397.

Steht dem überlebenden Ehegatten kraft Gesetzes oder kraft Ehevertrags ein Recht der Verwaltung und Nutznießung oder des Beisitzes oder ein Voraus zu, so finden die Vorschriften des Artikel x (des Entwurfes der Uebergangsvorschriften für das eheliche Güterrecht) **entsprechende Anwendung.**

Beschwerden in Angelegenheiten der freiwilligen Gerichtsbarkeit.

Artikel 19. Unverändert.

Personenstand.

Artikel 20. Unverändert.

Auseinandersetzung in Ansehung eines Nachlasses oder eines Gemeinschaftsvermögens.

Artikel 21. Unverändert.

Handelssachen.

Artikel 22, 23. Unverändert.

II. Vorschriften für die Landestheile rechts des Rheins. S. 398.

Eigenthumsvorbehalt.

Artikel 24. Unverändert.

Miteigenthum.

Artikel 25, 26. Unverändert.

Stockwerkseigenthum. S. 399.

Artikel 27. Unverändert

Ausschluß des Rechtes auf Aufhebung der Gemeinschaft.

Artikel 28. Unverändert.

S. 399. **Regierungsvorlage.** | **Beschlüsse des Ausschusses.**

Grunddienstbarkeiten.

Artikel 29, 30. Unverändert.

S. 400. **Reallasten.**

Artikel 31. Unverändert.

Ewiggeld.

Artikel 32. Unverändert.

Leibgedingsrechte.

Artikel 33. Unverändert.

Inhaberhypotheken.

Artikel 34. Unverändert.

S. 401. **Gesetzliche Hypothekentitel.**

Artikel 35 bis 41. Unverändert.

S. 402. **Hypothekenvormerkungen.**

Artikel 42. Unverändert.

Rangvorbehalte.

Artikel 43, 44. Unverändert.

Verpfändung und Pfändung des Anspruchs auf Herausgabe eines Grundstücks.

Artikel 45. Unverändert.

S. 403. **Hypotheken an Rechten.**

Artikel 46. Unverändert.

Legitimation durch nachfolgende Ehe.

Artikel 47. Unverändert.

Fürstlich Thurn und Taxis'sche Gerichte.

Artikel 48. Unverändert.

III. Vorschriften für die Pfalz.

Abwesenheit.

Artikel 49 bis 54. Unverändert.

S. 404. **Aufhebung einer Gemeinschaft.**

Artikel 55. Unverändert.

S. 405. Artikel 56.

Abs. 1 unverändert.

An Stelle des Vorzugsrechts erlangen die Theilhaber nach der Anlegung des Grundbuchs den Anspruch auf Bestellung einer Sicherungshypothek.

Abs. 3 unverändert.

Artikel 57. Unverändert.

Leibgedingsreichnisse und vorbehaltene Renten.

Artikel 58 bis 60. Unverändert.

S. 406. **Rechte auf Erlangung einer Hypothek.**

Artikel 61, 62. Unverändert.

S. 407. **Gesetzliche Hypotheken.**

Artikel 63, 64. Unverändert.

Verpfändung und Pfändung des Anspruchs auf Herausgabe eines Grundstücks.

Artikel 65. Unverändert.

Legitimation durch nachfolgende Ehe.

Artikel 66. Unverändert.

Regierungsvorlage.	Beschlüsse des Ausschusses.	S. 407.

Erbrecht.

Artikel 67 bis 71. Unverändert.

Personenstand. S. 409.

Artikel 72. Unverändert.

Gegeben . . . . .

5.

Verhandlungen des Justizgesetzgebungsausschusses der Kammer der Reichsräthe.

XVI. Protokoll

des besonderen Ausschusses der Kammer der Reichsräthe zur Berathung der durch die Einführung des Bürgerlichen Gesetzbuchs veranlaßten Gesetzentwürfe über den

Entwurf eines Gesetzes, die durch die Einführung des Bürgerlichen Gesetzbuchs veranlaßten Uebergangsvorschriften betreffend.

(Verhandl. d. Justizgesetzgebungsausschusses d. K. d. Reichsräthe 1899.)

— 1. Lesung. —

München, den 26. April 1899, Nachmittags.

Gegenwärtig die Herren Reichsräthe: Graf Fugger von Glött, Ritter von Küffner, von Auer, Vorstand, Dr. Ritter von Bechmann, Referent, Freiherr von Soden-Fraunhofen, Sekretär, Dr. Ritter von Schmitt, Exzellenz, von Hessert.

Der Herr I. Präsident Graf von Lerchenfeld-Köfering.

Von Seite des k. Staatsministeriums: Der k. Staatsminister der Justiz Dr. Freiherr von Leonrod, der k. Senatspräsident Dr. Ritter von Jacubezky, der k. Ministerialrath, Kronanwalt Ritter von Schubart, der k. Ministerialrath Ritter von Huber, der k. Oberregierungsrath Schneider.

Die Sitzung wird um 4 Uhr wieder aufgenommen.

Zur Berathung steht der Entwurf eines Gesetzes, die durch die Einführung des Bürgerlichen Gesetzbuchs veranlaßten Uebergangsvorschriften betreffend.

Reichsrath **von Auer** eröffnet die Generaldiskussion und ertheilt das Wort Herrn Reichsrath Dr. Ritter von Bechmann.

Reichsrath Dr. **von Bechmann als Referent:**

Zur Generaldiskussion habe ich nur eine ganz kurze einleitende Bemerkung zu machen. Die Gesetzesvorschriften, mit denen wir uns zu beschäftigen haben, beziehen sich auf diejenigen Rechte und Rechtsverhältnisse, welche noch unter der Herrschaft des geltenden Rechts entstanden sind, deren Wirksamkeit sich aber hinüber erstreckt in die Zeit nach Einführung des Bürgerlichen Gesetzbuchs respektive nach Anlegung des Grundbuchs, bei welchen also eine sogenannte zeitliche Kollision eintritt. Für diese Verhältnisse, die eine abgeschlossene Zahl darstellen, bedarf es der Uebergangsvorschriften. Diese sind zunächst gegeben von dem Reiche selbst im IV. Abschnitte des Einführungsgesetzes von Art. 153 bis zum Schlusse. Dabei ist zum Theile der Landesgesetzgebung die besondere

Befugniß eingeräumt, solche Bestimmungen selbst zu treffen; außerdem aber ist der überaus wichtige Art. 218 vorhanden, welcher bestimmt, daß da, wo nach dem Reichsgesetze das bisherige Recht auf die bestehenden Verhältnisse anwendbar bleibt, die Landesgesetzgebung befugt sein soll, das bestehende Recht selbst zu ändern. Von diesen Vorbehalten hat nun die bayerische Staatsregierung Gebrauch gemacht, und das Ergebniß ist das vorliegende Gesetz, von welchem übrigens noch der wichtigste Theil, nämlich die Bestimmungen über die Ueberleitung des ehelichen Güterrechts, fehlt, die dann noch in das Gesetz eingefügt werden sollen. Im übrigen handelt es sich um membra disiecta, und ich habe zu einer weiteren Erörterung keine Veranlassung.

Vorsitzender: Ich schließe die Generaldiskussion, da niemand das Wort ergreift, und gehe über zur Spezialdiskussion, in der ich, wenn keine Erinnerung dagegen erhoben wird, die einzelnen Abschnitte und nicht die einzelnen Paragraphen aufrufen werde, nachdem der Herr Referent nur die Zustimmung zu den Beschlüssen der Kammer der Abgeordneten beantragt. Es besteht hiegegen keine Erinnerung. Ich rufe demnach auf:

I. Vorschriften für das ganze Königreich.

Vereine.

Reichsrath Dr. **von Bechmann** als Referent: Was die Vereine anlangt, so kommt hier vor allem in Betracht, daß das Einführungsgesetz (Art. 165) einen Vorbehalt macht in Bezug auf die Fortdauer jener Vereine, die in Bayern bestehen auf Grund des Gesetzes vom Jahre 1869, der sogenannten anerkannten Vereine. Allein die k. Staatsregierung ist der Ansicht, daß von diesem Vorbehalte kein Gebrauch gemacht, sondern diese Vereine sofort unter das neue Gesetz gestellt und demnach als „eingetragene Vereine" behandelt werden sollen. Die Eintragung selber ist für diese Umwandlung nicht nothwendig, soll aber aus Gründen der Zweckmäßigkeit erfolgen nach den Anordnungen des Justizministeriums und zwar, wie im Ausschusse der zweiten Kammer von Seiner Exzellenz dem Herrn Justizminister festgestellt worden ist, gebührenfrei. Gegen diese Bestimmung ist nichts einzuwenden. Es wäre in hohem Grade unzweckmäßig, wenn auf längere, ja unabsehbare Zeit zwei Gruppen von Vereinen, die ihrem Zwecke nach durchaus identisch sind, nebeneinander bestehen würden mit verschiedenen Rechten. Aber so ganz geringfügig ist der Unterschied zwischen beiden Vereinen doch nicht, als dargestellt worden ist; es ist ein überaus wichtiger Unterschied vorhanden, das ist die Haftung für die Vorstände und Beamten der Vereine. Während nämlich das Gesetz vom Jahre 1869 dabei stehen bleibt, daß die Vereine nur getroffen werden von denjenigen Handlungen, die die Vorstände und Beamten innerhalb ihrer Vollmacht vornehmen, haben wir das bekannte Prinzip des Bürgerlichen Gesetzbuchs (§ 31), wonach Vereine, überhaupt juristische Personen, für diese Vertreter unbedingt haften. Dadurch wird zwar die Stellung der Vereine des älteren Rechts einigermaßen wenigstens theoretisch erschwert, gleichwohl ist dies aber für mich ein Grund mehr, um die Identifizierung als nothwendig zu betrachten. Es würde nicht angehen, die beiden Arten von Vereinen in dieser Beziehung verschieden zu behandeln. Es würden ohne Zweifel solche „anerkannte Vereine", welche mehr den Kredit in Anspruch nehmen müssen, sich genöthigt sehen, eine derartige Bestimmung freiwillig in ihre Statuten aufzunehmen. Ich kann diesem Artikel nur zustimmen und die Annahme desselben befürworten.

Der zweite Artikel betrifft diejenigen Vereine, welche die Eigenschaft der juristischen Persönlichkeit nicht erworben haben. Diese Vereine haben bisher der Rechtspflege und auch der Theorie immer große Schwierigkeiten gemacht, namentlich wenn sie in das Gebiet des gemeinen Rechtes fielen, weil die römische Sozietätstheorie gar nicht oder nur mit großen Gewaltsamkeiten auf sie anwendbar war. Nun bestimmt das Bürgerliche Gesetzbuch (§ 54) ausdrücklich, daß solche Vereine dem Gesellschaftsrechte unterstellt sein sollen, was bei der Konstruktion des Gesellschaftsrechtes nach dem Bürgerlichen Gesetzbuche durchaus ausreichend ist. Unser Gesetz bestimmt, daß auch die am 1. Januar bereits bestehenden Vereine dieser Art ebenfalls von da an dem Gesellschaftsrechte des Bürgerlichen Gesetzbuchs unterstellt sein sollen, wogegen meinerseits nichts zu erinnern ist. Man könnte fragen, ob Absatz 2 nothwendig ist; er sagt nur, was aus dem Absatz 1 sich selber ergibt; es ist aber im Hinblick auf die Fassung des § 54 nichts dagegen zu erinnern. Eine erhebliche Erleichterung schafft noch Absatz 3 in Bezug auf das Grundeigenthum; es war, wie allen Herren bekannt ist, gerade die Frage, wer eigentlich als Eigenthümer von Grundstücken, die einem solchen Verein thatsächlich gehören, zu betrachten sei, immer eine schwierige, wenn es sich um eine notarielle oder hypothekarische Erklärung gehandelt hat. Nun ist bestimmt, daß wenn der Verein die Rechtsfähigkeit erlangt, zur Uebertragung des Grundeigenthums auf ihn der notariell beurkundete Beschluß der Mitgliederversammlung genügen soll. Dadurch wird zugleich auch die Anlegung des Grundbuchs in dieser Beziehung wesentlich erleichtert; ich habe auch dagegen nichts zu erinnern.

Reichsrath **von Heffert:** Der Absatz 3 erleichtert zur Anlegung des Grundbuchs den Uebergang des Eigenthums an rechtsfähige Vereine. Nun hat vorher jedenfalls eine Uebertragung in nicht korrekter Form stattgefunden; es muß nun wieder eine Uebertragung stattfinden, von den Mitgliedern auf den Verein. Ich möchte empfehlen, bei der Gebührenfrage etwas Nachsicht zu üben, es gehört meine Bemerkung eigentlich ins Gebührengesetz. In der Pfalz bietet sich übrigens noch eine andere Gelegenheit, die Gebühr für die Uebertragung zu vermeiden, wenn die Uebertragung im Anlegungsverfahren beurkundet wird. Sie ist alsdann gebührenfrei. Sollte die Uebertragung aber nicht im Anlageverfahren geschehen, so wäre Anlaß gegeben, hier eine Erleichterung eintreten zu lassen.

Vorsitzender: Soviel ich mich erinnere, ist im Gebührengesetz das Nöthige vorgesehen; wenn ich nicht irre, heißt es darin, daß Gebühren erhoben werden.

Reichsrath Dr. **von Schmitt:** Ich habe keine sachlichen Bedenken, aber Abs. 3 des Art. 2 veranlaßt mich zu einer Konstatierung. Ich setze voraus, daß dieser notariell zu beurkundende Beschluß nach Maßgabe der Statuten oder des Gesellschaftsvertrages (Majoritätsverhältniß) gefaßt werden muß. Ich meine, es wäre angezeigt, davon im Protokoll Notiz zu nehmen.

Vorsitzender: Ich halte es für selbstverständlich; einen Beschluß eines solchen Vereins kann ich mir nicht denken, wenn er nicht im Rahmen der Vorschriften der Statuten erfolgt. Da keine Erinnerung gegen Art. 1 und 2 erhoben wird, gelten dieselben als angenommen; wir gehen über zum nächsten Abschnitt:

Gesetzliche Zinsen.

Reichsrath Dr. **von Bechmann** als Referent: Art. 170 des E. G. z. B. G. B. bestimmt, daß für Schuldverhältnisse, die vor Inkrafttreten des

Bürgerlichen Gesetzbuchs entstanden sind, die bisherigen Gesetze maßgebend bleiben. Dies würde also auch gelten von der bisherigen Bestimmung über die Höhe der gesetzlichen Zinsen und es würden, trotzdem der Zinsfuß herabgesetzt ist, auch noch in Zukunft die gesetzlichen Zinsen zu 5% zu berechnen sein. Das würde sehr wenig entsprechend sein und es ist daher mit Recht die Vorschrift in Art. 3 enthalten, daß der Zinsfuß auch für bereits vor Inkrafttreten des Bürgerlichen Gesetzbuchs entstandene Schulden, soweit es sich um gesetzliche Zinsen handelt, bei denen sich der Zinsfuß nach den Landesgesetzen richtet, von da an nicht mehr als4 % beträgt. Dazu möchte ich auf Grund der Verhandlungen des Ausschusses der Kammer der Abgeorneten noch Folgendes konstatieren. Diese Bestimmung soll auch Anwendung finden in dem Falle, wenn etwa bereits ein rechtskräftiges Urtheil vorliegt, das eine Höhe von 5% Zinsen nach Maßgabe des bisherigen Rechts ausspricht. In diesem Falle verwandelt sich nicht etwa von selber die Zinspflicht in 4%, aber es steht dem Schuldner das Recht zur Seite, das ihm die Zivilprozeßordnung gewährt (§ 323), im Wege der Klage eine Aenderung des Urtheils herbeizuführen. Das ist von allen Seiten anerkannt worden und etwas Aehnliches tritt auch noch ein in Bezug auf die gesetzliche Alimentationspflicht der Großeltern unehelicher Kinder wie sie nach dem preußischen Landrecht besteht. Dieselbe erlischt auch in Bezug auf die bereits vor dem Inkraftreten des Bürgerlichen Gesetzbuchs (E. G. Art. 208) geborenen Kinder mit dem 1. Januar 1900, es erlischt von da an auch die Alimentationspflicht, selbst wenn sie bereits rechtskräftig ausgesprochen sein sollte und zwar insofern, als im Wege der Klage eine Abänderung des Urtheils herbeigeführt werden kann. Wie ich höre, richten sich die hiesigen Gerichte bereits nach dieser Bestimmung des Art. 208, indem sie die Urtheile beschränken auf die Zeit bis 31. Dezember 1899, wogegen nichts einzuwenden ist, weil dadurch ein zweiter Prozeß erspart wird.

Es ist weiter im Ausschuß angeregt worden, ob man nicht diese Bestimmung auch ausdehnen soll auf die vertragsmäßigen Zinsen. Es ist zu denken an den Fall, wo die Höhe der vertragsmäßigen Zinsen nicht ausgemacht, wo also nach bayerischem Recht 5% zu zahlen sind. Mit Recht ist dieser Anregung keine Folge gegeben worden, weil das ein Eingriff wäre in die Vertragsfreiheit.

Ich beantrage also die Annahme des Artikels.

Reichsrath Dr. **von Schmitt:** Mir ist eine Uebung der hiesigen Gerichte, wonach sie in den angeführten Fällen ihr Urtheil auf die Zeit bis zum 1. Januar 1900 beschränken, nicht bekannt; es mag das vielleicht zweckmäßig sein, rechtlich begründet ist es nicht. Denn dieses Gesetz und das Reichseinführungsgesetz insbesondere gilt heute noch nicht. Das Reichsgesetz gilt erst vom 1. Januar an. Man muß doch noch einen neuen Prozeß anstrengen, um dann ein anderes aussprechen zu lassen. Soweit dürfen die Gerichte nicht gehen, daß sie in ihr Urtheil schreiben: „Bis 1. Januar 5%, von da ab 4%“.

Reichsrath Dr. **von Bechmann** als Referent: Wir wissen ganz bestimmt, daß die genannte Alimentationsverbindlichkeit mit dem 1. Januar 1900 aufhört. Dieser jetzt schon geltende Satz wird angewendet, nicht der positive Inhalt des Bürgerlichen Gesetzbuchs.

Reichsrath Dr. **von Schmitt:** Das sind thatsächliche Zweckmäßigkeitsrücksichten ohne rechtlichen Untergrund. Denn das Reichsgesetz gilt heute noch nicht, und soweit könnten die Gerichte doch gewiß nicht gehen, jetzt gleich über den 1. Januar hinaus etwas anderes auszusprechen, was von da ab gelten soll. Wer sagt den Herren denn, daß in der That absolut und unabwendbar der

1. Januar der Zeitpunkt ist, wo das Bürgerliche Gesetzbuch in Kraft tritt? Können da nicht verschiedene Umstände inzwischen fallen, Krieg u. s. w.?

Der k. Ministerialkommissär, Senatspräsident Dr. **von Jacubezky:** Ich muß dieser Ansicht widersprechen. Ich habe schon in dem Ausschusse der Kammer der Abgeordneten die Ansicht vertreten, daß das Einführungsgesetz zum Bürgerlichen Gesetzbuche am 7. September 1896 in Kraft getreten ist, und kann diese Aeußerung nicht zurücknehmen. Die Reichsgesetze treten nach der Reichsverfassung, soweit sie nicht eine besondere Bestimmung enthalten, vierzehn Tage nachdem das Gesetzblatt in Berlin ausgegeben worden ist, in Kraft und das Reichsgesetzblatt, welches das Einführungsgesetz zum Bürgerlichen Gesetzbuche enthält, ist am 24. August 1896 in Berlin ausgegeben worden. Das Einführungsgesetz steht also schon im dritten Jahre in Kraft. Freilich wollen seine Vorschriften nicht schon vor dem 1. Januar 1900 in der Weise zur Anwendung kommen, daß die Rechtsverhältnisse sich schon für die Zeit vor diesem Tage nach seinen Vorschriften gestalten. Aber es besteht jetzt schon die Rechtsnorm, daß vom 1. Januar 1900 an die väterlichen Großeltern eines unehelichen Kindes zu Unterhaltsleistungen nicht mehr verpflichtet sind. Herr Reichsrath Dr. von Schmitt hat gesagt, wer weiß denn, ob der Termin eingehalten wird? Für den Richter steht es kraft Rechtssatzes fest, daß das Bürgerliche Gesetzbuch am 1. Januar 1900 in Kraft tritt; denn es ist im Art. 1 des jetzt schon geltenden E. G. z. B. G. B. so bestimmt. Es ist freilich denkbar, daß irgendwelche Umstände die Gesetzgebung veranlassen, dieses Gesetz aufzuheben und durch ein anderes zu ersetzen. Aber diese Möglichkeit ist für den Richter belanglos, zur Zeit ist geltendes Recht, daß das Bürgerliche Gesetzbuch am 1. Januar 1900 in Kraft tritt, und es ist geltendes Recht, daß nach dem Ablaufe des Jahres 1899 die väterlichen Großeltern nicht mehr zu Unterhaltsbeiträgen für das uneheliche Kind herangezogen werden können. Bei den gesetzlichen Zinsen verhält es sich insofern anders, als unser Entwurf noch nicht Gesetz ist. Wenn er aber Gesetz wird, wie er von der Staatsregierung vorgeschlagen ist, so wird er ebenfalls schon vor dem 1. Januar 1900 in Kraft treten. Er wird mit der Verkündung im Gesetz- und Verordnungsblatt in Kraft treten. Es ist absichtlich keine Bestimmung über die Zeit des Inkrafttretens aufgenommen, weil ein Theil der Vorschriften schon mit der Verkündung in Kraft treten muß und aus den übrigen Vorschriften sich von selbst ergibt, daß sie erst mit dem Bürgerlichen Gesetzbuche oder erst mit der Anlegung des Grundbuchs in Kraft treten können.

Reichsrath Dr. **von Schmitt:** Da ist nach meinem Dafürhalten der Unterschied übersehen, welcher besteht zwischen der Zeit der Erlassung des Gesetzes und der Zeit, in der das Gesetz in Wirksamkeit tritt. In der Regel fallen die beiden Dinge zusammen, aber in vorliegendem Falle fallen sie nicht zusammen. Das Gesetz selbst sagt, daß es erst wirksam sein will vom 1. Januar 1900 an.

Der k. Ministerialkommissär Senatspräsident Dr. **von Jacubezky:** Der Herr Reichsrath befindet sich im Irrthum, wenn er annimmt, daß das Einführungsgesetz eine solche Vorschrift enthalte. Es ist absichtlich unterlassen worden, eine Bestimmung über die Zeit des Inkrafttretens des Einführungsgesetzes zu treffen, weil das Gesetz noch im Jahre 1896 in Kraft treten sollte. Es ist offenbar zweckmäßig, daß die Vorschriften, nach welchen gewisse Rechtsverhältnisse am 1. Januar 1900 im Sinne des neuen Rechtes umgestaltet werden, schon jetzt gelten, daß man sich schon jetzt auf sie berufen kann, und um dies zu ermöglichen, hat man das Einführungsgesetz nach Art. 2 der Reichsverfassung in Kraft treten lassen.

Reichsrath Dr. **von Schmitt:** In Bezug auf die einzelnen Bestimmungen; aber es steht wohl jetzt fest, daß das Bürgerliche Gesetzbuch, welches die 5% Verzugszinsen in 4% verwandelt, erst in Kraft tritt mit dem 1. Januar 1900. Die Zeit der Erlassung des Gesetzes ist nicht die Zeit der Wirksamkeit, wenn für dieselbe eine besondere Bestimmung gegeben ist.

Vorsitzender: Wollen wir hoffen, daß es beim Einführungstermin, dem 1. Januar 1900, bleibt, und nachdem gegen Art. 3 keine Erinnerung besteht, nehme ich an, daß dieser Artikel die Genehmigung des Ausschusses erhalten hat.

Miethe und Pacht.

Reichsrath Dr. **von Bechmann** als Referent: Art. 172 des E. G. z. B. G. B. enthält die Bestimmung darüber, wie es sich verhält mit den Mieth- und Pachtverträgen, die unter der Herrschaft des alten Rechts vom Grundeigenthümer abgeschlossen worden sind, wenn unter der Herrschaft des neuen Rechts das Grundstück veräußert wird. Dagegen enthält das Gesetz keine ausdrücklichen Vorschriften für den Fall, daß ein Nießbraucher, dessen Recht unter dem alten Rechtszustand entstanden ist, einen solchen Pachtvertrag schließt und alsdann unter der Herrschaft des neuen Rechts der Nießbrauch erlischt. Dieser Lücke gegenüber würde, wenn keine Bestimmung vorhanden wäre, zur Anwendung kommen der Art. 184, welcher bestimmt, daß die dinglichen Rechte auch fernerhin nach dem bisherigen Rechte beurtheilt werden. Es ist nun hier in ganz zweckmäßiger Weise eine Einheit geschaffen, da auch hier eine fortbestehende Verschiedenheit nicht zuträglich wäre, umsomehr, als die in Betracht kommenden Rechtsordnungen sehr von einander abweichen. Nach dem gemeinen Rechte würde der Eigenthümer den Vertrag überhaupt nicht fortzusetzen brauchen, sondern einfach den Miether austreiben, nach dem preußischen Landrecht würde er die nächste Kündigungsfrist abzuwarten haben, nach dem französischen Rechte kann der Nießbraucher auf 9 Jahre vermiethen mit der Wirkung, daß der Eigenthümer die Zeit aushalten muß. Demgemäß ist bestimmt in Uebereinstimmung mit den Bestimmungen, welche das Einführungsgesetz für den Fall der Veräußerung trifft, daß, wenn der Nießbraucher, dessen Recht vor dem Inkrafttreten des Bürgerlichen Gesetzbuchs entstanden ist, vermiethet und der Nießbrauch während der Dauer des Miethvertrages erlischt, der Eigenthümer in den Vertrag eintritt und zwar ganz in derselben Weise, wie in § 1056 B. G. B. für die gleichartigen unter der Geltung des Bürgerlichen Gesetzbuchs entstehenden Fälle vorgeschrieben ist. Nur sollen weitergehende Rechte des Miethers erhalten bleiben, falls der Miethvertrag vor dem 1. Januar 1900 abgeschlossen ist und der Eigenthümer nach dem Inkrafttreten des Bürgerlichen Gesetzbuchs nicht zum nächst zulässigen Termine kündigt. Der zweite Absatz dehnt das auch auf solche Verhältnisse aus, die ein dem Nießbrauch ähnliches Recht erzeugen. Ich habe dagegen nichts zu erinnern. In Art. 5 ist eine rein redaktionelle Aenderung beschlossen; statt „Uebergeben“ ist gesagt „Ueberlassen“.

Vorsitzender: Da keine Erinnerung besteht, ist dem Artikel 4 und 5 zugestimmt.

Urkunden-Aufgebot.

Reichsrath Dr. **von Bechmann** als Referent: Der Art. 6 hat mir einige Schwierigkeiten gemacht, weil die Begründung der Regierungsvorlage etwas summarisch ist. Es hat mir zur Genugthuung gereicht, daß auch der Herr Referent der Kammer der Abgeordneten dieselbe Erfahrung gemacht hat. Es ist nämlich nicht ganz leicht herauszubringen, auf welche Urkunden sich eigentlich diese Vorschrift bezieht. Ich habe nun ermittelt und stimme in dieser Beziehung mit dem Herrn Referenten der anderen Kammer überein, und der Herr Senatspräsident hat es auch als richtig bestätigt, daß sich die Sache folgendermaßen verhält: Diejenigen Urkunden, welche, unter der Herrschaft des bisherigen Rechtes ausgestellt, amortisierbar sind, unterliegen zum großen Theil, was die Kraftloserklärung anlangt, bereits dem neuen Recht; dem neuen Recht unterliegen einmal die Schuldverschreibungen auf den Inhaber (Artikel 174 des E. G. z. B. G. B.). Auch für die sogenannten hinkenden Urkunden des § 808, das heißt für diejenigen, die zwar auf den Namen lauten, aber die Klausel enthalten, daß sie auch an dem Inhaber geleistet werden können, z. B. die Checks, kommt das neue Recht zur Anwendung. (Art. 177 des E. G.) Desgleichen unterliegen dem neuen Rechte die Aktien des alten Handelsgesetzbuchs, indem diese nach Art. 25 E. G. z. H. G. B. auch nach dem neuen Rechte amortisiert werden. Es bleiben also nur übrig sehr wenige Gattungen von Papieren, die Staatsschuldverschreibungen auf den Namen, die nach dem bisherigen Rechte ausgestellt sind. Wenn diese verloren gehen, so findet auf sie Art. 6 Anwendung. Weitere Vorbehalte des Einführungsgesetzes sind für Bayern gegenstandslos. (Art. 174 Abs. 1 Satz 2.)

Vorsitzender: Wenn keine Erinnerung erfolgt, nehme ich an, daß Artikel 6 genehmigt ist. Wir gehen über zu

Schuldverschreibungen auf den Inhaber.

Reichsrath Dr. **von Bechmann** als Referent: Gegen Art. 7 ist in der zweiten Kammer nichts erinnert worden und ist auch von meiner Seite nichts zu erinnern. Die Vorschriften der §§ 803 und 801 B. G. B. hinsichtlich der Vorlegungsfrist und der Verjährungsfrist u. s. w. sollen auch ausgedehnt werden auf die bereits unter der Herrschaft des bisherigen Rechts ausgestellten Schuldverschreibungen, während dieses selbst einheitliche Vorschriften hierüber nicht hat. Das ist um so nothwendiger, als man in der Regel den Dividenden- und Zinsscheinen nicht ansehen kann, wann sie ausgestellt sind. Sie enthalten die Verfallzeit, aber nicht die Ausstellungszeit. Das Bürgerliche Gesetzbuch unterscheidet die Vorlegungsfrist und die Verjährungsfrist. Hier wird bestimmt, daß die bisherige Verjährungsfrist als Vorlegungsfrist zu verstehen ist, so daß die zweijährige Verjährungsfrist des Bürgerlichen Gesetzbuchs hinzukommt und die Inhaber dieser Scheine von dieser Bestimmung keinen Nachtheil, sondern nur Vortheil haben. Außerdem ist die Möglichkeit gewahrt, die Vorlegungsfrist anders zu bestimmen. Ich habe nichts weiter zu erinnern, ebensowenig gegen die Herübernahme des § 803.

Vorsitzender: Artikel 7 ist genehmigt, da keine Erinnerung erfolgt.

Eigenthumsbeschränkungen zu Gunsten bestehender Waldungen.

Reichsrath Dr. **von Bechmann** als Referent: Art. 8 hat im Ausschuß der zweiten Kammer sowohl in der ersten als in der zweiten Lesung längere Erörterungen hervorgerufen, welche einige Aenderungen zur Folge hatten. Ich muß dabei zu meiner Entschuldigung bemerken, daß ich das Protokoll der zweiten Lesung des jenseitigen Ausschusses erst gestern spät Abends bekommen habe, es ist mir daher nicht möglich gewesen, in die mir ferneliegende Materie mich so hineinzuarbeiten, daß ich darüber voll erschöpfenden Bericht erstatten kann. Der Herr Regierungsvertreter wird die Güte haben, das Mangelnde zu ergänzen.

In juristischer Beziehung will ich folgendes bemerken. Art. 8 gründet sich auf den Art. 183 des E. G. z. B. G. B. Dieser bestimmt, daß zu Gunsten eines Grundstückes, das zur Zeit des Inkrafttretens des Bürgerlichen Gesetzbuchs mit Wald bestanden ist, die landesgesetzlichen Vorschriften in Kraft bleiben. § 910 des B. G. B. gibt bekanntlich dem Nachbarn das Recht, die von einem Nachbargrundstück eingedrungenen Wurzeln selber zu entfernen und in Bezug auf die herüberragenden Zweige dem Nachbarn eine angemessene Frist zur Beseitigung derselben festzusetzen, nach deren Ablauf er das Recht hat, dieselben selbst wegzunehmen, während § 923 von solchen Bäumen handelt, die auf der Grenze stehen. Diese weitgehenden Vorschriften, welche in das gemeine Recht tief eingreifen, sollen suspendiert bleiben zu Gunsten der bestehenden Wälder bis zur nächsten Verjüngung; das Weitere ist der landesgesetzlichen Vorschrift überlassen. Diese Vorschrift ist enthalten in Art. 8, der aus folgenden Bestimmungen besteht: Wenn zwei Wälder an einander grenzen, so sind die beiderseitigen Eigenthümer gegenseitig verpflichtet, die von dem Nachbargrundstück eingedrungenen Wurzeln eines Baumes oder Strauches oder herüberragende Zweige zu dulden, weil sich das gegenseitig ausgleicht. (Abs. 1). Ist dagegen der eine Grundeigenthümer kein Waldbesitzer, sondern hat er offenes Land, so kann er in Bezug auf die Wurzeln schon jetzt, wenn ich recht sehe, das Recht des § 910 in Anspruch nehmen; dagegen muß er den Ueberhang fünf Meter vom Boden entfernt dulden. Für die Beseitigung herüberragender Zweige, die weniger als 5 Meter vom Boden entfernt sind, ist dem Eigenthümer des mit Wald bestandenen Grundstücks eine dem Umfang der Arbeit für das ganze Grundstück entsprechende Frist von höchstens 2 Jahren zu gewähren, während das Bürgerliche Gesetzbuch eine angemessene Frist ohne nähere Bestimmung setzt, über die also im Streitfalle der Richter entscheidet. Insbesondere aber auf der westlichen, nordwestlichen, südwestlichen und südlichen Seite des mit Wald bestandenen Grundstücks müssen solche herüberragende Zweige schlechthin geduldet werden, wenn im Falle der Beseitigung der Fortbestand eines zum Schutze des Waldes erforderlichen Baumes oder Strauches gefährdet oder die Ertragsfähigkeit des Waldbodens infolge des Eindringens von Wind und Sonne beeinträchtigt werden würde. (Abs. 2). Ueber diesen Absatz kann ich mich nicht äußern, da mir die nöthigen technischen Kenntnisse fehlen.

Im Ausschusse der Abgeordnetenkammer wurde von dem Herrn Abgeordneten Beckh, der selbst Waldeigenthümer ist, die Frage aufgeworfen, wann beim Plenterbetrieb die Verjüngung des Waldes als eingetreten zu betrachten sei. Gegen die betreffende, auf diese Anregung hin nachträglich eingesetzte Bestimmung (Abs. 3) wird, nachdem sie heute morgen schon für das Ausführungsgesetz angenommen wurde, nichts zu erinnern sein.

Der zweite Zusatz, der eine längere Erörterung zur Folge hatte, ist, soviel ich verstehe, eine Bestimmung, die sich vorzugsweise auf die mittelfränkischen Wälder bezieht. Es wurde nämlich geltend gemacht, daß in Mittelfranken seit längerer Zeit Grundstücke, welche die Landwirthschaft nicht mehr lohnen, aufgeforstet werden, so daß dadurch „isolierte" Waldparzellen entstehen, die ringsum von Feldern umgeben sind. Für diese isolierten Waldungen sollen nun diese Schutzmaßregeln nicht eintreten, sondern für sie soll die Vorschrift des Bürgerlichen Gesetzbuchs sofort Platz greifen. Der ursprüngliche Antrag des Herrn Abgeordneten Beckh ist noch viel weiter gegangen. Der Zusatz „isolierte“ ist erst auf Antrag der k. Staatsregierung hineingekommen. Unter isolierter Waldparzelle ist, wie sich der Herr Abgeordnete von Walter ausdrückte, ein „eingekeilter“ Wald, der ringsum von freiem Lande umgeben ist, zu verstehen. Ebenso entspricht der Zusatz „seit 1885“, seit welcher Zeit nämlich diese Uebung in Mittelfranken besteht, einem Antrag der k. Staatsregierung. Es soll diese Vorschrift zum Schutze der landwirthschaftlichen Besitzer gegenüber solchen unerwünschten Aufforstungen erfolgen. Es ist im Ausschusse der Abgeordnetenkammer viel darüber hin- und hergesprochen worden; es ist von einer Seite bemerkt worden, daß für andere Theile des Landes ein Bedürfniß hierfür nicht bestehe, namentlich hat ein schwäbischer Abgeordneter gesagt, daß für Schwaben ein Bedürfniß für eine solche Bestimmung in gar keiner Weise existire; der Antrag ist aber schließlich doch zum Beschlusse erhoben worden.

Der **erste Präsident**: Ich habe schon heute morgen meinen Standpunkt zu dieser Frage dargelegt und werde nicht wieder auf das heute morgen Gesagte zurückkommen. Ich kann nur konstatieren, daß alles, was zur Beschränkung und zum Schaden unserer Privatwaldungen geschieht und gesetzlich bestimmt wird, mir tief ins Herz greift. Wir haben eine solche Devastation der Wälder, namentlich in meiner Gegend, daß ich nur auf das Lebhafteste bedauern muß, wenn diese Devastation auch in dem Gesetze neue Nahrung findet. Ich kann nur kurz wiederholen, daß ich der Ansicht bin, man hätte diese ganze gesetzliche Bestimmung in zwei Theile zerlegen sollen. Man hätte diejenigen Waldungen eigens behandeln sollen, welche schon von jeher Waldungen waren, und diejenigen, welche erst später zu Waldungen aufgeforstet worden sind. Leider ist dieser Unterschied nicht gemacht worden. Was nun den vorliegenden Artikel betrifft, so ist er nur eine Folgerung der Bestimmung des Reichsgesetzes, gegen welche ich also keine Erinnerung erheben kann. Daß im Abs 2 für die Entfernung der vom Nachbargrundstück herüberragenden Zweige eine Maximalfrist von 2 Jahren statt einer „angemessenen“ Frist, wie im Bürgerlichen Gesetzbuche bestimmt wird, muß ich als eine neue Verschärfung betrachten. Handelt es sich um eine ganz kurze Strecke, so wird ja die Frage sich von selbst innerhalb 2 Jahren erledigen; handelt es sich aber um größere Waldtheile, so würde ein zweijähriger Termin nicht hinreichen, um diesen Befehl des Gesetzes auszuführen. Unnöthig scheint mir auch die in den zwei von dem Ausschusse der Kammer der Abgeordneten beschlossenen Zusätzen liegende Verschärfung, namentlich die zweite. Ich kann also nur dringend wünschen, daß diese erschwerenden Bestimmungen abgelehnt werden.

Der k. Ministerialkommissär, Senatspräsident Dr. **von Jacubezky**: Ich glaube, daß es sich bei dem Art 8 nur um Begünstigungen des Waldes handelt. Die Vorschriften des Art. 8 sind für den Waldeigenthümer günstiger als der Zustand, der eintreten würde, wenn die Landesgesetzgebung von dem Art. 183 des E. G. z. B. G. B. keinen Gebrauch macht. In diesem Falle kommt der § 910 des B G. B. ohne weiteres zur Anwendung; der Art. 8 schützt aber den bestehenden Wald gegen die sofortige Anwendung des § 910. Das kann dem Walde nur zum Vortheil gereichen. Wenn der Schutz nicht in allen Fällen in dem Umfange gewährt wird wie im Abs. 1, der voraussetzt, daß die beiderseitigen Grundstücke Waldgrundstücke sind, so hat das seinen Grund darin, daß ein billiger Ausgleich zwischen den Interessen des Waldeigenthümers und den Interessen der übrigen Eigenthümer stattfinden muß. Die Vorschriften des Entwurfs werden den Bedürfnissen der Forstwirthschaft genügen, wenn sie auch in der Beschränkung, die sie dem Eigenthümer eines nicht mit Wald bestandenen Grundstückes auferlegen, weniger weit gehen als in der Beschränkung des Eigenthümers eines Waldgrundstücks. Daß für den Fall des Plenterbetriebs eine Vorschrift nothwendig ist, wie sie der Abs. 3 enthält, kann nach dem heute zum Art. 67 Abs. 2 des Entwurfs eines A. G. z. B. G. B. gefaßten Beschlusse nicht wohl in Zweifel gezogen werden. Der letzte Absatz, der von „isolierten Waldparzellen" spricht, hat ohnehin nicht die eigentliche Waldkultur zum Gegenstande, sondern er bestimmt ergänzend und erläuternd, daß die besonderen Vorschriften, welche der Absatz 2 zum Schutze von eigentlichen Wäldern aufstellt, vereinzelten Waldparzellen, die im freien Feld entstanden sind, nicht zu Gute kommen sollen, weil hier die Interessen der Feldwirthschaft als die überwiegenden erachtet werden müssen. Den letzten Absatz hat Seine Exzellenz der Herr erste Präsident, wie ich glaube, auch nicht beanstandet.

Reichsrath Freiherr **von Soden-Fraunhofen:** Meine Herren! Auf Antrag des Herrn Abgeordneten Beckh hat man in der Kammer der Abgeordneten den Beschluß gefaßt, es solle in den Fällen, wo ein landwirthschaftliches Grundstück zum Walde gemacht wurde, dem Nachbaracker ein Schaden nicht zukommen, indem in diesem Falle die Bestimmung des Art. 8 Abs. 2 nicht maßgebend sein soll. Konsequenter Weise wäre es gerecht, daß in den Fällen, von denen ich heute früh gesprochen habe, wenn nämlich zwei Waldgrundstücke nebeneinander liegen und das eine Waldgrundstück zum Felde gemacht wird, der Besitzer des verbleibenden Waldgrundstücks nicht geschädigt würde. Dieser hatte bisher als Nachbar eines anderen Waldbesitzers den geringern Abstand von 1/2 m zu wahren. Dem bösen Nachbar fällt es nun ein, aus seinem Grundstück ein Feld zu machen. Warum soll da der Waldbesitzer, der seine Kultur nicht geändert hat, deshalb einen Schaden erleiden, weil sein Nachbar diese ändert?

Der Herr Senatspräsident Dr. von Jacubezky hat auf die Anfrage des Herrn Referenten Dr. Casselmann, gleichwie das heute früh auf meine Anfrage geschehen ist, erklärt:

> „In diesem Falle finde nicht mehr Abs. 1, sondern Abs. 2 Anwendung. Die weitergehende Duldungspflicht des Abs. 1 beruhe auf der Erwägung, daß der Nachbar infolge der gegenseitigen Duldungspflicht ebensoviel erhalte, als er dem Nachbargrundstücke gewähre. Diese Erwägung treffe aber hier nicht mehr zu, wenn der Nachbar seinen Wald in Feld umwandelt."

Meine Herren! Was kann ich dafür, wenn mein Nachbar aus seinem Walde ein Feld macht? Warum soll ich dadurch schlechter gestellt werden, wiewohl bei mir der Zustand derselbe geblieben ist? Dieser Fall liegt ganz analog den Bestimmungen, die auf den Antrag des Herrn Abgeordneten Beckh eingeführt worden sind, denn dieser Antrag geht davon aus, daß der Besitzer eines landwirthschaftlichen Grundstückes darunter nicht Schaden leiden soll, weil sein Nachbar aus seinem Feldgrundstück ein Waldgrundstück gemacht hat. Ich sage: Genau so liegt es, wenn ein Waldbesitzer einen Nachbar hat, der aus seinem Waldgrundstück ein Feldgrundstück macht. Dieser soll konsequenterweise auch nicht geschädigt werden; er wird aber geschädigt, wenn auf ihn der Abs. 2 statt der Abs. 1 angewendet wird.. Ich gehe von dem Grundsatze aus: Der Besitzende hat Recht. In dem einen Falle ist dies der Waldbesitzer, in dem andern Falle der Feldbesitzer. Wenn der Antrag Beckh gerecht ist, so muß man auch sagen, man kann dem jetzigen Waldbesitzer nicht zumuthen, daß er Schaden dadurch erleide, daß sein Nachbar aus seinem Wald ein Feld macht, weil er dann 2 m statt 1/2 m Abstand zu nehmen hat. Mit meinem einfachen Menschenverstand kann ich mir das weder moralisch, noch rechtlich anders zurechtlegen. Was nun den Antrag Beckh anlangt, so muß ich zugeben, daß er Gründe der Billigkeit für sich hat und zwar dieselben, die ich für meine Ansicht eben angeführt habe, wiewohl das für das Land von Nachtheil sein kann; wir Landwirthe streben seit langem dahin, Grundstücke minderer Qualität, die thörichter Weise dem Walde entzogen worden sind, dem Walde wieder zurückzugeben.

Was heißt nun aber „isoliertes Grundstück?“ Soll das ein Grundkomplex von 100 ha (ein Bauernhof) sein, der aufgeforstet wurde? Ich glaube: nein!

Jedenfalls glaube ich, daß eine Bestimmung in dem Sinne angezeigt wäre, daß in den Fällen, wo ein an einen Wald anliegendes Waldgrundstück zu Feld gemacht wird, der Abs. 1 Geltung haben sollte.

Der k. Ministerialkommissär, Senatspräsident Dr. **von Jacubezky:** Herr Reichsrath Freiherr von Soden geht von einer irrigen Auffassung aus, wenn er von den Abstandsvorschriften spricht; diese stehen hier nicht in Frage.

Reichsrath Freiherr **von Soden-Fraunhofen:** Dasselbe, was ich heute früh von den Abstandsvorschriften gesagt habe, gilt auch hier von den Wurzeln und Zweigen.

Der k. Ministerialkommissär, Senatspräsident Dr. **von Jacubezky:** Der Art. 8 steht mit den Abstandsvorschriften in keinem Zusammenhange. Bei den Abstandsvorschriften handelt es sich um Beschränkungen, die den Wald und auch das Halten einzelner Bäume treffen. Hier soll der Wald gegenüber der Landwirthschaft begünstigt werden. Wenn wir keine solche Vorschrift geben, so hat die Landwirthschaft das Recht, die überragenden Aeste zu beseitigen und die übergreifenden Wurzeln wegzuschneiden. Dieses Recht ist ein Ausfluß des Eigenthums. (Freiherr von Soden: Dank der Ungerechtigkeit des Bürgerlichen Gesetzbuchs!) Wir können uns nicht auf den Standpunkt stellen, daß das Bürgerliche Gesetzbuch ungerecht ist, wir müssen seine Rechtsnormen hinnehmen, wie sie sind. Uebrigens geht daraus, daß sie gelegentlich Interessen verletzen, noch nicht hervor, daß sie ungerecht sind.

Im Abs. 1 des Art. 8 ist den Eigenthümern aneinander grenzender Waldgrundstücke eine gegenseitige Duldungspflicht auferlegt; es hat keiner von ihnen das Recht, zu verlangen, daß eine offene Reihe hergestellt werden soll, sondern sie müssen gegenseitig dulden, daß die Zweige und Wurzeln übergreifen. Diese Beschränkung kann ihnen deswegen unbedenklich anferlegt werden, weil sie keinen der Eigenthümer erheblich benachtheiligt, weil jeder von ihnen ungefähr so viel Vortheil davon hat wie der andere.

Wenn nun aber einer von den Eigenthümern sein Waldgrundstück in ein Feld umwandelt, so wird die Sachlage eine andere. Da fragt es sich, ob derjenige, der jetzt keinen Wald mehr hat, sondern ein Feld, sich dieselben Beschränkungen gefallen lassen muß, wie wenn er noch Waldbesitzer wäre, obwohl er den Vortheil nicht mehr hat, der nach dem Gedanken des Abs. 1 die Gegenleistung bildet und der allein die Vorschrift des Abs. 1 rechtfertigt. Wenn der Bestand des Waldes auf dem Nachbargrundstück auch ohne die Beschränkung geschützt ist, so braucht man dem Eigenthümer die bisherige

Beschränkung nicht aufzuerlegen, und eine entbehrliche Beschränkung ist ungerechtfertigt.

Die Vorschriften, welche nothwendig und ausreichend sind, um den Bestand des Waldes zu schützen, werden im Abs. 2 gegeben. Der Nachbar muß die Zweige dulden, die mindestens 5 m über dem Boden sind, und er muß auf den Seiten, auf denen der Wald eines besonderen Schutzes gegen Sonne und Wind bedarf, auch die näher am Boden befindlichen Zweige dulden. Ein weitergehender Schutz wird von technischer Seite nicht für erforderlich erachtet; es besteht deshalb kein Grund, den Eigenthümer einer weitergehenden Beschränkung seines Rechtes zu unterwerfen.

Vorsitzender: Ich halte die Bedenken des Herrn Reichsraths von Soden theoretisch ganz gerechtfertigt; aber die Fälle, die er im Auge hat, sind derart, daß der Waldeigenthümer, welcher Waldeigenthümer bleiben will, nicht so fast durch diese Bestimmung als durch Abtrieb des Waldes seines Nachbarn überhaupt geschädigt wird. Ich erinnere nur an die vielen Theilwaldungen in denjenigen Waldungen, die früher Gemeindewaldungen waren.

Herr Baron von Soden wird selbst die Erfahrung gemacht haben, wie oft es vorkommt, daß der Nachbar eines langen Streifen Waldes seinen Wald abtreibt und zu Feld macht und daß dann dieser Waldstreifen nicht mehr haltbar ist. Gegenüber diesen Nachtheilen, gegen die der nunmehr verbleibende Wald nicht mehr geschützt ist, gegen die ungehinderte Einwirkung von Wind und Wetter in den verbleibenden Wald, ist diese vorliegende Bestimmung eine höchst untergeordnete; denn, wenn ich die Zweige 5 m über dem Boden beibehalten darf, so ist das alles, was man verlangen kann, aber in diesem Falle haben die Bäume gar keine Zweige mehr und so kann die Bestimmung thatsächlich die Waldbesitzer gar nicht mehr schwer treffen. Ich erinnere an die Berathung des Forstgesetzes nach dem Fuchsmühler Falle. Ich bin eingetreten für die Ausdehnung des Begriffes der Schutzwälder. Dort wäre Gelegenheit gewesen, die Waldbesitzer zu schützen gegen die Rodungen, welche die Nachbarn belieben. Das ist unterblieben und dadurch sind die kleinen Waldungen mit oder ohne das vorliegende Gesetz dem Ruine verfallen. Ich habe deshalb hinsichtlich dieser Bestimmung für die Waldungen gar kein Bedenken. Der Waldbesitzer, der einen solchen unglücklichen Nachbarn hat, der wird geschädigt durch den Abtrieb selbst und die Bestimmungen, die hier enthalten sind, wird er noch mit in Kauf nehmen müssen.

Der k. Ministerialkommissär, Ministerialrath **von Huber:** Ich möchte mir zunächst gestatten, auf die Bedenken Seiner Exzellenz des Herrn Reichsraths Grafen von Lerchenfeld einzugehen. Die Staatsforstverwaltung, soweit sie berufen war, ihrer Anschauung zum Gesetze Ausdruck zu geben, war selbstverständlich bemüht, dem Walde zu geben, was des Waldes ist, und ich darf Seine Exzellenz versichern, daß es sich hier nicht allein um die Privatwaldungen gehandelt hat, sondern daß die Bestimmungen des Bürgerlichen Gesetzbuchs den Staatswald ebenso treffen; es war unsere Aufgabe, einerseits dem Walde einen vollkommenen Schutz angedeihen zu lassen und anderseits solche Bestimmungen zu vereinbaren, daß man beiden Seiten so ziemlich gerecht wird. Die hohen Herren werden wohl auch der Ansicht sein, daß der Landwirthschaft einige Zugeständnisse gemacht werden müssen. Ich stehe nicht an, für meine Person zu erklären, daß ich auf Grund meiner langjährigen Erfahrung im äußeren Dienste mich zu der Anschauung bekenne, daß die Landwirthschaft immerhin einigen Schutz verdient.

Seine Exzellenz haben gemeint, es sei eine Verschärfung, daß wir in Art. 8 Abs. 2 der Uebergangsvorschriften einen zweijährigen Termin statt des „angemessenen“ Termins des Bürgerlichen Gesetzbuchs bestimmt haben. Ich glaube aber, daß Waldbesitzer, Feldbesitzer und Richter sich viel leichter thun, wenn in allen Dingen eine bestimmte Frist festgesetzt ist, als wenn erst durch Sachverständige festgestellt werden muß, ob uud wann der Termin angemessen sei. Wir haben bei den langen Grenzen, die mancher Orts der Staatswald hat gegenüber dem Felde, es uns sehr überlegt, ob das zu machen sei, und wir sind zur Ansicht gekommen, daß innerhalb zweier Jahre sich eine solche Aufastung von 5 m vom Boden aufwärts wohl durchführen lasse. Das soll also keine Verschärfung, sondern eine Erleichterung sein, damit nicht der Nachbar das „angemessen“ auf eine viel kürzere Zeit bezogen haben will als der Waldbesitzer.

Bezüglich des Plenterbetriebs glaube ich mich nicht mehr weiter auslassen zu sollen. Derselbe ist nur eine ausnahmsweise Art der Bewirthschaftung welcher die Waldungen der Standesherren und anderer großer Waldbesitzer in der Regel nicht unterstehen, außer sie würden Schutzwaldungen sein. Diesen stehen aber auch gewisse Begünstigungen des Art. 66 des A. G. z. B. G. B. zur Seite. Herr Reichsrath Freiherr von Soden-Fraunhofen hat einen Fall angeführt, der nach seiner Ansicht sehr bedenklich werden könnte; wenn nämlich ein Waldbesitzer seinen Wald in Feld umwandelt. Der Herr Senatspräsident hat das Nöthige hierauf schon erwidert, und habe ich keinen Anlaß mehr, darauf zurückzukommen.

Was den Antrag „Beckh“ betrifft, so ist Folgendes darüber zu sagen. Der Herr Abgeordnete Beckh hat seinen Antrag ursprünglich damit begründet, daß er sagte: „ja bei uns in Mittelfranken werden mitten in die Felder hinein Föhrenhölzer gepflanzt, sogenannte Streuhölzer. Die Bauern legen Wälder an, damit sie Streu bekommen, und diese Wälder drücken auf die Felder und hindern das Wachsthum, und da sollte man doch die Bestimmung treffen, daß in diesem Falle die Vorschriften des Art. 8 Abs. 2 keine Anwendung finden. Er hat aber seinen Antrag so aufgefaßt, daß alle Waldungen, welche seit 20 Jahren auf früher landwirthschaftlich benützten Grundstücken entstanden sind, lediglich nach den bisherigen landesrechtlichen Bestimmungen — er hatte zunächst die einschlägige Bestimmung des in seiner Gegend geltenden preußischen Landrechts im Sinne, welche sich mit dem § 910 des B. G. B. deckt — behandelt werden mußten. Da — gestatten Sie mir den Ausdruck — widerstand ich ihm ins Angesicht. Herr Abgeordneter Beckh wollte mit seinem Antrage alle jene Waldungen treffen, die von den Waldbesitzern neben ihren bisherigen alten Wäldern auf angekauften Feldern mit Mühe und Fleiß begründet worden sind. Das kann unter gar keiner Bedingung sein. Diese Waldungen müssen den Schutz der Uebergangsvorschriften ebenfalls genießen. Wenn aber — so habe ich weiter ausgeführt — die Herren von der Landwirthschaft der Anschauung sind, daß man solchen exzeptionellen Verhältnissen, wie sie in Mittelfranken bestehen, wo seit der Katastermessung im Forstamtsbezirke Schwabach allein 3000 ha landwirthschaftliche Grundstücke in Wald umgewandelt worden sind, Rechnung tragen soll, so habe ich nichts dagegen. Ich war primär überhaupt dagegen, diesem Antrage Rechnung zu tragen, wenn aber — meinte ich — die Herren des Ausschusses — und die Landwirthe, dächte ich, hätten die Vorhand in dieser Frage — etwas zu thun für nützlich halten, so muß man dem Antrage seine Spitze nehmen und denselben auf isolierte Waldparzellen, welche nicht seit 20 Jahren, sondern erst seit kürzerer Zeit angelegt worden sind, beschränken. Und so habe ich den Vorschlag gemacht, zu sagen: „Für isolierte Waldparzellen, die seit dem Jahre 1885 auf früher landwirthschaftlich benützten Grundstücken entstanden sind, finden die Vorschriften des Abs. 2 keine Anwendung."

Ich glaube, daß alle diese Bemühungen dazu dienen, unseren Wald soweit zu schützen, als wir dies verantworten können gegenüber der Landwirthschaft und ich glaube, die Hohen Herren möchten diese Bestrebungen der k. Staatsregierung näher würdigen und den Vorschlägen ihre Zustimmung geben.

Der erste **Präsident:** Ich habe mich nur gegen eine Bemerkung des Herrn Regierungskommissärs von Huber zu verwahren, als ob ich kein Interesse für die Landwirthschaft hätte. Ich habe ausdrücklich hervorgehoben: insoferne es sich auf neu aufgeforstete Waldtheile, welche ehemals Feld waren, bezieht, bin ich mit den Bestimmungen des Bürgerlichen Gesetzbuchs und mit den Bestimmungen, welche auf Grund des § 910 des B. G. B. in unsere Ausführungsbestimmung übergegangen sind, vollständig einverstanden. Nicht einverstanden kann ich nur sein mit der Schädigung des alten Waldes durch diese Bestimmung, weil da Rechte dem Waldbesitzer genommen werden ohne Entschädigung zum Schutze und zur Aufbesserung von Rechten, die der Nachbar auf seinem Feld niemals besessen hat. Das halte ich für eine Ungerechtigkeit, dem Waldbesitzer etwas zu nehmen, was er bisher gehabt hat und es einem anderen zu geben für etwas, was er bisher nicht gehabt hat. Das ist der Standpunkt, den ich als Landwirth vertrete.

Was nun die Anregung des Herrn Ministerialrathes von Huber betrifft, so muß ich zu meinem Bedauern ausdrücklich hervorheben, daß diese isolierten Hölzer nicht zu den Seltenheiten gehören. Wir haben derartige isolierte Feldhölzer ziemlich zahlreich in einzelnen Theilen Schwabens, noch mehr aber in einzelnen Theilen Niederbayerns. Wir finden da ganz hübsche Eichen und andere derartige alleinstehende kleine Hölzer, welche infolge dieser Bestimmung des Bürgerlichen Gesetzbuchs und unserer Ausführungsbestimmungen wohl den Todesstoß erhalten werden, denn sie vertragen nicht die Verrückung ihrer Grenze. Allein auch unsere Privatwaldungen, wie sie jetzt gegenwärtig sind, leiden darunter und werden den Todesstoß durch diese Bestimmungen erfahren, weil sie die Entfernung und die Freilassung von 2 Metern, wenn sie namentlich schmal und lang sind, überhaupt nicht aushalten können. Wir haben in den letzten Dezennien große Strecken Waldes zu Feld sich umwandeln sehen. Wenn der Herr Ministerialrath mich einmal in Köfering besuchen will, was mich sehr freuen würde, so kann ich ihm zwei genau bestimmte Punkte zeigen, die von der jetzigen Waldgrenze wenigstens 500 Meter entfernt sind, von denen ich mich noch erinnern kann, daß sie noch Wald waren. Sie sind jetzt vollständig rasiert und zu Feld gemacht. Ich kann ihm auch mitten in meinen Waldungen Parzellen zeigen, die erst seit 2—10 Jahren zu Feld umgewandelt worden sind, und wo ich nun nach den Bestimmungen des Gesetzes zu Gunsten dieser Landwirthe meine Forstgrenze um 2 Meter zurück rücken muß, um den Bestimmungen des Gesetzes zu entsprechen. Allein ich kann nur mein Bedauern darüber aussprechen, daß der Waldbesitz in Bayern auf diese Weise noch immer weitere Rückschritte machen wird. Ich halte jedoch meinen Widerstand bezüglich des Art. 8 nicht aufrecht und werde vielleicht dem ganzen Gesetze trotz dieses Art. 8 im Plenum der Kammer meine Zustimmung geben.

Der k. Ministerialkommissär, Ministerialrath **von Huber:** Ich möchte mir Seiner Exzellenz gegenüber die Bemerkung erlauben, daß, wenn ich Seine Exzellenz apostrophiert haben sollte bezüglich der Landwirthschaft, ich Seine Exzellenz als Helfer betrachtet habe, als ehemaligen Präsidenten des Landwirthschaftsrathes. Das war meine Absicht. Was das „zwei Meter zurückrücken" anlangt, so muß jetzt ja niemand den Rand eines Waldes zurück rücken. Das Zurückrücken beginnt erst mit der Verjüngung. Ich glaube, wir machen in Bayern keinen Rückschritt. Wenn die Herren die Ueberleitungsvorschriften zum Bürgerlichen Gesetzbuche der anderen Staaten betrachten, so werden Sie sehen, daß in denselben noch ganz andere Bestimmungen enthalten sind. Anderswo wird man vielleicht einen Rückschritt der bayerischen Forstverwaltung darin suchen, daß sie in vorliegenden Fragen möglichst Bedacht auf die Sicherung des Waldes genommen hat. Wir haben es mit Gott gewagt!

Reichsrath Freiherr **von Soden-Fraunhofen:** Ich muß leider einer anderen Ansicht Ausdruck geben. Was die Wahrung der Interessen des Waldes anlangt, so wäre zu erwarten gewesen, daß man schon bei der Abfassung des Bürgerlichen Gesetzbuchs diese geltend gemacht hätte, dann wären wir heute nicht in dieser Nothlage, und dann könnte nicht der Herr Vertreter des Justizministeriums sagen, wir dürfen heute nicht mehr über das reden, was das Bürgerliche Gesetzbuch bestimmt. Ich bin übrigens der Meinung, daß dieses Gesetzbuch doch keine Gebote Gottes enthält, und daß man daher die Meinung aussprechen darf, es könne in demselben etwas Verkehrtes stehen, abgesehen von dem „verrückt gewordenen Grenzstein" des § 919. Heute sind wir ja dazu da, um die Bestimmungen des Bürgerlichen Gesetzbuchs zu korrigieren, die uns verkehrt zu sein scheinen, in dem Rahmen, den uns das Einführungsgesetz einräumt. Nun sagte der Herr Senatspräsident, was wir jetzt berathen, das sei ja nur zu Gunsten des Waldes, vormittags sei es anders gewesen! Ich acceptiere das Geständnis.

Dann erlaube ich mir, entgegen der Meinung des Herrn Regierungskommissärs von Huber der Meinung zu sein, daß der Wald im Bürgerlichen Gesetzbuch zu kurz gekommen ist. Der Herr Senatspräsident Dr. von Jacubezky sagt immer, der Wald wäre nicht geschädigt. Darf ich ihn vielleicht fragen, was man mit den zwei Meter Waldboden anfangen soll, die nicht angepflanzt werden dürfen? Man kann doch nicht ewig einen Forstgarten daraus machen! Bekanntlich geht das ein paar Jahre, dann aber wachsen die Forstpflanzen nicht mehr. Faktisch wird also der Waldbesitzer geschädigt, daß er zwei Meter nicht mehr anpflanzen kann und deshalb glaube ich, daß diejenigen, welche es sich zur Aufgabe gemacht haben, die Landwirtschaft und die Forstwirtschaft zu vertreten, — und ich glaube, daß ich auch zu diesen gehöre — gut thun, hier zu retten, was noch zu retten ist.

Der k. Ministerialkommissär, Senatspräsident Dr. **von Jacubezky:** Gegenüber dem, was Herr Reichsrath Freiherr von Soden gesagt hat, möchte ich auf den jetzigen Rechtszustand aufmerksam machen. Wenn gesagt worden ist, die Vorschriften des Artikels 8 seien nicht genügend, der Wald sei gefährdet, so muß man sich fragen, wie ist der bestehende Rechtszustand, inwieweit tritt eine dem Walde nachtheilige Rechtsänderung ein? Das geltende Recht ist dem Walde nicht so günstig, wie der Artikel 8, insbesondere auch nicht gegenüber den Feldgrundstücken. Im Gebiete des gemeinen Rechtes gilt im wesentlichen dasselbe, was der Satz 1 des Abs. 2 bestimmt, die Verpflichtung, die mindestens 5 m über dem Boden befindlichen Zweige zu dulden. Die weitere Vorschrift, daß auf der westlichen, nordwestlichen, südwestlichen und südlichen Seite des

15*

Waldes die überhängenden Zweige bis zum Boden geduldet werden müssen, besteht im Gebiete des gemeinen Rechts nicht, sie ist für das ganze Königreich ein neuer Schutz, der dem Walde gewährt werden soll. Im Gebiete des Preußischen Landrechts und in der Pfalz besteht eine Verpflichtung, überragende Zweige zu dulden, überhaupt nicht; auch das Bayerische Landrecht hat die gemeinrechtliche Duldungspflicht nicht aufgenommen. Der Entwurf bringt also lediglich eine Verbesserung der rechtlichen Stellung des Waldes und gibt dem Waldeigenthümer gewiß keinen Grund zur Klage. Die Abstandsvorschriften sind von dem Hohen Ausschusse angenommen, sie stehen nicht mehr zur Erörterung.

Der k. Ministerialkommissär, Ministerialrath **von Huber:** Meine Hohen Herren! Was ich sagen wollte, das hat der Herr Senatspräsident bereits viel besser gesagt. Ich wollte die Hohen Herren nicht aufhalten und deshalb habe ich mich schon einmal auf die klaren Ausführungen des Herrn Senatspräsidenten bezogen, die ich sicherlich nicht besser hätte geben können. Nach den letzten Aeußerungen des Herrn Senatspräsidenten glaube ich, daß der Herr Reichsrath Freiherr von Soden-Fraunhofen zu der Anschauung kommen wird, daß die bayerische Staatsforstverwaltung ihre Aufgabe sehr wohl und schön erfüllt hat, und ich muß sagen, ich hätte als Vertreter derselben eher geglaubt, ein Kompliment vom Herrn Reichsrath zu bekommen.

Reichsrath Graf **Fugger von Glött:** Ich möchte die Anfrage an die k. Staatsregierung stellen, was man unter einer isolierten Waldparzelle versteht.

Der k. Ministerialkommissär, Ministerialrath **von Huber:** Der Ausdruck „isolierte Waldparzelle" ist von der Regierung eingefügt worden, um die Schäden, die der Antrag Beckh mit sich bringen würde, zu vermeiden. Man versteht unter einer isolierten Waldparzelle eine solche, die von allen Seiten von anderen — landwirtschaftlich benützten — Grundstücken umgeben ist, und es muß eine solche Waldparzelle im Jahre 1885 begründet, also bis zum Erscheinen des Bürgerlichen Gesetzbuchs 15 Jahre alt sein.

Reichsrath Graf **Fugger von Glött:** Fällt ein von landwirtschaftlichen Grundstücken rings umgebener Wald, dessen Grundfläche 10, 50 oder 100 Tagwerk beträgt, auch unter den Begriff der isolierten Waldparzelle?

Der k. Ministerialkommissär, Ministerialrath **von Huber:** Wenn sie 20 oder 10 Tagwerk groß ist und seit dem Jahre 1885 begründet ist, so ist das so. Es muß Werth darauf gelegt werden, daß die Parzelle seit dem Jahre 1885 begründet ist.

Der k. Ministerialkommissär, Senatspräsident Dr. **von Jacubezky:** Wenn ein Wald 100 Tagwerk umfaßt, so kann man nicht von einer Waldparzelle sprechen. Unter einer Waldparzelle wird man ein kleineres mit Wald bestandenes Grundstück zu verstehen haben im Gegensatz zu einem wirklichen Wald. Ein wirklicher Wald setzt eine bestimmte Größe voraus; hier sind nur kleinere Grundstücke gemeint.

Vorsitzender: Ich möchte mir erlauben, den Begriff dahin zu definieren, daß unter wirklichem Wald ein Grundstück zu verstehen ist, das einen forstwirtschaftlichen Betrieb zuläßt, und unter Waldparzelle ein solches Grundstück, das eine forstwirtschaftliche Benutzung nicht gestattet. Es sind das kleine Waldungen, die über 8—10 Tagwerke nicht hinausgehen und diese lassen eine forstwirtschaftliche Benutzung nicht zu, wenigstens nicht in der Art, wie sie die Techniker verstehen.

Der k. Ministerialkommissär, Ministerialrath **von Huber:** So habe ich die Sache von Anfang an verstanden; ich habe aber geglaubt, ich brauche hier die Begriffe in dieser Weise nicht näher zu fixieren, nachdem die hohen Herren fast alle Waldbesitzer sind.

Der **erste Präsident:** Ich würde bitten, die Definierung des Wortes „Waldparzelle", wie sie soeben der Herr Vorsitzende gegeben hat, ins Protokoll niederlegen zu lassen unter der Konstatierung, daß auch die k. Staatsregierung dieser als richtig sich angeschlossen hat.

Vorsitzender: Ich nehme an, daß ein Einverständniß besteht und die Konstatierung ins Protokoll keinem Hinderniß begegnet. Ich bin der Anschauung, daß der ganze Grund des Jammers über den Wald, den ich vollständig theile, im § 910 B. G. B. zu suchen ist. Den können wir aber nicht ändern. Gegen den Artikel 8 besteht sonst keine Erinnerung, er ist angenommen. Wir kommen zum nächsten Abschnitt:

Eintragung von Grunddienstbarkeiten.

Reichsrath Dr. **von Bechmann:** als Referent: Der Artikel 9 gehört zu denjenigen Artikeln, die eine gewisse prinzipielle Bedeutung haben. Die Grundlage ist Artikel 187 Absatz 2 E. G. z. B. G. B. Hienach ist die Sache die, daß die Reichsgesetzgebung die Eintragung der bereits bestehenden Servituten nicht verlangt zur Erhaltung der Wirksamkeit gegenüber dem öffentlichen Glauben des Grundbuchs, aber der Landesgesetzgebung das Recht einräumt, die Eintragung gleichwohl anzuordnen, sei es bei oder nach der Anlegung des Grundbuchs. Es frägt sich, welche von den beiden zulässigen Arten des Verfahrens die richtige ist. Nun hat jede von den beiden Methoden ihre Bedenken auf der einen Seite und ihre Vorzüge auf der anderen Seite. Wird eine Grunddienstbarkeit nicht eingetragen, so hat das zur Folge, daß sich auf lange Zeit im öffentlichen Glauben des Grundbuchs eine unter Umständen sehr bedeutende Lücke befindet. Andererseits hat aber der Eintragungszwang den großen Nachtheil, daß die Anlegung des Grundbuchs außerordentlich verzögert würde und wahrscheinlich eine Reihe von Prozessen entstünde, wenn eine schleunige Liquidation erfolgen müßte. In erster Beziehung könnte einigermaßen geholfen werden durch Vormerkung, aber diese setzt in Ermangelung von freier Uebereinkunft doch immer voraus, daß ein Prozeßverfahren soweit gediehen ist, daß eine vorläufige Verfügung erlassen werden kann. Unter diesen Umständen hat sich die Regierung dafür entschieden, daß es bei dem Satze des Artikel 187 grundsätzlich sein Bewenden haben solle, daß die Grunddienstbarkeiten, die zur Zeit bestehen, auch ohne Eintragung fortbestehen. Die Unzulänglichkeiten, die sich daraus ergeben, sind erheblich abgeschwächt dadurch, daß in dem folgenden Abschnitt Bestimmungen getroffen sind wegen Erlöschung der nicht eingetragenen Grunddienstbarkeiten. Andererseits ist die Eintragung sehr erleichtert (Artikel 29). Der Ausschuß der Abgeordnetenkammer ist dieser Auffassung beigetreten und hat keinen Anlaß genommen, prinzipiellen Widerspruch zu erheben. Dann tritt aber an die Landesgesetzgebung die Aufgabe heran, Ueberleitungsvorschriften zu treffen, wodurch allmählich eine Eintragung herbeigeführt wird; diese Ueberleitungsvorschrift ist enthalten im Artikel 9, der allerdings gegen die ursprüngliche Regierungsvorlage eine Aenderung erlitten hat, die zum Theil mehr redaktioneller Natur, zum Theil aber materieller Natur ist. Nach dieser Vorschrift ist folgendes bestimmt: Die Eintragung erfolgt auf Grund einer Königlichen Verordnung, welche die Frist zur Anmeldung bestimmt. Diese

Frist darf nicht kürzer als 6 Monate sein; sie kann aber für die einzelnen Arten der Grunddienstbarkeiten gesondert erfolgen und ebenso kann sie erfolgen für die einzelnen Grundbuchbezirke, so daß der Vortheil gewonnen ist, daß successive eingetragen werden kann auch in einem und demselben Grundbuchbezirke, die wichtigeren Arten zuerst und die minder wichtigen später. Es scheint mir das zweckmäßig zu sein. Ausgenommen von dem Eintragungszwange sind diejenigen Grunddienstbarkeiten, mit denen das Halten einer dauernden Anlage verbunden ist, solange diese Anlage besteht. Für diese Servituten besteht das Bedürfniß einer Eintragung weniger, weil die Eintragung hier ersetzt wird durch den Augenschein des Objektes selbst. Eine andere Ausnahme der Regierungsvorlage ist mit Recht gestrichen worden. Ich habe gegen den Artikel nichts zu erinnern ich empfehle dessen Annahme.

Reichsrath Dr. **von Schmitt:** Ich möchte zu dem Artikel bemerken, daß die Schlußbestimmung, die sich auf die Gebührenfreiheit bezieht, auch für jenen Fall gelten sollte, der im Art. 187 E. G. z. B. G. B. vorbehalten ist, das Recht des Servituten-Berechtigten nämlich, zu jeder Zeit die Eintragung zu verlangen. Hier wird Gebührenfreiheit gegeben, dort ist von einer Gebührenfreiheit keine Rede. Im Gebührengesetzentwurf habe ich aber allerdings einen Art. 274 a gefunden, worin das nachgeholt ist.

Der erste **Präsident:** Ich kann konstatieren, daß ich mich bezüglich der Gebührenfreiheit freue, daß meine Anregung, die ich bei Gelegenheit der Grundbuchordnung gemacht habe, hier zum Ausdrucke gekommen ist.

Der **erste Vorsitzende:** Ich nehme an, daß der Artikel 9 den Beifall der Hohen Herren gefunden hat. Wir kommen nun zu dem Abschnitt:

Erlöschen nicht eingetragener Grunddienstbarkeiten.

Reichsrath Dr. **von Bechmann** als Referent: Ich habe schon bemerkt, daß als Gegengewicht für den mangelnden Eintragungszwang eine Reihe von Vorschriften getroffen sind über das Erlöschen nicht eingetragener Grunddienstbarkeiten; daher sollen diese Bestimmungen auch erst in Wirksamkeit treten von dem Zeitpunkte an, da das Grundbuch als angelegt erklärt ist, jedoch mit Ausnahme der Bestimmungen über das Aufgebotsverfahren (Artikel 17). Bis dorthin dauert das bisherige Recht. Die Berechtigung zu einer solchen Bestimmung beruht auf dem Art. 189 E. G. z. B. G. B. Der dritte Absatz dieses Artikels lautet:

> „Die Aufhebung eines Rechtes, mit dem ein Grundstück oder ein Recht an einem Grundstücke zu der Zeit belastet ist, zu welcher das Grundbuch als angelegt zu sehen ist, erfolgt auch nach dieser Zeit nach den bisherigen Gesetzen, bis das Recht in das Grundbuch eingetragen wird."

Die Endigungsgründe sind erschöpfend aufgeführt, natürlich mit Ausnahme solcher, die sich aus der Natur der Sache ergeben (z. B. Untergang des Objekts). Die Gründe sind: Verzicht (Artikel 11), Zeitablauf (Artikel 12), Vereinigung der Grunddienstbarkeit mit dem Eigentum (Artikel 13), Ausschluß im Wege des Aufgebotsverfahrens (Artikel 14—17). Es ist ganz zweckmäßig, daß dies geregelt ist, weil in dieser Beziehung die Partikularrechte außerordentlich verschieden waren. Für die Endigung der Servituten durch Zeitablauf ist angenommen ein Zeitraum von zehn Jahren und zwar beginnt der Lauf dieser Frist von der letzten Ausübung an und wenn eine Ausübung nicht stattgefunden hat, von dem Zeitpunkte, von dem an die Ausübung zulässig war. Die Verjährung regelt sich im wesentlichen nach der Anspruchsverjährung des Bürgerlichen Gesetzbuchs. Auch gegen den zweiten Absatz habe ich keine Einwendung, daß, wenn eine Dienstbarkeit nur zeitweise ausgeübt werden kann, zwar die Erlöschungsfrist läuft, daß jedoch in diesem Falle eine Zusatzfrist eintritt, dergestalt, daß hier frühestens nach Ablauf eines Jahres, seitdem die nächste Möglichkeit bestand, die Frist endigt. Gegen den ganzen Artikel habe ich nichts zu erinnern. Ich halte ihn für richtig und für zweckmäßig.

Der erste Präsident: Ich möchte mir nur zu dem Artikel 12 eine kurze Anfrage erlauben. In dem zweiten Satze des zweiten Absatzes ist gesagt, daß die Frist läuft mit dem Zeitpunkte, von dem an die Ausübung zulässig ist. Ich habe nun geglaubt, diesen Satz so verstehen zu sollen, daß die Frist von dem Zeitpunkte an läuft, an welchem überhaupt für eine Grunddienstbarkeit der Fall der Ausübung derselben vorliegt. Ich will ein Beispiel nennen. Ich habe zum Beispiel eine Grunddienstbarkeit, mit Langholz über ein Grundstück fahren zu dürfen. Dann wird die Frist erst von da an laufen, wo ich wieder in der Lage war, mit Langholz fahren zu müssen, vorher aber nicht. Wenn das so ist, bin ich damit einverstanden.

Reichsrath **von Heffert:** Die Sache wird noch klarer beim Beispiel der Bauholzberechtigung, beim Rechte auf Lieferung des benötigten Bauholzes für einen Neubau. Dieses Recht würde in 30 Jahren verjähren, wenn kein Bedürfniß entstanden ist. Das soll aber nicht der Fall sein. Es soll nicht ein Fall der Benötigung genügen, sondern es muß noch ein zweiter Fall des Bedarfs dazu kommen und von da an läuft jedenfalls noch ein weiteres Jahr.

Reichsrath Dr. **von Bechmann** als Referent: Der dritte Fall (Artikel 13) ist der der confusio, der bei einer eingetragenen Grunddienstbarkeit nicht mehr eintreten kann. Dagegen bei den nicht eingetragenen Grunddienstbarkeiten ist es eine dem gemeinen Recht und dem übrigen Recht entsprechende Bestimmung, daß durch die Vereinigung von Rechten und Belastungen in einer Person die Belastung untergeht. Weiter bestimmen die Artikel 14 und 15 zur Ergänzung, daß die Servituten auch erlöschen können auf Grund eines Aufgebotsverfahrens. Dieses Aufgebotsverfahren ist zunächst nachgebildet dem preußischen Landrecht oder vielmehr der preußischen Gerichtsordnung. Ich muß aber bemerken, daß auch nach dem späteren römischen Recht und nach der gemeinrechtlichen Praxis häufig in den Ländern, wo es keine oder keine ausreichenden Hypothekenbücher gegeben hat, ein solches Aufgebotsverfahren gegolten hat. Ich habe es selbst noch in Holstein erlebt, da wurde vor jeder Veräußerung eines Grundstückes ein Proklama erlassen an die unbekannten Hypothekengläubiger. Es ist das also keineswegs eine eigentümliche Idee des preußischen Landrechts. Ein solches Verfahren ist ganz notwendig und unentbehrlich. Es ist zwar behauptet worden, daß von dem preußischen Recht wenig Gebrauch gemacht worden sei. Allein das müssen wir erst abwarten. Jedenfalls ist es gut, wenn wir eine solche Bestimmung haben. Gegen die Detailbestimmung der Artikel 14 und 15 habe ich nichts zu erinnern. Der Artikel 16 gehört ebenfalls noch zum Aufgebotsverfahren und ebenso der Artikel 17, wonach die Vorschriften der Artikel 14—16 von dem Inkrafttreten des Bürgerlichen Gesetzbuchs an auch schon für die Zeit, bevor das Grundbuch als angelegt anzusehen ist, gelten sollen. Ich habe weiter nichts zu bemerken.

Reichsrath **von Heffert** als Referent: Artikel 17 Absatz 3 spricht vom Aufgebotsverfahren, es soll die Zustellung erfolgen in der Pfalz an die im Grundsteuerkataster als Besitzer Bezeichneten. Nun aber ist der Grundsteuerkataster in der Pfalz nicht immer auf dem Laufenden, dann könnte eine Zustellung gemacht werden, die ganz zwecklos ist. Wäre nicht eine andere Fassung besser, wie z. B. an die bekannten dermaligen Eigenthümer, ich denke mir den Fall, der Eigenthümer ist dem Antragsteller bekannt, dann braucht man an den ehemaligen im Grundsteuerkataster noch eingetragenen Eigenthümer doch nicht zuzustellen.

Vorsitzender: Das kann auch im diesseitigen Bayern ebenso vorkommen, es kann jemand im Hypothekenbuch als Eigenthümer eingetragen sein, der es eigentlich nicht ist.

Der k. Ministerialkommissär, Senatspräsident Dr. **von Jacubezky:** Ich weiß nicht, wie der Eigenthümer bekannt sein soll. Er müßte dem Gerichte bekannt sein, das Gericht wird aber kaum in der Lage sein, vermöge seiner amtlichen Thätigkeit den Eigenthümer zu kennen. Eine persönliche Kenntniß des Amtsrichters, die in der Pfalz ziemlich oft vorkommen mag, ist belanglos, es handelt sich um amtliche Kenntniß. Die Vorschrift hat den Zweck, dafür zu sorgen, daß diejenigen, die man nach den öffentlichen Büchern für die Eigenthümer halten muß, mittelst einer Zustellung von dem Aufgebot in Kenntniß gesetzt werden. Es kann, wie bereits von dem Herrn Vorsitzenden bemerkt worden ist, auch in den Landestheilen rechts des Rheines vorkommen, daß jemand im Hypothekenbuch als Eigenthümer eingetragen ist, der nicht mehr Eigenthümer ist. In solchen Fällen wird die Zustellung an einen in Wirklichkeit nicht Betheiligten gemacht, das läßt sich nicht ändern, es schadet aber auch nicht, es macht dem Antragsteller auch keine Kosten, weil für die Zustellung nach § 80b des Gerichtskostengesetzes baare Auslagen nicht erhoben werden.

Vorsitzender: Wenn weiter keine Erinnerung erfolgt, so gelten die Artikel 10 bis 17 als angenommen.

Wir kommen zum nächsten Abschnitt.

Anlegung von Mündelgeld.

Reichsrath Dr. **von Bechmann** als Referent: Neben der reichsgesetzlichen Bestimmung über diejenigen Werthpapiere, die sich zur Anlegung von Mündelgeldern eignen (B. G. B. § 1807), ist es der Landesgesetzgebung überlassen, bis zum 1. Januar 1900 Bestimmungen zu treffen, die aufrecht erhalten bleiben (E.-G. Art. 212). Von da an kann die Landesgesetzgebung keine Vermehrung der mündelsicheren Papiere eintreten lassen, wohl aber den von ihr zugelassenen die Zulassung entziehen. Davon ist in Artikel 18 Gebrauch gemacht und ich habe dagegen nichts zu erinnern. Ich muß aber bemerken, daß im Ausschuß der zweiten Kammer von verschiedener Seite der lebhafte Wunsch ausgesprochen wurde, daß das Justizministerium die Zulassung auch auf die Pfandbriefe von sogenannten gemischten Banken ausdehnen möchte, worunter also z. B. gemeint ist die hiesige Handelsbank und Vereinsbank. Von anderer Seite wurden dagegen Bedenken ausgesprochen. Die k. Staatsregierung hat sich sehr reserviert dahin ausgesprochen, daß die Verhandlungen noch nicht abgeschlossen seien. Ich habe keine Veranlassung, auf die Sache weiter einzugehen, aber als Referent glaubte ich, Ihnen hievon Mittheilung machen zu sollen.

Vorsitzender: Artikel 18 ist angenommen.

Wir kommen zum nächsten Abschnitte.

Erbschein.

Reichsrath Dr. **von Bechmann** als Referent: Dieser Artikel ist hinzugekommen in der zweiten Lesung des Ausschusses der Kammer der Abgeordneten. Es ist nämlich angeregt worden, daß der Erbschein sich erstrecken möge auf die Verlassenschaften solcher Personen, die bereits vor dem Inkrafttreten des Bürgerlichen Gesetzbuchs gestorben sind (vgl. E.-G. z. B. G.-B. Art. 213), und diesem Wunsch ist entsprochen durch den von der k. Staatsregierung formulierten Artikel 18a, der im allgemeinen sehr einfacher Natur ist. Es ist bestimmt, daß der Erbschein mit der Wirkung, wie sie der Erbschein des Bürgerlichen Gesetzbuchs hat, auch für die Verlassenschaften ausgestellt werden kann, deren Ursprung noch in das bisherige Recht fällt. Ich möchte mir erlauben, mich über die Frage selbst, ob ein solches Erstrecken des Erbscheins auf Verlassenschaften des älteren Rechts angezeigt sei, etwas näher zu verbreiten. Es ist ja kein Zweifel, daß der Erbschein des Bürgerlichen Gesetzbuchs von dem bei uns bestehenden Erbschaftszeugniß oder Verlassenschaftszeugniß sehr erheblich verschieden ist, und eine viel weiter gehende Wirkung hat. Unser jetziges Erbschaftszeugniß scheint auf keiner gesetzlichen Grundlage zu beruhen, sondern nur auf der Praxis; es ist weiter nichts als ein gewöhnliches amtliches Zeugniß und hat als solches, wie jedes amtliche Zeugniß die Präsumtion der Richtigkeit für sich, aber auch nicht mehr; und wenn jemand auf ein solches Erbschaftszeugniß hereinfällt, und an einen, der dasselbe besitzt, aber nicht Erbe ist, Zahlung leistet, dann muß er es sich gefallen lassen, daß er noch einmal zahlen muß an den wirklichen Erben. Entsprechend verhält es sich auch mit Erwerb von Rechten, namentlich von Eigenthum. Dagegen hat der Erbschein nicht nur die gesetzliche Präsumtion der Richtigkeit für sich, sondern er hat den gesteigerten Glauben, wie ihn das Grundbuch hat. Wer auf Grund eines Erbscheines leistet, ist, wenn er nicht in mala fide ist, liberiert und der Erbe kann sich nur an den Pseudoerben halten, und ebenso ist, wer von demjenigen, der den Erbschein hat, Eigenthum oder sonst ein dingliches Recht erwirbt, gedeckt (B. G.-B. §§ 2365, 2366). Nach gemeinem Recht kommt hier sehr in Betracht der Unterschied, nicht ob der Leistende oder Erwerbende in bona fide ist, sondern der andere. Ist der Anforderer oder Veräußerer in bona fide, dann ist der Zahlende gedeckt, weil jener keinen Schaden haben soll nach dem SC. Iuventianum. Ist aber der Anforderer oder Veräußerer in mala fide, dann muß sich der Zahlende gefallen lassen, daß er noch einmal zahlen muß, allerdings hat der Erbe auch die Möglichkeit, sich an den anderen zu halten; er hat also zwei Schuldner und nimmt sich denjenigen heraus, der ihm der bequemere ist. Es tritt also, wenn für die Verlassenschaften des früheren Rechts der Erbschein eingeführt wird, eine sehr erhebliche Veränderung des Rechtszustandes ein. Andererseits ist es doch aber bedenklich, ob nicht das Nebeneinanderstehen von Erbschein und Erbschaftszeugniß zu Mißständen führen kann. Ich denke nicht an den Fall, daß Erbschaftszeugnisse aus älterer Zeit bestehen. Es läßt sich das nicht vermeiden. Wenn sich aber jemand auch noch den Erbschein hat ausstellen lassen, so hat er einen Erbschein und das Erbschaftszeugniß. Man kann dann dem Dritten nicht zumuthen, daß er da unterscheidet.

Ich würde es für zweckmäßiger halten, wenn diese Bestimmung nicht aufgenommen wird, weil wir bisher mit dem Erbschaftszeugniß durchgekommen sind und die Verlassenschaften, die doch nach einigen Jahren erledigt sein werden, füglich auch noch ferner nach dem bisherigen Rechte behandelt werden können.

Reichsrath Dr. **von Schmitt:** Es wurde schon vom Herrn Referenten erwähnt, daß dieser Artikel 18a neu eingefügt wurde; er war im Regierungsentwurfe nicht enthalten. Daß diese Lücke nicht auf einem Versehen beruhte, ist sicher. Die Frage, ob man den Erbschein auch ertheilen soll für Verlassenschaften, die vor dem 1. Januar 1900 angefallen sind, hat bereits die Kommissionen in Berlin beschäftigt und man hat die Frage verneint. In den Motiven zum Einführungsgesetze (Entwurf der ersten Kommission) Seite 306 ist das ausdrücklich gesagt, wie folgt:

> „Die Vorschriften des Bürgerlichen Gesetzbuchs können selbst insoweit nicht zur Anwendung gelangen, als sie den Erbschein betreffen; die bezüglichen Vorschriften stehen mit der Stellung des Erbe in dem B. G. B. gegebenen Gestaltung in untrennbarem Zusammenhang".

Ich glaube, daß der Erbschein wohl eine sehr nützliche, für den Verkehr außerordentlich wichtige Einrichtung ist. Er schafft Sicherheit im Verkehr. Der Dritte, der an die Erbschaft etwas schuldet, wird sofort den Beweis vor Augen haben, der ihn in seinem guten Glauben absolut schützt, daß nämlich der und der Erbe ist. Ist es ein Irrthum und es kommt dann der wahre Erbe, so ist der Dritte auf Grund seines guten Glaubens geschützt, wie es ebenso beim öffentlichen Glauben des Grundbuchs der Fall ist. Man muß aber zugeben, daß das Ding auch eine Kehrseite hat. Der wahre Erbe, auf dessen Rechnung die Sache geht, wird schlechter gestellt, weil Mißbrauch getrieben werden kann. Vor der bezüglichen Antragstellung ist niemanden eingefallen, den Erbschein anzuwenden auf die vor Einführung des Bürgerlichen Gesetzbuchs angefallenen Verlassenschaften, die im übrigen sich gleichfalls nach dem alten Rechte richten. Freilich hat die Regierung nun den Herren Antragstellern den Gefallen erwiesen, den Artikel 18a zu formulieren. Es würde aber erhebliche Zeit verlangen, alles durchzuprüfen, um zu erproben, ob der so gefaßte Artikel durchweg anwendbar ist, ob er paßt auf alle verschiedenen Gesetze und Statutarrechte, die auf alte Erbschaften in der Hauptsache noch anzuwenden sind, wenn der Erblasser vor dem 1. Januar 1900 verstorben ist. Ich bezweifle das und möchte daher dem Herrn Referenten beitreten. Ich habe nicht gefunden, daß in den Ausführungsgesetzen anderer Bundesstaaten eine solche Vorschrift enthalten ist. Man braucht diese neue Bestimmung auch nicht bei uns. Es könnte in derselben Verlassenschaft ein Erbschein neuer und ein Erbschein älterer Ordnung vorkommen, welcher ist maßgebend? Den neuen Erbschein wenden wenigstens Preußen, das den älteren Erbschein nur bei Gesetzeserbfolge hat, und ebenso Württemberg, das mit uns auf der gleichen Linie steht, nicht rückwärts an.

Der k. Ministerialkommissär, Senatspräsident Dr. **von Jacubezky:** Die Staatsregierung hat eine derartige Vorschrift in den Entwurf nicht aufgenommen, weil sie von der Anschauung ausgegangen ist, daß ein Bedürfniß dafür nicht bestehe. Auf der anderen Seite muß zugegeben werden, daß für die Pfalz, wo man keinen amtlichen Nachweis der Erbfolge hat, wo in jedem einzelnen Falle die Betheiligten die Erbfolge selbst prüfen müssen, durch die Einführung des Erbscheines eine Lücke ausgefüllt wird, und in den Landestheilen rechts des Rheins ist es jedenfalls für denjenigen, der mit dem angeblichen Erben zu thun hat, erwünscht, wenn er durch den Erbschein vollständig gesichert wird. Ich habe im Ausschusse der Kammer der Abgeordneten selbst darauf aufmerksam gemacht, daß der Erbe, wenn er sich ein Verlassenschaftszeugniß hat ertheilen lassen, den Erbschein nicht verlangen wird, weil er nicht doppelte Kosten wird bezahlen wollen. Es kommen aber Fälle vor, in denen der Erbe längere Zeit keinen Anlaß hat, sich ein Verlassenschaftszeugniß ertheilen zu lassen. Bedarf er nun eines Nachweises seines Erbrechts, so kann er statt des Verlassenschaftszeugnisses den Erbschein erwirken. Der in den Motiven des Entwurfes des Einführungsgesetzes, die Herr Reichsrath Dr. von Schmitt verlesen hat, angegebene Grund scheint mir nicht zutreffend zu sein. Die Fürsorge des Nachlaßgerichts, die in den Motiven neben dem Erbschein genannt ist, steht allerdings mit der rechtlichen Stellung des Erben in engem Zusammenhange, für den Erbschein gilt dies aber nicht. Der Erbschein gibt dem Erben nicht ein Recht, das er nicht nach den für seine rechtliche Stellung maßgebenden Vorschriften hat. Er gibt nur dem anderen ein Recht, der mit dem Inhaber des Erbscheins in rechtlichen Verkehr tritt. Der Inhaber des Erbscheins erlangt, wenn er nicht wirklich Erbe ist, durch den Erbschein ebensowenig ein Recht oder eine Befugniß, wie derjenige, der zu Unrecht im Grundbuch eingetragen ist. Aber derjenige, der mit ihm ein Rechtsgeschäft vornimmt, hat ein Recht, er darf sich auf die Richtigkeit des Erbscheins ebenso verlassen, wie er sich auf die Richtigkeit des Inhalts des Grundbuchs verlassen darf. Er erwirbt durch ein Geschäft, das er mit dem angeblichen Erben schließt, in derselben Weise, wie wenn dieser der Erbe wäre. Es handelt sich um eine im Interesse des Verkehrs getroffene Vorschrift, und eine solche Sicherung des Verkehrs kann man, ohne in das materielle Erbrecht einzugreifen, bei jedem Erbrecht einführen. Das Erbrecht bleibt unberührt, es wird nur ein weiterer Schutz des gutgläubigen Erwerbes geschaffen.

Die einzelnen Vorschriften sind allerdings ziemlich zahlreich, und ich habe gehört, daß Herr Reichsrath von Hessert noch einige Zusätze wünscht. (Reichsrath von Hessert verneint.) Indessen dürfte das kein ausreichender Grund sein, den Artikel 18a abzulehnen. Die Frage wird bei den das eheliche Güterrecht betreffenden Uebergangsvorschriften wiederkehren. Es ist in Aussicht genommen, daß für die Auseinandersetzung bei Beendigung der Ehe, insbesondere bei der ehelichen Gütergemeinschaft, die bisherigen Vorschriften insoweit maßgebend bleiben sollen, als sie dem überlebenden Ehegatten günstiger sind als die Vorschriften des Bürgerlichen Gesetzbuchs. Infolge dessen werden wir auch für Fälle, in denen sich die Erbfolge nach dem neuen Rechte bestimmt, mit den Rechten der Verwaltung und Nutznießung oder des Beisitzes zu rechnen haben, weil diese Rechte Nachwirkungen des ehelichen Güterrechts, erbrechtliche Wirkungen des bisherigen Güterstandes sind. Wenn die Beerbung nach den neuen Vorschriften stattfindet, so müssen wir dem überlebenden Ehegatten, dem eines der genannten Rechte zusteht, ein dem Erbschein entsprechendes Zeugniß geben. Eine bestehende fortgesetzte Gütergemeinschaft wird so bleiben, wie sie ist, sie wird nicht in die fortgesetzte Gütergemeinschaft des Bürgerlichen Gesetzbuchs umgewandelt werden. Es wird aber nothwendig sein für diese oft Jahrzehnte lang bestehenden Verhältnisse die Zeugnisse nach § 1507 B. G. B. und § 38 der Grundbuchordnung einzuführen. Werden aber solche Vorschriften für das eheliche Güterrecht aufgenommen, so spricht das dafür, den Erbschein auch hier zuzulassen. Der dritte Satz des Absatz 4, der sich auf die Eintragung des Beschwerten im Falle eines dinglich wirkenden Vermächtnisses bezieht, wird nothwendig sein, auch wenn die nachträgliche Zulassung des Erbscheines abgelehnt wird. Ist ein zum Nachlasse gehörendes Grundstück durch ein dinglich wirkendes Vermächtniß belastet, ist z. B. der Witwe des Erblassers der Nießbrauch vermacht, so darf der Erbe nicht als Eigenthümer des Grundstücks in das Grundbuch eingetragen werden, ohne daß gleichzeitig bemerkt wird, daß das Grundstück mit dem Rechte des Vermächtnißnehmers, im angeführten Falle mit dem Nießbrauche der Witwe, belastet ist. Sonst kommt das Recht des Vermächtnißnehmers durch den öffentlichen Glauben des Grundbuchs in Gefahr, einem neu begründeten Rechte weichen zu müssen oder zu Gunsten eines gutgläubigen Erwerbers des Grundstückes zu erlöschen.

Aus den angeführten Gründen möchte ich den Hohen Herren die Annahme des Artikel 18a empfehlen. Im Ausschusse der Kammer der Abgeordneten ist die Vorschrift einstimmig angenommen worden, und wenn sie heute abgelehnt werden sollte, so wird der andere Ausschuß voraussichtlich noch einmal den Versuch machen, sie aufrecht zu halten.

Vorsitzender: Ich hätte doch noch Bedenken; nach der gegenwärtigen Gesetzgebung werden Verlassenschaften im rechtsrheinischen Bayern nicht bloß vom Verlassenschaftsgericht, sondern auch vom Testamentsexekutor auseinandergesetzt. Dieser stellt dann das Erbschaftszeugniß aus; für ihn gilt die Befugniß, einen Erbschein auszustellen, nicht; nach dem Bürgerlichen Gesetzbuch wird der Erbschein lediglich vom Verlassenschaftsgericht ausgestellt; diese Art der Verlassenschaft, welche von Testamentsexekutoren auseinandergesetzt wird, würde also von der Vorschrift des Artikel 18a nicht betroffen. Die Erben in solchen Verlassenschaften, die von Testamentsexekutoren auseinandergesetzt werden, müssen sich nach wie vor mit dem Erbschaftszeugniß begnügen und wenn das bis jetzt so ging, sehe ich nicht ein, warum es nicht auch weiter so gehen sollte.

Der k. Ministerialkommissär, Senatspräsident Dr. **von Jacubezky:** Die Erben, unter denen die Auseinandersetzung durch einen Testamentsvollstrecker bewirkt worden ist, sind in keiner Weise gehindert, sich den Erbschein vom Nachlaßgericht ertheilen zu lassen. Der Testamentsvollstrecker hat seine Verhandlungen dem Nachlaßgerichte einzureichen. (Vorsitzender verneint.)

Wenn auch der Testamentsvollstrecker das nicht unaufgefordert zu thun hat, so kann doch der Erbe verlangen, daß die Akten zum Zwecke der Ertheilung des Erbscheins vorgelegt werden. Erforderlichen Falles muß das Nachlaßgericht die nach den Vorschriften des Bürgerlichen Gesetzbuchs gebotenen Ermittelungen noch einmal vornehmen. Der Testamentsvollstrecker kann den Erbschein nicht ertheilen.

Die Ernennung des Testamentsvollstreckers muß in dem Erbschein angegeben werden, weil sie eine dinglich wirkende Beschränkung der Verfügungsmacht des Erben ist. Der Erbschein würde unrichtig sein, wenn er die Ernennung des Testamentsvollstreckers nicht anführte, weil er mit öffentlichem Glauben bezeugen würde, daß der Erbe in seiner Verfügungsmacht nicht beschränkt sei. Ist aber das Amt des Testamentsvollstreckers beendigt, so bedarf es der Erwähnung des Testamentsvollstreckers in dem Erbschein nicht mehr, weil die Verfügungsmacht des Erben nicht mehr beschränkt ist. Das Hauptbedenken des Herrn Vorsitzenden ging aber dahin, daß die Erben, wenn die Auseinandersetzung durch einen Testamentsvollstrecker bewirkt worden ist, von der Erlangung eines Erbscheines ausgeschlossen seien, und dieses Bedenken trifft nicht zu.

Reichsrath Dr. **von Schmitt:** Der Herr Senatspräsident scheint beweisen zu wollen, wenn ich ihn recht verstanden habe, daß man für das sogenannte Vindikationslegat den Erbschein haben müsse. Wenn es sich aber um Legate handelt, muß auch eine letztwillige Verfügung, ein Testament da sein, und warum sollte nicht auf Grund des Testaments die Eintragung im Grundbuch oder Hypothekenbuch herbeigeführt werden können? Es ist das jetzt schon der Fall, daß man eben einfach mit dem Testament den Nachweis der Erbberechtigung u. s. w. erbringt. Der Herr Regierungskommissär hat auch aus dem ehelichen Güterrecht und dessen Ueberleitung zu deduzieren gesucht, daß hierfür der Erbschein nicht entbehrt werden kann; er rechnet aber da mit Dingen, die noch nicht sind. Wir wissen nicht, ob die Ueberleitung der Ehegüterstände genehmigt wird, und wenn ja, nicht wie und inwieweit das der Fall sein wird. Mit so unsicheren Faktoren kann man für positive Anträge nicht operieren.

Es wurde gesagt, daß die Ansicht der von mir verlesenen Motive nicht zutreffend sei. Ich war gerade hier begierig, wie sich die II. Kommission zu den Aeußerungen der I. verhalte. Ich habe genau alles nachgelesen und gefunden, daß, abgesehen von einem hierher nicht gehörigen Punkte des Gesetzestextes, alle übrigen Bestimmungen der I. Kommission zu dem Art. 213 E.-G. z. B. G.-B. von der II. Kommission schlechthin gebilligt worden sind. Daß diese Billigung hinsichtlich der Nichtrückanwendbarkeit des Erbscheines auf einem Uebersehen der Motive seitens der II. Kommission beruht, glaube ich nicht. Es würde nach Artikel 18a möglicherweise der angebliche Erbe sich zugleich im Besitze eines doppelten Scheines alter und neuer Ordnung befinden. Wenn er nun auf Grund dieser Atteste die oder jene Zahlung empfängt, oder wenn ein Geschäft mit einem solchen angeblichen Erben gemacht wird, und nun im Prozeß die Frage auftaucht und entschieden werden muß, ob nicht ein anderer der wahre Erbe gewesen sei: dann kann auch die Frage kommen, welcher Erbschein, der neue oder alte, für die an den falschen Erben gemachten Zahlungen maßgebend ist und ob dieselbe Schuld nicht noch einmal zu zahlen ist. Nun hat der Herr Senatspräsident darzulegen gesucht, der Artikel 18a sei ein Bedürfniß. Da frage ich doch, warum hat die Regierung nicht selber von allem Anfang an den Erbschein mit rückwirkender Kraft vorgeschlagen? Hat sie sich auf dieses Bedürfniß selbst erst aufmerksam machen lassen vom Abgeordnetenausschuß? Mir ist in meiner Praxis kein bezüglicher Prozeßfall vorgekommen und deswegen eben habe ich es für nöthig gehalten, einige Räthe meines Gerichtshofes darüber zu befragen, welches die Wirkungen des alten Erbattestes seien? Die beiden darüber befragten Herren haben erwidert, daß nach feststehender allgemeiner Uebung vom gutgläubigen Erbschaftsschuldner auf das Erbschaftsattest hin mit Sicherheit, d. h. mit befreiender Wirkung gezahlt werden kann. So sei die Praxis. Wenn das Praxis ist, wo ist dann ein Bedürfniß, einen neuen Erbschein zum alten zu fügen.

Der k. Ministerialkommissär, Senatspräsident Dr. **von Jacubezky**: Ich möchte zunächst bemerken, daß Herr Reichsrath Dr. von Schmitt mich bezüglich der Vermächtnisse mißverstanden hat. Ich habe nicht gesagt, daß man für die Vermächtnisse den Erbschein jedenfalls einführen müsse, sondern ich habe den dritten Satz des Absatz 4, der von der Eintragung in das Grundbuch spricht, auch für den Fall als nothwendig bezeichnet, daß die Zulassung des Erbscheines abgelehnt wird. Dieser Satz enthält eine Ergänzung der Grundbuchordnung für Belastungen, die auf einem unmittelbar wirkenden Vermächtnisse beruhen, und steht mit dem Erbscheine nicht in nothwendigem Zusammenhange. Was das eheliche Güterrecht anlangt, so steht allerdings noch nicht fest, daß die Ueberleitung stattfindet und wie sie gestaltet wird.

Aber was ich gesagt habe, gilt auch dann, wenn das eheliche Güterrecht nicht übergeleitet wird. Es bleiben dann die erbrechtlichen Wirkungen des Güterstandes nach den bisherigen Vorschriften bestehen, und solche erbrechtliche Wirkungen sind das Recht der Nutznießung und Verwaltung, der Beisitz, der Voraus des überlebenden Ehegatten. Wir werden unter allen Umständen mit solchen Rechten auch dann zu rechnen haben, wenn der Erblasser erst nach dem 1. Januar 1900 stirbt. Treten diese erbrechtlichen Wirkungen des Güterstandes bei einem Erbfalle des neuen Rechts ein, so wird jedenfalls ein dem Erbscheine entsprechendes Zeugniß erforderlich werden; man kann nicht daran denken, unter der Herrschaft des neuen Erbrechts dem überlebenden Ehegatten ein Verlassenschaftszeugniß des alten Rechtes zu geben; die in solchen Erbfällen zu ertheilenden amtlichen Zeugnisse müssen alle von einer Art, von der Art des Erbscheines sein.

Herr Reichsrath Dr. von Schmitt meinte, es könne bei Einführung des Erbscheines für die Erbfälle des bisherigen Rechts vorkommen, daß jemand ein Zeugniß des alten und einen Erbschein des neuen Rechts hat, und daraus könnten Schwierigkeiten entstehen, weil festgestellt werden müßte, ob derjenige, der mit dem angeblichen Erben gehandelt habe, sich auf das Zeugniß oder auf den Erbschein verlassen hat. Es kommt aber nicht darauf an, daß derjenige, der mit dem angeblichen Erben ein Rechtsgeschäft vornimmt, den Erbschein sieht oder weiß, daß ein Erbschein ertheilt ist. Das ist gleichgiltig. Er ist, wenn der angebliche Erbe den Erbschein hat, nach § 2366 des B. G. B. gedeckt, gleichviel ob er von dem Erbscheine Kenntniß gehabt hat oder nicht. Der öffentliche Glaube des Erbscheines kommt ihm zu statten, auch wenn er von dem Erbschein nichts weiß, wie der öffentliche Glaube des Grundbuches den Erwerber schützt, auch wenn er das Grundbuch nicht eingesehen hat. Die befürchteten Schwierigkeiten werden sich also nicht ergeben.

Was dann die Motive des Einführungsgesetzes betrifft, so möchte ich auf die angeführte Stelle kein großes Gewicht legen. Man wollte nicht den Erbschein durch reichsgesetzliche Vorschrift auf die Erbfälle des bisherigen Rechtes erstrecken und begründete dies mit der Bemerkung, die Vorschriften über den Erbschein stünden mit der der Stellung des Erben im Bürgerlichen Gesetzbuche gegebenen Gestaltung in untrennbarem Zusammenhange. Worin der untrennbare Zusammenhang besteht, ist nicht gesagt. Meines Erachtens handelt es sich nicht um die rechtliche Stellung des Erben sondern um einen besonderen Schutz des Verkehrs. Die Stellung des Einführungsgesetzes zu der Frage rechtfertigt sich auch ohne den untrennbaren Zusammenhang. Es bestand keine Nothwendigkeit, den Erbschein bei Erbfällen des bisherigen Rechts für das ganze Reich zuzulassen, um so weniger, als im größten Theile des Reiches diese Einrichtung schon vorhanden ist. Für Bayern ist sie eine Neuerung, deren Nothwendigkeit man bezweifeln mag, die aber nicht Schaden bringen wird.

Reichsrath von Küffner: Ich werde gegen die Belassung des Art. 18a stimmen. Die k. Staatsregierung erachtete denselbem anfänglich nicht für erforderlich und hat erst dessen nachträgliche Einstellung gebilligt. Ein zwingendes Bedürfniß dafür ist nicht gegeben; wenn es auch den Betheiligten nur überlassen bleibt, die Ausstellung eines Erbscheins zu beantragen, so ist es immerhin eine bedenkliche Sache, wenn man das Publikum zu solchen Neuerungen vor der Nothwendigkeit ihres Eintrittes förmlich verleitet. Die Rechtsbetheiligten sind an die bisherigen Erbschaftszeugnisse gewöhnt, und diese haben auch seit vielen Jahrzehnten ihre vollen Dienste gethan. Es steht mir darüber eine große Erfahrung zur Seite und ist mir nicht bekannt geworden, daß Verwirrungen oder Nachtheile aus dem Gebrauche von Erbschaftszeugnissen hervorgetreten sind. Es ist deshalb nicht angezeigt, kurz vor der Einführung des Bürgerlichen Gesetzbuches einen provisorischen Uebergang zu bewerkstelligen, der an sich und nach den bisherigen Erörterungen im Hohen Ausschusse ziemlich kompliziert ist und um so leichter zu Verwirrungen führen kann, als neben den Erbschaftszeugnissen die Neuerung zur Anwendung kommen darf. Es ist auch nicht an dem, daß wenigstens die Bestimmung in Satz 2 des Abs. 4 des vorgeschlagenen Art. 18a aufrecht erhalten werden müßte, weil derartige Rechtsfeststellungen auch vermittelst des Erbschaftszeugnisses zum Vollzug gebracht werden können.

Reichsrath **von Hessert:** Ich wollte nur den Standpunkt des pfälzischen Rechtes zur Sprache bringen. In der Pfalz wird der Erbschein nicht nöthig sein. Wir haben ihn bisher nicht nöthig gehabt, weder den Erbschein noch das Verlassenschaftszeugniß, sondern bei uns genügten die Befugnisse des sogenannten apparenten Erben. Der gutgläubige Dritte, der mit ihm kontrahiert, geleistet oder empfangen hat, ist gedeckt. Das hat vollkommen ausgereicht und aus meiner langjährigen Praxis weiß ich, daß wir kein anderes Mittel nothwendig hatten. Ich habe aber, wenn ich die Vorschrift auch nicht als schädlich ansehe, doch noch ein Bedenken, weil gesagt wurde, daß sie materielle Aenderungen zur Folge haben würde. Abs. 1 erwähnt, was die Pfalz betrifft, den Erbfolger und Erbvermächtnißnehmer, das ist in Ordnung, warum aber der Erbtheilvermächtnißnehmer nicht dabei ist, das würde noch einer Motivierung bedürfen. Weiter wäre noch zu begründen, ob nicht bei dem Erbvermächtnißnehmer die Besitzeinweisung vorausgehen muß. Daß der Erbstückvermächtnißnehmer nicht erwähnt ist, bedarf keiner weiteren Ausführung, weil er nur eine Forderung auf Herausgabe seines Legats hat.

Der k. Ministerialkommissär, Oberregierungsrath **Schneider:** Ich will die von Herrn Reichsrath von Hessert zuletzt erörterte Frage zuerst besprechen: Die Einführung des Erbscheins hat keinen Einfluß auf die Rechtstellung und die Verfügungsgewalt, die nach dem pfälzischen Rechte dem vermeintlichen Erben über den Nachlaß zukommt. Die Befugniß dieses héritier apparent beruht auf der sogenannten „Gesammtgewere" der Erben, d. h. darauf, daß nach pfälzischem Rechte alle ehelichen Blutsverwandten zur Erbschaft berufen sind ohne Unterschied, ob sie auf Grund der Erbfolgeordnung die Erbschaft erhalten oder nicht. Das pfälzische Recht gibt der Familie als solcher die Erbschaft. Folgeweise ist jeder einzelne Blutsverwandte, wenn er auch nicht der Nächstberufene ist, berechtigt, über den Nachlaß zu verfügen. Der zur Erbschaft Berufene muß eine solche Verfügung gegen sich gelten lassen und der gutgläubige Erwerber ist geschützt. Dieses Recht wird durch die Ertheilung des Erbscheins nicht geändert und daher besteht von diesem Gesichtspunkte aus ein Bedenken gegen die Einführung des Erbscheins nicht. Freilich besteht auch kein besonderes Bedürfniß für die Einführung.

Die zweite von dem Herrn Reichsrath aufgeworfene Frage betrifft die Aufnahme der Erbtheilsvermächtnißnehmer in den Schlußsatz des Abs. 1. Neben dem Erben und dem Erbfolger ist dort der Erbvermächtnißnehmer noch angeführt, weil der Erbvermächtnißnehmer nach art. 1006 Code civil dem Erben gleichsteht, wenn Vorbehaltserben nicht vorhanden sind. Der Erbtheilsvermächtnißnehmer brauchte hier nicht erwähnt zu werden, weil er durch die Vorschrift des Abs. 4 gedeckt wird, die sich auf Vermächtnisse aller Art bezieht. Was endlich die

Frage betrifft, ob der Erbschein den Erbfolgern ertheilt werden soll, ehe die Besitzeinweisung erfolgt ist, so halte ich es für geboten, die Ertheilung des Erbscheines von der Besitzeinweisung abhängig zu machen. Als Erbfolger sind im pfälzischen Rechte zugelassen das anerkannte natürliche Kind und die Ehefrau. Die Erbfolger werden zwar nicht Erben des pfälzischen Rechtes, aber sie werden in dem Augenblick, in dem der Erblasser stirbt, kraft Gesetzes Eigenthümer des Nachlasses. Allerdings erwirbt der Erbfolger mit dem Eigenthume nicht auch den Besitz der zum Nachlasse gehörenden Gegenstände, vielmehr muß er sich, wenn ein gesetzlicher Erbe vorhanden ist, von diesem den Nachlaß herausgeben lassen, andernfalls muß er die gerichtliche Besitzeinweisung erwirken. Aber dies hindert die Ertheilung des Erbscheins nicht, das Ausschlaggebende ist, daß der Erbfolger Eigenthümer ist und deshalb kann ihm der Erbschein ausgestellt werden, unabhängig davon, ob er den Besitz hat oder nicht. Aehnlich liegt das Verhältniß in Ansehung der Vermächtnißnehmer, ihnen kann das im Abs. 4 bezeichnete Zeugniß schon ausgestellt werden, ehe ihnen die vermachte Sache vom Erben herausgegeben ist.

Reichsrath Dr. **von Bechmann** als Referent: Ich kann dem Herrn Senatspräsidenten nicht zugeben, daß, soweit das gemeine Recht in Betracht kommt — und das ist in einem respektablen Theil von Bayern der Fall — durch die Erbschein-Ertheilung der Erbe nicht beeinträchtigt wird; das Erbrecht als Inbegriff der Beziehungen, die sich an die Erbfolge anknüpfen — und davon allein kann hier die Rede sein — wird alteriert, die Erbfolge selbst freilich wird nicht berührt.

Ich wiederhole, daß nach dem gemeinen Recht der Erbe gegen denjenigen, der an eine falsche Person zahlt, wenn er auch selbst in gutem Glauben ist, noch immer seine Forderung hat, und der Zahlende sich mit der condictio indebiti das Geld wiederverschaffen muß. Mit dem Erbschein ist die Sache anders; mit diesem ist der Erbe viel schlechter gestellt. Und ebenso ist es bei Veräußerungen von Immobilien nach dem bisherigen Rechte, das ja noch fortdauert bis zur Anlegung des Grundbuchs. Auf Grund des Erbschaftszeugnisses geht durch Veräußerung des malae fidei Erbschaftsbesitzers kein Eigenthum über, wohl aber auf Grund des Erbscheines. Zu einem solchen Eingriff in die rechtliche Stellung des Erben vermag ich keine genügende Berechtigung zu erkennen.

Vorsitzender: Ich meine, wir können zur Abstimmung schreiten. (Bei der Abstimmung wird Art. 18a abgelehnt).

Beschwerden in Angelegenheiten der freiwilligen Gerichtsbarkeit.

Reichsrath Dr. **von Bechmann** als Referent: Nach Artikel 19 soll es für die zur Zeit des Inkrafttretens des Bürgerlichen Gesetzbuches anhängigen Beschwerden in Angelegenheiten der freiwilligen Gerichtsbarkeit bei den bisherigen Vorschriften verbleiben, und ebenso bei dem bisherigen Instanzenzug. Es besteht keine Erinnerung.

Vorsitzender: Ich konstatiere die Annahme des Artikel 19.

Personenstand.

Reichsrath Dr. **von Bechmann** als Referent: Die gerichtliche Aufsicht über die Standesbeamten ist auch für die Pfalz den Amtsgerichten übertragen. Auf ein zur Zeit des Inkrafttretens des Bürgerlichen Gesetzbuchs anhängiges Verfahren, welches die Anweisung eines Standesbeamten zur Vornahme einer

Amtshandlung oder die Berichtigung einer Eintragung in dem Standesregister zum Gegenstande hat, finden von dieser Zeit an die Vorschriften der §§ 69, 70 des Gesetzes über die Angelegenheiten der freiwilligen Gerichtsbarkeit Anwendung. Es ist nichts zu erinnern.

Vorsitzender: Artikel 20 ist angenommen.

Auseinandersetzung in Ansehung eines Nachlasses oder eines Gemeinschaftvermögens.

Reichsrath Dr. **von Bechmann** als Referent: Art. 21 erstreckt die Vorschriften der §§ 86 bis 99 über die Mitwirkung des Gerichts bei Auseinandersetzung in Ansehung eines Nachlasses oder des Gemeinschaftsvermögens einer ehelichen oder fortgesetzten Gütergemeinschaft auch auf Verhältnisse der früheren Rechte.

Daneben bleiben hiefür auch die bisherigen Vorschriften bestehen. Ich habe keine Erinnerung.

Vorsitzender: Artikel 21 ist angenommen.

Handelssachen.

Reichsrath Dr. **von Bechmann** als Referent: In Art. 22 ist bestimmt, daß auf ein zur Zeit des Inkrafttretens des Bürgerlichen Gesetzbuchs anhängiges Verfahren nach den Art. 10 bis 18, 22 bis 24, 28 des Gesetzes vom 10. November 1861, die Einführung des allgemeinen deutschen Handelsgesetzbuches betreffend, von diesem Zeitpunkt an die neuen Vorschriften Anwendung finden.

Art. 23 bestimmt, daß in dort genannten Fällen die Amtsgerichte zuständig sind, so besonders bei Verkauf von kaufmännischem Faustpfand u. s. w. Ich habe keine Erinnerung.

Vorsitzender: Die Artikel 22 und 23 sind angenommen.

II. Vorschriften für die Landestheile rechts des Rheins.

Eigenthumsvorbehalt.

Reichsrath Dr. **von Bechmann** als Referent: Nach dem bisherigen gemeinen Recht war der resolutiv bedingte Erwerb von Grundeigenthum wie von Mobilien möglich. Nach dem Bürgerlichen Gesetzbuch dagegen ist eine bedingte Auflassung beziehungsweise eine bedingte Eintragung von Grundeigenthum nicht zulässig (§ 925 E. G. z. B. G. B.). Es ist daher eine Ueberleitung nothwendig, weil von dem Moment an, wo das Grundbuch angelegt wird, die Resolutivbedingung nicht mehr als solche wirken kann. Es ist daher bestimmt, daß sich diese verwandelt mit der Anlegung des Grundbuchs in einen persönlichen Anspruch auf die Rückübertragung des Eigenthums. Es ist das für den Eigenthümer, der unter einer Resolutivbedingung veräußert hat, eine Schmälerung seines Rechts, denn früher hatte er die rei vindicatio; aber es läßt sich das nicht ändern. Die Rechte, die inzwischen auferlegt worden sind, erlöschen von selber, was nach dem Bürgerlichen Gesetzbuche möglich ist.

Ich möchte noch bemerken, daß der § 268 B. G. B., der in Abs. 2 citiert ist, eine etwas andere Fassung hat. Es heißt dort: „Betreibt der Gläubiger die Zwangsvollstreckung in einen dem Schuldner gehörenden Gegenstand u. s. w.“; hier heißt es: „wenn der Berechtigte die Rückübertragung des Eigenthums verlangt u. s. w.“ Mir ist nun nicht klar, was unter dem Wort „verlangen“ im juristischen Sinne zu verstehen ist.

Der k. Ministerialkommissär, Senatspräsident Dr. **von Jacubezky**: Der Herr Referent hat den Halbsatz 2 des Abs. 1 Satz 1 übergangen. Der Eigenthümer, der sein Recht unter einer auflösenden Bedingung übertragen hat, bekommt nicht bloß den Anspruch auf Rückübertragung, sondern dieser Anspruch wird auch dinglich gesichert, es treten kraft Gesetzes die mit der Eintragung einer Vormerkung zur Sicherung des Anspruchs verbundenen Wirkungen ein. Das Grundstück ist also auch in Zukunft in derselben Weise wie im Falle einer Bedingung gebunden. Der Entwurf setzt an die Stelle des auflösend bedingten Eigenthums eine gleichwerthige Rechtsform, die dem Bürgerlichen Gesetzbuch entspricht.

Unter dem Verlangen der Rückübertragung ist die Geltendmachung des Anspruchs auf Rückübertragung verstanden, es ist nicht nothwendig, daß sie gerade durch Klage erfolgt, es genügt die einfache Anforderung. Wenn der Verpflichtete das Eigenthum zurücküberträgt, so verlieren diejenigen, deren Rechte nach Abs. 1 Satz 2 auflösend bedingt sind, ihre Rechte. Der Abs. 2 will ihnen ermöglichen, den Verlust durch Befriedigung des Rückfallberechtigten abzuwenden. Das Befriedigungsrecht kann nicht wie im § 268 von der Zwangsvollstreckung abhängig gemacht werden, weil der Verlust, der abgewendet werden soll, auch dann eintritt, wenn der Verpflichtete die Rückübertragung freiwillig vornimmt.

Reichsrath Dr. **von Bechmann** als Referent: Ich bin für diesen Aufschluß sehr dankbar. Einen vollen Ersatz gewähren die Schutzmaßregeln des Artikels dem Eigenthümer nicht. Der Ausdruck „verlangen" kommt übrigens auch in § 1150 B. G. B. vor.

Vorsitzender: Artikel 24 ist angenommen. Wir kommen zum nächsten Abschnitt.

Miteigenthum.

Reichsrath Dr. **von Bechmann** als Referent: Art. 25 und 26 beziehen sich auf § 1010 B.G.B., wonach gewisse Abmachungen unter den Miteigenthümern, wenn sie für den Sondernachfolger bindend sein sollen, in das Grundbuch eingetragen sein müssen. Zur Erleichterung ist hier die Möglichkeit gegeben, diese Verabredungen, ehe das Grundbuch angelegt ist, in das Hypothekenbuch eintragen zu lassen. Ich habe gegen beide Artikel keine Erinnerung.

Vorsitzender: Die Artikel 25 und 26 sind angenommen.

Stockwerkseigenthum.

Reichsrath Dr. **von Bechmann** als Referent: Das Stockwerkseigenthum wird in diesem Paragraphen geregelt. Es wird dasselbe als unauflösliches Miteigenthum an dem Grundstücke konstruiert mit der Maßgabe, daß jedem Miteigenthümer die ausschließliche und dauernde Benützung derjenigen Theile des Gebäudes zusteht, welche ihm zur Zeit des Inkrafttretens des Bürgerlichen Gesetzbuchs gehören und daß der Aufwand für deren Unterhalt ihm zur Last fällt. Der Anspruch auf Aufhebung der Gemeinschaft ist ausgeschlossen. Ich möchte nur noch fragen, ob durch den letzten Satz jede Möglichkeit der Theilung ausgeschlossen sein soll. (Art. 182 E. G.)

Der k. Ministerialkommissär, Senatspräsident Dr. **von Jacubezky**: Die Aufhebung kann weder aus wichtigen Gründen noch im Fall des Konkurses über das Vermögen eines Miteigenthümers von dem Konkursverwalter verlangt werden. Die gänzliche Ausschließung des Rechtes auf Aufhebung der Gemeinschaft ist in Art. 131 des E. G. z. B. G. B. zugelassen.

Reichsrath Dr. **von Schmitt:** Dieser Artikel wurde uns schon vor längerer Zeit versprochen und ist dem Gesetz über das pfälzische Liegenschaftsrecht entnommen.

Vorsitzender: Artikel 27 ist angenommen.

Ausschluß des Rechtes auf Aufhebung der Gemeinschaft.]

Reichsrath Dr. **von Bechmann** als Referent: Der Art. 28 handelt von solchen Grundstücken, die im Miteigenthume der Eigenthümer mehrerer Grundstücke stehen und diesen dauernd zu bestimmten wirthschaftlichen Zwecken dienen. Wenn nun nach den bisherigen Vorschriften die Theilung eines Grundstückes wegen dieser Zweckbestimmung ausgeschlossen ist — es trifft das zu bei Brunnen, Hofräumen u. s. w. —, so gilt das Grundstück von dem Inkrafttreten des Bürgerlichen Gesetzbuchs an als zu Gunsten des jeweiligen Eigenthümers eines jeden Grundstückes mit einer Grunddienstbarkeit des Inhalts belastet, zu welchem Zwecke es benützt werden darf. Dadurch wird die Theilung möglich.

Verschieden hievon sind die in den §§ 921, 922 B. G. B. geregelten Verhältnisse. Ich habe keine Erinnerung.

Vorsitzender: Artikel 28 ist angenommen.

Grunddienstbarkeiten.

Reichsrath Dr. **von Bechmann** als Referent: Art. 29 Abs. 1 bestimmt:

> Von der Verkündung dieses Gesetzes an kann die Eintragung von Grunddienstbarkeiten in das Hypothekenbuch vom Berechtigten und vom Eigenthümer des belasteten Grundstückes verlangt werden. Die Kosten sind von demjenigen zu tragen und vorzuschießen, welcher die Eintragung verlangt u. s. w.

Dadurch ist, wie schon oben bemerkt, eine große Erleichterung geschaffen. Art. 30 handelt vom Schutze der Servituten. In Art. 191 Abs. 2 des E. G. ist bestimmt:

> Von der Zeit an, zu welcher das Grundbuch als angelegt anzusehen ist, finden zum Schutze der Ausübung einer Grunddienstbarkeit, mit welcher das Halten einer dauernden Anlage verbunden ist, die für den Besitzschutz geltenden Vorschriften des Bürgerlichen Gesetzbuchs entsprechende Anwendung, solange Dienstbarkeiten dieser Art nach Artikel 128 oder Artikel 187 zur Erhaltung der Wirksamkeit gegenüber dem öffentlichen Glauben des Grundbuchs nicht der Eintragung bedürfen. Das Gleiche gilt für Grunddienstbarkeiten anderer Art mit der Maßgabe, daß der Besitzschutz nur gewährt wird, wenn die Dienstbarkeit in jedem der drei letzten Jahre vor der Störung mindestens einmal ausgeübt worden ist.

Diese Bestimmung wird nur entsprechend ausgedehnt für die Zeit, bevor das Grundbuch als angelegt zu gelten hat. Ich habe nichts dagegen zu erinnern. Die Vorschrift ist durchaus zweckmäßig.

Vorsitzender: Artikel 29 und 30 sind angenommen.

Reallasten.

Reichsrath Dr. **von Bechmann** als Referent: Art. 31 Abs. 1 bestimmt:

> Für eine zur Zeit des Inkrafttretens des Bürgerlichen Gesetzbuchs bestehende Reallast gelten von diesem Zeitpunkt an die Vorschriften

der §§ 1107 bis 1111 des Bürgerlichen Gesetzbuchs. Solange das Grundbuch noch nicht als angelegt anzusehen ist, tritt in dem Falle des § 1109 Abs. 2 an die Stelle des Grundbuchs das Hypothekenbuch und an die Stelle des Grundbuchamts das Hypothekenamt; die Vorschriften der §§ 876, 878 des Bürgerlichen Gesetzbuchs finden keine Anwendung.

Es betrifft das den Verzicht und die Konfusion. Dagegen ist ausgeschlossen der Untergang durch Aufgebot, weil dazu kein Bedürfniß bestehe. In dieser Beziehung möchte ich noch um Aufklärung bitten.

Der k. Ministerialkommissär, Senatspräsident Dr. **von Jacubezky:** Der Unterschied ist der, daß es bei den Grunddienstbarkeiten trotz der Vorschrift des Art. 9 noch geraume Zeit dauern wird, bis sie zur Erhaltung ihrer Wirksamkeit gegenüber dem öffentlichen Glauben des Grundbuchs der Eintragung unterworfen werden können, während die Reallasten, die in den Landestheilen rechts des Rheins schon jetzt gegenüber dem öffentlichen Glauben des Hypothekenbuchs der Eintragung bedürfen, schon bei der Anlegung des Grundbuchs eingetragen werden müssen. Ueber den Bestand der Reallasten kann man sich aus dem Grundbuche vergewissern, bei ihnen bedarf man nicht wie bei den der Eintragung nicht unterworfenen Grunddienstbarkeiten dazu erst des Aufgebots.

Vorsitzender: Artikel 31 ist angenommen.

Ewiggeld.

Reichsrath Dr. **von Bechmann** als Referent: Art. 32 kommt dem Schuldner zu gute. Die Kündigungsfrist von zwei Monaten wird nun in eine solche von sechs Monaten verwandelt.

Vorsitzender: Der Artikel 32 gilt als angenommen.

Leibgedingsrecht.

Reichsrath Dr. **von Bechmann** als Referent: Die Leibgedingsrechte verwandeln sich theils in Reallasten, theils in persönliche Dienstbarkeiten; in Reallasten, soweit ihr Inhalt in Leistungen besteht, die zu einem Leibgeding, einer Leibzucht, einem Altentheil oder zu einem Auszuge gehören; in persönliche Dienstbarkeiten, sofern ihr Inhalt besteht in einem Wohnungsrechte oder in einem Rechte zur Benützung eines Grundstücks. Es ist nichts hiegegen zu erinnern. Die Eintragung dieser Rechte als Hypotheken ohne Angabe eines Geldwerthes kann nicht fortbestehen.

Vorsitzender: Der Artikel 33 ist angenommen.

(Herr Reichsrath Freiherr **von Soden-Fraunhofen** stellen einen Vertagungsantrag.)

Die Sitzung wird um 7 Uhr 30 Minuten geschlossen und die nächste Sitzung auf Donnerstag den 27. April Nachmittags 4 Uhr anberaumt.

XVII. Protokoll

des besonderen Ausschusses der Kammer der Reichsräthe zur Berathung der durch die Einführung des Bürgerlichen Gesetzbuchs veranlaßten Gesetzentwürfe

über den

Entwurf eines Gesetzes, die durch die Einführung des Bürgerlichen Gesetzbuchs veranlaßten Uebergangsvorschriften betreffend.

(Verhandl. d. Justizgesetzgebungsausschusses der K. der Reichsräthe 1899.)

— 1. Lesung. —

— Artikel 34 mit 73. —

München, den 27. April 1899, Nachmittags.

Gegenwärtig die Herren Reichsräthe: Graf Fugger von Glött, Ritter von Küffner, von Auer, Vorstand, Dr. Ritter von Bechmann, Referent, Freiherr von Soden-Fraunhofen f. Sekretär, Dr. Ritter von Schmitt, Exzellenz, von Hessert, Referent, Ritter von Maffei.

Der Herr I. Präsident Graf von Lerchenfeld-Köfering.

Von Seite des k. Staatsministeriums: Der k. Staatsminister der Justiz Dr. Freiherr von Leonrod, der k. Senatspräsident Dr. Ritter von Jacubezky, der k. Oberregierungsrath Schneider.

Die Sitzung wird um 4 Uhr durch den Herrn Vorsitzenden, Reichsrath **von Auer**, eröffnet.

Vorsitzender: Wir sind gestern gekommen bis zum Abschnitt über die

Inhaberhypotheken.

Ich ersuche den Herrn Referenten, Bericht zu erstatten.

Reichsrath Dr. **von Bechmann** als Referent: Die Artikel 34—46 enthalten die Ueberleitungsbestimmungen betreffend das Hypothekenrecht in Bezug auf das diesrheinische Bayern. Ich möchte mir da zur Orientierung eine kurze Vorbemerkung erlauben.

Die Grundlage aller dieser Bestimmungen sind Artikel 192 und Artikel 193 des E.-G. z. B.G.B. Der Artikel 192 bestimmt, daß ein zu der Zeit, zu welcher das Grundbuch als angelegt anzusehen ist, an einem Grundstück bestehendes Pfandrecht von dieser Zeit als eine Hypothek gilt, für welche die Ertheilung des Hypothekenbriefes ausgeschlossen ist. Ist der Betrag der Forderung, für die das Pfandrecht besteht, nicht bestimmt, so gilt das Pfandrecht als Sicherungshypothek. Der Absatz 2 hat für uns keine Bedeutung. Es ist aber im Artikel 193 der Landesgesetzgebung die Befugniß eingeräumt, ein Pfandrecht, welches nach Artikel 192 nicht als Sicherungshypothek gilt, als Sicherungshypothek oder als eine Hypothek gelten zu lassen, für welche die Ertheilung des Hypothekenbriefes nicht ausgeschlossen ist. Es ist also dadurch der Landesgesetzgebung in der Wahl zwischen den drei Formen der Hypotheken des B.G.B. im allgemeinen Spielraum gelassen.

Der Gesetzentwurf hat sich nun dafür entschieden, daß der Artikel 192 in Wirkung tritt, d. h., daß alle Hypotheken des bisherigen Hypothekenrechtes sich verwandeln in sogenannte Buchhypotheken, — wie der übliche Ausdruck für solche Hypotheken lautet, für die der Hypothekenbrief ausgeschlossen ist und die keine Sicherungshypotheken sind — weil die bisherigen Hypotheken den Buchhypotheken am meisten entsprechen. Eine Umwandlung in Hypotheken mit Hypothekenbrief ist ausgeschlossen, weil der bisherige Hypothekenbrief eine ganz andere Bedeutung hat als der künftige Hypothekenbrief, und andererseits würde die Umwandlung in Sicherungshypotheken die Rechte des Gläubigers beeinträchtigen, weil die Sicherungshypothek viel schlechter ist. Dagegen ist durchaus nichts zu erinnern. Infolge dieser Stellungnahme hat es einer besonderen ausdrücklichen Bestimmung über diesen Punkt nicht bedurft. Es sind nur die Konsequenzen des Artikel 192 und die Ausnahmen hievon zu regeln.

Eine solche Bestimmung haben wir nun zunächst im Artikel 34. Die Inhaberhypotheken gehören dem bayerischen Rechte erst seit kurzer Zeit an; seit dem 18. März 1896 haben wir das betreffende Gesetz und dasselbe hat, wie sich die Hohen Herren erinnern werden, das damals schon fertig vorliegende Bürgerliche Gesetzbuch zum Vorwurf genommen, so daß die jetzt bestehenden Inhaberhypotheken einfach in das neue Recht übergehen. Die einzige nothwendige Vorschrift ist die, daß sie von der Anlegung des Grundbuchs an als Sicherungshypotheken gelten. Das ist der Inhalt des Artikel 34, zu dem ich nur die Zustimmung beantragen kann.

Vorsitzender: Wenn eine Erinnerung gegen Artikel 34 von keiner Seite erhoben wird, so gilt derselbe als angenommen.

Gesetzliche Hypothekentitel.

Reichsrath Dr. **von Bechmann** als Referent: Es folgen in den Artikeln 35—41 die Vorschriften bezüglich der gesetzlichen Hypothekentitel. Damit verhält es sich folgendermaßen: Gesetzliche Hypothekentitel kennt das Bürgerliche Gesetzbuch nicht mehr, und mit dem Zeitpunkt, in dem das Bürgerliche Gesetzbuch in Kraft tritt, erlöschen also auch die bisherigen Hypothekentitel, soweit sie nicht bereits vollzogen sind oder auf fortgeltendem Landesrechte beruhen. In dieser Beziehung sind noch Ueberleitungsvorschriften nothwendig und diese sind enthalten in den vorliegenden Artikeln. Dabei ergibt sich Folgendes: Ein Theil dieser gesetzlichen Hypothekentitel verliert schon mit dem Inkrafttreten des Bürgerlichen Gesetzbuchs in Zukunft seine Geltung. Diese außer Kraft tretenden Hypothekentitel, die also nicht erst mit der Anlegung des Grundbuchs, sondern vom 1. Januar an schon außer Kraft treten, zerfallen wieder in zwei Gruppen. Die eine Gruppe sind jene, an deren Stelle das Bürgerliche Gesetzbuch einen Anspruch auf Einräumung einer Sicherungshypothek gewährt, das ist zum Beispiel der Fall bei Bauunternehmern (§ 648) und in einigen anderen Fällen. Diese Bestimmungen treten sofort in Wirksamkeit, nur kann natürlich der Anspruch nicht realisiert werden, solange nicht das Grundbuch angelegt ist, und insofern bedarf es also auch für sie gewisser Uebergangsbestimmungen. Die zweite Gruppe sind jene Hypothekentitel, die vollständig und ohne Surrogat erlöschen, weil mit dem 1. Januar die neuen materiellen Rechtsbestimmungen eintreten, welche solche Sicherungen weder in Form von Hypothekentiteln noch in Form von Ansprüchen auf Einräumung von Hypotheken kennen. Hieher gehört der Hypothekentitel auf Grund der Vormundschaft. Nach dem Einführungsgesetze werden auch die in Gang befindlichen Vormundschaften und Pflegschaften von dem neuen Rechte ergriffen. Das neue Recht kennt nun keine Verpflichtung mehr nach dieser Richtung. Der § 1844 bestimmt: „Das Vormundschaftsgericht kann aus besonderen Gründen den Vormund anhalten, für das seiner Verwaltung unterliegende Vermögen Sicherheit zu leisten.“ Dies kann erfolgen in jeder zur Sicherheit dienenden Weise, insbesondere auch durch Hypothekbestellung, wofür das Gesetz über die Angelegenheiten der freiwilligen Gerichtsbarkeit das Nähere bestimmt. Ebenso fällt auch der Hypothekentitel wegen der rückständigen Hypothekenzinsen ersatzlos seinerzeit weg, weil das neue Hypothekenrecht eine Beschränkung der Haftung für Hypothekenzinsen nicht kennt.

Es hat nun das Gesetz die noch übrig bleibenden Hypothekentitel in einer ausschließenden Weise aufgezählt in den Artikeln 35, 36, 37, 38 und 39 und es ist im Artikel 39 noch ausdrücklich bestimmt, daß außer den Fällen 35—38 gesetzliche Hypothekentitel nach dem Inkrafttreten des Bürgerlichen Gesetzbuchs nicht mehr entstehen können. Es ist diese Bestimmung vielleicht für eine strenge Auslegung überflüssig; aber sie ist jedenfalls unschädlich und kann nur dazu dienen, Zweifeln vorzubeugen.

Die Hypothekentitel, die noch für die Zwischenzeit, bis das Grundbuch angelegt ist, übrig bleiben, sind einmal (Artikel 35) der den Gläubigern kraft Gesetzes d. h. des neuen Rechts zustehende Anspruch auf Einräumung einer Sicherungshypothek (siehe oben), sowie das dem Staat, der Brandversicherungsanstalt, den Gemeinden und anderen Communalverbänden, den Stiftungen des öffentlichen Rechts und den unter der Verwaltung einer öffentlichen Behörde stehenden Stiftungen zustehende Recht, zur Sicherung gewisser Forderungen die Eintragung einer Sicherungshypothek an Grundstücken des Schuldners zu verlangen. Diese Ansprüche gelten einstweilen als gesetzliche Hypothekentitel, bis zu der Zeit, zu welcher das Grundbuch als angelegt anzusehen ist. Ferner gehört hieher der Hypothekentitel auf Grund des ehelichen Güterrechts; Artikel 36 sagt:

> „Soweit für den Güterstand einer zur Zeit des Inkrafttretens des Bürgerlichen Gesetzbuchs bestehenden Ehe die bisherigen Vorschriften maßgebend bleiben, steht der Ehefrau der im § 12 Nr. 6 des Hypothekengesetzes bestimmte gesetzliche Hypothekentitel für die dort bezeichneten Ansprüche auch insoweit zu, als die Ansprüche erst nach diesem Zeitpunkt entstehen."

Das letztere ist natürlich, so lange das geltende Hypothekenrecht besteht, zulässig, weil dieser Hypothekentitel auf der Fortdauer des Landesgesetzes beruht.

Zu Artikel 36 habe ich nur ein kleines redaktionelles Bedenken. Derselbe enthält nämlich zweimal einen Zwischensatz, der mit den Worten anfängt: „soweit". Das ist nicht ganz elegant und da wir doch auch auf den Stil ein großes Gewicht legen, so möchte ich die Frage anregen, ob man nicht durch eine kleine redaktionelle Aenderung dem abhelfen will. Einen besonderen Werth lege ich natürlich nicht darauf.

Der k. Ministerialkommissär, Senatspräsident Dr. **von Jacubezky**: Das Wort „soweit" ist deshalb gewählt, weil auch bei einem Güterstande, für den es in der Hauptsache bei den bisherigen Gesetzen verbleibt, in einzelnen Beziehungen Anpassungen an das neue Recht in Frage kommen. Indessen kann man allenfalls auf das Wort „soweit" im Eingange verzichten.

Vorsitzender: Ich glaube, man könnte die Fassung belassen, weil das erste „soweit" und das zweite „insoweit" doch ziemlich weit auseinander liegen.

Reichsrath Dr. **von Bechmann** als Referent: Im Artikel 37 ist für die vor dem Inkrafttreten des Bürgerlichen Gesetzbuchs angefallenen Erbschaften der gesetzlichen Hypothekentitel für fortbestehend erklärt, welcher sich aus dem Erbrecht ergibt. Da diese Erbschaften auch fernerhin nach dem alten Recht behandelt werden, so kann der Hypothekentitel fortbestehen und neu entstehen für die Ansprüche hieraus bis zur Anlegung des Grundbuchs. Dagegen ist nichts zu erinnern.

Endlich handelt der Artikel 38 von dem Hypothekentitel für die älteren als zweijährigen Zinsrückstände. Das hat in Zukunft aus dem oben angeführten Grund keine Bedeutung mehr; er soll aber fortbestehen bis zu dem Zeitpunkt, in dem das Grundbuch als angelegt zu betrachten ist. Außer diesen Fällen können gesetzliche Hypothekentitel nicht weiter bestehen noch entstehen. Es kommt nun die weitere Bestimmung des Artikel 40, daß ein solcher gesetzlicher Hypothekentitel, der zu der Zeit besteht, wo das Grundbuch als angelegt zu betrachten ist, sich in einen Anspruch auf Bestellung einer Sicherungshypothek umwandelt, während umgekehrt, wie schon bemerkt, die mit dem 1. Januar entstehenden Ansprüche auf Einräumung einer Sicherungshypothek von da an nicht weiter als Hypothekentitel fungieren.

Wegen der Ansprüche des Staates, der Brandversicherungsanstalt u. s. w., kann von der Anlegung des Grundbuchs an die Eintragung einer Sicherungshypothek an dem Grundstück verlangt werden. Die Eintragung erfolgt auf Ersuchen der nach den neuen Vorschriften zuständigen Behörde.

Umgekehrt tritt für die Uebergangszeit in Vormundschaftssachen an die Stelle des Ersuchens an das Grundbuchamt dasjenige an das Hypothekenamt und die entsprechende Eintragung. Gegen diese Vorschriften besteht keine Erinnerung.

Vorsitzender: Wenn von keiner Seite eine Erinnerung erhoben wird, so erkläre ich die Artikel 35—41 der Regierungsvorlage als vom Ausschusse angenommen.

Hypothekenvormerkungen.

Reichsrath Dr. **von Bechmann** als Referent: Der Artikel 42 regelt die Hypothekenvormerkungen. Die Hypothekenvormerkungen des bisherigen Rechts bleiben natürlich bestehen, da auch das Bürgerliche Gesetzbuch solche Vormerkungen kennt. Nur finden von der Anlegung des Grundbuchs an auf diese bereits eingetragenen Vormerkungen die §§ 886 und 887 Anwendung.

Der § 886 bestimmt, daß derjenige, dem gegenüber die Vormerkung einzutragen ist, die Löschung derselben verlangen kann auf Grund der ihm zustehende Einreden, und der § 887 handelt von der Möglichkeit, Vormerkungen, bei denen der Berechtigte unbekannt ist, im Wege des Aufgebotes zu beseitigen. Auch hier ist nichts zu erinnern.

Vorsitzender: Es erfolgt keine Erinnerung; ich nehme daher an, daß Artikel 42 angenommen ist.

Rangvorbehalte.

Reichsrath Dr. **von Bechmann** als Referent: Die Artikel 43 und 44 handeln von den Rangvorbehalten. Diese Artikel haben im Ausschuß der II. Kammer zu einer längeren Diskussion und auch zu einem Gegenantrag des Herrn Abgeordneten von Walter Veranlassung gegeben, der dann aber schließlich nicht angenommen worden ist. Ich will mich bemühen, diese etwas intrikate Angelegenheit so kurz als möglich vorzutragen. Ich muß dabei Folgendes vorausschicken:

Rangvorbehalte kennt auch das biherige Hypothekengesetz und zwar gibt es hiernach zwei Gründe des Rangvorbehalts, nämlich erstens freiwillige Einräumung und zweitens die gesetzliche Bestimmung, daß, wenn eine Hypothek erloschen, aber noch nicht gelöscht ist, inzwischen der Besitzer den frei gewordenen Rang für eine andere Hypothek von dem gleichen Betrag verwenden kann, so daß also in diesem Fall das Nachrücken der Nachmänner ausgeschlossen ist. Dieser Rangvorbehalt ist aber durch das bayerische Zwangsvollstreckungsgesetz einigermaßen beschränkt, indem nämlich derjenige

Gläubiger, der eine Vollstreckungshypothek erwirbt, die Löschung eines solchen Vorbehaltes, von dem noch kein Gebrauch gemacht ist, erwirken kann.

Also eine Sicherstellung des Besitzers gegen das Vorrücken ist damit noch nicht gewonnen. Zudem hat der Vorbehalt des bisherigen Rechts nur die Bedeutung, daß dadurch das Vorrücken der späteren Gläubiger aufgehalten wird. Ein positives Recht erwirbt der Besitzer selbst aus dem Vorbehalt nicht. Das bisherige Recht kennt keine Eigenthümerhypothek und -Grundschuld und besonders kann daher auch der Besitzer bei einer Subhastation den auf diese Stelle treffenden Betrag nicht für sich reservieren. Auch kann eine Beschlagnahme nicht erfolgen. Insofern ist dieser Rangvorbehalt ein rein negativer und unterscheidet sich von dem, was auch nach gemeinem Rechte durch Verabredung bewirkt werden kann.

Der Rangvorbehalt nun, den das Bürgerliche Gesetzbuch kennt, ist davon wesentlich verschieden; und zwar was den vertragsmäßigen Rangvorbehalt anlangt, so tritt eine Verschiedenheit schon darin hervor, daß ein solcher immer nur wirkt zum Nachtheil der Hypothek, bei der er eingetragen ist, nicht also schlechthin für alle folgenden Hypotheken. So kann es vorkommen, daß nacheinander eingetragen sind Hypotheken, die der Rangvorbehalt berührt, und solche, die er nicht berührt. Da gibt es eine Kollision, deren Ausgleichung im Gesetze selber bestimmt ist (§ 881). Diese Bestimmung ist auch in unseren Artikel aufgenommen worden.

Der andere wesentliche Unterschied ist der, daß, wenn eine Hypothek materiell erlischt, sie sich von selber verwandelt in eine Eigenthümerhypothek oder in eine Grundschuld, so daß es hiezu einer weiteren Thätigkeit des Eigenthümers nicht bedarf; dadurch hat der Eigenthümer das Recht, wenn es zur Zwangsvollstreckung kommt, den auf diesen Theil treffenden Betrag für sich zu reservieren. Andererseits kann diese Hypothek gepfändet werden. Das geht also viel weiter. Nun ist die Frage die, wie soll der Rangvorbehalt des bisherigen Rechts behandelt werden von dem Zeitpunkte an, in dem das Grundbuch als angelegt gilt? Nach meinem Dafürhalten hat die Regierungsvorlage im Artikel 43 in dieser Beziehung das Richtige getroffen. Mit Recht hat der Entwurf keinen Gebrauch gemacht von dem Vorbehalt des Artikel 194 E.G. z. B.G.B., wodurch der Besitzer an seinen Rechten geschädigt werden würde. Im Uebrigen besteht eine doppelte Möglichkeit: es hätte das Gesetz bestimmen können, daß der gesetzliche Vorbehalt des älteren Rechtes nunmehr die Wirkung der confusio nach neuem Recht annimmt, und sich von selbst verwandelt in eine Eigenthümerhypothek. Damit würde also die Wirkung eintreten, daß der Eigenthümer einen wenn auch nur formellen Vortheil erlangt, auf den er nach bisherigem Rechte keinen Anspruch hat, und der auch bei der Bestellung außer Betracht lag. Es ist also, nach meinem Dafürhalten mit Recht, der andere Modus gewählt worden, daß der Vorbehalt nur wirkt den bisher eingetragenen, aber nicht auch den nach Anlegung des Grundbuchs neu eintretenden Gläubigern gegenüber, gerade wie der vertragsmäßige Vorbehalt nicht wirkt gegenüber den nach jenem Zeitpunkt eingetragenen Gläubigern, soferne er nicht bei der Eintragung wiederholt ist. Dabei hat immerhin jetzt der Eigenthümer einen Vortheil, nämlich den, daß dem bereits eingetragenen Gläubiger gegenüber der Vorbehalt den stärkeren Charakter annimmt, den ich eben besprochen habe. Es treffen zusammen zweierlei Hypotheken. Hypotheken, auf welche die Vormerkung drückt, und solche, auf welche die Vormerkung nicht drückt. Ich halte dieses System für richtiger als das andere, das eine weitergehende Wirkung hätte eintreten lassen.

Es sind nun dem gegenüber eine Reihe von Bedenken geltend und schließlich der Versuch gemacht worden, diesen Vorbehalt wenigstens doch auf die Dauer einer gewissen Zeit den neuen Hypotheken gegenüber aufrecht zu erhalten. Es ist dagegen mit Recht geltend gemacht worden, daß eine solche Vorschrift gegenüber den neuen auf dem Reichsgesetze beruhenden Hypotheken gar nicht möglich ist, da wir in das Reichsrecht nicht eingreifen können, daß nur jene Hypotheken, welche auf dem fortdauernden Landesrecht beruhen, d. h. die Hypotheken der Bierbrauer u. s. w., von der Beschränkung getroffen werden könnten, daß sie erst nach Ablauf etwa eines Jahres eingetragen werden, vorausgesetzt, daß der Eigenthümer inzwischen von seinem Rechte keinen weiteren Gebrauch gemacht hat. Aber, wie gesagt, dieser Vorschlag ist, wie ich glaube, mit Recht abgelehnt worden. Es würde das nicht vortheilhaft sein, besonders deswegen nicht, weil die Möglichkeit der Pfändung besteht; wenn sich der Vorbehalt in eine Hypothek verwandelt, so kann dieselbe gepfändet werden. Es würde also für den Eigenthümer auf das Nämliche hinauslaufen, ob man es so oder so macht. Ich kann also nur dem Artikel 43 in Ermangelung von etwas Besserem beipflichten; ohne eine gewisse Schwierigkeit geht es nicht ab so oder so; aber mir scheint dieser Ausweg der richtigere zu sein.

Dann kommt noch der Artikel 44, welcher vorschreibt, daß, wenn der Eigenthümer des Grundstückes einem Hypothekgläubiger gegenüber in Ansehung einer dem Rechte des Gläubigers im Range vorgehenden oder gleichstehenden Hypothek auf das in § 84 des Hypothekengesetzes bestimmte Recht verzichtet — nämlich auf das Recht des Vorranges — so kann der Gläubiger von der Zeit an, zu welcher das Grundbuch als angelegt anzusehen ist, unbeschadet der Vorschriften über den öffentlichen Glauben des Grundbuchs die Löschung der Hypothek, falls diese sich mit dem Eigenthume in derselben Person vereinigt, in gleicher Weise verlangen, wie wenn zur Sicherung des Rechts auf Löschung eine Vormerkung im Grundbuche eingetragen wäre. Auch dagegen ist nichts zu erinnern.

Vorsitzender: Es besteht gegen die Artikel 43 und 44 von keiner Seite eine Erinnerung; sie gelten also für genehmigt.

Verpfändung und Pfändung des Anspruchs auf Herausgabe eines Grundstücks.

Reichsrath Dr. **von Bechmann** als Referent: Bei Artikel 45 erlaube ich mir zunächst zu bemerken, daß ich ein Bedenken habe wegen der Ueberschrift. Dieselbe ist nach meinem Dafürhalten zu weit. Es heißt nämlich:

„Verpfändung und Pfändung des Anspruchs auf Herausgabe eines Grundstücks."

Es handelt sich aber in dem Artikel lediglich um die Eigenthumsübertragung eines Grundstückes, die sich allerdings in der Zwischenzeit durch Herausgabe vollzieht. Wenn man aber die Worte: „auf Herausgabe eines Grundstückes" stehen läßt, so denkt man auch an die Herausgabe eines Grundstücks durch den Pächter und Miether. Ich glaube zwar nicht, daß die Sache ein großes Bedenken hat, aber da die Ueberschrift auch Gesetzeskraft hat und daher auch zur Auslegung verwendet werden kann, so weiß ich nicht, ob es nicht richtiger wäre zu sagen: „Verpfändung und Pfändung des Anspruches auf Eigenthumsübertragung eines Grundstückes."

Reichsrath **von Hessert:** Dieselbe Bemerkung kehrt wieder bei Artikel 65 der Vorschriften für die Pfalz. Der Ausdruck „Herausgabe" ist gewählt worden im Hinblicke auf § 848 C.P.O.; ein Zweifel, glaube ich, kann nicht entstehen.

Reichsrath Dr. **von Bechmann** als Referent: Es ist ein Zweifel kaum möglich, aber ich glaube, wir sollten die Sache doch korrekt machen, denn es handelt sich um eine gesetzliche Ueberschrift und nicht um ein wissenschaftliches Marginale.

Der k. Ministerialkommissär, Senatspräsident Dr. **von Jacubezky**: Es ist richtig, daß es sich nur um den Anspruch auf Uebertragung des Eigenthums an einem Grundstück handelt. In der Ueberschrift läßt sich dies ja ohne Schwierigkeit zum Ausdruck bringen, aber die Fassung des Absatz 1 würde sehr schwerfällig werden, wenn man das Wort „herausgegebenen" durch eine Umschreibung ersetzen wollte, die zum Ausdrucke bringt, daß es sich um die Uebertragung des Eigenthums auf den Schuldner und die Vertretung des Schuldners durch den Pfandgläubiger oder den Sequester handelt. Ich erachte die einfachere Fassung des Entwurfes für genügend, weil die Verweisung auf die beiden reichsgesetzlichen Vorschriften die Fälle, welche den Gegenstand des Artikel 45 bilden, klar und bestimmt bezeichnet. Von großer Tragweite ist der Artikel überhaupt nicht, der Fall wird vielleicht während der ganzen Zeit, für welche die landesgesetzliche Vorschrift bestimmt ist, gar nie vorkommen. Das Wort „herausgeben" ist sowohl im Bürgerlichen Gesetzbuch als in der Civilprozeßordnung auch in dem Sinne von Eigenthumsübertragung gebraucht. Man hat sich des einfacheren Ausdrucks bedient, wo nach dem Zusammenhange kein Zweifel darüber aufkommen kann, daß die Uebertragung des Eigenthums gemeint ist. In der Ueberschrift dürfte die kürzere Fassung unbedenklich sein, Ueberschriften können überhaupt nicht erschöpfend sein, sondern müssen sich mit einer allgemeinen Bezeichnung des Gegenstands begnügen.

Reichsrath Dr. **von Bechmann** als Referent: Ich bin vollkommen damit zufrieden, daß die Sache besprochen wird und im Protokoll aus dieser Besprechung konstatiert werden kann, welchen Sinn die Ueberschrift haben solle, nämlich, daß nur gemeint ist die Herausgabe zum Zwecke der Eigenthumsübergabe.

Was nun den Artikel 45 selbst anlangt, so entspricht derselbe dem § 1287 B.G.B. Er handelt von dem Falle, daß jemand ein Pfandrecht hat an dem Anspruch auf Herausgabe eines Grundstückes bezw. auf Eigenthumsübertragung des Grundstückes und es ist dieses etwas komplizierte Verhältniß dahin geregelt, daß wenn der Schuldner leistet, mit der Leistung an den Pfandberechtigten der Gläubiger den geleisteten Gegenstand und der Pfandgläubiger ein Pfandrecht an dem Gegenstand erwirbt. Besteht die Leistung in der Uebertragung des Eigenthums an einem Grundstück, so erwirbt der Pfandgläubiger eine Sicherungshypothek. Diese Vorschrift soll auch für die Zwischenzeit gelten, nur daß statt der Sicherungshypothek eine Hypothek des bisherigen Rechts entsteht. Ich habe gegen den Artikel selbst durchaus nichts einzuwenden, nur möchte ich dabei auf einen Punkt aufmerksam machen: Wir haben hier ein Kuriosum im Bürgerlichen Gesetzbuch vor uns. Es ist meines Wissens der einzige Fall, wo abweichend von dem Prinzip eine Hypothek entsteht ohne Eintragung in das Hypothekenbuch; die Eintragung hat hier nur die Bedeutung der Berichtigung des Grundbuchs, sie hat nur eine deklarative, aber nicht eine konstitutive Bedeutung, welche die Eintragung der Hypothek in das Hypothekenbuch sonst hat. Ich glaube, daß diese meine Ansicht die richtige ist.

Einen ähnlichen Fall haben wir gestern gehabt in dem Artikel 24 Abs. 1 bei dem Eigenthumsvorbehalt, wo auch eine Wirkung ohne Eintragung eintritt, die eigentlich prinzipiell eingetragen werden müßte, bei der aber die Eintragung auch nur zur Berichtigung des Grundbuchs dient. Das wollte ich hervorheben. Sonst habe ich gegen Artikel 45, der praktisch eine höchst untergeordnete Bedeutung hat, keine Erinnerung.

Vorsitzender: Wenn keine Erinnerung erfolgt, so gilt Artikel 45 als angenommen.

Hypotheken an Rechten.

Reichsrath Dr. **von Bechmann** als Referent: Der Artikel 46 handelt von den Hypotheken an Rechten. Hypotheken an Rechten gibt es in Zukunft nicht mehr, sondern nur Hypotheken an Grundstücken und Erbbaurechten. Daher ist bestimmt, daß, wenn zur Zeit der Anlegung des Grundbuchs Hypotheken an Rechten bestehen, dieselben sich in Pfandrechte an den betreffenden Rechten verwandeln. Dagegen ist nichts zu erinnern.

Vorsitzender: Wenn von keiner Seite ein Widerspruch sich erhebt, erkläre ich Artikel 46 für angenommen.

Wir gehen über zum nächsten Abschnitt:

Legitimation durch nachfolgende Ehe.

Reichsrath Dr. **von Bechmann** als Referent: Artikel 47 enthält die einzige Bestimmung der Uebergangsvorschriften, welche das Familienrecht betrifft; es verhält sich damit in folgender Weise. Nach den bisherigen Rechten war die Legitimation unehelicher Kinder durch nachfolgende Ehe insoferne erschwert, als die sogenannte fictio retrotractiva hereinspielt. Die Theorie, die man früher aufstellte, war die, daß die Legitimation so anzusehen sei, als wären die Kinder rechtmäßig erzeugt; man hat daraus geschlossen, daß die Kinder, welche wegen eines zur Zeit der Erzeugung bestehenden Ehehindernisses, also namentlich adulterium, nicht rechtmäßig erzeugt sein konnten, nicht legitimiert werden könnten. Diese Auffassung, die gemeinrechtlich unrichtig ist, ist in manche Partikularrechte übergegangen. Das Bürgerliche Gesetzbuch weiß davon nichts und daraus würde sich ergeben, daß Personen, die nach dem künftigen Rechte legitimiert werden könnten, gleichwohl nicht legitimiert sind, weil die Eheschließung ihrer Eltern noch unter das bisherige Recht fällt. Es würde in dieser Beziehung ein Widerspruch bestehen, weshalb es ganz zweckmäßig erscheint, wenn dieser Widerspruch beseitigt und ausgesprochen wird, daß auch jene Personen, die nach dem bisherigen Rechte nicht legitimiert werden konnten, nunmehr legitimiert werden können, richtiger als legitimiert gelten, sofern ihre Legitimation nach dem künftigen Rechte zulässig ist. Es heißt hier: „Hat sich der Vater eines unehelichen Kindes, das nach den bisherigen Vorschriften durch nachfolgende Ehe der Eltern nicht legitimiert werden konnte, vor dem Inkrafttreten des Bürgerlichen Gesetzbuchs mit der Mutter verheirathet, so erlangt das Kind mit dem Inkrafttreten des Bürgerlichen Gesetzbuchs die rechtliche Stellung eines ehelichen Kindes." Das ist die Beseitigung eines Gegensatzes, der außerdem ganz unverständlich sein und schwer empfunden würde. Dagegen ist nichts zu erinnern.

Nun ist mit Recht betont worden, daß diese Rückwirkung eine zeitliche Grenze haben müsse, man kann nicht auf ein Jahrhundert zurückgreifen, und diese Grenze ist gegeben im Artikel 47 Absatz 2, den ich nicht weiter zu erörtern brauche. Es ist dieses Recht für die entfernteren Abkömmlinge erloschen, wenn die betreffenden drei Personen gestorben sind, bezw. wenn seit dem Tode des zuerst Verstorbenen am 1. Januar 1900 30 Jahre verstrichen sind. Nur ist eine Ausnahme gemacht wegen der Abkömmlinge von Geschwistern. In diesem Falle sind die 30 Jahre zu rechnen vom Tode des zuletzt Verstorbenen der Geschwister. Diese Bestimmung ist mir nicht klar und ich möchte fragen, ob es nicht besser wäre, wenn dieselbe gestrichen würde; denn das ist doch ein so seltener Fall — ich nehme an, daß es sich um eine putative Ehe von Geschwistern handelt —, daß man dafür kein Gesetz zu machen braucht; dann ist es mir auch nicht recht einleuchtend, warum, wenn die Eltern Geschwister sind, dieser Fall anders behandelt wird. Die Motive geben keinen Aufschluß.

Der k. Ministerialkommissär, Senatspräsident Dr. **von Jacubezky:** Der Satz 2 des Absatz 2 ist nicht so zu verstehen, wie der Herr Referent ihn aufgefaßt hat. Es ist ein ganz anderer Fall gemeint, nämlich der, daß die Eltern, deren Ehe die Legitimation nicht bewirken konnte, nicht nur ein Kind gehabt haben, sondern mehrere Kinder, so daß die Kinder Geschwister sind. Es handelt sich um die Legitimation der Abkömmlinge dieser Geschwister. Man muß den Absatz 2 im Zusammenhange lesen. Der erste Satz spricht von der Legitimation der Abkömmlinge des Kindes nach dem Tode des Kindes und der zweite Satz sagt, wenn die Eltern mehrere Kinder gehabt haben, so treten für die Abkömmlinge eines vor dem 1. Januar 1900 verstorbenen Kindes die Wirkungen der Legitimation ein, sofern die Frist für eines der anderen Kinder oder dessen Abkömmlinge noch läuft. Solange einer der ursprünglich Betheiligten, der Vater, die Mutter oder das Kind, noch lebt, kommt eine zeitliche Begrenzung des Eintritts der Legitimation nicht in Frage. Der Entwurf will aber, weil es von Zufälligkeiten abhängt, ob die ursprünglich Betheiligten früher oder später sterben, noch die Zeit einer Generation, einen Zeitraum von 30 Jahren nach dem Tode des zuletzt Verstorbenen gewähren. Haben die Eltern mehrere Kinder gehabt, so ergibt sich die Frage, wie steht es mit der Legitimation der Abkömmlinge dieser Geschwister, soll, wenn die dreißigjährige Frist nur für die Abkömmlinge eines von den Geschwistern noch läuft, nur dieser Stamm legitimiert werden, oder soll, wenn ein Stamm der Legitimation theilhaftig wird, die Legitimation für alle Stämme eintreten? Das letztere wird vom Entwurfe bestimmt, die Frist läuft für alle Stämme, solange sie für einen noch nicht abgelaufen ist. Man muß also unter den Abkömmlingen von Geschwistern die Abkömmlinge der Kinder verstehen, also Enkel und Urenkel der Eltern. An den Fall, daß die Eltern Geschwister waren, die etwa eine Putativehe geschlossen haben, ist nicht gedacht. Für diesen Fall ergibt sich schon aus dem Satz 1, daß die dreißig Jahre von dem Tode des zuletzt verstorbenen Theiles an gerechnet werden, der Satz 2 würde, wenn er sich auf diesen Fall beziehen sollte, inhaltlos sein.

Reichsrath Dr. **von Bechmann** als Referent: Ich bitte um Entschuldigung, daß ich die Sache so ganz anders verstanden habe, ich bin nunmehr aufgeklärt und ich glaube, es ist gut, daß diese Erörterung stattgefunden hat, es könnte vielleicht noch manchem so gehen, wie mir. Unter Abkömmlingen von Geschwistern kann man doch auch verstehen, Kinder, die von Geschwistern erzeugt sind. Diese können sich zwar nicht heirathen, aber der vorher geregelte Fall der putativen Ehe würde doch anwendbar sein. Ich habe den Artikel auch im Zusammenhang gelesen.

Vorsitzender: Ich habe noch eine Frage. Können nach dem Artikel 47 auch Kinder ex damnato coitu nunmehr ex post durch nachfolgende Ehe legitimiert werden?

Der k. Ministerialkommissär, Senatspräsident Dr. **von Jacubezky:** Das ist der Hauptfall. Bei der Blutschande ist unter besonderen

Umständen eine putative Ehe denkbar. Die Legitimation würde auch bei der putativen Ehe eintreten, weil die Kinder aus einer putativen Ehe die rechtliche Stellung ehelicher Kinder haben.

Vorsitzender: Ich meine den Fall. Es hat ein verheiratheter Mann ein Kind erzeugt mit einer ledigen Frauensperson. Die Frau des Mannes ist inzwischen gestorben. Dieser heirathet nun die ledige Weibsperson. Das Kind ist ein lediges Kind ex damnato coitu erzeugt.

Der k. Ministerialkommissär, Senatspräsident Dr. **von Jacubezky:** Heirathet der Mann die Mutter des Kindes, so wird das Kind legitimiert. Nach dem Bürgerlichen Gesetzbuche steht der Legitimation eines im Ehebruche erzeugten Kindes durch Eheschließung der Eltern nichts im Wege. Nach Artikel 47 sollen die Kinder, die legitimiert worden wären, wenn das Bürgerliche Gesetzbuch zur Zeit der Eheschließung der Eltern schon gegolten hätte, die aber nicht legitimiert worden sind, weil das bisherige Recht auf einem strengeren Standpunkte steht, nachträglich der Legitimation theilhaftig werden. Wenn das neue Recht den Satz, daß Kinder ex damnato coitu nicht legitimierbar sind, nicht als berechtigt anerkennt, so hat es auch keine Berechtigung, den Kindern, deren Eltern sich schon früher verheirathet haben, die Legitimation noch ferner zu versagen.

Vorsitzender: Es erhebt sich nach diesen Ausführungen kein weiterer Widerspruch. Ich nehme also an, daß der Artikel 47 von dem Ausschuß genehmigt ist. Wir kommen nunmehr zum nächsten Abschnitt:

Fürstlich Thurn- und Taxis'sche Gerichte.

Reichsrath Dr. **von Bechmann** als Referent: Nach dem Reichsgesetze über die Angelegenheiten der freiwilligen Gerichtsbarkeit wird die dem Fürsten von Thurn und Taxis zustehende Gerichtsbarkeit beseitigt. Eine Ueberleitungsvorschrift ist nur insofern nothwendig, als es sich frägt, ob diese Beseitigung sofort mit dem 1. Januar 1900 eintreten soll, oder ob die noch anhängigen Sachen noch zu erledigen sind, was ja nach dem Reichsgesetze, das nicht den Charakter einer Gerichtsorganisation hat, nicht unzulässig wäre. Das Gesetz entscheidet sich nun mit Recht für die sofortige Erlöschung am 1. Januar. Es gehen von diesem Zeitpunkte an alle anhängigen Angelegenheiten auf die staatlichen Gerichte über. Dagegen ist nichts zu erinnern.

Der zweite Abschnitt hat eine mehr staatsrechtliche und finanzielle Bedeutung, wonach bestimmt ist, daß die entbehrlich werdenden fürstlichen Gerichtsbeamten mit den Gehalts- und Pensionsansprüchen, die ihnen nach den am 1. Januar 1899 in Geltung gewesenen Vorschriften zustehen, vom Staate übernommen werden. Was diesen Absatz anlangt, so ist im Ausschusse der zweiten Kammer hervorgehoben worden, daß eine Rechtspflicht des bayerischen Staates in dieser Beziehung nicht bestehe, da die Aufhebung der Gerichtsbarkeit nicht durch die bayerische Gesetzgebung, sondern die Reichsgesetzgebung veranlaßt ist, daß dieselbe aber natürlich aus Anstandsgründen nicht abgelehnt werden kann. Es handelt sich nach den erhaltenen Aufschlüssen um drei Beamte, die entbehrlich werden, die sämmtliche bereits in vorgerückteren Jahren stehen. Im Ausschusse der zweiten Kammer ist dann noch der Wunsch geäußert worden, daß man die Beamten möglichst als Pensionäre übernehmen solle und daß man sie jedenfalls nicht in die Stellen einsetzt, die ihrem gegenwärtigen Gehalte entsprechen würde. Ich muß sagen, das ist eine Frage des

Anstellungsrechts, eines Kronrechts, in das der Landtag nichts einzureden hat, und ich habe deshalb keine Veranlassung, mich weiter darüber zu äußern.

Ich empfehle die Annahme des Artikel 48.

Vorsitzender: Der Artikel 48 ist genehmigt, da eine Erinnerung nicht erhoben wird. Wir kommen nun zu Abschnitt:

III. Vorschriften für die Pfalz.

Hier ist Referent der Herr Reichsrath von Hessert.

Reichsrath **von Hessert** als Referent: Der III. Abschnitt handelt von den besonderen Vorschriften für die Pfalz. An denselben wurde von dem Ausschuß der Kammer der Abgeordneten selbst eine Aenderung nicht beantragt, sondern es wurde nur eine solche Aenderung in dem Artikel 56 Absatz 2 auf Antrag der Regierung durch Hinzufügung eines neuen Absatzes geschaffen. Im übrigen wurde der Entwurf unverändert angenommen. Ehe man den Entwurf aufgestellt hat, wurde das Projekt seiner Zeit dem Oberlandesgericht Zweibrücken zum Gutachten vorgelegt. Das Gutachten wurde erstattet und die betreffenden Bemerkungen wurden gebührend gewürdigt. Dieses vorausgeschickt, komme ich zunächst zu dem ersten Gegenstand, der die

Abwesenheit

behandelt; es sind das zunächst die Artikel 49 bis 54.

Diese Materie ist nicht von großer Bedeutung, aber es konnte nicht umgangen werden, sie in den Ueberleitungsbestimmungen zu behandeln, und zwar aus materiellen Gründen. Das Einführungsgesetz zum Bürgerlichen Gesetzbuche bestimmt nämlich, daß für das anhäng'ge Abwesenheitsverfahren das bisherige Recht materiell gilt und der Entwurf hat sich daran angeschlossen und läßt das anhängige Verfahren so lange laufen als es geht. Beide Gesetzgebungen, die alte und die neue, gehen von verschiedenen Grundsätzen aus. Bisher war das Schicksal der Abwesenden den Landgerichten und Staatsanwälten anvertraut; jetzt ist es den Amtsgerichten anvertraut. Es wäre nun allerdings erwünscht, man hätte gleich alles an die Amtsgerichte geben können; aber es geht nicht. Ein anhängiges Verfahren läßt man am besten, wo es ist. Was übergehen kann in die neue Kompetenz, das kommt ans Amtsgericht. Wenn später ein zweites Verfahren kommt, das von der endgiltigen Einweisung in den Besitz handelt, dann kommt dasselbe an das Amtsgericht. Ich hätte nur gewünscht und habe mich auch desfalls bemüht, ob es nicht möglich sei, die ganzen Uebergangsbestimmungen über die Abwesenheit zu vermeiden. Ich habe dabei den Grund gehabt, daß das neue Recht viel vortheilhaftere Bestimmungen trifft für die Betheiligten. Das pfälzische Recht kennt nicht die besonderen Bestimmungen über Kriegsgefahr, Brandgefahr, Seemannsgefahr und die anderen Gefahren, welche die Todeserklärung schon frühzeitig rechtfertigen. Es hat einen großen Vortheil, wenn die Betheiligten so kurz abkommen können gegenüber unserem Verfahren, das so lange dauert. Ich sage, es wäre wünschenswerth gewesen, wenn es angegangen wäre, sofort die Wohlthaten des neuen Rechts einzuführen. Das geht aber aus dem Grunde nicht an, weil die präsumtiven Todestage beider Rechte verschieden sind. Wer durch einen Antrag auf Einleitung des Abwesenheitsverfahrens in der bisherigen Form schon Rechte erworben hat, dem kann man sie nicht nehmen, das Verfahren muß also weiter gehen. Durch die Einleitung des Verfahrens ist schon eine Grundlage gegeben für die Bemessung der

Termine der Verschollenheit und der präsumtiven Todestage. Das ist der Grund, warum das Ausführungsgesetz sich für die Beibehaltung des bisherigen Verfahrens entschieden hat. Nach dem Artikel 218 ist der Landesgesetzgebung zwar anheimgestellt, statt des bisherigen das neue Verfahren einzuführen. Das wird sie aber nicht thun, weil sie in denselben Konflikt kommt eben mit diesen präsumtiven Todestagen. Ich glaube, daß mit Recht diese Ueberleitungsbestimmungen getroffen worden sind. Gegen die jetzige Fassung habe ich nichts zu erinnern. Es sind die längeren Fristen des französischen Rechts abgemindert worden in Artikel 53, wo die Frist auf zehn Jahre heruntergesetzt worden ist. Es ist damit alles geschehen, was geschehen konnte, um das alte Verfahren zu erleichtern. Im übrigen tritt das Bürgerliche Gesetzbuch sofort auch für die Abwesenheit in Kraft. Verfahren nach pfälzischem Recht können daher neu nicht mehr begonnen werden. Ich stehe deshalb nicht an, Ihnen die Annahme dieser sämmtlichen Artikel zu empfehlen.

Vorsitzender: Es erfolgt keine Erinnerung gegen den Antrag, ich nehme an, daß die Artikel 49—54 angenommen sind.

Aufhebung einer Gemeinschaft.

Reichsrath **von Hessert** als Referent: Die Aufhebung einer Gemeinschaft spielt im praktischen Leben auf dem Gebiete des französischen Rechtes eine sehr große Rolle. Ich darf hinweisen auf die große Zahl der Familien, die sich eines Besitzes erfreuen, und auf die große Parzellierung des Grundbesitzes. Es hat nun das rheinische Recht, welches sonst für die Mobilisierung des Immobiliarbesitzes viel gethan hat, bei der Vertheilung von Grundstücken und dann, wenn minderjährige oder bevormundete Personen betheiligt waren, besondere Vorschriften. Es war, um ein Theilungsverfahren in Fluß zu bringen, eine Theilungsklage nothwendig und der Theilungsklage folgend kam dann das Theilungsverfahren, das eine besondere singuläre Bestimmung hatte. Nun wurde das förmliche Theilungsverfahren zwar selten eingeschlagen, weil die Parteien sich geeinigt hatten, aber zur Wahrung der Interessen der minderjährigen und bevormundeten Personen mußten die besonderen Formvorschriften beobachtet werden, welche zum Gegenstande hatten, die Ueberwachung durch die Obervormundschaftsbehörde, die Landgerichte und die Staatsanwälte praktisch zur Geltung zu bringen. Jetzt mit einem Schlage hört das ganze Verfahren auf. Das bisherige Theilungsverfahren steht still und geht im Moment in das neue Verfahren über. Aber es ist nicht bei allen Gemeinschaften gleich, sondern der Entwurf hat mit Recht zwei Gemeinschaften, die in Frage kommen, ganz besonders behandelt. Es ist erstens die Gemeinschaft an Grundstücken, was das neue Recht nennt „Miteigenthum nach Bruchtheilen" (§§ 641 ff.), und die zweite Sorte hat zum Gegenstande die Erbengemeinschaft und die eheliche Gemeinschaft. Weßhalb hat man diese nun besonders behandelt? Weil die erste Sorte, die Gemeinschaft an Grundstücken, sich sofort nach dem neuen Recht richtet, die zweite nach dem bisherigen Rechte weitergeht. Alle Erbengemeinschaften, welche eröffnet worden sind vor dem Inkrafttreten des Bürgerlichen Gesetzbuchs, und alle Gütergemeinschaften, welche aufgehoben worden sind, werden nach dem materiellen bisherigen Rechte getheilt. Dagegen die Gemeinschaft an Grundstücken, wenn sie schon besteht und in das neue Recht übergeht, wird, wenn getheilt werden soll, nach den Bestimmungen des neuen Rechtes behandelt.

Der Artikel 55 wäre gar nicht nöthig, wenn das Grundbuch schon angelegt wäre. Diesem einzigen Umstande, daß das Grundbuch beim Inkraft=

treten des Bürgerlichen Gesetzbuchs noch nicht angelegt ist, verdankt er seine Existenz, denn das Bürgerliche Gesetzbuch in § 753 sagt, daß, wenn ein gemeinschaftliches Grundstück verkauft werden soll, die Form der Zwangsversteigerung einzuhalten ist. Die Zwangsversteigerung des neuen Rechtes setzt aber das angelegte Grundbuch voraus. Deshalb mußte, bis das Grundbuch angelegt ist, eine Uebergangsbestimmung getroffen werden. Der Artikel bestimmt, daß das bisherige Verfahren der Subhastation für anwendbar erklärt wird und zwar das Verfahren der alten Subhastation, die in dieser Beziehung unverändert für die Pfalz in Geltung geblieben ist. Die Theilung einer Gemeinschaft nach Bruchtheilen kann reichsgesetzlich nur geschehen durch eine Zwangsversteigerung, und weil eben diese reichsgesetzliche Zwangsversteigerung zur Zeit noch nicht durchgeführt werden kann, muß diese Uebergangsbestimmung getroffen werden. Auch Absatz 2 ist gerechtfertigt. Ein exekutorischer Titel ist nicht erforderlich. Das Miteigenthum ist der Titel, auf dessen Grund die Zwangsversteigerung beantragt wird; es wird nachgewiesen durch dieselben Urkunden, die in der Zwangsversteigerung zulässig sind, durch Titel und Kataster. Hat der Antragsteller einen Titel nachgewiesen, dann kann die Zwangsversteigerung ihm nicht versagt werden. Eine ergänzende Bestimmung war nöthig, wenn man sich die besonderen Vorschriften der bevormundeten Personen in Erinnerung bringt, und in Absatz 4 ist weiter noch die Zahlungsfrist von 3 Jahren auf 5 Jahre erhöht worden, was dem dringenden Bedürfniß des pfälzischen Immobiliarverkehrs entspricht.

Ich verlasse Artikel 55 und gehe zu Artikel 56 und 57 über, welche von der anderen Sorte handeln, nämlich von der Erbengemeinschaft und Gütergemeinschaft. Diese gehen nach dem bisherigen Recht und müssen daher anders konstruiert werden. Die Auseinandersetzung der Masse wird zwar nach den Vorschriften des Gesetzes über die Angelegenheiten der freiwilligen Gerichtsbarkeit erfolgen, welche anwendbar sind nach dem Artikel 21, von dem schon die Rede war. Nunmehr wird in dieser Form verfahren werden, aber ausdrücklich muß betont werden, daß es dieser Form nicht bedarf. Der Artikel 21 und das Gesetz über die Angelegenheiten der freiwilligen Gerichtsbarkeit treten eben nur ein, wenn die Parteien sonst sich nicht geeinigt haben. Sowie die Parteien einig sind, können sie theilen, wie sie wollen. Wenn ein Vormund bei der Sache betheiligt ist, dann ist die Sache zwar anders. In diesem Falle muß das Vormundschaftsrecht die gebührende Beachtung finden.

Ich muß nun wieder zu Artikel 55 zurückgreifen und etwas bemerken, was ich vorhin vergessen habe. Die Aufhebung der Gemeinschaft soll dort durch die Zwangsversteigerung erfolgen, aber sie ist auch hier nur für den Fall gedacht, daß die Parteien keinen andern Weg finden und einschlagen. Es ist ihrer freien Entscheidung vollkommen unbenommen, freihändig zu versteigern. Eine Zwangsversteigerung findet nur statt, wenn eben nicht alle mitwirken. Sowie die Parteien einig sind, können sie auf jede beliebige Weise die Gemeinschaft an einem Grundstücke durch freiwillige Versteigerung aufheben. Sie können das schon eingeleitete Verfahren jederzeit wieder verlassen, sie müssen auch das Vertheilungsverfahren nicht betreiben, wenn sie nicht wollen, sie haben endlich auch noch das Hypothekenbereinigungsverfahren. Dasselbe gilt für die Erbengemeinschaft und bei der Gütergemeinschaft. Es tritt auch hier die Bestimmung nur ein, wenn die Parteien nicht einig sind. Da beide Sorten von Gemeinschaften nach verschiedenen Rechten gehen, so gelten die Grundsätze des französischen Rechtes, die sich aus dem Miteigenthum ergeben, der Grundsatz der deklarativen Natur der Theilung, das Theilungsprivilegium und das Verbot der Beschlagnahme des ungetheilten Antheils des Miteigenthümers bei der Gemeinschaft nach Bruchtheilen nicht. Diese drei Grundsätze des bisherigen Rechtes bleiben aber erhalten für die Erbengemeinschaft und für die Gütergemeinschaft. Ich hebe das deshalb hervor, weil dieser Punkt in der Praxis eine sehr große Rolle spielt. Nun wurde hier auf Antrag der Regierung ein neuer Absatz beantragt, der lautet:

> „An Stelle des Vorzugsrechts erlangen die Theilhaber nach der Anlegung des Grundbuchs den Anspruch auf Bestellung einer Sicherungshypothek."

Nachdem das bisherige Recht gilt, war dieser Antrag nur konsequent.

Die Frage ist nur: Ist der neue Absatz nöthig? Diese Frage habe ich mir vorgehalten und ich bin zur Meinung gelangt, daß er unnöthig ist. Bei der Theilung, wenn ein Miterbe ein gemeinschaftliches Grundstück gegen eine Geldherausgabe allein übernimmt, dann besteht nach dem rheinischen Rechte zur Sicherung der Forderung des Miterben ein Privilegium, das sogenannte Theilungsprivilegium. Es hat das ganz denselben Grund, wie das Privilegium des Verkäufers für den Kaufpreis. Nun hat der Verkäufer unter dem neuen Rechte dies Privilegium nicht mehr. Die Theilungsgenossen haben es, wenn ein dritter kauft, auch nicht. Wenn dagegen ein Mittheilhaber das Grundstück gegen eine Herausgabe übernimmt, dann wird sich der Gläubiger eben eine Sicherungshypothek stipulieren beim Uebergang des Eigenthums. Das wird beim Kauf auch geschehen; es wird daher in Zukunft der Notar, wenn diese Bestimmung nicht da wäre, bei der Theilung eine Sicherungshypothek durch die erwerbenden Theilhaber begründen lassen, gerade wie beim Verkauf, wo die Verhältnisse ganz genau ebenso liegen. Nun hat aber diese vertragsmäßige Sicherungshypothek viel mehr Werth, wie der bloße Anspruch auf Einräumung einer Sicherungshypothek, der durch den Absatz 2 gewährt werden soll. Wenn Einer nur einen Anspruch auf Einräumung einer Sicherungshypothek hat, dann muß er den Schuldner zum Eintrag auffordern und, wenn dieser der Aufforderung nicht entspricht, muß er ihn verklagen, dann hat er auch noch Kosten. Wenn Einer aber eine vertragsmäßige Hypothek hat, dann kann er auf Grund derselben sofort eintragen lassen. Das neue Recht kennt keine gesetzlichen Hypothekentitel mehr, sondern nur den Anspruch auf Einräumung einer Sicherungshypothek. Ich habe deshalb geglaubt, dieser Absatz sei entbehrlich, weil ich der Meinung bin, daß in der Praxis ausnahmslos, wie beim Verkauf, vertragsmäßige Sicherungshypotheken stipuliert werden, zu Gunsten des Guthabens der Miterben. Ich würde meinen, da bräuchte der Gesetzgeber nicht zu intervenieren. Auch schien mir nicht wünschenswerth, das Theilungsprivileg, wenn auch in der Form des Anspruchs, noch auf Jahre hinaus zu erhalten. Ich erkenne übrigens an, daß Absatz 2 zur Kompletierung des Zustandes gehört, wenn das ganze bisherige Recht maßgebend bleiben soll.

Für die Theilung soll daher auch das Theilungsprivileg in neuer Gestalt erhalten bleiben und endlich habe ich auch noch gehört, daß der Entwurf von Elsaß-Lothringen denselben Gedanken aufgenommen hat, so daß ich weit entfernt bin, mich der Aufnahme dieses Zusatzes zu widersetzen. Ich wollte nur ausführen, daß er strenge genommen nicht absolut nothwendig ist.

Der Artikel 57 beschäftigt sich mit dem anhängigen Theilungsverfahren; dasselbe hört sofort auf und geht in die neue Form über.

Der k. Ministerialkommissär, Oberregierungsrath **Schneider:** Ich möchte zu dem Vorzugsrechte der Theilhaber nur wenige Worte sagen. Der Artikel 56 hat diejenigen Gemeinschaften zum Gegenstande, für welche auch nach dem Inkrafttreten des Bürgerlichen Gesetzbuchs die bisherigen Vorschriften maßgebend bleiben; das sind die Erbengemeinschaft, wenn der Erblasser vor dem Inkrafttreten des Bürgerlichen Gesetzbuchs gestorben ist, und die Gemeinschaft, die unter den Ehegatten oder ihren Erben nach der Aufhebung der Gütergemeinschaft besteht, wenn die Aufhebung vor dem Inkrafttreten des Bürgerlichen Gesetzbuchs erfolgt ist. Die Frage, ob in diesen Gemeinschaften auch in der Zeit nach der Anlegung des Grundbuchs das Vorzugsrecht der Theilhaber noch entstehen kann oder nicht, ist eine offene. Man kann sagen, das Vorzugsrecht entsteht nach wie vor, weil das ganze Rechtsverhältniß sich auch über die Anlegung des Grundbuchs hinaus nach altem Rechte bemißt; man kann aber auch mit guten Gründen sagen, das Vorzugsrecht kann nach der Anlegung des Grundbuchs nicht mehr entstehen, weil das Vorzugsrecht seinem Wesen nach eine Hypothek ist, für die Entstehung der Hypotheken aber in der Zeit nach der Anlegung des Grundbuchs das neue Recht maßgebend ist und im Rahmen der Artikel 200 und 213 des E.G. z. B.G.B. nicht wohl eine hypothekenrechtliche Vorschrift des bisherigen Rechtes aufrecht erhalten werden kann. Anfänglich hielt die Staatsregierung, der letzteren Meinung folgend, eine ausdrückliche Bestimmung in den Uebergangsvorschriften nicht für geboten. Nun hat aber der elsaß-lothringische Entwurf eines Ausführungsgesetzes zum Gesetz über die Angelegenheiten der freiwilligen Gerichtsbarkeit wenigstens in der Begründung zu der Frage ausdrücklich Stellung genommen. Er geht davon aus, daß das Theilungsprivileg auch nach der Anlegung des Grundbuchs noch zur Entstehung gelangt, nimmt aber an, daß es sich in einen Anspruch auf Einräumung eine Sicherungshypothek umwandle. Nach diesem Vorgange muß auch in den Uebergangsbestimmungen für die Pfalz nach der einen oder nach der anderen Richtung Stellung genommen werden, wenn nicht Ungewißheit über das Fortbestehen eintreten soll.

Die Staatsregierung hat sich für die Aufrechterhaltung des Vorzugsrechtes entschieden, hat es aber nach den gleichen Grundsätzen umgestaltet, nach welchen in dem Gesetze über das Liegenschaftsrecht in der Pfalz vom 1. Juli 1898 die sonstigen Vorzugsrechte und die Hypotheken umgewandelt worden sind. Alle Hypotheken und Vorzugsrechte, welche bei der Anlegung des Grundbuchs noch nicht in das Hypothekenbuch eingeschrieben sind, verlieren ihre unmittelbar wirkende dingliche Kraft und werden in einen persönlichen Anspruch auf Bestellung einer Hypothek umgewandelt. Dies soll nach Artikel 56 Absatz 2 auch für die erst nach der Anlegung des Grundbuchs entstehenden Vorzugsrechte der Theilhaber gelten. Damit ist anerkannt, daß das Privileg an sich zwar auch künftig noch entstehen könnte, es ist aber sofort im Entstehen den Formen des Grundbuchrechts angepaßt. Wenn auch zugegeben werden kann, daß dem Vorzugsrecht in dieser neuen Gestalt im praktischen Leben keine sehr große Bedeutung zukommen wird, so möchte ich doch hervorheben, daß die Bedeutung weiter reicht, als in dem von dem Herrn Reichsrathe von Hessert unterstellten Fall, daß sich die Theilhaber zu ihrer Sicherung auf den Weg des Vertrages verwiesen sehen. Wenn sich die Theilhaber nur auf den Weg des Vertrages verwiesen sehen, dann hängt es von dem Willen desjenigen Theilhabers, der ein Grundstück bei der Theilung erwirbt, ab, ob er eine Hypothek bestellen will oder nicht. Die neue Vorschrift dagegen gibt denjenigen Theilhabern, welche ein gemeinschaftliches Grundstück einem andern übertragen wollen, von vornherein und kraft Gesetzes den Anspruch gegen den anderen Theilhaber, daß er eine Hypothek bestellt. Es ist also die Stellung der Theilhaber insofern verstärkt, als sie auch ohne besondere Vereinbarung von dem Theilhaber, der das früher gemeinschaftliche Grundstück erworben hat, die Bestellung einer Hypothek verlangen können und daß sie, wenn der Erwerber sich weigert, ihn im Wege der Klage zwingen können. Wenn aber die Theilhaber auf eine vertragsmäßige Bestellung verwiesen sind, dann kann ein solcher Zwang insolange nicht ausgeübt werden, als der Erwerber sich nicht aus freien Stücken zur Bestellung der Hypothek verpflichtet hat. Diese verstärkte Stellung wollte der Entwurf im Anschluß an das bisherige Recht den Theilhabern nicht vorenthalten.

Reichsrath von Hessert: Ich bemerke zu den letzten Worten des Herrn Regierungsvertreters, daß es zwar auf dem guten Willen des Schuldners beruht, eine Sicherungshypothek zu bestellen, daß aber, wenn er die Sicherungshypothek nicht bewilligt, er das Grundstück eben nicht bekommt; es ist dann ganz derselbe Zwang, den der Verkäufer hat, die Gemeinschaft wird dann nicht aufgehoben, man läßt sie einfach weiter bestehen. Ich erkenne übrigens an, daß die Anschauung, die vorgebracht worden ist, ihre Berechtigung hat, und empfehle die Annahme dieses Absatzes.

Vorsitzender: Gegen den Abschnitt „Aufhebung einer Gemeinschaft" und gegen den vom Ausschuß der Kammer der Abgeordneten beigefügten Absatz zu Artikel 56 wurde von Seite des Ausschusses keine Erinnerung erhoben. Derselbe gilt mit dem vom Ausschusse der Kammer der Abgeordneten zu Artikel 56 beigefügten Absatz als genehmigt. Wir kommen zum nächsten Abschnitt.

Leibgedingsreichnisse und vorbehaltene Renten.

Reichsrath von Hessert als Referent: Die Leibgedingsreichnisse des bisherigen Rechts hatten keinen dinglichen Charakter und ebenso verhält es sich mit den Renten. Nunmehr hat die neue Gesetzgebung eine andere Anschauung. Es wird, solange das Grundbuch nicht angelegt ist, der dem Berechtigten zustehende Anspruch auf Bestellung einer Reallast als Anspruch auf Bestellung einer Hypothek betrachtet. Diese Bestimmung ist vollständig zutreffend. Ich möchte nur eines bemerken. Zu den vorbehaltenen Renten, die hier behandelt werden, gehören noch Reste aus alter Zeit, die sich vielfach in der Pfalz finden, und die verschiedene Namen haben; Gülten, Grundrenten und Grundrechte. Es war in der Abgeordnetenkammer bei einer anderen Gelegenheit schon mehrfach davon die Rede, ich glaube bei der Berathung des Liegenschaftsgesetzes, wo man sich gefragt hat, was denn eigentlich das Schicksal und die Eigenschaft dieser Rechte sei. Das waren ursprünglich dingliche Rechte, wahrscheinlich auch Reallasten, und dann mußten sie sich dem neuen Rechte anbequemen und wurden erhalten und gesichert als vorbehaltene Kaufpreise bei Uebertragung von Grundstücken durch eingeschriebene Hypothek. So haben sie sich bis in die neueste Zeit erhalten und jetzt werden sie wieder was sie früher waren, nämlich Reallasten. Weiter habe ich nichts zu erinnern.

Vorsitzender: Gegen die Artikel 58 bis 60 wird keine Erinnerung erhoben, dieselben gelten als angenommen.

Rechte auf Erlangung einer Hypothek.

Reichsrath von Hessert als Referent: Der Artikel 61 bezieht sich auf den Anspruch des Unternehmers bei Bauwerken nach § 648 B.G.B. und nach Artikel 8 des A.G. z. B.G.B. auf den Bierlieferungsvertrag. Zu dem Artikel 62 habe ich zu bemerken: Die Hypothek, welche den Gegenstand dieses Artikels bildet, entstand bisher kraft Gesetzes, jetzt bis zur Anlegung des Grundbuches durch Beschluß der zuständigen Behörde. Sie muß eingeschrieben werden in das Hypothekenregister, die Erfordernisse der Einschreibung sind die bisherigen. Der Schuldner braucht nicht gehört zu werden. In einem ähnlichen Falle, von dem der Artikel 6 des Liegenschaftsgesetzes spricht, muß der Vormund zuerst gehört werden. Man hätte vielleicht auch in dem anderen Falle den Belasteten hören können. Ich finde aber keine genügende Veranlassung, eine Aenderung zu beantragen; es wird ja ganz sachgemäß vorgegangen werden, und wenn der betreffende Schuldner eine Erinnerung zu erheben hat, dann wird er dieselbe schon anbringen.

Der k. Ministerialkommissär, Oberregierungsrath **Schneider:** Die Frage, ob der Schuldner zu hören ist, ist eingehend erwogen worden; sie wurde aus zwei Gründen verneint: erstens, weil die Anhörung zu großen Weitwendigkeiten führen würde, so z. B., wenn es sich um die Eintragung einer Hypothek für Strafkosten handelte. Der durchschlagende Grund aber war der, daß die Analogie mit dem Artikel 6 des Liegenschaftsgesetzes und mit dem § 54 des Gesetzes über die Angelegenheiten der freiwilligen Gerichtsbarkeit nicht zutrifft, weil der Vormund seine Entlassung nehmen kann, wenn nach den angegebenen Gesetzesstellen das Vormundschaftsgericht den Beschluß faßt, daß eine Hypothek gegen ihn eingeschrieben werden soll.

Vorsitzender: Ich nehme an, daß keine Erinnerung erhoben wird, daß die Artikel 61 und 62 genehmigt sind.

Gesetzliche Hypotheken.

Reichsrath **von Hessert** als Referent: Die Artikel 63—64 handeln von den gesetzlichen Hypotheken für den Staat, die Gemeinde oder die öffentlichen Anstalten.

Zu Artikel 63 habe ich zu bemerken, daß die gesetzlichen Hypotheken des bisherigen Rechts entbehrlich sind, weil sie durch die Hypotheken des Artikel 62 ersetzt werden, soweit eine Sicherheit überhaupt aufrecht erhalten wird. Der Inhalt des Artikel 64 deckt sich nicht vollständig mit dem alten Recht, was den Umfang der Sicherheit betrifft. Der Kreis der Sicherheit wird nach dem neuen Recht für den Schuldner vortheilhafter. War eine alte Forderung zur Sicherheit bisher nicht eingeschrieben, dann war sie gegenstandslos, und sie kann daher jetzt auch erlöschen, da sie keinen Zweck hat. Der Absatz 2 bestimmt dies. Ich bitte, die Artikel anzunehmen.

Vorsitzender: Da keine Erinnerung erhoben wird, gelten beide Artikel für genehmigt.

Verpfändung und Pfändung des Anspruchs auf Herausgabe eines Grundstücks.

Reichsrath **von Hessert** als Referent: Zu Artikel 65 ist die redaktionelle Bemerkung schon bei Artikel 45 gemacht.

Vorsitzender: Artikel 65 ist angenommen.

Legitimation durch nachfolgende Ehe.

Reichsrath **von Hessert** als Referent: Artikel 66 enthält eine Bestimmung, die eine große Härte beseitigt. Die ungünstigen Bestimmungen des code civil über uneheliche Kinder sind mir heute noch nicht recht verständlich. Es war neben dieser Härte offenbar auch noch eine Lücke im Gesetze.

Die Legitimation eines natürlichen, unehelichen Kindes konnte nur erfolgen, wenn die Anerkennung durch den Vater spätestens im Heirathsakt eintrat. Die Anerkennung der Vaterschaft war eine rein freiwillige. Hatte der Vater das Kind nicht vor der Ehe oder spätestens im Heirathsakte anerkannt, so gab es kein Mittel, das Kind zur Legitimation zu bringen. Nun hatten die Aufsichtsbehörden das Möglichste gethan, um dafür zu sorgen, daß solche Kinder nicht vergessen wurden, und mit verschwindenden Ausnahmen sind sie alle hereingekommen. Sie sind auch deswegen so glatt hereingekommen, weil die Heimathfrage bei uns keine Schwierigkeiten gemacht hat, die Gemeinden hatten kein gegentheiliges Interesse, weil das uneheliche Kind der Mutter ꝛc. mit dieser dem Ehemanne folgte.

Wo die Ehe abgeschlossen wurde in der Heimathgemeinde der Frau oder des Mannes, hatte der Gemeindevorstand kein Interesse daran gehabt, die Kinder draußen zu lassen, weil sie doch der Heimath des Mannes gefolgt sind. Nun kam es aber manchmal vor, daß ein Kind vergessen worden ist. Das stellte sich dann später heraus, entweder bei der Konskription oder wenn es heirathen wollte. Da die Legitimation durch Reskript dem Pfälzischen Rechte fehlt, was offenbar auf legislatorischem Versehen beruht, so konnte man nur durch Adoption nothdürftig helfen, aber die Sachlage blieb immer unbefriedigend. Nun wird hier Remedur geschaffen; vom Inkrafttreten des Bürgerlichen Gesetzbuchs an soll, wenn der Vater ein solches bis jetzt noch nicht legitimiertes Kind anerkennt, die Legitimation mit rückwirkender Kraft als erfolgt zu betrachten sein. Damit wird das Bedürfniß befriedigt. Es fehlt nur noch eines, das ich noch besprechen muß. Die Hohen Herren haben bemerkt, daß die Anerkennung zur Legitimation nur wirksam sein soll, wenn sie nach Inkrafttreten des Bürgerlichen Gesetzbuchs stattfindet. Es fragt sich nun, was geschieht, wenn die Anerkennung vor Inkrafttreten des Bürgerlichen Gesetzbuchs stattgefunden hat? Es kam der Fall vor, daß ein Kind vergessen wurde. Man hat das erst später entdeckt. Nun hatte der Ehemann zwar das Recht, das Kind immer noch anzuerkennen und wenn er das gethan hat, wurde das Kind zur Eigenschaft eines natürlichen anerkannten Kindes erhoben, zu der Höhe eines legitimierten Kindes hat es sich aber nicht erhoben. Nun entsteht die Frage, sollte man diese Kinder nicht als legitimiert betrachten? Es ist mir der Gedanke sehr sympathisch und es wäre erwünscht, wenn sich die Sache machen ließe.

Ich erkenne an, daß es keine Bedenken haben würde, wenn der Vater der natürliche war; denn wenn er gekonnt hätte, würde er das Kind auch legitimiert haben. Er konnte es aber nicht und deshalb mußte er sich mit der Anerkennung bescheiden. Wenn er aber nicht der natürliche Vater war, dann hat er vielleicht nur die Absicht gehabt, die Anerkennung des Kindes zu erklären, nicht aber, es seinen eigenen legitimen Kindern gleichzustellen. Ich glaube, daß hier alles geschehen ist, was billiger Weise verlangt werden kann. Weiter zu gehen als der Entwurf, finde ich deshalb keine Veranlassung. Ich schließe mich den in den Motiven geäußerten Bedenken an. Ich bitte, Artikel 66 anzunehmen.

Vorsitzender: Erinnerung wird nicht erhoben. Artikel 66 ist angenommen. Wir kommen zum Abschnitt:

Erbrecht.

Reichsrath **von Heffert** als Referent: Artikel 67—71 geben mir zu folgender Bemerkung Anlaß:

Dadurch, daß die Fürsorge für die Mündel vom Landgericht ans Amtsgericht gekommen ist, war diese Bestimmung nöthig. In der Kammer der Abgeordneten ist die Beanstandung erhoben worden, daß die Führung des Registers über die Erbverzichte nicht auf das Amtsgericht übertragen wird. Dazu ist aber gar keine Veranlassung gegeben. Ich stimme vollständig der Begründung bei, daß es zweckmäßig ist, das Register über die Erbverzichte beim Landgerichte fortzuführen. Ich empfehle diese Artikel zur Annahme.

Vorsitzender: Demnach gelten die sämmtlichen Artikel 67 mit 71 als angenommen.

Personenstand.

Der Herr Referent hat keine Erinnerung. Auch Artikel 72 hat die Billigung der Hohen Herren gefunden.

Hypothekenämter.

Soeben ist mir von der k. Staatsregierung ein Antrag übergeben worden, daß als Artikel 73 mit der Ueberschrift „Hypothekenämter" folgende Vorschrift eingestellt werde:

> Ueber die Einrichtung der Hypothekenämter und die dienstliche Stellung der Hypothekenbewahrer kann das Staatsministerium der Justiz von den bestehenden Vorschriften abweichende Bestimmungen treffen.

Der neue Artikel betrifft nur die Pfalz, und ich frage den Herrn Referenten, ob seinerseits gegen denselben eine Erinnerung besteht.

Reichsrath **von Hessert** als Referent: Erlauben Sie mir nur einige wenige Bemerkungen dazu. Die Hypothekenämter der Pfalz sind ja eigenthümlich eingerichtet. An ihrer Spitze stehen Beamte. Sie haben aber keine pragmatischen Rechte, beziehen keinen Gehalt, sondern sind beschränkt auf den Bezug von Gebühren. Sie haben eine hohe Einnahme, aber auch eine große Verantwortlichkeit; denn Irrthümer und Fehler können sehr leicht vorkommen, selbst bei der größten Aufmerksamkeit. Deshalb ist auch die finanzielle Ausstattung dieser Beamten nicht übertrieben hoch. Nun werden diese Hypothekenämter eingehen müssen, sie laufen allmählich leer. Mit der fortschreitenden Zunahme der Anlegung des Grundbuchs werden die angelegten Gemeinden herausgenommen und die Einschreibungen erstrecken sich nur auf wenige Gemeinden, wo das Grundbuch noch nicht angelegt ist. Schließlich werden dieselben ganz aufhören. Ich bin deshalb der Meinung, daß die k. Staatsregierung sehr wohl daran thut, jetzt schon sich ermächtigen zu lassen, die Sache zu ordnen.

Nun kann man unmöglich jetzt schon sagen, in welcher Weise das geschehen soll. Es kommt auf die persönlichen und lokalen Verhältnisse und auf den Zustand des Fortschreitens des Grundbuches an. Jetzt ernährt die Stelle noch ihren Mann. Später muß man sie einer anderen Behörde als Nebenfunktion übergeben. Meines Erachtens wird man am besten thun, die Hypothekenbeamten herüber zu nehmen. Jedenfalls muß darauf Gewicht gelegt werden, die k. Staatsregierung mit der größten Leichtigkeit und Ungebundenheit in dieser Sache auszustatten, weil man nicht wissen kann, wie sich die Verhältnisse ändern und welche Maßnahmen nothwendig sind. Deswegen bin ich dafür, daß durch Ministerialvorschrift die Sache geregelt werden soll.

Noch einen Punkt habe ich zu besprechen. Mit dem 1. Januar 1900 hört auch die Kaution auf, die die Hypothekenbewahrer zu stellen haben. Sie haben zwar dem Staate keine Kaution zu stellen, sondern lediglich den

Interessenten, deren Geschäfte sie besorgen. Diese Kaution ist sehr hoch. Sie beträgt 40000 M. und wird vollzogen durch eine Einschreibung auf Liegenschaften. Infolge des Artikel 1 des Ausführungsgesetzes fällt sie vom 1. Januar 1900 an weg, da es nicht darauf ankommt, ob die Kaution dem Staate gestellt ist oder einem dritten, einem Privaten. Und dann tritt die Haftbarkeit des Staates ein. —

Nun ist aber die Sache damit noch nicht erledigt. Es handelt sich noch um die bestehenden bisherigen Kautionen. In der bisherigen Geschäftsthätigkeit vor dem 1. Januar 1900 können Fehler vorgekommen sein, die man jetzt noch nicht kennt, deswegen hat das Hypotheken-Gesetz bestimmt, daß der abtretende Hypothekenbewahrer noch zehn Jahre nach seinem Abtreten haftet, die Fehler kommen erst später ans Tageslicht. Der Staat wird zwar vom 1. Januar an die Haftpflicht übernehmen, aber die Haftpflicht für die Fehler vor dem 1. Januar 1900 nicht tragen wollen, die muß der Hypothekenbewahrer selber tragen und haftet dafür mit seiner Kaution und deshalb muß die bisherige Kaution noch festgehalten werden für die Fehler, die vor den 1. Januar 1900 fallen. Es muß deshalb auch dafür gesorgt werden, daß die Kaution rechtswirksam bleibt. Dies bezieht sich nicht blos auf die aktiven Hypothekenbewahrer, sondern auch auf die Relikten der Verstorbenen, deren Kaution auch noch nicht erloschen ist.

Vielleicht wird über diesen Punkt von der k. Staatsregierung noch Aeußerung beliebt.

Der k. Ministerialkommissär, Senatspräsident Dr. **von Jacubezky:** Bezüglich der unter der Herrschaft der bisherigen Gesetze entstandenen Haftungen der Hypothekenbewahrer in der Pfalz wird nichts geändert, die bestehenden Rechtsverhältnisse bleiben unberührt. Ob das Versehen des Hypothekenbewahrers schon bekannt geworden ist oder erst nach dem 1. Januar 1900 entdeckt wird, ist gleichgiltig. Für die vor dem 1. Januar 1900 entstandenen Schuldverhältnisse bleiben nach Artikel 170 des E.-G. z. B.G.B. die bisherigen Gesetze maßgebend. Ebenso bleibt die für ein solches Schuldverhältniß bestehende Sicherheit unberührt, der durch ein Versehen des Hypothekenbewahrers Beschädigte behält das Recht, das er nach den bisherigen Vorschriften an der Amtskaution erworben hat, sowohl wenn der Hypothekenbewahrer noch im Amte ist, als auch, wenn er schon vor dem 1. Januar 1900 aus dem Amte ausgeschieden, die Zeit der Haftung aber noch nicht abgelaufen ist. Dafür brauchen wir keine besondere Vorschrift, weil es sich nur um bestehende privatrechtliche Verhältnisse handelt. Dagegen tritt am 1. Januar 1900 die Vorschrift des bisherigen Rechtes außer Kraft, daß die Kaution des Hypothekenbewahrers auch dem Dritten haftet, welcher durch ein Verschulden des Hypothekenbewahrers zu Schaden gekommen ist. Auf diesen Rechtssatz haben wir dadurch verzichtet, daß der Artikel 90 des E.-G. z. B.G.B. im Artikel 1 Abs. 1 des Entwurfes des Ausführungsgesetzes nicht erwähnt ist. Diese Sicherstellung ist vom 1. Januar 1900 an überflüssig, weil der Hypothekenbewahrer Staatsbeamter ist und für sein Verschulden im Amte nach Artikel 53 des Entwurfes des Ausführungsgesetzes der Staat haftet. Neben der Haftung des Staates hat eine hypothekarische Haftung des Hypothekenbewahrers keine thatsächliche Bedeutung.

Reichsrath **von Hessert** als Referent: Ich bin ganz einverstanden mit dieser Erklärung. Ich habe nur Werth darauf gelegt, daß sie abgegeben wird, damit auch die betreffenden Behörden, denen es zusteht, dafür zu sorgen, daß die Kautionen stehen bleiben, über die diesbezügliche Rechtslage informiert sind. Die Kaution muß daher für die vor dem 1. Januar 1900 liegende Zeit im bisherigen Zustande gewahrt werden.

Vorsitzender: Die Frage der Haftbarkeit des Hypothekenbewahrers scheint mir im Zusammenhang mit Artikel 73 nicht zu stehen. Hier wird lediglich die k. Staatsregierung ermächtigt, über die Einrichtung der Hypothekenämter Verfügung zu treffen. Das verstehe ich dahin, daß dieselben den Amtsgerichten zugetheilt werden und aufhören selbstständig zu sein. Ferner soll das Staatsministerium der Justiz die Ermächtigung erhalten, die Dienstverhältnisse der Hypothekenbewahrer unabhängig von den bestehenden Vorschriften zu ordnen. Darunter verstehe ich, daß die Hypothekenbewahrer beseitigt werden, sei es mit oder ohne Pension, daß man sie zu Amtsrichtern macht, das ist ohnehin Befugniß der k. Staatsregierung oder daß vorübergehend vielleicht auch der Amtsrichter oder ein Sekretär mit der Führung des Hypothekenamtes betraut wird.

So verstehe ich diesen Artikel 73 und ich glaube, daß weiter ihm nichts beizufügen ist.

Damit ist der Artikel 73 angenommen.

Gegen Einleitung und Ueberschrift des Gesetzes, dem ja noch ein zweiter Theil folgt, ist eine Erinnerung nicht zu erheben.

Wir haben damit das Gesetz: „Die durch die Einführung des Bürgerl. Gesetzbuches veranlaßten Uebergangsvorschriften betreffend" — Beilage J — soweit es uns vorliegt, erledigt.

Damit ist unsere Tagesordnung erschöpft. Ich schließe die Sitzung.

Schluß der Sitzung um 5 Uhr 40 Minuten.

Abänderungsbeschlüsse

des Justiz-Gesetzgebungsausschusses der Kammer der Reichsräthe zu den Beschlüssen des Justiz-Gesetzgebungsausschusses der Kammer der Abgeordneten über den Entwurf eines Gesetzes, die durch die Einführung des Bürgerlichen Gesetzbuchs veranlaßten Uebergangsvorschriften betreffend (Beilage Q).

(Beilage W z. d. Verhandl. d. Justiz-Gesetzg. Ausschusses der K. d. Abg. 1899.)

1. Art. 18 a wird nicht aufgenommen;
2. als Art. 73 wird mit der Ueberschrift:

„Hypothekenämter"

folgende Vorschrift eingestellt:

Ueber die Einrichtung der Hypothekenämter und die dienstliche Stellung der Hypothekenbewahrer kann das Staatsministerium der Justiz von den bestehenden Vorschriften abweichende Bestimmungen treffen.

München, den 3. Mai 1899.

6.

Antrag der k. Staatsregierung

zu dem Entwurf eines Gesetzes, die durch die Einführung des Bürgerlichen Gesetzbuchs veranlaßten Uebergangsvorschriften betreffend.

(Beilage X z. d. Verhandl. d. Justiz=Gesetzg.=Aussch. d. K. d. Abg. 1899. Beil.=Bd. XX, Abth. I. Seite 593 bis 601.)

S. 593. ## Entwurf von Uebergangsvorschriften für das eheliche Güterrecht.

I. Güterrechte der Landestheile rechts des Rheins.

1. Allgemeine Gütergemeinschaft.

Artikel 1.

Besteht zur Zeit des Inkrafttretens des Bürgerlichen Gesetzbuchs für eine Ehe der gesetzliche Güterstand der allgemeinen Gütergemeinschaft nach einem der in den Landestheilen rechts des Rheins geltenden Rechte, so treten an die Stelle der bisherigen Vorschriften die Vorschriften des Bürgerlichen Gesetzbuchs über die allgemeine Gütergemeinschaft.

Soweit der Eintritt der allgemeinen Gütergemeinschaft nach den bisherigen Vorschriften von der ehelichen Beiwohnung oder nach dem Rechte des Fürstenthums Hohenlohe von dem Ablauf einer Frist abhängt, gilt er mit dem Inkrafttreten des Bürgerlichen Gesetzbuchs als erfolgt.

Tritt die allgemeine Gütergemeinschaft nach den Vorschriften des Preußischen Landrechts erst zu einer späteren Zeit ein, so gilt die Vorschrift des Abs. 1 von dieser Zeit an.

Artikel 2.

Besteht die allgemeine Gütergemeinschaft nach dem Rechte des Fürstenthums Bayreuth, so behält jeder Ehegatte das Recht, sie innerhalb einer Frist von drei Monaten nach der Eingehung der Ehe aufzuheben.

Mit der Aufhebung der Gütergemeinschaft tritt der Güterstand der Verwaltung und Nutznießung ein.

Artikel 3.

Soweit nach den bisherigen Vorschriften ein Ehegatte berechtigt ist, wegen Verbindlichkeiten des anderen Ehegatten auf Aufhebung der Gütergemeinschaft mit der Wirkung zu klagen, daß das Gesammtgut für diese Verbindlichkeiten nicht haftet, bleibt das Recht in Ansehung der Verbindlichkeiten bestehen, die vor dem Inkrafttreten des bürgerlichen Gesetzbuchs entstanden sind.

Die Vorschriften der §§ 1470, 1479 des Bürgerlichen Gesetzbuchs finden entsprechende Anwendung.

Artikel 4.

Besteht die allgemeine Gütergemeinschaft nach dem Rechte von Würzburg, Castell oder Schweinfurt, so können im Falle der Beendigung der Gütergemeinschaft die Abkömmlinge die Erstattung des Werthes ihres in das Gesammtgut gefallenen Vermögens verlangen, jedoch nur bis zu dem Betrage von zwei Dritteln des Werthes des Gesammtguts. Tritt fortgesetzte Gütergemeinschaft ein, so kann die Erstattung erst bei der Beendigung der fortgesetzten Gütergemeinschaft und, falls der überlebende Ehegatte bei der Beendigung noch am Leben ist, diesem gegenüber nur bis zu dem Betrag eines Sechstels des Werthes des Gesammtguts der fortgesetzten Gütergemeinschaft verlangt werden. Der Werth des zu erstattenden Vermögens bestimmt sich nach der Zeit, zu welcher das Vermögen in das Gesammtgut gefallen ist. S. 593.

Sind gemeinschaftliche Abkömmlinge nicht vorhanden, so steht jedem der Ehegatten bei der Aufhebung der Gütergemeinschaft das im § 1478 des Bürgerlichen Gesetzbuchs bestimmte Recht zu.

Artikel 5.

Besteht die allgemeine Gütergemeinschaft nach dem Rechte des Fürstenthums Hohenlohe, so verbleibt es für die Auseinandersetzung in Ansehung des Gesammtguts bei der Vorschrift, daß dem Manne zwei Drittel, der Frau ein Drittel des Ueberschusses gebühren. Im Falle der fortgesetzten Gütergemeinschaft bestimmt sich der Antheil der Abkömmlinge nach dem Antheile des verstorbenen Ehegatten.

Artikel 6.

Besteht die allgemeine Gütergemeinschaft nach dem Rechte von Bamberg, Nördlingen, Kaufbeuren, der Stadt Kempten, von Dinkelsbühl, Windsheim, Bayreuth, Ulm, Pappenheim, Thurnau, Fulda, Erbach, Lindau, Mindelheim, Eichstätt oder Ingolstadt, so geht im Falle des Todes des einen Ehegatten, wenn Abkömmlinge dieses Ehegatten nicht vorhanden sind, dessen Antheil an dem Gesammtgut auf den überlebenden Ehegatten über. Die Vorschriften des § 1483 Abs. 1 Satz 2, des § 1484, des § 1488, des § 1489 Abs. 1, 2 und der §§ 1506 bis 1508 des Bürgerlichen Gesetzbuchs finden entsprechende Anwendung.

Der Uebergang auf den überlebenden Ehegatten kann durch letztwillige Verfügung ausgeschlossen werden. Besteht die allgemeine Güterschaft nach dem Rechte von Bamberg, Nördlingen, Windsheim, Ulm, Pappenheim, Thurnau, Fulda, Erbach, Kaufbeuren, der Stadt Kempten oder von Dinkelsbühl, so finden auf die Ausschließung die Vorschriften der §§ 1509, 1516 des Bürgerlichen Gesetzbuchs entsprechende Anwendung. Besteht die allgemeine Gütergemeinschaft nach dem Rechte von Bayreuth, so steht dem ausgeschlossenen Ehegatten ein Pflichttheilsrecht zu; die Vorschriften des Bürgerlichen Gesetzbuchs über den Pflichttheil finden entsprechende Anwendung. Wird der Uebergang auf den überlebenden Ehegatten ausgeschlossen, so gehört der Antheil des verstorbenen Ehegatten am Gesammtgute zum Nachlasse.

Artikel 7. S. 594.

Besteht die allgemeine Gütergemeinschaft nach dem Rechte des Fürstenthums Hohenlohe oder des Fürstenthums Kempten, so steht, wenn bei dem Tode des einen Ehegatten Abkömmlinge dieses Ehegatten nicht vorhanden sind, dem überlebenden Ehegatten das im § 1478 des Bürgerlichen Gesetzbuchs bestimmte Recht zu. Macht er von diesem Rechte Gebrauch, so gehört das Gesammtgut, soweit es nicht zur Erstattung des Werthes des in die Gütergemeinschaft Eingebrachten erforderlich ist, zum Nachlasse des verstorbenen Ehegatten.

Besteht die allgemeine Gütergemeinschaft nach dem Rechte des Fürstenthums Kempten, so bestimmt sich das Recht des überlebenden Ehegatten in Ansehung des Nachlasses des verstorbenen Ehegatten nach den bisherigen Vorschriften. Verzichtet der überlebende Ehegatte auf das Recht der Verwaltung und Nutznießung, so bestimmt sich sein Erbrecht nach den Vorschriften des Bürgerlichen Gesetzbuchs. Auf den Verzicht finden die für die Aus-

S. 594. schlagung der Erbschaft geltenden Vorschriften des Bürgerlichen Gesetzbuchs entsprechende Anwendung.

Artikel 8.

Besteht die allgemeine Gütergemeinschaft nach dem Rechte des Fürstenthums Bayreuth, des Fürstenthums Kempten oder der Stadt Kempten oder nach dem Rechte von Dinkelsbühl oder Lindau, so steht, wenn bei dem Tode des einen Ehegatten gemeinschaftliche Abkömmlinge vorhanden sind, dem überlebenden Ehegatten das im § 1478 des Bürgerlichen Gesetzbuchs bezeichnete Recht zu, sofern er die Fortsetzung der Gütergemeinschaft ablehnt. Macht er von diesem Rechte Gebrauch, so gehört, wenn die allgemeine Gütergemeinschaft nach dem Rechte der Stadt Kempten besteht, das Gesammtgut, soweit es nicht zur Erstattung des Werthes des in die Gütergemeinschaft Eingebrachten erforderlich ist, zum Nachlasse des verstorbenen Ehegatten. Besteht die allgemeine Gütergemeinschaft nach dem Rechte des Fürstenthums Bayreuth, so gilt das Gleiche, wenn die Frau überlebt oder wenn bei dem Tode der Frau ein aus einer früheren Ehe der Frau stammender Abkömmling vorhanden ist; andernfalls gebührt das Gesammtgut insoweit dem überlebenden Manne.

Lehnt der überlebende Ehegatte die Fortsetzung der Gütergemeinschaft ab, so bestimmt sich sein Recht in Ansehung des Nachlasses des verstorbenen Ehegatten nach den bisherigen Vorschriften. Verzichtet er auf das Recht des Beisitzes, so bestimmt sich sein Erbrecht nach den Vorschriften des Bürgerlichen Gesetzbuchs, soweit diese ihm günstiger sind. Auf den Verzicht finden die für die Ausschlagung einer Erbschaft geltenden Vorschriften des Bürgerlichen Gesetzbuchs entsprechende Anwendung.

Artikel 9.

Besteht die allgemeine Gütergemeinschaft nach einem der im Artikel 8 genannten Rechte, so steht, wenn bei dem Tode des einen Ehegatten andere Abkömmlinge dieses Ehegatten als gemeinschaftliche vorhanden sind, das im § 1478 des Bürgerlichen Gesetzbuchs bezeichnete Recht sowohl dem überlebenden Ehegatten als den Abkömmlingen zu. Die Vorschriften des Artikel 8 Abs. 1 Satz 2, 3 finden entsprechende Anwendung. Das Erbrecht des überlebenden Ehegatten bestimmt sich nach den bisherigen Vorschriften, der gesetzliche Erbtheil beträgt jedoch mindestens ein Viertheil.

Treffen gemeinschaftliche Abkömmlinge mit nicht gemeinschaftlichen Abkömmlingen des verstorbenen Ehegatten zusammen, so bestimmen sich die Rechte des überlebenden Ehegatten gegenüber diesen nach den Vorschriften des Abs. 1, auch wenn der überlebende Ehegatte die Fortsetzung der Gütergemeinschaft nicht ablehnt oder auf den Besitz nicht verzichtet.

Artikel 10.

Besteht die allgemeine Gütergemeinschaft nach dem Rechte von Kaufbeuren, so erhält, wenn die fortgesetzte Gütergemeinschaft bei Lebzeiten des überlebenden Ehegatten aufgehoben wird, dieser den Werth des von ihm eingebrachten Vermögens als Voraus. Die Vorschriften des § 1478 Abs. 2 des Bürgerlichen Gesetzbuchs finden Anwendung.

Besteht die allgemeine Gütergemeinschaft nach dem Rechte von Nördlingen, so kann der überlebende Ehegatte bei der Aufhebung der fortgesetzten Gütergemeinschaft verlangen, daß die antheilsberechtigten Abkömmlinge an Stelle der Hälfte des Gesammtguts den Werth des von dem verstorbenen Ehegatten

eingebrachten Vermögens erhalten. Die Vorschriften des § 1478 Abs. 2 des S. 594.
Bürgerlichen Gesetzbuchs finden Anwendung.

Besteht die allgemeine Gütergemeinschaft nach dem Rechte von Weißenburg, so kann der überlebende Ehegatte bei der Aufhebung der fortgesetzten Gütergemeinschaft verlangen, daß die antheilsberechtigten Abkömmlinge an Stelle der Hälfte des Gesammtguts den Werth der Hälfte des im Abs. 2 bezeichneten Vermögens erhalten.

Besteht die allgemeine Gütergemeinschaft nach dem Rechte von Windsheim, so erhält, wenn die fortgesetzte Gütergemeinschaft bei Lebzeiten des überlebenden Ehegatten aufgehoben wird, dieser von der den antheilsberechtigten Abkömmlingen zufallenden Hälfte des Gesammtguts einen Kopftheil.

Artikel 11.

Besteht die allgemeine Gütergemeinschaft nach dem Rechte von Würzburg, Castell, Schweinfurt, Bamberg, Fulda oder Lindau, so finden, wenn vereinkindschaftete Abkömmlinge vorhanden sind, nur die Vorschriften der §§ 1438 bis 1467, 1473 des Bürgerlichen Gesetzbuchs Anwendung. Wird die Ehe durch den Tod des Ehegatten aufgelöst, der die vereinkindschafteten Abkömmlinge in die Ehe gebracht hat, so gelten nach der Abschichtung der vereinkindschafteten Abkömmlinge für das Verhältniß zwischen dem überlebenden Ehegatten und dessen Abkömmlingen die Vorschriften des Bürgerlichen Gesetzbuchs über die fortgesetzte Gütergemeinschaft und der Artikel 4, 8.

Im Uebrigen bleiben die bisherigen Gesetze, insbesondere in Ansehung der rechtlichen Stellung der vereinkindschafteten Kinder, maßgebend. Die Vorschrift des Artikel 4 findet außer dem Falle des Abs. 1 Satz 2 keine Anwendung.

Artikel 12.

Ist zur Zeit des Inkrafttretens des Bürgerlichen Gesetzbuchs die Gütergemeinschaft aufgehoben oder besteht zu dieser Zeit fortgesetzte Gütergemeinschaft, so bleiben die bisherigen Vorschriften maßgebend.

Artikel 13.

Hat für die vor dem Inkrafttreten des Bürgerlichen Gesetzbuchs durch
den Tod eines der Ehegatten aufgelöste || Ehe die allgemeine Gütergemeinschaft S. 595.
nach dem Bamberger Rechte bestanden, so steht im Falle der Wiederverheirathung des überlebenden Ehegatten den Abkömmlingen, mit welchen dieser die Gütergemeinschaft fortgesetzt hat, das Recht auf Grundtheilung zu. Ist die Wiederverheirathung vor dem Inkrafttreten des Bürgerlichen Gesetzbuchs erfolgt, zur Zeit des Inkrafttretens des Bürgerlichen Gesetzbuchs aber Einkindschaft noch nicht eingetreten, so findet Einkindschaft nicht mehr statt. Dies gilt auch, wenn in einer Ehe, die der überlebende Ehegatte in der Zwischenzeit zwischen der Auflösung der Ehe, für die allgemeine Gütergemeinschaft bestanden hat, und der Eingehung der bestehenden Ehe eingegangen hat, unvollkommene Einkindschaft eingetreten ist.

Hat für die vor dem Inkrafttreten des Bürgerlichen Gesetzbuchs durch den Tod eines der Ehegatten aufgelöste Ehe die allgemeine Gütergemeinschaft nach dem Fuldaischen Rechte bestanden, so fällt mit der Wiederverheirathung des überlebenden Ehegatten der Antheil des verstorbenen Ehegatten an dem gemeinschaftlichen Vermögen den gemeinschaftlichen Abkömmlingen an.

In den Fällen der Abs. 1, 2 finden die Vorschriften des § 1314 Abs. 2 und des § 1493 Abs. 2 des Bürgerlichen Gesetzbuchs entsprechende Anwendung.

S. 595.

2. Errungenschaftsgemeinschaft.

Artikel 14.

Besteht zur Zeit des Inkrafttretens des Bürgerlichen Gesetzbuchs für eine Ehe der gesetzliche Güterstand der Errungenschaftsgemeinschaft nach einem der in den Landestheilen rechts des Rheins geltenden Rechte, so treten, vorbehaltlich der Vorschriften des Artikel 21, an die Stelle der bisherigen Vorschriften die Vorschriften des Bürgerlichen Gesetzbuchs über die Errungenschaftsgemeinschaft.

Die Vorschriften des Artikel 1 Abs. 2, 3 und des Artikel 12 finden entsprechende Anwendung.

Artikel 15.

Besteht die Errungenschaftsgemeinschaft nach dem Rechte von Würzburg, Castell oder Schweinfurt, so tritt mit der Geburt eines Kindes die allgemeine Gütergemeinschaft nach den Vorschriften des Bürgerlichen Gesetzbuchs ein.

Inwieweit das Vermögen der Frau Vorbehaltsgut und die Verbindlichkeiten der Ehegatten Gesammtgutsverbindlichkeiten werden, bestimmt sich nach den bisherigen Vorschriften über die allgemeine Gütergemeinschaft. Im Falle der Aufhebung der allgemeinen Gütergemeinschaft steht, wenn gemeinschaftliche Abkömmlinge nicht vorhanden sind, jedem der Ehegatten das im § 1478 des Bürgerlichen Gesetzbuchs bestimmte Recht zu.

Artikel 16.

Besteht die Errungenschaftsgemeinschaft nach dem Rechte des Deutschordens an der Tauber, so verbleibt es für die Auseinandersetzung in Ansehung des Gesammtguts bei der Vorschrift, daß dem Manne zwei Drittel, der Frau ein Drittel des Ueberschusses gebühren.

Artikel 17.

Besteht die Errungenschaftsgemeinschaft nach dem Rechte von Memmingen, Rothenburg oder Coburg, so ist, wenn bei dem Tode des einen Ehegatten Abkömmlinge dieses Ehegatten nicht vorhanden sind, der überlebende Ehegatte der gesetzliche Erbe. Besteht die Errungenschaftsgemeinschaft nach dem Rechte von Memmingen, so finden auf das Erbrecht die Vorschriften der §§ 2335 bis 2337 des Bürgerlichen Gesetzbuchs entsprechende Anwendung. Besteht die Errungenschaftsgemeinschaft nach dem Rechte von Rothenburg oder Coburg, so kann das Erbrecht durch letztwillige Verfügung ausgeschlossen werden; der Pflichttheil des überlebenden Ehegatten bestimmt sich ausschließlich nach den Vorschriften des Bürgerlichen Gesetzbuchs.

Besteht die Errungenschaftsgemeinschaft nach der Rettenbergischen Landesordnung oder dem Rothenfelser Landesbrauche, so bestimmt sich, wenn bei dem Tode des einen Ehegatten Abkömmlinge dieses Ehegatten nicht vorhanden sind, das Recht des überlebenden Ehegatten in Ansehung des Nachlasses des verstorbenen Ehegatten nach den bisherigen Vorschriften; an die Stelle der nach dem Rothenfelser Landesbrauche dem überlebenden Ehegatten gebührenden Ausfahrt, Ausfertigung und Fahrniß tritt jedoch der im § 1932 des Bürgerlichen Gesetzbuchs bestimmte Voraus. Verzichtet der überlebende Ehegatte auf den ihm nach den bisherigen Vorschriften zustehenden Nießbrauch, so bestimmt sich sein Erbrecht nach den Vorschriften des Bürgerlichen Gesetzbuchs. Auf den Verzicht finden die für die Ausschlagung der Erbschaft geltenden Vorschriften des Bürgerlichen Gesetzbuchs entsprechende Anwendung.

Besteht die Errungenschaftsgemeinschaft nach dem Rechte von Regensburg, so gebührt bei dem Tode der Frau, wenn Abkömmlinge der Frau nicht vorhanden sind, die ganze Errungenschaft dem Manne. S. 595.

Besteht die Errungenschaftsgemeinschaft nach dem Württembergischen Landrechte, so steht, wenn bei dem Tode des einen Ehegatten Abkömmlinge dieses Ehegatten nicht vorhanden sind, dem überlebenden Ehegatten die in den bisbisherigen Vorschriften bestimmte Nutznießung an den Erbtheilen der Seitenverwandten der zweiten Ordnung zu.

Artikel 18.

Besteht die Errungenschaftsgemeinschaft nach der Rettenbergischen Landesordnung oder nach dem Rechte von Regensburg, Rothenburg, Rothenfels oder Coburg, so verbleibt es für den Fall, daß bei dem Tode des einen Ehegatten gemeinschaftliche Abkömmlinge vorhanden sind, in Ansehung der Rechte des überlebenden Ehegatten bei den bisherigen Vorschriften. Besteht die Errungenschaftsgemeinschaft nach dem Coburgischen Rechte, so bestimmen sich die Rechte des überlebenden Ehegatten so, wie wenn die Ehe Jahr und Tag gedauert hätte, auch wenn die Auflösung früher erfolgt.

Besteht die Errungenschaftsgemeinschaft nach der Rettenbergischen Landesordnung oder nach dem Rechte von Regensburg, Rothenfels oder Coburg, so bestimmt sich, wenn der überlebende Ehegatte auf das Recht des Beisitzes verzichtet, sein Erbrecht nach den Vorschriften des Bürgerlichen Gesetzbuchs, soweit diese ihm günstiger sind. Auf den Verzicht finden die für die Ausschlagung der Erbschaft geltenden Vorschriften des Bürgerlichen Gesetzbuchs entsprechende Anwendung. Besteht die Errungenschaftsgemeinschaft nach der Rettenbergischen Landesordnung oder nach dem Rechte von Regensburg oder Coburg, so verbleibt es im Falle des Verzichts auch in Ansehung der Antheile an der Errungenschaft sowie des eingebrachten Gutes des überlebenden Ehegatten bei den Vorschriften des Bürgerlichen Gesetzbuchs.

Besteht die Errungenschaftsgemeinschaft nach dem Württembergischen Land- S. 596.
rechte, so steht dem überlebenden Ehegatten an den Erbtheilen der gemeinschaftlichen Abkömmlinge die Nutznießung nach den bisherigen Vorschriften zu.

Artikel 19.

Besteht die Errungenschaftsgemeinschaft nach der Rettenbergischen Landesordnung oder nach dem Rechte von Rothenburg, Rothenfels oder Coburg, so verbleibt es für den Fall, daß bei dem Tode des einen Ehegatten andere Abkömmlinge dieses Ehegatten als gemeinschaftliche vorhanden sind, in Ansehung der Rechte des überlebenden Ehegatten bei den bisherigen Vorschriften; der Erbtheil des überlebenden Ehegatten beträgt jedoch mindestens ein Viertheil.

Die im Abs. 1 bestimmte Erhöhung des Erbtheils des überlebenden Ehegatten tritt, soweit diesem ein Recht des Beisitzes zusteht, nur ein, wenn er auf den Beisitz in Gemäßheit des Artikel 18 Abs. 2 Satz 2 verzichtet.

Besteht die Errungenschaftsgemeinschaft nach dem Rechte von Coburg, so findet die Vorschrift des Artikel 18 Abs. 1 Satz 2 Anwendung. In Ansehung des eingebrachten Vermögens des überlebenden Ehegatten verbleibt es bei den Vorschriften des Bürgerlichen Gesetzbuchs, bei dem Vorhandensein von weniger als drei Abkömmlingen des verstorbenen Ehegatten aber nur, wenn der überlebende Ehegatte auf den ihm nach den bisherigen Vorschriften zustehenden Erbtheil, soweit dieser mehr als ein Viertheil beträgt, in Gemäßheit des Artikel 18 Abs. 2 Satz 2 verzichtet.

S. 596. Treffen gemeinschaftliche mit nicht gemeinschaftlichen Abkömmlingen zusammen, so stehen dem überlebenden Ehegatten gegenüber den nicht gemeinschaftlichen Abkömmlingen die in den Abs. 1 bis 3 bestimmten Rechte zu, auch wenn es im Verhältnisse zwischen dem überlebenden Ehegatten und den gemeinschaftlichen Abkömmlingen bei den bisherigen Vorschriften verbleibt.

Besteht die Errungenschaftsgemeinschaft nach dem Regensburger Rechte, so verbleibt es für den Fall, daß bei dem Tode der Frau nur nicht gemeinschaftliche Abkömmlinge der Frau vorhanden sind, in Ansehung der Rechte des überlebenden Ehemanns bei den bisherigen Vorschriften. Verzichtet der überlebende Ehemann auf den die Hälfte übersteigenden Antheil an der Errungenschaft, so bestimmt sich sein Erbrecht nach den Vorschriften des Bürgerlichen Gesetzbuchs. Auf den Verzicht findet die Vorschrift des Artikel 18 Abs. 2 Satz 2 Anwendung.

Artikel 20.

Besteht die Errungenschaftsgemeinschaft nach dem Bamberger Landrechte, so verbleibt es für den Fall, daß bei dem Tode des einen Ehegatten Abkömmlinge dieses Ehegatten vorhanden sind, in Ansehung des Rechtes des überlebenden Ehegatten bei den bisherigen Vorschriften. Verzichtet der überlebende Ehegatte auf das ihm nach diesen Vorschriften zustehende Recht, so bestimmt sich sein Erbrecht nach den Vorschriften des Bürgerlichen Gesetzbuchs. Auf den Verzicht finden die für die Ausschlagung einer Erbschaft geltenden Vorschriften entsprechende Anwendung.

Artikel 21.

Besteht die Errungenschaftsgemeinschaft nach dem Bayerischen oder dem Mainzer Landrechte, nach dem Rechte von Ansbach, Nürnberg, Solms oder der Stadt Augsburg oder nach den domprobsteilich Bambergischen Observanzen, so tritt an ihre Stelle der Güterstand der Verwaltung und Nutznießung nach den Vorschriften des Bürgerlichen Gesetzbuchs.

Endigt die Verwaltung und Nutznießung des Mannes auf andere Weise als durch Ehevertrag, so kann jeder Ehegatte von dem anderen Ausgleichung des Ehegewinns nach den bisherigen Vorschriften verlangen, wie wenn eine Aenderung des Güterstandes nicht eingetreten wäre. Der Anspruch ist nicht übertragbar. Er verjährt in einem Jahre; die Vorschrift des § 204 Satz 1 des Bürgerlichen Gesetzbuchs findet keine Anwendung. Besteht die Errungenschaftsgemeinschaft nach dem Mainzer Landrechte, so gebühren von dem Ehegewinne dem Manne zwei Drittheile, der Frau ein Drittheil.

Ist nach den Vorschriften des Bayerischen Landrechts wegen Gefährdung des Vermögens der Frau für die Frau eine Pflegschaft angeordnet, so tritt Gütertrennung nach den Vorschriften des Bürgerlichen Gesetzbuchs ein. Die Frau kann auf Herstellung der Verwaltung und Nutznießung des Mannes klagen. Mit der Herstellung der Verwaltung und Nutznießung treten die im Abs. 2 bestimmten Wirkungen ein; die Vorschriften des § 1425 Abs. 2, 3 des Bürgerlichen Gesetzbuchs finden Anwendung.

Artikel 22.

Besteht die Errungenschaftsgemeinschaft nach dem Bayerischen Landrechte, so stehen im Falle des Todes des einen Ehegatten dem überlebenden Ehegatten die in den bisherigen Vorschriften bestimmten Rechte zu, wenn der überlebende Ehegatte die im Bürgerlichen Gesetzbuche bestimmte Erbfolge ausschlägt.

Gelten für die Ehe die besonderen Vorschriften des Oberpfälzischen Rechtes, so verbleibt es, wenn bei dem Tode des einen Ehegatten gemeinschaftliche

Abkömmlinge vorhanden sind, in Ansehung der Rechte des überlebenden Ehegatten bei den bisherigen Vorschriften. Verzichtet der überlebende Ehegatte auf den Besitz und, sofern ihm nach den bisherigen Vorschriften auch der Antheil des verstorbenen Ehegatten an der Hausfahrniß und der Errungenschaft zufällt, auch auf diesen Antheil, so bestimmt sich sein Erbrecht nach den Vorschriften des Bürgerlichen Gesetzbuchs. Auf den Verzicht finden die für die Ausschlagung einer Erbschaft geltenden Vorschriften entsprechende Anwendung. S. 596.

Die überlebende Frau behält die Hälfte der Hausfahrniß und der Errungenschaft, auch wenn Abkömmlinge des verstorbenen Mannes vorhanden sind. Im Falle des Abs. 2 verbleibt es jedoch auch in Ansehung der Hausfahrniß und der Errungenschaft bei den bisherigen Vorschriften, sofern nicht die Frau auf den Beisitz verzichtet.

Artikel 23.

Besteht die Errungenschaftsgemeinschaft nach dem Ansbacher Rechte oder nach den domprobsteilich Bambergischen Observanzen, so ist, wenn bei dem Tode des einen Ehegatten Abkömmlinge dieses Ehegatten nicht vorhanden sind, der überlebende Ehegatte auch zu den Erbtheilen berufen, die nach den Vorschriften des Bürgerlichen Gesetzbuchs den Seitenverwandten zufallen würden. Die Vorschriften des Artikel 17 Abs. 1 Satz 3 finden entsprechende Anwendung.

Sind Abkömmlinge des verstorbenen Ehegatten vorhanden, so bestimmt sich der Erbtheil des überlebenden Ehegatten nach den bisherigen Vorschriften, soweit diese für den || überlebenden Ehegatten günstiger sind. Der überlebende Ehegatte behält die Hälfte der Errungenschaft, auch wenn andere als gemeinschaftliche Abkömmlinge vorhanden sind. S. 597.

Artikel 24.

Besteht die Errungenschaftsgemeinschaft nach dem Nürnberger Rechte, so verbleibt es für den Fall, daß bei dem Tode des einen Ehegatten Abkömmlinge dieses Ehegatten vorhanden sind, in Ansehung der Rechte des überlebenden Ehegatten bei den bisherigen Vorschriften; der Erbtheil des überlebenden Ehegatten beträgt jedoch mindestens ein Viertheil.

Gemeinschaftlichen Abkömmlingen gegenüber tritt die Erhöhung des Erbtheils des überlebenden Ehegatten nur ein, wenn der überlebende Ehegatte auf das ihm nach den bisherigen Vorschriften zustehende Recht des Beisitzes verzichtet. Auf den Verzicht finden die für die Ausschlagung einer Erbschaft geltenden Vorschriften entsprechende Anwendung.

Artikel 25.

Besteht die Errungenschaftsgemeinschaft nach dem Rechte der Stadt Augsburg, so verbleibt es, wenn bei dem Tode des einen Ehegatten Abkömmlinge dieses Ehegatten vorhanden sind, in Ansehung des Erbtheils des überlebenden Ehegatten bei den bisherigen Vorschriften, soweit diese dem überlebenden Ehegatten günstiger sind.

Artikel 26.

Besteht die Errungenschaftsgemeinschaft nach dem Mainzer Landrechte, so bestimmt sich, wenn bei dem Tode des einen Ehegatten gemeinschaftliche Abkömmlinge vorhanden sind, das Recht des überlebenden Ehegatten in Ansehung des Nachlasses nach den bisherigen Vorschriften. Verzichtet der überlebende Ehegatte auf das ihm nach diesen Vorschriften zustehende Recht, so bestimmt sich sein Erbrecht nach den Vorschriften des Bürgerlichen Gesetzbuchs. Auf

S. 597. den Verzicht finden die für die Ausschlagung einer Erbschaft geltenden Vorschriften entsprechende Anwendung.

Sind vereinkindschaftete Abkömmlinge vorhanden, so verbleibt es bei den bisherigen Vorschriften über die Vereinigung des Vermögens der beiden Ehegatten und über die Rechte des überlebenden Ehegatten und der Abkömmlinge an dem vereinigten Vermögen.

Artikel 27.

Besteht die Errungenschaftsgemeinschaft nach dem Solmser Rechte, so steht im Falle des Todes des einen Ehegatten dem überlebenden Ehegatten der Nießbrauch an dem Nachlasse zu. Die Vorschriften des Artikel 26 Abs. 1 Satz 2, 3 finden entsprechende Anwendung. Der Nießbrauch kann für den Fall, daß gemeinschaftliche Abkömmlinge nicht vorhanden sind, durch letztwillige Verfügung ausgeschlossen werden.

Sind andere Abkömmlinge des verstorbenen Ehegatten als gemeinschaftliche vorhanden, so erstreckt sich der Nießbrauch des überlebenden Ehegatten auf deren Erbtheile nicht; ihnen gegenüber steht dem überlebenden Ehegatten das im Bürgerlichen Gesetzbuche bestimmte Erbrecht zu, auch wenn er den übrigen Erben gegenüber auf den Nießbrauch nicht verzichtet.

3. Dotalrecht. Verwaltungsgemeinschaft.

Artikel 28.

Besteht zur Zeit des Inkrafttretens des Bürgerlichen Gesetzbuchs für eine Ehe der Güterstand des gemeinen Dotalrechts, des vorderösterreichischen oder des österreichischen Rechtes, so tritt an dessen Stelle der Güterstand der Verwaltung und Nutznießung.

Das Vermögen, welches als Heirathgut bestellt oder von der Frau ohne Vorbehalt der Verwaltung des Mannes überlassen ist, wird eingebrachtes Gut, das sonstige Vermögen der Frau wird Vorbehaltsgut.

Die Ansprüche Dritter auf Herausgabe des Heirathguts bleiben unberührt.

Artikel 29.

Besteht der Güterstand des gemeinen Dotalrechts für eine Ehe, für die bisher das Bamberger Recht gegolten hat, so tritt mit dem Ablaufe der Frist, innerhalb welcher nach den bisherigen Vorschriften der Eintritt der allgemeinen Gütergemeinschaft ausgeschlossen werden kann, die allgemeine Gütergemeinschaft nach den Vorschriften des Bürgerlichen Gesetzbuchs ein, sofern nicht vorher die Ausschließung der Gütergemeinschaft erfolgt. Die für die allgemeine Gütergemeinschaft des Bamberger Rechtes geltenden Vorschriften des Artikel 6 finden Anwendung.

Artikel 30.

Besteht der Güterstand des vorderösterreichischen Rechtes, so sind, wenn die Frau stirbt, für die Rechte des überlebenden Mannes die bisherigen Vorschriften maßgebend. Die Vorschriften des Artikel 26 Abs. 1 Satz 2, 3 finden entsprechende Anwendung.

Artikel 31.

Besteht zur Zeit des Inkrafttretens des Bürgerlichen Gesetzbuchs für eine Ehe der gesetzliche Güterstand des Preußischen Landrechts, so tritt an dessen Stelle der Güterstand der Verwaltung und Nutznießung nach den Vorschriften des Bürgerlichen Gesetzbuchs.

Ist die Verwaltung und der Nießbrauch des Mannes nach den Vorschriften des Preußischen Landrechts Theil II Titel 1 §§ 980 bis 983, 999 ausgeschlossen, so finden die Vorschriften des Bürgerlichen Gesetzbuchs über die Gütertrennung Anwendung. S. 597.

4. Vertragsmäßiges Güterrecht.

Artikel 32.

Die Vorschriften der Artikel 1 bis 31 finden auch Anwendung, wenn für eine Ehe einer der dort genannten Güterstände kraft Ehevertrags gilt.

Besteht kraft Ehevertrags der Güterstand des gemeinen Dotalrechts, so tritt an dessen Stelle die Gütertrennung nach den Vorschriften des Bürgerlichen Gesetzbuchs.

Artikel 33.

Besteht der Güterstand der allgemeinen Gütergemeinschaft nach dem Rechte von Würzburg, Castell oder Schweinfurt || kraft einer Condonation S. 598. oder würde er bei dem Wegfallen der Kinder kraft einer Condonation fortbestehen, so finden die Vorschriften des Artikel 6 Abs. 1, Abs. 2 Satz 1, 2 entsprechende Anwendung.

Artikel 34.

Besteht kraft Ehevertrags die allgemeine Gütergemeinschaft des gemeinen Rechtes, des Bayerischen Landrechts oder des Preußischen Landrechts, so tritt an deren Stelle die allgemeine Gütergemeinschaft nach den Vorschriften des Bürgerlichen Gesetzbuchs.

Besteht die allgemeine Gütergemeinschaft des Bayerischen oder des Preußischen Landrechts, so tritt fortgesetzte Gütergemeinschaft nur ein, wenn sie vereinbart ist.

Besteht die allgemeine Gütergemeinschaft des Preußischen Landrechts, so finden die Vorschriften des Artikel 3 Anwendung.

5. Allgemeine Vorschriften.

Artikel 35.

Bei einer nach den Vorschriften der Artikel 1 bis 34 eintretenden Aenderung des Güterstandes wird das vorhandene Vermögen der Ehegatten, unbeschadet der Vorschrift des Artikel 28 Abs. 2, Gesammtgut, eingebrachtes Gut oder Vorbehaltsgut, soweit es nach den bisherigen Gesetzen zu einer dem Gesammtgute, dem eingebrachten Gute oder dem Vorbehaltsgut entsprechenden Vermögensmasse gehört.

Bei der allgemeinen Gütergemeinschaft finden auf Gegenstände, die nur der Nutzung nach zu dem gemeinschaftlichen Vermögen gehören, die bei der Errungenschaftsgemeinschaft für das eingebrachte Gut geltenden Vorschriften des Bürgerlichen Gesetzbuchs Anwendung; für Gegenstände, die nicht durch Rechtsgeschäft übertragen werden können, gilt jedoch die Vorschrift des § 1524 nicht.

Ist vor dem Inkrafttreten des Bürgerlichen Gesetzbuchs der Frau eine Erbschaft oder ein Vermächtniß angefallen, so bestimmt sich, wenn die Erbschaft oder das Vermächtniß zu dem Gesammtgut oder zu dem eingebrachten Gute gehört, die Befugniß der Frau zur Annahme nach den bisherigen Gesetzen.

Artikel 36.

In Ansehung der vor der Aenderung des Güterstandes entstandenen Verbindlichkeiten der Ehegatten bestimmt sich die Haftung des Gesammtguts,

S. 598. des eingebrachten Guts und des Vorbehaltsguts sowie die persönliche Haftung der Ehegatten nach den bisherigen Gesetzen. Dies gilt auch für das Verhältniß der Ehegatten unter einander.

Soweit sich die Frau nach den bisherigen Gesetzen von der Haftung für eine Gesammtgutsverbindlichkeit durch den Verzicht auf ihren Antheil befreien kann, erlischt die persönliche Haftung mit der Beendigung der Gütergemeinschaft.

Artikel 37.

Zu einer Verfügung über Gesammtgut, durch welche eine der Frau gegenüber unwirksame Verbindlichkeit des Mannes erfüllt werden soll, bedarf der Mann der Einwilligung der Frau.

Die Frau kann auf Aufhebung der Gütergemeinschaft klagen, wenn der Mann ein Rechtsgeschäft der im Abs. 1 bezeichneten Art ohne ihre Zustimmung vorgenommen hat und für die Zukunft eine erhebliche Gefährdung der Frau zu besorgen ist. Die Vorschriften der §§ 1470, 1479 des Bürgerlichen Gesetzbuchs finden Anwendung.

Artikel 38.

Haftet nach dem Rechte von Nürnberg oder Castell das Gesammtgut für die Verbindlichkeit eines Ehegatten nur zur Hälfte, so kann, wenn die Verbindlichkeit aus dem Gesammtgute berichtigt wird, der andere Ehegatte verlangen, daß ihm aus dem Gesammtgut ein dem Werthe der Aufwendung gleichkommender Betrag als Vorbehaltsgut gewährt wird. Bei der Zwangsvollstreckung in das Gesammtgut kann er verlangen, daß die zu diesem gehörenden Gegenstände so behandelt werden, wie wenn sie zu gleichen Antheilen gemeinschaftlich wären; das Verlangen ist nach § 771 der Civilprozeßordnung geltend zu machen.

Jeder der Ehegatten kann von dem anderen verlangen, daß das, was zur Berichtigung der Verbindlichkeit oder zur Befriedigung des anderen Ehegatten aus dem Gesammtgute verwendet worden ist, zu dem Gesammtgut erstattet wird; die beiderseitigen Verbindlichkeiten sind Zug um Zug zu erfüllen.

Artikel 39.

Die Geltendmachung der Ersatzansprüche, welche den Ehegatten auf Grund des Güterstandes gegen einander zustehen, bestimmt sich, unbeschadet der Vorschriften des Artikel 38, nach den Vorschriften des Bürgerlichen Gesetzbuchs.

Artikel 40.

Vereinbarungen, die von den Ehegatten zur Aenderung oder Ergänzung einzelner Vorschriften getroffen worden sind, die für den ihre Ehe maßgebenden Güterstand gelten, werden von der Aenderung des Güterstandes nicht berührt.

Das Gleiche gilt für eine von einem Dritten getroffene Anordnung der im Abs. 1 bezeichneten Art.

Artikel 41.

Auf einen zur Zeit der Aenderung des Güterstandes anhängigen Rechtsstreit und die Wirkung der Entscheidung ist die Aenderung des Güterstandes ohne Einfluß.

Artikel 42.

Auf die dem überlebenden Ehegatten nach den bisherigen Gesetzen zustehenden Rechte, welche durch dieses Gesetz aufrecht erhalten werden, finden die Vorschriften des § 1933 und, soweit diese Rechte nicht von dem anderen Ehegatten nach Belieben ausgeschlossen oder beschränkt werden können, die Vorschriften der §§ 2335 bis 2337 des Bürgerlichen Gesetzbuchs entsprechende Anwendung. S. 598.

Soweit die Ausschließung der im Abs. 1 bezeichneten Rechte das dem überlebenden Ehegatten nach den Vorschriften des Bürgerlichen Gesetzbuchs zustehende Erbrecht oder Pflichttheilsrecht unberührt läßt, steht sie in den Fällen, in welchen der Eintritt des Erbrechts oder Pflichttheilsrechts von dem Verzicht auf die im Abs. 1 bezeichneten Rechte abhängt, dem Verzichte gleich.

II. Güterrecht der Pfalz. S. 599.

Artikel 43.

Für die zur Zeit des Inkrafttretens des Bürgerlichen Gesetzbuchs bestehenden Ehen treten an die Stelle der bisherigen Gesetze

bei der gesetzlichen Gütergemeinschaft die Vorschriften des Bürgerlichen Gesetzbuchs über die Fahrnißgemeinschaft,

bei der Errungenschaftsgemeinschaft die Vorschriften des Bürgerlichen Gesetzbuchs über die Errungenschaftsgemeinschaft,

bei der allgemeinen Gütergemeinschaft die Vorschriften des Bürgerlichen Gesetzbuchs über die allgemeine Gütergemeinschaft mit der Maßgabe, daß fortgesetzte Gütergemeinschaft nur eintritt, wenn sie durch Ehevertrag vereinbart wird.

Artikel 44.

In den Fällen des Artikels 43 werden Gegenstände, die zum Gemeingute gehören, Gesammtgut.

Die Gegenstände, die zum Sondergut eines Ehegatten gehören, werden eingebrachtes Gut dieses Ehegatten. Zum Sondergute der Frau gehörende Gegenstände, deren Nutzungen der Frau vorbehalten sind, werden Vorbehaltsgut.

Bei der Errungenschaftsgemeinschaft gilt die Vorschrift des § 1527 des Bürgerlichen Gesetzbuchs auch für die zur Zeit des Inkrafttretens des Bürgerlichen Gesetzbuchs vorhandenen Gegenstände.

Artikel 45.

Die Schulden, für die das Gemeingut haftet, werden Gesammtgutsverbindlichkeiten.

Eine gegenüber dem Manne bestehende gerichtliche Hypothek erstreckt sich auf die zum Gesammtgute gehörenden Grundstücke.

Die Schulden des Mannes, für welche die Gläubiger des Mannes nur während der Dauer der Gütergemeinschaft Befriedigung aus dem Gesammtgute verlangen können, hören mit der Beendigung der Gütergemeinschaft auf, Gesammtgutsverbindlichkeiten zu sein.

Die Gläubiger der Frau haben gegenüber dem eingebrachten Gute der Frau nur die Rechte, die ihnen gegenüber dem Sondergute der Frau zustehen.

Artikel 46.

Im Verhältnisse der Ehegatten zu einander fallen die vor dem Inkrafttreten des Bürgerlichen Gesetzbuchs entstandenen Gemeinschaftsschulden demjenigen Ehegatten zur Last, welcher sie nach den bisherigen Gesetzen zu tragen hat.

S. 599.

Artikel 47.

Die Geltendmachung der Ersatzansprüche, die zur Zeit des Inkrafttretens des Bürgerlichen Gesetzbuchs den Ehegatten gegen einander zustehen, bestimmt sich nach den Vorschriften des Bürgerlichen Gesetzbuchs.

Artikel 48.

Ist vor dem Inkrafttreten des Bürgerlichen Gesetzbuchs der Frau eine Erbschaft oder ein Vermächtniß angefallen, so ist die Annahme auch nach diesem Zeitpunkte dem Gesammtgute gegenüber nur wirksam, wenn der Mann die Zustimmung ertheilt. Die Zustimmung kann nicht durch das Vormundschaftsgericht ersetzt werden.

Artikel 49.

Auf einen zur Zeit des Inkrafttretens des Bürgerlichen Gesetzbuchs anhängigen Rechtsstreit und auf die Wirkung der Entscheidung ist die Aenderung des Güterstandes ohne Einfluß.

Artikel 50.

Bis zum Schlusse des Jahres 1900 kann die Frau auf Aufhebung der Gütergemeinschaft auch aus den im Artikel 1443 Abs. 1 des pfälzischen Civilgesetzbuchs bestimmten Gründen klagen, wenn die Thatsachen, auf welche die Klage gestützt wird, vor dem Inkrafttreten des Bürgerlichen Gesetzbuchs eingetreten sind.

Artikel 51.

Ist zur Zeit des Inkrafttretens des Bürgerlichen Gesetzbuchs über das Vermögen des Mannes der Konkurs eröffnet, so kann die Frau die Aufhebung der Gütergemeinschaft beantragen. Für das Verfahren bleiben die bisherigen Vorschriften maßgebend. Die Aufhebung der Gütergemeinschaft tritt mit der Rechtskraft der Entscheidung ein.

Artikel 52.

Ist die Beendigung der Gütergemeinschaft vor dem Inkrafttreten des Bürgerlichen Gesetzbuchs erfolgt, so bleiben die bisherigen Gesetze maßgebend.

Sollen von der Frau Gegenstände, die zum Gemeingute gehören, veräußert werden, bevor die Frau sich über die Annahme oder Ausschlagung der Gütergemeinschaft erklärt hat, so finden die Vorschriften des Artikel 70 Abs. 3 des Entwurfes der Uebergangsvorschriften (Beilage J) entsprechende Anwendung.

Artikel 53.

Ist zur Zeit des Inkrafttretens des Bürgerlichen Gesetzbuchs ein Gütertrennungsverfahren anhängig, so bleiben bis zur Erledigung des Verfahrens die bisherigen Gesetze maßgebend. Der Erledigung des Verfahrens steht es gleich, wenn das Verfahren ein Jahr lang nicht betrieben wird.

Die bisherigen Gesetze bleiben auch für das Verfahren in Geltung.

Artikel 54.

Eine gerichtliche Entscheidung, durch welche die Gütertrennung nach den bisherigen Vorschriften ausgesprochen ist, wird nicht dadurch unwirksam, daß die Veröffentlichung oder der Vollzug unterbleibt. Dies gilt jedoch nicht, wenn zur Zeit des Inkrafttretens des Bürgerlichen Gesetzbuchs die im Artikel 196 des Gesetzes zur Ausführung der Civilprozeßordnung und Konkursordnung bestimmte Frist schon abgelaufen ist.

Artikel 55. S. 599.

Ist zur Zeit des Inkrafttretens des Bürgerlichen Gesetzbuchs für eine Ehe die Gütergemeinschaft nach den Artikeln 1530 bis 1535 des pfälzischen Civilgesetzbuchs ausgeschlossen, so finden die Vorschriften des Bürgerlichen Gesetzbuchs über den Güterstand der Verwaltung und Nutznießung Anwendung.

Die Vorschriften des Artikel 44 Abs. 2, des Artikel 45 Abs. 4 und der Artikel 47 bis 51, 53, 54 finden entsprechende Anwendung.

Artikel 56. S. 600.

Besteht zur Zeit des Inkrafttretens des Bürgerlichen Gesetzbuchs für eine Ehe Gütertrennung, so gelten von diesem Zeitpunkt an die Vorschriften der §§ 1427 bis 1430 des Bürgerlichen Gesetzbuchs.

Die Vorschrift des Artikel 49 findet entsprechende Anwendung.

Artikel 57.

Vereinbarungen, durch welche die Ehegatten für einen der in den Artikeln 43, 55, 56 bezeichneten Güterstände die bisherigen Vorschriften in einzelnen Beziehungen geändert oder ergänzt haben, werden von der Aenderung des Güterstandes nicht berührt.

Das Gleiche gilt für eine von einem Dritten getroffene Anordnung der im Abs. 1 bezeichneten Art.

Artikel 58.

Besteht zur Zeit des Inkrafttretens des Bürgerlichen Gesetzbuchs für eine Ehe Dotalrecht, so bleiben die bisherigen Vorschriften maßgebend.

Die infolge der Ehe eingetretene Beschränkung der Geschäftsfähigkeit der Frau fällt mit dem Inkrafttreten des Bürgerlichen Gesetzbuchs weg.

Betreibt die Frau selbständig ein Erwerbsgeschäft, so finden die Vorschriften des § 1405 des Bürgerlichen Gesetzbuchs entsprechende Anwendung. Für Verfügungen über Dotalgrundstücke verbleibt es jedoch auch in diesem Falle bei den bisherigen Vorschriften.

Artikel 59.

Soweit für den Güterstand die bisherigen Gesetze maßgebend bleiben, tritt bei Rechtshandlungen, zu denen ein Ehegatte der gerichtlichen Ermächtigung bedarf, an deren Stelle die Genehmigung des Vormundschaftsgerichts.

Die besonderen Vorschriften über das Verfahren bei Veräußerungen treten außer Kraft.

III. Allgemeine Vorschriften.

Artikel 60.

Die in diesem Gesetze bestimmten Aenderungen des Güterstandes einer zur Zeit des Inkrafttretens des Bürgerlichen Gesetzbuchs bestehenden Ehe gelten, soweit sie ein in den Landestheilen rechts des Rheins geltendes Güterrecht betreffen, auch für Ehegatten, die ihren Wohnsitz in der Pfalz haben, und soweit sie das in der Pfalz geltende Güterrecht betreffen, auch für Ehegatten, die ihren Wohnsitz in den Landestheilen rechts des Rheins haben.

Artikel 61.

Besteht zur Zeit des Inkrafttretens des Bürgerlichen Gesetzbuchs für eine Ehe der gesetzliche Güterstand nach einem der in diesem Gesetze genannten Rechte, das auch in einem anderen Bundesstaate gilt, so finden die für diesen

S. 600. Güterstand geltenden Vorschriften auch Anwendung, wenn die Ehegatten den ersten ehelichen Wohnsitz nicht in Bayern gehabt haben.

Auf das Mainzer Landrecht und das Solmser Recht findet diese Vorschrift keine Anwendung. Das Badische Landrecht steht dem in der Pfalz geltenden Rechte gleich.

Artikel 62.

Besteht zur Zeit des Inkrafttretens des Bürgerlichen Gesetzbuchs für eine Ehe kraft Ehevertrags der Güterstand nach einem der in diesem Gesetze genannten Rechte, deren Geltungsgebiet sich in einen anderen Bundesstaat erstreckt, so finden die in diesem Gesetze bestimmten Aenderungen des Güterstandes auch Anwendung, wenn der Güterstand mit Rücksicht auf das zu dem anderen Bundesstaate gehörende Geltungsgebiet gewählt ist.

Die Vorschriften des Artikel 61 Abs. 2 finden entsprechende Anwendung.

Artikel 63.

Besteht für Ehegatten, die zur Zeit des Inkrafttretens des Bürgerlichen Gesetzbuchs ihren Wohnsitz in Bayern haben, ein Güterstand, für welchen das in Bayern nicht geltende Recht eines anderen Bundesstaats maßgebend ist, so finden die Vorschriften Anwendung, welche den Güterstand in dem anderen Bundesstaate mit den Vorschriften des Bürgerlichen Gesetzbuchs in Einklang zu bringen bezwecken.

Werden in dem anderen Bundesstaate solche Vorschriften erst später erlassen, so kann durch Königliche Verordnung bestimmt werden, daß die Vorschriften auf die zur Zeit der Erlassung der Verordnung in Bayern wohnenden Ehegatten Anwendung finden, für welche der von den Vorschriften betroffene Güterstand besteht.

Artikel 64.

Begründen Ehegatten, für deren Güterstand die bisherigen Gesetze maßgebend sind, nach dem Inkrafttreten des Bürgerlichen Gesetzbuchs ihren Wohnsitz in Bayern, so finden die Vorschriften dieses Gesetzes über die Aenderung des Güterstandes Anwendung. An die Stelle der Zeit des Inkrafttretens des Bürgerlichen Gesetzbuchs, im Falle des Artikel 63 Abs. 2 an die Stelle der Zeit der Erlassung der Königlichen Verordnung, tritt die Zeit der Begründung des Wohnsitzes.

Rechte, deren Geltungsgebiet sich in einen anderen Bundesstaat erstreckt, sind von dem Inkrafttreten des Bürgerlichen Gesetzbuchs an, soweit sie in dem anderen Bundesstaate gelten, als besondere Rechte dieses Bundesstaats anzusehen.

Eine Aenderung des Güterstandes tritt nicht ein, wenn der Güterstand vor der Begründung des Wohnsitzes in Bayern durch die Gesetze eines anderen Bundesstaats einer Aenderung unterworfen worden ist, die ihn mit den Vorschriften des Bürgerlichen Gesetzbuchs in Einklang zu bringen bezweckt.

Artikel 65.

Soweit nach diesem Gesetze für den Güterstand einer Ehe die Vorschriften des Bürgerlichen Gesetzbuchs maßgebend sind, finden auch die für den Güterstand geltenden Vorschriften der Civilprozeßordnung, der Konkursordnung und des Gesetzes über die Angelegenheit der freiwilligen Gerichtsbarkeit Anwendung.

Auf die im Artikel 21 Abs. 2 bezeichnete Ausgleichung des Ehegewinns finden die Vorschriften des Artikel 21 des Entwurfes der Uebergangsvorschriften (Beilage J) entsprechende Anwendung.

Artikel 66. S. 600.

Die Wirksamkeit des nach diesem Gesetz eintretenden Güterstandes gegenüber Dritten bestimmt sich nach den für || die Wirksamkeit des bisherigen S. 601. Güterstandes geltenden Vorschriften. Die Vorschriften des Preußischen Landrechts Theil II Titel 1 §§ 352, 353, 425, 426 und die in einzelnen Rechtsgebieten geltenden Vorschriften, nach welchen für Ehegatten, die ihren Wohnsitz in das Rechtsgebiet verlegen, Dritten gegenüber das in dem Rechtsgebiete geltende Güterrecht maßgebend ist, treten jedoch außer Kraft.

Eine später eintretende Aenderung des Güterstandes ist Dritten gegenüber nur als Maßgabe des § 1435 des Bürgerlichen Gesetzbuchs wirksam. Das Gleiche gilt in Ansehung des selbständigen Betriebs eines Erwerbsgeschäfts durch die Frau für den Einspruch des Mannes und den Widerruf der Einwilligung des Mannes, sofern der Einspruch oder der Widerruf nach dem Eintritte der in diesem Gesetze bestimmten Aenderung des Güterstandes erfolgt.

Wird der Wohnsitz des Mannes nach dem Eintritte der in diesem Gesetze bestimmten Aenderung des Güterstandes verlegt, so finden die Vorschriften des § 1435 des Bürgerlichen Gesetzbuchs entsprechende Anwendung; ein von dem gesetzlichen Güterrechte des Bürgerlichen Gesetzbuchs abweichender Güterstand steht einem vertragsmäßigen Güterstande gleich.

Artikel 67.

Eine zur Zeit des Inkrafttretens des Bürgerlichen Gesetzbuchs kraft Gesetzes bestehende Gütergemeinschaft bedarf in Ansehung der Rechte, die im Grundbuch eingetragen sind oder in das Grundbuch eingetragen werden können, zur Erhaltung der Wirksamkeit gegenüber dem öffentlichen Glauben des Grundbuchs nicht der Eintragung. Jeder Ehegatte kann jedoch von dem anderen die Mitwirkung zur Eintragung verlangen.

Das Gleiche gilt für eine Gütergemeinschaft, die nach Artikel 1 Abs. 3, Artikel 15 Abs. 1 oder Artikel 29 kraft Gesetzes später eintritt.

Diese Vorschriften finden in den Landestheilen rechts des Rheins, solange das Grundbuch nicht als angelegt anzusehen ist, auf das Hypothekenbuch entsprechende Anwendung.

Artikel 68.

Ein Güterstand, für den die bisherigen Gesetze maßgebend bleiben, kann durch Ehevertrag nur nach Maßgabe der Vorschriften des Bürgerlichen Gesetzbuchs aufgehoben oder geändert werden.

Die Vorschriften des Artikel 66 Abs. 3 und des Artikel 67 finden auch auf einen Güterstand der im Abs. 1 bezeichneten Art Anwendung.

Artikel 69.

Steht dem überlebenden Ehegatten ein Recht der Verwaltung und Nutznießung oder des Beisitzes zu, für welches die bisherigen Gesetze maßgebend sind, so ist das Recht des überlebenden Ehegatten in dem Erbscheine, der einem Erben ertheilt wird, anzugeben.

Das Recht der Verwaltung und Nutznießung oder des Beisitzes ist bei der Eintragung des Erben in das Grundbuch oder das Hypothekenbuch der Landestheile rechts des Rheins von Amtswegen miteinzutragen.

Dem überlebenden Ehegatten hat das Nachlaßgericht auf Antrag ein Zeugniß über das Recht der Verwaltung und Nutznießung oder des Beisitzes zu ertheilen. Auf das Zeugniß finden die für den Erbschein geltenden Vorschriften entsprechende Anwendung. Mit der Beendigung des Rechtes der Verwaltung und Nutznießung oder des Beisitzes wird das Zeugniß kraftlos.

S. 601.

Artikel 70.

Bei einer fortgesetzten Gütergemeinschaft, für welche die bisherigen Gesetze maßgebend bleiben, finden auf die Ertheilung eines Zeugnisses über die Fortsetzung der Gütergemeinschaft die Vorschriften des § 1507 des Bürgerlichen Gesetzbuchs Anwendung.

Im Falle der Auseinandersetzung kann das im § 38 der Grundbuchordnung bezeichnete Zeugniß ertheilt werden.

Artikel 71.

Wird infolge der in diesem Gesetze bestimmten Aenderung des Güterstandes das Grundbuch unrichtig, so werden für die Berichtigung des Grundbuchs Gebühren nicht erhoben, wenn die Berichtigung vor dem Ablauf eines Jahres nach der Aenderung beantragt wird.

Das Gleiche gilt in den Landestheilen rechts des Rheins für die Berichtigung des Hypothekenbuchs.

Artikel 72.

Für einen Ehevertrag, durch den an die Stelle des nach diesem Gesetz eintretenden Güterstandes eine andere nach den Vorschriften des Bürgerlichen Gesetzbuchs zulässige Regelung des Güterstandes gesetzt oder der nach diesem Gesetz eintretende Güterstand in einzelnen Beziehungen geändert wird, sowie für die Eintragung des Ehevertrags in das Güterrechtsregister werden Gebühren nicht erhoben, wenn der Vertrag vor dem Ablauf eines Jahres nach der Aenderung des Güterstandes geschlossen wird.

Das Gleiche gilt für die Beurkundung eines Auseinandersetzungsvertrags, wenn sie vor dem im Abs. 1 bezeichneten Zeitpunkt erfolgt, sowie die Vermittelung einer Auseinandersetzung, die Aufnahme von Vermögensverzeichnissen und die Feststellung des Zustandes der zu dem eingebrachten Gute eines Ehegatten gehörenden oder dem eingebrachten Gute gleichstehenden Sachen, wenn sie vor dem im Abs. 1 bezeichneten Zeitpunkte beantragt wird.

Die Einstellung in den Entwurf der Uebergangsvorschriften (Beilage J) soll in der Weise erfolgen, daß

die Artikel 60 bis 72 unter der Ueberschrift „Eheliches Güterrecht“ zwischen Artikel 17 und Artikel 18,

die Artikel 1 bis 42 unter derselben Ueberschrift zwischen Artikel 46 und Artikel 47,

die Artikel 43 bis 59 unter derselben Ueberschrift zwischen Artikel 65 und Artikel 66 zu stehen kommen.

S. 602.

Begründung.

(Beilage X z. d. Verhandl. d. Justiz-Gesetzg.-Aussch. d. K. d. Abg. 1899. Beil.-Bd. XX, Abth. I. Seite 602 bis 642.)

Nach Artikel 200 Abs. 1 des Einführungsgesetzes zum Bürgerlichen Gesetzbuche bleiben für den Güterstand einer zur Zeit des Inkrafttretens des Bürgerlichen Gesetzbuchs bestehenden Ehe die bisherigen Gesetze maßgebend. Es ist jedoch den Ehegatten nach Artikel 200 Abs. 2 gestattet, eine nach den Vorschriften des Bürgerlichen Gesetzbuchs zulässige Regelung des Güterstandes durch Ehevertrag selbst dann zu treffen, wenn nach den bisherigen Gesetzen ein Ehevertrag unzulässig sein würde.

Die Reichsgesetzgebung hat sich, wie schon in der Einleitung der Begründung zu dem Entwurfe der Uebergangsvorschriften (Beilage J) bemerkt

worden ist, eines weiteren Eingriffs in den Güterstand der zur Zeit des S. 602.
Inkrafttretens des Bürgerlichen Gesetzbuchs bestehenden Ehen nicht deswegen enthalten, weil sie von der Ansicht ausgeht, daß der Güterstand dieser Ehen unverändert fortbestehen soll, sondern sie hat für die Aufgabe, ihn mit den Vorschriften des Bürgerlichen Gesetzbuchs in Einklang zu bringen, wegen der auf dem Gebiete des ehelichen Güterrechts am weitesten gehenden Zersplitterung des geltenden Rechtes die Landesgesetzgebung für geeigneter erachtet und sie im Artikel 218 des Einführungsgesetzes ermächtigt, die Ueberleitung auch nach dem Inkrafttreten des Bürgerlichen Gesetzbuchs noch vorzunehmen.

In Bayern bestehen zur Zeit mehr als 40 eheliche Güterrechte. In diesen Güterrechten sind die sämmtlichen in Deutschland vorkommenden Grundformen des ehelichen Güterrechts vertreten. Die auf der allgemeinen Gütergemeinschaft oder der Errungenschaftsgemeinschaft beruhenden Rechte, welche die überwiegende Mehrzahl bilden, weisen eine außerordentliche Verschiedenheit auf, die sich nicht auf Einzelheiten von untergeordneter Bedeutung beschränkt, sondern sich auf die wichtigsten Fragen — Geschäftsfähigkeit der Frau, Verfügungsgewalt des Mannes, Schuldenhaftung u. dergl. — erstreckt. Enthält sich die Landesgesetzgebung der Ueberleitung der Güterrechte, so werden die bisherigen Güterrechte noch Jahrzehnte nach dem Inkrafttreten des Bürgerlichen Gesetzbuchs zur Anwendung kommen. Durch das Nebeneinanderbestehen der verschiedenen älteren Güterrechte und des Bürgerlichen Gesetzbuchs aber entsteht Verwirrung, aus der sich für den Verkehr mißliche Folgen ergeben. Der Zustand wird um so schlimmer, je längere Zeit seit dem Inkrafttreten des Bürgerlichen Gesetzbuchs verstrichen ist und je mehr das alte Recht in Vergessenheit geräth.

Dazu kommt die Beschaffenheit der bayerischen Statutarrechte, von denen die meisten das eheliche Güterrecht nicht vollständig sondern nur bruchstückweise regeln und viele über die wichtigsten Fragen, insbesondere über das Verhältniß der Ehegatten zu den Gläubigern, keinen sicheren Aufschluß geben. Infolge dessen besteht auf dem Gebiete des ehelichen Güterrechts eine große Zahl von Streitfragen und eine schwankende, unsichere Rechtsanwendung. Für das Bayerische Landrecht ist es bestritten, ob die Errungenschaft eine besondere Vermögensmasse bildet oder ob nur eine Gemeinschaft des Zugewinnstes besteht; im Gebiete des Nürnberger Rechtes ist die Rechtsprechung über die Frage, ob und in welchem Umfange wegen Schulden des Mannes die Zwangsvollstreckung in das Gesammtgut zulässig ist, so unsicher, daß die bei dem Landgerichte Nürnberg zugelassenen Rechtsanwälte vor einigen Jahren das Eingreifen der Gesetzgebung angeregt haben. Mit der Einführung des Bürgerlichen Gesetzbuchs wird dieser Uebelstand durch zahlreiche Zweifel und Streitigkeiten über das Verhältniß der bisherigen Rechte zum Bürgerlichen Gesetzbuche gesteigert werden. Insbesondere werden über eine Frage, die für die Ehegatten von der höchsten Wichtigkeit ist, über die Frage, ob die die Beerbung eines Ehegatten betreffenden Vorschriften der einzelnen Statutarrechte erbrechtliche Wirkungen des Güterstandes bestimmen oder rein erbrechtlicher Natur sind, die Meinungen weit auseinandergehen. Die erbrechtlichen Wirkungen des Güterstandes bleiben nach Artikel 200 Abs. 1 des Einführungsgesetzes zum Bürgerlichen Gesetzbuch in Kraft, die lediglich erbrechtlichen Vorschriften werden durch das Erbrecht des Bürgerlichen Gesetzbuchs ersetzt. Die Frage ist für eine Reihe von Rechten zweifelhaft und bei der Beschaffenheit der Rechtsquellen nicht mit Sicherheit zu lösen. Neben die erbrechtlichen Wirkungen des Güterstandes, die häufig in einem Nießbrauch oder einem Beisitze bestehen, tritt das

S. 602. dem überlebenden Ehegatten in den §§ 1931 bis 1933 des Bürgerlichen Gesetzbuchs eingeräumte Erbrecht und damit entsteht die Frage, wie sich das auf dem Güterstande beruhende Recht und das gesetzliche Erbrecht zu einander verhalten, ob das letztere durch das erstere ausgeschlossen wird oder ob dem überlebenden Ehegatten die Wahl zusteht.

Für einige Rechtsgebiete würde das Zusammentreffen des Bürgerlichen Gesetzbuchs mit dem bestehenden Güterrechte zu Ergebnissen führen, die der Billigkeit widerstreiten und dem Rechtsbewußtsein des Volkes unverständlich sind. Nach der fränkischen Landgerichtsordnung fällt bei Gütergemeinschaft der Erwerb der Kinder regelmäßig in das Gesammtgut, dagegen gebührt den Kindern bei der Grundtheilung der sogenannte Zweitheil, d. h. sie erhalten zwei Drittel des Gesammtguts. Unter der Herrschaft des Bürgerlichen Gesetzbuchs bestimmt sich das Rechtsverhältniß zwischen den Eltern und dem Kinde ausschließlich nach den Vorschriften des Bürgerlichen Gesetzbuchs (Art. 203 des EG. zum B.GB.). Das Vermögen, welches das Kind erwirbt, fällt daher nicht mehr in das Gesammgut, sondern verbleibt dem Kinde. Gleichwohl würden die Kinder das Recht behalten, bei der Grundtheilung den Zweitheil zu verlangen.

Das Bürgerliche Gesetzbuch hat jede der in Deutschland vorkommenden Hauptarten des ehelichen Güterrechts geordnet. Die von ihm aufgestellten Ordnungen sind dazu bestimmt, in den verschiedenen Rechtsgebieten den Ehegatten das Festhalten an der herkömmlichen Art des ehelichen Güterstandes zu ermöglichen, und geben jeder dieser Arten eine den Anschauungen und Bedürfnissen des heutigen Rechtslebens entsprechende Gestaltung. Den Güterständen der zur Zeit des Inkrafttretens des Bürgerlichen Gesetzbuchs bestehenden Ehen gegenüber können sie als Gesetze betrachtet werden, welche die Güterstände des bisherigen Rechtes mit den heutigen Verhältnissen in Einklang bringen; sie stehen diesen Güterständen so gegenüber, wie wenn zum Beispiel im Gebiete des Bamberger oder des Würzburger Landrechts, soweit allgemeine Gütergemeinschaft besteht, die allgemeine Gütergemeinschaft des Bürgerlichen Gesetzbuchs und in der Pfalz an Stelle der gesetzlichen Gütergemeinschaft des Code civil die Fahrnißgemeinschaft des Bürgerlichen Gesetzbuchs eingeführt würde. Würden von der Landesgesetzgebung an die Stelle der Gütergemeinschaft des Bamberger oder des Würzburger Landrechts einheitliche Vorschriften über die allgemeine
S. 603. Gütergemeinschaft gesetzt, so könnte es keinem || Zweifel unterliegen, daß diese neuen Vorschriften trotz mancher Abweichungen von den bisherigen Vorschriften der beiden Rechtsgebiete auf die bestehenden Ehen erstreckt werden würden. Der Grundsatz der Unwandelbarkeit des Güterstandes hat nicht den Sinn, daß für die bestehenden Ehen jede Verbesserung des Güterrechts unterbleiben soll. Wenn das neue Recht den Mann bei der Verfügung über ein zum Gesammtgute gehörendes Grundstück an die Zustimmung der Frau bindet, so würde der Gesetzgeber nicht für die bestehenden Ehen das freie Verfügungsrecht des Mannes und daneben das Anfechtungsrecht der Frau mit einer Anfechtungsfrist, die in dem einen Rechtsgebiete vier, in dem anderen sechs Wochen beträgt, aufrecht erhalten. Ebensowenig würde er diese Anfechtungsrechte gegenüber den vom Manne eingegangenen Verbindlichkeiten bestehen lassen, wenn er es im Interesse der Stellung und der Aufgabe des Mannes in der Ehe für erforderlich erachtet, das Gesammtgut für die Verbindlichkeiten des Mannes ausnahmslos haften zu lassen und die Frau darauf zu beschränken, daß sie wegen Gefährdung ihres späteren Erwerbes auf Aufhebung der Gütergemeinschaft klagen kann. Die Uebertragung der neuen Vorschriften auf die bestehenden

Ehen bedeutet freilich je nach der Lage des geltenden Rechtes bald für den Mann, bald für die Frau eine Einschränkung der im bisherigen Rechte begründeten Befugniß oder eine Erweiterung der Haftung des Gesammtguts oder des Mannes für die Verbindlichkeiten der Ehegatten. Ein ungerechtfertigter Eingriff in erworbene Rechte liegt darin aber ebensowenig wie in der Ersetzung der väterlichen Gewalt des bisherigen Rechtes durch die elterliche Gewalt des neuen Rechtes, durch welche der Vater den volljährigen Kindern gegenüber sein Recht auf Nutznießung des Kindesvermögens verliert (Art. 203 des EG. zum B. GB.). Denn die Befugnisse, die der Mann kraft des ehelichen Güterrechts hat, sind ebensowenig wie die Befugnisse des Inhabers der elterlichen Gewalt Rechte, die ihm für seine eigenen Zwecke zustehen. Er steht der Frau nicht so gegenüber wie der Nießbraucher dem Eigenthümer, sondern seine Befugnisse sind wie die Befugnisse des Inhabers der elterlichen Gewalt nur die rechtliche Gestaltung der ihm in seiner Eigenschaft als Haupt der Familie gebührenden Stellung. In den bestehenden Ehen gebührt dem Manne nicht eine andere Stellung als in den künftigen, er hat nicht ein erworbenes Recht darauf, daß die Abgrenzung seiner Befugnisse, die das bisherige Recht für die sachgemäße gehalten hat, bestehen bleibt, sondern muß es sich gefallen lassen, daß seine Befugnisse für die Zukunft die Gestaltung erhalten, welche das Gesetz den heutigen Verhältnissen entsprechend erachtet. S. 603.

Als eine schwer zu rechtfertigende Härte würde es erscheinen, wenn eine Frau, die sich vor dem Inkrafttreten des Bürgerlichen Gesetzbuchs verheirathet hat, durch die Theilnahme an dem Gewerbebetriebe des Mannes auch für die nach diesem Zeitpunkt entstehenden Gewerbeschulden des Mannes persönlich haftbar würde, wie es nach vielen der geltenden Rechte der Fall ist, während die Frauen, die sich unter der Herrschaft des Bürgerlichen Gesetzbuchs verheirathen, von einer solchen Haftung frei sind, oder wenn bei allgemeiner Gütergemeinschaft ihre persönliche Haftung sich auf die nach dem Inkrafttreten des Bürgerlichen Gesetzbuchs in der Person des Mannes entstehenden Gesammtgutsverbindlichkeiten erstreckte, während die allgemeine Gütergemeinschaft des Bürgerlichen Gesetzbuchs die Frau für diese Verbindlichkeiten nicht persönlich haftbar macht.

Aus den dargelegten Gründen wird die bayerische Gesetzgebung sich der Aufgabe, den Güterstand der bestehenden Ehen in das neue Recht überzuleiten, nicht entziehen können. Die Ueberleitung ist auch bereits in der Einleitung der Begründung zu dem Entwurfe der Uebergangsvorschriften (Beilage J) angekündigt worden.

Der Entwurf will die Ueberleitung in der Weise bewerkstelligen, daß er den für eine Ehe bestehenden Güterstand den für den entsprechenden Güterstand des Bürgerlichen Gesetzbuchs geltenden Vorschriften unterwirft.

Die neuen Vorschriften werden auf die bestehenden Ehen aber nur für die Zukunft übertragen. Die auf Grund der bisherigen Gestaltung der Güterrechte entstandenen Rechtsverhältnisse bleiben unberührt. Hat der Mann zum Beispiel im Gebiete des Würzburger Rechtes vor dem Inkrafttreten des Bürgerlichen Gesetzbuchs ein zum Gesammtgute gehörendes Grundstück ohne die erforderliche Zustimmung der Frau veräußert und ist das Anfechtungsrecht der Frau erloschen, so bleibt die Verfügung wirksam. Ist der Mann vor dem Inkrafttreten des Bürgerlichen Gesetzbuchs ohne die erforderliche Zustimmung der Frau eine Bürgschaft eingegangen, so behält die Frau das ihr nach den bisherigen Vorschriften zustehende Anfechtungsrecht. Insbesondere bestimmt sich die Haftung der Ehegatten für die vor dem Inkrafttreten des Bürgerlichen

S. 603. Gesetzbuchs entstandenen Verbindlichkeiten sowohl den Gläubigern gegenüber als im Verhältnisse der Ehegatten zu einander nach den bisherigen Vorschriften. Den Gläubigern können die über die Vorschriften des Bürgerlichen Gesetzbuchs hinausgehenden Rechte, die sie nach den bisherigen Vorschriften erworben haben, nicht entzogen werden. Es geht aber auch nicht an, die von den geltenden Rechten in einer Reihe von Fällen, insbesondere bei vorehelichen Schulden der Ehegatten, bestimmten Beschränkungen der Haftung zu beseitigen und den Gläubigern die weitergehenden Rechte zu geben, die sie nach dem Bürgerlichen Gesetzbuche gegenüber dem Gesammtgut oder gegenüber dem anderen Ehegatten haben würden. Die Vereinfachung, welche durch die Gleichstellung der vor dem Inkrafttreten des Bürgerlichen Gesetzbuchs entstandenen Verbindlichkeiten mit den später entstehenden erzielt werden würde, vermag einen so weitgehenden Eingriff in die Rechte der Ehegatten nicht zu rechtfertigen.

Eine eigentliche Rückwirkung des neuen Rechtes ist in jeder Beziehung vermieden. Deshalb sind anhängige Sachen der Einwirkung der Rechtsänderung ganz entzogen.

Die neuen Vorschriften sollen für die bestehenden Ehen auch für die Zukunft nicht ausnahmslos gelten. Die Sicherheit des Verkehrs verlangt nur, daß während des Bestehens der Ehe das neue Recht maßgebend ist, und damit wird auch den übrigen Bedürfnissen, welche die Ueberleitung des ehelichen Güterrechts erfordern, in der Hauptsache Genüge geleistet. Für die Rechtsverhältnisse, die sich bei dem Tode eines der Ehegatten ergeben, steht der Zweck der Ueberleitung einer weitergehenden Aufrechterhaltung des bisherigen Rechtes nicht im Wege. Andererseits hat die Aufrechterhaltung des bisherigen Rechtes gerade in dieser Beziehung für die Ehegatten den meisten Werth. Der Entwurf ist daher bestrebt, jeden dem überlebenden Ehegatten möglicherweise nachtheiligen Eingriff zu vermeiden, und hält zu diesem Behufe die mit den bisherigen Güterständen verbundenen besonderen Nachwirkungen aufrecht, wenn sie nicht dem überlebenden Ehegatten unter allen Umständen minder günstig sind als
S. 604. das Erbrecht des Bürgerlichen Gesetzbuchs, ‖ und zwar ohne Unterschied, ob sie durch Verfügung von Todeswegen entzogen werden können oder nicht. Dabei ist dem überlebenden Ehegatten im Falle der gesetzlichen Erbfolge, sofern nicht das bisherige Recht unter allen Umständen zu einem für ihn günstigeren Ergebnisse führt, die Wahl gelassen, nach dem neuen oder nach dem alten Rechte zu erben. Das Wahlrecht ist so gestaltet, daß die Frage, ob sich das Erbrecht nach neuem oder nach altem Rechte bestimmt, spätestens mit dem Ablaufe der reichsgesetzlichen Ausschlagungsfrist entschieden wird. Die Vorschriften sind durchweg so gefaßt, daß, wenn der Ehegatte eine Erklärung nicht abgibt, das für ihn unter gewöhnlichen Verhältnissen günstigere Recht zur Anwendung kommt.

Um die Ueberleitung möglichst schonend vorzunehmen, wird davon abgesehen, die Eintragung der bestehenden Güterstände in das Güterrechtsregister vorzuschreiben. Auch für das bei dem Inkrafttreten des Bürgerlichen Gesetzbuchs vorhandene Vorbehaltsgut wird die Wirksamkeit der Eigenschaft als Vorbehaltsgut Dritten gegenüber nicht von der Eintragung in das Güterrechtsregister abhängig gemacht. Nur wenn nach dem Inkrafttreten des Bürgerlichen Gesetzbuchs der Güterstand geändert oder der Wohnsitz verlegt wird, ist die Eintragung erforderlich.

Die Ueberleitung soll sich nach dem Entwurfe nicht auf die gesetzlichen Güterstände beschränken, sondern auf die vertragsmäßigen erstrecken. Es kann keinen Unterschied machen, ob die für einen Güterstand geltenden Vorschriften für die Ehegatten unmittelbar kraft Gesetzes oder deswegen maßgebend sind, weil die

Ehegatten in ihrem Vertrag auf sie Bezug genommen haben. Dies gilt nicht nur, wenn der im Vertrage bestimmte Güterstand auch ohne Vertrag eingetreten sein würde, sondern auch, wenn die Ehegatten einen der Ueberleitung unterliegenden Güterstand gewählt haben, der an dem Orte ihres ersten Wohnsitzes nicht gilt, oder wenn der gewählte Güterstand von dem Gesetz überhaupt nur für den Fall vertragsmäßiger Festsetzung geregelt ist. Auf die Anwendbarkeit der für ihren Güterstand maßgebenden Vorschriften haben die Ehegatten, wenn sie den Güterstand durch Vertrag gewählt haben, nicht mehr Recht, als wenn sie sich ihm ohne Vertrag unterworfen haben. Die Umgestaltung beschränkt sich auf die gesetzlichen Vorschriften; in die besonderen Vereinbarungen des Ehevertrags, zum Beispiel in die Begrenzung des Vorbehaltsguts, in erbrechtliche Bestimmungen, darf selbstverständlich nicht eingegriffen werden. Von den in Bayern nicht kraft Gesetzes geltenden Güterständen können nur diejenigen berücksichtigt werden, welche im Leben häufiger vorkommen. Für die Landestheile rechts des Rheins beschränkt sich der Entwurf auf die Ueberleitung der allgemeinen Gütergemeinschaft des gemeinen Rechtes, des Bayerischen Landrechts und des Preußischen Landrechts. S. 604.

Die Gründe, welche den Entwurf zu der Ueberleitung bestimmen, gestatten nicht, die Ueberleitung im einzelnen Falle in das Belieben der Ehegatten zu stellen. Es kann deshalb nicht den Ehegatten die Befugniß eingeräumt werden, den Fortbestand des bisherigen Güterrechts für ihre Ehe durch Erklärung gegenüber einer Behörde, etwa dem Registergerichte, zu wahren, was aus ängstlicher Scheu vor dem Neuen und unter dem Einflusse von Berathern, die grundsätzliche Gegner der Ueberleitung sind, nicht selten geschehen würde. Die Ueberleitung läßt den Ehegatten aber freie Hand, durch Vertrag eine nach den Vorschriften des Bürgerlichen Gesetzbuchs zulässige abweichende Regelung ihres Güterstandes zu treffen, und der Entwurf erleichtert es den Ehegatten, die neue Ordnung ihrer güterrechtlichen Verhältnisse ihren besonderen Bedürfnissen und Wünschen anzupassen, indem er für die diesem Zwecke dienenden Eheverträge, falls sie innerhalb eines Zeitraums von einem Jahre geschlossen werden, und für die Eintragung des Ehevertrags in das Güterrechtsregister Gebührenfreiheit gewährt. Die Gebührenfreiheit wird für den Fall, daß die Ehegatten wegen der Aenderung des bisherigen Güterstandes eine Auseinandersetzung vornehmen, auf den Auseinandersetzungsvertrag, sowie auf die Vermittelung der Auseinandersetzung (Art. 21 des Entwurfes der Uebergangsvorschriften, Beilage J) erstreckt. In der gleichen Weise werden, namentlich mit Rücksicht auf die Errungenschaftsgemeinschaft, die Aufnahme von Vermögensverzeichnissen (§§ 1372, 1528 des B. GB.) und die Feststellung des Zustandes der zu dem eingebrachten Gute eines Ehegatten gehörenden Sachen (§ 164 des Gesetzes über die Angelegenheiten der freiwilligen Gerichtsbarkeit) für den Fall begünstigt, daß die Ehegatten zur Sicherung einer künftigen Auseinandersetzung die Beschaffenheit der einzelnen Vermögensmassen zur Zeit der Ueberleitung oder kurz nachher feststellen lassen wollen.

Der Entwurf ist vor der endgiltigen Feststellung einer größeren Zahl von Richtern zur Begutachtung vorgelegt worden. Bei sämmtlichen Obergerichten und für die kleineren Rechtsgebiete auch bei einer Reihe von Amtsgerichten sind Gutachten erholt worden. Sämmtliche Rechtsgebiete sind dabei vertreten gewesen. Die Begutachter haben sich in der weit überwiegenden Mehrzahl für die in Aussicht genommene Ueberleitung ausgesprochen.

Der Entwurf zerfällt in drei Abschnitte, von denen der erste (Art. 1 bis 42) die Güterrechte der Landestheile rechts des Rheins, der zweite (Art. 43

S. 604. bis 59) das Güterrecht der Pfalz zum Gegenstande hat, der dritte (Art. 60 bis 72) gemeinschaftliche Bestimmungen, insbesondere über den Geltungsbereich der Ueberleitungsvorschriften und die Anwendung der Ueberleitungsvorschriften anderer Bundesstaaten, über die Eintragungen in das Güterrechtsregister und über die Gebührenfreiheit für Geschäfte, die durch die Aenderung des Güterstandes veranlaßt werden, enthält.

I. Güterrechte der Landestheile rechts des Rheins.

Der auf die Güterrechte der Landestheile rechts des Rheins bezügliche Abschnitt trifft zunächst die erforderlichen besonderen Bestimmungen für die einzelnen in den Landestheilen rechts des Rheins geltenden gesetzlichen Güterstände und zwar für die allgemeine Gütergemeinschaft in den Artikeln 1 bis 13, für die Errungenschaftsgemeinschaft (eigentliche Errungenschaftsgemeinschaft und Gemeinschaft des Zugewinnstes) in den Artikeln 14 bis 27, für das Dotalrecht in den Artikeln 28 bis 30 und für die Verwaltungsgemeinschaft des Preußischen Landrechts im Artikel 31. In den Artikeln 32 bis 34 folgen besondere Vorschriften über die vertragsmäßigen Güterstände. Die Artikel 35 bis 42 enthalten die allgemeinen Vorschriften über die Abgrenzung der einzelnen Vermögensmassen, die Behandlung der vor der Aenderung des Güterstandes entstandenen Verbindlichkeiten und Ersatzansprüche, die Aufrechterhaltung besonderer Vereinbarungen und Anordnungen Dritter, die anhängigen Rechtsstreitigkeiten und die Anwendung erbrechtlicher Vorschriften des Bürgerlichen Gesetzbuchs auf die dem überlebenden Ehegatten nach den bisherigen Vorschriften zustehenden Rechte.

S. 605.

1. Allgemeine Gütergemeinschaft.

Artikel 1 bis 13.

Art. 1 Abs. 1. 1. Die allgemeine Gütergemeinschaft bildet den gesetzlichen Güterstand für alle Klassen der Bevölkerung nach den Rechten des Bisthums Bamberg, des Fürstenthums Bayreuth, der Grafschaft Thurnau, des Bisthums Fulda, des Fürstenthums Hohenlohe, der Grafschaft Pappenheim, des Fürstenthums Kempten, des Fürstenthums Oettingen-Wallerstein, der Herrschaft Stauffen, der Städte Windsheim, Dinkelsbühl, Nördlingen, Kaufbeuren, Kempten, Lindau, Ingolstadt und Mindelheim sowie nach der Mönchsrother Observanz. Dem gesetzlichen Güterrechte der Stadt Ulm liegt zwar die Errungenschaftsgemeinschaft zu Grunde, von der Rechtsübung wird jedoch die allgemeine Gütergemeinschaft als gesetzlicher Güterstand angenommen.

Nach dem Rechte der Grafschaft Erbach ist die allgemeine Gütergemeinschaft der gesetzliche Güterstand für alle Klassen der Bevölkerung mit Ausnahme der vormals reichsunmittelbaren Familien, nach dem Rechte des Bisthums Eichstätt ist sie der gesetzliche Güterstand für „die gemeinen Bürgers- und Bauersleute". Das Recht der Stadt Nürnberg stellt die allgemeine Gütergemeinschaft als gesetzlichen Güterstand für die ersten Ehen und für die weiteren Ehen ohne Kinder aus einer früheren Ehe, die sogenannten versammten Ehen, auf. Auch nach dem Rechte der Stadt Weißenburg gilt in erster Ehe und, wenn Kinder aus früherer Ehe nicht vorhanden sind, auch in der weiteren Ehe die allgemeine Gütergemeinschaft als gesetzlicher Güterstand. Für das Geltungsgebiet der domprobsteilich Bambergischen Observanzen wird angenommen, daß in erster Ehe allgemeine Gütergemeinschaft und in zweiter Ehe Errungenschaftsgemeinschaft bestehe. Nach der fränkischen Landgerichtsordnung, dem Rechte der Grafschaft Castell und dem Schweinfurter Stadtrechte tritt allgemeine Gütergemeinschaft ein, wenn in der Ehe ein Kind geboren wird, und sie bleibt nur so lange bestehen, als nicht abgeschichtete Kinder vorhanden sind; die genannten Rechte stellen die allgemeine Gütergemeinschaft als gesetzlichen Güterstand aber nur für die Ehen der nicht zum vormals reichsunmittelbaren Adel gehörenden Familien auf. S. 605.

Der Entwurf leitet die allgemeine Gütergemeinschaft, welche zur Zeit des Inkrafttretens des Bürgerlichen Gesetzbuchs für eine Ehe als gesetzlicher Güterstand gilt, in die allgemeine Gütergemeinschaft des Bürgerlichen Gesetzbuchs über, indem er von diesem Zeitpunkt an an die Stelle der bisherigen Vorschriften die Vorschriften des Bürgerlichen Gesetzbuchs über die allgemeine Gütergemeinschaft setzt (Art. 1 Abs. 1).

2. Nach den Rechten von Bayreuth, Lindau, Ingolstadt, Oettingen, Erbach und Nürnberg tritt die allgemeine Gütergemeinschaft als gesetzlicher Güterstand erst mit der ehelichen Beiwohnung ein. Der Entwurf sieht für die Zeit nach dem Inkrafttreten des Bürgerlichen Gesetzbuchs von dieser Voraussetzung ab (Art. 1 Abs. 2.) Art. 1 Abs. 2, 3.

Nach dem Rechte des Fürstenthums Hohenlohe hängt der Eintritt der allgemeinen Gütergemeinschaft von dem Ablaufe von Jahr und Tag seit der Eheschließung ab; dem Ablaufe der Frist steht die Geburt eines ehelichen Kindes gleich. Die Hinausschiebung des Eintritts hat nur Bedeutung für die Beerbung, wenn die Ehe kinderlos geblieben ist und der eine Ehegatte vor dem Ablaufe der Frist stirbt. Wer die Ehe unter der Herrschaft des Hohenloher Rechtes eingeht, rechnet damit, daß er in allgemeine Gütergemeinschaft tritt. Die Besonderheit des Hohenloher Rechtes kann daher fallen gelassen werden (Art. 1 Abs. 2). Wo die allgemeine Gütergemeinschaft sofort eintritt, denkt Niemand daran, ihren Eintritt durch Ehevertrag auf ein Jahr hinauszuschieben. Daraus ergibt sich, daß ein Bedürfniß für eine gesetzliche Hinausschiebung nicht besteht.

Mit der Vorschrift des Hohenloher Rechtes nahe verwandte Vorschriften finden sich in den Rechten von Stauffen und von Nördlingen. Das Recht von Stauffen bestimmt, daß, wenn ein Ehegatte stirbt, ehe Jahr und Tag seit der Eingehung der Ehe verstrichen sind, der überlebende Ehegatte im Falle der unbeerbten Ehe lediglich sein Zugebrachtes zurückerhält und außerdem nur eine etwa vereinbarte Morgengabe anzusprechen hat. Nach dem Rechte von Nördlingen ist der überlebende Ehegatte im Falle der unbeerbten Ehe nur dann Alleinerbe, wenn die Ehe länger als ein Jahr gedauert hat. Diese Vorschriften werden vom Entwurf übergangen und fallen damit weg. Ebenso beseitigt der Entwurf (Art. 17 Abs. 1 Satz 1, Art. 18 Abs. 1 Satz 2, Art. 19 Abs. 3 Satz 1) die entsprechenden Vorschriften des Coburger Rechtes, nach welchen die erbrechtlichen Wirkungen des Güterstandes erst eintreten, wenn die Ehe Jahr und Tag gedauert hat.

Anders verhält es sich mit der Vorschrift des Bamberger Landrechts, nach welcher die allgemeine Gütergemeinschaft erst mit dem Ablaufe von Jahr und Tag seit der Eheschließung, im Falle der Minderjährigkeit eines Ehegatten unter Umständen erst mit dem Ablaufe von sechs Monaten seit dem Eintritte der Volljährigkeit, eintritt und bis dahin von jedem Ehegatten durch Einspruchserhebung ausgeschlossen werden kann. Diese Frist hat die Bedeutung einer Probe- oder Ueberlegungszeit und muß deßhalb aufrechterhalten werden (vergl. Art. 29).

Nach dem in einigen Rechtsgebieten subsidiär geltenden Preußischen Landrechte (II 18 §§ 782 ff.) bleibt der Eintritt der allgemeinen Gütergemeinschaft für die Dauer der Minderjährigkeit eines Ehegatten regelmäßig aus-

S. 605. gesetzt. Die Ueberleitung muß auch hier, um eine Beeinträchtigung des Bestimmungsrechts des zu schützenden Ehegatten zu vermeiden, bis zu dem Zeitpunkte hinausgeschoben werden, mit welchem nach den bisherigen Vorschriften die Aussetzung endigt; hienach vollzieht sie sich spätestens, wenn die Frau nicht binnen drei Monaten nach dem Eintritte der Volljährigkeit, der Mann nicht im Termine zur Entlastung des Vormundes die Ausschließung der Gütergemeinschaft bestimmt (Art. 1 Abs. 3).

Art. 2. Im Gebiete des Rechtes und des Fürstenthums Bayreuth haben die Ehegatten das Recht, binnen drei Monaten nach Eingehung der Ehe von der Gütergemeinschaft einseitig zurückzutreten. Von Einigen wird die dreimonatige Frist als eine Probe- oder Ueberlegungsfrist aufgefaßt, so daß erst nach ihrem Ablaufe die Gütergemeinschaft eintritt. Die herrschende Meinung geht jedoch dahin, daß die Gütergemeinschaft mit der ehelichen Beiwohnung beginnt und durch den rechtzeitig erklärten Rücktritt mit rückwirkender Kraft aufgehoben wird. Die gleichen Gründe wie für die Aufrechthaltung der Reklamationsfrist des Bamberger Landrechts sprechen für die Aufrechthaltung der
S. 606. Renunciations‖frist des Bayreuther Rechtes. Der Entwurf (Art. 2) schließt sich der herrschenden Auffassung an und bestimmt dementsprechend, daß, wenn die allgemeine Gütergemeinschaft nach dem Rechte des Fürstenthums Bayreuth besteht, jeder Ehegatte das Recht behält, sie innerhalb einer Frist von drei Monaten nach Eingehung der Ehe aufzuheben. Wird von dem Renunciationsrechte Gebrauch gemacht, so tritt gegenwärtig der gesetzliche Güterstand des subsidiär geltenden Preußischen Landrechts, die Verwaltungsgemeinschaft, ein. Der Entwurf läßt, da er die Verwaltungsgemeinschaft des Preußischen Landrechts in den Güterstand der Verwaltung und Nutznießung überleitet (vergl. Art. 31), diesen Güterstand eintreten.

3. Das Bürgerliche Gesetzbuch unterscheidet bei der allgemeinen Gütergemeinschaft drei Vermögensmassen: das Gesammtgut, das Vorbehaltsgut des Mannes und das Vorbehaltsgut der Frau. Hiemit stimmen alle bayerischen Gütergemeinschaftsrechte überein. In der Abgrenzung der Vermögensmassen weichen nur die Rechte von Bamberg und Lindau ab. Das zur Zeit der Ueberleitung vorhandene gemeinschaftliche Vermögen kann daher von dieser Zeit an als Gesammtgut behandelt werden (Art. 33). Nach dem Rechte von Bamberg gelten der Braut- oder Mahlschatz sowie Schenkungen unter den Ehegatten als Vorbehaltsgut. Nach dem Rechte von Lindau sind Vorbehaltsgut der Frau die Brautausfertigung sowie die ihr vor der Hochzeit gegebenen Geschenke und das von der Frau ererbte oder ihr sonst unentgeltlich von Dritten zugewendete Gut, sofern die Frau es dem Manne nicht zur Verwaltung übergeben hat. Ob für das Kemptener Stadtrecht in Bezug auf das während der Ehe ererbte Vermögen eine Abweichung besteht, ist bestritten. Da nach dem Entwurfe dasjenige Vermögen eines Ehegatten, welches zur Zeit des Inkrafttretens des Bürgerlichen Gesetzbuchs Vorbehaltsgut ist, diese Eigenschaft behält (Art. 35 Abs. 1), so kommt nur die Vorschrift des Lindauer Rechtes in Betracht. Der Entwurf erachtet eine Sondervorschrift nicht für erforderlich.

4. Die rechtliche Stellung der Ehegatten zu ihren Vorbehaltsgütern ist in den geltenden Rechten in der gleichen Weise bestimmt wie im Bürgerlichen Gesetzbuche. Das Bamberger und das Hohenloher Landrecht kennen auch Vorbehaltsgut, bei dem sich der Vorbehalt lediglich auf den „Hauptstock“ bezieht, die Nutzungen dagegen in das Gesammtgut fallen. Soll der Vorbehalt sich auf die Nutzungen erstrecken, so muß dies besonders bestimmt werden. Vorbehaltenes Gut, dessen Nutzungen in das Gesammtgut fallen, hat im Wesent-

lichen die gleiche Stellung wie nach dem § 1439 Satz 2 des Bürgerlichen S. 606.
Gesetzbuchs Gegenstände, die nicht durch Rechtsgeschäft übertragen werden können. Der Entwurf trifft die erforderlichen besonderen Vorschriften im Artikel 35 Abs. 2. Für das Recht von Fulda wird die Geltung von Vorschriften derselben Art behauptet. Im bayerischen Gebiete des Fuldaer Rechtes sind jedoch solche Vorschriften jedenfalls nicht mehr in Uebung.

Die Rechte von Kaufbeuren und Ulm lassen das von einem Ehegatten ererbte Gut zwar in das Gesammtgut fallen, weisen ihm jedoch insofern eine Sonderstellung an, als sie dem Ehegatten die Verfügung von Todeswegen — das Recht von Kaufbeuren über die Hälfte, das Ulmer Recht über das Ganze — vorbehalten. In dieser Beziehung wird auf die Begründung zum Artikel 6 verwiesen.

5. Nach dem Bürgerlichen Gesetzbuch unterliegt das Gesammtgut der Verwaltung und Verfügung des Mannes. Nur zu Verfügungen über Grundstücke, zu Schenkungen und Schenkungsversprechen, zur Uebernahme der Verpflichtung zu einer Verfügung über Grundstücke oder über das Gesammtgut im Ganzen sowie zur Erfüllung eines Schenkungsversprechens oder einer Verpflichtung zur Verfügung über das Gesammtgut im Ganzen bedarf der Mann der Einwilligung der Frau. Im Wesentlichen bestimmen auch die bayerischen Gütergemeinschafsrechte die Rechtsstellung des Mannes in der gleichen Weise, wenn auch einige Rechte (Würzburg, Schweinfurt, Castell, Bamberg) an die Stelle des Erfordernisses der Zustimmung der Frau ein Anfechtungsrecht (reclamatio uxoria) setzen. Nur wenige Rechte nehmen einen anderen Standpunkt ein, insbesondere die Rechte von Bayreuth, Oettingen, Dinkelsbühl, Windsheim, Pappenheim und des Fürstenthums Kempten, welche dem Manne die vollständige Freiheit in der Vornahme entgeltlicher Verfügungen einräumen, während das Recht von Hohenlohe zu allen Verfügungen über Immobilien, Schuldaufnahmen und Vergleichen und das Recht von Nürnberg zu allen Rechtsgeschäften die Zustimmung der Frau verlangen. Eine Abweichung vom Bürgerlichen Gesetzbuche liegt ferner darin, daß der Mann nach den meisten bayerischen Gütergemeinschaftsrechten eine Bürgschaft nur mit Einwilligung der Frau übernehmen kann oder der Frau gegen die Uebernahme das Recht des Einspruchs zusteht.

Die Frau ist nach dem Bürgerlichen Gesetzbuche von der Verwaltung des Gesammtguts ausgeschlossen, nur in gewissen Ausnahmefällen, insbesondere bei Krankheit oder Abwesenheit des Mannes, geht die Verwaltung auf sie über. Hiemit stimmen die geltenden bayerischen Gütergemeinschaftsrechte so ziemlich vollständig überein.

6. Anlangend die Schuldenhaftung, so haftet für die während der Ehe entstandenen Verbindlichkeiten der Ehegatten nach dem Bürgerlichen Gesetzbuche das Gesammtgut, soweit es sich um Verbindlichkeiten des Mannes handelt, ausnahmlos, soweit es sich um Verbindlichkeiten der Frau handelt, mit den in den §§ 1460 bis 1462 bestimmten Ausnahmen. Im wesentlichen Ergebnisse stimmen hiemit alle rechtsrheinischen Gütergemeinschaftsrechte überein. Abweichungen bestehen nur nach der Richtung, daß nach den Rechten von Würzburg, Erbach und Fulda die Haftung des Gesammtsguts für Verbindlichkeiten aus unerlaubten Handlungen, nach den Rechten von Würzburg und Erbach hinsichtlich eines jeden Ehegatten, nach dem Rechte von Fulda hinsichtlich der Frau, erst eintritt, wenn das Vorbehaltsgut nicht ausreicht, daß ferner, nach dem in den Gebieten der Rechte von Bayreuth, Thurnau, Weißenburg, Windsheim und der domprobsteilich Bambergischen Observanzen subsidiär geltenden Preußischen Landrechte wegen einseitiger Schulden des

S. 606. Mannes, welche dieser sich bei der Auseinandersetzung auf seinen Antheil anrechnen lassen muß, aus den von der Frau eingebrachten Grundstücken und Gerechtigkeiten erst dann Befriedigung verlangt werden kann, wenn das übrige gemeinschaftliche Vermögen zur Bezahlung nicht hinreicht, und daß nach dem Bamberger Landrechte die einen Ehegatten treffenden Geldstrafen aus dem Gesammtgute nur mit Zustimmung des anderen Ehegatten beigetrieben werden können. Eine Sonderstellung nimmt das Recht der Stadt Nürnberg ein. Nach diesem haftet das Gesammtgut nur für die gemeinsam eingegangenen Verbindlichkeiten, während die von einem Ehegatten einseitig und auch nicht
S. 607. zum gemeinsamen Nutzen eingegangenen oder || durch unerlaubte Handlungen veranlaßte Verbindlichkeiten nur auf dem Antheile des Ehegatten lasten.

Für die vor der Eingehung der Ehe entstandenen Verbindlichkeiten haftet das Gesammtgut nach dem Bürgerlichen Gesetzbuche schlechthin. Hiemit stehen gleichfalls fast alle rechtsrheinischen Gütergemeinschaftsrechte im Einklange. Nur nach dem Rechte der Stadt Nürnberg haften die vorehelichen Schulden lediglich auf dem Antheile des Ehegatten am Gesammtgut und nach dem Rechte von Oettingen sowie nach der Mönchsrother Observanz tritt die Haftung des Gesammtguts überhaupt nicht ein. Nach dem Rechte der fränkischen Landgerichtsordnung ist sie nur eine subsidiäre. Nach den Rechten von Castell und Hohenlohe besteht sie für Verbindlichkeiten, welche der Ehegatte, in dessen Person sie begründet sind, dem anderen Ehegatten vor der Eingehung der Ehe anzeigt, während das Bamberger Landrecht umgekehrt verlangt, daß der Ehegatte, in dessen Person sie nicht begründet sind, die Haftung vor der Eingehung der Ehe durch einen Ehevertrag ausschließt.

Für die Verbindlichkeiten, für welche Befriedigung aus dem Gesammtgute verlangt werden kann, haftet nach dem Bürgerlichen Gesetzbuche der Mann auch persönlich. Für die Rechte von Bayreuth, Dinkelsbühl Kaufbeuren, Lindau, Mindelheim, Nördlingen, Oettingen, Mönchsroth, Fulda, Bamberg und Stauffen wird gleichfalls anerkannt, daß der Mann persönlich für sämmtliche Gesammtgutsverbindlichkeiten haftet. Ob der Mann für Gesammtgutsverbindlichkeiten, die nicht in seiner Person entstanden sind, persönlich haftet, ist für mehrere der übrigen Rechte, z. B. für das Recht der Stadt Kempten, bestritten. Nach dem in den Gebieten der Rechte von Windsheim, Thurnau, Weißenburg und der domprobsteilich Bambergischen Observanzen subsidiär geltenden Preußischen Landrechte haftet der Mann für die in der Person der Frau entstandenen Gesammtgutsverbindlichkeiten nur, wenn die Frau sie während der Ehe mit seiner Genehmigung eingegangen und er bei der Ertheilung der Genehmigung die persönliche Haftung nicht ausdrücklich ausgeschlossen hat oder wenn die Schulden aus einem von der Frau betriebenen Erwerbsgeschäfte herrühren und die Frau sich die Einkünfte aus dem Geschäfte nicht vorbehalten hat. Nach der fränkischen Landgerichtsordnung haftet der Mann zur Hälfte persönlich.

Eine persönliche Haftung der Frau für Gesammtgutsverbindlichkeiten, welche nicht in ihrer Person entstanden sind, ist dem Bürgerlichen Gesetzbuche fremd. Den gleichen Standpunkt nimmt die Mehrzahl der bayerischen Gütergemeinschaftsrechte ein. Eine Ausnahme machen z. B. die Rechte von Oettingen, Dinkelsbühl, Nördlingen und Fulda sowie die Mönchsrother Observanz, welche die solidarische Haftung der Ehegatten für die während der Gütergemeinschaft entstandenen Verbindlichkeiten aufstellen. Nach dem Nürnberger Rechte haften die Ehegatten für „gemeine Schulden" gleichfalls sammtverbindlich. Nach der fränkischen Landgerichtsordnung haftet auch die Frau für die während der Gütergemeinschaft entstandenen Verbindlichkeiten zur Hälfte persönlich.

Für Gewerbsschulden wird solidarische Haftung der Ehegatten nicht S. 607.
selten auch von solchen Güterrechten anerkannt, welche sie sonst nicht allgemein aufstellen.

Einige Rechte geben dem Ehegatten, welcher durch die in der Person des anderen Ehegatten begründeten Gesammtgutsverbindlichkeiten gefährdet ist, das Recht, Wiedereinsetzung in den vorigen Stand zu verlangen, d. h. auf Aufhebung der Gütergemeinschaft mit der Wirkung zu klagen, daß das Gesammtgut für diese Verbindlichkeiten nicht haftet. Den Wiedereinsetzungsanspruch gewähren die Rechte von Hohenlohe und Castell jedem Ehegatten, die Rechte der Städte Lindau und Kempten der Frau, das Recht von Erbach einem jeden Ehegatten, aber nur wenn der andere in betrüglicher Absicht die Schuld verheimlicht hat. Infolge der subsidiären Anwendbarkeit des Preußischen Landrechts kann nach den Rechten von Windsheim, Thurnau, Weißenburg und im Gebiete der domprobsteilich Bambergischen Observanzen jeder Ehegatte, wenn der andere mehr Schulden als Vermögen in die Ehe eingebracht hat, binnen zwei Jahren nach vollzogener Ehe auf Absonderung des Vermögens mit der Wirkung antragen, daß die vorehelichen Gläubiger sich nur an das abgesonderte Vermögen ihres Schuldners halten können; statt der Absonderung kann der Ehegatte die Aufhebung der Gütergemeinschaft mit der Wirkung verlangen, daß das Gesammtgut für diese Verbindlichkeiten nicht haftet.

Die Abweichung der geltenden Rechte vom Bürgerlichen Gesetzbuch ist, wie die vorstehende Darstellung ergibt, abgesehen vom Nürnberger Rechte, keine erhebliche und bezieht sich mit Rücksicht darauf, daß das Bürgerliche Gesetzbuch eine persönliche Haftung der Frau für die nicht in ihrer Person entstandenen Gesammtgutsverbindlichkeiten nicht kennt, praktisch nur auf die vorehelichen Schulden. Die Verschiedenheit in Ansehung der persönlichen Haftung des Mannes kommt praktisch nicht in Frage. Die persönliche Haftung des Mannes hat, da sie nach dem Bürgerlichen Gesetzbuche für die im Verhältnisse der Ehegatten zu einander dem Gesammtgute nicht zur Last fallenden Gesammtgutsverbindlichkeiten mit der Beendigung der Gütergemeinschaft erlischt, nur Bedeutung für das Vorbehaltsgut des Mannes. Vorbehaltsgut des Mannes ist indessen bei der allgemeinen Gütergemeinschaft äußerst selten. Bezüglich der Haftung für die vorehelichen Schulden aber weichen vom Bügerlichen Gesetzbuche nur die oben erwähnten sechs Güterrechte ab. Von diesen hat nur das Nürnberger und das Bamberger Recht einen größeren Geltungsbereich. Das Bamberger Landrecht steht überdies mit Rücksicht darauf dem Bürgerlichen Gesetzbuche ziemlich nahe, daß es ausdrücklichen Ausschluß der vorehelichen Schulden und zwar in einem Ehevertrage verlangt. Der Natur der Sache nach sind die Fälle selten, daß Verlobte die allgemeine Gütergemeinschaft vereinbaren, obgleich sie wissen, daß der eine von ihnen schon so viel Schulden hat, daß die Haftung ausdrücklich ausgeschlossen werden muß.

Für das Verhältniß der Ehegatten zu einander weicht das Bürgerliche Gesetzbuch von den geltenden Rechten hauptsächlich bezüglich der vorehelichen Schulden ab. Diese fallen nach dem Bürgerlichen Gesetzbuche dem Gesammtgute zur Last, nach mehreren bayerischen Rechten, z. B. den Rechten von Hohenlohe, Würzburg und Castell, fallen sie dem Ehegatten zur Last, in dessen Person sie entstanden sind.

7. Nach dem Bürgerlichen Gesetzbuche wird die Gütergemeinschaft durch Art. 3.
die Auflösung der Ehe, durch Ehevertrag und durch die Klage eines Ehegatten in den Fällen der §§ 1468, 1469 beendet.

S. 607. Von den bayerischen Gütergemeinschaftsrechten geben nur wenige die Befugniß, die Aufhebung der Gütergemeinschaft zu verlangen, und auch diese Rechte erkennen nicht alle die Gründe, aus welchen in den Fällen des § 1468
S. 608. die Frau und im Falle des § 1469 der Mann auf Aufhebung klagen kann, als Klagegründe an. Die Aufhebung kann vielmehr nur wegen Verschwendung oder wegen Verheimlichung vorehelicher Schulden, soweit das Preußische Landrecht subsidiär anwendbar ist, auch wegen Eröffnung des Konkurses über das Vermögen eines Ehegatten verlangt werden. Die Rechte von Würzburg, Castell und Schweinfurt geben die Befugniß, wegen Verschwendung auf Aufhebung zu klagen, jedem Ehegatten, die Rechte von Bayreuth und Hohenlohe und die Praxis im Gebiete des Fürstenthums Kempten geben sie nur der Frau. Die Rechte, welche wegen Verschweigung vorehelicher Schulden Wiedereinsetzung in den vorigen Stand oder die Befugniß, die Aufhebung der Gütergemeinschaft zu verlangen, gewähren, sind schon oben S. 607 angeführt. Die Vorschriften der Rechte, welche die Aufhebung wegen Verschwendung zulassen, werden durch den § 1468 Nr. 4 des Bürgerlichen Gesetzbuchs ersetzt. Dieser gibt die Klage allerdings nur der Frau wegen Verschwendung des Mannes; für eine Klage des Mannes wegen Verschwendung der Frau besteht jedoch mit Rücksicht auf das unbeschränkte Verwaltungsrecht des Mannes kein Bedürfniß. Soweit ein Ehegatte nach den bisherigen Vorschriften berechtigt ist, wegen Verbindlichkeiten des anderen Ehegatten auf Aufhebung der Gütergemeinschaft mit der Wirkung zu klagen, daß das Gesammtgut für diese Verbindlichkeiten nicht haftet, muß das Recht in Ansehung der Verbindlichkeiten bestehen bleiben, welche vor dem Inkrafttreten des Bürgerlichen Gesetzbuchs entstanden sind (Art. 3 Abs. 1), denn insoweit handelt es sich um ein erworbenes Recht des Ehegatten. Der Artikel 3 Abs. 2 erklärt die Vorschriften der §§ 1470, 1479 des Bürgerlichen Gesetzbuchs für anwendbar. Mit der Aufhebung tritt demnach die Gütertrennung (§§ 1427 bis 1431 des B. GB.) ein und der Ehegatte, welcher das Urtheil erwirkt hat, kann verlangen, daß die Auseinandersetzung so erfolgt, wie wenn der Anspruch auf Auseinandersetzung mit der Erhebung der Klage auf Aufhebung rechtshängig geworden wäre.

Nach der fränkischen Landgerichtsordnung und den Rechten von Castell und Schweinfurt endigt die Gütergemeinschaft, wenn sämmtliche Kinder gestorben oder abgeschichtet sind. Dieser Beendigungsgrund muß schon im Interesse der Sicherheit des Rechtsverkehrs wegfallen.

Eine Reihe von Gütergemeinschaftsrechten verbietet oder beschränkt die vertragsmäßige Aufhebung der Gütergemeinschaft. Diese Vorschriften fallen nach Artikel 200 Abs. 2 des Einführungsgesetzes zum Bürgerlichen Gesetzbuche kraft Reichsrechts weg.

Nach der fränkischen Landgerichtsordnung und den Rechten von Castell und Schweinfurt ist die vertragsmäßige Aufhebung von der Einwilligung der Kinder abhängig. Die Vorschrift hängt damit zusammen, daß nach diesen Rechten der Erwerb der Kinder regelmäßig in das Gesammtgut fällt, und kann deshalb, da dies durch den Artikel 203 des Einführungsgesetzes zum Bürgerlichen Gesetzbuche beseitigt wird, gleichfalls nicht aufrecht erhalten werden. Aus dem gleichen Grunde muß die nach diesen Rechten den Kindern zustehende Befugniß, unter Umständen auf Grundtheilung zu klagen — vorbehaltlich der Bestimmungen im Artikel 11 — wegfallen.

8. Ueber die nach der Beendigung der Gütergemeinschaft stattfindende Auseinandersetzung enthalten die geltenden Rechte regelmäßig Vorschriften nur für die Fälle der Beendigung durch Scheidung oder Tod. Das Bürgerliche

Gesetzbuch dagegen trifft in den §§ 1471 bis 1481 allgemeine Bestimmungen über die Rechtsverhältnisse bei der Beendigung bis zur Auseinandersetzung, über die Art der Auseinandersetzung und über die Haftung der Ehegatten für nicht berichtigte Gesammtgutsverbindlichkeiten. Die Anwendbarkeit dieser Vorschriften unterliegt auch in den Fällen keinem Bedenken, in welchen die Beendigung auf einseitigen Antrag eines Ehegatten wegen vorehelicher Schulden des anderen (Art. 3) erfolgt. Wegen der für den Fall der Scheidung geltenden bisherigen Vorschriften wird auf die Begründung zum Artikel 39 verwiesen. S. 608.

Zu besonderen Vorschriften geben die Bestimmungen der fränkischen Landgerichtsordnung sowie die Rechte von Castell, Schweinfurt und Hohenlohe Anlaß.

Wie schon bemerkt wurde, fällt nach der fränkischen Landgerichtsordnung und den Rechten von Castell und Schweinfurt regelmäßig aller Erwerb der Abkömmlinge in die Gütergemeinschaft. Ausgenommen ist der Erwerb aus selbständiger Thätigkeit, was einem Abkömmlinge von Jemand, dessen Notherbe er nicht ist, mit der Bestimmung zugewendet wird, daß das Zugewendete dem Abkömmlinge gehören soll. Die Abkömmlinge haben dagegen bei der Beendigung der Gütergemeinschaft den Anspruch auf Grundtheilung, und bei der Grundtheilung gebührt ihnen der Zweitheil, d. h. zwei Drittel des ganzen Gesammtguts. Da infolge des Artikel 203 des Einführungsgesetzes zum Bürgerlichen Gesetzbuche der Erwerb, welcher einem Abkömmlinge nach dem Inkrafttreten des Bürgerlichen Gesetzbuchs anfällt, nicht mehr Gesammtgut wird, so ist es ein Gebot der Gerechtigkeit, daß auch die Vorschriften, wonach bei der Beendigung der Gütergemeinschaft stets Grundtheilung zu pflegen und den Abkömmlingen der Zweitheil zu reichen ist, beseitigt werden. Auf der anderen Seite geht es nicht an, daß der Erwerb, welcher, wenn die Vorschriften des Bürgerlichen Gesetzbuchs schon früher in Geltung gewesen wären, dem Abkömmlinge zugefallen wäre, dem Gesammtgute verbleibt, so daß er bei der Auseinandersetzung den Ehegatten zu Gute kommt. Es erfordert vielmehr die Billigkeit, daß der Werth der Gegenstände dem Abkömmlinge, welcher sie erworben hätte, ersetzt wird. Dies kann indessen nur mit einer doppelten Einschränkung gelten. Einerseits kann im Interesse des Friedens der Familie dem Abkömmlinge der Anspruch auf Erstattung des Werthes seines in das Gesammtgut gefallenen Vermögens nicht schon mit dem Inkrafttreten des Bürgerlichen Gesetzbuchs, sondern erst bei der Beendigung der Gütergemeinschaft zugestanden werden. Andererseits kommt in Betracht, daß die Abkömmlinge nach dem geltenden Rechte bei der Grundtheilung auch dann nur den Zweitheil erhalten, wenn dieser den Betrag ihres in das Gesammtgut gefallenen Vermögens nicht erreicht. Tritt fortgesetzte Gütergemeinschaft ein, so darf die Erstattung erst bei deren Beendigung verlangt werden. Bei Beendigung der fortgesetzten Gütergemeinschaft erhalten die Abkömmlinge nach § 1498 mit § 1476 Abs. 2 des Bürgerlichen Gesetzbuchs die Hälfte, also drei Sechstel, des Gesammtguts der fortgesetzten Gütergemeinschaft als ihren Antheil; aus der anderen Hälfte können sie die Erstattung fordern und zwar, da die Beschränkung auf den Zweitheil entsprechend dem geltenden Rechte auch bei Beendigung der fortgesetzten Gütergemeinschaft Platz greifen muß, dem überlebenden Ehegatten gegenüber nur bis zu dem Betrag eines Sechstels des Werthes des Gesammtguts, so daß dem Ehegatten ein Drittel freibleibt. Hierauf beruhen die Vorschriften des Artikel 4 Abs. 1 Satz 1, 2. Die Vorschrift des Artikel 4 Abs. 1 || Satz 3 ist der des § 1478 Abs. 2 des Bürgerlichen Gesetzbuchs nachgebildet. Art. 4 Abs. 1. S. 609.

Der Zweitheil muß nach den genannten Rechten nicht nur aus dem Gesammtgute, sondern auch aus dem Vorbehaltsgute gereicht werden, wenn

S. 609. nicht ausdrücklich vereinbart worden ist, daß das Vorbehaltsgut als sogenannte Ausnahme bei der Grundtheilung einen Voraus bilden soll. Es genügt indessen, wenn den Abkömmlingen für die Herausgabe ihres in das Gesammtgut gefallenen Vermögens das Gesammtgut haftet.

Art. 4 Abs. 2. Nach den Rechten von Würzburg, Castell und Schweinfurt ist es auf die Auseinandersetzung von Einfluß, ob im Zeitpunkte der Aufhebung der Gütergemeinschaft gemeinschaftliche Abkömmlinge vorhanden sind oder nicht. Im ersteren Falle findet die Auseinandersetzung nach den Grundsätzen der allgemeinen Gütergemeinschaft statt, im letzteren gilt Errungenschaftsgemeinschaft. Wenn nun auch der Entwurf den Grundsatz, daß mit dem Tode sämmtlicher Kinder die Errungenschaftsgemeinschaft eintritt, beseitigt, so muß doch jedem Ehegatten das Recht verbleiben, zu verlangen, daß die Auseinandersetzung nach den bisherigen Grundsätzen, d. h. wie wenn Errungenschaftsgemeinschaft gelten würde, stattfindet, daß also, wenn gemeinschaftliche Abkömmlinge nicht vorhanden sind, jeder Ehegatte zunächst sein eingebrachtes Gut zurückerhält und der Rest nach Hälften getheilt wird. Der Artikel 4 Abs. 2 räumt deshalb, wenn gemeinschaftliche Abkömmlinge nicht vorhanden sind, jedem Ehegatten bei der Aufhebung der Gütergemeinschaft das im § 1478 des Bürgerlichen Gesetzbuchs bestimmte Recht ein.

Art. 5. Nach dem Bürgerlichen Gesetzbuch erhält jeder Ehegatte bei der Auseinandersetzung von dem Gesammtgut einen gleichen Antheil. Die bayerischen Gütergemeinschaftsrechte nehmen den gleichen Standpunkt ein. Nur das Recht des Fürstenthums Hohenlohe bestimmt den Antheil verschieden, indem es dem Manne zwei Drittel, der Frau ein Drittel zuweist. Diese Besonderheit muß natürlich aufrecht erhalten bleiben (Art. 5).

Ein Theil der bisherigen Rechte weicht von den bezeichneten Vorschriften des Bürgerlichen Gesetzbuchs über die Auseinandersetzung auch darin ab, daß nach dem Bürgerlichen Gesetzbuche das Gesammtgut nach Quoten getheilt wird, während es nach mehreren Rechten in seine Bestandtheile zerfällt. In dieser Beziehung wird auf die Begründung zu den Artikeln 7 bis 9 verwiesen.

9. Für den Fall, daß die Gütergemeinschaft durch den Tod eines Ehegatten endigt, gehen alle bayerischen Rechte von der auch dem Bürgerlichen Gesetzbuche zu Grunde liegenden Unterscheidung von beerbter und unbeerbter Ehe aus.

Nach dem Bürgerlichen Gesetzbuche gehört im Falle der unbeerbten Ehe, d. h. wenn gemeinschaftliche Abkömmlinge nicht vorhanden sind, der Antheil des verstorbenen Ehegatten am Gesammtgute zum Nachlasse. Die Beerbung findet nach den allgemeinen erbrechtlichen Grundsätzen statt (§ 1482). Der überlebende Ehegatte erhält daher, sofern nicht durch Verfügung von Todeswegen ein Anderes bestimmt ist, neben Verwandten der ersten Ordnung ein Viertel des Nachlasses, neben Verwandten der zweiten Ordnung oder neben Großeltern außer einem Voraus die Hälfte des Nachlasses und, sofern mit Großeltern Abkömmlinge von Großeltern zusammentreffen, auch von der anderen Hälfte den Antheil, welcher auf die Abkömmlinge treffen würde; sind weder Verwandte der ersten oder zweiten Ordnung noch Großeltern vorhanden, so erhält der Ehegatte die ganze Erbschaft (§§ 1931, 1932).

Für den Fall, daß Abkömmlinge des verstorbenen Ehegatten nicht vorhanden sind, zerfallen die geltenden Rechte in drei Gruppen. Die zur ersten Gruppe gehörenden Rechte verbinden mit der allgemeinen Gütergemeinschaft ein mehr oder weniger weit gehendes Erbrecht des überlebenden Ehegatten. Die Rechte der zweiten Gruppe stimmen mit dem Bürgerlichen Gesetzbuch

insofern überein, als auch nach ihnen der Antheil des verstorbenen Ehegatten S. 609.
am Gesammtgute zum Nachlasse gehört und die gewöhnliche gesetzliche Erbfolge oder die Erbfolge auf Grund einer Verfügung von Todeswegen stattfindet. Die Rechte der dritten Gruppe räumen dem überlebenden Ehegatten ein Beisitzrecht ein. Das Gesammtgut wird regelmäßig nach Quoten getheilt, nur nach den Rechten von Bayreuth, Hohenlohe und des Fürstenthums Kempten zerfällt es in die ursprünglichen Bestandtheile.

Von den zur ersten Gruppe gehörenden Rechten berufen die Rechte von Lindau, Mindelheim, Ingolstadt, Eichstätt, Pappenheim, Windsheim, Bamberg, Thurnau, Erbach und Fulda sowie, wenn die Ehe länger als ein Jahr dauerte, das Recht der Stadt Nördlingen den überlebenden Ehegatten zum alleinigen Erben des Gemeinschaftsvermögens. Das Vorbehaltsgut vererbt sich nach den allgemeinen erbrechtlichen Vorschriften. Nach dem Rechte von Ulm ist der überlebende Ehegatte der alleinige Erbe des gesammten Vermögens des Verstorbenen. Nach den Rechten der Städte Kempten, Kaufbeuren und Dinkelsbühl schließt der überlebende Ehegatte die Seitenverwandten aus, mit den Ascendenten theilt er, indem er ihnen nach dem Kemptener Stadtrecht ein Drittel des von dem Verstorbenen während der Ehe ererbten Vermögens, nach dem Rechte von Kaufbeuren ein Sechstel des Gesammtguts und nach dem Rechte von Dinkelsbühl ein Viertel des gesammten Nachlasses ausfolgt. Nach dem Rechte von Bayreuth nimmt der überlebende Ehegatte sein Eingebrachtes sowie das von ihm während der Ehe Ererbte aus dem Gesammtgute vorweg, von dem Reste des Gesammtguts erhalten die Ascendenten ein Drittel, die Seitenverwandten werden von dem überlebenden Ehegatten ausgeschlossen.

Zu der zweiten Gruppe gehören die Rechte von Oettingen, Weißenburg und Stauffen, die domprobsteilich Bambergischen Observanzen, die Mönchsrother Observanz sowie das Hohenloher Landrecht. Nach dem letzteren erhält der überlebende Ehegatte außer einem Voraus sein eingebrachtes Gut sowie das während der Ehe Ererbte zurück und von dem Reste die Hälfte; die andere Hälfte bildet den Nachlaß, in welchen die gewöhnliche Erbfolge stattfindet.

Ein Beisitzrecht räumen die Rechte von Nürnberg und des Fürstenthums Kempten ein. Nach dem ersteren erhält der überlebende Ehegatte von der auf den Verstorbenen treffenden Hälfte des Gesammtguts gegenüber Eltern, Geschwistern und Kindern von Geschwistern die Hälfte, gegenüber entfernteren Verwandten zwei Drittel, letzterenfalls zugleich gegen Sicherheit den lebenslänglichen Nießbrauch an dem übrigen Drittel. Nach dem Rechte des Fürstenthums Kempten findet bis zum Tode oder der Wiederverehelichung des überlebenden Ehegatten eine Abtheilung nicht statt, sondern der überlebende Ehegatte bleibt im Besitz und Genuß des Gesammtguts; wenn er zur weiteren Ehe schreitet, erhält er sein Zugebrachtes und das ihm Vermachte oder in Ermanglung einer Zuwendung ein Drittel des Vermögens des Verstorbenen; stirbt er, ohne sich wieder verheirathet zu haben, so wird das Gesammtgut unter die beiderseitigen Erben gleichheitlich vertheilt.

Die zur ersten Gruppe gehörenden Rechte hält der Entwurf, da sie dem S. 610.
überlebenden Ehegatten günstiger sind als das Bürgerliche Gesetzbuch, aufrecht. **Art. 6.**
Bezüglich der Rechte des Fürstenthums Bayreuth sowie der Städte Kempten, Kaufbeuren und Dinkelsbühl kann auf die Besonderheit, daß den Ascendenten ein Theil des Gesammtguts auszufolgen ist, verzichtet werden. Infolge dessen wird auch die Bestimmung des Bayreuther Rechtes gegenstandslos, daß das Gesammtgut in seine Bestandtheile zerfällt. Auch auf den Unterschied braucht kein Gewicht gelegt zu werden, daß der Ehegatte nach den einen Rechten nur

S. 610. das Gesammtgut, nach den anderen das ganze Vermögen erbt. Da Vorbehaltsgut bei der allgemeinen Gütergemeinschaft sehr selten ist, kann die Aufrechterhaltung des Alleinerbrechts im Interesse der Einfachheit auf das Gesammtgut beschränkt werden. Der Entwurf (Art. 6 Abs. 1 Satz 1) schreibt deshalb vor, daß, wenn die Gütergemeinschaft nach den genannten Rechten besteht und Abkömmlinge des verstorbenen Ehegatten nicht vorhanden sind, dessen Antheil an dem Gesammtgut auf den überlebenden Ehegatten übergeht. Bezüglich des Gesammtguts tritt mithin Konsolidation in der Hand des überlebenden Ehegatten ein, bezüglich des Vorbehaltsguts findet die gewöhnliche Erbfolge statt. Um das Verhältniß der Konsolidation in Ansehung des Gesammtguts zu der Erbfolge in das Vorbehaltsgut zu regeln, erklärt der Satz 2 des Artikel 6 Abs. 1 eine Reihe von Vorschriften des Bürgerlichen Gesetzbuchs über die fortgesetzte Gütergemeinschaft für anwendbar. Die Verweisung auf den § 1483 Abs. 1 Satz 2 stellt klar, daß der Antheil des verstorbenen Ehegatten am Gesammtgute nicht zum Nachlasse gehört, dagegen im Uebrigen die Beerbung des Ehegatten nach den allgemeinen Vorschriften erfolgt. Durch die Bezugnahme auf den § 1484 wird die Ablehnung der Konsoldation, durch die Bezugnahme auf den § 1488 und den § 1489 Abs. 1, 2 wird die Haftung für die Gesammtgutsverbindlichkeiten geregelt. Aus der Verweisung auf den § 1506 ergibt sich, daß der überlebende Ehegatte, wenn er erbunwürdig ist, auch des Antheils am Gesammtgut unwürdig ist. Die Anwendbarkeit des § 1507 sorgt dafür, daß dem überlebenden Ehegatten ein dem Erbschein ähnliches Zeugniß über die Konsolidation ertheilt wird. Die Bezugnahme auf den § 1508 betrifft die Ausschließung der Konsolidation durch Ehevertrag.

Nach den Rechten von Bamberg, Nördlingen, der Stadt Kempten, von Erbach und Fulda kann der Uebergang des Gesammtguts auf den überlebenden Ehegatten nicht einseitig ausgeschlossen werden. Nach den Rechten von Windsheim, Thurnau, Dinkelsbühl und, soweit im Gebiete des Pappenheimer Rechtes das Preußische Landrecht subsidiär gilt, auch nach dem Rechte von Pappenheim kann der Uebergang einseitig ausgeschlossen werden, wenn der überlebende Ehegatte sich einer Verfehlung schuldig gemacht hat, welche den anderen Ehegatten zur Klage auf Scheidung der Ehe berechtigte. Nach den Rechten von Kaufbeuren und Ulm kann der Uebergang nur bezüglich gewisser Bestandtheile des Gesammtguts ausgeschlossen werden, nach dem Rechte von Kaufbeuren bezüglich der Hälfte des während der Ehe durch Erbschaft oder Schenkung Erworbenen, nach dem Rechte von Ulm bezüglich des ganzen während der Ehe ererbten Vermögens. Nach dem Rechte von Bayreuth kann dem Ehegatten nur die Hälfte des Nachlasses durch letztwillige Verfügung entzogen werden. Diesem Rechtszustand, entspricht es, wenn der Artikel 6 Abs. 2 im Satz 1 zuläßt, daß der Uebergang auf den überlebenden Ehegatten regelmäßig durch letzwillige Verfügung ausgeschlossen werden kann, und in den Sätzen 2, 3 hievon Ausnahmen macht. In den im Satz 2 bezeichneten Rechtsgebieten kann der Uebergang, wie durch die Verweisung auf die §§ 1509, 1516 klargestellt ist, nur ausgeschlossen werden, wenn der verstorbene Ehegatte berechtigt ist, dem anderen Ehegatten den Pflichttheil zu entziehen oder auf Aufhebung der Gemeinschaft zu klagen, oder wenn der überlebende Ehegatte zustimmt. Hierin liegt zwar für einige der unter den Satz 2 fallenden Rechte eine Neuerung, allein die Bestimmungen derjenigen Rechte, welche den Ausschluß überhaupt nicht oder nur für gewisse Bestandtheile des Gesammtguts zulassen, können unbedenklich fallen gelassen werden. Wenn die Gütergemeinschaft nach dem im Satz 3 behandelten Rechte von Bayreuth besteht, so soll zwar der Uebergang ohne Weiteres ausgeschlossen werden können, allein dadurch, daß

dem ausgeschlossenen Ehegatten ein Pflichttheilsrecht in Ansehung des Antheils S. 610.
des verstorbenen Ehegatten am Gesammtgut (§§ 2303 ff. des B. GB.) eingeräumt ist, gelangt der Entwurf zu dem dem geltenden Rechte entsprechenden Ergebnisse, daß der Ehegatte Anspruch auf die Hälfte des Werthes des Antheils des verstorbenen Ehegatten am Gesammtgute hat. Wird der Uebergang auf den überlebenden Ehegatten ausgeschlossen, so gehört der Antheil des verstorbenen Ehegatten am Gesammtgute zum Nachlasse (Art. 6 Abs. 2 Satz 4). Es findet also die gewöhnliche Erbfolge statt und der überlebende Ehegatte hat nach Maßgabe der allgemeinen erbrechtlichen Grundsätze den Pflichttheil aus dem Nachlasse zu beanspruchen.

Anlangend die zur zweiten Gruppe gehörenden Rechte, so hat es für die Art. 7.
Rechte von Oettingen, Weißenburg und Stauffen sowie für die domprobsteilich Bambergischen Observanzen und die Mönchsrother Observanz bei den Vorschriften des § 1476 Abs. 2 und des § 1482 des Bürgerlichen Gesetzbuchs zu bewenden. Für das Recht des Fürstenthums Hohenlohe dagegen muß, da die Theilung des Gesammtguts nach den Grundsätzen des bisherigen Rechtes dem überlebenden Ehegatten unter Umständen günstiger ist, entsprechend dem allgemeinen Standpunkte des Entwurfes dem Ehegatten die Wahl gelassen werden, ob er die Theilung nach dem alten Rechte, d. h. das Auseinanderfallen des Gesammtguts in seine Bestandtheile, oder die Theilung nach dem neuen Rechte, d. h. nach Quoten will. Deshalb räumt der Entwurf (Art. 7 Abs. 1) dem Ehegatten das im § 1478 des Bürgerlichen Gesetzbuchs bestimmte Recht ein. Macht der Ehegatte von diesem Rechte keinen Gebrauch, so gehört der Antheil des verstorbeneu Ehegatten (Art. 5) am Gesammtgute zum Nachlasse; macht er von dem Rechte Gebrauch, so gehört das ganze Gesammtgut, soweit es nicht zur Rückerstattung des Werthes des in die Gütergemeinschaft Eingebrachten erforderlich ist, zum Nachlasse des verstorbenen Ehegatten. Von dem Nachlasse erhält der Ehegatte den ihm nach den allgemeinen erbrechtlichen Vorschriften des Bürgerlichen Gesetzbuchs gebührenden Erbtheil.

Von den zur dritten Gruppe gehörenden Rechten ist das Recht von Nürnberg dem überlebenden Ehegatten durchweg ungünstiger als das Bürgerliche Gesetzbuch. Das Recht des Fürstenthums Kempten dagegen ist ihm je nach Lage der Sache sowohl in Ansehung des Maßstabs der Theilung als in Ansehung der Beerbung günstiger. Dieses Recht wird daher vom Entwurf (Art. 7) aufrecht erhalten. Der Artikel 7 Abs. 1 gestattet dem Ehegatten, daß er die Theilung des Gesammtguts nach den bisherigen Grundsätzen, d. h. Vorwegnahme seines Eingebrachten, verlangt, || und gibt ihm zu diesem Zwecke das im S. 611.
§ 1478 des Bürgerlichen Gesetzbuchs bestimmte Recht. Macht der Ehegatte hievon Gebrauch, so gehört der nach Erstattung des Werthes des in die Gütergemeinschaft Eingebrachten übrig bleibende Rest des Gesammtguts zum Nachlasse des verstorbenen Ehegatten. Macht er davon nicht Gebrauch, so zerfällt das Gesammtgut in Hälften und die auf den verstorbenen Ehegatten treffende Hälfte gehört zu dessen Nachlaß. In Ansehung des Nachlasses läßt der Entwurf (Art. 7 Abs. 2) dem überlebenden Ehegatten die Wahl, ob er nach dem bisherigen Beisitzrecht oder nach den Vorschriften des Bürgerlichen Gesetzbuchs erben will. Die Beerbung nach den Vorschriften des Bürgerlichen Gesetzbuchs findet nur statt, wenn der Ehegatte auf den Beisitz verzichtet. Auf den Verzicht auf den Beisitz sind, um die Frage der Beerbung nicht in Schwebe zu lassen, die für die Ausschlagung der Erbschaft geltenden Vorschriften des Bürgerlichen Gesetzbuchs (§§ 1943 bis 1959) für entsprechend anwendbar erklärt. Daraus folgt insbesondere, daß die Frage, ob der Ehe-

S. 611. gatte nach dem alten oder nach dem neuen Rechte erbt, spätestens mit dem Ablaufe der im § 1944 bestimmten Frist entschieden wird. Das Präjudiz ist auf den Eintritt des Beisitzes gestellt, weil dieser in der Regel günstiger ist.

10. Wenn gemeinschaftliche Abkömmlinge vorhanden sind, so hat der überlebende Ehegatte nach der einen Gruppe von Rechten das Gesammtgut nach dem Stande zur Zeit der Auflösung der Ehe mit den gemeinschaftlichen Kindern abzutheilen, doch erfolgt die wirkliche Theilung nicht sofort nach der Auflösung der Ehe, vielmehr steht dem überlebenden Ehegatten an den Erbtheilen der Kinder ein Beisitzrecht zu (System der Abtheilung mit Beisitz). Hierher gehören die Rechte von Bayreuth, Nürnberg, Hohenlohe, Dinkelsbühl, der Stadt Kempten, von Lindau, Ingolstadt, Stauffen und Mindelheim. Zu den Rechten, welche dem Systeme des Beisitzes folgen, zählt auch das der Stadt Ulm. Die Praxis erkennt jedoch nach den Berichten der Gerichte, in deren Bezirke das Ulmer Recht gilt, eine Nachwirkung der Gütergemeinschaft nicht an, sondern verlangt sofortige Auseinandersetzung. Nach einem zweiten Systeme (dem Systeme der Konsolidation oder des Alleinerbrechts des überlebenden Ehegatten) wird der überlebende Ehegatte Alleinerbe und es steht den gemeinschaftlichen Kindern ihm gegenüber nur ein unentziehbares Erbrecht und unter gewissen Voraussetzungen, insbesondere im Falle der Wiederverheirathung des überlebenden Ehegatten, ein Anspruch auf sofortige Abfindung wegen des ihnen sonst erst auf Grund ihres Erbrechts zufallenden Vermögensantheils zu. Auf dem Boden dieses Systems stehen die Rechte von Würzburg, Castell, Schweinfurt, Fulda, Eichstätt, Pappenheim, Weißenburg, Windsheim, Oettingen, Mönchsroth, Nördlingen und Kaufbeuren. Eine dritte Gruppe von Rechten, die Rechte von Erbach, Bamberg und Thurnau sowie die domprobsteilich Bambergischen Observanzen, läßt den überlebenden Ehegatten die Gemeinschaft mit den Kindern fortsetzen (System der fortgesetzten Gütergemeinschaft). Bei der Abschichtung wird der Vermögensstand zur Zeit der Abschichtung zu Grunde gelegt.

Alle bayerischen Gütergemeinschaftsrechte verbinden sonach mit der allgemeinen Gütergemeinschaft im Falle der beerbten Ehe besondere über die allgemeinen Grundsätze namentlich des Erbrechts hinausgehende Nachwirkungen zu Gunsten des überlebenden Ehegatten. Insofern stimmen die bayerischen Gütergemeinschaftsrechte mit dem Bürgerlichen Gesetzbuch (§ 1483) überein, nach welchem fortgesetzte Gütergemeinschaft eintritt. Die fortgesetzte Gütergemeinschaft des Bürgerlichen Gesetzbuchs nähert sich dem Systeme des Alleinerbrechts, ist aber auch von der Gestaltung, welche die fortgesetzte Gütergemeinschaft in den bayerischen Statuten gefunden hat, weder wirthschaftlich noch juristisch wesentlich verschieden. Es darf deshalb unbedenklich vorgeschrieben werden, daß in den Rechtsgebieten, in welchen jetzt Alleinerbrecht des überlebenden Ehegatten oder fortgesetzte Gütergemeinschaft gilt, künftig die fortgesetzte Gütergemeinschaft des Bürgerlichen Gesetzbuchs eintritt. Zufolge des Artikel 1 braucht dies nicht ausdrücklich ausgesprochen zu werden. Der Eintritt der fortgesetzten Gütergemeinschaft darf auch für das Gebiet des Ulmer Rechtes vorgeschrieben werden. Daß in diesem eine Nachwirkung der Gütergemeinschaft nach dem Tode eines Ehegatten von der jetzigen Praxis nicht anerkannt wird, hängt wohl damit zusammen, daß den Vorschriften des Ulmer Rechtes selbst das System der Errungenschaftsgemeinschaft zu Grunde liegt. Nach den Berichten der Gerichte entspricht die Fortsetzung der Gütergemeinschaft durchaus den Anschauungen der Bevölkerung und sind Versuche, sie durch Kommunhausung zu ersetzen, nicht selten. Das System der Abtheilung mit Beisitz weicht zwar von der fortgesetzten Gütergemeinschaft des Bürgerlichen Gesetzbuchs darin ab, daß einerseits der Erwerb, welchen der überlebende Ehegatte macht, im Gegensatze zu § 1485 Abs. 1 des Bürgerlichen Gesetzbuchs nicht in das zu theilende Vermögen fällt, andererseits jeder Abkömmling mit der Auflösung der Gütergemeinschaft ein festes Recht erlangt und deshalb sein Recht nicht nur auf die in der Gemeinschaft stehenden Abkömmlinge (§ 1490 des B. GB.) überträgt, sondern auch auf seine außerhalb der Gemeinschaft stehenden Erben vererbt. Allein diese Abweichungen sind wirthschaftlich nicht so erheblich, daß sie die Ersetzung des Beisitzes durch die fortgesetzte Gütergemeinschaft als unthunlich erscheinen ließen. Für eine solche Ersetzung spricht ferner, daß dadurch eine sehr erwünschte Vereinfachung des Rechtes erzielt und die Aufrechterhaltung einer nicht unbeträchtlichen Menge zum Theile völlig veralteter und infolge der verschiedenen Behandlung von Mann und Frau auch unbilliger Bestimmungen vermieden wird. Die Ersetzung entspricht wohl auch dem Willen der Bevölkerung. Im Gebiete des Nürnberger Rechtes zeigt sich dies auch äußerlich dadurch, daß gerade wegen des Systems des Beisitzes und der damit verbundenen Nothwendigkeit der Inventarisirung die Gütergemeinschaft des Windsheimer Rechtes so häufig vereinbart wird. Der Entwurf läßt es daher auch für die Rechtsgebiete, in denen das Beisitzrecht gilt, bei dem § 1483 des Bürgerlichen Gesetzbuchs bewenden. S. 611.

Von dem Grundsatze, daß im Falle des Vorhandenseins von gemeinschaftlichen Abkömmlingen die Vorschriften des Bürgerlichen Gesetzbuchs über die fortgesetzte Gütergemeinschaft gelten, sind in den Artikeln 8 bis 10 Ausnahmen enthalten. Die Artikel 8, 9 treffen die für die Rechte mit Beisitz, der Artikel 10 trifft die für die Rechte mit Alleinerbrecht nothwendigen Ausnahmen. Die Ausnahmen sind durch die Vorschriften des Bürgerlichen Gesetzbuchs über die Auseinandersetzung bei Beendigung der fortgesetzten Gütergemeinschaft veranlaßt.

Nach dem Bürgerlichen Gesetzbuche (§ 1498 mit § 1476 Abs. 1) zerfällt das Gesammtgut bei Beendigung der fortgesetzten Gütergemeinschaft in zwei gleiche Theile, von denen der eine auf den überlebenden Ehegatten, der andere auf die Abkömmlinge trifft. Der Ehegatte verliert mithin gegenüber den gemeinschaftlichen Abkömmlingen durch die Annahme der fortgesetzten Gütergemeinschaft sein gesetzliches Erbrecht || an dem Antheile des verstorbenen Ehegatten am Gesammtgute. Gleichgiltig ist, aus welchem Grunde die fortgesetzte Gütergemeinschaft endet. Die Halbtheilung gilt auch im Falle der Wiederverheirathung des überlebenden Ehegatten (§ 1493 des B. GB.). S. 612.

Art. 8.

Von den Rechten, welche dem Systeme des Beisitzes folgen, weichen hievon die Rechte von Bayreuth, des Fürstenthums Kempten und der Stadt Kempten, von Dinkelsbühl und Lindau insofern ab, als nach ihnen die Theilung nach den ursprünglichen Bestandtheilen stattfindet. Mit Rücksicht hierauf hält der Artikel 8 für diese Rechtsgebiete den Beisitz aufrecht, läßt jedoch entsprechend dem allgemeinen Standpunkte des Entwurfes dem überlebenden Ehegatten die Wahl zwischen der fortgesetzten Gütergemeinschaft und dem Beisitze. Das Präjudiz ist auf den Eintritt der fortgesetzten Gütergemeinschaft gestellt, da diese dem Ehegatten regelmäßig günstiger sein wird. Lehnt der Ehegatte die fortgesetzte Gütergemeinschaft nicht ab (§ 1484 des B. GB.), so verbleibt es bei den Vorschriften des Bürgerlichen Gesetzbuchs über die fortgesetzte Gütergemeinschaft im vollen Umfang, also auch bei der Theilung des Gesammtguts nach Hälften. Lehnt er die fortgesetzte Gütergemeinschaft ab, so ist ihm das im § 1478 des Bürgerlichen Gesetzbuchs bezeichnete Recht eingeräumt, er

S. 612. ist also befugt, Erstattung des Werthes des von ihm in die Gütergemeinschaft Eingebrachten zu verlangen. Den Nachlaß bilden dann das Eingebrachte des anderen Ehegatten und die Hälfte des nach Abzug des beiderseitigen Einbringens übrig bleibenden Gesammtguts. Für die Rechte der Stadt Kempten und des Fürstenthums Bayreuth sind hinsichtlich des Umfanges des Nachlasses Sondervorschriften erforderlich. Nach dem Rechte der Stadt Kempten wird die Theilungsmasse durch das Eingebrachte des verstorbenen Ehegatten und die ganze Errungenschaft gebildet, nach dem Rechte des Fürstenthums Bayreuth gilt das Gleiche, wenn die Frau überlebt oder wenn beim Vorableben der Frau ein Kind aus einer früheren Ehe der Frau vorhanden ist; wenn beim Tode der Frau nur gemeinschaftliche Kinder vorhanden sind, so erhält der Mann nach der herrschenden Ansicht die ganze Errungenschaft. An dem Nachlasse steht dem überlebenden Ehegatten der Beisitz nach Maßgabe der bisherigen Vorschriften zu. Neben dem Beisitze hat der Ehegatte nicht auch noch das gesetzliche Erbrecht des Bürgerlichen Gesetzbuchs zu beanspruchen, es steht ihm jedoch frei, gegen Verzicht auf den Beisitz nach den Vorschriften des Bürgerlichen Gesetzbuchs zu erben. Auf den Verzicht auf den Beisitz sind wie im Artikel 7 die für die Ausschlagung einer Erbschaft geltenden Vorschriften für entsprechend anwendbar erklärt.

Art. 9. Wenn nur nicht gemeinschaftliche Abkömmlinge vorhanden sind, so findet nach dem Bürgerlichen Gesetzbuche lediglich die gewöhnliche Erbfolge in den aus dem Vorbehaltsgut und dem Antheile des verstorbenen Ehegatten am Gesammtgute bestehenden Nachlaß statt; wenn gemeinschaftliche und nicht gemeinschaftliche Abkömmlinge zusammentreffen, so tritt zwar zwischen dem überlebenden Ehegatten und den gemeinschaftlichen Abkömmlingen fortgesetzte Gütergemeinschaft ein, das Erbrecht und die Erbtheile der nicht gemeinschaftlichen Abkömmlinge bestimmen sich aber so, wie wenn fortgesetzte Gütergemeinschaft nicht eingetreten wäre. Nach den im Artikel 8 genannten Rechten dagegen zerfällt das Gesammtgut in seine ursprünglichen Bestandtheile auch dann, wenn nur nicht gemeinschaftliche Abkömmlinge oder gemeinschaftliche und nicht gemeinschaftliche Abkömmlinge vorhanden sind. Nach dem Rechte des Fürstenthums Bayreuth muß, wenn einseitige Abkömmlinge vorhanden sind, sofort die Auseinandersetzung stattfinden; der Nachlaß wird nach Köpfen vertheilt; an den Erbtheilen der gemeinschaftlichen Kinder hat der Vater nur die elterliche Nutznießung, die Mutter nur die Verwaltung ohne die Nutznießung. Nach dem Rechte von Dinkelsbühl ist, wenn einseitige Abkömmlinge vorhanden sind, gleichfalls sofort abzutheilen; die einseitigen und die gemeinschaftlichen Abkömmlinge erhalten gleiche Antheile, an den Antheilen der gemeinschaftlichen Abkömmlinge steht jedoch dem überlebenden Ehegatten das Beisitzrecht zu. Aehnliche Bestimmungen enthalten die Rechte der Stadt und des Fürstenthums Kempten und von Lindau.

Der Entwurf trägt diesem Rechtszustande Rechnung. Der Artikel 9 gibt deshalb das im § 1478 des Bürgerlichen Gesetzbuchs bestimmte Recht auch den nicht gemeinschaftlichen Abkömmlingen. Sind nur nicht gemeinschaftliche Abkömmlinge vorhanden, so tritt die gewöhnliche Erbfolge ein, jedoch mit der Maßgabe, daß die im Artikel 8 Abs. 1 Satz 2, 3 bezüglich des Umfanges des Nachlasses für den Fall der beerbten Ehe getroffenen Vorschriften auch hier gelten, sowie daß das Erbrecht des überlebenden Ehegatten sich nach den bisherigen Vorschriften bestimmt, der Erbtheil jedoch mindestens ein Viertel beträgt. Sind neben den nicht gemeinschaftlichen Abkömmlingen gemeinschaftliche vorhanden, so verbleibt es für die gemeinschaftlichen Abkömmlinge bei den Vorschriften des Artikel 8, für die nicht gemeinschaftlichen Abkömmlinge tritt, auch wenn der Ehegatte die Fortsetzung der Gütergemeinschaft nicht ablehnt oder auf den Beisitz nicht verzichtet, die gewöhnliche Erbfolge nach Maßgabe des Artikel 9 Abs. 1 ein. Der Abs. 2 des Artikel 9 stellt klar, daß dem überlebenden Ehegatten gegenüber den nicht gemeinschaftlichen Abkömmlingen die im Abs. 1 bestimmten Rechte auch dann zustehen, wenn der Ehegatte die Fortsetzung der Gütergemeinschaft nicht ablehnt oder auf den Beisitz nicht verzichtet. S. 612.

Art. 10. Von den Rechten, welche dem Systeme des Alleinerbrechts folgen, weichen von den Theilungsgrundsätzen des Bürgerlichen Gesetzbuchs die Rechte von Kaufbeuren, Nördlingen, Weißenburg und Windsheim ab.

Nach dem Rechte von Kaufbeuren erhält der überlebende Ehegatte, wenn er mit den Kindern abtheilt, zunächst das von ihm eingebrachte oder während der Ehe durch Schenkung oder durch Erbschaft erworbene Vermögen zum Voraus und wird alsdann das nach Abzug der der Gemeinschaft zur Last fallenden Verbindlichkeiten übrige Gesammtgut zwischen den Ehegatten und den Abkömmlingen nach Hälften getheilt. Dementsprechend bestimmt der Artikel 10 Abs. 1, daß, wenn die fortgesetzte Gütergemeinschaft bei Lebzeiten des überlebenden Ehegatten aufgehoben wird (§§ 1492 bis 1494 des B. GB.), dieser den Werth des von ihm eingebrachten Vermögens als Voraus erhält.

Nach dem Rechte der Stadt Nördlingen muß der überlebende Ehegatte, wenn er sich wieder verheirathet, den Kindern die Hälfte des Gesammtguts als Voraus bestellen; statt der Hälfte des Gesammtguts kann das von dem verstorbenen Ehegatten Eingebrachte gewährt werden. Mit Rücksicht hierauf gibt der Artikel 10 Abs. 2 dem Ehegatten im Falle der Aufhebung der Gütergemeinschaft das Recht, zu verlangen, daß die antheilsberechtigten Abkömmlinge an Stelle der Hälfte des Gesammtguts den Werth des von dem verstorbenen Ehegatten eingebrachten Vermögens erhalten.

Nach dem Rechte von Weißenburg hat der zu einer weiteren Ehe schreitende Ehegatte den Kindern die Hälfte des von dem verstorbenen Ehegatten Eingebrachten als Vater- oder Muttergut zu bestellen; die andere Hälfte sowie das von ihm selbst Eingebrachte und die Errungenschaft gebühren dem überlebenden Ehegatten. S. 613. Der Entwurf (Art. 10 Abs. 3) bestimmt deshalb, daß der überlebende Ehegatte im Gebiete des Weißenburger Rechtes bei der Aufhebung der fortgesetzten Gütergemeinschaft verlangen kann, daß die antheilsberechtigten Abkömmlinge an Stelle der Hälfte des Gesammtguts den Werth der Hälfte des von dem verstorbenen Ehegatten eingebrachten Vermögens erhalten.

Was als eingebrachtes Gut anzusehen ist, bestimmt der Artikel 10 für alle drei Rechte durch Verweisung auf den § 1478 Abs. 2 des Bürgerlichen Gesetzbuchs.

Nach dem Rechte der Stadt Windsheim wird das Gesammtgut zwischen dem überlebenden Ehegatten und den Kindern hälftig getheilt, der Ehegatte erhält aber außerdem einen Kindstheil von der den Kindern zufallenden Hälfte. Diese Bestimmung hält der Artikel 10 im Abs. 4 aufrecht.

Eine von den Vorschriften des Bürgerlichen Gesetzbuchs über die Theilung des Gesammtguts der fortgesetzten Gütergemeinschaft abweichende Vorschrift enthält noch das Recht von Hohenlohe insofern, als es auch im Falle des Beisitzes den Antheil des Mannes auf zwei Drittel und den der Frau auf ein Drittel festsetzt. Dieser Besonderheit ist schon im Artikel 5 des Entwurfes Rechnung getragen.

Art. 11. 11. Durch das Vorhandensein von eingekindschafteten Kindern wird die Ueberleitung nicht gehindert. Als selbstverständlich erachtet der Entwurf, daß,

S. 613. wenn die Einkindschaftung nach dem bisherigen Rechte den vereinkindschafteten Kindern wenigstens in vermögensrechtlicher Beziehung die Stellung rechter d. h. ehelicher Kinder der einkindschaftenden Eltern gewährt, die eingekindschafteten Kinder im Sinne des Bürgerlichen Gesetzbuchs und des Entwurfes als gemeinschaftliche Abkömmlinge anzusehen sind. Da ferner der Einkindschaftungsvertrag überall mindestens die Natur eines Erbvertrags hat, so wird, wie sich aus den Artikeln 214, 217 des Einführungsgesetzes zum Bürgerlichen Gesetzbuch ergibt, der den vereinkindschafteten Kindern zugesicherte vermögensrechtliche Vortheil, der sogenannte Voraus, durch die Ueberleitung nicht beeinflußt. Besondere Vorschriften sind nur für die im Artikel 11 genannten Rechtsgebiete nothwendig. Nach diesen Rechten erlangen die vereinkindschafteten Kinder infolge der Einkindschaftung unentziehbare Ansprüche auf die demnächstige Abschichtung. Die Abschichtung hat in diesen Rechtsgebieten nach anderen Grundsätzen und unter anderen Voraussetzungen zu erfolgen wie die Auseinandersetzung nach den Vorschriften des Bürgerlichen Gesetzbuchs. Beispielsweise findet im Falle des Vorhandenseins von eingekindschafteten Kindern nach dem Bamberger Landrechte keine Fortsetzung der Gütergemeinschaft zwischen dem Stiefelterntheil und den Kindern nach dem Tode des rechten Vaters statt. Ebenso tritt nach dem Fuldaer Rechte, wenn der rechte Elterntheil stirbt, nicht das Alleinerbrecht des Stiefelterntheils ein, sondern dieser muß Grundtheilung pflegen. Nach der fränkischen Landgerichtsordnung und nach den Rechten von Castell und Schweinfurt kann die Auseinandersetzung nur in Form der Grundtheilung erfolgen. In diese Rechte der Vorkinder würde durch die Zulassung einer Klage auf Aufhebung der Gütergemeinschaft nach Maßgabe der §§ 1468 bis 1471 des Bürgerlichen Gesetzbuchs in unstatthafter Weise eingegriffen werden. Auch durch die Anwendbarkeit der Bestimmungen des Bürgerlichen Gesetzbuchs über das nach der Beendigung der Gütergemeinschaft stattfindende Rechtsverhältniß, insbesondere der Vorschriften über die Auseinandersetzung (§§ 1472, 1474 bis 1481, namentlich § 1478), würden die Rechte der Vorkinder gefährdet. Der Entwurf (Art. 11) läßt deshalb in den von ihm genannten Rechtsgebieten für den Fall, daß eingekindschaftete Abkömmlinge vorhanden sind, allgemein nur die §§ 1438 bis 1467, 1473 Anwendung finden. Die die fortgesetzte Gütergemeinschaft regelnden Vorschriften der §§ 1483 bis 1518 sollen nur für den Fall, daß die Ehe durch den Tod des Ehegatten aufgelöst wird, welcher die vereinkindschafteten Abkömmlinge in die Ehe gebracht hat, und nur für das Verhältniß des überlebenden Ehegatten zu dessen Abkömmlingen gelten. Im Uebrigen sollen die bisherigen Gesetze aufrecht erhalten bleiben. Es soll also insbesondere die Abschichtung der Vorkinder nach den bisherigen Vorschriften zu erfolgen haben und die bisherigen Gesetze sollen auch für den Fall maßgebend sein, daß die Ehe durch den Tod des Stiefelterntheils aufgelöst wird.

Art. 12. 12. Die Ueberleitung soll sich nach dem Entwurfe nur auf die zur Zeit des Inkrafttretens des Bürgerlichen Gesetzbuchs noch bestehenden Gütergemeinschaften beziehen. Ist die Gütergemeinschaft in diesem Zeitpunkte schon aufgehoben, so sollen die Rechtsfolgen der Aufhebung sich nach den bisherigen Gesetzen bestimmen, mag auch die Auseinandersetzung zur Zeit des Inkrafttretens des Bürgerlichen Gesetzbuchs noch nicht stattgefunden haben (Art. 12). Von einer Ueberleitung der aufgelösten Gütergemeinschaften sieht der Entwurf auch insoweit ab, als in Gemäßheit des bisherigen Rechtes fortgesetzte Gütergemeinschaft eingetreten war. Um Zweifel auszuschließen, hebt der Entwurf dies im Artikel 12 ausdrücklich hervor.

Nach dem Bürgerlichen Gesetzbuch erleidet das erbrechtliche Verhältniß der abgeschichteten Abkömmlinge gegenüber dem überlebenden Elterntheil und gegenüber den nicht abgeschichteten Geschwistern keine Aenderung. Hiemit stimmen fast alle bayerischen Gütergemeinschaftsrechte überein. Nur nach den Rechten von Würzburg, Castell, Schweinfurt, Bamberg und Erbach ist mit der Abschichtung die Wirkung einer sogenannten Grund- oder Todtheilung, d. h. einer Abfindung der Kinder von dem Vermögen des überlebenden Ehegatten, verbunden. Nach dem Rechte des Fürstenthums Bayreuth steht dem überlebenden Ehegatten frei, statt der Auseinandersetzung, bei der den abgetheilten Kindern ihre Erbrechte gewahrt bleiben, die Grundtheilung zu wählen. Aus Artikel 12 folgt, daß an den Wirkungen der Grundtheilung nichts geändert wird. Da übrigens die Grundtheilung den Charakter eines Erbverzichtsvertrags hat, so ergibt sich schon aus Artikel 217 des Einführungsgesetzes zum Bürgerlichen Gesetzbuche, daß für die mit ihr verbundenen Wirkungen die bisherigen Vorschriften maßgebend bleiben. S. 613.

Eine Ausnahme von dem im Artikel 12 ausgesprochenen Grundsatz ist nur nach der im Artikel 13 enthaltenen Richtung für die Rechte von Bamberg und Fulda erforderlich. **Art. 13.**

Das Bamberger Landrecht verlangt, wenn ein in fortgesetzter Gütergemeinschaft lebender Ehegatte wieder heirathet, ausnahmslos und wenn ein Ehegatte, für dessen frühere Ehe einer der anderen Güterstände des Bamberger Landrechts gegolten hat, wieder heirathet, regelmäßig, daß vor der Verheirathung zwischen dem Ehegatten und den Kindern aus der aufgelösten Ehe die Vermögensauseinandersetzung stattfindet. Die Auseinandersetzung kann entweder in Form der Grundtheilung oder in Form der Einkindschaftung der ersteheIichen Kinder oder nach einem alten Brauche auch bei allseitiger Zustimmung mittels Herausgabe des Eingebrachten des verstorbenen Ehegatten an die Vorkinder geschehen. Unterbleibt bei der vertragslosen Wiederver‖heirathung des Ehegatten die vorgeschriebene Vermögensauseinandersetzung, so tritt nach Ablauf von Jahr und Tag die allgemeine Gütergemeinschaft und die volle Einkindschaft stillschweigend ein; wenn der Ehegatte bei der Wiederverehelichung den Güterstand des gemeinen Rechtes einführt, ohne die Vermögensauseinandersetzung gepflogen zu haben, so tritt nach Ablauf von drei Monaten die unvollkommene Einkindschaft stillschweigend ein. Aus dem Grundsatze des Artikel 12 würde folgen, daß auch nach dem Inkrafttreten des Bürgerlichen Gesetzbuchs im Gebiete des Bamberger Rechtes die gesetzliche Einkindschaft eintritt, weil die Einkindschaft hier einen Bestandtheil des Güterrechts bildet (Motive zum Entw. des Einf.-Ges. S. 287). Das Bürgerliche Gesetzbuch hat das Institut der Einkindschaft wesentlich wegen der damit verbundenen Gefährdung der Vorkinder für die Zukunft beseitigt (Motive IV S. 486). Schon mit Rücksicht hierauf empfiehlt es sich nicht, vereinzelte Fälle von Einkindschaftung noch zuzulassen. Entscheidend aber kommt in Betracht, daß für die neue Ehe das Güterrecht des Bürgerlichen Gesetzbuchs gilt. Es steht den Ehegatten frei, welchen der Güterstände des Bürgerlichen Gesetzbuchs sie einführen wollen, sie können jedoch nicht den Güterstand des bisherigen Rechtes vereinbaren (§ 1432 des B. G.B.). Zu den Güterständen des Bürgerlichen Gesetzbuchs paßt aber die Einkindschaftung nicht. Es würden nicht nur viele Zweifel über das Verhältniß der Einkindschaft zu dem Güterstand entstehen, sondern es wäre auch eine Schädigung der Rechte der Vorkinder möglich. Wird die gesetzliche Einkindschaft in den genannten Rechten beseitigt, so muß zugleich den erstehelichen Kindern das Recht der Abtheilung nach Maßgabe der bisherigen Vorschriften S. 614.

S. 614. gegeben werden. Für das Gebiet des Bamberger Rechtes bestimmt der Artikel 13 Abs. 1 Satz 1 deshalb, daß, wenn der in fortgesetzter Gütergemeinschaft lebende Ehegatte nach dem Inkrafttreten des Bürgerlichen Gesetzbuchs wieder heirathet, die Kinder das Recht auf Grundtheilung haben. Ist die Wiederverheirathung vor dem Inkrafttreten des Bürgerlichen Gesetzbuchs erfolgt, zur Zeit des Inkrafttretens des Bürgerlichen Gesetzbuchs aber die gesetzliche Einkindschaft noch nicht eingetreten, so soll die Einkindschaft nicht mehr stattfinden (Art. 13 Abs. 1 Satz 2, 3).

Aehnlich liegt die Sache nach dem Fuldaer Rechte. Nach diesem ist der überlebende Ehegatte im Falle der Wiederverheirathung nicht zur Abtheilung der Kinder verpflichtet, sondern es tritt kraft Gesetzes Einkindschaftung ein. Der Artikel 13 Abs. 2 beseitigt diese, indem er vorschreibt, daß mit der Wiederverheirathung des überlebenden Ehegatten der Antheil des verstorbenen Ehegatten an dem gemeinschaftlichen Vermögen den gemeinschaftlichen Abkömmlingen anfällt.

Die Erfüllung der Abtheilungspflicht wird für den Fall, daß eines der Vorkinder minderjährig oder bevormundet ist, zweckmäßig durch die entsprechende Anwendbarkeit der Vorschriften des § 1314 Abs. 2 und des § 1493 Abs. 2 des Bürgerlichen Gesetzbuchs sichergestellt (Art. 13 Abs. 3).

2. Errungenschaftsgemeinschaft.

Die Errungenschaftsgemeinschaft ist das gesetzliche Güterrecht nach dem Bayerischen Landrechte, dem Oberpfälzischen Landrechte, den Rechten von Rothenburg, Koburg, des Deutschordens an der Tauber, des Fürstenthums Ansbach, dem Württembergischen Landrechte, dem Solmser Landrechte, der Rettenberger Landesordnung, dem Rothenfelser Landesbrauch und dem Mainzer Landrechte. Sie gilt ferner im Gebiete des Rechtes des Deutschordens der Balley Franken, soweit für dieses das Ansbacher Recht subsidiäre Rechtsquelle ist.

Nach dem Rechte der Städte Augsburg und Memmingen gilt die Errungenschaftsgemeinschaft als gesetzlicher Güterstand für die Gewerbetreibenden. Nach der Verordnung vom 11. Juni 1816 (Regierungsblatt S. 387) gilt sie für die Offiziere, Militärärzte und oberen Militärbeamten der bayerischen Armee, nach der überwiegenden Auffassung der Praxis aber nur, wenn der ersteheliche Wohnsitz im rechtsrheinischen Bayern war. Nach der fränkischen Landgerichtsordnung und den Rechten von Castell und Schweinfurt ist die Errungenschaftsgemeinschaft der gesetzliche Güterstand für alle unbekindeten Ehen mit Ausnahme der des vormals reichsunmittelbaren Adels. Nach der Nürnberger Reformation ist sie der gesetzliche Güterstand für die zweite und weitere Ehe beim Vorhandensein von Kindern aus einer früheren Ehe, nach der Rechtsübung im Geltungsgebiete der domprobsteilich Bambergischen Observanzen gilt sie in der zweiten und weiteren Ehe. Nach dem Bamberger Landrechte kann die Frau, wenn sie ein Heirathgut einbringt, sich den Eintritt der Errungenschaftsgemeinschaft als gesetzlichen Güterstandes vorbehalten; der Vorbehalt muß vor der Einbringung des Heirathguts und vor dem Ablaufe von Jahr und Tag seit der Eingehung der Ehe erklärt werden.

Die Errungenschaftsgemeinschaft kommt in den bayerischen Statuten in zwei Hauptformen vor. Nach der einen, der sogenannten reinen Errungenschaftsgemeinschaft, bildet die Errungenschaft schon während des Bestehens der Gemeinschaft einen besonderen Vermögensinbegriff. Nach der anderen, der sogenannten Gemeinschaft des Zugewinnstes, wird erst bei der Beendigung der Gemeinschaft ermittelt, ob eine Errungenschaft vorhanden ist. Die erstere Auffassung liegt der Mehrzahl der bayerischen Errungenschaftsgemeinschaftsrechte zu Grunde. Die zweite Gestaltung findet sich zweifellos in den Rechten von Nürnberg, Augsburg und Solms. Für das Mainzer Landrecht neigt sich jetzt auch die bayerische Praxis überwiegend der Annahme der Gemeinschaft des Zugewinnstes zu. Für das Recht von Ansbach hat zwar das Oberste Landesgericht (Entsch. X S. 599, XIV S. 24, 379) angenommen, daß dieses Recht auf dem Boden der reinen Errungenschaftsgemeinschaft stehe, die Praxis der unteren Gerichte hat jedoch an der Auffassung festgehalten, daß das Recht von Ansbach zu den Rechten der Gemeinschaft des Zugewinnstes zu zählen sei. Infolge der subsidiären Anwendbarkeit des Ansbacher Rechtes gilt die Gemeinschaft des Zugewinnstes auch im Gebiete der domprobsteilich Bambergischen Observanzen. Für daß Bayerische Landrecht war früher die Ansicht, daß es auf dem Boden der Gemeinschaft des Zugewinnstes stehe, weit verbreitet, während es jetzt nicht selten dem Systeme der reinen Errungenschaftsgemeinschaft zugezählt wird. Der Entwurf rechnet zu der Gemeinschaft des Zugewinnstes die Rechte von Ansbach, Nürnberg, Augsburg, Solms, Mainz, das Bayerische Landrecht und die domprobsteilich Bambergischen Observanzen. S. 614.

Reine Errungenschaftsgemeinschaft.

Artikel 14 bis 21.

Die Rechte der reinen Errungenschaftsgemeinschaft will der Entwurf (Art. 14 Abs. 1) in die Errungenschaftsgemeinschaft des Bürgerlichen Gesetzbuchs (§§ 1519 bis 1548) überleiten. Art. 14.

1. Das Württembergische Landrecht läßt die Errungenschaftsgemeinschaft erst mit der ehelichen Beiwohnung eintreten. Diese Vorschrift beseitigt der Entwurf (Art. 14 Abs. 2) ebenso wie die Vorschrift derjenigen Rechte, welche von der gleichen Voraussetzung den Eintritt der allgemeinen Gütergemeinschaft abhängig machen (Art. 1 Abs. 2) S. 615.

Nach dem Preußischen Landrechte (II 1 § 415; 18 § 782) gilt die Hinausschiebung des Eintritts der Gütergemeinschaft, wenn ein Ehegatte minderjährig ist (s. oben S. 7, 8),*) auch für den Eintritt der Errungenschaftsgemeinschaft. Der Entwurf (Art. 14 Abs. 2) erklärt deshalb den Artikel 1 Abs. 3 für entsprechend anwendbar.

2. Nach den Rechten der reinen Errungenschaftsgemeinschaft zerfällt das Vermögen der Ehegatten in die Errungenschaft, welche das gemeinschaftliche Vermögen der Ehegatten bildet, in das Sondergut, dessen Nutzungen zur Errungenschaft gehören, und in das Rezeptizgut eines jeden der Ehegatten. In der gleichen Weise scheidet sich das Vermögen der Ehegatten auch bei der Errungenschaftsgemeinschaft des Bürgerlichen Gesetzbuchs. Der Errungenschaft entspricht das Gesammtgut, dem Sondergut entspricht das eingebrachte Gut und das Rezeptizgut hat die gleiche Stellung wie das Vorbehaltsgut im Sinne des Bürgerlichen Gesetzbuchs. Die Umwandlung der verschiedenen, nach den bisherigen Rechten vorhandenen Vermögensmassen in die vom Bürgerlichen Gesetzbuche bestimmten bietet daher keine Schwierigkeiten. Wenn das Bürgerliche Gesetzbuch (§ 1526 Abs. 2) Vorbehaltsgut des Mannes nicht zuläßt, so wird dadurch in die Rechte des Mannes nicht eingegriffen (vergl. Art. 40). Das Vorbehaltsgut hat übrigens bei der Errungenschaftsgemeinschaft nur die Bedeutung, die Frau bei der Auseinandersetzung von der Theilnahme an den Nutzungen des Vorbehaltsguts auszuschließen. Dies ist praktisch ohne Belang. Auch kommt Vorbehaltsgut des Mannes thatsächlich nicht vor.

Bezüglich des Umfanges der Errungenschaft stimmt das Bürgerliche

*) Muß heißen S. 605. Vergl. 287 a. E.

S. 615. Gesetzbuch mit den geltenden Rechten im Wesentlichen überein. Die Abweichungen, welche bezüglich gewisser Einzelheiten, z. B. des Lotteriegewinns, des Schatzes, der Lebensversicherung, bestehen, sind nicht unbestritten, die Einführung des Bürgerlichen Gesetzbuchs bedeutet nur die im Interesse der Rechtssicherheit gelegene Beseitigung von Zweifeln.

Die Ueberleitung wird übrigens dadurch erleichtert, daß allen bayerischen Rechten, die auf dem Boden der reinen Errungenschaftsgemeinschaft stehen, die im § 1527 des Bürgerlichen Gesetzbuchs zu Gunsten des Gesammtguts aufgestellte Vermuthung bekannt ist und auch die im § 1528 bestimmte Befugniß eines jeden Ehegatten, die Aufzeichnung des Bestandes und die Feststellung des Zustandes des eingebrachten Gutes zu verlangen, in allen bisherigen Rechten theils ausdrücklich ausgesprochen, theils von der Praxis anerkannt ist.

Nach mehreren Statuten, z. B. den Rechten von Würzbug, Castell und Schweinfurt, kann ein Theil des Frauenvermögens als dos bestellt und dafür aus dem Vermögen des Mannes eine Widerlage gewährt werden. Durch die Dosbestellung soll indessen dem Manne an dem als dos gegebenen Frauenvermögen kein größeres Recht eingeräumt werden als an dem übrigen Sondergute der Frau. Die mit der Dosbestellung verbundenen Zwecke, insbesondere die Sicherung der Dosprivilegien und die Erlangung eines Maßstabs für die Scheidungsstrafen und Ausstattungsansprüche, sind theilweise bereits weggefallen, theils werden sie mit der Einführung des Bürgerlichen Gesetzbuchs gegenstandslos. Der Entwurf braucht daher auf eine etwaige Dosbestellung keine Rücksicht zu nehmen. Hinsichtlich der Widerlage bedarf es keines Vorbehalts, sie kann nur in dem Nutzgenuß an einem bestimmten Vermögenstheile bestehen und kommt erst für die Wittwe in Betracht. In Bezug auf die Widerlage hat der Dotalvertrag die Bedeutung eines Erbvertrags, so daß seine fortdauernde Giltigkeit nicht zu bezweifeln ist (Art. 214 des Einf.-Ges. zum B. GB.).

3. Die Verwaltungs- und Verfügungsmacht der Ehegatten gegenüber dem Gesammtgut und gegenüber ihren eingebrachten Gütern ist von den geltenden bayerischen Errungenschaftsgemeinschaftsrechten in der Hauptsache in gleicher Weise wie vom Bürgerlichen Gesetzbuche geregelt.

Ueber das Gesammtgut kann der Mann nach dem Bürgerlichen Gesetzbuche frei verfügen, nur zu den in den §§ 1444 bis 1446 bezeichneten Rechtsgeschäften bedarf er der Einwilligung der Frau (§ 1519 Abs. 2). Für die Verwaltung des Gesammtguts ist er der Frau nicht verantwortlich. Die in den geltenden Rechten enthaltenen Abweichungen beschränken sich in der Hauptsache darauf, daß der Mann nach dem Württembergischen Landrecht auch über Grundstücke frei verfügen kann, während nach dem Rechte von Würzburg die Frau jede ihr nachtheilige Verfügung mittels des eheträulichen Einspruchs anfechten kann.

Ueber sein eigenes eingebrachtes Gut hat der Mann nach dem Bürgerlichen Gesetzbuche freies Verwaltungs- und Verfügungsrecht. Unter den geltenden Rechten weicht nur das von Castell ab, nach diesem hat die Frau gegen Verfügungen des Mannes über die zu dessen eingebrachtem Gute gehörenden Grundstücke das Recht des ehefäulichen Einspruchs.

Ueber das eingebrachte Gut der Frau kann der Mann nach dem Bürgerlichen Gesetzbuche grundsätzlich nur mit Zustimmung der Frau verfügen; nur in den in den §§ 1376, 1378 genannten Fällen, also insbesondere in Ansehung von Geld und anderen verbrauchbaren Sachen, bedarf er der Zustimmung nicht. Nach dem Württembergischen Landrecht und den Rechten von Memmingen

und Castell ist der Mann nur bei Grundstücken an die Zustimmung der Frau S. 615.
gebunden. Nach dem Rechte von Schweinfurt bedarf er auch zur Verfügung über bewegliche Sachen der Zustimmung der Frau. Das Würzburger Recht gibt der Frau das Recht des eheſräulichen Einspruchs auch gegenüber allen ihr nachtheiligen einseitigen Verfügungen des Mannes über eingebrachtes Gut. Eine Verschiedenheit ergibt sich endlich noch daraus, daß die Frau nach einigen Rechten mit Rücksicht auf ihre beschränkte Geschäftsfähigkeit zu einem jeden Rechtsgeschäfte, das sich auf ihr eingebrachtes Gut bezieht, der Zustimmung des Mannes bedarf, während nach dem Bürgerlichen Gesetzbuche die Frau nur in ihrem Verfügungsrechte beschränkt ist, und daß eine Ergänzung der Zustimmung der Frau ausdrücklich nur im Casteller Rechte erwähnt ist.

4. Anlangend die Rechtsstellung der Gläubiger des einen oder anderen Ehegatten zu dem Gesammtgute, so haftet das Gesammtgut nach § 1530 des Bürgerlichen Gesetzbuchs für die Schulden des Mannes ausnahmslos, für die Schulden der Frau haftet es regelmäßig nicht. Dies gilt insbesondere von den vor dem Eintritte der Errungenschaftsgemeinschaft entstandenen Verbindlichkeiten der Frau. Von den während der Gemeinschaft enstandenen Verbindlichkeiten der Frau erkennen die §§ 1531 bis 1534 als Gesammtgutsverbindlichkeiten nur diejenigen an, welche entweder vermöge des Zweckes der Gemeinschaft dem Gesammt||gute zur Last fallen oder aus einem Rechts- S. 616.
geschäfte der Frau entstanden sind, das mit Zustimmung des Mannes vorgenommen oder ohne seine Zustimmung für das Gesammtgut wirksam ist. Für die Gesammtgutsverbindlichkeiten haftet der Mann auch bei der Errungenschaftsgemeinschaft persönlich. Im Verhältnisse der Ehegatten zu einander fallen diejenigen Gesammtgutsverbindlichkeiten dem Gesammtgute zur Last, welche von einem Ehegatten innerhalb der Grenzen seines Verwaltungsrechts für die bestimmungsmäßigen Zwecke der Gemeinschaft, also namentlich zum Zwecke der Bestreitung des ehelichen Aufwandes oder der von dem Gesammtgute zu tragenden Lasten der eingebrachten Güter, eingegangen oder welche kraft Gesetzes von dem Gesammtgute zu tragen sind. Die übrigen Gesammtgutsverbindlichkeiten fallen demjenigen Ehegatten zur Last, in dessen Person sie entstanden sind (§§ 1535 bis 1537).

Bezüglich der Schuldenhaftung herrscht in den bisherigen Rechten die größte Mannigfaltigkeit und sind die lückenhaften und zweifelhaften Bestimmungen am häufigsten. Für Eheschulden haftet stets die Errungenschaft; das Sondergut des Ehegatten, in dessen Person die Eheschuld nicht entstanden ist, haftet nach einigen Rechten, z. B. der fränkischen Landgerichtsordnung, nur zu dem ihm an der Errungenschaft zukommenden Antheile, nach einigen Rechten, z. B. dem Rechte von Castell, solidarisch und nach anderen Rechten überhaupt nicht. Nach dem Württembergischen Landrechte sind die Eheschulden, nur wenn die Errungenschaft nicht zureicht, aus den beiderseitigen Sondergütern je zur Hälfte zu decken. Wenn der Mann ein Gewerbe betreibt und die Frau am Betriebe zu offenem Kram und Laden theilnimmt, so haftet für die Gewerbsschulden regelmäßig auch die Frau, doch ist der Umfang der Haftung sehr verschieden bestimmt. Nach den Rechten von Würzburg, Castell und Rothenburg z. B. haften beide Ehegatten solidarisch, nach dem Rechte der Stadt Memmingen beschränkt sich die Haftung der Frau auf das in Geld, Kapitalien und Grundstücken bestehende Sondergut. Für die Sonderschuld eines Ehegatten haftet regelmäßig nur das Sondergut des Ehegatten. Einzelne Rechte lassen für die Sonderschulden des Mannes auch die Errungenschaft haften, andere unterscheiden zwischen den verschiedenen Arten der Sonderschulden. Nach dem Rechte von

S. 616. Castell haftet für eine Sonderschuld der Antheil des Ehegatten an der Errungenschaft. Für voreheliche Schulden der Ehegatten haftet nach fast allen bayerischen Errungenschaftsgemeinschaftsrechten nur das Sondergut. Auch in der Bestimmung des Begriffs der Eheschulden und der Sonderschulden weichen die Rechte von einander zum Theil erheblich ab.

5. Bezüglich der Gründe, aus welchen die Errungenschaftsgemeinschaft beendigt wird, weichen die bayerischen Rechte vom Bürgerlichen Gesetzbuche (§§ 1542 bis 1544) hauptsächlich darin ab, daß während der Ehe die Beendigung auf einseitigen Antrag eines Ehegatten nur nach dem Württembergischen und dem Bamberger Landrechte sowie nach denjenigen Statuten eintreten kann, für welche das Preußische Landrecht als subsidiäre Rechtsquelle Anwendung findet. Nach dem Württembergischen Landrechte hört die Errungenschaftsgemeinschaft auf, wenn die Frau die weiblichen Freiheiten anruft; hiezu berechtigt ist sie insbesondere dann, wenn über das Vermögen des Mannes der Konkurs eröffnet wird. Nach dem Bamberger Landrechte kann ein Ehegatte Aufhebung der Errungenschaftsgemeinschaft verlangen, wenn das Sondergut des anderen Ehegatten durch namhafte voreheliche Schulden, verwirkte Geldstrafen oder verschwenderische Lebensweise wesentlich vermindert wird. Nach dem Preußischen Landrechte kann ein Ehegatte auf Aufhebung klagen, wenn der andere in Konkurs geräth oder wenn sich binnen zwei Jahren nach Eingehung der Ehe herausstellt, daß er voreheliche Schulden hat. In beiden Rechten wirkt die Aufhebung der Errungenschaftsgemeinschaft aber nur für die Zukunft. Es besteht daher keine Veranlassung, eine dem für die allgemeine Gütergemeinschaft geltenden Artikel 3 entsprechende Vorschrift zu treffen.

Art. 15. Eine Besonderheit gilt für die Rechte von Würzburg, Castell und Schweinfurt. Nach diesen geht die Errungenschaftsgemeinschaft mit der Geburt eines ehelichen Kindes in die allgemeine Gütergemeinschaft über. Diese Besonderheit muß aufrecht erhalten bleiben, da die Ehegatten bei Eingehung der Ehe in fast allen Fällen die Geburt eines Kindes erhoffen und deshalb mit dem Eintritte der allgemeinen Gütergemeinschaft rechnen. Der Entwurf (Art. 15 Abs. 1) bestimmt deshalb, daß, wenn die Errungenschaftsgemeinschaft nach einem der angeführten Rechte gilt, mit der Geburt eines Kindes die allgemeine Gütergemeinschaft nach den Vorschriften des Bürgerlichen Gesetzbuchs eintritt.

Die allgemeine Gütergemeinschaft tritt aber nicht mit Rückwirkung auf die Zeit der Eheschließung oder des Inkrafttretens des Bürgerlichen Gesetzbuchs, sondern erst von der Zeit der Geburt des Kindes an ein. Da es zu sachlich unangemessenen Ergebnissen führen und Verwirrung veranlassen würde, wenn für die Frage, inwieweit das Vermögen der Frau Vorbehaltsgut und die Verbindlichkeiten der Ehegatten Gesammtgutsverbindlichkeiten der allgemeinen Gütergemeinschaft werden, bis zum Inkrafttreten des Bürgerlichen Gesetzbuchs das bisherige Recht und von dieser Zeit an bis zum Eintritte der allgemeinen Gütergemeinschaft das Bürgerliche Gesetzbuch maßgebend wäre, so bestimmt der Entwurf im Artikel 15 Abs. 2 Satz 1, daß in diesen Beziehungen das bisherige Recht maßgebend bleibt. Von Bedeutung ist dies insbesondere für die Haftung des Gesammtguts, weil nach den genannten Rechten die vor der Geburt des Kindes während der Dauer der Errungenschaftsgemeinschaft entstandenen Verbindlichkeiten wie voreheliche behandelt werden.

Eine weitere Modifikation des im Artikel 15 Abs. 1 enthaltenen Grundsatzes, daß die allgemeine Gütergemeinschaft nach den Vorschriften des Bürgerlichen Gesetzbuchs eintritt, ist für den Fall erforderlich, daß im Falle der Aufhebung der allgemeinen Gütergemeinschaft gemeinschaftliche Abkömmlinge

nicht vorhanden sind (Art. 15 Abs. 2 Satz 2). Dies beruht auf den gleichen S. 616.
Gründen wie die Vorschrift des Artikel 4 Abs. 2 (vergl. oben S. 609).*)

6. Das Rechtsverhältniß nach der Beendigung der Errungenschafts- Art. 16.
gemeinschaft und die Auseinandersetzung sind vom Bürgerlichen Gesetzbuch (§§ 1545, 1546) in Anlehnung an die für die allgemeine Gütergemeinschaft geltenden Vorschriften geregelt.

Nach § 1546 mit § 1476 Abs. 1 erhält jeder Ehegatte bei der Auseinandersetzung von dem Gesammtgut einen gleichen Antheil. Von den bayerischen Rechten der reinen Errungenschaftsgemeinschaft weicht — abgesehen vom Falle der beerbten Ehe — nur das Recht des Deutschordens an der Tauber ab, welches wie bei der allgemeinen Gütergemeinschaft das Hohenloher Landrecht (Art. 5) den Antheil des Mannes auf zwei Drittel und den der Frau auf ein Drittel festsetzt. Diese Besonderheit hält der Entwurf (Art. 16) aufrecht.

Im Uebrigen kann die Ueberleitung bezüglich der Auseinandersetzung zu
keiner Schwierigkeit führen. Bedenken || könnte der im § 1546 Abs. 2 mit S. 617.
§ 1481 zum Ausdrucke gelangte Grundsatz erregen, daß der Mann die Einbuße zu tragen hat. Nach den meisten bayerischen Rechten, z. B. den Rechten von Würzburg, Schweinfurt, Castell, Memmingen, Rothenfels und Rothenburg, wird die Einbuße von jedem Ehegatten zur Hälfte getragen. Nach anderen Rechten, z. B. der Rettenberger Landesordnung, wird die Einbuße nach dem Verhältnisse der Sondergüter vertheilt. Die Frage, wer die Einbuße zu tragen hat, hängt mit der Gestaltung des Verwaltungsrechts und der Schuldenhaftung enge zusammen (vergl. Motive zum Entw. I des B. GB. IV S. 416, 537). Für die nach der Ueberleitung entstandenen Verbindlichkeiten kann die Einbuße deshalb nur dem Manne zugetheilt werden, und es könnte sich nur fragen, ob bezüglich der vor diesem Zeitpunkt entstandenen Verbindlichkeiten das bisherige Recht beibehalten werden soll. Abgesehen davon, daß dies zu großen Schwierigkeiten bei der Auseinandersetzung führen würde, ist die Verpflichtung der Frau zur Mittragung der Einbuße schon nach dem geltenden Rechte eine Unbilligkeit gegen die Frau, und der Mann kann sich über die Beseitigung dieser Unbilligkeit nicht beschweren. In manchen Rechten, z. B. im Württembergischen Landrecht, ist übrigens der Grundsatz, daß die Frau die Einbuße mitzutragen hat, praktisch dadurch aufgehoben, daß der Frau das Recht gegeben ist, durch Verzicht auf die Errungenschaft sich von der Haftung für die Schulden freizumachen.

7. Das Bürgerliche Gesetzbuch kennt keine Nachwirkungen der Errungenschaftsgemeinschaft über den Bestand der Ehe hinaus. Fortgesetzte Errungenschaftsgemeinschaft kann auch durch Ehevertrag nicht vereinbart werden. Dagegen gewährt das Bürgerliche Gesetzbuch dem überlebenden Ehegatten ein weit gehendes gesetzliches Erbrecht und Pflichttheilsrecht gegenüber dem Nachlasse des verstorbenen Ehegatten. Der Nachlaß umfaßt die Hälfte des Gesammtguts, das eingebrachte Gut und das Vorbehaltsgut.

Auch der Mehrzahl der geltenden bayerischen Errungenschaftsgemeinschaftsrechte ist eine Nachwirkung fremd, die bayerischen Statutarrechte gewähren dem überlebenden Ehegatten aber auch regelmäßig kein Intestaterbrecht oder doch nur eine meist sehr geringe statutarische Erbportion. Die Ersetzung der Errungenschaftsgemeinschaft der bisherigen Rechte durch die des Bürgerlichen Gesetzbuchs bedeutet deshalb in der überwiegenden Mehrzahl der Fälle eine nicht unerhebliche Besserung der Rechtsstellung des überlebenden Ehegatten und trägt damit einem längst gefühlten Bedürfniß und der Rechtsüberzeugung

*) Vergl. oben S. 294.

S. 617. des bayerischen Volkes Rechnung. Soweit die Statutarrechte für den überlebenden Ehegatten günstiger sind, indem sie entweder ein weiter gehendes Erbrecht gewähren oder eine andere Nachwirkung der Errungenschaftsgemeinschaft anerkennen, die im praktischen Ergebnisse für den überlebenden Ehegatten vortheilhafter ist, hält sie der Entwurf aus den in der Einleitung dargelegten Gesichtspunkten aufrecht. Diesem Zwecke dienen die Artikel 17 bis 20.

Art. 17. 8. Sind beim Tode eines Ehegatten Abkömmlinge dieses Ehegatten nicht vorhanden, so erhält der überlebende Ehegatte nach dem Bürgerlichen Gesetzbuche neben Verwandten der zweiten Ordnung die Hälfte des Nachlasses, neben Großeltern die Hälfte des Nachlasses sowie die Antheile, welche auf die Abkömmlinge der verstorbenen Großeltern fallen würden, ferner den Voraus; in Ermanglung solcher gesetzlicher Erben erhält er den ganzen Nachlaß.

Nach den Rechten von Würzburg, Castell und Schweinfurt erhält der überlebende Ehegatte außer einem Voraus, welcher sich im Wesentlichen mit dem des Bürgerlichen Gesetzbuchs deckt, ein Viertheil des Nachlasses, nach dem Rechte von Castell jedoch nur, wenn er sein Sondergut nicht mehr vollständig oder auch im Ganzen nicht so viel als die Erben des Verstorbenen empfängt. Auch wenn die Errungenschaftsgemeinschaft nach dem Bamberger Landrechte besteht, erhält der überlebende Ehegatte ein Viertheil des Nachlasses. Diese Rechte sind mithin dem überlebenden Ehegatten weniger günstig als die Vorschriften des Bürgerlichen Gesetzbuchs. Auch wo das Recht des Deutschordens an der Tauber gilt, führt die Beerbung des verstorbenen Ehegatten nach den Vorschriften des Bürgerlichen Gesetzbuchs zu einem dem überlebenden Ehegatten günstigeren Ergebniß als die nach den Vorschriften des subsidiär anwendbaren Preußischen Landrechts (II 1 §§ 661 ff.).

Nach den Rechten von Memmingen, Rothenburg und Coburg ist der überlebende Ehegatte Alleinerbe des Verstorbenen. Die Vorschriften dieser Rechte hält der Entwurf (Art. 17 Abs. 1) aufrecht. Die Besonderheit des Coburger Rechtes, daß das Alleinerbrecht nur Platz greift, wenn die Ehe Jahr und Tag dauerte, ist entsprechend der Beseitigung ähnlicher Bestimmungen der Rechte mit allgemeiner Gütergemeinschaft (vergl. oben S. 605) fallen gelassen. Nach dem Rechte von Memmingen kann dem überlebenden Ehegatten das Erbrecht durch einseitige Verfügung des anderen Ehegatten nicht entzogen werden; in Anlehnung an die Vorschrift des Artikel 6 Abs. 1 Satz 2 erklärt der Artikel 17 Abs. 1 Satz 2 deshalb auf das nach Memminger Recht bestehende Erbrecht die §§ 2335 bis 2337 des Bürgerlichen Gesetzbuchs für entsprechend anwendbar. Nach den Rechten von Rothenburg und von Coburg ist das Erbrecht beliebig entziehbar; dies hält der Artikel 17 Abs. 1 Satz 2 mit der gleichfalls dem Artikel 6 entsprechenden Maßgabe aufrecht, daß dem ausgeschlossenen Ehegatten ein Pflichttheilsrecht nach den Vorschriften des Bürgerlichen Gesetzbuchs zusteht.

Nach dem Rothenfelser Landesbrauch erhält der überlebende Ehegatte die Ausfahrt und Ausfertigung und die Fahrniß sowie bis zu seiner Wiederverheirathung die Nutznießung an dem übrigen Nachlasse. Nach der Rettenbergischen Landesordnung kommt dem überlebenden Ehegatten bis zu seiner Wiederverheirathung der Nießbrauch am Nachlaß und im Falle der durch die Wiederverheirathung veranlaßten Abtheilung die Hälfte des Nachlasses zu. Der Entwurf (Art. 17 Abs. 2) setzt an die Stelle der Ausfertigung, Ausfahrt und Fahrniß des Rothenfelser Landesbrauchs den im § 1932 des Bürgerlichen Gesetzbuchs bestimmten Voraus und läßt im Uebrigen dem überlebenden Ehegatten die Wahl, nach dem bisherigen Rechte oder, wenn er auf den Nießbrauch

verzichtet, nach dem neuen Rechte zu erben. Die Einzelheiten des Wahlrechts S. 617.
sind wie im Artikel 7 geordnet.

Nach dem Rechte von Regensburg erhält der Mann, wenn er der überlebende Theil ist, neben Ascendenten die ganze Errungenschaft und den Nießbrauch an einem Drittel des eingebrachten Gutes der Frau; ist außer der Errungenschaft nichts oder nur wenig vorhanden und sind die Ascendenten arm, so gebühren dem Manne fünf Sechstel und den Ascendenten ein Sechstel von der Errungenschaft. Sind Ascendenten nicht vorhanden, so erhält der Mann die ganze Errungenschaft und den Nießbrauch an einem Drittel, bei mehr als zehnjähriger Dauer der Ehe an der Hälfte des eingebrachten Gutes der Frau. Die Frau, wenn sie der überlebende Theil ist, erhält nur den Nießbrauch an einem ‖ Drittel und, S. 618.
wenn die Ehe länger als zehn Jahre gedauert hat und Ascendenten nicht vorhanden sind, an der Hälfte des eingebrachten Gutes des Mannes; von der auf den Mann treffenden Hälfte der Errungenschaft erhält die Wittwe nichts. Das Regensburger Recht ist nur dem überlebenden Manne und auch diesem nur in Ansehung der Errungenschaft günstiger als das Bürgerliche Gesetzbuch. Der Entwurf (Art. 17 Abs. 3) beläßt es daher für den Fall des Todes des Mannes schlechthin und für den Fall des Todes der Frau in Ansehung der Erbfolge in das eingebrachte Gut und in das Vorbehaltsgut der Frau bei der gesetzlichen Erbfolge des Bürgerlichen Gesetzbuchs. Bezüglich der Errungenschaft aber hält er im Falle des Todes der Frau das bisherige Recht in der Weise aufrecht, daß er die ganze Errungenschaft dem Manne zuweist. Die zu Gunsten der Ascendenten getroffene Besonderheit kann im Interesse der Vereinfachung des Rechtes fallen gelassen werden. Dies ist unbedenklich, da die Frau über ihren Antheil an der Errungenschaft vorbehaltlich des Pflichttheilsrechts des Mannes von Todeswegen verfügen kann.

Das Württembergische Landrecht beruft den überlebenden Ehegatten neben Verwandten aufsteigender Linie und neben Seitenverwandten bis zum zehnten Grade auf die Hälfte des Nachlasses, in Ermangelung solcher Verwandten auf den ganzen Nachlaß. Außer seinem Erbtheil erhält der überlebende Ehegatte den Voraus und an den Erbtheilen der Miterben, mit Ausnahme der Ascendenten, der vollbürtigen Geschwister und der neben vollbürtigen Geschwistern erbenden Kinder von Geschwistern, an den sogenannten hinterfälligen Gütern das lebenslängliche Nutznießungsrecht. Das statutarische Erbrecht des überlebenden Ehegatten sowie der Voraus wird von dem Entwurf eines Württembergischen Ausführungsgesetzes zum Bürgerlichen Gesetzbuche (Art. 245, 246) beseitigt; dagegen wird das Nutznießungsrecht aufrechterhalten. Der Entwurf (Art. 17 Abs. 4) schließt sich diesem Vorschlag an; das Erbrecht und der Erbtheil des Ehegatten sollen sich nach den Vorschriften des Bürgerlichen Gesetzbuchs richten, dem Ehegatten soll zugleich die in den bisherigen Vorschriften bestimmte Nutznießung zustehen.

9. Wenn bei dem Tode eines Ehegatten Abkömmlinge dieses Ehegatten und zwar gleichgiltig, ob gemeinschaftliche oder nicht gemeinschaftliche, vorhanden sind, so erhält der überlebende Ehegatte nach dem Bürgerlichen Gesetzbuch ein Viertheil des Nachlasses des verstorbenen Ehegatten. Der Nachlaß umfaßt die Hälfte des Gesammtguts, das eingebrachte Gut und das Vorbehaltsgut. An den Erbtheilen der Kinder steht dem überlebenden Ehegatten kein Recht zu, die Erbtheile sind den Kindern sofort auszufolgen. Soweit der überlebende Ehegatte die elterliche Gewalt über die Kinder hat, steht ihm selbstverständlich die elterliche Nutznießung an den Erbtheilen der Kinder zu.

S. 618. Nach dem Württembergischen Landrecht erhält der überlebende Ehegatte außer einem in bestimmten Mobilien bestehenden Voraus, wenn nur ein Kind des verstorbenen Ehegatten vorhanden ist, ein Drittheil, wenn mehrere Kinder vorhanden sind, einen Kindstheil von dem Nachlaß ohne Rücksicht, ob die Kinder gemeinschaftliche oder nicht gemeinschaftliche sind. Der Nachlaß besteht aus der Hälfte der Errungenschaft und dem Sondergute. Neben dieser statutarischen Portion steht dem überlebenden Ehegatten an den Erbtheilen, welche den gemeinschaftlichen Kindern zufallen, die lebenslängliche Nutznießung zu. Die statutarische Portion kann dem überlebenden Ehegatten zu zwei Drittheilen, die Nutznießung kann ihm schlechthin durch Verfügung von Todeswegen entzogen werden.

Nach dem Rechte der Stadt Memmingen fällt der Nachlaß, zu welchem die Hälfte der Errungenschaft und das Sondergut gehören, den Kindern des verstorbenen Ehegatten zu. Soweit der Nachlaß den gemeinschaftlichen Kindern zukommt, hat der überlebende Ehegatte das Recht des Beisitzes, bis die Kinder aus dem elterlichen Hause ausscheiden oder der Ehegatte wieder heirathet oder durch verschwenderische Lebensweise das Vermögen der Kinder gefährdet. Die überlebende Mutter muß binnen vier Wochen nach dem Tode des Mannes die Erbtheile der Kinder feststellen und Vormünder vorschlagen, der überlebende Vater ist zur Feststellung des Vermögens der Kinder und zur Benennung von Vormündern nur im Falle der Wiederverheirathung oder schlechter Wirthschaft verpflichtet.

Nach dem Rechte der Stadt Regensburg erhält der überlebende Ehegatte, wenn nur gemeinschaftliche Kinder vorhanden sind, sein eingebrachtes Gut und einen Theil des Gesammtguts — der überlebende Mann die Hälfte, die überlebende Frau ein Drittel —, der Rest des Gesammtguts und das eingebrachte Gut des Verstorbenen bilden dessen Nachlaß, von welchem dem überlebenden Ehegatten, wenn nicht mehr als drei Kinder vorhanden sind, ein Viertel, sonst ein Kindstheil zu Eigenthum gebührt. Sind nur nicht gemeinschaftliche Kinder vorhanden, so erhält der überlebende Ehegatte sein eingebrachtes Gut und einen Theil des Gesammtguts, der überlebende Mann drei Viertel, die überlebende Frau ein Viertel; der Rest und das eingebrachte Gut bilden den Nachlaß, aus welchem dem überlebenden Ehegatten, wenn nicht mehr als drei Kinder vorhanden sind, ein Viertel, sonst ein Kindstheil zum Nutzgenuß gebührt. Sind gemeinschaftliche und nicht gemeinschaftliche Kinder vorhanden, so erhält der überlebende Ehegatte außer seinem eingebrachten Gute einen Theil des Gesammtguts — der überlebende Mann die Hälfte, die überlebende Frau ein Viertel — sowie von dem Nachlasse des Verstorbenen, wenn nicht mehr als drei Kinder vorhanden sind, ein Viertel, sonst einen Kindstheil zu Eigenthum; außerdem hat an den Erbtheilen der gemeinschaftlichen Kinder der überlebende Mann lebenslänglich, die überlebende Frau bis zur Wiederverheirathung den Nutzgenuß. Das Erbrecht kann dem überlebenden Ehegatten von dem Verstorbenen durch Verfügung von Todeswegen entzogen werden; der Erblasser muß jedoch die Errungenschaft dem überlebenden Manne ganz, der überlebenden Frau zu einem Drittel zu Eigenthum und von dem übrigen Nachlaß ein Viertel, wenn mehr als drei Kinder vorhanden sind, einen Kindstheil zu Nutzgenuß hinterlassen.

Nach dem Rechte von Coburg erben, wenn ein Ehegatte mit Hinterlassung von Kindern (gemeinschaftlichen oder nicht gemeinschaftlichen) stirbt, diese allein, sofern die Ehe noch nicht Jahr und Tag gedauert hat. Anderenfalls wird der Nachlaß, zu welchem das eingebrachte Gut und die Hälfte der

Errungenschaft gehören, nach Kopftheilen zwischen dem überlebenden Ehegatten, S. 618.
den gemeinschaftlichen und den nicht gemeinschaftlichen Kindern getheilt. Die Antheile der nicht gemeinschaftlichen Kinder hat der Ehegatte sofort herauszugeben, an den anderen hat er den Beisitz und zwar der Mann lebenslänglich, jedoch mit der Verpflichtung, im Falle der Wiederverheirathung den Kindern einen Voraus zu bestellen, die Frau bis zu ihrer Wiederverheirathung. Im Falle der Wiederverheirathung der Frau muß regelmäßig Grundtheilung stattfinden, d. h. die Frau muß ihr eingebrachtes Gut in den Nachlaß einwerfen.

Nach dem Rechte der Stadt Rothenburg erhält der überlebende Ehegatte,
wenn nur gemeinschaftliche Kinder || vorhanden sind, zwei Drittel und, sofern S. 619.
mehr als vier Kinder vorhanden sind, die Hälfte des das Sondergut und die Errungenschaftshälfte umfassenden Nachlasses. An den Erbtheilen gebührt dem überlebenden Ehegatten der Beisitz. Die Ermittelung der Erbtheile findet jedoch erst statt, wenn der Ehegatte sich wieder verheirathet oder durch Verschwendung die Rechte der Kinder gefährdet. In diesem Falle muß der Voraus der Kinder regulirt werden. An dem Voraus verbleibt dem Ehegatten der Beisitz, bis die Kinder volljährig werden oder sich selbständig machen. Sind neben gemeinschaftlichen Kindern nicht gemeinschaftliche Kinder vorhanden, so erhalten diese zunächst ihren Voraus und der überlebende Ehegatte nimmt sein eingebrachtes Gut zurück. Der Rest, also das ganze Gesammtgut und das eingebrachte Gut des verstorbenen Ehegatten, werden von Grund aus d. h. zwischen dem überlebenden Ehegatten und den gemeinschaftlichen und den nicht gemeinschaftlichen Kindern nach Kopftheilen getheilt. Die Erbtheile der nicht gemeinschaftlichen Kinder müssen sofort ausgekehrt werden. An dem, was den gemeinschaftlichen Kindern zugetheilt wird, hat der überlebende Ehegatte den Beisitz, bis er zur zweiten Ehe schreitet. In diesem Falle wird es wieder so gehalten, wie wenn nur gemeinschaftliche Kinder vorhanden gewesen wären; bei der Vorausregulirung gebührt also den Kindern nur der dritte Theil oder, wenn mehr als vier Kinder vorhanden sind, die Hälfte, der Rest fällt dem überlebenden Ehegatten anheim. Sind nur nicht gemeinschaftliche Kinder vorhanden, so muß mit diesen von Grund aus abgetheilt werden. Die statutarische Portion und der Beisitz sind unentziehbar.

Nach dem Rothenfelser Landesbrauche theilt der überlebende Ehegatte mit den Kindern und zwar gleichgiltig, ob sie gemeinschaftliche oder nicht gemeinschaftliche sind, die Hälfte der Errungenschaft und das Sondergut des verstorbenen Ehegatten nach Köpfen; an den Erbtheilen der Kinder hat er bis zur Wiederverehelichung die Nutznießung.

Nach der Rettenbergischen Landesordnung wird der Nachlaß des verstorbenen Ehegatten, zu welchem die Hälfte der Errungenschaft und das eingebrachte Gut gehören, zwischen dem überlebenden Ehegatten und den Kindern des verstorbenen Ehegatten nach Köpfen getheilt, die Erbtheile der nicht gemeinschaftlichen Kinder muß der Ehegatte sofort auskehren, an den Erbtheilen der gemeinschaftlichen Kinder hat er bis zur Wiederverehelichung den Beisitz. Nach der subsidiär zur Anwendung kommenden Augsburger Waisenordnung ist auf Vorableben des Vaters stets, auf Ableben der Mutter aber erst bei der Wiederverehelichung ein Inventar zu errichten. Das Erbrecht sowie der Beisitz kann dem Ehegatten durch Verfügung von Todeswegen nicht entzogen werden.

Nach dem Bamberger Landrechte setzt der überlebende Ehegatte mit den Abkömmlingen, gleichgiltig ob sie gemeinschaftlich oder nicht gemeinschaftlich sind, die bisherige Gemeinschaft fort. Er muß das Sondergut des verstorbenen Ehegatten und das Gesammtgut bei dem Eintritte der fortgesetzten Gemeinschaft verzeichnen. Die Fortsetzung endet mit der Wiederverheirathung des über-

S. 619. lebenden Ehegatten oder wenn die Abkömmlinge wegen Verschwendung des Ehegatten die Abschichtung gerichtlich erwirken.

Für den Fall, daß Abkömmlinge des verstorbenen Ehegatten vorhanden sind, ist das Bürgerliche Gesetzbuch dem überlebenden Ehegatten unter allen Umständen günstiger als das Recht von Memmingen. Gleiches gilt für das im Gebiete des Rechtes des Deutschordens an der Tauber anwendbare Preußische Landrecht. Zur Aufrechterhaltung der Bestimmungen dieser Rechte besteht daher keine Veranlassung.

Die anderen Rechte sind dem überlebenden Ehegatten je nach der Lage des einzelnen Falles bald günstiger bald ungünstiger. Nach dem Entwurfe verbleibt es deshalb für diese Rechtsgebiete bei den bisherigen Vorschriften.

Der Entwurf behandelt zunächst die Rechte von Rothenburg, Regensburg, Rothenfels und Coburg, die Rettenbergische Landesordnung, sowie das Württembergische Landrecht.

Art. 18. Im Artikel 18 ist das Rechtsverhältniß für den Fall geregelt, daß gemeinschaftliche Abkömmlinge vorhanden sind. Für die Rechte von Rothenburg, Regensburg, Rothenfels und Coburg, sowie für die Rettenbergische Landesordnung werden die bisherigen Vorschriften aufrecht erhalten.

Für das Coburger Recht sieht der Entwurf dabei entsprechend dem für die unbeerbte Ehe eingenommenen Standpunkte (s. oben S. 617)*) von dem Erforderniß ab, daß die Ehe Jahr und Tag gedauert haben muß (Art. 18 Abs. 1 Satz 2). Das Recht von Rothenburg ist dem überlebenden Ehegatten beim Vorhandensein gemeinschaftlicher Kinder stets günstiger als das Bürgerliche Gesetzbuch. Für dieses Recht braucht dem überlebenden Ehegatten daher nicht die Wahl zwischen der Beerbung nach dem alten und der nach dem neuen Rechte gelassen zu werden. Dagegen muß ihm dieses Wahlrecht für die Rechte von Rettenberg, Regensburg, Rothenfels und Coburg eingeräumt werden. Für die Rechte von Regensburg und Rettenberg kommt in Betracht, daß nach ihnen die Errungenschaft nicht nach Hälften getheilt wird; für das Recht von Coburg ist die Besonderheit in Ansehung des eingebrachten Gutes zu berücksichtigen. Für diese Rechte müssen daher, wenn der überlebende Ehegatte auf den Beisitz verzichtet und die Beerbung nach den neuen Vorschriften wählt, die neuen Vorschriften auch in Ansehung der Antheile an der Errungenschaft sowie in Ansehung des eingebrachten Gutes maßgebend sein (Art. 18 Abs. 2).

Für den Fall, daß die Errungenschaftsgemeinschaft des Württembergischen Landrechts gilt, beseitigt der Entwurf eines Württembergischen Ausführungsgesetzes zum Bürgerlichen Gesetzbuch auch für den Fall der beerbten Ehe die statutarische Portion sowie den Voraus; nur die Nutzgenießung an den Erbtheilen der gemeinschaftlichen Abkömmlinge wird nach Maßgabe der bisherigen Vorschriften aufrechterhalten. Der Entwurf (Art. 18 Abs. 3) schließt sich auch hier (vergl. oben S. 618)**) diesem Vorgang an.

Art. 19. Für die Fälle, daß nicht gemeinschaftliche Abkömmlinge oder daß gemeinschaftliche und nicht gemeinschaftliche Abkömmlinge vorhanden sind, wird das Rechtsverhältniß für die Rechte von Rettenberg, Rothenfels und Coburg im Artikel 19 Abs. 1 bis 4 geregelt. Für diese Rechtsgebiete muß es in Ansehung der Rechte des überlebenden Ehegatten bei den bisherigen Vorschriften verbleiben. Der auf die Besserstellung des überlebenden Ehegatten gerichteten Neigung der gegenwärtigen Rechtsübung und des künftigen Rechtes wird indessen insoweit Rechnung zu tragen sein, als der Erbtheil des überlebenden Ehegatten, wenn er im einzelnen Falle nicht so groß ist als der dem Ehegatten nach dem

*) Vergl. oben S. 310. **) Vergl. oben S. 311.

Bürgerlichen Gesetzbuche gebührende, d. h. wenn er weniger als ein Viertel S. 619.
beträgt, auf ein Viertel erhöht wird. Entsprechend dem sonstigen Standpunkte des Entwurfes ist die Erhöhung in den Fällen, in welchem dem Ehegatten ein Beisitzrecht zusteht, davon abhängig zu machen, daß der Ehegatte auf den Beisitz verzichtet (Art. 19 Abs. 1, 2).

Für das Coburger Recht muß überdies die Besonderheit, daß der Ehegatte S. 620.
ein Erbrecht nur hat, wenn die Ehe Jahr und Tag gedauert hat, ebenso wie in den Fällen der Artikel 17, 18 wegfallen (Art. 19 Abs. 3 Satz 1). Die Vorschrift des Coburger Rechtes ferner, daß der Ehegatte unter Umständen das eigene eingebrachte Gut einzuwerfen, d. h. die Grundtheilung zu pflegen hat, ist für alle Fälle, in welchen der Ehegatte aus dem Nachlasse weniger als den ihm nach dem Bürgerlichen Gesetzbuche gebührenden gesetzlichen Erbtheil oder nur diesen Erbtheil erhält, mithin in allen Fällen, in welchen drei oder mehr Kinder vorhanden sind, mit dem Grundgedanken der Besserstellung des überlebenden Ehegatten unvereinbar. Es hat deshalb bei der Vorschrift des § 1546 mit § 1421 des Bürgerlichen Gesetzbuchs zu verbleiben, wonach der überlebende Ehegatte sein eingebrachtes Gut zurückerhält. Sind dagegen ein oder zwei Kinder vorhanden, beträgt also der Erbtheil des Ehegatten nach dem Coburger Rechte die Hälfte oder ein Drittel, so muß von dem Ehegatten verlangt werden, daß er, sofern er sein eingebrachtes Gut nicht einwerfen will, auf den ihm nach den bisherigen Vorschriften zustehenden Erbtheil, soweit dieser mehr als der nach dem Bürgerlichen Gesetzbuch ihm gebührende Erbtheil beträgt, verzichtet (Art. 19 Abs. 3).

Gemeinschaftlichen Kindern gegenüber wird der überlebende Ehegatte eher vorziehen, es bei den bisherigen Vorschriften zu belassen, als gegenüber Stiefkindern. Der Entwurf will den Ehegatten nicht deshalb, weil neben den gemeinschaftlichen Kindern auch Stiefkinder vorhanden sind, zwingen, auf die Vortheile, welche das bisherige Recht ihm gewährt, zu verzichten, und bestimmt deshalb im Artikel 19 Abs. 4, daß, wenn gemeinschaftliche Kinder mit nicht gemeinschaftlichen zusammentreffen, die in den Abs. 1 bis 3 bestimmten Rechte dem Ehegatten auch dann zustehen, wenn es im Verhältnisse zwischen ihm und den gemeinschaftlichen Abkömmlingen bei den bisherigen Vorschriften verbleibt.

Das Regensburger Recht ist, wenn gemeinschaftliche und nicht gemeinschaftliche Abkömmlinge zusammentreffen, dem überlebenden Ehegatten stets ungünstiger als das Bürgerliche Gesetzbuch; sind nur nicht gemeinschaftliche Abkömmlinge vorhanden, so gilt Gleiches im Falle des Todes des Mannes. Dagegen ist es, wenn nur nicht gemeinschaftliche Abkömmlinge vorhanden sind, dem überlebenden Manne unter Umständen günstiger. Der Artikel 19 Abs. 5 hält es deshalb für den bezeichneten Fall aufrecht und läßt zugleich dem Manne die Wahl, ob er den ihm nach dem bisherigen Rechte zustehenden Antheil an der Errungenschaft beanspruchen und dafür nach bisherigem Rechte erben will oder ob er gegen Verzicht auf den die Hälfte (§ 1546 mit § 1476 des B.GB.) übersteigenden Antheil an der Errungenschaft nach dem neuen Rechte erben will.

Die Nutznießung an den Erbtheilen der gemeinschaftlichen Abkömmlinge steht, wie oben bemerkt wurde, dem überlebenden Ehegatten nach dem Württembergischen Landrecht auch dann zu, wenn nicht gemeinschaftliche Abkömmlinge mit den gemeinschaftlichen zusammentreffen. Wie die Fassung des Artikel 18 Abs. 3 ergibt, wird hieran vom Entwurfe nichts geändert.

Der Artikel 20 betrifft das Bamberger Landrecht und umfaßt sowohl Art. 20.
den Fall, daß nur gemeinschaftliche, als den Fall, daß nicht gemeinschaftliche Abkömmlinge allein oder neben gemeinschaftlichen vorhanden sind. Da die

S. 620. Fortsetzung der Gemeinschaft dem Ehegatten unter Umständen vortheilhafter ist als das Erbrecht des Bürgerlichen Gesetzbuchs, läßt der Artikel 20 dem Ehegatten die Wahl.

10. Ist die Errungenschaftsgemeinschaft im Zeitpunkte des Inkrafttretens des Bürgerlichen Gesetzbuchs aufgelöst, so verbleibt es bei den bisherigen Vorschriften (Art. 14 Abs. 2 mit Art. 12).

Gemeinschaft des Zugewinnstes.

Artikel 21 bis 27.

1. Wie schon oben Seite 614*) bemerkt ist, weicht die Gemeinschaft des Zugewinnstes von der reinen Errungenschaftsgemeinschaft darin ab, daß bei dieser während des Bestehens der Gütergemeinschaft die Errungenschaft einen besonderen Vermögensinbegriff bildet, während dies bei der Gemeinschaft des Zugewinnstes nicht der Fall ist. Bei der Gemeinschaft des Zugewinnstes sind also während des Bestehens der Gemeinschaft nur das Vermögen des Mannes und das Vermögen der Frau zu unterscheiden. Die Errungenschaft wird erst bei der Beendigung der Gemeinschaft ermittelt, indem abgesehen von dem Vorbehaltsgute das gesammte beiderseitige Vermögen der Ehegatten in eine Masse vereinigt, hievon die der Gemeinschaft zur Last fallenden Verbindlichkeiten abgezogen und die eingebrachten Güter der Ehegatten zurückgegeben werden, so daß der Rest die Errungenschaft bildet. Insofern stehen sich die Gemeinschaft des Zugewinnstes und reine Errungenschaftsgemeinschaft gleich, als bei beiden in dem Vermögen der Frau drei Arten von Bestandtheilen unterschieden werden: gewisse Gegenstände verbleiben der Frau zu freiem Eigenthum und Nutzgenuß, das sogenannte Rezeptiz- oder Vorbehaltsgut, gewisse Gegenstände bilden das eingebrachte Gut (Paraphernalgut) der Frau, welches der Frau eigenthümlich gehört, jedoch der Verwaltung des Mannes unterliegt und bei Beendigung der Gemeinschaft zurückerstattet wird, gewisse Gegenstände werden als Errungenschaft behandelt, bezüglich ihrer ist der Mann regelmäßig in der Verfügung freier gestellt, sie haften für die Schulden der Gemeinschaft schon während des Bestehens derselben. Ein weiterer Berührungspunkt liegt darin, daß für die Errungenschaftseigenschaft bei beiden im Wesentlichen die gleichen Grundsätze maßgebend sind. Als Errungenschaft wird regelmäßig angesehen, was die Ehegatten durch ihre Arbeit oder als Ertrag ihrer eingebrachten Güter erwerben. Nach außen erscheint aber bei der Gemeinschaft des Zugewinnstes der Erwerb, den ein Ehegatte auf eine die Errungenschaftseigenschaft begründende Weise macht, als Vermögen des erwerbenden Ehegatten.

Die Errungenschaftsgemeinschaft des Bürgerlichen Gesetzbuchs steht auf dem Boden der reinen Errungenschaftsgemeinschaft. Werden die Gemeinschaften des Zugewinnstes in die Errungenschaftsgemeinschaft des Bürgerlichen Gesetzbuchs übergeleitet, so muß mithin in diesen Rechtsgebieten die Errungenschaft einen besonderen Vermögensinbegriff bilden. Da jedoch bei der Gemeinschaft des Zugewinnstes für das Verhältniß unter den Ehegatten die Errungenschaft erst nach einer Abrechnung unter den Ehegatten festgestellt werden kann, so könnte man als Gesammtgut nur erklären, was errungenschaftliches Vermögen sein würde, wenn die Beendigung der Gemeinschaft im Zeitpunkte des Inkrafttretens des Bürgerlichen Gesetzbuchs stattfände. Könnte man vorschreiben, daß die Ehegatten in diesem Zeitpunkt oder kurz hernach ein Verzeichniß ihres Vermögens und ihrer Schulden anzufertigen haben, so wäre die angeführte Bestimmung des Gesammtguts unbedenklich. Da jedoch eine solche Vorschrift praktisch undurchführbar ist, müßte vielleicht nach Jahrzehnten noch auf den

*) Vergl. oben S. 304 a. E.

Tag des Inkrafttretens des Bürger || lichen Gesetzbuchs zurückgegangen werden, S. 621.
und es würden sich unlösbare Schwierigkeiten ergeben. Auch würden es die Ehegatten nicht verstehen, warum gerade der 1. Januar 1900 für die Auseinandersetzung die Grundlage bilden soll, während doch dieser Tag eine thatsächliche Bedeutung für ihr wirthschaftliches Leben nicht gehabt hat.

Es muß deshalb davon abgesehen werden, die Gemeinschaft des Zugewinnstes in die Errungenschaftsgemeinschaft des Bürgerlichen Gesetzbuchs umzuwandeln.

Die Gemeinschaft des Zugewinnstes steht jedoch, wenigstens was die Rechtsstellung der Ehegatten zu den beiderseitigen Vermögen anbetrifft, dem gesetzlichen Güterstande des Bürgerlichen Gesetzbuchs, der Verwaltung und Nutznießung des Mannes (§§ 1363 bis 1425), sehr nahe.

Auch bei der Verwaltung und Nutznießung wird nur zwischen dem Vermögen des Mannes und dem der Frau unterschieden. Wie die Verwaltung und Nutznießung hat auch die Gemeinschaft des Zugewinnstes auf die Befugnisse des Mannes gegenüber seinem Vermögen keinen Einfluß. Insbesondere ist der Mann nach allen bayerischen Rechten der Gemeinschaft des Zugewinnstes befugt, über die ihm gehörigen Grundstücke und zwar auch über diejenigen, welche er in einer die Errungenschaftseigenschaft begründenden Weise erworben hat, frei zu verfügen. Das Rezeptizgut der Frau hat nach allen bayerischen Rechten der Gemeinschaft des Zugewinnstes die gleiche Stellung wie das Vorbehaltsgut bei der Verwaltung und Nutznießung. Am eingebrachten Gute hat der Mann beim Güterstande der Verwaltung und Nutznießung das Recht der Verwaltung und die Nutzungen erwirbt er zu eigenem Rechte. Dagegen hat er den ehelichen Aufwand zu tragen. Das Recht der Verfügung steht ihm nur in den Fällen der §§ 1376, 1378, also insbesondere über Geld und andere verbrauchbare Sachen, zu; im Uebrigen bedarf er zur Verfügung der Zustimmung der Frau. Im Wesentlichen in der gleichen Weise wird das Recht des Mannes gegenüber dem Sondergute der Frau von den bayerischen Rechten der Gemeinschaft des Zugewinnstes geregelt. Nach allen Rechten steht dem Manne die Verwaltung des Paraphernalvermögens zu. Nach Bayerischem Landrecht ist jede einseitige Verfügung des Mannes über Dotal- oder Paraphernalsachen, sofern sie nicht verbrauchbar oder ihm kaufsweise überlassen sind, ungiltig. Nach Mainzer Landrecht hat die Frau gegen einseitige Verfügungen des Mannes über bewegliche oder unbewegliche Sachen das Recht der Reklamation. Nach der Nürnberger Reformation ist dem Manne die einseitige Verfügung nur über Dotal-, nicht über Paraphernalsachen gestattet. Die Nutzungen des Paraphernalguts erwirbt der Mann ebenfalls nach allen bayerischen Rechten zu Eigenthum. Die Frau ist bei der Verwaltung und Nutznießung zwar in ihrer Geschäftsfähigkeit nicht beschränkt, bedarf aber zu allen Verfügungen über eingebrachtes Gut der Einwilligung des Mannes. Von den bayerischen Rechten der Gemeinschaft des Zugewinnstes nehmen die Rechte von Mainz, Nürnberg und Solms den gleichen Standpunkt ein, nach dem Bayerischen Landrecht und infolge der subsidiären Anwendbarkeit des Preußischen Landrechts nach den Rechten von Ansbach und des Deutschordens der Balley Franken sowie nach den domprobsteilich Bambergischen Observanzen ist die Frau in der Geschäftsfähigkeit beschränkt, so daß die von ihr ohne Zustimmung des Mannes vorgenommenen Rechtsgeschäfte, welche sich auf ihr Sondergut beziehen, nichtig sind. Das Gleiche wird für das Recht von Augsburg angenommen. Soweit die Frau Gegenstände in errungenschaftlicher Weise erwirbt, regeln die bayerischen Rechte der Gemeinschaft des

S. 621. Zugewinnstes die Stellung des Mannes ebenso wie gegenüber dem sonstigen Sondergute der Frau, nur das Recht von Mainz gibt dem Manne freies Verfügungsrecht. Bezüglich der Bestellung einer dos und der Gewährung einer Widerlage treffen die oben Seite 615*) für die reine Errungenschaftsgemeinschaft gemachten Bemerkungen auch für die Gemeinschaft des Zugewinnstes zu.

Die Umwandlung der Gemeinschaft des Zugewinnstes in die Verwaltungsgemeinschaft des Bürgerlichen Gesetzbuchs bringt deshalb für die Verhältnisse während des Bestehens des Güterstandes bezüglich des Vermögens des Mannes wie bezüglich des Vorbehaltsgut und des Paraphernalguts der Frau keine irgendwie erheblichen Aenderungen mit sich. Nur für die der Frau gehörenden, auf errungenschaftliche Weise erworbenen Gegenstände ergeben sich Aenderungen. Insbesondere wird der künftige Arbeitserwerb der Frau Vorbehaltsgut (§ 1367 des B. GB.) und das Vermögen der Frau haftet für Verbindlichkeiten des Mannes nicht mehr. Letztere Aenderung beschränkt sich aber selbstverständlich auf die nach dem Inkrafttreten des Bürgerlichen Gesetzbuchs entstehenden Verbindlichkeiten des Mannes (Art. 36).

Art. 21. Mit Rücksicht hierauf bestimmt der Entwurf (Art. 21 Abs. 1), daß, wenn die Errungenschaftsgemeinschaft nach einem der im Artikel 21 genannten Rechte besteht, an ihre Stelle der Güterstand der Verwaltung und Nutznießung nach den Vorschriften des Bürgerlichen Gesetzbuchs tritt.

Das Vermögen der Frau wird infolge dieser Umwandlung eingebrachtes Gut, soweit nicht nach dem bisherigen Rechte das Verwaltungs- und Nutznießungsrecht des Mannes ausgeschlossen ist; in letzterem Falle wird es Vorbehaltsgut.

Für das Rechtsverhältniß nach Beendigung des Güterstandes unterscheidet sich die Verwaltungsgemeinschaft des Bürgerlichen Gesetzbuchs von der Gemeinschaft des Zugewinnstes hauptsächlich dadurch, daß an dem, was von den Erträgnissen des beiderseitigen Vermögens und dem Erwerb aus gemeinsamer Thätigkeit erspart wird, bei dieser der Frau ein Antheil gebührt, während es bei jener dem Manne zufällt. Die Theilnahme der Frau am Ehegewinn ist eine so wesentliche Eigenthümlichkeit des Güterstandes, daß sie nicht beseitigt werden kann, der Art. 21 Abs. 2 behält daher jedem Ehegatten nach Beendigung des Güterstandes den Anspruch auf Ausgleichung des Ehegewinns nach Maßgabe der bisherigen Vorschriften vor. Für den Fall, daß der Güterstand durch einen Ehevertrag aufgehoben wird, kann die Theilung des Ehegewinns der Vereinbarung der Ehegatten überlassen werden. Der Anspruch auf Ausgleichung des Ehegewinns ist, um Streitigkeiten zu verhüten, für nicht übertragbar und damit auch für nicht pfändbar (§ 851 [749 a] der CPO.) erklärt und einer kurzen Verjährung unterworfen, welche abweichend von der Vorschrift des § 204 Satz 1 des Bürgerlichen Gesetzbuchs durch das Fortbestehen der Ehe nicht gehemmt werden soll. Der Ehegewinn wird nach den bayerischen Rechten der Gemeinschaft des Zugewinnstes regelmäßig nach Hälften getheilt; nur das Mainzer Landrecht theilt ihn nach Schwert- und Spindeltheilen, d. h. es weist dem Manne zwei Drittel, der Frau ein Drittel zu. Diese Besonderheit hält der Entwurf aufrecht.

Nach dem Bayerischen Landrechte (I 6 § 25) kann, wenn der Mann durch „liederliche Hauswirthschaft oder sonst in solchen Abfall geräth, daß die Frau mit dem Ihrigen in Gefahr steht“, für die Frau eine Pflegschaft angeordnet werden. Ein solches Sicherungsmittel ist dem Bürgerlichen S. 622. Gesetz || buche fremd, dieses gibt vielmehr unter der bezeichneten Voraussetzung

*) Vergl. oben S. 305 ff.

der Frau das Recht, auf Aufhebung der Verwaltung und Nutznießung zu klagen (§ 1418), mit der Beendigung der Verwaltung und Nutznießung tritt Gütertrennung ein (§ 1426). Dementsprechend leitet der Entwurf (Art. 21 Abs. 3) den gesetzlichen Güterstand des Bayerischen Landrechts, wenn die bezeichnete Pflegschaft angeordnet ist, in die Gütertrennung über; die Frau soll jedoch auf Herstellung der Verwaltung und Nutznießung klagen können, um dadurch für den Fall der Beendigung des Güterstandes den Anspruch auf Antheilnahme am Ehegewinne nach Maßgabe des Artikel 21 Abs. 2 zu erlangen. S. 622.

2. Mit dem gesetzlichen Güterrechte des Bürgerlichen Gesetzbuchs sind besondere erbrechtliche Wirkungen nicht verbunden.

a. Nach dem Bayerischen Landrechte werden, wenn Kinder des verstorbenen Art. 22.
Ehegatten nicht vorhanden sind, die Errungenschaft und die Hochzeitsgeschenke zwischen dem überlebenden Ehegatten und dem Erben des verstorbenen Ehegatten zur Hälfte getheilt, außerdem erhält der überlebende Ehegatte das Ehebett und die übrige gemeine Hausfahrniß, soweit sie nicht von dem Verstorbenen eingebracht oder in Ergänzung hiefür angeschafft worden ist, und gegen Sicherheit den lebenslänglichen Nießbrauch an dem Errungenschaftsantheile des verstorbenen Ehegatten. Sind Kinder aus dieser oder einer früheren Ehe des verstorbenen Ehegatten vorhanden, so erhält der überlebende Mann die gesammte Hausfahrniß, soweit sie nicht aus einer früheren bekinderten Ehe der Frau stammt, und die ganze Errungenschaft, die überlebende Frau dagegen nur einen Kindstheil an der gemeinvermischten Hausfahrniß und, wenn sie kein Heirathgut bestellte, auch an der Errungenschaft; die Hochzeitsgeschenke werden nach der herrschenden Rechtsübung zwischen den Kindern und dem überlebenden Ehegatten hälftig getheilt. Im Gebiete des Oberpfälzischen Landrechts hat der überlebende Ehegatte und zwar ohne Unterschied zwischen Mann und Frau den lebenslänglichen Beisitz an den Erbtheilen der Kinder; den Beisitz verliert er im Falle übler Haushaltung oder wenn er sich „zum Schaden oder zur Schande der Kinder" wieder verheirathet.

Da die Vorschriften des Bürgerlichen Gesetzbuchs unter Umständen zu einem dem überlebenden Ehegatten weniger günstigen Ergebnisse führen als die Vorschriften des Bayerischen oder Oberpfälzischen Landrechts, so gibt der Entwurf (Art. 22) dem überlebenden Ehegatten die Wahl zwischen den ihm nach den bisherigen Vorschriften zustehenden Rechten und dem Erbrechte des Bürgerlichen Gesetzbuchs. Dem überlebenden Ehegatten günstiger sind die bisherigen Vorschriften in der überwiegenden Mehrzahl der Fälle nur, wenn das Oberpfälzische Landrecht gilt und gemeinschaftliche Kinder vorhanden sind. Mit Rücksicht hierauf ist das Wahlrecht für die Regel dahin gestaltet, daß die bisherigen Vorschriften nur gelten, wenn der Ehegatte die im Bürgerlichen Gesetzbuche bestimmte Erbfolge ausschlägt (Art. 22 Abs. 1). Für das Gebiet des Oberpfälzischen Landrechts dagegen ist für den Fall, daß gemeinschaftliche Kinder allein oder neben nicht gemeinschaftlichen Kindern vorhanden sind, das Präjudiz umgekehrt dahin gestellt, daß es in Ansehung des Rechtes des überlebenden Ehegatten bei den bisherigen Vorschriften verbleibt, außer wenn der Ehegatte auf den Beisitz und, sofern ihm nach den bisherigen Vorschriften auch der Antheil des verstorbenen Ehegatten an der Hausfahrniß und der Errungenschaft zufällt, auch auf diesen verzichtet (Art. 22 Abs. 2).

Der Abs. 3 des Artikel 22 enthält für den Fall, daß es bei den bisherigen Vorschriften verbleibt, eine Aenderung des geltenden Rechtes. Daß die überlebende Frau nach dem geltenden Rechte, wenn Kinder des Mannes vorhanden sind, von der Hausfahrniß nur einen Kindstheil erhält und von der

S. 622. Errungenschaft ganz ausgeschlossen ist, außer wenn sie kein Heirathgut hatte, ist längst und allseitig als eine große Unbilligkeit angesehen worden. Der Abs. 3 Satz 1 beseitigt diese Unbilligkeit, indem er bestimmt, daß die überlebende Frau, auch wenn Kinder des Mannes, und zwar gemeinschaftliche oder nicht gemeinschaftliche, vorhanden sind, die Hälfte der Hausfahrniß und der Errungenschaft behält. Diese Aenderung des geltenden Rechtes soll sich indessen auf den Fall beschränken, daß das geltende Recht nach Artikel 22 Abs. 1 aufrecht bleibt. Bleibt nach dem Abs. 2 das Beisitzrecht des Oberpfälzischen Landrechts aufrecht, so liegt in dem Beisitz ein hinreichender Ausgleich der Zurücksetzung (Art. 22 Abs. 3 Satz 2).

Für Münchener Bürger gilt ein das Bayerische Landrecht für den Fall der unbeerbten Ehe modifizirendes Gesetz, das sogenannte privilegium Albertinum. Danach beerbt der eine Ehegatte in Ermanglung von Kindern den anderen Ehegatten allein. Diese Vorschrift ist rein erbrechtlicher, nicht güterrechtlicher Natur und fällt daher mit dem Inkrafttreten des Bürgerlichen Gesetzbuchs weg.

Art. 23. b. Nach dem Rechte von Ansbach erbt der überlebende Ehegatte, wenn Kinder des verstorbenen Ehegatten nicht vorhanden sind, mit den Ascendenten, und zwar, gleichviel welchen Grades diese sind, zu gleichen Theilen; die Seitenverwandten schließt er aus. Sind Kinder des verstorbenen Ehegatten vorhanden, so erhält er einen Kindstheil; überdies hat er an den Erbtheilen der gemeinschaftlichen Kinder den Beisitz bis zur Selbständigmachung der Kinder, durch Wiederverheirathung verliert er den Beisitz nicht. Der Nachlaß des verstorbenen Ehegatten besteht, wenn nur gemeinschaftliche Kinder vorhanden sind, aus der Hälfte der Errungenschaft und dem eingebrachten Gute, sind gemeinschaftliche Kinder vorhanden oder sind nicht gemeinschaftliche allein oder neben gemeinschaftlichen Kindern vorhanden, so besteht der Nachlaß nach der herrschenden Rechtsübung aus dem eingebrachten Gute und der ganzen Errungenschaft.

Für den Fall, daß Abkömmlinge des verstorbenen Ehegatten nicht vorhanden sind, ist das Ansbacher Recht dem überlebenden Ehegatten insofern günstiger, als es die Seitenverwandten ausschließt, insofern ungünstiger, als es zum Nachlasse die ganze Errungenschaft rechnet. Der Entwurf (Art. 23 Abs. 1) hält die dem überlebenden Ehegatten günstigere Vorschrift des bisherigen Rechtes aufrecht und beruft deshalb den Ehegatten auch zu den Erbtheilen, die nach den Vorschriften des Bürgerlichen Gesetzbuchs den Seitenverwandten zufallen würden. Im Uebrigen wird das bisherige Recht beseitigt. Der Nachlaß besteht also künftig nur aus dem eingebrachten Gute und der Hälfte der Errungenschaft und der Ehegatte erbt mit den Ascendenten nicht zu gleichen Theilen, sondern es findet die Beerbung nach den §§ 1925, 1926, 1931 des Bürgerlichen Gesetzbuchs statt, jedoch mit der Maßgabe, daß der Ehegatte zu der ihm von dem Nachlasse nach § 1931 zufallenden Hälfte noch dasjenige erhält, was auf die Seitenverwandten treffen würde. Für den Fall, daß Abkömmlinge des verstorbenen Ehegatten vorhanden sind, stellen die bisherigen Vorschriften den überlebenden Ehegatten insofern günstiger, als dessen Erb-
S. 623. theil beim Vorhandensein von weniger als drei Kindern größer ist || als nach dem Bürgerlichen Gesetzbuche. Der Entwurf (Art. 23 Abs. 2) schreibt deshalb vor, daß der Erbtheil des Ehegatten sich nach den bisherigen Vorschriften bestimmt, soweit diese dem Ehegatten günstiger sind. Da das Beisitzrecht mit Versorgung der Kinder endigt, so besteht mit Rücksicht auf die elterliche Nutznießung keine Veranlassung, es aufrecht zu erhalten. Daß die verschiedene Art der Theilung, je nachdem Stiefkinder vorhanden sind oder nicht, beseitigt wird, ist eine Folge des für den Fall der unbeerbten Ehe eingenommenen

Standpunkts. Um Zweifel auszuschließen, spricht übrigens der Abs. 2 Satz 2 aus, daß der Ehegatte die Hälfte der Errungenschaft behält, auch wenn andere als gemeinschaftliche Abkömmlinge vorhanden sind. S. 623.

c. Wenn die Errungenschaftsgemeinschaft nach den domprobsteilich Bambergischen Observanzen besteht, bestimmt sich die Beerbung eines Ehegatten nach dem subsidiär anwendbaren Ansbacher Rechte. Die Vorschriften des Artikel 23 müssen deshalb auch gelten, wenn die Errungenschaftsgemeinschaft nach den genannten Observanzen besteht.

d. Nach dem — bezüglich der Beerbung eines Ehegatten nicht zweifelsfreien — Nürnberger Rechte erbt der überlebende Ehegatte im Falle der unbeerbten Ehe neben Ascendenten, Geschwistern und Geschwisterkindern die Hälfte, neben entfernteren Verwandten drei Viertel des Nachlasses des verstorbenen Ehegatten, neben entfernteren Verwandten erhält er überdies an dem Reste der Errungenschaft gegen Sicherheitsleistung die lebenslängliche Nutznießung. Sind nur gemeinschaftliche Abkömmlinge vorhanden, so beerben den verstorbenen Ehegatten ausschließlich die Abkömmlinge, der überlebende Mann erhält indessen den Beisitz an den Erbtheilen der Abkömmlinge auf Lebenszeit, die überlebende Mutter erhält nur den usus und auch diesen nur bis zur Wiederverheirathung. Sind nur nicht gemeinschaftliche Abkömmlinge vorhanden, so erhält der überlebende Ehegatte einen Kindstheil. Der Kindstheil berechnet sich verschieden, je nachdem nur Kinder oder auch Enkel vorhanden sind. Sind gemeinschaftliche und nicht gemeinschaftliche Abkömmlinge vorhanden, so beerben die Abkömmlinge den verstorbenen Ehegatten nach der herrschenden Meinung ausschließlich, nach einer anderen Meinung erhält der überlebende Ehegatte ausnahmsweise einen Kindstheil aus der Hälfte der Errungenschaft; an den Erbtheilen der gemeinschaftlichen Abkömmlinge hat der Mann den Beisitz, die Frau den usus. Der Nachlaß besteht aus der Hälfte der Errungenschaft und dem eingebrachten Gute. Art. 24.

Zur Aufrechterhaltung des Nürnberger Rechtes besteht für den Fall der unbeerbten Ehe kein Bedürfniß, da das Bürgerliche Gesetzbuch dem Ehegatten durchweg günstiger ist. Für den Fall der beerbten Ehe hält der Entwurf (Art. 24) das Nürnberger Recht aufrecht, er gibt jedoch dem überlebenden Ehegatten für alle Fälle ein Erbrecht auf mindestens ein Viertel; ist der Kindstheil, welcher dem Ehegatten nach dem bisherigen Rechte zusteht, höher, so verbleibt es bei diesem. Gegenüber den gemeinschaftlichen Abkömmlingen tritt die Erhöhung des Erbtheils indessen nur ein, wenn der Ehegatte auf den ihm nach dem bisherigen Rechte zustehenden Beisitz (usus) verzichtet.

e. Nach dem Rechte der Stadt Augsburg sind, wenn ein Ehegatte ohne Hinterlassung von Kindern stirbt, zur Erbschaft die Ascendenten und vollbürtigen Geschwister des verstorbenen Ehegatten berufen; sind Ascendenten nicht vorhanden, so werden die Seitenverwandten durch den überlebenden Ehegatten ausgeschlossen. Wenn Abkömmlinge des verstorbenen Ehegatten vorhanden sind, so erhält der überlebende Ehegatte bei nur einem Kinde ein Drittel, sonst einen Kindstheil. Der Nachlaß umfaßt das eingebrachte Gut und die Hälfte der Errungenschaft. Art. 25.

Daraus, daß der Ausschluß von Seitenverwandten durch den überlebenden Ehegatten nach der Augsburger Pflegeordnung auch für Ehegatten gilt, für welche nicht die Errungenschaftsgemeinschaft der gesetzliche Güterstand ist, ergibt sich, daß das Augsburger Recht für den Fall, daß Abkömmlinge des verstorbenen Ehegatten nicht vorhanden sind, auf demselben Standpunkte wie das Bürgerliche Gesetzbuch steht, d. h. lediglich die gewöhnliche Erfolge eintreten läßt. Dagegen ist die Vorschrift, daß der überlebende Ehegatte ein Drittel

S. 623. oder einen Kindstheil erhält, eine besondere Wirkung des Güterstandes, sie muß deshalb, da sie, wenn weniger als drei Kinder vorhanden sind, günstiger ist, insoweit aufrecht erhalten werden (Art. 25).

Nach dem Augsburger Rechte hat an den Erbtheilen der gemeinschaftlichen Kinder der überlebende Mann lebenslänglich, die überlebende Frau bis zur Volljährigkeit oder Versorgung der Kinder die Nutznießung. Da die Nutznießung im Augsburger Rechte keine Besonderheit des Güterstandes ist, so fällt sie nach Artikel 203 des Einführungsgesetzes zum Bürgerlichen Gesetzbuche mit dem Inkrafttreten des Bürgerlichen Gesetzbuchs weg.

Art. 26. f. Nach dem Mainzer Landrechte hat der überlebende Ehegatte im Falle der unbeerbten Ehe keine statutarische Portion zu beanspruchen, sondern er nimmt nur sein eingebrachtes Gut zurück und theilt mit den Erben des verstorbenen Ehegatten die Errungenschaft, und zwar erhält der überlebende Mann zwei Drittel und die überlebende Frau ein Drittel. Ueberdies hat er das Recht, ein Vierteljahr lang in der Behausung des Verstorbenen zu wohnen, und es gebühren ihm alle Früchte des letzten Jahres der Ehe, welche auf den Feldern des Verstorbenen ausstehen. Sind nur gemeinschaftliche Abkömmlinge vorhanden, so erhält der überlebende Ehegatte auf Lebenszeit oder, wenn er sich wieder verheirathet, bis zur Versorgung der Abkömmlinge den Beisitz an dem Nachlasse des verstorbenen Ehegatten. Eine verbreitete Rechtsübung beschränkt den Beisitz auf das eingebrachte Gut und läßt in Ansehung der Errungenschaft das Verhältniß zwischen dem überlebenden Ehegatten und den Abkömmlingen fortsetzen (Entsch. des O.LG. XV S. 866). Sind nur nicht gemeinschaftliche Abkömmlinge vorhanden, so gilt das Gleiche wie im Falle der unbeerbten Ehe, der überlebende Ehegatte hat aber solchenfalls auch nicht den auf die Früchte des letzten Jahres der Ehe beschränkten Nutzgenuß. Sind gemeinschaftliche und nicht gemeinschaftliche Abkömmlinge vorhanden, so sind die nicht gemeinschaftlichen Abkömmlinge abzutheilen, gegenüber den gemeinschaftlichen Abkömmlingen aber hat der überlebende Ehegatte die gleichen Rechte, wie wenn nicht gemeinschaftliche Abkömmlinge nicht vorhanden wären.

Die Vorschriften des Bürgerlichen Gesetzbuchs bedeuten für den überlebenden Ehegatten bei unbeerbter Ehe, sowie wenn nur nicht gemeinschaftliche Abkömmlinge vorhanden sind, eine erhebliche Besserstellung. Das Mainzer Landrecht ist nur für den Fall, daß gemeinschaftliche Abkömmlinge allein oder neben nicht gemeinschaftlichen vorhanden sind, günstiger. Der Entwurf (Art. 26) hält deshalb für diesen Fall das bisherige Recht aufrecht und gibt dem überlebenden Ehegatten wie sonst die Befugniß, falls er auf die ihm ‖ nach den
S. 624 bisherigen Vorschriften zustehenden Rechte verzichtet, nach dem Bürgerlichen Gesetzbuche zu erben. Daß der Umfang des Nachlasses des verstorbenen Ehegatten sich auch im Falle der unbeerbten Ehe insofern nach dem bisherigen Rechte bestimmt, daß von der Errungenschaft im Falle des Todes des Mannes zwei Drittel, im Falle des Todes der Frau ein Drittel zum Nachlasse gehören, ergibt sich aus Artikel 21 Abs. 3 Satz 4.

Art. 27. g. Nach der Solmser Landesordnung erhält der überlebende Ehegatte ohne Unterschied, ob die Ehe eine beerbte oder eine unbeerbte ist, die Hälfte des beweglichen Sonderguts des verstorbenen Ehegatten zu Eigenthum und an dem Nachlasse, welcher das übrige Sondergut und die Hälfte der Errungenschaft umfaßt, den lebenslänglichen Beisitz. Eine Ausnahme besteht für den Fall, daß nicht gemeinschaftliche Abkömmlinge vorhanden sind. Der überlebende Ehegatte erhält solchenfalls, wenn neben den nicht gemeinschaftlichen Abkömmlingen gemeinschaftliche vorhanden sind, nur an deren Erbtheilen, wenn nur nicht gemeinschaftliche Abkömmlinge vorhanden sind, überhaupt nicht den Beisitz; mit den nicht gemeinschaftlichen Abkömmlingen muß er innerhalb eines Monats nach dem Tode des verstorbenen Ehegatten abtheilen. Das Recht auf die Hälfte des beweglichen Sonderguts wird durch das Vorhandensein nicht gemeinschaftlicher Abkömmlinge nicht berührt. S. 624.

Die Solmser Landesordnung ist dem überlebenden Ehegatten günstiger als das Bürgerliche Gesetzbuch. Der Entwurf (Art. 27) hält sie daher aufrecht, im Interesse der Vereinfachung des Rechtes jedoch in der Form, daß er dem überlebenden Ehegatten schlechthin nur ein Nießbrauchsrecht am Nachlaß einräumt, die Vorschrift, daß die Hälfte des beweglichen Sonderguts dem Ehegatten zu Eigenthum zufällt, also beseitigt. Wie in den übrigen Fällen ist dem Ehegatten die Befugniß eingeräumt, gegen Verzicht auf den Nießbrauch nach dem Bürgerlichen Gesetzbuche zu erben. Gegenüber Stiefkindern ist der Nießbrauch leicht geeignet, zu Streitigkeiten Veranlassung zu geben, der Entwurf beläßt es daher insofern beim geltenden Rechte und erstreckt dementsprechend den Nießbrauch nicht auf die Erbtheile der nicht gemeinschaftlichen Abkömmlinge, dafür gibt er dem Ehegatten den nicht gemeinschaftlichen Abkömmlingen gegenüber das im Bürgerlichen Gesetzbuche bestimmte Erbrecht auch für den Fall, daß der Ehegatte den übrigen Erben gegenüber auf den Nießbrauch nicht verzichtet.

3. Wie sich aus der Bezugnahme des Artikel 14 Abs. 2 auf den Artikel 12 ergibt, gilt auch für die Gemeinschaften des Zugewinnstes der Grundsatz, daß sich die Ueberleitung auf eine im Zeitpunkte des Inkrafttretens des Bürgerlichen Gesetzbuchs schon aufgelöste Gemeinschaft nicht bezieht.

3. Dotalrecht. Verwaltungsgemeinschaft.

Artikel 28 bis 30.

Das gemeine Dotalrecht bildet den gesetzlichen Güterstand theils unmittelbar auf Grund des gemeinen Rechtes, theils in Folge der subsidiären Geltung des gemeinen Rechtes. Unmittelbar auf Grund des gemeinen Rechtes gilt es in einer großen Zahl von Orten und Ortstheilen in Schwaben und Mittelfranken, in Folge der subsidiären Geltung des gemeinen Rechtes gilt es in den Gebieten des Salzburgischen Provinzialrechts, des fürstbischöflich Augsburgischen Rechtes, des Rechtes des Fürstenthums Fugger-Babenhausen, des Fürstenthums Oettingen-Spielberg, des Deutschordens der Balley Franken, soweit hier nicht das Ansbacher Recht subsidiär gilt, und des fürstlich Schwarzenbergischen Rechtes. Das gemeine Dotalrecht gilt ferner auf Grund der subsidiären Geltung des gemeinen Rechtes im ganzen rechtsrheinischen Bayern mit Ausnahme der Landestheile, in welchen das Preußische Landrecht die subsidiäre Rechtsquelle ist, wenn der in dem Statutarrechte bestimmte gesetzliche Güterstand durch Ehevertrag ausgeschlossen und ein anderer Güterstand nicht eingeführt ist.

In den bezeichneten Rechtsgebieten bildet das gemeine Dotalrecht den Güterstand für alle Ehen. In gewissen Gebietstheilen ist es der gesetzliche Güterstand nur für gewisse Klassen der Bevölkerung, nämlich für alle nicht gewerbetreibenden Personen nach dem Rechte der Städte Augsburg und Memmingen, für den vormals reichsunmittelbaren Adel nach der fränkischen Landgerichtsordnung, den Rechten von Castell und Schweinfurt und dem Erbacher Landrechte, für die höheren Stände überhaupt, d. h. für den Adel, den Beamtenstand und den höheren Bürgerstand, in denjenigen Gebietstheilen des Rechtes des Fürstenthums Eichstätt, für welche das gemeine Recht die

S. 624. subsidiäre Rechtsquelle ist. Im Geltungsgebiete des Weißenburger Rechtes wird es von der Rechtsübung als gesetzlicher Güterstand der zweiten und weiteren Ehe beim Vorhandensein von Kindern aus einer früheren Ehe gehalten.

In der ehemaligen Markgrafschaft Burgau bestimmt sich der gesetzliche Güterstand nach dem vorderösterreichischen Rechte (Josephinisches Gesetzbuch von 1786); in Redwitz und im sogenannten Fraischgebiet in der Oberpfalz ist für das gesetzliche Güterrecht das Recht des österreichischen Bürgerlichen Gesetzbuchs von 1811 maßgebend. Sowohl das vorderösterreichische Recht als das österreichische Gesetzbuch legen das gemeine Dotalrecht dem von ihnen aufgestellten gesetzlichen Güterrechte zu Grunde.

Auch der vom Bamberger Landrecht in gewissen Fällen als gesetzlicher Güterstand aufgestellte Güterstand des gemeinen Rechtes beruht auf den Grundsätzen des römischen Dotalrechts und stimmt mit diesem fast vollständig überein. Der Güterstand des gemeinen Rechtes ist der gesetzliche Güterstand, wenn die unbedingte Ehe binnen Jahr und Tag nach der Eheschließung durch den Tod eines Ehegatten aufgelöst oder der nach Ablauf dieser Frist stillschweigend erfolgende Eintritt der allgemeinen Gütergemeinschaft durch eine innerhalb der bezeichneten Frist von einem Ehegatten erklärte Reklamation beseitigt wird, ferner wenn vertragsweise zwar ein Heirathgut bestimmt, aber einer der drei anderen vom Bamberger Landrechte geregelten Güterstände nicht vereinbart ist, sowie vorläufig für diejenigen bedingten Ehen, in welchen der Eintritt der allgemeinen Gütergemeinschaft bis zum Ablaufe von Jahr und Tag ausgesetzt oder von der Geburt und dem Leben eines Kindes abhängig gemacht worden ist.

Das Dotalrecht nähert sich der Gütertrennung des Bürgerlichen Gesetzbuchs (§§ 1427 bis 1430). Beim Dotalrecht äußert die Ehe grundsätzlich keinen Einfluß auf das beiderseitige Vermögen der Ehegatten, jeder Ehegatte bleibt Herr seines Vermögens, kann über dasselbe ohne Rücksicht auf den anderen Ehegatten verfügen und hat die freie Nutznießung seines Vermögens. Nur dasjenige Vermögen der Frau, welches dem Manne als Heirathgut (dos) bestellt ist, erwirbt der Mann gemeinrechtlich zu vollem Rechte, Sachen zu
S. 625. Eigenthum. Nach einigen Statutarrechten erwirbt ‖ der Mann an der dos nur ein ausgedehntes Verwaltungs- und Nutzungsrecht. So bestimmen z. B. das vorderösterreichische Recht und das österreichische Bürgerliche Gesetzbuch, daß der Mann nur soweit Eigenthümer wird, als ihm Dotalsachen mit einem Werthanschlag übergeben werden; das Bayerische, das Bamberger und das Mainzer Landrecht sprechen dem Manne an allen Sachen nur das Verwaltungs- und Nutzungsrecht zu.

Die thatsächliche Uebung hat jedoch das Dotalrecht der Verwaltungsgemeinschaft regelmäßig erheblich näher gebracht als der Gütertrennung. Eine eigentliche Dosbestellung kommt fast nicht mehr vor. Auf das Eigenthum des Mannes an der dos wird thatsächlich kein Gewicht mehr gelegt, insbesondere ist der Fall, daß ein Grundstück der Frau zur dos bestimmt und dem Manne zu Eigenthum übertragen wird, eine äußerste Seltenheit. Dagegen hat sich die Uebung ausgebildet, daß die Frau ihr gesammtes Vermögen dem Manne zur Verwaltung und zur Verwendung der Nutzungen für die Zwecke des gemeinsamen Haushalts überläßt. In manchen Rechtsgebieten besteht die Auffassung, daß eine derartige Ueberlassung gesetzlich vermuthet und als Dosbestellung betrachtet wird. Im österreichischen Gesetzbuche (§ 1238) ist ausdrücklich ausgesprochen, daß die Vermuthung gelte, daß die Frau dem Manne die Verwaltung ihres Vermögens anvertraut habe, und der Umfang dieser vermutheten Vollmacht wird dahin bestimmt, daß der Mann über die gezogenen Nutzungen Rechnung abzulegen nicht verpflichtet ist. Im vorderösterreichischen Rechte fehlt eine ähnliche Bestimmung, die Praxis ist aber geneigt, sie gleichfalls anzuwenden. S. 625.

Mit Rücksicht auf diese thatsächliche Gestaltung der güterrechtlichen Verhältnisse leitet der Entwurf den Güterstand des gemeinen Dotalrechtes, des vorderösterreichischen und des österreichischen Rechtes in den Güterstand der Verwaltung und Nutznießung (§§ 1363 bis 1425 des B.GB.) mit der Maßgabe über, daß das Vermögen, welches als Heirathgut bestellt oder von der Frau ohne Vorbehalt der Verwaltung des Mannes überlassen worden ist, eingebrachtes Gut, alles sonstige Vermögen der Frau Vorbehaltsgut werden soll (Art. 28 Abs. 1, 2).

In die Rechte der Ehegatten oder Dritter wird dadurch nicht eingegriffen. Soweit jetzt schon anzunehmen ist, der Mann an dem gesammten Vermögen der Frau Verwaltung und Nutznießung hat, bedeutet die Ueberleitung nur einen Ausbau der bisherigen, hauptsächlich auf der Praxis der Gerichte beruhenden Grundsätze. Aber auch soweit man das gemeine Recht in der Form, wie es in den römischen Rechtsquellen niedergelegt ist, zu Grunde legt, wird sachlich an der Rechtsstellung der Betheiligten nichts geändert. Das Eigenthum des Mannes an der dos ist nur ein sogenanntes prokuratorisches Eigenthum. Der Mann bleibt nicht Eigenthümer, er muß die dos nach der Beendigung des Güterstandes zurückgeben und er darf gewisse Dotalgegenstände, insbesondere Grundstücke, nur mit Zustimmung der Frau veräußern. Praktisch betrachtet hat der Ehemann nicht viel mehr als die Verwaltung und Nutznießung des Heirathguts, und die Ueberleitung in den gesetzlichen Güterstand des Bürgerlichen Gesetzbuchs bezieht sich insofern mehr auf die Form als auf den Gehalt der Rechte des Mannes. Die Gläubiger des Mannes können regelmäßig nicht aus dem Heirathgut oder dem Paraphernalgute der Frau, sondern nur aus den Nutzungen ihre Befriedigung suchen; dies gilt z. B. nach Bayerischem Landrechte. Die Ueberleitung bringt insoweit keine Aenderung (B.GB. § 1410, CPO. § 861). Daß den Gläubigern des Mannes wegen der vor der Ueberleitung entstandenen Verbindlichkeiten, soweit ihnen nach dem bisherigen Rechte, z. B. nach dem Salzburger Provinzialrechte, der Zugriff auf die dos möglich ist, der Zugriff durch die Ueberleitung nicht geschmälert wird, ergibt sich aus dem Artikel 36 des Entwurfes. Gleiches gilt von den Gläubigern der Frau in Ansehung des bisherigen Paraphernalguts, wie sich aus den §§ 1411 bis 1414 des Bürgerlichen Gesetzbuchs ergibt, da das eingebrachte Gut der Frau für die vor dem Eintritte der Verwaltung und Nutznießung, hier also vor der Ueberleitung, entstandenen Verbindlichkeiten ausnahmslos haftet.

Daß über die Frage, welche zum Vermögen der Frau gehörenden Gegenstände im Zeitpunkte der Ueberleitung dem Manne zur Verwaltung überlassen waren, später Streitigkeiten entstehen, ist nicht zu besorgen. Aus der Vorschrift des § 1363 des Bürgerlichen Gesetzbuchs ergibt sich, daß die Vorbehaltseigenschaft nicht vermuthet wird. Es ist also an der Frau, zu beweisen, daß ein Gegenstand von ihr dem Manne nicht zur Verwaltung übergeben worden war. Durch diese mit den thatsächlichen Verhältnissen übereinstimmende Vermuthung ist Streitigkeiten vorgebeugt.

Insofern wird die Rechtsstellung der Frau eine günstigere, als sie unter den Voraussetzungen des § 1418 des Bürgerlichen Gesetzbuchs auf Aufhebung der Verwaltung und Nutznießung klagen kann, während sie das Heirathgut nach den geltenden Rechten regelmäßig nur nach Auflösung der Ehe, während

S. 625. des Bestehens der Ehe aber nach gemeinem Rechte nur, wenn der Mann in Konkurs geräth oder verarmt, und nach dem vorderösterreichischen Rechte, dem österreichischen Gesetzbuche, dem Mainzer und dem Bayerischem Landrechte nur bei Verschwendung des Mannes zurückfordern kann. Auch sonst wird die Rechtsstellung der Frau durch die Ueberleitung eine gesichertere. Dies gilt insbesondere von der Frage, unter welchen Voraussetzungen die Frau Sicherheitsleistung verlangen kann (B.GB. § 1391).

Wird die Verwaltung und Nutznießung beendigt, so muß der Mann das eingebrachte Gut nach § 1421 des Bürgerlichen Gesetzbuchs der Frau oder deren Erben herausgeben. Die dos ist nach gemeinem Rechte regelmäßig auch der Frau oder deren Erben herauszugeben; wenn die dos aber von einem Ascendenten bestellt worden ist und die Frau ohne Hinterlassung von Kindern stirbt, so muß die dos an den Ascendenten, sofern er noch lebt, zurückgegeben werden. Vertragsmäßig kann sich jeder, der für die Frau eine dos bestellt, das Zurückforderungsrecht vorbehalten. Soweit nach dem bisherigen Rechte das Heirathgut nicht an die Frau oder deren Erben, sondern an Dritte herauszugeben ist, muß ein solcher Anspruch unberührt bleiben (Art. 28 Abs. 3).

Im Falle der Ehescheidung verliert die Frau, wenn sie der allein schuldige Theil ist, die dos. Diese Vorschrift kommt, da sie den Charakter einer Scheidungsstrafe hat, nach Artikel 201 des Einführungsgesetzes zum Bürgerlichen Gesetzbuch in Wegfall.

Wie schon (S. 605*) bemerkt wurde, endet der Güterstand des gemeinen Rechtes nach Bamberger Landrecht nach Ablauf von Jahr und Tag seit Eingehung der Ehe und tritt die allgemeine Gütergemeinschaft ein, wenn nicht vor dem Ablaufe der Frist einer der Ehegatten den Eintritt der Gütergemeinschaft ausgeschlossen hat. Wer die Ehe unter der Herrschaft des Bamberger Landrechts eingeht, rechnet damit, daß er in allgemeine Gütergemeinschaft tritt. Der Entwurf (Art. 29 Satz 1) bestimmt deshalb, daß wenn der Ausschluß
S. 626. der || Gütergemeinschaft nicht erfolgt, die Gütergemeinschaft nach dem Ablaufe der Frist eintritt. Weil aber der Entwurf im Artikel 1 der Gütergemeinschaft des Bamberger Landrechts überleitet, darf nicht diese, sondern muß die des Bürgerlichen Gesetzbuchs eintreten. Selbstverständlich müssen aber die Aenderungen, mit welchen der Entwurf die allgemeine Gütergemeinschaft des Bamberger Landrechts in die des Bürgerlichen Gesetzbuchs überleitet, d. h. die Vorschriften des Artikel 6, für die nach Artikel 29 Satz 1 eintretende Gütergemeinschaft gleichfalls gelten (Art. 29 Satz 2).

Erbrechtliche Wirkungen sind mit dem Güterstande des Dotalrechts nur in wenigen Statutarrechten verbunden. Soweit die Statutarrechte — in Betracht kommen nur das vorderösterreichische Recht und das Bayerische Landrecht — erbrechtliche Wirkungen an den Fall des Todes des Mannes knüpfen, ist es selbstverständliche Folge der Ueberleitung, daß die Vorschriften wegfallen. Denn beim Güterstande der Verwaltung und Nutznießung hat die Ehe auf das Vermögen des Mannes überhaupt keinen Einfluß. Da übrigens eine Widerlage heutzutage nicht mehr üblich ist, so wird durch die Beseitigung dieser Vorschriften in die Rechte der Frau sachlich nicht eingegriffen. Das Erb- und Pflichttheilsrecht, welches das Bürgerliche Gesetzbuch der Frau gewährt (§§ 1931, 2303), geht in allen Fällen weiter als das bisherige Recht. Anders liegt der Fall, wenn die Frau stirbt. Hier sind die im vorderösterreichischen Rechte enthaltenen Vorschriften dem überlebenden Ehemann unter Umständen günstiger als das neue Recht. Nach dem vorderösterreichischen Rechte verbleibt

*) Vergl. oben S. 287.

dem Manne, sofern nicht ein Anderes vereinbart ist, das Heirathgut; außerdem hat der Mann bei unbeerbter Ehe oder, wenn nicht mehr als zwei gemeinschaftliche Kinder vorhanden sind, zu einem Viertel, wenn mehrere Kinder vorhanden sind, zu einem Kopftheil an dem Vermögen der Frau den Nutzgenuß, bis er zur weiteren Ehe schreitet, er muß sich aber anrechnen lassen, was ihm vertragsmäßig zugewendet worden ist. S. 626.

Mit Rücksicht auf diesen Rechtszustand kann es in erbrechtlicher Hinsicht für die Regel bei den Vorschriften des Bürgerlichen Gesetzbuchs sein Bewenden haben. Für das vorderösterreichische Recht ist dem Manne nach den Grundgedanken, welche in der Einleitung dargelegt sind, ein Wahlrecht zwischen den sich aus dem vorderösterreichischen Rechte ergebenden Rechten und dem sich aus dem Bürgerlichen Gesetzbuch ergebenden Erbrecht oder Pflichttheilsrecht einzuräumen. Das Wahlrecht ist durch Verweisung auf die ähnlich gelagerten Fälle des Artikel 26 wie in diesem gestaltet (Art. 30).

Artikel 31.

Die Verwaltungsgemeinschaft ist der gesetzliche Güterstand des Preußischen Landrechts. Die Bestimmungen des Preußischen Landrechts über das gesetzliche Güterrecht kommen in Bayern unmittelbar nur in den vormals fürstbischöflich eichstättischen, von Preußen durch Tausch erworbenen geringfügigen Gebietstheilen zur Anwendung. Hier gilt die Verwaltungsgemeinschaft für die höheren Stände und, wenn die vielbestrittene Ansicht (Entsch. des O.G.H. VII S. 7) richtig ist, daß im Gebiete des Eichstätter Rechtes der Güterstand der zweiten Ehe unter der Voraussetzung des Vorhandenseins von Kindern aus früherer Ehe eines Ehegatten nicht die allgemeine Gütergemeinschaft ist, auch für die zweiten und weiteren Ehen „gemeiner Bürgers- und Bauersleute". Sonst gilt die Verwaltungsgemeinschaft nur subsidiär, wenn das gesetzliche Güterrecht ohne Vereinbarung eines anderen Güterstandes ausgeschlossen ist oder wenn im Gebiete des Bayreuther Rechtes (vergl. S. 8) ein Ehegatte von dem Renunciationsrechte Gebrauch gemacht hat.

Die Verwaltungsgemeinschaft des Preußischen Landrechts stimmt mit dem gesetzlichen Güterstande des Bürgerlichen Gesetzbuchs (§§ 1363 bis 1425) in der Hauptsache vollständig überein.

Das der Frau bei der Eheschließung gehörende Vermögen unterliegt ebenso wie das später von ihr erworbene kraft Gesetzes der Verwaltung und Nutznießung des Mannes. Alles, was nach dem Preußischen Landrechte Vorbehaltsvermögen der Frau ist, ist auch nach dem Bürgerlichen Gesetzbuche Vorbehaltsgut. Eine Verschiedenheit besteht nur bezüglich des Erwerbes der Frau aus selbständiger Thätigkeit. Nach § 1367 des Bürgerlichen Gesetzbuchs wird, was die Frau durch ihre Arbeit oder durch den selbständigen Betrieb eines Erwerbsgeschäfts erwirbt, Vorbehaltsgut der Frau. Nach der in der Praxis überwiegenden Auffassung des Preußischen Landrechts (II, 1 §§ 211, 219, 220) wird der Erwerb der Frau aus deren selbständiger Thätigkeit Eigenthum der Frau nur, wenn er in Grundstücken oder Kapitalien auf den Namen der Frau angelegt ist. Zum vorbehaltenen Vermögen aber gehört der Erwerb nur, wenn das Geschäft mit Vorbehaltsvermögen betrieben wird. Es erscheint im Interesse der Frau wünschenswerth und ist kein Eingriff in die Rechte des Mannes, wenn der künftige Erwerb der Frau deren Vorbehaltsgut wird. Denn zu einer selbständigen Thätigkeit ist die Frau nach § 1356 des Bürgerlichen Gesetzbuchs, welcher nach Artikel 199 des Einführungsgesetzes zum Bürgerlichen Gesetzbuch auch für die zur Zeit des Inkrafttretens des

S. 626. Bürgerlichen Gesetzbuchs bestehenden Ehen gilt, nicht verpflichtet. Wenn die Frau aber über ihre rechtliche Verpflichtung hinaus selbständig thätig ist, so entspricht es der Billigkeit, daß über das Erworbene auch nur sie verfügen kann. Da die Frau den Beitrag, welchen sie aus den Einkünften ihres Vorbehaltsguts zum ehelichen Haushalte leisten muß (§ 1371 mit § 1427 des B. GB.), auch aus dem Erträgniß ihrer Arbeit zu leisten hat, so erleidet der Mann übrigens materiell keine Schmälerung der ihm zukommenden Nutzungen des Frauenvermögens.

Der Mann hat das eingebrachte Gut zu verwalten. Das Verfügungsrecht des Mannes ist im Preußischen Landrecht etwas freier gestaltet, insbesondere hat der Mann nach der Auffassung der Praxis über die nicht auf den Namen der Frau geschriebenen Kapitalien und sonstigen Forderungsrechte, namentlich die Werthpapiere, das freie Verfügungsrecht unter der Verpflichtung zum Ersatze; nur über Grundstücke und Gerechtigkeiten und über die auf den Namen der Frau geschriebenen Kapitalien kann er nicht ohne Zustimmung der Frau verfügen.

Bezüglich der Nutznießung des Mannes stimmen das Bürgerliche Gesetzbuch und das Preußische Landrecht, sowohl was den Umfang als was die Lasten der Nutznießung betrifft, in der Hauptsache überein, insbesondere hat auch das Preußische Landrecht den Grundsatz des § 1389 des Bürgerlichen Gesetzbuchs, daß der Mann den ehelichen Aufwand zu tragen hat.

Die Rechtsstellung der Frau wird durch die Ueberleitung insofern eine freiere, als die Beschränkung der Geschäftsfähigkeit, welche das Preußische Landrecht bezüglich des dem Rechte des Mannes unterworfenen Vermögens aufstellt, wegfällt; künftig ist die Frau bezüglich des eingebrachten Gutes nur in dem Verfügungsrechte beschränkt.

S. 627. Die Schuldenhaftung ist im Bürgerlichen Gesetzbuche sachlich ebenso geregelt wie im Preußischen Landrechte. Insbesondere können auch nach dem Preußischen Landrechte die Gläubiger des Mannes aus den Nutzungen des eingebrachten Gutes Befriedigung suchen und haftet die Frau nicht für die Schulden des Mannes.

Auch in den Gründen der Beendigung des Güterstandes und in den Vorschriften über die Auseinandersetzung weichen das Bürgerliche Gesetzbuch und das Preußische Landrecht nicht wesentlich von einander ab; neu sind die Beendigungsgründe des § 1418 Nr. 3 bis 5 und des § 1419.

Erbrechtliche Wirkungen sind dem Güterstande der Verwaltung und Nutznießung im Preußischen Landrechte so wenig wie im Bürgerlichen Gesetzbuche beigelegt.

Mit Rücksicht hierauf bestimmt der Entwurf im Artikel 31 Abs. 1, daß an die Stelle des gesetzlichen Güterstandes des Preußischen Landrechts der Güterstand der Verwaltung und Nutznießung nach dem Bürgerlichen Gesetzbuche tritt.

Eine Sonderbestimmung ist nur nach einer Richtung veranlaßt. Nach dem Preußischen Landrecht (II, 1 § 980 bis 983, 999) erlangt, wenn eine Minderjährige mit dem Vormund oder einem Kinde des Vormundes oder ohne die erforderliche Einwilligung der Mutter oder des Vormundes die Ehe eingeht, der Mann nicht die Verwaltung und den Nießbrauch des Vermögens der Frau, sondern hat bis zur Volljährigkeit der Frau auf die Einkünfte aus ihrem Vermögen nur Anspruch, soweit sie zum standesgemäßen Unterhalte der Frau nach dem Ermessen des Vormundschaftsgerichts nothwendig sind; nach § 1364 des Bürgerlichen Gesetzbuchs tritt, wenn der Mann die Ehe mit einer in der Geschäftsfähigkeit beschränkten Frau ohne Einwilligung ihres gesetzlichen Vertreters eingeht, nicht die Verwaltung und Nutznießung, sondern die Gütertrennung (§§ 1427 bis 1430) ein. Dieser Vorschrift wie der Natur der Sache entspricht es, daß, wenn nach der bezeichneten Bestimmung des Preußischen Landrechts die Verwaltungsgemeinschaft ausgeschlossen ist, die Gütertrennung gelten soll. Der Entwurf trifft im Artikel 31 Abs. 2 eine dahin gehende Vorschrift. Die Vorschrift bringt zugleich zum Ausdrucke, daß die Bestimmung des Preußischen Landrechts, daß es nach erlangter Volljährigkeit der Frau von ihrem freien Ermessen abhängt, was sie von ihrem Vermögen dem Manne einbringen oder sich vorbehalten will, beseitigt ist. Will die Frau, nachdem sie unbeschränkt geschäftsfähig geworden ist, ihr Vermögen der Verwaltung und der Nutznießung des Mannes unterwerfen, so kann sie dies nur im Wege des Ehevertrags thun. S. 627.

4. Vertragsmäßiges Güterrecht.

Artikel 32 bis 34.

Der Entwurf erstreckt aus den in der Einleitung der Begründung dargelegten Erwägungen die Ueberleitung auf die vertragsmäßigen Güterstände.

Im Artikel 32 werden den Ehen mit einem der Ueberleitung in den Artikeln 1 bis 31 unterworfenen gesetzlichen Güterstande die Ehen gleichgestellt, für welche dieser Güterstand kraft Ehevertrags gilt. Nur für die Ehen, für welche das gemeine Dotalrecht kraft Ehevertrags gilt, ist eine Ausnahme gemacht. Wenn die Ehegatten das Dotalrecht vertragsmäßig eingeführt haben, muß angenommen werden, daß es ihnen gerade darauf angekommen ist, daß die Ehe auf das Vermögen der Frau keinen Einfluß haben soll. Dem Willen der Ehegatten entspricht es daher nicht, daß an die Stelle des Dotalrechts die Verwaltung und Nutznießung des Mannes (Art. 28) tritt, das Dotalrecht muß vielmehr in die Gütertrennung (§§ 1427 bis 1430 des B. GB.) übergeleitet werden. Daß, wenn in dem Dotalvertrage dem Manne ein Heirathgut bestellt worden ist, an den Rechten des Mannes gegenüber dem Heirathgute durch die Ueberleitung in die Gütertrennung nichts geändert wird, versteht sich von selbst und ergibt sich auch aus dem Artikel 40 des Entwurfes. Denn auch mit der Gütertrennung des Bürgerlichen Gesetzbuchs ist es nicht unvereinbar, daß dem Manne an einem Theile des Frauenvermögens ein dem Rechtsverhältnisse der dos ähnliches Recht eingeräumt wird.

Der Artikel 32 bedarf für den Fall, daß die allgemeine Gütergemeinschaft nach dem Rechte von Würzburg, Schweinfurt oder Castell kraft Condonation besteht, einer Modifikation. Die Condonation bezweckt, den Bestand der allgemeinen Gütergemeinschaft von der diesen Rechten eigenthümlichen Bedingung unabhängig zu machen, daß nicht abgeschichtete Kinder vorhanden sind. Die kraft Condonation bestehende Gütergemeinschaft unterscheidet sich daher von der kraft Gesetzes eingetretenen nur dadurch, daß diese mit dem Tode oder der Abschichtung der Kinder in Errungenschaftsgemeinschaft übergeht, bei jener aber auch in dem Falle, daß bei der Beendigung der Gemeinschaft Kinder nicht vorhanden sind, die Grundsätze der Gütergemeinschaft maßgebend sind. Mit Rücksicht hierauf darf die Vorschrift des Artikel 4 Abs. 2 keine Anwendung finden, sondern der überlebende Ehegatte muß das ganze Gesammtgut erhalten und dieses Recht darf ihm letztwillig von dem anderen Ehegatten nicht entzogen werden können. Um dieses Ergebniß zu erreichen, erklärt der Artikel 33 für die kraft einer Condonation bestehende allgemeine Gütergemeinschaft den Artikel 6 Abs. 1, Abs. 2 Satz 1, 2 für anwendbar.

S. 627. Der Artikel 34 ersetzt die allgemeine Gütergemeinschaft des gemeinen deutschen Rechtes, des Preußischen Landrechts und des Bayerischen Landrechts durch die allgemeine Gütergemeinschaft des Bürgerlichen Gesetzbuchs. Diese Güterstände können in Bayern nur auf Grund eines Ehevertrags gelten. Die allgemeine Gütergemeinschaft des gemeinen deutschen Rechts und des Bayerischen Landrechts wird namentlich in den altbayerischen und den schwäbischen Landestheilen so häufig vereinbart, daß ohne ihre Ueberleitung die Zwecke der Ueberleitung überhaupt zu einem erheblichen Theile vereitelt würden.

Von den Vorschriften des Bürgerlichen Gesetzbuchs über die allgemeine Gütergemeinschaft weicht die Regelung, welche die allgemeine Gütergemeinschaft im gemeinen deutschen Rechte, im Bayerischen Landrecht und im Preußischen Landrechte gefunden hat, für die Verhältnisse während des Bestehens der Gemeinschaft nicht wesentlich ab. Es muß nur aus den in der Begründung zum Artikel 3 (S. 608) dargelegten Erwägungen für den Fall, daß das Preußische Landrecht gilt, einem Ehegatten das ihm etwa zustehende Recht, wegen vorehelicher Schulden des anderen Ehegatten die Aufhebung der Gemeinschaft zu verlangen, gewahrt bleiben. Dagegen weichen das Bayerische Landrecht und das Preußische Landrechte für die Verhältnisse nach dem Tode vom Bürgerlichen Gesetzbuch ab. Dem Bayerischen Landrecht ist jede Nachwirkung der Gemeinschaft unbekannt. Es erscheint nicht angängig, die den Anschauungen der Bevölkerung fremde fortgesetzte Gütergemeinschaft eintreten zu lassen, zumal nach dem Bayerischen Landrecht jeder Ehegatte über seinen
S. 628. Antheil am Gesammtgute letztwillig frei verfügen kann, während er ‖ nach dem Bürgerlichen Gesetzbuche (§ 1509) den Eintritt der fortgesetzten Gütergemeinschaft einseitig nur ausschließen kann, wenn er berechtigt ist, dem anderen Ehegatten den Pflichttheil zu entziehen oder auf Aufhebung der Gütergemeinschaft zu klagen. Wenn die Gütergemeinschaft des Bayerischen Landrechts besteht, kann mithin die fortgesetzte Gütergemeinschaft nur eintreten, sofern es in einem Ehevertrage vereinbart ist. Bezüglich des Eintritts der fortgesetzten Gütergemeinschaft liegt die Sache, wenn die allgemeine Gütergemeinschaft des Preußischen Landrechts besteht, geradeso. Während aber der überlebende Ehegatte nach dem Bayerischen Landrecht — abgesehen von dem nur in Ermanglung von Verwandten eintretenden Intestaterbrechte der Wittwe (Landtagsabschied vom 29. Dezember 1831 § 73) — überhaupt nicht erbberechtigt ist, gibt ihm das Preußische Landrecht „bei bestandener Gemeinschaft der Güter" ein gewisses Erbrecht. Im Falle der unbeerbten Ehe theilt der überlebende Ehegatte nach dem Preußischen Landrechte (II 1 §§ 625, 626, 645) mit den Verwandten des verstorbenen Ehegatten „nach eben den Verhältnissen, wie es bei der Erbfolge nach gemeinem Rechte vorgeschrieben ist". Er erhält also neben Verwandten der aufsteigenden Linie, Geschwistern oder Geschwisterkindern ersten Grades ein Drittel, neben entfernteren Verwandten bis zum sechsten Grade die Hälfte von dem Antheile des Verstorbenen und in beiden Fällen außerdem neben einem Voraus (§ 643) den lebenslänglichen Nießbrauch des Gesammtguts. Sind Verwandte bis zum sechsten Grade nicht vorhanden, so erbt der überlebende Ehegatte allein. Im Falle der beerbten Ehe muß er sich neben nicht abgefundenen Abkömmlingen mit der Hälfte des Gesammtguts und einem geringen Voraus begnügen, neben abgefundenen Abkömmlingen erhält er den ihm als gesetzlichen Erben zukommenden Erbtheil (II 2 §§ 370 bis 374). Das Bürgerliche Gesetzbuch ist jedenfalls für den Fall der beerbten Ehe dem überlebenden Ehegatten günstiger als das Preußische Landrecht. Für den Fall der unbeerbten Ehe würde allerdings nach den dem Entwurfe zu Grunde liegenden

Gedanken ein Wahlrecht zwischen der Beerbung nach dem neuen und der Beerbung nach dem bisherigen Rechte einzuräumen sein, da das Nießbrauchsrecht dem überlebenden Ehegatten unter Umständen wünschenswerther sein kann als der nach den Vorschriften des Bürgerlichen Gesetzbuchs erhöhte Erbtheil. Da das Nießbrauchsrecht indessen nach dem Entwurf eines Preußischen Ausführungsgesetzes zum Bürgerlichen Gesetzbuche Artikel 46 beseitigt werden soll, beläßt es auch der Entwurf bei den allgemeinen erbrechtlichen Vorschriften des Bürgerlichen Gesetzbuchs. S. 628.

Die allgemeine Gütergemeinschaft des vorderösterreichischen Rechtes und des österreichischen Gesetzbuchs von 1811 wird vom Entwurfe nicht übergeleitet, denn die allgemeine Gütergemeinschaft hat nach diesen Rechten nur die Bedeutung eines Erbvertrags. Daß diese Wirkung unberührt bleibt, ergibt sich schon aus dem Artikel 214 Abs. 2 des Einführungsgesetzes zum Bürgerlichen Gesetzbuche.

5. Allgemeine Vorschriften.

Artikel 35.

Nach dem Ausgangspunkte des Entwurfes muß Gesammtgut, eingebrachtes Gut oder Vorbehaltsgut werden, was nach den bisherigen Gesetzen zu einer dem Gesammtgute, dem eingebrachten Gute oder dem Vorbehaltsgut entsprechenden Vermögensmasse gehört, mag es sich dabei auch um einen Erwerb handeln, welcher, wenn er den Vorschriften des Bürgerlichen Gesetzbuchs unterstanden hätte, zu einer anderen Vermögensmasse gefallen wäre. Im Uebrigen wird wegen des Abs. 1 auf die Ausführungen Seite 606, 615, 621, 625, 626 verwiesen.

Gegenstände, welche nicht durch Rechtsgeschäft übertragbar sind, z. B. Fideikommisse, sind nach § 1439 des Bürgerlichen Gesetzbuchs vom Gesammtgut ausgeschlossen, sie werden jedoch für Rechnung des Gesammtguts verwaltet und ihre Nutzungen fallen in das Gesammtgut. Die bisherigen Gesetze nehmen den gleichen Standpunkt ein; ausdrücklich anerkannt ist dies z. B. im Bamberger Landrechte. Der Abs. 2 trifft deshalb eine dem § 1439 entsprechende Vorschrift. Der Abs. 2 trägt gleichzeitig der Besonderheit des Bamberger und des Hohenloher Rechtes Rechnung, daß die Nutzungen des Vorbehaltsguts eines Ehegatten diesem nur gebühren, wenn er sie sich ausdrücklich ausbedungen hat. Während aber der im § 1524 des Bürgerlichen Gesetzbuchs enthaltene Grundsatz, daß die Surrogate des eingebrachten Gutes wieder eingebrachtes Gut werden, nach § 1439 Satz 2 für die Gegenstände, welche wegen ihrer Unübertragbarkeit vom Gesammtgut ausgeschlossen sind, nicht gilt, muß die Surrogation für die Gegenstände Anwendung finden, welche auf Grund der Vorschriften des Bamberger und des Hohenloher Rechtes nur der Nutznießung nach zum Gemeinschaftsvermögen gehören.

Nach § 1406 Nr. 1 und § 1453 des Bürgerlichen Gesetzbuchs (vergl. § 1519 Abs. 2, § 1525 Abs. 2) kann die Frau sowohl beim Güterstande der Verwaltung und Nutznießung als auch bei der allgemeinen Gütergemeinschaft und der Errungenschaftsgemeinschaft eine dem Gesammtgut oder ihrem eingebrachten Gute angefallene Erbschaft oder ein Vermächtniß, ohne der Zustimmung des Mannes zu bedürfen, annehmen. Für die aus dem Erwerbe der Erbschaft oder des Vermächtnisses entstehenden Verbindlichkeiten haftet das Gesammtgut oder das eingebrachte Gut auch dann, wenn der Mann dem Erwerbe nicht zugestimmt hat (§§ 1412, 1460, 1532 des B. GB.). Der Mann ist davor, daß ohne seinen Willen das Gesammtgut oder das eingebrachte Gut durch die Nachlaß-

S. 628. verbindlichkeiten belastet wird, durch die Vorschriften über die Haftung des Erben für die Nachlaßverbindlichkeiten geschützt. Darnach ist er insbesondere berechtigt, ohne Zustimmung der Frau ein Inventar zu errichten (§ 2008 des B. GB.) und das Aufgebot der Nachlaßgläubiger (§ 999 der CPO.) oder die Eröffnung des Nachlaßkonkurses (§ 218 der KO.) zu beantragen. Infolge der Ueberleitung würden die Vorschriften des § 1406 Nr. 1 und des § 1453 an sich auch für die vor dem Inkrafttreten des Bürgerlichen Gesetzbuchs der Frau angefallenen Erbschaften oder Vermächtnisse gelten. Da jedoch die erbrechtlichen Vorschriften des Bürgerlichen Gesetzbuchs nach Artikel 213 des Einführungsgesetzes zum Bürgerlichen Gesetzbuche, wenn der Erblasser vor dem Inkrafttreten des Bürgerlichen Gesetzbuchs gestorben ist, keine Anwendung finden, so muß sich auch die Befugniß der Frau zur Annahme in Betreff der vor dem Inkrafttreten des Bürgerlichen Gesetzbuchs eingetretenen Erbfälle nach den bisherigen Gesetzen bestimmen (Art. 35 Abs. 3). Soweit der § 1406 Nr. 1 und der § 1453 der Frau das Recht geben, ohne der Zustimmung des Mannes zu bedürfen, eine Erbschaft oder ein Vermächtniß auszuschlagen oder auf den Pflichtheil zu verzichten, sollen sie nach dem Entwurf auch für die vor dem Inkrafttreten des Bürgerlichen Gesetzbuchs eingetretenen Erbfälle Anwendung
S. 629 finden. Denn der Grund, auf welchem || diese Vorschrift des § 1406 Nr. 1 und des § 1453 beruht, daß es sich hier um ein höchst persönliches Recht der Frau handelt (Motive zum B. GB. IV S. 242 bis 245), trifft allgemein zu.

Artikel 36 bis 39.

In Ansehung der vor dem Inkrafttreten des Bürgerlichen Gesetzbuchs entstandenen Verbindlichkeiten der Ehegatten müssen, wie in der Einleitung der Begründung dargelegt ist, sowohl für die Haftung der Vermögensmassen als auch für die persönliche Haftung der Ehegatten die bisherigen Gesetze maßgebend bleiben (Art. 36) Dies gilt nicht nur für das Verhältniß der Ehegatten zu dem Gläubiger, sondern auch für das Verhältniß der Ehegatten zu einander. Wegen der Einzelheiten ist auf die Ausführungen Seite 606, 607, 615, 616, 621, 625, 627 zu verweisen.

Der Artikel 35 bezieht sich auf die Fälle, daß der Mann beim Güterstande der allgemeinen Gütergemeinschaft oder der Errungenschaftsgemeinschaft vor dem Inkrafttreten des Bürgerlichen Gesetzbuchs eine der Frau gegenüber unwirksame Verbindlichkeit eingegangen hat. In Frage kommen insbesondere Verbindlichkeiten, gegen welche der Frau das Recht des eheräulichen Einspruchs nach den Rechten von Würzburg, Castell, Schweinfurt oder Bamberg zusteht. Wie schon bemerkt, wird die Verbindlichkeit infolge der Ueberleitung nicht wirksam. Da jedoch das Verfügungsrecht des Mannes über das Gesammtgut sich vom Inkrafttreten des Bürgerlichen Gesetzbuchs an nach dessen Vorschriften bestimmt, so wäre der Mann in der Lage, die unwirksame Verbindlichkeit zu erfüllen. Der Artikel 37 bindet ihn für eine solche Verfügung an die Zustimmung der Frau und gibt, wenn er dieser Vorschrift zuwiderhandelt, der Frau das Recht, auf Aufhebung der Gütergemeinschaft zu klagen, sofern für die Zukunft eine erhebliche Gefährdung ihrer Rechte zu besorgen ist. Das Klagerecht beruht auf den gleichen Erwägungen wie das entsprechende Klagerecht der Frau bei der allgemeinen Gütergemeinschaft in den Fällen des § 1468 Nr. 1 und bei der Errungenschaftsgemeinschaft in den Fällen des § 1542 des Bürgerlichen Gesetzbuchs. Die Anwendbarkeit der §§ 1470, 1471 rechtfertigt sich durch die Gleichartigkeit der Sachlage.

Nach dem Rechte von Nürnberg haftet bei versammter Ehe für die vorehelichen und für die während der Ehe ohne Wissen und Willen des anderen Ehegatten entstandenen Verbindlichkeiten eines Ehegatten nur dessen Antheil am Gesammtgute. Die gleiche Bestimmung enthält das Recht von Castell, wenn Errungenschaftsgemeinschaft gilt. Ueber die Art, in welcher die antheilsweise Haftung zu verwirklichen ist, herrscht Streit. Die Vorschriften des Artikel 38 bezwecken, die Streitfrage zu entscheiden und zugleich die Verwirklichung mit den Vorschriften des Bürgerlichen Gesetzbuchs und der Civilprozeßordnung möglichst in Einklang zu bringen. Im Wesentlichen schließt sich der Artikel 38 der herrschenden Uebung an. S. 629.

Bleiben in Ansehung der vor dem Inkrafttreten des Bürgerlichen Gesetzbuchs entstandenen Verbindlichkeiten die bisherigen Gesetze für das Verhältniß der Ehegatten zu einander maßgebend (Art. 36), so bestimmen sich in Ansehung dieser Verbindlichkeiten auch die gegenseitigen Ersatzverbindlichkeiten der Ehegatten, wenn eine solche Verbindlichkeit aus einer Vermögensmasse, welcher sie im Verhältnisse der Ehegatten zu einander nicht zur Last fällt, berichtigt worden ist, nach den bisherigen Gesetzen. In Betreff der Geltendmachung solcher Ersatzansprüche weicht das Bürgerliche Gesetzbuch von den bisherigen Gesetzen in mehrfacher Richtung ab; insbesondere gestattet es in weiterem Umfang als verschiedene bisherige Rechte, daß die Ersatzansprüche schon vor der Beendigung des Güterstandes geltend gemacht werden (vergl. § 1377 Abs. 3 Satz 2, § 1394, § 1411 Abs. 2, § 1467, § 1519 Abs. 2, § 1525 Abs. 2, § 1541). Durch die Vorschriften des Bürgerlichen Gesetzbuchs werden die Interessen einer ordnungsmäßigen Verwaltung der verschiedenen Gütermassen, insbesondere des Gesammtguts, und auch die Interessen der Frau und ihrer Gläubiger besser gewahrt als durch die bisherigen Gesetze. Der Artikel 39 schreibt deshalb vor, daß die Geltendmachung der Ersatzansprüche, welche den Ehegatten auf Grund des Güterstandes gegen einander zustehen, sich nach den Vorschriften des Bürgerlichen Gesetzbuchs bestimmt.

Artikel 40.

Das Bürgerliche Gesetzbuch gestattet in weitem Umfange Vereinbarungen, durch welche die Ehegatten einzelne der für ihren Güterstand geltenden Vorschriften ändern oder ergänzen (§ 1432). Auch ist Dritten, welche einem Ehegatten etwas unentgeltlich unter Lebenden oder von Todeswegen zuwenden, ein Einfluß darauf eingeräumt, ob das Zugewendete dem Rechte des anderen Ehegatten unterworfen sein soll (vergl. §§ 1369, 1440, 1526). Mit Rücksicht hierauf sind Vereinbarungen der Ehegatten und Anordnungen Dritter, welche vor dem Inkrafttreten des Bürgerlichen Gesetzbuchs zur Aenderung oder Ergänzung der für den Güterstand maßgebenden Vorschriften getroffen worden sind, auch mit dem Bürgerlichen Gesetzbuche vereinbar und der Ueberleitung nicht hinderlich. Indem der Artikel 40 ausspricht, daß sie von der Aenderung des Güterstandes nicht berührt werden, bringt er zugleich zum Ausdrucke, daß die Vereinbarungen der Ehegatten und die Anordnungen Dritter auch dann in Geltung bleiben, wenn sie nach den Vorschriften des Bürgerlichen Gesetzbuchs nicht getroffen werden könnten.

Artikel 41.

Nach den Vorschriften des Bürgerlichen Gesetzbuchs kann der Ehegatte, welcher die Aufhebung eines Güterstandes durch Urtheil erwirkt hat, verlangen, daß die Auseinandersetzung so erfolgt, wie wenn der Anspruch auf Auseinandersetzung mit Erhebung der Klage auf Aufhebung der Gütergemeinschaft rechtshängig geworden wäre (§§ 1422, 1479, § 1546 Abs. 2). Dem in diesen

S. 629. Vorschriften anerkannten Gedanken der Rückwirkung des Aufhebungsurtheils entspricht es, daß auch die Ueberleitung auf den zur Zeit des Inkrafttretens des Bürgerlichen Gesetzbuchs anhängigen Rechtsstreit und die Wirkung der Entscheidung ohne Einfluß sein muß (Art. 41).

Für die Vermögensauseinandersetzung der Ehegatten im Falle der Ehescheidung ist der Grundsatz der Rückwirkung im Bürgerlichen Gesetzbuche nicht anerkannt. Dementsprechend erstreckt auch der Entwurf die Vorschrift des Artikel 41 nicht hierauf. Für die Vermögensauseinandersetzung der Ehegatten sind also, auch wenn die Ehe auf Grund einer vor dem Inkrafttreten des Bürgerlichen Gesetzbuchs anhängig gewordenen Klage geschieden wird, die Vorschriften des Bürgerlichen Gesetzbuchs maßgebend. Da übrigens die Ehescheidungsstrafen durch den Artikel 201 des Einführungsgesetzes zum Bürgerlichen Gesetzbuche beseitigt werden und die Entscheidung der Frage, ob es sich um eine Scheidungsstrafe oder um eine auf die Auseinandersetzung bezügliche
S. 630. Vorschrift handelt, mitunter erhebliche Schwierigkeiten bietet, so trägt der Standpunkt des Entwurfes zur Vereinfachung der Rechtsanwendung wesentlich bei. Den Ehegatten wird durch die Beseitigung der in dieser Beziehung geltenden bisherigen Vorschriften nicht zu nahe getreten.

Artikel 42.

Wenn auch die dem überlebenden Ehegatten nach den bisherigen Gesetzen zustehenden Rechte, welche durch den Entwurf aufrecht erhalten werden, z. B. das im Artikel 6 bezeichnete Recht der Konsolidation, das im Artikel 8 erwähnte Recht des Beisitzes, güterrechtlicher Natur sind, so haben sie doch die wirthschaftliche Bedeutung eines Erbrechts und, soweit sie nicht von dem anderen Ehegatten ausgeschlossen oder beschränkt werden können, die Natur eines Pflichttheilsrechts. Der Artikel 42 erklärt deshalb auf sie die für das Erbrecht und für das Pflichttheilsrecht des überlebenden Ehegatten geltenden Vorschriften der §§ 1933, 2335 bis 2337 des Bürgerlichen Gesetzbuchs für anwendbar. Nach § 1933 ist das Erbrecht des Ehegatten ausgeschlossen, wenn der verstorbene Ehegatte zur Zeit seines Todes auf Scheidung wegen Verschuldens des Ehegatten zu klagen berechtigt war und die Klage auf Scheidung oder Aufhebung der ehelichen Gemeinschaft erhoben hatte. Nach § 2335 kann der Pflichttheil dem Ehegatten nach Maßgabe der §§ 2336, 2337 entzogen werden, wenn sich der Ehegatte einer Verfehlung schuldig gemacht hat, auf Grund deren der Erblasser auf Scheidung zu klagen berechtigt war.

II. Güterrecht der Pfalz.

Die Regelung, die der Code civil den güterrechtlichen Verhältnissen gegeben hat, ist für das Bürgerliche Gesetzbuch vorbildlich geworden. Wie der Code civil, so stellt das Bürgerliche Gesetzbuch einen Güterstand als den gesetzlichen auf und regelt im Anschluß an ihn die wichtigsten der übrigen Systeme als vertragsmäßige Güterstände. Allein das Bürgerliche Gesetzbuch weicht darin von dem Code civil ab, daß es nicht eine Form der Gütergemeinschaft, sondern den Güterstand der Verwaltung und Nutznießung als gesetzlichen Güterstand aufstellt.

Von den einzelnen Güterständen, die im Code civil geregelt sind, haben nur die Mobiliargemeinschaft (die gesetzliche Gütergemeinschaft) und die Errungenschaftsgemeinschaft in der Pfalz allgemeine Verbreitung gefunden. Die allgemeine Gütergemeinschaft ist auf wenige, engbegrenzte Gebiete beschränkt. Von den übrigen Güterständen kommt im Wesentlichen nur die Gütertrennung in Betracht; der Güterstand der Verwaltung und Nutznießung wird selten vereinbart und der Güterstand des Dotalrechts findet sich nur in wenigen Ausnahmsfällen. S. 630.

Unabhängig vom Güterstand ist nach pfälzischem Rechte jede Frau, die in die Ehe tritt, infolge der Eheschließung in ihrer Geschäftsfähigkeit beschränkt. Das Bürgerliche Gesetzbuch verbindet mit der Eheschließung eine Beschränkung der Frau in der Geschäftsfähigkeit nicht. Da die Aufrechthaltung der Beschränkung für diejenigen Frauen, welche bei dem Inkrafttreten des Bürgerlichen Gesetzbuchs schon verheirathet sind, unmöglich ist, so geht der Entwurf davon aus, daß auch für diese Frauen die Beschränkung der Geschäftsfähigkeit mit dem Inkrafttreten des Bürgerlichen Gesetzbuchs wegfällt. Für die Fälle, in welchen die bestehenden Güterstände in die Güterstände des Bürgerlichen Gesetzbuchs umgewandelt werden, hat der Entwurf diesen Satz nicht ausdrücklich ausgesprochen, weil in der Uebertragung der güterrechtlichen Vorschriften des Bürgerlichen Gesetzbuchs anf die bestehenden Güterstände stillschweigend die Beseitigung der bestehenden Beschränkung liegt. Nur für das Dotalrecht, das nicht übergeleitet werden soll, sind in dieser Richtung ausdrückliche Bestimmungen erforderlich (Art. 58 Abs. 2, 3).

Die Artikel 43 bis 54 beziehen sich auf die Umwandlung der bestehenden Gütergemeinschaften, die Artikel 55 bis 57 auf die Umwandlung der Güterstände, in denen die Gütergemeinschaft ausgeschlossen ist, der Artikel 58 hat das Dotalrecht zum Gegenstand und der Artikel 59 enthält eine Ueberleitungsvorschrift über das Verfahren.

Artikel 43.

Der Code civil geht bei der Gütergemeinschaft in der Anordnung des Stoffes in der Art vor, daß er die Mobiliargemeinschaft als gesetzlichen Güterstand aufstellt und im Anschlusse daran die Errungenschaftsgemeinschaft und die allgemeine Gütergemeinschaft als besondere, im Wege des Vertrags zu vereinbarende Unterarten der gesetzlichen Gütergemeinschaft behandelt. Das Bürgerliche Gesetzbuch dagegen stellt die drei Formen der Gütergemeinschaft (allgemeine Gütergemeinschaft, Errungenschaftsgemeinschaft und Fahrnißgemeinschaft) als selbständige Güterstände neben einander. Der Artikel 43 löst für die Zeit nach dem Inkrafttreten des Bürgerlichen Gesetzbuchs die Verbindung, in der nach dem bisherigen Rechte die Errungenschaftsgemeinschaft und die allgemeine Gütergemeinschaft mit der gesetzlichen Gütergemeinschaft stehen, auf, stellt die drei Formen selbständig neben einander und wandelt die gesetzliche Gütergemeinschaft in die Fahrnißgemeinschaft, die Errungenschaftsgemeinschaft in die Errungenschaftsgemeinschaft und die allgemeine Gütergemeinschaft in die allgemeine Gütergemeinschaft des Bürgerlichen Gesetzbuchs um.

Dieser Umwandlung stehen, was die gesetzliche Gütergemeinschaft anlangt, schon um deswillen besondere Schwierigkeiten nicht entgegen, weil die Fahrnißgemeinschaft des Bürgerlichen Gesetzbuchs in engem Anschluß an die Bestimmungen des Code civil über die gesetzliche Gütergemeinschaft geregelt ist (Motive zum B. GB. IV S. 543 ff.). Hienach wird es keinem Bedenken unterliegen, alle Ehegatten, die bei dem Inkrafttreten des Bürgerlichen Gesetzbuchs nach dem gesetzlichen Güterrechte des pfälzischen Rechtes leben, sei es daß sie keinen Ehevertrag geschlossen, sei es daß sie im Ehevertrage das gesetzliche Güterrecht nur in einzelnen Beziehungen geändert haben, kraft Gesetzes unter die Fahrnißgemeinschaft des Bürgerlichen Gesetzbuchs treten zu lassen. Durch die Umwandlung in die Fahrnißgemeinschaft des Bürgerlichen Gesetzbuchs bleibt die

S. 630. bisherige gesetzliche Gütergemeinschaft in ihrem Wesen unverändert; sie wird nur in Einzelheiten mehr untergeordneter Natur von der Aenderung berührt.

Das Gleiche gilt auch für die Umwandlung der Errungenschaftsgemeinschaft und der allgemeinen Gütergemeinschaft, obgleich diese als vertragsmäßige Güterstände einer Umwandlung kraft Gesetzes auf den ersten Blick größere Schwierigkeiten entgegenzustellen scheinen als ein auf dem Gesetze beruhender Güterstand. Indessen sowohl bei der Errungenschaftsgemeinschaft wie bei der allgemeinen Gütergemeinschaft des pfälzischen Rechtes schafft der Vertrag eigentlich nur die Voraussetzung für den Eintritt eines gleichfalls gesetzlich geregelten Güterstandes. Immerhin kann es insbesondere bei der
S. 631. Er || rungenschaftsgemeinschaft fraglich sein, in welchem Umfange die Anwendung des neuen Rechtes stattzufinden habe. Legt man den Schwerpunkt ausschließlich auf den vertragsmäßigen Charakter der Errungenschaftsgemeinschaft, so rechtfertigt sich ein Eingriff der Gesetzgebung nur insoweit, als der Güterstand nicht durch Vertrag bestimmt ist, also nur in dem Umfang, in dem nach dem geltenden Rechte für die Errungenschaftsgemeinschaft die Vorschriften über die gesetzliche Gütergemeinschaft gelten; was darüber hinaus vertragsmäßig festgesetzt ist, würde fortbestehen. Diese Regelung hätte zur Folge, daß die Errungenschaftsgemeinschaft auch hinsichtlich der nach dem Inkrafttreten des Bürgerlichen Gesetzbuchs entstehenden Verhältnisse durch die Vorschriften der Artikel 1498, 1499, 1504, 1510 des Code civil beherrscht wäre. Allein damit würde der wesentlichste Zweck der Ueberleitungsvorschriften verfehlt und infolge des Ineinandergreifens neuer und alter Bestimmungen ein Rechtszustand geschaffen, der eine Quelle von Streitigkeiten werden müßte. Die bedingungslose Festhaltung an dem Vertragsstandpunkte muß daher aufgegeben werden. Will man klare Verhältnisse schaffen — und bei der Verbreitung der Errungenschaftsgemeinschaft in der Pfalz sind solche von der höchsten Bedeutung —, so bleibt nur übrig, die Errungenschaftsgemeinschaft in gleicher Weise dem neuen Rechte zu unterstellen wie die gesetzliche Gütergemeinschaft. Dies kann um so unbedenklicher geschehen, als die Errungenschaftsgemeinschaft des pfälzischen Rechtes in den hauptsächlichsten Punkten mit der Errungenschaftsgemeinschaft des Bürgerlichen Gesetzbuchs übereinstimmt.

Der Entwurf begreift unter der Errungenschaftsgemeinschaft des pfälzischen Rechtes nicht nur denjenigen vertragsmäßigen Güterstand, welcher ausdrücklich im Ehevertrag als Errungenschaftsgemeinschaft bezeichnet oder unter Bezugnahme auf die Vorschriften der Artikel 1498, 1499 des Code civil vereinbart ist, sondern jede vertragsmäßige Regelung des Güterstandes, die sich nach der Eheberedung inhaltlich als Errungenschaftsgemeinschaft darstellt. Hieher rechnet der Entwurf z. B. die Vereinbarung, nach der alle beweglichen Sachen, welche die Ehegatten bei dem Abschlusse der Ehe haben und welche sie später erwerben, von der Gütergemeinschaft ausgeschlossen werden. Allein er will nur diejenigen Festsetzungen des Ehevertrags dem Rechte des Bürgerlichen Gesetzbuchs anpassen, welche ihrem Inhalte nach zu dem Güterstande der Errungenschaftsgemeinschaft des pfälzischen Rechtes gehören. Sind daneben noch besondere Vereinbarungen anderer Art getroffen, so sollen sie neben den Bestimmungen des Bürgerlichen Gesetzbuchs und dieses Entwurfes in Geltung bleiben (Art. 57).

Die allgemeine Gütergemeinschaft unterscheidet sich nach den Bestimmungen des Bürgerlichen Gesetzbuchs von der Fahrnißgemeinschaft der Hauptsache nach in der gleichen Weise wie die allgemeine Gütergemeinschaft des pfälzischen Rechtes von der gesetzlichen Gütergemeinschaft; beide fallen zusammen, wenn bei der Fahrnißgemeinschaft kein eingebrachtes Gut, bei der gesetzlichen Güter-

gemeinschaft kein Sondergut besteht. Hieraus ergibt sich, daß die allgemeine S. 631.
Gütergemeinschaft des pfälzischen Rechtes den Vorschriften des Bürgerlichen Gesetzbuchs über die allgemeine Gütergemeinschaft ohne Bedenken unterstellt werden kann. Daß die Vorschriften des Bürgerlichen Gesetzbuchs über die fortgesetzte Gütergemeinschaft nur dann gelten sollen, wenn die Ehegatten sie durch Ehevertrag vereinbaren, rechtfertigt sich dadurch, daß die fortgesetzte Gütergemeinschaft dem bisherigen pfälzischen Rechte fremd ist und hienach die Einführung kraft Gesetzes nicht als sachgemäß angesehen werden kann.

Auf Grund der Vorschriften des Artikel 43 werden für alle Ehen, in welchen zur Zeit des Inkrafttretens des Bürgerlichen Gesetzbuchs eine Form der Gütergemeinschaft gilt, von diesem Zeitpunkt an die Vorschriften des Bürgerlichen Gesetzbuchs über diese Gütergemeinschaft maßgebend sein. Die Rechtsstellung der Ehegatten zu einander und gegenüber Dritten bestimmt sich ausschließlich nach den Vorschriften des Bürgerlichen Gesetzbuchs. Auch für das Rechtsverhältniß nach der Aufhebung der Gütergemeinschaft werden, wenn die Aufhebung nach dem Inkrafttreten des Bürgerlichen Gesetzbuchs eintritt, die neuen Bestimmungen maßgebend sein. Die Frau verliert damit das Recht, die Gütergemeinschaft auszuschlagen; sie bedarf aber der Ausschlagung nicht mehr, um sich von der Haftung für die Gesammtgutsverbindlichkeiten zu befreien, denn sie haftet für die Gesammtgutsverbindlichkeiten überhaupt nur in den durch die §§ 1480, 1481 des Bürgerlichen Gesetzbuchs gezogenen Schranken.

Die Neuregelung erstreckt sich nur auf die künftigen Verhältnisse. Für die unter der Herrschaft des geltenden Rechtes zur Entstehung gelangten Verhältnisse bleiben auch nach dem Inkrafttreten des Bürgerlichen Gesetzbuchs die bisherigen Gesetze maßgebend. Dieser Gedanke wird in den folgenden Artikeln näher ausgeführt.

Artikel 44.

Dem Gemeingut und dem Sondergute des pfälzischen Rechtes entsprechen das Gesammtgut und das eingebrachte Gut des Bürgerlichen Gesetzbuchs.

Hinsichtlich des Vermögens, das in die Gemeinschaft fällt, beruhen die Vorschriften des Code civil und die des Bürgerlichen Gesetzbuchs auf den gleichen Grundlagen. Doch treten im Einzelnen Verschiedenheiten insbesondere mit Rücksicht darauf hervor, daß das Bürgerliche Gesetzbuch zu Gunsten des eingebrachten Gutes die Surrogation in weiterem Umfange zur Anwendung bringt als der Code civil (vergl. §§ 1524, 1554 des B. GB. gegenüber Art. 1407, 1433 bis 1435, 1437 des C. c.). Bei der Errungenschaftsgemeinschaft zeigt sich insofern eine Verschiedenheit, als das pfälzische Recht das Gemeingut auf die wirklich errungenen, d. h. durch die Thätigkeit und Sparsamkeit des einen oder anderen Ehegatten erworbenen Gegenstände beschränkt, während nach dem Bürgerlichen Gesetzbuch auch der Erwerb durch unentgeltlichen Titel in bestimmten Fällen zum Gesammtgute wird (vergl. §§ 1519, 1521 des B. GB.). So mag es kommen, daß in den bestehenden Gütergemeinschaften das Gemeingut Gegenstände umfaßt, die nach den Vorschriften des Bürgerlichen Gesetzbuchs nicht Gesammtgut, sondern eingebrachtes Gut geworden wären oder umgekehrt. Allein auch in dieser Richtung hält der Entwurf an dem leitenden Gedanken fest, daß die einmal zur Entstehung gelangten Rechte unberührt bleiben sollen, daß also, was nach den bisherigen Vorschriften gemeinschaftlich geworden ist, es auch in der Folge bleibt, ohne daß es darauf ankommt, ob der zum Gemeingute gewordene Gegenstand gemeinschaftlich geworden sein würde, wenn er erst nach dem Inkrafttreten des Bürgerlichen Gesetzbuchs erworben worden wäre.

S. 631. Nur für die Errungenschaftsgemeinschaft ist hier eine Sonderbestimmung
S. 632. erforderlich. Nach Abs. 1 würde sich die || Frage, ob die bei dem Inkrafttreten des Bürgerlichen Gesetzbuchs vorhandenen Gegenstände Gesammtgut oder eingebrachtes Gut werden, darnach beantworten, ob sie nach den Bestimmungen des geltenden Rechtes als Gemeingut oder als Sondergut anzusehen sind; es wären also hiefür auch künftig die Vorschriften der Artikel 1498, 1499, 1504, 1510 des Code civil entscheidend. Dies würde zu Schwierigkeiten führen, weil sich die Vermuthung des § 1527 des Bürgerlichen Gesetzbuchs mit den jetzt geltenden Vorschriften nicht deckt und hienach sowohl bei dem Zugriffe der Gläubiger als bei einer dereinstigen Auseinandersetzung unter den Ehegatten eine Verschiedenheit bestünde, je nachdem ein Gegenstand vor oder nach dem Inkrafttreten des Bürgerlichen Gesetzbuchs erworben worden ist. Um dem vorzubeugen, schlägt der Abs. 3 vor, auch für die bei dem Inkrafttreten des Bürgerlichen Gesetzbuchs vorhandenen Gegenstände die Vermuthung des § 1527 des Bürgerlichen Gesetzbuchs zur Anwendung zu bringen. Die Frau kann bei ihrer veränderten Stellung auf die bisherigen Schutzvorschriften ohne wesentlichen Nachtheil verzichten, für den Mann läge in der Aufrechterhaltung eine ungerechtfertigte Benachtheiligung, und die Gläubiger des Mannes haben einen Rechtsanspruch auf Zugehörigkeit eines bestimmten Gegenstandes zum Vermögen des Mannes vor der Beschlagnahme überhaupt nicht.

Was von dem Umfange des Gesammtguts gilt, soll auch von dem Umfange des eingebrachten Gutes gelten (Abs. 2). Die Frage, ob ein zur Zeit des Inkrafttretens des Bürgerlichen Gesetzbuchs vorhandener Gegenstand eingebrachtes Gut wird, soll sich ausschließlich darnach beantworten, ob der Gegenstand in dem genannten Zeitpunkte zum Sondergute gehörte. Das schon vor dem Inkrafttreten des Bürgerlichen Gesetzbuchs begründete Recht, ein Grundstück mit rückwirkender Kraft dem Gemeingute zu entziehen und zum Sondergute zu machen (Art. 1408 Abs. 2 des C. c.), soll gleichfalls unberührt bleiben. Von der Vorschrift, daß das Sondergut der Frau eingebrachtes Gut wird, soll in Ansehung desjenigen Vermögens eine Ausnahme eintreten, an welchem der Frau auf Grund des Ehevertags oder auf Grund einer Bestimmung, die bei der Zuwendung gemacht wurde, die Nutznießung vorbehalten ist. Da das Gesammtgut an der Verwaltung derartigen Vermögens in der Regel kein Interesse hat, so entspricht es den Verhältnissen, es zum Vorbehaltsgute zu erklären.

Vorbehaltsgut des Mannes ist nach § 1526 Abs. 2, § 1555 des Bürgerlichen Gesetzbuchs bei der Fahrnißgemeinschaft und bei der Errungenschaftsgemeinschaft ausgeschlossen. Hat sich aber der Mann vor dem Inkrafttreten des Bürgerlichen Gesetzbuchs im Ehevertrage die Nutzungen bestimmter Gegenstände seines Sonderguts vorbehalten, so hat es nach Artikel 57 dabei sein Bewenden.

Artikel 45.

In Ansehung der vor dem Inkrafttreten des Bürgerlichen Gesetzbuchs entstandenen Verbindlichkeiten der Ehegatten bestimmt sich die Haftung des Gesammtguts und des eingebrachten Gutes sowie die persönliche Haftung der Ehegatten nach den bisherigen Gesetzen. Aus dem Satze, daß das Gemeingut zum Gesammtgute wird, folgt, daß die Gläubiger, die sich nach dem bisherigen Rechte an das Gemeingut halten können, Gesammtgutsgläubiger werden und zwar ohne Unterschied, ob es sich um Schulden des Mannes oder um Schulden der Frau handelt. Diese Haftung des Gesammtguts für die bisherigen Gemeinschaftsschulden rechtfertigt sich durch den Umstand, daß es in der Gütergemeinschaft des pfälzischen Rechtes keine Gemeinschaftsschulden gibt, die nicht auch nach dem Bürgerlichen Gesetzbuche Gesammtgutsverbindlichkeiten wären, daß somit eine Belastung des Gesammtguts zu Gunsten des einen oder des anderen Ehegatten nicht eintritt. S. 632.

Hienach werden, was zunächst die gesetzliche Gütergemeinschaft betrifft, Gesammtgutsverbindlichkeiten alle Schulden des Mannes ohne Rücksicht darauf, ob sie vor oder nach dem Abschlusse der Ehe eingegangen wurden und ob sie aus Rechtsgeschäften entstanden sind, die der Mann für das Gemeingut oder die er für das Sondergut eines Ehegatten abgeschlossen hat. Insbesondere werden auch Gesammtgutsverbindlichkeiten alle vorehelichen Immobiliarschulden des Mannes; da diese jedoch nach dem pfälzischen Rechte nur insofern Gemeinschaftsschulden sind, als sie während der Dauer der Gemeinschaft aus dem Gemeingute beigetrieben werden können, spricht der Abs. 1 des Artikel 45 nicht von Gemeinschaftsschulden, sondern von Schulden, für die das Gemeingut haftet. Um die Frau vor der Gefahr zu schützen, daß sie abweichend von den Vorschriften des bisherigen Rechts für diese Schulden mit den ihr bei der Auseinandersetzung der Gütergemeinschaft zufallenden Gegenständen hafte (§ 1480 des B. GB.), schreibt der Abs. 3 vor, daß die bezeichneten Schulden mit der Beendigung der Gütergemeinschaft aufhören, Gesammtgutsverbindlichkeiten zu sein, daß also die Vorschriften der §§ 1475, 1480 des Bürgerlichen Gesetzbuchs auf sie keine Anwendung finden. Von den Schulden der Frau werden Gesammtgutsverbindlichkeiten nur diejenigen, für welche nach dem bisherigen Rechte das Gemeingut in Anspruch genommen werden kann. Schulden, für die bisher nur das Sondergut haftete, werden nicht Gesammtgutsverbindlichkeiten, auch nicht, wenn sie nach den Vorschriften des Bürgerlichen Gesetzbuchs Gesammtgutsverbindlichkeiten sein würden. So wird z. B. eine voreheliche Immobiliarschuld der Frau nicht Gesammtgutsverbindlichkeit; ebensowenig die Schuld aus einer unerlaubten Handlung, welche die Frau während der Ehe vor dem Inkrafttreten des Bürgerlichen Gesetzbuchs begangen hat. Wollte man von den bei dem Inkrafttreten des Bürgerlichen Gesetzbuchs bestehenden Schulden der Frau alle diejenigen für Gesammtgutsverbindlichkeiten erklären, welche dies nach den Bestimmungen des Bürgerlichen Gesetzbuchs sein würden, so läge darin eine ungerechtfertigte Bevorzugung der Gläubiger der Frau und eine Belastung des Mannes, die diesen um so schwerer treffen würde, als er für solche Schulden der Frau auch persönlich zu haften hätte.

Auch bei der Errungenschaftsgemeinschaft ist für die Frage, ob eine zur Zeit des Inkrafttretens des Bürgerlichen Gesetzbuchs bestehende Schuld nach der Ueberleitung Gesammtgutsverbindlichkeit wird, die Thatsache entscheidend, ob die Schuld nach den bisherigen Vorschriften zu den Gemeinschaftsschulden gehörte oder nicht. Zwar führt das pfälzische Recht den Grundsatz der Schuldentheilung strenger durch als das Bürgerliche Gesetzbuch (Art. 1498 Abs. 1 des C. c. im Gegensatze zu § 1530 Abs. 1 des B. GB.); allein dieser Unterschied ist praktisch nicht von Bedeutung, weil, was insbesondere die Schulden des Mannes anlangt, während der Dauer der Gemeinschaft nach beiden Rechten das Gemeingut für alle Schulden des Mannes unterschiedslos haftet und weil diejenigen Schulden des Mannes, die nach dem bisherigen Rechte nicht eigentliche Gemeinschaftsschulden sind, sondern nur während der Dauer der Gemeinschaft aus dem Gemeingute beigetrieben werden können, zwar mit dem Inkrafttreten des Bürgerlichen Gesetzbuchs Gesammtgutsverbind- S. 633.

S. 633. lichkeiten werden, aber nach der Vorschrift des Abs. 3 bei der Beendigung der Gemeinschaft diese Eigenschaft verlieren. Es tritt sonach auch hier infolge der Vorschrift des Abs. 1 eine erhöhte Belastung des Gesammtguts nicht ein.

Da die Vorschriften der Civilprozeßordnung über die Zwangsvollstreckung in Grundstücke des Gesammtguts (§§ 740, 866) erst mit der Anlegung des Grundbuchs in Kraft treten, bestimmt der Abs. 2 im Anschluß an das bisherige Recht und an die nach der Anlegung des Grundbuchs geltenden Normen, daß eine gegenüber dem Manne bestehende gerichtliche Hypothek sich auf die zum Gesammtgute gehörenden Grundstücke erstreckt.

In der Haftung des Sonderguts als solchen soll durch dessen Verwandlung in eingebrachtes Gut eine Aenderung nicht eintreten. Insbesondere sollen die Gläubiger der Frau, deren Zugriffsrecht nach den bisherigen Vorschriften auf das nackte Sondergut der Frau beschränkt ist, künftig durch ihren Zugriff auf das eingebrachte Gut die Nutzungen dem Gesammtgute nicht entziehen können. Diesem Gedanken gibt der Abs. 4 Ausdruck.

Artikel 46.

Soweit das Verhältniß der Ehegatten unter einander in Frage kommt, können die für die Gesammtgutsverbindlichkeiten geltenden Vorschriften des Bürgerlichen Gesetzbuchs auf die bestehenden Gemeinschaftsschulden nicht ohne Weiteres Anwendung finden. Denn wenn auch die Haftung der Ehegatten unter einander für diejenigen Gemeinschaftsschulden, welche das Sondergut betreffen, nach den Vorschriften des pfälzischen Rechtes im Wesentlichen die gleiche ist wie nach den Vorschriften des Bürgerlichen Gesetzbuchs (vergl. Art. 1409 Nr. 1, 2 des C. c. und § 1535 des B. GB.), so ist doch das Verhältniß, in dem sonstige Gemeinschaftsschulden den Ehegatten zur Last fallen, im Bürgerlichen Gesetzbuch in verschiedenen Beziehungen abweichend vom pfälzischen Rechte geregelt. Um jeden Eingriff in die bestehenden Verhältnisse zu vermeiden, schreibt daher der Artikel 46 vor, daß die Ehegatten für die Gemeinschaftsschulden, die bei dem Inkrafttreten des Bürgerlichen Gesetzbuchs bestehen, im Verhältnisse zu einander in gleicher Weise haften wie nach dem bisherigen Rechte; der Artikel 46 schließt damit die Anwendung der §§ 1463 bis 1465, 1535 bis 1538 des Bürgerlichen Gesetzbuchs auf solche Gemeinschaftsschulden aus.

Artikel 47.

Die Ersatzansprüche, die bei dem Inkrafttreten des Bürgerlichen Gesetzbuchs den Ehegatten gegen einander oder gegen die Gütergemeinschaft oder dieser gegen einen der Ehegatten zustehen, bleiben unberührt. Einer Hervorhebung im Entwurfe bedarf dieser Satz nicht, weil er sich als Folgerung aus den Vorschriften der Artikel 44 bis 46 ergibt.

Für die Geltendmachung der Ersatzansprüche dagegen sollen die Vorschriften des Bürgerlichen Gesetzbuchs maßgebend sein. Das pfälzische Recht läßt die Geltendmachung von Ersatzansprüchen regelmäßig erst nach der Auflösung der Gütergemeinschaft zu. Das Bürgerliche Gesetzbuch gestattet die Geltendmachung in weiterem Umfang auch während der Dauer der Gemeinschaft. (Vergl. § 1377 Abs. 3 Satz 2, § 1394, § 1411 Abs. 2, § 1467, § 1525 Abs. 2, §§ 1541, 1549, § 1550 Abs. 2 des B. GB.) Diese Vorschriften sollen für die Zukunft auch auf die bei dem Inkrafttreten des Bürgerlichen Gesetzbuchs bestehenden Ansprüche Anwendung finden, weil sie den Interessen einer ordnungsmäßigen Verwaltung und des Schutzes der Frau sowie deren Gläubiger besser Rechnung tragen als die Vorschriften des bisherigen Rechtes

und Rechte der Ehegatten durch sie nicht beeinträchtigt werden. Ebenso soll S. 633.
die Frage, an welche Gegenstände sich die Frau zur Verwirklichung ihrer Ersatzansprüche halten könne, ausschließlich nach den Vorschriften des Bürgerlichen Gesetzbuchs beantwortet werden. Für die Aufrechterhaltung der Bestimmung des Artikel 1471 Abs. 2 des Code civil besteht ein Bedürfniß nicht.

Artikel 48.

Eine in Gütergemeinschaft lebende Frau kann nach den Vorschriften des pfälzischen Rechtes eine Erbschaft oder ein Vermächtniß mit Wirksamkeit gegenüber dem Gemeingut und den in dieses fallenden Nutzungen nur annehmen, wenn sie von dem Manne zu der Annahme ermächtigt wird; verweigert der Mann die Ermächtigung, so kann die Frau zwar von dem Gericht ermächtigt werden, allein die Annahme auf Grund einer Ermächtigung des Gerichts gibt den Erbschaftsgläubigern nicht das Recht, das Gemeingut oder die Nutzungen des Sonderguts der Frau anzugreifen (Art. 1413 ff. des C. c.). Das Erforderniß der Ermächtigung durch den Mann soll es diesem ermöglichen, die mit der Annahme der Erbschaft oder des Vermächtnisses etwa verbundenen Beeinträchtigungen des Gemeinguts oder den Nutzungen des Sonderguts der Frau von sich fernzuhalten.

Nach den Vorschriften des Bürgerlichen Gesetzbuchs bedarf die Frau zur Annahme einer Erbschaft oder eines Vermächtnisses nicht der Zustimmung des Mannes (§ 1406 Nr. 1, § 1453, § 1519 Abs. 2, § 1525 Abs. 2, § 1549, § 1550 Abs. 2); aber der Mann vermag durch die Inventarerrichtung sowie durch die Beantragung der Nachlaßverwaltung oder des Nachlaßkonkurses das Gesammtgut und das eingebrachte Gut der Frau vor den Nachtheilen zu sichern, die aus der Annahme entspringen können.

Ist der Frau vor dem Inkrafttreten des Bürgerlichen Gesetzbuchs eine Erbschaft oder ein Vermächtniß angefallen, so würde sie nach dem Inkrafttreten des Bürgerlichen Gesetzbuchs infolge ihrer unbeschränkten Geschäftsfähigkeit in Anwendung der im Artikel 43 des Entwurfes enthaltenen Bestimmungen zur Annahme der Zustimmung des Mannes nicht bedürfen; der Mann hingegen könnte, da für die erbrechtlichen Verhältnisse nach Artikel 213 des Einführungsgesetzes zum Bürgerlichen Gesetzbuche die bisherigen Vorschriften maßgebend bleiben, von der ihm durch das neue Recht ertheilten Befugniß, die Haftung auf den Nachlaß zu beschränken, keinen Gebrauch machen, wäre also nicht in der Lage, die mit der Annahme etwa für das Gesammtgut oder das eingebrachte Gut der Frau verbundene Gefährdung abzuwenden. Um dies zu vermeiden, bindet der Artikel 46 abweichend von den Vorschriften des Bürgerlichen Gesetzbuchs die Annahme der Erbschaft oder des Vermächtnisses seitens der Frau an die Zustimmung des Mannes. Auf die Zustimmung finden im übrigen nach Artikel 43 des Entwurfes die entsprechenden Vorschriften des Bürgerlichen Gesetzbuchs Anwendung. Dagegen soll eine Ersetzung der Zustimmung des Mannes durch das Vormundschaftsgericht mit der Wirkung, daß die durch das Gericht ersetzte Zustimmung der Zustimmung des Mannes gleichsteht, nicht
zulässig sein, weil auch nach ‖ den bisherigen Vorschriften die nur mit Er- S. 634.
mächtigung des Gerichts erfolgende Annahme eine Belastung der Gütergemeinschaft oder eine Beeinträchtigung der Rechte des Mannes nicht nach sich zieht.

Artikel 49.

Die Befugniß des Mannes zur Führung eines Rechtsstreits über das Sondergut der Frau und die Befugniß der Frau zur Führung eines Rechts-

S. 634. streits über das Gemeingut oder über ihr Sondergut sowie die Wirkungen des in einem solchen Rechtsstreit ergehenden Urtheils auf das Gemeingut oder das Sondergut sind im bisherigen Rechte und im Bürgerlichen Gesetzbuche nicht übereinstimmend geregelt (vergl. Art. 1426, 1427, 1428 des C. c. mit §§ 1407, 1449, 1450, 1454, § 1519 Abs. 2, § 1525 Abs. 2, § 1549, § 1550 Abs. 2 des B. GB.). Ist zur Zeit des Inkrafttretens des Bürgerlichen Gesetzbuchs ein Rechtsstreit der bezeichneten Art anhängig, so werden die dem Ehegatten und dem Gegner aus dem Urtheil erwachsenden Rechte und Verpflichtungen und die Wirkungen auf das Gesammtgut und das eingebrachte Gut der Frau verschieden sein, je nachdem auf den anhängigen Rechtsstreit die bisherigen oder die neuen Vorschriften Anwendung finden. Verlieren im Laufe des Rechtsstreits die bisherigen Vorschriften ihre Geltung, so tritt ein Ergebniß ein, das von den Betheiligten zur Zeit der Klageerhebung nicht vorausgesehen werden konnte und das unter Umständen den am Prozesse betheiligten Ehegatten, den anderen Ehegatten oder den Prozeßgegner beeinträchtigt. Die Billigkeit verlangt, daß eine solche Beeinträchtigung ferngehalten wird. Der Artikel 49 schreibt daher vor, daß auf einen anhängigen Rechtsstreit und auf die Wirkung der Entscheidung die Aenderung im Güterstand ohne Einfluß sein soll. Damit ist auch zum Ausdrucke gebracht, daß für den Zugriff auf das Gesammtgut oder auf das eingebrachte Gut der Frau die bisherigen Bestimmungen maßgebend bleiben.

Der Artikel 49 hat aber nicht nur diejenigen Rechtsstreite zum Gegenstande, welche zwischen einem der Ehegatten und einem Dritten geführt werden, sondern auch diejenigen, welche unter den Ehegatten selbst anhängig sind, so insbesondere die Verfahren zur Herbeiführung der Gütertrennung. Auch für diese sollen die bisherigen Gesetze maßgebend bleiben, namentlich soll die Rückwirkung des Urtheils auf den Tag der Klageerhebung nach Artikel 1445 Abs. 2 des Code civil unberührt bleiben. Als Rechtsstreit im Sinne des Artikel 49 ist auch ein nach Artikel 194 des Gesetzes zur Ausführung der Civilprozeßordnung und Konkursordnung anhängiges Verfahren zur Herbeiführung der Vermögensauseinandersetzung anzusehen. Ergeht in einem anhängigen Gütertrennungsverfahren nach dem Inkrafttreten des Bürgerlichen Gesetzbuchs eine Entscheidung, welche die Vermögensabsonderung anordnet, so gilt die Gütergemeinschaft als von der Zeit der Klageerhebung oder der Stellung des Antrags an aufgehoben, folgeweise findet auf das zwischen den Ehegatten bestehende Gemeinschaftsverhältniß die Vorschrift des Artikel 52 Anwendung.

Unter die Bestimmung des Artikel 40 fallen auch die anhängigen Ehescheidungsverfahren. Es hat daher, wenn zwischen den Ehegatten Gütergemeinschaft besteht, für ein anhängiges Ehescheidungsverfahren bei den Vorschriften des Artikel 270 des Code civil und der Artikel 186, 187 des Gesetzes zur Ausführung der Civilprozeßordnung und Konkursordnung sein Bewenden. Die Wirkung der Entscheidung (die Auflösung der Ehe) ist auf den Güterstand schon nach den bisherigen Gesetzen ohne Einfluß. Daß für die Folgen, welche die Eheauflösung in Ansehung des Güterstandes hat, die neuen Bestimmungen ausschließlich maßgebend sind, ist zum Artikel 53 bemerkt.

Artikel 50.

Zufolge der Vorschrift des Artikel 43 könnte die Frau nach dem Inkrafttreten des Bürgerlichen Gesetzbuchs nur aus denjenigen Gründen auf Aufhebung der Gütergemeinschaft klagen, aus welchen das Bürgerliche Gesetzbuch die Aufhebungsklage zuläßt (§§ 1468, 1542, 1549). Da diese Gründe sich S. 634. nicht völlig mit den Gründen decken, aus denen nach Artikel 1443 Abs. 1 des Code civil auf Gütertrennung geklagt werden kann, so läge in der ausnahmslosen Durchführung der aus dem Artikel 44 sich ergebenden Folgerungen unter Umständen eine Härte für die Frau. Es erscheint daher geboten, zu Gunsten der Frau eine Klage auf Grund des Artikel 1443 des Code civil auch nach dem Inkrafttreten des Bürgerlichen Gesetzbuchs unter der Voraussetzung zuzulassen, daß die Thatsachen, auf welche die Klage gestützt wird, schon vor diesem Tage eingetreten sind. Das Klagerecht darf indessen der Frau nicht ohne zeitliche Beschränkung eingeräumt werden. Der Entwurf gewährt es noch ein Jahr lang, indem er davon ausgeht, daß durch diese Begrenzung den zur Zeit des Inkrafttretens des neuen Rechtes bestehenden Ansprüchen der Frau in ausreichendem Maße Rechnung getragen ist.

Für die Klage des Bürgerlichen Gesetzbuchs auf Aufhebung der Gütergemeinschaft bestehen keine besonderen Vorschriften, das Verfahren richtet sich vielmehr ausschließlich nach den allgemeinen Vorschriften der Civilprozeßordnung. Dies wird künftig auch dann zu gelten haben, wenn die Klage aus Artikel 1443 Abs. 1 des Code civil nach dem Inkrafttreten des Bürgerlichen Gesetzbuchs erhoben wird.

Artikel 51.

Der Artikel 51 will den Gedanken des Artikel 50 für den Fall zur Anwendung bringen, daß infolge der Eröffnung des Konkursverfahrens über das Vermögen des Mannes die Gütertrennung im abgekürzten Verfahren erreicht werden kann. Voraussetzung ist, daß das Konkursverfahren vor dem Inkrafttreten des Bürgerlichen Gesetzbuchs eröffnet worden ist; andernfalls bewendet es bei den Vorschriften des Bürgerlichen Gesetzbuchs (vergl. § 1468 Nr. 5, §§ 1543, 1549).

Ist das Konkursverfahren vor dem Inkrafttreten des Bürgerlichen Gesetzbuchs eröffnet worden, so soll die Frau nicht nur im Wege der Klage nach Artikel 50, sondern auch im Wege des Antrags in den bisherigen abgekürzten Formen den Ausspruch der Gütertrennung erwirken können. Eine zeitliche Begrenzung dieser Befugniß ist nicht gesetzt, weil sie ohnehin mit der Beendigung des Konkursverfahrens erlischt. Infolge der Aufrechterhaltung der bisherigen Vorschriften über das Verfahren verbleibt es bei der ausschließlichen Zuständigkeit des Landgerichts und bei den Vorschriften des Artikel 194 Abs. 1 Satz 2, Abs. 2 bis 4 des Gesetzes zur Ausführung der Civilprozeßordnung und Konkursordnung. Die Wirkung der Entscheidung aber bestimmt sich, wenn der Antrag erst nach dem Inkrafttreten des Bürgerlichen Gesetzbuchs gestellt worden ist, nach diesem. Indem der Artikel 51 vorschreibt, daß in diesem Falle die Aufhebung der Gütergemeinschaft mit der Rechtskraft der Entscheidung eintritt, schließt er die Rückwirkung auf den Tag ‖ der Einreichung des Gesuchs sowie die vorläufige Vollstreckbarkeit des S. 635. Beschlusses und damit die Anwendbarkeit des Artikel 193 des Gesetzes zur Ausführung der Civilprozeßordnung und Konkursordnung aus.

In gleicher Weise ist damit zum Ausdrucke gebracht, daß die Wirksamkeit der Entscheidung nicht davon abhängig ist, ob die Entscheidung nach Maßgabe des Artikel 1445 Abs. 1 des Code civil und des Artikel 195 des Ausführungsgesetzes veröffentlicht sowie nach Maßgabe des Artikel 1444 des Code civil und des Artikel 196 des Ausführungsgesetzes in Vollzug gesetzt wird.

Hat die Frau den Antrag auf Ausspruch der Vermögensabsonderung schon vor dem Inkrafttreten des Bürgerlichen Gesetzbuchs bei dem Landgericht

S. 635. eingereicht, so bleiben nach Artikel 53 Abs. 2 für das Verfahren die bisherigen Gesetze maßgebend. Die ergehende Entscheidung wirkt also auf den Tag der Einreichung des Gesuchs zurück und damit gilt die Vermögensabsonderung als an diesem Tage, also vor dem Inkrafttreten des Bürgerlichen Gesetzbuchs, eingetreten; mithin bestimmen sich die Rechte und die Pflichten der Ehegatten nach Artikel 52 Abs. 1 und Artikel 56. Die Wirksamkeit der ergehenden Entscheidung ist nach Artikel 54 unabhängig davon, ob die Veröffentlichung und der Vollzug der Entscheidung in der vorgeschriebenen Weise erfolgt.

Artikel 52.

Die Anwendung des im Artikel 43 aufgestellten Satzes auf das Rechtsverhältniß nach der Aufhebung der Gütergemeinschaft würde dazu führen, daß für das Verhältniß bis zur Auseinandersetzung die Vorschriften des Bürgerlichen Gesetzbuchs auch maßgebend wären, wenn bei dem Inkrafttreten des Bürgerlichen Gesetzbuchs die Gütergemeinschaft schon aufgehoben ist. Für eine solche Regelung spricht der Umstand, daß erfahrungsgemäß viele Gütergemeinschaften nach der Aufhebung lange Zeit hindurch ungetheilt fortbestehen und daß, wenn man die neuen Vorschriften auf sie nicht erstreckt, nach Jahrzehnten noch das alte Recht wird zur Anwendung zu bringen sein. Trotzdem erscheint es nicht angezeigt, auf eine solche Gemeinschaft die neuen Vorschriften anzuwenden, und zwar schon um deswillen nicht, weil das Bürgerliche Gesetzbuch das Rechtsverhältniß der Ehegatten nach der Aufhebung der Gemeinschaft abweichend vom pfälzischen Rechte als Gemeinschaft zur gesammten Hand auffaßt (§ 1472). Sodann aber soll auch hier jeder Eingriff in abgeschlossene Rechtsverhältnisse vermieden werden. Die Auflösung der Gütergemeinschaft hat im pfälzischen Rechte bestimmte eigenthümliche Folgen, die weder zum Vortheile noch zum Nachtheile der Betheiligten in Frage gestellt werden dürfen. Es soll daher das Gemeinschaftsverhältniß, das nach der Aufhebung der Gütergemeinschaft zwischen den Ehegatten oder ihren Erben zur Zeit des Inkrafttretens des Bürgerlichen Gesetzbuchs besteht, seinem materiellen Inhalte nach durch die Ueberleitungsvorschriften nicht berührt werden; insbesondere sollen für das Wahlrecht der Ehefrau, für die Inventarerrichtung, für die Rechtsverhältnisse der Ehegatten in Bezug auf das Gemeingut, für die Schuldenhaftung, für die Sicherung von Ansprüchen der Frau gegen den Mann oder gegen das Gemeingut sowie für die der überlebenden Wittwe zustehenden Rechte auch nach dem Inkrafttreten des Bürgerlichen Gesetzbuchs die bisherigen Vorschriften maßgebend bleiben (vergl. Art. 9 des Gesetzes über das Liegenschaftsrecht in der Pfalz vom 1. Juli 1898). Auch die Auseinandersetzung der Gemeinschaft, insbesondere der Inhalt des Theilungsanspruchs, die Rückforderungs- und Vergütungsansprüche der Ehegatten gegen einander oder gegen die Gemeinschaft sowie die Wirkung der Theilung sollen sich ganz nach den bisherigen Gesetzen bestimmen. Für das Verfahren dagegen, in dem die Auseinandersetzung erfolgt, sollen die in den Artikeln 56, 57 des Entwurfes von Uebergangsvorschriften (Beilage J) enthaltenen Vorschriften an die Stelle der bisherigen Vorschriften treten, und zwar nach Artikel 57 auch dann, wenn ein Theilungsverfahren bei dem Inkrafttreten des Bürgerlichen Gesetzbuchs schon anhängig ist.

Eine dem Artikel 68 Abs. 2 des Entwurfes von Uebergangsvorschriften (Beilage J) entsprechende Vorschrift über die Erklärung des Verzichts auf die Gütergemeinschaft hat der Entwurf nicht aufgenommen, weil er eine dem Artikel 68 Abs. 1 a. a. O. entsprechende Vorschrift nicht enthält und weil nach Artikel 200 Abs. 1 des Einführungsgesetzes zum Bürgerlichen Gesetzbuch ohnehin

kein Zweifel darüber besteht, daß die Verzichtserklärung der Frau oder ihrer S. 635.
Erben nach Maßgabe der bisherigen Vorschriften abzugeben ist.

Ergibt sich nach der Aufhebung der Gütergemeinschaft für die Frau die Nothwendigkeit, Gegenstände, die zur Gemeinschaft gehören, zu veräußern, so kann sie, wenn sie sich das Recht, auf die Gemeinschaft zu verzichten, wahren will, nach dem bisherigen Rechte die Veräußerung nur in den Formen und unter den Voraussetzungen vornehmen, die für den Erben gegeben sind, der Nachlaßgegenstände veräußern will, ehe er sich über die Annahme oder Ausschlagung des Nachlasses erklärt hat (Art. 796 des C. c.). Da die letzteren Vorschriften durch den Artikel 70 Abs. 4 des Entwurfes von Uebergangsvorschriften (Beilage J) nach Maßgabe des Artikel 70 Abs. 3 daselbst abgeändert werden sollen, ist es geboten, die gleiche Abänderung für die Vorschriften über das von der Frau einzuhaltende Verfahren vorzuschreiben. Dies geschieht im Artikel 52 Abs. 2.

Im Anschluß an die Bestimmung, welche den Einfluß der Uebergangsvorschriften auf eine zur Zeit des Inkrafttretens des Bürgerlichen Gesetzbuchs schon aufgehobene Gütergemeinschaft regelt, ist noch der Vorschrift des Artikel 124 des Code civil zu gedenken. Der Artikel 124 berührt die Bestimmungen über die Gütergemeinschaft nicht unmittelbar, sondern gehört zu den Normen über die Abwesenheit, weshalb auf ihn die Bestimmung des Artikel 161 des Einführungsgesetzes zum Bürgerlichen Gesetzbuch Anwendung findet; er wird aber doch von den in diesem Entwurfe vorgesehenen Vorschriften nach verschiedenen Richtungen beeinflußt. Hat der zurückgebliebene Ehegatte sich vor dem Inkrafttreten des Bürgerlichen Gesetzbuchs für die einstweilige Aufhebung der Gütergemeinschaft entschieden, so bleibt für die Gemeinschaft das bisherige Recht maßgebend; die Vorschriften des Bürgerlichen Gesetzbuchs kommen aber zur Anwendung, wenn die Gütergemeinschaft wiederhergestellt wird. Hat er vor dem Inkrafttreten des Bürgerlichen Gesetzbuchs sich für die vorläufige Fortdauer der Gemeinschaft entschieden, oder thut er dies — soweit es noch zulässig ist — nachher, so steht die Gütergemeinschaft von dem Inkrafttreten des Bürgerlichen Gesetzbuchs an unter neuem Rechte. Tritt nach dem Inkrafttreten des Bürgerlichen Gesetzbuchs ein Fall der endgiltigen Aufhebung der Gütergemeinschaft ein, so ist für die Wirkung der Aufhebung der Zeitpunkt maßgebend, von dem an nach den bisherigen Gesetzen die Gütergemeinschaft als aufgehoben gilt; liegt dieser Zeitpunkt vor dem Inkrafttreten des Bürgerlichen Gesetzbuchs, so findet die Vorschrift des Artikel 52 Abs. 1 Anwendung.

Artikel 53, 54. S. 636.

Die Vorschrift des Artikel 52 Abs. 1 muß auch Anwendung finden, wenn bei dem Inkrafttreten des Bürgerlichen Gesetzbuchs ein Gütertrennungsverfahren anhängig ist. Die rückwirkende Kraft der Entscheidung (Art. 49) nöthigt dazu, bis zur Erledigung des Verfahrens eine Aenderung in den güterrechtlichen Verhältnissen auszuschließen. Es würde nur zur Verwirrung führen, wenn die bestehende Gütergemeinschaft für die kurze Zeit bis zur Erledigung eines anhängigen Gütertrennungsverfahrens dem neuen Rechte unterstellt, dann aber infolge der rückwirkenden Kraft der Entscheidung als schon vor dem Inkrafttreten des Bürgerlichen Gesetzbuchs aufgehoben gelten würde.

Wird auf Grund des anhängigen Verfahrens nach dem Inkrafttreten des Bürgerlichen Gesetzbuchs die Gütertrennung ausgesprochen, so bestimmt sich das zwischen den Ehegatten nach der Aufhebung der Gütergemeinschaft bestehende Gemeinschaftsverhältniß nach den bisherigen Gesetzen (Art. 52 Abs. 1); auf die

S. 636. zwischen den Ehegatten eintretende Gütertrennung, welche zufolge der Rückwirkung der Entscheidung als schon vor dem Inkrafttreten des Bürgerlichen Gesetzbuchs bestehend angesehen wird, finden nach Artikel 56 die Vorschriften der §§ 1427 bis 1430 des Bürgerlichen Gesetzbuchs Anwendung. Wird dagegen der Antrag auf Gütertrennung abgewiesen, so tritt die im Artikel 43 bestimmte Umwandlung des Güterstandes ein; das Gleiche gilt, wenn das Verfahren, weil es nicht betrieben wird, als erledigt anzusehen ist.

Fraglich kann sein, ob nicht, gleichwie im Falle eines anhängigen Gütertrennungsverfahrens, auch im Falle eines anhängigen Ehescheidungsverfahrens in Ansehung des Güterstandes die bisherigen Gesetze aufrecht erhalten werden sollen. Der Entwurf hat von der Aufrechterhaltung Umgang genommen, weil das Einführungsgesetz zum Bürgerlichen Gesetzbuche grundsätzlich davon ausgeht, daß für die Ehescheidung von dem Inkrafttreten des Bürgerlichen Gesetzbuchs an dessen Vorschriften maßgebend sind (Art. 201). Die Folge ist, daß die Vorschriften des § 1478 des Bürgerlichen Gesetzbuchs anwendbar sind, wenn die Ehegatten bei dem Inkrafttreten des Bürgerlichen Gesetzbuchs in gesetzlicher oder in allgemeiner Gütergemeinschaft leben. Daß auf das anhängige Ehescheidungsverfahren selbst die Ueberleitung des Güterstandes ohne Einfluß ist, ergibt sich aus Artikel 49.

Nach Artikel 1444 des Code civil in Verbindung mit dem Artikel 196 des Gesetzes zur Ausführung der Civilprozeßordnung und Konkursordnung verliert eine gerichtlich ausgesprochene Gütertrennung mit rückwirkender Kraft die Wirksamkeit, wenn die Befriedigung der Frau nicht innerhalb eines Monats nach der Erlassung der gerichtlichen Entscheidung eingeleitet wird. Das eingeleitete Befriedigungsverfahren und mit ihm die ausgesprochene Gütertrennung verlieren ihre Wirksamkeit, wenn die die Gütertrennung aussprechende Entscheidung nicht vor der Einleitung des Befriedigungsverfahrens nach Maßgabe der Bestimmungen des Artikel 1445 Abs. 1 des Code civil und des Artikel 195 des Gesetzes zur Ausführung der Civilprozeßordnung und Konkursordnung veröffentlicht worden ist. Auf Grund dieser Bestimmungen könnte eine ausgesprochene und selbst schon in Vollzug gesetzte Gütertrennung nachträglich ihrer Wirksamkeit beraubt werden. Eine derartige mit rückwirkender Kraft ausgestattete Einwirkung auf den Güterstand der Ehegatten müßte zu unlösbaren Verwickelungen führen. Es genügt, in dieser Richtung auf den Artikel 56 des Entwurfes zu verweisen, nach welchem der Frau, wenn der Ausspruch der Gütertrennung rechtskräftig geworden ist, die unbeschränkte Verfügung über ihr Vermögen zusteht. Gegenüber den in der Zwischenzeit von der Frau getroffenen Verfügungen würde die Wiederherstellung der Gemeinschaft leicht auf unüberwindliche Schwierigkeiten stoßen. Der Artikel 54 beseitigt daher die nach dem bisherigen Rechte an die Unterlassung der Veröffentlichung und an die nicht rechtzeitige Einleitung des Vollzugs der gerichtlichen Entscheidung geknüpfte Unwirksamkeit der Gütertrennung.

Die Beseitigung gilt für alle Entscheidungen, ohne Unterschied ob sie vor oder nach dem Inkrafttreten des Bürgerlichen Gesetzbuchs ergehen. Nur wenn bei dem Inkrafttreten des Bürgerlichen Gesetzbuchs die im Artikel 196 des Gesetzes zur Ausführung der Civilprozeßordnung und Konkursordnung bestimmte Frist schon verstrichen ist, soll es bei den bisherigen Vorschriften sein Bewenden haben.

Damit soll jedoch nicht gesagt sein, daß auch die Vorschriften über die Veröffentlichung und den Vollzug selbst für die bei dem Inkrafttreten des Bürgerlichen Gesetzbuchs anhängigen Gütertrennungsverfahren beseitigt sind.

Vielmehr hält der Artikel 53 Abs. 2 ausdrücklich die bestehenden Vorschriften S. 636. über das Verfahren aufrecht. Die Bestimmungen über die Veröffentlichung und den Vollzug der Entscheidung bestehen daher weiter, nur die Folgen einer Zuwiderhandlung sind beseitigt.

Artikel 55.

Ist im Ehevertrage der Ausschluß der Gütergemeinschaft nach Artikel 1530 bis 1535 des Code civil vereinbart, so stehen die Ehegatten im Wesentlichen unter den gleichen güterrechtlichen Bestimmungen, wie sie das Bürgerliche Gesetzbuch für den gesetzlichen Güterstand der Verwaltung und Nutznießung aufstellt (§§ 1363 bis 1425). Die Ueberleitung dieses Güterstandes in den Güterstand der Verwaltung und Nutznießung des Bürgerlichen Gesetzbuchs kann daher grundsätzlich keinem Bedenken unterliegen. Da auch hier in abgeschlossene Rechtsverhältnisse nicht eingegriffen werden soll, erfolgt die Ueberleitung auf derselben Grundlage wie die Ueberleitung des Gemeinschaftsrechts.

Was zur Zeit des Inkrafttretens des Bürgerlichen Gesetzbuchs Sondergut der Frau ist, soll eingebrachtes Gut werden, ohne Rücksicht darauf ob es nach den Bestimmungen des Bürgerlichen Gesetzbuchs eingebrachtes Gut oder Vorbehaltsgut würde; wenn aber der Frau die Nutznießung an einzelnen Gegenständen ihres Sonderguts vorbehalten ist, sollen diese Gegenstände Vorbehaltsgut werden. In welchem Umfange die Nutzungen des Frauenvermögens künftig dem Manne zustehen, bestimmt sich ausschließlich nach den Vorschriften des Bürgerlichen Gesetzbuchs. Andererseits sollen die Nutzungen, die der Mann kraft des bisherigen Rechtes bezogen hat, dem Manne gehören, selbst wenn er nach den Vorschriften des Bürgerlichen Gesetzbuchs künftig zum Bezuge nicht mehr berechtigt ist.

Für die sonstigen Wirkungen des Güterstandes, insbesondere für das Recht des Mannes, das eingebrachte Gut zu verwalten, für die Verfügung des Mannes über das eingebrachte Gut, für die Ersatzansprüche der Frau und für das Recht der Frau, die Aufhebung der ehemännlichen Verwaltung und Nutznießung zu verlangen, sollen für die Zeit nach dem Inkrafttreten des Bürgerlichen Gesetzbuchs die Vorschriften des neuen Rechtes maßgebend sein. Dagegen sollen die Stellung der Gläubiger des Mannes und der Gläubiger der Frau S. 637. und ihre Rechte gegenüber dem eingebrachten Gute durch die Ueberleitung keine Aenderung erfahren. Dies ist dadurch zum Ausdrucke gebracht, daß die Vorschriften des Artikel 44 Abs. 2 und des Artikel 45 Abs. 4 für entsprechend anwendbar erklärt sind. Die entsprechende Anwendung der Artikel 47 bis 49 rechtfertigt sich, weil bei dem Güterstande der Nichtgemeinschaft die Voraussetzungen hiefür in der gleichen Weise gegeben sind wie bei der Gütergemeinschaft. Da für die Aufhebung der Verwaltung und Nutznießung des Mannes an dem Sondervermögen der Frau die Vorschriften der Artikel 1443 ff. des Code civil maßgebend sind (Art. 1531 des C. c.), so erscheint es sachgemäß, die Vorschriften der Artikel 50, 51, 53, 54 für entsprechend anwendbar zu erklären.

Artikel 56.

Wenn zwischen den Ehegatten Gütertrennung besteht, sei es, daß sie vertragsmäßig bedungen, sei es, daß sie gerichtlich ausgesprochen wurde, so soll von dem Inkrafttreten des Bürgerlichen Gesetzbuchs an der Güterstand sich ausschließlich nach den Vorschriften des Bürgerlichen Gesetzbuchs über die Gütertrennung richten. Besondere Ueberleitungsvorschriften erscheinen hier entbehrlich. Die Gütertrennung des pfälzischen Rechtes deckt sich, wenn die

S. 637. Beschränkung der Frau in der Geschäftsfähigkeit wegfällt, in allen wesentlichen Punkten mit der des Bürgerlichen Gesetzbuchs. Sie weicht insofern ab, als die Frau, wenn vertragsmäßige Gütertrennung besteht, nach dem pfälzischen Rechte in Ermanglung anderer Vereinbarungen nur bis zu einem Drittel ihrer Einkünfte zum ehelichen Aufwande beizutragen hat (Art. 1537 des C. c.), während von dem Bürgerlichen Gesetzbuch eine Höchstgrenze nicht gezogen, sondern vorgeschrieben ist, daß die Frau einen angemessenen Beitrag aus ihren Einkünften und dem Ertrag ihrer Arbeit oder eines selbständig von ihr betriebenen Erwerbsgeschäfts zu leisten hat (§ 1427 Abs. 2). Für den Fall, daß die Gütertrennung auf Grund richterlicher Entscheidung eintritt, bemißt sich die Beitragspflicht der Frau nach dem geltenden Rechte in ähnlicher Weise wie nach den Vorschriften des Bürgerlichen Gesetzbuchs (Art. 1448 des C. c.). Finden künftig die Vorschriften des Bürgerlichen Gesetzbuchs uneingeschränkt Anwendung, so wird das Einkommen einer in vertragsmäßiger Gütertrennung lebenden Ehefrau möglicherweise stärker in Anspruch genommen. Allein gleichwohl erscheint es nicht angemessen, die erwähnte Sonderbestimmung des pfälzischen Rechtes aufrecht zu erhalten, weil die Vorschrift des Bürgerlichen Gesetzbuchs mehr im Wesen der Ehe begründet ist und weil es den Ehegatten künftig jederzeit freisteht, ihre Beitragspflicht vertragsmäßig festzusetzen.

Daß auf die bestehende Gütertrennung nur die Vorschriften der §§ 1427 bis 1430 des Bürgerlichen Gesetzbuchs, nicht auch die des § 1431 für anwendbar erklärt sind, findet seine Begründung in dem Artikel 66.

Artikel 57.

Die Vorschrift des Artikel 57 ist erforderlich, um klarzustellen, in welchem Umfange die vertragsmäßigen Güterstände des pfälzischen Rechtes künftig dem Rechte des Bürgerlichen Gesetzbuchs unterstellt werden. Es sollen nicht schlechthin die entsprechenden Vorschriften des Bürgerlichen Gesetzbuchs an die Stelle dessen treten, was die Parteien vereinbart haben, sondern die Eheberedungen sollen nur insoweit durch die Vorschriften des Bürgerlichen Gesetzbuchs ersetzt werden, als diese den Güterstand bestimmen, unter dem die Parteien leben wollen. Haben daneben die Ehegatten Vereinbarungen getroffen, durch welche einer der in den Artikeln 43, 55, 56 bezeichneten Güterstände in einzelnen Beziehungen abgeändert oder ergänzt wird, so soll es bei diesen besonderen Vereinbarungen sein Bewenden haben, während hinsichtlich des zu Grunde liegenden Güterstandes selbst an die Stelle der bisherigen Regelung die entsprechenden Vorschriften des Bürgerlichen Gesetzbuchs treten.

Die Vereinbarungen werden zumeist auf dem Boden des Gemeinschaftsrechts stehen, sei es daß sie sich an eine der im Gesetze selbst behandelten Klauseln anschließen (Art. 1497 Nr. 2 bis 7 des C. c.), sei es daß sie das Gemeinschaftsrecht in sonstiger Weise abändern. In den Fällen, in welchen die getroffenen Vereinbarungen das Verzichtsrecht der Frau unterstellen (Art. 1453 des C. c.), ist für die Ueberleitung daran festzuhalten, daß mit dem Inkrafttreten des Bürgerlichen Gesetzbuchs das Recht der Frau, die Gütergemeinschaft anzunehmen oder auszuschlagen, wegfällt und daß die Vereinbarungen künftig lediglich nach Maßgabe der Vorschriften des Bürgerlichen Gesetzbuchs zu vollziehen sind. So wird z. B. bei der Klausel des Artikel 1514 des Code civil (schuldenfreie Zurücknahme des Einbringens der Frau) nach dem Inkrafttreten des Bürgerlichen Gesetzbuchs der Frau der Anspruch auf Zurücknahme ihres Einbringens als Gesammtgutsverbindlichkeit zustehen, wogegen der Mann wird verlangen können, daß ihm der nach Abzug des

Einbringens der Frau verbleibende Ueberschuß des Gesammtguts allein überlassen wird. S. 637.

Der Artikel 57 gilt auch für die Fälle, in denen die Ehegatten in einem gemischten Güterstande leben, wie z. B., wenn zwar im Allgemeinen Gütergemeinschaft besteht, auf eine bestimmte Vermögensmasse des einen oder des anderen Ehegatten aber die Grundsätze der Gütertrennung Anwendung finden sollen. Das Gleiche trifft, wie schon zum Artikel 44 erwähnt wurde, für solche Bestimmungen des Ehevertrags zu, durch welche sich der Mann die Nutzungen eines zu seinem Sondergute gehörenden Grundstücks vorbehalten hat.

Was von den Bestimmungen des Ehevertrags gilt, muß bei einem Erwerbe von Todeswegen oder einer Schenkung auch von den Bestimmungen gelten, die der Erblasser durch letztwillige Verfügung oder der Schenker bei Zuwendung getroffen hat.

Artikel 58.

Für die Ueberleitung des Dotalsystems in die Vorschriften des Bürgerlichen Gesetzbuchs besteht kein Bedürfniß. Es verbleibt deshalb für die Ehen, für die bei dem Inkrafttreten des Bürgerlichen Gesetzbuchs Dotalrecht gilt, nach Artikel 200 Abs. 1 des Einführungsgesetzes zum Bürgerlichen Gesetzbuche bei den Bestimmungen des bisherigen Rechtes. Aber wenn auch die Ueberleitung des Güterstandes in die Vorschriften des Bürgerlichen Gesetzbuchs im Allgemeinen nicht beabsichtigt ist, so kann doch nicht die Beschränkung in der Geschäftsfähigkeit, der die Frau infolge der Ehe unterliegt und die nach Artikel 200 Abs. 3 des Einführungsgesetzes zum Bürgerlichen Gesetzbuch an sich bestehen bliebe, für die unter Dotalrecht lebenden Frauen aufrecht erhalten werden, während sie für alle übrigen Frauen wegfallen wird. Der Artikel 58 Abs. 2 beseitigt daher diese Beschränkung. Damit soll nicht auch die Beschränkung beseitigt werden, der die unter || dem Dotalrechte lebende Frau in Ansehung S. 638. ihrer Verfügungsmacht auf Grund der in Kraft bleibenden Bestimmungen des pfälzischen Rechtes über das Dotalsystem unterworfen ist. Während daher die Frau nach Artikel 58 Abs. 2 ohne Zustimmung des Mannes über ihr Paraphernalgut verfügen kann, soll sie zur Verfügung über ihr Heirathgut, soweit darüber eine Verfügung überhaupt zulässig ist, nur unter den gleichen Voraussetzungen berechtigt sein, unter denen sie nach den geltenden Vorschriften darüber verfügen kann. Denn die Beschränkung in der Verfügung über das Heirathgut, der auch der Mann unterliegt, ist in den besonderen Bestimmungen des Dotalrechts begründet und hängt mit der Beschränkung nicht zusammen, der die Frau infolge der Ehe unterworfen ist. Daß gegebenen Falles an die Stelle der Ermächtigung oder Erlaubniß des Landgerichts die Genehmigung des Vormundschaftsgerichts tritt, ergibt sich aus Artikel 59.

Nur wenn der Mann der Frau die Ermächtigung zum selbständigen Betrieb eines Erwerbsgeschäfts ertheilt, soll sich innerhalb des Geschäftsbetriebs ihre Verfügungsmacht auch auf Gegenstände des Heirathguts erstrecken. Der Ertheiluug der Ermächtigung steht es gleich, wenn die Frau mit Wissen und ohne Einspruch des Mannes das Erwerbsgeschäft betreibt oder wenn der Einspruch des Mannes oder der Widerruf seiner Einwilligung dem Dritten gegenüber nach § 1435 des Bürgerlichen Gesetzbuchs unwirksam ist. Doch soll sich diese Bestimmung nicht auf die Verfügung über Dotalgrundstücke beziehen, weil damit eine grundlegende Bestimmung des Dotalrechts preisgegeben werden würde.

S. 638. Artikel 59.

Nach den Vorschriften des pfälzischen Güterrechts dürfen bestimmte Rechtshandlungen Seitens eines Ehegatten nur vorgenommen werden, wenn das zuständige Landgericht die Ermächtigung zur Vornahme gegeben hat. Soweit der bisherige Güterstand für die Zeit nach dem Inkrafttreten des Bürgerlichen Gesetzbuchs aufrecht erhalten bleibt (Art. 52 Abs. 1, Art. 53 Abs. 1, Art. 58), wird auch künftig die Nothwendigkeit bestehen, zur Vornahme gewisser Rechtshandlungen die Zustimmung des Gerichts zu erholen. Der Entwurf will im Anschluß an die Vorschriften des Artikel 52 und des Artikel 70 Abs. 1, 2 des Entwurfes von Uebergangsvorschriften (Beilage J) auch hier an die Stelle der Zustimmung des Landgerichts die Genehmigung des Vormundschaftsgerichts setzen. Ingleichem sollen die besonderen Vorschriften außer Kraft treten, die das bisherige Recht über das Verfahren bei Veräußerungen aufstellt. Hienach wird z. B. künftig die Veräußerung von Dotalgrundstücken in den Fällen, in welchen sie nach den bisherigen Vorschriften mit Ermächtigung des Gerichts zulässig ist, ohne Einhaltung der bisher erforderlichen Formen vorgenommen werden können, wenn das Vormundschaftsgericht die Veräußerung genehmigt. Das Gleiche gilt für eine Veräußerung im Falle des Artikel 52 Abs. 2.

Wie in den Artikeln 52 und 70 des Entwurfes von Uebergangsvorschriften (Beilage J) versteht auch hier der Entwurf unter Genehmigung das Nämliche wie das Bürgerliche Gesetzbuch, woraus sich die entsprechende Anwendung der Vorschriften in den §§ 1828 bis 1831 des Bürgerlichen Gesetzbuchs ergibt. Im Uebrigen aber soll der Ertheilung der Genehmigung durch das Vormundschaftsgericht keine weitere Bedeutung zukommen als der Ertheilung der Ermächtigung durch das Gericht nach dem bisherigen Rechte. Wenn daher z. B. die Frau im Falle des Artikel 1555 des Code civil ohne Ermächtigung ihres Ehemanns, jedoch mit Genehmigung des Vormundschaftsgerichts Dotalgüter zur Ausstattung ihrer erstehelichen Kinder verwendet, so bleibt nach wie vor dem Manne die Nutznießung dieser Güter vorbehalten.

III. Allgemeine Vorschriften.

Artikel 60.

Die Vorschriften des Entwurfes sollen in den Entwurf eines Gesetzes, die durch die Einführung des Bürgerlichen Gesetzbuchs veranlaßten Uebergangsvorschriften betreffend (Beilage J), eingestellt werden und zwar sollen die Artikel 1 bis 42 ihren Platz in dem Abschnitte, welcher die Vorschriften für die Landestheile rechts des Rheins, und die Artikel 43 bis 59 ihren Platz in dem Abschnitte finden, welcher die Vorschriften für die Pfalz enthält. Durch die Vorschrift des Artikel 60 soll verhütet werden, daß aus den Ueberschriften der Abschnitte, in welche die Vorschriften eingestellt werden, der Schluß gezogen wird, daß die Ueberleitung der rechtsrheinischen Güterrechte nur für die in den Landestheilen rechts des Rheins wohnenden Ehegatten und die Ueberleitung des pfälzischen Güterrechts nur für die in der Pfalz wohnenden Ehegatten gelte.

Artikel 61 bis 64.

Der Entwurf geht in Uebereinstimmung mit dem sowohl in den Landestheilen rechts des Rheins als in der Pfalz geltenden und auch in den übrigen Bundesstaaten anerkannten Grundsatze davon aus, daß seine Vorschriften über die Ueberleitung des ehelichen Güterrechts für die Ehegatten gelten, welche zur Zeit des Inkrafttretens des Bürgerlichen Gesetzbuchs ihren Wohnsitz in

Bayern haben. Der gesetzliche Güterstand bestimmt sich nach dem Rechte des S. 638.
Ortes, an dem die Ehegatten den ersten ehelichen Wohnsitz gehabt haben. Da das gemeine Recht, das Preußische Landrecht, das pfälzische (rheinische) Recht und einige der bayerischen Statutarrechte auch in anderen Bundesstaaten gelten, so finden die für die gesetzlichen Güterstände dieser Rechte gegebenen Vorschriften des Entwurfes auf die in Bayern wohnenden Ehegatten auch Anwendung, wenn der erste eheliche Wohnsitz in dem außerbayerischen Theile des Geltungsgebiets genommen worden ist (Art. 61). Ebenso muß es, wenn der Güterstand eines der der Ueberleitung nach dem Entwurf unterliegenden Rechte kraft Ehevertrags gilt, gleichgiltig sein, ob er mit Rücksicht auf das bayerische oder das zu einem anderen Bundesstaate gehörende Geltungsgebiet des Rechtes gewählt worden ist (Art. 62). Als außerhalb Bayerns geltende Statutarrechte kommen für die gesetzlichen Güterstände in Betracht:

von den unter den Artikel 1 fallenden Rechten der allgemeinen Gütergemeinschaft

das Würzburger Recht in den vormals fürstbischöflich würzburgischen Gebietstheilen Preußens;

das Fuldaer Recht in den vormals bischöflich fuldischen Gebietstheilen Preußens, Hessens und Sachsen-Weimars;

das Erbacher Recht in einem Theile der hessischen Provinz Starkenburg;

von den unter den Artikel 14 fallenden Rechten der Errungenschaftsgemeinschaft

das Würzburger Recht in den oben bezeichneten Gebietstheilen Preußens; S. 639.

das Solmser Recht in einem Theile der vormals kurhessisch und hessennassauischen Gebietstheile Preußens und in Theilen von Hessen;

das Mainzer Landrecht in den vormals kurmainzischen Gebietstheilen Preußens und Hessens;

das Württembergische Landrecht in Württemberg und in einem Theile der hessischen Provinz Starkenburg;

das Coburger Recht in einem Theile von Sachsen-Coburg-Gotha.

Eine Ausnahme muß jedoch für das Mainzer und das Solmser Recht gemacht werden, weil die Uebung diese Rechte in den verschiedenen Theilen ihres Geltungsgebiets so verschieden entwickelt hat, daß sie nicht mehr als einheitliche Rechte angesehen werden können. Ihr gesetzlicher Güterstand wird in dem einen Theile des Geltungsgebiets als eigentliche Errungenschaftsgemeinschaft, in dem anderen als Gemeinschaft des Zugewinnstes behandelt. In dem Gebiete des Mainzer Rechtes wird auch das bei beerbter Ehe eintretende Rechtsverhältniß verschieden aufgefaßt. Der Artikel 61 Abs. 2 Satz 1 schließt deshalb für das Mainzer und das Solmser Recht die Vorschrift des Abs. 1 aus.

Auf der anderen Seite kann das Badische Landrecht dem Pfälzischen Rechte unbedenklich gleichgestellt werden (Art. 61 Abs. 2 Satz 2). Das Badische Landrecht ist im Wesentlichen eine Uebersetzung des Code civil mit Zusätzen. Von diesen kommen hier nur diejenigen in Betracht, welche sich auf die erbrechtliche Stellung des überlebenden Ehegatten beziehen. Während der Code civil dem Ehegatten ein Erbrecht nur gewährt, wenn weder Verwandte bis zum zwölften Grade noch anerkannte natürliche Kinder vorhanden sind (Art. 767, 755, 757), verbindet das Badische Landrecht in mehreren Zusatzartikeln mit bestimmten güterrechtlichen Verhältnissen weitergehende erbrechtliche Wirkungen; insbesondere gewähren die Landrechtssätze 738a und 745a bei

S. 639. Gütergemeinschaft dem Ehegatten, wenn Kinder vorhanden sind, die Nutznießung an einem Viertel des Nachlasses, anderenfalls die Nutznießung am ganzen Nachlasse. Von dem Standpunkte des Entwurfes aus müßte das dem Ehegatten im Falle der unbeerbten Ehe zustehende Nutznießungsrecht, weil es unter Umständen dem Ehegatten günstiger sein kann als das Erbrecht des Bürgerlichen Gesetzbuchs, aufrecht erhalten werden. Da jedoch in dem Entwurf eines Badischen Ausführungsgesetzes zum Bürgerlichen Gesetzbuche (Drucks. 59, Beilage zum Protokolle der 70. öffentlichen Sitzung der zweiten Kammer vom 18. April 1898, Art. XVIII) die Aufhebung der Zusätze des Landrechts (LRS. 738a, 745a, 1535a, 1539a, 1570a, 1570b) in Aussicht genommen ist, will es auch der Entwurf bei der Beerbung nach dem neuen Rechte belassen.

Die Ueberleitungsvorschriften, welche in einem anderen Bundesstaate für die dort geltenden ehelichen Güterrechte erlassen werden, erstrecken ihre Geltung nicht auf die in dem Güterstand eines dieser Rechte lebenden Ehegatten, die zur Zeit des Inkrafttretens des Bürgerlichen Gesetzbuchs in Bayern wohnen. Der Güterstand solcher Ehegatten ist nach dem oben erwähnten Grundsatze der Gesetzgebung Bayerns unterworfen, eine Ueberleitung kann daher nur durch diese erfolgen. Es würde aber offenbar unzweckmäßig sein, den Güterstand eines in Bayern nicht geltenden und deshalb von dem Entwurfe nicht berücksichtigten Rechtes eines anderen Bundesstaats, z. B. die althessische Errungenschaftsgemeinschaft oder die Verwaltungsgemeinschaft des Sächsischen Bürgerlichen Gesetzbuchs, für die in Bayern wohnenden Ehegatten unverändert zu belassen, während der Güterstand in dem Geltungsgebiete des Rechtes umgestaltet wird, an die Stelle der althessischen Errungenschaftsgemeinschaft in Preußen und an die Stelle der sächsischen Verwaltungsgemeinschaft in Sachsen der Güterstand der Verwaltung und Nutznießung tritt. Der Entwurf (Art. 63) will deshalb den Güterstand der in Bayern wohnenden Ehegatten den Ueberleitungsvorschriften des Bundesstaats unterwerfen, dessen Recht für den Güterstand maßgebend ist. Erstreckt sich das Geltungsgebiet des Rechtes in mehrere Bundesstaaten, so kommt es darauf an, als Recht welchen Theiles des Geltungsgebiets das Recht für den Güterstand maßgebend geworden ist, bei dem gesetzlichen Güterstand also, in welchem Theile des Geltungsgebiets die Ehegatten den ersten ehelichen Wohnsitz gehabt haben.

Da sich nicht übersehen läßt, ob in allen Bundesstaaten, deren Ueberleitungsvorschriften nach Artikel 63 in Betracht kommen, solche Vorschriften schon vor dem 1. Januar 1900 erlassen werden, so behält der Entwurf für den Fall, daß dies erst später geschieht, einer Königlichen Verordnung vor, zu bestimmen, daß die Ueberleitung auf die zur Zeit der Erlassung der Verordnung in Bayern wohnenden Ehegatten, für welche der von der Ueberleitung betroffene Güterstand besteht, Anwendung finden soll.

Die Vorschriften der Artikel 1 bis 63 beziehen sich nur auf Ehegatten, welche zur Zeit des Inkrafttretens des Bürgerlichen Gesetzbuchs, im Falle des Artikel 63 Abs. 2 zur Zeit der Erlassung der Verordnung, in Bayern wohnen. Die Gründe, welche für die Ueberleitung des ehelichen Güterrechts sprechen, treffen aber auch bei Ehegatten zu, welche erst nach diesem Zeitpunkt ihren Wohnsitz in Bayern nehmen. Es würde innerlich nicht gerechtfertigt sein, einen Güterstand, der am 1. Januar 1900 umgestaltet worden ist, für Ehegatten, die erst nach diesem Tage nach Bayern zurückkehren, nach den alten Gesetzen fortbestehen zu lassen, und es würde im Verkehre zu Verwirrungen führen, wenn jedesmal untersucht werden müßte, ob die Ehegatten schon zur Zeit des Inkrafttretens des Bürgerlichen Gesetzbuchs in Bayern gewohnt oder erst später

ihren Wohnsitz in Bayern genommen haben. Der Artikel 64 Abs. 1 erklärt S. 639.
deshalb, wenn Ehegatten, für deren Güterstand die bisherigen Gesetze maßgebend sind, nach dem Inkrafttreten des Bürgerlichen Gesetzbuchs ihren Wohnsitz in Bayern begründen, die Vorschriften des Entwurfes für anwendbar. Die Ueberleitung vollzieht sich in dem Zeitpunkte der Begründung des Wohnsitzes. Ist der Güterstand schon in dem Bundesstaat, in welchem die Ehegatten zur Zeit des Inkrafttretens des Bürgerlichen Gesetzbuchs gewohnt, oder in einem Bundesstaat, in welchem sie in der Zwischenzeit ihren Wohnsitz genommen haben, einer Ueberleitung unterworfen worden, so muß es bei der Gestaltung, die er durch diese Ueberleitung erhalten hat, verbleiben (Art. 64 Abs. 3). Der umgestaltete Güterstand ist nicht mehr der des alten Rechtes, den der Entwurf mit dem neuen Rechte in Einklang bringen will, die Ehegatten leben schon in einem dem neuen Rechte angepaßten Güterstand, und es darf ihnen nicht zugemuthet werden, sich einer abermaligen Umgestaltung ihres Güterstandes zu unterwerfen.

Die Rechte, deren Geltungsgebiet sich in mehrere Bundesstaaten erstreckt, hören infolge der Ueberleitung, die in den einzelnen Bundesstaaten gesondert erfolgt und in einigen ‖ vorerst unterbleibt, auf, einheitliche Rechte für das S. 640.
ganze bisherige Geltungsgebiet zu sein, und müssen von dem Inkrafttreten des Bürgerlichen Gesetzbuchs an als besondere Rechte der einzelnen Bundesstaaten angesehen werden. Das Württembergische Landrecht wird in Württemberg, wo eine Ueberleitung vorerst nicht stattfindet, ein anderes sein als in Bayern und in Hessen, und das rheinische Recht spaltet sich in das unverändert bleibende badische und ein preußisches, ein bayerisches, ein hessisches, ein oldenburgisches und ein elsaß-lothringisches Recht. Der Artikel 61 Abs. 1, Abs. 2 Satz 2 und der Artikel 62 können also auf Ehegatten, welche erst nach dem Inkrafttreten des Bürgerlichen Gesetzbuchs ihren Wohnsitz nach Bayern verlegen, keine Anwendung finden, vielmehr müssen für solche Ehegatten die Rechte, welche in mehreren Bundesstaaten gelten, so behandelt werden wie im Artikel 61 Abs. 2 und im Artikel 62 Abs. 2 das Mainzer und das Solmser Recht (Art. 65 Abs. 2).

Für ausländische Ehegatten, die in Bayern wohnen, sind die Vorschriften des Artikel 15 Abs. 2 und des Artikel 27 des Einführungsgesetzes zum Bürgerlichen Gesetzbuche maßgebend.

Artikel 65.

Soweit für den Güterstand der bestehenden Ehen die bisherigen Gesetze durch die Vorschriften des Bürgerlichen Gesetzbuchs ersetzt werden, müssen auch die zur Ergänzung dieser dienenden Bestimmungen der Civilprozeßordnung, der Konkursordnung und des Gesetzes über die Angelegenheiten der freiwilligen Gerichtsbarkeit Anwendung finden. Die Zulässigkeit einer dahin gehenden landesgesetzlichen Vorschrift ist für die Bestimmungen des Gesetzes über die Angelegenheiten der freiwilligen Gerichtsbarkeit im § 200 dieses Gesetzes, für die Bestimmungen der Konkursordnung im Artikel VI des Einführungsgesetzes zu dem Gesetze, betreffend Aenderungen der Konkursordnung, vom 17. Mai 1898 ausgesprochen und ergibt sich für die in Betracht kommenden Bestimmungen der Civilprozeßordnung, insbesondere die Vorschriften über die Zwangsvollstreckung, daraus, daß es sich lediglich um Wirkungen des ehelichen Güterrechts handelt, dessen Gestaltung für die bestehenden Ehen der Landesgesetzgebung vorbehalten ist (vergl. die Begründung zu Art. IX des Einf.-Ges. zu dem Gesetze, betr. Aenderungen der CPO., Drucksachen des Reichstags 1897/98 Nr. 61 S. 211).

S. 640. Nach Artikel 21 des Entwurfes der Uebergangsvorschriften (Beilage J) finden die Vorschriften des § 99 des Gesetzes über die Angelegenheiten der freiwilligen Gerichtsbarkeit auch Anwendung, wenn für die Auseinandersetzung in Ansehung des Gemeinschaftsvermögens einer ehelichen oder einer fortgesetzten Gütergemeinschaft die bisherigen Vorschriften maßgebend sind. Das Gleiche muß für die bei der Beendigung einer Gemeinschaft des Zugewinnstes nach Artikel 21 Abs. 2 des vorliegenden Entwurfes stattfindende Ausgleichung des Ehegewinns gelten, bei der es sich im Wesentlichen um dieselbe Aufgabe handelt wie bei der Auseinandersetzung in Ansehung des Gesammtguts einer eigentlichen Errungenschaftsgemeinschaft.

Artikel 66.

Um die Ueberleitung möglichst schonend zu vollziehen, beläßt es der Entwurf für die Wirksamkeit der übergeleiteten Güterstände gegenüber Dritten bei den für die Wirksamkeit des bisherigen Güterstandes geltenden Vorschriften (Abs. 1 Satz 1). Es bedarf daher, wie schon in der Einleitung bemerkt worden ist, für Abweichungen von dem Güterstande der Verwaltung und Nutznießung nicht der im § 1435 des Bürgerlichen Gesetzbuchs vorgeschriebenen Eintragung in das Güterrechtsregister, der abweichende Güterstand ist vielmehr Dritten gegenüber in der Regel ohne Weiteres wirksam; nur für die Ausschließung oder Aufhebung einer Gütergemeinschaft verlangen das Preußische Landrecht und einzelne Statutarrechte (z. B. Bamberg, Pappenheim) öffentliche Bekanntmachung.

Nach dem Preußischen Landrechte Theil II Titel 1 § 352 werden Ehegatten, die ihren Wohnsitz aus einem Gebiet, in dem Gütergemeinschaft nicht gilt, in ein Gebiet verlegen, in dem Gütergemeinschaft gilt, Dritten gegenüber so behandelt, wie wenn sie in der gesetzlichen Gütergemeinschaft dieses Gebiets lebten; sie können sich jedoch dagegen durch eine Vereinbarung schützen, die öffentlich bekannt gemacht werden muß. Der Verlegung des Wohnsitzes steht eine aus einem anderen Grunde eintretende Aenderung des Gerichtsstandes gleich (LR. II 1 § 353). Ebenso muß, wenn Ehegatten, welche die am Orte ihres ersten Wohnsitzes geltende Gütergemeinschaft durch Vertrag ausgeschlossen haben, ihren Wohnsitz an einem anderen Orte nehmen, an dem gleichfalls Gütergemeinschaft gilt, die Bekanntmachung der Ausschließung wiederholt werden (LR. II 1 § 426). Aehnliche Vorschriften finden sich in den oben genannten Statutarrechten. Diese Vorschriften verlieren mit dem Inkrafttreten des Bürgerlichen Gesetzbuchs ihre Grundlage, weil die Gütergemeinschaft aufhört, der gesetzliche Güterstand zu sein. Der Entwurf will sie deshalb auch für die schon vor diesem Zeitpunkt in ihr Geltungsgebiet übergesiedelten Ehegatten beseitigen. Das Preußische Landrecht Theil II Titel 1 § 425 schreibt für den Fall, daß Ehegatten ihren Wohnsitz aus einem Gebiet, in dem Gütergemeinschaft gilt, in ein Gebiet verlegen, in dem sie nicht gilt, und dort ihre bisherige Gütergemeinschaft aufheben, die Bekanntmachung der Aufhebung am Orte des bisherigen Wohnsitzes vor. Auch diese Vorschrift, die auf einem dem Bürgerlichen Gesetzbuche fremden Gedanken beruht, soll nach dem Entwurfe wegfallen (Abs. 1 Satz 2). Dagegen müssen die Vorschriften des § 1435 Anwendung finden, wenn der infolge der Ueberleitung eingetretene Güterstand später durch Vertrag, Urtheil oder in anderer Weise geändert wird (Abs. 2). Das Gleiche gilt, wenn die Frau nach der Ueberleitung des Güterstandes ein Erwerbsgeschäft selbständig betreibt, für den Einspruch des Mannes und den Widerruf der Einwilligung des Mannes.

Wird der Wohnsitz des Mannes nach der Ueberleitung des Güterstandes verlegt, so besteht kein zureichender Grund, gutgläubigen Dritten den Schutz

des § 1435 zu versagen. Der Wechsel des Wohnsitzes erschwert einerseits S. 640.
Dritten die Ermittelung des für die Ehe bestehenden Güterstandes, andererseits wird den Ehegatten nichts Unbilliges zugemuthet, wenn von ihnen dasselbe verlangt wird, was das Bürgerliche Gesetzbuch im Interesse des Verkehrs von den Ehegatten der neuen Ehen mit dem gleichen Güterstande fordert.

Artikel 67.

Nach dem Hypothekengesetz ist die Eintragung des ehelichen Güterstandes in das Hypothekenbuch gegenüber dem öffentlichen Glauben des Hypothekenbuchs nicht erforderlich, wenn der Güterstand an dem Orte, an dem das Grundstück liegt, der gesetzliche Güterstand ist (§§ 99 Nr. 1, § 136 Nr. 1 des HG.). Für den Entwurf kommen, da der Güterstand der Verwaltung und Nutznießung der Eintragung nicht ‖ bedarf (§ 1404 des B. GB.), nur die Fälle einer Güter- S. 641.
gemeinschaft in Betracht. Er will eine zur Zeit des Inkrafttretens des Bürgerlichen Gesetzbuchs kraft Gesetzes bestehende oder nach seinen Vorschriften (Art. 1 Abs. 3, Art. 15 Abs. 1, Art. 29) kraft Gesetzes später eintretende Gütergemeinschaft gegenüber dem öffentlichen Glauben des Grundbuchs dem gesetzlichen Güterstande des Bürgerlichen Gesetzbuchs insofern gleichstellen, als sie in Ansehung der Rechte, die im Grundbuch eingetragen sind oder in das Grundbuch eingetragen werden können, der Eintragung nicht bedürfen soll. Da es aber im allgemeinen Interesse und im Interesse der Ehegatten selbst wünschenswerth ist, daß das Grundbuch durch die Eintragung der Gütergemeinschaft richtig gestellt wird, so gibt der Entwurf jedem Ehegatten das Recht, von dem anderen die Mitwirkung zur Eintragung zu verlangen (vergl. § 1438 Abs. 3 des B. GB.).

Die für die Eintragung in das Grundbuch gegebenen Vorschriften (Abs. 1, 2) finden in den Landestheilen rechts des Rheins, solange das Grundbuch nicht als angelegt anzusehen ist, auf das Hypothekenbuch entsprechende Anwendung (Abs. 3).

Die Vorschriften der Nr. 229, 231 der Grundbuchanlegungsordnung für die Pfalz vom 14. September 1898 (JM.-Bl. S. 315) bleiben unberührt.

Artikel 68.

Der Artikel 68 bezieht sich auf die Güterstände, welche von der Ueberleitung ausgenommen sind.

Nach Artikel 200 Abs. 2 des Einführungsgesetzes zum Bürgerlichen Gesetzbuche kann eine nach den Vorschriften des Bürgerlichen Gesetzbuchs zulässige Regelung des Güterstandes durch Ehevertrag auch erfolgen, wenn nach den bisherigen Gesetzen ein Ehevertrag unzulässig sein würde. Es kann also z. B. wohl der Umfang des Vorbehaltsguts erweitert oder der Eintritt eines der im Bürgerlichen Gesetzbuche geordneten Güterstände vereinbart, nicht aber der bisherige Güterstand durch einen anderen Güterstand des bisherigen Rechtes (§ 1433 Abs. 1 des B. GB.) ersetzt werden. Der Artikel 68 Abs. 1 dehnt den dieser Vorschrift zu Grunde liegenden Gedanken auf die Fälle aus, in denen ein Ehevertrag schon nach dem bisherigen Rechte zulässig ist.

Der Abs. 2 des Artikel 68 erstreckt die im Artikel 66 Abs. 3 und im Artikel 67 über die Wirksamkeit des umgewandelten Güterstandes gegenüber Dritten getroffenen Vorschriften auf die von der Ueberleitung ausgenommenen Güterstände, weil bei diesen die Sachlage insoweit die gleiche ist.

Artikel 69.

Steht dem überlebenden Ehegatten ein Recht der Verwaltung und Nutznießung oder des Beisitzes zu, für welches die bisherigen Gesetze maßgebend sind, so ist das Recht des Erben durch das Recht der überlebenden Ehegatten

S. 641. beschränkt. Diese Beschränkung muß, wenn dem Erben ein Erbschein ertheilt wird, mit Rücksicht auf den öffentlichen Glauben des Erbscheins in diesem angegeben und bei der Eintragung des Erben in das Grundbuch oder das Hypothekenbuch der Landestheile rechts des Rheins wegen des öffentlichen Glaubens des Buches miteingetragen werden. Der Entwurf trifft deshalb im Artikel 69 Abs. 1, 2 die gleichen Vorschriften, wie sie im § 2363 und im § 2364 Abs. 1 des Bürgerlichen Gesetzbuchs und in den §§ 52, 53 der Grundbuchordnung für den Fall der Anordnung einer Nacherbfolge oder der Ernennung eines Testamentsvollstreckers gegeben sind.

Um dem überlebenden Ehegatten den Nachweis seines Rechtes zu erleichtern, gibt ihm der Abs. 3 des Artikel 69 im Anschluß an den § 2368 des Bürgerlichen Gesetzbuchs das Recht, ein dem Erbschein ähnliches Zeugniß des Nachlaßgerichts über sein Recht zu verlangen.

Artikel 70.

Nach § 1507 des Bürgerlichen Gesetzbuchs hat das Nachlaßgericht dem überlebenden Ehegatten im Falle der fortgesetzten Gütergemeinschaft auf Antrag ein Zeugniß über die Fortsetzung der Gemeinschaft zu ertheilen, auf welches die Vorschriften über den Erbschein entsprechende Anwendung finden. Der Entwurf will die Ertheilung dieses Zeugnisses auch bei einer fortgesetzten Gütergemeinschaft zulassen, für welche die bisherigen Gesetze maßgebend sind, weil es wünschenswerth ist, für diese Rechtsverhältnisse, die unter der Herrschaft des Bürgerlichen Gesetzbuchs zum großen Theile Jahrzehnte lang fortbestehen werden, denselben Nachweis zu schaffen, den das Bürgerliche Gesetzbuch für die unter seiner Herrschaft entstehenden gleichartigen Rechtsverhältnisse bestimmt.

Ebenso muß nach der Beendigung der fortgesetzten Gütergemeinschaft das im § 38 der Grundbuchordnung bezeichnete Zeugniß ertheilt werden können, wenn bei der Auseinandersetzung eine zu dem Gesammtgute gehörende Hypothekenforderung, Grundschuld oder Rentenschuld auf einen Betheiligten übertragen wird.

Daß auch die Vorschriften des Gesetzes über die Angelegenheiten der freiwilligen Gerichtsbarkeit anwendbar sind, welche sich auf diese Zeugnisse beziehen (vergl. §§ 78, 84, 85 des genannten Gesetzes), folgt aus dem Artikel 65 des Entwurfes.

Artikel 71.

Infolge der Ueberleitung des ehelichen Güterrechts kann das Grundbuch oder das rechtsrheinische Hypothekenbuch unrichtig werden. Dies kann sich insbesondere bei dem Dotalrecht ergeben. Denn infolge der Ueberleitung des Dotalrechts in den Güterstand der Verwaltung und Nutznießung wird das bisher im Eigenthume des Mannes stehende Heirathgut dadurch, daß es eingebrachtes Gut wird (Art. 28 Abs. 2), Eigenthum der Frau. Da die Unrichtigkeit des Grundbuchs oder des Hypothekenbuchs auf einer Maßregel der Gesetzgebung beruht, so erscheint es billig, daß für die Berichtigung des Grundbuchs oder des Hypothekenbuchs Gebühren nicht erhoben werden. Der Artikel 71 trifft eine dahin gehende Vorschrift, beschränkt ihre Geltung auf den Fall, daß die Berichtigung vor dem Ablauf eines Jahres nach der infolge der Ueberleitung eingetretenen Aenderung beantragt wird. Durch die Beschränkung sollen die Ehegatten veranlaßt werden, die in ihrem eigenen Interesse liegende Berichtigung des Grundbuchs oder des Hypothekenbuchs bald herbeizuführen.

Artikel 72.

Die Gründe, welche die im Artikel 72 bestimmte Gebührenfreiheit rechtfertigen, sind schon in der Einleitung dargelegt worden.

Wie im Artikel 71 soll auch hier die Gebührenfreiheit nur für die Dauer S. 641.
eines Jahres nach der Ueberleitung des ‖ Güterstandes gelten. Wird der Ehe- S. 642.
vertrag erst später geschlossen, der Auseinandersetzungsvertrag erst später beurkundet oder die Vermittelung der Auseinandersetzung, die Aufnahme der Vermögensverzeichnisse oder die Feststellung des Zustandes der Sachen erst später beantragt, so fehlt es an einem äußeren Anhalte für die Annahme des Zusammenhanges mit der Ueberleitung des Güterstandes.

Eine Befreiung von dem Ersatze der baaren Auslagen, insbesondere der Gebühren der für die Feststellung des Zustandes der Sachen ernannten Sachverständigen, oder von den Notariatsgebühren tritt nicht ein.

Abänderungsanträge der Königlichen Staatsregierung zu dem Entwurfe von Uebergangsvorschriften für das eheliche Güterrecht.

(Nachtrag zur Beilage X d. Verhandl. d. Justizgesetzgebungsausschusses d. K. d. Abg. 1899 Seite 643.)

1. Im Artikel 6 Abs. 1 Satz 2 soll statt: „der §§ 1506 bis 1508" S. 643.
gesetzt werden:

   „der §§ 1507, 1508."

2. Im Artikel 15 Abs. 2 soll dem Satz 1 folgender Halbsatz beigefügt werden:

   (allgemeine Gütergemeinschaft); die Gesammtgutsverbindlichkeiten der Errungenschaftsgemeinschaft werden jedoch im Verhältnisse zu den Gläubigern Gesammtgutsverbindlichkeiten der allgemeinen Gütergemeinschaft, auch soweit sie es nach diesen Vorschriften nicht sein würden.

3. Im Artikel 17 Abs. 1 soll zwischen dem Satz 1 und dem Satz 2 folgender Satz eingeschaltet werden:

   Das Erbrecht ist im Falle des § 1933 des Bürgerlichen Gesetzbuchs ausgeschlossen.

   Infolgedessen ist im Artikel 23 Abs. 1 Satz 2 statt „Artikel 17 Abs. 1 Satz 3" zu setzen:

   „Artikel 17 Abs. 1 Satz 4".

4. Im Artikel 18 Abs. 1 soll dem Satz 1 folgender Halbsatz beigefügt werden:

   (. . . . . bei den bisherigen Vorschriften); das nach dem Rechte von Coburg dem überlebenden Ehegatten zustehende Recht, im Falle der Wiederverheirathung die Antheile der Abkömmlinge gegen Vorausbestellung zu übernehmen, fällt jedoch weg.

5. Im Artikel 27 Abs. 1 soll der Satz 2 lauten:

   Die Vorschriften des § 1933 des Bürgerlichen Gesetzbuchs und des Artikel 26 Abs. 1 Satz 2, 3 finden entsprechende Anwendung.

6. Im Artikel 51 soll der Satz 3 lauten:

   Die Vorschriften der §§ 1470, 1479 des Bürgerlichen Gesetzbuchs finden entsprechende Anwendung.

7. Im Artikel 68 Abs. 2 soll statt: „des Artikel 66 Abs. 3" gesetzt werden:

   „des Artikel 66 Abs. 2, 3".

S. 819. Artikel 17 und 18, die Artikel 1 bis 42 unter derselben Ueberschrift zwischen Artikel 46 und 47, die Artikel 43 bis 59 unter derselben Ueberschrift zwischen Artikel 65 und 66 zu stehen kommen sollen.

Dieser Entwurf nun bezieht sich auf das eheliche Güterrecht. Derselbe ist uns leider sehr spät zugegangen, wie ich annehme, weil im Drange der Geschäfte und bei der Fülle des übrigen Materials die Fertigung nicht eher möglich war. Es ist das deßhalb zu bedauern, weil für den Referenten sowohl als auch für die übrigen Mitglieder es unmöglich ist, sich in der kurzen Zeit, die uns bis zum Schlusse des Landtags noch zur Verfügung steht, in die Sache zu vertiefen. Die Materie ist nicht nur um deswillen sehr schwer zu bewältigen, weil die Bestimmungen über das eheliche Güterrecht an sich sehr schwieriger Natur sind, sondern hauptsächlich aus dem Grunde, weil gerade auf diesem Rechtsgebiete in Bayern eine große Rechtszerrissenheit besteht. Es kann mir deßhalb wohl auch als Referent kein Vorwurf daraus gemacht werden, wenn ich mich in eine besonders eingehende Nachprüfung der einzelnen Bestimmungen dieses Entwurfes nicht allzutief eingelassen habe. Meiner Auffassung nach würde dazu eine Vorarbeit von mindestens einem Jahre gehören.

Es kann nach Lage der Sache die Aufgabe des Referenten nur die sein, im Allgemeinen die Grundlagen zu prüfen, auf welchen dieser Entwurf aufgebaut ist, und dann vielleicht sich, wenn ich den Ausdruck gebrauchen darf, auf Stichproben zu beschränken. Diese Stichproben habe ich bei den mir geläufigeren Statutarrechten vorgenommen und bei diesen geprüft, ob die Grundsätze, von denen die Motive sprechen, auf sie auch richtig angewendet worden sind.

Unter diesen Umständen ist es nicht ausgeschlossen, daß wir in der einen oder anderen Beziehung etwas Unvollkommenes beschließen werden. Mich tröstete dabei Folgendes: Einmal lese ich in der Begründung und höre ich auch von anderer Seite, daß sowohl dieser Entwurf wie auch sein Vorläufer den praktischen Juristen in den einzelnen Rechtsgebieten vorgelegt worden ist, daß Gutachten von Richtern an Einzelgerichten wie an Obergerichten erholt worden sind und daß der Entwurf die Billigung dieser praktischen Juristen gefunden hat, andererseits tröstet mich der Umstand, den ich jetzt schon erwähne, daß die Stichproben, die ich gemacht habe, im großen Ganzen den Grundsätzen entsprechen, die in dem allgemeinen Theile der Begründung ausgesprochen sind, und drittens tröstet mich der Gedanke, daß, wenn wir wirklich einen gesetzgeberischen Fehler begehen sollten, derselbe in Folge der Bestimmungen des Einführungsgesetzes zum Bürgerl. Gesetzbuche von uns oder von unseren Nachfolgern mit diesem hohen Hause im Wege der zukünftigen Gesetzgebung geändert werden kann.

Der Entwurf selbst nun ist, wie man anerkennen muß, als ein ganz hervorragendes gesetzgeberisches Werk zu bezeichnen. Wenn man die Schwierigkeiten erwägt, unter denen gerade dieser Entwurf zusammengestellt worden ist, die vielen in Frage kommenden Statutarrechte und Streitfragen berücksichtigt, dann ist gewiß diese Kritik dem Entwurfe gegenüber eine vollberechtigte. Ich habe vorhin schon bemerkt, daß ich mich im großen Ganzen darauf beschränken mußte, zu prüfen, ob die Grundlage, auf welcher der Entwurf aufgebaut ist, entsprechend ist, und ich muß sagen, daß, wenn man die Frage so stellt, man sie wird bejahen müssen. Ich muß sagen, daß der Entwurf die richtige Mitte hält zwischen dem Bestreben, möglichst einheitliches Recht zu schaffen, und der Tendenz, in wohlerworbene Rechte Dritter nicht allzusehr einzugreifen.

Wenn wir zunächst die Frage prüfen, ob überhaupt eine Ueberleitung auf dem Gebiete des ehelichen Güterrechts veranlaßt ist, so ist für mich diese

Frage sofort entschieden. || Wir würden auf halbem Wege stehen bleiben, wenn S. 820.
wir diesen letzten Theil der Ueberleitung nicht vornähmen. Das Reich hat nicht deßhalb die Regelung des ehelichen Güterrechts abgelehnt, weil es eine einheitliche Gesetzgebung auf diesem Gebiete nicht für angebracht gehalten hat, sondern weil es die Landesgesetzgebung für geeigneter hält wegen der Unmasse und der Verschiedenheit der Güterrechte der einzelnen Bundesstaaten, hier einzugreifen. Würde man eine Ueberleitung nicht vornehmen, so würde man in einzelnen Rechtsgebieten für die einzelnen Ehen verschiedene Rechte bekommen. Man würde für die bestehenden Ehen nach dem Einführungsgesetze die bisherigen Gesetze aufrecht erhalten und für die neuen Ehen die Vorschriften des Bürgerl. Gesetzbuchs bekommen. Das würde meiner vollen Ueberzeugung nach in der Praxis zu großen Mißständen und zu einer bedenklichen Unsicherheit des Verkehrs führen. Ich habe in meinen Bemerkungen darauf hingewiesen, daß diese Gefahr sich steigert, je weiter wir von dem Termine der Einführung des Bürgerl. Gesetzbuchs uns entfernen, wie schwer es einem Richter in der Zukunft fallen würde, sich noch in diesen alten Rechten zurechtzufinden, die nicht immer geschriebene Rechte sind, sondern die zum Theil auf Gewohnheitsrecht beruhen, die in sich eine Menge von Streitigkeiten einschließen und bei denen insbesondere die Frage, ob beim Tode eines Ehegatten in gewissen Fällen erbrechtliche Nachwirkungen des Güterstandes oder rein erbrechtliche Verhältnisse vorliegen, unter Umständen sehr schwer wird entschieden werden können. Würde der Richter einen solchen Fall für einen erbrechtlichen auffassen, so würden nach dem Einführungsgesetze zum Bürgerl. Gesetzbuche die Vorschriften des Bürgerl. Gesetzbuchs zur Anwendung kommen, während, wenn er den Fall für eine güterrechtliche Nachwirkung halten würde, die bisherigen Vorschriften gelten müßten. Das würde zu einer solchen Kette von Streitigkeiten führen, daß gewiß die Gesetzgebung es nicht verantworten könnte.

Ich kann also bezüglich der Frage, ob überhaupt eine Ueberleitung des ehelichen Güterrechts erfolgen soll, nur wiederholen, was ich in meinen Bemerkungen gesagt habe. Ich bejahe diese Frage mit aller Entschiedenheit.

Schwieriger ist natürlich die Frage, in welcher Weise übergeleitet werden soll. Auf der einen Seite das Bestreben, einheitliches Recht zu schaffen, soweit es möglich ist, auch auf dem Gebiete der Landesgesetzgebung, auf der anderen Seite Nichteingreifen in wohlerworbene Rechte. Zu diesem Zwecke schließt der Entwurf jede Rückwirkung aus. Er soll nicht gelten für die Vergangenheit, für die Rechtsverhältnisse, die sich unter dem bisherigen Rechte gebildet haben. Ich darf in dieser Richtung der Kürze halber auf die Motive verweisen, in denen an einzelnen Beispielen dieser Grundsatz erörtert wird, wo insbesondere hingewiesen ist darauf, daß, wenn auf Grund der Verfügungsgewalt des Mannes nach dem bisherigen Rechte der Mann Verfügungen vorgenommen hat, die Fragen, ob die Frau zuzustimmen hatte, ob die Frau ein Einspruchsrecht hatte, nach den Bestimmungen des bisherigen Rechts sich richten, daß auch die Frage der Schuldenhaftung sich richtet nach den Bestimmungen der bisherigen Gesetze und daß insbesondere auch das Rechtsverhältniß der Ehegatten unter einander bezüglich der Haftung für die Schulden des anderen Ehetheiles nach den bisherigen Vorschriften zu beurtheilen ist. Wenn also der Entwurf nach dieser Seite hin einige Einschränkungen macht und damit einen Eingriff in wohlerworbene Rechte vermeidet, so ist das nur zu billigen. Der Entwurf geht noch weiter, indem er auch für die Zukunft nicht eine absolute Wirkung des übergeleiteten Güterstandes ausspricht, sondern hier wiederum eine Einschränkung dahin macht, daß im Falle des Todes eines Ehegatten der

S. 820. überlebende Ehegatte nicht schlechter gestellt sein soll als nach dem bisherigen Rechte. Das Bürgerl. Gesetzbuch kennt keine güterrechtlichen Nachwirkungen in erbrechtlicher Beziehung, wohl aber die meisten Statutarrechte, und wo nun nach bisherigem Rechte sich eine solche güterrechtliche Nachwirkung für den überlebenden Ehetheil ergibt, die für ihn günstiger ist als das Erbrecht des Bürgerl. Gesetzbuchs, so hat der Entwurf fast durchweg — auf eine Ausnahme beim Bayreuther Rechte werde ich bei der Spezialberathung zurückkommen — den Grundsatz aufgestellt, daß der überlebende Ehegatte nach bisherigem Rechte erben kann, wenn es ihm günstiger als das Bürgerl. Gesetzbuch ist, daß er aber nach letzterem erben kann, wenn dieses für ihn günstiger ist als die bisherigen Vorschriften.

Unter diesen zwei Einschränkungen „keine Rückwirkung und für die Zukunft keine Bestimmung, nach welcher der überlebende Ehegatte schlechter gestellt ist als bisher" hat der Entwurf die Ueberleitung vorgenommen in der Weise, daß er grundsätzlich bestimmt hat, daß das Güterrecht der einzelnen Statutarrechte in den entsprechenden Güterstand des Bürgerl. Gesetzbuchs umgewandelt werde. Wo bisher also allgemeine Gütergemeinschaft bestanden hat, gelten vom 1. Januar 1900 ab die Grundsätze des Bürgerl. Gesetzbuchs über die allgemeine Gütergemeinschaft; wo reine Errungenschaftsgemeinschaft gegolten hat, treten an deren Stelle die Vorschriften des Bürgerl. Gesetzbuchs über die Errungenschaftsgemeinschaft u. dergl. Auf die Einzelheiten wird bei der Spezialberathung zurückzukommen sein.

Eine wichtige Frage ist nun weiter die, ob dem Entwurfe darin zuzustimmen ist, daß die Ueberleitung nicht auf den gesetzlichen Güterstand beschränkt sein, sondern daß sie auch ausgedehnt werden soll auf den vertragsmäßigen Güterstand. Nun wird es auf den ersten Augenblick befremden, daß das Gesetz gewaltsam in die Verhältnisse eingreifen will, die vertragsmäßig festgelegt sind. Allein das Bedenken gibt sich doch, wenn man auch hier wieder die Einschränkungen beachtet, die der Entwurf aufstellt. Es sollen sich nämlich die Vorschriften, daß die Ueberleitung sich auch auf den vertragsmäßigen Güterstand ausdehnt, nur verstehen für solche Verträge, in denen nicht besondere Vereinbarungen in Frage kommen, z. B. über die Natur des Vorbehaltsguts und über die Erbrechte des überlebenden Ehegatten, sondern in denen Bezug genommen ist auf irgend einen der bestehenden Güterstände. So kommt es z. B. häufig vor, daß in Nürnberg das Windsheimer Recht vertragsmäßig festgelegt wird; es wird in diesen Verträgen das Nürnberger Recht ausgeschlossen und es wird Bezug genommen auf das Windsheimer Recht entweder in der Weise, daß einfach auf dieses Recht Bezug genommen oder der Inhalt desselben förmlich wiedergegeben wird. Nun macht, nach meinem Dafürhalten mit vollem Recht, der Entwurf keinen Unterschied zwischen dem gesetzlichen Güterstand und einem Güterstand, der vertragsmäßig lediglich durch Bezugnahme auf einen gesetzlichen Güterstand festgelegt wird. Führen Sie sich das Beispiel, das ich eben angeführt habe, vor Augen: Ein Ehepaar, das nach Nürnberger Recht beurtheilt würde, wenn es keinen Vertrag machen würde, schließt einen Vertrag nach Windsheimer Recht ab, weil ihm das Nürnberger nicht paßt. Wenn das Ehepaar nicht in Nürnberg, sondern im Gebiete des Windsheimer Rechts seinen ersten ehelichen Wohnsitz haben würde, dann würde es überhaupt keinen Vertrag abgeschlossen haben, sondern sich
S. 821. gesagt haben: Das, was wir ‖ für unsern Ehestand wollen, das ist schon durch die gesetzlichen Vorschriften eingeführt. Dasselbe Ehepaar befindet sich in gar keiner anderen Situation als jenes Ehepaar, das seinen Wohnsitz gleich

im Windsheimer Rechtsgebiet genommen hat. Wie letzteres von der Ueber- S. 821.
leitung getroffen wird, so muß auch jenes getroffen werden, das auf das Windsheimer Recht vertragsmäßig Bezug genommen hat.

Ich kann also nur den Grundsatz billigen, den der Entwurf aufstellt, daß die Ueberleitungsvorschriften sich auch auf den vertragsmäßigen Güterstand erstrecken sollen. Selbstverständlich ist, daß die Ehegatten nicht verpflichtet sind, ohne Vorbehalt, wenn ich so sagen will, das neue Recht anzunehmen. Es steht ihnen vollständig frei, wenn ihnen die Ueberleitung nicht paßt, einen neuen Vertrag abzuschließen. Dieser neue Vertrag kann, soferne er den Vorschriften des Bürgerl. Gesetzbuchs entspricht, den Güterstand beliebig anders regeln.

Der Entwurf hat dabei die begrüßenswerthe Bestimmung getroffen, um den Eheleuten für die Zeit des Uebergangs die Schließung solcher Verträge zu erleichtern, diese Verträge auf die Dauer eines Jahres von dem Inkrafttreten des Bürgerl. Gesetzbuchs an gebührenfrei zu belassen. Es ist in dem Entwurf mit Recht darauf hingewiesen, daß man den Eheleuten es nicht gestatten könne, im einzelnen Falle die Ueberleitung beliebig dadurch auszuschließen, daß man ihnen die Befugniß einräumt, an irgend eine Behörde, z. B. die Registerbehörde zu gehen und zu erklären, sie wollten den bisherigen Güterstand fortbestehen lassen. Die hier einschlägigen Ausführungen der Motive treffen vollständig zu.

Ich glaube, im Großen und Ganzen die allgemeinen Gesichtspunkte hervorgehoben zu haben, und behalte mir alles Weitere für die Spezialberathung vor.

Abg. **von Walter** (Korreferent): Meine Herren! Ich kann mich den Ausführungen des Herrn Referenten im Allgemeinen nur anschließen und muß insbesondere auch seinem Urtheil über den Entwurf dahin beipflichten, daß derselbe eine Arbeit ist, die alle Anerkennung verdient, daß in verhältnißmäßiger Klarheit und Vollständigkeit die schwierigen Materien gesammelt und die einzelnen Rechtsmaterien in einzelnen Artikeln vereinigt sind. Die einzelnen Artikel umfassen z. B. für die gleich gelagerten Rechte die Auseinandersetzung im Falle der Aufhebung der Gütergemeinschaft, dann die Fälle der Auseinandersetzung im Todesfall bei beerbter und unbeerbter Ehe u. s. w. und erleichtern dadurch den Ueberblick.

Ich muß auch gestehen, daß die Zeit zu kurz war, um die Prüfung des Entwurfes nach allen Richtungen so vollständig vorzunehmen, daß man darüber ganz klar werden könnte, ob alle Materien, die in Betracht kommen, aufgenommen sind oder nicht. Allein bei der Umsicht, mit der überhaupt beim Entwurf verfahren worden ist, kann man im Allgemeinen sich darüber um so leichter beruhigen, als ich von vornherein auf dem Standpunkt gestanden bin, daß man die Gesetze fertig machen, daß man bei der Kürze der Zeit, die unserem Ausschuß und dem Landtag zur Verfügung gestanden ist, auch einige Unvollkommenheiten in den Kauf nehmen muß und es einem späteren Landtag vorbehalten kann, etwa die bessernde Hand anzulegen.

Der Artikel 200 des Einführungsgesetzes bestimmt in seinem Abs. 1, daß für den Güterstand einer zur Zeit des Inkrafttretens des Bürgerl. Gesetzbuchs bestehenden Ehe die bisherigen Gesetze maßgebend bleiben. Der Abs. 2 enthält aber die Befugniß zur Ueberleitung in das neue Recht. Ich bin Anfangs sehr darüber in Zweifel gewesen, ob eine Ueberleitung vorzunehmen ist oder nicht. Es ist mir nämlich ein früherer Entwurf vorgelegen und der hat mich sehr bedenklich gemacht. Derselbe hat mit den bisherigen Rechten in einer Weise aufgeräumt, daß gar nichts mehr übrig geblieben wäre. Dem hätte ich

S. 821. nicht folgen können. Aber der vorliegende Entwurf geht nicht so weit. Er hat zwei Grundsätze aufgestellt, mit denen ich mich einverstanden erklären kann, nämlich die Grundsätze:

1. Die Ueberleitung hat keine rückwirkende Kraft, und
2. auch soweit die Ueberleitungsbestimmungen für die Folge gelten, soll in kein erworbenes Recht weder eines Gläubigers noch eines Ehegatten eingegriffen werden.

Der Herr Referent hat die Gründe bereits angeführt, warum man unter diesen Vorbehalten die Ueberleitung vornehmen will.

Es kommt dazu noch ein weiterer Grund. Es würde, wenn die Ueberleitung nicht vorgenommen würde, in manchen Fällen geradezu ein ganz absurdes Verhältniß eintreten. Ich mache aufmerksam, daß es nicht angehen kann, für die Ehen, welche vor oder nach dem 1. Januar 1900 geschlossen wurden, in Bezug auf die Haftung für Gewerbeschulden zweierlei Maß anzuwenden, für die Ehen, welche vorher geschlossen worden sind, die Haftung der Ehefrau für die Gewerbeschulden fortdauern zu lassen und für die neuen Ehen eine derartige Haftung auszuschließen.

Insbesondere ist aber ein Punkt in den Motiven hervorgehoben, der Jedermann die Ueberzeugung verschafft, daß die Ueberleitung vorgenommen werden muß. Es ist das der Fall, daß nach der fränkischen Landgerichtsordnung der Erwerb der Kinder während der Ehe in das Gesammtgut bei der allgemeinen Gütergemeinschaft fällt. Das ist nach dem Bürgerl. Gesetzbuch nicht mehr der Fall, sondern der Erwerb fällt den Kindern selbst zu. Nun würde, wenn die fränkische Landgerichtsordnung in dem bisherigen Umfang aufrecht erhalten bliebe, der Fall eintreten, daß der Erwerb der Kinder, der jetzt nach dem Bürgerl. Gesetzbuch den Kindern selbst zufällt, ihnen bliebe und daß sie gleichwohl, wenn es zur Auflösung des Güterstandes und zur Theilung käme, die Zweitheilung verlangen könnten und zwei Drittheile des Gesammtguts erhalten würden. Das sind Dinge, die man nicht fortdauern lassen kann. Zudem eignet sich das Bürgerl. Gesetzbuch zur Ueberleitung, weil es alle Grundformen des ehelichen Güterrechts in sich aufgenommen hat, also in jedem einzelnen Falle das Güterrecht in denjenigen Güterstand übergeleitet werden kann, der am besten für die bestehenden Verhältnisse paßt.

Ich bin daher auch zur Bejahung der Frage gekommen, ob wir die uns vorgeschlagene Ueberleitung vornehmen sollen.

Was die weitere Frage betrifft, wie die Ueberleitung vorzunehmen sei, so bin ich auch in der Beziehung mit dem Entwurf einverstanden. Ich habe schon hervorgehoben, daß die Ueberleitung unter zwei Vorbehalten geschieht, die jede Beeinträchtigung eines erworbenen Rechts möglichst vermeiden, und außerdem soll die Ueberleitung auch dadurch erleichtert werden, daß die Eintragung der bestehenden Güterrechte in das Güterrechtsregister vorläufig unterbleiben soll. Auch das ist eine Bestimmung, welche für die Bevölkerung, die durch die Ueberleitung getroffen wird, viele Unannehmlichkeiten und Belästigungen erspart.

Was die Ueberleitung der vertragsmäßigen Güterstände betrifft, so geschieht dieselbe, wie schon der Herr Referent hervorgehoben hat, nur insoweit, als diese Güterstände den in der Ueberleitung gegebenen Vorschriften des Bürgerl.
S. 822. Gesetzbuchs unterliegen. Soweit sie nicht unter die Bestimmungen der einzelnen Statutarrechte fallen, die überzuleiten sind, ist überhaupt eine Ueberleitung ausgeschlossen. Daß die Ueberleitung nicht dem Belieben der Ehegatten anheimgestellt wird, ist vollständig anzuerkennen, denn der Nachtheil, den man durch

die Ueberleitung verhindern will, würde erst recht wieder eintreten, wenn jedes Ehepaar sagen könnte: Wir sind zwar mit unserem Güterrecht nicht mehr in Uebereinstimmung mit dem neuen Recht, aber wir behalten es doch bei. Das kann nicht gestattet werden, sondern die Verträge müssen alle von dem Gesichtspunkte aus aufgefaßt werden, ob sie sich in den Rahmen des Bürgerl. Gesetzbuchs einreihen lassen. Innerhalb dieses Rahmens haben die Eheleute völlig freie Hand, sich dem künftigen Rechte anzupassen und die ihren Bedürfnissen entsprechenden Vereinbarungen zu treffen. S. 822.

Damit ist Alles geschehen, was geschehen kann, um die Ueberleitung möglichst leicht und erträglich zu gestalten, und ich werde deßhalb im Ganzen und Großen auch empfehlen, dem Entwurfe zuzustimmen.

Abg. **Michel** (Referent): Meine Herren! In meiner Eigenschaft als Referent für den Theil des Entwurfes, welcher die Ueberleitungsbestimmungen für das pfälzische Recht enthält, möchte ich mir auch einige Bemerkungen gestatten.

Ich bin im Großen und Ganzen mit dem, was der Herr Referent und der Herr Korreferent ausgeführt haben, einverstanden. Ich billige die Gesichtspunkte, welche von den beiden Herren hervorgehoben worden sind, in allen ihren Theilen. Auch ich stehe dem Entwurfe im Ganzen und insbesondere dem Theile desselben, welcher sich auf das Güterrecht der Pfalz bezieht, sehr sympathisch gegenüber und muß hervorheben, daß ich nach wiederholter sorgfältiger Prüfung dieses Theils des Entwurfes zu der Ueberzeugung gelangt bin, daß derselbe eine mustergiltige Arbeit und ein hervorragendes Gesetzgebungswerk, wenn auch im Kleinen, ist. Es ist das nicht nur meine Ansicht, sondern die Ansicht ganz hervorragender Juristen aus dem Gebiet des pfälzischen Rechts.

Was die pfälzischen Verhältnisse anlangt, so liegt die Sache insofern einfacher, als ja der Code civil, wie in den Motiven bereits hervorgehoben worden ist, vorbildlich gewesen ist für die Bestimmungen des Bürgerl. Gesetzbuchs in der einschlägigen Materie. Der Code civil stellt zunächst einen Güterstand als den gesetzlichen auf, nämlich den der Mobiliargemeinschaft und gestattet dann noch weitere vertragsmäßige Güterstände, von denen hervorzuheben sind: die allgemeine Gütergemeinschaft und die Errungenschaftsgemeinschaft. Dann kommt noch in Betracht der Güterstand der Gütertrennung und der des Dotalrechts. Der letztere Güterstand soll nicht übergeleitet werden. Es ist jedoch nothwendig, weil die pfälzische Ehefrau nach der Verheirathung in ihrer Geschäftsfähigkeit beschränkt ist, daß noch besondere Bestimmungen über die Aufhebung der Beschränkung gegeben werden.

Ich habe, was die Anordnung des Stoffes anlangt, keine weiteren Bemerkungen zu machen. Ich glaubte auch, nachdem die Motive in so vollständig erschöpfender Weise den Stoff, der zu bewältigen war, begründet haben, daß ich mich auf diese kurzen Bemerkungen beschränken könnte.

Weiteres habe ich nicht anzuführen.

Abg. **Wagner:** Ich kann mich den Herren Vorrednern ebenfalls in allem Wesentlichen anschließen. Ich war anfänglich, im Gegensatze vielleicht zum Herrn Korreferenten, der Meinung, daß es am zweckmäßigsten gewesen wäre, bei der Ueberleitung den engsten Anschluß an das Bürgerl. Gesetzbuch zu suchen. Allerdings hätte dann eine Bestimmung geschaffen werden müssen, welche die Ehegatten nicht lediglich auf den Vertragsweg verwiesen hätte, da dieser nicht in allen Fällen zu einem entsprechenden Ziele geführt haben würde. Denn wenn z. B. der Güterstand des neuen Rechts nur dem einen Ehegatten

S. 822. günstiger oder nachtheiliger ist, so würde der andere Ehegatte sich kaum bereit finden lassen, einen Vertrag abzuschließen, durch welchen er das verschlechtert, was ihm das neue Recht gewährt. Nur deßwegen bin ich anfänglich der Meinung gewesen, man sollte die Ueberleitung zweckmäßig in der Weise machen, daß man sagt: Es wird jeder bisherige Güterstand in den entsprechenden Güterstand des neuen Rechts übergeführt. Aber jeder Ehegatte muß binnen einer Frist, die möglichst kurz hätte bemessen werden können, das Recht haben, durch Eintragung in ein bestimmtes Register sich den bisherigen Zustand zu sichern.

Ich habe nun die Ueberzeugung gewonnen, daß dieser Gedanke, den ich hatte, allerdings auch einen Mißstand haben würde, indem es, wie in den Motiven ausgeführt ist, von Zufälligkeiten abhängen würde, ob in dem einen Amtsbezirk von dieser Befugniß, den bisherigen Güterstand beizubehalten, mehr oder weniger Gebrauch gemacht werden würde. Es ist aber auch nicht nothwendig, diesen Gedanken weiter zu verfolgen Angesichts der Art und Weise, wie der Entwurf ausgearbeitet worden ist.

Darüber habe ich keinen Zweifel, daß eine Rücksicht auf künftige Anwartschaften in Bezug auf ein Erbrecht nicht zu nehmen ist. Es ist bei der Ueberleitung zweifellos blos zu berücksichtigen erstens einmal, daß bezüglich der Schulden, die bis zum 1. Januar 1900 gemacht worden sind, in Rücksicht auf die Haftung kein Ehegatte schlechter wegkommt, als er bisher daran war, und das ist auch vollständig vermieden worden durch die Bestimmungen über die Regelung der Schuldhaftung. Zweitens bin ich der Meinung, daß, was die erbrechtlichen Vorschriften betrifft, den Ehegatten diejenigen Rechte gesichert bleiben müssen, welche sie bisher hatten. In dieser Beziehung trägt der Entwurf allen Forderungen Rechnung. Er ermöglicht, daß in jenen Fällen, in welchen das bisherige Recht in erbrechtlicher Beziehung dem einen Ehegatten günstiger war als das neue, der Ehegatte das Recht haben soll, sich die neue Vorschrift zu sichern. Die Bestimmungen, wie diese Sicherung in formeller Beziehung gestaltet wurde, insbesondere die Anlehnung an die Ausschlagungsfrist, sind so, daß sie wohl alle Anerkennung verdienen.

Ich habe nur bezüglich zweier Punkte noch eine Bemerkung zu machen. Einmal ist es bedauerlich, daß doch noch einige nicht übergeleitete Güterstände vorhanden sind. Der Herr Referent erwähnte in seinem Referate die Güterstände der wechselseitigen Erbfolge nach dem Bamberger Recht und der Errungenschaftsgemeinschaft nach preußischem Landrecht. Ich weiß nicht, ob das vollständig richtig ist. Ich möchte in dieser Beziehung um Aufklärung bitten, welche Güterstände noch in Frage kommen. Das ist mir aus den Motiven nicht vollständig klar geworden. Ich will meine eigenen Bemerkungen, die vielleicht irrig sind, unterdrücken und bitte nur um eine Aufklärung in dieser Beziehung.

Dann hätte ich noch bezüglich des Memminger Rechts eine Bemerkung zu machen. In dieser Beziehung ist hervorzuheben, daß dasselbe im Entwurfe noch nicht vollständig berücksichtigt ist. Es hat nach Memminger Recht, allerdings nicht nach dem geschriebenen, sondern nur nach dem Gewohnheitsrecht,
S. 823. beim Ableben eines Ehegatten, welcher || mit dem überlebenden Ehegatten in der Errungenschaftsgemeinschaft nach Memminger Recht gelebt hat, die Theilung bei beerbter Ehe und zwar, gleichgiltig ob Descendenten aus der jetzigen oder aus einer früheren Ehe vorhanden sind, in der Weise zu geschehen, daß zunächst herausgenommen wird, was jeder Ehetheil in die Ehe gebracht hat und was während der Ehe durch Erbschaft oder sonst aus einem lukrativen Titel erworben wurde. Das wird als Eingebrachtes der Ehegatten behandelt, und

was übrig bleibt, bildet die Errungenschaft, und davon bekommt jeder Theil S. 823.
die Hälfte. Bei einer Einbuße trägt auch jeder Theil die Hälfte. Der letztere Punkt ist in der Memminger Gerichtsordnung ausdrücklich geregelt und auf diese Weise wird festgestellt, was die Verlassenschaftsmasse ist. Die Verlassenschaftsmasse wird nun in der Weise zwischen dem überlebenden Ehegatten und den Kindern getheilt, daß der Ehegatte einen Kindstheil erhält. Ich habe mich gestern und vorgestern noch einmal bei Kollegen und einem früheren Oberamtsrichter erkundigt, habe auch meine früheren Aufzeichnungen nach dieser Richtung nachgelesen und habe mich mit Bürgern der Stadt Memmingen besprochen, wie ihre Ansicht bezüglich dieses Kindstheiles wäre; Alle haben mir erklärt, daß der Kindstheil von jeher gewährt worden ist. Es dürfte also in dieser Richtung wohl ein Gewohnheitsrecht anzunehmen sein. Nachdem nun, wenn ein Kind oder zwei Kinder vorhanden sind, der überlebende Ehegatte ungünstiger nach dem neuen Rechte gestellt würde als nach dem bisherigen, so würde in dieser Beziehung der Entwurf noch eine Ergänzung erfahren müssen. Es könnte das bei Artikel 18 oder 19 geschehen. Ich möchte die k. Staatsregierung bitten, diesen Punkt zu berücksichtigen.

Es ist mir namentlich aus Bürgerkreisen gesagt worden, daß man es sehr bedauern würde, wenn der Kindstheil in Wegfall käme. Eines kommt ohnedieß in Wegfall, das zu urgiren ich keine Veranlassung habe, nämlich die Einbuße wird künftig anders gestaltet werden, dieselbe wird künftig allein der Mann zu tragen haben. Wenn das künftige Recht kommt, so müssen desfalls die Leute durch einen Ehevertrag sich entsprechend sichern.

Ich erkenne zum Schlusse, vorbehaltlich der von mir erbetenen Aufklärung, ebenfalls wie der Herr Referent an, daß der Entwurf im Großen und Ganzen ein Werk ist, welches die höchste Anerkennung verdient und bei der Schwierigkeit der Verhältnisse, die wir haben, in so ausgezeichneter Weise ausgearbeitet ist, daß man wirklich nur alle Hochachtung für diese Arbeit haben muß.

Abg. Joseph **Geiger**: Ueber die Nothwendigkeit, Ueberleitungsbestimmungen zu treffen, sind nicht viele Worte zu verlieren. Ohne solche Bestimmungen würde ein Zustand eintreten, der viel schlimmer wäre als der gegenwärtige. Wir würden neben der Unzahl von Statutarrechten, welche wir jetzt haben, noch die güterrechtlichen Bestimmungen des Bürgerl. Gesetzbuchs bekommen und diesen Zustand noch über ein Menschenalter hinaus ertragen müssen. Die Statutarrechte aber haben — das wissen wir Alle — zu großen Streitigkeiten geführt. Wer z. B. die ersten 50 Bände der Blätter für Rechtsanwendung durchblättert, der wird sich überzeugen, welche Unmasse von Streitigkeiten aus den bisherigen Statutarrechten erflossen sind, da dieselben vielfach Zweifel in der Auslegung übrig lassen. Man muß bisweilen auf Quellen zurückgreifen, die uns schwer zugänglich sind. Also über die Nothwendigkeit der Ueberleitung ist nichts zu sagen.

Ich stimme mit dem Herrn Referenten und den übrigen Herren darin überein, daß der Gesetzentwurf, der uns vorliegt, ein hervorragendes Gesetzgebungswerk ist. In diesen 72 Artikeln ist eine solche Summe von Mühe und Arbeit und Ausscheidung und Prüfung enthalten, daß, wer nicht selbst von Fach ist, vielleicht gar keinen Begriff hat, was dazu gehörte, um das Alles so zusammen zu richten, wie es hier zusammengestellt ist. Ich glaube also, daß es besonders uns Juristen geziemt, daß wir sagen: hier liegt ein großes hervorragendes Werk vor. Die Grundsätze, welche hier aufgestellt sind, entsprechen — fast möchte ich sagen — der Natur der Sache und daneben

S. 823. ist ängstlich darauf Rücksicht genommen, bereits erworbene Rechte zu schützen. Ich habe mich bemüht, in einzelnen Fragen dem Entwurfe nachzugehen, und ich habe immer gefunden, daß man ängstlich vorgegangen ist in der Erhaltung erworbener Rechte. Solches können wir also nur begrüßen.

Ein Punkt hat mich anfänglich etwas stutzig gemacht. Das ist der Eingriff in die Vertragsfreiheit. Die Ueberleitungsbestimmungen beziehen sich auch auf jene Güterrechte, welche durch Vertrag geschaffen worden sind, aber ich erkenne durchaus an, daß wir hier eine Ausnahme nicht machen dürfen. Die Einbeziehung scheint auch nicht so bedenklich, wenn wir erwägen, was bereits von anderen Herren hervorgehoben worden ist, daß in vielen Fällen das vertragsmäßige Güterrecht sich deckt mit einem der bestehenden Statutarrechte. Hier also eine Ausnahme zu machen, würde eine Inkonsequenz sein; denn wenn die Eheleute in ihrem Wohnungsbezirk, wo das Recht, das sie vertragsmäßig feststellen wollen, nicht gilt, sondern einem anderen Orte angehört, auf jenes Recht im Vertrage sich beziehen, so würden wir, ohne eine Ueberleitung vorzunehmen, lediglich die Ueberleitung der gesetzlichen Güterrechte umgehen und so gewissermaßen eine Ungerechtigkeit zulassen. Soweit aber in den einzelnen vertragsmäßigen Verhältnissen besondere Bestimmungen zum Ausdruck gekommen sind, welche die vertragschließenden Eheleute sich gewahrt wissen wollen, sind sie auch für die Zukunft gesichert. Ich komme also auch über dieses Bedenken, daß in die Vertragsfreiheit ein Eingriff gemacht worden ist, hinweg.

Ich habe die Grundlagen, welche der Gesetzentwurf aufstellt, insbesondere geprüft an der Hand des mir zunächst liegenden bayerischen Landrechts. Ich habe gefunden, daß in allen Stellen, in welchen auf das bayerische Landrecht hingewiesen wird, diese Ueberleitungsbestimmungen so schonend als möglich gemacht sind, und daß es fast immer gelingen wird, das Recht an eines derjenigen Güterrechte anzupassen, welches unser Bürgerl. Gesetzbuch aufstellt.

Eine größere Schwierigkeit noch wie die Frage des Eingriffs in die Vertragsfreiheit ist gegeben bezüglich der erbrechtlichen Wirkungen; aber hier hat uns das Bürgerl. Gesetzbuch die Grenzen gezogen. Wo das Güterrecht mit dem Erbrecht nicht in einem nothwendigen unmittelbaren Zusammenhange steht, sind wir gar nicht in der Lage, erbrechtliche Wirkungen eines Güterrechts für gegeben zu erachten und dieselben auch in das Bereich der Ueberleitung hereinzuziehen; die Grenze aber zu finden, wird allerdings da und dort einigermaßen schwierig sein. Man wird es eben der Praxis und der Rechtsprechung überlassen müssen, die Grenzen in dem einzelnen Falle zu finden. Gerade im bayerischen Landrecht und zunächst für uns in München, wo das privilegium Albertinum herrscht, empfinden es vielleicht Viele, die sich jetzt um die Sache nicht weiter kümmern, in späterer Zeit sehr schwer, auf einmal ein Privilegium verloren zu haben, welches sie jetzt besitzen. Eine Reihe von S. 824. Münchener Bürgern, || die in unbeerbter Ehe zusammenleben, wissen gar nichts Anderes, als daß, wenn eins von Beiden stirbt, der Andere das Vermögen erbt bezw. Alleineigenthümer des ehelichen Vermögens wird. In Zukunft tritt die gesetzliche Erbfolge ein, wenn nicht ein Vertrag gemacht wird, der die gesetzliche Erbfolge des Bürgerl. Gesetzbuchs ausschließt, und die überlebende Ehefrau oder der überlebende Ehemann ist nicht in der Lage, das gesammte Eigenthum an sich zu ziehen. Das gegenseitige Erbrecht haftet in dem Bewußtsein der Bürger von München so lebendig, daß es geschont werden sollte, aber, wie erwähnt, ich glaube, wir können in dieser Beziehung nicht nachhelfen, weil das Bürgerl. Gesetzbuch ein Hinderniß macht; denn daß das privilegium Albertinum als Erbrecht in unmittelbarem Zusammenhange mit dem Güterrechtsverhältnisse stehe, kann man nicht behaupten. Es wird also nothwendig sein, daß so viel als möglich die Interessen aufmerksam gemacht werden, damit sie ihre gewollten erbrechtlichen Verhältnisse vertragsmäßig für die Zukunft festsetzen. S. 824.

Ich habe zur Zeit in der allgemeinen Diskussion nichts weiter vorzubringen als die Anerkennung zu wiederholen, daß die Grundsätze, die hier niedergelegt sind, die richtigen seien und daß nach diesen Grundsätzen die äußerste Mühe aufgewendet worden ist, die einzelnen Statutarrechte in schonender Weise zur Ueberleitung in diejenigen Güterrechte zu führen, welche das Bürgerl. Gesetzbuch als in Zukunft geltend festgestellt hat.

Der k. Statsminister der Justiz Dr. Freiherr **von Leonrod:** Meine geehrten Herren! Ich danke Ihnen verbindlichst für die Anerkennung und das Lob, das die sämmtlichen Herren Redner über diesen Entwurf ausgesprochen haben. Ich acceptire diese Anerkennung und dieses Lob nicht für mich, sondern für meine beiden Nachbarn zur Rechten und jenen zur Linken und bin um so mehr darüber erfreut, als die Justizverwaltung seit längerer Zeit, wie Sie wissen, den schwersten Angriffen in der Presse darüber ausgesetzt war, daß dieser Entwurf nicht rechtzeitig den Kammern des Landtags in Vorlage gebracht worden sei. Ich blieb dabei ganz ruhig und habe mir gedacht: selbstverständlich fehlt denjenigen, welche ein so scharfes Urtheil fällen, die nöthige Einsicht in den Umfang und in die Schwierigkeit einer solch' großen Arbeit; deßhalb freut es mich um so mehr, daß es gelungen zu sein scheint, dieses Stoffes Meister zu werden.

Senatspräsident Dr. **von Jacubezky:** Der Entwurf stimmt im Wesentlichen mit den Entwürfen überein, welche für den gleichen Zweck in anderen deutschen Staaten ausgearbeitet worden sind, und schließt sich insbesondere an die in dem Entwurf eines Ausführungsgesetzes für Preußen enthaltenen Ueberleitungsvorschriften an. In Sachsen, Mecklenburg, Sachsen-Weimar, Oldenburg und Elsaß-Lothringen sind Vorschriften gleicher Art schon zum Gesetz erhoben; in den übrigen thüringischen Staaten, sowie in Hessen und Hamburg wird gleichfalls eine Ueberleitung auf dieser Grundlage vorbereitet. In beschränktem Umfang ist eine Ueberleitung auch in Württemberg unternommen worden, während Baden sich damit begnügt hat, die Landrechtssätze aufzuheben, welche mit dem ehelichen Güterrechte gewisse erbrechtliche Wirkungen verknüpfen. Es ist ein nicht gering anzuschlagender Vortheil, wenn in dem größten Theile Deutschlands die Ueberleitung der ehelichen Güterrechte auf derselben Grundlage erfolgt; nur dadurch wird es möglich, die Mißstände zu vermeiden, die sich sonst für Ehegatten ergeben müßten, wenn sie nach dem 1. Januar 1900 ihren Wohnsitz aus dem einen Bundesstaate in den anderen verlegen. Wir haben uns bei denjenigen Rechten, die nicht blos in Bayern, sondern auch in anderen Bundesstaaten gelten, thunlichst an die Entwürfe der anderen Staaten angeschlossen, die dieselben Rechte haben; auf dieser Erwägung beruht auch der Nachtrag, der für das Coburger Recht beantragt worden ist.

Zu der allgemeinen Begründung des Entwurfes möchte ich noch eine Bemerkung nachtragen; der Entwurf will für die Beerbung des zuerst versterbenden Ehegatten die bisherigen Vorschriften in weitem Umfang aufrecht erhalten, also eine fortgesetzte Gütergemeinschaft oder einen Beisitz nach den bisherigen Vorschriften eintreten lassen. Soweit die bisherigen Vorschriften maßgebend bleiben, sollen sie ihrem vollen Inhalt nach gelten, insbesondere

S. 824. auch in Ansehung der Pflichten, welche dem überlebenden Ehegatten auf Grund des nach den bisherigen Vorschriften eintretenden Rechtsverhältnisses obliegen. Der überlebende Ehegatte erhält nach vielen Statutarrechten den ganzen Nachlaß zur Nutznießung, er ist aber verpflichtet, wenn ein Abkömmling sich verheirathet oder einen selbständigen Hausstand begründet, dem Abkömmling eine Ausstattung zu gewähren. Diese Ausstattungspflicht wird ihm, wenn sich seine Rechte an dem Nachlasse nach den bisherigen Vorschriften bestimmen, auch ferner obliegen.

Daß das vertragsmäßige Güterrecht von der Ueberleitung nicht ausgeschlossen werden kann, hat, wie ich mit Befriedigung gehört habe, allgemeine Anerkennung gefunden. Es wird auch von den Entwürfen der anderen Staaten, die sich für die Ueberleitung des ehelichen Güterrechts entschieden haben, der Ueberleitung unterworfen. Daß der Entwurf es nicht unternimmt, alle denkbaren vertragsmäßigen Güterstände überzuleiten, versteht sich wohl von selbst; er behandelt aber alle diejenigen, die irgend welche Bedeutung in Bayern haben. Bezüglich des Güterstandes der wechselseitigen Erbfolge nach Bamberger Recht muß ich die Bemerkung des Herrn Referenten richtig stellen. Dieser Güterstand ist nicht von der Ueberleitung ausgeschlossen, denn er ist nichts Anderes als der Güterstand des gemeinen Dotalrechtes, verbunden mit einer gegenseitigen Erbeinsetzung. Die letztere ist ein Erbvertrag, der schon nach Artikel 214 des Einführungsgesetzes zum Bürgerl. Gesetzbuch bestehen bleibt. Ebenso sind die allgemeine Gütergemeinschaft des vorderösterreichischen Rechtes und der Anheirathungsvertrag des bayerischen Rechtes Erbverträge. Eine andere Aufzählung der in den verschiedenen Statutarrechten vorkommenden Eheverträge als die bei Roth zu findende vermag ich nicht zu geben.

Was das Memminger Recht anlangt von dem der Herr Abg. Wagner gesprochen hat, so ist uns der behauptete gewohnheitsrechtliche Satz nicht bekannt gewesen. Der Präsident des Landgerichts Memmingen wird aber noch heute aufgefordert werden, über das Bestehen dieses Gewohnheitsrechtes zu berichten. Wenn das Gewohnheitsrecht besteht, so wird der Entwurf die gewünschte Ergänzung zu erhalten haben.

Das privilegium Albertinum wird nicht aufrecht erhalten; es ist eine rein erbrechtliche Vorschrift und fällt als solche mit dem Inkrafttreten des Bürgerl. Gesetzbuchs weg. Wollen Ehegatten sich das von dem Privilegium gewährte Erbrecht erhalten, so bleibt ihnen kein anderer Weg übrig als die Schließung eines Erbvertrages. Es geht nicht an, solche erbrechtliche Bestimmungen, deren es in Bayern noch mehrere gibt, jetzt mit einem bestimmten Güterstande zu verknüpfen, von dem sie bisher ganz unabhängig gewesen sind.

Vorsitzender: Der Herr Referent hat auf das Schlußwort bei der Generaldiskussion bereits verzichtet.

S. 825. Abg. **von Walter** (Korreferent): Ich erlaube mir, zu den Ausführungen des Herrn Senatspräsidenten zu bemerken, daß ich es für selbstverständlich erachtet habe, daß mit den Rechten, die nach dem bisherigen Güterstande auf den überlebenden Ehegatten übergehen, auch die Pflichten übergehen, und ebenso habe ich dafür gehalten, daß der vertragsmäßige Güterstand der wechselseitigen Erbfolge nach Bamberger Recht nichts Anderes als ein Erbvertrag ist. Wie weit dabei auch das Dotalsystem gilt, ist gleichgiltig.

Der Verlust des privilegium Albertinum wird in München für den Augenblick eine große Unruhe hervorrufen; allein die Eheleute werden durch die rechtzeitige Errichtung eines Erbvertrages sich den bisherigen Zustand wahren können. Auch ist die Gefahr nicht allgemein eine besondere, da nach § 1931 des Bürgerl. Gesetzbuchs der überlebende Ehegatte auch in München Alleinerbe des Verstorbenen wird, wenn keine Verwandten zweiter Ordnung und keine Großeltern desselben vorhanden sind. Weiter habe ich nichts zu bemerken. S. 825.

Abg. **Michel:** Ich wollte nur noch eine kurze Bemerkung nachtragen. Nach pfälzischem Rechte Artikel 1394 und 1395 des Code civil besteht insofern eine gewisse Härte, als diese Bestimmungen vorschreiben, daß der Ehevertrag immer vor Eingehung der Ehe errichtet werden muß und nach dem Eheabschluß unabänderlich ist. Nach § 1432 des Bürgerl. Gesetzbuchs tritt eine Aenderung ein. Ich glaubte, das nur noch hervorheben zu sollen, um klar zu legen, daß für uns Pfälzer in der Beziehung eine große Veranlassung besteht, diese Wendung der Dinge, wie sie sich nunmehr durch Reichs- und Landesgesetz ergibt, freudig zu begrüßen.

Vorsitzender: Wir können nun zur Spezialdiskussion übergehen.

Artikel 1.

Abg. Dr. **Casselmann** (Referent): In den Artikeln 1 bis 13 sind diejenigen Güterstände der Landestheile rechts des Rheins behandelt, die auf dem System der allgemeinen Gütergemeinschaft beruhen.

Artikel 1 enthält die grundlegende Bestimmung, von der schon in der Generaldiskussion gesprochen wurde, daß die Vorschrift des Bürgerl. Gesetzbuchs über die allgemeine Gütergemeinschaft für die bestehenden Ehen, welche den Güterstand der allgemeinen Gütergemeinschaft nach einem der in den Landestheilen rechts des Rheins geltenden Rechte haben, übertragen ist. Ich verweise zunächst auf die Ziff. 1 der Begründung, in welcher dargelegt ist, welche Arten von allgemeiner Gütergemeinschaft wir in Bayern haben und zu welchen Arten die einzelnen Statutarrechte zu rechnen sind. Die Herren finden da drei Arten von Gütergemeinschaft: einmal die Gütergemeinschaft, die für alle Bevölkerungsklassen und für alle Ehen gilt, zweitens eine Gütergemeinschaft, die nur für gewisse Bevölkerungsklassen gilt, und drittens eine solche, die nur für gewisse Ehen gilt.

Ich werde nicht nothwendig haben, da ja die Herren die Motive vor sich haben, die einzelnen Rechte noch einmal vorzuführen; ich möchte hier nur eine Bemerkung mehr genereller Natur machen. Ich habe bei der Vergleichung der Darstellung der bestehenden Rechte in der Begründung mit der Darstellung der vom k. bayerischen Staatsministerium der Justiz im Jahre 1877 herausgegebenen Darstellung des im Königreich Bayern geltenden ehelichen Güterrechts verschiedene Abweichungen gefunden.

Ich möchte mir nur erlauben, anzufragen, ob das darauf zurückzuführen ist, daß aus den Berichten, hauptsächlich der Richter, die über die einzelnen Güterrechte eingeholt worden sind, sich mitunter eine andere Darstellung ergeben hat wie nach dieser offiziellen Darstellung vom Jahre 1877.

Der Artikel 1 leitet also die allgemeine Gütergemeinschaft aller dieser Statutarrechte generell in die allgemeine Gütergemeinschaft des Bürgerl. Gesetzbuchs über. Das Bürgerl. Gesetzbuch hat die allgemeine Gütergemeinschaft behandelt in den §§ 1437 bis 1518. Nach den Motiven zum Bürgerl. Gesetzbuch ist die allgemeine Gütergemeinschaft dasjenige Güterrechtssystem, durch welches das beiderseitige Vermögen der Eheleute zu einem untrennbaren, gemeinschaftlichen Vermögen, zu einem Gesammtgut, vereinigt wird, welches grund-

S. 825. sätzlich sowohl für die Schulden des einen Ehegatten wie für die Schulden des anderen Ehegatten haftet.

Es entsteht nun die Frage: Welche Folgen ergeben sich für die einzelnen Güterrechte durch eine solche Ueberleitung? Diese Folgen werden sich nach verschiedenen Richtungen hin zeigen, einmal, was das Vermögen der Ehegatten betrifft. Wie bemerkt, wird nach der Vorschrift des Bürgerl. Gesetzbuchs über die allgemeine Gütergemeinschaft das Vermögen beider Ehegatten zu einem Gesammtgut vereinigt, neben welchem etwaige Vorbehaltsgüter bestehen können; diesen Grundsatz haben, wie in den Motiven ausgeführt wird, sämmtliche Statutarrechte. Es ist, wie die Herren aus Artikel 35 des Entwurfes entnehmen, in diesem Artikel deßhalb auch zum Ausdruck gebracht, daß das vorhandene Vermögen der Ehegatten Gesammtgut wird, soweit es nach dem bisherigen Gesetze zu der dem Gesammtgute entsprechenden Vermögensmasse gehört.

Besondere Bestimmungen bestehen für Bamberg und Lindau. Ich verweise in dieser Beziehung auf Nr. 3 der Motive. Es wird nicht nothwendig sein, den Inhalt hier wiederzugeben.

Die Folge der Ueberleitung zeigt sich auch bezüglich der rechtlichen Stellung der Ehegatten zu den Vorbehaltsgütern. Die Vorbehaltsgüter bei der allgemeinen Gütergemeinschaft des Bürgerl. Gesetzbuchs sind behandelt in den §§ 1440 und 1441. Hienach fällt das Vorbehaltsgut nicht in das Gesammtgut und unterliegt nicht der Verwaltung und Nutznießung des Mannes.

Denselben Standpunkt nehmen auch die Statutarrechte ein. Die Ausnahmen für Bamberg und Hohenlohe sind in den Motiven Nr. 4 dargelegt. Ebenso verweise ich bezüglich Kaufbeuren und Ulm auf Abs. 2 der Nr. 4 der Begründung.

Die Folge der Ueberleitung zeigt sich weiter darin, daß von dem Inkrafttreten des Bürgerl. Gesetzbuchs an das Gesammtgut entsprechend den Vorschriften des Bürgerl. Gesetzbuchs der Verwaltung und Verfügung des Mannes unterliegt, daß der Mann bei gewissen Rechtsgeschäften der Zustimmung der Frau bedarf, wenn es sich um Verfügungen über das Gesammtgut, um ein Grundstück oder um Schenkungen und Schenkungsversprechen handelt. Wenn der Mann verhindert ist, insbesondere durch Krankheit und Abwesenheit, dann geht die Verwaltung auf die Frau über. In den Motiven ist dargethan, daß die Statutarrechte im Wesentlichen damit übereinstimmen. Wo aber bisher das freie Verfügungsrecht des Mannes weiter ausgedehnt war, sei es mit oder ohne Reklamationsrecht der Frau, oder wo über die Fälle des Bürgerl. Gesetzbuchs hinaus die Zustimmung der Frau erforderlich war, insbesondere bei Uebernahme von Bürgschaften, sollen nach Artikel 1 von
S. 826. nun an die Vor‖schriften des Bürgerl. Gesetzbuchs gelten. Ich verweise der Kürze halber auch hier auf Nr. 5 der Motive.

Eine besondere Folge der Ueberleitung in die Vorschriften des Bürgerl. Gesetzbuchs wird sich auf dem Gebiete der Schuldenhaftung ergeben. Die Vorschriften des Bürgerl. Gesetzbuchs gehen bezüglich der Schuldenhaftung von dem Grundsatze aus, daß die Gläubiger des Ehemannes und jene der Ehefrau wegen aller Verbindlichkeiten der Ehegatten Befriedigung aus dem Gesammtgute müssen verlangen können. Dieser Grundsatz gilt ohne Einschränkung auch für die vor Eintritt der allgemeinen Gütergemeinschaft auf Seite des einen oder anderen Ehegatten entstandenen Verbindlichkeiten; der Grundsatz gilt für die Gläubiger des Mannes unbeschränkt, für die Gläubiger der Frau insoweit, als es sich nicht um Verbindlichkeiten handelt, denen das Gesetz die Wirkung gegen das Gesammtgut nach den Sondervorschriften der §§ 1460 bis 1462 des Bürgerl. Gesetzbuchs eigens versagt. S. 826.

Was die während der Ehe eingegangenen Verbindlichkeiten anlangt, so stimmen nach den Motiven die rechts des Rheins bestehenden Rechte im Wesentlichen mit dem Bürgerl. Gesetzbuche überein. Bezüglich der Abweichungen, die in einzelnen Rechten bestehen, wie bei den Rechten von Würzburg, Erbach, Fulda, Bayreuth, Thurnau, Weißenburg, Windsheim, dann bei den domprobsteilichen Observanzen von Bamberg und bei dem Rechte von Nürnberg ist hier das Nöthige in den Motiven in Nr. 6 Abs. 1 enthalten.

Was die vor Eingehung der Ehe entstandenen Verbindlichkeiten betrifft, so macht das Bürgerl. Gesetzbuch keinen Unterschied. Auch hier besteht Einklang mit den Statutarrechten. Die Ausnahmen von Nürnberg, Oettingen, der Mönchsrother Observanz u. s. w. sind in den Motiven dargelegt. Das Bürgerl. Gesetzbuch nimmt persönliche Haftung des Ehemanns an und zwar sogar als Gesammtschuldner für alle solche Verbindlichkeiten der Frau, die Gesammtgutsverbindlichkeiten sind, die also nicht lediglich Vorbehaltsgutsverbindlichkeiten der Frau nach §§ 1460 bis 1462 des Bürgerl. Gesetzbuchs betreffen. Diese persönliche Haftung des Mannes ist zeitlich begrenzt für die Dauer der Gütergemeinschaft.

Auf dem Standpunkt des Bürgerl. Gesetzbuchs bezüglich der persönlichen Haftung des Ehemanns stehen die Rechte von Bayreuth, Dinkelsbühl, Kaufbeuren, Lindau, Mindelheim, Nördlingen, Mönchsroth, Fulda, Bamberg und Stauffen. In den Motiven ist dargelegt, daß in mehreren Rechten, z. B. dem Rechte der Stadt Kempten, die Frage bestritten sei.

Wie in den Motiven unter Nr. 6 Abs. 3 dargelegt ist, ist die Frage anders geregelt in einzelnen Rechten, wo subsidiär das preußische Landrecht gilt, also in Windsheim, Thurnau, Weißenburg und in dem Gebiete der domprobsteilich Bambergischen Observanzen, anders auch nach der fränkischen Landgerichtsordnung. Ich verweise in dieser Beziehung gleichfalls auf die Motive.

Eine persönliche Haftung der Frau gegenüber den Verbindlichkeiten des Mannes findet nach den Vorschriften des Bürgerl. Gesetzbuchs nicht statt, auch wenn die Verbindlichkeiten gegenüber den Gläubigern und im Verhältniß der Ehegatten unter sich Gesammtgutsverbindlichkeiten sind; die Frau haftet nur mit dem Gesammtgute.

Auf demselben Standpunkte stehen, wie das in den Motiven auch wieder ausführlich dargethan ist, die meisten Güterrechte. Die Ausnahmen sind in den Motiven angeführt in Nr. 6 Abs. 4.

Es ist nun durch Abs. 1 des Artikel 1, wie gesagt, dadurch, daß an die Stelle der bisherigen Vorschriften die Vorschriften des Bürgerl. Gesetzbuchs über die allgemeine Gütergemeinschaft treten, zum Ausdruck gebracht, daß nach allen diesen Seiten hin, unter Umständen entgegen den bisherigen Vorschriften, die Vorschriften des Bürgerl. Gesetzbuchs gelten. In den Motiven ist mit Recht ausgeführt, daß die Ehegatten dieser Umgestaltung ihrer Rechte nicht mit dem Hinweis widersprechen können, daß damit ihre wohlerworbenen Rechte verletzt werden.

Was den Abs. 2 des Artikel 1 anlangt, so bezieht sich derselbe darauf, daß nach den Rechten von Bayreuth, Lindau, Ingolstadt, Oettingen, Erbach die allgemeine Gütergemeinschaft als gesetzliches Güterrecht erst mit der ehelichen Beiwohnung eintritt.

S. 826. Ich möchte hier bemerken, daß nach Mittheilungen, die mir geworden sind, zu diesen Rechten auch jenes von Thurnau zu rechnen ist. Ich habe einen Bericht der gräflich Giech'schen Regierungskanzlei vom 25. September 1797 an die königlich preußische Regierung in Bayreuth zu Gesicht bekommen, bezw. eine Abschrift davon, in welcher zum Ausdruck gebracht worden ist, daß auch nach dem Thurnauer Rechte die eheliche Beiwohnung stattgefunden haben muß, wenn die Gütergemeinschaft eintreten soll. Ich bemerke das nur zur Vervollständigung der Motive. An der Fassung des Artikel 2 ändert das ja nichts.

Der Eintritt der ehelichen Gütergemeinschaft hängt nach dem Rechte des Fürstenthums Hohenlohe vom Ablaufe von Jahr und Tag nach Abschluß der Ehe ab. Es wird vorgeschlagen, daß unter Aufhebung dieser Vorschriften bei den in Frage kommenden Rechten die Gütergemeinschaft mit dem Inkrafttreten des Bürgerl. Gesetzbuchs eintreten soll. Ich schließe mich diesem Vorschlag an.

Der weitere Absatz betrifft eine Vorschrift, die nach dem in einigen Rechtsgebieten subsidiär geltenden preußischen Landrechte besteht, wonach der Eintritt der Gütergemeinschaft für die Dauer der Minderjährigkeit eines Ehegatten regelmäßig ausgesetzt ist.

Ich möchte hier bemerken, daß nach meiner Auffassung, obwohl in dem Gebiete des Bayreuther Rechts subsidiär das preußische Landrecht gilt, diese Bestimmung des preußischen Landrechts nicht Platz greift. Ich habe deßhalb auch in dem Entwurf, den ich im Anschluß an meine gedruckten Bemerkungen für das Bayreuther Recht aufzustellen versucht habe, auf diesen Abs. 3 keine Rücksicht genommen. Nach den Erkundigungen, die ich eingezogen habe, wurde bis ungefähr in die sechziger Jahre, wenn minderjährige, unter Kuratel stehende Personen geheirathet haben, im Kreisamtsblatt eine entsprechende Ausschreibung veröffentlicht. Man ist aber davon seit den sechziger Jahren abgekommen, weil man dafür hielt, daß nach Nr. 2 des Patentes, betreffend die Einführung des allgemeinen Landrechts in den fränkischen Fürstenthümern, vom 29. November 1795 die Provinzialgesetze und bescheinigten Gewohnheiten dem preußischen Landrecht vorgehen, und weil insbesondere in Tit. VII § 1 der Brandenburg-Kulmbachischen Landeskonstitution die Vormünder neben den Eltern, nahen Anverwandten, Taufpathen u. s. w. als diejenigen Personen aufgeführt werden, die bei Verheirathung von Minderjährigen auf die Folgen des Eintritts der Bayreuther Gütergemeinschaft aufmerksam machen sollen, damit „Niemand mit der Unwissenheit, Unverstand, Jugend oder anderen Ausflüchten sich entschuldigen, noch dieser Unserer Verordnung zu entziehen, Anlaß nehmen möge".

Ich habe gegen Artikel 1 nichts einzuwenden und beantrage Zustimmung.

S. 827. Abg. **von Walter** (Korreferent): Ich habe einige Inkongruenzen in Bezug auf die Bestimmungen der bayerischen Statutarrechte gefunden, wie sie in den Motiven und in der Darstellung des Justizministeriums vom Jahre 1877 angegeben sind. Ich glaube aber, es wird besser sein, auf diese Unterschiede bei der Spezialdiskussion zurückzukommen. Ich behalte mir das vor.

Im Uebrigen kann ich den Ausführungen des Herrn Referenten nur beistimmen und auch meinerseits begutachten, daß sowohl in Bezug auf die Bestimmung dessen, was Sondergut der Frau sein soll, sowie in Bezug auf das Verwaltungsrecht des Mannes und auf die Schuldenhaftung auf die Bestimmungen der einzelnen Statutarrechte keine Rücksicht genommen und die Vorschriften des Bürgerl. Gesetzbuchs in Geltung gesetzt werden.

Was insbesondere die Abweichungen in Bezug auf das Vorbehaltsgut der Frau anlangt, so finden solche Abweichungen, wie der Herr Referent bereits

bemerkt hat, sich in den Rechten von Bamberg, Lindau und der Stadt Kempten. S. 827.
Daß aber darauf keine Rücksicht genommen wird, ist ausreichend damit begründet, daß nach Artikel 35 des Entwurfs ohnehin Alles Vorbehaltsgut bleibt, was zur Zeit der Inkrafttretung des Bürgerl. Gesetzbuchs Vorbehaltsgut war, und daß auch bezüglich des vererbten Guts kein Bedürfniß besteht, die Bestimmung des Lindauer Rechtes aufrecht zu erhalten. In dieser Beziehung wird § 1369 des Bürgerl. Gesetzbuchs einen ausreichenden Schutz für die Frau gewähren, weil Jeder, der der Frau etwas zuwendet, auch zugleich bestimmen kann, daß die Zuwendung Vorbehaltsgut werden soll.

In Bezug auf die Abweichungen, welche einzelne Statutarrechte hinsichtlich der rechtlichen Stellung der Ehegatten zu ihrem Vorbehaltsgut enthalten, ist nach meinem Dafürhalten ausreichend dadurch gesorgt, daß auf die abweichenden Rechte von Bamberg und Hohenlohe in Artikel 35 Abs. 2 und auf die Rechte von Kaufbeuren und Ulm in Artikel 6 Abs. 2 entsprechende Rücksicht genommen ist.

Ich kann nur die Annahme des Artikel 1 empfehlen und muß es begrüßen, daß die ohnehin etwas verdächtige Bestimmung, daß der Eintritt der Gütergemeinschaft von der ehelichen Beiwohnung abhängig gemacht ist, in Zukunft in Wegfall kommt.

Abg. **Wagner:** Ich habe gegen Artikel 1 nichts zu erinnern, auch nicht bezüglich jener Rechte, welche zuletzt vom Herrn Korreferenten gewählt worden sind.

Bezüglich Ulm weicht das, was in den Motiven dargelegt ist, allerdings von demjenigen ab, was das geschriebene Recht sagt. Allein nach dem die Uebung hier bescheinigt ist und nach Ulmer Recht die allgemeine Gütergemeinschaft fortwährend angewendet wird, so wird ja gegen das, was in den Motiven festgelegt ist, keine Erinnerung bestehen und der Artikel auch in dieser Beziehung das Richtige getroffen haben.

Ich möchte mir nur noch eine Anfrage erlauben und zwar bezüglich eines ganz kleinen Rechtsgebietes. Es ist durch ein oberrichterliches Erkenntniß einmal festgestellt worden, daß nach Bedernauer Observanz die allgemeine Gütergemeinschaft gilt. Nun ist diese Bedernauer Observanz in den Motiven nicht aufgeführt, und ich möchte daher die k. Staatsregierung um Aufklärung darüber bitten, ob man durch weitere Erkundigungen die Ueberzeugung gewonnen hat, daß jene Anschauung des oberrichterlichen Urtheils nicht richtig ist und daß für Bedernau die allgemeine Güterschaft nicht als geltend anzunehmen sei.

Sonst habe ich weiter nichts zu bemerken.

Senatspräsident Dr. **von Jacubezky:** Die Abweichungen, die in Beziehung auf die Darstellung des geltenden Rechts zwischen der Begründung und der im Jahre 1877 ausgearbeiteten Darstellung des in Bayern bestehenden ehelichen Güterrechts bestehen, beruhen allerdings auf den Berichten, die bei der Aufstellung des Entwurfs eingefordert wurden. Es hat sich nämlich herausgestellt, daß einige von den Statutarrechten nicht nach ihrem Wortlaute gelten, sondern daß das Rechtsleben sie geändert hat, daß sie durch Gewohnheitsrecht umgestaltet worden sind, für das Ulmer Recht sogar an die Stelle der Errungenschaftsgemeinschaft die allgemeine Gütergemeinschaft gesetzt worden ist. Die Bedernauer Observanz gilt nicht mehr. Es hat sich aus den eingeforderten Berichten ergeben, daß die Angabe von Weber und Roth richtig ist, daß in dem Bezirke des vormaligen Patrimonialgerichts Bedernau das bayerische Landrecht angewendet wird, insbesondere die Eheverträge auf der Grundlage des bayerischen Landrechts geschlossen werden.

S. 827. **Vorsitzender:** Zum Worte ist Niemand mehr gemeldet; der Artikel 1 gilt als angenommen.

Artikel 2.

Herr Referent!

Abg. Dr. **Casselmann** (Referent) (verliest Artikel 2): Es betrifft dieser Artikel das sogenannte Renunciationsrecht des Ehegatten. Nach Bayreuther Recht ist anzunehmen, daß die Gütergemeinschaft sofort nach Vollzug der Ehe im deutschrechtlichen Sinn beginnt. Durch die dreimonatliche Frist soll den Ehegatten nur eine letzte Möglichkeit gewährt werden, die Gütergemeinschaft durch einseitige Erklärung auszuschließen. Diese Bestimmung soll nach neuem Recht aufrecht erhalten bleiben. Bisher trat durch die Ausübung des Renunciationsrechts der Güterstand des preußischen Landrechts ein. Dieser Güterstand des preußischen Landrechts wird in den Güterstand der Verwaltung und Nutznießung übergeleitet; daher die Vorschrift in Abs. 2 des Artikel 2

Ich möchte bei dieser Gelegenheit eine Frage anregen, von der ich allerdings nicht weiß, ob sie mir an dieser Stelle beantwortet werden will. Es ist eine alte Streitfrage nach Bayreuther Recht, ob nach Ablauf dieser Frist von drei Monaten die Ehegatten die Gütergemeinschaft durch Ehevertrag noch ausschließen können. Der Oberste Gerichtshof verneint diese Frage. Die Auffassung im Gebiete des Bayreuther Rechts ist die entgegengesetzte, und ich darf wohl sagen, daß der beste Kenner des Bayreuther Rechts, der nunmehr quieszirte Landgerichtsdirektor Bayerlein gegen die Auffassung des Obersten Landgerichts mit aller Entschiedenheit sich ausspricht und sagt, daß die Gütergemeinschaft nach drei Monaten vorbehaltlich der Wahrung der Rechte der Gläubiger aufgehoben werden kann.

Ich will auf die Streitfrage nicht weiter eingehen, möchte nur betonen, daß das für die Zukunft auch noch Bedeutung haben kann. Steht man nämlich auf dem Standpunkt, daß man solche Verträge für zulässig erachtet, dann würde für Ehen, bei denen solche Verträge vorkommen, zur Zeit des Inkrafttretens des Bürgerl. Gesetzbuchs das preußische Landrecht gelten und von da an der gesetzliche Güterstand des Bürgerl. Gesetzbuchs an dessen Stelle treten. Würde man aber die Streitfrage im Sinne des Obersten Gerichtshofes entscheiden, dann würde zur Zeit des Inkrafttretens des Bürgerl. Gesetzbuchs die allgemeine Gütergemeinschaft nach Bayreuther Recht bestehen und als solche
S. 828. der Ueberleitung unterworfen ‖ sein. Ich kann versichern, daß die Notare im Gebiete von Oberfranken, wo das Bayreuther Recht gilt, fast durchweg derartige Verträge auch nach Abfluß von drei Monaten beurkunden. Ich selbst weiß aus meiner Praxis und aus den Veröffentlichungen in den Zeitungen, daß thatsächlich sehr viele Ehen bestehen, bei denen nach Ablauf der Frist die Gütergemeinschaft ausgeschlossen wurde. Welchem Güterstand sollen nun diese Ehen vom 1. Januar 1900 ab unterliegen?

Man könnte nun sagen, es sei das eine Sache, die durch die Gerichte entschieden werden müßte, in die wir uns hier, wo es sich um die Ueberleitung handelt, nicht weiter einlassen können. Indessen wäre ich der k. Staatsregierung doch dankbar, wenn sie in der Lage wäre, eine Erklärung abzugeben, die für die Praxis von großer Bedeutung sein würde.

Abg. **von Walter** (Korreferent): Ich habe gegen Artikel 2 nichts zu erinnern.

Senatspräsident Dr. **von Jacubezky:** Ich bin nicht in der Lage, die von dem Herrn Referenten angeführte Streitfrage des Bayreuther Rechts

zu entscheiden. Die Frage wird übrigens für die Zukunft insofern gegenstandslos, S. 828.
als vom 1. Januar 1900 an Eheverträge jedenfalls zulässig sind. Es handelt sich also lediglich um Verträge, die vor dem 1. Januar 1900 geschlossen worden sind. Die Beurtheilung solcher Einzelfragen des bisherigen Rechts muß den Gerichten überlassen bleiben.

Vorsitzender: Niemand ist mehr zum Worte gemeldet; Artikel 2 ist angenommen.

Artikel 3.

Herr Referent!

Abg. Dr. **Casselmann** (Referent) (verliest Artikel 3): In den §§ 1468 und 1469 des Bürgerl. Gesetzbuchs sind die Gründe angeführt, welche die Frau berechtigen, auf Aufhebung der Gütergemeinschaft gegen den Mann zu klagen. Ich hebe aus diesen Gründen hauptsächlich hervor die Ziff. 1, wo die Frau dieses Recht dann hat, wenn der Mann ein Rechtsgeschäft der in den §§ 1444 bis 1446 a. a. O. bezeichneten Art ohne Zustimmung der Frau vorgenommen hat und für die Zukunft eine erhebliche Gefährdung der Frau zu besorgen ist; in dem § 1469 ist das Recht, auf Aufhebung der Gütergemeinschaft zu klagen, dem Manne eingeräumt, wenn das Gesammtgut in Folge von Verbindlichkeiten der Frau, die im Verhältniß der Ehegatten zu einander nicht dem Gesammtgut zur Last fallen, in solchem Maße überschuldet ist, daß ein späterer Erwerb des Mannes erheblich gefährdet ist.

Nun bestehen in den Statutarrechten Bestimmungen, wonach die Ehegatten die Aufhebung der Gütergemeinschaft verlangen können, nur in geringem Umfange, und wie in den Motiven dargethan ist, decken sich die Gründe, aus denen bisher ein Ehegatte die Aufhebung der Gütergemeinschaft verlangen konnte, nicht mit den eben verlesenen Paragraphen des Bürgerl. Gesetzbuchs aufgeführten Gründen. Nach gewissen Rechten, z. B. nach dem Rechte von Bayreuth steht das Recht, die Aufhebung zu verlangen, nur der Frau zu. Das wird nun durch die Vorschriften des Bürgerl. Gesetzbuchs für die Zukunft geändert. Soweit nun nach den bisherigen Vorschriften ein Ehegatte berechtigt ist, wegen Verbindlichkeiten des anderen Ehegatten auf Aufhebung der Gemeinschaft zu klagen, mit der Wirkung, daß das Gesammgut für diese Verbindlichkeiten nicht haftet, soll in Ansehung der vor dem 1. Januar 1900 entstandenen Verbindlichkeiten das Recht bestehen bleiben. Mit Rücksicht auf das in der Generaldiskussion besprochene Prinzip, wonach eine Rückwirkung nicht stattfinden soll, ist diesem Vorschlage beizutreten.

Die Bezugnahme auf §§ 1470 und 1479 des Bürgerl. Gesetzbuchs ist gerechtfertigt. Ich bitte, dem Artikel 3 zuzustimmen.

Abg. **von Walter** (Korreferent): Ich bin auch der Ansicht, daß Artikel 3 zu einer Beanstandung keine Veranlassung gibt. Die Rechte der Frau werden durch die Bestimmung des § 1468 des Bürgerl. Gesetzbuchs weiter geschützt, als dieß nach den bisherigen Rechten der Fall war, die nur ausnahmsweise eine Klage auf Aufhebung der Gütergemeinschaft wegen Verschwendung, Eröffnung des Konkurses oder wegen Verschweigens von Schulden zugelassen hat. Nach den Motiven wird es nicht für nothwendig erachtet, auch den Mann gegen Verschwendung der Frau zu schützen, weil ihm ohnehin die Verwaltungsbefugniß und damit die Möglichkeit zusteht, die Verschwendung der Frau auf andere Weise als durch Aufhebung der Gütergemeinschaft abzustellen. Die Aufhebung der Gütergemeinschaft durch Vertrag war bisher in vielen Statutarrechten verboten. Dieses Verbot fällt natürlich jetzt weg, weil die Gütergemeinschaft

S. 828. aufgehoben werden kann. Die fränkische Landgerichtsordnung und die Rechte von Castell und Schweinfurt haben bestimmt, daß der Aufhebungsvertrag der Einwilligung der Kinder bedarf und daß diese auf Grundtheilung klagen können. Diese Bestimmungen sind mit der rechtlichen Stellung der Kinder nach dem Bürgerl. Gesetzbuch nicht vereinbar. Die weitere Bestimmung, daß die Gütergemeinschaft auch durch den Tod oder die Abschichtung sämmtlicher Kinder endige, soll im Interesse der Rechtssicherheit des Verkehrs für die Zukunft wegfallen, und es ist dagegen nichts zu erinnern.

Senatspräsident Dr. **von Jacubezky:** Für das Bayreuther Recht ist es mir zweifelhaft, ob die im Artikel 3 vorbehaltene Vorschrift des preußischen Landrechts anwendbar ist, das im Gebiete des Bayreuther Rechts nur als subsidiäres Recht gilt. Das Bayreuther Recht hat für den Zweck, für den der § 392 Theil II Tit. I des preußischen Landrechts bestimmt ist, eine andere Vorschrift, das im Artikel 2 vorbehaltene Anfechtungs- oder Renunciationsrecht. Man kann also nicht wohl von einer Lücke des Bayreuther Rechts sprechen, die durch das subsidiäre Recht ausgefüllt werden muß. Aus diesem Grunde ist das Bayreuther Recht auf Seite 607 der Begründung nicht erwähnt worden. Das nach dem Bayreuther Rechte der Frau im Falle schlechter Wirthschaft des Mannes zustehende Rechtsmittel der Separation hat meines Wissens nicht rückwirkende Kraft, sondern hebt die Gütergemeinschaft nur für die Zukunft auf und kommt deßhalb hier nicht in Betracht. Die Fassung des Entwurfs läßt übrigens beide Fragen offen; wenn die herrschende Rechtsansicht die Vorschrift des preußischen Landrechts für anwendbar erachtet oder der Separation rückwirkende Kraft beilegt, so hat es dabei sein Bewenden.

Abg. Dr. **Casselmann** (Referent): Ich habe nur zu bemerken, daß, wenn ich den Herrn Senatspräsidenten richtig verstanden habe, es im Gebiete des Bayreuther Rechts zweifelhaft sein soll, ob die Frau das Recht habe, gegen den Mann auf Separation mit der Wirkung auf die vorher entstandenen Schulden
S. 829. zu klagen. Ich halte diese Zweifel nicht für be‖rechtigt. Die Separation hat die Wirkung, daß sie nicht nur für die Zukunft, sondern auch für die Vergangenheit wirkt. In einer bemerkenswerthen Arbeit, die ich dem Herrn Regierungsvertreter vorhin übergeben habe, nämlich in der Dissertationsschrift des jetzigen Rechtsanwaltes Dr. Langheinrich in Bayreuth ist hierüber Folgendes gesagt:

> „Gegen die Gläubiger bewirkt die Separation Aufhebung der Haftungsverbindlichkeit des Vermögens der Frau für die Schulden des Mannes und zwar Wiederaufhebung der in Folge der Gütergemeinschaft eingetretenen Haftung.
>
> Man hat zwar allgemein gesagt, die Frau könne sich durch die ihr gegebenen Rechtsmittel nur für die Zukunft schützen, und der Ausspruch der Gerichte auf den Separationsantrag geht nach allgemeiner Praxis dahin, daß die Gütergemeinschaft für die Zukunft aufzuheben sei. Bezüglich des Rechtsmittels der Warnung ist es richtig, daß dasselbe nur für die Zukunft schützt, weil es nur eine Einrede dem gewarnten Gläubiger gegenüber darbietet. Allein die Separation, welche eine „Salvirung" des Vermögens der Frau bezweckt, hat einen viel weiter greifenden Erfolg: dieselbe hebt jede Haftbarkeit des Vermögens der Frau für die einseitigen Schulden des Mannes, also auch für die bereits vorhandenen auf. Damit aber die Gläubiger durch

ein solches Verfahren nicht geschädigt werden, so wird bei der Separation S. 829.
vorausgesetzt, daß „re adhuc integra" der Mann noch solvent ist."

Ich bemerke noch, daß es in Artikel 7 des von mir für das Bayreuther Recht entworfenen Entwurfs nicht heißen soll: „das Recht eines Ehegatten", sondern daß es lauten muß: „das Recht der Ehefrau, wegen Verbindlichkeiten des Ehemannes auf Aufhebung der Gütergemeinschaft zu klagen u. s. w."

Vorsitzender: Es begehrt Niemand mehr das Wort; Artikel 3 ist angenommen.

Artikel 4.

Herr Referent!

Abg. Dr. **Casselmann** (Referent) (verliest Artikel 4): Artikel 4 u. ff. des Entwurfes behandeln die Auseinandersetzung bei Beendigung der Gütergemeinschaft. Wenn die Bestimmungen des Bürgerl. Gesetzbuchs Anwendung finden, so kommen die §§ 1471 bis 1482 in Frage, welche die Auseinandersetzung nach Beendigung der Gütergemeinschaft in Ansehung des Gesammtguts und die auf dieselbe sich beziehenden Rechtsverhältnisse im Verhältnisse der Ehegatten zu Dritten, insbesondere zu Gesammtgutsgläubigern und im Verhältniß der Ehegatten zu einander regeln. In § 1471 ist die Auseinandersetzung in Ansehung des Gesammtguts nach Beendigung der Gütergemeinschaft vorgeschrieben, in § 1472 sind Verwaltungsverhältnisse geregelt. §§ 1474 bis 1481 enthalten materielle Bestimmungen über die Auseinandersetzung; nach § 1475 wird als oberster Grundsatz für die Auseinandersetzung ausgesprochen, daß aus dem Gesammtgute zunächst die Gesammtgutsverbindlichkeiten berichtigt werden müssen, und nach §§ 1476 und 1477 erfolgt dann die Theilung des nach der Berichtigung der Gesammtgutsverbindlichkeiten verbleibenden Ueberschusses in der Weise, daß zu gleichen Hälften das Gesammtgut den Ehegatten zukommt, wobei den Ehegatten gewisse Uebernahmsbefugnisse zustehen; nur § 1478 enthält eine Ausnahme für den Fall der Beendigung der Ehe durch Scheidung. Hier wird unter gewissen Voraussetzungen zugelassen, daß die Ehegatten ihr Eingebrachtes zurückerhalten. § 1478 regelt die Deckung unberichtigt gebliebener Gesammtgutsverbindlichkeiten und § 1481 behandelt die Gestaltung des Verhältnisses zwischen den Ehegatten selbst.

Nun ist in den Motiven dargelegt, daß diese Vorschriften auf die Gütergemeinschaftsverhältnisse für die Zukunft übertragen werden und daß nur zu besonderen Vorschriften die Bestimmungen der fränkischen Landgerichtsordnung, sowie die Rechte von Castell, Schweinfurt und Hohenlohe Anlaß gaben.

Der Artikel 4 bezieht sich auf die Rechte von Würzburg, Castell und Schweinfurt. In diesen Rechten ist die Bestimmung enthalten, daß der Erwerb der Abkömmlinge der Regel nach, wenn nicht gewisse Ausnahmen vorliegen, in die Gütergemeinschaft fällt, daß aber die Abkömmlinge dafür das Recht haben, wenn die Gütergemeinschaft beendigt wird, die Grundtheilung zu verlangen, und daß ihnen bei dieser Grundtheilung $^2/_3$, der sogenannte Zweitheil des Gesammtguts zufällt. Nun bestimmt Artikel 203 des Einführungsgesetzes zum Bürgerl. Gesetzbuch, daß das Rechtsverhältniß zwischen den Eltern und einem vor dem Inkrafttreten des Bürgerl. Gesetzbuchs geborenen ehelichen Kinde sich vom Inkrafttreten des Bürgerl. Gesetzbuchs an nach dessen Vorschriften richtet und daß das insbesondere auch in Ansehung des Vermögens gelte, welches das Kind vorher erworben habe. Es fällt der Erwerb nicht mehr in das Gesammtgut, und es ist mit Recht in den Motiven dargelegt, daß es dann auch ein Gebot der Gerechtigkeit sei, daß auch die Vorschriften des

S. 829. fränkischen Rechts, wonach bei Beendigung der Gütergemeinschaft die Grundtheilung gepflogen werden muß und den Abkömmlingen der Zweitheil zufalle, beseitigt werden müssen. Es ist dann betont, daß es natürlich nicht angehe, daß, da der Erwerb, wenn die Vorschriften des Bürgerl. Gesetzbuchs schon früher gegolten hätten, den Abkömmlingen zugefallen wäre, dieser nun beim Gesammtgut verbleibe. Die Billigkeit erfordere, daß die Abkömmlinge ein Recht hätten auf Ersatz des Werthes der Gegenstände, welche sie erworben hätten, wenn das Bürgerl. Gesetzbuch früher gegolten hätte. Es ist mit Recht darauf hingewiesen, daß eine Vorschrift, die das verhindern wollte, nur mit einer doppelten Einschränkung erlassen werden könnte. Man könnte den Abkömmlingen nicht das Recht einräumen, sofort den Anspruch auf Erstattung des Werthes mit Inkrafttreten des Bürgerl. Gesetzbuchs zu verlangen, sondern man müßte sie auf die Beendigung der Gütergemeinschaft hinweisen. Es kommt auch in Betracht, daß die Abkömmlinge nach dem bestehenden Rechte bei der Grundtheilung auch dann nur die zwei Drittel bekommen könnten, wenn diese den Betrag ihres in das Gesammtgut gefallenen Vermögens nicht erreichen. Im Falle der Fortsetzung der Gütergemeinschaft dürfe der Anspruch erst bei Beendigung derselben erhoben werden. Wird die Gütergemeinschaft beendigt, so wird nach § 1498 des Bürgerl. Gesetzbuchs die Theilung nach der Hälfte eintreten, die Abkömmlinge erhalten also $^3/_6$ des Gesammtguts; die Erstattung könnten sie dann aus der anderen Hälfte fordern, und weil hier auch die Beschränkung Platz greife auf den Zweitheil, so muß, wenn die fortgesetzte Gütergemeinschaft endet, dem Ehegatten ein Drittel frei bleiben

Das ist der Inhalt des Abs. 1 Satz 1 und 2 des Artikel 4.

Es ist dann der Satz 3 dem § 1478 Abs. 2 des Bürgerl. Gesetzbuchs
S. 830. nachgebildet. Sind Abkömmlinge nicht ‖ vorhanden, so ist in Abs. 2 den Ehegatten dasselbe Recht zugesprochen, das bei Aufhebung der Gütergemeinschaft durch Ehescheidung dem Ehegatten wohlweise überlassen ist, daß er nämlich sein Eingebrachtes herausnehmen kann.

Ich beantrage die Zustimmung zu diesem Artikel.

Abg. **von Walter** (Korreferent): Ich beantrage ebenfalls Zustimmung zu Artikel 4; soweit eine Erläuterung nothwendig ist, hat der Herr Referent bereits an der Hand der Motive eine solche gegeben, und ich habe nichts weiter zu bemerken.

Abg. **Fuchs:** Soweit mir das fränkische Recht bekannt ist, muß ich zugeben, daß die Ausführungen des Herrn Referenten zutreffend sind.

Vorsitzender: Zum Worte ist Niemand gemeldet; auch die Herren Referenten ergreifen das Wort nicht mehr; Artikel 4 ist angenommen.

Artikel 5.

Abg. Dr. **Casselmann** (Referent) (verliest Artikel 5): Ich habe vorhin bereits bemerkt, daß nach der Vorschrift des Bürgerl. Gesetzbuchs im Falle der Beendigung der Gütergemeinschaft das gesammte Gut in zwei gleiche Theile geht. Es ist in den Motiven darauf hingewiesen, daß die Statutarrechte den gleichen Standpunkt einnehmen und daß nur das Güterrecht des Fürstenthums Hohenlohe insofern eine Ausnahme macht, als es dem Manne $^2/_3$ und der Frau $^1/_3$ des Ueberschusses zuweist. Diese Vorschrift soll aufrecht erhalten werden.

Ich beantrage die Zustimmung zu Artikel 5.

Abg. **von Walter** (Korreferent): Gegen Artikel 5 habe ich nichts zu bemerken. Weitere Abweichungen der Statutarrechte vom Bürgerl. Gesetzbuche

bestehen darin, daß nach einzelnen derselben eine Theilung nach Quoten statt- S. 830.
findet. Das wird in den Artikeln 7 bis 9 berücksichtigt.

Vorsitzender: Das Wort wird von keiner Seite begehrt; der Herr Referent ergreift das Wort nicht; Artikel 5 ist genehmigt.

Artikel 6.

Hier einschlägig ist zur Beilage X Ziff. 1 der Abänderungsanträge der k. Staatsregierung.

Abg. Dr. **Casselmann** (Referent) (verliest Artikel 6 so, wie er nach Ziff. 1 der Abänderungsanträge sich ergibt): Ich verweise zunächst auf die Motive, wo ausgeführt ist, daß in den Statutarrechten überall ein Unterschied gemacht wird zwischen den sogenannten beerbten und unbeerbten Ehen. Unter unbeerbter Ehe versteht man eine solche, bei welcher gemeinschaftliche Abkömmlinge nicht vorhanden sind. Nach dem Bürgerl. Gesetzbuche stellt sich in einem solchen Falle die Sache, wie wir wissen, so dar, daß das Gesammtgut in zwei gleiche Theile getheilt wird. Der Antheil des verstorbenen Ehegatten am Gesammtgut gehört zum Nachlaß und nach § 1482 des Bürgerl. Gesetzbuchs findet die Beerbung nach allgemeinen erbrechtlichen Grundsätzen statt, nicht nach solchen Grundsätzen, die sich als Ausfluß des ehelichen Güterrechts ergeben. In § 1931 des Bürgerl. Gesetzbuchs ist das Erbrecht des Ehegatten näher beschrieben. Der überlebende Ehegatte des Erblassers ist neben Verwandten der ersten Ordnung — das sind also Abkömmlinge des Erblassers — zu einem Viertheil, neben Verwandten der zweiten Ordnung — das sind die Eltern des Erblassers und deren Abkömmlinge — oder neben Großeltern zur Hälfte der Erbschaft des gesetzlichen Erben berufen. Treffen mit Großeltern Abkömmlinge von Großeltern zusammen, so erhält der Ehegatte auch von der anderen Hälfte den Antheil, der nach § 1926 den Abkömmlingen zufallen würde. Sind weder Verwandte der ersten oder der zweiten Ordnung noch Großeltern vorhanden, so erhält der überlebende Ehegatte die ganze Erbschaft.

Nun gehen gerade in dieser Beziehung die Statutarrechte nicht den gleichen Weg wie das Bürgerl. Gesetzbuch, wenigstens bei einer ganzen Reihe von solchen Statutarrechten sind die schon besprochenen güterrechtlichen Nachwirkungen grundverschieden. Es sind in den Motiven drei Gruppen zusammengestellt.

Nach der einen Gruppe sind mit der allgemeinen Gütergemeinschaft mehr oder weniger weitgehende Erbrechte des überlebenden Ehegatten verbunden. Zu diesen Rechten gehören die Rechte von Lindau, Mindelheim, Ingolstadt, Eichstätt, Pappenheim, Windsheim, Bamberg, Thurnau, Erbach und Fulda, sowie, wenn die Ehe länger als ein Jahr dauerte, das Recht der Stadt Nördlingen.

Die Rechte der zweiten Gruppe sind die Rechte von Oettingen, Weißenburg und Stauffen, die domprobsteilich Bambergischen Observanzen, die Mönchsrother Observanz sowie das Hohenloher Landrecht. Von diesen ist bemerkt, daß sie mit dem Bürgerl. Gesetzbuch insofern übereinstimmen, als auch nach ihnen der Antheil des verstorbenen Ehegatten am Gesammtgut zum Nachlaß gehört und die gewöhnliche gesetzliche Erbfolge oder die Erbfolge auf Grund einer Verfügung von Todeswegen stattfindet.

Endlich ist eine dritte Gruppe von Rechten vorhanden, die dem überlebenden Ehegatten ein Beisitzrecht einräumt. Zu diesen Rechten gehören das Recht von Nürnberg und des Fürstenthums Kempten.

S. 830. Nun ist bezüglich des Gesammtguts noch bemerkt, daß dasselbe in der Regel nach Quoten getheilt wird, daß aber nach einzelnen Rechten, z. B. nach Bayreuther Recht, nach Hohenloher Recht und nach dem Rechte des Fürstenthums Kempten, das Gesammtgut in die ursprünglichen Bestandtheile zerfällt.

Nur kann ich den letzten Satz des Abs. 4 der Begründung nicht als richtig anerkennen. Es heißt dort: „Nach dem Rechte von Bayreuth nimmt der überlebende Ehegatte sein Eingebrachtes sowie das von ihm während der Ehe Ererbte aus dem Gesammtgute vorweg; von dem Reste des Gesammtguts erhalten die Ascendenten $^1/_3$, die Seitenverwandten werden von dem überlebenden Ehegatten ausgeschlossen." Ich weiß, daß diese Darstellung sowohl in Roth, bayerisches Civilrecht, als auch in Arnold steht, ebenso in der „Darstellung", die im Jahre 1877 im k. bayerischen Staatsministerium der Justiz ausgearbeitet wurde. Allein die Ausführung steht doch im Widerspruch mit dem Bayreuther Recht und ich halte sie für unrichtig. Nach Bayreuther Recht gilt der Grundsatz, daß die Errungenschaft dem Manne gehört. Es gilt blos eine einzige Ausnahme; wenn nämlich der Stiefparens mit den Kindern der Frau aus früherer Ehe abtheilt, dann gehört ihm die Errungenschaft nicht. Es ist auch nicht bestritten, daß die Errungenschaft dem Manne gehört, wenn eine beerbte Ehe in Frage kommt. Es wird auch in dem nächstfolgenden Artikel 8 davon ausgegangen, daß die Errungenschaft dem Manne gehört. Nun wird hier
S. 831. für den Fall der unbeerbten Ehe, wenn Ascendenten in Frage kommen, behauptet, daß die einzelnen Vermögenstheile wieder auseinanderfallen. Das ist nach meinem Dafürhalten nur richtig, wenn es sich um den Fall des Todes der Frau handelt; dann gibt der Mann lediglich das Eingebrachte und Ererbte der Frau zur Theilung heraus. Er erhält dann $^2/_3$ und die Ascendenten $^1/_3$ dieses Eingebrachten und Ererbten, während die ganze Errungenschaft ihm gehört. Wenn aber der Mann stirbt, dann nimmt die Ehefrau ihr Eingebrachtes und während der Ehe Ererbtes heraus und alles Uebrige gehört zum Nachlasse des Ehemannes. Ich erinnere mich aus Prozessen, die ich selbst geführt habe, daß trotz der Darstellung bei Roth die Gerichte sich an diese Darstellung nicht gehalten haben, weil sie im Widerspruch mit dem Fundamentalsatze des Bayreuther Rechts stehen, daß die Errungenschaft dem Manne gehört. Es geht die Unrichtigkeit der Darstellung in der Begründung daraus hervor, daß der Mann ja, wenn Kinder da sind, besser gestellt wäre, als wenn keine Kinder da sind, denn im ersten Falle gehört unbestritten die Errungenschaft ihm. Ich weiß wohl, daß das keine besondere Bedeutung für die Zukunft mehr hat, aber bei der allgemeinen Anerkennung, die der Entwurf hier im Ausschusse mit Recht gefunden hat und die, wie ich beifügen kann, sich auch auf die vorzüglich bearbeiteten Motive erstreckt, könnten unter Umständen die Gerichte sich auf diese beiläufige Konstatirung in der Begründung beziehen und damit auf falsche Wege gerathen, und deßhalb wollte ich die Motive nicht unwidersprochen lassen.

Nun ist in den Motiven bemerkt, daß die Rechte, welche mit der allgemeinen Gütergemeinschaft ein mehr oder weniger weitgehendes Erbrecht des überlebenden Ehegatten verbinden, im Entwurfe aufrecht erhalten werden aus dem Grunde, weil hier die Bestimmungen dem überlebenden Ehegatten günstiger als die des Bürgerl. Gesetzbuchs sind. Es wird da, wo bei unbeerbter Ehe neben dem überlebenden Ehegatten auch die Ascendenten erbberechtigt sind, dieses Erbrecht beseitigt, so daß also auch in diesen Fällen eine volle Konsolidation des Vermögens eintritt. Ich habe insbesondere gegen diesen Wegfall des Erbrechts der Ascendenten nichts zu erinnern. Es wird natürlich, sobald die Konsolidation eintritt, die Frage gegenstandslos, ob das Gesammtgut in die einzelnen Vermögensbestandtheile zerfällt oder nicht. Es ist zu bemerken, daß hier lediglich die Rede ist von dem Gesammtgute. Wenn also ein Vorbehaltsgut des verstorbenen Ehegatten in Frage kommt, so fällt dieses Vorbehaltsgut nicht in das Vermögen des überlebenden Ehegatten, sondern hier würde die gewöhnliche Erbfolge Platz greifen. S. 831.

In dem Satz 2 sind verschiedene Vorschriften des Bürgerl. Gesetzbuchs als entsprechend anwendbar erklärt worden. Durch den Hinweis auf § 1483 Abs. 1 Satz 2 wird klar gestellt, daß der Antheil des verstorbenen Ehegatten am Gesammtgut nicht zum Nachlasse gehört, dagegen im Uebrigen die Beerbung des Ehegatten nach den allgemeinen Vorschriften erfolgt. Durch Bezugnahme auf § 1484 wird die Ablehnung der Konsolidation, durch Bezugnahme auf die §§ 1488 und 1498 Abs. 1 und 2 wird die Haftung für die Gesammtgutsverbindlichkeiten geregelt. Nur war im ersten Entwurfe auch noch auf den § 1506 Bezug genommen; ich bitte um Aufklärung, warum diese Vorschrift weggefallen ist. Durch Bezugnahme auf § 1507 wird dafür gesorgt, daß dem überlebenden Ehegatten ein Zeugniß, welches dem Erbschein ähnlich ist, über die Konsolidation ertheilt wird, und durch Bezugnahme auf § 1508 wird die Ausschließung der Konsolidation durch Ehevertrag vorgesehen.

Ich habe gegen den Artikel 6 Abs. 1 nichts zu erinnern.

In Abs. 2 ist ausgesprochen, daß der Uebergang durch letztwillige Verfügung ausgeschlossen werden kann. Hier bestimmen die verschiedenen Rechte Verschiedenes; z. B. nach dem Rechte von Bamberg kann der Uebergang des Gesammtguts auf den überlebenden Ehegatten nicht einseitig ausgeschlossen werden, nach dem Rechte von Windsheim ist dieß der Fall, wenn der überlebende Ehegatte sich einer Verfehlung schuldig machte, welche den anderen Theil zur Scheidungsklage berechtigte.

Es ist weiter in Motiven hingewiesen auf die Rechte von Kaufbeuren und Ulm. Was das Bayreuther Recht anlangt, so konnte der Ehegatte den anderen Theil durch letztwillige Verfügung auf den Pflichttheil setzen, d. h. er mußte ihm die Hälfte des Nachlasses zukommen lassen.

Wenn nun in Satz 2 des Abs. 2 des Artikel 6 für die dort bezeichneten Rechte auf §§ 1509 und 1516 des Bürgerl. Gesetzbuchs hingewiesen wird, so sollte damit ausgeführt sein, daß der Uebergang nur ausgeschlossen werden kann, wenn der verstorbene Ehegatte berechtigt war, dem anderen Ehegatten den Pflichttheil zu entziehen, oder wenn er berechtigt war, auf Aufhebung der Gemeinschaft zu klagen, oder aber, wenn der andere Ehegatte einwilligte. Es ist in den Motiven auseinandergesetzt, daß hier zwar für einige der in Abs. 2 ausgeführten Rechte eine Neuerung liege, daß sich jedoch die Aufnahme der Bestimmung empfehle. Bedenken habe ich nur gegen die weiteren Bestimmungen, die das B a y r e u t h e r R e c h t betreffen. Es heißt dort:

> „Besteht die allgemeine Gütergemeinschaft nach dem Rechte von Bayreuth, so steht dem ausgeschlossenen Ehegatten ein Pflichttheilsrecht zu; die Vorschriften des Bürgerlichen Gesetzbuchs über den Pflichttheil finden entsprechende Anwendung. Wird der Uebergang auf den überlebenden Ehegatten ausgeschlossen, so gehört der Antheil des verstorbenen Ehegatten am Gesammtgute zum Nachlasse."

Es soll damit, wenn ich den Abs. 2 richtig verstehe, zum Ausdruck gebracht werden, daß einmal der Pflichttheil nach den Bestimmungen des Bürgerl. Gesetzbuchs sich richtet und daß dann aber auch nach dem Bürgerl. Gesetzbuch zu bestimmen ist, aus welchem Vermögen der Pflichttheil berechnet wird. Ist

S. 831. diese Auffassung die richtige? Darf ich vielleicht diese Frage stellen? Es wird dann vielleicht alles Weitere wegfallen.

Senatspräsident Dr. **von Jacubezky:** Nach den Ausführungen des Herrn Referenten bedarf der Abs. 2 einer Ergänzung. Wenn die Errungenschaft dem Manne gehört, so kann ihm selbstverständlich von der Errungenschaft nichts entzogen werden, denn sie ist sein eigenes Vermögen, nicht Vermögen der Frau. Es muß eine ähnliche Vorschrift gegeben werden wie für den Fall der beerbten Ehe im Artikel 8 Abs. 1. Der letzte Satz des Abs. 2 gilt nicht blos für das Bayreuther Recht, sondern bezieht sich auf alle Fälle, in denen der Uebergang ausgeschlossen wird. Wenn die Vorschrift für das Bayreuther Recht ergänzt wird, so wird es sich empfehlen, den letzten Satz als Satz 2 einzustellen, so daß der Eingang des Abs. 2 lautet: „Der Uebergang auf den überlebenden Ehegatten kann durch letztwillige Verfügung ausgeschlossen werden. Im Falle der Ausschließung gehört der Antheil des verstorbenen
S. 832. Ehegatten an dem Gesammtgute zum Nach‖lasse.“ Die folgenden Sätze würden die Sondervorschriften enthalten. Für das Bayreuther Recht werde ich bis zur zweiten Lesung einen Vorschlag entwerfen.

Abg. Dr. **Casselmann** (Referent): Ich bin damit einverstanden und bitte noch um Aufklärung darüber, warum der § 1506 weggelassen wurde.

Senatspräsident Dr. **von Jacubezky:** Der § 1506 spricht von dem Falle, daß ein Abkömmling erbunwürdig ist. Der Paragraph soll deßhalb nicht angeführt werden, weil das Bürgerl. Gesetzbuch bei der fortgesetzten Gütergemeinschaft, an die sich der Artikel 6 anschließt, die Erbunwürdigkeit auf den überlebenden Ehegatten nicht übertragen hat.

Abg. Dr. **Casselmann** (Referent): Ich beantrage die Zustimmung zu Artikel 6 Abs. 1 und zu Abs. 2.

Soweit er das Bayreuther Recht betrifft, beantrage ich, die Behandlung des Bayreuther Rechts bis zur zweiten Lesung zurückzustellen.

Abg. **von Walter** (Korreferent): Ich schließe mich diesem Antrage an.

Vorsitzender: Ich kann den Artikel 6 als vorläufig angenommen erklären.

Artikel 7.

Abg. Dr. **Casselmann** (Referent) (verliest Artikel 7): Ich verweise auch hier zunächst auf die Motive, in denen ausgeführt ist, daß es für die Rechte von Oettingen, Weißenburg und Stauffen sowie für die domprobsteilich Bambergischen Observanzen und die Möndsrother Observanz bei den Vorschriften des § 1476 Abs. 2 und des § 1482 des Bürgerl. Gesetzbuchs sein Bewenden habe.

Im Artikel 7 Abs. 1 ist nun zunächst für das Recht des Fürstenthums Hohenlohe eine besondere Bestimmung nothwendig gewesen, weil die Theilung des Gesammtguts nach den Grundsätzen des Hohenloher Rechts unter Umständen dem überlebenden Ehegatten günstiger ist als die Theilung nach dem neuen Rechte. Der Inhalt des Hohenloher Rechts besteht darin, daß der überlebende Ehegatte im Voraus sein eingebrachtes Gut sowie das während der Ehe Erworbene und vom Rest die Hälfte erhält. Es ist deßhalb im Abs. 1 dem überlebenden Ehegatten für den Fall, daß ein Abkömmling nicht vorhanden ist, dasselbe Recht gegeben, welches dem Ehegatten im Falle der Scheidung auf Aussonderung seines Eingebrachten zugestanden hat. Was nach Erstattung des Werthes des in die Gütergemeinschaft Eingebrachten übrig ist, gehört zum Nachlaß des verstorbenen Ehegatten. Auch hier ist dem allgemeinen Standpunkte des Entwurfes bezüglich der Besserstellung des überlebenden Ehegatten durch Aufrechterhaltung des bisherigen Rechts entsprochen worden. S. 832.

Bezüglich des Rechts von Kempten ist zu bemerken: Nach demselben findet bis zum Tode oder zur Wiederverehelichung des überlebenden Ehegatten eine Abtheilung nicht statt, sondern der überlebende Ehegatte bleibt im Beisitze, d. h. er bleibt im Besitze und Genusse des Gesammtguts. Nur wenn er zu einer weiteren Ehe schreitet, erhält er das Zugebrachte und das ihm Vermachte, oder in Ermangelung einer Zuwendung ein Drittel des Vermögens des Verstorbenen. Bei dieser Bestimmung des bisherigen Rechts soll es verbleiben. Wenn er aber Verzicht leistet auf Verwaltung und Nutznießung, dann soll das Erbrecht nach den Bestimmungen des Bürgerl. Gesetzbuchs gelten.

Ich beantrage Zustimmung.

Abg. **von Walter** (Korreferent): Ich schließe mich diesem Antrage an und bemerke nur, daß beim zweiten Absatz, der von dem Beisitz handelt, auch das Nürnberger Recht in Frage kommen würde, welches gleichfalls einen solchen Beisitz statuirt. Der Entwurf geht nach meiner Meinung mit Recht von der Anschauung aus, daß das Bürgerl. Gesetzbuch dem überlebenden Ehegatten unter allen Umständen günstiger ist, als das Nürnberger Recht und das Beisitzrecht desselben. Deßhalb hat er das Nürnberger Recht nicht aufgenommen.

Abg. **Wagner:** Was das fürstlich Kemptische Recht betrifft, so ist die Praxis darüber zweifelhaft, ob für den Fall des Ablebens des einen Ehegatten mit Hinterlassung von Kindern dann, wenn abgetheilt wird, der überlebende Ehegatte einen Kindstheil bekommt. Es würde das allerdings zu Artikel 8 einschlägig sein. Nach der Fassung des Artikel 8 glaube ich nun, daß man diese Frage gar nicht zu entscheiden braucht, nachdem der Ehegatte das bisherige Recht sich wahren kann. Ich muß gestehen, ich bin in dieser Frage noch nicht zu einem abschließenden Urtheile gekommen. Ich weiß nicht, wie sich das Landgericht Kempten in dieser Richtung geäußert hat. Bei uns war die Praxis schwankend.

Vorsitzender: Ich konstatire die Annahme des Artikels 7.

Artikel 8.

Abg. Dr. **Casselmann** (Referent) (verliest Artikel 8): Dieser Artikel bezieht sich auf die Fälle, in welchen beim Tode des einen Ehegatten gemeinschaftliche Abkömmlinge vorhanden sind. Nach dem Bürgerl. Gesetzbuche findet in einem solchen Falle die fortgesetzte Gütergemeinschaft statt, die in den §§ 1483 bis 1537 des Bürgerl. Gesetzbuchs behandelt ist, worauf ich Bezug nehme.

Es ist nun in den Motiven dargelegt, daß es auch hier drei Systeme in den Statutarrechten gibt.

Nach dem einen System der Abtheilung mit Beisitz muß der überlebende Ehegatte das Gesammtgut, wie es zur Zeit der Auflösung der Ehe ist, mit den Kindern abtheilen, allein die Theilung erfolgt in Wirklichkeit nicht bei der Auflösung der Ehe, sondern erst später. Zunächst hat der überlebende Ehegatte an den Erbtheilen der Kinder ein Beisitzrecht. Es wird das auch Papiertheilung genannt. Dahin gehören die Rechte von Bayreuth, Nürnberg, Hohenlohe, Dinkelsbühl, Kempten, Landau, Ingolstadt, Stauffen, Mindelheim und Ulm. Bezüglich des Rechts von Ulm wird aber bemerkt, daß die Praxis der Gerichte dahingehe, die Nachwirkung der Gütergemeinschaft nicht anzuerkennen, sondern die sofortige Auseinandersetzung zu verlangen.

S. 832. Das zweite System ist das System der Konsolidation oder des Alleinerbrechts des überlebenden Ehegatten. Der überlebende Ehegatte wird allein Erbe und die Kinder haben ein unentziehbares Erbrecht unter gewissen Voraussetzungen, insbesondere im Falle der Wiederverheirathung den Anspruch auf sofortige Abfindung wegen des ihnen sonst erst auf Grund ihres Erbrechts zufallenden Vermögensantheils. Zu diesen Rechten gehören Würzburg, Castell, Schweinfurt, Fulda, Eichstätt, Pappenheim, Weißenburg, Windsheim, Oettingen, Mönchsroth, Nördlingen und Kaufbeuren.

S. 833. Das dritte System ist das System der fortgesetzten Gütergemeinschaft nach den Rechten von Erbach, Bamberg und Thurnau, sowie den domprobsteilich Bambergischen Observanzen. Hier wird bei der Abschichtung der Vermögensstand zu Grunde gelegt, wie er zur Zeit der Abschichtung bestand.

Nun wird in den Motiven dargelegt, daß in den Gebieten, wo das System des Alleinerbrechts oder das System der Konsolidation bestehe, es unbedenklich sei, künftighin die Vorschriften über die fortgesetzte Gütergemeinschaft eintreten zu lassen. Es sei das eine Folgerung, die sich aus dem Artikel 1 von selbst ergebe. Auch für das System der Abtheilung mit Beisitz eignen sich die Vorschriften über die fortgesetzte Gütergemeinschaft trotz der Verschiedenheiten, die zwischen dem Beisitz und der fortgesetzten Gütergemeinschaft bestehen und die in den Motiven näher ausgeführt sind. In den Artikeln 8, 9 und 10 werden nun Ausnahmen statuirt von dem Grundsatz, daß im Falle des Vorhandenseins von gemeinschaftlichen Abkömmlingen die Vorschriften über die allgemeine Gütergemeinschaft gelten sollen. Die Artikel 8 und 9 betreffen die Fälle mit Beisitz und der Artikel 10 betrifft den Fall des Alleinerbrechts. Wenn auf die Rechte, die im Artikel 8 aufgeführt sind, die Vorschriften des Bürgerl. Gesetzbuchs über die Auseinandersetzung bei Beendigung der Gütergemeinschaft Anwendung finden würden, dann würde, wie schon öfter bemerkt, das Gesammtgut in zwei gleiche Theile gehen. Einen Theil würde der überlebende Ehegatte, den anderen Theil würden die Abkömmlinge bekommen.

Nun muß aber mit Rücksicht auf das schon wiederholt betonte Prinzip, daß der überlebende Ehegatte nicht ungünstiger gestellt werden darf, als nach bisherigem Recht, für die in Artikel 8 genannten Rechte eine Ausnahme gemacht werden insofern, als nach diesen Rechten eine Theilung stattfindet nach den ursprünglichen Bestandtheilen. Ich kehre damit auf das zurück, was ich vorhin über das Bayreuther Recht gesagt habe.

Der Entwurf, der also das Beisitzrecht aufrecht erhält, stellt es in das Belieben des überlebenden Ehegatten, ob er von dem Beisitz des bisherigen Rechts Gebrauch machen will oder ob er die fortgesetzte Gütergemeinschaft des Bürgerl. Gesetzbuchs haben will. Wenn er diese fortgesetzte Gütergemeinschaft wählt, dann hat es natürlich bei den Bestimmungen des Bürgerl. Gesetzbuchs zu verbleiben. Es würde bei dieser Theilung das Gesammtgut in zwei Theile zerfallen. Lehnt er aber die fortgesetzte Gütergemeinschaft ab, so zerfällt das Vermögen in seine ursprünglichen Bestandtheile. Dann bestimmt der Artikel 8 nach den Rechten, die aufgeführt sind, daß der überlebende Ehegatte wie im Falle der Ehescheidung nach Artikel 1478 des Bürgerl. Gesetzbuchs das Recht hat, das Eingebrachte zu verlangen.

Nach dem Rechte der Stadt Kempten würde das Gesammtgut, soweit noch etwas übrig ist nach der Herausnahme des Eingebrachten, zum Nachlaß gehören. Für das Bayreuther Recht ist wieder ein Unterschied zu machen für den Fall des Ablebens des Mannes und des Ablebens der Frau, weil nach Bayreuther Recht die Errungenschaft unter allen Umständen dem Manne

gehört mit der einzigen Ausnahme, die in Artikel 8 Abs. 1 getroffen ist. S. 833.
Stirbt also die Frau, so bildet den Nachlaß der Frau das Eingebrachte.

Nehmen wir an, das Gesammtgut repräsentirt einen Werth von 100 000 M., die Frau hat 20,000 M. eingebracht, der Mann 30,000 M., 50,000 M. wurden errungen, so würde in diesem Falle, wenn die Frau stirbt, der Nachlaß 20,000 M. sein und in diesen Nachlaß würde die Erbfolge eintreten, während, wenn der Mann stirbt, die Frau ihr Eingebrachtes herausnimmt und das Eingebrachte des Mannes incl. der Errungenschaft, also im Ganzen 80,000 M., den Nachlaß bilden würde.

Es heißt deßhalb hier auch: „es gilt das Gleiche wie nach dem Rechte von Kempten, wenn die Frau überlebt oder bei dem Vorableben der Frau ein Kind aus einer früheren Ehe der Frau vorhanden ist".

Der Artikel 8 Abs. 1 entspricht nur dem geltenden Recht, und wenn dem überlebenden Ehegatten die Wahl gelassen wird, das Eine oder das Andere zu wählen, so entspricht das wieder dem Prinzip, das wir schon in der Generaldiskussion gut geheißen haben.

In dem Abs. 2 ist ausgeführt, daß, wenn der Ehegatte nach dem bisherigen Recht erben will, sich auch sein Recht in Ansehung des Nachlasses nach den bisherigen Vorschriften richtet, wenn er aber auf das Recht des Beisitzes verzichtet, daß er dann wieder die Wahl hat, ob er erben will nach den bisherigen Vorschriften oder erben will nach den Vorschriften des Bürgerl. Gesetzbuchs.

Es ist das an einem Beispiel ersichtlich. Nach den Bestimmungen des Bayreuther Rechts erbt der Ehegatte einen Kindstheil; nach den Bestimmungen des Bürgerl. Gesetzbuchs erbt bei Abkömmlingen der Ehetheil 1/4; wenn also weniger als drei Kinder vorhanden sind, dann ist natürlich das Erbrecht nach Bayreuther Recht dem überlebenden Ehegatten günstiger, als wenn mehr als drei Kinder da sind. In diesem Falle ist ihm die Wahl eingeräumt.

Gegen den Artikel habe ich nichts zu erinnern; ich beantrage die Zustimmung.

Abg. **von Walter** (Korreferent): Ich beantrage gleichfalls die Zustimmung und mache darauf aufmerksam, daß durch die Ueberleitung des Systems der Abtheilung mit Beisitz in die fortgesetzte Gütergemeinschaft des Bürgerlichen Gesetzbuchs Abänderungen des bisherigen Rechts bewirkt werden. Einmal fällt abweichend von den Bestimmungen des Bürgerl. Gesetzbuchs in § 1485 Abs. 1 bisher der Erwerb des überlebenden Ehegatten nicht in das zu theilende Vermögen, und ein weiterer Unterschied ergibt sich insoferne, als sich nach § 1490 des Bürgerl. Gesetzbuchs der den Abkömmlingen zufallende Antheil nur auf die in der Gemeinschaft befindlichen Miterben beschränkt, während nach den jetzigen Bestimmungen das Erbrecht auch allen übrigen Verwandten gegeben wird.

Der Entwurf glaubt, daß diese Abweichungen wirthschaftlich nicht so erheblich seien, daß sie die Ersetzung des Beisitzes durch die fortgesetzte Gütergemeinschaft als unthunlich erscheinen ließen, und nimmt an, daß diese Ersetzung dem Willen der Bevölkerung entspricht. Wie weit das Letztere zutrifft, weiß ich nicht, nehme aber an, daß es der Fall ist.

Weiter habe ich nichts zu bemerken und beantrage ebenfalls die Zustimmung.

Vorsitzender: Ich konstatire die Annahme des Artikel 8.

Artikel 9.

Abg. Dr. **Casselmann** (Referent) (verliest Artikel 9): Ich darf mich hier einfach auf die Motive berufen; ich habe den Artikel für das Bayreuther

S. 833. Recht geprüft und eine Beanstandung nicht gefunden. Ich glaube, daß auch
S. 834. bei den || übrigen Rechten eine solche Beanstandung nicht besteht, und beantrage die Zustimmung.

Abg. **von Walter** (Korreferent): Ich habe ebenfalls nichts zu erinnern.

Vorsitzender: Ich konstatire die Annahme des Artikel 9.

Artikel 10.

Abg. Dr. **Casselmann** (Referent) (verliest Artikel 10): In diesem Artikel sind für die dort bezeichneten Rechte Ausnahmen von den Theilungsgrundsätzen des Bürgerl. Gesetzbuchs getroffen. Dieselben entsprechen den bisherigen Rechten der einzelnen Statutarrechte und sind nothwendig nach dem wiederholt anerkannten Prinzipe, daß der überlebende Ehegatte nicht schlechter wie bisher gestellt sein soll.

Ich habe keine Erinnerung und beantrage die Zustimmung.

Abg. **von Walter** (Korreferent): Ich habe gleichfalls nichts zu erinnern.

Vorsitzender: Ich konstatire die Annahme des Artikel 10.

Artikel 11.

Abg. Dr. **Casselmann** (Referent) (verliest Artikel 11): Hier ist in den Motiven dargelegt, daß durch das Vorhandensein von eingekindschafteten Kindern die Ueberleitung nicht gehindert werde und daß es der Entwurf als selbstverständlich erachtet, daß, wenn die Einkindschaftung nach dem bisherigen Rechte den vereinkindschafteten Kindern wenigstens in vermögensrechtlicher Beziehung die Stellung rechter, d. h. ehelicher Kinder der vereinkindschafteten Eltern gewährt, die eingekindschafteten Kinder im Sinne des Bürgerl. Gesetzbuchs und des Entwurfes als gemeinschaftliche Abkömmlinge anzusehen seien. Besondere Vorschriften seien nur für die im Artikel 11 bezeichneten Rechte nothwendig, weil nach diesen Rechten die vereinkindschafteten Kinder in Folge ihrer Einkindschaftung unentziehbare Ansprüche auf die demnächstige Abschichtung erhalten, da nach diesen Rechten die Abschichtung nach anderen Grundsätzen vor sich gehe und unter anderen Voraussetzungen zu erfolgen habe, wie die Auseinandersetzung nach dem Bürgerl. Gesetzbuche. Die Vorschriften des Artikel 11 sind nothwendig.

Es werden dadurch, daß nur die Vorschriften der §§ 1438 bis 1467 und 1473 des Bürgerl. Gesetzbuchs über die allgemeine Gütergemeinschaft des Bürgerl. Gesetzbuchs für anwendbar erklärt werden, die übrigen entsprechenden Bestimmungen des Bürgerl. Gesetzbuchs als nicht anwendbar erklärt. Es ist das in den Motiven als im Interesse der Vorkinder als nothwendig erklärt.

Ich beantrage Zustimmung.

Abg. **von Walter** (Korreferent): Ich habe nichts zu erinnern.

Vorsitzender: Ich konstatire die Annahme des Artikel 11.

Artikel 12.

Abg. Dr. **Casselmann** (Referent) (verliest Artikel 12): Artikel 12 betrifft den Fall, daß zur Zeit des Inkrafttretens des Bürgerl. Gesetzbuchs die Gütergemeinschaft aufgehoben ist oder daß zu dieser Zeit eine fortgesetzte Gütergemeinschaft besteht. Ich beantrage Zustimmung.

Abg. **von Walter** (Korreferent): Ich habe keine Erinnerung gegen Artikel 12.

Senatspräsident Dr. **von Jacubezky:** Ich möchte eine ergänzende Bemerkung zu der Begründung machen. Nach Zeitungsnachrichten hat die Kommission des preußischen Abgeordnetenhauses es für einen unzulässigen Eingriff in das gesetzliche Erbrecht des Bürgerl. Gesetzbuchs erachtet, der Grundtheilung die Wirkung zu belassen, daß sie das Erbrecht der abgeschichteten Kinder ausschließt oder beschränkt. Ich glaube, daß dieses Bedenken unbegründet ist. In unserer Begründung ist gesagt, die Grundtheilung habe den Charakter eines Erbverzichtsvertrags. Das wird allerdings nicht in allen Fällen zutreffen. Aber auch wenn sie kein Erbverzicht ist, behält sie meines Erachtens die bisherigen erbrechtlichen Wirkungen nach Artikel 200 Abs. 1 Satz 2 des Einführungsgesetzes. Dort ist ganz allgemein bestimmt, daß die erbrechtlichen Wirkungen des Güterstandes unberührt bleiben, und zu den erbrechtlichen Wirkungen des Güterstandes muß man auch erbrechtliche Wirkungen einer auf dem Güterstande beruhenden Grundtheilung rechnen. Die gegentheilige Annahme würde sachlich zu einem verkehrten Ergebnisse führen, soweit das geltende Recht den Antheil der Kinder mit Rücksicht auf die Ausschließung oder Beschränkung ihres Erbrechts erhöht. Die Kinder würden den erhöhten Antheil, z. B. nach Würzburger Recht zwei Drittel, erhalten und daneben ihr Erbrecht behalten. Der Zweck der Vorschriften des geltenden Rechts ist, den abschichtenden Elterntheil von den Erbrechten der Kinder frei zu machen, damit er sich wieder verheirathen und das ihm verbleibende Vermögen den Kindern der neuen Ehe hinterlassen kann. Der Artikel 200 Abs. 1 Satz 2 des Einführungsgesetzes darf deßhalb nicht durch einengende Auslegung auf das gegenseitige Erbrecht der Ehegatten beschränkt werden. S. 834

Vorsitzender: Ich konstatire die Annahme des Artikel 12.

Artikel 13.

Herr Referent!

Abg. Dr. **Casselmann** (Referent) (verliest Artikel 13): Auch hier schließe ich mich den Ausführungen der Motive vollständig an und beantrage Zustimmung zu dem Artikel.

Abg. **von Walter** (Korreferent): Ich habe gegen den Artikel 13 ebenfalls nichts einzuwenden.

Was den Fall betrifft, wenn die Verheirathung vor Inkrafttreten des Bürgerl. Gesetzbuchs erfolgt, die Auseinandersetzung aber nicht geschehen ist, so bin ich der Ansicht, daß auch in diesem Falle die Grundtheilung stattzufinden hat, weil die Einkindschaftung nicht mehr Platz greifen kann.

Weiter möchte ich noch bemerken, daß die Ausdrücke „vollkommene" und „unvollkommene" Einkindschaftung nach Bamberger Recht wohl dahin aufzufassen sind, daß bei der unvollkommenen Einkindschaft wahrscheinlich die elterliche Gewalt auf die einkindschafteten Kinder sich erstreckt, während ‖ bei S. 835
der „vollkommenen" Einkindschaft auch die Erlangung der elterlichen Gewalt stattfindet. Ich bitte übrigens um Aufklärung.

Senatspräsident Dr. **von Jacubezky:** Die vollkommene Einkindschaft setzt nach dem Bamberger Recht voraus, daß in der neuen Ehe allgemeine Gütergemeinschaft gilt. Wenn ein anderer Güterstand gilt, so ist die Einkindschaft eine unvollkommene.

Vorsitzender: Artikel 13 ist angenommen.

(Schluß der Sitzung um 1 Uhr.)

von Stobäus,
Vorsitzender.

Michel,
Schriftführer.

S. 837.

49.

Protokoll

über die Sitzung des besonderen (XVIII.) Ausschusses der Kammer der Abgeordneten zur Berathung der durch die Einführung des Bürgerlichen Gesetzbuchs veranlaßten Gesetzentwürfe.

(Verhandl. des Justiz=Gesetzg.=Aussch. d. K. d. Abg. 1899. Beil.=Bd. XX, Abth. II, S. 837 bis 851.)

München, den 24. Mai 1899, Nachmittags $4^1/_2$ Uhr.

Gegenwärtig:

Die Vertreter der k. Staatsregierung: der k. Staatsminister der Justiz Dr. Freiherr von Leonrod, Excellenz, der k. Senatspräsident am obersten Landesgerichte Dr. Ritter von Jacubezky, der k. Oberregierungsrath im Staatsministerium der Justiz Schneider, der k. Landgerichtsrath im Staatsministerium der Justiz Dr. Unzner;

ferner die Ausschußmitglieder: von Stobäus, Vorsitzender, Wagner, Stellvertreter des Vorsitzenden, Dr. Casselmann, Schriftführer, Michel, Stellvertreter des Schriftführers, Conrad, Fuchs, Joseph Geiger, Joseph Huber, Lerno, Seeberger, Segitz, von Walter (Beckh, Landmann und Dr. Ratzinger entschuldigt).

Tagesordnung:

Entwurf von Uebergangsvorschriften für des eheliche Güterrecht.
(Beilage X.)

Artikel 14 mit 42.

Erste Lesung.

Vorsitzender **von Stobäus** eröffnet um 4 Uhr 30 Minuten die Sitzung und ertheilt das Wort dem Referenten zu

Artikel 14.

Abg. Dr. **Casselmann** (Referent): Die Artikel 14 bis 27 handeln von der Errungenschaftsgemeinschaft. In den Motiven sind die Güterrechte verzeichnet, bei welchen die Errungenschaftsgemeinschaft gilt. Es ist darauf hingewiesen, daß in den bayerischen Statuten die Errungenschaftsgemeinschaft in zwei Hauptformen vorkommt. In der sogenannten reinen Errungenschaftsgemeinschaft, bei welcher die Errungenschaft schon einen besonderen Vermögensinbegriff bildet, und außerdem in der Gemeinschaft des Zugewinnstes, bei welcher erst bei Beendigung der Gemeinschaft ermittelt wird, ob eine Errungenschaft vorhanden ist. Der Entwurf rechnet zur Gemeinschaft des Zugewinnstes die Rechte von Ansbach, Nürnberg, Augsburg, Solms, Mainz, das bayerische Landrecht und die domprobsteilich Bambergischen Observanzen.

Was das Ansbacher Recht anlangt, so ist in den Entscheidungen des Obersten Landesgerichts angenommen, daß dieses Recht auf dem Boden der reinen Errungenschaftsgemeinschaft stehe. Es ist aber in den Motiven bemerkt, daß die Praxis der unteren Gerichte an der Auffassung festhält, daß das Recht von Ansbach zu den Rechten der Gemeinschaft des Zugewinnstes zu zählen sei. Nachdem nun die reine Errungenschaftsgemeinschaft des bisherigen Rechts in die Errungenschaftsgemeinschaft des Bürgerl. Gesetzbuchs, die Gemeinschaft des Zugewinnstes aber in den Güterstand der Verwaltung und Nutznießung übergeleitet wird, so ist die Frage natürlich sehr wichtig, ob die einzelnen angeführten Rechte zur reinen Errungenschaftsgemeinschaft oder zu der Gemeinschaft des Zugewinnstes zu rechnen sind.

Ich darf vielleicht die k. Staatsregierung ersuchen, näher darzulegen, aus welchen Gründen sie insbesondere das bayerische Landrecht zu dem System der Gemeinschaft des Zugewinnstes rechnet. S. 837.

Abg. **von Walter** (Korreferent): Die Ausscheidung der Errungenschaftsgemeinschaft in eine reine Errungenschaftsgemeinschaft und in eine Gemeinschaft des Zugewinnstes ist mir eigentlich ziemlich neu gewesen. Ich habe mich in Roth und in den Blättern für Rechtsanwendung umgesehen und für diese Ausscheidung eigentlich keinen recht greifbaren Anhaltspunkt gefunden. Allein abgesehen von der Frage, welcher Gemeinschaft die des Ansbacher Rechtes zuzuzählen ist, habe ich mich in Bezug auf das bayerische Landrecht — so überraschend mir auch die Ansicht vorgekommen ist, daß es sich bei demselben um eine Gemeinschaft des Zugewinnstes handelt — doch vollständig der Anschauung angeschlossen, die in den Motiven dargelegt ist. Es ist richtig — es geht das aus der Darstellung hervor —, daß in allen Statutarrechten, in welchen die reine Errungenschaftsgemeinschaft gilt, entweder durch das Gesetz selbst oder doch durch die Praxis ein Güterverzeichniß eingeführt wurde, ein Verzeichniß über das Vermögen, das die Ehegatten zusammenbringen, und daß mit der Herstellung des Verzeichnisses eine Ausscheidung des gemeinsamen von dem eingebrachten Vermögen stattfindet. An dieser Voraussetzung fehlt es nach bayerischem Landrecht. Nach bayerischem Landrecht wird in der That erst nach dem Tode des einen Ehegatten und nach Auflösung der Ehe festgestellt, ob eine Errungenschaft vorhanden ist, und gerade dieser Unterschied stimmt vollständig zu dem, was die k. Staatsregierung in den Motiven über die Thatbestandsmerkmale der Gemeinschaft des Zugewinnstes ausführt. Es ist allerdings nicht gleichgiltig, ob wir die Zugewinnstgemeinschaft in die eine oder andere Form des Güterstandes des Bürgerl. Gesetzbuchs überleiten; allein bezüglich des bayerischen Landrechts habe ich mich in diesem Punkte vollständig beruhigt, weil durch die Ueberleitung in die Gemeinschaft des Zugewinnstes die Stellung der Frau eine entschieden günstigere und gesichertere ist, als sie nach den Bestimmungen des Bürgerl. Gesetzbuchs über die Errungenschaftsgemeinschaft wäre.

Ich glaube, daß man getrost die Sache so machen kann, wie die k. Staatsregierung vorschlägt, und ich glaube auch nicht, daß daraus irgendwelche Schädigung des einen Ehegatten erfolgt. Das Verwaltungs- und Nutznießungsrecht des Mannes ist auch bei der Ueberleitung in die Verwaltungsgemeinschaft vollständig aufrecht erhalten. Die Rechte der Frau sind mehr gesichert und deßhalb habe ich für meinen Theil keinen Anstand.

Ich glaube, es wird auch im Gebiete des Ansbacher Rechtes eine Schädigung irgend eines Ehetheils dadurch || nicht erfolgen, daß das Ansbacher Recht gleich S. 838.
dem bayerischen Landrechte behandelt wird.

Ich für meinen Theil will den Vorschlägen des Entwurfes unbedingt folgen und glaube auch, daß die k. Staatsregierung bezüglich des Ansbacher Rechtes die Bedenken des Herrn Referenten zu beseitigen im Stande sein wird.

Senatspräsident Dr. **von Jacubezky**: Die Unterscheidung zwischen reiner Errungenschaftsgemeinschaft, bei der drei Vermögensmassen bestehen, nämlich das Vermögen des Mannes, das Vermögen der Frau und das Gesammtgut, und Gemeinschaft des Zugewinnstes, bei der nur zwei Massen, das Vermögen des Mannes und das Vermögen der Frau, vorhanden sind, ist auch bei Roth Seite 500, 501 hervorgehoben, ebenso in der im Jahre 1877 im Justizministerium ausgearbeiteten Darstellung. Dort ist Seite 46, 47 angeführt,

S. 838. daß die Mehrzahl der bayerischen Statutarrechte mit Errungenschaftsgemeinschaft die Gemeinschaft des Zugewinnstes habe. Wie die einzelnen Statutarrechte die Errungenschaftsgemeinschaft aufgefaßt haben, ist für mehrere dieser Rechte zweifelhaft. Bei der Beschaffenheit der Statutarrechte, deren Verfasser diesen Unterschied nicht vor Augen hatten und von denen die meisten sich mit der Aufstellung einzelner besonders wichtiger Rechtssätze begnügen, läßt sich das nicht immer mit Sicherheit feststellen. Daher kommt es auch, daß bei einigen Rechten mit Errungenschaftsgemeinschaft, die in mehreren deutschen Staaten gelten, die Gemeinschaft in dem einen Theile ihres Geltungsgebiets als reine Errungenschaftsgemeinschaft aufgefaßt wird, in dem anderen als Gemeinschaft des Zugewinnstes. Für das Mainzer Recht wird z. B. in den vormals kurhessischen Gebietstheilen des preußischen Oberlandesgerichtsbezirkes Cassel Gemeinschaft des Zugewinnstes angenommen, in Hessen und in den vormals nassauischen Gebietstheilen der preußischen Provinz Hessen-Nassau sowie in der Stadt Wetzlar dagegen reine Errungenschaftsgemeinschaft. Auch die Rechtsprechung gibt nicht immer sicheren Aufschluß über die Frage, sie ist für mehrere der in Betracht kommenden Rechte schwankend.

Was das Ansbacher Recht anlangt, so hat das Oberste Landesgericht sich in einigen Entscheidungen für reine Errungenschaftsgemeinschaft ausgesprochen, die unteren Gerichte haben sich aber dieser Ansicht nicht angeschlossen. Sowohl der Präsident des Oberlandesgerichts Nürnberg als die Präsidenten der Landgerichte Ansbach, Fürth, Nürnberg und die Oberamtsrichter der wichtigsten Amtsgerichte dieses Rechtsgebiets haben übereinstimmend berichtet, daß die Auffassung des Obersten Landesgerichts der Anschauung, die in der Bevölkerung herrscht und im Rechtsleben zur Geltung kommt, widerspreche. Mit Rücksicht hierauf ist dieses Recht im Entwurf als Gemeinschaft des Zugewinnstes behandelt worden.

Auch für das bayerische Landrecht ist die Frage streitig. Das Oberste Landesgericht hat in zwei neueren Erkenntnissen (Entsch. XIII 117, XVI 118) ausgesprochen, daß nach dem bayerischen Landrecht die Errungenschaft eine selbständige Vermögensmasse bilde, ohne das aber näher zu begründen; in dem einen Erkenntniß ist ausdrücklich anerkannt, daß die Frage bestritten ist. Die Vorschriften des Landrechts lassen meines Erachtens nicht wohl eine andere Deutung zu, als daß die Gemeinschaft eine Gemeinschaft des Zugewinnstes ist. Die Errungenschaft wird in I 6 § 20 dahin definirt, daß sie dasjenige ist, was die Eheleute von ihren Einkünften ersparen oder durch gemeinschaftlichen Fleiß und Mitwirkung erringen. Als erspart kann nicht das angesehen werden, was den einen Tag übrig bleibt, denn es kann demnächst wieder verbraucht werden. Von Ersparnissen kann man erst reden, wenn der Güterstand beendigt ist. Demgemäß hat das Oberste Landesgericht in den Jahren 1887 (Entsch. XI 240) und 1894 (Entsch. XV 28) ausgesprochen, daß die Feststellung des Vorhandenseins einer Errungenschaft Vermögensauseinandersetzung voraussetzt, daß die Errungenschaft der Ueberschuß über das Einbringen und die Gemeinschaftsschulden ist, daß erst nach dem Tode des einen Ehegatten sich feststellen läßt, wie groß die Errungenschaft sei. Daß eine selbständige Errungenschaftsmasse nicht besteht, ergibt sich auch aus den Vorschriften des Landrechts über die Nutzungen sowohl des Heirathgutes wie des eingebrachten Gutes der Frau. Bei einer Errungenschaftsgemeinschaft fallen nach dem Begriffe dieser Gemeinschaft die Nutzungen des Vermögens der beiden Ehegatten in das Gesammtgut. Nach dem Landrecht (I 6 § 13 Nr. 17, § 22) gehören aber die Nutzungen des Heirathguts und des eingebrachten Guts der Frau dem Manne,

sie werden nicht gemeinschaftlich, sondern fallen in das Sondervermögen des S. 838.
Mannes. Da der Mann die Nutzungen des beiderseitigen Vermögens allein bezieht, so hat er auch die Lasten der Ehe zu tragen, was das Oberste Landesgericht in den letzten Jahren zu wiederholten Malen ausgesprochen hat (Entsch. X 60, XIII 73, XIV 176, XVI 93). Bei der reinen Errungenschaftsgemeinschaft sind dagegen die Lasten der Ehe aus dem Gesammtgut zu bestreiten, dem die Einkünfte der Ehegatten zufließen. Das Landrecht (I 6 § 28 Nr. 2) kennt keinen Ersatzanspruch des Gesammtguts, sondern nur einen Ersatzanspruch des Mannes für nothwendige und nützliche Aufwendungen zu Gunsten des Heirathguts und des eingebrachten Guts der Frau, die bei dem Vorhandensein einer selbständigen Errungenschaft doch meistens aus dieser gemacht werden. Bei der reinen Errungenschaftsgemeinschaft wird vermuthet, daß das vorhandene Vermögen Gesammtgut sei (§ 1527 des B. G.B.); das Landrecht stellt aber die Vermuthung auf, daß alles vorhandene Vermögen Vermögen des Mannes sei (I § 23 Nr. 1, auch § 21 Nr. 2).

Mit der dargelegten Anschauung steht es im Einklange, wenn Hettich in den Blättern für Rechtsanwendung Bd. XLIII S. 193 ff. sagt, daß sich erst bei Auflösung der Ehe ermitteln lasse, ob von einem effektiven ehelichen Erwerb, einer Ersparniß gesprochen werden könne, und daraus folgert, daß „die Errungenschaftsgemeinschaft im Allgemeinen erst Bedeutung nach Auflösung der Ehe gewinnen könne“.

Vorsitzender: Nachdem zu den verschiedenen Bemerkungen keiner der Herren mehr das Wort ergreift, darf ich den Herrn Referenten bitten, über den Artikel 14 selbst zu referiren.

Abg. Dr. **Casselmann** (Referent) (verliest Artikel 14): Ebenso, wie in Artikel 1 für den Güterstand der allgemeinen Gütergemeinschaft an die Stelle der bisherigen Vorschriften die Vorschriften des Bürgerl. Gesetzbuchs über die allgemeine Gütergemeinschaft treten, treten hier an die Stelle der bisherigen Vorschriften die Vorschriften des Bürgerl. Gesetzbuchs über die Errungenschaftsgemeinschaft.

In den Motiven zu Artikel 14 ist das näher begründet. Es ist hingewiesen auf die Vorschriften des Bürgerl. Gesetzbuchs über die Errungenschaftsgmeinschaft in den §§ 1519 bis 1548.

In Abs. 2 ist, entsprechend dem Artikel 1 Abs. 2, die Vorschrift des württembergischen Landrechts beseitigt, welche || den Eintritt der Errungenschafts- S. 839.
gemeinschaft von der Voraussetzung der ehelichen Beiwohnung abhängig macht. Aufrecht erhalten ist die Bestimmung des preußischen Landrechts, wonach die Hinausschiebung des Eintrittes der Gütergemeinschaft auch für den Eintritt der Errungenschaftsgemeinschaft ausgesprochen ist, wenn ein Ehegatte minderjährig ist.

In den Motiven ist dann weiter dargelegt, welche Folgen die Ueberleitung der bisherigen Vorschriften in die Vorschriften über die Errungenschaftsgemeinschaft des Bürgerl. Gesetzbuchs für die bestehenden Statutarrechte hat. Ich darf mich wohl kurz auf dieselben berufen und aus ihnen nur hervorheben, daß da, wo eine Aenderung durch die Vorschriften des Bürgerl. Gesetzbuchs über die Errungenschaftsgemeinschaft gegenüber den bisherigen Vorschriften herbeigeführt wird, z. B. in Bezug auf die Rechtsstellung der Gläubiger zu dem Gesammtgute oder in Bezug auf die Verwaltung und Verfügungsmacht der Ehegatten gegenüber dem Gesammtgute und gegenüber ihren eingebrachten Gütern, dann bezüglich der Gründe, aus welchen die Errungenschaftsgemeinschaft

S. 839. beendet wird, diese Aenderung doch nicht der Art ist, daß gegen die grundsätzliche Ueberleitung des Artikel 14 etwas einzuwenden ist. Es ist daher dem Artikel 14 zuzustimmen.

Ich weise nur noch darauf hin, daß für die Errungenschaftsgemeinschaft kein Anlaß besteht, eine dem Artikel 3 des Entwurfes entsprechende Vorschrift zu treffen, da nach den bestehenden Statutarrechten in allen Fällen die Aufhebung der Errungenschaftsgemeinschaft nur eine Wirkung für die Zukunft, nicht aber, wie es in einzelnen Rechten bei der allgemeinen Gütergemeinschaft der Fall ist, auf die Vergangenheit äußert.

Abg. **von Walter** (Korreferent): Ich beantrage gleichfalls Zustimmung.

Vorsitzender: Demnach kann ich erklären, daß Artikel 14 angenommen ist.

Artikel 15.

Dazu einschlägig ist Ziff. 2 der Abänderungsanträge der k. Staatsregierung.

Abg. Dr. **Casselmann** (Referent) (verliest Artikel 15 mit der Modifikation des Abänderungsantrags): In den Motiven ist ausgeführt, warum für die Rechte von Würzburg, Castell und Schweinfurt hier eine besondere Bestimmung nothwendig ist.

Den dort aufgeführten Gründen ist beizutreten und dem Artikel 15 Abs. 1 zuzustimmen.

Ferner ist zuzustimmen dem Abs. 2, wonach für den dort vorgesehenen Fall das bisherige Recht maßgebend bleibt.

Ich beantrage Zustimmung zu dem modifizirten Artikel 15.

Abg. **von Walter** (Korreferent): Ich beantrage ebenfalls Zustimmung. Ich halte insbesondere den Satz, der nach den Abänderungsanträgen der k. Staatsregierung als Halbsatz dem Satz 1 in Abs. 2 beigefügt werden soll, für sehr nothwendig, weil sonst den Gläubigern gegenüber eine große Verwirrung und Unsicherheit eintreten würde, wenn, nachdem bisher lange eine Errungenschaftsgemeinschaft bestanden hat, nunmehr die Ehe in die allgemeine Gütergemeinschaft übergeleitet wird. Es muß daher dasjenige, was Verbindlichkeit der Errungenschaft war, nach Eintritt der allgemeinen Gütergemeinschaft jedenfalls Verbindlichkeit des Gesammtguts werden.

Senatspräsident Dr. **von Jacubezky:** Zu dem Zusatze haben das Würzburger und das Casteller Recht Anlaß gegeben, welche Schulden, die vor dem Eintritte der allgemeinen Gütergemeinschaft in der Person eines Ehegatten entstanden sind, theilweise anders behandeln als die während des Bestehens der Gemeinschaft entstehenden Gesammtgutsverbindlichkeiten. Diese besonderen Vorschriften können nicht für diejenigen Gesammtgutsverbindlichkeiten gelten, welche während der Dauer der Errungenschaftsgemeinschaft nach dem 1. Januar 1900 entstanden sind. Solche Gesammtgutsverbindlichkeiten müssen Gesammtgutsverbindlichkeiten der allgemeinen Gütergemeinschaft werden, für sie muß das Gesammtgut haften, wie es sich in Folge des Eintritts der allgemeinen Gütergemeinschaft gestaltet hat, sonst müßte eine Liquidation stattfinden, bei der sie aus dem bisherigen Gesammtgute der Errungenschaftsgemeinschaft berichtigt würden.

Ich möchte noch eine Bemerkung der Begründung zu dem Artikel 15 richtig stellen. Dort soll es im zweiten Absatz heißen: „Da die Ehegatten mit dem Eintritte der allgemeinen Gütergemeinschaft des bisherigen Rechts gerechnet haben, so bestimmt der Entwurf im Artikel 15 Abs. 2 Satz 1, daß

es für die Frage, inwieweit das Vermögen der Frau Vorbehaltsgut und die S. 839.
Verbindlichkeiten der Ehegatten Gesammtgutsverbindlichkeiten der allgemeinen Gütergemeinschaft werden, bei dem bisherigen Rechte verbleibt."

Vorsitzender: Zu Artikel 15 wird das Wort weiter nicht begehrt; derselbe ist angenommen.

Artikel 16.

Herr Referent!

Abg. Dr. **Casselmann** (Referent) (verliest Artikel 16): Nach den Vorschriften des Bürgerl. Gesetzbuchs über die Errungenschaftsgemeinschaft ergibt sich das Rechtsverhältniß, daß nach der Beendigung der Errungenschaftsgemeinschaft und nach der Auseinandersetzung jeder Ehegatte bei der Auseinandersetzung vom Gesammtgut einen gleichen Antheil erhält. Da nun das in Artikel 16 aufgeführte Recht die hier aufrecht erhaltene Sonderbestimmung hat, so schlägt der Entwurf vor, ähnlich wie es bei Artikel 5 bei der allgemeinen Gütergemeinschaft des Hohenloher Landrechts ist, es dabei zu belassen, daß dem Manne $^2/_3$, der Frau $^1/_3$ des Ueberschusses gebührt. Ich beantrage Zustimmung.

Vorsitzender: Der Herr Korreferent beantragt ebenfalls Zustimmung; Artikel 16 ist angenommen.

Bei **Artikel 17** ist einschlägig Ziff. 3 der Abänderungsanträge.

Herr Referent!

Abg. Dr. **Casselmann** (Referent) (verliest Artikel 17 mit der Einschaltung in Abs. 1 zu Satz 1 und 2: „Das Erbrecht ist im Falle des § 1933 des Bürgerlichen Gesetzbuchs ausgeschlossen."): Nach dem Bürgerl. Gesetzbuche gibt es bei der Errungenschaftsgemeinschaft keine Nachwirkung derselben über den Bestand der Ehe hinaus, sondern das Bürgerl. Gesetzbuch gewährt dem überlebenden Gatten das gesetzliche Erbrecht gegenüber dem Nachlaß des Verstorbenen unverkürzt. Dieser Nachlaß besteht aus der Hälfte des gesammten S. 840.
Gutes, aus dem eingebrachten Gute und dem Vorbehaltsgute. Dem bayerischen Errungenschaftsgemeinschaftsrechte ist, wie in den Motiven dargethan ist, auch eine Nachwirkung fremd. Zudem gewähren die bayerischen Statutarrechte dem überlebenden Ehegatten regelmäßig kein Intestaterbrecht oder doch nur eine meist sehr geringe statutarische Erbportion. Deßhalb wird durch die Ueberleitung in der Mehrzahl der Fälle eine Besserung der Rechte des überlebenden Ehegatten herbeigeführt. Es ist mit Recht in den Motiven dargethan, daß damit einem dringenden Bedürfnisse und der Rechtsüberzeugung des bayerischen Volkes Rechnung getragen werde. Nach dem mehrfach besprochenen Prinzipe, daß das bisherige Recht, welches für den überlebenden Ehegatten günstiger ist als die Bestimmungen des Bürgerl. Gesetzbuchs, bestehen bleiben soll, bestimmt der Entwurf in Artikel 17 bis 20 für solche Fälle, daß die bisherigen Vorschriften aufrecht erhalten bleiben.

Der Artikel 17 behandelt die Rechte von Memmingen, Rothenburg oder Coburg für den Fall, daß bei dem Tode eines Ehegatten Abkömmlinge dieser Ehegatten nicht vorhanden sind. Hier ist das Erbrecht des § 1391 des Bürgerl. Gesetzbuchs dem überlebenden Ehegatten eingeräumt.

Nun erlaube ich mir, bezüglich des Rechtes von Memmingen auf den Abs. 3 unter Nr. 8 der Begründung hinzuweisen. Die Herren ersehen, daß hier für den Fall, daß Abkömmlinge des Ehegatten nicht vorhanden sind, das bisherige Memminger Recht aufrecht erhalten bleibt, indem der überlebende Ehegatte als der gesetzliche Erbe erklärt wird. Das Erbrecht soll nach dem

S. 840. Abänderungsantrage dann ausgeschlossen sein, wenn der Fall des § 1933 vorliegt, d. h. also, wenn der Erblasser zur Zeit seines Todes auf Scheidung wegen Verschulden des Ehegatten zu klagen berechtigt war und die Klage auf Scheidung oder auf Aufhebung der ehelichen Gemeinschaft erhoben hatte. Es ist dann in weiterer Anlehnung an die von uns bereits beschlossene Vorschrift des Artikel 6 Abs. 1 Satz 2 auch für das Memminger Recht ausgesprochen, daß die Vorschriften der §§ 2335 bis 2337, welche von der letztwilligen Entziehung des Pflichttheils handeln, für anwendbar erklärt werden, und bestimmt, daß auch für die Rechte von Rothenburg und Coburg durch letztwillige Verfügung dieses Erbrecht ausgeschlossen werden kann, daß in diesem Falle der Pflichttheil sich nach den Bestimmungen des Bürgerl. Gesetzbuchs richtet.

Bezüglich der Rettenbergischen Landesordnung und des Rothenfelser Landesbrauches ist in den Motiven ausgeführt, daß, wenn beim Tode des einen Ehegatten Abkömmlinge dieses Ehegatten nicht vorhanden sind, die Stellung des überlebenden Ehegatten in Ansehung des Rechts des überlebenden Ehegatten günstiger ist als nach den Vorschriften des Bürgerl. Gesetzbuchs, und nach dem mehrfach erwähnten Prinzip werden deßhalb für diese Fälle die bisherigen Vorschriften aufrecht erhalten. Nur soll an Stelle der im Rothenfelser Landesbrauche dem überlebenden Ehegatten gebührenden Ausfertigung die Bestimmung des § 1932 des Bürgerl. Gesetzbuchs treten, welche von dem Voraus des überlebenden Ehegatten handelt, der darin besteht, daß dem Ehegatten außer dem Erbtheil die zum ehelichen Haushalte gehörigen Gegenstände, soweit sie Zubehör eines Grundstücks sind, und die Hochzeitsgeschenke gehören. Nur für den Fall, daß der überlebende Ehegatte nach der Rettenbergischen Landesordnung oder dem Rothenfelser Landesbrauche auf einen ihm zustehenden Nießbrauch verzichtet, bestimmt sich sein Erbrecht nach den Vorschriften des Bürgerl. Gesetzbuchs, und in diesem Falle finden die für die Ausschlagung der Erbschaft geltenden Vorschriften des Bürgerl. Gesetzbuchs entsprechende Anwendung.

Auf Seite 617 letzter Absatz der Motive ist ausführlich das Recht von Regensburg dargestellt. Aus dieser Darstellung geht hervor, daß nur dem überlebenden Manne und auch diesem nur in Ansehung der Errungenschaft das bisherige Recht günstiger ist als das Recht des Bürgerl. Gesetzbuchs. Es wird deßhalb eine dementsprechende Vorschrift in Artikel 17 Abs. 3 aufgenommen, d. h. der Entwurf beläßt es für den Fall des Todes des Ehemannes schlechthin und für den Fall des Todes der Frau in Ansehung der Erbfolge in das eingebrachte Gut und in das Vorbehaltsgut der Frau bei der gesetzlichen Erbfolge des Bürgerl. Gesetzbuchs.

Begüglich der Errungenschaft hält der Entwurf im Falle des Todes der Frau das bisherige Recht in der Weise aufrecht, daß er die ganze Errungenschaft dem Manne zuweist.

In dem weiteren Absatz der Motive a. a. O. ist das württembergische Landrecht dargestellt und hingewiesen auf den Entwurf eines württembergischen Ausführungsgesetzes. Der Entwurf schließt sich dieser Ueberleitung des württembergischen Ausführungsgesetzes an.

Ich habe gegen Artikel 17 nichts zu erinnern und bitte, demselben zuzustimmen.

Abg. **von Walter** (Korreferent): Ich habe gegen Artikel 17 selbst ebenfalls keine Einwendung. Nur sind mir einige Abweichungen aufgefallen, die ich in den Motiven gegenüber der Darstellung des Justizministeriums finde.

Vor Allem wird auf Seite 74 dieser Darstellung neben dem Rechte von S. 840.
Rothenburg auch das Recht von Ulm als ein solches bezeichnet, nach dem der Ehegatte unter Ausschluß der Ascendenten und Seitenverwandten der Alleinerbe ist. Auf das Recht von Ulm ist im Gesetze selbst keine Rücksicht genommen.

Eine weitere Abweichung findet sich in Bezug auf den Rothenfelser Landesbrauch. Wie in den Motiven ausgeführt ist, erhält der überlebende Ehegatte die Ausfahrt und Ausfertigung und die Fahrniß, sowie bis zu seiner Wiederverheirathung die Nutznießung an dem übrigen Nachlaß. Nach der Darstellung auf Seite 72 erhält er auch einen Erbtheil an den zugebrachten und ererbten Gütern des Verstorbenen.

Ich glaube nun wohl, daß auf diesen Unterschied nichts weiter ankommt, nachdem ja der Rothenfelser Landesbrauch in Bezug auf die Rechte der Eheleute aufrecht erhalten bleibt. Aber es dürfte doch gut sein, zu konstatiren, worin eigentlich der Grund dieser Abweichung der Motive besteht.

Endlich ist noch eine Abweichung bezüglich des Regensburger Rechts angeführt. In den Motiven wird ausgeführt, daß das Erbrecht durch Verfügung von Todeswegen entzogen werden kann. Dagegen findet sich auf Seite 82 der Darstellung der Satz, daß der Nutzgenuß an einem Viertel bezw. Kindstheile des Nachlasses auch durch eine Disposition des Verstorbenen dem Ueberlebenden nicht entzogen werden kann. Es würde doch unter allen Umständen wegen der künftigen Auslegung für die Rechtsanwendung gut sein, diese Verschiedenheit aufzuklären.

Abg. **Wagner:** Was die Bemerkungen des Herrn Vorredners bezüglich des Ulmer Rechtes betrifft, so werden sich diese erledigen, weil das Ulmer Recht zu denjenigen Rechten zählt, für welche die allgemeine Gütergemeinschaft als geltend angenommen wurde, während allerdings das geschriebene Recht auf dem Standpunkte der Errungenschafts || gemeinschaft steht. Dieser Punkt S. 841.
ist heute Vormittags erledigt worden.

Ich habe mir nur das Wort erbeten, um zu bemerken, daß, was das Memminger Recht betrifft, ich für die vorgeschriebene Ueberleitung sehr dankbar bin und zwar aus dem Grunde, weil nunmehr auch das Alleinerbrecht des überlebenden Ehegatten ausdrücklich anerkannt ist. In den geschriebenen Rechtsquellen fehlte diese Anerkennung, sie wird aus Bestimmungen der Memminger Gerichtsordnung geschlossen, welche aber nicht vollständig das beweisen, was sie beweisen sollen; dagegen ist es unzweifelhaft, daß dieses Alleinerbrecht des überlebenden Ehegatten, solange überhaupt einschlägige Rechtshandlungen nachzuweisen sind, geübt worden ist. Ich habe nach dieser Richtung selbst seinerzeit Recherchen angestellt, ich wollte mich, nachdem die geschriebenen Rechtsquellen dieses Alleinerbrecht nicht dargethan haben, doch bei der einfachen Mittheilung, die mir wurde, nicht beruhigen, sondern ich habe selbst Nachforschungen angestellt und gefunden, daß, solange die Akten Aufschluß geben, allgemein dieses Recht geübt wurde. Es hing das zusammen damit, daß früher nach Memminger Recht Niemand heirathen konnte, der nicht vorher einen Ehevertrag gemacht hatte, und daß bezüglich der Eheverträge die ausdrückliche Bestimmung getroffen war, daß, wenn die Eltern sich einen Rückfall im Ehevertrage nicht bedingen, sie auch einen solchen Rückfall nicht bekommen sollen. Aus dieser Bestimmung hat man dann geschlossen, daß in allen Fällen, in welchen nicht etwas Anderes vereinbart wurde, dieses Alleinerbrecht des überlebenden Ehegatten anzunehmen ist, und es ist mit Recht auch im Entwurfe angenommen,

S. 841. daß dieses Alleinerbrecht des überlebenden Ehegatten einseitig nicht entziehbar ist deßwegen, weil es eine Vertragsnatur hat. Es kann nur durch Uebereinkunft der beiden Parteien geändert werden.

Ich habe gegen die einschlägigen Bestimmungen eine Erinnerung nicht zu erheben.

Senatspräsident Dr. **von Jacubczky:** Bezüglich des Ulmer Rechts hat Herr Abg. Wagner das Maßgebende schon gesagt.

Was Regensburg anlangt, so bezieht sich die von dem Herrn Korreferenten angeführte Stelle der Darstellung (Seite 82) auf den Fall der beerbten Ehe oder des Vorhandenseins von Abkömmlingen des verstorbenen Ehegatten aus einer früheren Ehe, während wir es hier mit dem Falle zu thun haben, daß Abkömmlinge des verstorbenen Ehegatten nicht vorhanden sind. In diesem Falle steht nach Artikel 6 der Heirathsordnung, Holfelder, der Stadt Regensburg Heirathsordnung (S. 29 bis 31), abgesehen von dem Rechte auf die Errungenschaft, dem überlebenden Ehegatten ein unentziehbarer Anspruch nur auf die Nutznießung an einem Viertel des Sondergutes und des Errungenschaftsantheils des verstorbenen Ehegatten zu, also immer weniger, als ihm nach dem Bürgerl. Gesetzbuche gebührt, nach welchem er mindestens ein Viertel des Nachlasses als Pflichttheil zu Eigenthum, nicht blos zur Nutznießung erhält.

Nach dem Rothenfelser Landesbrauche steht allerdings dem überlebenden Ehegatten auch ein Erbtheil an dem eingebrachten Gute des verstorbenen Ehegatten zu. Dieses Erbrecht ist auf Seite 617 der Begründung aus Versehen übergangen, wird aber durch den Wortlaut des Artikel 17 Abs. 2 gewahrt. Der Zusatz, der zum Abs. 1 vorgeschlagen wird, hat seinen Grund darin, daß im Artikel 42 Abs. 1 für die nach den bisherigen Vorschriften aufrecht erhaltenen erbrechtlichen Wirkungen des Güterstandes allgemein der § 1933 des Bürgerl. Gesetzbuchs für anwendbar erklärt ist. Er muß selbstverständlich auch gelten, soweit diese erbrechtlichen Wirkungen sachlich aufrecht erhalten werden, aber nicht auf die bisherigen Vorschriften verwiesen, sondern das dem überlebenden Ehegatten zustehende Recht seinem Inhalte nach bezeichnet wird, wie es hier bezüglich der Rechte von Memmingen, Rothenburg und Coburg geschieht. Es handelt sich also blos um eine Ergänzung, welche den Zweck hat, Uebereinstimmung mit dem § 42 Abs. 1 herzustellen. Dieselbe Ergänzung wird zu dem Artikel 27 Abs. 1 beantragt.

Abg. Dr. **Casselmann** (Referent): Ich möchte nur bemerken, daß in der Begründung zu Artikel 17 bezüglich der Allegirung des preußischen Landrechts ein Druckfehler enthalten ist; es muß statt „II 13 § 61 heißen „II 1 §§ 661. In einem Theile der Exemplare der Beilage X ist derselbe schon berichtigt.

Vorsitzender: Artikel 17 ist angenommen.

Artikel 18.

Hiezu ist einschlägig Ziff. 4 der Abänderungsanträge der k. Staatsregierung.

Herr Referent!

Abg. Dr. **Casselmann** (Referent) (verliest Artikel 18 mit der nach dem Antrage der k. Staatsregierung erfolgten Abänderung zu Beilage X): Unter Ziff. 9 der Motive sind die einzelnen Rechte, die im Artikel 18 aufgeführt sind, näher dargestellt und ich darf wohl der Kürze halber auf diese Darstellung verweisen. Soweit diese Rechte dem überlebenden Ehegatten günstiger sind

wie die Vorschriften des Bürgerl. Gesetzbuchs, werden sie nach dem bekannten S. 841.
Prinzipe im Entwurf aufrecht erhalten.

Der Entwurf regelt im Artikel 18 das Rechtsverhältniß für den Fall, daß gemeinschaftliche Abkömmlinge vorhanden sind.

Was die Rechte von Rothenburg, Regensburg, Rothenfels und Coburg anlangt, so wird im ersten Satze des Artikel 18 aus den angegebenen Gründen das bisherige Recht aufrecht erhalten. Es ist der Zusatz durch den Abänderungsantrag der k. Staatsregierung gemacht worden, daß das nach dem Rechte von Coburg dem überlebenden Ehegatten zustehende Recht, im Falle der Wiederverheirathung die Antheile der Abkömmlinge gegen Vorausbestellung zu übernehmen, wegzufallen habe.

In dem Satz 3 ist entsprechend dem Standpunkte, der eingenommen wurde gegenüber der unbeerbten Ehe, ausgesprochen, daß es nicht mehr darauf anzukommen habe, daß die Ehe Jahr und Tag gedauert haben muß.

Was das Recht von Rothenburg anlangt, so ist, wie die Darstellung ergibt, dasselbe immer günstiger wie das Bürgerl. Gesetzbuch. Es bedarf deßhalb keines Vorbehaltes für dieses Recht. Dagegen muß dem überlebenden Ehegatten nach der Rettenbergischen Landesordnung oder nach dem Rechte von Regensburg, Rothenfels und Coburg ein Wahlrecht eingeräumt werden. Er kann entweder nach dem alten Rechte erben, er kann aber auch auf das Recht, welches ihm in diesen Rechten eingeräumt ist, also auf das Recht des Beisitzes verzichten. In diesem Falle bestimmt sich sein Erbrecht nach den Vorschriften des Bürgerl. Gesetzbuchs, soweit dieses ihm günstiger ist. Es ist das in Satz 1 des Abs. 2 ausgesprochen. Auch hier ist wieder wie in früheren || Fällen aus- S. 842.
gesprochen, daß auf den Verzicht die für die Ausschlagung einer Erbschaft giltigen Vorschriften des Bürgerl. Gesetzbuchs Anwendung finden.

Was das württembergische Recht anlangt, so ist auch hier wie vorhin entsprechend dem Entwurfe eines württembergischen Ausführungsgesetzes der Wegfall der statutarischen Portion wie des Voraus ausgesprochen. Dagegen ist die Nutznießung an dem Erbtheil der gemeinschaftlichen Abkömmlinge nach Maßgabe der bisherigen Bestimmungen aufrecht erhalten worden.

Ich habe gegen den Artikel nichts einzuwenden.

Abg. **von Walter** (Korreferent): Ich habe auch kein Bedenken gegen Artikel 18. Mir ist es nur zweifelhaft, ob in Abs. 2 Satz 1 die Schlußworte: „soweit diese ihm günstiger sind", nothwendig sind. Denn es ist eine Voraussetzung des Verzichtes, daß dem überlebenden Ehegatten die Vorschriften des Bürgerl. Gesetzbuchs günstiger sind, sonst würde er kaum verzichten, und deßhalb habe ich gemeint, daß diese Worte gestrichen werden könnten.

Senatspräsident Dr. **von Jacubezky**: Die Worte „soweit diese ihm günstiger sind" sind deßwegen nicht entbehrlich, weil nach dem bisherigen Rechte dem überlebenden Ehegatten ein Kindstheil zusteht. Der Kindstheil kann mehr oder weniger sein als ein Viertel. Es bleibt also bei den bisherigen Vorschriften, wenn weniger als drei Kinder vorhanden sind, im anderen Falle bekommt der Ehegatte nach dem Bürgerl. Gesetzbuche ein Viertel.

Abg. **von Walter** (Korreferent): Die Voraussetzung ist aber immer die, daß er auf den Beisitz verzichtet. Wenn er nicht auf den Beisitz verzichtet, bleibt es bei den bisherigen Vorschriften. Wenn er aber verzichtet, so wird er das thun, weil ihm die Vorschriften des Bürgerl. Gesetzbuchs günstiger erscheinen, und deßhalb meine ich, wäre es nicht nothwendig, dieß mit den Worten auszusprechen: „soweit diese ihm günstiger sind".

S. 842. Senatspräsident Dr. **von Jacubezky:** Wenn zwei Kinder vorhanden sind, so würde der verzichtende Ehegatte nach dem Bürgerl. Gesetzbuche nur ein Viertel bekommen, während ihm in diesem Falle nach dem bisherigen Rechte ein Drittel gebührt. Es ist richtig, daß der Ehegatte nicht leicht verzichten wird, wenn ihm nicht die Vorschriften des Bürgerl. Gesetzbuchs günstiger sind. Es kann aber auch aus einem anderen Grunde auf den Beisitz verzichtet werden, und in einem solchen Falle darf selbstverständlich der Erbtheil sich nicht in Folge des Verzichtes ungünstiger gestalten.

Wegen des Coburger Rechts ist in dem nachträglichen Antrag ein Zusatz zum Abs. 1 Satz 1 vorgeschlagen, der, wie ich heute Vormittags schon bemerkt habe, aus dem coburg-gothaischen Entwurf entnommen ist. Das Recht des überlebenden Ehegatten, die Antheile der Abkömmlinge an dem Nachlasse des verstorbenen Ehegatten gegen Vorausbestellung zu übernehmen, um bei seiner Wiederverheirathung das Vermögen der früheren Ehe in die neue Ehe einbringen zu können, wird in diesem Entwurfe beseitigt, weil die Vorausbestellung in engem Zusammenhange mit der Einkindschaft stehe und im Rechtsleben von dieser nicht streng unterschieden werde, so daß die Vorausbestellung für das Coburger Recht der Einkindschaft gleichzustellen sei. Die Beibehaltung dieses Rechts würde also zu einer gesetzlichen Einkindschaft führen, die wir, soweit sie in anderen bayerischen Rechten vorkommt, im Artikel 13 ausdrücklich ausgeschlossen haben. Dieser Grund macht einen weiteren Zusatz erforderlich, es muß nämlich die Vorausbestellung auch ausgeschlossen sein, wenn der andere Ehegatte schon vor dem Inkrafttreten des Bürgerl. Gesetzbuchs gestorben ist; auch in diesem Falle darf keine gesetzliche Einkindschaft eintreten. Es wird also dem Artikel 18 folgender Abs. 4 beizufügen sein:

> „Das im Abs. 1 Satz 1 bezeichnete Recht, die Antheile der Abkömmlinge gegen Vorausbestellung zu übernehmen, steht dem überlebenden Ehegatten auch dann nicht zu, wenn der andere Ehegatte schon vor dem Inkrafttreten des Bürgerlichen Gesetzbuchs gestorben ist."

Der coburg-gothaische Entwurf schließt die Vorausbestellung auch für diesen Fall aus.

Vorsitzender: Dieser Zusatz würde also lauten:

> „Das im Abs. 1 bezeichnete Recht, die Antheile der Abkömmlinge gegen Vorausbestellung zu übernehmen, steht dem überlebenden Ehegatten auch dann nicht zu, wenn der andere Ehegatte schon vor dem Inkrafttreten des Bürgerlichen Gesetzbuchs gestorben ist."

Wünscht Jemand das Wort zu ergreifen?

Es ist das nicht der Fall; dann darf ich annehmen, daß Artikel 18 mit diesem Zusatz angenommen ist.

Artikel 19.

Abg. Dr. **Casselmann** (Referent) (verliest Artikel 19): Der Artikel 19 behandelt den Fall, wenn nicht gemeinschaftliche Abkömmlinge vorhanden sind. Er regelt in den ersten vier Absätzen das Rechtsverhältniß für die Rechte von Rettenberg, Rothenburg, Rothenfels und Coburg. In Ansehung der Rechte des überlebenden Ehegatten verbleibt es für diese Rechtsgebiete bei den bisherigen Vorschriften; nur ist ausgesprochen, daß, wenn der Erbtheil des überlebenden Ehegatten nach diesen Vorschriften weniger als ein Viertheil beträgt, er auf ein Viertheil erhöht wird. Doch ist dieß abhängig gemacht davon, daß der Ehegatte, dem das Beisitzrecht zusteht, auf diesen Beisitz Verzicht leistet. Es ist das in Abs. 2 zum Ausdruck gebracht. Die Besonderheit des Coburger

Rechts, daß der Ehegatte ein Erbrecht nur hat, wenn die Ehe Jahr und Tag S. 842.
gedauert hat, fällt hier ebenso weg wie in den Fällen der Artikel 17 und 18. Im Uebrigen ist ausgesprochen, daß es in Ansehung des eingebrachten Vermögens des überlebenden Ehegatten bei den Vorschriften des Bürgerl. Gesetzbuchs verbleibt, wenn aber weniger als drei Abkömmlinge des verstorbenen Ehegatten vorhanden, nur dann, wenn der Ehegatte auf den ihm nach der bisherigen Vorschrift zustehenden Erbtheil, soweit dieser mehr als ein Viertheil beträgt, in Gemäßheit des Artikel 18 Abs. 2 Satz 2 Verzicht leistet. Wenn gemeinschaftliche mit nicht gemeinschaftlichen Abkömmlingen zusammentreffen, so ist in Abs. 3 die zu billigende Bestimmung getroffen, daß gegenüber den nicht gemeinschaftlichen Abkömmlingen dem überlebenden Ehegatten die in den drei Absätzen bestimmten Rechte zustehen, auch wenn im Verhältniß zwischen ihm und den gemeinschaftlichen Abkömmlingen es bei den bisherigen Vorschriften verbleibt.

Was das Regensburger Recht anlangt, so geht aus der Darstellung der Motive hervor, daß dasselbe, wenn gemeinschaftliche und nicht gemeinschaftliche Abkömmlinge || zusammentreffen, dem überlebenden Ehegatten stets ungünstiger S. 843
ist als das Burgerl. Gesetzbuch; ebenso ist das der Fall im Falle des Todes des Mannes, wenn nur nicht gemeinschaftliche Abkömmlinge vorhanden sind, während es unter Umständen dem überlebenden Manne günstiger ist, wenn nur nicht gemeinschaftliche Abkömmlinge vorhanden sind. Es bestimmt deßhalb Abs. 5 des Artikel 19, daß für diesen Fall das Regensburger Recht aufrecht erhalten bleibt und daß zugleich dem Manne die Wahl zusteht, ob er den ihm nach dem bisherigen Rechte zukommenden Antheil einer Errungenschaft beansprucht und dafür nach bisherigem Recht erwerben will, oder ob er gegen den Verzicht auf den die Hälfte übersteigenden Antheil an der Errungenschaft nach dem neuen Recht erwerben will.

Ich habe gegen die Fassung des Artikel 19 nichts zu erinnern.

Abg. **von Walter** (Korreferent): Ich habe ebenfalls nichts zu erinnern.

Abg. **Wagner:** Ich habe auch gegen Artikel 19 nichts zu erinnern. Ich möchte nur die Gelegenheit wahrnehmen, hier noch einmal auf meine Bemerkung von heute Früh zurückzukommen. Es dürfte wohl hier oder nach diesem Artikel der Ort sein, wo zur Erhaltung des Kindstheilsrechts des überlebenden Ehegatten nach Memminger Recht, wenn Abkömmlinge, sei es gemeinschaftliche oder nicht gemeinschaftliche, des vorverstorbenen Ehegatten vorhanden sind, eine entsprechende Bestimmung aufzunehmen wäre. Ich weiß nicht, ob Seitens der k. Staatsregierung eine entsprechende Bestimmung jetzt schon vorgeschlagen wird, oder ob in dieser Beziehung für die zweite Lesung eine dießbezügliche Bestimmung in Aussicht steht. Je nach dem würde ich mich verhalten.

Der k. Staatsminister der Justiz Dr. Freiherr **von Leonrod:** Nach einem soeben eingetroffenen telegraphischen Berichte des Präsidenten des Landgerichts Memmingen ist es als feststehende Rechtsübung anzunehmen, daß bei dem Güterstand der Errungenschaftsgemeinschaft des Memminger Rechtes im Falle des Todes des einen Ehegatten der überlebende Ehegatte neben den Abkömmlingen des Verstorbenen einen Kindstheil des Nachlasses erhält.

Es wird deßhalb nöthig sein, dieses Gewohnheitsrecht im Entwurfe zu berücksichtigen. Da es auch für den Fall gilt, daß nur nicht gemeinschaftliche Abkömmlinge vorhanden sind, so empfiehlt es sich, die zu treffende Vorschrift in einen neuen Artikel aufzunehmen. Demgemäß beantrage ich, folgende Vorschrift als Artikel 19a einzustellen:

S. 843. Besteht die Errungenschaftsgemeinschaft nach dem Rechte von Memmingen, so bestimmt sich, wenn bei dem Tode des einen Ehegatten Abkömmlinge dieses Ehegatten vorhanden sind, der Erbtheil des überlebenden Ehegatten nach den bisherigen Vorschriften, soweit diese für den überlebenden Ehegatten günstiger sind.

Vorsitzender: Ich darf wohl konstatiren, daß Artikel 19 angenommen ist.

Artikel 19a.

Abg. Dr. **Casselmann** (Referent): Ich möchte die hier nothwendigen Ausführungen meinem Freunde Wagner überlassen, der im Gebiete des Memminger Rechts persönliche Erfahrungen hat.

Abg. **von Walter** (Korreferent): Ich habe gegen Artikel 19a nichts zu erinnern. Der Artikel 19 geht von der Voraussetzung aus, daß das Memminger Recht unter allen Umständen dem überlebenden Ehegatten günstiger ist als das Bürgerl. Gesetzbuch. Aus den Erörterungen des Herrn Abg. Wagner von heute Morgen und aus der Mittheilung des Landgerichts Memmingen geht hervor, daß gewohnheitsrechtlich das nicht der Fall ist. Daß der Kindstheil, der dem überlebenden Ehegatten neben den gemeinschaftlichen Abkömmlingen zufällt, unter Umständen für den überlebenden Ehegatten günstiger sein kann als das Erbrecht des Bürgerl. Gesetzbuchs, ist nicht zu bezweifeln und deßhalb muß nach meinem Dafürhalten nach dem Grundsatz, daß die Lage des überlebenden Ehegatten nicht verschlechtert werden darf, auf diesen Fall Rücksicht genommen werden und es ist Vorsorge zu treffen, daß er das Wahlrecht auch in diesem Falle hat. Diesem Vorbehalt entspricht der Artikel 19a und deßhalb habe ich gegen denselben nichts zu erinnern.

Abg. **Wagner:** Der Artikel hat namentlich Bedeutung, wenn der vorverstorbene Ehegatte nur ein oder zwei Kinder hinterläßt. Wenn ein Kind hinterlassen wird, so erhält bisher der überlebende Ehegatte die Hälfte, und wenn zwei Kinder hinterlassen werden, erhält er ein Drittel. Von da an ist das Bürgerl. Gesetzbuch entweder gleich oder günstiger; nur wenn ein oder zwei Kinder des Vorverstorbenen vorhanden sind, wird der Artikel 19a sich wirksam erweisen. Ich bin der k. Staatsregierung sehr dankbar, daß dieses auf Gewohnheitsrecht fußende Recht von Memmingen erhalten bleibt.

Vorsitzender: Ich darf konstatiren, daß Artikel 19a angenommen ist.

Artikel 20.

Abg. Dr. **Casselmann** (Referent) (verliest Artikel 20): Nach den Bestimmungen des Bamberger Landrechts setzt der überlebende Ehegatte mit den Abkömmlingen die Gütergemeinschaft fort; beim Eintritt der fortgesetzten Gütergemeinschaft muß er das Sondergut des verstorbenen Ehegatten und das Gesammtgut verzeichnen. Die Fortsetzung der Gütergemeinschaft wird beendet durch Wiederverheirathung des überlebenden Ehegatten oder auch, wenn die Abkömmlinge die Abschichtung gerichtlich erwirken, weil der Ehegatte sich der Verschwendung schuldig gemacht hat. Nun bestimmt Artikel 20, weil unter Umständen die Fortsetzung der Gütergemeinschaft für den überlebenden Ehegatten günstiger sein kann, für diesen das Wahlrecht dahin, daß er entweder die Fortsetzung der Gütergemeinschaft wählt oder nach den Bestimmungen des Bürgerl. Gesetzbuchs erben kann. Ich habe gegen den Artikel nichts zu erinnern.

Abg. **von Walter** (Korreferent): Ich glaube auch, daß dagegen nichts zu erinnern ist.

Vorsitzender: Ich darf Artikel 20 als angenommen konstatiren.

Artikel 21.

S. 844.

Abg. Dr. **Casselmann** (Referent): Die Artikel 21 bis 27 betreffen eine zweite Art der Errungenschaftsgemeinschaft, nämlich die Gemeinschaft des Zugewinnstes. Es ist in den Motiven dargelegt, in welchen Beziehungen die Gütergemeinschaft des Zugewinnstes von der reinen Errungenschaftsgemeinschaft abweicht, und es ist das auch vorhin schon bei der Frage, nach welchem System das bayerische Landrecht und das Ansbacher Recht sich richten, näher auseinandergesetzt worden, so daß ich hier nicht darauf zurückzukommen brauche. Die Errungenschaftsgemeinschaft des Bürgerl. Gesetzbuchs steht nun auf dem Boden der reinen Errungenschaftsgemeinschaft, und es ist nach meinem Dafürhalten in den Motiven überzeugend dargelegt, daß es nicht angeht, die Gütergemeinschaft des Zugewinnstes überzuleiten in die Errungenschaftsgemeinschaft des Bürgerl. Gesetzbuchs. Es ist weiter dargelegt und nach meiner Auffassung in zutreffender Weise, daß, was zunächst die Rechtsstellung der Ehegatten zu den beiderseitigen Vermögen betrifft, die Gemeinschaft des Zugewinnstes sich dem gesetzlichen Güterstand des Bürgerl. Gesetzbuchs nähere, der die Verwaltung und Nutznießung des Mannes statuirt. Es ist dargelegt, daß auch bei der Verwaltung und Nutznießung zwischen dem Vermögen des Mannes und dem der Frau unterschieden wird, daß nach allen bayerischen Rechten, die auf der Gemeinschaft des Zugewinnstes beruhen, der Mann insbesondere befugt sei, über die ihm gehörigen Grundstücke frei zu verfügen, und daß nach diesem Recht das Receptizgut der Frau die gleiche Stellung habe wie beim gesetzlichen Güterstand des Bürgerl. Gesetzbuchs das Vorbehaltsgut der Frau. Es ist weiter des Näheren ausführlich dargelegt, wie sich im Uebrigen der Güterstand des Bürgerl. Gesetzbuchs und die Gemeinschaft des Zugewinnstes nähern. Ich darf wohl auch hier der Kürze halber auf die Motive verweisen. Die Motive kommen deßhalb zu dem Schlusse, daß am geeignetsten die Ueberleitung dieses Rechtes in die Verwaltung und Nutznießung des Bürgerl. Gesetzbuchs vollzogen werde. Eine Aenderung ergibt sich nur für die der Frau gehörigen, auf errungenschaftliche Weise erworbenen Gegenstände, insbesondere wird auf die Vorschrift des § 1357 des Bürgerl. Gesetzbuchs hingewiesen, wonach der Arbeitserwerb der Frau Vorbehaltsgut wird und für die Verbindlichkeiten des Mannes künftig das Vermögen der Frau nicht mehr haftet. Selbstverständlich ist auch hier dem sonst befolgten Grundsatze gefolgt, daß diese Aenderung rückwirkende Kraft nicht haben soll.

Aus allen diesen Erwägungen bestimmt Artikel 21, daß bei den Rechten, für welche der Entwurf das System der Gemeinschaft des Zugewinnstes annimmt, an die Stelle der bisherigen Vorschriften der Güterstand der Verwaltung und Nutznießung des Bürgerl. Gesetzbuchs tritt; ich darf wohl den Artikel 21 verlesen; derselbe lautet (verliest).

Gegen den Abs. 1 ist aus den in den Motiven dargelegten Gründen nichts zu erinnern.

Was den Abs. 2 betrifft, so ist darauf hinzuweisen, daß nach den Bestimmungen des Bürgerl. Gesetzbuchs über den gesetzlichen Güterstand auch das Verhältniß nach beendigtem Güterstand ein anderes ist wie bei der Gemeinschaft des Zugewinnstes, indem bei ersterem das, was das beiderseitige Vermögen erträgt und was aus der gemeinsamen Thätigkeit erspart wird, dem Manne zufließt, während bei der Gemeinschaft des Zugewinnstes auch der Frau ein Antheil gebührt.

Es ist nun in Abs. 2 die bisherige Eigenthümlichkeit des bestehenden Rechtes der Gemeinschaft des Zugewinnstes aufrechterhalten; es hat nach

S. 844. beendigtem Güterstand jeder Ehegatte Anspruch auf Ausgleichung des Ehegewinnes nach Maßgabe der bisherigen Vorschriften. Vorausgesetzt ist, daß die Verwaltung auf eine andere Weise als durch Ehevertrag endigt, weil man davon ausgeht, daß, wenn über den Ehegewinnst ein Vertrag abgeschlossen wird, das Weitere der Vereinbarung zwischen den Ehegatten überlassen werden kann. Der Anspruch soll nicht übertragbar sein und demnach auch nicht pfändbar, und die Vorschrift des § 204 Satz 1 des Bürgerl. Gesetzbuchs soll keine Anwendung finden; die Vorschrift lautet (verliest). Diese Einschränkung soll also wegfallen. Nach dem bayerischen Rechte wird der Ehegewinn in der Regel nach Hälften getheilt; eine Ausnahme besteht nur für das Mainzer Landrecht, hier erhält der Mann $^2/_3$, die Frau $^1/_3$ des Ehegewinnes. Diese Bestimmung ist im letzten Satze des Abs. 2 aufrechterhalten.

Es ist dann in Abs. 3 eine besondere Vorschrift des bayerischen Landrechts behandelt, wonach und zwar nach Theil I Kap. 2 § 25, wenn der Mann durch „liederliche Hauswirthschaft oder sonst in solchen Abfall geräth, daß die Frau mit dem Ihrigen in Gefahr steht", für die Frau eine Pflegschaft angeordnet werden kann. Eine derartige Bestimmung ist dem Bürgerl. Gesetzbuche fremd; dafür gewährt das Bürgerl. Gesetzbuch in § 1418 der Frau das Recht, auf Aufhebung der Verwaltung und Nutznießung zu klagen, und nach § 1426 des Bürgerl. Gesetzbuchs tritt sodann nach Beendigung der Verwaltung und Nutznießung Gütertrennung ein. Deßhalb ist in Artikel 21 Abs. 3, wenn eine solche Pflegschaft angeordnet ist, die Gütertrennung des Bürgerl. Gesetzbuchs vorgesehen. Damit aber für den Fall der Beendigung des Güterstandes die Frau den Anspruch auf Antheilnahme am Ehegewinne erlangt, soll sie das Recht haben, auf Herstellung der Verwaltung und Nutznießung zu klagen.

Gegen Artikel 21 habe ich keine Erinnerung.

Abg. **von Walter** (Korreferent): Auch ich bin mit dem Artikel 21 einverstanden. Ich glaube insbesondere, daß die Bestimmung des Abs. 3 sehr wohlthätig ist. Wenn auf Grund des Theil II Kap. 6 § 25 des bayerischen Landrechts wegen der liederlichen Hauswirthschaft eines Mannes eine Pflegschaft angeordnet ist, so ist das ein sehr weitgehendes und mitunter nicht recht wirksames Verfahren. Wenn aber für die Folge eine Pflegschaft angeordnet wird, so tritt nach dem Abs. 3 des Entwurfs sofort eine Gütertrennung ein und zwar, wenn ich die Bestimmung recht auffasse, ohne vorherige Klagestellung der Frau. Die Pflegschaftsbestellung hat schon eo ipso den Eintritt der Gütertrennung zur Folge. Das ist eine Sicherung für die Frau, die weiter reicht als die bisherige. Damit aber die Frau den Antheil an dem Ehegewinn auch erlangen kann, wird ihr das Recht eingeräumt, sofort auf Herstellung der Verwaltungs- und Nutznießungsgemeinschaft zu klagen, um die Ausgleichung des Ehegewinns herbeizuführen, und darnach tritt wieder Gütertrennung ein, weil die Verwaltungsgemeinschaft mit dem Ausgleich des Ehegewinns ihr Ende erreicht.

Ich bin mit dem Artikel, insbesondere aber mit dem Abs. 3 einverstanden.

Abg. **Wagner:** Ich möchte nur eine Frage anregen, ob es nämlich nicht praktischer wäre, zum Artikel 21 eine ähnliche Bestimmung zu treffen, wie sie
S. 845. in dem Abs. 2 zu ‖ Artikel 14 getroffen ist. Es ist zwar desfalls in den Motiven schon dargelegt, daß letztere Bestimmung auch hieher gilt, aber es wird ohne ausdrückliche gesetzliche Bestimmung darüber in der Praxis schwer erkennbar sein, daß das, was die Regierung ganz richtig darlegt, der Fall ist.

Ich möchte die Anfrage stellen, ob nicht Veranlassung gegeben ist, das S. 845.
ausdrücklich im Gesetze zu sagen.

Senatspräsident Dr. **von Jacubezky:** Nach der Fassung des Artikel 14 scheint mir hiezu kein Anlaß zu bestehen. Der Zusatz würde geradezu den Sinn des Artikel 14 verdunkeln. Der Artikel 14 bezeichnet die Voraussetzung seiner Vorschriften dahin:

Besteht zur Zeit des Inkrafttretens des Bürgerl. Gesetzbuchs für eine Ehe der gesetzliche Güterstand der Errungenschaftsgemeinschaft nach einem der in den Landestheilen rechts des Rheins geltenden Rechte,

und trifft im ersten Absatz eine Norm, die durch den Vorbehalt der Vorschriften des Artikel 21 eingeschränkt wird, und im Abs. 2 eine weitere Norm, der kein solcher Vorbehalt beigefügt ist, die also allgemein für alle Fälle der gesetzlichen Errungenschaftsgemeinschaft gilt.

Ich glaube nicht, daß es zweckmäßig sein würde, den Abs. 2 des Artikel 14 im Artikel 21 zu wiederholen.

Vorsitzender: Ich konstatire die Annahme des Artikel 21.

Artikel 22.

Abg. Dr. **Casselmann** (Referent) (verliest Artikel 22): Auch der gesetzliche Güterstand des Bürgerl. Gesetzbuchs kennt besondere erbrechtliche Wirkungen nicht. Was das bayerische Landrecht anlangt, so verweise ich auf die Motive unter Nr. 2a zu Artikel 22.

Der Abs. 1 des Artikel 22 räumt dem überlebenden Ehegatten die Wahl ein, nach dem ihm gemäß den bisherigen Vorschriften zustehenden Recht oder dem Erbrecht des Bürgerl. Gesetzbuchs zu erben. Der Artikel hat mit Rücksicht darauf, daß unter Umständen die Vorschriften des Bürgerl. Gesetzbuchs weniger günstig für ihn sein können als die des bayerischen Landrechts, für die Regel das Wahlrecht dahin gestellt, daß die bisherigen Vorschriften nur gelten, wenn der überlebende Ehegatte die im Bürgerl. Gesetzbuch bestimmte Erbfolge ausschlägt.

Bezüglich des Abs. 2 beziehe ich mich auf die Motive. Der Vorschlag des Entwurfs entspricht dem zu Gunsten des überlebenden Ehegatten aufgestellten Prinzipe.

Der Abs. 3 des Artikel 22 enthält eine gewiß zu begrüßende Neuerung für das bayerische Landrecht. Nach dem geltenden Recht war die überlebende Ehefrau, wenn Kinder des Mannes vorhanden waren, nur auf einen Kindstheil an der Hausfahrniß beschränkt. Von der Errungenschaft war sie vollständig ausgeschlossen, außer wenn sie kein Heirathgut hatte, und man kann sich denken, daß das längst und allseitig als eine große Unbilligkeit angesehen worden ist. Diese Unbilligkeit beseitigt nun der letzte Absatz des Artikel 22, indem er bestimmt, daß die überlebende Ehefrau die Hälfte der Hausfahrniß und Errungenschaft erhält, auch wenn Abkömmlinge des verstorbenen Ehegatten vorhanden sind. Doch soll sich diese Bestimmnng nur auf den Fall beziehen, daß das geltende Recht nach Artikel 22 Abs. 1 aufrecht erhalten bleibt, während, wenn nach Abs. 2 das Beisitzrecht des oberpfälzischen Landrechts aufrecht erhalten bleibt, schon im Beisitz ein hinreichender Ausgleich der Zurücksetzung erblickt wird. Vielleicht hat der Herr Korreferent auf Grund der von ihm im Gebiete des bayerischen Landrechts gesammelten Erfahrungen Anlaß, sich über die Sache weiter zu äußern.

Abg. **von Walter** (Korreferent): Ich habe gegen den Artikel 22 keine Erinnerung; insbesondere begrüße ich, daß bezüglich des Antheils der über-

S. 845. lebenden Ehefrau an der Hausfahrniß und Errungenschaft die in dem Abs. 3 enthaltene Bestimmung getroffen ist. Die Eheverträge haben ein gewisses schablonenmäßiges Aussehen erreicht, in den meisten Fällen hat man die Frau ein Heirathgut einbringen lassen, und in Folge dessen war der Antheil der Errungenschaft fast durchweg ausgeschlossen; das wird nun anders.

Ich habe nur einen Zweifel wegen des oberpfälzischen Landrechts. Nach dem bayerischen Landrecht Theil I Kap. 5 § 12 gilt nämlich in der Oberpfalz die Einkindschaftung und auf diese ist weder in dem Text des Artikel 22 noch in den Motiven irgendwie Rücksicht genommen. Ich habe mir die Sache so zurecht gelegt, daß die Motive an anderen Stellen den Einkindschaftsvertrag als eine Art Erbvertrag auffassen und daß deßhalb das Recht der eingekindschafteten Kinder ohnehin im bisherigen Umfang durch Artikel 214 des Einführungsgesetzes zum Bürgerl. Gesetzbuch aufrecht erhalten bleibt. Insofern ist allerdings eine ausdrückliche gesetzliche Bestimmung nicht nothwendig, aber lieber wäre es mir doch, wenn vielleicht durch die Einschaltung des Wortes „eingekindschaftet" ausdrücklich darauf hingewiesen würde, daß auch in der Oberpfalz die Einkindschaftung fortbesteht und daß die eingekindschafteten Kinder den ehelichen gleichgeachtet werden müssen. Einen besonderen Werth aber lege ich nicht darauf, weil ja die Natur des Einkindschaftsvertrags als Erbvertrag ohnehin die rechtliche Stellung der eingekindschafteten Kinder festsetzt.

Senatspräsident Dr. **von Jacubezky**: Die Frage, welche Stellung die vereinkindschafteten Kinder haben, ergibt sich nicht nur für das oberpfälzische Recht, sondern für alle Rechte, welche die Einkindschaft zulassen, insbesondere für die Rechte der allgemeinen Gütergemeinschaft, bei der die Einkindschaft eine viel größere Bedeutung hat als bei der Errungenschaftsgemeinschaft. In der Begründung zum Artikel 11 ist gesagt, daß die vereinkindschafteten Kinder die Vermögensrechte, die ihnen nach den bisherigen Gesetzen zustehen, insbesondere das Erbrecht, behalten und daß sie, wenn sie nach den bisherigen Gesetzen in Ansehung des Erbrechts den Kindern der neuen Ehe gleichstehen, im Sinne des Entwurfs als gemeinschaftliche Kinder anzusehen sind. Es geht auf keinen Fall an, diesen Satz nur hier in Artikel 22 auszusprechen; das würde die Annahme nahe legen, daß er im Uebrigen nicht gelten solle. Da wir an den Rechten der vereinkindschafteten Kinder nichts ändern und neue Einkindschaften nicht mehr vorkommen können, so wird es nicht nothwendig sein, die Gleichstellung der vereinkindschafteten Kinder mit den gemeinschaftlichen Kindern ausdrücklich auszusprechen. Ich nehme übrigens an, daß die Einkindschaft auch familienrechtliche Wirkung behält, welche sie nach dem bisherigen Rechte hat, obwohl in den Motiven des Entwurfs I zum Einführungsgesetze Seite 288 das Gegentheil gesagt ist. Man kann nämlich die Einkindschaft, soweit sie Elternrecht begründet, als Annahme an Kindesstatt im Sinne des Artikel 209 des Einführungsgesetzes betrachten, der es für die Frage, inwieweit ein vor dem Inkraft-
S. 846. treten ‖ des Bürgerl. Gesetzbuchs an Kindesstatt angenommenes Kind die rechtliche Stellung eines ehelichen Kindes hat und inwieweit der Vater und die Mutter die Pflichten und Rechte ehelicher Eltern haben, bei den bisherigen Gesetzen beläßt. Sachlich verdient das Ergebniß, zu welchem diese Ansicht führt, offenbar den Vorzug vor der Ansicht der Motive, nach welcher ein willkürlicher, innerlich kaum zu rechtfertigender Eingriff in bestehende Rechte stattfinden würde. Daß der Verfasser der Motive diesen Eingriff hinnehmen zu müssen glaubt, ist ein ausreichender Grund, ihn als vom Gesetze gewollt anzusehen. Das durch die Einkindschaft begründete Eltern- und Kindesrecht behält also den

Umfang, in welchem es nach den bisherigen Gesetzen begründet worden ist, S. 846.
aber der Inhalt des Eltern- und Kindesrechts bestimmt sich in Zukunft nach dem Bürgerl. Gesetzbuche.

Abg. **von Walter** (Korreferent): Ich gebe mich mit der Konstatirung zufrieden, daß durch den Artikel 22 die rechtliche Stellung der eingekindschafteten Kinder nicht beeinträchtigt werden soll.

Vorsitzender: Ich konstatire die Annahme des Artikel 22.

Artikel 23.

Abg. Dr. **Casselmann** (Referent) (verliest Artikel 23): Ich berufe mich auf die sub lit. b zu Artikel 23 gegebenen Motive, die ich für durchaus zutreffend erachte. Gegen die Fassung des Artikel 23 habe ich keine Erinnerung.

Abg. **von Walter** (Korreferent): Gegen die Fassung des Artikels habe ich nichts zu erinnern. Allein es scheint mir auch hier eine Abweichung zwischen den Motiven und der Darstellung zu bestehen. Nach der Darstellung Seite 76 gebührt dem überlebenden Ehegatten außer der Hälfte der Errungenschaft und dem Nießbrauche an den Erbtheilen der Kinder auch noch ein Kindstheil am Nachlasse. (Senatspräsident Dr. von Jacubezky: Das versteht sich von selbst!) Es ist also nicht beabsichtigt, in dieser Beziehung vom Ansbacher Recht abzuweichen. (Senatspräsident Dr. von Jacubezky: Nein!) Wenn dieß der Fall ist, dann bin ich mit dem Artikel einverstanden.

Vorsitzender: Ich konstatire die Annahme des Artikel 23.

Artikel 24.

Abg. Dr. **Casselmann** (Referent) (verliest Artikel 24): In den Motiven ist unter lit. d über das Nürnberger Recht ausführlich gesprochen. Zur Aufrechterhaltung dieses Rechts für den Fall der unbeerbten Ehe besteht kein Bedürfniß, da das Bürgerl. Gesetzbuch dem überlebenden Ehegatten günstiger ist als das bisherige Recht. Umgekehrt erhält der Artikel 24 für den Fall, daß beim Tode des einen Ehegatten Abkömmlinge des Ehegatten vorhanden sind, die bisherigen Vorschriften aufrecht. Der Entwurf gibt auch hier dem überlebenden Ehegatten ein Erbrecht auf mindestens ein Viertel; auch hier wird es auf die Zahl der Kinder ankommen; je nachdem die Zahl ist, wird das Bürgerl. Gesetzbuch mit einem Viertel oder das bisherige Recht nach Kopftheilen günstiger für den überlebenden Ehegatten sein. Es soll gegenüber den gemeinschaftlichen Abkömmlingen eine Erhöhung des Erbtheils nach Abs. 2 nur dann eintreten, wenn der überlebende Ehegatte auf den ihm nach dem bisherigen Rechte zustehenden Beisitz Verzicht leistet. Ich beantrage Zustimmung zu Artikel 24.

Abg. **von Walter** (Korreferent): Ich ebenfalls.

Vorsitzender: Ich konstatire die Annahme des Artikel 24.

Artikel 25.

Abg. Dr. **Casselmann** (Referent) (verliest Artikel 25): Unter Bezugnahme auf die Motive beantrage ich Zustimmung.

Abg. **von Walter** (Korreferent): Ich ebenfalls.

Vorsitzender: Ich konstatire die Annahme des Artikel 25.

Artikel 26.

Abg. Dr. **Casselmann** (Referent) (verliest Artikel 26): Ich verweise auf lit. f der Motive und hebe hervor, daß bei unbeerbter Ehe die Vorschriften

S. 846. des Bürgerl. Gesetzbuchs ebenso, wenn nicht vereinkindschaftete Erben vorhanden sind, günstiger sind als das bisherige Recht. Das bisherige Recht ist nur für den Fall der vereinkindschafteten Kinder günstig. Für diesen Fall ist im Artikel 26 das bisherige Recht aufrecht erhalten und dem überlebenden Ehegatten das Wahlrecht gegeben. Es ist in den Motiven als selbstverständlich darauf hingewiesen worden, daß der Umfang des Nachlasses des verstorbenen Ehegatten auch im Fall der unbeerbten Ehe nach dem bisherigen Rechte sich bestimmt, daß von der Errungenschaft im Falle des Todes des Mannes $^2/_3$, im Falle des Todes der Frau $^1/_3$ zum Nachlaß gehört. Es ist da Bezug genommen auf Artikel 21 Abs. 3, während es wohl heißen muß: Artikel 21 Abs. 2.

Für den Abs. 2 des Artikel 26 vermisse ich eine Begründung in den Motiven und bitte um Aufklärung.

Abg. **von Walter** (Korreferent): Ich habe nichts zu erinnern.

Senatspräsident Dr. **von Jacubezky:** Zur Begründung des Abs. 2 des Artikel 26 erlaube ich mir, noch einige Worte beizufügen. Welche Wirkungen das Mainzer Landrecht mit der Einkindschaft verbindet, ist eine schwer zu entscheidende Streitfrage. Aus den Vorschriften des Tit. II §§ 12, 13 ist gefolgert worden, daß die Einkindschaft nach dem Mainzer Landrecht allgemeine Gütergemeinschaft begründe. Dieß ist früher auch für andere Rechte angenommen worden, für die sich bei genauerer Prüfung herausgestellt hat, daß der Einkindschaft diese Wirkung nicht zukommt. Das Mainzer Landrecht (Tit. II § 1) läßt die Einkindschaft nur zu, wenn beide Ehegatten Kinder in die Ehe mitbringen, und verpflichtet (Tit. II § 2) die Gerichte, bei der Errichtung der Einkindschaft darauf zu sehen, daß zwischen den beiderseitigen Kindern nach der Beschaffenheit des Vermögens der Eltern und des Vermögens, das die Kinder von
S. 847. dem verstorbenen Elterntheil ererbt haben, „der künftigen Erbtheilung halber eine, wo nicht allerdings proportionirliche, dennoch ungefährliche Gleichheit gehalten werde". Die Einkindschaft soll also nur stattfinden, wenn dasjenige, was die Kinder von ihren leiblichen Eltern ererbt und noch zu erwarten haben, beiderseits ungefähr gleich viel ist, so daß die Minderung, welche die Kinder des einen Ehegatten durch die Theilung mit den Kindern des anderen Ehegatten erleiden, durch ihre Antheile an dem Vermögen der anderen Seite ausgeglichen wird. Sind die beiderseitigen Vermögensverhältnisse nicht von solcher Beschaffenheit, daß sich die „ungefährliche Gleichheit" ergibt, so muß diese dadurch hergestellt werden, daß der „einen Seite so viel voraus zugelegt wird, als sie der andern Seite nach Proportion überlegen ist" (Tit. II § 14). Bei dem Tode des einen Ehegatten wird nun nach Tit. II § 12, 13, 15 das beiderseitige Vermögen mit Einschluß desjenigen, das die Kinder von dem verstorbenen Elterntheil ererbt haben, nach Abzug des etwa festgesetzten Vorauses in eine Masse gezogen und von dieser erhält der überlebende Ehegatte die eine Hälfte, die andere wird unter die Kinder nach Häuptern vertheilt. Bei dem Tode des überlebenden Ehegatten erben die beiderseitigen Kinder gleichfalls nach Kopftheilen. Die Vereinigung in eine Masse tritt erst ein, wenn es sich um die Beerbung handelt, von allgemeiner Gütergemeinschaft während der Dauer der neuen Ehe spricht das Landrecht nicht. Die Vereinigung des beiderseitigen Vermögens zum Zwecke der Auseinandersetzung kommt auch in anderen Rechten vor; sie hilft über die Schwierigkeiten hinweg, die nach längerer Dauer der Ehe mit der Ausscheidung der thatsächlich vereinigt gewesenen Vermögen verbunden sind, und ist hier deßwegen unbedenklich,

weil zu der Gesammtmasse von beiden Seiten verhältnißmäßig gleich viel beigetragen worden ist. S. 847.

Die Fassung des Artikel 26 Abs. 2 ist so gewählt, daß sie die Streitfrage, deren Entscheidung nicht Aufgabe des Entwurfes ist, offen läßt. Der Entwurf spricht nur von der Vereinigung des beiderseitigen Vermögens; wann die Vereinigung eintritt, ob schon mit der Einkindschaft oder erst mit dem Tode des einen Ehegatten der neuen Ehe, ist eine Frage, die nach dem bisherigen Rechte zu entscheiden ist.

Vorsitzender: Will hiezu eine Bemerkung gemacht werden?

Wenn dieß nicht der Fall ist, so erkläre ich den Artikel 26 für angenommen.

Artikel 27.

Abg. Dr. **Casselmann** (Referent) (verliest Artikel 27): Nach der Darstellung in den Motiven über die Solmser Landesordnung ist letztere dem überlebenden Ehegatten günstiger als das Bürgerl. Gesetzbuch. Im Artikel 27 ist deßhalb im Falle des Todes des einen Ehegatten dem überlebenden Ehegatten der Nießbrauch an dem Nachlaß gelassen. Es ist die Vorschrift, daß die Hälfte des beweglichen Sondergutes ihm zu Eigenthum zufällt, beseitigt; der Ehegatte kann aber wie auch in anderen Fällen auf den Nießbrauch verzichten. Er erbt dann nach den Vorschriften des Bürgerl. Gesetzbuchs. Mit Rücksicht darauf, daß gegenüber Stiefkindern der Nießbrauch leicht geeignet ist, zu Streitigkeiten Anlaß zu geben, beläßt es insofern der Entwurf bei dem geltenden Rechte, und der Nießbrauch wird daher nicht auf die Erbtheile der nicht gemeinschaftlichen Abkömmlinge erstreckt. Dafür hat aber der Ehegatte den nicht gemeinschaftlichen Abkömmlingen gegenüber das Erbrecht des Bürgerl. Gesetzbuchs auch für den Fall, daß der Ehegatte den übrigen Erben gegenüber auf den Nießbrauch nicht verzichtet.

Es ist noch durch den Abänderungsantrag die Vorschrift des § 1933 des Bürgerl. Gesetzbuchs für anwendbar erklärt. Der Artikel, den wir schon öfters hatten, handelt von dem Ausschluß des Erbrechts des überlebenden Ehegatten.

Ich habe gegen den Artikel nichts zu erinnern.

Abg. **von Walter** (Korreferent): Ich habe auch nichts zu erinnern.

Vorsitzender: Artikel 27 ist demnach angenommen.

Artikel 28.

Abg. Dr. **Casselmann** (Referent) (verliest Artikel 28): In den Motiven ist zunächst nachgewiesen, in welchen Theilen des Landes das gemeine Dotalrecht den gesetzlichen Güterstand theils unmittelbar auf Grund des gemeinen Rechts theils in Folge der subsidiären Geltung des gemeinen Rechts, bildet. Das Dotalrecht nähert sich, wie in den Motiven weiter mit Recht ausgeführt ist, der Gütertrennung des Bürgerl. Gesetzbuchs nach den §§ 1427 bis 1430. Beim Dotalrecht wird durch die Ehe ein Einfluß auf das Vermögen der Ehegatten in keiner Weise ausgeübt. Jeder Ehegatte bleibt Herr seines eigenen Vermögens, kann über dasselbe ohne Rücksicht auf den anderen verfügen und hat auch die freie Nutznießung an seinem Vermögen. Der Mann erwirbt zu Eigenthum blos das, was ihm als dos, als Heirathgut bestellt wird, gemeinrechtlich zu vollem Rechte. Es ist dann dargelegt, daß nach einigen Statutarrechten der Mann an der dos nur ein ausgedehntes Verwaltungs- und Nutznießungsrecht erwerbe. Nun ist aber weiter ausgeführt, daß durch die thatsächliche Uebung das Dotalrecht der Verwaltungsgemeinschaft erheblich näher gebracht worden sei. Ich darf auch hier wohl auf die näheren Ausführungen der Motive verweisen. Der Entwurf kommt deßhalb

S. 847. zu dem Schlusse, daß, wie im Artikel 28 bestimmt ist, der Güterstand des gemeinen Dotalrechts, des vorderösterreichischen und des österreichischen Rechts in den Güterstand der Verwaltung und Nutznießung des Bürgerl. Gesetzbuchs mit der Maßgabe übergeleitet wird, daß, wie im Abs. 2 bestimmt ist, das Vermögen, welches als Heirathgut bestellt ist oder von der Frau ohne Vorbehalt der Verwaltung des Mannes überlassen worden ist, eingebrachtes Gut, alles sonstige Vermögen der Frau Vorbehaltsgut werden soll. In den Motiven ist weiter dargelegt, daß dadurch in die Rechte der Ehegatten oder Dritter nicht eingegriffen wird. Sie verweisen noch darauf, das nach dem bestehenden Rechte Jeder, der für die Frau eine dos bestellt, vertragsmäßig sich das Rückforderungsrecht vorbehalten kann. Der Entwurf will nun in Abs. 3 den Anspruch, soweit er nach dem bisherigen Rechte besteht, daß das Heirathgut an Dritte herausgegeben werden muß, aufrecht erhalten.

Ich beantrage, dem Artikel 28 zuzustimmen.

Abg. **von Walter** (Korreferent): Ich habe auch keine Erinnerung.

Vorsitzender: Artikel 28 ist angenommen.

Artikel 29.

Abg. Dr. **Casselmann** (Referent) (verliest Artikel 29): Ohne Erinnerung.

S. 848. Abg. **von Walter** (Korreferent): Ich habe ebenfalls keine Erinnerung.

Vorsitzender: Artikel 29 ist angenommen.

Artikel 30.

Abg. Dr. **Casselmann** (Referent) (verliest Artikel 30): Mit Rücksicht auf die in den Motiven gegebene Darstellung des vorderösterreichischen Rechts und mit Rücksicht auf das von uns bisher stets eingehaltene Prinzip, daß in allen Fällen der überlebende Ehegatte durch die Ueberleitung nicht schlechter gestellt sein soll wie nach dem früheren Recht, habe ich gegen die Fassung des Artikel 30 nichts zu erinnern. Ich beantrage Zustimmung.

Abg. **von Walter** (Korreferent): Ich beantrage ebenfalls Zustimmung.

Vorsitzender: Artikel 30 ist angenommen.

Artikel 31.

Abg. Dr. **Casselmann** (Referent) (verliest Artikel 31): Ich habe die Motive über den Artikel 31 genauer durchgesehen und verfolgt in der Vergleichung, die angestellt wird zwischen dem gesetzlichen Güterstand des Bürgerl. Gesetzbuchs und der Verwaltungsgemeinschaft des preußischen Landrechts, und ich kann nur bemerken, daß ich die bezüglichen Ausführungen für durchaus zutreffend halte und gegen die Ueberleitung des preußischen Landrechts in den gesetzlichen Güterstand des Bürgerl. Gesetzbuchs nichts zu erinnern habe.

Ebensowenig habe ich gegen den Abs. 2 etwas zu erinnern.

Ich beantrage Zustimmung.

Abg. **von Walter** (Korreferent): Ich beantrage ebenfalls Zustimmung.

Senatspräsident Dr. **von Jacubezky:** Ich möchte nur eine kleine Berichtigung der Begründung zu dem Artikel 31 geben. Am Schlusse des Abs. 3 heißt es: „Da die Frau den Beitrag, welchen sie aus den Einkünften ihres Vorbehaltsguts zum ehelichen Haushalte leisten muß (§ 1371 mit § 1427 des Bürgerl. Gesetzbuchs), auch aus dem Erträgniß ihrer Arbeit zu leisten hat, so erleidet der Mann übrigens materiell keine Schmälerung der ihm zukommenden Nutzungen des Frauenvermögens." Dieß ist insofern nicht ganz richtig, als eine gewisse Schmälerung allerdings eintritt. Der Entwurf erachtet aber diese Beschränkung des Rechts des Mannes aus dem in der Begründung angegebenen Grunde für gerechtfertigt. Der Schluß des Satzes sollte deßhalb lauten: „so erleidet der Mann keine unbillige Schmälerung der ihm zukommenden Nutzungen des Frauenvermögens". S. 848.

Vorsitzender: Dazu wird nichts zu bemerken sein.

Ich erkläre Artikel 31 für angenommen. Wir kommen nun zu

Artikel 32.

Abg. Dr. **Casselmann** (Referent): Die Artikel 32 bis 34 beziehen sich auf das vertragsmäßige Güterrecht (verliest Artikel 32). Ich habe mich bereits heute Morgen in der allgemeinen Debatte entschieden dahin ausgesprochen, daß die Ueberleitung sich nicht auf das gesetzliche Güterrecht beschränken soll, sondern auch auf das vertragsmäßige Güterrecht ausgedehnt werden muß.

Ich habe daher gegen den Abs. 1 nichts zu erinnern.

Der Abs. 2 bezieht sich auf die Ehen, für welche kraft Ehevertrages das gemeine Dotalrecht gilt. Hier ist die Ausnahme gemacht, daß an die Stelle des Güterstandes des gemeinen Dotalrechts in diesem Falle die Gütertrennung nach Vorschriften des Bürgerl. Gesetzbuchs eintreten soll.

Ich habe gegen die Begründung dieses Abs. 2 nichts zu erinnern und beantrage demgemäß die Zustimmung zu dem Artikel 32.

Abg. **von Walter** (Korreferent): Ich beantrage ebenfalls die Zustimmung zu Artikel 32.

Abg. Joseph **Geiger**: Ich habe heute Morgen bei der Generaldiskussion schon erklärt, daß ich die Bedenken, die da und dort geltend gemacht worden sind, gegen die Absicht, auch das vertragsmäßige Güterrecht dem Bürgerl. Gesetzbuch anzugleichen, nicht theile. Ich möchte bemerken, daß das vertragsmäßige Güterrecht häufig vorkommt auch im Gebiete des bayerischen Landrechts. Das bayerische Landrecht kennt die allgemeine Gütergemeinschaft als gesetzliches Güterrecht nicht, aber es wird häufig, besonders auf dem Lande, durch Ehevertrag eingeführt. Und in dieser Beziehung wird die Ueberleitung in die Bestimmungen des Bürgerl. Gesetzbuchs der Ehefrau einen großen Vortheil bieten. Nach den bisherigen Bestimmungen war es, wenn die Lage der Eheleute eine schwierige geworden war, insbesondere durch Verschulden des Ehemannes, der Ehefrau außerordentlich schwer, bisweilen unmöglich, die Aufhebung der Gütergemeinschaft herbeizuführen, ja, es verzögerte sich die Aufhebung bisweilen so lange, bis nichts mehr vorhanden war. Nach den künftigen Bestimmungen und in Folge der Ueberleitung in die Vorschriften des Bürgerl. Gesetzbuchs ist es nach § 1468 der Ehefrau möglich, sobald die Gefahr eintritt, daß ihre wirthschaftliche Stellung für die Zukunft sich erheblich verschlechtere, rechtzeitig die Aufhebung der Gütergemeinschaft zu erlangen. Diese Neuerung ist nur zu begrüßen.

Abg. **Wagner:** Ich möchte nur bezüglich eines Punktes noch um eine Erklärung der k. Staatsregierung bitten. Wenn nach vorderösterreichischem Rechte Gütergemeinschaft bedungen wird, so legen schon die Motive nach meiner Richtung dar, daß dieser Vertrag nur die Bedeutung eines Erbvertrages habe. Ich werde also in der Annahme nicht fehl gehen, wenn ich sage, daß auch für diesen Fall das gilt: Im Uebrigen wird der bestehende Güterstand in

S. 848. den Güterstand der Verwaltung und Nutznießung, wie es in Artik 28 statuirt ist, übergeleitet.

Senatspräsident Dr. **von Jacubezky:** Diese Auffassung ist richtig. Die sogenannte allgemeine Gütergemeinschaft des vorderösterreichischen Rechts ist nur eine Gemeinschaft von Todeswegen, während der Dauer der Ehe besteht das gesetzliche Güterrecht, und dieses wird nach Artikel 28 durch den Güterstand der Verwaltung und Nutznießung ersetzt.

Ich möchte mir nur noch die Bemerkung erlauben, daß auf den Fall
S. 849. des Artikel 32 Abs. 2, bei dem Bestehen des Güter || standes des gemeinen Dotalrechts kraft Ehevertrages, selbstverständlich der Artikel 29, der für das gemeine Dotalrecht nach Bamberger Recht als gesetzlichen Güterstand gilt, keine Anwendung findet. Die dort bestimmte Umwandlung in allgemeine Gütergemeinschaft tritt auch nach dem geltenden Rechte nur bei dem gesetzlichen Güterstand ein, nicht wenn der Güterstand des Dotalrechts auf Vertrag beruht, daher insbesondere auch nicht bei dem Güterstande der wechselseitigen Erbfolge, der ja auch gemeines Dotalrecht in Verbindung mit einem gegenseitigen Erbvertrag ist.

Vorsitzender: Artikel 32 ist angenommen.

Artikel 33.

Abg. Dr. **Casselmann** (Referent) (verliest Artikel 33): Die Gütergemeinschaft nach den in diesem Artikel besagten Rechten (kraft Kondonation) unterscheidet sich von der kraft Gesetzes eingetretenen dadurch, daß diese mit dem Tode oder der Abschichtung der Kinder in Errungenschaftsgemeinschaft übergeht, während bei jener auch in dem Falle, daß bei der Beendigung der Gemeinschaft Kinder nicht vorhanden sind, die Grundsätze der Gütergemeinschaft maßgebend bleiben. Mit Rücksicht darauf darf die Vorschrift des Artikel 4 Abs. 2 keine Anwendung finden, sondern der überlebende Ehegatte muß das ganze Gesammtgut erhalten und von dem andern Ehegatten darf ihm dieses Recht letztwillig nicht entzogen werden.

Das ist die Vorschrift des Artikel 33 und beantrage ich Zustimmung.

Abg. **von Walter** (Korreferent): Auch ich beantrage Zustimmung.

Kondonation ist nichts Anderes als die vertragsmäßige allgemeine Gütergemeinschaft und die damit verbundene Zuwendung des ganzen Vermögens von Todeswegen.

Vorsitzender: Ich konstatire die Annahme des Artikel 33.

Artikel 34.

Abg. Dr. **Casselmann** (Referent) (verliest Artikel 34): Die hier gedachten Güterstände können in Bayern nur auf Grund eines Ehevertrags gelten und besagen die Motive, daß namentlich in den altbayerischen und den schwäbischen Landestheilen die allgemeine Gütergemeinschaft des gemeinen deutschen Rechts und des bayerischen Landrechts so häufig vereinbart wird, daß ohne ihre Ueberleitung die Zwecke der Ueberleitung überhaupt zu einem erheblichen Theil vereitelt würden.

Es ist dann weiter in den Motiven dargelegt, daß die allgemeine Gütergemeinschaft im gemeinen deutschen Recht, im bayerischen Landrecht und im preußischen Landrecht von den Vorschriften des Bürgerl. Gesetzbuchs über die allgemeine Gütergemeinschaft nicht wesentlich abweicht.

Im Uebrigen kann ich mich auf die Motive berufen, deren Berechtigung ich vollkommen anerkenne. Ich beantrage Zustimmung.

Abg. **von Walter** (Korreferent): Gleichfalls einverstanden. S. 849.

Vorsitzender: Artikel 34 ist angenommen.

Artikel 35.

Abg. Dr. **Casselmann** (Referent) (verliest Artikel 35): Abs. 1 dieses Artikels ist eine selbstverständliche Folge der Bestimmungen, die wir bei den einzelnen Rechten bereits getroffen haben, und ist zum Theil Abs. 1 schon besprochen worden. Ich beantrage Zustimmung zu diesem Artikel.

Abg. **von Walter** (Korreferent): Es kann insbesondere durch Abs. 2 eine Schädigung des Mannes nicht eintreten, weil der Mann durch die Vorschriften über die Haftung des Erben für die Nachlaßverbindlichkeiten geschützt ist. Ich beantrage gleichfalls Zustimmung.

Vorsitzender: Artikel 35 angenommen.

Artikel 36.

Abg. Dr. **Casselmann** (Referent) (verliest Artikel 36): Dieser Artikel wurde in der allgemeinen Debatte heute Morgen schon besprochen; es wurde allgemein anerkannt, daß die Ueberleitung nicht so weit gehen kann, daß sie rückwirkende Kraft habe. Ich beantrage Zustimmung.

Abg. **von Walter** (Korreferent): Einverstanden.

Vorsitzender: Artikel 36 angenommen.

Artikel 37.

Abg. Dr. **Casselmann** (Referent) (verliest Artikel 37): Dieser Artikel spricht aus, daß der Mann an die Zustimmung der Frau für die Verfügungen über das Gesammtgut gebunden ist, und gibt der Frau, wenn er dieser Vorschrift zuwider handelt, das Recht, auf Aufhebung der Gütergemeinschaft zu klagen, wenn für die Zukunft eine erhebliche Gefährdung ihrer Rechte zu besorgen ist. Es ist hier derselbe Gedanke verfolgt, der dem § 1468 des Bürgerl. Gesetzbuchs bei der allgemeinen Gütergemeinschaft und dem § 1542 bei der Errungenschaftsgemeinschaft zu Grunde liegt.

Wenn die §§ 1470 und 1479 (hier liegt in den Motiven ein Druckfehler vor, es soll nicht heißen 1471, sondern 1479) für anwendbar erklärt werden, so ist das durch die Gleichartigkeit der Sachlage gerechtfertigt. § 1470 handelt von dem Eintritt und der Wirkung der Aufhebung der Gütergemeinschaft; dieselbe tritt mit der Rechtskraft des Urtheils ein, und § 1479 bestimmt, daß, wenn die Gütergemeinschaft durch Urtheil aufgehoben wird, der Ehegatte verlangen kann, daß die Auseinandersetzung so erfolge, wie wenn der Anspruch auf Auseinandersetzung mit der Erhebung der Klage auf Aufhebung der Gütergemeinschaft rechtshängig geworden wäre. Ich beantrage Zustimmung.

Abg. **von Walter** (Korreferent): Auch ich beantrage Zustimmung und will nur einen weiteren Druckfehler in den Motiven richtig stellen: nämlich im zweiten Absatz zur Begründung der Artikel 36 bis 39 muß es heißen Artikel „37“ statt „35“.

Vorsitzender: Ich konstatire die Annahme des Artikel 37.

Artikel 38. S. 850.

Abg. Dr. **Casselmann** (Referent) (verliest Artikel 38): Ich verweise in dieser Beziehung auf die Motive und schließe mich ihnen an. Es ist dort

S. 850. ausgesprochen, daß die Vorschrift des Artikel 38 bezweckt, eine Streitfrage zu entscheiden, die bisher bestanden hat. Ich beantrage die Zustimmung.

Abg. **von Walter** (Korreferent): Einverstanden.

Vorsitzender: Artikel 38 gilt als angenommen.

Artikel 39.

Abg. Dr. **Casselmann** (Referent) (verliest Artikel 39): Ohne Erinnerung.

Abg. **von Walter** (Korreferent): Ich beantrage ebenfalls Zustimmung, weil durch diese Vorschrift das Interesse einer geordneten Verwaltung und auch das Interesse der Frau und der Gläubiger besser gewahrt wird als bisher.

Vorsitzender: Artikel 39 ist angenommen.

Artikel 40.

Abg. Dr. **Casselmann** (Referent) (verliest Artikel 40): Auch diese Vorschrift entspricht dem heute Morgen schon besprochenen Prinzip, wonach sich die Ueberleitung nicht auf besondere vertragsmäßige Abmachungen beziehen soll. Ich beantrage Zustimmung.

Abg. **von Walter** (Korreferent): Ich beantrage gleichfalls Zustimmung. Es entspricht die Vorschrift vollständig dem Rechte der Ehegatten, das gewahrt werden soll, daß sie den gesetzlichen Güterstand durch Vertrag so abändern können, wie es ihren Wünschen und Bedürfnissen entspricht.

Was die Vereinbarungen betrifft, welche mit dritten Personen getroffen werden, so wird wohl die Bestimmung gemeint sein, daß das Vermögen der Frau an gewisse, verwandte oder nicht verwandte Personen zurückzufallen hat, wenn die Gütergemeinschaft aufgehoben wird und Kinder nicht vorhanden sind, — also das sog. Rückfallsrecht.

Senatspräsident Dr. **von Jacubezky:** Der Abs. **2** spricht von den Anordnungen Dritter. Damit sind die letztwilligen Verfügungen gemeint, durch welche bei der Zuwendung von Vermögen an die Frau z. B. bestimmt wird, daß das zugewendete Vermögen Vorbehaltsgut sein soll, und Bestimmungen gleicher Art, die bei einer Schenkung an die Frau getroffen werden. Wenn bestimmt ist, daß ein gewisser Theil des Vermögens eines Ehegatten bei dessen Tode an die Verwandten fallen soll, so ist das eine Verfügung von Todeswegen, die nach Artikel 214 des Einführungsgesetzes nach den bisherigen Vorschriften beurtheilt wird.

Vorsitzender: Ich konstatire die Annahme des Artikel 40.

Artikel 41.

Abg. Dr. **Casselmann** (Referent) (verliest Artikel 41): Wir sind bereits mehrfach dem Gedanken begegnet bei der Besprechung, daß, wenn nach den Vorschriften des Bürgerl. Gesetzbuchs die Eheaatten die Aufhebung des Güterstandes durch Urtheil erwirkt haben, sie das Recht haben, zu verlangen, daß die Auseinandersetzung so erfolgt, wie wenn der Anspruch auf Auseinandersetzung mit Erhebung der Klage auf Aufhebung der Gütergemeinschaft rechtshängig geworden wäre. Diesem Gedanken entspricht der Artikel 41 und die Darlegung in den Motiven, daß auch die Ueberleitung auf den zur Zeit des Inkrafttretens des Bürgerl. Gesetzbuchs anhängigen Rechtsstreit und die Wirkung der Entscheidung ohne Einfluß sein muß.

Weiter ist in den Motiven darauf hingewiesen, daß der Grundsatz der Rückwirkung für die Vermögensauseinandersetzung der Ehegatten im Falle der

Ehescheidung im Bürgerl. Gesetzbuche nicht anerkannt ist. Es erstreckt sich dem S. 850.
entsprechend auch die Vorschrift des Artikel 41 nicht hierauf. Wenn also auf Grund einer Klage, die vor dem Inkrafttreten des Bürgerl. Gesetzbuchs anhängig geworden ist, eine Ehe geschieden wird, so sollen die Vorschriften des Bürgerl. Gesetzbuchs für die Ehescheidung maßgebend sein.

Ich stimme dieser Auffassung zu und beantrage Zustimmung zu dem Artikel.

Abg. **von Walter** (Korreferent): Ich beantrage auch Zustimmung.

Vorsitzender: Artikel 41 ist angenommen.

Artikel 42.

Abg. Dr. **Casselmann** (Referent) (verliest Artikel 42): Zu Abs. 1 habe ich nichts zu bemerken.

Bezüglich des Abs. 2 vermisse ich in den Motiven eine Begründung. Ich habe mich redlich bemüht, diesen Absatz zu verstehen, weiß aber nicht, ob es mir gelungen ist. Ich fasse ihn so auf, daß, wenn ein Ehegatte den anderen Ehegatten ausschließt von den Rechten, die durch den gegenwärtigen Entwurf aufrecht erhalten werden, in einem solchen Falle diese Ausschließung keinen Einfluß äußert auf das Erbrecht oder auf das Pflichttheilsrecht des Bürgerl. Gesetzbuchs und daß die Ausschließung ebenso zu betrachten ist, als wenn der Ausgeschlossene Verzicht geleistet hätte auf das Recht, das für ihn als überlebenden Ehegatten durch den Entwurf aufrecht erhalten bleibt.

Ich möchte anfragen, ob diese meine Auffassung richtig ist. (Wird von Regierungsseite bejaht.) Dann beantrage ich Zustimmung zu dem Artikel 42.

Abg. **von Walter** (Korreferent): Ich habe auch die Sache so aufgefaßt, daß, um die Erwerbung der Erbschaft und des Pflichttheils zu erlangen, ein Verzicht auf die bisherigen Rechte nothwendig ist; wenn aber diese Erlangung der Rechte durch Verfügung des verstorbenen Theils ausgeschlossen wird, braucht der überlebende Theil nicht darauf zu verzichten, sondern es wird der Verzicht durch die Ausschließung ersetzt.

Senatspräsident Dr. **von Jacubezky:** Wenn die letztwillige Verfügung, durch welche die erbrechtlichen Wirkungen des Güterstandes ausgeschlossen werden, unter der Herrschaft der bisherigen Gesetze errichtet worden ist, so wird der Erblasser von dem Erbrechte, das erst durch das Bürgerl. Gesetzbuch eingeführt ist, keine Kenntniß gehabt haben. Es muß also die Frage aufgeworfen werden, || ob die Ausschließung, die sich nach dem Wortlaute der S. 851.
letztwilligen Verfügung nur auf die Rechte bezieht, die dem überlebenden Ehegatten nach den bisherigen Vorschriften zustehen, nach dem Willen des Erblassers sich auch auf das Erbrecht beziehen soll, welches durch das Bürgerl. Gesetzbuch gewährt ist. Die Frage ist eine Auslegungsfrage, die bei vollständiger Ausschließung aller Rechte, die dem überlebenden Ehegatten nach den bisherigen Gesetzen in Ansehung des Nachlasses zustehen, wohl zu bejahen sein wird. Anders wird zu entscheiden sein, wenn die Ausschließung erst erfolgt, nachdem die Ueberleitung eingetreten oder wenigstens die Verkündung des Gesetzes erfolgt ist, sofern man annehmen darf, daß der Erblasser Kenntniß davon erlangt hat, daß dem überlebenden Ehegatten auch das gesetzliche Erbrecht des Bürgerl. Gesetzbuchs zusteht. Welche Bedeutung eine Beschränkung der dem überlebenden Ehegatten nach den bisherigen Vorschriften zustehenden Rechte für das gesetzliche Erbrecht nach dem Bürgerl. Gesetzbuche hat, läßt sich nur

S. 851. nach den Umständen des einzelnen Falles bestimmen. Der Entwurf hat deßhalb davon abgesehen, eine Auslegungsregel aufzustellen. Soweit die Ausschließung sich nicht auf das Erbrecht und das Pflichttheilsrecht des Bürgerl. Gesetzbuchs erstreckt, bedarf es nicht des nach vielen Vorschriften des Entwurfes zur Erlangung des Erbrechts des Bürgerl. Gesetzbuchs erforderlichen Verzichts auf die Rechte, welche das bisherige Recht gewährt. Die Ausschließung dieser Rechte steht dem Verzichte gleich, der hier selbstverständlich nicht möglich ist.

Der Abs. 2 hat nur die Bedeutung, die Fassung der Vorschriften, die den Verzicht erfordern, für den Fall der Ausschließung der sich aus den bisherigen Gesetzen ergebenden Rechte des überlebenden Ehegatten zu ergänzen. Um diese Ergänzung nicht in jeden der von dem Verzichte sprechenden Artikel aufnehmen zu müssen, ist sie als allgemeine Vorschrift hier eingestellt worden.

Vorsitzender: Ich konstatire die Annahme des Artikel 42.

(Schluß der Sitzung um 7 Uhr 30 Minuten.)

von Stobäus,
Vorsitzender.

Michel,
Schriftführer.

S. 853.

50.

Protokoll

über die Sitzung des besonderen (XVIII.) Ausschusses der Kammer der Abgeordneten zur Berathung der durch die Einführung des Bürgerlichen Gesetzbuchs veranlaßten Gesetzentwürfe.

(Verhandl. d. Justiz-Gesetzg.-Aussch. d. K. d. Abg. 1899. Beil.-Bd. XX, Abth. II, S. 853 bis 858.

München, den 25. Mai 1899, Vormittags $9^1/_2$ Uhr.

Gegenwärtig:

Die Vertreter der k. Staatsregierung: der k. Staatsminister der Justiz Dr. Freiherr von Leonrod, Excellenz, der k. Senatspräsident am obersten Landesgerichte Dr. Ritter von Jacubezky, der k. Oberregierungsrath im Staatsministerium der Justiz Schneider, der k. Landgerichtsrath im Staatsministerium der Justiz Dr. Unzner;

ferner die Ausschußmitglieder: von Stobäus, Vorsitzender, Wagner, Stellvertreter des Vorsitzenden, Dr. Casselmann, Schriftführer, Michel, Stellvertreter des Schriftführers, Beckh, Conrad, Fuchs, Joseph Geiger, Joseph Huber, Lerno, Seeberger, Segitz, von Walter (Landmann, und Dr. Ratzinger entschuldigt).

Tagesordnung:

Entwurf von Uebergangsvorschriften für das eheliche Güterrecht.

(Beilage X).

Artikel 43 mit 72.

Erste Lesung.

Vorsitzender **von Stobäus** eröffnet um 9 Uhr 30 Minuten die Sitzung und gibt dem Abgeordneten Michel das Wort zur Berichterstattung über das Güterrecht der Pfalz.

Artikel 43.

Abg. **Michel** (Referent): Ich möchte mich im Allgemeinen auf das beziehen, was ich bei der Generaldiskussion gesagt habe und nur noch einige Bemerkungen beifügen.

Das Liegenschaftsrecht der Pfalz vom 1. Juli 1898 hat schon in seinen Artikeln 7 bis 11 einen Theil der Uebergangsvorschriften für das eheliche Güterrecht geregelt. Dieselben behandeln die gesetzliche Hypothek der Ehefrau in ihren Wirkungen von dem Inkrafttreten des Bürgerl. Gesetzbuchs an. Sie besteht von da ab nur zur Sicherung solcher Ansprüche, die vor diesem Zeitpunkt entstanden sind (Art. 7), umfaßt gütergemeinschaftliche Grundstücke, ebenso wie jene des Mannes, wenn erstere vor dem Inkrafttreten des Bürgerl. Gesetzbuchs gütergemeinschaftlich geworden sind (Art. 8). Im Artikel 9 ist Vorschrift für den Fall gegeben, wenn zur Zeit des Inkrafttretens des Bürgerl. Gesetzbuchs die Gütergemeinschaft aufgehoben oder ein Gütertrennungsverfahren anhängig ist. Artikel 10 behandelt die Eintragungsfrist und Artikel 11 die Subrogation in die gesetzliche Hypothek der Ehefrau nach erfolgter Anlegung des Grundbuches. Es sind sohin Artikel 43 ff. des Entwurfes eigentlich nur die Fortsetzung dieser bereits gesetzlich festgelegten Bestimmungen. S. 853.

Artikel 43 bis 54 des vorliegenden Entwurfes beziehen sich auf die Umwandlung der bestehenden Gütergemeinschaften, Artikel 55 auf die Umwandlung der Güterstände, in denen die Gütergemeinschaft ausgeschlossen ist; Artikel 58 betrifft das Dotalrecht und sind in Artikel 59 die Ueberleitungsvorschriften für das Verfahren enthalten.

Was nun der Artikel 53 des Entwurfs anlangt, so hat derselbe folgenden Wortlaut (wird verlesen). Ich verweise auf die Motive, welche in erschöpfender und klarer Weise das Sachverhältniß darstellen und habe weiter nichts zu erinnern. Ich beantrage die Annahme des Artikels.

Vorsitzender: Angenommen.

Artikel 44.

Abg. **Michel** (Referent) (verliest Artikel 44): Eine Erinnerung gegen diesen Artikel habe ich nicht zu erheben.

Vorsitzender: Angenommen.

Artikel 45.

Abg. **Michel** (Referent) (verliest Artikel 45): Auch hier beziehe ich mich auf die Motive und beantrage Zustimmung.

Vorsitzender: Angenommen.

Artikel 46.

Abg. **Michel** (Referent) (verliest Artikel 46): Ich habe hier dem in den Motiven Ausgeführten ebenfalls nichts hinzuzufügen und beantrage Zustimmung.

Vorsitzender: Angenommen.

Artikel 47.

Abg. **Michel** (Referent) (verliest Artikel 47): Ohne Erinnerung; ich beantrage Zustimmung.

Vorsitzender: Angenommen.

Artikel 48.

Abg. **Michel** (Referent) (verliest Artikel 48): Ebenfalls ohne Erinnerung; ich beantrage Zustimmung.

Vorsitzender: Angenommen.

Artikel 49.

Abg. **Michel** (Referent) (verliest Artikel 49): Ich habe nichts zu bemerken und beantrage Zustimmung.

S. 853. Oberregierungsrath **Schneider:** Ich möchte bitten, in der Begründung zu Artikel 49 auf Seite 634 in dem dritten Absatz den zweiten Satz zu streichen. Der Satz heißt: „Es hat daher, wenn zwischen den Ehegatten Gütergemeinschaft besteht &c. &c. sein Bewenden." Ich habe Zweifel bekommen, ob der Satz ganz zutreffend ist.

Vorsitzender: Artikel 49 ist angenommen.

S. 854. **Artikel 50.**

Abg. **Michel** (Referent) (verliest Artikel 50): Auch hier ist dem, was in den Motiven gesagt ist, nichts hinzuzufügen. Ich beantrage Zustimmung.

Vorsitzender: Angenommen.

Zu **Artikel 51** ist einschlägig der Abänderungsantrag der k. Staatsregierung unter Ziff. 6.

Abg. **Michel** (Referent) (verliest Artikel 51): Die Abänderung in Satz 3 lautet:

„Die Vorschriften der §§ 1470, 1479 des Bürgerlichen Gesetzbuchs finden entsprechende Anwendung."

Ich habe im Großen und Ganzen gegen diesen Artikel nichts einzuwenden. Was den Abänderungsantrag der k. Staatsregierung anlangt, so ist ein solcher Zusatz ebenfalls schon bei Artikel 3 und 37 von uns beschlossen worden. Ich beziehe mich der Kürze halber auf das, was Seitens des Herrn Referenten Dr. Casselmann über diese Materie dort ausgeführt wurde. Ich beantrage Zustimmung zum Artikel mit dem Abänderungsantrag der k. Staatsregierung.

Oberregierungsrath **Schneider:** Ich möchte nur hervorheben, daß der Abänderungsantrag zu dem Artikel 51 eine sachliche Aenderung nicht enthält.

Vorsitzender: Artikel 51 ist angenommen.

Artikel 52.

Abg. **Michel** (Referent) (verliest Artikel 52): Ich habe keine Erinnerung, beantrage Zustimmung.

Vorsitzender: Angenommen.

Artikel 53.

Abg. **Michel** (Referent) (verliest Artikel 53): Auch dieser Artikel ist in den Motiven erschöpfend begründet. Ich habe dem nichts hinzuzufügen und beantrage Zustimmung.

Vorsitzender: Angenommen.

Artikel 54.

Abg. **Michel** (Referent) (verliest Artikel 54): Ohne Erinnerung; ich beantrage Zustimmung.

Vorsitzender: Angenommen.

Artikel 55.

Abg. **Michel** (Referent) (verliest Artikel 55): Auch zu diesem Artikel habe ich eine weitere Bemerkung nicht zu machen und beantrage daher die Annahme desselben.

Vorsitzender: Angenommen.

Artikel 56. S. 854.

Abg. **Michel** (Referent) (verliest Artikel 56): Auch hier habe ich keine Erinnerung zu erheben und beantrage Zustimmung.

Vorsitzender: Angenommen.

Artikel 57.

Abg. **Michel** (Referent) (verliest Artikel 57): Ebenfalls ohne Erinnerung; ich beantrage Zustimmung.

Vorsitzender: Angenommen.

Artikel 58.

Abg. **Michel** (Referent) (verliest Artikel 58): Zu dem Artikel habe ich zu bemerken, daß das Dotalrecht als solches nicht übergeleitet wird und daß es nothwendig erscheint, die Beschränkung der Geschäftsfähigkeit der Ehefrau vollständig aufzuheben. Es versteht sich dieß bei den übergeleiteten Güterständen von selbst und war für diese eine bezügliche Bestimmung im Gesetze nicht nothwendig.

Daraus, daß die Anpassung an das neue Güterrecht des Bürgerl. Gesetzbuchs erfolgt, ergibt sich von selbst, daß die Beschränkung der Geschäftsfähigkeit der Frau vom 1. Januar 1900 an wegfällt.

Ich beantrage Zustimmung.

Vorsitzender: Angenommen.

Artikel 59.

Abg. **Michel** (Referent) (verliest Artikel 59): Es ist dieß eine Ueberleitungsvorschrift für das Verfahren; dieselbe ist genügend begründet in den Motiven.

Ich beantrage Zustimmung.

Vorsitzender: Angenommen.

Wir kommen zu den allgemeinen Vorschriften.

Artikel 60.

Herr Dr. Casselmann als Referent!

Abg. Dr. **Casselmann** (Referent): Die Artikel 60 bis 71 enthalten Vorschriften, die allgemein für die sämmtlichen Güterstände im Königreiche gelten.

Artikel 60 lautet (wird verlesen).

Wie am Schlusse des uns vorliegenden Antrages steht, soll die Einstellung dieses Entwurfs (Beilage X) in den Entwurf von Uebergangsvorschriften, also in Beilage J, in der Weise erfolgen, daß die Artikel 60 bis 72, von denen wir jetzt sprechen, unter der Ueberschrift „Eheliches Güterrecht“ zwischen Artikel 17 und Artikel 18, also vor dem Artikel, wo von der Anlegung des Mündelgeldes die Rede ist, gesetzt werden.

Die Artikel 1 bis 42, die von dem Güterrecht der Landestheile rechts des Rheins handeln, sollen in dem Abschnitt, welcher die Vorschriften für die Landestheile rechts des Rheins enthält, und die Artikel, die soeben behandelt worden sind, die das Güterrecht der Pfalz betreffen, in dem Abschnitt, welcher die Vorschriften für die Pfalz enthält, ihren Platz finden.

Die Bestimmung des Artikel 60 soll verhüten, daß aus den Ueberschriften der Abschnitte, in welchen die Vorschriften eingestellt werden, der Schluß gezogen wird, daß die Ueberleitung der rechtsrheinischen Güterrechte nur für die in der Pfalz wohnenden Eheleute gelten.

Ich beantrage die Zustimmung.

S. 855. Abg. **von Walter** (Korreferent): Ich bin ebenfalls einverstanden, insbesondere mit der Art und Weise, wie die Einschaltung der einzelnen Vorschriften beantragt wird.

Vorsitzender: Artikel 60 ist angenommen.

Artikel 61.

Abg. Dr. **Casselmann** (Referent) (verliest Artikel 61): Der Artikel behandelt den Fall, wo die Eheleute ihren ersten ehelichen Wohnsitz in einem Bundesstaate genommen haben, in welchem eines der im Entwurfe behandelten Rechte gilt. Befinden sie sich zur Zeit der Ueberleitung in Bayern, so sollen für sie nicht die etwaigen Ueberleitungen des Rechtes in dem Staate, wo sie ihren ersten ehelichen Wohnsitz genommen haben, sondern die Vorschriften, die der Entwurf aufstellt, gelten. Eine Ausnahme ist aus den in den Motiven dargelegten Gründen nur veranlaßt für das Mainzer Landrecht und das Solmser Recht. Das badische Landrecht ist aus den in den Motiven angegebenen Gründen dem in der Pfalz geltenden Rechte gleichgestellt.

Ich habe nichts zu erinnern und beantrage die Zustimmung.

Abg. **von Walter** (Korreferent): Ich bin gleichfalls einverstanden und möchte mir nur die Anfrage erlauben, ob überhaupt das badische Landrecht in Bayern ein Geltungsgebiet hat. Es wird verneint; es handelt sich also nur um Ehegatten, die unter dem badischen Landrechte die Ehe eingegangen haben und später nach Bayern gezogen sind.

Abg. **Wagner:** Dieser Artikel 61 hat nur Bezug auf die Personen, welche ihren Wohnsitz in Bayern haben; etwas Anderes ist wohl nicht denkbar; soll das aber nicht ausdrücklich im Gesetze ausgesprochen werden?

Abg. **Conrad:** Mir ist im Momente nicht bekannt, ob nicht das rheinisch-französische Recht in den güterrechtlichen Bestimmungen so unversehrt geblieben ist wie das badische Landrecht, so daß also in Abs. 2 eventuell auch das rheinpreußisch- und hessisch-französische Recht dem Pfälzer Rechte gleichzustellen wäre.

Senatspräsident Dr. **von Jacubezky:** In Rheinpreußen und in Rheinhessen, in Elsaß-Lothringen und in dem oldenburgischen Fürstenthum Birkenfeld gilt das ehemalige Güterrecht des Code civil gerade so wie in der Pfalz. Dagegen enthält das badische Landrecht in den das eheliche Güterrecht betreffenden Abschnitten eine Anzahl von Zusätzen. Mit Rücksicht hierauf ist das badische Landrecht als ein theilweise anderes Recht anzusehen, während es sich im Uebrigen bei dem rheinisch-französischen Güterrechte gerade so verhält wie bei den Rechten von Würzburg und Fulda, die außerhalb Bayerns auch in Hessen und in Preußen gelten.

Der Entwurf geht in den Artikeln 60 bis 64 davon aus, daß es bei den bisherigen Vorschriften über die örtliche Anwendung der Rechtssätze sein Bewenden hat. Es ist, wie in der Begründung angeführt ist, in den deutschen Staaten allgemein anerkannt, daß inländische Ehegatten in Ansehung des ehelichen Güterrechts der Gesetzgebung des Staates unterworfen sind, in dem sie den Wohnsitz haben. Die Artikel 60, 63, 64 lassen klar erkennen, daß dieß auch der Standpunkt des Entwurfes ist. Wenn im Artikel 61 bestimmt wird, daß die Ueberleitungsvorschriften des Entwurfes auch dann Anwendung finden, wenn die Ehegatten den ersten ehelichen Wohnsitz nicht in Bayern gehabt haben, so gilt dieß selbstverständlich nur für Ehegatten, die in Ansehung des

Güterstandes der bayerischen Gesetzgebung unterworfen sind. Wir können nicht für Ehegatten, die der bayerischen Gesetzgebung nicht unterliegen, das Güterrecht umgestalten, wir können nicht für Ehegatten, die in Berlin oder in Stuttgart wohnen, eine Ueberleitung des Güterrechts bestimmen, sondern wir können es nur thun für die Ehegatten, welche ihren Wohnsitz in Bayern haben, für diese aber auch dann, wenn sie den für den gesetzlichen Güterstand maßgebenden ersten ehelichen Wohnsitz nicht in Bayern gehabt haben. — Den für die örtliche Anwendung des Landesrechts geltenden Grundsatz im Artikel 61 auszusprechen, dürfte sich nicht empfehlen. Auch in den Uebergangsvorschriften der Beilage J ist nicht gesagt, nach welchen Umständen sich die örtliche Geltung dieser Vorschriften bestimmt, es unterliegt aber keinem Zweifel, daß z. B. der Artikel 2 nur für die nicht rechtsfähigen Vereine gilt, die ihren Sitz in Bayern haben, nicht für solche, die in Berlin oder in Stuttgart bestehen. S. 855.

Abg. **Wagner**: Ich bin für diese Aufklärung sehr dankbar. Es wird jedenfalls gut sein, daß das ausdrücklich konstatirt wurde, damit nicht draußen zu Meinungsverschiedenheiten Veranlassung gegeben wird.

Vorsitzender: Die Herren Referenten ergreifen das Schlußwort nicht mehr; Artikel 61 ist angenommen.

Artikel 62.

Abg. Dr. **Casselmann** (Referent) (verliest Artikel 62): Ich habe nichts zu erinnern und beantrage Zustimmung.

Vorsitzender: Auch der Herr Korreferent hat nichts zu bemerken; der Artikel 62 ist angenommen.

Artikel 63.

Abg. Dr. **Casselmann** (Referent) (verliest Artikel 63): Dieser Artikel behandelt den Fall, wo Eheleute am 1. Januar 1900 in Bayern wohnen und zwar nach dem ehelichen Güterstand eines Bundesstaates, der in Bayern nicht gilt. Hier soll der Güterstand der etwaigen Ueberleitung des betreffenden Bundesstaates unterworfen werden. Da wo eine Ueberleitung in dem anderen Bundesstaat noch nicht stattfindet, soll es der königlichen Verordnung überlassen sein, zu bestimmen, daß die später erlassenen Vorschriften auf die zur Zeit der Erlassung der Verordnung in Bayern wohnenden Ehegatten Anwendung finden. Der Artikel bezieht sich auch auf die Eheverträge.

Ich beantrage Zustimmung.

Abg. **von Walter** (Korreferent): Ich bin ebenfalls einverstanden. Die Zweckmäßigkeitsgründe, die in den Motiven ausgeführt sind, sind nach meinem Dafürhalten vollständig zutreffend und durchschlagend.

Vorsitzender: Artikel 63 ist angenommen.

Artikel 64.

Abg. Dr. **Casselmann** (Referent) (verliest Artikel 64): Dieser Artikel handelt von dem Falle, daß die Eheleute erst nach dem 1. Januar 1900 in Bayern ihren Wohnsitz begründen.

Nach Abs. 1 sollen die bisherigen Vorschriften maßgebend sein, wenn die Eheleute zur Zeit der Ueberleitung nicht in einem anderen Bundesstaat wohnten, der Ueber‖leitungsvorschriften erließ. Hier wird ihr Güterstand in Bayern S. 856.
mit der Begründung des Wohnsitzes dem Entwurf unterworfen; anders nach Abs. 2, wenn ein Recht in Frage kommt, das auch in anderen Bundesstaaten gilt. Dieses Recht gilt, wenn die Ehegatten nach dem 1. Januar 1900 nach

S. 856. Bayern ziehen, in derselben Weise für sie fort, wie es in dem anderen Bundesstaat besteht.

Aus den in den Motiven angegebenen Gründen beantrage ich Zustimmung.

Abg. **von Walter** (Korreferent): Ich beantrage ebenfalls Zustimmung. Nur, glaube ich, habe ich den Herrn Referenten nicht richtig verstanden. Ich habe seine Aeußerung so aufgefaßt, als wenn im Falle des Abs. 1 die Vorschriften dieses Gesetzes anwendbar wären. Ich fasse den Abs. 1 aber dahin auf, daß die Vorschriften des anderen Bundesstaates, welcher den Güterstand mit dem Bürgerl. Gesetzbuch in Einklang bringen will, auch da anzuwenden sind, weil es offenbar unzweckmäßig wäre, wenn die Eheleute, die ihren Wohnsitz in Bayern aufschlagen, sich einer abermaligen Umgestaltung ihres Güterstandes unterwerfen müßten.

Senatspräsident Dr. **von Jacubezky:** Es liegt insofern ein Mißverständniß vor, als das, was der Herr Korreferent gesagt hat, im Abs. 3 steht, während der Herr Referent von dem Inhalte des Abs. 1 gesprochen hat. Der Abs. 1 erleidet durch den Abs. 3 eine Einschränkung dahin, daß eine nochmalige Angleichung des Güterstandes an das neue Recht nicht stattfindet, sondern es bei der an dem früheren Wohnort eingetretenen Angleichung sein Bewenden hat. Unter den „Vorschriften dieses Gesetzes" sind im Abs. 1 selbstverständlich auch die Vorschriften der Artikel 61 bis 63 verstanden.

Vorsitzender: Da Niemand mehr das Wort ergreift, kann ich Artikel 64 für angenommen erklären.

Artikel 65.

Abg. Dr. **Casselmann** (Referent) (verliest Artikel 65): Der Artikel 21 des Entwurfes über die Uebergangsvorschriften (Beilage J) enthält die Bestimmung über die Auseinandersetzung in Ansehung eines Nachlasses oder eines Gemeinschaftsvermögens. Die in den Motiven angegebenen Gründe für Erlaß der in Artikel 65 vorgesehenen Vorschriften halte ich für durchschlagend und beantrage Zustimmung zu dem Artikel.

Vorsitzender: Der Herr Korreferent hat nichts zu erinnern; Artikel 65 ist angenommen.

Artikel 66.

Abg. Dr. **Casselmann** (Referent) (verliest Artikel 66): Der in dem Artikel mehrfach angezogene § 1435 des Bürgerl. Gesetzbuchs enthält die Wirkung gegen Dritte bei Ausschluß oder Aenderung des Güterstandes der Verwaltung und Nutznießung durch Ehevertrag. (§ 1435 wird verlesen.)

Die Motive führen eingehend aus, weßhalb die hier vorgeschlagene Bestimmung veranlaßt ist. Ich kann mich dieser Begründung nur anschließen, insbesondere auch, soweit sie sich auf den Satz 2 des Abs. 1 bezieht, nämlich auf die dort allegirten Artikel des preußischen Landrechts.

Ich beantrage Zustimmung.

Abg. **von Walter** (Korreferent): Ich bin auch einverstanden.

Vorsitzender: Der Artikel 66 ist angenommen.

Artikel 67.

Abg. Dr. **Casselmann** (Referent) (verliest Artikel 67): Auch hier beziehe ich mich auf die Ausführung der Begründung zu Artikel 67. Ich schließe mich derselben an und beantrage Zustimmung, insbesondere auch zum Abs. 3, daß

die Vorschriften in Abs. 1 und Abs. 2 in den Landestheilen rechts des Rheins, S. 856.
solange das Grundbuch nicht als angelegt anzusehen ist, auf das Hypothekenbuch entsprechende Anwendung finden sollen.

Abg. **von Walter** (Korreferent): Ich habe nichts zu erinnern.

Vorsitzender: Artikel 67 ist angenommen.

Zu dem nun folgenden **Artikel 68** ist Ziff. 7 der Abänderungsvorschläge der k. Staatsregierung einschlägig.

Abg. Dr. **Casselmann** (Referent) (verliest Artikel 68 mit der von der k. Staatsregierung vorgeschlagenen Aenderung in Abs. 2): Dieser Artikel bezieht sich auf die von der Ueberleitung ausgenommenen Güterstände.

Ich beantrage Zustimmung.

Abg. **von Walter** (Korreferent): Ich beantrage gleichfalls Zustimmung.

Vorsitzender: Artikel 68 ist angenommen.

Artikel 69.

Abg. Dr. **Casselmann** (Referent) (verliest Artikel 69): Auch hier beantrage ich Zustimmung.

Abg. **von Walter** (Korreferent): Ich habe keine Erinnerung.

Vorsitzender: Artikel 69 ist angenommen.

Artikel 70.

Abg. Dr. **Casselmann** (Referent) (verliest Artikel 70): Ich beantrage Zustimmung.

Abg. **von Walter** (Korreferent): Ich ebenfalls.

Landgerichtsrath Dr. **Unzner:** Ich möchte mir die Bemerkung erlauben, daß in der Begründung zu Artikel 70 auf Seite 641 der Abs. 3 dahin richtig gestellt werden muß, daß die Vorschriften des Gesetzes über die Angelegenheiten der freiwilligen Gerichtsbarkeit nicht nur insoweit Anwendung finden, als sie sich auf das im § 1507 des Bürgerl. Gesetzbuchs, sondern auch insoweit, als sie sich auf das in § 38 der Grundbuchordnung bezeichnete Zeugniß beziehen. In einem Theile der Exemplare des Entwurfes beziehungsweise der Begründung ist diese Berichtigung schon berücksichtigt.

Abg. Dr. **Casselmann** (Referent): Ich habe nichts zu erinnern.

Abg. **von Walter** (Korreferent): Ich habe ebenfalls nichts zu erinnern. S. 857.

Vorsitzender: Artikel 70 ist angenommen.

Artikel 71.

Abg. Dr. **Casselmann** (Referent) (verliest Artikel 71): Ich begrüße diese Vorschrift als sehr zweckmäßig und beantrage Zustimmung.

Abg. **von Walter** (Korreferent): Ich bin mit dem Artikel ebenfalls einverstanden. Die Zeit ist allerdings etwas kurz bemessen, allein nachdem auch in das Gebührengesetz ähnliche Bestimmungen aufgenommen sind, glaube ich, keine weiteren Bemerkungen mehr machen zu sollen.

Vorsitzender: Artikel 71 ist angenommen.

Artikel 72.

Abg. Dr. **Casselmann** (Referent) (verliest Artikel 72): Dieser Artikel ist gleichfalls zu begrüßen; er mildert die Härten, die unter Umständen durch

S. 857. die Ueberleitung für die einzelnen Güterstände sich ergeben können. Ich halte die Frist von einem Jahre übrigens für hinreichend und beantrage Zustimmung zum Artikel.

Abg. **von Walter** (Korreferent): Ich bin auch einverstanden.

Abg. **Wagner:** Ich möchte zu diesen Artikeln 71 und 72 anregen, ob nicht schon für Verträge, die auf dieser Aenderung basiren und welche vor dem 1. Januar 1900 abgeschlossen werden, diese Gebührenfreiheit konstatirt werden könne. Es kommen jetzt schon Anfragen, ob man nicht durch Eheverträge das eheliche Güterrecht ändern solle. Es ist neulich erst an mich eine ähnliche Anfrage ergangen. Ich habe aber zur Antwort gegeben, man werde wegen der Kosten besser thun, wenn man bis 1. Januar wartet. Wir haben, wenn ich mich recht entsinne, bezüglich einzelner Gebührenbefreiungen im Gebührengesetz auch statuirt, daß sie sofort mit dem Inkrafttreten des Gebührengesetzes gelten sollen. Es wäre wohl erwünscht, daß auch hier Gebührenfreiheit schon vor dem 1. Januar 1900 gewährt werden könnte.

Ich möchte deßhalb die Frage anregen, ob es nicht möglich wäre, die Giltigkeit dieser beiden Artikel 71 und 72 für einen früheren Zeitpunkt als für den 1. Januar 1900 zu statuiren.

Senatspräsident Dr. **von Jacubezky:** Die Eintragung der Aenderung in das Hypothekenbuch kann nicht in Frage kommen, solange nicht die Aenderung selbst eingetreten ist. Der Artikel 71 kann deßhalb erst nach dem Inkrafttreten des Bürgerl. Gesetzbuchs zur Anwendung kommen. Dagegen kann von dem Artikel 72 sofort nach der Verkündung des Uebergangsgesetzes in der Weise Gebrauch gemacht werden, daß für die Zeit nach dem Inkrafttreten des Bürgerl. Gesetzbuchs an die Stelle des Güterstandes, der nach dem Entwurf eintritt, eine andere Regelung des Güterstandes gesetzt wird. Es steht nichts im Wege, noch im Jahre 1899 einen Vertrag des Inhalts nach Artikel 72 gebührenfrei zu schließen, daß am 1. Januar 1900 an die Stelle des bayerischen Landrechts die Errungenschaftsgemeinschaft des Bürgerl. Gesetzbuchs treten solle. Durch einen solchen Ehevertrag wird an die Stelle des nach dem Entwurfe eintretenden Güterstandes eine andere nach den Vorschriften des Bürgerl. Gesetzbuchs zulässige Regelung des Güterstandes gesetzt, und ein solcher Vertrag ist nach Artikel 72 Abs. 1 gebührenfrei.

Abg. **Wagner:** Wird das Gesetz sofort mit der Publikation in Kraft treten und gilt Artikel 72, auch ohne daß etwas Weiteres bestimmt wird, schon von der Verkündung des Gesetzes an, dann ist erreicht, was ich wünsche. Ich bin nur von der Meinung ausgegangen, als ob das Gesetz erst mit dem Inkrafttreten des Bürgerl. Gesetzbuchs in Kraft treten würde. Nun sehe ich aber, daß es der Beilage J einverleibt wird, und ich habe mich überzeugt, daß Beilage J in dieser Beziehung eine Bestimmung nicht enthält.

Abg. **von Walter** (Korreferent): Es soll in Artikel 72 die Befugniß ausdrücklich aufgenommen werden.

Senatspräsident Dr. **von Jacubezky:** Der Entwurf soll noch im Laufe des Jahres 1899 Gesetzeskraft erhalten, und wenn er Gesetz ist, so kann auf Grund des Artikel 72 ein Ehevertrag gebührenfrei geschlossen werden; denn vor dem 1. Januar 1900 ist jedenfalls das erste Jahr nach der gesetzlichen Aenderung des Güterstandes noch nicht abgelaufen. Es würde anders sein, wenn es hieße: „innerhalb eines Jahres“. „Innerhalb“ bedeutet „nicht nur nicht nachher, sondern auch nicht vorher“. Wenn das Gesetz aber nur verlangt,

daß etwas vor dem Ablauf eines Jahres nach einem bestimmten Zeitpunkte S. 857.
geschehen muß, so kann es sofort geschehen, es ist keine zeitliche Schranke für den Beginn gesetzt, sondern nur ein Endpunkt bestimmt. Ich glaube nicht, daß eine besondere Vorschrift erforderlich ist. In das Güterrechtsregister erfolgt die Eintragung erst, wenn das Güterrechtsregister angelegt wird. Die Eintragung geschieht gebührenfrei auch nach dem Ablaufe des Jahres, wenn nur der Vertrag rechtzeitig geschlossen ist. Sie kann nach Jahren noch nachgeholt werden, solange die Ehe besteht, eine zeitliche Schranke für die gebührenfreie Eintragung ist im Entwurfe nicht bestimmt.

Abg. **Wagner:** Ich bemerke, daß ich durch die Aufklärung des Herrn Senatspräsidenten vollständig beruhigt bin. Ich bin nur von der Meinung ausgegangen, daß das Gesetz erst mit dem 1. Januar 1900 in Kraft tritt; das ist aber nicht der Fall, es tritt sofort mit der Publikation in Kraft, und es wird der Artikel 72 seine Wirksamkeit sofort mit der Publikation des Gesetzes äußern.

Vorsitzender: Damit wäre die Vorlage Beilage X in erster Lesung erledigt.

Abg. Dr. **Casselmann** (Referent): Ich will nur noch darauf hinweisen, wie ich zum Theil schon bemerkt habe, daß die Einstellung der Bestimmungen in Beilage X, wie wir sie jetzt beschlossen haben, in den Entwurf der Uebergangsvorschriften, Beilage J, in der Weise erfolgt, wie dieß am Schlusse dieser Vorlage näher bezeichnet ist, so daß nunmehr diese beiden Anträge über die Ueberleitungsvorschriften sich als Ein Gesetzentwurf, betreffend die Ueberleitungsvorschriften, darstellen.

Abg. **Conrad:** Nachdem dieser Entwurf mit dem Entwurfe über die allgemeinen Uebergangsvorschriften vereinigt werden soll, werden selbstverständlich auch die Citate, die in diesem Entwurfe sich befinden, eine entsprechende Abänderung erfahren. Das ist namentlich der Fall in Artikel 52 || Abs. 2, S. 858.
dann in Artikel 65 Abs. 2. Da ist natürlich zu sagen: „Es finden die Vorschriften des Artikel . . . entsprechende Anwendung.“ Das Uebrige fällt selbstverständlich weg.

Vorsitzender: Ueberschrift und Einleitungsworte des Gesetzentwurfes kommen nicht in Betracht.

Abg. Dr. **Casselmann** (Referent): Soviel ich weiß, hat der Herr Senatspräsident die von uns zurückgestellten Bestimmungen über das Bayreuther Recht neuerlich geprüft und einen Vorschlag zur zweiten Lesung in Aussicht gestellt. Es könnte vielleicht das jetzt noch erledigt werden.

Der k. Staatsminister der Justiz Dr. Freiherr **von Leonrod:** Für die wegen des Bayreuther Rechtes erforderliche Ergänzung des Artikel 6 Abs. 2 erlaube ich mir eine Formulirung zu übergeben.

Abg. Dr. **Casselmann** (Referent): Der Artikel 6 Abs. 2 würde folgendermaßen lauten:

Satz 1 wie bisher: Der Uebergang auf den überlebenden Ehegatten kann durch letztwillige Verfügung ausgeschlossen werden.

Satz 2: Im Falle der Ausschließung gehört der Antheil des verstorbenen Ehegatten an dem Gesammtgute zum Nachlasse.

Satz 3: Besteht die allgemeine Gütergemeinschaft nach dem Rechte von Bamberg, Nördlingen, Windsheim, Ulm, Pappenheim, Thurnau, Fulda, Erbach, Kaufbeuren, der Stadt Kempten oder von Dinkelsbühl,

S. 858. so finden auf die Ausschließung die Vorschriften der §§ 1509, 1516 des Bürgerlichen Gesetzbuchs entsprechende Anwendung.

Weiter: Besteht die allgemeine Gütergemeinschaft nach dem Rechte von Bayreuth, so steht dem ausgeschlossenen Ehegatten das im § 1478 des Bürgerlichen Gesetzbuchs bezeichnete Recht sowie ein Pflichttheilsrecht zu. Macht der ausgeschlossene Ehegatte von dem im § 1478 bezeichneten Rechte Gebrauch, so gilt das Gesammtgut, soweit es nicht zur Erstattung des Werthes des von der Frau in die Gütergemeinschaft Eingebrachten zu verwenden ist, als Antheil des Mannes; auf das Pflichttheilsrecht finden die Vorschriften des Bürgerlichen Gesetzbuchs über den Pflichttheil entsprechende Anwendung.

Es ist in diesem also modifizirten Abs. 2 des Artikel 6 das bestehende Recht des Bayreuther Landrechts respektirt, welches dahin geht, daß unter allen Umständen mit Ausnahme eines Falles, um den es sich hier nicht handeln kann, nämlich wenn der Stiefparens mit den Kindern der Frau aus einer früheren Ehe theilt, dem Ehemann die Errungenschaft gebührt, daß, wenn es sich handelt um den Ausschluß des Mannes durch die verstorbene Frau, das Eingebrachte der Frau herauszunehmen ist, und soweit noch Gesammtgut übrig bleibt, dieses Gesammtgut als Antheil des Mannes zu erachten ist, und wenn es sich handelt um den Ausschluß der Frau durch den verstorbenen Mann, die Frau das Recht hat, ihr Eingebrachtes herauszunehmen.

Es entspricht das also nunmehr vollständig den Bestimmungen des Bayreuther Rechts und ich beantrage Zustimmung zu dem modifizirten Abs. 2 des Artikel 6 und damit zum ganzen Artikel 6.

Abg. **von Walter** (Korreferent): Ich habe keine Erinnerung.

Der k. Staatsminister der Justiz: Auch zu Artikel 15 Abs. 1 ist noch eine Ergänzung erforderlich. Ich erlaube mir den Antrag auf Einstellung eines neuen Satzes zu übergeben.

Abg. Dr. **Casselmann** (Referent): Artikel 15 Abs. 2 soll folgenden zweiten Satz erhalten:

Besteht die Errungenschaftsgemeinschaft nach dem Rechte von Castell, so finden die Vorschriften des Artikel 3 Anwendung.

Senatspräsident Dr. **von Jacubezky:** Das Casteller Recht gehört zu denjenigen Rechten, welche einem Ehegatten das Recht geben, auf Aufhebung der Gütergemeinschaft zu klagen, wenn der andere Ehegatte sein Einbringen übersteigende Verbindlichkeiten in die allgemeine Gütergemeinschaft mitbringt, und die Wirkung des Urtheils ist die einer Wiedereinsetzung gegen den Eintritt der allgemeinen Gütergemeinschaft. In der Ziff. 6 der Begründung zu den Artikeln 1 bis 13 ist deßhalb das Casteller Recht als ein unter den Artikel 3 fallendes Recht bezeichnet. Da nach diesem Rechte zunächst die Errungenschaftsgemeinschaft gilt und bei der Geburt eines Kindes allgemeine Gütergemeinschaft eintritt, so muß dem benachtheiligten Ehegatten das Recht, die Aufhebung der Gütergemeinschaft nach Artikel 3 zu verlangen, auch dann zustehen, wenn nach Artikel 15 mit der Geburt eines Kindes an Stelle der allgemeinen Gütergemeinschaft des Casteller Rechtes die allgemeine Gütergemeinschaft des Bürgerl. Gesetzbuchs eintritt.

Abg. Dr. **Casselmann** (Referent): Ich halte die Ausführungen des Herrn Ministerialkommissärs für durchaus zutreffend und beantrage die Zustimmung zu Satz 2 in Artikel 15 Abs. 1.

Abg. **von Walter** (Korreferent): Ich habe eine Erinnerung dagegen nicht. S. 858.

Vorsitzender: Mit diesem Beisatz zu Artikel 15 Abs. 1 ist nun die ganze Vorlage angenommen.

Die namentliche Abstimmung erfolgt erst nach der zweiten Lesung.

Hierauf wird beschlossen, daß die Redaktionskommission sofort nach Schluß der Sitzung zusammentritt und daß Nachmittags 5½ Uhr die zweite Lesung stattfinden soll.

(Schluß der Sitzung um 10 Uhr 40 Minuten.)

von Stobäus,
Vorsitzender.

Michel,
Schriftführer.

---

51. S. 859.

Protokoll

über die Sitzung des besonderen (XVIII.) Ausschusses der Kammer der Abgeordneten zur Berathung der durch die Einführung des Bürgerlichen Gesetzbuchs veranlaßten Gesetzentwürfe.

(Verhandl. d. K. d. Abg. 1899 Beilagenband XX, Abth. II Seite 859 bis 862.)

München, den 25. Mai 1899, Nachmittags 5½ Uhr.

Gegenwärtig:

Die Vertreter der k. Staatsregierung: der k. Staatsminister der Justiz Dr. Freiherr von Leonrod, Excellenz, der k. Senatspräsident am obersten Landesgerichte Dr. Ritter von Jacubezky, der k. Oberregierungsrath im Staatsministerium der Justiz Schneider, der k. Landgerichtsrath im Staatsministerium der Justiz Dr. Unzner;

ferner die Ausschußmitglieder: von Stobäus, Vorsitzender, Wagner, Stellvertreter des Vorsitzenden, Dr. Casselmann, Schriftführer, Michel, Stellvertreter des Schriftführers, Beckh, Conrad, Fuchs, Joseph Geiger, Joseph Huber, Lerno, Seeberger, Segitz, von Walter (Landmann und Dr. Ratzinger entschuldigt).

Tagesordnung:

Entwurf von Uebergangsvorschriften für das eheliche Güterrecht.

(Beilage X).

Zweite Lesung.

Vorsitzender **von Stobäus** eröffnet um 5 Uhr 30 Minuten die Sitzung.

Vorsitzender: Wir stehen bei der zweiten Lesung der Bestimmungen über das eheliche Güterrecht.

Die Beschlüsse der Redaktionskommission liegen den Herren vor.

Die Herren werden damit einverstanden sein, daß ich nur die Ziffern der Artikel aufrufe. Ich bitte die Herren, sich zum Worte zu melden, wenn Sie etwas zu den einzelnen Artikeln zu bemerken haben.

I. Güterrechte der Landestheile rechts des Rheins.

Artikel 1, 2, 3, 4, 5, 6.

Hier nehme ich Bezug auf den Beschluß der Redaktionskommission. Herr Referent und Herr Korreferent haben nichts zu bemerken.

Artikel 7, 8, 9, 10, 11, 12, 13, 14, 15.

Hier nehme ich wieder Bezug auf den Beschluß der Redaktionskommission.

Artikel 16, 17.

Desgleichen.

S. 859. **Artikel 18.**

Ebenso.

Artikel 19, 19a.

Hier nehme ich ebenfalls Bezug auf den Beschluß der Redaktionskommission.

Artikel 20, 21, 22, 23.

Gleichfalls.

Artikel 24, 25, 26, 27.

Hier liegt wieder ein Beschluß der Redaktionskommission vor.

Artikel 28, 29, 30, 31, 32, 33, 34, 35, 36, 37, 38, 39, 40, 41, 42.

II. Güterrecht der Pfalz.

Artikel 43, 44, 45, 46, 47, 48, 49, 50, 51.

Zu Artikel 51 liegt ein Beschluß der Redaktionskommission vor.

Artikel 52, 53, 54, 55, 56, 57, 58, 59.

III. Allgemeine Vorschriften.

Artikel 60, 61, 62, 63, 64, 65, 66, 67, 68.

Hier liegt ein Beschluß der Redaktionskommission vor.

Artikel 69, 70, 71, 72.

Abg. Dr. **Casselmann** (Referent): Die Redaktionskommission hat beschlossen, daß der nach Maßgabe des Antrags der k. Staatsregierung (Beilage X) durch die Uebergangsvorschriften für das eheliche Güterrecht ergänzte Entwurf eines Gesetzes, die durch die Einführung des Bürgerlichen Gesetzbuchs veranlaßten Uebergangsvorschriften betreffend (Beilage Q), mit der Aenderung Zustimmung finde, daß die Ueberschrift des Gesetzentwurfes lauten soll:

„Entwurf eines Gesetzes, Uebergangsvorschriften zum Bürgerlichen Gesetzbuche betreffend."

Ich kann nur die Annahme dieses Beschlusses empfehlen.

Abg. **von Walter** (Korreferent): Es ist das allerdings eine erhebliche Abkürzung, aber ich meine, wenn man statt Uebergangsvorschriften „Ueberleitungsvorschriften" sagen würde, dann könnte man gleich Ueberleitungsgesetz allegiren. Das wäre noch besser.

Senatspräsident Dr. **von Jacubezky:** Der Ausdruck „Uebergangsvorschriften" scheint mir ganz richtig zu sein. Es handelt sich nicht nur um „Ueberleitungsbestimmungen"; für das eheliche Güterrecht werden allerdings nur solche gegeben, aber die anderen Vorschriften betreffen nicht alle eine Ueberleitung. Wenn man eine abgekürzte Bezeichnung gebrauchen will, so kann man gerade so gut Uebergangsgesetz wie Ueberleitungsgesetz sagen.

Vorsitzender: Ich glaube, wir werden erst später namentlich abstimmen können und zunächst zu den neuerlichen Anträgen der k. Staatsregierung übergehen.

Herr Referent!

S. 860. Abg. Dr. **Casselmann** (Referent): Der Artikel 3 handelt von den gesetzlichen Zinsen, und hier liegt ein Antrag der k. Staatsregierung vor als Artikel 3a mit der Ueberschrift: „Vierlieferungsvertrag". Dieser Antrag lautet:

Ein Rechtsverhältniß aus einem vor dem Inkrafttreten des Bürgerlichen Gesetzbuchs geschlossenen Vertrage der im Artikel 7 des Ausführungsgesetzes zum Bürgerlichen Gesetzbuche bezeichneten Art bestimmt sich von diesem Zeitpunkt an nach den Vorschriften der Artikel 7, 8 des Ausführungsgesetzes. S. 860.

Senatspräsident Dr. **von Jacubezky**: Die Bierlieferungsverträge haben ähnlich wie die Mieth-, Pacht- und Dienstverträge oft eine sehr lange Dauer. Sie werden regelmäßig auf unbestimmte Zeit, auf Kündigung, geschlossen und Jahrzehnte lang nicht gekündigt. Der Grund, wegen dessen nach dem Einführungsgesetz zum Bürgerl. Gesetzbuche die bestehenden Mieth-, Pacht- und Dienstverhältnisse, sofern sie nicht für den ersten Termin nach dem Inkrafttreten des Bürgerl. Gesetzbuchs gekündigt werden, für den die Kündigung zulässig ist, den neuen Vorschriften unterworfen werden, spricht auch dafür, für die bestehenden Bierlieferungsverträge eine ähnliche Vorschrift zu treffen. Dazu kommt, daß ein Theil der bisherigen Vorschriften, nämlich der Satz, daß der Erwerber des Geschäftes eines der Betheiligten kraft Gesetzes in den Bierlieferungsvertrag eintritt, mit dem Inkrafttreten des neuen Handelsgesetzbuches wegfällt. Es muß also schon zu dieser Zeit der Ersatz beschafft werden, den der Artikel 7 Abs. 2 des Entwurfes eines Ausführungsgesetzes dadurch gewährt, daß er den Veräußerer verpflichtet, dafür einzustehen, daß der Erwerber in den Vertrag eintritt. Diese Verpflichtung soll mittelbar denselben Erfolg herbeiführen, welchen das bisherige Recht unmittelbar eintreten läßt. Mit Rücksicht darauf ist es geboten, mit der Anwendung des neuen Rechtes zu warten, bis der erste Termin herangekommen ist, für welchen gekündigt werden kann, d. h. bis Michaelis 1900, sondern das neue Recht schon vom 1. Januar 1900 an gelten zu lassen. Dieß kann unbedenklich auch geschehen, weil die neuen Vorschriften, abgesehen von dem Artikel 7 Abs. 2, mit dem bisherigen Recht fast vollständig übereinstimmen. Es wird deßhalb vorgeschlagen, eine Uebergangsvorschrift des Inhalts aufzunehmen, daß Bierlieferungsverträge, die am 1. Januar 1900 bestehen, von diesem Tage an den neuen Vorschriften der Artikel 7, 8 des Ausführungsgesetzes unterworfen sind.

Abg. **von Walter** (Korreferent): Ich habe keine Bedenken gegen die Aufnahme dieses Artikels.

Vorsitzender: Ich theile den Herren mit, daß ich einige Minuten vor der Sitzung vom Kammerpräsidium erhalten habe eine Petition des Verbandes bayerischer Gastwirthe, betreffend das künftige Rechtsverhältniß zwischen den Brauern und Wirthen, hier: „Verfügungsbeschränkung." Die Petition zielt darauf ab:

> Es gefalle der hohen Kammer der Abgeordneten, in das Ausführungsgesetz zum Bürgerl. Gesetzbuch eine Vorschrift des Inhalts aufzunehmen, daß das vertragsmäßige Veräußerungs- und Belastungsverbot von unbeweglichen Sachen und Rechten aufgegeben und in Kündigungsrechte umgewandelt wird.

Abgesehen davon, daß beim jetzigen Stand unserer Verhandlungen keine Rede davon sein kann, eine solche Petition mit Erfolg zu behandeln, ist dieselbe auch nicht unterzeichnet. Ich werde sie deßhalb dem Kammerpräsidium zurückgeben mit dem Bemerken, daß wir eine solche Petition nicht weiter in Behandlung nehmen können. Die Herren sind damit einverstanden. Damit wäre der erste Zwischenantrag der k. Staatsregierung angenommen.

Ich bitte den Herrn Referenten, fortzufahren.

Abg. Dr. **Casselmann** (Referent): Es käme jetzt Artikel 18a nach der Beilage W.

S. 860. Der Ausschuß der Kammer der Reichsräthe hat hier beschlossen, den Artikel 18a nicht aufzunehmen. Der Artikel 18a betrifft den von mir gestellten Antrag, die Vorschriften des Bürgerl. Gesetzbuchs über den Erbschein auch für solche Erbfälle zuzulassen oder auszudehnen, wenn der Erblasser vor dem 1. Januar 1900 gestorben ist.

Ich will den Antrag nicht wieder aufnehmen, nachdem der Ausschuß der Kammer der Reichsräthe die Nichtaufnahme des Artikels beschlossen hat, um eine möglichste Uebereinstimmung zwischen unseren Beschlüssen und den Beschlüssen des Ausschusses der Kammer der Reichsräthe zu erzielen. Allein ich möchte doch eine Bemerkung machen gegenüber einer Ausführung, die im Ausschusse der Kammer der Reichsräthe von einer Seite dahin gemacht wurde, und zwar unter Berufung auf die Motive zum Entwurf erster Lesung des Einführungsgesetzes, daß die Vorschriften über den Erbschein mit den Vorschriften über die rechtliche Stellung des Erben in untrennbarem Zusammenhang stehen, daß letztere nach Artikel 213 des Einführungsgesetzes nach dem bisherigen Rechte zu beurtheilen sei und daß es deßhalb nicht angehe, ersteren durch das Bürgerl. Gesetzbuch zu ersetzen. Dieser Behauptung ist bereits, wie aus dem XVI. Protokoll des Reichsrathsausschusses ersichtlich ist, Seitens des Herrn Senatspräsidenten kurz widersprochen worden. Die Bestimmungen über den Erbschein sind nachgebildet den Bestimmungen in dem preußischen Gesetz vom 12. März 1869. Es finden sich Bestimmungen über den Erbschein auch in den Gesetzen anderer Länder, z. B. in Mecklenburg im Gesetz vom 30. Mai 1857, in Baden vom 24. März 1888, in Hamburg vom 24. Dezember 1868, in Elsaß vom 10. Mai 1886. Das preußische Gesetz über den Erbschein gilt für die ganze preußische Monarchie. Es sind also dieselben Bestimmungen erlassen worden für verschiedene Erbrechtssysteme, in Preußen für das gemeine Recht, für das preußische Landrecht und für den Code civil. Das wäre nicht möglich gewesen, wenn diese Vorschriften mit der in jedem dieser Erbrechtssysteme verschieden geordneten rechtlichen Stellung des Erben zusammenhängen würden. Daraus ergibt sich die Unrichtigkeit der im Ausschusse der Reichsrathskammer aufgestellten Behauptung.

Im Uebrigen bin ich damit einverstanden, wenn der von mir veranlaßte Artikel 18a wieder gestrichen wird.

Abg. **von Walter** (Korreferent): Ich habe keine Erinnerung dagegen.

Abg. Dr. **Casselmann** (Referent): Nun ist als Artikel 18a mit der Ueberschrift „Vermächtnisse" von der k. Staatsregierung folgender Antrag eingebracht worden:

> „Hat ein Vermächtniß, durch welches der Vermächtnißnehmer den Vermächtnißgegenstand unmittelbar erlangt, ein Recht an einem Grundstück oder ein Recht an einem solchen Rechte zum Gegenstande, so ist bei der Eintragung des Beschwerten in das Grundbuch oder in das Hypothekenbuch der Landestheile rechts des Rheins zugleich das Recht des Vermächtnißnehmers einzutragen."

Senatspräsident Dr. **von Jacubezky**: Der neue Artikel 18a ist
S. 861. lediglich die Wiederholung des Abs. 4 ‖ Satz 2 des von dem Ausschusse seiner Zeit angenommenen Artikel 18a. Die Gründe, welche in dem hohen Ausschusse der Kammer der Reichsräthe gegen die Erstreckung des Erbscheins auf die Erbfälle des bisherigen Rechtes geltend gemacht wurden, treffen selbstverständlich die Frage der Eintragung der Rechte des Beschwerten und des Vermächtnißnehmers nicht. Dieser Satz hätte deßhalb nicht abgelehnt werden

sollen. Ich habe mich inzwischen durch persönliches Benehmen mit den maß- S. 861.
gebenden Herren vergewissert, daß dieser Satz, wenn er wieder aufgenommen wird, keiner Beanstandung mehr unterliegen wird, und glaube deßhalb, die Aufnahme befürworten zu sollen. Wenn das Recht des Beschwerten allein eingetragen wird ohne das belastende Recht des Vermächtnißnehmers, so ist dieser der Gefahr ausgesetzt, die sich aus dem öffentlichen Glauben des Grundbuchs und des Hypothekenbuchs der Landestheile rechts des Rheins ergibt. Im Buche steht das Recht des Beschwerten als unbelastetes Recht, es darf also derjenige, der von dem Beschwerten ein Recht erwirbt, sich darauf verlassen, daß das Recht des Beschwerten unbelastet ist, wie es im Buche steht. Dadurch würde gegebenen Falles das Recht des Vermächtnißnehmers entweder ganz beseitigt werden oder es müßte wenigstens im Range hinter das neu bestellte Recht zurückweichen. Um diese Gefahr zu verhüten, soll im Anschluß an die Vorschriften der §§ 52, 53 der Grundbuchordnung bestimmt werden, daß die Eintragung beider Rechte gleichzeichtig erfolgen soll.

Abg. **von Walter** (Korreferent): Ich beantrage ebenfalls Zustimmung.

Vorsitzender: Der Antrag der k. Staatsregierung ist zum Beschlusse erhoben. Ich bitte den Herrn Referenten, fortzufahren.

Abg. Dr. **Casselmann** (Referent): Es liegt noch ein Antrag der k. Staatsregierung vor, daß im Artikel 29 folgender neuer Absatz eingestellt werde:

> „Bei der Eintragung kann zur näheren Bezeichnung des Inhalts der Grunddienstbarkeit auf die Eintragsbewilligung Bezug genommen werden. Die Vorschriften des § 9 Abs. 1 der Grundbuchordnung finden entsprechende Anwendung.“

Senatspräsident Dr. **von Jacubezky:** Der Zusatz bezweckt, daß die Eintragung einer Grunddienstbarkeit in das Hypothekenbuch ebenso einfach geschehen kann, wie sie nach § 874 des Bürgerl. Gesetzbuchs in das Grundbuch erfolgen kann. Es soll dadurch vermieden werden, daß in das Hypothekenbuch eine vollständige Angabe des Inhalts der Grunddienstbarkeit, z. B. die Beschreibung der Richtung eines den Inhalt einer Wegdienstbarkeit bildenden Weges, aufgenommen werden muß, es soll genügen, einzutragen: „Wegdienstbarkeit nach der Eintragsbewilligung vom . . . .“. Die im Hypothekenbuch in Bezug genommene Eintragungsbewilligung gilt als Ergänzung der Eintragung. Weil sie die Eintragung ergänzt, so muß sie, wie im § 9 Abs. 1 der Grundbuchordnung bestimmt ist, bei dem Hypothekenamte aufbewahrt werden und darf die Herausgabe nur erfolgen, wenn eine Abschrift zurückbehalten wird. Der Antrag will also lediglich die einfachere Art der Eintragung, die das neue Recht für das Grundbuch zuläßt, für die Zwischenzeit bis zur Anlegung des Grundbuchs auch für das rechtsrheinische Hypothekenbuch einführen.

Abg. **von Walter** (Korreferent): Ich finde, daß in der That dieser Vorschlag außerordentlich zweckmäßig ist; es wird der Eintrag dadurch wesentlich vereinfacht. Das Recht des Betheiligten ist in keiner Weise gefährdet, weil die Eintragsbewilligung ohnehin eine Beilage zum Hypothekenbuch ist, aus der jederzeit ersehen werden kann, welcher Art die Grunddienstbarkeit ist.

Vorsitzender: Der Absatz, den die k. Staatsregierung vorschlägt, zwischen den Abs. 1 und Abs. 2 des Artikel 29 einzuschalten, ist angenommen.

Abg. **Michel** (Referent): Es wurde als Artikel 73 folgende neue Vorschrift vom Ausschusse der Kammer der Reichsräthe eingestellt:

S. 861. „Ueber die Einrichtung der Hypothekenämter und die dienstliche Stellung der Hypothekenbewahrer kann das Staatsministerium der Justiz von den bestehenden Vorschriften abweichende Bestimmungen treffen.“

Ich kann mich auf die Bemerkung beschränken, daß die Hypothekenbewahrer in der Pfalz zwar von der Krone angestellt sind, jedoch aus der Staatskasse keinerlei Bezüge haben, sondern nur auf ihre Gebühren angewiesen sind. Dieselben werden nach und nach, je nach dem Voranschreiten der Anlage des Grundbuchs, so sehr entlastet werden, daß die Frage herantritt, was jetzt mit ihnen — es kommen ja nur vier in Betracht — geschehen soll. Mir persönlich ist bekannt, daß unter diesen vier Hypothekenbewahrern drei frühere Richter sind, die auf ihre Richtereigenschaft und Pension förmlich verzichtet haben. Allein für den Fall, daß dieselben in den Staatsdienst beziehungsweise in die pragmatische Stellung herübergenommen werden sollen, erscheint es nothwendig, daß das gesetzlich geregelt und der Regierung die Ermächtigung ertheilt wird, das Erforderliche in dieser Richtung zu thun.

Ich glaube, daß die Vorschrift das Richtige trifft, und beantrage Zustimmung. (Diese Gründe werden von der k. Staatsregierung als zutreffend bezeichnet.)

Vorsitzender: Es wird von keiner Seite das Wort begehrt.

Der Herr Referent beantragt Anschluß an den Beschluß des Ausschusses der Kammer der Reichsräthe. Die Herren sind damit einverstanden; ich konstatire das.

Ueber die Ueberschrift des Gesetzentwurfes haben wir uns nach dem Vorschlage der Redaktionskommission bereits geeinigt. Sie soll jetzt heißen: „Entwurf eines Gesetzes, Uebergangsvorschriften zum Bürgerlichen Gesetzbuche betreffend.“

Abg. Dr. **Casselmann** (Referent): Ich möchte vor der Abstimmung noch auf das zurückkommen, was heute Früh schon berührt worden ist. Das Gesetz enthält keinen Termin des Inkrafttretens, es gilt also von dem Zeitpunkte der Verkündung an. Ich halte das für wichtig insbesondere mit Rücksicht auf die Bestimmung in Artikel 18 über die Anlegung von Mündelgeldern.

Vorsitzender: Wünscht die k. Staatsregierung sich zu äußern?

Senatspräsident Dr. **von Jacubezky:** Ich habe dasselbe schon heute Vormittags gesagt und das Gleiche auch in dem hohen Ausschusse der Kammer der Reichsräthe gethan.

Vorsitzender: Wir stimmen nun ab über den Entwurf eines Gesetzes,
S. 862. „Uebergangsvorschriften zum Bürger‖lichen Gesetzbuche betreffend“, zugleich mit den Einleitungsworten in der Fassung, wie sie aus der heutigen Berathung hervorgegangen ist, inbegriffen also die Uebergangsvorschriften für das eheliche Güterrecht, die sie in der zweiten Lesung vorgefunden haben.

Ich bitte die Herren, welche in dieser Weise den Entwurf annehmen wollen, mit „Ja“ zu antworten. (Folgt namentliche Abstimmung.) Der Gesetzentwurf ist einstimmig angenommen.

Ich gebe nun das Wort dem Herrn Kollegen Beckh.

Abg. **Beckh:** Meine Herren! Bei der zweiten Lesung der Uebergangsvorschriften habe ich mir erlaubt, zum Artikel 8 eine Zeichnung vorzulegen; dieselbe ist dem 35. Ausschußprotokolle als Anlage angeheftet worden. Nun beruht aber die Zeichnung in Figur 1 auf einer unrichtigen Auffassung des

Artikel 64 des Ausführungsgesetzes meinerseits. Ich habe der Berathung des Ausführungsgesetzes zu Artikel 64 selbst nicht beigewohnt; aber durch das Nachlesen des 11. Protokolls habe ich mich überzeugt, das ich die Worte des Artikel 64 unrichtig aufgefaßt habe. Durch das Nachlesen insbesondere der Aeußerungen des Herrn Regierungsrathes Brettreich ist mir nun klar geworden, daß der Waldbesitzer auf allen Seiten, wo er an Feld anstößt, 4 Meter zurückzurücken hat. S. 862.

Darnach ist also die Zeichnung in Figur 1 zu korrigiren; es ist auch auf der südlichen Seite des Waldes und der nördlichen des Feldes ein Abstand nicht von 2 Metern, sondern von 4 Metern künftig einzuhalten, ebenso wie auf der anderen Seite.

Ich bitte, diese Erklärung zu Protokoll zu nehmen.

Vorsitzender: Wir nehmen von dieser Erklärung Akt ....

(Schluß der Sitzung um 6 Uhr 5 Minuten.)

von Stobäus,
Vorsitzender.

Michel,
Schriftführer.

Bemerkungen

des Referenten, Abgeordneten Dr. Casselmann zu dem Entwurfe von Uebergangsschriften für das eheliche Güterrecht.

(Als Anlage zu Beilage X der Verhandl. d. Just.-Gesetzg.-Aussch. der K. d. Abg. 1899 gedruckt.)

München, den 17. Mai 1899.

Der vorliegende Entwurf bezweckt, die einzelnen nach dem bisherigen Rechte begründeten und nach Artikel 200 des Einführungsgesetzes zum Bürgerlichen Gesetzbuch an sich unberührt fortgeltenden Güterstände in das einem jeden am besten entsprechende eheliche Güterrecht des Bürgerlichen Gesetzbuchs auf Grund des Artikel 218 des Einführungsgesetzes kraft Gesetzesvorschrift umzuwandeln. Wenn Professor Dr. Endemann in der Deutschen Juristenzeitung vom 15. Februar ds. Js. bei Besprechung des Entwurfs eines preußischen Ausführungsgesetzes die dort vorgenommene Ueberleitung der Güterstände der bestehenden Ehen eine „geistvoll ersonnene und durchgeführte" nennt, so darf der vorliegende Entwurf auch für sich dieses Lob voll in Anspruch nehmen, da er in der That als ein hervorragendes Werk gesetzgeberischen Schaffens bezeichnet werden muß. Für den Referenten kann es sich bei der Würdigung des Entwurfs im Wesentlichen nur um die grundlegenden Fragen handeln:

1. Soll überhaupt eine Ueberleitung stattfinden?
2. soll sie in der vom Entwurf vorgeschlagenen Form erfolgen?
3. ist sie in dem geplanten Umfang vorzunehmen?

Bezüglich der einzelnen Bestimmungen als solcher kann nur geprüft werden, ob sie den grundlegenden Gesichtspunkten entsprechen. Eine Nachprüfung der einzelnen Vorschriften im Detail dürfte bei der Fülle des in Betracht kommenden Materials und der Kürze der noch zur Verfügung stehenden Zeit ausgeschlossen sein. Ich habe mich deßhalb darauf beschränkt, den Entwurf vom Standpunkt der mir geläufigeren Güterrechte zu prüfen, nämlich der Rechte von Bayreuth, Thurnau, Bamberg und Würzburg, sowie des bayerischen Landrechts.

A. Grundlegende Fragen.

I.

Nothwendigkeit der Ueberleitung.

Die für die Nothwendigkeit der Ueberleitung in der Begründung hervorgehobenen Gesichtspunkte scheinen mir völlig zutreffend zu sein. Insbesondere möchte auch ich auf das Interesse der Verkehrssicherheit und der Vereinfachung der Rechtsanwendung den Nachdruck legen. Daß über die Frage, welche Vorschriften des bisherigen Rechtes über die Beerbung eines Ehegatten güterrechtlicher und welche rein erblicher Natur sind, jetzt schon Streit besteht und künftig noch mehr Streit entstehen wird, läßt sich nicht bezweifeln. Wie gefährlich aber eine solche Unsicherheit ist, braucht kaum näher ausgeführt zu werden. Man darf nur daran denken, daß nach vielleicht 20 Jahren nach Inkrafttreten des Bürgerlichen Gesetzbuchs ein Amtsrichter, der lediglich unter der Herrschaft des Bürgerlichen Gesetzbuchs seine juristische Ausbildung genossen hat, in die Lage kommt, über die Beerbung eines Ehegatten, welcher sich vor dem Inkrafttreten des Bürgerlichen Gesetzbuchs verheirathet hat, entscheiden zu müssen. Dieser Richter, der wahrscheinlich gar nicht einmal weiß, wo er die Vorschriften des bisherigen Rechtes überhaupt suchen soll, ist gewiß in keiner beneidenswerthen Lage. Man setze nun den Fall, daß ein Richter von einer Bestimmung, die man bisher für eine güterrechtliche gehalten hat, annimmt, sie sei eine rein erbrechtliche. Welche Verwirrung, welche hereditatis petitiones würden da entstehen! Wir würden geradezu eine Fundgrube von Streitfragen schaffen. Nach meiner Ueberzeugung müßte, wenn man von einer Ueberzeugung absehen wollte, unter allen Umständen eine authentische Interpretation darüber, was erbrechtlich und was güterrechtlich ist, für jedes einzelne Recht gegeben werden. Wenn dieß aber unternommen wird, dann erhalten wir nicht weniger Vorschriften, als der Entwurf sie vorschlägt.

Ich bejahe deßhalb die aufgeworfene Frage, ob überhaupt eine Ueberleitung des ehelichen Güterrechts nothwendig ist, mit aller Entschiedenheit.

II.

Form der Ueberleitung.

Das Bürgerliche Gesetzbuch hat jede der in Bayern vorkommenden Hauptarten des ehelichen Güterrechts geordnet. Wie die Begründung mit Recht ausführt, sind die von ihm aufgestellten Ordnungen dazu bestimmt, in den verschiedenen Rechtsgebieten den Ehegatten das Festhalten an der herkömmlichen Art des Güterstandes zu ermöglichen. Den Güterständen der jetzt bestehenden Ehen gegenüber können sie wie Novellen betrachtet werden, welche die Güterstände mit den heutigen Verhältnissen in Einklang bringen.

Damit ist der Weg vorgezeichnet, den die Ueberleitung naturgemäß gehen muß.

Es muß der für eine Ehe bestehende Güterstand den für den entsprechenden Güterstand des Bürgerlichen Gesetzbuchs geltenden Vorschriften unterworfen werden.

Der Entwurf hat dieß jedoch nur mit zwei Einschränkungen gethan.

1. Keine Rückwirkung. Der Entwurf hat die neuen Vorschriften auf die bestehenden Ehen nur für die Zukunft übertragen. Die auf Grund der bisherigen Gestaltung der Güterrechte entstandenen Rechtsverhältnisse sollen unberührt bleiben. Insbesondere soll, was jetzt gemeinschaftliches Vermögen

der Ehegatten ist, auch künftig gemeinschaftliches Vermögen bleiben, mag es sich auch um einen Erwerb handeln, der, wenn das Bürgerliche Gesetzbuch gegolten hätte, nicht in die Gemeinschaft gefallen wäre. Insbesondere aber soll sich die Haftung der Ehegatten für die vor dem Inkrafttreten des Bürgerlichen Gesetzbuchs entstandenen Schulden sowohl den Gläubigern gegenüber als im Verhältniß der Ehegatten zu einander nach den bisherigen Vorschriften bestimmen.

Um eine Rückwirkung zu vermeiden, sind anhängige Sachen der Einwirkung der Rechtsänderung ganz entzogen.

2. Die erbrechtlichen Verhältnisse sollen, soweit sie dem überlebenden Ehegatten günstiger sind, bestehen bleiben. Die Rechte des überlebenden Ehegatten gehen nach vielen der geltenden Rechte weiter als das gesetzliche Erbrecht, das dem überlebenden Ehegatten nach den §§ 1931 bis 1933 des Bürgerlichen Gesetzbuchs zusteht. Auf diese Rechte, von denen in vielen Fällen die wirthschaftliche Stellung des überlebenden Ehegatten abhängt, wird bei Eingehung der Ehe Rücksicht genommen. Die Ehegatten verlassen sich auf die in dem geltenden Rechte bestimmte Fürsorge für den überlebenden Theil und sehen im Vertrauen auf sie davon ab, den überlebenden Theil durch Ehevertrag oder Verfügung von Todeswegen sicher zu stellen. Dem Entwurf ist deßhalb nur beizustimmen, daß er die Vorschriften des bisherigen Rechtes, soweit sie dem überlebenden Ehegatten günstiger sind als das Bürgerliche Gesetzbuch, aufrecht erhält. Der Entwurf geht übrigens in der Schonung der Rechte des überlebenden Ehegatten noch einen Schritt weiter und gibt dem überlebenden Ehegatten in denjenigen Fällen, in welchen die Rechte, die ihm das bisherige Recht gewährte, nur unter Umständen günstiger sind, das Wahlrecht zwischen der Beerbung des überlebenden Ehegatten nach dem neuen oder der Beerbung nach dem alten Rechte.

Ich glaube, daß man auch mit der vorgeschlagenen Form der Ueberleitung völlig einverstanden sein kann.

III.

Umfang der Ueberleitung.

1. Hier ergibt sich vor Allem die Frage,

ob sich die Ueberleitung auch auf die **vertragsmäßigen** Güterstände erstrecken soll?

Mit dem Entwurf bejahe ich diese Frage. Derselbe bestimmt ausdrücklich, daß in die besonderen Vereinbarungen der Eheverträge, also z. B. in die erbrechtlichen Bestimmungen der Eheverträge nicht eingegriffen wird. Mit Rücksicht hierauf verliert die Ueberleitung der vertragsmäßigen Güterstände nach meiner Ansicht jedes Bedenken.

Hervorzuheben ist, daß, wenn die Ueberleitung nicht auf die vertragsmäßigen Güterstände erstreckt wird, sie bei der großen Verbreitung der vertragsmäßigen Güterstände wesentlich an praktischem Werth verliert.

2. Der Entwurf leitet nicht alle Güterstände, welche in Bayern möglich sind, über. Für die Landestheile rechts des Rheins sind von der Ueberleitung z. B. die Güterstände der wechselseitigen Erbfolge nach Bamberger Landrecht, der Güterstand der Errungenschaftsgemeinschaft des preußischen Landrechts ausgenommen.

Der Entwurf dürfte die richtige Mitte getroffen haben.

3. Der Entwurf leitet endlich bereits aufgelöste Gemeinschaften nicht über. Auch hier wird demselben zuzustimmen sein.

Nach dem Vorstehenden billige ich die Grundgedanken des Entwurfs. Es dürfte übrigens wesentlich dazu beitragen, etwaige Bedenken gegen die grundlegende Stellung des Entwurfs zu zerstreuen, wenn in anderen Bundesstaaten in gleicher Weise die Ueberleitung vorgenommen wird.

B. Einzelheiten.

Indem ich mir zu den einzelnen Vorschriften Antrag vorbehalte, möchte ich nur bemerken, daß manche Vorschriften des Entwurfs auf den ersten Blick komplizirt zu sein scheinen. Allein bei näherem Zusehen zeigt sich doch, daß der Entwurf ein einfaches Bild gibt.

In der Praxis wird sich die Sache so machen, daß jeder Richter, Rechtsanwalt und Notar diejenigen Artikel des Entwurfs, welche sich auf das in dem Sprengel des Betreffenden geltende Güterrecht beziehen, zusammenzieht. Dann ergeben sich nur wenige Vorschriften.

Um ein Bild zu geben, wie sich die Vorschriften des Entwurfs ausnehmen würden, wenn sie Novellen zu den einzelnen Güterrechten wären, habe ich aus dem Rechte der allgemeinen Gütergemeinschaft das Bayreuther Recht herausgenommen und im Nachstehenden einen Entwurf aufzustellen versucht.

Bayreuther Landrecht.

Artikel 1.

Besteht zur Zeit des Inkrafttretens des Bürgerlichen Gesetzbuchs für eine Ehe der gesetzliche Güterstand des Bayreuther Rechtes, so treten an die Stelle der bisherigen Vorschriften die Vorschriften des Bürgerlichen Gesetzbuchs über die allgemeine Gütergemeinschaft.

Artikel 2.

Soweit die allgemeine Gütergemeinschaft bei dem Inkrafttreten des Bürgerlichen Gesetzbuchs noch nicht eingetreten ist, weil die eheliche Beiwohnung noch nicht stattgefunden hat, gilt der Eintritt mit dem Inkrafttreten des Bürgerlichen Gesetzbuchs als erfolgt.

Artikel 3.

Jeder Ehegatte behält das Recht, die allgemeine Gütergemeinschaft innerhalb einer Frist von drei Monaten nach der Eingehung der Ehe aufzuheben.

Mit der Aufhebung der Gütergemeinschaft tritt der Güterstand der Verwaltung und Nutznießung ein.

Artikel 4.

Gesammtgut wird, was nach den bisherigen Gesetzen zu dem gemeinschaftlichen Vermögen, Vorbehaltsgut wird, was zu dem Rezeptizgute gehört.

Auf Gegenstände, die nur der Nutzung nach zu dem gemeinschaftlichen Vermögen gehören, finden die bei der Errungenschaftsgemeinschaft für das eingebrachte Gut geltenden Vorschriften des Bürgerlichen Gesetzbuchs Anwendung; für Gegenstände, die nicht durch Rechtsgeschäft übertragen werden können, gilt jedoch die Vorschrift des § 1524 nicht.

Ist vor dem Inkrafttreten des Bürgerlichen Gesetzbuchs der Frau eine Erbschaft oder ein Vermächtniß angefallen, so bestimmt sich, wenn die Erbschaft oder das Vermächtniß zu dem Gesammtgut oder zu dem eingebrachten Gute gehört, die Befugniß der Frau zur Annahme nach den bisherigen Gesetzen.

Artikel 5.

In Ansehung der vor dem Inkrafttreten des Bürgerlichen Gesetzbuchs entstandenen Verbindlichkeiten der Ehegatten bestimmt sich die Haftung des Gesammtguts sowie die persönliche Haftung der Ehegatten nach den bisherigen Gesetzen. Dieß gilt auch für das Verhältniß der Ehegatten unter einander.

Artikel 6.

Die Geltendmachung der Ersatzansprüche, welche den Ehegatten auf Grund des Güterstandes gegen einander zustehen, bestimmt sich nach den Vorschriften des Bürgerlichen Gesetzbuchs.

Artikel 7.

Das Recht eines Ehegatten, wegen Verbindlichkeiten des anderen Ehegatten auf Aufhebung der Gütergemeinschaft mit der Wirkung zu klagen, daß das Gesammtgut für diese Verbindlichkeiten nicht haftet, bleibt in Ansehung der Verbindlichkeiten bestehen, die vor dem Inkrafttreten des Bürgerlichen Gesetzbuchs entstanden sind.

Die Vorschriften der §§ 1470, 1479 des Bürgerlichen Gesetzbuchs finden entsprechende Anwendung.

Artikel 8.

Wenn bei dem Tode eines Ehegatten Abkömmlinge dieses Ehegatten nicht vorhanden sind, so geht der Antheil dieses Ehegatten am Gesammtgut auf den überlebenden Ehegatten über. Die Vorschriften des § 1483 Abs. 1 Satz 2, des § 1484, des § 1488, des § 1489 Abs. 1, 2 und der §§ 1506 bis 1508 des Bürgerlichen Gesetzbuchs finden entsprechende Anwendung.

Der Uebergang auf den überlebenden Ehegatten kann durch letztwillige Verfügung ausgeschlossen werden. Dem ausgeschlossenen Ehegatten steht ein Pflichttheil zu; die Vorschriften des Bürgerlichen Gesetzbuchs über den Pflichttheil finden entsprechende Anwendung. Wird der Uebergang ausgeschlossen, so gehört der Antheil des verstorbenen Ehegatten am Gesammtgute zum Nachlasse.

Artikel 9.

Wenn bei dem Tode des einen Ehegatten gemeinschaftliche Abkömmlinge vorhanden sind, so steht dem überlebenden Ehegatten das im § 1478 des Bürgerlichen Gesetzbuchs bezeichnete Recht zu, sofern er die Fortsetzung der Gütergemeinschaft ablehnt. Macht er von diesem Rechte Gebrauch, so gehört das Gesammtgut, soweit es nicht zur Erstattung des Werthes des in die Gütergemeinschaft Eingebrachten erforderlich ist, zum Nachlasse des verstorbenen Ehegatten, wenn die Frau überlebt oder wenn bei dem Tode der Frau ein aus einer früheren Ehe der Frau stammender Abkömmling vorhanden ist; andernfalls gebührt das Gesammtgut insoweit dem Manne.

Lehnt der überlebende Ehegatte die Fortsetzung der Gütergemeinschaft ab, so bestimmt sich sein Recht in Ansehung des Nachlasses des verstorbenen Ehegatten nach den bisherigen Vorschriften. Verzichtet er auf das Recht des Beisitzes, so bestimmt sich sein Erbrecht nach den Vorschriften des Bürgerlichen Gesetzbuchs, soweit diese ihm günstiger sind. Auf den Verzicht finden die für die Ausschlagung einer Erbschaft geltenden Vorschriften des Bürgerlichen Gesetzbuchs entsprechende Anwendung.

Artikel 10.

Wenn bei dem Tode des einen Ehegatten andere Abkömmlinge dieses Ehegatten als gemeinschaftliche vorhanden sind, so steht das im § 1476 des Bürgerlichen Gesetzbuchs bezeichnete Recht sowohl dem überlebenden Ehegatten als den Abkömmlingen zu. Die Vorschriften des Artikel 9 Abs. 1 Satz 2 finden entsprechende Anwendung. Das Erbrecht des überlebenden Ehegatten bestimmt sich nach den bisherigen Vorschriften, der gesetzliche Erbtheil beträgt jedoch mindestens ein Viertheil.

Treffen gemeinschaftliche Abkömmlinge mit nicht gemeinschaftlichen Abkömmlingen des verstorbenen Ehegatten zusammen, so bestimmen sich die Rechte des überlebenden Ehegatten gegenüber diesen nach den Vorschriften des Abs. 1, auch wenn der überlebende Ehegatte die Fortsetzung der Gütergemeinschaft nicht ablehnt oder auf den Beisitz nicht verzichtet.

Artikel 11.

Ist zur Zeit des Inkrafttretens des Bürgerlichen Gesetzbuchs die Gütergemeinschaft aufgehoben oder besteht zu dieser Zeit fortgesetzte Gütergemeinschaft, so bleiben die bisherigen Vorschriften maßgebend.

Artikel 12.

Auf einen zur Zeit der Aenderung der Güterstandes anhängigen Rechtsstreit und die Wirkung der Entscheidung ist die Aenderung des Güterstandes ohne Einfluß.

Artikel 13.

Auf die dem überlebenden Ehegatten nach den Bestimmungen des Bayreuther Rechtes zustehenden Rechte, welche durch dieses Gesetz aufrecht erhalten werden, finden die Vorschriften des § 1933 des Bürgerlichen Gesetzbuchs entsprechende Anwendung.

Artikel 14.

Die Vorschriften des Artikel 1 bis 13 finden auch Anwendung, wenn für eine Ehe der Güterstand des Bayreuther Rechtes kraft Ehevertrags gilt.

Vereinbarungen, die von den Ehegatten zur Aenderung oder Ergänzung einzelner Vorschriften getroffen worden sind, die für den für ihre Ehe maßgebenden Güterstand gelten, werden von der Aenderung des Güterstandes nicht berührt.

Das Gleiche gilt für eine von einem Dritten getroffene Anordnung der im Abs. 1 bezeichneten Art.

Dr. **Casselmann.**

Protokoll

über die Sitzung der Redaktionskommission des besonderen (XVIII). Ausschusses der Kammer der Abgeordneten zur Berathung der durch die Einführung des Bürgerlichen Gesetzbuchs veranlaßten Gesetzentwürfe.

(Verhandl. des Justiz-Gesetzg.-Aussch. d. K. d. Abg. 1899.)

München, den 25. Mai 1899.

Gegenwärtig:

Die Vertreter der k. Staatsregierung: der k. Senatspräsident am obersten Landesgericht Dr. Ritter von Jacubezky; der k. Landgerichtsrath im Staatsministerium der Justiz Dr. Unzner;

ferner die Ausschußmitglieder: Dr. Casselmann, Referent, von Walter, Korreferent, Michel, Schriftführer.

Tagesordnung:

Feststellung der Beschlüsse erster und zweiter Lesung zu dem Entwurfe von Uebergangsvorschriften für das eheliche Güterrecht (Beilage X.)

Es wurden folgende Beschlüsse gefaßt:

A.

Zu dem Entwurfe von Uebergangsvorschriften für das eheliche Güterrecht.

I. Im **Artikel 6** soll

1. im Abs. 1 Satz 2 statt: „der §§ 1506 bis 1508" gesetzt werden: „der §§ 1507, 1508",
2. der Abs. 2 lauten:

Der Uebergang auf den überlebenden Ehegatten kann durch letztwillige Verfügung ausgeschlossen werden. Im Falle der Ausschließung gehört der Antheil des verstorbenen Ehegatten an dem Gesammtgute zum Nachlasse. Besteht die allgemeine Gütergemeinschaft nach dem Rechte von Bamberg, Nördlingen, Kaufbeuren, der Stadt Kempten, von Dinkelsbühl, Windsheim, Ulm, Pappenheim, Thurnau, Fulda oder Erbach, so finden auf die Ausschließung die Vorschriften der §§ 1509, 1516 des Bürgerlichen Gesetzbuchs entsprechende Anwendung. Besteht die allgemeine Gütergemeinschaft nach dem Rechte von Bayreuth, so steht dem ausgeschlossenen Ehegatten das im § 1478 des Bürgerlichen Gesetzbuchs bezeichnete Recht sowie ein Pflichttheilsrecht zu. Macht der ausgeschlossene Ehegatte von dem im § 1478 bezeichneten Rechte Gebrauch, so gilt das Gesammtgut insoweit, als es nicht zur Erstattung des Werthes des von der Frau in die Gütergemeinschaft Eingebrachten zu verwenden ist, als Antheil des Mannes; auf das Pflichttheilsrecht finden die Vorschriften des Bürgerlichen Gesetzbuchs über den Pflichttheil entsprechende Anwendung.

II. Der **Artikel 15** erhält folgende Fassung:

Besteht die Errungenschaftsgemeinschaft nach dem Rechte von Würzburg, Castell oder Schweinfurt, so tritt mit der Geburt eines Kindes die allgemeine Gütergemeinschaft nach den Vorschriften des Bürgerlichen Gesetzbuchs ein. Besteht die Errungenschaftsgemeinschaft nach dem Rechte von Castell, so finden die Vorschriften des Artikel 3 Anwendung.

Inwieweit das Vermögen der Frau Vorbehaltsgut und die Verbindlichkeiten der Ehegatten Gesammtgutsverbindlichkeiten werden, bestimmt sich nach den bisherigen Vorschriften über die allgemeine Gütergemeinschaft; die Gesammtgutsverbindlichkeiten der Errungenschaftsgemeinschaft werden jedoch im Verhältnisse zu den Gläubigern Gesammtgutsverbindlichkeiten der allgemeinen Gütergemeinschaft, auch soweit sie es nach diesen Vorschriften nicht sein würden.

Im Falle der Aufhebung der allgemeinen Gütergemeinschaft steht, wenn gemeinschaftliche Abkömmlige nicht vorhanden sind, jedem der Ehegatten das im § 1478 des Bürgerlichen Gesetzbuchs bestimmte Recht zu.

III. Im **Artikel 17** Abs. 1 soll zwischen dem Satz 1 und dem Satz 2 folgender Satz eingeschaltet werden:

Das Erbrecht ist im Falle des § 1933 des Bürgerlichen Gesetzbuchs ausgeschlossen.

IV. Im **Artikel 18** soll

1. der Abs. 1 Satz 1 lauten:

Besteht die Errungenschaftsgemeinschaft nach der Rettenbergischen Landesordnung oder nach dem Rechte von Regensburg, Rothenburg, Rothenfels oder Coburg, so verbleibt es für den Fall, daß bei dem Tode des einen Ehegatten gemeinschaftliche Abkömmlinge vorhanden sind, in Ansehung der Rechte des überlebenden Ehegatten bei den bisherigen Vorschriften; das nach dem Rechte von Coburg dem überlebenden Ehegatten zustehende Recht, im Falle der Wiederverheirathung die Antheile der Abkömmlinge gegen Vorausbestellung zu übernehmen, jedoch fällt weg.

2. Als Absatz 4 soll folgende Vorschrift beigefügt werden:

Das im Abs. 1 Satz 1 bezeichnete Recht, die Antheile der Abkömmlinge gegen Vorausbestellung zu übernehmen, steht dem überlebenden Ehegatten auch dann nicht zu, wenn der andere Ehegatte schon vor dem Inkrafttreten des Bürgerlichen Gesetzbuchs gestorben ist.

V. Als **Artikel 19a** wird folgende Vorschrift eingestellt:

Besteht die Errungenschaftsgemeinschaft nach dem Rechte von Memmingen, so bestimmt sich, wenn bei dem Tode des einen Ehegatten Abkömmlinge dieses Ehegatten vorhanden sind, der Erbtheil des überlebenden Ehegatten nach den bisherigen Vorschriften, soweit diese für den überlebenden Ehegatten günstiger sind.

VI. Im **Artikel 23** Abs. 1 Satz 2 ist statt „Artikel 17 Abs. 1 Satz 3" zu setzen: „Artikel 17 Abs. 1 Satz 4".

VII. Im **Artikel 27** Abs. 1 soll der Satz 2 lauten:

Die Vorschriften des § 1933 des Bürgerlichen Gesetzbuchs und des Artikel 26 Abs. 1 Satz 2, 3 finden entsprechende Anwendung.

VIII. Im **Artikel 51** soll der Satz 3 lauten:

Die Vorschriften der §§ 1470, 1479 des Bürgerlichen Gesetzbuchs finden entsprechende Anwendung.

IX. Im **Artikel 68** Abs. 2 soll statt „des Artikel 66 Abs. 3" gesetzt werden: „des Artikel 66 Abs. 2, 3".

B.

Der nach Maßgabe des Antrags der k. Staatsregierung (Beilage X) durch die Uebergangsvorschriften für das eheliche Güterrecht ergänzte Entwurf eines Gesetzes, die durch die Einführung des Bürgerlichen Gesetzbuchs veranlaßten Uebergangsvorschriften betreffend (Beilage Q), fand mit folgenden Aenderungen Zustimmung:

1. Die Ueberschrift des Gesetzentwurfes soll lauten:

„Entwurf eines Gesetzes, Uebergangsvorschriften zum Bürgerlichen Gesetzbuche betreffend."

2. Unter der Ueberschrift: „Bierlieferungsvertrag" soll folgende Vorschrift als **Artikel 3a** eingestellt werden:

Das Rechtsverhältniß aus einem vor dem Inkrafttreten des Bürgerlichen Gesetzbuchs geschlossenen Vertrage der im Artikel 7 des Ausführungsgesetzes zum Bürgerlichen Gesetzbuche bezeichneten Art bestimmt sich von diesem Zeitpunkt an nach den Vorschriften der Artikel 7, 8 des Ausführungsgesetzes.

3. Unter der Ueberschrift: „Vermächtnisse“ wird folgende Vorschrift als **Artikel 18a** eingestellt:

Hat ein Vermächtniß, durch welches der Vermächtnißnehmer den Vermächtnißgegenstand unmittelbar erlangt, ein Recht an einem Grundstück oder ein Recht an einem solchen Rechte zum Gegenstande, so ist bei der Eintragung des Beschwerten in das Grundbuch oder in das Hypothekenbuch der Landestheile rechts des Rheins zugleich das Recht des Vermächtnißnehmers einzutragen.

4. In dem **Artikel 29** soll zwischen den Abs. 1 und Abs. 2 folgender neue Absatz eingestellt werden:

Bei der Eintragung kann zur näheren Bezeichnung des Inhalts der Grunddienstbarkeit auf die Eintragsbewilligung Bezug genommen werden. Die Vorschriften des § 9 Abs. 1 der Grundbuchordnung finden entsprechende Anwendung.

5. Der in der Beilage Q enthaltene **Artikel 18a** wird gestrichen.

6. Als **Artikel 73** wird mit der Ueberschrift: „Hypothekenämter“ folgende Vorschrift eingestellt:

Ueber die Einrichtung der Hypothekenämter und die dienstliche Stellung der Hypothekenbewahrer kann das Staatsministerium der Justiz von den bestehenden Vorschriften abweichende Bestimmungen treffen.

Dr. **Casselmann**, Vorsitzender.

Michel, Schriftführer.

8.

Verhandlungen des Justizgesetzgebungsausschusses der Kammer der Reichsräthe.

XXII. Protokoll

des besonderen Ausschusses der Kammer der Reichsräthe zur Berathung der durch die Einführung des Bürgerlichen Gesetzbuchs veranlaßten Gesetzentwürfe

über den

Entwurf von Uebergangsvorschriften für das eheliche Güterrecht.

(Verhandl. des Justizgesetzgebungsausschusses d. K. d. Reichsräthe 1899.)

I. Lesung.

— Artikel 1 mit 73. —

München, den 29. Mai 1899.

Gegenwärtig die Herren Reichsräthe: Graf Fugger von Glött, Ritter von Küffner, von Auer, Vorstand, Dr. Ritter von Bechmann, Referent, Freiherr von Soden-Fraunhofen, f. Sekretär, Dr. Ritter von Schmitt, Exzellenz, Ritter von Hessert, Referent, Ritter von Maffei.

Der Herr I. Präsident Graf von Lerchenfeld-Köfering.

Von Seite des k. Staatsministeriums: Der k. Staatsminister der Justiz Dr. Freiherr von Leonrod. Der k. Senatspräsident Dr. Ritter von Jacubezky. Der k. Oberregierungsrath Schneider. Der k. Landgerichtsrath Unzner.

Der Herr Vorsitzende Herr Reichsrath **von Auer** eröffnet die Sitzung um 10 Uhr. Auf der Tagesordnung stehen die Ueberleitungsvorschriften für das eheliche Güterrecht.

Vorsitzender: Der Gesetzentwurf enthält zwei Theile; über den ersten haben wir bereits berathen, der zweite Theil unterliegt der heutigen Berathung. An und für sich wäre, nachdem beschlossen worden ist, die beiden Theile dieses Entwurfes in ein Gesetz zu vereinigen, nur ein Gesetz vorliegend und es wäre daher auch, nachdem bereits eine Generaldiskussion stattgefunden hat, jetzt eine solche nicht mehr nothwendig. Allein zu jener Zeit, als wir über den ersten Theil der Uebergangsvorschriften beriethen, war dieser Gesetzentwurf noch nicht vorgelegen, und man konnte unmöglich in der Generaldiskussion sich über diesen Gesetzentwurf aussprechen. Es wird sich daher empfehlen, die Generaldiskussion über diesen Theil des Gesetzentwurfes wieder aufzunehmen, um so mehr als der Gesetzentwurf die Grundprinzipien aufstellt, nach welchen die alten bestehenden Partikularrechte nach Einführung des Bürgerlichen Gesetzbuchs zu behandeln sind.

Reichsrath Dr. **von Bechmann** als Referent: Meine hohen Herren! Der Theil des Ueberleitungsgesetzes, mit dem wir uns heute zu beschäftigen haben, ist ohne allen Zweifel von allen gesetzgeberischen Arbeiten, die wir zu erledigen hatten, die schwierigste, insofern als es sich dabei gehandelt hat um Aufstellung allgemeiner Prinzipien, während der übrige Theil des Uebergangsgesetzes, sowie das Ausführungsgesetz mehr oder weniger disiecta membra waren, und sodann deshalb besonders schwierig, weil es darauf ankam, diese Prinzipien auf eine Anzahl von 40 einzelnen Güterständen, die zum Theile ihrem Inhalte nach unklar und bestritten sind, richtig anzuwenden. Ich bin von vorneherein in der angenehmen Lage, daß ich dem Gesetzentwurfe in beiden Beziehungen meine volle Anerkennung aussprechen kann; es ist nach meinem Dafürhalten der k. Staatsregierung gelungen, die richtigen Prinzipien aufzufinden, und es hat der Entwurf mit unvergleichlicher Sorgfalt und Genauigkeit diese Prinzipien auf die einzelnen Güterstände angewendet. In letzterer Beziehung muß ich bemerken, daß ich nicht in der Lage war, eine vollständige Nachprüfung eintreten zu lassen; dazu hat mir vor allem die Zeit gefehlt und schließlich auch das Material; denn eine bloße Vergleichung etwa mit Roth's Civilrecht würde ja auch zu keinem sicheren Resultate geführt haben. Es ist im Ausschusse der Kammer der Abgeordneten nur bezüglich einiger Güterstände Beanstandung erhoben worden, ob dieselben so dargestellt seien, wie sie in Wirklichkeit sich verhalten. Es ist darauf erwidert worden, daß die abweichende Darstellung bei Roth theils unrichtig sei, theils seitdem und seit der im Jahre 1878 vom Justizministerium veranlaßten Zusammenstellung Aenderungen eingetreten seien, was ja sehr leicht zu erklären ist, da die ganze Handhabung des Güterstandsrechts mehr oder weniger in der Hand von Einzelrichtern war, die leicht von einer Uebung zur andern übergehen könnten. Einige Berichtigungen hat übrigens auch die k. Staatsregierung als begründet anerkannt und danach den Entwurf geändert oder ergänzt.

Wohl aber habe ich getreulich eine Nachprüfung vorgenommen, ob die Prinzipien überall auf das statistische Material richtig angewendet worden sind. In dieser Beziehung habe ich keine Beanstandung gefunden. Die meisten Bedenken hat mir das gesetzliche Dotalrecht verursacht, aber auch in dieser Beziehung habe ich meine Bedenken überwunden und gefunden, daß das Richtige getroffen sei. Außerdem möchte ich bemerken, daß ich mich in derselben unangenehmen Situation befinde wie neulich der Herr Referent über das Notariatsgesetz, weil die Protokolle des Ausschusses der zweiten Kammer nicht vorliegen; ich habe nur eine autographierte „Registratur" vor mir, welche immerhin den wesentlichen Gang der Verhandlungen mittheilt. Ich muß also bitten, daß, soweit Abänderungen eingetreten sind, der Herr Vertreter der k. Staatsregierung die nöthigen ergänzenden Mittheilungen macht.

Bespreche ich nun die Sache vom generellen Standpunkte aus, so habe ich die Frage zu stellen, ob überhaupt die Ueberleitung der Güterstände erforderlich sei, ob sie dem bestehenden Rechte gegenüber zulässig und angemessen sei, ob nicht zu tief greifende Eingriffe in das bestehende Recht gemacht seien. Was die formelle Grundlage für die Ueberleitung anlangt, so beruht dieselbe auf Art. 200 und 218 des Einführungsgesetzes zum Bürgerlichen Gesetzbuch. Der Art. 200 erklärt, daß an den bestehenden Güterständen nichts geändert wird, und Art. 218 überläßt es den Bundesstaaten, an den fortdauernden Rechten ihrerseits eine Abänderung vorzunehmen. Man hat also von Reichswegen eine Aenderung nicht vornehmen wollen, hat aber von Reichswegen die Möglichkeit einer Ueberleitung der Güterstände in's Auge gefaßt. Wie bekannt und wie der Herr Senatspräsident im Ausschusse der Kammer der Abgeordneten mitgetheilt hat, haben auch so ziemlich die meisten deutschen Bundesstaaten, namentlich die größeren, solche Ueberleitungen vorgenommen oder doch ins Auge gefaßt. Was die Frage anlangt, ob überhaupt Ueberleitungsvorschriften geboten seien, so waren wir darüber, als vor einem Jahre diese Frage incidenter angeregt wurde, noch schüchtern und haben damals den Vorbehalt gemacht, daß eine Präjudizierung der Frage durch Zustimmung zu einem Artikel des Pfälzer Liegenschaftsrechts nicht erfolgen solle. Seitdem haben sich aber die Ansichten sehr geklärt, und ich glaube, es wird kaum von jemand, der die Sache vom praktischen Standpunkte aus betrachtet, die Nothwendigkeit solcher Ueberleitung bestritten werden.

Die Ueberleitung ist nothwendig im öffentlichen Interesse. Denn wenn nicht übergeleitet wird, so würde der bisherige Rechtszustand nicht verbessert, sondern sogar noch verschlechtert werden, indem zu den 40 Partikularrechten noch die vier Güterstände des Bürgerlichen Gesetzbuchs hinzukommen, die zwar dem Namen nach mit den bestehenden übereinstimmen, aber sich zum Theil in wesentlichen, zum Theil in untergeordneten Punkten von denselben unterscheiden; es würde gerade die Rechtsungewißheit und Rechtsunsicherheit vermehrt werden; es würde andererseits auch die Handhabung der bestehenden Güterstände von Jahrzehnt zu Jahrzehnt unzuverlässiger und schlechter werden; denn je seltener mit der Zeit Anwendungen vorkommen würden, desto weniger wären die Richter in der Lage, genau das Recht zu kennen, sondern sie würden einfach nach Augenmaß und Naturrecht die Sache erledigen, wie es zum Theil wohl auch schon bisher geschehen ist. Nun haben wir es hier ja zu thun mit einer Uebergangszeit nicht von Jahren, sondern von Jahrzehnten; der Uebergang dauert, bis die letzte Ehe, die vor dem 1. Januar 1900 geschlossen worden ist, aufgelöst ist, das kann sechzig Jahre dauern. Das wäre die erste Frage. Die zweite Frage ist, ob nicht durch diese Ueberleitung zu sehr eingegriffen werde in erworbene Rechte. Wenn diese Frage bejaht werden müßte, dann müßten die bloßen Opportunitätsgründe zurücktreten. Aber auch von diesem Standpunkte aus habe ich gegen die Ueberleitung nichts einzuwenden. Man muß zwei Stadien unterscheiden, auf die sich die Ueberleitung bezieht: das erste ist das Stadium der bestehenden Ehe und das zweite Stadium ist der Zustand, der sich ergibt als Nachwirkung nach aufgelöster Ehe, und da kommt nur die

Auflösung durch den Tod in Betracht. Was die Ueberleitung während der bestehenden Ehe anlangt, so geht es hier nicht ab ohne gewisse Verschiebungen. Diese Verschiebungen werden aber durchschnittlich dem Ehemanne zum Vortheil gereichen. der auf Grund des Güterstandes des Bürgerlichen Gesetzbuchs ein freieres Verfügungsrecht erhält, als er es nach den Partikularrechten gehabt hat. Das Extrem etwa zu diesem künftigen Zustand wäre das Nürnberger Recht, wo noch der Ehemann zu jeder rechtsgeschäftlichen Verfügung über das Gesammtgut die Zustimmung seiner Ehefrau nothwendig hatte, wenn nicht nützliche Verwendung nachgewiesen werden konnte. Auf der andern Seite allerdings gibt es auch Güterstände, in welchen der Ehemann noch freier gestellt ist als nach dem künftigen Rechte, und insoferne kann allerdings eine Schmälerung seiner Befugnisse eintreten. Was der Ehemann dabei an der Erweiterung seiner Rechte gewinnt, das verliert die Frau. Aber ich gebe dem Standpunkt der k. Staatsregierung vollauf Recht, daß es sich in dieser Beziehung nicht um erworbene Rechte handelt. Diese Vertheilung des Einflusses, welchen die Ehegatten innerhalb der Ehe haben, bezieht sich viel mehr auf die öffentlich rechtliche Seite, als daß es sich um wohlerworbene Rechte handeln könnte. Und so gut nach Reichsrecht es sich der Hausvater gefallen lassen muß, daß er mit dem 1. Januar 1900 seine väterliche Gewalt verliert über alle Personen, welche großjährig sind, mit dem Verluste aller seiner Nutzungsrechte, die er bisher hatte, so kann sich ernstlich auch keiner beklagen, wenn eine Verschiebung der gemeinschaftlichen Stellung zu Gunsten des andern eintritt. Es kommt dazu, daß, was die Frau hier verliert, sie auf der andern Seite wieder gewinnt.

Die Frau gewinnt einmal dadurch, daß die Fälle, wo der Ehemann zu einer Verfügung seine Zustimmung zu ertheilen hat, gesetzlich festgelegt sind, während darüber mancherlei Meinungsverschiedenheiten bestanden. Die Frau gewinnt ferner dadurch, daß sie ein fest geregeltes Recht hat in Bezug auf das Verlangen, den Güterstand aufzulösen, wenn eine Mißwirthschaft des Mannes vorliegt. Dieses Recht hat sie bezüglich der drei vom Gesetz genau geregelten Güterstände, die Fahrnißgemeinschaft können wir ja beiseite lassen, diese hat ja für das diesseitige Bayern ohnehin keine Bedeutung. Im Vergleich zu dem bisherigen Rechte, wo die Frau nur unter sehr beschränkten Voraussetzungen die Trennung verlangen konnte, oder sogar nur Sequestration oder sonstige Sicherheitsleistung, ist dies ein außerordentlich großer Fortschritt zu Gunsten der Frau.

Außerdem ist nicht gering zu veranschlagen, daß der letzte Rest der Beschränkung der Geschäftsfähigkeit der Frau verschwindet; an deren Stelle tritt eine Beschränkung der Verfügungsfähigkeit, insoferne die Frau für gewisse Verfügungen der Zustimmung des Mannes bedarf; diese Zustimmung des Mannes kann ersetzt werden, wenn sie ohne Grund verweigert wird, oder wenn der Ehemann verhindert ist, sie zu ertheilen, durch den Beschluß des Vormundschaftsgerichtes, während die Geschäftsfähigkeit auf diese Weise nicht ergänzt werden konnte. Wenn ich das alles in allem vergleiche, so muß ich sagen, es handelt sich einmal nicht um einen Eingriff in erworbene Rechte, sondern nur um eine andere Organisation der Familienverhältnisse, und was der eine Theil durchschnittlich verliert, gewinnt er auf der andern Seite wieder. Andere Personen als die Eheleute kommen ja nicht in Betracht, insbesondere nicht die Gläubiger; denn die Ueberleitung hat ja keine rückwirkende Kraft. Es beläßt allen vorhandenen Gläubigern die Rechte, die sie bisher hatten, namentlich allen vorehelichen Gläubigern, und die künftigen Gläubiger haben ja überhaupt noch keine Rechte. Das ist meine Auffassung in Bezug auf die Ueberleitung während der Dauer der Ehe.

Nun kommt das zweite Stadium die Ueberleitung nach beendigter Ehe. Hier kommen allerdings auch andere Personen in Betracht, nämlich diejenigen, welche nach dem bisherigen Güterstande an der Auflösung partizipierten und deren Rechte zum Theil allerdings jetzt geändert, geschmälert oder ganz beseitigt werden. Es sind das die Verwandten, welche zum Theil ganz ausgeschlossen werden, zum Theil auf einen geringeren Antheil reduziert werden. Allein es ist zu betonen: Erworbene Rechte hat auch in dieser Beziehung nur der überlebende Ehegatte, der hat aus dem Güterstande Rechte erworben. Die übrigen Personen haben aus dem Güterstande, solange er nicht zur Auflösung gekommen ist, keine erworbenen Rechte, sie müssen es sich gefallen lassen, daß der Güterstand geändert wird durch einen Ehevertrag oder durch ein gemeinschaftliches Testament; ebenso kann ihnen die Aussicht entgehen durch Ehescheidung. Aus diesen Gründen ist also nicht weiter Rücksicht auf sie zu nehmen; die bereits eingetretenen Verhältnisse bleiben ebenfalls unberührt. Was den überlebenden Ehegatten anbelangt, so kann das Resultat, das sich aus dem neuen Rechte für ihn ergibt, ein dreifaches sein.

1. Er kann durch das neue Gesetz besser gestellt sein,
2. er kann schlechter gestellt sein, und
3. es kann die Sache so sein, daß es von Umständen abhängt, ob er besser oder schlechter gestellt ist.

Z. B. es kann hier die Zahl der Betheiligten in Betracht kommen, oder wenn das Recht des Beisitzes besteht, kann die Frage die sein, ob ihm der Beisitz günstiger ist oder eine feste Erbquote. Der Standpunkt des Entwurfs ist der, und ich kann ihn nur billigen, daß, wo das neue Recht dem Ehegatten günstiger ist, es zur Anwendung kommt, da, wo dieses nachtheiliger ist, das alte Recht, das aber zugleich kodifiziert wird, bestehen bleibt, und da, wo die Sache zweifelhaft ist, es der Entscheidung des Betreffenden selbst überlassen wird, und zwar nach den Vorschriften über die Ausschlagung der Erbschaft, also innerhalb sechs Wochen nach dem kritischen Zeitpunkt, so daß von einer Spekulation u. s. w. keine Rede sein kann. Ich glaube, daß dieser Standpunkt allen Anforderungen genügt, daß aber andererseits auch für dieses Stadium die Ueberleitung dringend nothwendig ist. Es ergäbe sich, wenn das nicht geschehen würde, eine geradezu unlösbare Konfusion. Ich bitte zu beachten, daß das Einführungsgesetz keinen Uebergang kennt in Beziehung auf das Intestaterbrecht, dieses tritt sofort ein für jeden Todesfall vom 1. Januar 1900 ab. Es würde also der überlebende Ehegatte vom 1. Januar an alle Erbrechte haben, die dem überlebenden Ehegatten von da an zustehen, daneben aber würde dann noch die Frage entstehen, inwieweit die übrigbleibenden und nicht übergeleiteten güterrechtlichen Bestimmungen auch erbrechtlich sind; soweit sie erbrechtlich sind, werden sie beseitigt; soweit sie aber nicht erbrechtlicher Natur sind, werden sie nicht beseitigt. Darüber würde aber bei der großen Unklarheit, die für die meisten Güterrechte besteht, sich ein endloser Streit entwickeln; also im öffentlichen Interesse, zur Vermeidung zahlloser Streitigkeiten ist die Ueberleitung auch insoferne vollkommen geboten, und ich glaube, daß ein ernstes Bedenken auch für ein zartes Gewissen gegenüber erworbenen Rechten nicht mehr besteht. Nebenbei ist die Ueberleitung auch noch von einer ganzen Reihe von Schonungsmaßregeln umgeben, die ich nur kurz anführen will.

Einmal hat die Ueberleitung keinerlei rückwirkende Kraft, das hat namentlich die Konsequenz, die ich schon angeführt habe, daß die Gläubiger in keiner

Weise berührt werden, nur für das Nürnberger Recht war eine besondere Bestimmung nothwendig, auf die ich aber jetzt nicht eingehe; sodann hat es die Bedeutung, daß die Gütermasse in das neue Recht übergeht nach der Qualifikation des bisherigen Rechtes. Es geht also über als Gesammtgut das, was nach dem bisherigen Rechte als Gesammtgut gilt, als Vorbehaltsgut, das, was nach dem bisherigen Rechte Vorbehaltsgut war, und erst von der Ueberleitung an tritt für den künftigen Erwerb die neue Qualifikation des Bürgerlichen Gesetzbuchs ein. Es hat ferner die rückwirkende Kraft dazu geführt, daß die bereits vollzogenen Abtheilungen auch nicht berührt werden, weshalb namentlich fortgesetzte Gütergemeinschaften unberührt bleiben, sie erledigen sich ja ohnehin bald von selbst durch Tod oder Abschichtung.

Die zweite Bestimmung besteht darin, daß die Eheverträge, durch welche die Ehegatten an dem bestehenden Rechte Modifikationen oder Ergänzungen vornehmen, unberührt bleiben. Es tritt nicht ein ein Eingriff in das eigentliche Vertragsrecht. Auf die anderen Punkte werde ich später noch zu sprechen kommen.

Ferner ist eine schonende Rücksicht insoferne genommen, als solche Verträge, wenn sie innerhalb eines Jahres geschlossen werden, gebührenfrei sind. Ebenso bedürfen Aenderungen an den Immobiliarverhältnissen, die sich daraus ergeben sollen, keiner Eintragung in das Grundbuch, und soferne eine Eintragung von einem Ehegatten innerhalb einer bestimmten Zeit verlangt wird, soll dieselbe auch gebührenfrei erfolgen. Das ist eine Reihe von Erleichterungen, ich glaube, es ist damit alles geschehen, was man billigerweise verlangen kann.

Zum Schlusse kommt noch eine sehr wichtige Frage, nämlich die Frage, wie verhält es sich mit der Ueberleitung der auf Vertrag beruhenden Güterstände. In dieser Beziehung muß man unterscheiden zweierlei Arten von Güterverträgen; und zwar erstens solche Eheverträge, welche einen spezialisierten oder individualisierten Charakter haben, diese bleiben unverändert. Es tritt nur eine Beschränkung insoferne ein, als auch schon vor der Ueberleitung solche Eheverträge nur noch geschlossen werden können nach Maßgabe der Vorschriften des Bürgerlichen Gesetzbuches über Eheverträge. Das ist in Ordnung.

Die zweite Art von Eheverträgen ist die, durch welche die Ehegatten ausmachen, daß unter ihnen nicht der eigentlich zur Anwendung zu kommende Güterstand gelten soll, sondern ein anderer gesetzlicher Güterstand. Wenn lediglich ausgemacht wird, die Ehegatten sollen z. B. nach Windsheimer Recht leben, so ist kein spezialisierter Vertrag geschlossen, sind auch keine Zusätze gemacht, sondern die Eheleute unterwerfen sich nur einem Rechte, das zwar objektiv gilt, allein für sie nicht gelten würde. Solche Eheverträge können geschlossen werden einmal in Bezug auf das Recht, das ohnedem Anwendung finden würde, dies wird selten vorkommen, aber es ist doch möglich: nämlich um allen Zweifel auszuschließen, namentlich auch bezüglich der Fortdauer des Güterstandes im Falle einer Aenderung des Wohnsitzes. Viel häufiger wird es vorkommen, daß Ehegatten ein Recht wählen (und das können sie auch in Zukunft nach dem Bürgerlichen Gesetzbuch in beschränkter Weise thun), weil es für sie bequemer ist. Es ist nun die Frage, ob auch das Güterrecht, das unter den Ehegatten gilt, nicht unmittelbar kraft Gesetzes, vermöge der lex domicilii, sondern auf Grund der freiwilligen Unterwerfung übergeleitet werden soll [oder nicht]. Es ist mir nicht zweifelhaft, daß man das vom Opportunitätsstandpunkt aus bejahen muß; wenn man halbe Arbeit machen würde, würde man nur die Schwierigkeiten vermehren; wenn man immer fragen müßte, haben die Leute nach diesem oder jenem Recht gelebt kraft Gesetzes oder sich freiwillig unterworfen, so würden die schwierigsten Umstände entstehen. Aber ich bin der Sache doch noch tiefer nachgegangen, denn ich gestehe zu, daß bei einer so schwierigen Materie bloße Opportunitätsgründe nicht entscheidend sein können und nicht im vollen Maße befriedigen. Man kann ja nun die Sache so auffassen, als läge ein spezialisierter Vertrag vor. Wenn das der Fall wäre, so wäre ich bedenklich. Allein so ist die Sache nicht. Denn wenn wir die Erfahrung zu Rathe ziehen und fragen, wie geht es denn zu, wenn sich die Parteien einem solchen fremden Rechte unterwerfen, so wird man sagen müssen, daß in den meisten Fällen die Ehegatten von den Detailbestimmungen des Gesetzes gar keine Vorstellung haben; sie erfahren in der Regel erst davon, wenn ein Todesfall oder sonst eine Veranlassung eintritt. Es wird ihnen von einem guten Freund, einem Rechtsanwalt oder Notar gerathen: „Nehmt das Recht, das ist für Euch aus dem und dem Grunde bequemer." Das stellt man den Leuten vor, die Detailvorschriften sind ihnen vollständig gleichgiltig. Dann allerdings würde ein Eingriff vorliegen, wenn durch die Ueberleitung aus solchen Rechten etwas im Wesen total anders würde. Das wäre z. B. der Fall, wenn man den gemeinrechtlichen Güterstand einfach überleiten wollte in den künftigen Güterstand der Gütergemeinschaft. Denn mit diesem ist die communio prorogata verbunden, mit jenem nicht. Diesen Fall hat daher auch der Entwurf mit Recht vorgesehen.

Es ist also in dieser Beziehung ein großer Unterschied zu machen zwischen spezialisierten Verträgen, von denen man annehmen muß, daß die Parteien die einzelnen Bestimmungen in ihre Vorstellung und ihren Willen aufgenommen haben, und diesen Verträgen, denen dieselben sich nur ganz generell unterwerfen. Man könnte ja sogar sagen, daß auch der gesetzliche Güterstand kraft stillschweigender Unterwerfung gilt. Das ist auch schon gelehrt worden, namentlich um die Fortdauer des Güterstandes im Falle des Domizilwechsels zu begründen. Es hat eine Zeit gegeben, wo man überhaupt Alles auf den subjektiven Willen zurückgeführt hat, ein berühmtes Pandektenlehrbuch steht jetzt noch auf diesem Standpunkt. Man kommt aber da auf ganz inhaltsleere Fiktionen.

Ich fasse also mein lang gewordenes Votum dahin zusammen, daß ich mit den Prinzipien, die dem Entwurfe zu Grunde liegen, vollständig einverstanden bin, und ich füge noch hinzu, daß dieselben Prinzipien auch in anderen Ueberleitungsgesetzen, namentlich dem preußischen, sich ebenfalls finden.

Reichsrath Dr. **von Schmitt:** Auch ich war unter Denjenigen, welche die Ehre hatten, von der Staatsregierung über deren zuerst ausgearbeiteten Entwurf eines Ueberleitungsgesetzes gutachtlich gehört zu werden. Nach und nach sind drei solche Entwürfe gemacht worden. Mein Gutachten sprach sich gegenüber jenem ersten Entwurfe ablehnend aus. Als Gründe meiner Nichtzustimmung habe ich unter anderen insbesondere folgende geltend gemacht.

Der Entwurf von damals — und das thut auch der uns heute vorliegende — widersprach in seinen Motiven, daß er Rückwirkung wolle; denn er unterstelle alle bis zum Tag der Einführung des Bürgerlichen Gesetzbuchs in der betreffenden Ehe entstandenen einzelnen Rechtsverhältnisse dem alten Recht, und nur die später entstehenden dem genannten Gesetzbuch. Zugegeben wird also, daß man mitten durch den bestehenden Güterstand einen Riß, eine Cäsur machen will in derselben fortdauernden Ehe; das gleiche Recht derselben Ehegatten soll, wenn heute entstanden, anders beurtheilt werden, als das gestern entstandene. Sagt man, damit werde keine Rückwirkung geübt, so ist dies nach meiner festen Ueberzeugung nur ein Spiel mit Worten, denn ein ehelicher Güterstand wird wie die Ehe selbst nicht von heute auf morgen eingegangen, sondern er wird eingegangen auf die ganze Dauer der Ehe. Der Inhalt der mit ihm verknüpften Verpflichtung besteht darin, daß jeder Ehegatte sich dem anderen mit der Maßgabe unterwirft, sich durch die ganze Dauer der Ehe so behandeln zu lassen und selbst so zu handeln, wie es dem gesetzlichen oder ausdrücklich gewählten Güterrechte angemessen ist. Hierauf beruht die Gleichheitlichkeit der Beziehungen der beiden Ehegatten. Diese Gleichheitlichkeit ist aber, wenn man die beabsichtigte Cäsur macht, eine andere vorher, eine andere nachher. Es ist nicht dieselbe, die auf die ganze Ehedauer gewollt war. Sagt man, der Entwurf gebe für die spätere Zeit keine andere Art von Güterstand, an Stelle von Gütergemeinschaft trete wieder Gütergemeinschaft, an Stelle von Gütertrennung wieder Gütertrennung, wenn auch hier und dort eine andere Spezies: so ist zugestanden der Wechsel, der alte Güterstand ist aufgehoben, ein neuer begründet. Güterstände sind aber nicht gleich den vertretbaren Sachen. Ein Beispiel: Das alte Recht schrieb vor, eine Erbschaft, die der eine Ehegatte macht, soll in das Gesammtgut fallen oder umgekehrt, sie soll nicht in das Gesammtgut fallen, sondern in das Sondergut des betreffenden Ehegatten, der zu dieser Erbschaft berufen war; das neue Recht aber schreibt das gerade Gegentheil vor. Nun hätte die Frau vor 1900 eine solche Erbschaft gemacht und sie wäre nach altem Recht in das Gesammtgut gefallen; nach 1900 macht der Mann eine dergleichen Erbschaft, sie fällt nach neuem Recht in sein Sondergut. Tritt da nicht eine handgreifliche Verschiedenheit ein in der Behandlung beider Ehegatten? Die Frau hat das Ererbte in das Gesammtgut geben müssen; der Mann behält aber jetzt das, was er geerbt hat. Damit ist doch der Beweis dafür geliefert, daß, wenn während der Dauer des Güterstandes in der beabsichtigten Weise eine Cäsur gemacht wird, das Recht in Bezug auf gleichheitliche Behandlung der Ehegatten Schaden leidet. Das ist ein Eingriff, denn der eheliche Güterstand ist eine regula vitae, eine Norm, die gleichheitliche Anwendung finden muß, bis die Ehe aufgelöst wird. Ich bleibe dabei, daß der Entwurf auf dem Boden der Rückwirkung steht. Die Gelehrten haben allerdings darüber wie über soviel gestritten, aber die gemeine Meinung ist, daß hier von einer Rückwirkung gesprochen werden muß.

Man hat auch Opportunitätsgründe geltend gemacht für die Ueberleitung. Man hat gesagt, es wird eine Verwirrung eintreten, wenn man nicht überleitet. Ja, meine hohen Herren, es ist wahr, wir haben jetzt 40 oder mehr Partikularrechte, die sich mit den Güterverhältnissen befassen, dazu kommt als 41. Recht das Bürgerliche Gesetzbuch und als 42. das Ueberleitungsgesetz selbst. Dieses Gesetz über die Ueberleitung aber nimmt in sich auf einmal die Bestimmungen aus den alten Partikularrechten, insoweit sie aufrecht erhalten bleiben, und die Bestimmungen aus dem Bürgerlichen Gesetzbuch, insoweit sie von nun ab gelten sollen. Ob man sich bei der Rechtsanwendung leichter thut, wenn ein aus Altem und Neuem gemischtes Dritte zur Anwendung zu bringen ist, das bezweifle ich. Alte Kontroversen werden bleiben; an das Bürgerliche Gesetzbuch werden sich neue knüpfen und zu beiderlei Streitfragen werden diejenigen treten, welche das Ueberleitungsgesetz erzeugt. Würde nicht übergeleitet, so hätte man bei Behandlung einer Verlassenschaft jeweils nur die Frage zu stellen: „Wann ist die Ehe geschlossen worden?“ vor dem 1. Januar 1900, dann wird einfach das alte uns geläufige Recht angewendet, oder nach dem Beginne des Jahres 1900, dann wird das neue Recht angewendet. Ich meine, auf solchem Weg würde die Rechtsanwendung sich einfacher gestalten.

Die Bedenken, die ich hatte, knüpften sich allerdings vorzugsweise an den Inhalt des ersten Entwurfes, den die Staatsregierung hatte entwerfen lassen. Ich erkenne aber gerne und freudig an, daß die Regierung sich damit nicht begnügt hat, daß sie Jahre darauf verwendete, immer Brauchbareres zu schaffen, und ich erkenne an, daß sie im Verlaufe ihrer Bemühungen einen großen Fortschritt gemacht hat, allerdings einen Fortschritt, der vorzugsweise darin besteht, daß sie von Stufe zu Stufe mehr zurückschritt. Der neueste Entwurf berücksichtigt in viel weiterem Umfang als die früheren bestehende und erworbene Rechte. Insoferne kann man sich im Großen und Ganzen mit dem neuesten Entwurf aussöhnen. Ich will auch nicht das Gewicht der Berufung der Staatsregierung darauf verkennen, daß sie in einer großen Anzahl von Gutachten aus dem ganzen Lande Zustimmung gefunden hat, letztlich beim Abgeordnetenausschuß selber. Ich denke, freilich, in einer so schwierigen und wichtigen Frage komme es nicht sowohl auf die Zahl als auf das Gewicht der Gutachten an und ich meine, mich mit der Ansicht nicht zu täuschen, daß die Staatsregierung sich beim Fortschritt ihrer Arbeiten weniger von der Zahl als vom Gewicht der Stimmen hat beeinflussen lassen. Obschon nun der neueste Entwurf nicht nur alle Güterstände ergreift, die im Lande bestehen, obschon er alle Ehen ergreift, die am 1. Januar 1900 bestehen, obschon er immer noch tief genug eingreift in den bestehenden Rechtszustand, dessen ungeachtet will ich, da einmal der Abgeordnetenausschuß, also eine Vertretung vorzugsweise der breiten Massen des Volkes, ihm zugestimmt hat, mich demselben mit Rücksicht auf die weit größere Schonung, die er dem bestehenden Rechtszustand gegenüber früheren Entwürfen widerfahren läßt, nicht ferner widersetzen. Doch kann ich meine Zustimmung nicht ausdehnen auf die vertragsmäßigen Güterstände.

Der Herr Referent hat außerordentlich lichtvolle Aufklärungen über den Gesetzentwurf gegeben. Ich meine, seine Aufklärungen waren zwingender in Ansehung des gesetzlichen Güterstandes als in Ansehung des vertragsmäßigen. Es ist ganz richtig, wir haben Ehe-Güterverträge der allerverschiedensten Art. Nach den einen wird schlechthin der sonst gesetzlich eintretende als Vertragsgüterstand gewählt, das ist aber selten. Nach den anderen wird zwar nicht der gesetzliche, aber doch ein kodifizierter Güterstand als Vertragsgüterstand schlechthin gewählt. Nach wieder anderen wird als Vertragsgüterstand zwar der gesetzliche oder ein gesetzlich kodifizierter gewählt, doch nicht schlechthin, sondern mit Rücksicht auf besondere Verhältnisse unter Hinzufügung von Modifikationen. Alle diese Ehevertrags-Güterstände sollen unter die Ueberleitung fallen. Nun fragen wir, wie soll es gehalten werden, wenn z. B. Gütergemeinschaft nach bayerischem Landrechte von den Vertragschließenden gewählt wurde, aber unter einer Reihe von Modifikationen? Man sagt, diese Modifikationen werden respektiert. Aber diese Modifikationen sind ja gemacht zur Gütergemeinschaft des bayerischen Landrechts, nicht zu jener des Bürgerlichen Gesetzbuchs. Wie hätten sie gelautet, wenn die Betheiligten vorausgesehen hätten, daß in absehbarer Zeit eine ganz neue Art von Gütergemeinschaft durch das Bürgerliche Gesetzbuch eingeführt werde? Welche anderen Modifikationen hätte man diesem gegenüber getroffen? Oder wären dann gar keine Modifikationen vereinbart? Oder hätte man dann Gütergemeinschaft gar nicht eingeführt? Wer kann all' diese Fragen an das Unbekannte mit Sicherheit lösen? Man sagt: der Richter. Das ist doch eine fast unmögliche Aufgabe, wenn man nicht in große Willkür verfallen will. Ich erkenne an, daß von dem Herrn Referenten eine Anzahl von Gründen geltend gemacht wurden, die vielleicht die Ueberleitung des vertragsmäßigen Güterstandes etwas erträglicher machen. Eine Gewähr dafür ist ausgeschlossen. Darum haben die Gesetzgebungen bis in die neueste Zeit, von einer ganz vereinzelnten Ausnahme abgesehen, nicht einmal gesetzliche Güterstände übergeleitet, vertragsmäßige aber niemals. Die Ueberleitung von vertragsmäßigen Güterständen hat nirgend, bei keinem Kulturvolk stattgefunden. Die erste Kommission für das Bürgerliche Gesetzbuch ging konstant davon aus, daß der vertragsmäßige Güterstand vollkommen unberührt bleiben müsse. Das hat man in den Motiven viermal wiederholt, der Vertrag sollte unnahbar und unabänderbar sein.

Nun sagt man freilich, wir machen halbe Arbeit, wenn wir uns auf die Ueberleitung des gesetzlichen Güterstandes beschränken. Der vertragsmäßige Güterstand ist zu viel verbreitet im Lande Bayern. Allerdings gibt es in Bayern einzelne Gegenden, wo die vertragsmäßigen Güterstände zahlreich sind, daß sie aber in irgend einem Theile Bayerns den gesetzlichen Güterstand überwiegen, das ist nicht der Fall. Die logische Konsequenz wäre aber, wenn man halbe Arbeit meiden will, die, daß man gar nicht überleitet. In der That haben wir selber gerade in dem uns jetzt vorliegenden Gesetzentwurfe an anderer Stelle ganz andere Grundsätze in Achtung des Vertragswillens befolgt; ich meine den Artikel 3 des allgemeinen Ueberleitungsgesetzes. Er betrifft die Ueberleitung der gesetzlichen Zinsen. Damals lehnte die Staatsregierung mit aller Entschiedenheit eine Vorschrift auf Ueberleitung vertragsmäßiger Zinsen ab. Die auf Rechtsgeschäft beruhende Zinspflicht sei als eine einheitliche in dem Zeitpunkt entstanden, in dem das Rechtsgeschäft wirksam geworden ist; sie behalte, solange das Rechtsgeschäft bestehe, den durch das Rechtsgeschäft bestimmten Inhalt. Es hat sich freilich nur um einen geringfügigen Punkt gehandelt in Vergleich um den Gegenstand, von dem wir jetzt reden. Unser Herr Referent hat sich damals ebenfalls auf diesen Standpunkt gestellt und ich war sehr erfreut, daß dieser Standpunkt eingenommen worden ist. Jetzt stellt man bei dem ehelichen Güterstand einen anderen Standpunkt auf.

Ich resumire mich dahin: ich will nicht mehr dem Entwurf widersprechen, insoweit er den gesetzlichen Güterstand betrifft, deshalb weil der letzte Entwurf soweit als möglich die erworbenen Rechte berücksichtigt. Was die vertraglichen Güterstände betrifft, so kann ich mich zu der Meinung nicht bekennen, daß deren Umwandlung zulässig und räthlich wäre.

Der k. Ministerialkommissär, Senatspräsident Dr. **von Jacubezky:** Ob der Entwurf eine Rückwirkung enthält oder nicht, ist nur ein Wortstreit. Man kann sagen, wenn das neue Gesetz auf bestehende Rechtsverhältnisse angewendet wird, so liegt immer eine Rückwirkung vor. In diesem Sinne bestimmt auch der Entwurf eine solche. Von Rückwirkung wird aber auch in einem engeren Sinne gesprochen, bei dem es sich sozusagen um eine potenzierte Rückwirkung handelt, indem nicht nur die Folgen, die sich aus bestehenden Rechtsverhältnissen in Zukunft ergeben, nach dem neuen Rechte beurtheilt werden, sondern das neue Recht für maßgebend erklärt wird auch für die Folgen, die in der Vergangenheit eingetreten sind und noch bestehen, so daß diese Folgen so behandelt werden, als ob das neue Recht schon zu der Zeit gegolten hätte, zu der sie eingetreten sind. Die Rückwirkung in diesem engeren Sinne hat der Entwurf abgelehnt. Die Rückwirkung im ersteren Sinne aber ist meines Erachtens bei den Eheverträgen ebenso gerechtfertigt wie bei dem gesetzlichen Güterrechte. Herr Reichsrath Dr. von Schmitt hat gesagt, die Ehe verlange überhaupt, daß das einmal bestehende Güterrecht während der ganzen Dauer der Ehe aufrecht erhalten bleibe; er hat aber diesen Satz damit, daß er sich herbeilassen will, die Ueberleitung für die gesetzlichen Güterstände anzunehmen, auch für den vertragsmäßigen Güterstand aufgegeben. Denn das Bedürfnis der Aufrechterhaltung des einmal bestehenden Güterrechts für die ganze Dauer der Ehe hat nach den Ausführungen des Herrn Reichsraths seinen Grund in dem Wesen der Ehe, es ist bei dem vertragsmäßigen Güterstande kein anderes als bei dem gesetzlichen. Wir haben es also mit diesem Grunde nicht zu thun. Wir haben uns lediglich die Frage zu stellen: Ist der besondere Umstand, daß für eine Ehe der Güterstand vertragsmäßig festgestellt ist, ein Grund, von der Ueberleitung abzusehen? Die Mehrheit der ersten Kommission scheint allerdings von dieser Anschauung ausgegangen zu sein. Das ist interessant, aber nicht entscheidend. Die Anschauungen der Mitglieder der ersten Kommission sind bekanntlich von den Mitgliedern der zweiten Kommission nicht immer getheilt worden und können zur Feststellung der Ansicht des Gesetzgebers nur mit Vorsicht benutzt werden. Für den Artikel 218 des Einführungsgesetzes kann die Anschauung der ersten Kommission höchstens die Bedeutung einer Erwartung haben, der die Kommission Ausdruck gegeben hat. Der Wortlaut, der allein entscheidet, ermöglicht die Ueberleitung der vertragsmäßigen Güterstände. Die Reichsgesetzgebung hat in dieser Beziehung der Landesgesetzgebung freie Hand gelassen, die Ansicht der ersten Kommisson kann nur insoweit Beachtung beanspruchen, als ihre Gründe als zutreffend anzuerkennen sind. Wir müßten freilich von der Ueberleitung absehen, wenn es ein allgemeingiltiger Gesetzgebungsgrundsatz wäre, daß der Vertrag für den Gesetzgeber unnahbar ist. Dieser Satz ist aber nicht richtig. Dieser Satz ist meines Wissens noch niemals in seinem vollen Umfange anerkannt worden. Kein Gesetzgeber hat sich derartige Schranken setzen lassen. Der Vertrag ist für den Gesetzgeber nicht weniger nahbar als die bestehenden Rechte und Rechtsverhältnisse überhaupt. Es ist aus begreiflichen Gründen ein Grundsatz der Gesetzgebungspolitik, vorsichtig zu sein bei dem Eingreifen in bestehende Rechte, bei der Umgestaltung von Rechten, die für die Betheiligten gerade in der Gestalt, die sie durch das bestehende Recht erhalten haben, von besonderem Werthe sein können. Aber wo es nothwendig ist, wo Zweckmäßigkeitsrücksichten oder Rücksichten einer höheren Gerechtigkeit für eine Umgestaltung sprechen, hat sich die Gesetzgebung niemals durch ein solches Dogma hindern lassen, ihre Absicht durchzuführen, ihrer Aufgabe gerecht zu werden.

Sehen wir auf die Ueberleitungsvorschriften, die mit dem Bürgerlichen Gesetzbuche zusammenhängen, so finden wir, daß weder das Einführungsgesetz des Reichs diesen Grundsatz ohne Weiteres befolgt hat, noch unsere von den beiden Ausschüssen, theilweise auch schon von der Kammer der Abgeordneten genehmigten Entwürfe.

Ich muß darauf verzichten, eine vollständige Uebersicht aller dieser Ueberleitungsvorschriften zu geben, erlaube mir aber doch einige von den Rechtsverhältnissen anzuführen, die durch Vertrag geschaffen sind und gleichwohl aus Zweckmäßigkeitsgründen einer Aenderung unterworfen werden. Das ist z. B. geschehen durch das Einführungsgesetz und durch unsere Uebergangsvorschriften für Mieth-, Pacht- und Dienstverhältnisse. Insbesondere tritt der wichtige Satz: „Kauf bricht nicht Miethe" für die bestehenden Miethverhältnisse am 1. Januar 1900 sofort in Kraft. Es ist ferner geschehen für die nicht rechtsfähigen Vereine, die Gesellschaften des neuen Rechts werden sollen, für Erbbaurechte, Grunddienstbarkeiten, Ewiggelder und Hypotheken, also für Millionen von bestehenden Rechtsverhältnissen, die zum größten Theil auf Vertrag beruhen. Es ist geschehen, weil man es für nothwendig erachtet hat.

Es ist auch geschehen für ein vertragsmäßiges Verhältnis des Familienrechts, für die Annahme an Kindesstatt. Der Inhalt der aus der Annahme an Kindesstatt für den Annehmenden entstandenen Rechte und Pflichten ehelicher Eltern bestimmt sich in Zukunft nach dem neuen Recht. Infolgedessen ist der Annehmende vom 1. Januar 1900 an der im Bürgerlichen Gesetzbuche bestimmten Aufsicht des Vormundschaftsgerichts unterworfen und er verliert mit diesem Zeitpunkt die Nutznießung des Vermögens des Angenommenen, wenn dieser volljährig ist.

Wenn der Gesetzgeber wohl daran gethan hat, bei diesen Rechtsverhältnissen in den Vertragswillen einzugreifen, so ist schwer einzusehen, daß er z. B. für die Ehefrauen, die in der vertragsmäßigen allgemeinen Gütergemeinschaft des Bayerischen Landrechts leben, die Beschränkung der Geschäftsfähigkeit aufrecht erhalten muß, während er den im gesetzlichen Güterstande des Bayerischen Landrechts lebenden Ehefrauen die unbeschränkte Geschäftsfreiheit gewährt; es ist schwer einzusehen, daß es für einen theilweise durch Vertrag geregelten Güterstand bei den Vorschriften verbleiben muß, nach welchen die Frau für gewisse Gesammtgutsverbindlichkeiten, der Mann für Deliktsschulden der Frau auch nach der Beendigung der Gütergemeinschaft unbeschränkt haftet, während diese Haftung für die kraft Gesetzes in demselben Güterstande lebenden Ehegatten wegfällt; es ist schwer einzusehen, daß es ein unbilliger Eingriff in die Rechte der Ehegatten sein soll, wenn die gesetzliche Unterhaltspflicht von der Zeit an, von der an sie sich nach dem § 1604 des Bürgerlichen Gesetzbuchs so bestimmt, wie wenn das Gesammtgut dem verpflichteten Ehegatten allein gehörte, als Gesammtgutsverbindlichkeit behandelt wird, während sie bisher Sonderschuld gewesen ist. Ich glaube nicht, daß man darin einen willkürlichen Eingriff in Vertragsrechte finden kann.

Was die Gesetzgebung anbelangt, so sind die Ansichten der verschiedenen Zeiten verschieden. Für uns wird weniger von Interesse sein, was man vor Menschenaltern gethan hat, als was die Mitlebenden thun. In den anderen deutschen Staaten, welche eine Ueberleitung des ehelichen Güterrechts unternehmen, wird dieser Unterschied nicht gemacht. Ihre Entwürfe machen nicht Halt vor einem vertragsmäßigen Güterstand, sie unterwerfen die Güterstände, mit deren Ueberleitung sie sich befassen, ihren Vorschriften, ohne zwischen dem Falle, daß der Güterstand kraft Gesetzes gilt, und dem Falle, daß er durch Ehevertrag eingeführt oder theilweise geändert ist, zu unterscheiden. Da lediglich Fragen der Gerechtigkeit und Zweckmäßigkeit maßgebend sind, so kann man auch nicht aus dem Umstande, daß die Staatsregierung bei den vertragsmäßigen Zinsen die Minderung abgelehnt hat, die sie für die gesetzlichen Zinsen selbst vorgeschlagen hat, folgern, daß der vertragsmäßige Güterstand von der Ueberleitung ausgeschlossen werden muß. Handelte es sich um eine wichtige, eine für den Verkehr nothwendige Verbesserung, so würden die vertragsmäßigen Gläubigerrechte bei den Zinsen ebensowenig ein Hindernis gebildet haben, wie sie z. B. bei den Hypotheken ein Hindernis gebildet haben. Nicht der Umstand, daß es Vertragsrechte der Gläubiger sind, ist entscheidend, sondern die Werthung des Vortheils, der durch die Anwendung des neuen Rechtes zu erlangen sein würde. Wegen Kleinigkeiten macht man keine solchen Vorschriften, sondern man ändert die bestehenden Rechte nur, wenn wichtige Gründe die Aenderung rechtfertigen. Ich glaube mit dem Herrn Referenten, daß es ein innerer Widerspruch sein würde, wenn die im Leben allein vorkommenden Eheverträge, das sind diejenigen, die auf ein gesetzliches Güterrecht Bezug nehmen — solche, in denen ein Phantasie-Güterrecht konstruiert wird, kommen nicht vor und mögen, wenn sie jetzt gelten sollten, was ich nicht glaube, unberührt bleiben — der Ueberleitung nicht unterworfen werden würden, während das Güterrecht, das lediglich kraft Gesetzes gilt, mit dem neuen Rechte in Einklang gebracht wird. Ich bin mit dem Herrn Referenten darin einverstanden, daß es sich, soweit der Vertrag auf die Vorschriften des Gesetzes Bezug nimmt, nicht um Vertragsbestimmungen, sondern um gesetzliche Vorschriften handelt. Die gesetzlichen Vorschriften, auf die die Ehegatten Bezug genommen haben, sind dispositives Recht für den Ehevertrag; er ist auf der Grundlage der gesetzlichen Vorschriften aufgebaut und bedarf der Ergänzung durch sie. Das Verhältniß zwischen den Vertragsbestimmungen und den gesetzlichen Vorschriften tritt klar in die Erscheinung bei denjenigen Güterständen, welche vom Standpunkte des Rechtes, welches sie geregelt hat, überhaupt nicht der gesetzliche Güterstand sind, sondern nur für den Fall geregelt sind, daß die Ehegatten sie durch Vertrag wählen. Dies gilt z. B. von der Gütergemeinschaft des Bayerischen Landrechts; sie gilt nirgends als gesetzlicher Güterstand, ist aber im Bayerischen Landrecht für den Fall vertragsmäßiger Festsetzung geregelt.

In gleicher Weise können auch Vorschriften, welche in einem andern Rechtsgebiet als gesetzlicher Güterstand gelten, für einen Vertrag als dispositive Vorschriften benützt werden. Soweit die Berufung auf ein solches Statutarrecht überhaupt zulässig ist, ist das Statutarrecht vom Standpunkte des Rechtes aus, dem die Ehegatten unterworfen sind, als dispositives Recht anzusehen. Wenn es sich um die Zulässigkeit der Revision handelt, wird kein Zweifel darüber bestehen, daß die Verletzung des gewählten Statutarrechts, sofern dieses revisibel ist, die Revision begründet, während wegen unrichtiger Auffassung von Vertragsbestimmungen die Revision nicht zulässig ist. Mit der Aenderung des dispositiven Rechtes thun wir bei den Eheverträgen nichts anderes, als was wir bei den gesetzlichen Güterständen thun.

Herr Reichsrath Dr. von Schmitt hat auf die Möglichkeit hingewiesen, daß die Vertragsbestimmungen gerade mit Rücksicht auf die besondere Gestaltung des geltenden Rechtes gemacht sind, und das Bedenken erhoben, daß es in solchen Fällen zweifelhaft werde, wie es mit ihnen gehalten werden solle, wenn die gesetzliche Grundlage sich ändert und sie auf die neue Grundlage nicht mehr passen. Es ist Sache der Vertragschließenden, sie dem neuen Rechte anzupassen. Der Gesetzgeber setzt die Vertragsbestimmungen nicht außer Kraft, sie fallen möglicher Weise vermöge ihres eigenen Inhaltes weg; sie werden nicht vom Gesetzgeber aufgehoben, sondern sie werden gegenstandslos. Es wird Sache der Auslegung sein, in dem einzelnen Fall festzustellen, ob die Vertragsbestimmung noch anwendbar, vielleicht mit einer gewissen Einschränkung noch anwendbar ist oder ganz wegfällt. Das ist eine Aufgabe, die dem Richter in vielen Fällen gestellt ist; sie kommt nicht nur vor, wenn die Gesetze sich ändern, sondern auch wenn Thatsachen sich ändern, denen die Parteien nach dem Inhalt des Vertrags maßgebende Bedeutung beigelegt haben. Für den Gesetzgeber ist auch bei den vertragsmäßigen Güterständen nur die Schranke anzuerkennen, daß die Ueberleitung schonend vorgenommen werden muß. Die Ehegatten müssen im wesentlichen in dem bisherigen Güterstande fortleben, die Aenderungen müssen sich auf Nebensächliches beschränken, aber unnahbar werden die Vorschriften des bisherigen Rechts auch dadurch nicht, daß die Ehegatten in einem Ehevertrag auf sie Bezug genommen haben. Was wesentlich und was nicht wesentlich ist, das kann sich für den Gesetzgeber nur nach dem Durchschnitte der Fälle, nach der Erfahrung des Lebens bestimmen. Es mag sein, daß in dem einen oder anderen Falle die Ehegatten eine Vorschrift, die allgemein als nebensächlich angesehen wird, als für sie besonders wichtig betrachtet haben. Darauf kann aber bei dem vertragsmäßigen Güterstand ebensowenig Rücksicht genommen werden wie bei einem gesetzlichen. Es kann z. B. in einem Rechtsgebiet, in dem der Mann, wie es nach Bayreuther Recht der Fall ist, über die zum Gesammtgute gehörenden Grundstücke frei verfügen kann, dem Manne sehr gelegen erscheinen, daß er die gemeinschaftlichen Grundstücke verkaufen kann, ohne der Frau ein Wort zu sagen. Er muß sich aber die Beschränkung seines Verfügungsrechts gefallen lassen; die Ehegatten haben kein Recht, sich unbedingt darauf zu verlassen, daß jede Verbesserung der für ihr Güterrecht in Betracht kommenden gesetzlichen Vorschriften für sie ausgeschlossen ist, daß für sie das Güterrecht sozusagen versteinert ist. Von den Einzelheiten des ehelichen Güterrechts sind aber im allgemeinen nur die Vorschriften über die Rechtsverhältnisse, die sich bei der Beendigung des Güterstandes, insbesondere bei dem Tode des einen Ehegatten ergeben, von wesentlicher Bedeutung. Diese Vorschriften bestimmen die wirthschaftliche Stellung des Ueberlebenden. Man wählt einen bestimmten Güterstand oder beläßt es bei dem gesetzlichen Güterstande hauptsächlich mit Rücksicht auf die Stellung, welche der überlebende Ehegatte nach diesem Güterstand hat. Gerade die hierauf bezüglichen Vorschriften werden aber von dem Entwurf aufrecht erhalten, in die Rechte, welche dem überlebenden Ehegatten nach den bisherigen Vorschriften zustehen, greift der Entwurf nicht ein.

Wollten wir für die Ehen, deren Güterstand theilweise durch Vertrag bestimmt ist, die bisherigen Vorschriften unbeschränkt aufrecht erhalten, während das Güterrecht der Ehen, für welche lediglich der gesetzliche Güterstand maßgebend ist, übergeleitet wird, so würden wir zu einer Verwirrung Anlaß geben, die es nahe legen müßte, auf die Ueberleitung lieber ganz zu verzichten. Es ist allerdings richtig, was der Herr Reichsrath gesagt hat, daß es immer nur die Minderzahl der Ehen ist, für die Eheverträge geschlossen werden, allein der Prozentsatz ist mitunter recht groß, im Gebiete des Bayerischen Landrechts z. B. machen die Ehen mit Ehevertrag mehr als ein Drittel aller Ehen aus. Das hängt damit zusammen, daß das Bayerische Landrecht den überlebenden Ehegatten nicht sicherstellt; die Eheverträge bezwecken vorzugsweise, diesem Mangel abzuhelfen. Aehnlich verhält es sich in der Pfalz. Dort herrscht in den Familien, welche Vermögen besitzen, die Uebung, durch Ehevertrag statt der gesetzlichen Fahrnißgemeinschaft Errungenschaftsgemeinschaft zu bestimmen. Eine verschiedene Behandlung der Ehen mit vertragsmäßigen Festsetzungen und der Ehen mit gesetzlichem Güterstande würde von dem Volke nicht verstanden werden, während die schonende Ueberleitung, die der Entwurf vorschlägt, bei den Ehen mit Ehevertrag sich ebenso ohne besondere Störung vollziehen wird wie bei den Ehen, für die lediglich das gesetzliche Güterrecht maßgebend ist. Ich glaube also den hohen Herren dringend empfehlen zu sollen, daß sie die von dem Entwurfe vorgeschlagene schonende Ueberleitung vornehmen wollen.

Reichsrath Dr. **von Schmitt:** Das Einführungsgesetz sagt ja allerdings, daß wir überleiten können, aber bemerken Sie wohl, es sagt „können“, nicht „sollen“. Was den Vertrag insbesondere betrifft, so gibt der Gesetzgeber mit der Vertragsfreiheit zugleich die Garantie, er werde, was vertraglich gemacht ist, respektieren. Das Gesetz gibt eben nur da eine Vertragsfreiheit, wo das allgemeine Wohl und das allgemeine Interesse eine solche zuläßt. Hat der Gesetzgeber aber individuelle Vertragsfreiheit gegeben, so sollte er sein Wort halten, sonst ist das Vertrauen der Betheiligten getäuscht. Wenn ferner in der That es recht viele Eheverträge gibt, so erweitert sich der Eingriff, den ein Ueberleitungsgesetz sich erlaubt, in dem Maße, in dem es Eheverträge gibt. Den Strom kann ich freilich nicht aufhalten, aber ich lege Gewicht darauf, daß auch die Gesichtspunkte, die gegen eine Ueberleitung der vertraglichen Güterstände sprechen, hier erwogen sind, mag die Anregung auch nur von einer einzelnen Stimme ausgegangen sein. Es wird immerhin von Belang sein, sich später zu erinnern, daß nicht ohne jeden Widerspruch ein so bedeutender Schritt geschehen ist, wie ihn die Ueberleitung der vertraglichen Güterstände bezeichnet.

Vorsitzender: Meine Anschauung ist, daß wir wünschen müssen, daß die Segnungen des Bürgerlichen Gesetzbuchs in Bayern allen Betheiligten zum Nutzen gereichen werden. Es ist ein reformatorisches Werk, welches durch die deutsche Gesetzgebung erfolgen wird, und ein solches Werk kann man nicht durchführen, wenn man nicht eine Art von Gewaltakt anwendet. Es ist zuzugeben, daß jeder Eingriff in die Vertragsfreiheit eine Art Gewaltthat ist. Die Gesetzgebung besitzt jedoch das Recht, solche Gewaltthaten zu üben, und es ist meines Erachtens nur die Frage zu stellen, ob hier Veranlassung gegeben ist, von diesem Rechte Gebrauch zu machen. Aus den Ausführungen sowohl des Herrn Referenten wie des Herrn Regierungskommissärs glaube ich für mich hinreichende Gründe entnehmen zu können, daß es auch in diesem Falle gerechtfertigt ist, so vorzugehen, wie vorgegangen worden ist, und ich werde deshalb für den Gesetzentwurf stimmen.

Wenn keiner der Hohen Herren das Wort ergreift, so schließe ich die allgemeine Diskussion und ertheile dem Herrn Referenten das Schlußwort.

Reichsrath Dr. **von Bechmann** als Referent: Ich verzichte.

Vorsitzender: Wir können nun in die Spezialdiskussion eintreten und ich rufe zuerst auf

I. Güterrechte der Landestheile rechts des Rheins.

1. Allgemeine Gütergemeinschaft.

Das Wort hat der Herr Referent!

Reichsrath Dr. **von Bechmann** als Referent: Darf ich mir vielleicht erlauben, gleich die Artikel 1 mit 4 zusammen zu fassen?

Vorsitzender: Ich habe geglaubt, daß ich nach Abschnitten die Diskussion einleiten soll und stelle es demnach dem Herrn Referenten frei, zu erklären, über welche Artikel überhaupt eine Diskussion herbeizuführen er eine Veranlassung hat.

Artikel 1—4.

Reichsrath Dr. **von Bechmann** als Referent: Ich werde demnach Artikel 1 bis 4 zusammenfassen.

Artikel 1 leitet die im diesseitigen Bayern bestehenden Güterstände der allgemeinen Gütergemeinschaft in die Gütergemeinschaft nach dem Bürgerlichen Gesetzbuch über. Worin der Inhalt der allgemeinen Gütergemeinschaft nach dem Bürgerlichen Gesetzbuch besteht, dies hier weiter auszuführen, wird wohl keine Veranlassung sein, ich darf das im allgemeinen als bekannt voraussetzen und beziehe mich im übrigen auf das, was ich vorhin gesagt habe. Es sind nur einige wenige Ausnahmen und Vorbehalte dieser allgemeinen Regel gegenüber erforderlich und diese sind getroffen in den folgenden Artikeln. Nach gewissen Rechten tritt die Gütergemeinschaft nicht sofort, sondern erst infolge der stattgehabten ehelichen Beiwohnung ein. Diese Beschränkung kommt mit Recht in Wegfall. Es würde sich nur um die Ehen handeln, die vor dem 1. Januar geschlossen sind, bei denen aber die consummatio noch nicht eingetreten ist. Nun hat überhaupt die consummatio matrimonii alle Bedeutung verloren außer für das katholische Ehescheidungsrecht, und es führt das auch zu unangenehmen Erörterungen, wenn die Einrede erhoben würde. Hiegegen ist also nichts zu erinnern. Ebensowenig ist zu erinnern gegen die Beseitigung der Probefrist des Hohenloher Rechts. Daher stimme ich dem Artikel 1 zu.

Anders verhält es sich dagegen mit anderen Vorbehalten, von denen Artikel 2 und 3 handeln. Nach dem Bayreuther Recht nämlich kann jeder Ehegatte innerhalb einer Frist von 3 Monaten die Gütergemeinschaft wieder aufheben, diese Bestimmung soll beibehalten werden; das ist ganz nothwendig; denn es handelt sich hier um eine Sicherung der beiden Ehegatten gegen eine mögliche Benachtheiligung, auf welche Sicherung sie bei Eingehung der Ehe gerechnet haben. Nach Artikel 3 kann nach den bisherigen Vorschriften ein Ehegatte auf Aufhebung der Gütergemeinschaft mit der Wirkung klagen, daß das Gesammtgut für diese Verbindlichkeiten nicht haftet, auch diese Bestimmung bleibt aus gleichem Grunde bestehen. Ich beantrage die Zustimmung zu Artikel 1 mit 3.

Vorsitzender: Besteht eine Erinnerung? Das ist nicht der Fall. Dann gelten die Artikel 1—3 für angenommen.

Reichsrath Dr. **von Bechmann** als Referent: Artikel 4 hat besondere Bestimmungen treffen müssen für die Rechte von Würzburg, Castell und Schweinfurt. Nach diesen Rechten besteht das Eigenthümliche, daß auch der Erwerb der Abkömmlinge in die Gütergemeinschaft fällt, und können dieselben die Erstattung des Werthes verlangen bis zum Betrage von zwei Drittel des Werthes des Gesammtgutes. Dieses Recht muß ihnen gewahrt bleiben und darauf bezieht sich Artikel 4, über den ich nichts weiter zu sagen habe.

Vorsitzender: Besteht eine Erinnerung? Das ist nicht der Fall.
Artikel 4 ist angenommen.

Artikel 5.

Reichsrath Dr. **von Bechmann** als Referent: Von Artikel 5 an kommen die Bestimmungen über die Nachwirkungen der Gütergemeinschaft und zwar enthält zunächst Artikel 5 eine Ausnahme von dem Prinzipe des Bürgerlichen Gesetzbuchs, daß das Gesammtgut getheilt wird nach gleichen Theilen, sei es zwischen den beiden Ehegatten, sei es zwischen dem überlebenden und den Verwandten des andern Theils. Nach dem Hohenloher Recht wird getheilt zu zwei Drittel und ein Drittel und dabei hat es auch zu verbleiben. Dagegen ist nichts zu erinnern.

Vorsitzender: Von Seite des Hohen Ausschusses besteht ebenfalls keine Erinnerung. Artikel 5 ist angenommen.

Artikel 6 und 7.

Reichsrath Dr. **von Bechmann** als Referent: Im Uebrigen sind jetzt zu unterscheiden die Wirkungen, welche eintreten nach beendigter Gütergemeinschaft bei unbeerbter und bei beerbter Ehe. Ich muß mir da zunächst erlauben, kurz den Standpunkt des Bürgerlichen Gesetzbuchs vorzutragen.

Ist die Ehe eine unbeerbte, — es sind also keine gemeinschaftlichen Abkömmlinge vorhanden —, so wird zwischen dem überlebenden Ehegatten getheilt einerseits und den erbberechtigten Verwandten des anderen Ehegatten andrerseits. Dieser Theil ist mit Einschluß des Vorbehaltsguts Nachlaß des Verstorbenen, und der überlebende Ehegatte erhält davon seine gesetzliche Erbportion, bald die Hälfte, bald ein Viertel, über die Großeltern hinaus schließt er die übrigen Verwandten ganz aus; wenn neben Großeltern Abkömmlinge von Großeltern vorhanden sind, so schließt er die letzteren ebenfalls aus und es fällt der Antheil derselben auf ihn.

Dagegen ist das Verhältnis der Partikularrechte ein außerordentlich verschiedenes und mannigfaltiges. Es ist nun in Artikel 6 und 7 die Ueberleitung erfolgt und zwar unter Anwendung des Prinzipes, das ich vorhin mir auszuführen erlaubt habe, daß das neue Recht Anwendung findet, wenn der überlebende Ehegatte besser gestellt ist, dagegen das alte Recht, wenn er nach diesem besser gestellt ist, und daß er die Wahl hat, wenn es in dem konkreten Falle darauf ankommt, welches Recht das bessere ist. Artikel 6 ist durch den Ausschuß der zweiten Kammer theilweise abgeändert worden mit Zustimmung der k. Staatsregierung. Die Abänderung ist, so viel ich zu beurtheilen vermag, eine untergeordnete. Da mir aber das Material nicht vollständig zu Gebote steht, wird vielleicht der Herr Senatspräsident die Güte haben, das Weitere mitzutheilen.

Vorsitzender: Die Aenderung ist im Abs. 1 lediglich eine redaktionelle. Es ist gesetzt statt „§ 1506 bis 1508": „§ 1507, 1508". Die hohen Herren werden damit einverstanden sein.

Dagegen hat Abs. 2 eine andere Fassung erhalten, und zwar auf Veranlassung der k. Staatsregierung selbst. Die Motive sind mir allerdings auch nicht bekannt.

Der k. Ministerialkommissär, Senatspräsident Dr. **von Jacubezky:** Wir sind unter Vorlage einer neueren Schrift von Langheinrich über die Gütergemeinschaft nach Bayreuther Recht aufmerksam gemacht worden, daß nicht bloß bei beerbter Ehe, die im Artikel 8 berücksichtigt ist, sondern auch bei unbeerbter Ehe die Errungenschaft dem Manne gehört, sofern nicht das ganze Gesammtgut dem überlebenden Ehegatten zufällt. Nach dem Bayreuther Rechte kommen zwei Fälle in Betracht, das Zusammentreffen des überlebenden Ehegatten mit Ascendenten des verstorbenen und der Fall, daß der zuerst verstorbene Ehegatte von seinem Rechte, letztwillig abweichende Verfügungen zu treffen, Gebrauch gemacht hat. In diesen Fällen tritt ebenso wie bei beerbter Ehe die Trennung in die ursprünglichen Bestandtheile mit der Wirkung ein, daß die Errungenschaft, d. h. dasjenige, was bei der Trennung sich als Errungenschaft ergiebt, dem Manne, bezw. zum Nachlasse des Mannes gehört. Der erste Fall kann nach dem Entwurfe nicht mehr vorkommen. Für den zweiten ist in den Artikel 6 Abs. 2 dieselbe Vorschrift aufgenommen worden, die im Artikel 8 für das Bayreuther Recht getroffen ist. Der Fall, für welchen nach Artikel 8 wieder eine Abweichung gilt, daß nämlich die Frau mit Hinterlassung eines Abkömmlings aus einer früheren Ehe gestorben ist, kann hier nicht vorkommen, weil Artikel 6 voraussetzt, daß nicht nur aus der jetzt aufgelösten Ehe, sondern überhaupt kein Abkömmling des verstorbenen Ehegatten vorhanden ist.

Vorsitzender: Die Hohen Herren werden auf die Verlesung der Fassung, wie sie aus der Berathung im Ausschusse der Kammer der Abgeordneten zu

Artikel 6 Abs. 2 hervorgegangen ist, verzichten und ich nehme an, daß Artikel 6 mit beiden Modifikationen von dem Hohen Ausschusse gebilligt wird; ebenso Artikel 7, gegen den der Herr Referent eine Erinnerung auch nicht zu machen hat.

Artikel 8 bis 10.

Reichsrath Dr. **von Bechmann** als Referent: Die Artikel 8 bis 11 handeln von dem anderen Falle, nämlich von dem, daß die Ehe eine beerbte ist. Für diesen Fall hat das Bürgerliche Gesetzbuch festgehalten an der Einrichtung der fortgesetzten Gütergemeinschaft, die aber durch Ehevertrag ausgeschlossen werden kann. Diese Gütergemeinschaft ist insoferne eigenthümlich konstruiert, als sie halb erbrechtlich ist und halb güterrechtlich. Es gehört nämlich die auf den Theil des verstorbenen Ehegatten fallende Hälfte nicht zu seinem Nachlaß, und es treten daher auch in die Gütergemeinschaft nicht seine Erben ein, sondern seine Abkömmlinge als solche. Wenn der Abkömmling stirbt, so treten an seine Stelle nicht seine Erben, sondern es rücken ein die Nachkömmlinge, die, wenn er bereits vorher gestorben gewesen wäre, in die Gütergemeinschaft eingetreten wären.

Anderseits kommen doch auch erbrechtliche Gesichtspunkte in Betracht, insoferne eine Ausschließung von der Theilnahme an der Gütergemeinschaft nach erbrechtlichen Grundsätzen zulässig ist.

Im Uebrigen hat bei der fortgesetzten Gütergemeinschaft der überlebende Ehegatte die Stellung des Mannes und die anderen Partizipanten haben die Stellung der Frau während der Ehe. Die Partikularrechte sind in dieser Beziehung ganz außerordentlich mannigfaltig nicht nur im Einzelnen. Was man in Partikularrechten „fortgesetzte Gütergemeinschaft" nennt, das zerfällt selbst wieder in verschiedene Arten. Wir haben nämlich einmal diejenige Gütergemeinschaft, die wirklich eine fortgesetzte ist, die im Wesentlichen auf derselben Grundlage beruht, wie diejenige des Bürgerlichen Gesetzbuches; — und hier ist die Ueberleitung sehr einfach —, dann giebt es aber auch eine ganz andere, die das eigentlich nicht ist, nämlich die des Nürnberger Rechts und anderer Rechte, wo beim Tode des einen Ehegatten abgetheilt wird, allerdings nur auf dem Papier, dann aber der überlebende Ehegatte den Beisitz hat an der Hälfte, die auf den anderen Theil fällt. Wir haben dann endlich noch ein drittes System, wonach das ganze Gesammtgut an den überlebenden Ehegatten fällt, aber so, daß die Abkömmlinge ein festes, unentziehbares Erbrecht an dessen Nachlasse haben.

Das sind die drei Systeme, die hier in Betracht kommen und auf diese bezieht sich die Ueberleitung der Artikel 8, 9 und 10.

Ich habe auch dazu nichts zu erinnern. Auch in dem Ausschusse der Kammer der Abgeordneten sind diese Artikel unverändert angenommen worden. Ich müßte einfach, da es unmöglich ist, die Einzelheiten im Kopfe zu behalten, die Begründung der k. Staatsregierung vorlesen, wenn ich darüber etwas Weiteres vorbringen sollte.

Vorsitzender: Von Seite des Hohen Ausschusses besteht keine Erinnerung gegen Artikel 8 und 10; sie gelten als genehmigt.

Artikel 11.

Reichsrath Dr. **von Bechmann** als Referent: Artikel 11 bezieht sich speziell auf diejenigen Güterrechte, welchen das System der „Einkindschaft" bekannt ist; das sind unterfränkische und theilweise oberfränkische Güterrechte: die Rechte von Würzburg, Castell, Schweinfurt, Bamberg und Fulda. Die Einkindschaft selbst ist dem Bürgerlichen Gesetzbuch völlig unbekannt. Die Ueberleitung hat keine Schwierigkeit, wenn die eingekindschafteten Kinder als gemeinschaftliche Kinder betrachtet werden. Es tritt auch künftig keine communio prorogata von Rechtswegen ein, wenn das nach bisherigem Rechte nicht geschah.

Ich habe nichts zu erinnern.

Vorsitzender: Besteht eine Erinnerung? Es ist das nicht der Fall; dann gilt auch Artikel 11 als angenommen.

Artikel 12.

Reichsrath Dr. **von Bechmann** als Referent: Artikel 12 enthält nur eine Konsequenz des Satzes, daß die Ueberleitung keine rückwirkende Kraft hat. Es ist nämlich bestimmt, daß, wenn zur Zeit des Bürgerlichen Gesetzbuches die Gütergemeinschaft aufgehoben ist oder fortgesetzte Gütergemeinschaft eingetreten ist, die bisherigen Vorschriften maßgebend bleiben.

Dagegen ist nichts zu erinnern.

Vorsitzender: Dann gilt Artikel 12 als genehmigt.

Artikel 13.

Reichsrath Dr. **von Bechmann** als Referent: Artikel 13 enthält eine nothwendige Uebergangsbestimmung in Beziehung auf einige Statutarrechte, bei welchen auch noch nachträglich infolge der Auseinandersetzung nach Wiederverheirathung Einkindschaft eintreten kann. Das ist ein etwas kompliziertes Verhältniß. Da nun das Bürgerliche Gesetzbuch die Einkindschaft nicht kennt, kann das nicht wohl bestehen bleiben. Daher ist Bestimmung getroffen, daß, wenn die Wiederverheirathung vor dem Inkrafttreten des Bürgerlichen Gesetzbuchs erfolgt, zur Zeit des Inkrafttretens des Bürgerlichen Gesetzbuchs aber noch nicht Einkindschaft eingetreten ist, Einkindschaft nicht mehr stattfindet. Ich habe auch dagegen nichts zu erinnern.

Es sind diese Bestimmungen auch im Ausschusse der zweiten Kammer nicht beanstandet worden.

Vorsitzender: Wenn keine Erinnerung besteht, so gilt der Artikel 13 für genehmigt. Wir kommen nun zu

2. Errungenschaftsgemeinschaft.

Artikel 14 ff.

Reichsrath Dr. **von Bechmann** als Referent: Wir kommen nun zur Errungenschaftsgemeinschaft, von welcher die Artikel 14—27 handeln. Die Errungenschaft des bürgerlichen Rechtes ist zum Theil, was den Zustand während bestehender Ehe anlangt, wesentlich gleich mit der Errungenschaft, die schon bisher nach Partikularrechten bestanden hat. Es gibt aber nach Partikularrechten auch ein Gütersystem der Errungenschaft, das sich so nennt, das aber nicht übergeleitet werden kann, weil nämlich diese Art der Errungenschaftsgemeinschaft, wie z. B. nach Nürnberger Recht, während der bestehenden Ehe kein Gesammtgut kennt. Dieselbe besteht darin, daß erst bei beendigter Ehe ermittelt wird, was gewonnen worden ist, der Zugewinnst, und erst dieser bildet die Errungenschaft, die getheilt wird, während das Bürgerliche Gesetzbuch auf dem Standpunkt steht, daß schon während der Ehe drei oder vier Massen vorhanden sind, die beiden eingebrachten Güter, das errungene Gut, und bei der Frau kann noch das Vorbehaltsgut vorkommen. Die Artikel 14—20 handeln von den Güterständen, die ebenfalls schon während der Ehe ein Gesammtgut kennen, und in Artikel 21 ist von dem Zugewinnste die Rede, von denjenigen Gütersystemen, welche ein Gesammtgut während der Ehe nicht kennen. Zunächst ist zu bemerken, daß die Fälle, in welchen die Errungenschaftsgemeinschaft erst später eintritt, analog den Fällen behandelt sind, wo die Gütergemeinschaft erst später eintritt. Die Hauptschwierigkeit ist nur die Ueberleitung nach beendigter Ehe, also im Falle des Todes. Hier besteht ein prinzipieller Gegensatz zwischen dem neuen Recht und den meisten bisherigen Statutarrechten. Das Bürgerliche Gesetzbuch kennt eine Fortwirkung der Errungenschaftsgemeinschaft überhaupt nicht über die Ehe hinaus, sondern es wird einfach abgetheilt und im Falle des Todes ist die eine Hälfte der Errungenschaft Nachlaß zusammen mit dem eingebrachten Gute und dem Vorbehaltsgute, daran nimmt der überlebende Ehegatte Theil nach Maßgabe des gesetzlichen Erbrechtes, und es kann fortgesetzte Errungenschaft auch nicht durch Ehevertrag eingeführt werden. Die Partikularrechte knüpfen dagegen auch an die Errungenschaftsgemeinschaft im Falle der Auflösung der Ehe durch den Tod mannigfaltige Wirkungen. In dieser Beziehung ist also eine Ueberleitung nothwendig gewesen und diese ist enthalten in Artikel 15—20. Ich glaube es genügt, wenn ich die Sache andeute.

Vorsitzender: Ich erlaube mir zu bemerken, daß zu Artikel 15 auf Antrag der k. Staatsregierung im Ausschuß der Kammer der Abgeordneten eine neue Fassung beschlossen worden ist. Der Herr Referent wird gegen diese neue Fassung eine Erinnerung nicht zu erheben haben.

Reichsrath Dr. **von Bechmann** als Referent: Ich habe vorläufig nichts dagegen zu erinnern; aber eine nähere Begründung wäre doch sehr wünschenswerth.

Der k. Ministerialkommissär, Senatspräsident Dr. **von Jacubezky:** Der Artikel 15 berücksichtigt eine Besonderheit der Rechte von Würzburg, Castell und Schweinfurt. Nach diesen Rechten ist die Errungenschaftsgemeinschaft der gesetzliche Güterstand nur solange, als Abkömmlinge aus der Ehe nicht vorhanden sind, sie verwandelt sich mit der Geburt eines Kindes in die allgemeine Gütergemeinschaft. Man kann deswegen die Errungenschaftsgemeinschaft dieser Rechte nicht schlechthin in die Errungenschaftsgemeinschaft des Bürgerlichen Gesetzbuchs umwandeln, weil diese bei der Geburt eines Kindes in der Ehe bestehen bleibt und nicht zur allgemeinen Gütergemeinschaft wird. Die Ehegatten, die unter diesen Rechten die Ehe eingegangen und einen Vertrag nicht geschlossen haben, rechnen damit, daß die allgemeine Gütergemeinschaft eintritt, die thatsächlich der regelmäßige Güterstand dieser Rechte ist, und deswegen muß man diese Besonderheit aufrecht erhalten. Bei der allgemeinen Gütergemeinschaft steht nach dem Rechte von Castell dem einen Ehegatten das Recht auf Wiedereinsetzung gegen den Eintritt der allgemeinen Gütergemeinschaft zu, wenn der andere Theil mehr Schulden in die Gemeinschaft mitgebracht hat als Vermögen, wenn er mit überwiegenden Passiven eingetreten ist. Dieses Recht muß aus demselben Grunde aufrecht erhalten werden, aus dem es im Artikel 3 für die zur Zeit des Inkrafttretens des Bürgerlichen Gesetzbuchs bestehende allgemeine Gütergemeinschaft gewahrt wird.

Im Abs. 2 des Artikel 15 ist bestimmt, daß für die Frage, inwieweit das Vermögen der Frau Vorbehaltsgut und die Verbindlichkeiten der Ehegatten Gesammtgutsverbindlichkeiten werden, die bisherigen Vorschriften über die allgemeine Gütergemeinschaft maßgebend sind. Das bezieht sich hauptsächlich auf die vor dem Eintritte der allgemeinen Gütergemeinschaft entstandenen Schulden, für die nach dem Würzburger Rechte das Gesammtgut nur subsidiär haftet und wegen deren nach dem Casteller Rechte, wie ich soeben dargelegt habe, die Wiedereinsetzung stattfindet. Dabei ergiebt sich die Frage, wie ist es mit den Gesammtgutsverbindlichkeiten der Errungenschaftsgemeinschaft, die, als Gesammtgutsverbindlichkeiten der Errungenschaftsgemeinschaft des Bürgerlichen Gesetzbuchs, also seit dem 1. Januar 1900, entstanden sind? Um die Gläubiger dieser Verbindlichkeiten nicht einer Gefährdung ihrer Rechte auszusetzen, wird vorgeschlagen, diese Gesammtgutsverbindlichkeiten ohne Weiteres zu Gesammtgutsverbindlichkeiten der allgemeinen Gütergemeinschaft zu erklären. Eine Beeinträchtigung der Ehegatten kann daraus nicht entstehen, daß sie mindestens mit dem haften, was jetzt Gesammtgut ist. Aus dem Abs. 2 Satz 2 des Artikel 15 ist lediglich aus redaktionellen Gründen ein Abs. 3 gemacht worden.

Reichsrath Dr. **von Bechmann** als Referent: Ich habe nichts zu erinnern.

Vorsitzender: Ich darf wohl annehmen, daß die Artikel 14, 15, 16 die Genehmigung erlangt haben.

Zu Artikel 17 Abs. 1 ist vom Ausschuß der Kammer der Abgeordneten auch eine Einschaltung beschlossen worden, welche lautet:

Das Erbrecht ist im Falle des § 1933 des Bürgerlichen Gesetzbuchs ausgeschlossen.

Reichsrath Dr. **von Bechmann** als Referent: Artikel 17 hat durch den Ausschuß der Kammer der Abgeordneten eine Aenderung dahin erhalten, daß zwischen dem Satz 1 und dem Satz 2 folgender Satz eingeschaltet werden soll:

Das Erbrecht ist im Falle des § 1933 des Bürgerlichen Gesetzbuchs ausgeschlossen.

Nach diesem Paragraphen ist das Erbrecht des überlebenden Ehegatten ausgeschlossen, wenn ein Grund zur Ehescheidung besteht. Ich habe gegen den Artikel nichts einzuwenden.

Vorsitzender: Artikel 17 ist angenommen.

Artikel 18.

Reichsrath Dr. **von Bechmann** als Referent: Auch hier hat der Ausschuß der Kammer der Abgeordneten eine Aenderung vorgenommen:

1. Der Abs. 1 Satz 1 soll lauten:

   Besteht die Errungenschaftsgemeinschaft nach der Rettenbergischen Landesordnung oder nach dem Rechte von Regensburg, Rothenburg, Rothenfels, oder Coburg, so verbleibt es für den Fall, daß bei dem Tode des einen Ehegatten gemeinschaftliche Abkömmlinge vorhanden sind, in Ansehung der Rechte des überlebenden Ehegatten bei den bisherigen Vorschriften; das nach dem Rechte von Coburg dem überlebenden Ehegatten zustehende Recht, im Falle der Wiederverheirathung die Antheile der Abkömmlinge gegen Vorausbestellung zu übernehmen, fällt jedoch weg.

2. Als Abs. 4 soll folgende Vorschrift beigefügt werden.

   Das in Abs. 1 Satz 1 bezeichnete Recht, die Antheile der Abkömmlinge gegen Vorausbestellung zu übernehmen, steht dem überlebenden Ehegatten auch dann nicht zu, wenn der andere Ehegatte schon vor dem Inkrafttreten des Bürgerlichen Gesetzbuchs gestorben ist.

Ich habe nichts zu erinnern.

Der k. Ministerialkommissär, Senatspräsident Dr. **von Jacubezky:** Diese Zusätze sind durch den für Coburg-Gotha ausgearbeiteten Entwurf eines

Ausführungsgesetzes veranlaßt. Aus diesem Entwurf und seiner Begründung wurde entnommen, daß das Recht des überlebenden Ehegatten, im Falle der Wiederverheirathung die Antheile der Abkömmlinge gegen Vorausbestellung zu übernehmen, nach der Rechtsübung der Einkindschaft gleichsteht. Die Aufrechterhaltung dieses Rechtes würde zu einer gesetzlichen Einkindschaft führen, die wir beseitigen wollen und, soweit sie bei der allgemeinen Gütergemeinschaft vorkommt, im Artikel 13 ausschließen. Das Coburger Recht gilt in Bayern nur für wenige Häuser, die Zusätze zum Artikel 18 haben deshalb nur geringe Bedeutung.

Vorsitzender: Artikel 18 ist in der neuen Fassung angenommen.

Artikel 19.

Reichsrath Dr. **von Bechmann** als Referent: Ich habe keine Erinnerung.

Vorsitzender: Artikel 19 ist angenommen.

Artikel 19a und 20.

Reichsrath Dr. **von Bechmann** als Referent: In Artikel 19a wurde auf Antrag des Herrn Abgeordneten Wagner folgende Vorschrift eingestellt:

> Besteht die Errungenschaftsgemeinschaft nach dem Rechte von Memmingen, so bestimmt sich, wenn bei dem Tode des einen Ehegatten Abkömmlinge dieses Ehegatten vorhanden sind, der Erbtheil des überlebenden Ehegatten nach den bisherigen Vorschriften, soweit diese für den überlebenden Ehegatten günstiger sind.

Ich habe hiegegen nichts zu erinnern.

Der k. Ministerialkommissär, Senatspräsident Dr. **von Jacubezky:** Aus den uns zu Gebote stehenden Darstellungen und aus dem Texte der Memminger Gerichtsordnung ist nicht zu entnehmen, daß der überlebende Ehegatte, auch wenn Abkömmlinge des verstorbenen Ehegatten vorhanden sind, ein Erbrecht hat. Der Herr Abgeordnete Wagner, der seit langer Zeit Richter in Memmingen ist, hat aber versichert, daß ein gewohnheitsrechtlicher Rechtssatz dieses Inhalts im Gebiete des Memminger Rechtes gelte, und auf telegraphische Anfrage bei dem Landgerichtspräsidenten ist berichtet worden, daß diese Mittheilung richtig sei. Wenn ein solches Gewohnheitsrecht besteht, so wird es auch berücksichtigt werden müssen. Nach dem Artikel 19a bekommt also der überlebende Ehegatte einen Kopftheil und, wenn mehr als drei Kinder vorhanden sind, ein Viertheil des Nachlasses.

Vorsitzender: Ich konstatiere die Annahme der Artikel 19a und 20.

Artikel 21 und 22.

Reichsrath Dr. **von Bechmann** als Referent: Artikel 21 ff. handeln von dem System des Zugewinnstes. Dieses Zugewinnstsystem kann nicht ohne Weiteres in die Errungenschaftsgemeinschaft des Bürgerlichen Gesetzbuchs übergeleitet werden. Es giebt nun eine doppelte Möglichkeit, entweder man schafft vom Zeitpunkt der Ueberleitung an das Gesammtgut ab. Das wäre nicht undenkbar; man könnte sagen, von jetzt an wird der Zugewinnst als Errungenschaft im Sinne des Bürgerlichen Gesetzbuchs behandelt; allein praktisch ist das unausführbar, es würde voraussetzen, daß am 1. Januar 1900 alle in Betracht kommenden Ehen eine Bilanz aufstellen; damit wäre eine feste Basis geschaffen, aber man kann Niemand dazu zwingen. Der Entwurf hat daher mit Recht auf dieses Experiment verzichtet und es bleibt nichts Anderes übrig, als diesen Güterstand des Zugewinnstes überzuleiten in das gesetzliche Güterrecht des Bürgerlichen Gesetzbuchs, also in das System der Verwaltung und der Nutznießung des Ehemannes. Für die Verwaltung ist das schließlich das Nämliche; was aber die Nutznießung anbelangt, so muß hier eine Ausgleichung eintreten, sonst würde der Mann einen Vortheil haben, auf den er von vorneherein keinen Anspruch hat. Diese Ausgleichung besteht darin, daß, wenn die Verwaltung und Nutznießung des Mannes auf andere Weise als durch Ehevertrag beendigt wird, also durch Tod oder Aufhebung der Gemeinschaft auf Grund einer Klage oder Ehescheidung, die Ausgleichung des Ehegewinnstes verlangt werden kann.

Es sind die hier getroffenen Bestimmungen ganz zweckmäßig. Eine besondere Bestimmung des Bayerischen Landrechts greift noch ein für den Fall der Gefährdung des Vermögens der Frau, wofür der Frau eine Pflegschaft angeordnet wird. Eine solche Pflegschaft ist dem neuen Recht unbekannt und darum tritt hier die Gütertrennung nach den Vorschriften des Bürgerlichen Gesetzbuchs ein. Die Frau kann aber später auf Herstellung der Verwaltung und Nutznießung des Mannes klagen. Ich habe gegen alle diese Bestimmungen nichts zu erinnern.

Vorsitzender: Ich konstatiere die Annahme der Artikel 21 und 22.

Artikel 23 mit 27.

Reichsrath Dr. **von Bechmann** als Referent: In Artikel 23 Abs. 1 Satz 2 wurde vom Ausschuß der Kammer der Abgeordneten beschlossen, statt, „Artikel 17 Abs. 1 Satz 3“ zu setzen: „Artikel 17 Abs. 1 Satz 4.“

Die Artikel 23 bis 27 handeln von dem Prinzip, das ich schon vorgetragen habe und ich habe gegen diese Artikel keine Erinnerung.

Vorsitzender: Ich konstatiere bei Artikel 23 die Annahme der Aenderung des Ausschusses der Kammer der Abgeordneten.

Zu Artikel 26 Abs. 2 hat die Regierung soeben eine neue Fassung vorgeschlagen, sie soll lauten:

> Sind vereinkindschaftete Abkömmlinge vorhanden, so verbleibt es bei den bisherigen Vorschriften über die Vereinigung des Vermögens der beiden Ehegatten und der Abkömmlinge und über die Rechte des überlebenden Ehegatten und der Abkömmlinge an dem vereinigten Vermögen.

Der k. Ministerialkommissär, Senatspräsident Dr. **von Jacubezky:** In der neuen Fassung des Abs. 2 sind hinter den Worten „des Vermögens der beiden Ehegatten“ die Worte „und der Abkömmlinge“ eingeschaltet, weil die Vereinigung, die für diesen Fall im Mainzer Landrecht Tit. II § 12 bestimmt ist, sich auf das Vermögen erstreckt, welches die vereinkindschafteten Kinder von ihrem verstorbenen Elterntheil ererbt haben. Das Mainzer Landrecht kennt nur die zweiseitige Einkindschaft, es läßt die Einkindschaft nur zu, wenn beide Ehegatten Kinder in die Ehe bringen, und die Einkindschaft hat die Bedeutung, daß das Vermögen der beiden früheren Ehen nicht blos, soweit es den überlebenden Ehegatten der beiden Ehen zusteht, sondern auch, soweit es den zu vereinkindschaftenden Kindern zugefallen ist, in die Ehe eingebracht wird und bei dem Tode des einen Ehegatten zu der einheitlichen Theilungsmasse gehört. Es wird also lediglich ein Uebersehen der Fassung berichtigt, wenn die Worte „und der Abkömmlinge“ eingesetzt werden.

Reichsrath Dr. **von Bechmann** als Referent: Ich habe, wie bemerkt, zu den Artikeln 23—27 keine Erinnerung und ebensowenig gegen diese Abänderung des Abs. 2 des Artikel 26.

Vorsitzender: Ich konstatiere demnach die Annahme der Artikel 23—27. Wir kommen nun zu

3. Dotalrecht. Verwaltungsgemeinschaft.

Artikel 28 mit 31.

Reichsrath Dr. **von Bechmann** als Referent: In Artikel 28 handelt es sich zunächst um Ueberleitung des Dotalrechts; hier möchte ich zunächst eine Anfrage an die k. Staatsregierung stellen, nämlich ob nicht auch das Bayerische Landrecht hier hätte erwähnt werden sollen.

Der k. Ministerialkommissär, Senatspräsident Dr. **von Jacubezky:** Das Dotalrecht des Bayerischen Landrechts ist nicht gesetzliches Güterrecht, sondern ein Stück des gesetzlichen Güterrechts, der Errungenschaftsgemeinschaft, die in den vorhergehenden Artikeln behandelt wird. Das Dotalrecht des Bayerischen Landrechts unterscheidet sich von dem gesetzlichen Güterrechte darin, daß die Vertheilung der Errungenschaft ausgeschlossen ist. Wenn dies vereinbart ist, so hat es bei der Ausschließung sein Bewenden.

Reichsrath Dr. **von Bechmann** als Referent: Ich bin befriedigt. Was das gesetzliche Dotalrecht anlangt, so ist das ein etwas kompliziertes Institut; es hat jedenfalls auch eine negative Seite, nämlich die, daß die Ehe zunächst als solche keine Wirkungen auf das Güterverhältnis üben soll, insofern gehört es eigentlich in das System der Gütertrennung; wohl aber kann und soll die Frau dem Mann freiwillig eine Zuwendung machen, zum Zweck der Bestreitung der ehelichen Lasten, die aber wieder zurückgezahlt wird nach beendigter Ehe. Insoferne gibt es kein gesetzliches Dotalrecht.

Das ist ein Widerspruch in sich selber; das Dotalrecht setzt immer voraus eine vertragsmäßige Zuwendung. Wenn es gleichwohl ein „gesetzliches" Dotalrecht gibt, so beruht das darauf, daß man in der Praxis eine Präsumtion hat eintreten lassen; man hat präsumirt, was die Frau ins Haus bringt und dem Manne zur Verwaltung überläßt, überläßt sie ihm als Dos. Dieses sogenannte gesetzliche Dotalrecht läßt sich nur überleiten in den gesetzlichen Güterstand der Verwaltung und der Nutznießung, allerdings mit der eigenthümlichen Wirkung, daß mit der Ueberleitung das Eigenthum, das der Mann erworben hatte, an die Frau zurückfällt; das gilt namentlich von Grundstücken. Dagegen ist nicht viel einzuwenden; ein solcher ipso iure sich vollziehender Rückfall tritt auch nach römischem Recht bei der Dos ein, bei Trennung der Ehe und im Konkurs des Mannes; jetzt kommt das etwas früher. Zu bemerken ist noch, daß mit dem Dotalrecht Nachwirkungen nicht verbunden sind; die einzige Nachwirkung ist die Ehescheidungsstrafe. Die Frau als schuldiger Theil verliert den Anspruch auf Rückgabe der Dos. Im preußischen Gesetz ist die Ueberleitung genau so vorgesehen. Ich habe keine Erinnerung.

Vorsitzender: Ich konstatiere die Annahme der Artikel 28 bis 31.

4. Vertragsmäßiges Güterrecht.

Artikel 32 und 33.

Hier liegt ein Abänderungsantrag der Regierung vor. Artikel 32 Abs. 1 soll lauten:

„Die Vorschriften der Artikel 1 bis 31 finden auch Anwendung, wenn für eine Ehe einer der dort genannten Güterstände kraft Ehevertrags besteht. Dieß gilt auch für einen Güterstand, der kraft Ehevertrags erst nach dem Inkrafttreten des Bürgerlichen Gesetzbuchs eintritt."

Der k. Ministerialkommissär, Senatspräsident Dr. **von Jacubezky**: Der Zusatz will durch eine Erweiterung der Fassung des Abs. 1 auch die Fälle treffen, die in manchen Rechtsgebieten, insbesondere in dem des Bamberger Rechtes, zuweilen vorkommen, daß nach dem Ehevertrage die allgemeine Gütergemeinschaft mit der Geburt eines Kindes eintreten soll. Im Artikel 15 ist darauf Rücksicht genommen, daß nach den Rechten von Würzburg, Schweinfurt und Castell die Errungenschaftsgemeinschaft mit der Geburt eines Kindes kraft des Gesetzes in allgemeine Gütergemeinschaft übergeht. Der vorgeschlagene Zusatz erstreckt die Ueberleitung auf den nach Verträgen solchen Inhalts erst nach dem Inkrafttreten des Bürgerlichen Gesetzbuchs eintretenden Güterstand. Die Vorschriften, auf die im Abs. 1 Bezug genommen ist, setzen voraus, daß abgesehen von dem hier nicht in Betracht kommenden Artikel 1 Abs. 3, der Güterstand zur Zeit des Inkrafttretens des Bürgerlichen Gesetzbuches besteht, nach der bisherigen Fassung würde daher die Ueberleitung sich nicht auf einen Güterstand erstrecken, der nach dem Vertrag erst später eintreten soll. Selbstverständlich muß aber z. B. die allgemeine Gütergemeinschaft des Bamberger Landrechts, wenn sie kraft Ehevertrags nicht mit dem Ablaufe der Reklamationsfrist, sondern mit der Geburt eines Kindes eintritt, ebenso behandelt werden wie die allgemeine Gütergemeinschaft, die kraft Gesetzes mit dem Ablaufe der Reklamationsfrist eintritt, sie muß gleichfalls in die allgemeine Gütergemeinschaft des Bürgerlichen Gesetzbuchs übergeleitet werden. Zu diesem Zwecke ist der Satz 2 beigefügt worden.

Reichsrath Dr. **von Bechmann** als Referent: Ich habe gegen die Bestimmung des Artikel 32 und den Zusatzantrag der k. Staatsregierung nichts zu erinnern.

Vorsitzender: Ich konstatiere hier zum Abschnitt „Vertragsmäßiges Güterrecht", daß Herr Reichsrath von Schmitt erklärt hat, daß er gegen diesen Abschnitt stimme.

Reichsrath Dr. **von Bechmann** als Referent: Ich bemerke, daß Abs. 2 des Artikel 32 das Dotalrecht behandelt, welches auf Vertrag beruht. Dieses „auf Vertrag beruhen" setzt sich zusammen aus zwei Bestandtheilen, einmal daß eine unmittelbare Wirkung der Ehe nicht eintritt, und dann in Beziehung auf die Zuwendung der Frau an den Mann. Es ist ja immer etwas auffallend, daß das gesetzliche Dotalrecht anders behandelt wird als das vertragsmäßige. Indessen der zureichende Grund liegt darin, daß beides eigentlich ganz verschiedene Einrichtungen sind, wenn auch unter einem Namen.

Ich habe weiter keine Erinnerung.

Vorsitzender: Artikel 32 ist angenommen. Ebenso, wenn keine Erinnerung besteht, Artikel 33.

Artikel 34.

Reichsrath Dr. **von Bechmann** als Referent: Hier tritt eine Ausnahme ein, die ich schon besprochen habe. Nämlich mit der allgemeinen Gütergemeinschaft des bayerischen Landrechts und des preußischen ist keine fortgesetzte

Gütergemeinschaft verbunden, daher würde die einfache Ueberleitung in das Bürgerliche Gesetzbuch die Folge haben, daß der einen Partei eine Folge auferlegt wird, an die kein Theil gedacht hat und nicht denken konnte, deshalb ist mit Recht bestimmt, daß die fortgesetzte Gütergemeinschaft nur eintritt, wenn sie vereinbart ist. Ich habe keine Erinnerung.

Vorsitzender: Artikel 34 ist angenommen.

5. Allgemeine Vorschriften

Artikel 35.

Reichsrath Dr. **von Bechmann** als Referent: Diese „allgemeinen Vorschriften" beziehen sich auf das diesseitige Recht. Artikel 35 habe ich schon vorhin berührt; er bestimmt, daß die Gütermassen in das neue Gütersystem übergehen nach Maßgabe ihrer bisherigen Qualifikation. Ich habe nichts zu erinnern. Der Abs. 2 hat lediglich eine explikative Bedeutung und Abs. 3 bestimmt die Befugniß der Frau zur Annahme einer vor der Ueberleitung anfallenden Erbschaft oder eines Vermächtnisses, falls diese zum Gesammtgut oder zum eingebrachten Gut gehören. Ich habe keine Erinnerung.

Vorsitzender: Der Artikel 35 ist angenommen.

Artikel 36.

Reichsrath Dr. **von Bechmann** als Referent: Artikel 36 wurde von mir auch schon berührt. Er bestimmt, daß sich die Haftung des Gesammtgutes, des eingebrachten Gutes und des Vorbehaltsgutes sowie die persönliche Haftung der Ehegatten für die bereits entstandenen Schulden nach den bisherigen Gesetzen regelt. Es gilt das auch für das Verhältniß und die Regreßansprüche der Eheleute gegeneinander. Ich habe keine Erinnerung.

Vorsitzender: Artikel 36 ist angenommen.

Artikel 37.

Reichsrath Dr. **von Bechmann** als Referent: Artikel 37 enthält eine nothwendige Ueberleitungsbestimmung insoferne, als der Fall eintreten kann, daß auf die Eingehung einer Verbindlichkeit das noch nicht übergeleitete Recht Anwendung findet. Hier würde sich der Fall ereignen können, daß der Mann, der Schulden ohne die Zustimmung der Frau nicht machen konnte, gleichwohl sie nach erfolgter Ueberleitung ohne Zustimmung der Frau bezahlen könnte. Darum ist hier bestimmt, daß in einem solchen Falle die Einwilligung der Frau erforderlich ist.

Vorsitzender: Artikel 37 ist angenommen.

Artikel 38.

Reichsrath Dr. **von Bechmann** als Referent: Artikel 38 enthält eine Spezialität für das Nürnberger und Casteller Recht. Diese Rechte behandeln die Gemeinschaft abweichend von den übrigen Rechten nach römischen Prinzipien, nämlich nach Quoten, während das Bürgerliche Gesetzbuch auf der Gemeinschaft zu gesammter Hand beruht. Es sind Vorschriften nothwendig für die Vollstreckung solcher Schulden, die der Mann ohne Genehmigung der Frau gemacht, und womit er seinen Antheil am Gesammtgute belastet hat. Es hat das auch schon bisher zu Kontroversen Veranlassung gegeben, wie die Zwangsvollstreckung beschaffen sein muß, und dieser Punkt wird durch Artikel 38 geregelt. Ich habe keine Erinnerung.

Vorsitzender: Hier liegt von Seite der k. Staatsregierung folgender Antrag vor:

In den Artikel 38 Abs. 1 soll zwischen Satz 1 und Satz 2 folgender Satz eingeschaltet werden:

„Besteht die beschränkte Haftung nach dem Rechte von Castell, so wird ein dem Manne zu gewährender Betrag eingebrachtes Gut."

Der k. Ministerialkommissär, Senatspräsident Dr. **von Jacubezky:** Nach dem Bürgerlichen Gesetzbuche gibt es Vorbehaltsgut des Mannes zwar bei der allgemeinen Gütergemeinschaft, nicht aber bei der Errungenschaftsgemeinschaft, bei dieser ist es durch die ausdrückliche Vorschrift des § 1526 Abs. 2 ausgeschlossen. Für das Nürnberger Recht kommt die allgemeine Gütergemeinschaft in Betracht, bei dem Casteller Rechte handelt es sich dagegen um die Errungenschaftsgemeinschaft. Da diese mit dem Inkrafttreten des Bürgerlichen Gesetzbuchs in die Errungenschaftsgemeinschaft des Bürgerlichen Gesetzbuchs umgewandelt wird, so kann nach dem Inkrafttreten des Bürgerlichen Gesetzbuchs der Mann kein Vorbehaltsgut mehr erwerben. Infolgedessen muß der Ersatz, den der Mann nach Artikel 38 bekommt, eingebrachtes Gut des Mannes werden.

Reichsrath Dr. **von Bechmann** als Referent: Ich habe keine Erinnerung.

Vorsitzender: Artikel 38 ist angenommen.

Artikel 39.

Reichsrath Dr. **von Bechmann** als Referent: An und für sich sind die Ersatzansprüche der Ehegatten erst nach Aufhebung des gesetzlichen Güterstandes geltend zu machen. Das Bürgerliche Gesetzbuch kennt eine Reihe von Fällen, in welchen auch schon während der Ehe solche Ersatzansprüche erhoben werden können. Im Interesse der Rechtssicherheit und unbeschadet der Hemmung der Verjährung können die auf diesen Gesetzen beruhenden Ersatzansprüche nach den Vorschriften des Bürgerlichen Gesetzbuchs geltend gemacht werden. Ich habe keine Erinnerung.

Vorsitzender: Artikel 39 ist angenommen.

Artikel 40.

Reichsrath Dr. **von Bechmann** als Referent: Dieser Artikel wurde schon besprochen; ich habe keine Erinnerung.

Vorsitzender: Artikel 40 ist angenommen.

Artikel 41.

Reichsrath Dr. **von Bechmann** als Referent: Artikel 41 ist nur die Konsequenz der Versagung der Rückwirkung in dem schon besprochenen Sinne.

Hier möchte ich die k. Staatsregierung um Aufklärung bitten. Artikel 41 ist mir in seiner Begründung nicht ganz klar geworden. Die Sache ist die: In Bezug auf Ehescheidung kennt das Bürgerliche Gesetzbuch Uebergangsbestimmungen nicht, das heißt, es treten die Bestimmungen in Bezug auf Auflösung der Gütergemeinschaft und so weiter ein, wenn das Urtheil ergangen ist. Nach dem 1. Januar tritt für die Gütergemeinschaft die Besonderheit des § 1478 ein, wonach, wenn der eine Theil für schuldig erklärt ist, der andere Theil statt der Theilung nach Hälften die Auseinanderfällung der Gütergemeinschaftsbestandtheile verlangen kann. Nun entsteht die Frage, wie es sich verhält in dem Falle, wenn die Ehe schon vor dem 1. Januar geschieden worden ist, und für den Fall, wenn am 1. Januar ein Ehescheidungsprozeß anhängig ist.

Aus Artikel 41 kann ich eine Bestimmung, wie sie hier in der Begründung erwähnt wird, nicht herauslesen.

Der k. Ministerialkommissär, Senatspräsident Dr. **von Jacubezky:** In der Begründung ist nicht von der Frage, von der der Herr Referent gesprochen hat, sondern von etwas anderem die Rede. Der Abs. 2 schließt sich an den Abs. 1 an. Im Abs. 1 ist gesagt: Nach § 1478 des Bürgerlichen Gesetzbuchs kann der Ehegatte, welcher die Aufhebung eines Güterstandes durch Urtheil erwirkt hat, verlangen, daß die Auseinandersetzung so erfolgt, wie wenn der Anspruch auf Auseinandersetzung mit Erhebung der Klage auf Aufhebung der Gütergemeinschaft rechtshängig geworden wäre. Es entsteht nun, da die Ehescheidung auch den ehelichen Güterstand aufhebt, die Frage, soll nicht bei der Ehescheidung der Ehegatte, der sie erwirkt hat, oder richtiger der unschuldige Theil berechtigt sein, gleichfalls diese Rückziehung zu verlangen. Es liegt nahe, die Frage zu bejahen, die Ehescheidung in dieser Beziehung der bloßen Aufhebung des Güterstandes gleichzustellen. Mit dieser Frage beschäftigt sich der Abs. 2 Er erachtet es für unthunlich, in dieser Beziehung von dem Bürgerlichen Gesetzbuche abzuweichen, und lehnt deshalb die Rückziehung ab.

Wenn eine Ehe nicht mehr besteht, weil sie schon vor dem Inkrafttreten des Bürgerlichen Gesetzbuchs geschieden worden ist, so besteht auch kein Güterstand mehr. Soweit es sich um eine Gütergemeinschaft handelt, gilt der Artikel 12, dessen Vorschrift der Entwurf nicht auf die allgemeine Gütergemeinschaft beschränkt, sondern im Artikel 14 Abs. 2 auf den Fall der Errungenschaftsgemeinschaft und im Artikel 32 Abs. 1 auf die vertragsmäßige Gütergemeinschaft erstreckt.

Vorsitzender: Dann wird die Klage auf Herausgabe des Vermögens nach den Bestimmungen des Bürgerlichen Gesetzbuchs zu stellen und zu verbescheiden sein.

Der k. Ministerialkommissär, Senatspräsident Dr. **von Jacubezky:** Wenn die Ehe zur Zeit des Inkrafttretens des Bürgerlichen Gesetzbuchs schon aufgelöst ist, so ist für die Auseinandersetzung lediglich das alte Recht maßgebend. In diese Verhältnisse greift der Entwurf nicht mehr ein. Er beschränkt sich bei den Nachwirkungen des Güterstandes einer schon aufgelösten Ehe auf die Ausschließung der in einigen der bestehenden Rechte bestimmten gesetzlichen Einkindschaft.

Reichsrath Dr. **von Bechmann** als Referent: Wenn die Ehe geschieden wird nach dem 1. Januar, dann erfolgt die Auseinandersetzung nach dem neuen Recht, wenn vor dem 1. Januar, gilt noch die Ehescheidungsstrafe.

Der k. Ministerialkommissär, Senatspräsident Dr. **von Jacubezky:** Die Ehescheidungsstrafen sind in diesem Falle schon verwirkt, das einmal erworbene Recht bleibt bestehen.

Vorsitzender: Artikel 41 ist angenommen.

Artikel 42.

Reichsrath Dr. **von Bechmann** als Referent: Bezüglich des Artikel 42 Abs. 2 bitte ich um Erläuterungen von Seiten der k. Staatsregierung. Er ist etwas schwierig.

Der k. Ministerialkommissär, Senatspräsident Dr. **von Jacubezky:** Der Abs. 2 ist in der Begründung des Entwurfs nicht besprochen. Er hat lediglich die Bedeutung, daß er diejenigen Vorschriften ergänzt, welche den Eintritt des Erbrechts oder Pflichttheilrechts des Bürgerlichen Gesetzbuchs davon abhängig machen, daß der überlebende Ehegatte auf die ihm nach den bisherigen Vorschriften zustehenden Rechte verzichtet. Auf diese Rechte kann er nicht verzichten, wenn er sie gar nicht hat, wenn sie durch Verfügung des nunmehr verstorbenen Ehegatten rechtswirksam ausgeschlossen sind. Die Vorschriften, welche den Verzicht erfordern, müssen also dahin verstanden werden, daß es des Verzichts nicht bedarf, wenn diese Rechte ausgeschlossen sind, sie müßten eigentlich den Zusatz erhalten: „sofern nicht diese Rechte durch Verfügung des verstorbenen Ehegatten ausgeschlossen sind“. Um nicht diesen Zusatz in allen Vorschriften, in denen von dem Verzichte die Rede ist, wiederholen zu müssen, wurde hier eine allgemeine Vorschrift dieses Inhalts aufgenommen.

Es entsteht nun die Frage, welche Bedeutung hat die Ausschließung der Rechte, die dem überlebenden Ehegatten nach den bisherigen Vorschriften zustehen, für das Erb- und Pflichttheilrecht des neuen Rechts? Die Frage läßt sich so allgemein nicht entscheiden, der Entwurf überläßt die Lösung der Auslegung. Dieselbe Stellung nimmt er gegenüber der umgekehrten Frage ein, welche Bedeutung eine durch letztwillige Verfügung dem überlebenden Ehegatten gemachte Zuwendung gegenüber dem Erbrechte und Pflichttheilsrechte hat, das dem Ehegatten nach dem Bürgerlichen Gesetzbuch zusteht, ob der Ehegatte die Zuwendung bekommt und daneben nach dem Bürgerlichen Gesetzbuch erbt, oder ob die Zuwendung auf das angerechnet wird, was er nach dem Bürgerlichen Gesetzbuch bekommt, oder ob die Zuwendung das gesetzliche Erbrecht gänzlich ausschließt. Auch auf diese Frage kann man eine allgemeine Antwort nicht geben. Man muß in den einzelnen Fällen den muthmaßlichen Willen des Erblassers nach den Umständen ermitteln. Ist die Verfügung zu einer Zeit getroffen worden, zu der man noch nicht an das gesetzliche Erbrecht des überlebenden Ehegatten denken konnte, so wird anzunehmen sein, daß die Zuwendung auf den gesetzlichen Erbtheil anzurechnen ist, weil sie denselben Zweck verfolgt wie dieses.

Reichsrath Dr. **von Bechmann** als Referent: Ich danke für diese Ausführungen.

Vorsitzender: Artikel 42 ist angenommen. Damit sind die Bestimmungen über das Güterrecht der Landestheile rechts des Rheins erledigt. Wir kommen nun zu

II. Güterrecht der Pfalz.

Hier wird Herr Reichsrath von Heffert referieren.

Artikel 43—54.

Reichsrath **von Heffert** als Referent: Abschnitt II behandelt das Güterrecht der Pfalz und zwar zunächst von Artikel 43—54 die Gütergemeinschaft, die beiden folgenden Artikel behandeln die Gütertrennung und der Rest der Artikel behandelt einzelne besondere Gegenstände.

Im allgemeinen habe ich Folgendes zu bemerken. Sämmtliche Bestimmungen, welche die k. Staatsregierung seiner Zeit in's Auge faßte und als für die Pfalz nothwendig und zweckmäßig erachtete, wurden dem Oberlandesgerichte zu Zweibrücken zur Begutachtung mitgetheilt und der Entwurf wurde dann nach Anhörung dieses Gutachtens aufgestellt. Ferner habe ich zu bemerken, daß der Ausschuß der Kammer der Abgeordneten bei diesen 17 Artikeln eine Aenderung nur im Artikel 51 und zwar auf Antrag der k. Staatsregierung beliebt hat, indem der 3. Satz dieses Artikels eine andere Fassung erhielt, die nur redaktioneller Natur ist. Außerdem ist den Hohen

Herren bekannt, daß es in der Pfalz nur ein Güterrecht gibt, auch ist die prinzipielle Frage der Nothwendigkeit, Zweckmäßigkeit und Zulässigkeit der Ueberleitung schon entschieden und ist das auch für die Pfalz maßgebend.

Was für die Pfalz noch zu bemerken ist, ist Folgendes: Nach Artikel 200 des Einführungsgesetzes bleiben für den Güterstand einer zur Zeit des Inkrafttretens des Bürgerlichen Gesetzbuchs bestehenden Ehe die bisherigen Gesetze maßgebend. Die Reichsgesetzgebung hat nicht verkannt, daß die Beurtheilung des Güterstandes einer vor dem Inkrafttreten des Bürgerlichen Gesetzbuchs geschlossenen Ehe nach altem Recht und der nachher geschlossenen Ehen nach den Vorschriften des Bürgerlichen Gesetzbuchs zu einem verwickelten, im Interesse der Rechtssicherheit unerwünschten Rechtszustand auf die Dauer von mindestens einem Menschenalter führen würde. Man hat auch anerkannt, daß in verschiedenen Rechtsgebieten das dermalen bestehende gesetzliche Güterrecht von dem einen oder anderen der Güterstände des Bürgerlichen Gesetzbuchs nur in wenig wesentlichen Punkten abweiche und eine schonende Ueberleitung des alten Rechtszustandes in das neue Recht sich bewerkstelligen lasse, auch daß es im Interesse einer schnelleren einheitlichen Durchführung des Bürgerlichen Gesetzbuchs liege, daß auf die mit einem gesetzlichen Güterstande dieser Art bestehenden Ehen die Vorschriften des Bürgerlichen Gesetzbuchs über den entsprechenden Güterstand allgemein oder doch in gewissen Beziehungen für anwendbar erklärt würden. Wegen der großen Zahl der in Deutschland bestehenden Güterrechte müßte aber die Reichsgesetzgebung diese Ueberleitung der Landesgesetzgebung überlassen, andernfalls hätte sie es selbst gethan. Für das Pfälzische Recht bietet diese Ueberleitung keine besonderen Schwierigkeiten, da die Abweichungen von keiner hervorragenden Bedeutung sind.

Gegen den Grundgedanken des Entwurfs, die erworbenen Rechte der Ehegatten und Dritter unberührt zu lassen, dagegen für die Zeit vom Inkrafttreten des Bürgerlichen Gesetzbuchs an an die Stelle der den ehelichen Güterstand regelnden Bestimmungen des Code civil die Vorschriften des Bürgerlichen Gesetzbuchs treten zu lassen, besteht keine Erinnerung, da die Ehegatten in der Lage sind, jede ihnen erwünschte Aenderung im Güterstande im Rahmen des Bürgerlichen Gesetzbuchs auch nach dessen Inkrafttreten zu treffen, demnach den bisherigen Güterstand in jeden neuen umzuwandeln. (Artikel 200 des E.G. z. B.G.B.)

Endlich müssen die Rücksichten auf die Geschäftsfähigkeit der Ehefrau den Ausschlag geben. Man kann doch nicht Frauen verschiedener Geschäftsfähigkeit auf Jahre hinaus neben einander bestehen lassen! Eine besondere Verfügung, welche die Geschäftsfähigkeit einführt, ist aber nicht nöthig, da sie eine selbstverständliche Folge des neuen Güterstandes ist.

Nach dem Entwurfe werden daher vom Inkrafttreten des Bürgerlichen Gesetzbuchs ab für die bestehenden Ehen zwei Wirkungen eintreten:

1. Ersatz der bisherigen Güterstände durch die neuen, ausgenommen das Dotalrecht,
2. sofort volle Geschäftsfähigkeit aller Frauen ohne Ausnahme.

Der Entwurf behandelt die vorhandenen Güterstände in zwei Gruppen:

Gemeinschaften und Gütertrennung.

Alle Eheberedungen bleiben in voller Wirksamkeit. Die Umwandlung erstreckt sich aber nicht auf das Dotalrecht, weil dieser Güterstand in der Pfalz fast gar nicht vorkommt.

Die Artikel 43—54 handeln von Umwandlung der bestehenden Gemeinschaften.

Umgewandelt wird die gesetzliche Gütergemeinschaft des Code civil in die Fahrnisgemeinschaft, der jene zum Vorbilde gedient hat.

Die Errungenschaftsgemeinschaft und die allgemeine Gütergemeinschaft beider Rechte decken sich im Wesentlichen, abgesehen von Einzelheiten. Um Schwierigkeiten zu vermeiden, ist es vollständig gerechtfertigt, wenn der Entwurf bei der Errungenschaftsgemeinschaft die Vermuthung des § 1527 auch auf die zur Zeit des Inkrafttretens des Bürgerlichen Gesetzbuchs vorhandenen Gegenstände erstreckt, wonach sie zum Gesammtgute gehören. Derselbe Grundsatz entspricht auch dem Artikel 1402 c. c. für Grundstücke. Für Mobilien dagegen verlangt Artikel 1499 c. c. Feststellung des Sonderguts durch rentamtlichen Akt. Wie bisher ein direkter Zwang bestand, so enthält § 1527 einen indirekten Zwang. Es handelt sich sonach nur um die Verschiedenheit der Beweismittel. Die Zweckmäßigkeit der Vorschrift ist durch die Begründung nachgewiesen.

Unter die entsprechenden Güterstände werden auch jene fallen, die auf den im c. c. erwähnten besonderen Klauseln beruhen. So erwähnt der Entwurf selbst die Klausel der Verliegenschaftung, Artikel 1500 c. c., die im Wesen die Errungenschaftsgemeinschaft ist. Die anderen Klauseln können Abänderungen jeder der vorgenannten drei Gemeinschaften enthalten, z. B. die Klausel der ungleichen Vertheilung des Gesammtguts, der vertragsmäßigen Vorwegnahme eines Betrags oder eines bestimmten Gegenstandes. Die Klausel der Entliegenschaftung kann zur gesetzlichen oder zur Errungenschaftsgemeinschaft gehören.

Was endlich das Verzichtsrecht der Frau auf die Gemeinschaft betrifft, so verbleibt es bei demselben für alle Gemeinschaften, die vor Inkrafttreten des Bürgerlichen Gesetzbuchs aufgelöst sind, weil fur diese das bisherige Recht gilt. Die Frau muß also verzichten, wenn sie von der Haftung für die Gemeinschaftsschulden sich befreien will. Bei jenen Gemeinschaften dagegen, welche nach Inkrafttreten des Bürgerlichen Gesetzbuchs aufgelöst werden, bedarf die Frau des Verzichts nicht, weil sie alsdann nur innerhalb des Rahmens von § 1480, 1481 des B.G.B. haftet.

Maßgebend ist nun für die folgenden Bestimmungen der Grundsatz,

> daß für die unter der Herrschaft des bisherigen Rechts zur Entstehung gelangten Verhältnisse auch nach dem Inkrafttreten des Bürgerlichen Gesetzbuchs die bisherigen Gesetze in Geltung bleiben, soweit die erworbenen Rechte respektiert werden.

Das ist das, was ich im Allgemeinen zu erwähnen habe. Zu besonderen Bemerkungen habe ich keinen Anlaß. Ich finde alle Artikel ausreichend begründet, nur beim Artikel 49 ist in der Begründung auf die Artikel 186 und 187 des Gesetzes zur Ausführung der Civilprozeßordnung und Konkursordnung hingewiesen. Diese Bestimmungen enthalten nicht nur prozessuale Verfügungen, sondern auch solche, die man zu den materiellen rechnen könnte, und man thut daher wohl daran, sich nicht zu binden. Ich finde es begreiflich, daß die Regierung dieser Frage nicht vorgreifen will und daher den 3. Absatz der Motive zu Art. 49 zurückgezogen hat.

Vorsitzender: Auch zu Artikel 51 ist ein neuer dritter Satz vorgeschlagen.

Reichsrath **von Hessert** als Referent: Es ist das nur eine Aenderung rein redaktioneller Natur.

Vorsitzender: Wenn weiter keine Erinnerung erhoben wird, dann haben wir Artikel 43—54 des II. Abschnittes mit Hinzufügung eines 3. Satzes zu Artikel 51 angenommen.

Artikel 55 und 56.

Reichsrath **von Hessert** als Referent: Ich gehe nun über zum Artikel 55 und 56. Diese behandeln die Gütertrennung.

Der Güterstand des Pfälzischen Rechts, nach welchem sich die Ehegatten ohne Gütergemeinschaft verheirathet haben (Art. 1530 c. c.), wird in den gesetzlichen Güterstand des Bürgerlichen Gesetzbuchs, mit dem er sich im wesentlichen deckt, ebenso umgewandelt, wie die Güterstände der Gemeinschaften nach Artikel 43. Das Sondergut der Frau wird eingebrachtes Gut. Hat sie sich die Nutznießung vorbehalten, so entsteht Vorbehaltsgut. Dagegen sollen die Rechte der Gläubiger unverändert bleiben, was zum Ausdruck gebracht wird durch Hinweis auf Artikel 44 Abs. 2 und 45 Abs. 4.

Die Gleichheit der Güterstände der Gütertrennung rechtfertigt endlich die sofortige Umwandlung in den Güterstand des neuen Rechts ohne weitere Erinnerung.

Vorsitzender: Artikel 55 und 56 sind genehmigt.

Artikel 57.

Reichsrath **von Hessert** als Referent: Der Artikel 57 enthält eine sehr wichtige Bestimmung.

Sofern durch Ehevertrag ein bestimmter Güterstand festgesetzt ist, gilt an dessen Stelle der entsprechende Güterstand des neuen Rechts. Sofern aber im einzelnen Abweichungen verabredet sind, bleiben diese in Kraft. Hiebei kommen insbesondere die verschiedenen Klauseln in Betracht, welche nach dem Ermessen der Parteien von diesen beliebt wurden. Zudem ist ja unter neuem Rechte die Abänderung solcher Eheberedungen auch nach Abschluß der Ehe zulässig. Hieraus ergiebt sich, daß, wenn die Eheleute im Ehevertrag bestimmte Verabredungen getroffen haben, diesen im weitesten Sinne Rechnung getragen werden soll, und daß die Umwandlung sich nur auf jene Vereinbarungen erstreckt, die den Güterstand als Ganzes betreffen. Die Umwandlung vollzieht sich daher unter thunlichster Schonung der Interessen.

Abs. 2 stellt dem Ehevertrag die Anordnung eines Dritten gleich, die als Bedingung einer Schenkung oder einer Zuwendung auf den Todesfall getroffen wurde. Ich beantrage Zustimmung.

Vorsitzender: Es wird weiter keine Erinnerung erhoben. Artikel 57 ist angenommen.

Artikel 58.

Reichsrath **von Hessert** als Referent: Ich habe keine weitere Bemerkung zu machen. Der Artikel handelt vom Dotal-Recht. Es kommt so selten vor, daß eine besondere Regelung des Uebergangs nicht nöthig ist.

Vorsitzender: Artikel 58 ist angenommen.

Artikel 59.

Reichsrath **von Hessert** als Referent: Der Artikel schließt sich an die Artikel 52 und 70 der Uebergangsvorschriften an.

Ich habe nur noch eine Bemerkung allgemeiner Natur. Es ist vorhin schon die Rede gewesen, es werde in der Pfalz Schwierigkeiten geben bezüglich der Auslegung von freigebigen Verfügungen, die die Ehegatten getroffen haben. Es ist schon erwogen worden und es wird auch im Schoße der Regierung Gegenstand weiterer Erwägungen gewesen sein, ob nicht Veranlassung bestehe, Auslegungsvorschriften hiezu für den Uebergang zu treffen. Der Unterschied ist sehr bedeutend in der Stellung der Ehegatten nach dem bisherigen und künftigen Recht. Die Frau hat nach dem Code civil zwar ein gesetzliches Erbrecht, aber es ist so entfernt, daß es fast niemals praktisch geworden, es tritt erst ein nach dem Erben 12. Grades und wenn kein Testament da ist. Da wird kein Ehegatte darauf rechnen können. Deshalb haben die Ehegatten anderweit gesorgt durch Ehevertrag oder durch Zuwendung während der Ehe. Diese Fürsorge haben sie in dem Umfange getroffen, wie sie es für nöthig erachtet haben. Nun kommt aber das weitgehende Erbrecht des Bürgerlichen Gesetzbuchs dazu sogar noch mit dem Pflichttheil. Bekommt nun die Frau ihren gesetzlichen Erbtheil plus dem Vermächtnis? Ich glaube, daß dies in den meisten Fällen verneint werden muß, denn zur Zeit der Errichtung des Liberalitätsaktes war an ein Erbrecht der Frau nicht zu denken und der Testator, dessen Willen ausschlaggebend ist, konnte daher die Absicht der Cumulation gar nicht haben. Ich gebe allerdings auch zu, daß es einen Fall geben kann, wo eine andere Entscheidung nöthig ist. Ich halte es daher für gewagt, Auslegungsvorschriften zu erlassen, nachdem es ohnehin auch noch zweifelhaft ist, ob es überhaupt zulässig ist.

Ferner waren die Ehegatten bisher auch nicht vollständig frei in dem Umfange dessen, was sie einander zuwenden konnten. Unter Umständen konnte dem Ehegatten nur ein Kindstheil zugewendet werden. Wie soll es mit solchen Verfügungen sein, wenn sie lauten: Ich vermache meiner Frau, was ich ihr nach dem Gesetze vermachen kann, oder: Ich vermache ihr einen Kindstheil oder etwas Aehnliches. Ich erkenne an, daß das Sache der Auslegung im einzelnen Falle ist. Hier gesetzgeberisch vorzugehen, wäre bedenklich, und ich bin ganz damit einverstanden, daß Auslegungsvorschriften nicht erlassen werden.

Vorsitzender: Es wird weiter nichts erinnert, der Artikel 59 ist genehmigt. Wir kommen nun zum III. Abschnitt

Allgemeine Vorschriften.

Artikel 60—64.

Hier ist wieder Referent Herr Reichsrath Ritter von Bechmann.

Reichsrath Dr. **von Bechmann** als Referent: Diese Artikel enthalten gewisse Bestimmungen, die man als auf die „lokale Statutenkollision" bezüglich bezeichnen kann. Der Artikel 60 bestimmt, daß die Ueberleitungsvorschriften, die wir für das diesseitige Bayern erlassen, auch auf solche Ehen Anwendung finden, die ihr Domizil in der Pfalz haben und umgekehrt. Es ist vielleicht fraglich, ob eine solche Bestimmung nothwendig ist; allein, da die Vorschriften äußerlich getrennt sind für die Pfalz und für das diesseitige Bayern, ist ein Mißverständniß nicht ausgeschlossen, und wenn die k. Staatsregierung glaubt, daß zur Vermeidung von Mißverständnissen diese Vorschrift erforderlich ist, so habe ich nichts dagegen und empfehle diesen Artikel zur Annahme.

Der Artikel 61 bezieht sich auf folgendes Verhältniß: Es handelt sich um Ehegatten, die außerhalb Bayerns geheirathet haben, aber nach einem auch in Bayern geltenden Güterrecht, und die dann ihren Wohnsitz nach Bayern verlegt haben. Für diesen Fall tritt ebenfalls die Ueberleitung ein, mit anderen Worten: die Ueberleitung tritt nicht nur ein, wenn ein Güterstand von Anfang an in Bayern bestanden hat, sondern auch wenn er auswärts begründet und dann nach Bayern verlegt wird. Dagegen habe ich nichts einzuwenden.

Dabei wird bestimmt, daß das Badische Landrecht dem Pfälzischen Rechte gleich ist, d. h. wenn ein Badenser nach Bayern übersiedelt, dann wird übergeleitet nach Pfälzischem Rechte. Das ist klar. Dagegen möchte ich um Aufklärung bitten wegen des Mainzer- und Solmser Rechtes. Darauf findet die Vorschrift keine Anwendung. Es ist das damit motivirt, daß das Mainzer Landrecht und das Solmser Recht in den verschiedenen Geltungsgebieten so sehr verschieden seien, daß man sie nicht mehr als einheitlich betrachten könne; also wenn außerhalb Bayerns nach Solmser Recht oder Mainzer Landrecht geheirathet worden ist, der Güterstand nicht übergeleitet wird nach den Vorschriften, wie sie bei uns für diese Rechte bestehen. Wie wird überhaupt übergeleitet? Ich verstehe das nicht.

Der k. Ministerialkommissär, Senatspräsident Dr. **von Jacubezky:** In dem angeführten Falle findet die im Entwurfe geregelte Ueberleitung nicht statt. Das Mainzer Landrecht und das Solmser Recht gelten außerhalb Bayerns in Preußen und in Hessen. Die Güterstände dieser Rechte werden in Preußen und in Hessen übergeleitet, und die dort stattfindende Ueberleitung wird im Artikel 63 auch in Bayern für maßgebend erklärt. Die Vorschriften, die der Entwurf für das Mainzer Landrecht und das Solmser Recht trifft, finden auf den Güterstand des preußischen und des hessischen Mainzer Landrechts und Solmser Rechts keine Anwendung, sondern diese Rechte gelten als besondere Rechte, wie z. B. das mit der Verwaltungsgemeinschaft des Preußischen Landrechts nahe verwandte sächsische Recht ein selbständiges Recht ist.

Reichsrath Dr. **von Bechmann** als Referent: Ich bin für die Aufklärung dankbar.

Der Artikel 62 schließt sich an den Artikel 61 an und bestimmt, daß ebenso verfahren wird, wenn ein sowohl in Bayern als außerhalb Bayerns geltender Güterstand durch Vertrag begründet wird, und dann nach Bayern der Wohnsitz verlegt wird. Dagegen habe ich nichts zu erinnern. Der Artikel 63 bestimmt:

> Besteht für Ehegatten, die zur Zeit des Inkrafttretens des Bürgerlichen Gesetzbuchs ihren Wohnsitz in Bayern haben, ein Güterstand, für welchen das in Bayern nicht geltende Recht eines anderen Bundesstaats maßgebend ist, so finden die Vorschriften Anwendung, welche den Güterstand in dem anderen Bundesstaate mit den Vorschriften des Bürgerlichen Gesetzbuchs in Einklang zu bringen bezwecken.

Nun kann aber der Fall vorkommen, daß eine solche Ueberleitungsbestimmung erst erfolgt nach dem 1. Januar. Für diesen Fall soll durch Königliche Verordnung bestimmt werden, daß die Vorschriften auf die zur Zeit der Erlassung der Verordnung in Bayern wohnenden Ehegatten Anwendung finden, für welche der von den Vorschriften betroffene Güterstand besteht.

Es folgt Artikel 64. Hier liegt der Fall zu Grunde, wenn Eheleute, für deren Güterstand die bisherigen Gesetze maßgebend sind, nach dem Inkrafttreten des Bürgerlichen Gesetzbuchs in Bayern ihren Wohnsitz begründen. Es sollen die Vorschriften dieses Gesetzes über die Aenderung des ehelichen Güterstandes von jetzt ab Anwendung finden. Also es wird dieser Güterstand nach dem bayerischen Rechte übergeleitet. Davon ist eine Ausnahme gemacht, nämlich wenn die Ehegatten außerhalb Bayerns schon einmal eine Ueberleitung erfahren haben. Es soll nicht zweimal übergeleitet werden. Bei der ersten hat es sein Bewenden, und der Güterstand besteht fort nach Maßgabe des Gesetzes des andern Bundesstaates. Ich beantrage die Zustimmung zu dem Artikel.

Vorsitzender: Die Artikel 60—64 sind angenommen.

Artikel 65.

Reichsrath Dr. **von Bechmann** als Referent: Artikel 65 lautet:

Soweit nach diesem Gesetze für den Güterstand einer Ehe die Vorschriften des Bürgerlichen Gesetzbuchs maßgebend sind, finden auch die für den Güterstand geltenden Vorschriften der Civilprozeßordnung, der Konkursordnung und des Gesetzes über die Angelegenheiten der freiwilligen Gerichtsbarkeit Anwendung.

Auf die im Artikel 21 Abs. 2 bezeichnete Ausgleichung des Ehegewinns finden die Vorschriften des Artikel 21 des Entwurfes der Uebergangsvorschriften (Beilage J) entsprechende Anwendung.

Die formelle Zulässigkeit dieser Ausdehnung ist in der Begründung näher dargelegt. Materiell habe ich gegen die Zweckmäßigkeit nichts zu erinnern.

Vorsitzender: Artikel 65 ist angenommen.

Artikel 66.

Reichsrath Dr. **von Bechmann** als Referent: Der Artikel 66 enthält eine Bestimmung über die Frage, inwieweit dritten Personen gegenüber der Güterstand in Wirksamkeit tritt. In Abs. 1 ist bestimmt, daß die Wirksamkeit des nach diesem Gesetze eintretenden Güterstandes gegenüber Dritten sich nach den für die Wirksamkeit des bisherigen Güterstandes geltenden Vorschriften richtet. Das gilt nämlich dann, wenn ein solcher Güterstand öffentlich bekannt gemacht werden muß. In Abs. 2 ist weiter bestimmt, daß eine später eintretende Aenderung des Güterstandes Dritten gegenüber nur nach Maßgabe des § 1435 des Bürgerlichen Gesetzbuchs maßgebend ist. Hienach ist erforderlich die Eintragung in das Güterrechtsregister. Endlich wird in Artikel 3 festgesetzt, daß, wenn der Wohnsitz des Mannes nach dem Eintreten der in diesem Gesetze bestimmten Aenderung des Güterstandes verlegt wird, auch eine Eintragung in das Güterrechtsregister erfolge, die während des ersten Jahres gebührenfrei ist.

Vorsitzender: Artikel 66 ist angenommen.

Artikel 67.

Reichsrath Dr. **von Bechmann** als Referent: Das ist bereits in der Generaldebatte erledigt. Es enthält eine Erleichterung in Bezug auf die Berichtigung des Grundbuchs. Es ist nichts zu erinnern.

Vorsitzender: Artikel 67 ist angenommen.

Artikel 68.

Reichsrath Dr. **von Bechmann** als Referent: Der Artikel 68 bestimmt, daß ein Güterstand, für den die bisherigen Vorschriften maßgebend bleiben, durch Ehevertrag nur nach Maßgabe der Vorschriften des Bürgerlichen Gesetzbuchs aufgehoben oder abgeändert werden kann. Diese Vorschriften des Bürgerlichen Gesetzbuchs sind theils formeller theils materieller Natur und letztere auch von einschneidender Bedeutung. Es kann einem Ehevertrag nur zu Grunde gelegt werden ein Güterstand, der im Bürgerlichen Gesetzbuch geregelt ist, dagegen nicht ein Güterstand, der nicht mehr gilt oder überhaupt nicht in Deutschland gilt, z. B. wenn einer sagen würde, der Güterstand seiner Ehe solle sich regeln nach dem Dotalrecht oder Nürnbergerrecht oder nach französischem Recht. Weil anzunehmen ist, daß den Parteien zumeist eine allgemeine und bestimmte Vorstellung von der Tragweite der Güterstände fehlt, sind solche Verträge unzulässig. Weiter ist nichts zu erinnern.

Vorsitzender: In Artikel 68 Abs. 2 soll statt der Worte „des Artikel 66 Abs. 3" gesetzt werden „des Artikel 66 Abs. 2, 3."

Reichsrath Dr. **von Bechmann** als Referent: Ich habe keine Erinnerung.

Vorsitzender: Artikel 68 ist angenommen.

Artikel 69 und 70.

Reichsrath Dr. **von Bechmann** als Referent: Diese Artikel handeln von der Ausstellung eines gerichtlichen Zeugnisses oder Erbscheines für das Recht des überlebenden Ehegatten. Ich habe nichts zu bemerken.

Vorsitzender: Ich konstatiere die Annahme der Artikel 69 und 70.

Artikel 71.

Reichsrath Dr. **von Bechmann** als Referent: Dieser Artikel handelt von der Gebührenfreiheit der Eintragung zum Zwecke der Berichtigung des Grundbuches, wenn die Berichtigung binnen einem Jahre erfolgt. Ich habe nichts zu erinnern.

Vorsitzender: Ich konstatiere die Annahme des Artikel 71.

Artikel 72.

Reichsrath Dr. **von Bechmann** als Referent: Ich beantrage Zustimmung.

Vorsitzender: Ich verstehe hier unter Gebühren die Staatsgebühren. (Wird von Seite der Regierung bejaht). Ich konstatiere die Annahme des Artikel 72. Damit haben wir die ganze Gesetzesvorlage erledigt. Wir kommen nunmehr noch zur Ueberschrift:

> Die Einstellung in den Entwurf der Uebergangsvorschriften (Beilage J) soll in der Weise erfolgen, daß
> die Artikel 60 bis 72 unter der Ueberschrift „Eheliches Güterrecht" zwischen Artikel 17 und Artikel 18,
> die Artikel 1 bis 42 unter derselben Ueberschrift zwischen Artikel 46 und 47,
> die Artikel 43 bis 59 unter derselben Ueberschrift zwischen Artikel 65 und Artikel 66

zu stehen kommen.

Reichsrath Dr. **von Bechmann** als Referent: Es ergiebt sich hier eine eigenthümliche Anordnung, indem der 3. Abschnitt, der eigentlich nicht für sich verständlich ist, vorangeht. Allein das läßt sich nicht ändern. Ich wüßte auch keine andere Anordnung vorzuschlagen und ein Gesetz ist auch kein Lehrbuch.

Vorsitzender: Dann wird die Zusammenlegung der beiden Entwürfe unter dem Rubrum zu beschließen sein: Entwurf eines Gesetzes, Uebergangsvorschriften zum Bürgerlichen Gesetzbuche betreffend. Es ist das Beschluß des Ausschusses.

Wir hätten dann noch die wenigen Abänderungen zu berathen, die bezüglich der Beilage Q im Ausschusse der Kammer der Abgeordneten beschlossen worden sind.

Es soll nämlich unter der Ueberschrift „Bierlieferungsverträge" ein Artikel 3a eingestellt werden.

Der k. Ministerialkommissär, Senatspräsident Dr. **von Jacubezky:** Die Ziffer 2 gibt den Beschluß nicht ganz richtig wieder. Sie muß lauten:

2. Unter der Ueberschrift „Bierlieferungsvertrag" soll folgende Vorschrift als Artikel 3a eingestellt werden:

   Das Rechtsverhältnis aus einem vor dem Inkrafttreten des Bürgerlichen Gesetzbuchs geschlossenen Vertrage der im Artikel 7, 8 des Ausführungsgesetzes zum Bürgerlichen Gesetzbuche bezeichneten Art bestimmt sich von diesem Zeitpunkt an nach den Vorschriften des Bürgerlichen Gesetzbuchs.

Vorsitzender: Da eine Erinnerung nicht erhoben wird, kann ich wohl annehmen, daß die Hohen Herren zustimmen. Ich konstatiere das.

3. Unter der Ueberschrift „Vermächtnisse" soll folgende Vorschrift als Artikel 18a eingestellt werden:

   Hat ein Vermächtnis, durch welches der Vermächtnisnehmer den Vermächtnisgegenstand unmittelbar erlangt, ein Recht an einem Grundstück oder ein Recht an einem solchen Rechte zum Gegenstande, so ist bei der Eintragung des Beschwerten in das Grundbuch oder in das Hypothekenbuch der Landestheile rechts des Rheins zugleich das Recht des Vermächtnisnehmers einzutragen.

Reichsrath Dr. **von Bechmann** als Referent: Es ist das eine Art Surrogat für den weggefallenen Erbschein und ist dagegen nichts zu erinnern.

Vorsitzender: Ich darf wohl annehmen, daß die Hohen Herren zu Artikel 18a die Zustimmung ertheilen wollen.

4. In dem Artikel 29 soll zwischen den Abs. 1 und 2 folgender neue Absatz eingestellt werden:

   Bei der Eintragung kann zur näheren Bezeichnung des Inhalts der Grunddienstbarkeit auf die Eintragungsbewilligung Bezug genommen werden.

   Die Vorschriften des § 9 Abs. 1 der Grundbuchordnung finden entsprechende Anwendung.

Reichsrath Dr. **von Bechmann** als Referent: Ich habe nichts zu erinnern.

Vorsitzender: Gilt als genehmigt.

5. Der in der Beilage Q enthaltene Artikel 18a wird gestrichen.

Reichsrath Dr. **von Bechmann** als Referent: Das ist der Erbschein! Es besteht keine Erinnerung.

Vorsitzender: 6. Als Artikel 73 wird mit der Ueberschrift: „Hypothekenämter" folgende Vorschrift eingestellt:

Ueber die Einrichtung der Hypothekenämter und die dienstliche Stellung der Hypothekenbewahrer kann das Staatsministerium der Justiz von den bestehenden Vorschriften abweichende Bestimmungen treffen.

Reichsrath Dr. **von Bechmann** als Referent: Das haben wir beschlossen.

Vorsitzender: Damit wäre nun dieses Ueberleitungsgesetz erledigt. Hiemit ist auch die Tagesordnung erledigt und es wird die Sitzung geschlossen.

(Schluß der Sitzung um 1 Uhr 30 Minuten.)

Abänderungsbeschlüsse

des Justiz-Gesetzgebungsausschusses der Kammer der Reichsräthe zu den Beschlüssen des Justiz-Gesetzgebungsausschusses der Kammer der Abgeordneten über den Entwurf eines Gesetzes, Uebergangsvorschriften zum Bürgerlichen Gesetzbuche betreffend (Beilagen J, X).*)

(Beilage Z[c] z. d. Verhandl. d. K. d. Abg. 1899.)

1. Der Abs. 2 des **Artikel 26** (Beilage X) soll lauten:

   Sind vereinkindschaftete Abkömmlinge vorhanden, so verbleibt es bei den bisherigen Vorschriften über die Vereinigung des Vermögens der beiden Ehegatten und der Abkömmlinge und über die Rechte des überlebenden Ehegatten und der Abkömmlinge an dem vereinigten Vermögen.

2. Der Abs. 1 des **Artikel 32** (Beilage X) soll lauten:

   Die Vorschriften der Artikel 1 bis 31 finden auch Anwendung, wenn für eine Ehe einer der dort genannten Güterstände kraft Ehevertrags besteht. Dies gilt auch für einen Güterstand, der kraft Ehevertrags erst nach dem Inkrafttreten des Bürgerlichen Gesetzbuchs eintritt.

3. Im Abs. 1 des **Artikel 38** (Beilage X) soll zwischen dem Satz 1 und dem Satz 2 folgender neue Satz eingestellt werden:

   Besteht die beschränkte Haftung nach dem Rechte von Castell, so wird ein dem Manne zu gewährender Betrag eingebrachtes Gut.

München, den 29. Mai 1899.

*) Siehe das Protokoll der Redaktionskommission des Ausschusses der Kammer der Abgeordneten vom 25. Mai 1899.

9.

Verhandlungen des Justizgesetzgebungsausschusses der Kammer der Abgeordneten.

52.

Protokoll

über die Sitzung des besonderen (XVIII.) Ausschusses der Kammer der Abgeordneten zur Berathung der durch die Einführung des Bürgerlichen Gesetzbuchs veranlaßten Gesetzentwürfe.

(Verhandl. d. Justiz-Gesetzg.-Aussch. d. K. d. Abg. 1899. Beil.-Bd. XX. Abth. II. S. 865 bis 868.)

München, den 30. Mai 1899, Nachmittags 5 Uhr.

Gegenwärtig:

Die Vertreter der k. Staatsregierung: der k. Staatsminister der Justiz Dr. Freiherr von Leonrod, Excellenz, der k. Staatsminister des Innern für Kirchen- und Schulangelegenheiten Dr. von Landmann, Excellenz, der k. Senatspräsident des obersten Landesgerichts Dr. Ritter von Jacubezky, der k. Staatsrath Schraut, der k. Oberregierungsrath im Staatsministerium der Justiz Schneider, der k. Landgerichtsrath im Staatsministerium der Justiz Schmitt, der k. Landgerichtsrath im Staatsministerium der Justiz Dr. Unzner;

ferner die Ausschußmitglieder: von Stobäus, Vorsitzender, Wagner, Stellvertreter des Vorsitzenden, Dr. Casselmann, Schriftführer, Michel, Stellvertreter des Schriftführers, Beckh, Conrad, Fuchs, Joseph Geiger, Joseph Huber, Landmann, Lerno, Dr. Ratzinger, Seeberger, Segitz, von Walter.

Tagesordnung: S. 865.

1. **Rückäußerung des Justiz-Gesetzgebungsausschusses der Kammer der Reichsräthe zu den Uebergangsvorschriften bezüglich des ehelichen Güterrechts.** (Beilage Zc).
2. . . . .

Vorsitzender **von Stobäus** eröffnet um 5 Uhr 15 Minuten die Sitzung . . . .

Vorsitzender: Ich würde Ihnen vorschlagen, daß wir den letzten Gegenstand der Tagesordnung zuerst berathen:

> **Rückäußerung des Justiz-Gesetzgebungsausschusses der Kammer der Reichsräthe zu den Uebergangsvorschriften bezüglich des ehelichen Güterrechts.**

Wenn die Herren damit einverstanden sind, ertheile ich hiezu das Wort dem Herrn Referenten, Abg. Dr. Casselmann.

Abg. Dr. **Casselmann** (Referent): Der Justiz-Gesetzgebungsausschuß der Reichsrathskammer hat dem Entwurfe eines Gesetzes, Uebergangsvorschriften zum Bürgerlichen Gesetzbuche betreffend, in der von unserem Ausschusse festgestellten Fassung im Großen und Ganzen zugestimmt. Es sind von ihm nur drei Aenderungen beantragt.

Zunächst soll der Abs. 2 des **Artikel 26** (Beilage X) lauten:

> Sind vereinkindschaftete Abkömmlinge vorhanden, so verbleibt es bei den bisherigen Vorschriften über die Vereinigung des Vermögens der beiden Ehegatten und der Abkömmlinge und über die Rechte des überlebenden Ehegatten und der Abkömmlinge an dem vereinigten Vermögen.

Hier sind also zu den Ehegatten noch die Abkömmlinge hinzugesetzt.

S. 865. Da die Protokolle des Reichsrathsausschusses fehlen, ersuche ich die k. Staatsregierung, zu erklären, aus welchen Gründen diese Aenderung beantragt ist.

Senatspräsident Dr. **von Jacubezky:** Es handelt sich nur um eine Berichtigung der Fassung. Nach dem Mainzer Landrechte, das den Gegenstand des Artikel 26 bildet, wird bei dem Vorhandensein vereinkindschafteter Abkömmlinge nicht blos das Vermögen der beiden Ehegatten in die einheitliche Masse gezogen, sondern auch das Vermögen der vereinkindschafteten Kinder, soweit es diesen von ihrem verstorbenen Elterntheile zugefallen war.

Es heißt in Tit. II § 12:

> Was nun also beide Eheleute einander zugebracht, es habe ihnen oder ihren unirten Kindern zugestanden, das soll alles in eine Massam gezogen werden . . . .

Die Fassung des Entwurfs, die nur von der Vereinigung des Vermögens der beiden Ehegatten spricht, ist daher zu eng und bedarf der vorgeschlagenen Berichtigung.

Abg. Dr. **Casselmann** (Referent): Ich habe hinzu keine Erinnerung zu machen.

Abg. **von Walter** (Korreferent): Ich habe auch nichts zu erinnern.

Vorsitzender: Ich konstatire die Annahme des Abs. 2 des Artikel 26 in der Fassung des Ausschusses der Reichsrathskammer.

Herr Referent!

Abg. Dr. **Casselmann** (Referent): Abs. 1 des **Artikel 32** (Beilage X) soll nach dem Beschlusse des Ausschusses der Reichsrathskammer lauten:

> Die Vorschriften der Artikel 1 bis 31 finden auch Anwendung, wenn für eine Ehe einer der dort genannten Güterstände kraft Ehevertrags besteht. Dieß gilt auch für einen Güterstand, der kraft Ehe-
> S. 866. vertrags erst nach dem Inkrafttreten des Bürgerlichen Gesetzbuchs eintritt.

Ich bitte auch hier um eine Erklärung der k. Staatsregierung.

Senatspräsident Dr. **von Jacubezky:** Auch hier handelt es sich um eine Berichtigung des Entwurfes. Es kommt namentlich im Gebiete des Bamberger Rechts hie und da vor, daß die Ehegatten den Eintritt der allgemeinen Gütergemeinschaft von der Geburt eines Kindes abhängig machen, die nach den im Artikel 15 berücksichtigten Rechten von Würzburg, Schweinfurt und Castell die gesetzliche allgemeine Gütergemeinschaft bedingt. Was nach diesen Rechten kraft Gesetzes gilt, wird in Bamberg und vielleicht auch in einigen anderen Rechtsgebieten hie und da vertragsmäßig bestimmt. Die Artikel, auf welche der Artikel 32 verweist, geben aber, abgesehen von dem Artikel 1 Abs. 3, der hier nicht in Frage kommt, ihre Ueberleitungsvorschriften nur für den Fall, daß der überzuleitende Güterstand bei dem Inkrafttreten des Bürgerl. Gesetzbuchs besteht. Es bedarf deßhalb eines ergänzenden Zusatzes, der bestimmt, daß die Ueberleitung auch stattfindet für einen Güterstand, der kraft Vertrages erst später eintritt.

Abg. Dr. **Casselmann** (Referent): Ich beantrage die Zustimmung.

Abg. **von Walter** (Korreferent): Ich habe ebenfalls keine Erinnerung.

Vorsitzender: Ich konstatire, daß auch diesem Beschlusse des Ausschusses der Kammer der Reichsräthe zugestimmt ist.

Abg. Dr. **Casselmann** (Referent): Die dritte Aenderung geht dahin: S. 866.

Im Abs. 1 des **Artikel 38** (Beilage X) soll zwischen dem Satz 1 und dem Satz 2 folgender neue Satz eingestellt werden:

Besteht die beschränkte Haftung nach dem Rechte von Castell, so wird ein dem Manne zu gewährender Betrag eingebrachtes Gut.

Senatspräsident Dr. **von Jacubezky**: Die Fassung des Entwurfes bedarf auch hier einer Verbesserung. Die beiden Rechte von Nürnberg und von Castell, die in dem Artikel 38 genannt sind, gehören nämlich nicht demselben System an, sondern die in Betracht kommende Gemeinschaft des Nürnberger Rechts ist die allgemeine Gütergemeinschaft, bei Castell handelt es sich dagegen um die Errungenschaftsgemeinschaft. Nach dem Bürgerl. Gesetzbuche gibt es Vorbehaltsgut, zu dem der nach Artikel 38 zu gewährende Betrag nach der Fassung des Entwurfes gehören soll, für beide Ehegatten nur bei der allgemeinen Gütergemeinschaft, bei der Errungenschaftsgemeinschaft aber nach der ausdrücklichen Vorschrift des § 1526 Abs. 2 nur für die Frau, nicht für den Mann. Es kann also ein dem Manne zu gewährender Betrag bei der Errungenschaftsgemeinschaft nach Casteller Recht nicht Vorbehaltsgut werden, sondern er muß eingebrachtes Gut des Mannes werden. Dieß spricht der Satz 2 aus.

Abg. Dr. **Casselmann** (Referent): Ich habe nichts zu erinnern.

Abg. **von Walter** (Korreferent): Ich ebenfalls nicht.

Vorsitzender: Ich konstatire, daß auch diese Aenderung des Ausschusses der Kammer der Reichsräthe angenommen ist.

Dann kann die k. Staatsregierung noch einen weiteren Antrag übergeben. Ich bitte den Herrn Referenten, denselben zu verlesen.

Abg. Dr. **Casselmann** (Referent): Ich habe zu **Artikel 6** in der Zwischenzeit von einem Notar in Oettingen eine Zuschrift erhalten, betreffend das Oettingen-Wallensteiner Recht. Ich habe mir erlaubt, diesen Brief der k. Staatsregierung zu übergeben, und es wird wohl der in Vorschlag gebrachte Artikel 46^6 in Folge dieser Zuschrift des Notars veranlaßt sein, nämlich:

Im Artikel 46^6 (Beilage Z^d = Art. 6 der Beilage X) sollen ersetzt werden:

1. im Abs. 1 Satz 1 die Worte: „Eichstätt oder Ingolstadt" durch die Worte: „Eichstätt, Ingolstadt, Oettingen-Wallerstein oder nach der Mönchsrother Observanz,";
2. im Abs. 2 Satz 3 die Worte: „Fulda oder Erbach" durch die Worte: „Fulda, Erbach, Oettingen-Wallerstein oder nach der Mönchsrother Observanz".

Ich bitte die k. Staatsregierung, die Begründung zu dem Artikel 46^6 uns zu geben.

Senatspräsident Dr. **von Jacubezky**: Der vorgeschlagene Zusatz beruht allerdings auf der Anregung, die der Herr Referent soeben bekannt gegeben hat. Das Oettingen-Wallerstein'sche Recht und die mit ihm übereinstimmende Mönchsrother Observanz gelten in den Bezirken der Amtsgerichte Oettingen, Nördlingen, Höchstädt, Dinkelsbühl und Wassertrüdingen und gehören in Ansehung des Erbrechts bei unbeerbter Ehe zu denjenigen Rechten, deren Inhalt bestritten ist. Die sogenannte Julianische Verordnung vom 22. September 1772, welche das alte Gewohnheitsrecht aufgezeichnet hat, enthält eine ausdrückliche Vorschrift nur für die beerbte Ehe; es ist deßhalb die Ansicht auf-

S. 866. gestellt worden, daß für die unbeerbte Ehe das Oettingische Landrecht von 1584 gelte, nach welchem die Ascendenten den Ehegatten ausschließen. Diese Ansicht wird von Arnold, Roth und der im Jahre 1877 im Justizministerium ausgearbeiteten Darstellung vertreten. Nach den eingeforderten Berichten folgt ihr die Rechtsübung in den Amtsgerichtsbezirken Dinkelsbühl und Wassertrüdingen, während in den Bezirken von Oettingen, Nördlingen und Höchstädt angenommen wird, daß der Ehegatte die Ascendenten ausschließt. Die Berichte gründen das ausschließliche Erbrecht des überlebenden Ehegatten auf Gewohnheitsrecht. Ein solches konnte aber Angesichts der abweichenden Rechtsübung in den beiden anderen Amtsgerichtsbezirken nicht anerkannt werden und deßhalb ist der Entwurf bei der in den gedruckten Darstellungen vertretenen Ansicht stehen geblieben.

In dem Briefe des Justizrathes Wörlein in Oettingen ist auch auf ein Erkenntniß des vormaligen Oberappellationsgerichts aus dem Jahre 1865 Bezug genommen, das in dem 30. Bande, der Blätter für Rechtsanwendung abgedruckt ist. Dieses Erkenntniß ist bei Roth und in der Darstellung von 1877 nur für den Satz angeführt, daß nach dem Oettingen-Wallerstein'schen Rechte die allgemeine Gütergemeinschaft nicht blos für die Ehe bisher ledig gewesener Personen, sondern auch dann eintritt, wenn kinderlose verwittwete Personen eine Ehe eingehen. Da diese Frage für den Entwurf nicht in Betracht kam, hatten wir zunächst keinen Anlaß, das Erkenntniß nachzulesen. Es enthält aber außer diesem Satze noch etwas Anderes: es legt die Verordnung vom 22. September 1772 dahin aus, daß das Alleinerbrecht des überlebenden Ehegatten auch für den Fall der unbeerbten Ehe gilt. Nach diesem Erkenntnisse handelt es sich also nicht darum, ob ein Gewohnheitsrecht besteht, welches die Verordnung ergänzt, sondern um die Auslegung des unzweifelhaft geltenden Rechtes. Vom Standpunkte dieses oberstrichterlichen Erkenntnisses ist die in den Bezirken der Amtsgerichte Oettingen, Nördlingen und Höchstädt bestehende Rechtsübung die richtige, und die abweichende Ansicht, die in Dinkelsbühl und
S. 867. Wassertrüdingen herrscht, ist unrichtig. Bei Prüfung des Wort‖lauts der Verordnung haben wir überwiegende Gründe für die Anschauung des vormaligen Oberapellationsgerichts zu finden geglaubt. Für sie läßt sich schon die Fassung der Ziff. 1 anführen, in welcher es heißt, daß nach dem hergebrachten Gewohnheitsrechte die Ehegatten Gut und Blut zusammenzuheirathen pflegen. Wichtiger aber ist die Ziff. 3, die sagt, daß:

> „wann eines von den beiden in communione stehenden Ehegatten verstirbt, ohnerachtet sie miteinander Kinder erzeugt haben, dennoch keine Inventur, noch weniger eine Theilung vorgenommen oder solchen Kindern einige curatores konstituirt werden, sondern das ganze Vermögen dem überlebenden Ehegatten bis an sein Lebensende ungetheilt in Händen verbleibt."

Die Ziff. 3 spricht allerdings ausdrücklich nur von dem Falle, daß Kinder vorhanden sind, aber, indem dieser Fall angeführt wird mit den Worten:

> „ohnerachtet sie miteinander Kinder erzeugt haben",

deutet sie an, daß, wenn keine Kinder da sind, von vornherein von einer Inventur und Theilung keine Rede sein kann, daß in diesem Falle selbstverständlich der überlebende Ehegatte das ganze zusammengeheirathete Gut behält. Von der Mehrzahl der betheiligten Amtsgerichte haben blos drei diese Ansicht angenommen, wenn auch aus einem anderen Grunde. Unter allen Umständen aber dürfte es bei der hier bestehenden Sachlage besser sein, das vielleicht zweifelhafte Erbrecht des überlebenden Ehegatten zu schützen, als es zu Gunsten des gesetzlichen Erbrechts der Ascendenten zu beseitigen. Es ist für den Fall, S. 867. daß der Gesetzgeber einen Fehlgriff machen sollte, weniger bedenklich, dem überlebenden Ehegatten ein Recht zu geben, das ihm nach den bisherigen Vorschriften nicht zusteht, als ihm das Recht zu nehmen, das er bisher hatte. Dieses Recht ist für den überlebenden Ehegatten in vielen Fällen die Grundlage seiner wirthschaftlichen Stellung, auf die er schon bei der Eingehung der Ehe vertraut hat. Für die Ascendenten hat das Erbrecht nur die Bedeutung eines zufälligen Vermögensanfalls, sie kommen durch die Anerkennung des ausschließenden Rechts des Ehegatten nicht in eine schlimmere Lage als durch eine Aenderung des gesetzlichen Erbrechtes.

Nun bitte ich noch um die Erlaubniß, einige Bemerkungen beifügen zu dürfen, die auf andere Artikel Bezug haben. Ich möchte zunächst anführen, daß bei dem Erbrechte des überlebenden Ehegatten nach der Augsburger Pflegeordnung die Sachlage eine ganz andere ist als bei dem Rechte, das ihm nach dem Oettingen-Wallerstein'schen Rechte und der Mönchsrother Observanz zusteht. Nach der Augsburger Pflegschaftsordnung hat der überlebende Ehegatte ein gesetzliches Erbrecht hinter den Ascendenten. Dieses Erbrecht ist aber zweifellos ein reines Erbrecht, nicht die erbrechtliche Wirkung eines bestimmten Güterstandes. Mit ihm verhält es sich also ebenso wie mit dem privilegium Albertinum des Münchener Stadtrechts, es kann ebensowenig aufrecht erhalten werden wie dieses. Ich nehme Anlaß, dieß hier auszusprechen, weil uns in den letzten Tagen mehrere Briefe aus Augsburg zugegangen sind, die anfragen, warum der Entwurf das Erbrecht der Augsburger Pflegeordnung nicht berücksichtigt habe. Der Grund ist auch schon in der Begründung zum Artikel 25 angeführt; dort ist gesagt, daß dieses Erbrecht nicht die Wirkung eines Güterstandes, sondern ein gewöhnliches gesetzliches Erbrecht ist. Daß es diesen Charakter hat, wird auch in den Zuschriften anerkannt; die Verfasser haben sich offenbar in einem Irrthum über die Tragweite des Artikel 200 Abs. 1 Satz 2 des Einführungsgesetzes zum Bürgerl. Gesetzbuche befunden.

Ferner möchte ich zu dem Artikel 72 des ursprünglichen Entwurfes — Artikel 17^{13} Abs. 1 der Zusammenstellung — bemerken, daß unter den Eheverträgen, für welche im Abs. 1 Gebührenfreiheit gewährt ist, auch solche Verträge zu verstehen sind, durch welche die Ehegatten mit Rücksicht auf die Umgestaltung des ehelichen Güterrechts ihr gegenseitiges Erbrecht anderweitig festsetzen. Es ist Zweifel erhoben worden, ob die Gebührenfreiheit auch solchen Verträgen, die man auch als Erbverträge ansehen kann, zu gute kommt. Sie muß auch für die Verträge gelten, weil sie ebenfalls mit der Aenderung des Güterstandes zusammenhängen und die erbrechtlichen Wirkungen eines Güterstandes auch Gegenstand eines Ehevertrags sein können.

Es wird genügen, im Protokolle festzustellen, daß auch solche Verträge als Eheverträge im Sinne des Artikel 72 anzusehen sind.

Vorsitzender: Die ganze Erklärung der k. Staatsregierung wird im Protokolle niedergelegt werden.

Abg. Dr. **Casselmann** (Referent): Es ist fast unmöglich, ohne Eingehen in die Sache den Ausführungen des Herrn Senatspräsidenten in der Weise folgen zu können, daß man zu dem Resultat kommt: man acceptirt Alles. Ich habe aber doch den Eindruck gewonnen, daß sich die Ausführung des Herrn Senatspräsidenten in der Hauptsache deckt mit den Wünschen, die von dem Notar, dessen Brief ich übergeben habe, geäußert worden sind, und ich darf wohl annehmen, daß dieser Notar ein Kenner des dortigen Rechtes ist.

S. 867. Ich bin in der Lage, dem Artikel 46^6, wie er uns vorgelegt wurde, zuzustimmen.

Abg. **von Walter** (Korreferent): Ich habe keine Erinnerung. Mir ist insbesondere das Argument, daß auch die Ziff. 3 der Verordnung der Gräfin Juliana zu dem Schlusse führen müsse, daß bei unbeerbter Ehe der überlebende Ehegatte Alleinerbe des verstorbenen werde, entscheidend. Außerdem stimme ich vollständig der Bemerkung des Herrn Senatspräsidenten bei, daß es besser ist, wenn wir dem überlebenden Ehegatten unter Umständen ein nicht ganz sicheres Recht einräumen, als wenn wir ihm ein sicheres Recht entziehen.

Vorsitzender: Es wird von keiner Seite das Wort begehrt; es wäre demnach zu konstatiren, daß der ganze Gesetzentwurf, wie er aus unserer Berathung hervorgegangen ist, angenommen ist, und werden wir eine nochmalige namentliche Abstimmung vornehmen. (Folgt namentliche Abstimmung.) Der Gesetzentwurf ist angenommen.

Abg. Dr. **Casselmann** (Referent): Ich möchte den Ausschuß bitten, sich darüber zu äußern, ob die Herren mit Folgendem einverstanden sind, nachdem ich annehmen darf, daß ich beauftragt werde, über diesen Gesetzentwurf morgen zu referiren.

Bei der Natur der Materie, um die es sich hier handelt, nachdem fast durchwegs nur rein juristisch-technische Fragen in Betracht kommen, würde ich es für eine Zeitverschwendung halten, nachdem wir die Sache im Ausschusse ausführlich behandelt haben und Protokolle auf Grund der Stenogramme abgefaßt werden, auf welche ein öffentliches Abonnement eröffnet worden ist, wenn ich im Plenum sowie im Ausschusse referiren würde. Ich würde es für das Beste halten, wenn ich mich als Referent darauf beschränken würde, in einer größeren Einleitung die allgemeinen Gesichtspunkte wiederzugeben, die hier in Betracht kommen, was aber die einzelnen Abschnitte anlangt, mich zu denselben nur dann zu äußern, wenn aus dem Hause selbst Anträge oder Anregungen gestellt werden. Es würde mir zur Beruhigung dienen, wenn sich die Herren des Ausschusses äußern würden, ob sie mit diesem Vorgehen einverstanden sind.

S. 868. Abg. **Michel:** Ich möchte als Referent für das pfälzische Recht die gleiche Bitte stellen.

Vorsitzender: Ich konstatire daß die Herren damit einverstanden sind . . . . . .

(Schluß der Sitzung um 8 Uhr.)

von Stobäus,
Vorsitzender.

Dr. Casselmann,
Schriftführer.

Antrag des Justiz-Gesetzgebungsausschusses der Kammer der Abgeordneten.

(Beilage Z^d z. d. Verhandl. d. Justiz-Gesetzg.-Aussch. d. K. d. Abg. 1899 Beil.-B. XX Abth. I.)

Die Kammer wolle beschließen,

dem Gesetzentwurfe in der aus der Anlage Spalte 2 ersichtlichen Fassung die Zustimmung zu ertheilen.

München, den 30. Mai 1899.*)

Der Vicepräsident: **von Keller.**

---

*) Im amtlichen Texte steht offenbar irriger Weise 29. Mai 1899.

Zusammenstellung

des

Entwurfes eines Gesetzes, die durch die Einführung des Bürgerlichen Gesetzbuchs veranlaßten Uebergangsvorschriften betreffend — Beilagen J, X*) —, mit den von dem besonderen (XVIII.) Ausschusse der Kammer der Abgeordneten zur Berathung der durch die Einführung des Bürgerlichen Gesetzbuchs veranlaßten Gesetzentwürfe hierüber gefaßten Beschlüssen.

(Anlage zur Beilage Z d.)

Regierungsvorlage.	Beschlüsse des Ausschusses.**)

Entwurf eines Gesetzes,

die durch die Einführung des Bürgerlichen Gesetzbuchs veranlassten Uebergangsvorschriften betreffend.	**Uebergangsvorschriften zum Bürgerlichen Gesetzbuche betreffend.**

Einleitungsworte unverändert.

I. Vorschriften für das ganze Königreich.

Vereine.

Artikel 1, 2. Unverändert.

Gesetzliche Zinsen.

Artikel 3. Unverändert.

Bierlieferungsvertrag.

Artikel 3a.

Das Rechtsverhältniß aus einem vor dem Inkrafttreten des Bürgerlichen Gesetzbuchs geschlossenen Vertrage der im Artikel 7 des Ausführungsgesetzes zum Bürgerlichen Gesetzbuche bezeichneten Art bestimmt sich von diesem Zeitpunkt an nach den Vorschriften der Artikel 7, 8 des Ausführungsgesetzes.

Miethe und Pacht.

Artikel 4. Unverändert.

Artikel 5.

Ist ein nach den Vorschriften des Bürgerlichen Gesetzbuchs vermiethetes oder verpachtetes Grundstück dem Miether oder Pächter übergeben / **überlassen**, so finden im Falle der Zwangsversteigerung oder der Zwangsverwaltung des Grundstücks, auch bevor das Grundbuch als angelegt anzusehen ist, die Vorschriften Anwendung, welche für die Zeit nach der Anlegung des Grundbuchs über den Einfluß des Verfahrens auf das Mieth- oder Pachtverhältniß gelten.

Urkundenaufgebot.

Artikel 6. Unverändert.

Schuldverschreibungen auf den Inhaber.

Artikel 7. Unverändert.

---

*) Die in dem Nachtragsantrage der k. Staatsregierung zu Beilage X enthaltenen Aenderungen sind in der linken Spalte schon berücksichtigt.

**) Der amtliche Text ist halbseitig, durch einen vertikalen Strich | getheilt, gedruckt. Links befinden sich die Regierungsvorlage, rechts die Ausschußbeschlüsse mit dem Vermerk „Unverändert" oder dem abgeänderten Texte unter Hervorhebung der Abänderungen rechts und links mit fetter Schrift. Der Raumersparniß und Uebersichtlichkeit halber ist hier ein anderes Verfahren eingeschlagen. Die gewöhnliche deutsche und die lateinische Schrift sind der Text der Regierungsvorlage, die gewöhnliche und die fette deutsche Schrift der Text der Ausschußbeschlüsse. Die fetten Ueberschriften sind, sofern nicht lateinischer Druck gegenübersteht, zugleich die Ueberschriften der Regierungsvorlage.

Regierungsvorlage.	Beschlüsse des Ausschusses.

Eigenthumsbeschränkungen zu Gunsten bestehender Waldungen.

Artikel 8. Abs. 1 und 2 unverändert.

Im Falle des Plenterbetriebs gilt als der Zeitpunkt der nächsten Verjüngung der Beginn des Jahres 1950.

Auf isolirte Waldparzellen, die bis zum Beginne des Jahres 1885 als landwirthschaftliche Grundstücke benutzt worden sind, finden die Vorschriften des Abs. 2 keine Anwendung.

Eintragung von Grunddienstbarkeiten.

Artikel 9.

Regierungsvorlage.	Beschlüsse des Ausschusses.
Durch Königliche Verordnung kann bestimmt werden, dass	

Grunddienstbarkeiten, die zu der Zeit bestehen, zu welcher das Grundbuch als angelegt anzusehen ist,

Regierungsvorlage.	Beschlüsse des Ausschusses.
	müssen

zur Erhaltung der Wirksamkeit gegenüber dem öffentlichen Glauben des Grundbuchs in das Grundbuch eingetragen werden

Regierungsvorlage.	Beschlüsse des Ausschusses.
müssen. Die Bestimmung kann für einzelne Grundbuchbezirke getroffen werden.	. **Der Eintragung sind Grunddienstbarkeiten, mit denen das Halten einer dauernden Anlage verbunden ist, solange nicht unterworfen, als die Anlage besteht.**
Die Frist zur Anmeldung der Grunddienstbarkeiten muss	**Der Beginn und die Dauer der Frist für die Anmeldung der einzutragenden Grunddienstbarkeiten werden durch Königliche Verordnung bestimmt; die Frist muß jedoch**

mindestens sechs Monate betragen.

Regierungsvorlage.	Beschlüsse des Ausschusses.
Der Anordnung der Eintragung sind Grunddienstbarkeiten nicht unterworfen, die nur das Recht gewähren, zum Zwecke wirthschaftlicher Verrichtungen das belastete Grundstück zu betreten oder zum Fahren, zum Viehtreiben oder in ähnlicher Weise zu benutzen, ohne dass die Herstellung einer diese Benutzung beeinträchtigenden Anlage auf dem belasteten Grundstück untersagt werden kann. Das Gleiche gilt für Grunddienstbarkeiten, mit welchen das Halten einer dauernden Anlage verbunden ist, so lange die Anlage besteht.	**Die Bestimmung der Frist kann für einzelne Grundbuchbezirke und für einzelne Arten von Grunddienstbarkeiten gesondert erfolgen.**

Die Eintragung und die Entgegennahme der Erklärungen, die zum Zwecke der Eintragung vor dem Grundbuchamt abgegeben werden, sind gebührenfrei.

Erlöschen nicht eingetragener Grunddienstbarkeiten.

Artikel 10 bis 17. Unverändert.

Eheliches Güterrecht.

Artikel 17[1] (Beilage X Art. 60). Artikel 17[2] (Beilage X Art 61). Artikel 17[3] (Beilage X Art. 62). Artikel 17[4] (Beilage X Art. 63). Artikel 17[5] (Beilage X Art. 64). Artikel 17[6] (Beilage X Art. 65). Artikel 17[7] (Beilage X Art. 66). Artikel 17[8] (Beilage X Art. 67). Artikel 17[9] (Beilage X Art. 68). Artikel 17[10] (Beilage X Art. 69). Artikel 17[11] (Beilage X Art. 70). Artikel 17[12] (Beilage X Art. 71). Artikel 17[13] (Beilage X Art. 72). Unverändert.

Anlegung von Mündelgeld.

Artikel 18. Unverändert.

Vermächtnisse.

Artikel 18a.

Hat ein Vermächtniß, durch welches der Vermächtnißnehmer den Vermächtnißgegenstand unmittelbar erlangt, ein Recht an einem Grundstück oder ein Recht an

Regierungsvorlage. | **Beschlüsse des Ausschusses.**

einem solchen Rechte zum Gegenstande, so ist bei der Eintragung des Beschwerten in das Grundbuch oder in das Hypothekenbuch der Landestheile rechts des Rheins zugleich das Recht des Vermächtnißnehmers einzutragen.

Beschwerden in Angelegenheiten der freiwilligen Gerichtsbarkeit.

Artikel 19. Unverändert.

Personenstand.

Artikel 20. Unverändert.

Auseinandersetzung in Ansehung eines Nachlasses oder eines Gemeinschaftsvermögens.

Artikel 21. Unverändert.

Handelssachen.

Artikel 22, 23. Unverändert.

II. Vorschriften für die Landestheile rechts des Rheins.

Eigenthumsvorbehalt.

Artikel 24. Unverändert.

Miteigenthum.

Artikel 25, 26. Unverändert.

Stockwerkseigenthum.

Artikel 27. Unverändert

Ausschluß des Rechtes auf Aufhebung der Gemeinschaft.

Artikel 28. Unverändert.

Grunddienstbarkeiten.

Artikel 29.

Von der Verkündung dieses Gesetzes an kann die Eintragung von Grunddienstbarkeiten in das Hypothekenbuch von dem Berechtigten und von dem Eigenthumer des belasteten Grundstücks verlangt werden; die Kosten sind von demjenigen zu tragen und vorzuschießen, welcher die Eintragung verlangt. Die Löschung einer vorher erfolgten Eintragung kann nicht aus dem Grunde verlangt werden, weil die Grunddienstbarkeit nicht zu den einzutragenden Rechten gehörte.

Bei der Eintragung kann zur näheren Bezeichnung des Inhalts der Grunddienstbarkeit auf die Eintragungsbewilligung Bezug genommen werden. Die Vorschriften des § 9 Abs. 1 der Grundbuchordnung finden entsprechende Anwendung.

Die Eintragung einer Grunddienstbarkeit gilt von der Zeit an, zu welcher das Grundbuch als angelegt anzusehen ist, als Eintragung im Grundbuche. Die Eintragung eines Widerspruchs gegen die Richtigkeit der Eintragung ist schon vorher zulässig.

Artikel 30. Unverändert.

Reallasten.

Artikel 31. Unverändert.

Ewiggeld.

Artikel 32. Unverändert.

Leibgedingsrechte.

Artikel 33. Unverändert.

Inhaberhypotheken.

Artikel 34. Unverändert.

Gesetzliche Hypothekentitel.

Artikel 35 bis 41. Unverändert.

Hypothekenvormerkungen.

Artikel 42. Unverändert.

Regierungsvorlage.	Beschlüsse des Ausschusses.

Rangvorbehalte.

Artikel 43, 44. Unverändert.

Verpfändung und Pfändung des Anspruchs auf Herausgabe eines Grundstücks.

Artikel 45. Unverändert.

Hypotheken an Rechten.

Artikel 46. Unverändert.

Eheliches Güterrecht.

1. Allgemeine Gütergemeinschaft.

Artikel 46[1] (Beilage X Art. 1). Artikel 46[2] (Beilage X Art. 2). Artikel 46[3] (Beilage X Art. 3). Artikel 46[4] (Beilage X Art. 4). Artikel 46[5] (Beilage X Art. 5). Unverändert.

Artikel 46[6] (Beilage X Art. 6).

Abs. 1 unverändert.

Der Uebergang auf den überlebenden Ehegatten kann durch letztwillige Verfügung ausgeschlossen werden. **Im Falle der Ausschließung gehört der Antheil des verstorbenen Ehegatten an dem Gesammtgute zum Nachlasse.** Besteht die allgemeine Gütergemeinschaft nach dem Rechte von Bamberg, Nördlingen,

Regierungsvorlage	Beschlüsse des Ausschusses
Windsheim, Ulm, Pappenheim, Thurnau, Fulda, Erbach, Kaufbeuren, der Stadt Kempten oder von Dinkelsbühl,	**Kaufbeuren, der Stadt Kempten, von Dinkelsbühl, Windsheim, Ulm, Pappenheim, Thurnau, Fulda oder Erbach,**

so finden auf die Ausschließung die Vorschriften der §§ 1509, 1516 des Bürgerlichen Gesetzbuchs entsprechende Anwendung. Besteht die allgemeine Gütergemeinschaft nach dem Rechte von Bayreuth, so steht dem ausgeschlossenen Ehegatten

Regierungsvorlage	Beschlüsse des Ausschusses
ein Pflichttheilsrecht zu; die Vorschriften des Bürgerlichen Gesetzbuchs über den Pflichttheil finden entsprechende Anwendung. Wird der Uebergang auf den überlebenden Ehegatten ausgeschlossen, so gehört der Antheil des verstorbenen Ehegatten am Gesammtgute zum Nachlasse.	**das im § 1478 des Bürgerlichen Gesetzbuchs bezeichnete Recht sowie ein Pflichttheilsrecht zu. Macht der ausgeschlossene Ehegatte von dem im § 1478 bezeichneten Rechte Gebrauch, so gilt das Gesammtgut insoweit, als es nicht zur Erstattung des Werthes des von der Frau in die Gütergemeinschaft Eingebrachten zu verwenden ist, als Antheil des Mannes; auf das Pflichttheilsrecht finden die Vorschriften des Bürgerlichen Gesetzbuchs über den Pflichttheil entsprechende Anwendung.**

Artikel 46[7] (Beilage X Art. 7). Artikel 46[8] (Beilage X Art. 8). Artikel 46[9] (Beilage X Art. 9). Artikel 46[10] (Beilage X Art. 10). Artikel 46[11] (Beilage X Art. 11). Artikel 46[12] (Beilage X Art. 12). Artikel 46[13] (Beilage X Art. 13). Unverändert.

2. Errungenschaftsgemeinschaft.

Artikel 46[14] (Beilage X Art. 14). Unverändert.

Artikel 46[15] (Beilage X Art. 15).

Besteht die Errungenschaftsgemeinschaft **nach** dem Rechte von Würzburg, Castell oder **Schweinfurt, so tritt mit der Geburt** eines Kindes die allgemeine Gütergemeinschaft nach den Vorschriften des Bürgerlichen Gesetzbuchs ein. **Besteht die Errungenschaftsgemeinschaft nach dem Rechte von Castell, so finden die Vorschriften des Artikel 3 Anwendung.**

Inwieweit das Vermögen der Frau Vorbehaltsgut und die Verbindlichkeiten der Ehegatten **Gesammtgutsverbindlichkeiten** werden, bestimmt sich nach den bisherigen Vorschriften über die allgemeine Gütergemeinschaft; die Gesammtgutsverbindlichkeiten der Errungenschaftsgemeinschaft **werden jedoch im** Verhältnisse zu den Gläubigern Gesammtgutsverbindlichkeiten der allgemeinen Gütergemeinschaft, auch soweit sie es nach diesen Vorschriften nicht sein würden.

Im Falle der **Aufhebung** der allgemeinen Gütergemeinschaft steht, wenn gemeinschaftliche **Abkömmlinge nicht vorhanden** sind, jedem der Ehegatten das im § 1478 des Bürgerlichen **Gesetzbuchs bestimmte Recht zu.**

Artikel 46[16] (Beilage X Art. 16). **Artikel** 46[17] (Beilage X Art. 17). Unverändert.

Regierungsvorlage. | **Beschlüsse des Ausschusses.**

Artikel 46[18] (Beilage X Art. 18.)

Abs. 1, 2, 3 unverändert.

Abs. 4: **Das im Abs. 1 Satz 1 bezeichnete Recht, die Antheile der Abkömmlinge gegen Vorausbestellung zu übernehmen, steht dem überlebenden Ehegatten auch dann nicht zu, wenn der andere Ehegatte schon vor dem Inkrafttreten des Bürgerlichen Gesetzbuchs gestorben ist.**

Artikel 46[19] (Beilage X Art. 19). Unverändert.

Artikel 46[19]a.

Besteht die Errungenschaftsgemeinschaft nach dem Rechte von Memmingen, so bestimmt sich, wenn bei dem Tode des einen Ehegatten Abkömmlinge dieses Ehegatten vorhanden sind, der Erbtheil des überlebenden Ehegatten nach den bisherigen Vorschriften, soweit diese für den überlebenden Ehegatten günstiger sind.

Artikel 46[20] (Beilage X Art. 20). Artikel 46[21] (Beilage X Art. 21). Artikel 46[22] (Beilage X Art. 22). Artikel 46[23] (Beilage X Art. 23). Artikel 46[24] (Beilage X Art. 24). Artikel 46[25] (Beilage X Art. 25). Unverändert.

Artikel 46[26] (Beilage X Art. 26).

Abs. 1 unverändert.

Sind vereinkindschaftete Abkömmlinge vorhanden, so verbleibt es bei den bisherigen Vorschriften über die Vereinigung des Vermögens der beiden Ehegatten **und der Abkömmlinge** und über die Rechte des überlebenden Ehegatten und der Abkömmlinge an dem vereinigten Vermögen.

Artikel 46[27] (Beilage X Art. 27). Unverändert.

3. Totalrecht. Verwaltungsgemeinschaft.

Artikel 46[28] (Beilage X Art. 28). Artikel 46[29] (Beilage X Art. 29). Artikel 46[30] (Beilage X Art. 30). Artikel 46[31] (Beilage X Art. 31). Unverändert.

4. Vertragsmäßiges Güterrecht.

Artikel 46[32] (Beilage X Art. 32).

Die Vorschriften der Artikel 46[1] bis 46[31] finden auch Anwendung, wenn für eine Ehe einer der dort genannten Güterstände kraft Ehevertrags gilt / **besteht**. **Dies gilt auch für einen Güterstand, der kraft Ehevertrags erst nach dem Inkrafttreten des Bürgerlichen Gesetzbuchs eintritt.**

Abs. 2 unverändert.

Artikel 46[33] (Beilage X Art. 33). Artikel 46[34] (Beilage X Art. 34). Unverändert.

5. Allgemeine Vorschriften.

Artikel 46[35] (Beilage X Art. 35). Artikel 46[36] (Beilage X Art. 36). Artikel 46[37] (Beilage X Art. 37). Unverändert.

Artikel 46[38] (Beilage X Art 38).

Haftet nach dem Rechte von Nürnberg oder Castell das Gesammtgut für die Verbindlichkeit eines Ehegatten nur zur Hälfte, so kann, wenn die Verbindlichkeit aus dem Gesammtgute berichtigt wird, der andere Ehegatte verlangen, daß ihm aus dem Gesammtgut ein dem Werthe der Aufwendung gleichkommender Betrag als Vorbehaltsgut gewährt wird. **Besteht die beschränkte Haftung nach dem Rechte von Castell, so wird ein dem Manne zu gewährender Betrag eingebrachtes Gut.** Bei der Zwangsvollstreckung in das Gesammtgut kann er verlangen, daß die zu diesem gehörenden Gegenstände so behandelt werden, wie wenn sie zu gleichen Antheilen gemeinschaftlich wären; das Verlangen ist nach § 771 der Civilprozeßordnung geltend zu machen.

Abs. 2 unverändert.

Artikel 46[39] (Beilage X Art. 39). Artikel 46[40] (Beilage X Art. 40). Artikel 46[41] (Beilage X Art. 41). Artikel 46[42] (Beilage X Art. 42). Unverändert.

Legitimation durch nachfolgende Ehe.

Artikel 47. Unverändert.

Regierungsvorlage.	Beschlüsse des Ausschusses.

Fürstlich Thurn und Taxis'sche Gerichte.

Artikel 48. Unverändert.

III. Vorschriften für die Pfalz.

Abwesenheit.

Artikel 49 bis 54. Unverändert.

Aufhebung einer Gemeinschaft.

Artikel 55. Unverändert.

Artikel 56.

Abs. 1 unverändert.

An Stelle des Vorzugsrechts erlangen die Theilhaber nach der Anlegung des Grundbuchs den Anspruch auf Bestellung einer Sicherungshypothek.

Die Theilhaber können auch außer dem Falle des Artikel 21 über die Aufhebung der Gemeinschaft eine Vereinbarung treffen.

Artikel 57. Unverändert.

Leibgedingsreichnisse und vorbehaltene Renten.

Artikel 58 bis 60. Unverändert.

Rechte auf Erlangung einer Hypothek.

Artikel 61, 62. Unverändert.

Gesetzliche Hypotheken.

Artikel 63, 64. Unverändert.

Verpfändung und Pfändung des Anspruchs auf Herausgabe eines Grundstücks.

Artikel 65. Unverändert.

Eheliches Güterrecht.

Artikel 65^1 (Beilage X Art. 43.) Artikel 65^2 (Beilage X Art. 44). Artikel 65^3 (Beilage X Art. 45). Artikel 65^4 (Beilage X Art. 46). Artikel 65^5 (Beilage X Art. 47). Artikel 65^6 (Beilage X Art. 48). Artikel 65^7 (Beilage X Art. 49). Artikel 65^8 (Beilage X Art. 50). Artikel 65^9 (Beilage X Art. 51). Artikel 65^{10} (Beilage X Art. 52). Artikel 65^{11} (Beilage X Art. 53). Artikel 65^{12} (Beilage X Art. 54). Artikel 65^{13} (Beilage X Art. 55). Artikel 65^{14} (Beilage X Art. 56). Artikel 65^{15} (Beilage X Art. 57). Artikel 65^{16} (Beilage X Art. 58). Artikel 65^{17} (Beilage X Art. 59). Unverändert.

Legitimation durch nachfolgende Ehe.

Artikel 66. Unverändert.

Erbrecht.

Artikel 67 bis 71. Unverändert.

Personenstand.

Artikel 72. Unverändert.

Hypothekenämter.

Artikel 73.

Ueber die Einrichtung der Hypothekenämter und die dienstliche Stellung der Hypothekenbewahrer kann das Staatsministerium der Justiz von den bestehenden Vorschriften abweichende Bestimmungen treffen.

Gegeben . . . . .

München, den 30. Mai 1899.

Nachträglicher Beschluß des Justizgesetzgebungs-Ausschusses der Kammer der Abgeordneten.

(Zu Beilage Z^d.)

In heutiger dritter Lesung des XVIII. Ausschusses wurde nachträglich beschlossen:

Im **Artikel 46**^{6} (Beilage Z^d = Art. 6 der Beilage X) sollen ersetzt werden:

1. im Abs. 1 Satz 2 die Worte: „Eichstätt oder Ingolstadt" durch die Worte: „Eichstätt, Ingolstadt, Oettingen-Wallerstein oder nach der Mönchsrother Observanz,";
2. im Abs. 2 Satz 3 die Worte: „Fulda oder Erbach" durch die Worte: „Fulda, Erbach, Oettingen-Wallerstein oder nach der Mönchsrother Observanz".

München, den 30. Mai 1899.

10.

Stenographischer Bericht

über die

Verhandlungen der bayerischen Kammer der Abgeordneten.

Fünfhundertste öffentliche Sitzung vom 31. Mai 1899.

(Stenogr. Berichte z. d. Verhandl. d. K. d. Abg. 1899. Bd. XIII Nr. 500 Seite 989 bis 1001.)

Vicepräsident: Wir kommen zum zweiten Gegenstand der Tagesordnung: S. 989.

Mündlicher Bericht des besonderen (XVIII.) Ausschusses der Kammer der Abgeordneten zur Berathung der durch die Einführung des Bürgerlichen Gesetzbuchs veranlaßten Gesetzentwürfe über den Entwurf eines Gesetzes, die durch die Einführung des Bürgerlichen Gesetzbuchs veranlaßten Uebergangsvorschriften betreffend.

Der Berathung werden zu Grunde gelegt die Beilagen J, X in specie Z^d.

Ich eröffne zunächst die Generaldiskussion und ertheile das Wort zur Einleitung derselben dem Herrn Referenten, Abgeordneten Dr. Casselmann.

Dr. **Casselmann** (Berichterstatter): Meine Herren! Die Beilage Z^d setzt sich zusammen aus zwei Anträgen der k. Staatsregierung, welche die Uebergangsvorschriften zum Bürgerlichen Gesetzbuche betreffen, und zwar aus der ursprünglichen Beilage J, mit der Ueberschrift „die durch die Einführung des Bürgerlichen Gesetzbuchs veranlaßten Uebergangsvorschriften betreffend" und der Beilage X, welche die Uebergangsvorschriften für das eheliche Güterrecht enthält.

Diese beiden Anträge der k. Staatsregierung sind im Ausschusse gesondert behandelt und nunmehr hier auf Grund des Beschlusses Ihres Ausschusses zu einem Gesetzentwurf zusammengestellt worden.

Was die äußere Eintheilung des nunmehr zusammengestellten Entwurfes anlangt, so zerfällt der Entwurf jetzt in drei Abtheilungen, von denen die erste von Art. 1 bis 23 Vorschriften für das ganze Königreich, die zweite in Art. 24 bis 48 Vorschriften für die Landestheile rechts des Rheins und die dritte in Art. 49 bis 73 Vorschriften für die Pfalz enthält. S. 990.

S. 990. Ich habe die Ehre, Namens des Ausschusses zu referiren über jene Vorschriften, welche in Art. 1 bis 48 für das ganze Königreich und die Landestheile rechts des Rheins getroffen sind.

Ich darf, meine Herren, ehe ich in das Referat selbst näher eingehe, vorausschicken, daß die Materie, um die es sich hier handelt, eine äußerst schwierige ist, schwierig um deswillen, weil zum vollen Verständnisse derselben nicht nur ein gewisses Maß von Kenntnissen der bisherigen gesetzlichen Bestimmungen, sondern die Kenntniß des Bürgerlichen Gesetzbuchs und der neuen Reichsgesetze gehört. Schon aus diesem Grunde und mit Rücksicht auf die verhältnißmäßig kurze Zeit, welche uns zur Berathung dieses Gesetzentwurfes zur Verfügung stand, ist es durchaus nicht von der Hand zu weisen, daß der Ausschuß bei seinen Beschlüssen vielleicht nicht in allen Punkten das absolut Richtige getroffen hat. Es ist aber dabei tröstlich der Gedanke, daß nach den Bestimmungen des Einführungsgesetzes zum Bürgerlichen Gesetzbuche der Landesgesetzgebung auch das Recht nach Einführung des Bürgerlichen Gesetzbuchs gewahrt bleibt, alle diese hier in den Ueberleitungsvorschriften behandelten Materien einer Revision zu unterstellen. Sollte also in der Praxis die eine oder andere Bestimmung des Entwurfes etwa sich nicht bewähren, so steht es, wie gesagt, den gesetzgebenden Faktoren der Zukunft zu, hier die bessernde Hand anzulegen.

Was den Inhalt des Entwurfes im Allgemeinen anbetrifft, so muß man davon ausgehen, daß nach den Vorschriften des Einführungsgesetzes zum Bürgerlichen Gesetzbuche letzteres nur Anwendung finden soll für solche Rechtsverhältnisse, welche nach dem 1. Januar 1900 entstehen, so daß also einmal die unter der Herrschaft des bisherigen Rechtes eingetretenen Rechtswirkungen fortbestehen, und zum Andern, daß für die bei Inkrafttretung des Bürgerlichen Gesetzbuchs bestehenden Rechtsverhältnisse das bisherige Recht in Kraft bleibt.

Die strikte Durchführung dieses Grundsatzes würde nun, wie ja leicht verständlich ist, in der Praxis auf allen Gebieten des Rechtes zu den größten Unzuträglichkeiten führen, und es hat deßhalb schon das Einführungsgesetz diesen Grundsatz dahin eingeschränkt, daß es einen großen Theil dieser Rechtswirkungen und Rechtsverhältnisse entweder vollständig oder doch nach gewissen Richtungen den neuen Vorschriften unterworfen hat. Die Vorschriften des Bürgerlichen Gesetzbuchs gelten entweder überhaupt oder mit gewissen Einschränkungen für die Wirkungen der Volljährigkeitserklärung und Emanzipation, der Entmündigung, zum Theil auch der Todeserklärung. Ferner sind die Grundsätze über die Verjährung und Ersitzung durch die neuen Vorschriften des Bürgerlichen Gesetzbuchs ersetzt. Das Bürgerliche Gesetzbuch ist für die bestehenden juristischen Personen, für Mieth-, Pacht- und Dienstverhältnisse, für Gemeinschaften nach Bruchtheilen, für Schuldverschreibungen auf den Inhaber und Legitimationspapiere, für Besitzverhältnisse, das Eigenthum, Aneignungsrecht des Fiskus, Erbbaurecht und Grunddienstbarkeiten, Hypotheken- und Grundschulden, für die persönlichen Rechtsbeziehungen der Ehegatten untereinander und die Zulässigkeit von Eheverträgen, für die Nichtigkeit und Anfechtbarkeit der Ehe, für Ehescheidungen, für die Rechtsverhältnisse zwischen Eltern und den ehelichen Kindern und die rechtliche Stellung der unehelichen Kinder sowie die Vormundschaft und Pflegschaft maßgebend.

Außer diesen im Einführungsgesetze zum Bürgerlichen Gesetzbuche bereits getroffenen Ausnahmen des Anfangs besprochenen Grundsatzes bestimmt aber nun Art. 218 des Einführungsgesetzes zum Bürgerlichen Gesetzbuche, daß auch die Landesgesetzgebung befugt sein soll, die Ueberleitung des alten zum neuen Recht zu fördern. S. 990.

Auf dem Gebiete des Liegenschaftsrechtes, das ja in der Hauptsache nicht schlechthin mit der Einführung des Bürgerlichen Gesetzbuchs, sondern erst dann in Bayern gilt, wenn für den einzelnen Bezirk das Grundbuch als angelegt zu gelten hat, entsteht eine Zwischenzeit zwischen dem 1. Januar 1900 und dem nach den einzelnen Bezirken ja verschiedenen Zeitpunkt, wo das Grundbuch als angelegt zu betrachten ist. Für diese Zwischenzeit sind gleichfalls Ueberleitungsvorschriften nothwendig. Nach dem § 200 Abs. 1 des Gesetzes vom 17. Mai 1898, betreffend die Angelegenheiten der freiwilligen Gerichtsbarkeit, ist es der Landesgesetzgebung schlechthin vorbehalten, die erforderlichen Uebergangsvorschriften zu treffen.

Nun, meine Herren — und das ist nothwendig zu wissen für das Verständniß und die Tragweite des Entwurfes, um den es sich heute handelt —, sind diese Ueberleitungsvorschriften nicht alle in dem zur Berathung stehenden Entwurf enthalten, sondern ein großer Theil der Ueberleitungsvorschriften, die erforderlich waren, ist bereits beschlossen worden in den Gesetzentwürfen, die in den Beilagen A und B enthalten sind, also in dem Ausführungsgesetz zum Bürgerlichen Gesetzbuch und in dem Gesetz, welches die Aenderungen der seit 1818 erlassenen Gesetze betrifft; ebenso sind auch Ueberleitungsvorschriften in dem Gesetz über die Zwangsversteigerung und Zwangsverwaltung getroffen und endlich sind bereits Uebergangsvorschriften für das Liegenschaftsrecht der Pfalz vom 1. Juli 1898 getroffen worden. Der Rest der Ueberleitungsvorschriften ist in dem gegenwärtigen Gesetzentwurfe behandelt.

Nun, meine Herren, darf ich wohl weiter vorausschicken, daß es die Aufgabe des Referenten gerade bei dieser Gesetzesvorlage, die zum größten Theil aus rein juristisch-technischen Dingen besteht, nicht sein kann, alle einzelnen Bestimmungen des Langen und Breiten hier im Plenum zu erörtern. Das ist ja, wie die Herren sehen, wenn sie die Protokolle lesen, gewiß gründlich bereits in dem Gesetzgebungsausschusse geschehen, der in einer Reihe von Sitzungen eingehend über die einzelnen Punkte berathen hat, nicht nur in dem Ausschusse dieser Kammer, sondern auch in dem Ausschusse der Reichsrathskammer, und ich kann jetzt schon bemerken, daß zwischen den Beschlüssen unseres Ausschusses und den Beschlüssen des Ausschusses der Reichsrathskammer eine Differenz nicht mehr besteht. Sie werden es deßhalb begreiflich finden, wenn ich es ähnlich mache, wie es bisher auch von den anderen Herren Referenten gemacht wurde, daß ich im Allgemeinen nur einen Ueberblick über die grundleitenden Gesichtspunkte gebe, von welchen der Entwurf geleitet wird, daß ich aber im Einzelnen nur bei solchen Bestimmungen mich länger aufhalte, wo etwa Anträge aus dem Hause kommen oder wo die Sache so wichtig und auch für den Laien nicht durchweg verständlich ist, daß man eine kurze Erörterung hier im Plenum nicht wird vermeiden können.

Meine Herren! Daß die Ueberleitungsvorschriften an sich nothwendig sind, das werden die Herren selbst zugeben, wenn sie den Entwurf auch nur flüchtig gelesen haben.

Für eine Materie allerdings wird es nothwendig sein, die Frage der Ueberleitung mit einigen allgemeinen Bemerkungen hier zu erörtern, und diese Materie betrifft das eheliche Güterrecht. ‖ Nach den Bestimmungen des Einführungsgesetzes zum S. 991.
Bürgerlichen Gesetzbuche würde der Güterstand der Ehen, welche am 1. Januar 1900 bestehen, nach den bisherigen Vorschriften sich richten, während die Vorschriften des Bürgerlichen Gesetzbuchs über das eheliche Güterrecht für alle

S. 991. nach dem 1. Januar 1900 geschlossenen Ehen zur Anwendung kommen würden. Nun, meine Herren, haben wir, wie Sie wissen, in Bayern eine große Zahl von Statutarrechten über das eheliche Güterrecht, und es wäre, wenn man von allen anderen Verhältnissen absieht, gewiß zu einer Zeit, wo man bestrebt ist, womöglich auf allen Gebieten des Rechtes eine einheitliche Kodifikation zu schaffen, mißlich, wenn man auf halbem Wege stehen bleiben würde und alle diese alten ehelichen Güterrechte, die es in Bayern gibt, bestehen lassen würde. Meine Herren! Nehmen Sie an, wie das in der Folge sich gestalten würde: Es würden in jeder Gemeinde, je nachdem die Ehen vor oder nach dem 1. Januar 1900 abgeschlossen worden sind, verschiedene Rechte bestehen. Das würde an sich schon, wie begreiflich ist, sicherlich zu Unzuträglichkeiten führen, weil ja die Vorschriften des Bürgerlichen Gesetzbuchs sehr wesentlich sich unterscheiden von den zum Theil sehr veralteten bisherigen Vorschriften.

Wenn man also die Frage so stellt: Soll überhaupt eine Ueberleitung des ehelichen Güterrechtes stattfinden? so glaube ich, meine Herren, wird man diese Frage unbedenklich und mit Entschiedenheit bejahen müssen.

Es kommt dazu, daß, meine Herren, dieses bestehende Statutarrecht durchaus nicht immer ein unbestrittenes und geschriebenes Recht ist, sondern daß gerade auf diesem Gebiete die größten Streitfragen bestehen und daß zu einem großen Theile dieses eheliche Güterrecht gar nicht geschrieben ist, sondern auf Gewohnheit beruht. Ich will nur das Eine hervorheben, daß z. B. das Recht von Ulm nach der Praxis ein ganz anderes Recht ist, als das geschriebene Recht darstellt.

Es kommt aber noch etwas hinzu, meine Herren, das ist der Umstand, daß, wenn das alte Recht bestehen bleiben würde, auf ein Menschenalter hinaus schließlich der betreffende Richter, Anwalt oder Notar, der in Frage kommt, hier gar nicht mehr in der Lage sein würde, diese alten Rechtsquellen, auf denen die alten Ehen beruhen, zu finden, geschweige denn sie richtig auszulegen und zu verstehen.

Das Wichtigste aber bei dieser Frage ist das, daß nach den Bestimmungen der Statutarrechte sehr häufig eine güterrechtliche Nachwirkung in erbrechtlicher Beziehung vorhanden ist und daß also, wenn eine Ueberleitung nicht stattfinden würde, in den Fällen, wo das Erbrecht auf einer solchen güterrechtlichen Nachwirkung beruht, die bisherigen Vorschriften Platz greifen würden, wenn es sich aber um ein Erbrecht handelt, das nicht als eine Nachwirkung des Güterrechts zu betrachten ist, wiederum nach den Bestimmungen des Einführungsgesetzes zum Bürgerlichen Gesetzbuche das Bürgerliche Gesetzbuch maßgebend sein würde. Das würde — das werden die Herren mir zugeben — in der Praxis zu den größten Verwirrungen und zu den schwierigsten Prozessen führen.

Nun, meine Herren, wenn man auch die Frage, ob die Ueberleitung nothwendig ist, bejaht, so bleibt immer noch die Frage übrig, ob man die Ueberleitung in der Form vornehmen soll, wie sie der Entwurf vorschlägt. Der Entwurf sagt nämlich im Allgemeinen, unter Statuirung einer ganzen Reihe von Ausnahmen, die nicht zu umgehen sind für die einzelnen Statutarrechte, es soll in Zukunft das bisherige Güterrecht übergeleitet werden in das Güterrecht des Bürgerlichen Gesetzbuchs, welches dem bisherigen Güterrecht am meisten entspricht. Nehmen sie an das Bayreuther Recht! Das Bayreuther Recht ist das der allgemeinen Gütergemeinschaft. Vom 1. Januar 1900 ab soll nun an die Stelle des Bayreuther Rechtes die Gütergemeinschaft des Bürgerlichen Gesetzbuchs treten, immer natürlich vorbehaltlich der im Gesetz getroffenen Ausnahmen. Oder nehmen Sie ein Rechtsgebiet an, wo nicht

Gütergemeinschaft, sondern Errungenschaftsgemeinschaft besteht! Da sollen vom S. 991.
1. Januar 1900 ab grundsätzlich die Vorschriften des Bürgerlichen Gesetzbuchs über die Errungenschaft Platz greifen u. s. w. In dieser Weise will also der Entwurf die Ueberleitung vornehmen.

Meine Herren! Nach zwei Seiten hin — und das ist sehr wichtig — trifft der Entwurf Einschränkungen. Er sagt, wenn auch die Ueberleitung in der beschriebenen Weise stattfinden soll, so darf sie doch keine rückwirkende Kraft für die Vergangenheit haben. Der Entwurf hat also die neuen Vorschriften auf die bestehenden Ehen nur für die Zukunft übertragen. Die Rechtsverhältnisse, die auf Grund der bisherigen Gestaltung der Güterrechte entstanden sind, die sollen unberührt bleiben. Was also bisher gemeinschaftliches Vermögen der Ehegatten war, soll auch künftig gemeinschaftliches Vermögen der Ehegatten bleiben, selbst dann, wenn es sich um einen Erwerb handelt, der, wenn das Bürgerliche Gesetzbuch gegolten hätte, nicht in die Gemeinschaft gefallen wäre. Es soll aber insbesondere auch die Haftung der Ehegatten für die vor dem Inkrafttreten des Bürgerlichen Gesetzbuchs entstandenen Schulden sowohl den Gläubigern gegenüber als auch im Verhältniß der Ehegatten zu einander nach den bisherigen Vorschriften bestimmt werden. Das ist die eine Einschränkung.

Die andere Einschränkung, die sehr wichtig ist, meine Herren, beruht darin: Die erbrechtlichen Verhältnisse sollen, soweit sie dem überlebenden Ehegatten günstiger sind als die künftigen Bestimmungen des Bürgerlichen Gesetzbuchs, bestehen bleiben. Nämlich nach vielen der bestehenden Statutarrechte gehen die Rechte des überlebenden Ehegatten weiter als das gesetzliche Erbrecht, welches das Bürgerliche Gesetzbuch in den §§ 1931 bis 1933 dem überlebenden Ehegatten gibt. Mit Recht hat nun der Entwurf bestimmt, daß die Vorschriften des Bürgerlichen Gesetzbuchs dann nicht gelten sollen, wenn die bisherigen Vorschriften dem überlebenden Ehegatten günstiger waren, weil man davon ausgegangen ist, daß derjenige, der eine Ehe schließt, unter Umständen schon Rücksicht darauf nimmt, wie dereinst einmal bei dem Tode des andern Ehegatten die Verhältnisse sich gestalten. Er hat oft seine ganze Wirthschaft, seine ganze ökonomische Existenz auf diese Frage gestützt, und es wäre nun hart, wenn der Gesetzgeber hier mit seiner Gewalt eingreifen und sagen würde, wie weiland Napoleon I. beim Code civil gesagt hat: Von heute an gilt ein ganz anderes Recht; ob du jetzt geschädigt wirst in deiner wirthschaftlichen Existenz oder nicht, ist gleich. Wenn nun — und das werden die Herren bei den einzelnen Artikeln über das eheliche Güterrecht finden — im einzelnen Falle es zweifelhaft sein kann, ob das bisherige Recht oder die Vorschriften des Bürgerlichen Gesetzbuchs günstiger sind für den betreffenden Ehegatten, dann bestimmt der Entwurf, daß in einem solchen Falle der überlebende Ehegatte die Wahl hat, ob er nach den bisherigen Vorschriften oder nach den Vorschriften des Bürgerlichen Gesetzbuchs erben will.

Eine sehr wichtige Frage, meine Herren, ist, ob die Ueberleitung nicht blos beschränkt sein soll auf den gesetzlichen Güterstand, sondern ob nicht die Ueberleitung ausgedehnt werden soll auf die vertragsmäßigen Güterstände. Nun, meine Herren, sollte man denken, die Sache versteht sich eigentlich von selbst, wenn Eheleute einen Vertrag abgeschlossen haben, in welchem sie besondere Vereinbarungen treffen über die Güterverhältnisse während der Ehe, daß das durch den Gesetzgeber respektirt werden muß, daß man hier nicht eingreifen darf. Meine Herren! Das ist auch im Entwurf vollständig berücksichtigt. Wenn der Entwurf sagt, daß die Ueberleitung sich auch auf die vertragsmäßigen Güterstände erstrecken soll, so sind darunter nicht die‖jenigen S. 992.

S. 992. Fälle zu verstehen, wo die Ehegatten untereinander einen Ehevertrag des Inhalts gemacht haben, daß sie besondere Vereinbarungen z. B. über das Vermögen des einzelnen Ehegatten, über die Natur des Vorbehaltsgutes, über das Erbrecht getroffen haben. Diese Eheverträge, die vor dem 1. Januar 1900 geschlossen worden sind, bleiben bestehen. Die Ueberleitung soll sich nur auf diejenigen Verträge erstrecken, in welchen Bezug genommen wird auf ein bestehendes Güterrecht. Nehmen sie den Fall, es kommt z. B. in Nürnberg sehr häufig vor, daß die Ehegatten nicht nach Nürnberger Recht, sondern nach Windsheimer Recht leben wollen. Sie gehen zum Notar, schließen dort einen Ehevertrag ab, der oft nicht mehr enthält als die Worte, daß die Ehegatten für ihre Ehe das Nürnberger Recht ausschließen und dafür den Güterstand des Windsheimer Rechts einführen. Da sagt nun der Entwurf, daß eben, weil in einem solchen Ehevertrag Bezug genommen worden ist auf ein bestehendes Güterrecht, auch dieses gewählte Güterrecht derselben Ueberleitung unterworfen sein muß, der das Recht, ohne daß es vertragsmäßig festgesetzt ist, unterworfen wird. Ich glaube, daß man hiegegen Bedenken nicht zu haben braucht. Auch der Ausschuß der Reichsrathskammer hat — es liegen zwar die Protokolle noch nicht vor, aber es ist ein abweichender Beschluß nach dieser Richtung nicht gefaßt worden — sich hiemit einverstanden erklärt.

Das, meine Herren, sind die allgemeinen Gesichtspunkte, die hervorzuheben ich für meine Pflicht hielt. Ich muß dabei um Entschuldigung bitten, wenn ich manchmal vielleicht nicht ganz verständlich war, weil es sich hier thatsächlich oft um rein juristische Dinge handelt, zu deren vollem Verständniß — die Herren werden mir das nicht verübeln — eine gewisse juristische Schulung gehört, die der Laie ja absolut nicht haben kann.

Vicepräsident: Herr Abgeordneter Kraußold!

Kraußold: Nur eine ganz kurze Bemerkung im Allgemeinen! Es ist ganz richtig, wenn von Seite des Herrn Referenten gesagt wird, die Materie ist so schwierig und so in sich zusammenhängend, so ausgearbeitet und verlangt eine solche Kenntniß all' der einzelnen Theile, daß eine Diskussion sehr schwer und eine Aenderung noch viel schwieriger ist und nur mit noch größerer Vorsicht gemacht werden könnte. Deßhalb fällt mir nicht ein, eine Aenderung irgendwo vorschlagen zu wollen, ich habe nur eine Anregung zu machen, nachdem auch die anderen Bedenken, die ich gegen Art. 46[32] mir auszusprechen erlaubt hätte, beseitigt sind. Durch die Mittheilung des Herrn Referenten, für die ich sehr dankbar bin, daß die Bestimmungen des Art. 46[32] über die vertragsmäßige Ehe sich nur darauf beziehen, daß man nicht früheres Recht feststellt, daß man aber einzelne Bestimmungen wohl aufrecht erhalten und treffen kann, — ist das Bedenken vollständig beseitigt.

Meine Anfrage geht nun dahin: Es ist in juristischen Kreisen eine verschiedene Anschauung ausgesprochen worden, ob bezüglich des Art. 66 das unbeschränkte Erbrecht des unehelichen Kindes nach § 213 des Einführungsgesetzes zum Bürgerlichen Gesetzbuch auch dann cessirt, wenn ein rechtskräftiges Urtheil vor dem 1. Januar 1900 vorliegt. Hier wurde auf der einen Seite von Juristen erwidert: Hier liege ein erworbenes Recht vor, das könne man ihm nicht nehmen. Ich bin der anderen Anschauung. Ich bin der Ansicht, daß gerade so wie bei den Ascendenten, wenn sie bisher die Pflicht der Unterhaltung des unehelichen Kindes nach einem rechtskräftigen Urtheil gehabt haben, mit der Einführung des Bürgerlichen Gesetzbuchs vom 1. Januar 1900 ab von ihnen die Alimente nicht mehr verlangt werden können; so ist es in concreto, daß ein gesetzlich beschränktes Erbrecht auch dann in keiner Weise mehr nach dem 1. Januar 1900 aufrecht erhalten werden kann, wenn das Urtheil selbst vorher rechtskräftig die Sache entschieden hat. S. 992.

Ich möchte deßhalb die k. Staatsregierung bitten, mir mitzutheilen, ob sie mit dieser meiner Anschauung einverstanden ist.

Vicepräsident: Das Wort nehmen Seine Excellenz der Herr Staatsminister der Justiz.

Der k. Staatsminister Dr. Freiherr **von Leonrod:** Für das gesetzliche Erbrecht eines unehelichen Kindes gegenüber dem Vater ist der Art. 218 des Einführungsgesetzes zum Bürgerlichen Gesetzbuche maßgebend. Die Auslegung dieser reichsgesetzlichen Vorschrift kommt den Gerichten zu.

Vicepräsident: Zum Worte ist Niemand mehr gemeldet; ich schließe die Generaldiskussion.

Der Herr Referent verzichtet auf das Schlußwort.

Wir gehen über zur Spezialdiskussion.

Ich schlage Ihnen zunächst vor, Ueberschrift und Einleitungsworte des Gesetzentwurfes zurückzustellen bis nach Erledigung der einzelnen Artikel.

Im Weiteren würde ich um die Ermächtigung ersuchen, daß ich nur die einzelnen Artikel aufzurufen habe, und daß, wenn eine Einwendung Seitens der Kammer nicht erfolgt, ich berechtigt bin, die Artikel als von Ihnen angenommen zu erklären.

Es erfolgt kein Widerspruch; ich nehme daher an, daß Sie mit dem von mir vorgeschlagenen modus procedendi einverstanden sind.

Ich rufe nunmehr auf:

I. Vorschriften für das ganze Königreich.

Vereine. **Artikel 1, 2.**

Der Herr Referent wünscht das Wort nicht, Erinnerungen werden nicht erhoben; die beiden Artikel sind angenommen.

Gesetzliche Zinsen. **Artikel 3.**

Das Wort wird nicht begehrt, Einwendungen sind nicht erhoben; der Artikel ist angenommen.

Bierlieferungsvertrag. **Artikel 3a.** (Wird verlesen.)

Der Herr Referent wünscht das Wort nicht; auch sonst hat Niemand dasselbe verlangt.

Erinnerungen sind nicht vorgebracht; der Artikel ist genehmigt.

Miethe und Pacht. **Artikel 4, 5.**

Das Wort wird von keiner Seite begehrt, Einwendung nicht vorgebracht; beide Artikel sind angenommen.

Urkundenaufgebot. **Artikel 6.** S. 993.

Schuldverschreibungen auf den Inhaber. **Artikel 7.**

Zum Worte ist Niemand gemeldet, Einwendungen sind nicht erhoben; die Artikel sind genehmigt.

Eigenthumsbeschränkungen zu Gunsten bestehender Waldungen. **Artikel 8.**

Herr Referent!

Dr. **Casselmann** (Berichterstatter): Hier möchte ich nur darauf hinweisen, daß zu diesem Art. 8 im Ausschusse eine längere Diskussion darüber stattfand, wann die „nächste Verjüngung“ des Waldes anzunehmen sei, wie

S. 993. sich die Anwendung des Gesetzes gestalte, wenn der sogenannte Plenterbetrieb stattgefunden habe, wenn einzelne Bäume herausgenommen und durch Nachwuchs ersetzt worden sind.

Das Ergebniß dieser Diskussion war der Vorschlag der k. Staatsregierung, der als Abs. 3 unter den Beschlüssen des Ausschusses in der Beilage Zd aufgeführt ist, wo es heißt:

> Im Falle des Plenterbetriebs gilt als der Zeitpunkt der nächsten Verjüngung der Beginn des Jahres 1950.
>
> Auf isolirte Waldparzellen, die bis zum Beginne des Jahres 1885 als landwirthschaftliche Grundstücke benutzt worden sind, finden die Vorschriften des Abs. 2 keine Anwendung.

Dieser Beschluß ist auch von der Reichsrathskammer gebilligt worden und ich empfehle auch Ihnen die Annahme desselben.

Vicepräsident: Zum Worte ist Niemand gemeldet, Einwendungen sind von keiner Seite erhoben; der Artikel 8 ist genehmigt.

Eintragung von Grunddienstbarkeiten. **Artikel 9.**

Herr Referent!

Dr. **Casselmann** (Berichterstatter): Meine Herren! Hier handelt es sich um eine nicht unwichtige Bestimmung. Den Herren ist bekannt, daß nach den Bestimmungen des Bürgerlichen Gesetzbuchs Grunddienstbarkeiten nur mehr entstehen können, wenn sie in das Grundbuch eingetragen sind.

Nun fragt es sich, wie es mit den zur Zeit des 1. Januar 1900 bestehenden Grunddienstbarkeiten gehalten werden soll.

Im Art. 187 des Einführungsgesetzes ist bestimmt, daß bestehende Grunddienstbarkeiten gegenüber dem öffentlichen Glauben des Grundbuchs nicht der Eintragung bedürfen, aber es ist dort weiter der Landesgesetzgebung das Recht eingeräumt, zu bestimmen, daß die bestehenden Grunddienstbarkeiten oder einzelne Arten bei der Anlegung des Grundbuchs oder später in das Grundbuch eingetragen werden müssen. Ich weise darauf hin, daß unserem bisherigen Rechte die Eintragung der Grunddienstbarkeiten in das Hypothekenbuch fremd war.

Nun ersehen Sie aus der Gegenüberstellung des Entwurfs, daß der Art. 9 zunächst anders dahin gelautet hat:

> Durch Königliche Verordnung kann bestimmt werden, daß Grunddienstbarkeiten, die zu der Zeit bestehen, zu welcher das Grundbuch als angelegt anzusehen ist, zur Erhaltung der Wirksamkeit gegenüber dem öffentlichen Glauben des Grundbuchs in das Grundbuch eingetragen werden müssen

und daß die Bestimmung für die einzelnen Grundbuchbezirke getroffen werden kann, und daß die Frist zur Anmeldung der Grunddienstbarkeiten mindestens sechs Monate betragen muß.

Das ist nun nach einer längeren Diskussion, in der die Frage ausführlich behandelt worden ist, ob es sich nicht überhaupt empfehlen würde, einen allgemeinen Eintragszwang für sämmtliche Grunddienstbarkeiten zu bestimmen, ob insbesondere jetzt bei der Anlage des Grundbuchs nicht Gelegenheit sei, alle diese Grunddienstbarkeiten zur Eintragung zu bringen, geändert worden. Man ist in dem Ausschusse nach längerer Diskussion hievon abgekommen und der Beschluß des Ausschusses, wie er jetzt in der zweiten Kolumne als Art. 9 enthalten ist, ist gewissermaßen das Kompromiß, das in dieser Frage geschlossen wurde zwischen denen, die der Regierungsvorlage in ihrer ersten Fassung zustimmen, und denen, die einen allgemeinen Eintragszwang schon jetzt haben wollten. Es ist hier der Grundsatz ausgesprochen, daß die Grunddienstbarkeiten eingetragen werden müssen, daß der Eintragung diejenigen Grunddienstbarkeiten nicht unterworfen sind, mit denen das Halten einer dauernden Anlage verbunden ist. Der Beginn und die Dauer der Frist für die Anmeldung der einzutragenden Grunddienstbarkeiten werden durch Königliche Verordnung bestimmt. Die Regierung hat dabei hauptsächlich im Auge, für die Peripherie der Städte zunächst einmal diesen Eintragszwang zu statuiren, und es ist dann nicht ausgeschlossen, daß auf Grund der gemachten Erfahrungen, dann mit diesem Eintragszwang weiter vorgegangen wird. S. 993.

Ich kann Ihnen nur empfehlen, den Art. 9 nach dem Beschlusse des Ausschusses anzunehmen.

Vicepräsident: Zum Worte ist Niemand gemeldet, Einwendungen sind von keiner Seite vorgebracht; der Artikel gilt als genehmigt.

Erlöschen nicht eingetragener Dienstbarkeiten. **Artikel 10, 11, 12, 13, 14, 15, 16, 17.**

Der Herr Referent wünscht das Wort nicht; auch sonst ist Niemand zum Worte gemeldet.

Einwendungen sind von keiner Seite vorgebracht; die sämmtlichen Artikel gelten als genehmigt.

Eheliches Güterrecht.

Artikel 17^1, 17^2, 17^3, 17^4, 17^5, 17^6, 17^7, 17^8, 17^9, 17^{10}, 17^{11}, 17^{12}, 17^{13}.

Der Herr Referent wünscht das Wort nicht; auch sonst ist Niemand zum Worte gemeldet.

Einwendungen sind von keiner Seite vorgebracht; die sämmtlichen von mir aufgerufenen Artikel gelten als genehmigt.

Anlegung von Mündelgeld. **Artikel 18.**

Herr Referent!

Dr. **Casselmann** (Berichterstatter): Meine Herren! Für die Zukunft ist in § 1817 des Bürgerlichen Gesetzbuchs bestimmt, in welchen Werthpapieren die Anlage von Mündelgeld erfolgen darf. Nun bestimmt aber der Art. 212 des Einführungs‖gesetzes, daß diejenigen landesgesetzlichen Vorschriften in Kraft S. 994. bleiben, nach welchen gewisse Werthpapiere zur Anlegung von Mündelgeld für geeignet erklärt sind. Hierauf bezieht sich der vorgeschlagene Artikel.

Die Herren wissen ja, welche Papiere zur Zeit als mündelsicher gelten. Es gibt aber in Bayern eine Reihe von Kreditinstituten, welchen bisher die Mündelsicherheit nicht zugesprochen worden ist, insbesondere sind nicht mündelsicher die Pfandbriefe der Bayerischen Vereinsbank, Handelsbank, Vereinsbank in Nürnberg, Süddeutschen Bodenkreditanstalt in Würzburg, und es ist nun im Ausschusse von verschiedenen Seiten betont worden, daß gegen diese soeben genannten Institute kaum ein Anlaß bestehe, daran festzuhalten, daß die Papiere derselben nicht als mündelsicher betrachtet werden sollen. Es sind, wie die Herren wohl aus den Zeitungen erfahren haben, die einzelnen Handels- und Gewerbekammern darüber einvernommen worden, und es ist aus dem Ausschuß heraus die Anfrage an die k. Staatsregierung gerichtet worden, ob sie die Mündelsicherheit auf die in Frage stehenden Kreditinstitute ausdehnen wolle. Es ist Seitens der k. Staatsregierung die gerechte Würdigung dieser Frage zugesagt, aber damals erklärt worden, daß die Verhandlungen noch nicht abgeschlossen seien.

Ich beantrage, dem Ausschußbeschlusse zuzustimmen, und ich weiß nicht, ob aus der Mitte des Hauses etwa die Frage an die k. Staatsregierung wieder-

S. 994. holt werden wird, ob zur Zeit nicht eine andere Auskunft über die Ausdehnung des Privilegiums gegeben werden kann, als sie damals im Ausschusse gegeben wurde.

Vicepräsident: Niemand ist zum Worte gemeldet, Erinnerungen gegen den Artikel sind nicht vorgebracht; derselbe gilt als genehmigt.

Vermächtnisse. **Artikel 18a.**

Der Herr Referent wünscht das Wort nicht: auch sonst ist zum Worte Niemand gemeldet.

Der Artikel gilt als genehmigt, nachdem Erinnerungen gegen denselben nicht vorgebracht sind.

Beschwerden in Angelegenheiten der freiwilligen Gerichtsbarkeit. **Artikel 19.**

Der Herr Referent wünscht das Wort nicht; auch sonst ist Niemand zum Worte gemeldet.

Einwendungen sind nicht vorgebracht; der Artikel gilt als genehmigt.

Personenstand. **Artikel 20.**

Auseinandersetzung in Ansehung eines Nachlasses oder eines Gemeinschaftsvermögens. **Artikel 21.**

Handelssachen. **Artikel 22, 23.**

Der Herr Referent nimmt das Wort nicht; auch sonst ist Niemand zum Worte gemeldet.

Erinnerungen gegen die von mir aufgerufenen Artikel sind nicht vorgebracht; dieselben gelten als genehmigt.

II. Vorschriften für die Landestheile rechts des Rheins.

Eigenthumsvorbehalt. **Artikel 24.**

Der Herr Referent verzichtet auf das Wort; auch sonst ist Niemand zum Worte gemeldet.

Erinnerungen sind nicht vorgebracht; der Artikel gilt als genehmigt.

Miteigenthum. **Artikel 25, 26.**

Stockwerkseigenthum. **Artikel 27.**

Ausschluß des Rechtes auf Aufhebung der Gemeinschaft. **Artikel 28.**

Der Herr Referent verzichtet auf das Wort; auch sonst ist Niemand zum Worte gemeldet.

Einwendungen sind von keiner Seite vorgebracht; die sämmtlichen von mir aufgerufenen Artikel gelten als genehmigt.

Grunddienstbarkeiten. **Artikel 29, 30.**

Der Herr Referent wünscht das Wort nicht; auch sonst ist Niemand zum Worte gemeldet.

Erinnerungen sind nicht vorgebracht; die Artikel gelten als genehmigt.

Reallasten. **Artikel 31.**

Ewiggeld. **Artikel 32.**

Leibgedingsrechte. **Artikel 33.**

Inhaberhypotheken. **Artikel 34.**

Gesetzliche Hypothekentitel. **Artikel 35, 36, 37, 38, 39, 40, 41.**

Der Herr Referent wünscht das Wort nicht zu einem der Artikel; auch sonst ist Niemand zum Worte gemeldet.

Erinnerungen sind gegen keinen der Artikel vorgebracht; dieselben gelten sämmtlich als genehmigt. S. 994.

Hypothekenvormerkungen. **Artikel 42.** S. 995.

Rangvorbehalte. **Artikel 43, 44.**

Der Herr Referent nimmt das Wort nicht; auch sonst ist Niemand zum Worte gemeldet.

Erinnerungen sind von keiner Seite vorgebracht; die Artikel gelten als genehmigt.

Verpfändung und Pfändung des Anspruchs auf Herausgabe eines Grundstücks.

Artikel 45.

Hypotheken an Rechten. **Artikel 46.**

Es hat sich Niemand zum Worte gemeldet, Erinnerungen sind von keiner Seite vorgebracht; beide Artikel gelten als genehmigt.

Eheliches Güterrecht.

1. Allgemeine Gütergemeinschaft.

Artikel 46[1].

Herr Referent!

Dr. **Casselmann** (Berichterstatter): Meine Herren! Hier darf ich mit Rücksicht darauf, daß die Protokolle des Ausschusses noch nicht vorliegen, mit einigen wenigen Bemerkungen die Vorschrift in Art. 46[1] begründen.

Ich habe mir erlaubt, vorhin einleitend zu bemerken, daß der Entwurf grundsätzlich den bisherigen Güterstand überleitet in den entsprechenden Güterstand des Bürgerlichen Gesetzbuchs, hier also diejenigen Güterrechte, welche bisher in Bayern galten und auf dem System der allgemeinen Gütergemeinschaft beruhten, in die Vorschriften des Bürgerlichen Gesetzbuchs über die allgemeine Gütergemeinschaft überleitet. Hieraus ergeben sich natürlich wichtige Folgerungen nach der Seite, wie das Vermögen der Ehegatten von nun an zu behandeln ist gegen früher, wie die rechtliche Stellung der Ehegatten zu den Vorbehaltsgütern ist, wie insbesondere das Gesammtgut der Verwaltung und Verfügung des Mannes unterstellt wird, der bei gewissen Rechtsgeschäften der Zustimmung der Frau bedarf u. s. w. Hier wird also bestimmt, daß alle diese Folgen, welche die allgemeine Gütergemeinschaft des bürgerlichen Rechtes ausspricht, sich auch ergeben für die bisherigen Statutarrechte, bei denen die allgemeine Gütergemeinschaft besteht.

Was insbesondere das Verfügungsrecht des Mannes anlangt, so finden von nun an, wo bisher das freie Verfügungsrecht des Mannes weiter ausgedehnt war, sei es mit oder ohne das Reklamationsrecht der Frau, oder wo über die Fälle des Bürgerlichen Gesetzbuchs hinaus die Zustimmung der Frau erforderlich ist, z. B. bei Uebernahme von Bürgschaften, die Vorschriften des Bürgerlichen Gesetzbuchs Anwendung, insbesondere haben auch, was die Schuldenhaftung anlangt, vorbehaltlich der vorhin von mir besprochenen Fälle, die § 1459 ff. des Bürgerlichen Gesetzbuchs zur Anwendung zu kommen.

Im Einzelnen habe ich wohl nicht nöthig — es geht das ja Alles aus der sehr klar und übersichtlich geschriebenen Begründung des Entwurfs hervor —, auf diese Folgerungen weiter hinzuweisen.

Vicepräsident: Artikel 46[1] gilt als genehmigt.

Artikel 46[2], 46[3], 46[4], 46[5].

S. 995. Der Herr Referent verzichtet auf das Wort; auch sonst ist Niemand zum Worte gemeldet.

Einwendungen sind nicht erhoben; es gelten die von mir aufgerufenen Artikel als genehmigt.

Artikel 46^6. (Wird verlesen.)

Herr Referent!

Dr. **Casselmann** (Berichterstatter): Meine Herren! Wie Sie ersehen, ist der ursprüngliche Art. 6, also hier der Art. 46^6, nunmehr mehrfachen Aenderungen unterzogen worden. Die eine Aenderung bezieht sich auf das Bayreuther Recht, die andere bezieht sich auf das Oettingen-Wallersteinische Recht.

Bezüglich des Bayreuther Rechtes ist die Frage im Ausschusse so ausführlich besprochen worden, daß ich nicht glaube, hier im Plenum darauf zurückkommen zu sollen. Ich kann nur bemerken, daß so, wie jetzt der Ausschuß beschlossen hat, die Bestimmung den Vorschriften des Bayreuther Rechtes
S. 996. entspricht und der Art. 46^6, wie er jetzt gefaßt ist, auch bezüglich des ‖ Bayreuther Rechtes nicht gegen den von mir Eingangs erwähnten Grundsatz verstößt, daß der überlebende Ehegatte nicht schlechter gestellt sein soll auch in Zukunft, als er bisher gestellt war.

Was das Oettinger Recht anlangt, so ist im letzten Augenblick eine Aenderung veranlaßt worden durch eine Zuschrift, die ich von einem Notar in Oettingen erhalten habe, betreffend das Oettingen-Wallersteiner Recht. Was das Oettingen-Wallersteiner Recht anlangt, so tritt im Anschluß an Roth und Arnold die Bestimmung ein, daß nach dem Wallersteiner Recht der überlebende Gatte im Falle der unbeerbten Ehe von den Ascendenten ausgeschlossen wird, dagegen seinerseits die Seitenverwandten ausschließt.

Es ist nun im Ausschusse Seitens der k Staatsregierung erklärt worden, daß im Gebiete des Wallersteiner Rechtes die Praxis eine sehr schwankende sei. Wie Erhebungen des k. Staatsministeriums der Justiz ergeben hätten, werde in den Amtsgerichten Oettingen, Nördlingen und Höchstädt angenommen, daß der Ehegatte auch die Ascendenten ausschließe, also alleiniger Erbe des verstorbenen Ehegatten werde, dagegen halte die Praxis in den Gebieten der Amtsgerichte Wassertrüdingen und Dinkelsbühl an der Ansicht von Roth und Arnold fest. In dem Briefe des Notars Wörlein in Oettingen wird die Geltung eines Gewohnheitsrechtes behauptet, nach welchem der überlebende Ehegatte nach dem Rechte von Wallerstein Alleinerbe wird.

Die k. Staatsregierung hat im Ausschusse erklärt, daß zwar ein Gewohnheitsrecht nicht angenommen werden könne, daß jedoch eine erneute Prüfung des Oettinger Rechtes, nämlich der sogenannten Julianischen Verordnung vom Jahre 1772 zu dem Ergebnisse geführt habe, daß das Alleinerbrecht bestehe und daß ein Erkenntniß des Obersten Gerichtshofes vom Jahre 1865 es auch anerkannt habe. Mit Rücksicht hierauf wurde die Abänderung in dem Art. 46^6 vorgenommen.

Ich bemerke nur noch, daß das, was für das Wallersteiner Recht gilt, auch für die mit ihm übereinstimmende Mönchsrother Observanz zu gelten hat, daher die Einsetzung. Ich beantrage die Zustimmung zu Art. 46^6.

Vicepräsident: Zum Worte ist Niemand gemeldet; die Diskussion ist geschlossen.

Ich ersuche diejenigen Herren, welche damit einverstanden sind, daß der Artikel 46^6 in der Fassung, wie sie der Ausschuß beantragt, genehmigt werde, sich von den Sitzen zu erheben. (Geschieht.) Angenommen.

Artikel 46^7, 46^8, 46^9, 46^{10}, 46^{11}, 46^{12}, 46^{13}.

Der Herr Referent wünscht das Wort nicht; auch sonst ist das Wort

nicht begehrt. Einwendungen sind von keiner Seite gegen die einzelnen auf- S. 996.
gerufenen Artikel vorgebracht; dieselben sind genehmigt.

2. Errungenschaftsgemeinschaft.

Artikel 46^{14}.

Herr Referent!

Dr. **Casselmann** (Berichterstatter): Meine Herren! Die Art. 46^{14} bis 46^{27} behandeln die Statutarrechte mit Errungenschaftsgemeinschaft. Die Errungenschaftsgemeinschaft kommt in Bayern in zwei Hauptformen vor, in der Form der reinen Errungenschaftsgemeinschaft und der Gemeinschaft des Zugewinnstes. Der Unterschied zwischen diesen beiden Arten besteht darin, daß nach der reinen Errungenschaftsgemeinschaft die Errungenschaft schon während des Bestehens der Gemeinschaft einen besonderen Vermögensinbegriff bildet, während nach der anderen Form, der sogenannten Gemeinschaft des Zugewinnstes, erst bei der Beendigung der Gemeinschaft ermittelt wird, ob eine Errungenschaft vorhanden ist.

Nun leitet der Entwurf diejenigen Statutarrechte, welche auf der Basis der reinen Errungenschaftsgemeinschaft stehen, in die Errungenschaftsgemeinschaft des Bürgerlichen Gesetzbuchs über. Es beziehen sich auf diese Ueberleitung die Art. 46^{14} bis ^{20}. Ich darf hier wohl auch nur im Allgemeinen darauf hinweisen, daß durch diese Ueberleitung in die reine Errungenschaftsgemeinschaft des Bürgerlichen Gesetzbuchs selbstverständlich auch wieder für die bestehenden Ehen wesentliche Aenderungen eintreten, daß aber diese Aenderungen nicht derart sind, daß der Ausschuß Bedenken getragen hätte, diesen vorgeschlagenen Ueberleitungen zuzustimmen.

Ich beantrage deßhalb, es wolle Ihnen gefallen, dem Art. 46^{14} Ihre Zustimmung zu geben.

Vicepräsident: Artikel 46^{15}, 46^{16}, 46^{17}, 46^{18}, 46^{19}, 46^{19}a, 46^{20}.

Gegen die Artikel 46^{14} bis Artikel 46^{20} incl. ist von keiner Seite eine Erinnerung vorgebracht; dieselben gelten als genehmigt.

Artikel 46^{21}.

Herr Referent!

Dr. **Casselmann** (Berichterstatter): Wie vorhin bereits bemerkt, betreffen die Art. 46^{21} bis 46^{27} diejenigen Statutarrechte, bei welchen die sogenannte Gemeinschaft des Zugewinnstes angenommen wird. Zu diesen Rechten gehören nach der Ansicht der Staatsregierung und des Ausschusses auch das bayerische Landrecht und das Ansbacher Recht, für welche es bisher bestritten war, ob sie dieser Form der Errungenschaftsgemeinschaft oder der reinen Errungenschaftsgemeinschaft angehören.

Es ist hier vielleicht auch aufmerksam zu machen auf eine Bestimmung des Statutarrechts in München, welche für Münchener Bürger gilt, das sogenannte privilegium Albertinum. Nach diesem privilegium Albertinum beerbt der eine Ehegatte in Ermangelung von Kindern den anderen Ehegatten allein. Nach der Auffassung der Staatsregierung und des Ausschusses kann dieses privilegium Albertinum um deswillen nicht aufrecht erhalten werden, weil es sich hier nicht um eine Vorschrift güterrechtlicher Natur, sondern um eine Vorschrift rein erbrechtlicher Natur handelt, für welche in der Ueberleitung kein Raum ist.

Was den Art. 46^{21} anlangt, so wird hier die Gemeinschaft des Zugewinnstes nicht wie bei den bisher besprochenen Art. 46^{14} bis Art. 46^{20} in

S. 996. die Errungenschaftsgemeinschaft des Bürgerlichen Gesetzbuchs übergeleitet, sondern es tritt hier an die Stelle der Gemeinschaft des Zugewinnstes der Güterstand der Verwaltung und Nutznießung, also der gesetzliche Güterstand des Bürgerlichen Gesetzbuchs.

Man hat auch hier im Ausschusse sehr gründlich die Frage erörtert, ob sich die Ueberleitung gerade in diese Güterform rechtfertigen läßt, aber man ist auf Grund dieser Erörterungen schließlich zur Bejahung der Frage gekommen. Ich empfehle Ihnen die Annahme des Art. 46^{21}.

Vicepräsident: Niemand ist zum Worte gemeldet, eine Erinnerung ist nicht vorgebracht; der Artikel gilt als genehmigt.

Artikel 46^{22}, 46^{23}, 46^{24}, 46^{25}, 46^{26}, 46^{27}.

Der Herr Referent wünscht das Wort nicht; auch sonst ist Niemand zum Worte gemeldet.

S. 997. Einwendungen sind von keiner Seite vorgebracht; die Artikel sind genehmigt.

3. Dotalrecht. Verwaltungsgemeinschaft.

Artikel 46^{28}.

Herr Referent!

Dr. **Casselmann** (Berichterstatter): Meine Herren! Hier handelt es sich um eine weitere Güterrechtsform, die in Bayern vorkommt, das ist der Güterstand des gemeinen Dotalrechts, des vorderösterreichischen und des österreichischen Rechts.

Hier hat der Ausschuß dem Vorschlage der k. Staatsregierung zugestimmt, der dahin geht, nunmehr an die Stelle dieses Dotalrechtes, des vorderösterreichischen und des österreichischen Rechtes den Güterstand der Verwaltung und Nutznießung zu setzen, also den gesetzlichen Güterstand des Bürgerlichen Gesetzbuchs, ausgehend von der Ueberzeugung, daß von den Güterrechten des Bürgerlichen Gesetzbuchs dieser gesetzliche Güterstand dem Dotalrecht und dem vorderösterreichischen und österreichischen Recht am nächsten kommt. Ich empfehle Ihnen die Annahme dieses Artikels.

Vicepräsident: Zum Worte ist Niemand gemeldet, Erinnerungen gegen den Artikel sind nicht vorgebracht; derselbe gilt als genehmigt.

Artikel 46^{29}, 46^{30}, 46^{31}.

Herr Referent!

Dr. **Casselmann** (Berichterstatter): Was den Art. 46^{31} anlangt, so ist in demselben bestimmt, daß an Stelle des preußischen Landrechts, das in Bayern in verschiedenen Territorien subsidiär gilt, vom 1. Januar 1900 ab der gesetzliche Güterstand der Verwaltung und Nutznießung des Bürgerlichen Gesetzbuchs tritt, weil dieser Güterstand dem Güterstand des preußischen Landrechts am nächsten kommt, ihm am meisten entspricht. Ich beantrage Zustimmung.

Vicepräsident: Zum Worte ist Niemand gemeldet, Erinnerungen gegen die Artikel 46^{29}, 46^{30} und 46^{31} sind nicht vorgebracht; dieselben gelten als genehmigt.

4. Vertragsmäßiges Güterrecht.

Artikel 46^{32}, 46^{33}, 46^{34}.

Herr Referent!

Dr. **Casselmann** (Berichterstatter): Meine Herren! Die Frage, ob man die Ueberleitung ausdehnen soll auch auf die vertragsmäßigen Güterrechte, ist

von mir bereits im Eingang meiner Ausführungen bejaht worden und ich habe S. 997.
deßhalb meinen Ausführungen von vorhin nichts weiter beizusetzen. Ich beantrage die Zustimmung.

Vicepräsident: Die Artikel 46^{32}, 46^{33} und 46^{34} sind genehmigt.

5. Allgemeine Vorschriften.

Artikel 46^{35}, 46^{36}, 46^{37}, 46^{38}, 46^{39}, 46^{40}, 46^{41}, 46^{42}.

Der Herr Referent wünscht das Wort nicht; auch sonst ist das Wort nicht begehrt. Erinnerungen sind nicht vorgebracht; die Artikel gelten sämmtliche als genehmigt.

Legitimation durch nachfolgende Ehe.

Artikel 47.

Der Herr Referent wünscht das Wort nicht; auch sonst ist Niemand zum Worte gemeldet. Erinnerungen sind nicht vorgebracht worden; der Artikel ist genehmigt.

Fürstlich Thurn und Taxis'sche Gerichte. **Artikel 48.**

Herr Referent!

Dr. **Casselmann** (Berichterstatter): Meine Herren! Hier ist bestimmt, daß die zur Zeit des Inkrafttretens des Bürgerlichen Gesetzbuchs bei den Fürstlich Thurn und Taxis'schen Civilgerichten in Regensburg anhängigen Angelegenheiten der freiwilligen Gerichtsbarkeit in diesem Zeitpunkt auf die staatlichen Gerichte übergehen; die entbehrlich werdenden fürstlichen Gerichtsbeamten werden mit den Gehalts- und Pensionsansprüchen, die ihnen zu dieser Zeit zustehen, vom Staate übernommen.

Ich will nur aus dem Ausschusse hervorheben, daß es sich bei der Uebernahme dieser Richter nur um drei Räthe handelt, von denen der eine 61, der zweite 60 und der dritte 58 Jahre alt ist; an Gehalt beziehen dieselben rund 18,000 M.

Man hat nun im Ausschusse auch diese Frage näher erörtert und man hat schließlich dem Vorschlage der Staatsregierung zugestimmt. Ich beantrage deßhalb auch, es wolle den Herren gefallen, dem Art. 48 des Gesetzes Ihre Zustimmung zu geben.

Vicepräsident: Zum Worte ist Niemand gemeldet, von keiner Seite sind Einwendungen vorgebracht; der Artikel 48 gilt als genehmigt.

Meine Herren! Wir sind damit mit den zwei ersten Abschnitten fertig; wir kommen nun zu:

III. Vorschriften für die Pfalz.

Ueber diese Materie wird gleich wie im Justiz-Gesetzgebungsausschusse der Herr Abgeordnete Michel referiren.

Abwesenheit. **Artikel 49.**

Herr Referent!

Michel (Berichterstatter): Meine Herren! Die Grundsätze, auf denen das pfälzische Recht aufgebaut ist, bringen es mit sich, daß gesonderte Uebergangsbestimmungen getroffen werden müssen. Im Allgemeinen beziehe ich mich der Kürze halber auf das, was der sehr verehrte Herr Referent Dr. Casselmann gesagt hat.

Was den Art. 49 anlangt, so möchte ich bemerken, dieser Artikel bezieht sich auf die Abwesenden. Unter Abwesenden versteht das Gesetz nicht diejenigen Personen, welche zufällig an dem Orte ihres bisherigen Wohnortes oder Auf-

S. 998. enthaltsortes || nicht anwesend sind, sondern diejenigen, welche geraume Zeit von zu Hause sich entfernt haben und von denen es ungewiß ist, ob sie überhaupt noch existiren. Auf solche Personen bezieht sich Art. 49 ff. Es sind damit also diejenigen gemeint, welche in § 1911 des Bürgerlichen Gesetzbuchs ebenfalls behandelt werden.

Was den Abs. 2 dieses Artikels anlangt, so betrifft er ein anhängiges Verfahren auf Verschollenheitserklärung und vorläufige Einweisung in den Besitz des Vermögens eines Abwesenden. In diesem Falle bleibt das Landgericht wie bisher zuständig. Mehr habe ich nicht zu bemerken. Ich beantrage Zustimmung.

Vicepräsident: Zum Worte ist Niemand gemeldet, eine Erinnerung nicht vorgebracht; Artikel 49 gilt als genehmigt.

Artikel 50.

Herr Referent!

Michel (Berichterstatter): Bei diesem Artikel verhält es sich gerade so wie in Vormundschaftssachen. Es kann also in Fällen, in welchen Sicherheitsleistung nothwendig ist, ähnlich wie in Art. 6 des Gesetzes, betreffend das Liegenschaftsrecht für die Pfalz, vom 1. Juli 1898 für zulässig erklärt ist, durch Beschluß Hypothek bestellt werden. Ich beantrage Zustimmung.

Vicepräsident: Zum Worte ist Niemand gemeldet, eine Einwendung nicht vorgebracht worden: der Artikel 50 gilt als genehmigt.

Artikel 51, 52, 53, 54.

Herr Referent!

Michel (Berichterstatter): Was den Art. 53 anlangt, so betrug die bisherige Frist 30 Jahre. Dieselbe wurde mit Recht auf 10 Jahre herabgesetzt, denn die bisherige Frist hat sich als zu lange erwiesen. Ich beantrage Zustimmung zu diesem Artikel.

Zu dem Art. 54 möchte ich bemerken, daß die Sache in der Weise bezüglich des Eintrags in das Grundbuch gemacht wird: Der Eingewiesene legt dem Grundbuchamt einfach den Einweisungsbeschluß vor und es erfolgt daraufhin der Eintrag. Es ist das eine Abweichung von den sonstigen Normen. Ich glaubte, das besonders hervorheben zu sollen. Ich beantrage Zustimmung.

Vicepräsident: Zu Artikel 51, 52, 53, 54 hat sich Niemand zum Worte gemeldet, eine Einwendung ist von keiner Seite vorgebracht worden; sämmtliche Artikel gelten als genehmigt.

Aufhebung einer Gemeinschaft. **Artikel 55, 56, 57.**

Herr Referent!

Michel (Berichterstatter): Die Art. 55 bis 57 beseitigen das bisherige Theilungsverfahren für die Pfalz für die Zeit bis zur erfolgten Anlegung des Grundbuchs und setzen dafür die Bestimmungen, wie sie in § 180 ff. des Reichsgesetzes über die Zwangsversteigerung und Zwangsverwaltung gegeben sind. Es ist das eine wesentliche Veränderung für das pfälzische Recht.

Es darf auch noch erwähnt werden, daß Theilungsklagen im Sinne des bisherigen pfälzischen Rechtes künftig ausgeschlossen sind.

Dann dürfte noch hervorzuheben sein, daß die Art. 55 und 56 blos subsidiäre Bedeutung haben. Erst wenn die Betheiligten sich weigern, bei Auseinandersetzung mitzuwirken, kommen die Bestimmungen dieser Artikel zur Anwendung. Ich beantrage Zustimmung.

Vicepräsident: Zu den Artikeln 55 bis 57 ist das Wort nicht begehrt, Erinnerungen sind nicht vorgebracht worden; die Artikel gelten als genehmigt. S. 998.

Leibgedingsreichnisse und vorbehaltene Renten. **Artikel 58, 59, 60.**

Herr Referent!

Michel (Berichterstatter): Die Reallasten sind, wie Ihnen bekannt ist, dem pfälzischen Rechte fremd. Der Art. 58 stützt sich auf Art. 34 des Entwurfes eines Ausführungsgesetzes zum Bürgerlichen Gesetzbuche. Dieser Artikel bewilligt den Berechtigten beim Leibgedingsvertrage, wenn wiederkehrende Leistungen in Frage stehen, das Recht, die Bestellung einer Reallast zu fordern; der Art. 58 gewährt für die Uebergangszeit eine Vorschrift und besagt, daß, weil ja Reallasten als solche nicht entstehen können, blos ein Anspruch auf Bestellung einer Hypothek bewirkt werden kann nach Analogie des Art. 1 des Gesetzes, betreffend das Liegenschaftsrecht für die Pfalz, vom 1. Juli 1898. Weiter habe ich nichts zu bemerken. Ich beantrage Zustimmung.

Vicepräsident: Zum Worte ist Niemand gemeldet, eine Einwendung gegen die Artikel 58 bis 60 wird nicht vorgebracht; dieselben gelten als genehmigt.

Rechte auf Erlangung einer Hypothek. **Artikel 61, 62.**

Herr Referent!

Michel (Berichterstatter): Unter Art. 61 fallen beispielsweise die Bauunternehmer und die Bierbrauer für ihre Ansprüche aus geliefertem Bier als Gläubiger.

Was den Art. 62 anlangt, so kann nach Analogie des Art. 6 des pfälzischen Liegenschaftsrechtsgesetzes vom 1. Juli 1898 in dem Falle des Art. 62 eine Hypothek durch Beschluß bewirkt werden. Ich empfehle die Annahme der Artikel.

Vicepräsident: Zum Worte ist Niemand gemeldet, eine Erinnerung wird nicht vorgebracht; beide Artikel gelten als genehmigt.

Gesetzliche Hypotheken. **Artikel 63 64.**

Es meldet sich Niemand zum Worte; die Artikel gelten als genehmigt.

Verpfändung und Pfändung des Anspruchs auf Herausgabe eines Grundstücks. S. 999.
Artikel 65.

Auch hiegegen wird keine Erinnerung erhoben; der Artikel gilt als genehmigt.

Eheliches Güterrecht. **Artikel 65^1.**

Herr Referent!

Michel (Berichterstatter): Was das eheliche Güterrecht der Pfalz anlangt, so ist dasselbe ja einfacher gelagert als in den Landestheilen rechts des Rheines. Die Bestimmungen des Code civil sind Vorbild gewesen für das Bürgerliche Gesetzbuch. Es ist das auch in zutreffender Weise in den Motiven zum Entwurfe, welcher ein hervorragendes Gesetzgebungswerk ist, hervorgehoben.

Eine wesentliche Neuerung für die Pfalz bringt der § 1432 des Bürgerlichen Gesetzbuchs. Bisher kann nach Art. 1394 des Code civil ein Ehevertrag nur vor Abschluß der Ehe errichtet werden und ist ein solcher nach Abschluß der Ehe in allen Theilen unabänderlich.

Weiter erlaube ich mir darauf hinzuweisen, daß ein Theil der Uebergangsvorschriften für das eheliche Güterrecht bereits in Art. 7 bis 11 des Liegenschaftsrechtsgesetzes für die Pfalz geregelt ist. Diese Artikel beziehen sich auf die gesetzliche Hypothek der Ehefrau. Im Uebrigen habe ich gegen den Art. 65^1 nichts zu erinnern und beantrage Zustimmung.

S. 999. **Vicepräsident:** Zum Worte ist Niemand gemeldet, eine Erinnerung wird nicht vorgebracht; damit ist der Artikel 65^1 genehmigt. Ich rufe auf:

Artikel 65^2, 65^3, 65^4, 65^5, 65^6, 65^7, 65^8.

Der Herr Referent nimmt das Wort zu den von mir aufgerufenen Artikeln nicht, eine Erinnerung wird gleichfalls nicht erhoben; sämmtliche Artikel sind genehmigt.

Artikel 65^9.

Herr Referent!

Michel (Berichterstatter): Zu diesem Artikel habe ich zu bemerken, daß der letzte Satz auf Antrag der k. Staatsregierung eingesetzt wurde. Derselbe hat nur eine redaktionelle Bedeutung, den Effekt, daß mit der Rechtskraft des Urtheils, also kraft Gesetzes die Gütertrennung für die Zukunft eintritt nach Artikel 1470 des Bürgerlichen Gesetzbuchs. Mehr habe ich nicht zu bemerken; ich beantrage Zustimmung.

Vicepräsident: Zum Worte ist Niemand gemeldet, eine Erinnerung wird nicht vorgebracht; der Artikel 65^9 ist genehmigt.

Artikel 65^{10}, 65^{11}, 65^{12}, 65^{13}, 65^{14}, 65^{15}.

Der Herr Referent wünscht zu den von mir aufgerufenen Artikeln das Wort nicht; auch sonst wird das Wort nicht begehrt.

Eine Einwendung wird nicht erhoben: die Artikel sind angenommen.

Artikel 65^{16}.

Herr Referent!

Michel (Berichterstatter): Das Dotalrecht nach dem Code civil soll nicht übergeleitet werden und war es deßhalb nothwendig, daß in den Abs. 2 eine Bestimmung aufgenommen werde, dahin lautend, daß die in Folge der Ehe eingetretene Beschränkung der Geschäftsfähigkeit der Frau mit dem Inkrafttreten des Bürgerlichen Gesetzbuchs wegfällt. Nach den bisherigen Normen ist die Geschäftsfähigkeit der Frau nach dem Pfälzer Recht mit dem Abschluß der Ehe beschränkt; bei den übrigen Güterständen, also nicht beim Dotalrecht, ist es selbstverständlich, daß die Beschränkung wegfällt, weil diese Güterstände in die Formen des Bürgerlichen Gesetzbuchs eingepaßt werden; es war deßhalb nicht nothwendig, daß für die anderen Güterstände eine besondere Bestimmung in das Gesetz aufgenommen wurde. Ich beantrage Zustimmung.

Vicepräsident: Zum Worte ist Niemand gemeldet, eine Erinnerung gegen den Art. 65^{16} wird nicht vorgebracht: derselbe gilt als genehmigt.

Artikel 65^{17}

Der Herr Referent ergreift das Wort nicht; auch sonst wird das Wort nicht begehrt; der Artikel 65^{17} ist angenommen.

Legitimation durch nachfolgende Ehe. **Artikel 66.**

Herr Referent!

Michel (Berichterstatter): Dieser Artikel bezieht sich auf die Legitimation durch nachfolgende Ehe. Ein uneheliches Kind konnte nach den bisherigen Bestimmungen nie ein eheliches Kind werden, wenn unterlassen wurde, beim Eheabschluß in der Heirathsurkunde die Legitimation selbst zu beurkunden. Es war dabei irrelevant, ob es die Betheiligten absichtlich unterlassen hatten, oder ob ein Versehen des Standesbeamten vorkam. Diesem Uebelstand will der Art. 66 abhelfen.

Dabei ist ganz besonders hervorzuheben, daß nunmehr auch Kinder, welche im Ehebruch oder in Blutschande erzeugt wurden, nachträglich legitimirt werden können, was durch die Art. 331 und 335 des Code civil ausdrücklich verboten war. Ich beantrage Zustimmung. S. 999.

Vicepräsident: Zum Worte ist Niemand gemeldet, eine Erinnerung wird nicht vorgebracht: Artikel 66 ist genehmigt.

Erbrecht. **Artikel 67, 68.**

Herr Referent!

Michel (Berichterstatter): Zu dem Art. 68 will ich kurz bemerken, daß zur Zeit die Amtsgerichte hauptsächlich befaßt sind mit dem Siegelgeschäfte und mit Theilungsklagen bis zum Streitwerth von 300 M., die Landgerichte zuständig sind bei || den übrigen Theilungsklagen und wenn es sich darum handelte, S. 1000.
Familienrathsbeschlüsse in gewissen Fällen zu bestätigen, der Landgerichtspräsident kompetent ist im Reserveverfahren sowie wenn ein eigenhändiges Testament präsentirt und die Hinterlegung beim Notar beantragt wird. In allen diesen Fällen tritt künftighin die Zuständigkeit des Amtsgerichts ein in seiner Eigenschaft als Nachlaßgericht. Ich beantrage Zustimmung.

Vicepräsident: Das Wort wird nicht begehrt, eine Erinnerung nicht erhoben; der Artikel 68 ist angenommen.

Artikel 69, 70, 71.

Der Herr Referent ergreift das Wort nicht; auch sonst hat sich Niemand zum Worte gemeldet. Eine Erinnerung wird von keiner Seite vorgebracht; die Artikel sind genehmigt.

Personenstand. **Artikel 72.**

Herr Referent!

Michel (Berichterstatter): Dieser Artikel bezweckt, daß die Bestimmungen der §§ 69 bis 71 des Gesetzes über die Angelegenheiten der freiwilligen Gerichtsbarkeit auf diejenigen Standesakten für anwendbar erklärt werden, welche vor dem 1. Januar 1876, von wo das Gesetz vom 6. Februar 1875 seine Geltung erlangt hat, errichtet wurden. Ich beantrage Zustimmung.

Vicepräsident: Zum Worte ist Niemand gemeldet, gegen den Artikel keine Erinnerung erhoben worden; derselbe gilt als genehmigt.

Hypothekenämter. **Artikel 73.**

Herr Referent!

Michel (Berichterstatter): Zu Art. 73 habe ich nur kurz zu bemerken, daß die bisherigen vier Hypothekenbewahrer an den einzelnen Hypothekenämtern in der Pfalz vielleicht nach einiger Zeit so wenig beschäftigt sind, daß sich die Frage aufwirft, welche Verwendung ihnen künftig gegeben werden soll. Um nun der Regierung die Möglichkeit zu geben, darüber zu befinden, ob vielleicht diese vier Beamten, von denen drei früher Richterbeamte waren, nicht an die Amtsgerichte herübergenommen werden sollen, war diese Vorschrift veranlaßt. Der Ausschuß hat dieselbe gutgeheißen und ich beantrage Zustimmung.

Vicepräsident: Zum Worte ist Niemand gemeldet, Einwendungen gegen diesen Artikel sind nicht vorgebracht; derselbe gilt als genehmigt.

Meine Herren! Wir haben nunmehr die einzelnen Artikel des Gesetzentwurfes durchberathen; es bleibt uns noch übrig, die Ueberschrift und die Einleitungsworte desselben festzustellen. Sie lauten:

S. 1000. **Entwurf eines Gesetzes,**

Uebergangsvorschriften zum Bürgerlichen Gesetzbuche betreffend.

Im Namen Seiner Majestät des Königs.

Seine Königliche Hoheit Prinz Luitpold, des Königreichs Bayern Verweser, haben nach Vernehmung des Staatsraths mit Beirath und Zustimmung der Kammer der Reichsräthe und der Kammer der Abgeordneten beschlossen und verordnen, was folgt: —

Wenn von keiner Seite eine Erinnerung gegen den Wortlaut der von mir verlesenen Bestimmungen vorgebracht wird, nehme ich an, daß Sie damit einverstanden sind.

Wir kommen nun noch zur namentlichen Abstimmung über den ganzen Gesetzentwurf . . . . . .

Das Resultat der Abstimmung ist folgendes: Abgestimmt haben 108 Herren, sämmtliche mit „Ja“; der Gesetzentwurf ist einstimmig angenommen worden. Ich werde unsere Beschlüsse der Kammer der Reichsräthe mittheilen.

(Schluß der Sitzung um 11 Uhr 45 Minuten.)

Beschluß der Kammer der Abgeordneten.

(Beilage Zg z. d. Verhandl. d. K. d. Abg. 1899.)

Die Kammer der Abgeordneten hat . . . . . . beschlossen,

dem Gesetzentwurfe in der aus der Anlage zu Beilage Zd Spalte 2 ersichtlichen Fassung die Zustimmung zu ertheilen.

. . . . .

München, den 31. Mai 1899.

Der Vicepräsident: (gez.) **von Keller.**

Der I. Schriftführer: (gez.) Wagner.

11.

Verhandlungen des Justizgesetzgebungsausschusses der Kammer der Reichsräthe.

XXIV. Protokoll

des besonderen Ausschusses der Kammer der Reichsräthe zur Berathung der durch die Einführung des Bürgerlichen Gesetzbuchs veranlaßten Gesetzentwürfe

über die

Beschlüsse der Kammer der Abgeordneten

1) . . . . . .

2) **zu dem Entwurfe eines Gesetzes, die durch die Einführung des Bürgerlichen Gesetzbuchs veranlaßten Uebergangsvorschriften betreffend** (Beilagen X und Zd).

München, den 6. Juni 1899.

Gegenwärtig die Herren Reichsräthe: Graf Fugger von Glött, Ritter von Küffner, von Auer, Vorstand, Dr. Ritter von Bechmann, Referent, Dr. Ritter von Schmitt, Exzellenz, Referent, Freiherr von Soden-Fraunhofen, Sekretär, Ritter von Heffert. Ritter von Maffei. Der Herr I. Präsident Graf von Lerchenfeld-Köfering.

Von Seite des k. Staatsministeriums: Der k. Staatsminister der Finanzen, Dr. Freiherr von Riedel, Der k. Staatsminister der Justiz, Dr. Freiherr von Leonrod, Der k. Staatsminister des Innern für Kirchen- und Schulangelegenheiten, Dr. von Landmann, Der k. Senatspräsident Dr. Ritter von Jacubezky, Der k. Ministerialrath,

Kronanwalt Ritter von Schubart, Der k. Ministerialrath Ritter von Pfaff, Der k. Ministerialrath Thelemann, Der k. Ministerialrath Reisenegger, Der k. Oberregierungsrath Henle, Der k. Oberregierungsrath Schneider.

Die Sitzung wird um 10 Uhr durch den Vorsitzenden, Herrn Reichsrath **von Auer**, eröffnet.

Vorsitzender: . . . . . . Wir gehen über zum zweiten Gegenstand:

Beschluß der Kammer der Abgeordneten zum Entwurfe eines Gesetzes, die durch die Einführung des Bürgerlichen Gesetzbuchs veranlaßten Uebergangsvorschriften betreffend.

Reichsrath Dr. **von Bechmann** als Referent: Der Entwurf der Ueberleitungsvorschriften ist von der Kammer der Abgeordneten im wesentlichen in Uebereinstimmung mit den Beschlüssen der beiden Ausschüsse angenommen worden, nur eine einzige Aenderung oder vielmehr ein Zusatz dahin gehend ist noch beschlossen worden:

„Im **Artikel 46**^{6} (Beilage Z^{d} Art. 6 der Beilage X) sollen ersetzt werden:

1. im Abs. 1 Satz 1 die Worte: „Eichstätt oder Ingolstadt" durch die Worte: „Eichstätt, Ingolstadt, Oettingen-Wallerstein oder nach der Mönchsrother Observanz";
2. im Abs. 2 Satz 3 die Worte: „Fulda oder Erbach" durch die Worte: „Fulda, Erbach, Oettingen-Wallerstein oder nach der Mönchsrother Observanz."

Ich bin nicht in der Lage, diese Zusätze zu begründen, da mir kein Material zu Gebote steht, und ersuche ich daher die k. Staatsregierung, dies zu thun.

Der k. Ministerialkommissär, Senatspräsident Dr. **von Jacubezky**: Dieser Zusatz ist veranlaßt worden durch eine Zuschrift, welche der k. Notar Justizrath Wörlein in Oettingen an den Referenten des Gesetzgebungsausschusses der Kammer der Abgeordneten gerichtet hat. Das Oettingen-Wallerstein'sche Recht gehört zu denjenigen Statutarrechten, bei denen bestritten ist, welchen Inhalt sie haben. Seine Geltung erstreckt sich auf fünf Amtsgerichtsbezirke. In zwei Gerichtsbezirken wird in Uebereinstimmung mit Arnold und Roth angenommen, daß bei unbeerbter Ehe das Oettingische Landrecht von 1584 zur Anwendung komme, nach welchem der überlebende Ehegatte durch die Aszendenten ausgeschlossen wird, in den drei übrigen Amtsgerichtsbezirken wird für diesen Fall das ausschließende Erbrecht des überlebenden Ehegatten anerkannt. In den für die Aufstellung des Entwurfs eingeforderten Berichten wurde behauptet, es habe sich ein Gewohnheitsrecht des Inhalts gebildet, daß der überlebende Ehegatte die Aszendenten ausschließe.

Ein Gewohnheitsrecht konnten wir aber nicht annehmen, da wir aus zweien von den fünf Amtsgerichtsbezirken den Bericht hatten, daß das Alleinerbrecht des Ehegatten nicht anerkannt werde. Aus diesem Grunde wurde in dem Entwurfe das Oettingen-Wallersteinische Recht in der Begründung (Seite 609) zu den Rechten gezählt, nach welchen bei unbeerbter Ehe die gewöhnliche Erbfolge eintritt, und demgemäß im Art. 6 nicht genannt. Bei der näheren Prüfung, zu welcher die Zuschrift Veranlassung gab, hat sich jedoch herausgestellt, daß es sich nicht um ein besonderes Gewohnheitsrecht handelt, daß die Frage vielmehr die ist, ob nicht die maßgebende Verordnung der Gräfin Juliane Charlotte vom 22. September 1772 bei richtiger Auslegung zur Anerkennung des Alleinerbrechts des Ehegatten führt. Die Verordnung, die sich im Eingang als eine Zusammenfassung des althergebrachten Gewohnheitsrechts der Grafschaft Oettingen-Wallerstein bezeichnet, spricht an der Stelle, die hier in Betracht kommt (Nr. 3), bei der Auflösung der Ehe durch den Tod des einen Ehegatten, ausdrücklich nur von dem Falle der beerbten Ehe; nach der Fassung der Vorschrift darf man aber wohl annehmen, daß der Verfasser der Verordnung es als selbstverständlich betrachtet hat, daß das alleinige Erbrecht des Ehegatten auch im Falle der unbeerbten Ehe eintritt, und daß er dies nur deshalb nicht ausdrücklich gesagt hat, weil er es für selbstverständlich erachtete. Die Stelle lautet nämlich:

3. wenn eines von den beiden in communione stehenden Ehegatten verstirbt, wird ohnerachtet sie mit einander Kinder erzeugt haben, dennoch keine Inventur, noch weniger eine Theilung vorgenommen, sondern das ganze Vermögen verbleibt dem überlebenden Ehegatten bis an sein Lebensende ungetheilt in Händen.

Es wird damit, daß der Fall des Vorhandenseins von Kindern mit dem Worte „ohnerachtet" eingeführt wird, angedeutet, daß bei unbeerbter Ehe selbstverständlich keine Inventur und Theilung vorgenommen wird, und das ganze Vermögen dem überlebenden Ehegatten verbleibt. Daß dies nach der Verordnung auch bei der unbeerbten Ehe der Fall ist, hat ein Erkenntniß des vormaligen Oberappellationsgerichts vom Jahre 1865 (Blätter für Rechtsanw. Bd. XXX S. 246) ausgesprochen. Das Erkenntniß entscheidet noch eine andere Frage, die sich auf die Geltung der Verordnung der Gräfin Juliane für die Ehen bezieht, die von verwittweten kinderlosen Personen eingegangen werden, und wird bei Roth nur für diese Frage angeführt; daraus erklärt sich, daß es bei der Aufstellung des Entwurfs unbeachtet blieb.

Bei dieser Sachlage muß nun doch die Ansicht als begründet erachtet werden, daß nach Oettingen-Wallerstein'schem Rechte auch bei unbeerbter Ehe der überlebende Ehegatte der alleinige Erbe ist. Die Mönchsrother Observanz stimmt mit dem Oettingen-Wallerstein'schen Rechte überein. Sie besteht darin, daß in dem Bezirke des vormaligen Herrschaftsgerichts Mönchsroth, das zu Oettingen-Spielberg gehörte, für das eheliche Güterrecht nicht das Oettingen-Spielberg'sche Recht gilt, sondern die allgemeine Gütergemeinschaft, wie sie in Oettingen-Wallerstein hergebracht ist. Die Verordnung der Gräfin Juliane hat als Zeugniß für den Inhalt dieses Gewohnheitsrechts auch für Mönchsroth Bedeutung; ihre formelle Geltung erstreckt sich aber nicht auf Mönchsroth, das der Herrschaft der Gräfin nicht unterworfen war.

Reichsrath Dr. **von Bechmann** als Referent: Ich beantrage Zustimmung.

Vorsitzender: Wenn niemand das Wort ergreift, ist der Antrag des Herrn Referenten angenommen.

Damit ist Uebereinstimmung unseres Ausschusses mit dem Beschlusse der Kammer der Abgeordneten in jeder Richtung erzielt und infolgedessen wird der Antrag, den der Ausschuß an das Plenum heute zu stellen hat, sich dahin formulieren, daß dem Gesetzentwurf in der Fassung, wie ihn die Kammer der Abgeordneten beschlossen hat, Zustimmung zu ertheilen sei.

Wenn kein Widerspruch erfolgt, konstatiere ich das Einverständniß des Ausschusses.

(Schluß der Sitzung 10 Uhr 25 Minuten.)

12.

Verhandlungen der Kammer der Reichsräthe.

Stenographisches Protokoll Nr. 62

der zweiundsechzigsten öffentlichen Plenarsitzung der Kammer der Reichsräthe.

(Verhandl. d. K. d. Reichsräthe 1899 Prot.=Bd. VIII S. 460 bis 471.)

München, den 6. Juni 1899, Mittags 12 Uhr.

Der erste Präsident: ...... Wir kommen nunmehr zum zweiten Gegenstand der S. 460.
Tagesordnung:

Mündlicher Bericht des besonderen Ausschusses zur Berathung der durch die Einführung des Bürgerlichen Gesetzbuchs veranlaßten Gesetzentwürfe über den Entwurf eines Gesetzes, die durch die Einführung des Bürgerlichen Gesetzbuchs veranlaßten Uebergangsvorschriften betreffend.

Ich lade den Herrn Referenten, Reichsrath Dr. von Bechmann ein, dem Hohen Hause über diese Gegenstände vorzutragen und eröffne die Diskussion.

Reichsrath Dr. **von Bechmann** als Referent: Meine Hohen Herren! Bei der bevorstehenden Einführung des Bürgerlichen Gesetzbuchs ergeben sich Schwierigkeiten in Bezug auf diejenigen Rechtsverhältnisse, die bereits unter dem bisherigen Recht entstanden sind und in die Herrschaft des neuen Rechts hinüberwirken. Diese Schwierig‖keiten sind zum Theil bereits gelöst durch das S. 461.
Einführungsgesetz zum Bürgerlichen Gesetzbuch, zum Theil aber ist die Lösung derselben der Landesgesetzgebung überlassen. Das ist insbesondere geschehen in der Form, daß das Einführungsgesetz zwar bestimmt, es bleiben die bestehenden Rechtsverhältnisse aufrechterhalten, daß aber nach Art. 218 die Landesgesetzgebung das Recht hat, Aenderungen eintreten zu lassen. Auf Grund dieser reichsgesetzlichen Bestimmung liegt uns ein Gesetzentwurf vor, der in einer Reihe von wichtigen Fällen eine solche Ueberleitung vorzunehmen bezweckt.

Formell zerfällt der Gesetzentwurf in 3 Abschnitte, Bestimmungen, die sich beziehen auf das ganze Königreich Bayern, solche, die sich beziehen auf das diesseitige Bayern, und solche, die sich beziehen auf die Pfalz.

Wichtiger als diese formelle Unterscheidung ist ein materieller Gegensatz. Die Bestimmungen dieses Gesetzes zerfallen in zwei Gruppen, wie auch äußerlich der Entwurf in zwei Theilen vorgelegt wurde.

Die erste Gruppe betrifft solche Bestimmungen, die unter sich in keinem inneren Zusammenhang stehen, und über die daher auch keine generelle Erörterung möglich ist, wie denn auch im Ausschuß eine solche nicht stattgefunden hat. Die zweite Gruppe dagegen, praktisch bei weitem die wichtigste und auf lange Zeit hinauswirkend, beruht auf allgemeinen Grundsätzen und stellt sich dar als ein System von in einander greifenden Rechtsvorschriften.

Es sind das die Bestimmungen über die Ueberleitung der ehelichen Güterstände in das neue Recht. Gerade hier ist die Betrachtung und Prüfung der allgemeinen Ge‖sichtspunkte das Wesentliche, während die Durch- S. 462.
führung derselben etwas so spezifisch Juristisches ist, daß darüber eigentlich eine eingehende Erörterung in einer größeren Versammlung kaum stattfinden kann. Ich werde mir daher erlauben, diejenigen allgemeinen Gesichtspunkte, welche in Ihrem Hohen Ausschusse zur Sprache gekommen sind, hier in aller Kürze vorzutragen, und muß das umsomehr thun, als es leider nicht möglich war, das Protokoll unserer Ausschußsitzung rechtzeitig zur Veröffentlichung zu bringen.

S. 462. Für die Ueberleitung der Güterstände entsteht vor allem die Frage, ob sie überhaupt nothwendig und geboten sei, oder ob man nicht lieber die bestehenden Güterstände fortdauern lassen soll, bis sie allmählich durch Aussterben der betreffenden Ehen verschwinden, was allerdings eine Uebergangszeit von Dezennien erfordern würde. Es hat sich nun nach mancherlei Schwankungen die allgemeine Meinung schließlich dahin festgesetzt, daß die Ueberleitung im öffentlichen Interesse dringend nothwendig ist.

Meine Hohen Herren! Wir haben in Bayern ungefähr 40 verschiedene Güterstände, und dazu werden vom 1. Januar an noch hinzukommen die neuen Güterstände des Bürgerlichen Gesetzbuchs. Diese 40 Güterstände sind in sich selber zum Theil sehr bestritten und zweifelhaft; es ist sogar in manchen Fällen ungewiß, welches Güterrecht an gewissen Orten gilt. Es hat sich zum Theil eine sehr schwankende Praxis gebildet und es ist das — wie auch jüngst noch die Verhandlungen des Ausschusses der Kammer der Abgeordneten bewiesen haben — ein überaus kontroversenreiches Gebiet.

S. 463. Die Rechtssicherheit verlangt daher unbedingt eine Ueberleitung, eine Akkomodation dieser bestehenden Güterrechte an die entsprechenden Güterrechte des neuen Rechtes. Es ist das geboten, einmal um der Sicherheit dritter Personen, insbesondere der Gläubiger, willen, da es nicht angeht, daß auf Jahrzehnte hinaus noch immer die Frage geprüft werden muß, wieweit das Verfügungsrecht des Mannes über das eheliche Gut reicht, ob es nach dem bisherigen Güterstande sich bestimmt oder nach dem neuen. Es ist auch aus einem anderen Grunde eine Ueberleitung geboten. Je länger der Uebergangszustand dauern würde, desto seltener würden natürlich die bisherigen Rechte zur Anwendung kommen, namentlich diejenigen, die von vorneherein ein kleines Anwendungsgebiet hatten. Desto unsicherer würde also die Kenntniß der Richter von diesen alten absterbenden Güterständen werden, desto mehr würden die Zweifel sich steigern und desto weniger Gewähr würde bestehen, daß das alte Güterrecht in seiner ursprünglichen Bedeutung angewendet würde. Es würde sich bilden der Rechtszustand, welchen man wohl bezeichnet als „Vulgärrecht", der unabhängig von der bestehenden Rechtsordnung nach dem Bedürfniß des Lebens die Fälle entscheidet. Ich glaube, man wird sagen dürfen, daß vielleicht auch schon bisher auf diesem Gebiete mancherlei solches „Vulgärrecht" begründet worden ist. Wir sind also in dieser Beziehung einstimmig wie auch der andere Faktor des Landtags zu der Ansicht gekommen, daß die Ueberleitung im öffentlichen Interesse dringend nothwendig sei. Und weil das der Fall ist, sind wir auch ganz einverstanden damit, daß die Ueber-
S. 464. leitung unabhängig von der Zustimmung der Betheiligten eintritt. Man hat früher ja wohl an diese Möglichkeit gedacht, hat diesen Gedanken aber ebenfalls im allgemeinen fallen lassen, ob nun die Zustimmung eine in affirmativer oder in negativer Form abgegebene sei. Es würde das zu großen Unzuträglichkeiten führen und es würde zum Theil einer unverständigen Agitation, wie wir sie ja auf diesem Gebiete schon erlebt haben, Thür und Thor geöffnet.

Es kann sich aber die Frage ergeben, ob nicht diesem öffentlichen Interesse überwiegende Rücksichten auf wohlerworbene Rechte im Wege stehen; denn darüber sind wir auch einig, daß im allgemeinen das wohlerworbene Recht höher steht, als die bloße Rücksicht auf Zweckmäßigkeit. Was nun diese Frage anlangt, so wird zu unterscheiden sein einmal die Ueberleitung während der Dauer der Ehe und dann die Ueberleitung der Nachwirkungen, welche sich anschließen an die Auflösung der Ehe nach dem Tode eines der Ehegatten. Was das erstere Stadium anlangt, so erscheinen dabei nur betheiligt die beiden

Ehegatten; denn da die Ueberleitung keine rückwirkende Kraft hat über den 1. Januar zurück, so behalten namentlich alle vorhandenen Gläubiger vollkommen ihre bisherigen Rechte, und die künftigen Gläubiger haben überhaupt noch kein erworbenes Recht. Was aber die Ehegatten anlangt, so wird im Durchschnitt eine Verschiebung zu Gunsten des Mannes eintreten. Im Vergleich mit den bisherigen Güterständen wird im allgemeinen der Mann eine freiere Verfügungsmacht haben über das Gesammtgut und das eingebrachte Gut als bisher, obwohl es auch schon bisher Güterstände gegeben hat, ‖ die dem Manne eine noch viel weitergehende Befugniß eingeräumt haben als bisher. Allein was diese Verschiebung anlangt, so sind wir mit der k. Staatsregierung vollkommen einig darin, daß diese interne Organisation der Ehe nicht aufgefaßt werden kann als System wohlerworbener Rechte. Die Beziehungen der Ehegatten unter einander innerhalb der Ehe können nicht aufgefaßt werden als erworbene Privatrechte, die der eine Ehegatte dem anderen gegenüber hat. Diese Organisation beruht vielmehr immer auf im allgemeinen Interesse erforderlichen Zweckmäßigkeitsrücksichten und ist in dieser Beziehung einem Wechsel unterworfen. S. 464. S. 465.

Der Einschnitt, der in dieser Beziehung gemacht wird, ist kein größerer, er ist sogar ein geringerer, als derjenige, den das Einführungsgesetz selber macht, indem es z. B. die väterliche Gewalt über großjährige Kinder ohne weiteres beendigen läßt mit dem 1. Januar, womit sogar auch Vermögensrechte und Nutzungsrechte aufhören. Also nach der Seite hin besteht auch für ein zartes Gewissen keinerlei Bedenken. Andererseits muß hervorgehoben werden, daß auch die Frau durchschnittlich an Rechten gewinnt; die Frau gewinnt auf Grund der Ueberleitung einmal insoferne, als die noch bestehenden Rechte der Beschränkung der Geschäftsfähigkeit vollkommen verschwinden; es bleibt nur übrig eine Beschränkung in der Verfügungsfreiheit, die ergänzt werden kann durch nachherige Genehmigung und ersetzt werden durch eine Zustimmung des Vormundschaftsgerichtes; sodann gewinnt die Frau bei allen Güterständen des Bürgerlichen Gesetzbuchs wesentlich dadurch, daß die Gründe, aus welchen die Aufhebung im Wege der Klage verlangt werden kann, ‖ nunmehr gesetzlich fixiert sind in einer für die Frau durchaus liberalen Weise. Während bisher nach vielen Güterrechten die Frau überhaupt gar keine Aufhebung oder nur im Falle des Konkurses Sicherungsmaßregeln verlangen konnte, geht das neue Recht in dieser Beziehung viel weiter. Also was die Ueberleitung für die Dauer der Ehe anlangt, kann, wie ich glaube, eine vollkommene Beruhigung vorhanden sein, daß keine erworbenen Rechte verletzt und keine berechtigten Interessen gekränkt werden. S. 466.

Was aber die Ueberleitung nach beendigter Ehe anlangt, so ergibt sich sich hier ein anderer Grund der Nothwendigkeit; derselbe besteht in folgendem:

Das Bürgerliche Gesetzbuch läßt seine erbrechtlichen Bestimmungen sofort eintreten mit dem 1. Januar für alle Todesfälle, die von da an sich ereignen; das gilt auch für das Erbrecht der Ehegatten. Andererseits aber könnte selbstverständlich nach dem Tode das Erbrecht der bisherigen Güterstände nicht fortbestehen. Nun aber sind die Nachwirkungen der Güterstände keineswegs bloß erbrechtlich, sie sind auch güterrechtlich im engeren Sinne, und es wäre also immer die Aufgabe, bei jedem Güterstande zu untersuchen und auszuscheiden, welche Wirkungen erbrechtlicher Natur sind, die würden wegfallen, und welche nicht erbrechtlicher Natur sind, die würden bestehen bleiben. Diese Aufgabe wäre eine beinahe unlösbare und würde führen zu einer Menge von Streitigkeiten und Prozessen. Darum ist auch aus diesem Grunde

S. 466. hier in diesem Stadium die Ueberleitung geboten. Dabei kommt als Be-
rechtigter nur in Betracht der überlebende Ehegatte (der Fall der Ehe-
S. 467. scheidung scheidet überhaupt aus. Nur der überlebende Ehegatte hat überhaupt
erworbene Rechte, die anderen Betheiligten, die Verwandten, die etwa durch
das Güterrecht zur Theilnahme an dem Gesammtgute u. s. w. berufen sind,
haben einstweilen noch keine erworbenen Rechte, sie haben bloß anwartschaft-
liche, die ihnen wie dem gewöhnlichen Erben jederzeit entzogen werden können
durch Ehevertrag, Testament, Ehescheidung u. s. f. Was nun aber den über-
lebenden Ehegatten anlangt, so hat hier unser Gesetz ein System aufgestellt
in Uebereinstimmung auch mit den Gesetzen anderer deutscher Staaten, das
allen Ansprüchen der Gerechtigkeit und der Schonung entspricht. Es werden
drei Fälle unterschieden. Der eine Fall ist der, daß das neue Recht dem
überlebenden Ehegatten günstiger ist, dann tritt das neue Recht ein, das Erb-
recht und der fortgesetzte Güterstand des neuen Rechts. Der zweite Fall ist
umgekehrt der, daß das alte Recht dem überlebenden Ehegatten günstiger ist,
dann hat es sein Bewenden bei dem alten Rechte, das aber zugleich gesetzlich
fixiert und kodifiziert ist. Der dritte Fall endlich ist der, daß diese Frage
sich nicht ein für allemal entscheiden läßt, sondern von den Umständen
abhängt, dann hat der überlebende Ehegatte die Wahl, ob er vom alten
oder vom neuen Rechte Gebrauch machen will, eine Wahl, die er ausüben
muß gemäß den Vorschriften über die Ausschlagung der Erbschaft, also
binnen sechs Wochen, so daß dabei jede Gefahr einer Hinziehung oder Spe-
kulation ausgeschlossen erscheint. Damit ist nach unserer Ansicht den An-
forderungen, wie ich schon gesagt habe, der Gerechtigkeit und der Schonung
S. 468. wohl erworbener Rechte vollauf Genüge || geleistet, und wir sind daher ein-
stimmig zu dem Resultate gekommen, daß diesem Ueberleitungssystem zuzu-
stimmen sei. Ich füge hinzu, daß die Ueberleitung noch mit einer Reihe von
weiteren schonenden Vorschriften umgeben ist, als welche ich z. B. hervorhebe,
daß die Ueberleitung keine rückwirkende Kraft hat, daß namentlich auch die
bereits bestehende fortgesetzte Gütergemeinschaft nicht übergeleitet wird, weil
sich dieselbe aus unserem früheren Rechte herausgebildet hat, was auch keine
große praktische Unzukömmlichkeit hat, daß ferner gewisse Erleichterungen in
Bezug auf die Berichtigung des Grundbuchs eintreten, ebenso Erleichterungen
in Beziehung auf die Anmeldung beim Güterrechtsregister u. s. w. In allen
diesen Beziehungen ist vollauf Rücksicht genommen auf die bestehenden Ver-
hältnisse.

Es bleibt nur noch ein Punkt übrig, in dem der Ausschuß nicht voll-
ständig einmüthig war, wenn auch überwiegend die Mehrheit des Ausschusses
sich der Regierungsanschauung angeschlossen hat. Das ist die Frage, ob auch
die auf Vertrag beruhenden Güterstände der Ueberleitung unterworfen sein
sollen. Wir verstehen dabei unter „Vertrag" den Fall, daß die Ehegatten
durch Vertrag ein anderes bestehendes Güterrecht wählen, als dasjenige ist,
dem sie kraft der gesetzlichen Vorschriften über den Wohnsitz und dessen
Wirkungen unterworfen sein würden. Ein solches Wahlrecht haben bisher die
Ehegatten gehabt, und dasselbe besteht auch künftighin mit gewissen Ein-
schränkungen. Es sind also die Fälle auszuscheiden, in welchen die Ehegatten
durch Vertrag besondere positive Vorschriften getroffen haben, namentlich in
S. 469. Anlehnung an bestehende Güterstände durch || Modifikationen und Ergänzungen.
Diese bleiben nach ausdrücklicher Vorschrift völlig unberührt.

Was nun aber die Frage anlangt, ob auch die Güterstände, die einfach
durch Vertrag für anwendbar erklärt worden sind, übergeleitet werden, so

spricht für die Bejahung dieser Frage entschieden die Rücksicht der Zweck- S. 469.
mäßigkeit. Wir würden nur halbe Arbeit machen, und es würden alle die Schwierigkeiten, die ich vorhin zu schildern mir erlaubt habe, übrig bleiben, wenn immer die Frage aufgeworfen werden müßte: Gilt der Güterstand hier kraft Gesetzes — dann wird er übergeleitet — oder kraft Vertrags — dann wird er nicht übergeleitet.

Allein es ist ja zuzugeben, daß bloß Zweckmäßigkeitsgründe nicht ausschlaggebend sind. Wir haben denn nun auch in der That juristische Gründe für die Bejahung der Frage. Von Seite der k. Staatsregierung ist geltend gemacht worden, daß auch das Einführungsgesetz vor Verträgen nicht immer Halt macht, wo die Ueberleitung nothwendig sei, z. B. bei Miethund Pachtverträgen über Immobilien. Ein anderer Gesichtspunkt, den ich mir hervorzuheben erlaubt habe und der für mich von besonders überzeugender Kraft ist, ist der, daß die Ehegatten, die einen solchen gesetzlichen Güterstand vertragsmäßig wählen, ja in den allermeisten Fällen gar keine bestimmte Vorstellung von dem Inhalte dieses Güterstandes haben, so wenig die Ehegatten meist eine Vorstellung haben von dem gesetzlichen Güterstande, dem sie unterworfen sind. Es wird Ihnen ein gewisser Güterstand empfohlen von guten Freunden, Rechtsanwälten und Notaren, weil dadurch gewisse Nachtheile vermieden werden
können, welche mit dem gesetzlichen Güter‖stand verbunden sind. Daher S. 470.
nehmen die Parteien das Detail dieser Güterrechte gar nicht auf in ihre Vorstellung und in ihren Willen. Sie haben nur einen bestimmten Zweck dabei, und es kommt nur darauf an, daß dieser Zweck erhalten bleibt und nicht in das Gegentheil verkehrt wird. Das ist aber durch die Art der Ueberleitung überall so gut wie garantiert. Man kann das auch so ausdrücken, sie unterwerfen sich einem solchen Güterstande nicht in Beziehung auf alle einzelnen Punkte, sondern nur in complexu, wobei sie verzichten auf die Kenntniß und vertragsmäßige Fixierung des Details. Das ist die allgemeine Regel der Erfahrung. Aus diesem Grunde glaube ich und hat die Mehrheit des Ausschusses geglaubt, daß auch in diesem Punkte dem Regierungsentwurfe beizustimmen sei, wie das auch von der zweiten Kammer ohne Widerspruch geschehen ist. Ich muß aber doch bemerken, daß dieser Punkt nur mit Majorität gegen eine Stimme angenommen worden ist.

Nach diesen Erörterungen, welche, wie ich glaube, zunächst ausreichend sind, um ein Bild von der Vollständigkeit und Wirkung der Ueberleitung zu geben, bleibt nur übrig, im Namen des Hohen Ausschusses der Hohen Kammer anzuempfehlen, dem Gesetzentwurfe in der Fassung, die er erhalten hat durch die Beschlußfassung der Kammer der Abgeordneten, Ihre Zustimmung zu ertheilen.

Der **erste Präsident:** Ich eröffne die Diskussion. Seine Durchlaucht Fürst zu Löwenstein-Wertheim-Freudenberg.

Reichsrath Fürst **zu Löwenstein-Wertheim-Freudenberg:** Meine Hohen S. 471.
Herren! Nach den sehr interessanten und ausführlichen Mittheilungen, die unser verehrter Herr Referent gegeben hat und denen das Hohe Haus mit gespanntester Aufmerksamkeit gefolgt ist, möchte ich hiemit den Antrag stellen, den Gesetzentwurf nunmehr en bloc anzunehmen.

Der **erste Präsident:** Ich stelle die Frage, ob eine Erinnerung gegen den Antrag erhoben wird. Wenn kein Widerspruch erhoben wird, ersuche ich die Hohen Herren, welche den Antrag unterstützen wollen, sich von den Sitzen zu erheben. (Die Hohen Herren erheben sich.) Der Antrag ist unterstützt. Auch seitens der Staatsregierung wird gegen die en bloc Annahme des Ge-

S. 471. setzentwurfs keine Erinnerung erhoben. Eine Detailberathung über die einzelnen Artikel des Gesetzes findet daher nicht statt; ich schreite zur namentlichen Abstimmung über den ganzen Gesetzentwurf und ersuche diejenigen Hohen Herren, welche dem Gesetzentwurfe in der von der Kammer der Abgeordneten festgestellten Fassung die Zustimmung ertheilen wollen, mit „Ja“, diejenigen, welche die Zustimmung versagen wollen, mit „Nein“ zu antworten. (Folgt namentliche Abstimmung.)

Der Gesetzentwurf ist einstimmig angenommen.

Beschluß der Kammer der Reichsräthe.

(Beilage Z° z. d. Verhandl. d. K. d. Abg. 1899.)

Die Kammer der Reichsräthe hat ...... beschlossen,

dem Gesetzentwurfe in der von der Kammer der Abgeordneten beschlossenen Fassung die Zustimmung zu ertheilen.

......

München, den 6. Juni 1899.

Der I. Präsident: (gez.) Graf **von Lerchenfeld.**

Der I. Sekretär: (gez.) Graf von Drechsel.

13.

Gesammt-Beschluß.

(Beilage Z^r z. d. Verhandl. d. K. d. Abg. 1899.)

Allerdurchlauchtigster, Großmächtigster König! Allergnädigster König und Herr!

Die allerunterthänigst treugehorsamsten Kammern der Reichsräthe und der Abgeordneten haben über den von der k. Staatsregierung unter'm 25. Februar und beziehungsweise 11. Mai 1899 vorgelegten

Entwurf eines Gesetzes, die durch die Einführung des Bürgerlichen Gesetzbuchs veranlaßten Uebergangsvorschriften betreffend,

in ihren Plenarsitzungen vom 6. ds. und beziehungsweise 31. vor. Mts. Berathung gepflogen und beschlossen,

dem Gesetzentwurfe in der aus der Anlage ersichtlichen Fassung die Zustimmung zu ertheilen.

In allertiefster Ehrfurcht Euerer Königlichen Majestät

München, den 6. Juni 1899.

allerunterthänigst treugehorsamste

Kammer der Reichsräthe:	Kammer der Abgeordneten:
Der I. Präsident: (gez.) Graf von Lerchenfeld.	Der Präsident: (gez.) Dr. von Clemm.
Der I. Sekretär: (gez.) Graf von Drechsel.	Der I. Schriftführer: (gez.) Wagner.

Anlage.

Entwurf eines Gesetzes, Uebergangsvorschriften zum Bürgerlichen Gesetzbuche betreffend.

Im Namen Seiner Majestät des Königs.

Seine Königliche Hoheit Prinz Luitpold, des Königreichs Bayern Verweser, haben nach Vernehmung des Staatsraths mit Beirath und Zustimmung der Kammer der Reichsräthe und der Kammer der Abgeordneten beschlossen und verordnen, was folgt:

(Es folgt der Gesetzestext, wie unter Nr. 14 wiedergegeben.)

14.

Gesetz, Uebergangsvorschriften zum Bürgerlichen Gesetzbuche betreffend vom 9. Juni 1899.

(Beilage z. Ges.- u. Verordn.-Bl. 1899 Nr. 28 v. 12. Juni 1899 Seite 83 bis 124.*)

Im Namen Seiner Majestät des Königs. S. 83.

Luitpold,

von Gottes Gnaden Königlicher Prinz von Bayern,

Regent.

Wir haben nach Vernehmung des Staatsrathes mit Beirath und Zustimmung der Kammer der Reichsräthe und der Kammer der Abgeordneten beschlossen und verordnen, was folgt:

I. Vorschriften für das ganze Königreich.

Vereine.

Artikel 1.

Die Vereine, welche zur Zeit des Inkrafttretens des Bürgerlichen Gesetzbuchs auf Grund des Gesetzes vom 29. April 1869, die privatrechtliche Stellung von Vereinen betreffend, bestehen, gelten von diesem Zeitpunkt an als eingetragene Vereine. Das Staatsministerium der Justiz kann über die Eintragung in das Vereinsregister Anordnungen treffen.

Artikel 2.

Auf die zur Zeit des Inkrafttretens des Bürgerlichen Gesetzbuchs bestehenden nicht rechtsfähigen Vereine finden von diesem Zeitpunkt an die Vorschriften des Bürgerlichen Gesetzbuchs über die Gesellschaft Anwendung.

Aus einem Rechtsgeschäfte, das nach dem Inkrafttreten des Bürgerlichen Gesetzbuchs im Namen des Vereins einem Dritten gegenüber vorgenommen wird, haftet der Handelnde persönlich; handeln Mehrere, so haften sie als Gesammtschuldner.

Erlangt der Verein die Rechtsfähigkeit, so können von der Verkündung dieses Gesetzes an bis zu dem Zeitpunkt, in welchem das Grundbuch als angelegt anzusehen ist, Grundstücke und Rechte an Grundstücken, die zu dem bisherigen Vereinsvermögen gehören, durch notariell beurkundeten Beschluß der Mitgliederversammlung auf den rechtsfähigen Verein übertragen werden.

Gesetzliche Zinsen.

Artikel 3.

Sind in einem zur Zeit des Inkrafttretens des Bürgerlichen Gesetzbuchs bestehenden Rechtsverhältnisse für eine spätere Zeit Verzugszinsen oder andere gesetzliche Zinsen zu entrichten, so können, soweit sich der Zinssatz nach den Vorschriften der Landesgesetze bestimmt, nicht mehr als vier vom Hundert für das Jahr verlangt werden.

Bierlieferungsvertrag. S. 84.

Artikel 4.

Das Rechtsverhältniß aus einem vor dem Inkrafttreten des Bürgerlichen Gesetzbuchs geschlossenen Vertrage der im Artikel 13 des Ausführungsgesetzes zum Bürgerlichen Gesetzbuche bezeichneten Art bestimmt sich von diesem Zeitpunkt an nach den Vorschriften der Artikel 13, 14 des Ausführungsgesetzes.

*) Ausgegeben am 1. Juli 1899.

S. 84.

Miethe und Pacht.

Artikel 5.

Ist ein Grundstück von einem Nießbraucher, für dessen Recht die bisherigen Gesetze maßgebend sind, vermiethet oder verpachtet, so finden, wenn der Nießbrauch nach dem Inkrafttreten des Bürgerlichen Gesetzbuchs endigt, die Vorschriften des § 1056 des Bürgerlichen Gesetzbuchs Anwendung. Ist der Mieth- oder Pachtvertrag vor dem Inkrafttreten des Bürgerlichen Gesetzbuchs eingegangen worden, so bleiben weitergehende Rechte des Miethers oder Pächters, die sich aus den bisherigen Gesetzen ergeben, unberührt, unbeschadet der Vorschrift des Artikel 171 des Einführungsgesetzes zum Bürgerlichen Gesetzbuche.

Diese Vorschriften finden entsprechende Anwendung, wenn ein der Nutznießung des Ehemanns unterliegendes Grundstück von dem Ehemann, ein dem Beisitzrechte des überlebenden Ehegatten unterliegendes Grundstück von dem überlebenden Ehegatten, ein Nachlaßgrundstück von dem Vorerben, dem Fiduziarerben oder dem Vorvermächtnißnehmer vermiethet oder verpachtet worden ist und für das Recht des Vermiethers oder Verpächters die bisherigen Gesetze maßgebend sind. Ist ein der elterlichen Nutznießung unterliegendes Grundstück von dem Inhaber des elterlichen Nutznießungsrechts vermiethet oder verpachtet worden, so gilt das Gleiche, wenn die elterliche Nutznießung mit dem Inkrafttreten des Bürgerlichen Gesetzbuchs endigt.

Artikel 6.

Ist ein nach den Vorschriften des Bürgerlichen Gesetzbuchs vermiethetes oder verpachtetes Grundstück dem Miether oder Pächter überlassen, so finden im Falle der Zwangsversteigerung oder der Zwangsverwaltung des Grundstücks, auch bevor das Grundbuch als angelegt anzusehen ist, die Vorschriften Anwendung, welche für die Zeit nach der Anlegung des Grundbuchs über den Einfluß des Verfahrens auf das Mieth- oder Pachtverhältniß gelten.

Urkundenaufgebot.

Artikel 7.

Auf das Aufgebotsverfahren zum Zwecke der Kraftloserklärung einer vor dem Inkrafttreten des Bürgerlichen Gesetzbuchs errichteten Urkunde, für deren Kraftloserklärung die bisherigen Gesetze maßgebend sind, finden die Vorschriften der §§ 1010 bis 1014 der Civilprozeßordnung keine Anwendung.

S. 85.

Schuldverschreibungen auf den Inhaber.

Artikel 8.

Auf die vor dem Inkrafttreten des Bürgerlichen Gesetzbuchs ausgestellten Schuldverschreibungen auf den Inhaber finden von diesem Zeitpunkt an die Vorschriften des § 803 und in Ansehung der nach diesem Zeitpunkte fällig werdenden Ansprüche die Vorschriften des § 801 des Bürgerlichen Gesetzbuchs Anwendung.

Die Vorschriften des § 801 gelten auch für die vor dem Inkrafttreten des Bürgerlichen Gesetzbuchs fällig gewordenen Ansprüche aus Schuldverschreibungen auf den Inhaber sowie aus solchen Schuldverschreibungen des Staates oder einer dem bayerischen Staate angehörenden Körperschaft, Stiftung oder Anstalt des öffentlichen Rechtes, die auf den Namen des Gläubigers umgeschrieben sind; die Vorschriften des Artikel 169 des Einführungsgesetzes zum Bürgerlichen Gesetzbuche finden entsprechende Anwendung.

Eine von dem Aussteller in der Urkunde oder in dem Zins-, Renten- S. 85.
oder Gewinnantheilschein über die Verjährungs-, Einlösungs- oder Vorlegungsfrist getroffene Bestimmung gilt als anderweitige Festsetzung der Vorlegungsfrist im Sinne des § 801 Abs. 3.

Eigenthumsbeschränkungen zu Gunsten bestehender Waldungen.

Artikel 9.

Der Eigenthümer eines Waldgrundstücks ist verpflichtet, die Wurzeln eines Baumes oder Strauches, die von einem Nachbargrundstück eingedrungen sind, das zur Zeit des Inkrafttretens des Bürgerlichen Gesetzbuchs mit Wald bestanden ist, sowie die von einem solchen Grundstücke herüberragenden Zweige zu dulden, bis auf dem Nachbargrundstücke die nächste Verjüngung des Waldes stattfindet.

Dem Eigenthümer eines anderen Grundstücks obliegt die gleiche Duldungspflicht gegenüber den herüberragenden Zweigen, soweit diese mindestens 5 m vom Boden entfernt sind; die Entfernung wird bis zu den unteren Spitzen der Zweige gemessen. Für die Beseitigung herüberragender Zweige, die weniger als 5 m vom Boden entfernt sind, ist dem Eigenthümer des mit Wald bestandenen Grundstücks eine dem Umfange der Arbeit für das ganze Grundstück entsprechende Frist von höchstens zwei Jahren zu gewähren. Auf der westlichen, nordwestlichen, südwestlichen und südlichen Seite des mit Wald bestandenen Grundstücks müssen auch solche herüberragende Zweige geduldet werden, wenn im Falle der Beseitigung der Fortbestand eines zum Schutze des Waldes erforderlichen Baumes oder Strauches gefährdet oder die Ertragsfähigkeit des Waldbodens in Folge des Eindringens von Wind und Sonne beeinträchtigt werden würde.

Im Falle des Plenterbetriebs gilt als der Zeitpunkt der nächsten Verjüngung der Beginn des Jahres 1950.

Auf isolirte Waldparzellen, die bis zum Beginne des Jahres 1885 als S. 86.
landwirthschaftliche Grundstücke benutzt worden sind, finden die Vorschriften des Abs. 2 keine Anwendung.

Eintragung von Grunddienstbarkeiten.

Artikel 10.

Grunddienstbarkeiten, die zu der Zeit bestehen, zu welcher das Grundbuch als angelegt anzusehen ist, müssen zur Erhaltung der Wirksamkeit gegenüber dem öffentlichen Glauben des Grundbuchs in das Grundbuch eingetragen werden. Der Eintragung sind Grunddienstbarkeiten, mit denen das Halten einer dauernden Anlage verbunden ist, solange nicht unterworfen, als die Anlage besteht.

Der Beginn und die Dauer der Frist für die Anmeldung der einzutragenden Grunddienstbarkeiten werden durch Königliche Verordnung bestimmt; die Frist muß jedoch mindestens sechs Monate betragen.

Die Bestimmung der Frist kann für einzelne Grundbuchbezirke und für einzelne Arten von Grunddienstbarkeiten gesondert erfolgen.

Die Eintragung und die Entgegennahme der Erklärungen, die zum Zwecke der Eintragung vor dem Grundbuchamt abgegeben werden, sind gebührenfrei.

Erlöschen nicht eingetragener Grunddienstbarkeiten.

Artikel 11.

Von der Zeit an, zu welcher das Grundbuch als angelegt anzusehen ist, gelten für das Erlöschen von Grunddienstbarkeiten, die nach den bisherigen

S. 86. Vorschriften entstanden und nicht in das Grundbuch eingetragen sind, die Vorschriften der Artikel 12 bis 17.

Artikel 12.

Zur Aufhebung der Grunddienstbarkeit ist die Erklärung des Berechtigten gegenüber dem Eigenthümer erforderlich, daß er die Dienstbarkeit aufgebe; die Erkärung muß in öffentlich beglaubigter Form abgegeben werden.

Die Vorschriften des § 876 des Bürgerlichen Gesetzbuchs finden entsprechende Anwendung.

Artikel 13.

Die Grunddienstbarkeit erlischt mit dem Ablaufe von zehn Jahren nach der letzten Ausübung. Hat eine Ausübung nicht stattgefunden, so beginnt die zehnjährige Frist mit dem Zeitpunkte, von dem an die Ausübung zulässig war. Die für die Verjährung geltenden Vorschriften der §§ 202 bis 207, 209 bis 212, 216, 217, 219, 220 des Bürgerlichen Gesetzbuchs und des Artikel 169 des Einführungsgesetzes zum Bürgerlichen Gesetzbuche finden entsprechende Anwendung.

S. 87. Der Lauf der Erlöschungsfrist wird nicht dadurch gehemmt, daß die Dienstbarkeit nur zeitweilig ausgeübt werden kann; die Frist endigt jedoch in diesem Falle nicht, bevor die Zeit, zu welcher die Ausübung zulässig war, zum zweiten Male eingetreten und seit dem zweiten Eintritt ein Jahr verstrichen ist.

Artikel 14.

Die Grunddienstbarkeit erlischt, wenn sie sich mit dem Eigenthum an dem belasteten Grundstücke vereinigt.

Artikel 15.

Ist die Grunddienstbarkeit dem Eigenthümer unbekannt, so kann der Berechtigte mit seinem Rechte im Wege des Aufgebotsverfahrens ausgeschlossen werden.

Das Aufgebot erstreckt sich nicht auf Grunddienstbarkeiten, mit denen das Halten einer dauernden Anlage verbunden ist, solange die Anlage besteht.

Artikel 16.

Für das Aufgebotsverfahren gelten die nachfolgenden besonderen Bestimmungen.

Zuständig ist das Gericht, in dessen Bezirke das belastete Grundstück liegt.

Antragsberechtigt ist der Eigenthümer des belasteten Grundstücks.

Der Antragsteller hat die ihm bekannten Grunddienstbarkeiten anzugeben und einen beglaubigten Plan seines Grundstücks vorzulegen, aus dem die angrenzenden Grundstücke ersichtlich sind.

Die öffentliche Bekanntmachung des Aufgebots erfolgt durch Anheftung an die Gerichtstafel und in der Gemeinde, in deren Bezirke das belastete Grundstück liegt, an die für amtliche Bekanntmachungen bestimmte Stelle sowie durch einmalige Einrückung in das für die Bekanntmachungen des Gerichts bestimmte Blatt. Das Aufgebot soll denjenigen, welche im Grundbuch als Eigenthümer der angrenzenden Grundstücke eingetragen sind, und den Erben eines eingetragenen Eigenthümers, sofern sie dem Gerichte bekannt sind, von Amtswegen zugestellt werden. Die Zustellung kann durch Aufgabe zur Post erfolgen.

Die Aufgebotsfrist muß mindestens drei Monate betragen; sie beginnt S. 87.
mit der Einrückung in das im Abs. 5 bezeichnete Blatt.

In dem Aufgebot ist den Berechtigten, welche sich nicht melden, als Rechtsnachtheil anzudrohen, daß ihre Grunddienstbarkeiten erlöschen, sofern nicht die Rechte dem Antragsteller bekannt sind.

Eine öffentliche Bekanntmachung des wesentlichen Inhalts des Ausschlußurtheils findet nicht statt.

Artikel 17. S. 88.

Wird in Ansehung eines Grundstücks, für das ein Ausschlußurtheil ergangen ist, von einem anderen Antragsberechtigten neuerdings das Aufgebot beantragt, so gelten die in dem früheren Verfahren von dem Antragsteller angegebenen oder von dem Berechtigten angemeldeten Grunddienstbarkeiten als dem Antragsteller bekannt.

Artikel 18.

Die Vorschriften der Artikel 15 bis 17 gelten von dem Inkrafttreten des Bürgerlichen Gesetzbuchs an auch für die Zeit, bevor das Grundbuch als angelegt anzusehen ist.

Das Aufgebot erstreckt sich nicht auf Grunddienstbarkeiten, die in den Landestheilen rechts des Rheins in das Hypothekenbuch eingetragen oder zur Eintragung angemeldet, in der Pfalz in dem Verfahren zur Anlegung des Grundbuchs angemeldet sind.

Als eingetragene Eigenthümer im Sinne des Artkel 16 Abs. 5 gelten in den Landestheilen rechts des Rheins diejenigen, welche im Hypothekenbuch als Besitzer eingetragen sind, bei Grundstücken, die ein Blatt im Hypothekenbuche nicht haben, sowie in der Pfalz die im Grundsteuerkataster als Besitzer Bezeichneten.

Eheliches Güterrecht.

Artikel 19.

Die in diesem Gesetze bestimmten Aenderungen des Güterstandes einer zur Zeit des Inkrafttretens des Bürgerlichen Gesetzbuchs bestehenden Ehe gelten, soweit sie ein in den Landestheilen rechts des Rheins geltendes Güterrecht betreffen, auch für Ehegatten, die ihren Wohnsitz in der Pfalz haben, und soweit sie das in der Pfalz geltende Güterrecht betreffen, auch für Ehegatten, die ihren Wohnsitz in den Landestheilen rechts des Rheins haben.

Artikel 20.

Besteht zur Zeit des Inkrafttretens des Bürgerlichen Gesetzbuchs für eine Ehe der gesetzliche Güterstand nach einem der in diesem Gesetze genannten Rechte, das auch in einem anderen Bundesstaate gilt, so finden die für diesen Güterstand geltenden Vorschriften auch Anwendung, wenn die Ehegatten den ersten ehelichen Wohnsitz nicht in Bayern gehabt haben.

Auf das Mainzer Landrecht und das Solmser Recht findet diese Vorschrift keine Anwendung. Das Badische Landrecht steht dem in der Pfalz geltenden Rechte gleich.

Artikel 21.

Besteht zur Zeit des Inkrafttretens des Bürgerlichen Gesetzbuchs für eine Ehe kraft Ehevertrags der Güterstand nach einem der in diesem Gesetze
genannten Rechte, deren ‖ Geltungsgebiet sich in einen anderen Bundesstaat S. 89.
erstreckt, so finden die in diesem Gesetze bestimmten Aenderungen des Güter-

S. 89. standes auch Anwendung, wenn der Güterstand mit Rücksicht auf das zu dem anderen Bundesstaate gehörende Geltungsgebiet gewählt ist.

Die Vorschriften des Artikel 20 Abs. 2 finden entsprechende Anwendung.

Artikel 22.

Besteht für Ehegatten, die zur Zeit des Inkrafttretens des Bürgerlichen Gesetzbuchs ihren Wohnsitz in Bayern haben, ein Güterstand, für welchen das in Bayern nicht geltende Recht eines anderen Bundesstaats maßgebend ist, so finden die Vorschriften Anwendung, welche den Güterstand in dem anderen Bundesstaate mit den Vorschriften des Bürgerlichen Gesetzbuchs in Einklang zu bringen bezwecken.

Werden in dem anderen Bundesstaate solche Vorschriften erst später erlassen, so kann durch Königliche Verordnung bestimmt werden, daß die Vorschriften auf die zur Zeit der Erlassung der Verordnung in Bayern wohnenden Ehegatten Anwendung finden, für welche der von den Vorschriften betroffene Güterstand besteht.

Artikel 23.

Begründen Ehegatten, für deren Güterstand die bisherigen Gesetze maßgebend sind, nach dem Inkrafttreten des Bürgerlichen Gesetzbuchs ihren Wohnsitz in Bayern, so finden die Vorschriften dieses Gesetzes über die Aenderung des Güterstandes Anwendung. An die Stelle der Zeit des Inkrafttretens des Bürgerlichen Gesetzbuchs, im Falle des Artikel 22 Abs. 2 an die Stelle der Zeit der Erlassung der Königlichen Verordnung, tritt die Zeit der Begründung des Wohnsitzes.

Rechte, deren Geltungsgebiet sich in einen anderen Bundesstaat erstreckt, sind von dem Inkrafttreten des Bürgerlichen Gesetzbuchs an, soweit sie in dem anderen Bundesstaate gelten, als besondere Rechte dieses Bundesstaats anzusehen.

Eine Aenderung des Güterstandes tritt nicht ein, wenn der Güterstand vor der Begründung des Wohnsitzes in Bayern durch die Gesetze eines anderen Bundesstaats einer Aenderung unterworfen worden ist, die ihn mit den Vorschriften des Bürgerlichen Gesetzbuchs in Einklang zu bringen bezweckt.

Artikel 24.

Soweit nach diesem Gesetze für den Güterstand einer Ehe die Vorschriften des Bürgerlichen Gesetzbuchs maßgebend sind, finden auch die für den Güterstand geltenden Vorschriften der Civilprozeßordnung, der Konkursordnung und des Gesetzes über die Angelegenheiten der freiwilligen Gerichtsbarkeit Anwendung.

Auf die im Artikel 83 Abs. 2 bezeichnete Ausgleichung des Ehegewinns finden die Vorschriften des Artikel 36 entsprechende Anwendung.

S. 90.

Artikel 25.

Die Wirksamkeit des nach diesem Gesetz eintretenden Güterstandes gegenüber Dritten bestimmt sich nach den für die Wirksamkeit des bisherigen Güterstandes geltenden Vorschriften. Die Vorschriften des Preußischen Landrechts Theil II Titel 1 §§ 352, 353, 425, 426 und die in einzelnen Rechtsgebieten geltenden Vorschriften, nach welchen für Ehegatten, die ihren Wohnsitz in das Rechtsgebiet verlegen, Dritten gegenüber das in dem Rechtsgebiete geltende Güterrecht maßgebend ist, treten jedoch außer Kraft.

Eine später eintretende Aenderung des Güterstandes ist Dritten gegenüber nur nach Maßgabe des § 1435 des Bürgerlichen Gesetzbuchs wirksam. Das Gleiche gilt in Ansehung des selbständigen Betriebs eines Erwerbsgeschäfts durch die Frau für den Einspruch des Mannes und den Widerruf der Einwilligung des Mannes, sofern der Einspruch oder der Widerruf nach dem Eintritte der in diesem Gesetze bestimmten Aenderung des Güterstandes erfolgt. S. 90.

Wird der Wohnsitz des Mannes nach dem Eintritte der in diesem Gesetze bestimmten Aenderung des Güterstandes verlegt, so finden die Vorschriften des § 1435 des Bürgerlichen Gesetzbuchs entsprechende Anwendung; ein von dem gesetzlichen Güterrechte des Bürgerlichen Gesetzbuchs abweichender Güterstand steht einem vertragsmäßigen Güterstande gleich.

Artikel 26.

Eine zur Zeit des Inkrafttretens des Bürgerlichen Gesetzbuchs kraft Gesetzes bestehende Gütergemeinschaft bedarf in Ansehung der Rechte, die im Grundbuch eingetragen sind oder in das Grundbuch eingetragen werden können, zur Erhaltung der Wirksamkeit gegenüber dem öffentlichen Glauben des Grundbuchs nicht der Eintragung. Jeder Ehegatte kann jedoch von dem anderen die Mitwirkung zur Eintragung verlangen.

Das Gleiche gilt für eine Gütergemeinschaft, die nach Artikel 62 Abs. 3, Artikel 76 Abs. 1 oder Artikel 91 kraft Gesetzes später eintritt.

Diese Vorschriften finden in den Landestheilen rechts des Rheins, solange das Grundbuch nicht als angelegt anzusehen ist, auf das Hypothekenbuch entsprechende Anwendung.

Artikel 27.

Ein Güterstand, für den die bisherigen Gesetze maßgebend bleiben, kann durch Ehevertrag nur nach Maßgabe der Vorschriften des Bürgerlichen Gesetzbuchs aufgehoben oder geändert werden.

Die Vorschriften des Artikel 25 Abs. 2, 3 und des Artikel 26 finden auch auf einen Güterstand der im Abs. 1 bezeichneten Art Anwendung.

Artikel 28.

Steht dem überlebenden Ehegatten ein Recht der Verwaltung und Nutznießung oder des Beisitzes zu, für welches die bisherigen Gesetze maßgebend sind, so ist das Recht des überlebenden Ehegatten in dem Erbscheine, der einem Erben ertheilt wird, anzugeben.

Das Recht der Verwaltung und Nutznießung oder des Beisitzes ist bei der Eintragung des Erben in das Grundbuch oder das Hypothekenbuch der Landestheile rechts des Rheins von Amtswegen miteinzutragen. S. 91.

Dem überlebenden Ehegatten hat das Nachlaßgericht auf Antrag ein Zeugniß über das Recht der Verwaltung und Nutznießung oder des Beisitzes zu ertheilen. Auf das Zeugniß finden die für den Erbschein geltenden Vorschriften entsprechende Anwendung. Mit der Beendigung des Rechtes der Verwaltung und Nutznießung oder des Beisitzes wird das Zeugniß kraftlos.

Artikel 29.

Bei einer fortgesetzten Gütergemeinschaft, für welche die bisherigen Gesetze maßgebend bleiben, finden auf die Ertheilung eines Zeugnisses über die Fortsetzung der Gütergemeinschaft die Vorschriften des § 1507 des Bürgerlichen Gesetzbuchs Anwendung.

Im Falle der Auseinandersetzung kann das im § 38 der Grundbuchordnung bezeichnete Zeugniß ertheilt werden.

Artikel 30.

Wird in Folge der in diesem Gesetze bestimmten Aenderung des Güterstandes das Grundbuch unrichtig, so werden für die Berichtigung des Grund-

S. 91. buchs Gebühren nicht erhoben, wenn die Berichtigung vor dem Ablauf eines Jahres nach der Aenderung beantragt wird.

Das Gleiche gilt in den Landestheilen rechts des Rheins für die Berichtigung des Hypothekenbuchs.

Artikel 31.

Für einen Ehevertrag, durch den an die Stelle des nach diesem Gesetz eintretenden Güterstandes eine andere nach den Vorschriften des Bürgerlichen Gesetzbuchs zulässige Regelung des Güterstandes gesetzt oder der nach diesem Gesetz eintretende Güterstand in einzelnen Beziehungen geändert wird, sowie für die Eintragung des Ehevertrags in das Güterrechtsregister werden Gebühren nicht erhoben, wenn der Vertrag vor dem Ablauf eines Jahres nach der Aenderung des Güterstandes geschlossen wird.

Das Gleiche gilt für die Beurkundung eines Auseinandersetzungsvertrags, wenn sie vor dem im Abs. 1 bezeichneten Zeitpunkt erfolgt, sowie für die Vermittelung einer Auseinandersetzung, die Aufnahme von Vermögensverzeichnissen und die Feststellung des Zustandes der zu dem eingebrachten Gute eines Ehegatten gehörenden oder dem eingebrachten Gute gleichstehenden Sachen, wenn sie vor dem im Abs. 1 bezeichneten Zeitpunkte beantragt wird.

S. 92.

Anlegung von Mündelgeld.

Artikel 32.

Zur Anlegung von Mündelgeld sind auch nach dem Inkrafttreten des Bürgerlichen Gesetzbuchs die Schuldverschreibungen bayerischer Gemeinden und diejenigen von Kreditanstalten ausgegebenen Werthpapiere, insbesondere Pfandbriefe, geeignet, in welchen bisher nach den vom Staatsministerium der Justiz getroffenen Bestimmungen Mündelgeld angelegt werden durfte.

Die Zulassung zur Anlegung von Mündelgeld kann vom Staatsministerium der Justiz jederzeit widerrufen werden.

Vermächtnisse.

Artikel 33.

Hat ein Vermächtniß, durch welches der Vermächtnißnehmer den Vermächtnißgegenstand unmittelbar erlangt, ein Recht an einem Grundstück oder ein Recht an einem solchen Rechte zum Gegenstande, so ist bei der Eintragung des Beschwerten in das Grundbuch oder in das Hypothekenbuch der Landestheile rechts des Rheins zugleich das Recht des Vermächtnißnehmers einzutragen.

Beschwerden in Angelegenheiten der freiwilligen Gerichtsbarkeit.

Artikel 34.

Für die zur Zeit des Inkrafttretens des Bürgerlichen Gesetzbuchs anhängigen Beschwerden in Angelegenheiten der freiwilligen Gerichtsbarkeit verbleibt es bei den bisherigen Vorschriften. Dies gilt insbesondere auch von der Anfechtung der Entscheidung des Beschwerdegerichts durch weitere Beschwerde.

In den Angelegenheiten, für welche bisher die Landgerichte in erster Instanz zuständig waren, verbleibt es für die Beschwerde gegen eine Entscheidung des Landgerichts bei den bisherigen Vorschriften, auch wenn die Beschwerde zur Zeit des Inkrafttretens des Bürgerlichen Gesetzbuchs noch nicht eingelegt ist.

Personenstand.

S. 92.

Artikel 35.

Auf ein zur Zeit des Inkrafttretens des Bürgerlichen Gesetzbuchs anhängiges Verfahren, welches die Anweisung eines Standesbeamten zur Vornahme einer Amtshandlung oder die Berichtigung einer Eintragung in dem Standesregister zum Gegenstande hat, finden von dieser Zeit an die Vorschriften der §§ 69, 70 des Gesetzes über die Angelegenheiten der freiwilligen Gerichtsbarkeit Anwendung.

Auseinandersetzung in Ansehung eines Nachlasses oder eines Gemeinschaftsvermögens.

S. 93.

Artikel 36.

Die Vermittelung der Auseinandersetzung zwischen den Betheiligten in Ansehung eines Nachlasses oder des Gemeinschaftsvermögens einer ehelichen oder einer fortgesetzten Gütergemeinschaft nach den Vorschriften der §§ 86 bis 99 des Gesetzes über die Angelegenheiten der freiwilligen Gerichtsbarkeit kann nach dem Inkrafttreten des Bürgerlichen Gesetzbuchs auch beantragt werden, wenn der Tod des Erblassers vor diesem Zeitpunkt eingetreten ist oder für die Auseinandersetzung in Ansehung der Gütergemeinschaft die bisherigen Vorschriften maßgebend sind. In dem Falle des §§ 99 Abs. 2 Satz 3 tritt an die Stelle der Zuständigkeit des Reichskanzlers die Zuständigkeit des Staatsministeriums der Justiz.

Handelssachen.

Artikel 37.

Auf ein zur Zeit des Inkrafttretens des Bürgerlichen Gesetzbuchs anhängiges Verfahren nach den Artikeln 10 bis 18, 22 bis 24, 28 des Gesetzes vom 10. November 1861, die Einführung des allgemeinen deutschen Handelsgesetzbuchs betreffend, finden von diesem Zeitpunkt an die neuen Vorschriften Anwendung.

Artikel 38.

Für die nach Artikel 310 Abs. 2, Artikel 323 Abs. 3, den Artikeln 375, 387, Artikel 407 Abs. 4 und Artikel 409 Abs. 2 des bisherigen Handelsgesetzbuchs von den Gerichten zu erledigenden Angelegenheiten sind von dem Inkrafttreten des Bürgerlichen Gesetzbuchs an die Amtsgerichte zuständig.

II. Vorschriften für die Landestheile rechts des Rheins.

Eigenthumsvorbehalt.

Artikel 39.

Hat sich der frühere Eigenthümer eines Grundstücks für den Fall des Eintritts eines bestimmten Umstandes den Rückfall des Eigenthums vorbehalten, so verwandelt sich das Rückfallsrecht zu der Zeit, zu welcher das Grundbuch als angelegt anzusehen ist, in den Anspruch auf Rückübertragung des Eigenthums; zugleich treten die mit der Eintragung einer Vormerkung zur Sicherung des Anspruchs verbundenen Wirkungen ein, jedoch unbeschadet der Vorschriften über den öffentlichen Glauben des Grundbuchs. Soweit die Rechte, mit welchen das Grundstück vor der bezeichneten Zeit belastet worden ist, nach den bisherigen Vorschriften mit dem Rückfalle des Eigenthums erlöschen würden, gilt die Rückübertragung des Eigenthums als auflösende Bedingung.

S. 94. Ist das Rückfallsrecht zur Sicherung einer Forderung des Berechtigten vorbehalten, so finden, wenn der Berechtigte die Rückübertragung des Eigenthums verlangt, die Vorschriften des § 268 des Bürgerlichen Gesetzbuchs entsprechende Anwendung.

Hat sich der Veräußerer eines Grundstücks bis zu dem Eintritt eines bestimmten Umstandes das Eigenthum vorbehalten, aber die sofortige Eintragung des Besitztitels des Erwerbers in das Hypothekenbuch bewilligt, so ist der Eigenthumsvorbehalt als Vorbehalt des Rückfalls des Eigenthums für den Fall anzusehen, daß der bestimmte Umstand nicht eintritt.

Miteigenthum.

Artikel 40.

An die Stelle der im § 1010 des Bürgerlichen Gesetzbuchs vorgeschriebenen Eintragungen in das Grundbuch treten bis zur Anlegung des Grundbuchs die entsprechenden Eintragungen in das Hypothekenbuch.

Artikel 41.

Soll die Zwangsversteigerung eines gemeinschaftlichen Grundstücks zum Zwecke der Aufhebung der Gemeinschaft erfolgen, so finden von dem Inkrafttreten des Bürgerlichen Gesetzbuchs an, bis das Grundbuch als angelegt anzusehen ist, die bisherigen Vorschriften über die Zwangsversteigerung mit den Aenderungen entsprechende Anwendung, welche sich aus dem § 181 Abs. 1, Abs. 2 Satz 2, dem § 182 Abs. 1, 2 und den §§ 183, 184 des Gesetzes über die Zwangsversteigerung und die Zwangsverwaltung ergeben.

Die Vorschriften des Artikel 21 des Gesetzes vom 23. Februar 1879 finden auf den Nachweis des Eigenthums des Antragstellers oder desjenigen, dessen Recht auf Aufhebung der Gemeinschaft der Antragsteller ausübt, entsprechende Anwendung.

Ist das Grundstück nach den Vorschriften des Preußischen Landrechts vermiethet oder verpachtet, so finden die Vorschriften des Theil I Titel 21 §§ 350 bis 354 keine Anwendung.

Stockwerkseigenthum.

Artikel 42.

Das zur Zeit des Inkrafttretens des Bürgerlichen Gesetzbuchs bestehende Stockwerkseigenthum (Herbergsrecht) gilt von diesem Zeitpunkt an als Miteigenthum an dem Grundstücke mit der Maßgabe, daß jedem Miteigenthümer die ausschließliche und dauernde Benutzung derjenigen Theile des Gebäudes zusteht, welche ihm zur Zeit des Inkrafttretens des Bürgerlichen Gesetzbuchs gehören, und daß der Aufwand für deren Unterhaltung ihm zur Last fällt. Der Anspruch auf Aufhebung der Gemeinschaft ist ausgeschlossen.

Auf die Benutzungsrechte der Miteigenthümer findet die Vorschrift des § 1010 Abs. 1 des Bürgerlichen Gesetzbuchs entsprechende Anwendung.

S. 95.

Ausschluß des Rechtes auf Aufhebung der Gemeinschaft.

Artikel 43.

Ist nach den bisherigen Vorschriften die Theilung eines Grundstücks, das im Miteigenthume der Eigenthümer anderer Grundstücke steht und diesen dauernd zu bestimmten wirthschaftlichen Zwecken dient, wegen dieser Zweckbestimmung ausgeschlossen, so gilt das Grundstück von dem Inkrafttreten des Bürgerlichen

Gesetzbuchs an als zu Gunsten des jeweiligen Eigenthümers eines jeden der S. 95.
anderen Grundstücke mit einer Grunddienstbarkeit des Inhalts belastet, daß er es zu den bestimmten Zwecken benutzen darf.

Grunddienstbarkeiten.

Artikel 44.

Von der Verkündung dieses Gesetzes an kann die Eintragung von Grunddienstbarkeiten in das Hypothekenbuch von dem Berechtigten und von dem Eigenthümer des belasteten Grundstücks verlangt werden; die Kosten sind von demjenigen zu tragen und vorzuschießen, welcher die Eintragung verlangt. Die Löschung einer vorher erfolgten Eintragung kann nicht aus dem Grunde verlangt werden, weil die Grunddienstbarkeit nicht zu den einzutragenden Rechten gehörte.

Bei der Eintragung kann zur näheren Bezeichnung des Inhalts der Grunddienstbarkeit auf die Eintragungsbewilligung Bezug genommen werden. Die Vorschriften des § 9 Abs. 1 der Grundbuchordnung finden entsprechende Anwendung.

Die Eintragung einer Grunddienstbarkeit gilt von der Zeit an, zu welcher das Grundbuch als angelegt anzusehen ist, als Eintragung im Grundbuche. Die Eintragung eines Widerspruchs gegen die Richtigkeit der Eintragung ist schon vorher zulässig.

Artikel 45.

Die im Artikel 191 Abs. 2 des Einführungsgesetzes zum Bürgerlichen Gesetzbuche zum Schutze der Ausübung von Grunddienstbarkeiten gegebenen Vorschriften gelten von dem Inkrafttreten des Bürgerlichen Gesetzbuchs an auch für die Zeit, bevor das Grundbuch als angelegt anzusehen ist.

Reallasten.

Artikel 46.

Für eine zur Zeit des Inkrafttretens des Bürgerlichen Gesetzbuchs bestehende Reallast gelten von diesem Zeitpunkt an die Vorschriften der §§ 1107 bis 1111 des Bürgerlichen Gesetzbuchs. Solange das Grundbuch noch nicht
als angelegt anzusehen ist, tritt in dem ‖ Falle des § 1109 Abs. 2 an die S. 96.
Stelle des Grundbuchs das Hypothekenbuch und an die Stelle des Grundbuchamts das Hypothekenamt; die Vorschriften der §§ 876, 878 des Bürgerlichen Gesetzbuchs finden keine Anwendung.

Von der Zeit an, zu welcher das Grundbuch als angelegt anzusehen ist, finden auf das Erlöschen einer nicht im Grundbuch eingetragenen Reallast die für die Grunddienstbarkeiten geltenden Vorschriften der Artikel 12 bis 14 entsprechende Anwendung.

Die Vorschriften der Gesetze über die Grundentlastung bleiben unberührt.

Ewiggeld.

Artikel 47.

Ein Ewiggeld, das zu der Zeit besteht, zu welcher das Grundbuch als angelegt anzusehen ist, verwandelt sich in eine Rentenschuld.

Leibgedingsrechte.

Artikel 48.

Besteht zu der Zeit, zu welcher das Grundbuch als angelegt anzusehen ist, eine Hypothek für wiederkehrende Leistungen, die zu einem Leibgeding,

S. 96. einer Leibzucht, einem Altentheil oder einem Auszuge gehören, so verwandelt sie sich in eine Reallast. Haftet der Eigenthümer des belasteten Grundstücks zu der bezeichneten Zeit nur als Drittbesitzer, so gilt die persönliche Haftung des jeweiligen Eigenthümers für die während der Dauer seines Eigenthums fällig werdenden Leistungen als ausgeschlossen.

Besteht zu der im Abs. 1 bezeichneten Zeit eine Hypothek für ein Wohnungsrecht oder für ein zu einem Leibgeding, einer Leibzucht, einem Altentheil oder einem Auszuge gehörendes sonstiges Recht zur Benutzung eines Grundstücks, so gilt das Recht als persönliche Dienstbarkeit.

Ist in den Fällen der Abs. 1, 2 in der Eintragung der Höchstbetrag angegeben, für den das Grundstück haftet, so gilt dieser als der Höchstbetrag des bei der Zwangsversteigerung im Falle des Erlöschens des Rechtes durch den Zuschlag aus dem Erlöse zu leistenden Ersatzes.

Inhaberhypotheken.

Artikel 49.

Eine vor der Zeit, zu welcher das Grundbuch als angelegt anzusehen ist, eingetragene Hypothek für die Forderung aus einer Schuldverschreibung auf den Inhaber, aus einem Wechsel oder aus einem anderen Papiere, das durch Indossament übertragen werden kann, gilt von diesem Zeitpunkt an als eine Sicherungshypothek.

S. 97.

Gesetzliche Hypothekentitel.

Artikel 50.

Bis zu der Zeit, zu welcher das Grundbuch als angelegt anzusehen ist, gilt der einem Gläubiger kraft Gesetzes zustehende Anspruch auf Einräumung einer Sicherungshypothek sowie das dem Staate, der Brandversicherungsanstalt, den Gemeinden und anderen Kommunalverbänden, den Stiftungen des öffentlichen Rechtes und den unter der Verwaltung einer öffentlichen Behörde stehenden Stiftungen zustehende Recht, zur Sicherung gewisser Forderungen die Eintragung einer Sicherungshypothek an Grundstücken des Schuldners zu verlangen, als gesetzlicher Hypothekentitel.

Für die Erstreckung der Hypothek auf mehrere Grundstücke sind die neuen Vorschriften maßgebend.

Artikel 51.

Soweit für den Güterstand einer zur Zeit des Inkrafttretens des Bürgerlichen Gesetzbuchs bestehenden Ehe die bisherigen Vorschriften maßgebend bleiben, steht der Ehefrau der im § 12 Nr. 6 des Hypothekengesetzes bestimmte gesetzliche Hypothekentitel für die dort bezeichneten Ansprüche auch insoweit zu, als die Ansprüche erst nach diesem Zeitpunkt entstehen.

Artikel 52.

Ist der Erblasser vor dem Inkrafttreten des Bürgerlichen Gesetzbuchs gestorben, so steht der im § 12 Nr. 8 des Hypothekengesetzes bestimmte gesetzliche Hypothekentitel den dort bezeichneten Berechtigten zu, auch wenn deren Ansprüche erst nach diesem Zeitpunkt entstehen.

Artikel 53.

Bis zu der Zeit, zu welcher das Grundbuch als angelegt anzusehen ist, steht den Hypothekengläubigern der im § 12 Nr. 11 des Hypothekengesetzes bestimmte gesetzliche Hypothekentitel zu.

Artikel 54. S. 97.

Außer den Fällen der Artikel 50 bis 53 können gesetzliche Hypothekentitel nach dem Inkrafttreten des Bürgerlichen Gesetzbuchs nicht mehr entstehen.

Artikel 55.

Ein gesetzlicher Hypothekentitel, der zu der Zeit besteht, zu welcher das Grundbuch als angelegt anzusehen ist, verwandelt sich in einen Anspruch auf Bestellung einer Sicherungshypothek.

Soweit nach den Artikeln 51, 52 nach dem Inkrafttreten des Bürgerlichen S. 98.
Gesetzbuchs noch neue Hypothekentitel entstehen können, tritt von der im Abs. 1 bezeichneten Zeit an deren Stelle der dort bezeichnete Anspruch.

Für die Ansprüche des Staates, der Brandversicherungsanstalt, einer Gemeinde oder eines anderen Kommunalverbandes, einer Stiftung des öffentlichen Rechtes oder einer unter der Verwaltung einer öffentlichen Behörde stehenden Stiftung mit denen ein gesetzlicher Hypothekentitel verbunden ist, kann von der im Abs. 1 bezeichneten Zeit an die Eintragung einer Sicherungshypothek an den Grundstücken des Schuldners verlangt werden. Die Eintragung erfolgt auf das Ersuchen der nach den neuen Vorschriften zuständigen Behörde.

Artikel 56.

Die Vorschriften des § 54 des Gesetzes über die Angelegenheiten der freiwilligen Gerichtsbarkeit finden bis zu der Zeit, zu welcher das Grundbuch als angelegt anzusehen ist, auf die Eintragung einer Hypothek in das Hypothekenbuch mit der Maßgabe entsprechende Anwendung, daß der in dem Ersuchen angegebene Betrag, für welchen die Sicherheit geleistet werden soll, in der Eintragung als der Höchstbetrag zu bezeichnen ist, für den die Grundstücke haften.

Hypothekenvormerkungen.

Artikel 57.

Ist zu der Zeit, zu welcher das Grundbuch als angelegt anzusehen ist, eine Hypothek nach den bisherigen Vorschriften vorgemerkt, so finden auf die Vormerkung die Vorschriften der §§ 886, 887 des Bürgerlichen Gesetzbuchs entsprechende Anwendung.

Rangvorbehalte.

Artikel 58.

Das nach § 84 des Hypothekengesetzes dem Schuldner zustehende Recht, an der Stelle einer erloschenen, aber noch nicht gelöschten Hypothek eine neue Hypothek mit dem Range der erloschenen zu begründen, ist gegenüber einem nach der Anlegung des Grundbuchs entstandenen Rechte unwirksam.

Das Gleiche gilt von der nach § 150 des Hypothekengesetzes eingetragenen Vormerkung einer Hypothek, deren Bestellung sich der Schuldner vorbehalten hat.

Artikel 59.

Hat der Eigenthümer eines Grundstücks einem Hypothekengläubiger gegenüber in Ansehung einer dem Rechte des Gläubigers im Range vorgehenden oder gleichstehenden Hypothek auf das im § 84 des Hypothekengesetzes bestimmte Recht verzichtet, so kann der Gläubiger ‖ von der Zeit an, zu welcher das S. 99.
Grundbuch als angelegt anzusehen ist, unbeschadet der Vorschriften über den öffentlichen Glauben des Grundbuchs, die Löschung der Hypothek, falls diese

S. 99. sich mit dem Eigenthum in derselben Person vereinigt, in gleicher Weise verlangen, wie wenn zur Sicherung des Rechtes auf Löschung eine Vormerkung im Grundbuch eingetragen wäre.

Verpfändung und Pfändung des Anspruchs auf Herausgabe eines Grundstücks.

Artikel 60.

Bis zu der Zeit, zu welcher das Grundbuch als angelegt anzusehen ist, erwirbt in dem Falle des § 1287 Satz 2 des Bürgerlichen Gesetzbuchs der Pfandgläubiger und in dem Falle des § 848 Abs. 2 Satz 2 der Civilprozeßordnung der Gläubiger eine Hypothek an dem herausgegebenen Grundstücke.

In dem ersteren Falle ist der Verpfänder verpflichtet, die Eintragung der Hypothek in das Hypothekenbuch zu bewilligen. In dem letzteren Falle hat der Sequester die Eintragung einer Vormerkung in das Hypothekenbuch zu beantragen. Die Umwandlung der Vormerkung in Eintragung erfolgt nach den für die Eintragung einer Vollstreckungshypothek geltenden Vorschriften. Ist die Umwandlung zu der Zeit, zu welcher das Grundbuch als angelegt anzusehen ist, noch nicht erfolgt, so findet die Vorschrift des Artikel 57 des Ausführungsgesetzes zu der Grundbuchordnung und zu dem Gesetz über die Zwangsversteigerung und die Zwangsverwaltung Anwendung.

Hypotheken an Rechten.

Artikel 61.

Ist zur Zeit des Inkrafttretens des Bürgerlichen Gesetzbuchs ein Recht mit einer Hypothek belastet, das nicht zu den Rechten gehört, für welche die sich auf Grundstücke beziehenden Vorschriften gelten, so verwandelt sich die Hypothek in ein Pfandrecht.

Eheliches Güterrecht.

1. Allgemeine Gütergemeinschaft.

Artikel 62.

Besteht zur Zeit des Inkrafttretens des Bürgerlichen Gesetzbuchs für eine Ehe der gesetzliche Güterstand der allgemeinen Gütergemeinschaft nach einem der in den Landestheilen rechts des Rheins geltenden Rechte, so treten an die Stelle der bisherigen Vorschriften die Vorschriften des Bürgerlichen Gesetzbuchs über die allgemeine Gütergemeinschaft.

Soweit der Eintritt der allgemeinen Gütergemeinschaft nach den bisherigen Vorschriften von der ehelichen Beiwohnung oder nach dem Rechte des
S. 100. Fürstenthums Hohenlohe von dem ‖ Ablauf einer Frist abhängt, gilt er mit dem Inkrafttreten des Bürgerlichen Gesetzbuchs als erfolgt.

Tritt die allgemeine Gütergemeinschaft nach den Vorschriften des Preußischen Landrechts erst zu einer späteren Zeit ein, so gilt die Vorschrift des Abs. 1 von dieser Zeit an.

Artikel 63.

Besteht die allgemeine Gütergemeinschaft nach dem Rechte des Fürstenthums Bayreuth, so behält jeder Ehegatte das Recht, sie innerhalb einer Frist von drei Monaten nach der Eingehung der Ehe aufzuheben.

Mit der Aufhebung der Gütergemeinschaft tritt der Güterstand der Verwaltung und Nutznießung ein.

Artikel 64. S. 100.

Soweit nach den bisherigen Vorschriften ein Ehegatte berechtigt ist, wegen Verbindlichkeiten des anderen Ehegatten auf Aufhebung der Gütergemeinschaft mit der Wirkung zu klagen, daß das Gesammtgut für diese Verbindlichkeiten nicht haftet, bleibt das Recht in Ansehung der Verbindlichkeiten bestehen, die vor dem Inkrafttreten des Bürgerlichen Gesetzbuchs entstanden sind.

Die Vorschriften der §§ 1470, 1479 des Bürgerlichen Gesetzbuchs finden entsprechende Anwendung.

Artikel 65.

Besteht die allgemeine Gütergemeinschaft nach dem Rechte von Würzburg, Castell oder Schweinfurt, so können im Falle der Beendigung der Gütergemeinschaft die Abkömmlinge die Erstattung des Werthes ihres in das Gesammtgut gefallenen Vermögens verlangen, jedoch nur bis zu dem Betrage von zwei Dritteln des Werthes des Gesammtguts. Tritt fortgesetzte Gütergemeinschaft ein, so kann die Erstattung erst bei der Beendigung der fortgesetzten Gütergemeinschaft und, falls der überlebende Ehegatte bei der Beendigung noch am Leben ist, diesem gegenüber nur bis zu dem Betrag eines Sechstels des Werthes des Gesammtguts der fortgesetzten Gütergemeinschaft verlangt werden. Der Werth des zu erstattenden Vermögens bestimmt sich nach der Zeit, zu welcher das Vermögen in das Gesammtgut gefallen ist.

Sind gemeinschaftliche Abkömmlinge nicht vorhanden, so steht jedem der Ehegatten bei der Aufhebung der Gütergemeinschaft das im § 1478 des Bürgerlichen Gesetzbuchs bestimmte Recht zu.

Artikel 66.

Besteht die allgemeine Gütergemeinschaft nach dem Rechte des Fürstenthums Hohenlohe, so verbleibt es für die Auseinandersetzung in Ansehung des Gesammtguts bei der Vorschrift, ‖ daß dem Manne zwei Drittel, der Frau S. 101.
ein Drittel des Ueberschusses gebühren. Im Falle der fortgesetzten Gütergemeinschaft bestimmt sich der Antheil der Abkömmlinge nach dem Antheile des verstorbenen Ehegatten.

Artikel 67.

Besteht die allgemeine Gütergemeinschaft nach dem Rechte von Bamberg, Nördlingen, Kaufbeuren, der Stadt Kempten, von Dinkelsbühl, Windsheim, Bayreuth, Ulm, Pappenheim, Thurnau, Fulda, Erbach, Lindau, Mindelheim, Eichstätt, Ingolstadt, Oettingen-Wallerstein oder nach der Mönchsrother Observanz, so geht im Falle des Todes des einen Ehegatten, wenn Abkömmlinge dieses Ehegatten nicht vorhanden sind, dessen Antheil an dem Gesammtgut auf den überlebenden Ehegatten über. Die Vorschriften des § 1483 Abs. 1 Satz 2, des § 1484, des § 1488, des § 1489 Abs. 1, 2 und der §§ 1507, 1508 des Bürgerlichen Gesetzbuchs finden entsprechende Anwendung.

Der Uebergang auf den überlebenden Ehegatten kann durch letztwillige Verfügung ausgeschlossen werden. Im Falle der Ausschließung gehört der Antheil des verstorbenen Ehegatten an dem Gesammtgute zum Nachlasse. Besteht die allgemeine Gütergemeinschaft nach dem Rechte vom Bamberg, Nördlingen, Kaufbeuren, der Stadt Kempten, von Dinkelsbühl, Windsheim, Ulm, Pappenheim, Thurnau, Fulda, Erbach, Oettingen-Wallerstein oder nach der Mönchsrother Observanz, so finden auf die Ausschließung die Vorschriften der §§ 1509, 1516 des Bürgerlichen Gesetzbuchs entsprechende Anwendung. Besteht die allgemeine Gütergemeinschaft nach dem Rechte von Bayreuth, so

S. 101. steht dem ausgeschlossenen Ehegatten das im § 1478 des Bürgerlichen Gesetzbuchs bezeichnete Recht sowie ein Pflichttheilsrecht zu. Macht der ausgeschlossene Ehegatte von dem im § 1478 bezeichneten Rechte Gebrauch, so gilt das Gesammgut insoweit, als es nicht zur Erstattung des Werthes des von der Frau in die Gütergemeinschaft Eingebrachten zu verwenden ist, als Antheil des Mannes; auf das Pflichttheilsrecht finden die Vorschriften des Bürgerlichen Gesetzbuchs über den Pflichttheil entsprechende Anwendung.

Artikel 68.

Besteht die allgemeine Gütergemeinschaft nach dem Rechte des Fürstenthums Hohenlohe oder des Fürstenthums Kempten, so steht, wenn bei dem Tode des einen Ehegatten Abkömmlinge dieses Ehegatten nicht vorhanden sind, dem überlebenden Ehegatten das im § 1478 des Bürgerlichen Gesetzbuchs bestimmte Recht zu. Macht er von diesem Rechte Gebrauch, so gehört das Gesammtgut, soweit es nicht zur Erstattung des Werthes des in die Gütergemeinschaft Eingebrachten erforderlich ist, zum Nachlasse des verstorbenen Ehegatten.

Besteht die allgemeine Gütergemeinschaft nach dem Rechte des Fürstenthums Kempten, so bestimmt sich das Recht des überlebenden Ehegatten in Ansehung des Nachlasses des verstorbenen Ehegatten nach den bisherigen Vorschriften.
S. 102. Verzichtet der überlebende Ehegatte || auf das Recht der Verwaltung und Nutznießung, so bestimmt sich sein Erbrecht nach den Vorschriften des Bürgerlichen Gesetzbuchs. Auf den Verzicht finden die für die Ausschlagung der Erbschaft geltenden Vorschriften des Bürgerlichen Gesetzbuchs entsprechende Anwendung.

Artikel 69.

Besteht die allgemeine Gütergemeinschaft nach dem Rechte des Fürstenthums Bayreuth, des Fürstenthums Kempten oder der Stadt Kempten oder nach dem Rechte von Dinkelsbühl oder Lindau, so steht, wenn bei dem Tode des einen Ehegatten gemeinschaftliche Abkömmlinge vorhanden sind, dem überlebenden Ehegatten das im § 1478 des Bürgerlichen Gesetzbuchs bezeichnete Recht zu, sofern er die Fortsetzung der Gütergemeinschaft ablehnt. Macht er von diesem Rechte Gebrauch, so gehört, wenn die allgemeine Gütergemeinschaft nach dem Rechte der Stadt Kempten besteht, das Gesammtgut, soweit es nicht zur Erstattung des Werthes des in die Gütergemeinschaft Eingebrachten erforderlich ist, zum Nachlasse des verstorbenen Ehegatten. Besteht die allgemeine Gütergemeinschaft nach dem Rechte des Fürstenthums Bayreuth, so gilt das Gleiche, wenn die Frau überlebt oder wenn bei dem Tode der Frau ein aus einer früheren Ehe der Frau stammender Abkömmling vorhanden ist; andernfalls gebührt das Gesammtgut insoweit dem überlebenden Manne.

Lehnt der überlebende Ehegatte die Fortsetzung der Gütergemeinschaft ab, so bestimmt sich sein Recht in Ansehung des Nachlasses des verstorbenen Ehegatten nach den bisherigen Vorschriften. Verzichtet er auf das Recht des Beisitzes, so bestimmt sich sein Erbrecht nach den Vorschriften des Bürgerlichen Gesetzbuchs, soweit diese ihm günstiger sind. Auf den Verzicht finden die für die Ausschlagung einer Erbschaft geltenden Vorschriften des Bürgerlichen Gesetzbuchs entsprechende Anwendung.

Artikel 70.

Besteht die allgemeine Gütergemeinschaft nach einem der im Artikel 69 genannten Rechte, so steht, wenn bei dem Tode des einen Ehegatten andere Abkömmlinge dieses Ehegatten als gemeinschaftliche vorhanden sind, das im

§ 1478 des Bürgerlichen Gesetzbuchs bezeichnete Recht sowohl dem überlebenden Ehegatten als den Abkömmlingen zu. Die Vorschriften des Artikel 69 Abs. 1 Satz 2, 3 finden entsprechende Anwendung. Das Erbrecht des überlebenden Ehegatten bestimmt sich nach den bisherigen Vorschriften, der gesetzliche Erbtheil beträgt jedoch mindestens ein Viertheil. S. 102.

Treffen gemeinschaftliche Abkömmlinge mit nicht gemeinschaftlichen Abkömmlingen des verstorbenen Ehegatten zusammen, so bestimmen sich die Rechte des überlebenden Ehegatten gegenüber diesen nach den Vorschriften des Abs. 1, auch wenn der überlebende Ehegatte die Fortsetzung der Gütergemeinschaft nicht ablehnt oder auf den Beisitz nicht verzichtet.

Artikel 71. S. 103.

Besteht die allgemeine Gütergemeinschaft nach dem Rechte von Kaufbeuren, so erhält, wenn die fortgesetzte Gütergemeinschaft bei Lebzeiten des überlebenden Ehegatten aufgehoben wird, dieser den Werth des von ihm eingebrachten Vermögens als Voraus. Die Vorschriften des § 1478 Abs. 2 des Bürgerlichen Gesetzbuchs finden Anwendung.

Besteht die allgemeine Gütergemeinschaft nach dem Rechte von Nördlingen, so kann der überlebende Ehegatte bei der Aufhebung der fortgesetzten Gütergemeinschaft verlangen, daß die antheilsberechtigten Abkömmlinge an Stelle der Hälfte des Gesammtguts den Werth des von dem verstorbenen Ehegatten eingebrachten Vermögens erhalten. Die Vorschriften des § 1478 Abs. 2 des Bürgerlichen Gesetzbuchs finden Anwendung.

Besteht die allgemeine Gütergemeinschaft nach dem Rechte von Weißenburg, so kann der überlebende Ehegatte bei der Aufhebung der fortgesetzten Gütergemeinschaft verlangen, daß die antheilsberechtigten Abkömmlinge an Stelle der Hälfte des Gesammtguts den Werth der Hälfte des im Abs. 2 bezeichneten Vermögens erhalten.

Besteht die allgemeine Gütergemeinschaft nach dem Rechte von Windsheim, so erhält, wenn die fortgesetzte Gütergemeinschaft bei Lebzeiten des überlebenden Ehegatten aufgehoben wird, dieser von der den antheilsberechtigten Abkömmlingen zufallenden Hälfte des Gesammtguts einen Kopftheil.

Artikel 72.

Besteht die allgemeine Gütergemeinschaft nach dem Rechte von Würzburg, Castell, Schweinfurt, Bamberg, Fulda oder Lindau, so finden, wenn vereinkindschaftete Abkömmlinge vorhanden sind, nur die Vorschriften der §§ 1438 bis 1467, 1473 des Bürgerlichen Gesetzbuchs Anwendung. Wird die Ehe durch den Tod des Ehegatten aufgelöst, der die vereinkindschafteten Abkömmlinge in die Ehe gebracht hat, so gelten nach der Abschichtung der vereinkindschafteten Abkömmlinge für das Verhältniß zwischen dem überlebenden Ehegatten und dessen Abkömmlingen die Vorschriften des Bürgerlichen Gesetzbuchs über die fortgesetzte Gütergemeinschaft und der Artikel 65, 69.

Im Uebrigen bleiben die bisherigen Gesetze, insbesondere in Ansehung der rechtlichen Stellung der vereinkindschafteten Kinder, maßgebend. Die Vorschrift des Artikel 65 findet außer dem Falle des Abs. 1 Satz 2 keine Anwendung.

Artikel 73.

Ist zur Zeit des Inkrafttretens des Bürgerlichen Gesetzbuchs die Gütergemeinschaft aufgehoben oder besteht zu dieser Zeit fortgesetzte Gütergemeinschaft, so bleiben die bisherigen Vorschriften maßgebend.

S. 104. Artikel 74.

Hat für die vor dem Inkrafttreten des Bürgerlichen Gesetzbuchs durch den Tod eines der Ehegatten aufgelöste Ehe die allgemeine Gütergemeinschaft nach dem Bamberger Rechte bestanden, so steht im Falle der Wiederverheirathung des überlebenden Ehegatten den Abkömmlingen, mit welchen dieser die Gütergemeinschaft fortgesetzt hat, das Recht auf Grundtheilung zu. Ist die Wiederverheirathung vor dem Inkrafttreten des Bürgerlichen Gesetzbuchs erfolgt, zur Zeit des Inkrafttretens des Bürgerlichen Gesetzbuchs aber Einkindschaft noch nicht eingetreten, so findet Einkindschaft nicht mehr statt. Dies gilt auch, wenn in einer Ehe, die der überlebende Ehegatte in der Zwischenzeit zwischen der Auflösung der Ehe, für die allgemeine Gütergemeinschaft bestanden hat, und der Eingehung der bestehenden Ehe eingegangen hat, unvollkommene Einkindschaft eingetreten ist.

Hat für die vor dem Inkrafttreten des Bürgerlichen Gesetzbuchs durch den Tod eines der Ehegatten aufgelöste Ehe die allgemeine Gütergemeinschaft nach dem Fuldaischen Rechte bestanden, so fällt mit der Wiederverheirathung des überlebenden Ehegatten der Antheil des verstorbenen Ehegatten an dem gemeinschaftlichen Vermögen den gemeinschaftlichen Abkömmlingen an.

In den Fällen der Abs. 1, 2 finden die Vorschriften des § 1314 Abs. 2 und des § 1493 Abs. 2 des Bürgerlichen Gesetzbuchs entsprechende Anwendung.

2. Errungenschaftsgemeinschaft.

Artikel 75.

Besteht zur Zeit des Inkrafttretens des Bürgerlichen Gesetzbuchs für eine Ehe der gesetzliche Güterstand der Errungenschaftsgemeinschaft nach einem der in den Landestheilen rechts des Rheins geltenden Rechte, so treten, vorbehaltlich der Vorschriften des Artikel 83, an die Stelle der bisherigen Vorschriften die Vorschriften des Bürgerlichen Gesetzbuchs über die Errungenschaftsgemeinschaft.

Die Vorschriften des Artikel 62 Abs. 2, 3 und des Artikel 73 finden entsprechende Anwendung.

Artikel 76.

Besteht die Errungenschaftsgemeinschaft nach dem Rechte von Würzburg, Castell oder Schweinfurt, so tritt mit der Geburt eines Kindes die allgemeine Gütergemeinschaft nach den Vorschriften des Bürgerlichen Gesetzbuchs ein. Besteht die Errungenschaftsgemeinschaft nach dem Rechte von Castell, so finden die Vorschriften des Artikel 64 Anwendung.

Inwieweit das Vermögen der Frau Vorbehaltsgut und die Verbindlichkeiten der Ehegatten Gesammtgutsverbindlichkeiten werden, bestimmt sich nach den bisherigen Vorschriften über die allgemeine Gütergemeinschaft; die Gesammt-
S. 105. gutsverbindlichkeiten der Errungenschafts‖gemeinschaft werden jedoch im Verhältnisse zu den Gläubigern Gesammtgutsverbindlichkeiten der allgemeinen Gütergemeinschaft, auch soweit sie es nach diesen Vorschriften nicht sein würden.

Im Falle der Aufhebung der allgemeinen Gütergemeinschaft steht, wenn gemeinschaftliche Abkömmlinge nicht vorhanden sind, jedem der Ehegatten das im § 1478 des Bürgerlichen Gesetzbuchs bestimmte Recht zu.

Artikel 77.

Besteht die Errungenschaftsgemeinschaft nach dem Rechte des Deutschordens an der Tauber, so verbleibt es für die Auseinandersetzung in Ansehung des Gesammtguts bei der Vorschrift, daß dem Manne zwei Drittel, der Frau ein Drittel des Ueberschusses gebühren.

Artikel 78. S. 105.

Besteht die Errungenschaftsgemeinschaft nach dem Rechte von Memmingen, Rothenburg oder Coburg, so ist, wenn bei dem Tode des einen Ehegatten Abkömmlinge dieses Ehegatten nicht vorhanden sind, der überlebende Ehegatte der gesetzliche Erbe. Das Erbrecht ist im Falle des § 1933 des Bürgerlichen Gesetzbuchs ausgeschlossen. Besteht die Errungenschaftsgemeinschaft nach dem Rechte von Memmingen, so finden auf das Erbrecht die Vorschriften der §§ 2335 bis 2337 des Bürgerlichen Gesetzbuchs entsprechende Anwendung. Besteht die Errungenschaftsgemeinschaft nach dem Rechte von Rothenburg oder Coburg, so kann das Erbrecht durch letztwillige Verfügung ausgeschlossen werden; der Pflichttheil des überlebenden Ehegatten bestimmt sich ausschließlich nach den Vorschriften des Bürgerlichen Gesetzbuchs.

Besteht die Errungenschaftsgemeinschaft nach der Rettenbergischen Landesordnung oder dem Rothenfelser Landesbrauche, so bestimmt sich, wenn bei dem Tode des einen Ehegatten Abkömmlinge dieses Ehegatten nicht vorhanden sind, das Recht des überlebenden Ehegatten in Ansehung des Nachlasses des verstorbenen Ehegatten nach den bisherigen Vorschriften; an die Stelle der nach dem Rothenfelser Landesbrauche dem überlebenden Ehegatten gebührenden Ausfahrt, Ausfertigung und Fahrniß tritt jedoch der im § 1932 des Bürgerlichen Gesetzbuchs bestimmte Voraus. Verzichtet der überlebende Ehegatte auf den ihm nach den bisherigen Vorschriften zustehenden Nießbrauch, so bestimmt sich sein Erbrecht nach den Vorschriften des Bürgerlichen Gesetzbuchs. Auf den Verzicht finden die für die Ausschlagung der Erbschaft geltenden Vorschriften des Bürgerlichen Gesetzbuchs entsprechende Anwendung.

Besteht die Errungenschaftsgemeinschaft nach dem Rechte von Regensburg, so gebührt bei dem Tode der Frau, wenn Abkömmlinge der Frau nicht vorhanden sind, die ganze Errungenschaft dem Manne.

Besteht die Errungenschaftsgemeinschaft nach dem Württembergischen Landrechte, so steht, wenn bei dem Tode des einen Ehegatten Abkömmlinge dieses Ehegatten nicht vorhanden sind, dem überlebenden Ehegatten die in den bisherigen Vorschriften bestimmte Nutznießung an den Erbtheilen der Seitenverwandten der zweiten Ordnung zu.

Artikel 79. S. 106.

Besteht die Errungenschaftsgemeinschaft nach der Rettenbergischen Landesordnung oder nach dem Rechte von Regensburg, Rothenburg, Rothenfels oder Coburg, so verbleibt es für den Fall, daß bei dem Tode des einen Ehegatten gemeinschaftliche Abkömmlinge vorhanden sind, in Ansehung der Rechte des überlebenden Ehegatten bei den bisherigen Vorschriften; das nach dem Rechte von Coburg dem überlebenden Ehegatten zustehende Recht, im Falle der Wiederverheirathung die Antheile der Abkömmlinge gegen Vorausbestellung zu übernehmen, fällt jedoch weg. Besteht die Errungenschaftsgemeinschaft nach dem Coburgischen Rechte, so bestimmen sich die Rechte des überlebenden Ehegatten so, wie wenn die Ehe Jahr und Tag gedauert hätte, auch wenn die Auflösung früher erfolgt.

Besteht die Errungenschaftsgemeinschaft nach der Rettenbergischen Landesordnung oder nach dem Rechte von Regensburg, Rothenfels oder Coburg, so bestimmt sich, wenn der überlebende Ehegatte auf das Recht des Beisitzes verzichtet, sein Erbrecht nach den Vorschriften des Bürgerlichen Gesetzbuchs, soweit diese ihm günstiger sind. Auf den Verzicht finden die für die Ausschlagung der Erbschaft geltenden Vorschriften des Bürgerlichen Gesetzbuchs

S. 106. entsprechende Anwendung. Besteht die Errungenschaftsgemeinschaft nach der Rettenbergischen Landesordnung oder nach dem Rechte von Regensburg oder Coburg, so verbleibt es im Falle des Verzichts auch in Ansehung der Antheile an der Errungenschaft sowie des eingebrachten Gutes des überlebenden Ehegatten bei den Vorschriften des Bürgerlichen Gesetzbuchs.

Besteht die Errungenschaftsgemeinschaft nach dem Württembergischen Landrechte, so steht dem überlebenden Ehegatten an den Erbtheilen der gemeinschaftlichen Abkömmlinge die Nutznießung nach den bisherigen Vorschriften zu.

Das im Abs. 1 Satz 1 bezeichnete Recht, die Antheile der Abkömmlinge gegen Vorausbestellung zu übernehmen, steht dem überlebenden Ehegatten auch dann nicht zu, wenn der andere Ehegatte schon vor dem Inkrafttreten des Bürgerlichen Gesetzbuchs gestorben ist.

Artikel 80.

Besteht die Errungenschaftsgemeinschaft nach der Rettenbergischen Landesordnung oder nach dem Rechte von Rothenburg, Rothenfels oder Coburg, so verbleibt es für den Fall, daß bei dem Tode des einen Ehegatten andere Abkömmlinge dieses Ehegatten als gemeinschaftliche vorhanden sind, in Ansehung der Rechte des überlebenden Ehegatten bei den bisherigen Vorschriften; der Erbtheil des überlebenden Ehegatten beträgt jedoch mindestens ein Viertheil.

Die im Abs. 1 bestimmte Erhöhung des Erbtheils des überlebenden Ehegatten tritt, soweit diesem ein Recht des Beisitzes zusteht, nur ein, wenn er auf den Beisitz in Gemäßheit des Artikel 79 Abs. 2 Satz 2 verzichtet.

Besteht die Errungenschaftsgemeinschaft nach dem Rechte von Coburg, so findet die Vorschrift des Artikel 79 Abs. 1 Satz 2 Anwendung. In An-
S. 107. sehung des eingebrachten Ver‖mögens des überlebenden Ehegatten verbleibt es bei den Vorschriften des Bürgerlichen Gesetzbuchs, bei dem Vorhandensein von weniger als drei Abkömmlingen des verstorbenen Ehegatten aber nur, wenn der überlebende Ehegatte auf den ihm nach den bisherigen Vorschriften zustehenden Erbtheil, soweit dieser mehr als ein Viertheil beträgt, in Gemäßheit des Artikel 79 Abs. 2 Satz 2 verzichtet.

Treffen gemeinschaftliche mit nicht gemeinschaftlichen Abkömmlingen zusammen, so stehen dem überlebenden Ehegatten gegenüber den nicht gemeinschaftlichen Abkömmlingen die in den Abs. 1 bis 3 bestimmten Rechte zu, auch wenn es im Verhältnisse zwischen dem überlebenden Ehegatten und den gemeinschaftlichen Abkömmlingen bei den bisherigen Vorschriften verbleibt.

Besteht die Errungenschaftsgemeinschaft nach dem Regensburger Rechte, so verbleibt es für den Fall, daß bei dem Tode der Frau nur nicht gemeinschaftliche Abkömmlinge der Frau vorhanden sind, in Ansehung der Rechte des überlebenden Ehemanns bei den bisherigen Vorschriften. Verzichtet der überlebende Ehemann auf den die Hälfte übersteigenden Antheil an der Errungenschaft, so bestimmt sich sein Erbrecht nach den Vorschriften des Bürgerlichen Gesetzbuchs. Auf den Verzicht findet die Vorschrift des Artikel 79 Abs. 2 Satz 2 Anwendung.

Artikel 81.

Besteht die Errungenschaftsgemeinschaft nach dem Rechte von Memmingen, so bestimmt sich, wenn bei dem Tode des einen Ehegatten Abkömmlinge dieses Ehegatten vorhanden sind, der Erbtheil des überlebenden Ehegatten nach den bisherigen Vorschriften, soweit diese für den überlebenden Ehegatten günstiger sind.

Artikel 82. S. 107.

Besteht die Errungenschaftsgemeinschaft nach dem Bamberger Landrechte, so verbleibt es für den Fall, daß bei dem Tode des einen Ehegatten Abkömmlinge dieses Ehegatten vorhanden sind, in Ansehung des Rechtes des überlebenden Ehegatten bei den bisherigen Vorschriften. Verzichtet der überlebende Ehegatte auf das ihm nach diesen Vorschriften zustehende Recht, so bestimmt sich sein Erbrecht nach den Vorschriften des Bürgerlichen Gesetzbuchs. Auf den Verzicht finden die für die Ausschlagung einer Erbschaft geltenden Vorschriften entsprechende Anwendung.

Artikel 83.

Besteht die Errungenschaftsgemeinschaft nach dem Bayerischen oder dem Mainzer Landrechte, nach dem Rechte von Ansbach, Nürnberg, Solms oder der Stadt Augsburg oder nach den domprobsteilich Bambergischen Observanzen, so tritt an ihre Stelle der Güterstand der Verwaltung und Nutznießung nach den Vorschriften des Bürgerlichen Gesetzbuchs.

Endigt die Verwaltung und Nutznießung des Mannes auf andere Weise S. 108. als durch Ehevertrag, so kann jeder Ehegatte von dem anderen Ausgleichung des Ehegewinns nach den bisherigen Vorschriften verlangen, wie wenn eine Aenderung des Güterstandes nicht eingetreten wäre. Der Anspruch ist nicht übertragbar. Er verjährt in einem Jahre; die Vorschrift des § 204 Satz 1 des Bürgerlichen Gesetzbuchs findet keine Anwendung. Besteht die Errungenschaftsgemeinschaft nach dem Mainzer Landrechte, so gebühren von dem Ehegewinne dem Manne zwei Drittheile, der Frau ein Drittheil.

Ist nach den Vorschriften des Bayerischen Landrechts wegen Gefährdung des Vermögens der Frau für die Frau eine Pflegschaft angeordnet, so tritt Gütertrennung nach den Vorschriften des Bürgerlichen Gesetzbuchs ein. Die Frau kann auf Herstellung der Verwaltung und Nutznießung des Mannes klagen. Mit der Herstellung der Verwaltung und Nutznießung treten die im Abs. 2 bestimmten Wirkungen ein; die Vorschriften des § 1425 Abs. 2, 3 des Bürgerlichen Gesetzbuchs finden Anwendung.

Artikel 84.

Besteht die Errungenschaftsgemeinschaft nach dem Bayerischen Landrechte, so stehen im Falle des Todes des einen Ehegatten dem überlebenden Ehegatten die in den bisherigen Vorschriften bestimmten Rechte zu, wenn der überlebende Ehegatte die im Bürgerlichen Gesetzbuche bestimmte Erbfolge ausschlägt.

Gelten für die Ehe die besonderen Vorschriften des Oberpfälzischen Rechtes, so verbleibt es, wenn bei dem Tode des einen Ehegatten gemeinschaftliche Abkömmlinge vorhanden sind, in Ansehung der Rechte des überlebenden Ehegatten bei den bisherigen Vorschriften. Verzichtet der überlebende Ehegatte auf den Beisitz und, sofern ihm nach den bisherigen Vorschriften auch der Antheil des verstorbenen Ehegatten an der Hausfahrniß und der Errungenschaft zufällt, auch auf diesen Antheil, so bestimmt sich sein Erbrecht nach den Vorschriften des Bürgerlichen Gesetzbuchs. Auf den Verzicht finden die für die Ausschlagung einer Erbschaft geltenden Vorschriften entsprechende Anwendung.

Die überlebende Frau behält die Hälfte der Hausfahrniß und der Errungenschaft, auch wenn Abkömmlinge des verstorbenen Mannes vorhanden sind. Im Falle des Abs. 2 verbleibt es jedoch auch in Ansehung der Hausfahrniß und der Errungenschaft bei den bisherigen Vorschriften, sofern nicht die Frau auf den Beisitz verzichtet.

S. 108. Artikel 85.

Besteht die Errungenschaftsgemeinschaft nach dem Ansbacher Rechte oder nach den domprobsteilich Bambergischen Observanzen, so ist, wenn bei dem Tode des einen Ehegatten Abkömmlinge dieses Ehegatten nicht vorhanden sind,
S. 109. der überlebende Ehegatte auch zu den ‖ Erbtheilen berufen, die nach den Vorschriften des Bürgerlichen Gesetzbuchs den Seitenverwandten zufallen würden. Die Vorschriften des Artikel 78 Abs. 1 Satz 4 finden entsprechende Anwendung.

Sind Abkömmlinge des verstorbenen Ehegatten vorhanden, so bestimmt sich der Erbtheil des überlebenden Ehegatten nach den bisherigen Vorschriften, soweit diese für den überlebenden Ehegatten günstiger sind. Der überlebende Ehegatte behält die Hälfte der Errungenschaft, auch wenn andere als gemeinschaftliche Abkömmlinge vorhanden sind.

Artikel 86.

Besteht die Errungenschaftsgemeinschaft nach dem Nürnberger Rechte, so verbleibt es für den Fall, daß bei dem Tode des einen Ehegatten Abkömmlinge dieses Ehegatten vorhanden sind, in Ansehung der Rechte des überlebenden Ehegatten bei den bisherigen Vorschriften; der Erbtheil des überlebenden Ehegatten beträgt jedoch mindestens ein Viertheil.

Gemeinschaftlichen Abkömmlingen gegenüber tritt die Erhöhung des Erbtheils des überlebenden Ehegatten nur ein, wenn der überlebende Ehegatte auf das ihm nach den bisherigen Vorschriften zustehende Recht des Beisitzes verzichtet. Auf den Verzicht finden die für die Ausschlagung einer Erbschaft geltenden Vorschriften entsprechende Anwendung.

Artikel 87.

Besteht die Errungenschaftsgemeinschaft nach dem Rechte der Stadt Augsburg, so verbleibt es, wenn bei dem Tode des einen Ehegatten Abkömmlinge dieses Ehegatten vorhanden sind, in Ansehung des Erbtheils des überlebenden Ehegatten bei den bisherigen Vorschriften, soweit diese dem überlebenden Ehegatten günstiger sind.

Artikel 88.

Besteht die Errungenschaftsgemeinschaft nach dem Mainzer Landrechte, so bestimmt sich, wenn bei dem Tode des einen Ehegatten gemeinschaftliche Abkömmlinge vorhanden sind, das Recht des überlebenden Ehegatten in Ansehung des Nachlasses nach den bisherigen Vorschriften. Verzichtet der überlebende Ehegatte auf das ihm nach diesen Vorschriften zustehende Recht, so bestimmt sich sein Erbrecht nach den Vorschriften des Bürgerlichen Gesetzbuchs. Auf den Verzicht finden die für die Ausschlagung einer Erbschaft geltenden Vorschriften entsprechende Anwendung.

Sind vereinkindschaftete Abkömmlinge vorhanden, so verbleibt es bei den bisherigen Vorschriften über die Vereinigung des Vermögens der beiden Ehegatten und der Abkömmlinge und über die Rechte des überlebenden Ehegatten und der Abkömmlinge an dem vereinigten Vermögen.

S. 110. Artikel 89.

Besteht die Errungenschaftsgemeinschaft nach dem Solmser Rechte, so steht im Falle des Todes des einen Ehegatten dem überlebenden Ehegatten der Nießbrauch an dem Nachlasse zu. Die Vorschriften des § 1933 des Bürgerlichen Gesetzbuchs und des Artikel 88 Abs. 1 Satz 2, 3 finden entsprechende Anwendung. Der Nießbrauch kann für den Fall, daß gemeinschaftliche Abkömmlinge nicht vorhanden sind, durch letztwillige Verfügung ausgeschlossen werden. S. 110.

Sind andere Abkömmlinge des verstorbenen Ehegatten als gemeinschaftliche vorhanden, so erstreckt sich der Nießbrauch des überlebenden Ehegatten auf deren Erbtheile nicht; ihnen gegenüber steht dem überlebenden Ehegatten das im Bürgerlichen Gesetzbuche bestimmte Erbrecht zu, auch wenn er den übrigen Erben gegenüber auf den Nießbrauch nicht verzichtet.

3. Dotalrecht. Verwaltungsgemeinschaft.

Artikel 90.

Besteht zur Zeit des Inkrafttretens des Bürgerlichen Gesetzbuchs für eine Ehe der Güterstand des gemeinen Dotalrechts, des Vorderösterreichischen oder des Oesterreichischen Rechtes, so tritt an dessen Stelle der Güterstand der Verwaltung und Nutznießung.

Das Vermögen, welches als Heirathgut bestellt oder von der Frau ohne Vorbehalt der Verwaltung des Mannes überlassen ist, wird eingebrachtes Gut, das sonstige Vermögen der Frau wird Vorbehaltsgut.

Die Ansprüche Dritter auf Herausgabe des Heirathguts bleiben unberührt.

Artikel 91.

Besteht der Güterstand des gemeinen Dotalrechts für eine Ehe, für die bisher das Bamberger Recht gegolten hat, so tritt mit dem Ablaufe der Frist, innerhalb welcher nach den bisherigen Vorschriften der Eintritt der allgemeinen Gütergemeinschaft ausgeschlossen werden kann, die allgemeine Gütergemeinschaft nach den Vorschriften des Bürgerlichen Gesetzbuchs ein, sofern nicht vorher die Ausschließung der Gütergemeinschaft erfolgt. Die für die allgemeine Gütergemeinschaft des Bamberger Rechtes geltenden Vorschriften des Artikel 67 finden Anwendung.

Artikel 92.

Besteht der Güterstand des Vorderösterreichischen Rechtes, so sind, wenn die Frau stirbt, für die Rechte des überlebenden Mannes die bisherigen Vorschriften maßgebend. Die Vorschriften des Artikel 88 Abs. 1 Satz 2, 3 finden entsprechende Anwendung.

Artikel 93. S. 111.

Besteht zur Zeit des Inkrafttretens des Bürgerlichen Gesetzbuchs für eine Ehe der gesetzliche Güterstand des Preußischen Landrechts, so tritt an dessen Stelle der Güterstand der Verwaltung und Nutznießung nach den Vorschriften des Bürgerlichen Gesetzbuchs.

Ist die Verwaltung und der Nießbrauch des Mannes nach den Vorschriften des Preußischen Landrechts Theil II Titel 1 §§ 980 bis 983, 999 ausgeschlossen, so finden die Vorschriften des Bürgerlichen Gesetzbuchs über die Gütertrennung Anwendung.

4. Vertragsmäßiges Güterrecht.

Artikel 94.

Die Vorschriften der Artikel 62 bis 93 finden auch Anwendung, wenn für eine Ehe einer der dort genannten Güterstände kraft Ehevertrags besteht. Dies gilt auch für einen Güterstand, der kraft Ehevertrags erst nach dem Inkrafttreten des Bürgerlichen Gesetzbuchs eintritt.

Besteht kraft Ehevertrags der Güterstand des gemeinen Dotalrechts, so tritt an dessen Stelle die Gütertrennung nach den Vorschriften des Bürgerlichen Gesetzbuchs.

S. 111. Artikel 95.

Besteht der Güterstand der allgemeinen Gütergemeinschaft nach dem Rechte von Würzburg, Castell oder Schweinfurt kraft einer Condonation oder würde er bei dem Wegfallen der Kinder kraft einer Condonation fortbestehen, so finden die Vorschriften des Artikel 67 Abs. 1, Abs. 2 Satz 1, 2 entsprechende Anwendung.

Artikel 96.

Besteht kraft Ehevertrags die allgemeine Gütergemeinschaft des gemeinen Rechtes, des Bayerischen Landrechts oder des Preußischen Landrechts, so tritt an deren Stelle die allgemeine Gütergemeinschaft nach den Vorschriften des Bürgerlichen Gesetzbuchs.

Besteht die allgemeine Gütergemeinschaft des Bayerischen oder des Preußischen Landrechts, so tritt fortgesetzte Gütergemeinschaft nur ein, wenn sie vereinbart ist.

Besteht die allgemeine Gütergemeinschaft des Preußischen Landrechts, so finden die Vorschriften des Artikel 64 Anwendung.

5. Allgemeine Vorschriften.

Artikel 97.

Bei einer nach den Vorschriften des Artikel 62 bis 96 eintretenden Aenderung des Güterstandes wird das vorhandene Vermögen der Ehegatten, unbeschadet der Vorschrift des Artikel 90 Abs. 2, Gesammtgut, eingebrachtes Gut oder Vorbehaltsgut, soweit es nach den bisherigen Gesetzen zu einer dem Gesammtgute, dem eingebrachten Gute oder dem Vorbehaltsgut entsprechenden Vermögensmasse gehört.

S. 112. Bei der allgemeinen Gütergemeinschaft finden auf Gegenstände, die nur der Nutzung nach zu dem gemeinschaftlichen Vermögen gehören, die bei der Errungenschaftsgemeinschaft für das eingebrachte Gut geltenden Vorschriften des Bürgerlichen Gesetzbuchs Anwendung; für Gegenstände, die nicht durch Rechtsgeschäft übertragen werden können, gilt jedoch die Vorschrift des § 1524 nicht.

Ist vor dem Inkrafttreten des Bürgerlichen Gesetzbuchs der Frau eine Erbschaft oder ein Vermächtniß angefallen, so bestimmt sich, wenn die Erbschaft oder das Vermächtniß zu dem Gesammtgut oder zu dem eingebrachten Gute gehört, die Befugniß der Frau zur Annahme nach den bisherigen Gesetzen.

Artikel 98.

In Ansehung der vor der Aenderung des Güterstandes entstandenen Verbindlichkeiten der Ehegatten bestimmt sich die Haftung des Gesammtguts, des eingebrachten Gutes und des Vorbehaltsguts sowie die persönliche Haftung der Ehegatten nach den bisherigen Gesetzen. Dies gilt auch für das Verhältniß der Ehegatten unter einander.

Soweit sich die Frau nach den bisherigen Gesetzen von der Haftung für eine Gesammtgutsverbindlichkeit durch den Verzicht auf ihren Antheil befreien kann, erlischt die persönliche Haftung mit der Beendigung der Gütergemeinschaft.

Artikel 99.

Zu einer Verfügung über Gesammtgut, durch welche eine der Frau gegenüber unwirksame Verbindlichkeit des Mannes erfüllt werden soll, bedarf der Mann der Einwilligung der Frau.

Die Frau kann auf Aufhebung der Gütergemeinschaft klagen, wenn der Mann ein Rechtsgeschäft der im Abs. 1 bezeichneten Art ohne ihre Zustimmung vorgenommen hat und für die Zukunft eine erhebliche Gefährdung der Frau zu besorgen ist. Die Vorschriften der §§ 1470, 1479 des Bürgerlichen Gesetzbuchs finden Anwendung. S. 112.

Artikel 100.

Haftet nach dem Rechte von Nürnberg oder Castell das Gesammtgut für die Verbindlichkeit eines Ehegatten nur zur Hälfte, so kann, wenn die Verbindlichkeit aus dem Gesammtgute berichtigt wird, der andere Ehegatte verlangen, daß ihm aus dem Gesammtgut ein dem Werthe der Aufwendung gleichkommender Betrag als Vorbehaltsgut gewährt wird. Besteht die beschränkte Haftung nach dem Rechte von Castell, so wird ein dem Manne zu gewährender Betrag eingebrachtes Gut. Bei der Zwangsvollstreckung in das Gesammtgut kann er verlangen, daß die zu diesem gehörenden Gegenstände so behandelt werden, wie wenn sie zu gleichen Antheilen gemeinschaftlich wären; das Verlangen ist nach § 771 der Civilprozeßordnung geltend zu machen.

Jeder der Ehegatten kann von dem anderen verlangen, daß das, was zur Berichtigung der Verbindlichkeit oder zur Befriedigung des anderen Ehegatten aus dem Gesammtgute verwendet worden ist, zu dem Gesammtgut erstattet wird; die beiderseitigen Verbindlichkeiten sind Zug um Zug zu erfüllen. S. 113.

Artikel 101.

Die Geltendmachung der Ersatzansprüche, welche den Ehegatten auf Grund des Güterstandes gegen einander zustehen, bestimmt sich, unbeschadet der Vorschriften des Artikel 100, nach den Vorschriften des Bürgerlichen Gesetzbuchs.

Artikel 102.

Vereinbarungen, die von den Ehegatten zur Aenderung oder Ergänzung einzelner Vorschriften getroffen worden sind, die für den für ihre Ehe maßgebenden Güterstand gelten, werden von der Aenderung des Güterstandes nicht berührt.

Das Gleiche gilt für eine von einem Dritten getroffene Anordnung der im Abs. 1 bezeichneten Art.

Artikel 103.

Auf einen zur Zeit der Aenderung des Güterstandes anhängigen Rechtsstreit und die Wirkung der Entscheidung ist die Aenderung des Güterstandes ohne Einfluß.

Artikel 104.

Auf die dem überlebenden Ehegatten nach den bisherigen Gesetzen zustehenden Rechte, welche durch dieses Gesetz aufrecht erhalten werden, finden die Vorschriften des § 1933, und soweit diese Rechte nicht von dem anderen Ehegatten nach Belieben ausgeschlossen oder beschränkt werden können, die Vorschriften der §§ 2335 bis 2337 des Bürgerlichen Gesetzbuchs entsprechende Anwendung.

Soweit die Ausschließung der im Abs. 1 bezeichneten Rechte das dem überlebenden Ehegatten nach den Vorschriften des Bürgerlichen Gesetzbuchs zustehende Erbrecht oder Pflichttheilsrecht unberührt läßt, steht sie in den Fällen, in welchen der Eintritt des Erbrechts oder Pflichttheilsrechts von dem Verzicht auf die im Abs. 1 bezeichneten Rechte abhängt, dem Verzichte gleich.

S. 113. **Legitimation durch nachfolgende Ehe.**

Artikel 105.

Hat sich der Vater eines unehelichen Kindes, das nach den bisherigen Vorschriften durch nachfolgende Ehe der Eltern nicht legitimirt werden konnte, vor dem Inkrafttreten des Bürgerlichen Gesetzbuchs mit der Mutter verheirathet,
S. 114. so erlangt das Kind mit dem Inkrafttreten || des Bürgerlichen Gesetzbuchs die rechtliche Stellung eines ehelichen Kindes. Ist die Ehe nichtig oder ungiltig, so erlangt das Kind die rechtliche Stellung eines Kindes aus der nichtigen oder ungiltigen Ehe. Die Legitimation gilt als mit der Eheschließung erfolgt.

Für die Abkömmlinge des Kindes treten die Wirkungen der Legitimation auch dann ein, wenn das Kind vor dem Inkrafttreten des Bürgerlichen Gesetzbuchs gestorben ist, sofern der Vater oder die Mutter des Kindes noch lebt oder seit dem Tode des Vaters oder der Mutter oder des Kindes dreißig Jahre nicht verstrichen sind. Für die Abkömmlinge von Geschwistern läuft die Frist nicht ab, bevor seit dem Tode des zuletzt verstorbenen von den Geschwistern dreißig Jahre verstrichen sind.

Erworbene Rechte Dritter bleiben unberührt.

Fürstlich Thurn und Taxis'sche Gerichte.

Artikel 106.

Die zur Zeit des Inkrafttretens des Bürgerlichen Gesetzbuchs bei den Fürstlich Thurn und Taxis'schen Civilgerichten in Regensburg anhängigen Angelegenheiten der freiwilligen Gerichtsbarkeit gehen in diesem Zeitpunkt auf die staatlichen Gerichte über.

Die entbehrlich werdenden Fürstlichen Gerichtsbeamten werden mit den Gehalts- und Pensionsansprüchen, die ihnen nach den am 1. Januar 1899 in Geltung gewesenen Vorschriften zustehen, vom Staate übernommen.

III. Vorschriften für die Pfalz.

Abwesenheit.

Artikel 107.

In Abwesenheitssachen, für welche die bisherigen Vorschriften maßgebend sind, gehen die Verrichtungen des Landesgerichts mit dem Inkrafttreten des Bürgerlichen Gesetzbuchs auf das Vormundschaftsgericht über. Eine Mitwirkung des Staatsanwalts findet nicht statt.

Für ein zur Zeit des Inkrafttretens des Bürgerlichen Gesetzbuchs anhängiges Verfahren der im Artikel 161 Abs. 1 des Einführungsgesetzes zum Bürgerlichen Gesetzbuche bezeichneten Art verbleibt es bei den bisherigen Vorschriften.

Artikel 108.

Auf die Sicherheitsleistung, die dem vorläufig in den Besitz des Vermögens des Abwesenden Eingewiesenen obliegt, finden von dem Inkrafttreten des Bürgerlichen Gesetzbuchs an die für die Sicherheitsleistung des Vormundes geltenden Vorschriften entsprechende Anwendung.

S. 115. Artikel 109.

Zu der im Artikel 126 des Pfälzischen Civilgesetzbuchs vorgeschriebenen Inventarerrichtung bedarf es von dem Inkrafttreten des Bürgerlichen Gesetzbuchs an der Zuziehung des Staatsanwalts oder des Amtsrichters nicht. Das Inventar ist dem Vormundschaftsgericht einzureichen.

Ist das eingereichte Inventar unvollständig, so kann das Vormundschafts- S. 115.
gericht die Ergänzung anordnen.

Artikel 110.

Soweit nach den bisherigen Vorschriften der vorläufig in den Besitz des Vermögens eines Abwesenden Eingewiesene zur Verfügung über Vermögensstücke des Abwesenden der gerichtlichen Zustimmung bedarf, tritt von dem Inkrafttreten des Bürgerlichen Gesetzbuchs an an deren Stelle die Genehmigung des Vormundschaftsgerichts.

Die besonderen Vorschriften über das Verfahren bei Veräußerungen treten außer Kraft.

Artikel 111.

Ist nach den bisherigen Vorschriften die vorläufige Einweisung in den Besitz des Vermögens eines Abwesenden erfolgt, so kann die endgiltige Einweisung nach dem Inkrafttreten des Bürgerlichen Gesetzbuchs beantragt werden, wenn seit der vorläufigen Einweisung zehn Jahre verstrichen sind.

Die endgiltige Einweisung darf nicht vor dem Schlusse des Jahres erfolgen, in welchem der Abwesende das einunddreißigste Lebensjahr vollendet haben würde. Sind seit der Geburt des Abwesenden siebzig Jahre verstrichen, so genügt der Ablauf von fünf Jahren; sind hundert Jahre verstrichen, so kann die endgiltige Einweisung sofort beantragt werden.

Artikel 112.

Die endgiltige Einweisung in den Besitz des Vermögens eines Abwesenden gilt für die Eintragungen in das Grundbuch und in sonstige öffentliche Bücher als Nachweis des Ueberganges des Vermögens auf den Eingewiesenen.

Aufhebung einer Gemeinschaft.

Artikel 113.

Soll die Zwangsversteigerung eines gemeinschaftlichen Grundstücks zum Zwecke der Aufhebung der Gemeinschaft erfolgen, so finden von dem Inkrafttreten des Bürgerlichen Gesetzbuchs an, bis das Grundbuch als angelegt anzusehen ist, die bisherigen Vorschriften über die Zwangsversteigerung mit nachstehenden Aenderungen entsprechende Anwendung.

Ein vollstreckbarer Titel ist nicht erforderlich. S. 116.

Der Nachweis des Eigenthums des Antragstellers oder desjenigen, dessen Recht auf Aufhebung der Gemeinschaft der Antragsteller ausübt, muß sich aus den im Artikel 27 Ziff. 3 des Gesetzes vom 23. Februar 1879 bezeichneten Schriftstücken ergeben.

Von dem Vormund eines Miteigenthümers kann der Antrag nur mit Genehmigung des Vormundschaftsgerichts gestellt werden. Soweit in einem Rechtsverhältnisse, das sich nach den bisherigen Gesetzen bestimmt, zu der Aufhebung der Gemeinschaft die Genehmigung des Vormundschaftsgerichts oder des Nachlaßgerichts erholt werden muß, gilt das Gleiche für die Stellung des Antrags.

Jeder Miteigenthümer kann verlangen, das für das ganze Meistgebot Zahlungsfristen bis zu fünf Jahren gewährt werden.

Ein Miteigenthümer braucht für sein Gebot keine Sicherheit zu leisten, wenn ihm eine durch ein Vorzugsrecht oder eine Hypothek gesicherte Forderung zusteht, die durch das Gebot voraussichtlich ganz oder theilweise gedeckt wird.

S. 116. Artikel 114.

Eine Gemeinschaft, für welche die bisherigen Vorschriften maßgebend bleiben, wird nach dem Inkrafttreten des Bürgerlichen Gesetzbuchs, sofern nicht Theilung in Natur zu erfolgen hat, durch Verkauf des gemeinschaftlichen Gegenstandes nach den Vorschriften über den Pfandverkauf, bei Grundstücken durch Zwangsversteigerung und durch Theilung des Erlöses aufgehoben. Die Vorschriften des § 753 Abs. 2 und des § 754 des Bürgerlichen Gesetzbuchs finden Anwendung. Zu dem Antrag auf Anordnung der Zwangsversteigerung ist ein vollstreckbarer Titel erforderlich, wenn nicht der Antrag von allen Theilhabern gestellt wird.

An Stelle des Vorzugsrechts erlangen die Theilhaber nach der Anlegung des Grundbuchs den Anspruch auf Bestellung einer Sicherungshypothek.

Die Theilhaber können auch außer dem Falle des Artikel 36 über die Aufhebung der Gemeinschaft eine Vereinbarung treffen.

Artikel 115.

Nach dem Inkrafttreten des Bürgerlichen Gesetzbuchs findet in Ansehung der im Artikel 114 bezeichneten Gemeinschaften ein gerichtliches Theilungsverfahren nach den bisherigen Vorschriften nicht mehr statt.

Ein bei einem Notar anhängiges Theilungsverfahren gilt als ein Verfahren nach Artikel 36.

Ein anhängiges Gesuch um die Ermächtigung zur Vornahme einer Theilung gilt als Antrag an den in dem Gesuche bezeichneten Notar auf Vermittelung der Auseinandersetzung nach Artikel 36.

S. 117. **Leibgedingsreichnisse und vorbehaltene Renten.**

Artikel 116.

Bis zu der Zeit, zu welcher das Grundbuch als angelegt anzusehen ist, gilt der auf Grund eines Leibgedingsvertrags dem Berechtigten zustehende Anspruch auf Bestellung einer Reallast für wiederkehrende Leistungen als Anspruch auf Bestellung einer Hypothek an dem überlassenen Grundstücke.

Artikel 117.

Besteht zu der Zeit, zu welcher das Grundbuch als angelegt anzusehen ist, zur Sicherung des Anspruchs auf eine vorbehaltene Rente, die in Geld oder in Bodenerzeugnissen bestimmt ist, oder zur Sicherung des Anspruchs auf wiederkehrende Leistungen aus einem Leibgedingsvertrag ein Vorzugsrecht oder eine Hypothek an dem überlassenen Grundstücke, so gilt das Vorzugsrecht oder die Hypothek als Reallast, wenn die Einschreibung in das Hypothekenbuch erfolgt ist; andernfalls verwandelt sich das Vorzugsrecht oder die Hypothek in den Anspruch auf Bestellung einer Reallast.

Haftet der Eigenthümer des belasteten Grundstücks zu der im Abs. 1 bezeichneten Zeit nur als Drittbesitzer, so gilt die persönliche Haftung des jeweiligen Eigenthümers für die während der Dauer seines Eigenthums fällig werdenden Leistungen als ausgeschlossen.

Der in der Einschreibung angegebene Werthanschlag gilt als der Höchstbetrag des bei der Zwangsversteigerung im Falle des Erlöschens des Rechtes durch den Zuschlag aus dem Erlöse zu leistenden Ersatzes.

Artikel 118.

Die Reallast ist mit demselben Betrag ablösbar wie die Rente.

Ist bei einer nach dem Inkrafttreten des Bürgerlichen Gesetzbuchs begründeten Verbindlichkeit zur Entrichtung einer Rente, die nicht zu einem Leib-

gedinge gehört, eine Ablösungssumme nicht bestimmt, so tritt die Umwandlung S. 117.
des Vorzugsrechts oder der Hypothek in eine Reallast nicht ein.

Rechte auf Erlangung einer Hypothek.

Artikel 119.

Bis zu der Zeit, zu welcher das Grundbuch als angelegt anzusehen ist, gilt der einem Gläubiger kraft Gesetzes zustehende Anspruch auf Einräumung einer Sicherungshypothek an Grundstücken des Schuldners als Anspruch auf Einräumung einer Hypothek.

Artikel 120. S. 118.

Das dem Staate, der Brandversicherungsanstalt, den Gemeinden und anderen Kommunalverbänden, den Stiftungen des öffentlichen Rechtes und den unter der Verwaltung einer öffentlichen Behörde stehenden Stiftungen kraft Gesetzes zustehende Recht, zur Sicherung gewisser Forderungen die Eintragung einer Sicherungshypothek an Grundstücken des Schuldners zu verlangen, gilt bis zu der Zeit, zu welcher das Grundbuch als angelegt anzusehen ist, als das Recht, eine Hypothek zu bestellen. Die Hypothek entsteht durch den Beschluß der zuständigen Behörde und wird auf deren Ersuchen in das Hypothekenbuch eingeschrieben. Der Beschluß muß bestimmen, für welchen Geldbetrag und an welchen Grundstücken die Hypothek bestellt wird.

Hat der Schuldner mehrere Grundstücke, so kann er verlangen, daß die Belastung nicht über das für die Eintragung einer Sicherungshypothek bestimmte Maß hinaus erstreckt wird.

Gesetzliche Hypotheken.

Artikel 121.

Nach dem Inkrafttreten des Bürgerlichen Gesetzbuchs können gesetzliche Hypotheken für den Staat, eine Gemeinde oder eine öffentliche Anstalt nicht mehr entstehen.

Artikel 122.

Eine vor dem Inkrafttreten des Bürgerlichen Gesetzbuchs entstandene gesetzliche Hypothek des Staates, einer Gemeinde oder einer öffentlichen Anstalt für Forderungen, die aus der Verwaltung öffentlichen Vermögens gegen den Verwalter entstehen, bleibt nur zur Sicherung solcher Forderungen, für welche nach diesem Zeitpunkt auf Grund des Artikel 120 eine Hypothek bestellt werden kann, sowie zur Sicherung der vor diesem Zeitpunkt entstandenen Ersatzforderungen bestehen.

Ist eine gesetzliche Hypothek des Staates, einer Gemeinde oder einer öffentlichen Anstalt bei dem Inkrafttreten des Bürgerlichen Gesetzbuchs nicht eingeschrieben, so erlischt sie.

Verpfändung und Pfändung des Anspruchs auf Herausgabe eines Grundstücks.

Artikel 123.

Bis zu der Zeit, zu welcher das Grundbuch als angelegt anzusehen ist, erwirbt in dem Falle des § 1287 Satz 2 des Bürgerlichen Gesetzbuchs der Pfandgläubiger und in dem Falle des § 848 Abs. 2 Satz 2 der Civilprozeßordnung der Gläubiger kraft Gesetzes eine Hypothek || an dem herausgegebenen S. 119.
Grundstücke. In dem letzteren Falle hat der Sequester die Einschreibung der Hypothek zu beantragen.

S. 119. Die im Abs. 1 bezeichneten Hypotheken verwandeln sich zu der Zeit, zu welcher das Grundbuch als angelegt anzusehen ist, in Sicherungshypotheken, auch wenn sie nicht in das Hypothekenbuch eingeschrieben sind.

Eheliches Güterrecht.

Artikel 124.

Für die zur Zeit des Inkrafttretens des Bürgerlichen Gesetzbuchs bestehenden Ehen treten an die Stelle der bisherigen Gesetze

bei der gesetzlichen Gütergemeinschaft die Vorschriften des Bürgerlichen Gesetzbuchs über die Fahrnißgemeinschaft,

bei der Errungenschaftsgemeinschaft die Vorschriften des Bürgerlichen Gesetzbuchs über die Errungenschaftsgemeinschaft,

bei der allgemeinen Gütergemeinschaft die Vorschriften des Bürgerlichen Gesetzbuchs über die allgemeine Gütergemeinschaft mit der Maßgabe, daß fortgesetzte Gütergemeinschaft nur eintritt, wenn sie durch Ehevertrag vereinbart wird.

Artikel 125.

In den Fällen des Artikel 124 werden Gegenstände, die zum Gemeingute gehören, Gesammtgut.

Die Gegenstände, die zum Sondergut eines Ehegatten gehören, werden eingebrachtes Gut dieses Ehegatten. Zum Sondergute der Frau gehörende Gegenstände, deren Nutzungen der Frau vorbehalten sind, werden Vorbehaltsgut.

Bei der Errungenschaftsgemeinschaft gilt die Vorschrift des § 1527 des Bürgerlichen Gesetzbuchs auch für die zur Zeit des Inkrafttretens des Bürgerlichen Gesetzbuchs vorhandenen Gegenstände.

Artikel 126.

Die Schulden, für die das Gemeingut haftet, werden Gesammtgutsverbindlichkeiten.

Eine gegenüber dem Manne bestehende gerichtliche Hypothek erstreckt sich auf die zum Gesammtgute gehörenden Grundstücke.

Die Schulden des Mannes, für welche die Gläubiger des Mannes nur während der Dauer der Gütergemeinschaft Befriedigung aus dem Gesammtgute verlangen können, hören mit der Beendigung der Gütergemeinschaft auf, Gesammtgutsverbindlichkeiten zu sein.

Die Gläubiger der Frau haben gegenüber dem eingebrachten Gute der Frau nur die Rechte, die ihnen gegenüber dem Sondergute der Frau zustehen.

S. 120. Artikel 127.

Im Verhältnisse der Ehegatten zu einander fallen die vor dem Inkrafttreten des Bürgerlichen Gesetzbuchs entstandenen Gemeinschaftsschulden demjenigen Ehegatten zur Last, welcher sie nach den bisherigen Gesetzen zu tragen hat.

Artikel 128.

Die Geltendmachung der Ersatzansprüche, die zur Zeit des Inkrafttretens des Bürgerlichen Gesetzbuchs den Ehegatten gegen einander zustehen, bestimmt sich nach den Vorschriften des Bürgerlichen Gesetzbuchs.

Artikel 129.

Ist vor dem Inkrafttreten des Bürgerlichen Gesetzbuchs der Frau eine Erbschaft oder ein Vermächtniß angefallen, so ist die Annahme auch nach diesem

Zeitpunkte dem Gesammtgute gegenüber nur wirksam, wenn der Mann die Zustimmung ertheilt. Die Zustimmung kann nicht durch das Vormundschaftsgericht ersetzt werden. S. 120.

Artikel 130.

Auf einen zur Zeit des Inkrafttretens des Bürgerlichen Gesetzbuchs anhängigen Rechtsstreit und auf die Wirkung der Entscheidung ist die Aenderung des Güterstandes ohne Einfluß.

Artikel 131.

Bis zum Schlusse des Jahres 1900 kann die Frau auf Aufhebung der Gütergemeinschaft auch aus den im Artikel 1443 Abs. 1 des Pfälzischen Civilgesetzbuchs bestimmten Gründen klagen, wenn die Thatsachen, auf welche die Klage gestützt wird, vor dem Inkrafttreten des Bürgerlichen Gesetzbuchs eingetreten sind.

Artikel 132.

Ist zur Zeit des Inkrafttretens des Bürgerlichen Gesetzbuchs über das Vermögen des Mannes der Konkurs eröffnet, so kann die Frau die Aufhebung der Gütergemeinschaft beantragen. Für das Verfahren bleiben die bisherigen Vorschriften maßgebend. Die Vorschriften der §§ 1470, 1479 des Bürgerlichen Gesetzbuchs finden entsprechende Anwendung.

Artikel 133.

Ist die Beendigung der Gütergemeinschaft vor dem Inkrafttreten des Bürgerlichen Gesetzbuchs erfolgt, so bleiben die bisherigen Gesetze maßgebend.

Sollen von der Frau Gegenstände, die zum Gemeingute gehören, veräußert werden, bevor die Frau sich über die Annahme oder die Ausschlagung der Gütergemeinschaft erklärt hat, so finden die Vorschriften des Artikel 145 Abs. 3 entsprechende Anwendung. S. 121.

Artikel 134.

Ist zur Zeit des Inkrafttretens des Bürgerlichen Gesetzbuchs ein Gütertrennungsverfahren anhängig, so bleiben bis zur Erledigung des Verfahrens die bisherigen Gesetze maßgebend. Der Erledigung des Verfahrens steht es gleich, wenn das Verfahren ein Jahr lang nicht betrieben wird.

Die bisherigen Gesetze bleiben auch für das Verfahren in Geltung.

Artikel 135.

Eine gerichtliche Entscheidung, durch welche die Gütertrennung nach den bisherigen Vorschriften ausgesprochen ist, wird nicht dadurch unwirksam, daß die Veröffentlichung oder der Vollzug unterbleibt. Dies gilt jedoch nicht, wenn zur Zeit des Inkrafttretens des Bürgerlichen Gesetzbuchs die im Artikel 196 des Gesetzes zur Ausführung der Civilprozeßordnung und Konkursordnung bestimmte Frist schon abgelaufen ist.

Artikel 136.

Ist zur Zeit des Inkrafttretens des Bürgerlichen Gesetzbuchs für eine Ehe die Gütergemeinschaft nach den Artikeln 1530 bis 1535 des Pfälzischen Civilgesetzbuchs ausgeschlossen, so finden die Vorschriften des Bürgerlichen Gesetzbuchs über den Güterstand der Verwaltung und Nutznießung Anwendung.

Die Vorschriften des Artikel 125 Abs. 2, des Artikel 126 Abs. 4 und der Artikel 128 bis 132, 134, 135 finden entsprechende Anwendung.

S. 121.

Artikel 137.

Besteht zur Zeit des Inkrafttretens des Bürgerlichen Gesetzbuchs für eine Ehe Gütertrennung, so gelten von diesem Zeitpunkt an die Vorschriften der §§ 1427 bis 1430 des Bürgerlichen Gesetzbuchs.

Die Vorschrift des Artikel 130 findet entsprechende Anwendung.

Artikel 138.

Vereinbarungen, durch welche die Ehegatten für einen der in den Artikeln 124, 136, 137 bezeichneten Güterstände die bisherigen Vorschriften in einzelnen Beziehungen geändert oder ergänzt haben, werden von der Aenderung des Güterstandes nicht berührt.

Das Gleiche gilt für eine von einem Dritten getroffene Anordnung der im Abs. 1 bezeichneten Art.

S. 122.

Artikel 139.

Besteht zur Zeit des Inkrafttretens des Bürgerlichen Gesetzbuchs für eine Ehe Dotalrecht, so bleiben die bisherigen Vorschriften maßgebend.

Die in Folge der Ehe eingetretene Beschränkung der Geschäftsfähigkeit der Frau fällt mit dem Inkrafttreten des Bürgerlichen Gesetzbuchs weg.

Betreibt die Frau selbständig ein Erwerbsgeschäft, so finden die Vorschriften des § 1405 des Bürgerlichen Gesetzbuchs entsprechende Anwendung. Für Verfügungen über Dotalgrundstücke verbleibt es jedoch auch in diesem Falle bei den bisherigen Vorschriften.

Artikel 140.

Soweit für den Güterstand die bisherigen Gesetze maßgebend bleiben, tritt bei Rechtshandlungen, zu denen ein Ehegatte der gerichtlichen Ermächtigung bedarf, an deren Stelle die Genehmigung des Vormundschaftsgerichts.

Die besonderen Vorschriften über das Verfahren bei Veräußerungen treten außer Kraft.

Legitimation durch nachfolgende Ehe.

Artikel 141.

Hat sich die Mutter eines unehelichen Kindes vor dem Inkrafttreten des Bürgerlichen Gesetzbuchs verheirathet, ohne daß das Kind durch die Eheschließung legitimirt worden ist, so finden, wenn der Ehemann der Mutter nach dem Inkrafttreten des Bürgerlichen Gesetzbuchs seine Vaterschaft in einer öffentlichen Urkunde anerkennt, die Vorschriften der §§ 1719 bis 1722 des Bürgerlichen Gesetzbuchs Anwendung. Die Legitimation gilt als mit der Eheschließung erfolgt. Erworbene Rechte Dritter bleiben unberührt.

Erbrecht.

Artikel 142.

Für die erbrechtlichen Verhältnisse und das Verfahren in Nachlaßsachen bleiben, wenn der Erblasser vor dem Inkrafttreten des Bürgerlichen Gesetzbuchs gestorben ist, von dem Inkrafttreten des Bürgerlichen Gesetzbuchs an die bisherigen Vorschriften nur mit den in den Artikeln 143 bis 146 bestimmten Aenderungen maßgebend.

Artikel 143.

Die Verrichtungen, für die nach den bisherigen Vorschriften das Amtsgericht, das Landgericht oder der Landgerichtspräsident zuständig ist, gehen auf das Nachlaßgericht über. Eine Mitwirkung des Staatsanwalts findet nicht statt. S. 122.

Die Erklärung des Erben über den Verzicht auf den Nachlaß oder über die Annahme der Erbschaft mit der Rechtswohlthat des Inventars erfolgt nach den bisherigen Vorschriften. S. 123.

Artikel 144.

Wird in den Fällen des Artikel 911 Nr. 1, 2 der Pfälzischen Civilprozeßordnung die Anlegung von Siegeln erforderlich, so erfolgt sie von Amtswegen durch das Nachlaßgericht.

Das Gleiche gilt, wenn nach Artikel 812 des Pfälzischen Civilgesetzbuchs für den Nachlaß ein Pfleger zu bestellen ist.

Bei den Pflegschaften für Vakantmassen oder Benefiziarmassen tritt an die Stelle des Vormundschaftsgerichts das Nachlaßgericht.

Artikel 145.

Die nach den bisherigen Vorschriften zu einer Verfügung über Nachlaßgegenstände erforderliche gerichtliche Zustimmung wird durch die Genehmigung des Nachlaßgerichts ersetzt.

Die besonderen Vorschriften über das Verfahren bei Veräußerungen treten außer Kraft.

Der Benefiziarerbe hat in den Fällen, in denen er nach den bisherigen Vorschriften zur Wahrung des Inventarrechts bei der Veräußerung von Nachlaßgegenständen bestimmte Formvorschriften zu beobachten hat, zur Veräußerung die Ermächtigung des Nachlaßgerichts zu erholen. Veräußert er einen Nachlaßgegenstand ohne die erforderliche gerichtliche Ermächtigung, so verliert er das Inventarrecht. Die auf Grund der gerichtlichen Ermächtigung vollzogene Veräußerung wird erst mit der Genehmigung des Nachlaßgerichts wirksam.

Die Vorschriften des Abs. 3 finden auf die Fälle des Artikel 796 des Pfälzischen Civilgesetzbuchs und des Artikel 986 der Pfälzischen Civilprozeßordnung entsprechende Anwendung.

Artikel 146.

Hat der Benefiziarerbe nach Artikel 807 des Pfälzischen Civilgesetzbuchs Sicherheit zu leisten, so hat er innerhalb der im Artikel 993 der Pfälzischen Civilprozeßordnung bezeichneten Frist dem Nachlaßgerichte den Nachweis einzureichen, daß die Sicherheit geleistet ist.

Personenstand.

Artikel 147.

Die Vorschriften der §§ 69 bis 71 des Gesetzes über die Angelegenheiten der freiwilligen Gerichtsbarkeit finden von dem Inkrafttreten des Bürgerlichen Gesetzbuchs an auf die vor dem 1. Januar 1876 errichteten Standesregister entsprechende Anwendung. Das Staatsministerium der Justiz kann über die Aufbewahrung der in gerichtlicher Verwahrung befindlichen Register Anordnungen treffen.

S. 124.

Hypothekenämter.

Artikel 148.

Ueber die Einrichtung der Hypothekenämter und die dienstliche Stellung der Hypothekenbewahrer kann das Staatsministerium der Justiz von den bestehenden Vorschriften abweichende Bestimmungen treffen.

Gegeben zu München, den 9. Juni 1899.

Luitpold,
Prinz von Bayern,
des Königreichs Bayern Verweser.

Dr. **Frhr. v. Crailsheim.** Dr. **Frhr. v. Riedel.** **Frhr. v. Feilitzsch.** Dr. **Frhr. v. Leonrod.** **Frhr. v. Asch.**
Dr. **v. Landmann.**

Auf Allerhöchsten Befehl:
Der Oberregierungsrath
im k. Staatsministerium des Innern:
Dr. Proebst.

15.

Bekanntmachung des Königlichen Staatsministeriums der Justiz, die Eintragung von Dienstbarkeiten in das Hypothekenbuch der Landesteile rechts des Rheins betr., vom 2. Juli 1899.

(Justizministerialblatt 1899 Nr. VIII vom 7. Juli 1899 Seite 165 bis 169.)

Das Gesetz vom 9. Juni d. Js., Übergangsvorschriften zum Bürgerlichen Gesetzbuche betreffend, enthält im Artikel 44 Abs. 1, 2 Bestimmungen über die Eintragung von Grunddienstbarkeiten in das Hypothekenbuch, die schon mit der am 1. Juli d. Js. erfolgten Verkündung des Gesetzes in Kraft getreten sind. Die Eintragung von Grunddienstbarkeiten in das Hypothekenbuch ist nach diesen Bestimmungen nunmehr zulässig und kann sowohl von dem Berechtigten als auch von dem Eigentümer des belasteten Grundstücks verlangt werden. Dies gilt nicht nur von Grunddienstbarkeiten, die nach dem 30. Juni d. Js. bestellt werden, sondern auch von den in diesem Zeitpunkte schon bestehenden.

Zur Ausführung dieser Bestimmungen wird folgendes angeordnet:

1. Die Notare haben bei der Aufnahme der Urkunde über die Bestellung einer Grunddienstbarkeit (Art. 14 des Notariatsgesetzes) die Beteiligten zur Erklärung darüber zu veranlassen, ob sie den Antrag auf Eintragung der Grunddienstbarkeit in das Hypothekenbuch stellen oder hievon zunächst absehen wollen. Die Erklärung ist in die Urkunde aufzunehmen.

Wird die Eintragung beantragt, so hat der Notar die Urkunde gemäß dem Artikel 12 Abs. 3 des Notariatsgesetzes dem Hypothekenamte zur Behandlung nach Artikel 13 dieses Gesetzes zu übersenden und eine beglaubigte Abschrift der Urkunde beizulegen (Art. 44 Abs. 2 Satz 2 des angeführten Gesetzes vom 9. Juni d. Js, § 9 Abs. 1 der Grundbuchordnung). Enthält die Urkunde außer der Bestellung der Grunddienstbarkeit noch andere, hiemit nicht im Zusammenhange stehende rechtsgeschäftliche Erklärungen, so kann statt einer beglaubigten Abschrift der ganzen Urkunde ein auf die Bestellung der Grunddienstbarkeit beschränkter beglaubigter Auszug aus der Urkunde beigelegt werden.

Die beglaubigte Abschrift oder den beglaubigten Auszug hat das Hypothekenamt den Beilagen zum Hypothekenprotokoll einzuverleiben.

2. Die Notare haben diejenigen vor dem 1. Juli d. Js. errichteten Urkunden über die Bestellung von Grunddienstbarkeiten, welche die Eintragsbewilligung und den Antrag auf Eintragung der Grunddienstbarkeit enthalten, deren Vollzug im Hypothekenbuche aber seinerzeit das Hypothekenamt abgelehnt hat, weil nach dem Hypothekengesetze die Eintragung von Grunddienstbarkeiten unstatthaft sei, oder deren Übersendung an das Hypothekenamt der Notar aus diesem Grunde unterlassen hat, nachträglich den Hypothekenämtern zum Vollzuge zu übersenden. Im Interesse des hypothekenamtlichen Dienstes soll indessen die Übersendung nicht auf einmal, sondern im Benehmen mit den Hypothekenämtern nach und nach geschehen (vergl. Nr. 1 Abs. 2 der Bekanntmachung vom 23. Juli 1898, Justizministerialblatt S. 227).

3. Für die Behandlung der von den Beteiligten bei dem Hypothekenamt auf Grund des Artikels 44 Abs. 1 des Gesetzes vom 9. Juni d. Js. gestellten Anträge auf Eintragung von Grunddienstbarkeiten, die am 1. Juli schon bestanden, sind im allgemeinen die Vorschriften der §§ 101 ff. des Hypothekengesetzes maßgebend.

Der Antrag auf Eintragung kann daher bei dem Hypothekenamte mündlich oder schriftlich angebracht, auch von einem Notare beurkundet werden (Art. 11 Abs. 3 des Notariatsgesetzes).

Mit dem Antrage müssen die Urkunden, auf die sich der Antrag stützt (§ 110 des Hypothekengesetzes), in Urschrift oder Ausfertigung vorgelegt werden. Soll die Urschrift oder die Ausfertigung nicht bei dem Hypothekenamte bleiben, so ist mit ihr zugleich eine beglaubigte Abschrift vorzulegen. Unterbleibt die Vorlegung der beglaubigten Abschrift, so ist eine solche von der Gerichtsschreiberei auf Kosten des Antragstellers anzufertigen; bevor dies geschehen ist, darf das Hypothekenamt die Urschrift oder die Ausfertigung nicht zurückgeben. Das Gleiche gilt, wenn die bei dem Hypothekenamte gebliebene Urschrift oder Ausfertigung nachträglich zurückerbeten wird.

Ist der Antrag auf Eintragung der Grunddienstbarkeiten von dem Eigentümer des belasteten Grundstücks gestellt und ist das Bestehen der Dienstbarkeit durch Urkunden nachgewiesen, so kann die Eintragung sofort und ohne Anhörung des Berechtigten endgiltig erfolgen. Der Berechtigte ist jedoch vom Inhalte der Eintragung zu benachrichtigen.

Ist der Antrag von dem Berechtigten gestellt und das Bestehen der Dienstbarkeit nachgewiesen, so ist zu unterscheiden, ob die Einwilligung des Eigentümers des belasteten Grundstücks zur Eintragung vorliegt oder nicht.

Im ersten Falle kann die Eintragung ohne weiteres angeordnet und vollzogen werden. Von der Anordnung sind der Antragsteller und der Eigentümer des belasteten Grundstücks zu benachrichtigen. Dieser Fall ist namentlich dann gegeben, wenn, was früher nicht selten geschah, der Eigentümer des belasteten Grundstücks bei der Bestellung der Grunddienstbarkeit die Bewilligung zur Eintragung des Rechtes erteilt und den Berechtigten ermächtigt hat, ohne seine, des Eigentümers, Vernehmung vor dem Hypothekenamte jederzeit den Antrag auf Eintragung zu stellen.

Liegt die Einwilligung des Eigentümers zur Eintragung nicht vor, so ist nach den §§ 110 bis 112 des Hypothekengesetzes zu verfahren.

4. Bei der Eintragung der Grunddienstbarkeit in die zweite Abteilung des Hypothekenbuchblatts genügt nach Artikel 44 Abs. 2 des Gesetzes vom 9. Juni d. Js. die allgemeine Bezeichnung der Grunddienstbarkeit, sofern ihr Inhalt entweder in dem Eintragungsantrag oder in der Urkunde näher bezeichnet ist, auf die der Eintragungsantrag Bezug nimmt, und bei der Eintragung in das Hypothekenbuch zur näheren Bezeichnung ihres Inhalts auf den Antrag oder die Urkunde ausdrücklich Bezug genommen wird.

Eine solche Eintragung kann hienach zum Beispiele lauten:

„Am 30. November 1899. Wegerecht auf Pl. Nr. 350 für die Eigentümer der Pl. Nr. 740 (Bd. IV S. 250) nach der näheren Bezeichnung in der Urkunde des K. Notars Huber in Waslingen vom 3. November 1899 RNr. 580 (s. Beil.-Bd. III Nr. 410), lt. Protokoll von heute. Altinger."

5. Die Kosten der Eintragung sind von demjenigen zu tragen und vorzuschießen, welcher die Eintragung verlangt hat (Art. 44 Abs. 1 Satz 1 des Gesetzes vom 9. Juni d. Js.); Gebühren für die Staatskasse werden indessen für die Eintragung von Grunddienstbarkeiten, die auf grund des Artikel 44 des angeführten Gesetzes vom 9. Juni d. Js. erfolgt, nicht erhoben (Art. 274 m des Gesetzes über das Gebührenwesen in der Fassung des Art. C des Gesetzes vom 9. Juni d. Js., Änderungen des Gesetzes über das Gebührenwesen betr.).

16.

Bekanntmachung des Königlichen Staatsministeriums der Justiz, die Anlegung von Mündelgeld in Werthpapieren der bayerischen Kreditanstalten betr., vom 9. September 1899.

(Gesetz- und Verordnungsblatt 1899 Nr. 46 vom 14. Sept. 1899 Seite 830; Justizministerialbatt 1899 Nr. XII vom 23. Sept. 1899 Seite 383, 384.)

Auf Grund des Artikel 32 des Gesetzes vom 9. Juni 1899, Übergangsvorschriften zum Bürgerlichen Gesetzbuche betreffend, werden im Einvernehmen mit den K. Staatsministerien des Innern und der Finanzen vom 1. Oktober d. Js. an die Pfandbriefe und die Schuldbriefe für Gemeindedarlehen (Kommunalobligationen) der Bayerischen Landwirthschaftsbank, eingetragene Genossenschaft mit beschränkter Haftpflicht, die Pfandbriefe der Bayerischen Hypotheken- und Wechselbank und der Süddeutschen Bodenkreditbank, die Pfandbriefe und die Kommunalobligationen der Pfälzischen Hypothekenbank in Ludwigshafen a./Rh., dann die Pfandbriefe der Bayerischen Vereinsbank, der Bayerischen Handelsbank und der Vereinsbank in Nürnberg zur Anlegung von Mündelgeld für geeignet erklärt.

Alphabetisches Sachregister.

(Die auf der Zeile stehenden Zahlen bezeichnen die Seiten, die in der Höhe befindlichen Zahlen die Paragraphen. r. = rechtsrheinisch. l. = linksrheinisch. 1. E. = Regierungsentwurf. 2. E. = 1. Zusammenstellung der Ausschußbeschlüsse und des Regierungsentwurfes. 3. E. = 2. Zusammenstellung der Ausschlußbeschlüsse und des Regierungsentwurfes nach Berathung des ehelichen Güterrechts. B. = Begründung des Regierungsentwurfes. ABA. = Verhandlungen des Ausschusses der K. d. Abg. ABR. = Verhandlungen des Ausschusses der K. d. Reichsräthe. PBA. = Plenarverhandlungen der K. der Abg. PBR. = Plenverhandlungen der K. d. Reichsräthe. G. = Gesetz vom 9. Juni 1899. MB. = Ministerialbekanntmachung.)

A.

B.

D.

E.

Eheliches Güterrecht, Allgemeines.

A. Allgemeines.

Eheliches Güterrecht, Allgemeines.

H.

S.

T.

U.

V.

W.

Z.

———

FSC
www.fsc.org
MIX
Papier | Fördert gute Waldnutzung
FSC® C083411

Kolibri 360 GmbH
Ferdinand-Jühlke-Straße 7
99095 Erfurt, Deutschland
produktsicherheit@kolibri360.de